沖縄語音韻の歴史的研究

多和田 眞一郎

渓 水 社

巻頭言

著者にはすでに、『「琉球・呂宋漂海録」の研究―二百年前の琉球・呂宋の民俗・言語―』（武蔵野書院刊　1994年）、『外国資料を中心とする沖縄語の音声・音韻に関する歴史的研究』（同1997年）、『沖縄語漢字資料の研究』（溪水社刊　1998年）等、沖縄語関係の大著があるが、今回の著書では、さらに「文献の存する1500年前後から1970年代までの、沖縄語の音韻に関する変化の跡」をたどったものであって、沖縄語が現在のような、沖縄中部南部地域の言葉に到達するまでの、史的な音韻の変化が、膨大な文献資料を駆使してまとめられている。

特に16～20世紀の資料については、50音図の各行ごとに、母音、半母音、子音の分析を進めているが、沖縄語音韻をこのように組織的体系的そして歴史的に研究した成果は、従来全く示されることがなかったのであるから、そのような方面の基礎的研究がここに整備されたことに画期的な意義がある。

しかも、扱われた文献資料は、16世紀以降のあらゆるジャンルのもの（ハングル資料、漢字資料、アルファベット資料、仮名資料）が分析・研究の対象とされ、沖縄語音韻の史的変化が、実証的体系的総合的に解明されている。このような外国資料の全体にわたる研究は、本書が最初となるであろう。

本書にまとめられた著者の実証的研究によって、例えば沖縄語短母音の「三母音化」（ｅ→ｉ、ｏ→ｕという変化の結果、ａ、ｉ、ｕとなったとする説）も、年代順の資料を丹念に検討すれば、「単純で直線的な歩み」でなく、紆余曲折を経たことが明らかになるという。

ややもすれば「直線的な歩みか」とも考えられやすいこういう問題が、学術的に手堅く論定されているのは、私のように、沖縄語研究を専門としない者にとっても、まことにありがたい。

なお、沖縄語の研究は、従来、伊波普猷氏、宮良當壯氏、金城朝永氏の各氏以降、沖縄出身の研究者たちが中核となって進められてきたが、今また、本書の著者・多和田眞一郎氏も、静岡大学人文学部の卒業論文（1970年提出）以降、出身地・沖縄宜野湾市赤道の言語の研究を出発点として40年間、上述のような独自の研究領域を開拓して来られたのである。そして、それはもちろん、確固たる従来の研究を踏まえたものである。

ところで、私は沖縄語について、まとまった研究はしていないのだが、本書に扱われた資料の中に、私の若いころの体験に関連のあるものが見えるので、一言述べてみたい。

“序章『沖縄語音韻の歴史的研究』分析対象資料一覧”の中に、『琉球官話集』がある。仮名資料のひとつで「19世紀？」とあり、著者の編著である『沖縄語史研究｛資料｝』（2010年、広島大学留学生センター刊）には、50音順で1000語以上の語彙が示されている。

私は“『琉球官話集』について”という講演を聴いたことがある。

1947年11月22日の国語学会第13回公開講演会（東京大学）で、宮良當壯氏（当時『日本の言葉』主幹）が“『琉球官話集』について”という題の講演をされ、私もそれを聴いた。講演の要旨が国語学会編『復刻国語学会会報――昭和二十一年九月～昭和二十三年十月』（1985

年　武蔵野書院刊）に出ているが、その講演で示された『官話集』の語彙が、多和田氏の上記｛資料｝の中に、いくつか見えているのである。その一部を示す。

『会報』の記載	｛資料｝の記載	ページ
ウフムジ（大麦）	大麦　―ムジ（「ウフムジ」）	423
コルマメ（クルマーミ、黒豆）	黒豆　コルマメ	425
ツハチアンラ（チバチアンラ、椿油）	椿油　ツハチアンラ	430
ホレイ（ふるひ。瘧）	瘧疾　ホレイ （「ホレイ」は病名）	434

宮良氏は当時、この資料を新出資料という立場で取り上げたのであろうが、学界で大きな論議を呼ぶことはなかったと思う（『宮良當壯全集10』所収。1981年　第一書房刊）。

今、（他の資料も含めて）著者が取り上げたことによって、敗戦後間もないころ、部分的にしか問題とされなかったものが、著者の研究の体系の中に整然と収められることになり、私としても感銘が深いのである。

宮良氏の温厚篤実な人柄を示す話に聴き入った体験が、多和田氏の実直で周到な研究態度から受ける印象にも重なって思い出される。

著者は、私が上に取り上げた『沖縄語史研究｛資料｝』と本書を基本として、さらに、『沖縄語形態の歴史的研究』を刊行すべく、準備中であるという（本書「おわりに」）。音韻研究を完結させた上で、形態研究へと進むのは、言語学的研究の常道であると言えよう。著者が、堅実な展望の下に、今後ますます自らの研究を充実・発展させることを期待したい。

2010年５月

日　野　資　純

（静岡大学名誉教授）

はじめに

文献の存する1500年前後から1970年代までの沖縄語の音韻に関する変化の跡を辿る。ここで言う沖縄語とは、主として沖縄島中・南部地域の言葉を指している。その代表的存在が「首里」の言葉である。現代の沖縄島中・南部地域の言葉に到る沖縄語の流れを跡付ける営みを行う。

「1970年代まで」にする理由は、以下のとおりである。

言語の流れを川の流れに譬えると、言語の川の「合流」が起こったと考える。「日本（語）河」が「沖縄（語）川」に流入し、その支流にしてしまった。それが1970年代であると捉える。その後、過去の沖縄語に繋がる「沖縄語川」の川幅が、どんどん狭くなってくるのである。そして、「流れる水」が変わった。「川」は同じであるはずなのに、流れている水は以前とは違うものに変質したのである。（いや、「川」そのものも変わったかもしれない。）それを図示すると以下のようになろうか。

（**1960年代**）「標準語励行」「共通語励行」等が功を奏した結果、「日本語」が家庭にも流入し始める。マスコミの影響も大きかろう。

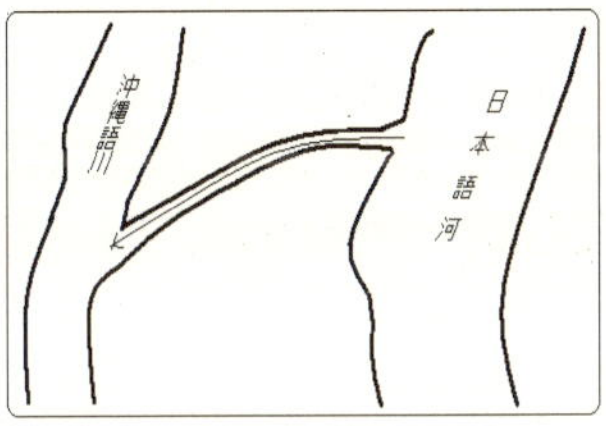

図1

（**1970年代**）過去の沖縄語との繋がりが切れつつある。

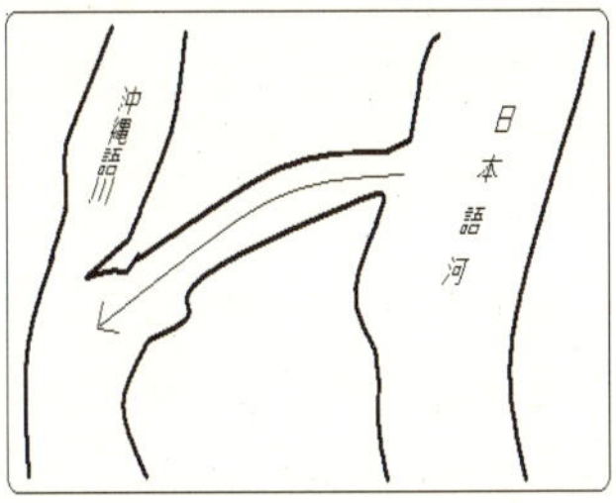

図2

（**1980年代**）「日本語河」の張り出しが大きくなり、過去の沖縄語と繋がる「沖縄語川」の川幅が極めて狭くなってくる。

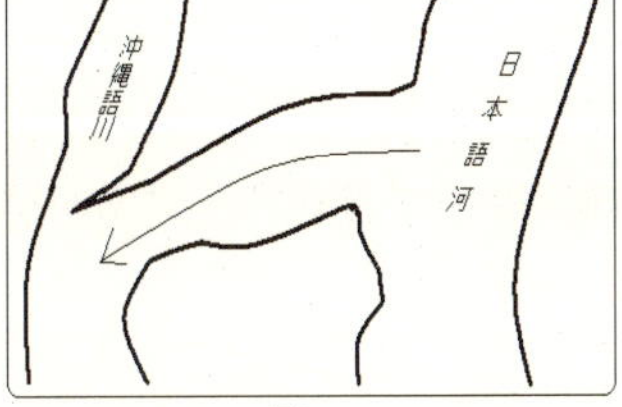

図3

(**1990年代**)「日本語河」から「沖縄語川」に流れ込む部分が極めて広くなる。

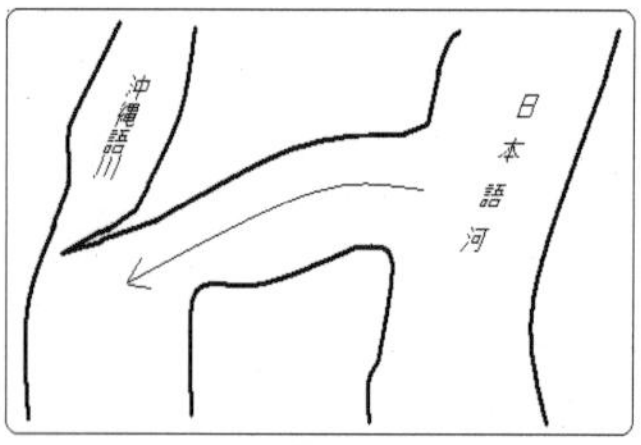

図4

(**2000年代**)「日本語河」と「沖縄語川」との境目が小さくなるのと比例するかのように過去の沖縄語と繋がる「沖縄語川」の川幅がほとんど無きに等しい状態となってくる。

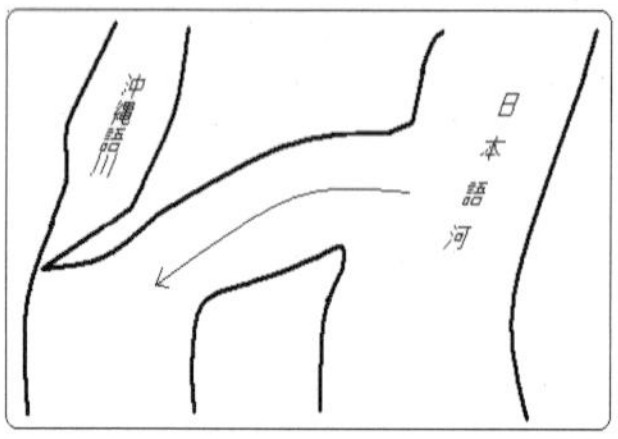

図5

「川」は同じもの(「沖縄語」)かもしれないが、流れている水は以前とは違うもの(「日本語」)になっていると言える。別の譬えで言えば、「沖縄語」に「日本語」が「接ぎ木」されたのである。

要約すると、1950年代から1960年代にかけて「標準語励行」、「共通語励行」の名のもとに「日本語」の使用が強力に推進され、それが「定着」したと考えられるのが1970年代であると言える。それまでの、マスコミによって提供される「日本語」の影響も小さくないと思われる。1970年前後を境として「元沖縄語」と「現沖縄語」とに分けられ、そこには大きな溝があるのである。

勿論、ウチナーグチ(沖縄語)だけの層、ウチナーグチ7割ヤマトゥグチ(日本語)3割の層、・・・、ウチナーグチ3割ヤマトゥグチ7割の層、ウチナーヤマトゥグチ(沖縄語風日本語)だけの層等、種々の層があり、それらが入り組んだ形で流れているのが、今の「沖縄語川」であると言うことができよう。(広い意味では「日本語河」も同様である。)

以上のような理由から、今回は1970年代で区切りをつけておき、14世紀以前及び1980年代以降については、それぞれ改めて論じる。

記述の仕方として、第Ⅱ章から第Ⅵ章までは、それぞれの資料の分析に重点を置き、第Ⅶ章において「通時的考察」を行うことで沖縄語の史的変化の全体像を描くという方式を取ることとする。

『沖縄語音韻の歴史的研究』　目次

沖縄語音韻
の
歴史的研究

序章　『沖縄語音韻の歴史的研究』
分析対象資料一覧
及び
用例の示し方

分析対象資料一覧

分析の対象とした資料の一覧を示す。{　}は、用例を示す際に使用する略号である。

16世紀

1、{翻} 語音翻訳（1501）…『海東諸国紀』付載のハングル資料
2、{玉} たまおとんのひもん（1501）…仮名資料
3、{館} 琉球館訳語（16世紀前半成立か）…『華夷訳語』の一つとしての漢字資料
4、{石東} 石門之東之碑文（国王頌徳碑）（1522）…仮名資料
5、{石西} 石門の西のひもん（真珠湊碑文）（1522）…仮名資料
6、{田１} 田名文書第１号（1523）…仮名資料
7、{崇} 崇元寺之前東之碑うらの文（1527）…仮名資料
8、{おも１}『おもろさうし』巻一（1531）…仮名資料1709年11月原本焼失。1710年7月再編。
9、{使１} 陳侃『使琉球録』中の「夷語」（1534）…漢字資料
10、{田２} 田名文書第２号（1536）…仮名資料
11、{田３} 田名文書第３号（1537）…仮名資料
12、{田４} 田名文書第４号（1541）…仮名資料
13、{かた} かたはなの碑おもての文（1543）…仮名資料
14、{田５} 田名文書第５号（1545）…仮名資料
15、{添} 添継御門の南のひのもん（1546）…仮名資料
16、{田６} 田名文書第６号（1551）…仮名資料
17、{やら} やらさもりくすくの碑のおもての文（1554）…仮名資料
18、{田７} 田名文書第７号（1560）…仮名資料
19、{使２} 郭汝霖『使琉球録』中の「「夷語」（1561）…漢字資料
20、{田８} 田名文書第８号（1562）…仮名資料
21、{田９} 田名文書第９号（1563）…仮名資料
22、{字} 周鐘　等『音韻字海』中の「附録夷語音釈」（1572頃）…漢字資料
23、{使３} 蕭崇業『使琉球録』中の「夷語」（1579）…漢字資料
24、{田10} 田名文書第10号（1593）…仮名資料
25、{浦} 浦添城の前の碑おもての文（1597）…仮名資料

17世紀

1、{田11} 田名文書第11号（1606）…仮名資料
2、{使４} 夏子陽『使琉球録』中の「夷語」（1606）…漢字資料
3、{おも２}『おもろさうし』巻二（1613）…仮名資料1709年11月原本焼失。1710年7月再編。
4、{よう} ようとれのひのもん（1620）…仮名資料
5、{おも３}『おもろさうし』巻三〜巻二十二（1623）…仮名資料1709年11月原本焼失。1710年７月再編。（編集年次不明の巻11、巻14、巻17、巻22も「1623」に準じるものとする。）
6、{本} 本覚山碑文（1624）…仮名資料
7、{田12} 田名文書第12号（1627）…漢字仮名混じり資料
8、{田13} 田名文書第13号（1628）…漢字仮名混じり資料
9、{田14} 田名文書第14号（1631）…漢字仮名混じり資料
10、{田15} 田名文書第15号（1634）…漢字仮名混じり資料
11、{田16} 田名文書第16号（1660）…漢字仮名混じり資料

{田12} 〜 {田16} に関して、用例としては仮名のみを採用する。

18世紀

1、{仲里}『仲里旧記』（1703頃）…仮名資料
2、{混}『混効験集』（1711）…仮名資料
3、{琉由}『琉球国由来記』（1713）…仮名資料
4、{信} 徐葆光『中山伝信録』中の「琉球語」（1721）…漢字資料
5、{見} 潘相『琉球入学見聞録』中の「土音」（1764）…漢字資料
6、{琉訳}『琉球訳』（1800頃）…漢字資料

19世紀

1、{漂}『琉球・呂宋漂海録』中の「言語」「琉球」語（1818）…ハングル資料
2、{ｸﾘ} クリフォード琉球語彙（1818）…アルファベット資料
3、{官}（琉球官話集）（19世紀?）…仮名資料
4、{沖話}『沖縄対話』（1880）…仮名資料
5、{ﾁｪﾝ} チェンバレン『琉球語文典』中の「琉球会話」（1895）…アルファベット資料

20世紀

{沖辞}『沖縄語辞典』（1963）…「20世紀初め頃の言語」を反映すると見る。
「音韻」表記となっている。

それぞれの資料の、依拠した本文は、以下のとおりである。

☆｛翻｝語音翻訳（1501）
　申叔舟『海東諸国紀』（1975）国書刊行会（復刻版）

☆｛玉｝たまおとんのひもん（1501）
☆｛石東｝石門之東之碑文（国王頌徳碑）（1522）
☆｛石西｝石門の西のひもん（真珠湊碑文）（1522）
☆｛崇｝崇元寺之前東之碑うらの文（1527）
☆｛かた｝かたはなの碑おもての文（1543）
☆｛添｝添継御門の南のひのもん（1546）
☆｛やら｝やらさもりくすくの碑のおもての文（1554）
☆｛浦｝浦添城の前の碑おもての文（1597）
☆｛よう｝ようとれのひのもん（1620）
☆｛本｝本覚山碑文（1624）
　以上、『琉球国中碑文記』「伊波本」・「東恩納本（甲乙）」、『仲原善忠全集　第二巻　文学編』（1977）（沖縄タイムス社）をもととし、塚田清策『琉球国碑文記』（1970）（啓学出版）を参照。

☆｛田１｝田名文書第１号（1523）
☆｛田２｝田名文書第２号（1536）
☆｛田３｝田名文書第３号（1537）
☆｛田４｝田名文書第４号（1541）
☆｛田５｝田名文書第５号（1545）
☆｛田６｝田名文書第６号（1551）
☆｛田７｝田名文書第７号（1560）
☆｛田８｝田名文書第８号（1562）
☆｛田９｝田名文書第９号（1563）
☆｛田10｝田名文書第10号（1593）
☆｛田11｝田名文書第11号（1606）
☆｛田12｝田名文書第12号（1627）
☆｛田13｝田名文書第13号（1628）
☆｛田14｝田名文書第14号（1631）
☆｛田15｝田名文書第15号（1634）
☆｛田16｝田名文書第16号（1660）
　以上、『企画展　田名家所蔵展－ある首里士族の四〇〇年－』（1987）沖縄県立博物館

☆｛館｝琉球館訳語（16世紀前半成立か）
　『琉球館訳語　本文と索引』（1979）小林印刷出版

☆｛使１｝陳侃『使琉球録』中の「夷語」（1534）
☆｛使２｝郭汝霖『使琉球録』中の「夷語」（1561）
☆｛字｝周鐘等『音韻字海』中の「附録夷語音釈」（1572頃）
以上、京都大学文学部国語国文学研究室『纂集　日本譯語』（1968）

☆｛使３｝蕭崇業『使琉球録』中の「夷語」（1579）
臺灣學生局（1977）『明代史籍彙刊　⑥使琉球録』

☆｛使４｝夏子陽『使琉球録』中の「夷語」（1606）
臺灣學生局（1977）『明代史籍彙刊　⑦使琉球録』

☆｛信｝徐葆光『中山伝信録』中の「字母」「琉球語」（1721）
☆｛見｝潘相『琉球入学見聞録』中の「土音」「字母」（1764）
以上、京都大学文学部国語国文学研究室『纂集　日本譯語』（1968）

☆｛おも１｝『おもろさうし』巻一（1531）
☆｛おも２｝『おもろさうし』巻二（1613）
☆｛おも３｝『おもろさうし』巻三〜巻二十二（1623）
以上、仲原善忠・外間守善『校本おもろさうし』（1966）・『おもろさうし　本文と総索引』（1967）
角川書店

☆｛仲里｝『仲里旧記』（1703頃）
仲里村史編集委員会「仲里間切旧記」『仲里村史　第二巻　資料編１』（1998）仲里村役場

☆｛混｝『混効験集』（1711）
外間守善『混効験集　校本と研究』（1970）角川書店

☆｛琉由｝『琉球国由来記』（1713）
外間守善・波照間永吉『定本琉球国由来記』（1997）角川書店

☆｛琉訳｝『琉球訳』（1800頃）
『國家圖書館藏資料彙編　下』（2000）北京圖書館出版社

☆｛漂｝『琉球・呂宋漂海録』中の「言語」「琉球」語（1818）
『「琉球・呂宋漂海録」の研究－二百年前の琉球・呂宋の民俗・言語－』（1994）
武蔵野書院

☆｛クリ｝クリフォード琉球語彙（1818）
『クリフォード　琉球語彙』（1979）勉誠社

☆｛官｝（琉球官話集）（19世紀?）
宮良當壮『宮良當壮全集　10　琉球官話集』（1981）第一書房

☆｛沖話｝『沖縄対話』（1880）
沖縄県庁『沖縄對話』　国書刊行会（1975）復刻
伊波普猷『琉球語便覧』（1916）中の「沖縄對話」　琉球史料複《ママ》刻頒布会（1969）

☆｛ﾁｪﾝ｝チェンバレン『琉球語文典』中の「琉球会話」（1895）
伊波普猷『琉球語便覧』（1916）中の「チャンバーレン氏増訂琉球會話」　琉球史料複《ママ》刻頒布会（1969）

☆｛沖辞｝『沖縄語辞典』（1963）
国立国語研究所『沖縄語辞典』（1969年三刷）

☆｛現代語｝（1970年代）
宜野湾市赤道の「ヤードゥイ言葉」による。女性二人（1901～1989）（1921～2008）と男性一人（1921～2004）から得た資料をもとに、同言葉話者の男性（1947～）が内省を加えたものである。

用例の示し方

1、用例は、必要最小限に留める。
誤記・誤写等が明らかなものは、原則として、用例の対象としない。資料の吟味は（特に外国資料について）、多和田（1997）で行ったので、そちらに譲る。

2、項目該当箇所に下線__を施す。用例の後に（　）に入れて、適宜、注を付す。
（例）○si‐ma（しま、島、故郷）　○きんのあんし（金武の按司）　○非禄（ひる、昼）

3、ハングル資料は、転写字で示す。以下のとおりである。
｛翻｝（1501）の場合

（母音字）

ㅣ	ㅖ	ㅕ	ㅢ	ㆎ	ㅐ	ㅏ	ㅜ	ㅗ	ㆍ	ㅡ	ㅑ	ㅠ	ㅛ	ㅙ	ㅘ	ㅟ	ㅚ
i	jɔi	jɔ	ɯi	ʌi	ai	a	u	o	ʌ	ɯ	ja	ju	jo	oai	oa	ui	oi

（子音字）

ㅇ	ㄱ	ㅋ	ㄷ	ㅌ	ㅼ	ㅂ	ㅍ	ㅅ	ㅈ	ㅊ	ㅿ	ㅁ	ㄴ	ㄹ	ㅸ	ㆁ
’	k	kh	t	th	st	p	ph	s	c	ch	z	m	n	r	w	ŋ

{漂}（1818）の場合

(母音字)

ㅣ	ㅖ	ㅔ	ㅕ	ㅓ	ㅢ	ᆡ	ㅐ	ㅏ	ㅜ	ㅗ	ㆍ	ㅡ	ㅑ	ㅠ	ㅛ	ㅘ	ㅚ	ㅝ
i	jɔi	ɔi	jɔ	ɔ	ɯi	ʌi	ai	a	u	o	ʌ	ɯ	ja	ju	jo	oa	oi	uɔ

(子音字)

ㅇ	ㄱ	ㄲ	ㅋ	ㄷ	ㄸ	ㅌ	ㅂ	ㅃ	ㅍ	ㅎ	ㅅ	ㅈ	ㅉ	ㅊ	△	ㅁ	ㄴ	ㄹ	ㆁ
’	k	kk	kh	t	tt	th	p	pp	ph	h	s	c	cc	ch	z	m	n	r	ŋ

用例の音節と音節との境に「-」を入れる。

(例) ki-mo,　’u-saŋ-ki,　si-mo-ci-ci,　ka-sa

４、漢字資料は、音訳字を示す。

音訳字の音価推定に関して、次のような資料（古辞書類）を参照する。(注)

{館}（16C前半か）・{使１}（1534）・{使２}（1561）・{字}（1572頃）・{使３}（1579）・{使４}（1606）に関しては、『中原音韻』（1324）・『東国正韻』（1447-48）・『訓蒙字会』（1527）・『西儒耳目資』（1626）を参照する。

{信}（1721）・{見}（1764）・{琉訳}（1800頃）に関しては、『中原音韻』・『朴通事諺解』（1677）・『老乞大諺解』（1795）・『華英辞典』（1892）を参照する。

漢字資料の詳しい用字例については、多和田（1998）を参照。

(注)

・『中原音韻』（1324）

二巻。元の周徳清の編。主に華北・華中の言葉に基づいた韻引きの字書である。

・『東国正韻』（1447-48）

朝鮮王朝世宗時代に申叔舟・崔恒・成三問等が王命により編纂した音韻書である。当時の朝鮮漢字音を反映したものではないとして忌避される傾向にあるが、15世紀の朝鮮で、その漢字がどのような（中国）音を有すると考えられていたかを示すものであって（扱いには慎重であるべきであるが）、その観点からは有用だと考えられる。

・『訓蒙字会』（1527）

朝鮮王朝中宗の時代に崔世珍が著したもので、漢字3360字に発音と意味を書いて、子供達に教えようとした漢字初歩の学習書である。

・『西儒耳目資』（1626）

イエズス会の宣教師ニコラス・トリゴール（Nicolas Trigault 金尼閣）の著したローマ字表記による韻引きの字書で、明末北方漢語の実態を写す資料とされる。

・『朴通事諺解』（1677）

朝鮮王朝粛宗の時代に権大連・朴世華等が、当時の中国語学習書であった『朴通事』を翻訳・編纂したものである。

・『老乞大諺解』（1795）

朝鮮王朝正祖の時代に李洙が、重刊本「老乞大」にハングルの翻訳をつけた会話体の中国語学習書である。「老乞大」は、高麗時代から伝えられる中国語学習書であるが、著者・年代は未詳である。

・『華英辞典』（1892）

ジャイルズ（Herbert Allen Giles 漢字名は翟理思あるいは翟理斯。イギリスの領事、中国学者）が1892年に編集した辞典である。当時の北京語がローマ字（Wade-Giles system）で表記されている。

５、音訳字は、次のようにして示す。

①用字例は、資料に現れる順に配列することを原則とする。

②音価推定に関しては、原則として全ての音訳字を対象とするが、必要に応じて代表的なものに絞る場合もある。

③音訳字の音価について考えるために、それぞれの音訳字の（前掲の）古辞書等における「音」を一覧表にして示す。（☆は、その漢字がその資料に「見当らない」意である。ただし、目的の字が見つからない場合は、参考として、同音と考えられる漢字とその音を示すことに努める。）

④『琉球譯』は、音訳字の数が多過ぎる。その時その時の印象のままに写し取ったようで、整理されていない。そこで調整を行うこととし、{信}{見}とも共通する代表例について音価推定の対象とする。その他の例に関しては、『華英辞典』の音のみを参考として示す。『華英辞典』の音は、趙志剛（2006）に依る。

⑤音訳字の「推定音価」は、次のようにして導く。

代表例として、{館}の*/ki/の場合を取り上げる。

音訳字「及」の古事書類の音が「中原音韻　kiə」「東国正韻　kkɯp」「訓蒙字会　hɯp, kɯp」「西儒耳目資 kie」であること、16世紀の沖縄語であること、*/ki/に対応する音価であること等を総合的に判断して[ki]であると推定する。これを、表では、以下のように表示することとする。

音訳字	中原音韻	東国正韻	訓蒙字会	西儒耳目資	推定音価	備　考
き　　及	kiə	kkɯp	hɯp, kɯp	kie	ki	

第Ⅱ章以下の記述において、{館}を初めとする、全ての漢字資料について、そして全ての（音韻）項目に関して、上と同様の手続きを経て「推定音価」とする。

記号について

音声記号あるいは音韻記号としては、「g」よりは「ɡ」のほうがよいのであろうが、そのようにすると印刷上煩雑になるので（それを避けるために）、「g」を使用することにした。

第Ⅰ章　15世紀以前の沖縄語音韻
及び
沖縄語音韻の変化過程

多和田（1997）では、通時的考察のために、（文献の存しない）15世紀以前の沖縄語の音韻を以下のように想定した（p. 423)。

[1]	i	e	a	u	o
[2]	ki	ke	ka	ku	ko
[3]	gi	ge	ga	gu	go
[4]	ti	te	ta	tu	to
[5]	di	de	da	du	do
[6]	pi	pe	pa	pu	po
[7]	bi	be	ba	bu	bo
[8]	si	se	sa	su	so
[9]	zi	ze	za	zu	zo
[10]	mi	me	ma	mu	mo
[11]	ni	ne	na	nu	no
[12]	ri	re	ra	ru	ro
[13]	ji	je	ja	ju	jo
[14]	wi	we	wa	wu	wo

そして、この作業仮説が有効であることも実証した。

以上を踏まえて、詳しい分析の前提とするために、沖縄語音韻の変化過程（16世紀～20世紀）を把握するための項目の整理を行う。

これらと現代語との対応関係を詳査しながら、現代語に到る流れ（過程）を把握するための見取り図を作成しようとする。

以下、1　母音、2　半母音、3　子音（カ行の子音、ガ行の子音、タ行の子音、ダ行の子音、ハ行の子音、バ行の子音、サ行の子音、ザ行の子音、マ行の子音、ナ行の子音、ラ行の子音）（用例は、母音とともに示す）等と称して記述していく。

ここでは、これらが、それぞれ現代語とどのように対応するのかを見ていって、その変化過程を考察するための項目を提示する。矢印→の左側が（想定される）15世紀頃の音韻、右側が現代語の音声・音韻である。

それぞれに語例をいくつか示す。語例は、次のような方式で示す（アクセントは、省略）。

かなひょうき(その意味を表す漢字)[現代沖縄語の音声]/現代沖縄語の音韻/

(「かなひょうき」は、もとの形が類推しやすいように、原則として、歴史的仮名遣いによることとする。)

I－1　母音

I－1－(1) 短母音

1－(1)－①　/i/→[i]/i/

(語例) いつ(何時)[ʔiʧi]/ʔici/, うし(牛)[ʔuʃi]/ʔusi/

1－(1)－②　/e/→[i]/i/

(語例) さけ(酒)[saki]/saki/, こめ(米)[kumi]/kumi/

1－(1)－③　/a/→[a]/a/

(語例) さかな(肴)[sakana]/sakana/, とら(虎)[tura]/tura/

1－(1)－④　/u/→[u]/u/

(語例) うさぎ(兎)[ʔusaʤi]/ʔusazi/, ふゆ(冬)[Φuju]/hu'ju/

1－(1)－⑤　/o/→[u]/u/

(語例) こぞ(去年)[kuʤu]/kuzu/, いも(芋)[ʔmmu]/ʔɴmu/

I－1－(2) 母音連続（二重母音・長母音）

1－(2)－①　/ii/→[iː]/i'i/

(語例) きいろ(黄色)[ʧiːruː]/ci'iru'u/,

1－(2)－②　/iu/→[juː]/ju'u/

(語例) りうきう(琉球)[rjuːʧuː]/rju'ucu'u/,

ちうざん(中山)[ʧuːʤaɴ]/cu'uza'ɴ/

1－(2)－③　/io/→[(j)u]/(j)u/

(語例) ましお(真塩)[maːsu]/ma'asu/

1－(2)－④　/ei/→[iː]/i'i/

(語例) でいご(梯梧)[diːgu]/di'igu/, れいぎ(礼儀)[riːʤi]/ri'izi/

1－(2)－⑤　/eu/→[oː]/o'o/

(語例) がてう(鵞鳥)[gaʧoː]/gaco'o/

1－(2)－⑥ /ai/→[eː]/e'e/

(語例) まい(米)[meː]/me'e/<御飯>, おとがひ(頤)[ʔutugeː]/ʔutuge'e/

(注「ハ行転呼」を経た/ai/も含まれる。)

1－(2)－⑦　/ae/→[eː]/e'e/

(語例) かへしをり(返)[keːsuɴ]/ke'esu'ɴ/, まへ(前)[meː]/me'e/

(注　「ハ行転呼」を経た/ae/の例がほとんどである。)

1－(2)－⑧ /au/→[oː]/o'o/

(語例) ばう(棒)[boː]/bo'o/, しやうぐわつ(正月)[soːgwaʧi]/so'ogwaci/

1－(2)－⑨ /ao/→[oː]/o'o/

(語例) あを(青)[ʔoːruː]/ʔo'oru'u/, さを(竿)[soː]/so'o/

1－(2)－⑩ /ui/→[iː]/i'i/

(語例) ぞうすい(雑炊)[ʤuːʃiː]/zu'usi'i/, ついたち(朔)[ʧiːtaʧi]/ci'itaci/

1－(2)－⑪ /ue/→[iː]/i'i/

(語例) うへ(上)[ʔiː]/ʔi'i/, ふるへ(震)[Φuriː]/huri'i/

(注 「ハ行転呼」を経た/ue/の例がほとんどである。)

ただし、くへ(食)[kweː]/kwe'e/のような例がある。

1－(2)－⑫ /uu/→[uː]/u'u/

(語例) たいふう(台風)[teːΦuː]/te'ehu'u/

1－(2)－⑬ /oi/→[iː]/i'i/

(語例) とひ(樋)[tiː]/ti'i/, おもひ(思)[ʔumiː]/ʔumi'i/

(注 「ハ行転呼」を経た/oi/の例が多い。)

1－(2)－⑭ /oe/→[iː]/i'i/

(語例) こえ(声)[kwiː]/kwi'i/, うらそへ(浦添)[ʔuraʃiː]/ʔurasi'i/

1－(2)－⑮ /ou/→[uː]/u'u/

(語例) どう(胴)[duː]/du'u/(休), ほうび(褒美)[Φuːbi]/hu'ubi/

1－(2)－⑯ /oo/→[uː]/u'u/

(語例) とを(十)[tuː]/tu'u/

/ie/, /ia/, /ee/, /ea/, /eo/, /aa/, /ua/, /uo/, /oa/, /i'ja/等については、ここでは省略する。

Ⅰ－2　半母音

Ⅰ－2－(1) ヤ行音

2－(1)－①　/ja/→[ja]/'ja/

(語例) やま(山)[jama]/'jama/, おや(親)[ʔuja]/ʔu'ja/

2－(1)－②　/ju/→[ju]/'ju/

(語例) ゆうべ(昨夜)[juːbi]/'ju'ubi/, ふゆ(冬)[ɸuju]/hu'ju/

2－(1)－③　/jo/→[ju]/'ju/

(語例) よ(世)[juː]/'ju'u/, よなか(夜中)[junaka]/'junaka/

Ⅰ－2－(2) ワ行音

2－(2)－①　/wi/→[ji]/'i/

(語例) ゐをり(座)[jiːɴ]/'i'i'ɴ/, ゐ(亥)[jiː]/'i'i/

2－(2)－②　/we/→[ji]/'i/

(語例) ゑひて(酔)[jiːti]/'i'iti/, ゑ(絵)[jiː]/'i'i/

(途中、[we→wi→ji]の変化がある。)

2－(2)－③a　/wa/→[wa]/'wa/

(語例) わき(脇)[waʧi]/'waci/, わた(綿)[wata]/'wata/

2－(2)－③b　/wa/→[a]/'a/

(語例) あわ(泡)[ʔaː]/ʔa'a/

2－(2)－④　/wo/→[wu]/'u/

(語例)　をり(居)[wuɴ]/'u'ɴ/, をけ(桶)[wu:ki]/'u'uki/

「くわ」「ぐわ」等に関しては「カ行音」「ガ行音」参照。

Ⅰ－３　子音

Ⅰ－３－(1)　カ行の子音

3－(1)－①　/ki/→[ʧi]/ci/

(語例)　きも(肝)[ʧimu]/cimu/, ゆき(雪)[juʧi]/'juci/〈霰〉

3－(1)－②　/ke/→[ki]/ki/

(語例)　け(毛)[ki:]/ki'i/, さけ(酒)[saki]/saki/

ただし、「木(き)」は、[ki:]/ki'i/である。

3－(1)－③　/ka/→[ka]/ka/

(語例)　かさ(傘)[kasa]/kasa/, さか(坂)[saka]/saka/

3－(1)－④　/ku/→[ku]/ku/

(語例)　くるま(車)[kuruma]/kuruma/, おく(奥)[ʔuku]/ʔuku/

3－(1)－⑤　/ko/→[ku]/ku/

(語例)　こめ(米)[kumi]/kumi/, たこ(蛸)[taku]/taku/

/-ika/等については、「口蓋化・破擦音化」の項で扱う。

3－(1)－⑥/kwa/→[kwa]/kwa/

(語例)　くわし(菓子)[kwa:ʃi]/kwa'asi/, くわじ(火事)[kwaʤi]/kwazi/

Ⅰ－３－(2)　ガ行の子音

3－(2)－①　/gi/→[ʤi]/zi/

(語例)　ぎり(義理)[ʤiri]/ziri/, うさぎ(兎)[ʔusaʤi]/ʔusazi/

3－(2)－②　/ge/→[gi]/gi/

(語例)　なげをり(投)[nagi:ɴ]/nagi'i'ɴ/, かげ(影)[ka:gi]/ka'agi/,

げつきふ(月給)[ʤitʧu:]/ziQcu'u/(ge→gi→ʤi か)

3－(2)－③　/ga/→[ga]/ga/

(語例)がき　(餓鬼)　[gaʧi]/gaci/, とが(咎)[tuga]/tuga/

3－(2)－④　/gu/→[gu]/gu/

(語例)　ぐすく(城)[gusuku]/gusuku/, ますぐ(真直)[massugu]/maQsugu/

3－(2)－⑤　/go/→[gu]/gu/

(語例)　ご(碁)[gu:]/gu'u/, だんご(団子)[da:gu]/da'agu/

/-iga/等については、「口蓋化・破擦音化」の項で扱う。

3－(2)－⑥　/gwa/→[gwa]/gwa/

(語例)　ぐわんそ(元祖)[gwaɴsu]/gwa'ɴsu/,

おぐわん(御願)[ʔugwaɴ]/ʔugwa'ɴ/

Ⅰ－3－(3) タ行の子音

3－(3)－① /ti/→[ʧi]/ci/

(語例) ち(血)[ʧi:]/ci'i/, みち(道)[miʧi]/mici/

/ti/→/ti/[ti]の変化を辿ったのではないかと思わせる例がある。

「落」[ʔuti:ɴ]/ʔuti'i'ɴ/がそれである。これは音韻的には、「おちる」と対応するのではなく、「おちをり」と対応すると考えられる例であり、単純に「ち」→/ti/の例と判断するわけにはいかない。「－ちを－」が「－て－」のようになり([tiwo→te])、[ti]となったのではあるまいか。

3－(3)－② /te/→[ti]/ti/

(語例) て(手)[ti:]/ti'i/, あひて(相手)[ʔe:ti]/ʔe'eti/

3－(3)－③ /ta/→[ta]/ta/

(語例) たび(旅)[tabi]/tabi/, ふた(蓋)[Φuta]/huta/

3－(3)－④ /tu/→[ʧi]/ci/

(語例) つき(月)[ʧiʧi]/cici/, たつ(辰)[taʧi]/taci/

3－(3)－⑤ /to/→[tu]/tu/

(語例) とを(十)[tu:]/tu'u/, おと(音)[ʔutu]/ʔutu/

/-ita/等については、「口蓋化・破擦音化」の項で扱う。

Ⅰ－3－(4) ダ行の子音

3－(4)－① /di/→[ʤi]/zi/

(語例) ぢ(地)[ʤi:]/zi'i/, はなぢ(鼻血)[hanaʤi:]/hanazi'i/

3－(4)－② /de/→[di]/di/

(語例) でんがく(田楽)[diŋgaku]/di'ɴgaku/, ふで(筆)[ɸudi]/hudi/

3－(4)－③ /da/→[da]/da/

(語例) だんご(団子)[da:gu]/da'agu/, えだ(枝)[juda]/'juda/

3－(4)－④ /du/→[ʤi]/zi/

(語例) づきん(頭巾)[ʤiʧiɴ]/zici'ɴ/, みづ(水)[miʤi]/mizi/

3－(4)－⑤ /do/→[du]/du/

(語例) どろ(泥)[duru]/duru/, かど(角)[kadu]/kadu/

/-ida/等については、「口蓋化・破擦音化」の項で扱う。

Ⅰ－3－(5) ハ行の子音

語頭とそれ以外とでは、変化過程が違う。

語頭以外は「ハ行転呼」が介在している。ハ行転呼を経たのが「二重母音」の形をとった後、さらに「長母音」化したと考えられる。その時期が、それぞれ、いつなのかが問われることになる。

3－(5)-①a　/pi/→[çi]/hi/

(語例) ひ(火)[çi:]/hi'i/, ひがん(彼岸)[çiŋgaɴ]/hi'ɴga'ɴ/

3－(5)-①b　/-opi/→[iː] /i'i/

(語例)　とひ(樋)[tiː]/ti'i/

〈考えられる変化過程の大略〉　[topi→tuɸi→tuwi→tui→tiː]

3－(5)-②a　/pe/→[çi]/hi/

(語例)　へる(蒜)[çiru]/hiru/

3－(5)-②b　/-ape/→/e'e/[eː]

(語例)　まへ(前)[meː]/me'e/

〈考えられる変化過程の大略〉　[mape→maɸi→mawi→mai→meː]

3－(5)-③a　/pa/→[Φa]/hwa/

(語例)　は(葉)[Φaː]/hwa'a/

3－(5)-③b　/pa/→[ha]/ha/

(語例)　は(歯)[haː]/ha'a/

この二つ（「葉」と「歯」）の違いが何に起因するのかが問われなければならない。

3－(5)-③c　/-apa/→[aː]/a'a/

(語例)　かは(皮)[kaː]/ka'a/

〈考えられる変化過程の大略〉　[kapa→kaɸa→kawa→kaː]

ただし、あはし(淡)[ʔaɸasaɴ]/ʔahwasa'ɴ/, こはし(硬)[kuɸasaɴ]/kuhwasa'ɴ/等の例がある。「ハ行転呼」以前の様相を呈している。

これに関する考察は、後に譲る。

3－(5)-④　/pu/→[ɸu]/hu/

(語例)　ふね(舟)[ɸuni]/huni/, ふくろ(袋)[ɸukuru]/hukuru/

3－(5)-⑤a /po/→[ɸu]/hu/

(語例)　ほね(骨)[ɸuni]/huni/, ほ(帆)[ɸuː]/hu'u/

3－(5)-⑤b /-apo/→[oː]/o'o/

(語例)　かほがけ(顔掛)[koːgaːkiː]/ko'oga'aki'i/〈頬被〉

〈考えられる変化過程の大略〉　[kapo—→kaΦo—→kawo—→kau→koː‐]

Ⅰ－3－(6)　バ行の子音

3－(6)－①　/bi/→[bi]/bi/

(語例)　びん(瓶)[biɴ]/bi'ɴ/, くび(首)[kubi]/kubi/

3－(6)－②　/be/→[bi]/bi/

(語例)　べに(紅)[biɴ]/bi'ɴ/, なべ(鍋)[naːbi]/na'abi/

3－(6)－③　/ba/→[ba]/ba/

(語例)　ばしや(馬車)[basa]/basa/, そば(傍)[suba]/suba/

3－(6)－④　/bu/→[bu]/bu/

(語例)　ぶし(武士)[buʃi]/busi/, こんぶ(昆布)[kuːbu]/ku'ubu/

3－(6)－⑤　/bo/→[bu]/bu/

(語例)　ぼん(盆)[buɴ]/bu'ɴ/, くぼみ(窪み)[kubuɴ]/kubu'ɴ/

Ⅰ－３－(7)　サ行の子音

３－(7)－① /si/→[ʃi]/si/

(語例)　しし(獅子)[ʃiʃi]/sisi/, うし(牛)[ʔuʃi]/ʔusi/

３－(7)－② /se/→[ʃi]/si/

(語例)　せんどう(船頭)[ʃindu:]/si'ɴdu'u/, あせ(汗)[ʔaʃi]/ʔasi/

３－(7)－③ /sa/→[sa]/sa/

(語例)　さる(猿)[sa:ru:]/sa'aru'u/, あさ(朝)[ʔasa]/ʔasa/

３－(7)－④ /su/→[ʃi]/si/

(語例)　すみ(炭)[ʃimi]/simi/, す(巣)[ʃi:]/si'i/

３－(7)－⑤ /so/→[su]/su/

(語例)　そば(傍)[suba]/suba/, くそ(糞)[kusu]/kusu/

/so/→/su にならない例がある。あそび(遊)[ʔaʃibi]/ʔasibi/。

/so/→/su/→/si/の変化を辿ったのか、「あすび」に対応するのか。

Ⅰ－３－(8)　ザ行の子音

３－(8)－① /zi/→[ʤi]/zi/

(語例)　じぶん(時分)[ʤibuɴ]/zibu'ɴ/, ひつじ(未)[çiʧiʤi]/hicizi/

３－(8)－② /ze/→[ʤi]/zi/

(語例)　ぜに(銭)[ʤiɴ]/zi'ɴ/, かぜ(風)[kaʤi]/kazi/

３－(8)－③ /za/→[ʤa]/za/

(語例)　ざしき(座敷)[ʤaʃiʧi]/zasici/, かざり(飾り)[kaʤaji]/kaza'i/

３－(8)－④ /zu/→[ʤi]/zi/

(語例)　ずい(髄)[ʤi:]/zi'i/, かずかず(数々)[kaʤikaʤi]/kazikazi/

３－(8)－⑤ /zo/→[ʤu]/zu/

(語例)　ぞく(賊)[ʤuku]/zuku/, みぞ(溝)[nʤu]/'ɴzu/

Ⅰ－３－(9)　マ行の子音

３－(9)－①　/mi/→[mi]/mi/

(語例)　みみ(耳)[mimi]/mimi/, すみ(炭)[ʃimi]/simi/

撥音になる場合がある。/'ɴ/：　かがみ(鏡)[kagaɴ]/kaga'ɴ/

３－(9)－② /me/→[mi]/mi/

(語例)　め(目)[mi:]/mi'i/, ゆめ(夢)[ʔimi]/ʔimi/

/me/は撥音にならない。

３－(9)－③ /ma/→[ma]/ma/

(語例)　まち(町)[maʧi]/maci/, しま(島)[ʃima]/sima/

撥音になる場合がある。/'ɴ/：　やまばる(山原)[jambaru]/'ja'ɴbaru/

３－(9)－④ /mu/→[mu]/mu/

(語例)　むら(村)[mura]/mura/

撥音になる場合がある。/'ɴ/：　むね(胸)[nni]/'ɴni/

３－(9)－⑤ /mo/→[mu]/mu/

（語例） もみ(籾)[mumi]/mumi/, くも(雲)[kumu]/kumu/

撥音になる場合がある。/'ɴ/： ころも(衣)[kuruɴ]/kuru'ɴ/

Ⅰ－３－(10) ナ行の子音

３－(10)－① /ni/→[ni]/ni/

（語例） にもつ(荷物)[nimutʃi]/nimuci/, かに(蟹)[gani]/gani/

撥音になる場合がある。/'ɴ/： ぜにだか(銭高)[ʤindaka]/zi'ɴdaka/

３－(10)－② /ne/→[ni]/ni/

（語例） ね(子)[niː]/ni'i/, ふね(舟)[Φuni]/huni/

/ne/は撥音にならない。

３－(10)－③ /na/→[na]/na/

（語例） な(名)[naː]/na'a/, つな(綱)[ʧina]/cina/

/na/は撥音にならない。

３－(10)－④ /nu/→[nu]/nu/

（語例） ぬか(糠)[nuka]/nuka/,

撥音になる場合がある。/'ɴ/： いぬ(犬)[ʔiɴ]/ʔi'ɴ/

３－(10)－⑤ /no/→[nu]/nu/

（語例） のみ(鑿)[numi]/numi/, つの(角)[ʧinu]/cinu/

撥音になる場合がある。/'ɴ/： わかもの(若者)[wakamuɴ]/'wakamu'ɴ/

Ⅰ－３－(11) ラ行の子音

３－(11)－①a /ri/→ [ji] /'i/

（語例） あめふり(雨降り)[ʔamiɸuji]/ʔamihu'i/, ほこり(埃)[ɸukuji]/huku'i/

３－(11)－①b /ri/→ [ri] /ri/

（語例） りし(利子)[riʃi]/risi/, りんき(悋気)[rinʧi]/ri'ɴci/,

すずり(硯)[ʃiʤiri]/siziri/, おりをり(降)[ʔuriːɴ]/ʔuri'i'ɴ/

「利子」「悋気」の例を見ると、語頭の場合/ri/→/ri/の変化を辿ったように思える。しかし、「硯」がそれを否定する。「硯」は「語音翻訳」(1501)には「sʌ･zʌ･ri」とあるのであった。(「利子」「悋気」が「新しい」語である可能性もある。)

これと関連して、「埃」は、「琉球館訳語」(16世紀初か)に「活个立」、『中山伝信録』(1721)に「活各力」とあり、「り」が[ri]/ri/に対応していたことがわかる。同じ「り」が、一方は/ri/[ri]となり、他方は/'i/[ji]となった原因は何か。

観点を変えてみる。「降」[ʔuriːɴ]/ʔuri'i'ɴ/は、音韻的には「おりる」と対応するのではなく、「おりをり」と対応する。「－りを－」が/-ri'i-/[-riː]と対応すると考えられる。

ところで、「折」[wuriːɴ]/'uri'i'ɴ/の例がある。これは「をれをり」に対応する。示唆を与える例ではないか。母音の変化の結果(e→i)、「－れを－」が「－りを－」となり、[-riː-]/-ri'i-/となったのではないか。その過程で「りを→れ」[riwo→re]のような状態が起こったのではないか。(「タ行音」の項目でも同様のことを述べた。「ちを→て」[tiwo→te]) 検証は後に譲る。

3－(11)－② /re/→[ri]/ri/

(語例) れいし(茘枝)[riːʧi]/ri'ici/, これ(此)[kuri]/kuri/

れんぐわ(煉瓦)[reŋgwa]/re'ɴgwa/の例がある。新しく入った語であろう。

3－(11)－③ /ra/→[ra]/ra/

(語例) らつぱ(喇叭)[rappa]/raQpa/, とら(虎)[tura]/tura/

3－(11)－④ /ru/→[ru]/ru/

(語例) るにん(流人)[runiɴ]/runi'ɴ/, くるま(車)[kuruma]/kuruma/

3－(11)－⑤ /ro/→[ru]/ru/

(語例) ろ(櫓)[ruː]/ru'u/, くろ(黒)[kuruː]/kuru'u/

Ⅰ－4　その他

Ⅰ－4－(1) 撥音

現代語を見ると、次のように分類できる。

4－(1)－①　漢字音の「ん」と対応するもの

あだん(阿旦)[ʔadaɴ]/ʔada'ɴ/, あんばい(按配)[ʔambeː]/ʔa'ɴbe'e/, あんない (案内)[ʔanneː]/ʔa'ɴne'e/, ばん(番)[baɴ]/ba'ɴ/, ぶんちん(文鎮)[bunʧiɴ]/bu'ɴci'ɴ/, がんきやう(鏡)[ganʧoː]/ga'ɴco'o/, ぐわんそ(元祖)[gwaɴsu]/gwa'ɴsu/, はんぶん(分)[hambuɴ]/ha'ɴbu'ɴ/, もんちゅう(門中)[munʧuː]/mu'ɴcu'u/, にんじょう(人情)[ninʤoː]/ni'ɴzo'o/, りんき(悋気)[rinʧi]/ri'ɴci/, さんぐわつ(三月)[saŋgwaʧi]/sa'ɴgwaci/, ほんたう(本当)[ɸuntoː]/hu'ɴto'o/, べんり(便利)[binri]/bi'ɴri/, まいねん(毎年)[meːniɴ]/me'eni'ɴ/

4－(1)－② (日本語の)「ん」と対応するもの

あんまり(余)[ʔammari]/ʔa'ɴmari/, あんもち(餡餅)[ʔammuʧi]/ʔa'ɴmuci/, まんまる(真丸)[mammaruː]/ma'ɴmaru'u/, まんなか[mannaka]/ma'ɴnaka/, かんがえ(考)[kaŋgeː]/ka'ɴge'e/, びんた[binta]/bi'ɴta/, どんぶり(丼)[dumbuji]/du'ɴbu'i/

4－(1)－③　母音脱落により生じたもの

4－(1)－③a「み」と対応

みぞ(溝)[nʤu]/'ɴzu/, みなと(港)[nnatu]/'ɴnatu/, かみなり(雷)[kannaji]/ka'ɴna'i/, みみだれ(耳垂れ)[minʤaji]/mi'ɴza'i/, かがみ(鏡)[kagaɴ]/kaga'ɴ/, たたみ(畳)[tataɴ]/tata'ɴ/, つづみ(鼓)[ʧiʤiɴ]/cizi'ɴ/, くぼみ(窪)[kubuɴ]/kubu'ɴ/

4－(1)－③b「ま」と対応

やまひ(病)[jammeː]/'ja'ɴme'e/

4－(1)－③c「む」と対応

むける(向)[ŋkiːɴ]/'ɴki'i'ɴ/, むね(胸)[nni]/'ɴni/, かたむき(傾)[katanʧi]/kata'ɴci/, こむら(腓)[kunda]/ku'ɴda/

4－(1)－③d「も」と対応

ころも(衣)[kuruɴ]/kuru'ɴ/, あぎも(杵)[ʔaʤiɴ]/ʔazi'ɴ/

4－(1)－③e「に」と対応

にがし(苦)[nʤasaɴ]/'ɴzasa'ɴ/, ぜにだか(銭高)[ʤindaka]/zi'ɴdaka/, べにがた(紅型)[biŋgata]/bi'ɴgata/

4－(1)－③f「ぬ」と対応

ぬらす(濡)[ndasuɴ]/'ɴdasu'ɴ/, のみ(蚤、犬蚤)[ʔinnumi]/ʔi'ɴnumi/, きぬ(衣)[ʧiɴ]/ci'ɴ/, いぬ(犬)[ʔiɴ]/ʔi'ɴ/

4－(1)－③g「の」と対応

のぎ(刺)[nʤi]/'ɴzi/, むなのか(六七日)[munaŋka]/muna'ɴka/, やまとのひと(大和人)[jamatunʧu]/'jamatu'ɴcu/, やすもの(安物)[jaʃimuɴ]/'jasimu'ɴ/, わかもの(若者)[wakamuɴ]/'wakamu'ɴ/, をの(斧)[wu: ɴ]/'u'u'ɴ/

4－(1)－③h「づ」と対応

たづな(手綱)[tanna]/ta'ɴna/, うけはづし(受外)(受答)[ʔukihaɴʃi]/ʔukiha'ɴsi/, みづだらひ(水盥)[bindare:]/bi'ɴdare'e/<「べにだらひ」に対応する可能性もある)

4－(1)－③i「び」「ぶ」と対応

くたびれ(疲)[kutandi]/kuta'ɴdi/, とびまわりまわり(飛回回)[tumma:jima:ji]/tu'ɴma'a'ima'a'i/(しばしば立ち寄る様), あぶら(油)[ʔanda]/ʔa'ɴda/

4－(1)－③j「り」「る」と対応

めくらがり(眩暈)[mi:kuragaɴ]/mi'ikuraga'ɴ/, つるだめ(弦試)[ʧindami]/ci'ɴdami/,
つるのこ(鶴の子?)[ʧinnuku]/ci'ɴnuku/(八つ頭)

4－(1)－③k「い」と対応

いも(芋)[ʔmmu]/ʔɴmu/, いね(稲)[ʔnni]/ʔɴni/, いごく(?)(動)[ʔnʤiʧuɴ]/ʔɴzicu'ɴ/

4－(1)－③l「う」と対応

うなぎ(鰻)[ʔnnaʤi]/ʔɴnazi/, うまれ(生)[ʔmmari]/ʔɴmari/, うむ(膿)[ʔmbe:jiɴ]/ʔɴbe'e'i'ɴ/, うむ(熟)[ʔmmuɴ]/ʔɴmu'ɴ/, うま(馬)[ʔmma]/ʔɴma/

4－(1)－③m「お」と対応

おまご(御孫)[ʔmmaga]/ʔɴmaga/, おむらす(?)(蒸)[ʔmburasuɴ]/ʔɴburasuɴ/, うめる(埋)[ʔmbe:jiɴ]/ʔɴbe'e'i'ɴ/(水を埋めて温かくする)

4－(1)－③n その他

くわずいも(食わず芋)[ʔmbaʃi]/ʔɴbasi/, そこ(其所)[ʔmma]/ʔɴma/, お祖母さん[ʔmme:]/ʔɴme'e/, うんこ(糞)[ʔn:na]/ʔɴ'ɴna/, 砕米（くだけまい）[ʔnnabi]/ʔɴnabi/

4－(1)－④　有声子音の前の鼻音に関連する（と思われる）もの

とうじ(冬至)[tunʤi:]/tu'ɴzi'i/, かじや(鍛冶屋)[kanʤa:ja:]/ka'ɴza'a'ja'a/, どまぎれ(?)(当惑)[dumaŋgwi:ɴ]/duma'ɴgwi'i'ɴ/, むぎづる(麦弦?)(笠)[munʤuru:]/mu'ɴzuru'u/, へぐろ(垢)[çiŋgu]/hi'ɴgu/ ごぐわつ(五月)[guŋgwaʧi]/gu'ɴgwaci/,
くぐわつ(九月)[kuŋgwaʧi]/ku'ɴgwaci/, ほとげ(?)(綻)[Φutuŋgwi]/hutu'ɴgwi/

資料の上では、「有声子音の前の鼻音」の「消滅時期」が「16 世紀半ば以降に設定」できるであろうとしたが（多和田(1997) p. 492-493)、上のような例はそれを否定しそうな様相を呈している。

撥音と長音との間に何らかの関連があることを示す例がある。

団子[da:gu], 昆布[ku:bu]

現代語では、活用語の「撥音便」は、存在しない。

(例) よんで(読)[judi]/'judi/, あそんで(遊)[ʔaʃidi]/ʔasidi/

Ⅰ－４－(2) 促音

現代語を見ると、次のように分類できる。

４－(2)－①17-(1) 漢字音（の促音）と対応するもの

４－(2)－①a ／Qk／

はつかく(八角)[hakkaku]/kaQkaku/, がつこう(学校)[gakkoː]/gaQko'o/, やつかい(厄介)[jakkeː]/'jaQke'e/　(「く→つ」の変化あり)

４－(2)－①b ／Qt／

がつてん(合点)[gattiɴ]/gaQti'ɴ/, はつと(法度)[hattu]/haQtu/, いつと(一斗)[ʔittu]/ʔiQtu/

４－(2)－①c ／Qc／(但し、「キ＞チ」の変化を経ている例が多い)

ばつきん(罰金)[battʃiɴ]/baQci'ɴ/, いつきん(一斤)[ʔittʃiɴ]/ʔiQci'ɴ/, たつちゆう(塔頭)[tattʃuː]/taQcu'u/<中国語に対応か>, せりきやく(勢理客)[ʤittʃaku]/ziQcaku/ (ぜりかく→じりきやく→じりちやく→じつちやく)

４－(2)－①d ／Qp／

ぶつぽう(仏法)[buppoː]/buQpo'o/, りつぱ(立派)[rippa]/riQpa/, いつぽん(一本)[ʔippuɴ]/ʔiQpu'ɴ/

４－(2)－①e ／Qs／

せつせい(摂政)[ʃiʃʃiː]/siQsi'i/, たつしや(達者)[taʃʃa]/taQsja/, いつしやく(一尺)[ʔissaku]/ʔiQsaku/

４－(2)－②　日本語（の促音）と対応するもの

４－(2)－②a　／Qk／

よつか(「四日)[jukka]/'juQka/, まつかに(真赤)[makkaːra]/maQka'ara/, まつくろに(真黒)[makkuːru]/maQku'uru/

４－(2)－②b　／Qt／

きつと[tʃittu]/ciQtu/, かつて(勝手)[katti]/kaQti/, おつて(追手)[ʔutti]/ʔuQti/

４－(2)－②c　／Qc／(但し、「キ＞チ」の変化を経ている例が多い)

らつきよう(辣韮)[rattʃoː]/raQco'o/, みつか(三日)[mittʃa]/miQca/, まつきいろに(真黄色に)[mattʃiːru]/maQci'iru/, きつて(切って)[tʃittʃi]/ciQci/, まつて(待って)[mattʃi]/maQci/, しつて(知って)[ʃittʃi]/siQci/, たつて(立って)[tattʃi]/taQci/　＜以上は、日本語の「促音便」と対応＞

４－(2)－②d　／Qp／

ひつぱる(引張)[çippajiɴ]/hiQpa'i'ɴ/, もつぱら(専)[muppara]/muQpara/

４－(2)－②e　／Qs／

まつさき(真先)[massatʃi]/maQsaci/, たつし(達し)[taʃʃi]/taQsi/, まつさら[massaːra]/maQsa'ara/

４－(2)－③　音脱落により生じたもの(日本語では促音にならず、沖縄語で促音であるもの)

「音脱落」だけを考えれば、(活用語の)促音便と対応するものも含まれることになるが、ここでは、「日本語では促音にならず、沖縄語で促音であるもの」に焦点を当てる。
この項目のものは、音脱落の前に母音の無声化があったと予想される。
連続した二音節(あるいは二モーラ)が関係している。
4－(2)－③a ／Qｋ／
ふくれ(膨)[Φukkwi]/huQkwi/, やくわん(薬罐)[jakkwaɴ]/'jaQkwa'ɴ/, まくら(枕)[makkwa]/maQkwa/
4－(2)－③b ／Qｔ／
ゆるりと[juruttu]/'juruQtu/, をととひ(一昨日)[wutti:]/'uQti'i/, そろりと[suruttu]/suruQtu/
4－(2)－③c ／Qｃ／
あるき(歩)[ʔatʧi]/ʔaQci/, ひとひ(一日)[çitʧi:]/hiQci'i/, かつれん(勝連)[katʧiɴ]/kaQci'ɴ/
4－(2)－③d ／Qｐ／
すう(吸)[suppujiɴ]/suQpu'i'ɴ/ 〈←すぷり+をり〉, おおきくひらく(大開)[happajiɴ]/haQpa'i'ɴ/ 〈←はりはり+をり〉
4－(2)－③e ／Qｓ／
あさし(浅)[ʔassaɴ]/ʔaQsa'ɴ/ 〈←あささ+あり〉, かるし(軽)[gassaɴ]/gaQsa'ɴ/ 〈←がるさ+あり〉, わるし(悪)[wassaɴ]/'waQsa'ɴ/
4－(2)－④ 促音脱落
うつて(売って)[ʔuti]/ʔuti/, わつて(割って)[wati]/'wati/, あつて(有って)[ʔati]/ʔati/, とつて(取って)[tuti]/tuti/
4－(2)－⑤ 語原・由来未詳のもの
4－(2)－⑤a ／Qｋ／
ふさい(負債)[ʔukka]/ʔuQka/, いざ[rikka:]/riQka'a/, つぼみ(蕾)[mukku:]/muQku'u/
4－(2)－⑤b ／Qｔ／
ひとまとめに[ʔittinni]/ʔiQti'ɴni/, げんなり[bitte:ɴ]/biQte'e'ɴ/, つばめ(燕)[mattara:]/maQtara'a/
4－(2)－⑤c ／Qｃ／
ごちそう(御馳走)[kwatʧi:]/kwaQci'i/, うらがえしをり(裏返)[ʔutʧe:suɴ]/ʔuQce'esu'ɴ/, みちをり(満)[mitʧakajiɴ]/miQcaka'i'ɴ/
4－(2)－⑤d ／Qｐ／
まちがい(間違)[bappe:]/baQpe'e/, しんるい(親類)[kappiʧi]/kaQpici/, それだけ[ʔuppi]/ʔuQpi
4－(2)－⑤e ／Qｓ／
あれだけ[ʔassa]/ʔaQsa/, ずきん・ぴくん・どきん[çissuji]/hiQsu'i/, かたはしから(片端)[ʔisso:na:di:]/ʔiQso'ona'adi'i/
例はいちいち示さなかったが、促音になる音環境として次のようなものが考えられる。
きき、きか、きこ、きて、きた、きつ、きと、きは、きさ、くこ、くれ、くら、こら/ちき、ちか、ちこ、ちち、ちて、ちつ、ちと、たた、たり、つむ、つれ、とと、とひ、して/しさ、すさ、ささ/もは/りて、りと、りは、りふ、るき、るさ

これを音韻として整理すると、次のようになる。
/-kik-/, /-tik-/;/-kit-/, /-tit-/, /-sit-/, /-rit-/, /-tat-/, /-tot-/;/-kip-/, /-rip-/, /-top-/;/-kis-/, /-sis-/, /-sas-/;/-kuk-/, /-ruk-/;/-kur-/, /-tur-/, /-tar-/, /-kor-/;/-sus-/, /-rus-/;/-tum-/

Ｉ－４－(3) 口蓋化と破擦音化

口蓋化と破擦音化には、全て母音／ｉ／が関係していると言える。その前の音に影響を与える場合（A）と後ろの音に影響を与える場合（B）があるが、両方に影響を与えたと考えられる例（C）もある。「きて(来)[tʧi]/Qci/」「して(為)[ʃʃi]/Qsi/」がその例である。次のような変化を辿ったであろうと考えられる。

（C）[kite]→[kitje]→[kiti]→[ʧiʧi]→[ʧi̥ʧi]→[tʧi]/Qci/
[site]→[ʃitje]→[ʃiti]→[ʃiʧi]→[ʃi̥ʧi]→[ʃʃi]/Qsi/

これらの変化は、それぞれ、いつごろ起こっていつごろまで続いたかを跡付けるのが課題となる。

ただし、「生きて」は[ʔiʧiʧi]/ʔicici/、「指して」は[saʧi]/saci/である。

（A）の場合が、それぞれの項目で見た、/ki/→/ci/[ʧi], /gi/→/zi/[ʤi], /ti/→/ci/[ʧi], /di/→/zi/[ʤi]等である。

ここで取り上げるのは（B）についてである。次のように集約できる。

（B）/-ik-/→/-ikj-/→/-ic-/[-iʧ-], /-ig-/→/-igj-/→/-iz-/[-iʤ-],
/-it-/→/-itj-/→/-ic-/[-iʧ-], /-id-/→/-idj-/→/-iz-/[-iʤ-]

語例をいくつか示しておく。

/ika/→/ca/[ʧa]　（語例）いか(如何)[ʧaː]/ca'a/
/ige/→/izi/[iʤi]　（語例）ひげ(髭)[çiʤi]/hizi/
/iga/→/za/[ʤa]　（語例）にがし(苦)[nʤasaɴ]/'ɴzasa'ɴ/
/ite/→/ci/[ʧi]　（語例）かいて(書)[kaʧi]/kaci/, だして(出)[ʔnʤaʧi]/ʔɴzaci/
ただし、あひて(相手)[ʔeːti]/ʔe'eti/
/ita/→/(i)ca/[(i)ʧa]　（語例）した(下)[ʃiʧa]/sica/, あした(明日)[ʔaʧa]/ʔaca/
/ito/→/icu/[iʧu]　（語例）いと(糸)[ʔiːʧuː]/ʔi'icu'u/
/ida/→/iza/[iʤa]　（語例）あしだ(足駄)[ʔaʃiʤa]/ʔasiza/

多和田(1997)(p. 455～483)で「口蓋化と破擦音化」において、主にハングル資料と漢字資料をもとに、変化過程をかなり詳しく論じた。仮名資料等も加えて更なる検討を試みる。

以上の他に、「す」/su/→/si/[ʃi], 「ず」/zu/→/zi/[ʤi], 「つ」/tu/→/ci/[ʧi], 「づ」/du/→/zi/[ʤi]の変化も「口蓋化・破擦音化」の範疇に入れて考えるべきであろう。

（D）/su/[su]→/sɯ/[sɯ]→/sɨ/[sɨ]→/si/[si]→/si/[ʃi],
/zu/[dzu]→/zɯ/[dzɯ]→/zɨ/[dzɨ]→/zi/[dzi]→/zi/[ʤi],

/tu/[tu]→/tsɯ/[tsɯ]→/ci/[tsi]→/ci/[tsi]→/ci/[ʧi],

/du/[du]→/dzɯ/[dzɯ]→/zi/[dzi]→/zi/[dzi]→/zi/[ʤi]

語例は、それぞれの項（/su//zu//tu//du/）で示した。

ここでも、それぞれの変化過程に関して資料上の裏付けが要請される。

Ｉ－４－(4) 声門閉鎖（喉頭化）と非声門閉鎖（非喉頭化）

現代語では、次の例のように、声門閉鎖（喉頭化）が語の意味の区別に関与している。

あな(穴)[ʔana]/ʔana/　＋　はな(花)[hana]/hana/,

ぶた(豚)[ʔwa:]/ʔwa'a/　＋　わが(我が)[wa:]/'wa'a/,

いりをり(入)[ʔi:ɴ]/ʔi'i'ɴ/　＋　ゐをり(座)[ji:ɴ]/'i'i'ɴ/,

いね(稲)[ʔnni]/ʔɴni/　＋　むね(胸)[nni]/'ɴni/

このような対立がいつごろから生じたかが問題となる。

今のところ、多和田(1997)（p. 52-53, p. 100, p. 284, p453 等)で述べたように、「クリフォード琉球語彙」(1818)の段階からは音韻としての声門閉鎖（喉頭化）を認定することができるのは確実であるが、それをどこまで遡ることができるか。資料的裏付けが要請される。

Ｉ－４－(5) 無気音

現代語では、音声的に無気音も現れるが、余剰的特徴であると言える。ハングル資料の「語音翻訳」(1501)では無気音を示すハングルの用例はないが、漢字資料としての「琉球館訳語」(16 世紀初か)や『中山伝信録』(1721)等には無気音系統の用字がある。また、『漂海録』「琉球」語(1818)には明らかな無気音表示がある。その例、「ふてつ（一つ）stʌi･'it」が示すように、「母音の無声化→母音脱落→無気音」の変化を辿ったことが窺える。その資料的裏付けが課題となる。

ちなみに、「一つ」の現代語は［ti:ʧi］で、無気音ではなくなっている。

Ｉ－４－(6) 有声子音の前の鼻音

多和田（1997）において、ハングル資料・漢字資料・アルファベット資料等も駆使して調査した。

（資料とその略号）

1. 翻…………「語音翻訳」(1501 年)
2. 館…………「琉球館訳語」(16 世紀前半成立？)
3. 使…………『使琉球録』(1534 年)
4. 字…………『音韻字海』(1572 年頃)
5. 信…………『中山伝信録』(1721 年)
6. 見…………『琉球入学見聞録』(1764 年)
7. ｸﾘ…………「クリフォード琉球語彙」(1818 年)
8. 漂…………『漂海録』(の「琉球」語)(1818 年)

そして、次の表のような結果を得た。

<有声子音の前の音節末の鼻音の有無に関する表>

	翻	館	使	字	信	見	クリ	漂
しやうが	○	／	／	／	×	×	／	／
あふぎ	／	○	○	○	○、×	×	×	×
うさぎ	○	×	×	×	×	／	／	／
むぎ	／	○	○	○	／	／	／	／
をぎ	／	○	○	○	○	／	／	×
あげ～	○、×	○、×	○、×	○	×	／	／	／
をなご	／	／	／	○	○	×	×	×
かしらげ	／	○	○	○	○	／	／	／
くじやく	／	○	／	×	×	／	／	／
かぜ	○	×	○、×	×	×	×	×	(○)
すずり	×	○	○	○	×	×	／	／
ばうず	／	×	×	×	×	／	×	／
ひだり	／	○	○	○	○	×	×	／
かぢ	／	○	○	○	○	×	×	／
みづ	／	○	○	○	○	×	×	×
ふで	○	○	○	○	×	×	×	×
まど	／	○	○	／	×	×	／	／
もどり	／	○	○	○	○	×	×	／
おばに	○、×	○	○	○	×	○	／	／
おび	／	／	○	○	○、×	×	／	／
くび	／	／	／	○	×	／	×	／
あそび	○	○	○	／	／	／	／	／
ねぶり	／	○	○	○	／	／	／	／
びやうぶ	／	×	×	×	×	×	／	／

「○」は鼻音あり。「×」は鼻音なし。「／」は用例なし。

用例を見れば、一目瞭然であるが、全て、所謂「語中」の場合である。所謂「語頭」の場合は、鼻音が存在しない。そもそも「語頭」が有声音である例が少ないのであるが、「語音翻訳」の「門 zjo」「身子 to・′u（胴、体）」が、その例となる。

詳しいことは、第Ⅶ章において述べることにする。

沖縄語と言語の変化

多和田（2004）において、「３．沖縄語と言語の取替え」と題して沖縄語の歴史的変化過程に言及し、次のように述べた。

今のところ推測の域を出ないが、沖縄語の歴史において、上記のような「取替え」「戻し」あるいは「先祖還り」がなされた時期が（文献時代に入ってからでも）数回あったのではないか。近いところでは、1945年以降徐々に始まり1970年代に加速した時期であり（所謂「日本復帰」が1972年）、その前は琉球藩設置（1872年）・「琉球処分」「廃藩置県」（1879年）以降であろう。「薩摩侵入」（1609年）後その支配下におかれるようになった時期もそうである。

さらに遡るとすれば、「三山統一」以前である。源平興亡に関連する武装集団の何度かにわたる移動・移住である。それを物語る伝説の類も多い。武力を持った彼等が支配者階級を形成し言葉にも影響を及ぼしていったと考えられる（p. 66）

「上記のような『取替え』『戻し』あるいは『先祖還り』」の例として、読み方を「日本語」風にすることで結果として「語の取替え」を招いた、最も顕著なものが地名・人名であると述べ、次のように示した。

○宜野湾[ʤino:ɴ]→[ginowaɴ]（ぎのわん）

○上原[ʔi:baru]→[ʔujehara]（うえはら）

○玉城[tamagusuku]・[tamaguʃiku]→[tamaki]（たまき）・[tamaʃiro]（たましろ）

○国頭[kunʤaɴ]→[kunigami]（くにがみ）

これだけでは語彙的な「取替え」しか起こっていないという印象を与えてしまうかもしれないが、言語の体系の取替えが起こったのである。一例を示そう。

現在六十歳前後のある姉妹（宜野湾市在住）は、1960年代後半あたりまでは次のようなやり取りをしていたはずである。

姉：[ʔaʧa,　na:ɸaŋkaji　ko:jimuɴ　ʃi:ga　ʔikana]

（明日、那覇に買い物しに行こうよ。）

妹：[ʔaʧana: .　ʔaʧa:　ju:ʤunu　ʔassa:.　ʔasatijare:　dajiʤo:bujaʃiga.]

（明日ねえ？　明日は用事があるのよ。明後日なら大丈夫だけど。）

それが今では次のようなやり取りになっている。

姉：[ʔaʃita,　nahani　kajimono　ʔikanajine:]

（明日、那覇に買い物行かないね？）

妹：[ʔaʃitane:.　ʔaʃitawa jo:ʤiga　ʔarusa:.　ʔasattenara　dajiʤo:budakedo]

（明日ねえ？　明日は用事があるさ。明後日なら大丈夫だけど。）

これは、ほんの一例に過ぎない。似たような現象が全地域的に起こり、現在に到っていると言える。

途中どのような変化過程を経たのかは追跡できていないが、30～40 年の間に別の言語（体系）を使用するようになったことは否定できない。まさしく言語の「取替え」であろう。

このようなことが「(文献時代に入ってからでも) 数回あった」と想定しているのであるが、それが実証できるかどうか。個々の資料に当たりながら、時間を追って丹念に見ていくことになる。

第Ⅱ章　16世紀の沖縄語の音韻

16世紀沖縄語の音韻について、項目ごとに、考察を行う。
（ハングルの場合は、転写字で示す。音節と音節との境に「-」を入れる）

Ⅱ－１　母音

Ⅱ－１－⑴　短母音

Ⅱ－１－⑴－①　＊／i／

｛翻｝（1501）

（注　「語音翻訳」に関する詳しい分析は、多和田（1997）参照。ここでは、要点のみ述べる。以下、同じ。）

＊/i/相当部分は、ほとんど、ハングルの「i」で表記されている。

音価はハングル「i」のそれと同じく、［i］であったと考えられる。

一例だけ「jɔ」がある。「’ ja-sʌ-mjɔ-’ is-cjɔi」の「mjɔ」がそれであるが、パロール的なものかと思われる。あるいは、「やすめ」の「め」に対応する可能性もある。

「ni-ka<kja>・sa」については「口蓋化と破擦音化」で改めて扱う。

＜用例＞

○’ it-cʌ（いつ、何時）　○ki-mo（きも、肝、心）　○’u-saŋ-ki（うさぎ、兎）　○si-ma（しま、島、故郷）　○cʌn-ci（辻、頂）　○mi-ci（みち、道）　○phi-chju（ひと、人）　○kha-mi（かみ、紙）　○’ ja-sʌ-mjɔ-’ is-cjɔi（やすみいりて、休み入りて）　○ni-ka<kja>・sa（にがさ、苦さ）　○thu-ri（とり、鳥）

｛玉｝（1501）

母音＊/i/に関しては、特筆すべき事柄は存在しない。音価は、［i］であったと考えられる。

＜用例＞

○きんのあんし（金武の按司）　○きこゑ大きみ（聞得大君）　○みやきせん（今帰仁）　○このかきつけ（この書き付け）；○てんにあをき（天に仰ぎ）　○おきやかもひかなし；○ちにふして（地に伏して）　○おとちとのもいかね　○のちにあらそふ人あらは（後に争ふ人あらば）；○よそひおとん（よそひ御殿）　○おきやかもひ；　○しよりの御ミ事（首里の御み事）　○このすミ見るへし（この墨見るべし）　○ちにふして（地に伏して）；

○あんし（按司）；　○みやきせん（今帰仁）　○とよみくすく（豊見城）　○このすミ見るへし（この墨見るべし）；○くもことまりに（雲子泊に）　○しよりの御ミ事（首里の御み事）

（用例なし）*/di/;*/bi/; */ni/; */wi/

{館}（16C 前半？）

/i/相当部分に現れた音訳字が、/e/相当部分にも現れることが多い。これは、*/e/が、音声として[i]で現れることが多くなっていたということであって、*/i/に変化があったということを示しているのではない。

音価は、[i] であったと考えられる。

「いし、石」の「亦」と「ゐがはら、井河原」の「亦」とが示すように、「い」と「ゐ」の区別がなくなっていたことがわかる。

<音訳字>

*/ki /に対応する部分に「及、乞、掲、近、急、結、角、各、着、喬、巾、斤」が現れる。「及、乞、掲、近、角、着、喬、巾、斤」に関して「古辞書類の音」を示す。

音訳字	中原音韻	東国正韻	訓蒙字会	西儒耳目資	推定音価	備　考
き　及	kiə	kkɯp	hɯp, kɯp	kie	ki	
乞	k ʻiəi	khɯi’	kɔr	k ʻi, k ʻie, nie	khi	
掲	k ʻiəi, kie	kkjɔi	☆	k ʻin	khi	
近	kiən	kɯi’	kɯn	kin	kin	「で」の前
きお　角	kiau, kiue	kak	kak	kio	kjo	
きや　着	ʧɪo, ʧɪau	☆	thjak	c ʻhu, chu	ʧa	
きよ　喬	k’ieu	kjow	橋　kjo	k’iao, kiao	kjo	
きん　巾	kiɔn	kɯn	kɔn	kin	kiɴ	
斤	kiən	kɯn	kɯn	kin	kiɴ	

<用例>

○都及（つき、月）　○由乞（ゆき、雪）○掲只（きて、来て）　○非近的（ひきで、引き出）　○葉急（ゑき、駅）　○別姑旦結（びやくだんき、白檀木）　○乞角必（きおび、帯）　○亦石乞各必（いしききおび、石帯）　○烏着刻（おきやく？　御客？）○喬古魯古（きよくろく、交椅）　○網巾（まうきん、網巾）　○林斤（りんきん、下程）「及」は*/ke/にも現れる。　○達及（たけ、竹）

*/gi/に対応する部分に「及、乞」が現れる。

音訳字	中原音韻	東国正韻	訓蒙字会	西儒耳目資	推定音価
ぎ　及	kiə	kkɯp	hɯp, kɯp	kie	gi
乞	k ʻiəi	khɯi’	kɔr	k ʻi, k ʻie, nie	gi

<用例>

○昂及（あふぎ、扇）　○烏撒及（うさぎ、兎）　○以立蒙乞（いりむぎ、炒り麦）「乞」は*/ge/にも現れる。　○品乞（ひげ、髭）

*/ti/に対応する部分に「只、集、止、之、宅、的、扎、朝、着」が現れる。「只、集、止、之、扎、着」に関して「古辞書類の音」を示す。

音訳字	中原音韻	東国正韻	訓蒙字会	西儒耳目資	推定音価
ち　只	tʂi	ciʔ	☆	chi	tsi
集	tsiəi	ccip	cip	çie, ça	tsi
止	tʂi	ci'	趾　ci	c 'hi, chi	tsi
之	tʂi	ci'	芝　ci	chi	tsi
ちや　扎	tʂa	carʔ	☆	ca, che	ʧa
ちよ　着	ʧɪo, ʧɪau	☆	thjak	c 'hu, chu	ʧo

<用例>

○達只（たち、太刀）　○密集（みち、道）　○是止哇的（しちぐわつ、七月）　○姑之（くち、口）　○害宅（かいち、獬豸）　○烏達的（おたち、御立ち）　○莫只个（もちてこ、持ちて来）　○扎（ちや、茶）　○朝失（ちやうじ、丁子、丁香）　○着姑少（ちよくしよ、勅書）

「只」は*/te/にも、*/tu/にも現れる。

○掲只（きて、来て）　○密只（みて、見て）　○失只（しりて、知りて）　○非都只（ひとつ、一つ）

*/di/に対応する部分に「失、扎、定」が現れる。

音訳字	中原音韻	東国正韻	訓蒙字会	西儒耳目資	推定音価
ぢ　失	ʃɪəi	si', sirʔ	矢　si	xe, xi, ie	dzi
ぢや扎	tʂa	carʔ	☆	ca, che	ʤa
ぢん定	tiəŋ	tjɔŋ, ttjɔŋ	碇　tjɔŋ	tim	dziŋ, dzin

*/di, */de/共通に現れる音訳字は、ない。

<用例>

○看失（かぢ、舵）　○扎喇（ぢやら、王妃）　○定稿（ぢんかう、沈香）

*/pi/に対応する部分に「必、非、分、品、亦、葉、漂、兵」が現れる。「必、非、分、葉、漂」に関して「古辞書類の音」を示す。

音訳字	中原音韻	東国正韻	訓蒙字会	西儒耳目資	推定音価
ひ　必	piəi	pirʔ	秘 phir	pi, pie	pi
非	fəi	phi'	pi	fi	ɸi
分	fən	pʌn, ppan	pun	fuen	ɸun(?)
葉	ie	' jɔp, sjɔp	' jɔp	ie, xe	i
ひやう漂	p 'ieu	phjow	瓢 phjo	p 'iao	pjau

<用例>

○必禄（ひる、昼）　○非禄（ひる、昼）　○分達立（ひだり、左）　○品乞（ひげ、髭）　○約羅亦（よろひ、鎧）　○高葉（かひ、買ひ）　○漂那（ひやうの、表の？）

「葉」は*/pe/にも現れる。　○亦葉（いへ、家）

*/bi/に対応する部分に「必、別、瓢」が現れる。

音訳字	中原音韻	東国正韻	訓蒙字会	西儒耳目資	推定音価
び　　必	piəi	pirʔ	柲 phir	pi, pie	bi
びや　別	pie	pjɔrʔ, ppjɔr	☆	pie	bja
びやう瓢	p ‘ieu	pjow	phuŋ	piao	bjau
びん　瓢	p ‘ieu	pjow	phuŋ	piao	biɴ

<用例>

○乞角必（ききおび、帯）　○別姑旦結（びやくだんき、白檀木）　○瓢布（びやうぶ、屏風）　○瓢（びん、瓶）

「必、別」は*/be/にも現れる。

○奴必約（のべよ、伸べよ）　○那喇別（ならべ、並べ）

*/si/に対応する部分に「失、石、是、思、使、只、少、升、世、食、深、時、柔、舎、者、紗、上、焼、恕、書、申、臣」が現れる。「失、石、是、思、使、只、升、世、食、深、時、柔、舎、上、焼、恕、書、申」に関して「古辞書類の音」を示す。

音訳字	中原音韻	東国正韻	訓蒙字会	西儒耳目資	推定音価	備　考
し　　失	ʃɪəi	si’, sirʔ	矢　si	xe, xi, ie	ʃi	
石	ʃɪəi	ssjɔk	sjɔk	xe	ʃi	
是	ṣɨ	ssi’	si	xi	si	
思	sɨ	sʌi’	☆	su, sai	si	
使	ṣɨ	sʌ’	☆	xi, su	si	
只	ʈṣɨ	cirʔ	☆	chi	si	
升	ʃɪəŋ	siŋ	sɯŋ	xim	ʃiŋ	「ぐ」の前
世	ʃɪəi	sjɔi	sjɔi	xi	ʃi	
食	ʃɪəi, ziei	ssik, ’i’	sik	xei	ʃi	
深	ʃɪəm	sim	☆	xin, c ‘hin	ʃim	
時	ṣɨ	ssi’	si	xi	si	
しう　柔	rɪəu	ssjɔ’, zjuw	☆	jeu	ʃu:	
しや　舎	ʃɪe	sja	sja	xe	ʃa	
しやう上	ʃɪaŋ	ssjaŋ	sjaŋ	an	ʃau	
焼	ʃɪeu	sjow	sjo	ao	ʃau	
しゆ　恕	ʃɪu	sjo’	sjo	xu	ʃu	
しよ　書	ʃɪu	sjo’	sjo	xu	ʃo	
しん　申	ʃɪəm	sin	伸　sin	sin, xin	ʃiɴ	

<用例>

○烏失（うし、牛）　○失失（しし、獅子）　○失達哇（し（り）たは、知りたは）○亦石（いし、石）　○是止買毎（しちもんめ、七匁）　○大思（たいし、大使）○使臣（ししん、使臣）　○扒只（はし、橋）　○个多少（ことし、今年）　○升哇的（しぐわつ、四月）　○世莫（しも、下）　○乞《ママ》食（しし、獅子）　○花時（はし（ら）、柱）

○使多（しうと、舅）　○柔（しう、紬）　○阿舎多（あしやと、父親と）　○使者（ししや、使者）　○紗帽（しやぼう、紗帽）　○上書（しやうしよ、尚書）　○焼哇的（しやうぐわつ、正月）　○恕思（しゆす、蠕子）　○着姑少（ちよくしよ、勅書）　○上書（しやうしよ、尚書）　○申自密稿（しんすみかう、速香）　○申思（しんし、真使）　○使臣（ししん、使臣）

「是、思」は*/su/にも現れる。

○是那（すな、砂）　○思墨（すみ、墨）

*/zi/に対応する部分に「失、日、子、只、周、柔、就、少、者、遶、角、勒」が現れる。「失、日、子、只、柔、少、者、遶、角、勒」に関して「古辞書類の音」を示す。

音訳字	中原音韻	東国正韻	訓蒙字会	西儒耳目資	推定音価
じ　失	ʃɪəi	si', sirʔ	矢　si	xe, xi, ie	ʤi
日	rɪəi	zirʔ	zir	je	ʤi
子	tsɨ	ccʌ'	cʌ	çu	ʤi
只	ʈʂɨ	cirʔ	☆	chi	ʤi
じう　柔	rɪəu	ssjɔ', zjuw	☆	jeu	ʤu:
じふ　柔	rɪəu	ssjɔ', zjuw	☆	jeu	ʤu:
じや　少	ʃɪeu	sjow	炒　chjo	xao	ʤa
者	ʧɪe	cja	赭　cja	che	ʤa
じやう遶	rɪeu	zjow	☆	jao, xao	ʤau
じゆ　角	kiau, kiue	kak	骼　kak	kio	ʤu
じよう勒	ləi	rɯk	rɯk	le	ʤu:

＜用例＞

○密失那《ママ》失（みじかし、短し）　○度日（つうじ、通事）　○嗑籃子（からじ、髪）　○非多只（ひつじ、羊）　○安周（あんじ、按司）　○麻柔倭的毎（まんじうくわうていまへ、萬歳皇帝前）　○柔哇的（じふぐわつ、十月）　○就買毎（じふもんめ、十匁）　○公少（くじやく、孔雀）　○南者（なんじや、銀）　○遶（じやう、城）　○必角禄撒（ひじゆるさ、冷さ）　○勒那（じやうの、門の）；

「子」は、*/zu/にも現れる。　○包子（ばうず、坊主）

*/mi/に対応する部分に「密、民、米、乜、毎、墨、眉、苗」が現れる。

音訳字	中原音韻	東国正韻	訓蒙字会	西儒耳目資	推定音価	備　考
み　密	miəi	mirʔ	蜜 mir	mie	mi	
民	miən	min	min	min	min, miŋ	「ぎ・づ・な」の前
米	miəi	mjɔi'	mi	mi	mi	
乜	☆	☆	☆	☆	mi	
毎	muəi	mʌi'	mʌi	moei, mui	mɪ	
墨	mo	mɯk	mɯk	me	mɪ?	

みみ眉	muəi	mi’	mi	mui, moei, ma	mi	
みや苗	mieu	mjow	mjo	miao	mja	
みん苗	mieu	mjow	mjo	miao	mɪm, mɪɴ, mɪŋ	

＜用例＞

○密乃度（みなと、港）　○由密（ゆみ、弓）　○民足（みづ、水）　○米南米（みなみ）　○烏乜（うみ、海）　○刊毎那立（かみなり、雷）　○思墨（すみ、墨）　○苗年（みやうねん、明年）　○大苗（だいみん、大明）；

「密、米、乜、毎」は*/me/にも現れる。

○速多密的（つとめて、夙めて）　○姑米（こめ、米）　○乜（め、目）　○嗑乜（あめ、雨）　○買毎（もんめ、匁）

*/ni/に対応する部分に「尼、寧、由」が現れる。

音訳字	中原音韻	東国正韻	訓蒙字会	西儒耳目資	推定音価
に　尼	ni, niəi	ni’	ni	nie, i, ni	ni
寧	niəŋ	☆	☆	nim	niŋ
にゆう由	iəu	’ juʁ	☆	ieu	nju:

*/ni/, */ne/共通に現れる音訳字は、ない。

＜用例＞

○尼失（にし、西）　○熟尼（ぜに、銭）　○寧哇的（にぐわつ、二月）　○由稿（にゆうかう、乳香）

*/ri/に対応する部分に「立、尼、隆、粦、林」が現れる。

音訳字	中原音韻	東国正韻	訓蒙字会	西儒耳目資	推定音価	備　考
り　立	liəi	rip	rip	lie	ri	
尼	ni, niəi	ni’, ’i’	ni	ni, nie, i	ri	r-n
りゆう隆	lioŋ	rjuŋ	窿　rjuŋ	☆	rjuŋ	
りん　粦	隣　liən	粼　rin	粼　rin	lin	riɴ	「きりん」
林	liəm	rim	rim	lin	riŋ	「りんきん」

＜用例＞

○分達立（ひだり、左）　○加尼（(あ) がり、上がり、東）　○阿立（あり、有り）○隆暗（りゆうがん、龍眼）　○乞粦（きりん、麒麟）　○林斤（りんきん、下程）

「立」は、*/re/にも現れる。

○法立的（はれて、晴れて）　○嗑達立（かたれ、語れ）　○立是（れいし、茘枝）

*/wi/に対応する部分に「亦」が現れる。

音訳字	中原音韻	東国正韻	訓蒙字会	西儒耳目資	推定音価
ゐ　亦	iəi	’ juk	☆	ie	wi

<用例>

○亦嗑喇（ゐがはら、井河原）

{石東}（1522）

母音*/i/に関しては、特筆すべき事柄は存在しない。音価は、[i] であったと考えられる。

「たしきやくき」は口蓋化の例となる。

<用例>

○首里おきやかもいかなし（首里おぎやかもい加那志）； ○ち金丸（治金丸）； ○ひのもん（碑の文）； ○首里おきやかもいかなし（首里おぎやか思い加那志） ○ミこしミ玉の（御腰御玉の）； ○ミこしミ玉の（御腰御玉の？） ○ミやこより（宮古より）； ○わたり申候時に ○御代に； ○わたり申候時に（渡り申候時に） ○ミやこより（宮古より）

（用例なし）*/ki/;*/ti/；*/bi/；*/zi/；*/wi/

{石西}（1522）

母音*/i/に関しては、特筆すべき事柄は存在しない。音価は、[i] であったと考えられる。

<用例>

○きこゑ大きミ ○きのと（乙） ○ちへねんさしきわ（知念佐敷わ） ○たしきやくき（だしきや釘）； ○たしきやくき（だしきや釘）； ○ちへねんさしきわ（知念佐敷は） ○三百人そうたち（三百人僧達） ○かうちのあんし（河内の按司） ○めしよわちや事（召しよわちや事） ○おれめしよわちへ（降れ召しよわちへ） ○わたしよわちへ（渡しよわちへ）； ○かきのはなち（垣花地）； ○ひのもん（碑の文）； ○下しましり（下島尻） ○しまよ（島世） ○つかしよわちへ（着かしよわちへ） ○とし（年） ○はし（橋） ○わたし申候（渡し申候）； ○下しましり（下島尻） ○くにのあんしけすの（国の按司下司の）； ○ミちつくり（道造り） ○ミなと（湊） ○おくのミよ（奥の澪） ○おかミ申候（拝み申候） ○すミ（墨）； ○くにのまたや（国のまたや） ○くにかみ（国頭） ○ともに（共に）； ○よそいもり（世襲い杜） ○あかめたてまつり候て（崇め奉り候て） ○しましり（島尻） ○御せゝるたまわり申候（御せせる賜り申候）

（用例なし）*/bi/；*/wi/

{田１}（1523）

母音*/i/に関しては、特筆すべき事柄は存在しない。音価は、[i] であったと考えられる。

<用例>

○せいやりとみかひき（勢遣り富が引き）； ○せいやりとみかひき（勢遣り富が引き）； ○しほたるもい（小樽思い）（塩太郎思い） ○しよりより（首里より） ○くわにしや（官舎）い； せいやりとみかひき（勢遣り富が引き） ○御ミ事； ○くにのまたや（国の

またや）　○くにかみ（国頭）　○ともに（共に）；　○せいやりとみかひき（勢遣り富が引き）　○しよりより（首里より）　○たまわり申候（賜り申候）

（用例なし）；*/gi/; */ti/；*/di/；*/bi/；*/zi/；*/wi/

{祟}（1527）

母音*/i/に関しては、特筆すべき事柄は存在しない。音価は、[i] であったと考えられる。

<用例>

○おれるへし（降れるべし）；　○あんしもけすも（按司も下司も）；　○くまにてむまから（此処にて馬から）

（用例なし）*/ki/;*/gi/; */ti/；*/di/；*/pi/；*/bi/；*/mi/；*/ri/；*/wi/

{おも１}（1531）

母音*/i/に関しては、特筆すべき事柄は存在しない。音価は、[i] であったと考えられる。

「いきやり」「いきやる」は口蓋化の例である。

<用例>

○いきやる（如何やる）　○いくさに（藺草に）　○おぎやかもいや；○きこゑて（聞こゑて）　○きみはゑが（君南風が）　○きも（肝、心）　○かたき（敵）　○さしきかなもり（佐敷金杜）　○よきのはま（よきの浜）　○いきやり（行きやり）　○いきやる（如何る）　○きやのうちみや（京の内庭）；　○をぎもうちの（を肝内の）　○あらきやめ<ある限り>　○かよわぎやめ<通うまで>　○てにぎや下（天ぎや下）；　○ちかの<兵卒>　○ちよわちへ<来給いて>　○ちよわる<居給う>　○いつこいのち<兵の命>　○おぎもうちに（御肝内に）　○かねのみうち（金の御家）　○もちなやる<もてなしたる>　○おさちへ<濡れて>　○おそちへ<襲って>　○おろちへ<降ろして>　○おろちゑ<降ろして>　○しちへ（為ちへ）<して>　○みちやぎり（土撃り）；　○ぢやくに（太国）　○いくさせち<戦の霊力>　○おぎもせぢ（お肝セヂ）　○せぢだか（セヂ高）　○ひぢめわちへ（治めわちへ）　○やぢよ（八千代）　○はぢめいくさ（初め軍）　○あちおそい（按司襲い）　○ちやはれ（草履）；　○ひろく（広く）　○ひぢめわちへ（治めわちへ）　○ひようおきて（表掟）　○きやかるひに（輝がる日に）　○きやがるひに（輝がる日に）　○せひやく（勢軍）　○せひやくゑが<勢軍吉日>　○よひきとみ（世引き富）；　○しちへ（為ちへ）　○しなて（撓て）　○しまうち（島討ち）　○しよりもり（首里杜）　○しられゝ（知られれ）　○いしゑけり<勝れ兄弟>　○おざし（御差し）　○おしあけて（押し上げて）　○おれほしや（降れ欲しや）　○だしきや<木の名>　○ぬしよ（主よ）　○みしま（御島）（三島）　○やしなやり（養な遣り）　○けおのしよか（京の主が）；　○しまじりの（島尻の）　○あんしおそい（按司襲い）；　○みこゑ（御声）　○みしま（御島）（三島）　○みもん（見物）　○あおなみや（青波や）　○大きみきや（大君ぎや）　○きみはゑ（君南風）　○まみやに（真庭に）；　○にるやせぢ　○あよがうちに（肝が内に）　○くに（国）　○ぢやくに（太国）　○てるくもに（照る雲に）；　○あおりや（煽りや）　○あかなやり<守り育てて>　○あり（有り）　○いきやり（行

きやり）　○いしゑけり＜勝れ兄弟＞　○いせゑけり＜勝れ兄弟＞　○いべのいのり（威部の祈り）　○さんこおり（三庫裡）　○しまじりの（島尻の）　○しよりもり（首里杜）　○よりおれて（依り降れて）

（用例なし）*/bi/；*/wi/

｛使１｝（1534）

｛館｝の場合と同様、*/i/相当部分に現れた音訳字が、*/e/相当部分にも現れることが多い。これは、*/e/が、音声として[i]で現れることが多くなっていたということであって、*/i/に変化があったということを示しているのではない。

音価は、[i] であったと考えられる。

＜音訳字＞

*/ki/に対応する部分に「急、及、乞、近、其、掲、基、進、各、着、巾、斤」が現れる。「急、及、乞、近、掲、進、各、着、巾、斤」に関して「古辞書類の音」を示す。

音訳字	中原音韻	東国正韻	訓蒙字会	西儒耳目資	推定音価	備　考
き　急	kiəi	kɯp	☆	kie	ki	
及	kiə	kkɯp	hɯp, kɯp	kie	ki	
乞	k ‘iəi	khɯi’	kɔr	k ‘i, k ‘ie, nie	khi	
近	kiən	kɯi’	kɯn	kin	kin	「で」の前
掲	k ‘iəi, kie	kkjɔi	☆	k ‘in	khi	
進	tsiən	☆	☆	☆	tsi	
きお　各	ko	kak	胳　kak	ko	kjo	
きや　着	ʧɪo, ʧɪau	☆	thjak	c ‘hu, chu	ʧa	
きん　巾	kiɔn	kɯn	kɔn	kin	kiɴ	
斤	kiən	kɯn	kɯn	kin	kiɴ	

＜用例＞

○都急（つき、月）　○乞奴（きのふ、昨日）　○阿及（あき、秋）　○非近的（ひきで、引き出）　○非進的（ひきで、引き出）　○由其（ゆき、雪）　○掲知（きて、来て）　○基粦（きりん、麒麟）　○乞各必（ききおび、帯）　○吾着刻（おきやく、御客）　○網巾（まうきん、網巾）　○林斤（りんきん、下程）

「急、及」は*/ke/にも現れる。

○達急（たけ、竹）　○撒急（さけ、酒）　○牙及亦石（やけいし、焼石、磚）

*/gi/に対応する部分に「急、及、季」が現れる。

音訳字	中原音韻	東国正韻	訓蒙字会	西儒耳目資	推定音価
ぎ　急	kiəi	kɯp	☆	kie	gi
及	kiə	kkɯp	hɯp, kɯp	kie	gi
季	ki	☆	☆	☆	gi

＜用例＞

○翁急（をぎ、荻、甘蔗）　○吾撒及（うさぎ、兎）　○昂季（あふぎ、扇）

*/ti/に対応する部分に「只、知、止、集、之、宅、即、扎、札、丈、着」が現れる。

音訳字	中原音韻	東国正韻	訓蒙字会	西儒耳目資	推定音価
ち　只	ʈʂɨ	cirʔ	☆	chi	tsi
知	ʈʂɨ	☆	☆	chi	tsi
止	ʈʂɨ	ci’	趾　ci	c‘hi, chi	tsi
集	tsiəi	ccip	cip	çie, ça	tsi
之	ʈʂɨ	ci’	芝　ci	chi	tsi
宅	ʈʂai	to’	thʌik	ç‘e, çe	tsi
即	tsiəi	☆	☆	çie	dzi
ちや　扎	ʈʂa	carʔ	☆	ca, che	ʧa
札	ʈʂa	carʔ	☆	ca, che	ʧa
ちやう丈	ʧɪaŋ	☆	☆	☆	ʧau
ちよ　着	ʧɪo, ʧɪau	☆	thjak	c‘hu, chu	ʧo

＜用例＞

○谷只（くち、口）　○荅知（たち、太刀）　○止止哇的（しちぐわつ、七月）　○密集（みち、道）　○谷之（くち、口）　○害宅（かいち、獬豸）　○即加撒（ちかさ、近）○扎（ちや、茶）　○札半失（ちやばんじ、茶飯事）　○丈思（ちやうし、長使）　○着谷少（ちよくしよ、勅書）

「只」は*/te/, */tu/にも、「知」は*/te/にも現れる。

○蜜只（みて、見て）　○非都只（ひとつ、一つ）　○掲知（きて、来て）

*/di/に対応する部分に「失」が現れる。

音訳字	中原音韻	東国正韻	訓蒙字会	西儒耳目資	推定音価
ぢ　失	ʃɪəi	si’, sirʔ	矢　si	xe, xi, ie	dzi

＜用例＞

○看失（かぢ、舵）

*/pi/に対応する部分に「非、辟、必、分、皮、衣、品、葉、彪、漂」が現れる。

音訳字	中原音韻	東国正韻	訓蒙字会	西儒耳目資	推定音価	備　考
ひ　非	fəi	phi’	pi	fi	ɸi	
辟	piəi	☆	pj ɔk	p‘i, pie, mi	pi	
必	piəi	pirʔ	秘 phir	pi, pie	pi	
分	fən	pʌn, ppan	pun	fuen	ɸun(?)	「だ」の前
皮	p‘i	☆	phi	p‘i	pi	
衣	iə	☆	’ɯi	☆	i	
品	p‘iən	phum	phum	p‘in	*ph*iŋ	「げ」の前
葉	ie	’jɔp, sjɔp	’jɔp	ie, xe	i	
ひやう彪	pieu	☆	☆	pieu	pjau	
漂	p‘ieu	phjow	瓢 phjo	p‘iao	pjau	

＜用例＞

○非近的（ひきで、引き出）　○辟牙姑（ひやく、百）　○刀那必周（たうのひと、唐の人）　○分達里（ひだり、左）　○皮禄（ひる、昼）　○約羅衣（よろひ、鎧）　○品其（ひげ、髭）　○高葉（かひ、買ひ）　○彪鳥（ひやうを、表を）　○漂那（ひやうの（を）、表の（を））

「葉」は*/pe/にも現れる。　○亦葉（いへ、家）

*/bi/に対応する部分に「必、皮、瓢」が現れる。

音訳字	中原音韻	東国正韻	訓蒙字会	西儒耳目資	推定音価
び　必	piəi	pirʔ	秘 phir	pi, pie	bi
皮	p ‘i	☆	phi	p ‘i	bi
びや瓢	p ‘ieu	pjow	phuŋ	p ‘iao	bjau
びん瓢	p ‘ieu	pjow	phuŋ	p ‘iao	biɴ

＜用例＞

○文必（おび、帯）　○烏遜皮（あそび、遊び）　○瓢布（びやうぶ、屏風）　○法拿瓢（はなびん、花瓶）

「必」は*/be/にも現れる。　○奴必約（のべよ、伸べよ）

*/si/に対応する部分に「失、石、只、升、世、司、式、使、是、思、時、深、柔、舎、者、紗、焼、恕、少、申、臣」が現れる。「失、石、只、升、世、司、使、是、思、時、深、柔、舎、紗、焼、恕、少、申、臣」に関して「古辞書類の音」を示す。

音訳字	中原音韻	東国正韻	訓蒙字会	西儒耳目資	推定音価	備　考
し　失	ʃɪəi	si’, sirʔ	矢　si	xe, xi, ie	ʃi	
石	ʃɪəi	ssjɔk	sjɔk	xe	ʃi	
只	ʈʂɨ	cirʔ	☆	chi	si	
升	ʃɪəŋ	siŋ	sɯŋ	xim	ʃiŋ	「ぐ」の前
世	ʃɪəi	sjɔi	sjɔi	xi	ʃi	
司	ʂɨ	sʌ’	sʌ	su	sɪ	
使	ʂɨ	sʌ’	☆	xi, su	si	
是	ʂɨ	ssi’	si	xi	si	
思	si	sʌi’	☆	su, sai	si	
時	ʂɨ	ssi’	si	xi	si	
深	ʃɪəm	sim	☆	xin, c‘hin	ʃim	
しう　柔	rɪəu	ssjɔ’, zjuw	☆	jeu	ʃu:	
しや　舎	ʃɪe	sja	sja	xe	ʃa	
紗	ʂa	sa’	sa	xa	ʃa	
しやう焼	ʃɪeu	sjow	sjo	ao	ʃau	
しゆ　恕	ʃɪu	sjo’	sjo	xu	ʃu	
しよ　少	ʃɪeu	sjow	炒　chjo	xao	ʃo	

しん　申	ʃɪəm	sin	伸　sin	sin, xin	ʃiɴ	
臣	ʧ ‘ɪem	ssin	sin	c‘hin, xin	ʃiɴ	

<用例>

○升哇的（しぐわつ、四月）　○波世（ほし、星）　○吾失（うし、牛）　○衣石（いし、石）　○扒只（はし、橋）　○申司（しんし、真使）　○式的哇的（しちぐわつ、七月）　○使臣（ししん、使臣）　○付司（ふくし、副使）　○利是（れいし、茘枝）　○丈思（ちやうし、長使）　○花時（はし（ら）、柱）　○深止買毎（しもんめ、四匁）　○柔（しう、紬）　○阿舎都（あしやと、父親と）　○使者（ししや、使者）　○紗帽（しやぼう、紗帽）　○焼哇的（しやうぐわつ、正月）　○恕思（しゆす、蠕子）　○着谷少（ちよくしよ、勅書）　○申司（しんし、真使）　○使臣（ししん、使臣）

「司、是、思」は*/su/にも現れる。

○司哇（すはう、蘇芳）　○是那（すな、砂）　○思墨（すみ、墨）

*/zi/に対応する部分に「子、失、日、知、油、柔、就、扎、者、遶、少、角、勒」が現れる。「子、失、日、知、柔、者、遶、少、角、勒」に関して「古辞書類の音」を示す。

音訳字	中原音韻	東国正韻	訓蒙字会	西儒耳目資	推定音価
じ　子	tsɨ	ccʌ’	cʌ	çu	ʥɨ
失	ʃɪəi	si’, sirʔ	矢　si	xe, xi, ie	ʤi
日	rɪəi	zirʔ	zir	je	ʤi
知	ʈʂɨ	☆	☆	☆	ʥɨ
じふ　柔	rɪəu	ssjɔ’, zjuw	☆	jeu	ʤu:
じや　扎	ʈʂa	carʔ	☆	ca, che	ʤa
じや　者	ʧɪe	cja	赭　cja	che	ʤa
じやう遶	rɪeu	zjow	☆	jao, xao	ʤau
じやく少	ʃɪeu	sjow	炒　chjo	xao	ʤa
じゆ　角	kiau, kiue	kak	骼　kak	kio	ʤu
じよう勒	ləi	rɯk	rɯk	le	ʤʊ:

<用例>

○嗑藍子（からじ、髪）　○札半失（ちやばんじ、茶飯事）　○度日（つうじ、通事）　○非都知（ひつじ、羊）　○麻油吐失（まんじふとし、万歳年）　○柔哇的（じふぐわつ、十月）　○就買毎（じふもんめ、十匁）　○先扎（せんじや？　兄）　○南者（なんじや、銀）　○遶（じやう、城）　○公少（くじやく、孔雀）　○辟角禄撒（ひじゆるさ、冷さ）　○勒那（じやうの、門の）

「子」は*/zu/にも現れる。　○鮑子（ばうず、坊主）

*/mi/に対応する部分に「密、蜜、民、乜、米、眉、迷、墨、苗」が現れる。

音訳字	中原音韻	東国正韻	訓蒙字会	西儒耳目資	推定音価	備　考
み　密	miəi	mirʔ	蜜 mir	mie	mi	
蜜	muəi	mirʔ	mir	mie	mi	
民	miən	min	min	min	min, miŋ	「ぎ・づ・な」の前
乜	☆	☆	☆	☆	mi	
米	miəi	mjɔi’	mi	mi	mi	
眉	muəi	mi’	mi	mui, moei, ma	mi	
迷	muəi	☆	mi	mi	mi	
みん苗	mieu	mjow	mjo	miao	mɪm, mɪɴ, mɪŋ	

＜用例＞

○密乃度（みなと、港）　○蜜子（みつ、三）　○民足（みづ、水）　○吾乜（うみ、海）　○米南米（みなみ）　○眉（みみ、耳）　○由迷（ゆみ、弓）　○大苗（だいみん、大明）

「蜜、乜、米、」は*/me/にも現れる。

○速多蜜的（つとめて、夙めて）　○嗑乜（あめ、雨）　○谷米（こめ、米）

*/ni/に対応する部分に「尼、寧、由」が現れる。

音訳字	中原音韻	東国正韻	訓蒙字会	西儒耳目資	推定音価
に　尼	ni, niəi	ni’	ni	nie, i, ni	ni
寧	niəŋ	☆	☆	nim	niŋ
にゅう由	iəu	’juʁ	☆	ieu	nju:

＜用例＞

○尼失（にし、西）　○熱尼（ぜに、銭）　○寧哇的（にぐわつ、二月）

「尼」は*/ne/にも現れる。　○福尼（ふね、船）

*/ri/に対応する部分に「里、立、利、力、尼、龍、林、粦」が現れる。

音訳字	中原音韻	東国正韻	訓蒙字会	西儒耳目資	推定音価	備　考
り　里	li	☆	ri	☆	ri	
立	liəi	rip	rip	lie	ri	
利	li	☆	☆	☆	ri	
力	liəi	☆	☆	☆	ri	
尼	ni, niəi	ni’,’i’	ni	ni, nie, i	ri	r-n
りゅう龍	loŋ	☆	rjoŋ	☆	rju:	
りん　林	liəm	rim	rim	lin	riŋ	「りんきん」
粦	隣　liən	鄰　rin	鄰　rin	lin	riɴ	「きりん」

＜用例＞

○麻佳里（まかり、碗）　○它立（とり、鳥、鶏）　○烏利（うり、売り）　○吾利（うり、瓜）　○阿力（あり、有り）　○加尼尼失（(あ) がりにし、東西）　○龍暗（りゅう

がん、龍眼）　○基粦（きりん、麒麟）
「里、立、利、力」は*/re/にも現れる。
○約姑里的（よくれて、夜暮れて）　○法立的（はれて、晴れて）　○帛乞利（あげれ、上げれ）　○利是（れいし、茘枝）　○嗑達力（かたれ、語れ）

*/wi/に対応する部分に「依」が現れる。

音訳字	中原音韻	東国正韻	訓蒙字会	西儒耳目資	推定音価
ゐ　依	iəi	’jɔk	☆	ie	wi

＜用例＞
○依嗑喇（ゐがはら、井河原）

{田２}（1536）

母音*/i/に関しては、特筆すべき事柄は存在しない。音価は、[i] であったと考えられる。
＜用例＞
○まきり（間切）；　○くわんしや（官舎）　○さとぬしところ（里主所）　○しよりより（首里より）　○にしはら（西原）；　○御ミ事；　○くわんしやに（官舎に）　○にし（西）　○にしはら（西原）；　こおり（郡）　○しよりより（首里より）　○たまわり申候（賜り申候）
（用例なし）*/ki/;*/ti/ ; */di/ ; */pi/ ; */bi/ ; */zi/ ; */wi/

{田３}（1537）

母音*/i/に関しては、特筆すべき事柄は存在しない。音価は、[i] であったと考えられる。
＜用例＞
○よつきとみか（世継ぎ富が）；　○しよりより（首里より）；　○御ミ事　○よつきとみか（世継ぎ富が）；　○こおり（郡）　○しよりより（首里より）　○たまわり申候（賜り申候）
（用例なし）*/ki/; */ti ; */di/ ; */pi/ ; */bi/ ; */zi/ ; */ni/ ; */wi/

{田４}（1541）

母音*/i/に関しては、特筆すべき事柄は存在しない。音価は、[i] であったと考えられる。
＜用例＞
○ちくとの（筑殿）；　○せちあらとミか（勢治荒富が）；　○しよりより（首里より）；○御ミ事　○せちあらとミか（勢治荒富が）；　○てこくに（文子に）；　○しよりより（首里より）　○たまわり申候（賜り申候）　○[つつ]かねこおり
（用例なし）*/ki/; */gi/ ; */pi/ ; */bi/ ; */zi/ ; */wi/

{かた}（1543）

母音*/i/に関しては、特筆すべき事柄は存在しない。音価は、[i] であったと考えられる。

<用例>

○きこゑ大きみ（聞得大君）　○ミちはきよらく（道は清らく）　○大りうきう国（大琉球国）；　○きすゝの大やくもい（宜寿次の大屋子思い）　○きようしゆん（尭舜）　○かきりなし（限りなし）　○御くらひをつきめしよわちへ（御位を継ぎめしよわちへ）；　○ちからをそろへ（力を揃へ）　○あわしめしよわちへ（合わし召しよわちへ）　○御ほこりめしよわちや；　*/di/に対応する用例なし；　○ひのもん（碑の文）　○ひかしにあたりて（東に当たりて）　○よるもひるも（夜も昼も）　○ミおほけにあひ申候　○あんしをそひかなし（按司襲ひ加那志）　○御いわひ事（御祝ひ事）　○おひ人（老ひ人）　○おもひくわへ（思ひ子部）；　○御あそひめしよわる（御遊び召しよわる）　○よろこひたのしむ事（喜び楽しむ事）；　○御たかへし申候（御崇べ申候）　○きようしゆんの御代に（尭舜の御代に）　○いしをはめ（石を嵌め）　○よろこひたのしむ事（喜び楽しむ事）　○かきりなし（限りなし）　○ひかしにあたりて（東に当たりて）　○むかし（昔）；　○すしのミち（筋の道）　○あんしへ（按司部）；　○ミちつくり（道造り）　○ミつのとのう（癸の卯）　○ミやひら（宮平）　○ミおほけ　○をかみ申（拝み申）；　○御代ににたり（御代に似たり）　○くにーの（国々の）　○天つき王にせ（天継ぎ王仁世）；　○大りうきう国（大琉球国）　○千りやうの金を（千両の金を）　○ひかしにあたりて（東に当たりて）　○もりあり（杜在り）　○さとりめしよわちへ（悟り召しよわちへ）　○たいりより（内裏より）　○みちつくり（道造り）

（用例なし）*/wi/

{田５}（1545）

母音*/i/に関しては、特筆すべき事柄は存在しない。音価は、[i] であったと考えられる。

<用例>

○きま（儀間）　○まきり（間切）；　○しよりより（首里より）　○さとぬしところ（里主所）　○まわし（真和志）；　○御ミ事；　○大やくもいに（大屋子思いに）；　○こおり（郡）　○まきり（間切）　○しよりより（首里より）　○たまわり申候（賜り申候）

（用例なし）*/ki/;*/ti/ ; */di/ ; */pi/ ; */bi/ ; */zi/ ; */wi/

{添}（1546）

母音*/i/に関しては、特筆すべき事柄は存在しない。音価は、[i] であったと考えられる。

<用例>

○きよらさ（清らさ）　○きこゑ大きみ（聞得大君）　○御石かきつませて（御石垣積ませて）；○きこゑ大きみきみー（聞得大君君々）　○首里天つきの（首里天継ぎの）；　○をれめしよわちへ（降れ召しよわちへ）　○めしよわちや事（召しよわちや事）　○ちやうらう（長老）　○ちよさ（強さ）　○つみみちへて（積みみちへて）；　○いちやちや

けらへわちへ（板門造らへわちへ）　○するつきの御ちやう（添継ぎの御門）；　○ひのもん（碑の文）　○ひとへにありたるけに（一重にありたるげに）　○ひやく（百）　○あつさハ五ひろ（厚さは五尋）　○あひたハ（間は）　○あんしおそひかなし（按司襲ひ加那志）　○おもひくわへ（思ひ子部）　○まさかひ（真栄）　○御ゆわひ申候（御祝ひ申候）；　○しまともに（島と共に）　○しほたるかね（小樽金）（塩太郎金）　○かすしらす（数知らず）　○しるし申候（記し申候）　○にるやの大ぬし（にるやの大主）
○こしあて（腰当て）　○とし（年）　○めしよわちへ（召しよわちへ）；　○しやなの里主（謝名の里主）；　○ひのとのミのへに（丁の巳の日に）　○みはいハ（御拝は）　○ミつのと（癸）　○ミやこ（宮古）　○かミほとけの（神仏の）　○くにかみの（国頭の）
○つミ申候（積み申候）　○ミはいをかみ候て（御拝拝み候て）；　○にるやの大ぬし
○くにかみの（国頭の）　○ありたるけに　○まふにの里主（摩文仁の里主）；　○ありよるけに　○あをりやたけ（煽りや嶽）　○おりあけわちへ（おり上げわちへ）　○こくより上下　○首里もり（首里杜）　○とり（酉）；　○ミ御ミつか井めしよわちへ（み御み遣ゐ召しよわちへ）
（用例なし）*/bi/

{田６}（1551）

母音*/i/に関しては、特筆すべき事柄は存在しない。音価は、[i] であったと考えられる。

＜用例＞

○きま（儀間）　○まきり（間切）；　○しよりより（首里より）　○さとぬしところ（里主所）　○まわし（真和志）；　○御ミ事；　○大やくもいに（大屋子思いに）；　しよりより（首里より）　○まきり（間切）　○たまわり申候（賜り申候）　○こほり（郡）
（用例なし）*/ki/；*/ti/；*/di/；*/pi/；*/bi/；*/zi/；*/wi/

{やら}（1554）

母音*/i/に関しては、特筆すべき事柄は存在しない。音価は、[i] であったと考えられる。

「いきやてゝ」「しま世のてやちきやら」「たしきやくき」は口蓋化の例となる。

＜用例＞

○きちやることハ（来ちやることは）　○きこゑ大きみ（聞得大君）　○おきなハ（沖縄）　○かきのはなち地（垣花）　○なきやもの（無きやもの）　○いきやてゝ（如何てて）　○しま世のてやちきやら（しま世のてや力）　○たしきやくき（だしきや釘）；
○きまの大やくもい（儀間の大屋子思い）　○たしきやくき（だしきや釘）　○天きや下ハ　○しもしましりきやめむ（下島尻ぎやめむ）　○いきよくまし（動くまじ）　○ふきやう（奉行）；　○ちきやら（力）　○ちはなれて（地は離れて）　○ちへねん（知念）
○ちやうらう（長老）　○ちよく（強く）　○うちまの大やくもい（内間の大屋子思い）
○こちひら（東風平）　○このミよハちへ（好みよはちへ）　○きちやることハ（来ちやることは）　○みおやしちやれは　○をれめしよハちゑ（降れめしよはちゑ）　○をれめしよわちへ（降れめしよわちへ）；　○ちかため（地固め）　○御せちの（御霊力の）

○かちよくの（海賊の？）；　○ひかわ（樋川）　○ちかためのおよハひ（地固めの御祝ひ）　○こちひらの（東風平の）　○まうはらひめしよわちやる（毛祓ひ召しよわちやる）　○あんしおそひかなしの（按司襲ひ加那志の）；　○しもしましり（下島尻）　○ミしまよねん（御島世ねん）　○およハひしめさしよハる（御祝ひ為召さしよはる）　○かミしもの（上下の）　○いしらこ（石子）　○みつのとのうし（癸の丑）　○ねいし（根石）　○むかし（昔）；　○しもしましり（下島尻）　○国のようし（国の要事）　○いきよくまし（動くまじ）；　○ミつのかくこハ（水の恪護は）　○ミはんのさとぬしへ（三番の里主部）　○みよはらて（澪はらて）　○おかミめしよはる（拝み召しよはる）　○かミしも（上下）　○つミつけて（積みつけて）；　○とりのへに（西の日に）　○やらさもりのほかに（屋良座杜の外に）　○くに一のあんしへ（国々の按司部）；　○おかてあり（拝であり）　○いのりめしよハちやるけに（祈り召しよはちやるげに）　○おりあけハちへ　○しもしましり（下島尻）　○しより御城（首里御城）　○とまりのかくこ（泊の恪護）　○とりのへに（西の日に）　○もり（杜）

（用例なし）*/bi/；*/wi/

{田７}（1560）

母音*/i/に関しては、特筆すべき事柄は存在しない。音価は、[i] であったと考えられる。

<用例>

○まきり（間切）；　○さとぬしところ（里主所）　○しよりより（首里より）　○にしの（西の）；　○御ミ事　○大ミね（大嶺）　○とよミくすく（鳴響み城）；　○にし（西）　○大やくもいに（大屋子思いに）；　○こおり（郡）　○しよりより（首里より）　○たまわり申候（賜り申候）

（用例なし）*/ki/；*/ti/；*/di/；*/pi/；*/bi/；*/zi/；*/wi/

{使２}（1561）

母音*/i/に関しては、特筆すべき事柄は存在しない。音価は、[i] であったと考えられる。

<音訳字>

*/ki/に対応する部分に「急、乞、基、及、起、吃、掲、更、刻、其、之、氣、豈、各、斤」が現れる。「急、乞、基、及、吃、其、豈、斤」に関して「古辞書類の音」を示す。

音訳字	中原音韻	東国正韻	訓蒙字会	西儒耳目資	推定音価
き　急	kiəi	kɯp	☆	kie	ki
乞	k ‘iəi	khɯi’	kɔr	k ‘i, k ‘ie, nie	khi
基	ki	☆	kɯi	ki	ki
及	kiə	kkɯp	hɯp, kɯp	kie	ki
吃	kiəi, k ‘iəi	☆	kɔr	☆	ki
其	k ‘i	☆	☆	ki, hi?	ki

氣	k ʻiəi	☆	skɯi	ki, khi	ki
豈	k ʻai	☆	☆	ki, kai	ki
きお 各	ko	kak	骼 kak	ko	kjo
きん 斤	kiɔn	kɯn	kɔn	kin	kiɴ

<用例>

○都急（つき、月）　○吐急（とき、時）　○乞大（きた、北）　○基粦（きりん、麒麟）　○起模（きも、肝、心）　○失木都及（しもつき、十一月）　○吃之（きて、来て）○掲知（きて、来て）　○一更加烏牙（ゑきがおや、男親）　○刻納里（きなり、木成り、木実）　○由其（ゆき、雪）　○（匹）舎蚕（資）之（ひざまづき、跪）　○氣力（きり、霧）　○豈奴（きぬ、衣）　○衣石乞各必（いしきいしききおび、石帯）　○罔巾（まうきん、網巾）

「急、基、及」は*/ke/にも現れる。

○達急（たけ、竹）　○撒急（さけ、酒）　○撒基（さけ、酒）　○牙及亦石（やけいし、焼石）

*/gi/に対応する部分に「基、及、急、妳、其、今」が現れる。

音訳字	中原音韻	東国正韻	訓蒙字会	西儒耳目資	推定音価
ぎ　基	ki	☆	kɯi	ki	gi
及	kiə	kkɯp	hɯp, kɯp	kie	gi
急	kiəi	kɯp	☆	kie	gi
妳	你 ni	☆	☆	你 ni	gi
其	k ʻi	☆	☆	ki, hi?	gi
ぎぬ　今	kiəm	☆	☆	☆	giɴ

<用例>

○皿基諾沽（むぎのこ、麦の粉）　○吾撒及（うさぎ、兎）　○翁急（をぎ、荻、甘蔗）○密加《ママ》妳（みつぎ、貢）　○汪其（あふぎ、扇）　○冷今（どうぎぬ、胴衣）

「急、基」は*/ge/にも現れる。

○扎安急第（ちやあげて、茶上げて）　○嗑十藍基（かしらげ、頭毛、髪）

*/ti/に対応する部分に「只、止、集、即、其、宅、之、札、茶、扎」が現れる。

音訳字	中原音韻	東国正韻	訓蒙字会	西儒耳目資	推定音価
ち　只	ṭṣi	cirʔ	☆	chi	tsi
止	ṭṣi	ci’	趾 ci	c ʻhi, chi	tsi
集	tsiəi	ccip	cip	çie, ça	tsi
即	tsiəi	☆	☆	çie	tsi
其	k ʻi	☆	☆	ki	ʧi
宅	ṭṣai	to’	thʌik	ç ʻe, çe	tsi
之	ṭṣi	ci’	芝 ci	chi	tsi
ちや　札	ṭṣa	carʔ	☆	ca, che	ʧa

茶	tʂ ʻa	☆	ta	c ʻha	ʧa
扎	tʂa	carʔ	☆	ca, che	ʧa

＜用例＞

○法只哇的（はちぐわつ、八月）　○足止（つち、土）　○式止哇的（しちぐわつ、七月）　○密集（みち、道）　○即加撒（ちかさ、近）　○渣冷其（ざうのち、象の血）　○害宅（かいち、獬豸）　○窟之（くち、口）　○札半失（ちやばんじ、茶飯事）　○茶麻佳里（ちやまかり、茶碗）　○扎（ちや、茶）

「只、之」は*/te/にも現れる（これは、破擦音化）。

○密只（みて、見て）、○拝失之（はいして、拝して）

*/di/に対応する部分に「失、扎」が現れる。

音訳字	中原音韻	東国正韻	訓蒙字会	西儒耳目資	推定音価
ぢ　失	ʃɪəi	si', sirʔ	矢　si	xe, xi, ie	dzi
ぢや　扎	tʂa	carʔ	☆	ca, che	ʤa

＜用例＞

○看失（かぢ、舵）　○倭男扎喇（をなぢやら、王妃）

*/pi/に対応する部分に「非、必、匹、皮、品、分、辟、衣、牙、撒、彪、漂」が現れる。

音訳字	中原音韻	東国正韻	訓蒙字会	西儒耳目資	推定音価	備　考
ひ　非	fəi	phi'	pi	fi	ɸi	
必	piəi	pirʔ	秘 phir	pi, pie	pi	
匹	p ʻiəp	☆	phith	☆	pi	
皮	p ʻi	☆	phi	p ʻi	pi	
品	p ʻiən	phum	phum	p ʻin	phiŋ	「げ」の前
分	fən	pʌn, ppan	pun	fuen	ɸun(?)	「だ」の前
辟	piəi	☆	pj ɔk	p ʻi, pie, mi	pi	
衣	iə	☆	' ɯi	☆	i	
牙	ia	☆	' a	☆	i	
ひや　撒	sa	san, sarʔ	san	sa	ça	
ひやう彪	pieu	☆	☆	pieu	pjau	
漂	p ʻieu	phjow	瓢 phjo	p ʻiao	pjau	

＜用例＞

○非禄（ひる、昼）　○必周（ひと、人）　○匹奢（ひさ、足、脚）　○皮禄（ひる、昼）　○胡品其（こひげ？　小髭？）　○分達里（ひだり、左）　○辟角禄撒（ひじゆるさ、冷さ）　○幼羅衣（よろひ、鎧）　○撒牙姑（ひやく、百）　○彪烏（ひやうを、表を）　○漂那（ひやうの（を）、表の（を））

「牙」は*/pe/でも現れる。　○悪牙密即（うへみち、上道）

*/bi/に対応する部分に「必、瓢、平」が現れる。

音訳字	中原音韻	東国正韻	訓蒙字会	西儒耳目資	推定音価
び　必	piəi	pirʔ	秘 phir	pi, pie	bi
びやう瓢	p ʻieu	pjow	phuŋ	p ʻiao	bjau
びん　平	p ʻiəŋ	☆	☆	☆	biɴ

＜用例＞

○丈《ママ》必（おび、帯）　○瓢布（びやうぶ、屏風）　○匹胡平（しごうびん、四合瓶）「平」は*/pe/でも現れる。　○麻平的（のべて、伸べて）

*/si/に対応する部分に「失、石、司、使、式、吸、詩、時、職、十、升、申、世、是、只、之、實、尸、柔、沙、者、餞、焼、臣、匹」が現れる。「失、石、司、使、式、時、升、申、世、是、只、之、柔、沙、者、餞、焼、臣、匹」に関して「古辞書類の音」を示す。

音訳字	中原音韻	東国正韻	訓蒙字会	西儒耳目資	推定音価
し　失	ʃɪəi	si', sirʔ	矢　si	xe, xi, ie	ʃi
石	ʃɪəi	ssjɔk	sjɔk	xe	ʃi
司	ʂi	sʌ'	sʌ	su	sɪ
使	ʂi	sʌ'	☆	xi, su	si
式	ʃɪəi	☆	sik	xe	ʃi
時	ʂi	ssi'	si	xi	si
升	ʃɪəŋ	siŋ	sɯŋ	xim	ʃiŋ
申	ʃɪəm	sin	伸　sin	sin, xin	ʃiɴ
世	ʃɪəi	sjɔi	sjɔi	xi	ʃi
是	ʂi	ssi'	si	xi	si
只	ʈʂi	cirʔ	☆	chi	si
之	ʈʂi	ci'	芝　ci	chi	si
しう　柔	rɪəu	ssj□', zjuw	☆	jeu	ʃu:
しや　沙	ʂa	sa'	sa	xa	ʃa
者	ʧɪe	cja	赭　cja	che	ʃa
しやう餞	倉 ts ʻaŋ	☆	倉　chaŋ	☆	ʃau
焼	ʃɪeu	sjow	sjo	ao	ʃau
しん　申	ʃɪəm	sin	伸　sin	sin, xin	ʃiɴ
臣	ʧ ʻɪem	ssin	sin	c ʻhin, xin	ʃiɴ
匹	p ʻiəp	☆	phith	☆	ʃiɴ

＜用例＞

○失母（しも、霜）　○失失（しし、肉）　○依石（いし、石）　○申司（しんし、真使）　○使臣（ししん、使臣）　○吸之（して、為て）　○左詩（さうし、草紙）　○利十之（れいして、礼して）　○升哇的（しぐわつ、四月）　○申買毎（しもんめ、四匁）○波世（ほし、星）　○利是（れいし、茘枝）　○扒只（はし、橋）　○南及之（なんぎし、難儀し）　○一實（いし、石）　○曲尸（こし、腰）　○柔（しう、紬）　○沙冒（しやぼう、紗帽）　○使者（ししや、使者）　○戯基（しやうぎ、将棋）　○焼哇的（しやうぐわつ、正月）　○申司（しんし、真使）　○使臣（ししん、使臣）　○匹胡平（しごうびん？　四合瓶）

「司」は*/se/,*/su/にも、「是」は*/su/にも、「尸」は*/se/にも、それぞれ現れる。
　○司眉日尸（せんべつ、餞別）　○由六尸（ゆるせ、放せ）　○司黙（すみ、墨）
　○是那（すな、砂）

　*/zi/に対応する部分に「自、失、喳、子、資、之、就、柔、由、者、雀、扎、遶、角、郁」が現れる。

音訳字	中原音韻	東国正韻	訓蒙字会	西儒耳目資	推定音価
じ　自	tsɨ	☆	cʌ	☆	ʤi
失	ʃɪəi	si', sirʔ	矢　si	xe, xi, ie	ʤi
喳	ʈʂa	☆	渣　ca	査　cha	ʥi
子	tsɨ	ccʌ'	cʌ	çu	ʥi
資	tsɨ	☆	☆	çu	ʥi
之	ʈʂɨ	ci'	芝　ci	chi	ʥi
じふ　就	rɪəu	ssjɔ', zjuw	☆	jeu	ʤuː
柔	tsiəu	ccjuw	☆	çieu	ʤuː
由	iəu	'juʁ	☆	Ieu	ju
じや　者	ʧɪe	cja	赭　cja	che	ʤa
雀	tsio, tsiau	☆	cjak	Çio	ʤa
扎	ʈʂa	carʔ	☆	ca, che	ʤa
じやう遶	rɪeu	zjow	☆	jao, xao	ʤau
じゅ　角	kiau, kiue	kak	骼　kak	kio	ʤu
じよう郁	iu	☆	☆	io	ʤoː

<用例>
　○嗑蘭自之（からじげ、頭毛、髪）　○密失拿失（みじかし、短し）　○匹牝査（ひつじ、羊）　○嗑藍子其（からじげ、頭毛、髪）　○通資（つうじ、通事）　○同之（とじ、刀自、妻）　○就買毎（じふもんめ、十匁）　○柔哇的（じふぐわつ、十月）　○麻由吐失（まんじふとし、万歳年）　○南者（なんじや、銀）　○枯雀枯（くじやく、孔雀）
「子」は*/zu/にも現れる。　○褒子（ばうず、坊主）

　*/mi/に対応する部分に「密、乜、蜜、皿、眉、米、墨、民、迷、黙、膩、枇、苗」が現れる。

音訳字	中原音韻	東国正韻	訓蒙字会	西儒耳目資	推定音価	備　考
み　密	miəi	mirʔ	蜜 mir	mie	mi	
乜	☆	☆	☆	☆	mi	
蜜	miəi	mirʔ	mir	mie	mi	

皿	miəŋ	☆	☆	mim	mi	
眉	muəi	mi’	mi	mui, moei, ma	mi	
米	miəi	mjɔi’	mi	mi	mi	
墨	mo	mɯk	mɯk	me	mɪ?	
民	miən	min	min	min	min	
迷	miəi	☆	mi	mi	mi	
黙	mo	☆	☆	☆	mɪ	
膩	ni	ni	貳　zi	☆	mi	m-n
枇	p ‘i	☆	☆	p ‘i, pi	bi	m-b
みえ迷	miəi	☆	mi	mi	mi:	
みん苗	mieu	mjow	mjo	miao	mɪm, mɪɴ, mɪŋ	

＜用例＞

○密集（みち、道）　○吾乜（うみ、海）　○蜜温普谷里（みおんほこり、御御誇り）○皿子撻馬（みづたま、水玉、水晶）　○刊眉（かみ（なり）、雷）　○米南米（みなみ）○司墨（すみ、墨）　○民足（みづ、水）　○迷迷（みみ、耳）　○司黙（すみ、墨）○膩子（みつ、三）　○堪枇（かみ、紙）　○迷闌（みえらん、見えらん）　○大苗（だいみん、大明）

「乜、蜜、米」は*/me/にも現れる。

○乜（め、目）　○吾乜（うめ、梅）　○谷米（こめ、米）　○速都密的（つとめて、夙めて）

*/ni/に対応する部分に「尼、寧」が現れる。

音訳字	中原音韻	東国正韻	訓蒙字会	西儒耳目資	推定音価
に　尼	ni, niəi	ni’	ni	nie, i, ni	ni
寧	niəŋ	☆	☆	nim	niŋ

＜用例＞

○尼失（にし、西）　○惹尼（ぜに、銭）　○寧哇的（にぐわつ、二月

「尼」は*/ne/にも現れる。　○福尼（ふね、船）　○孔加尼（こがね、黄金）

*/ri/に対応する部分に「里、立、力、人、利、領、地、尼、龍、粦」が現れる。

音訳字	中原音韻	東国正韻	訓蒙字会	西儒耳目資	推定音価	備　考
り　里	li	☆	ri	☆	ri	
立	liəi	rip	rip	lie	ri	
力	liəi	☆	☆	☆	ri	
人	rɪən	☆	zin	jin	ri	
利	li	☆	☆	☆	ri	
領	liəŋ	☆	☆	lim	ri	
地	ti	☆	☆	ti	ri	r-d

尼	ni,niəi	ni',' i'	ni	ni,nie,i	ri	r-n
りゅう龍	loŋ	☆	rjoŋ	☆	rju:	
りん　粦	隣　liən	鄰　rin	鄰　rin	lin	riɴ	「きりん」

＜用例＞

主な用例は、次のとおりである。

○分達里（ひだり、左）　○牙立（やり、鑓）　○阿力（あり、有り）　○鬱勃人誇（おもりこ、思り子）　○吾利（うり、瓜）　○員領（えり、襟）　○土地（とり、鶏）　○加尼尼失（(あ）がりにし、東西）　○龍暗（りゆうがん、龍眼）　○基粦（きりん、麒麟）

「里、立」は*/re/にも現れる。

○約姑里的（よくれて、夜暮れて）　○法立的（はれて、晴れて）

*/wi/に対応する部分に「依」が現れる。

音訳字	中原音韻	東国正韻	訓蒙字会	西儒耳目資	推定音価
ゐ　依	iəi	' jɔk	☆	ie	wi

＜用例＞

○依喳喇（ゐがはら、井河原）

{田８}（1562）

母音*/i/に関しては、特筆すべき事柄は存在しない。音価は、[i] であったと考えられる。

＜用例＞

○ふさいとミかひき（ふさい富が引き）；　○ふさいとミかひき（ふさい富が引き）；　○しよりより（首里より）；　○御ミ事　○大ミね（大嶺）　○ふさいとミかひき（ふさい富が引き）；　○大やくもいに（大屋子思いに）；　○しよりより（首里より）　○こおり（郡）　○たまわり申候（賜り申候）

（用例なし）　*/gi/；*/ti/；*/di/；*/bi/；*/zi/；*/wi/

{田９}（1563）

母音*/i/に関しては、特筆すべき事柄は存在しない。音価は、[i] であったと考えられる。

＜用例＞

○せちあらとミかひき（勢治荒富が引き）；　○せちあらとミかひき（勢治荒富が引き）　○せちあらとミかひき（勢治荒富が引き）；　○しよりより（首里より）；　○御ミ事　○大ミね（大嶺）　○せちあらとミかひき（勢治荒富が引き）；　○大やくもいに（大屋子思いに）；　○しよりより（首里より）　○たまわり申候（賜り申候）

（用例なし）*/gi/；*/ti/；*/bi/；*/zi/；*/wi/

{字}（1572 頃）

母音*/i/に関しては、特筆すべき事柄は存在しない。音価は、[i] であったと考えられる。

<音訳字>

*/ki/に対応する部分に「急、乞、基、及、乙、旗、起、吃、掲、更、刻、遮、之、氣、麒、各、巾」が現れる。

音訳字	中原音韻	東国正韻	訓蒙字会	西儒耳目資	推定音価
急	kiəi	kɯp	☆	kie	ki
乞	k ‘iəi	khɯi’	kɔr	k ‘i, k ‘ie, nie	khi
基	ki	☆	kɯi	ki	ki
及	kiə	kkɯp	hɯp, kɯp	kie	ki
き　乙	iəi	☆	☆	☆	ki
旗	k ‘i	☆	☆	☆	ki
起	k ‘i	☆	☆	ki	ki
吃	kiəi, k ‘iəi	☆	kɔr	☆	ki
掲	k ‘iəi, kie	kkjɔi	☆	k ‘in	khi
更	kəŋ	☆	☆	☆	ki
刻	k ‘ə	☆	kʌk	☆	kɪ
遮	ʧɪe	☆	☆	☆	tsi
之	tʂi	☆	☆	☆	tsi
氣	k ‘iəi	☆	skɯi	ki, khi	ki
麒	k ‘i	☆	☆	☆	ki
きお　各	ko	kak	骼　kak	ko	kjo
きん　巾	kiɔn	kɯn	kɔn	kin	kiɴ

<用例>

○都急（つき、月）　○乞奴（きのふ、昨日）　○那基（なき、泣き）　○阿及（あき、秋）　○乙依（きぬ、衣）　○由旗（ゆき、雪）　○起模（きも、肝、心）　○吃之（きて、来て）　○一更加烏牙（ゑきがおや、男親）　○刻納里（きなり、木成り、木実）　○遮那（きぬ、衣）　○匹舎蛮資之（ひざまづき、跪）　○氣力（きり、霧）　○麒粦（きりん、麒麟）○衣石乞各必（いしきいしききおび、石帯）　○罔巾（まうきん、網巾）；

「急、基、及」は*/ke/にも現れる。

○亦急（いけ、行け）　○撒基（さけ、酒）　○牙及亦石（やけいし、焼石）

*/gi/に対応する部分に「基、及、急、其」が現れる。

音訳字	中原音韻	東国正韻	訓蒙字会	西儒耳目資	推定音価
ぎ　基	ki	☆	kɯi	ki	gi
及	kiə	kkɯp	hɯp, kɯp	kie	gi
急	kiəi	kɯp	☆	kie	gi
其	k ‘i	☆	☆	ki, hi?	gi

＜用例＞

○皿基（むぎ、麦の）　○吾撒及（うさぎ、兎）　○翁急（をぎ、荻、甘蔗）　○汪其（あふぎ、扇）

「基、及、急」は*/ge/にも現れる。

○嗑十藍基（かしらげ、頭毛、髪）　○安急第（あげて、上げて）　○品其（ひげ、髭）

*/ti/に対応する部分に「止、集、即、只、其、宅、之、扎」が現れる。

音訳字	中原音韻	東国正韻	訓蒙字会	西儒耳目資	推定音価
ち　止	ʈʂɨ	ci’	趾　ci	c ‘hi, chi	tsi
集	tsiəi	ccip	cip	çie, ça	tsi
即	tsiəi	☆	☆	çie	tsi
只	ʈʂɨ	cirʔ	☆	chi	tsi
其	k ‘i	☆	☆	ki	ʧi
宅	ʈʂai	to’	thʌik	ç ‘e, çe	tsi
之	ʈʂɨ	ci’	芝　ci	chi	tsi
ちや扎	ʈʂa	carʔ	☆	ca, che	ʧa

＜用例＞

○足止（つち、土）　○密集（みち、道）　○即加撒（ちかさ、近）　○谷只（くち、口）　○渣冷其（ざうのち、象の血）　○害宅（かいち、獬豸）　○窟之（くち、口）　○扎（ちや、茶）

「只、之」は*/te/にも、それぞれ現れる。

○密只（みて、見て）　○識之（しりて、知りて）

*/di/に相当する用例がない。

*/pi/に対応する部分に「匹、品、辟、皮、非、分、撒」が現れる。

音訳字	中原音韻	東国正韻	訓蒙字会	西儒耳目資	推定音価	備　考
ひ　匹	p ‘iəp	☆	phith	☆	pi	
品	p ‘iən	phum	phum	p ‘in	pi	「げ」の前
辟	piəi	☆	pj ɔk	p ‘i, pie, mi	pi	
皮	p ‘i	☆	phi	p ‘i	pi	
非	fəi	phi’	pi	fi	ɸi	
分	fən	pʌn, ppan	pun	fuen	ɸun(?)	「だ」の前
ひや　撒	sa	san, sarʔ	san	sa	ça	

/pi/と/pe/両方に現れる音訳字は、存在しない。

＜用例＞

○匹牝沓（ひつじ、羊）　○品其（ひげ、髭）　○辟角禄撒（ひじゆるさ、冷さ）　○皮禄（ひる、昼）　○非禄（ひる、昼）　○分達里（ひだり、左）　○撒姑毎（ひやく

（もん）め、百匁）

*/bi/に対応する用例なし。

*/si/に対応する部分に「失、石、式、識、世、只、實、十、升、申、是、之、豸、柔、紗、焼」が現れる。

音訳字	中原音韻	東国正韻	訓蒙字会	西儒耳目資	推定音価
し　失	ʃɪəi	si', sirʔ	矢　si	xe, xi, ie	ʃi
石	ʃɪəi	ssjɔk	sjɔk	xe	ʃi
式	ʃɪəi	☆	sik	☆	ʃi
識	ʃɪəi, ʈʂɨ	☆	☆	xe, xi, chi	ʃi
世	ʃɪəi	sjɔi	sjɔi	xi	ʃi
只	ʈʂɨ	cirʔ	☆	chi	si
實	ʃɪəi	☆	☆	xe	ʃi
十	ʃɪəi	☆	☆	xe	ʃi
升	ʃɪəŋ	siŋ	sɯŋ	xim	ʃiŋ
申	ʃɪəm	sin	伸　sin	sin, xin	ʃiɴ
是	ʂɨ	ssi'	si	xi	si
之	ʈʂɨ	ci'	芝　ci	chi	si
豸	ʈʂɨ , ʈʂai	☆	☆	☆	si
しう　柔	rɪəu	ssjɔ', zjuw	☆	jeu	ʃuː
しや　紗	ʂa	sa'	sa	xa	ʃa
しやう焼	ʃɪeu	sjow	sjo	ao	ʃau

<用例>

○失母（しも、霜）　○多失（とし、年）　○依石（いし、石）　○式的哇的（しちぐわつ、七月）　○識之（しりて、知りて）　○波世（ほし、星）　○扒只（はし、橋）　○一實（いし、石）　○嗑十藍基（かしらげ、頭毛、髪）　○升哇的（しぐわつ、四月）　○申買毎（しもんめ、四匁）　○利是（れいし、茘枝）　○南及之（なんぎし、難儀し）　○胡豸（うし、牛）　○柔（しう、紬）　○紗冒（しやぼう、紗帽）　○焼哇的（しやうぐわつ、正月）

「是」は*/su/にも現れる。　○是那（すな、砂）

*/zi/に対応する部分に「喳、子、失、就、柔、由、者、雀、遶、角、郁」が現れる。

音訳字	中原音韻	東国正韻	訓蒙字会	西儒耳目資	推定音価
じ　喳	ʈʂa	☆	渣　ca	查　cha	ʥi
子	tsɨ	ccʌ'	cʌ	çu	ʥi
失	ʃɪəi	si', sirʔ	矢　si	xe, xi, ie	ʤi
じふ　就	rɪəu	ssjɔ', zjuw	☆	jeu	ʤuː
柔	tsiəu	ccjuw	☆	çieu	ʤuː

由	iəu	'juʁ	☆	Ieu	ju
じや　者	ʧɪe	cja	赭　cja	che	ʤa
雀	tsio, tsiau	☆	cjak	Çio	ʤa
じやう遶	rɪeu	zjow	☆	jao, xao	ʤau
郁	iu	☆	☆	io	ʤo:
じゆ　角	kiau, kiue	kak	骼　kak	kio	ʤu

<用例>

○匹牝査（ひつじ、羊）　○嗑藍子其（からじげ、頭毛、髪）　○密失拿失（みじかし、短し）　○就買毎（じふもんめ、十匁）　○柔哇的（じふぐわつ、十月）　○麻由吐失（まんじふとし、万歳年）　○南者（なんじや、銀）　○枯雀枯（くじやく、孔雀）　○遶（じやう、城）　○郁（じやう、門）　○辟角禄撒（ひじゆるさ、冷さ）；

「子」は*/zu/にも現れる。　○失藍子（しらず、知らず）

*/mi/に対応する部分に「密、米、民、迷、乜、皿、眉、蜜、膩」が現れる。

音訳字	中原音韻	東国正韻	訓蒙字会	西儒耳目資	推定音価	備　考
み　密	miəi	mirʔ	蜜 mir	mie	mi	
米	miəi	mjɔi'	mi	mi	mi	
民	miən	min	min	min	min	
乜	☆	☆	☆	☆	mi	
皿	miəŋ	☆	☆	mim	mi	
眉	muəi	mi'	mi	mui, moei, ma	mi	
蜜	miəi	mirʔ	mir	mie	mi	
迷	miəi	☆	mi	mi	mi	
膩	ni	ni	貳　zi	☆	mi	m-n
みえ　迷	miəi	☆	mi	mi	mi:	

<用例>

○密集（みち、道）　○米南米（みなみ）　○民足（みづ、水）　○吾乜（うみ、海）　○皿子撻馬（みづたま、水玉、水晶）　○刊眉（かみ（なり）、雷）　○蜜温普枯里（みおんほこり、御御誇り）　○膩子（みつ、三）　○迷闌（みえらん、見えらん）；

「米、乜、蜜」は*/me/にも現れる。
○○谷米（こめ、米）　乜（め、目）　○吾乜（うめ、梅）　○速都密的（つとめて、夙めて）

*/ni/に対応する部分に「尼、寧」が現れる。

音訳字	中原音韻	東国正韻	訓蒙字会	西儒耳目資	推定音価
に　尼	ni, niəi	ni'	ni	nie, i, ni	ni
寧	niəŋ	☆	☆	nim	niŋ

＜用例＞

○尼失（にし、西）　○支尼（ぜに、銭）　○寗哇的（にぐわつ、二月

「尼」は*/ne/にも現れる。　○石碌嗑尼（しろがね、錫）

*/ri/に対応する部分に「里、立、力、利、為、地、尼」が現れる。

音訳字	中原音韻	東国正韻	訓蒙字会	西儒耳目資	推定音価	備　考
り　里	li	☆	ri	☆	ri	
立	liəi	rip	rip	lie	ri	
力	liəi	☆	☆	☆	ri	
利	li	☆	☆	☆	ri	
為	uəi	☆	☆	☆	ji	ri-ji
地	ti	☆	☆	ti	ri	r-d
尼	ni, niəi	ni’, ’i’	ni	ni, nie, i	ri	r-n

＜用例＞

○分達里（ひだり、左）　○它立奴谷只（とりのくち、鳥の口）　○吾利（うり、瓜）
○気力（きり、霧）　○空為（えり、襟）　○土地（とり、鶏）　○姑木尼（くもり、曇）
○龍暗（りゆうがん、龍眼）　○麒粦（きりん、麒麟）

「里、立」は*/re/にも現れる。

○約姑里的（よくれて、夜暮れて）　○荅毛里（たもれ、賜れ）　○法立的（はれて、晴れて）

*/wi/に対応する部分に「依」が現れる。

音訳字	中原音韻	東国正韻	訓蒙字会	西儒耳目資	推定音価
ゐ　依	iəi	’jɔk	☆	ie	wi

＜用例＞

○依嗑喇（ゐがはら、井河原）

{使3}（1579）

母音*/i/に関しては、特筆すべき事柄は存在しない。音価は、[i] であったと考えられる。

＜音訳字＞

*/ki/に対応する部分に「急、乞、基、旗、起、吃、及、掲、更、刻、其、之、氣、豈、各、巾」が現れる。

音訳字	中原音韻	東国正韻	訓蒙字会	西儒耳目資	推定音価
き　急	kiəi	kɯp	☆	kie	ki
乞	k ‘iəi	khɯi’	kɔr	k ‘i, k ‘ie, nie	khi
基	ki	☆	kɯi	ki	ki
旗	k ‘i	☆	☆	☆	ki

起	k ʻi	☆	☆	ki	ki
吃	kiəi, k ʻiəi	☆	kɔr	☆	ki
及	kiə	kkɯp	hɯp, kɯp	kie	ki
掲	k ʻiəi, kie	kkjɔi	☆	k ʻin	khi
更	kəŋ	☆	☆	☆	ki
刻	k ʻə	☆	kʌk	☆	kɪ
其	k ʻi	☆	☆	ki, hi?	ki
之	tʂi	☆	☆	☆	tsi
氣	k ʻiəi	☆	skɯi	ki, khi	ki
豈	k ʻai	☆	☆	ki, kai	ki
きお　各	ko	kak	骼　kak	ko	kjo
きん　巾	kiɔn	kɯn	kɔn	kin	kiɴ

<用例>

○都急（つき、月）　○乞奴（きのふ、昨日）　○一基（いき、行き）　○由旗（ゆき、雪）　○起模（きも、肝、心）　○吃之（きて、来て）　○失木都及（しもつき、十一月）　○掲知（きて、来て）○一更加烏牙（ゑきがおや、男親）　○刻納里（きなり、木成り、木実）　○其粦（きりん、麒麟）　○匹舎蛮資之（ひざまづき、跪）　○氣力（きり、霧）　○豈奴（きぬ、衣）　○衣石乞各必（いしきいしききおび、石帯）　○罔巾（まうきん、網巾）

「急、基、及」は*/ke/にも現れる。

○撒急（さけ、酒）　○達急（たけ、竹）　○撒基（さけ、酒）　○牙及亦石（やけいし、焼石）

*/gi/に対応する部分に「基、及、急、其、妳、今」が現れる。

音訳字	中原音韻	東国正韻	訓蒙字会	西儒耳目資	推定音価
ぎ　基	ki	☆	kɯi	ki	gi
及	kiə	kkɯp	hɯp, kɯp	kie	gi
急	kiəi	kɯp	☆	kie	gi
其	k ʻi	☆	☆	ki, hi?	gi
妳	你 ni	☆	☆	你 ni	gi
ぎぬ　今	kiəm	☆	☆	☆	giɴ

<用例>

○皿基（むぎ、麦）　○吾撒及（うさぎ、兎）　○民急里（みぎり、右）　○汪其（あふぎ、扇）　○密加妳《ママ》（みつぎ、貢）　○冷今（どうぎぬ、胴衣）

「基、急、其」は*/ge/にも現れる。

○嗑十藍基（かしらげ、頭毛、髪）　○安急第（あげて、上げて）　○品其（ひげ、髭）

*/ti/に対応する部分に「止、集、即、只、其、宅、之、札、茶、扎」が現れる。

音訳字	中原音韻	東国正韻	訓蒙字会	西儒耳目資	推定音価
ち　止	ʈʂɨ	ci’	趾　ci	c ‘hi, chi	tsi
集	tsiəi	ccip	cip	çie, ça	tsi
即	tsiəi	☆	☆	çie	tsi
只	ʈʂɨ	cirʔ	☆	chi	tsi
其	k ‘i	☆	☆	ki	ʧi
宅	ʈʂai	to’	thʌik	ç ‘e, çe	tsi
之	ʈʂɨ	ci’	芝　ci	chi	tsi
ちや　札	ʈʂa	carʔ	☆	ca, che	ʧa
茶	ʈʂ ‘a	☆	ta	c ‘ha	ʧa
扎	ʈʂa	carʔ	☆	ca, che	ʧa

＜用例＞

○足止（つち、土）　○密集（みち、道）　○即加撒（ちかさ、近）　○谷只（くち、口）　○渣冷其（ざうのち、象の血）　○害宅（かいち、獬豸）　○窟之（くち、口）　○札（ちや、茶）　○茶麻佳里（ちやまかり、茶碗）　○扎（ちや、茶）

「只、之」は*/te/にも現れる（但し、破擦音化の例）。

○密只（みて、見て）　○吃之（きて、来て）

*/di/に対応する部分に「失、扎」が現れる。

音訳字	中原音韻	東国正韻	訓蒙字会	西儒耳目資	推定音価
ぢ　失	ʃɪəi	si’, sirʔ	矢　si	xe, xi, ie	dzi
ぢや　扎	ʈʂa	carʔ	☆	ca, che	ʤa

＜用例＞

○看失（かぢ、舵）　○倭男扎喇（をなぢやら、王妃）

*/pi/に対応する部分に「匹、必、品、辟、皮、飛、分、衣、牙、撒、彪、漂」が現れる。

音訳字	中原音韻	東国正韻	訓蒙字会	西儒耳目資	推定音価	備　考
ひ　匹	p ‘iəp	☆	phith	☆	pi	
必	piəi	pirʔ	秘 phir	pi, pie	pi	
品	p ‘iən	phum	phum	p ‘in	phiŋ	「げ」の前
辟	piəi	☆	pj ɔk	p ‘i, pie, mi	pi	
皮	p ‘i	☆	phi	p ‘i	pi	
飛	fəi	phi’	pi	fi	ɸi	
分	fən	pʌn, ppan	pun	fuen	ɸun(?)	「だ」の前
衣	iə	☆	’ ɯi	☆	i	
牙	ia	☆	’ a	☆	i	
ひや　撒	sa	san, sarʔ	san	sa	ça	

ひやう彪	pieu	☆	☆	pieu	pjau	
漂	p ‘ieu	phjow	瓢 phjo	p ‘iao	pjau	

<用例>

○匹奢（ひさ、足）　○必周（ひと、人）　○品其（ひげ、髭）　○辟牙撒（ひあさ、寒さ）　○皮禄（ひる、昼）　○飛陸（ひる、昼）　○分達里（ひだり、左）　○幼羅衣（よろひ、鎧）　○撒牙姑（ひやく、百）　○密由烏牙（みゆはひ、御祝ひ）　○彪烏（ひやうを、表を）　○漂那（ひやうの（を）、表の（を））

*/bi/に対応する部分に「必、筆、瓢、平」が現れる。

音訳字	中原音韻	東国正韻	訓蒙字会	西儒耳目資	推定音価
び　必	piəi	pirʔ	秘 phir	pi, pie	bi
筆	piəi	☆	☆	☆	bi
びやう瓢	p ‘ieu	pjow	phuŋ	p ‘iao	bjau
びん　平	p ‘iəŋ	☆	☆	☆	biɴ

<用例>

○文必（おび、帯）　○文筆（おび、帯）　○瓢布（びやうぶ、屏風）　○匹胡平（しごうびん？　四合瓶？）

*/si/相当部分に「失、石、司、使、式、識、十、世、只、實、吸、匙、詩、時、升、申、是、之、尸、柔、沙、者、餞、焼、臣、匹」が現れる。

音訳字	中原音韻	東国正韻	訓蒙字会	西儒耳目資	推定音価
し　失	ʃɪəi	si’, sirʔ	矢　si	xe, xi, ie	ʃi
石	ʃɪəi	ssjɔk	sjɔk	xe	ʃi
司	ʂɨ	sʌ’	sʌ	su	sɪ
使	ʂɨ	sʌ’	☆	xi, su	si
式	ʃɪəi	☆	sik	xe	ʃi
識	ʃɪəi, ʈʂɨ	☆	☆	xe, xi, chi	ʃi
十	ʃɪəi	☆	☆	xe	ʃi
世	ʃɪəi	sjɔi	sjɔi	xi	ʃi
只	ʈʂɨ	cirʔ	☆	chi	si
實	ʃɪəi	☆	☆	xe	ʃi
吸	hiəi	☆	hɯp	hie	si
匙	ʈʂ ‘ɨ	☆	☆	☆	ʃi
詩	ʂɨ	☆	si	xi	si
時	ʂɨ	ssi’	si	xi	si
升	ʃɪəŋ	siŋ	sɯŋ	xim	ʃiŋ
申	ʃɪəm	sin	伸　sin	sin, xin	ʃiɴ
是	ʂɨ	ssi’	si	xi	si

之	ʈʂɨ	ci'	芝　ci	chi	si
尸	ʂɨ	☆	☆	xi	si
しう　柔	rɪəu	ssjɔ', zjuw	☆	jeu	ʃu:
しや　沙	ʂa	sa'	sa	xa	ʃa
者	ʧɪe	cja	赭　cja	che	ʃa
しやう戧	倉ts ‘aŋ	☆	倉　chaŋ	☆	ʃau
焼	ʃɪeu	sjow	sjo	ao	ʃau
しん　申	ʃɪəm	sin	伸　sin	sin, xin	ʃiɴ
臣	ʧ ‘ɪem	ssin	sin	c ‘hin, xin	ʃiɴ
匹	p ‘iəp	☆	phith	☆	ʃiɴ

<用例>

○失母（しも、霜）　○依石（いし、石）　○申司（しんし、真使）　○使臣（ししん、使臣）　○式止哇的（しちぐわつ、七月）　○識之（しりて、知りて）　○利十之（れいして、礼して）　○波世（ほし、星）　○扒只（はし、橋）　○一實（いし、石）　○吸之（して、為て）　○麥匙（はし、箸）　○左詩（さうし、草紙）　○花時（はし（ら）、柱）　○升哇的（しぐわつ、四月）　○申買毎（しもんめ、四匁）　○利是（れいし、茘枝）　○南及之（なんぎし、難儀し）　○曲尸（こし、腰）　○柔（しう、紬）　○沙冒（しやぼう、紗帽）　○使者（ししや、使者）　○戧基（しやうぎ、将棋）　○焼哇的（しやうぐわつ、正月）　○申司（しんし、真使）　○使臣（ししん、使臣）　○匹胡平（しごうびん？　四合瓶）

「司」は*/se/,*/su/にも、「是」は*/su/にも、「尸」は*/se/にも現れる。

○司眉日尸（せんべつ、餞別）　○司黙（すみ、墨）、○是那（すな、砂）　○由六尸（ゆるせ、放せ）、

*/zi/に対応する部分に「失、喳、子、資、之、就、柔、由、者、雀、扎、遶、角、郁」が現れる。

音訳字	中原音韻	東国正韻	訓蒙字会	西儒耳目資	推定音価
じ　失	ʃɪəi	si', sirʔ	矢　si	xe, xi, ie	ʤi
喳	ʈʂa	☆	渣　ca	查　cha	ʥi
子	tsɨ	ccʌ'	cʌ	çu	ʥi
資	tsɨ	☆	☆	çu	ʥi
之	ʈʂɨ	ci'	芝　ci	chi	ʥi
じふ　就	rɪəu	ssjɔ', zjuw	☆	jeu	ʤu:
柔	tsiəu	ccjuw	☆	çieu	ʤu:
由	iəu	'juʁ	☆	Ieu	ju
じや　者	ʧɪe	cja	赭　cja	che	ʤa
雀	tsio, tsiau	☆	cjak	çio	ʤa
扎	ʈʂa	carʔ	☆	ca, che	ʤa
じやう遶	rɪeu	zjow	☆	jao, xao	ʤau

郁	iu	☆	☆	io	ʤo:
じゆ　角	kiau, kiue	kak	骼　kak	kio	ʤu

<用例>

○札半失（ちやばんじ、茶飯事）　(○匹牝查（ひつじ、羊））　○嗑藍子其（からじげ、頭毛、髪）　○通資（つうじ、通事）　○同之（とじ、刀自、妻）　○就買毎（じふもんめ、十匁）　○柔哇的（じふぐわつ、十月）　○麻由吐失（まんじふとし、万歳年）　○南者（なんじや、銀）　○枯雀枯（くじやく、孔雀）　○先扎（せんじや？　兄）　○遶（じやう、城）　○郁（じやう、門）　○辟角禄撒（ひじゆるさ、冷さ）

「子」は*/zu/にも現れる。　○失藍子（しらず、知らず）

*/mi/に対応する部分に「密、米、乜、眉、民、皿、墨、黙、膩、枇、迷、苗」が現れる。

音訳字	中原音韻	東国正韻	訓蒙字会	西儒耳目資	推定音価	備　考
み　密	miəi	mirʔ	蜜 mir	mie	mi	
米	miəi	mjɔi’	mi	mi	mi	
乜	☆	☆	☆	☆	mi	
眉	muəi	mi’	mi	mui, moei, ma	mi	
民	miən	min	min	min	min	
皿	miəŋ	☆	☆	mim	mi	
墨	mo	mɯk	mɯk	me	mɪ?	
黙	mo	☆	☆	☆	mɪ	
膩	ni	ni	貳　zi	☆	mi	m-n
枇	p‘i	☆	☆	p‘i/pi	bi	m-b
みえ迷	miəi	☆	mi	mi	mi:	
みん苗	mieu	mjow	mjo	miao	mɪm, mɪɴ, mɪŋ	

<用例>

○密乃度（みなと、港）　○米南米（みなみ）　○吾乜（うみ、海）　○刊眉（かみ（なり）、雷）　○民足（みづ、水）　○皿子撻馬（みづたま、水玉、水晶）　○司墨（すみ、墨）　○司黙（すみ、墨）　○膩子（みつ、三）　○堪枇（かみ、紙）　○迷闌（みえらん、見えらん）　○大苗（だいみん、大明）

「密、米、乜」は*/me/にも現れる。

○嗑子密的（あつめて、集めて）　○谷米（こめ、米）　○乜（め、目）　○吾乜（うめ、梅）

*/ni/に対応する部分に「尼、寧」が現れる。

音訳字	中原音韻	東国正韻	訓蒙字会	西儒耳目資	推定音価
に　尼	ni, niəi	ni’	ni	nie, i, ni	ni
寧	niəŋ	☆	☆	nim	niŋ

<用例>

○尼買毎（にもんめ、二匁）　○惹尼（ぜに、銭）　○寧哇的（にぐわつ、二月
「尼」は*/ne/にも現れる。　○孔加尼（こがね、黄金）

*/ri/に対応する部分に「里、立、力、利、人、領、地、尼」が現れる。

音訳字	中原音韻	東国正韻	訓蒙字会	西儒耳目資	推定音価	備　考
り　里	li	☆	ri	☆	ri	
立	liəi	rip	rip	lie	ri	
力	liəi	☆	☆	☆	ri	
利	li	☆	☆	☆	ri	
人	rɪən	☆	zin	jin	ri	
領	liəŋ	☆	☆	lim	ri	
地	ti	☆	☆	ti	ri	r-d
尼	ni, niəi	ni’, ’i’	ni	ni, nie, i	ri	r-n

<用例>

○分達里（ひだり、左）　○麻佳里（まかり、碗）　○牙立（やり、鑓）　○活各力（ほこり、埃）　○吾利（うり、瓜）　○鬱勃人誇（おもりこ、思り子）　○員領（えり、襟）
○土地（とり、鶏）　○加尼尼失（(あ)がりにし、東西）
「里、立」は*/re/にも現れる。
○約姑里的（よくれて、夜暮れて）　○法立的（はれて、晴れて）

*/wi/に対応する部分に「依」が現れる。

音訳字	中原音韻	東国正韻	訓蒙字会	西儒耳目資	推定音価
ゐ　依	iəi	’jɔk	☆	ie	wi

<用例>

○依嗑喇（ゐがはら、井河原）

{田10}（1593）

母音*/i/に関しては、特筆すべき事柄は存在しない。音価は、［i］であったと考えられる。

<用例>

○きま（儀間）；　○しよりより（首里より）　○にし（西）　○まわし（真和志）
○さとぬし（里主）；　○御ミ事；　○にし（西）　○大やくもいに（大屋子思いに）
○しよりより（首里より）　○こおり（郡）　○たまわり申候（賜り申候）
（用例なし）*/ki/; */ti/; */di/; */pi/; */bi/; */zi/; */wi/

{浦}（1597）

母音*/i/に関しては、特筆すべき事柄は存在しない。音価は、［i］であったと考えられる。

<用例>

○きこゑ大きみかなし（聞得大君加那志）　○りうきう（琉球）　○おきなハ（沖縄）○はつまき（鉢巻）　○御ちよわひ（御来よわひ）　○御ちよわいめし（御来よわい召し）；○きほくひり（儀保小坂）　○うらおそひまきり（浦襲ひ間切）　○つきめしよわちへ（継ぎ召しよわちへ）　○ふきやう二人（奉行二人）　○しもしましりきやめの（下島尻ぎやめの）；　○ちはなれそろて（地離れ揃て）　○ちうさんわう（中山王）　○御いちやわりハ（御労りは）　○うちほかの（内外の）　○みち（道）　○ミち（道）　○御ちよわひ（御来よわひ）　○御ちよわい（御来よわい）；　○あちけすそろて（按司下司揃て）○あちへ（按司部）　○世のつちに（世の頂に）；　○ひのとのとり（丁の酉）　○ひのかミ（火の神）　○ひやくしやう（百姓）　○よるもひるも（夜も昼も）　○あひ申候（会ひ申候）　○うらおそひより（浦襲ひより）　○おもひ事ハ（思いひ事は）　○たひらはし（平良橋）　○まうはらひ（毛祓ひ）　○ねかひ申し候て（願ひ申し候て）；　○きほくひり（儀保小坂）　○およひめしよわちへ（御呼び召しよわちへ）；　○しかれは　○しま（島）　○かみしも（上下）　○しやうねい（尚寧）　○しよりに（首里に）　○かすしらす（数知らず）　○いしはめさせてゝ（石嵌めさせてて）　○かミしも（上下）　○はしかけさせ（橋架けさせ）　○ひやくしやう（百姓）　○御さうせめしよハちへ（御思想召しよはちへ）　○わたしよわちへ（渡しよわちへ）；　○あんしおそひ（按司襲ひ）；○つちのとのミの（己の巳の）　○ミちはしつミつけて（道橋積みつけて）　○ミつ（水）○ミはいおかミ申候（御拝拝み申候）　○かミほとけの（神仏の）　○ひのかミ（火の神）○くにかミ（国頭）　○このミよわちへ（工みよわちへ）　○たミひやくしやう（民百姓）○つミあけわちへ（積みあげわちへ）；　○みちに（道に）　○くにのまてや（国のまてや）○くにかミ（国頭）　○ふかさあるけに（深さあるげに）　○ともに（共に）　○わうにせ（王仁世）；　○りうきうちうさんわう（琉球中山王）　○千りやうの金よりも（千両の金よりも）　○御やわい事あり　○おりあけわちへ　○きほくひり（儀保小坂）　○うらおそひよりしよりに（裏襲ひより首里に）　○おほこりめしよハちゑ（御慶り召しよはちへ）　○まきり（間切）；　○御くらゐを（御位を）

Ⅱ－１－(1)－② ＊／e／

{翻}(1501)

*/e/相当の部分に、ハングルの「i」「jɔi」「jɔ」「ɯi」「ʌi」が現われ、複雑な様相を呈していることは、多和田(1997)で述べたとおりである(p.29〜31)。その要点を記す。

まず、同じ「テ」に対応すると考えられるものの母音部分に現れる「i」「jɔi」は、共時態としては、同一の音素に該当すると判断される。

○mi-na-rat<nat>-ti(みななりて、＜酒＞尽了) ○'a-sat-ti(あさって、後日) ○'i-'u-ti(ゑひて、〈酒〉酔了) ○ku-mo-tjɔi(くもりて、〈天〉陰了) ○pha-ri-tjɔi(はれて、〈天〉晴了) ○phu-tjɔi(ふりて、下〈雨〉) ○'a-kat-tjɔi(あがりて、〈日頭〉上了)

次の例は、同一の語「米」を表示しているはずのものであり、その「メ」の母音の表している「jɔi」と「ɯi」とは自由変異音をなすと考えられる。

○kho-mjɔi(こめ、大米) ○ko-mɯi(こめ、米)

さらに、「jɔ」と表記された例 「tjɔn 天」「thjɔn-ta 日頭」「mja-'u-njɔn 開年」は、「天」や「年」等の朝鮮漢字音に引かれた表記であり、「'a-rʌi あね、姐姐」の例は、[e]が[i]に移行する過程で辿る変化相[ë]を具現したものである。

以上をまとめると、{翻}から帰納される*/e/の音価として[i][e][ɪ][i][ë]が導き出せる。

＜用例＞

用例をいくつか追加しよう。

○phun-ti(ふで、筆) ○thi(て、手) ○sa-kɯi(さけ、酒) ○na-pɯi(なべ、鍋) ○'a-mɯi(あめ、雨) ○ro<no>-mi<ma>-sjɔi(のませ、飲ませ)

{玉}(1501)

表記上は、「エ段音」の仮名が使用されているので、音価としてもそれに相応しているように思われるが、{翻}{館}に見るように、いくつかのバリエーションがあったであろう。{翻}から導き出した[i][e][ɪ][i][ë]に準じると考えられる。

＜用例＞

○このかきつけ(この書き付け); ○てんにあをき(天に仰ぎ); ○千年万年にいたるまて; ○くにのまたやわたしよわちへ; ○おさまるへし(納まるべし) ○たたるへし(祟るべし) ○まなへたる(真鍋樽); ○みやきせんのあんし(今帰仁の按司); ○まもたいかね(真武体金) ○まさふろかね(真三郎金); ○こゑく(越来) ○きこゑ大きみ(聞得大君) ○この御すゑ(この御末)

(用例なし)*/ge/;*/se/;*/me/;*/re/

{館}(16C前半?)

以下、丹念に見ていくが、各項目において/-e/に相当する部分に/-i/に相当する部分と同一の音訳字が現れることが如実に物語っているように、*/e/の音価としては[e

～i]としたほうがよかろう。

「葉」が「え」「へ」「ゑ」相当部分に現れる。

○葉急（えき、駅）　○亦葉（いへ、家）　○葉（ゑ、絵）

「え・へ・ゑ」三者の区別がなくなっていたことを知ることができる。

*/ke /に対応する部分に「及、交、見」が現れる。

音訳字	中原音韻	東国正韻	訓蒙字会	西儒耳目資	推定音価
け　及	kiə	kkɯp	hɯp, kɯp	kie	kɪ
けふ　交	kiau	kjow	kjo	kiao	kjoː
けん　見	kien, hien	kjɔn	kjɔn	kien, hien	kiɴ

<用例>

○達及（たけ、竹）　○交哇（けふは、今日は）　○活見（ほつけん、絹）

「及」は*/ki/にも現れる。　○都及（つき、月）

*/ge/に対応する部分に「乞、結、潔」が現れる。

音訳字	中原音韻	東国正韻	訓蒙字会	西儒耳目資	推定音価
げ　乞	k ʻiəi	khɯiʼ	kɔr	k ʻi, k ʻie, nie	gi
結	kie	kjɔiʼ	☆	kie, ki, hi	gɪ
潔	kie	kjɔrʔ	☆	kie	gɪ

<用例>

○品乞（ひげ、髭）　○阿結的（あげて、上げて）　○不潔（まゆげ、眉毛）

「乞」は*/gi/にも現れる。　○以立蒙乞（いりむぎ、炒り麦）

*/te/に対応する部分に「只、的、帖、得、甸」が現れる。

音訳字	中原音韻	東国正韻	訓蒙字会	西儒耳目資	推定音価
て　只	ʈʂi	cirʔ	☆	chi	tsi
的	tiəi	tjɔk	菂 tjɔk	tie	tɪ
帖	t ʻie	thjɔp	thjɔp	t ʻie	thɪ
てい　的	tiəi	tjɔk	菂 tjɔk	tie	tɪi
得	təi	tɯk	☆	te	tei
てん　甸	tien	ttjɔn, ssiŋ	tjɔn	tien, xien, xim	tɪn

<用例>

○掲只（きて、来て）　○密只（みて、見て）　○失只（しりて、知りて）　○法立的（はれて、晴れて）　○速多密的（つとめて、夙）　○帖（て、手）　○倭的毎（くわうていまへ、皇帝前）　○嗑得那（くわうていの、皇帝の）　○甸尼（てんに、てにに？　天に）

「只、的」は*/ti/にも現れる。　○達只（たち、太刀）　○烏達的（おたち、御立ち）

*/de/に対応する部分に「的、帖、得」が現れる。

音訳字	中原音韻	東国正韻	訓蒙字会	西儒耳目資	推定音価
で　的	tiəi	tjɔk	菂　tjɔk	tie	dɪ
帖	t ʻie	thjɔp	thjɔp	t ʻie	dɪ
得	təi	tɯk	☆	te	de

*/de/, */di/共通の音訳字は、ない。

<用例>

○非近的（ひきで、引出）　○分帖（ふで、筆）　○波得那（ほでりの、稲妻の）

*/pe/に対応する部分に「也、亦、葉、卞」が現れる。

音訳字	中原音韻	東国正韻	訓蒙字会	西儒耳目資	推定音価
へ　也	ie	’ja’	’ja	☆	e, ɪ
亦	iəi	’juk	☆	ie	e , ɪ
葉	ie	’jɔp, sjɔp	’jɔp	ie, xe	e , ɪ
へん　卞	pien	ppjɔn	☆	pien, p ʻuon	pɪɴ

<用例>

○馬也（まへ、前）　○亦葉（いへ、家）　○唆亦（さう（ら）へ、候へ）　○阿卞（あへん、阿片）

「葉」は*/pi/にも現れる。但し、「ハ行転呼」である。

○高葉（かひ、買ひ）

*/be/に対応する部分に「必、別」が現れる。

音訳字	中原音韻	東国正韻	訓蒙字会	西儒耳目資	推定音価
べ　必	piəi	pirʔ	柲 phir	pi, pie	bɪ
別	pie	pjɔrʔ, ppjɔr	☆	pie	bɪ

<用例>

○奴必約（のべよ、伸べよ）　○那喇別（ならべ、並べ）

「必、別」ともに*/bi/にも現れる。

○乞角必（ききおび、帯）　○別姑旦結（びやくだんき、白檀木）

*/se/に対応する部分に「些、焼、先、森」が現れる。

音訳字	中原音韻	東国正韻	訓蒙字会	西儒耳目資	推定音価	備　考
せ　些	sie	sa’, sja’	☆	se, sie	si	
せう　焼	ʃɪeu	sjow	sjo	ao	ʃoː	
せん　先	sien	sjɔn	跣　sjɔn	sien	sɪn	「じや」「どう」の前
森	səm	sʌn	☆	sen, xin	sɪn	

*/si/, */su/と共通に現れる音訳字は、ない。

<用例>

○些姑尼集（せ（ち）くにち、節句日）　○姑焼（こせう、胡椒）　○先扎（せんじや？兄）　○森那（せんの、千の）

*/ze/に対応する部分に「支、集、熟」が現れる。

音訳字	中原音韻	東国正韻	訓蒙字会	西儒耳目資	推定音価	備　考
ぜ　支	ţşɨ	ci’	ci	chi	ʥɪ	
集	tsiəi	ccip	cip	çie, ça	ʥɪ	
熟	ʃɪu, ʃɪəu	ssjuk	sjuk	xo	ʥɨ	「熱」の誤り
熱	rɪe	zjorʔ	☆	je	ʥe	

/zi/,/zu/と共通に現れる音訳字は、ない。

<用例>

○支尼（ぜに、銭）　○嗑集（かぜ、風）　○熟尼（ぜに、銭）

*/me/に対応する部分に「乜、毎、米、密、眠、（名、綿）」が現れる。

音訳字	中原音韻	東国正韻	訓蒙字会	西儒耳目資	推定音価	備　考
め　乜	☆	☆	☆	☆	mɪ	
米	miəi	mjɔi’	mi	mi	mɪ	
毎	muəi	mʌi’	mʌi	moei, mui	mɨ	
密	miəi	mirʔ	蜜 mir	mie	mɪ	
眠	mien	mjɔn	mjɔn	mien	mɪn	「ど」の前
めい名	miəŋ	mjɔŋ	mjɔŋ	mim	mɪi?	
めん綿	mien	mjɔn	mjɔn	mien	mɪɴ	

<用例>

○乜（め、目）　○嗑乜（あめ、雨）　○姑米（こめ、米）　○買毎（もんめ、匁）　○速多密的（つとめて、夙めて）　○眠多木（めども、妻、女共）　○包名（はうめい、報名）　○木綿（もめん、木綿）

「乜、米、毎、密」は*/mi/にも現れる。

○烏乜（うみ、海）　○米南米（みなみ）　○刊毎那立（かみなり、雷）　○密乃度（みなと、港）　○由密（ゆみ、弓）

*/ne/に対応する部分に「乜、尼、眠、聶、年」が現れる。

音訳字	中原音韻	東国正韻	訓蒙字会	西儒耳目資	推定音価	備　考
ね　乜	☆	☆	☆	☆	nɪ	
尼	ni, niəi	ni’	ni	nie, i, ni	nɪ	
眠	mien	mjɔn	mjɔn	mien	nɪm	「ぶ」の前
聶	nie	njɔp	鑷 njɔp	nie	nɨ	
ねん　年	nien	njɔn	njɔn	nien	nɪn	

<用例>

○密乜（みね、嶺）　○福尼（ふね、船）　○孔加尼（こがね、黄金）　○眠不立（ねぶり、眠り）　○聶（ね、鼠）　○苗年（みやうねん、明年）
「尼」は*/ni/にも現れる。　○尼失（にし、西）　○熟尼（ぜに、銭）

*/re/に対応する部分に「立」が現れる。

音訳字	中原音韻	東国正韻	訓蒙字会	西儒耳目資	推定音価
れ　立	liəi	rip	rip	lie	rɪ
れい　立	liəi	rip	rip	lie	rɪ

<用例>

○法立的（はれて、晴れて）　○嗑達立（かたれ、語れ）　○立是（れいし、茘枝）
「立」は*/ri/にも現れる。　○分達立（ひだり、左）　○阿立（あり、有り）

*/we/に対応する部分に「葉、由」が現れる。

音訳字	中原音韻	東国正韻	訓蒙字会	西儒耳目資	推定音価
ゑ　葉	ie	’jɔp, sjɔp	’jɔp	ie, xe	wɪ
ゑひ　由	iəu	’juɞ	☆	ieu	wɪ

<用例>

○葉（ゑ、絵）

{石東}（1522）

用例が少なく、判断が難しいのであるが、{翻}{館}に準じると推定する。

<用例>

○たて申候ひのもん（建て申候碑の文）

（用例なし）*/ke/；*/ge/；*/de/；*/pe/；*/be/；*/se/；*/ze/；*/me/；*/ne/；*/re/；*/we/

{石西}（1522）

総じて「エ段の仮名」で表記されており、「イ段の仮名」との混用の例は見出せない。

<用例>

○あんしけすのため（按司下司のため）；　○あかめたてまつり候て（崇め奉り候て）　○ミしまよねんみくによねんてゝ（御島世ねん御国世ねんてて）；　○きのととりのへに（乙酉の日に）　○つかしよわちへ（着かしよわちへ）　○ミつのへむまのとし（壬午の年）　○はへはら（南風原）；　○さとぬしへ（里主部）　○あすたへ（長老部）　○あくかへ（赤頭）；　○せいそろい（勢揃い）　○御せゝるたまわり申候；　○世の御さうせのために（世の御思想のために）　○せいそろい（勢揃い）；　○御ゆわいめしやわちや事（御祝い召しよわちや事）　○あかめたてまつり候て（崇め奉り候て）　○ととめわちへ（留めわちへ）；　○ミしまよねん　○ねたてひかわ（根立て樋川）　○たるかねもい（樽金思い）　○ちへねん（知念）；　○おれめしよわちへ（降れ召しよわちへ）；　○きこゑ大きミ（聞得大君）

（用例なし）*/ke/；*/de/

〔田１〕（1523）

用例は少ないが、「エ段の仮名」で表記されており、「イ段の仮名」との混用の例は見出せない。

＜用例＞

○てこく（文子）；　○たうへ（唐へ）　○方へ；　○せいやりとみかひき（勢遣り富が引き）し

（用例なし）*/ke/；*/ge/；*/de/；*/be/；*/ze/；*/me/；*/ne/；*/re/；*/we/

〔崇〕（1527）

用例は少ないが、「エ段の仮名」で表記されており、「イ段の仮名」との混用の例は見出せない。

＜用例＞

○あんしもけすも（按司も下司も）；　○くまにてむまから（此処にて馬から）；　○むまからおれるへし（馬から降れるべし）；　○おれるへし(降れるべし)

（用例なし）*/ke/；*/de/；*/pe/；*/se/；*/ze/；*/me/；*/ne/；*/we/

〔おも１〕（1531）

「いしゑけり＜勝れ兄弟＞」の例がある。「いせゑけり」と「同一語」であるから、「し」と「せ」とが同音であることを示す例となる。〔翻〕〔館〕より進んだ段階の姿を見せている。

全体的には、「エ段の仮名」で表記されている。

＜用例＞

○け（気、霊力）　○けおの（今日の）　○けよの（今日の）　○けよのせぢ（京のセヂ）　○あけとま（明け方）　○あけの（名高い）　○おしうけて（押し浮けて）　○たけたけよ（嶽嶽よ）；　○げに（実に）　○なげくな（嘆くな）　○たいらけて（平らげて）；○てるくも（照る雲）＜神女名＞　○てにがした（天が下）　○あいて（相手）　○いのて（祈て）　○うちあけて（打ち上げて）　○おれて（降れて）　○きこゑて（聞こゑて）○そろて（揃て）　○たいらけて（平らげて）　○のだてゝ（宣立てて）　○なて（成て）；○とよで（鳴響で）　○かいなでゝす（掻い撫でてす）　○ゑらて（選で）；　○けらへゆらふさよ＜立派なゆらふさよ＞　○しちへ（為ちへ）　○しちへす（為ちへず）＜為てぞ＞○そへて（襲へて）　○そろへて（揃へて）　○ともゝすへ（十百末）　○もりやへきみ＜群れ合い君＞　○やへましま（八重山島）　○とらちへ（取らちへ）；　○あすべは（遊べば）　○いべのいのり（威部の祈り）；　○せいくさ（勢軍）　○せぢ＜霊力＞○せちとよみ（セヂ鳴響み）　○せひやく＜勢軍＞　○あせら（長老達）　○いせゑけり＜勝れ兄弟＞　○きらせ（切らせ）　○みおやせ＜奉れ＞；　○ぜるまゝ＜火の神＞○御さうせ＜御考え＞（御思想）　○世のさうぜ（世の思想）；　○めしよわちへ（召しよわちへ）　○あけめつら＜傘＞　○あめや（雨や）　○あめもらん（雨漏らん）　○うらひちめもとろ＜船名＞　○しめや＜させて＞；　○みおふね（み御船）　○みおうねかず

（み御船数）；　○よりおれて（依り降れて）　○あはれ＜立派な＞　○あれ（有れ）
○いのられ（祈られ）　○いのりたてまつれは（祈り奉れば）　○おれて（降れて）
○おれほしや（降れ欲しや）　○しられゝ（知られれ）　○すぐれて（勝れて）　○そゑれ（襲ゑれ）　○ちやはれ（草履）　○まされ（勝れ）；　○ゑかのかず＜吉日の数＞
○ゑそこ＜兵船＞　○ゑそにや（英祖にや）　○ゑらて（選で）　○ゑんざしき（円座敷）
○いしゑけり＜勝れ兄弟＞　○おろちゑ（降ろちゑ）　○きこゑて（聞ゑて）　○すゑ（末）
○そろゑて（揃ゑて）　○たとゑて（譬ゑて）

｛使１｝（1534）

｛館｝と同じく、多くの項目において/-e/に相当する部分に/-i/に相当する部分と同一の音訳字が現れる。*/e/の音価としては[e～i]とする。

*/ke/に対応する部分に「及、急、見」が現れる。

音訳字	中原音韻	東国正韻	訓蒙字会	西儒耳目資	推定音価
け　及	kiə	kkɯp	hɯp, kɯp	kie	kɪ
急	kiəi	kɯp	☆	kie	kɪ
けん　見	kien, hien	kjɔn	kjɔn	kien, hien	kiɴ

＜用例＞

○牙及亦石（やけいし、焼石、磚）　○達急（たけ、竹）　○撒急（さけ、酒）　○活見（ほつけん、絹）
「及、急」は*/ki/にも現れる。　○阿及（あき、秋）　○都急（つき、月）

*/ge/に対応する部分に「乞、其、傑、潔」が現れる。

音訳字	中原音韻	東国正韻	訓蒙字会	西儒耳目資	推定音価
げ　乞	k ‘iəi	khɯi’	kɔr	k ‘i, k ‘ie, nie	gɨ
其	k ‘i	☆	☆	☆	gɨ
傑	kie		kɔr	kie	gɨ
潔	kie	kjɔrʔ	☆	kie	gɪ

*/ge/, */gi/共通の音訳字は、ない。

＜用例＞

○昂乞利（あげれ、上げれ）　○品其（ひげ、髭）　○阿傑的（あげて、上げて）
○不潔（まゆげ、眉毛）

*/te/に対応する部分に「帖、的、只、知、得、甸」が現れる。

音訳字	中原音韻	東国正韻	訓蒙字会	西儒耳目資	推定音価
て　帖	t ‘ie	thjɔp	thjɔp	t ‘ie	thɪ
的	tiəi	tjɔk	菂　tjɔk	tie	tɪ
只	ʈʂi	cirʔ	☆	chi	tsi
知	ʈʂi	☆	☆	☆	tsi

てい　的	tiəi	tjɔk	菂　tjɔk	tie	tɪi
得	təi	tɯk	☆	te	tei
てん　甸	tien	ttjɔn, ssiŋ	tjɔn	tien, xien, xim	tɪn

<用例>

○帖（て、手）　○法立的（はれて、晴れて）　○掲知（きて、来て）　○蜜只（みて、見て）　○倭的毎（くわうていまへ、皇帝前）　○嗑得那（くわうていの、皇帝の）　○甸尼奴法立的（てんのはれて、てにのはれて、天の晴れて）

「的」は*/tu/にも、「只」は*/ti, */tu/にも、「知」は*/ti/にも、それぞれ現れる。

○止止哇的（しちぐわつ、七月）　○谷只（くち、口）　○非都只（ひとつ、一つ）
○荅知（たち、太刀）

*/de/に対応する部分に「的、帖、得」が現れる。

音訳字	中原音韻	東国正韻	訓蒙字会	西儒耳目資	推定音価
で　的	tiəi	tjɔk	菂　tjɔk	tie	dɪ
帖	t ‘ie	thjɔp	thjɔp	t ‘ie	dɪ
得	təi	tɯk	☆	te	de

*/di/, */du/と共通の音訳字は、ない。

<用例>

○非進的（ひきで、引出）　○分帖（ふで、筆）　○波得那（ほでりの、稲妻の）

*/pe/に対応する部分に「乜、牙、葉」が現れる。

音訳字	中原音韻	東国正韻	訓蒙字会	西儒耳目資	推定音価	備　考
へ　乜	也　ie	也　’ja’	也　’ja	☆	e, ɪ	「也」の誤り
牙	ia	☆	’a	☆	e	
葉	ie	’jɔp, sjɔp	’jɔp	ie, xe	e, ɪ	

<用例>

○悪牙蜜即（うへみち、上道）　○亦葉（いへ、家）　○馬乜《ママ》（まへ、前）

「葉」は*/pi/にも現れる。　○高葉（かひ、買ひ）

*/be/に対応する部分に「必、別」が現れる。

音訳字	中原音韻	東国正韻	訓蒙字会	西儒耳目資	推定音価
べ　必	piəi	pirʔ	秘 phir	pi, pie	bɪ
別	pie	pjɔrʔ, ppjɔr	☆	pie	bɪ

<用例>

○奴必約（のべよ、伸べよ）　○拿別（かべ、壁）

「必」は*/bi/にも現れる。　○文必（おび、帯）

*/se/に対応する部分に「些、焼、先、森」が現れる。

音訳字	中原音韻	東国正韻	訓蒙字会	西儒耳目資	推定音価
せ　些	sie	sa', sja'	☆	se, sie	si
せう　焼	ʃɪeu	sjow	sjo	ao	ʃoː
せん　先	sien	sjɔn	跣　sjɔn	sien	sɪn
森	səm	sʌn	☆	sen, xin	sɪn

<用例>

○些姑尼即（せ（ち）くにち、節句日）　○谷焼（こせう、胡椒）　○先扎（せんじや？兄）　○森那（せんの、千の）

「焼」は*/si/にも現れる。（但し、「せう」と「しやう」）

○焼哇的（しやうぐわつ、正月）

*/ze/に対応する部分に「熱」が現れる。

音訳字	中原音韻	東国正韻	訓蒙字会	西儒耳目資	推定音価
ぜ　熱	rɪe	zjorʔ	☆	je	ʤe

<用例>

○熱尼（ぜに、銭）

*/me/に対応する部分に「乜、米、毎、眠、蜜、名、綿」が現れる。

音訳字	中原音韻	東国正韻	訓蒙字会	西儒耳目資	推定音価	備　考
め　乜	☆	☆	☆	☆	mɪ	
米	miəi	mjɔi'	mi	mi	mɪ	
毎	muəi	mʌi'	mʌi	moei, mui	mɨ	
眠	mien	mjɔn	mjɔn	mien	mɪn	「ど」の前
蜜	miəi	mirʔ	mir	mie	mɪ	
めい名	miəŋ	mjɔŋ	mjɔŋ	mim	mɪi?	
めん綿	mien	mjɔn	mjɔn	mien	mɪɴ	

<用例>

○嗑乜（あめ、雨）　○谷米（こめ、米）　○亦止買毎（いちもんめ、一匁）　○眠多木（めども、妻、女共）　○速多蜜的（つとめて、夙めて）　○包名（はうめい、報名）　○木綿（もめん、木綿）

「乜、米、蜜」は*/mi/にも現れる。

○吾乜（うみ、海）　○米南米（みなみ）　○蜜子（みつ、三）

*/ne/に対応する部分に「乜、尼、眠、聶」が現れる。

音訳字	中原音韻	東国正韻	訓蒙字会	西儒耳目資	推定音価	備　考
ね　乜	☆	☆	☆	☆	nɪ	
尼	ni, niəi	ni'	ni	nie, i, ni	nɪ	
眠	mien	mjɔn	mjɔn	mien	nɪm	「ぶ」の前

聶	nie	njɔp	鑷njɔp	nie	nɨ	

<用例>

○乜禄（(こ) ねる、捏る）　○福尼（ふね、船）　○眠不里（ねぶり、眠り）　○聶（ね、鼠）

「尼」は*/ni/にも現れる。

○尼失（にし、西）　○熱尼（ぜに、銭）

*/re/に対応する部分に「力、立、礼、里、利」が現れる。

音訳字	中原音韻	東国正韻	訓蒙字会	西儒耳目資	推定音価
れ　力	liəi	☆	☆	☆	rɪ
立	liəi	rip	rip	lie	rɪ
礼	liəi	☆	rjɔi	☆	rɪ
里	li	☆	☆	☆	ri
利	li	☆	☆	☆	ri
れい　利	li	☆	☆	☆	riː

<用例>

○嗑達力（かたれ、語れ）　○法立的（はれて、晴れて）　○是礼（すれ、為れ）○約姑里的（よくれて、夜暮れて）　○帛乞利（あげれ、上げれ）　○利是（れいし、茘枝）

「力、立、里、利」は*/ri/にも現れる。

○阿力（あり、有り）　○它立（とり、鳥、鶏）　○加尼尼失（(あ) がりにし、東西）
○麻佳里（まかり、碗）　○吾利（うり、瓜）　○烏利（うり、売り）

*/we/に対応する部分に「葉」が現れる。

音訳字	中原音韻	東国正韻	訓蒙字会	西儒耳目資	推定音価
ゑ　葉	ie	’jɔp, sjɔp	’jɔp	ie, xe	wɪ

<用例>

○葉（ゑ、絵）

{田2}（1536）

用例は少ないが、「エ段の仮名」で表記されており、「イ段の仮名」との混用の例は見出せない。

<用例>

○方へ；　○あめく（天久）

（用例なし）*/ke/；*/ge/；*/te/；*/de/；*/be/；*/se/；*/ze/；*/ne/；*/re/, */we/

{田3}（1537）

用例は少ないが、「エ段の仮名」で表記されており、「イ段の仮名」との混用の例は見出せない。

＜用例＞

○たうへ（唐へ）　○方へ；　○せんとうハ（船頭は）；　○あめく（天久）；　○はゑ（南風）

（用例なし）*/ke/；*/ge/；*/te/；*/de/；*/be/；*/ze/；*/ne/；*/re/

｛田４｝（1541）

用例は少ないが、「エ段の仮名」で表記されており、「イ段の仮名」との混用の例は見出せない。

＜用例＞

○つつかねてほり　○てこく；　○方へ；　○せちあらとミか（勢治荒富が）；　○[つつ]かねこほり；　○まなハんゑ

（用例なし）*/ke/；*/ge/；*/de/；*/be/；*/ze/；*/me/；*/re/

｛かた｝（1543）

「エ段の仮名」で表記されており、「イ段の仮名」との混用の例は見出せない。

＜用例＞

○けらへあくかへ（家来赤頭）　○ミおほけにあひ申候　○さつけめしよわちへ（授け～）　○へんのたけ（弁の嶽）　○かみほとけの（神仏の）；　○ふかさあるけに（深さあるけに）；　○ひかしにあたりて（東に当たりて）　○ていわう（帝王）；　○いたるまて（到るまで）；　ひのとのとりのへに（丁の酉に日に）　○まつうへ申候（松植へ申候）　○ちからをそろへ（力を揃へ）；　へんのたけ（弁の嶽）　○あくかへ（赤頭）　○あすたへ（長老部）　○御たかへめしよわるもり（御崇べ召しよわる杜）；　○こころ一にあわせ（心一に合わせ）　○天つき王にせ（天継ぎ王仁世）；　○めとも（女共）　○めしよわちへ（召しよわちへ）　○あめふる時ハ（雨降る時は）　○はめいしを（嵌め石を）；　○ねかひ事（願ひ事）　○いぬたるかね（犬樽金）；　○まつをうへれ（松を植へれ）　○これハ　○されは嘉靖二十年　○むまれなから（生まれながら）　○をれめしよわちへ（降れ召しよわちへ）；　○きこゑ大きみ（聞得大君）

（用例なし）*/ze/

｛田５｝（1545）

用例は少ないが、「エ段の仮名」で表記されており、「イ段の仮名」との混用の例は見出せない。

＜用例＞

○方へ；　○あめく（天久）；　○はゑ（南風）

（用例なし）*/ke/；*/ge/；*/te/；*/de/；*/be/；*/se/；*/ze/；*/ne/；*/re/

｛添｝（1546）

「エ段の仮名」で表記されており、「イ段の仮名」との混用の例は見出せない。

＜用例＞

○けらへあくかへ（家来赤頭）　○あをりやたけ（煽りや嶽）　○たけハ十ひろ（丈は

十尋）　○ミ御ほけハ；　○いちやちやけらへわちへ（板門造へわちへ）　○つミあけわちへ（積み上げわちへ）　○なけハ二百三十ひろに（長は二百三十尋に）；　○人々そろて（人々揃て）　○御石かきつませて（御石垣積ませて）　○こしあて（腰当て）；　○ひとへ（一重）　○けらへあくかへ（家来赤頭）　○おりあけわちへ　○ひのとのミのへに（丁の巳の日に）　○ミつのとのとりのへに（癸の酉の日に）　○まうはらへの時に（毛祓への時に）　○ひのへむま（丙午）；　○あんしへ（按司部）；　○御石かきつませてて（御石垣積ませてて）　○御せゝる御たほひ；　○御さうせましよわちへ（御思想召しよわちへ）；　○めしよわちへ（召しよわちへ）　○御ゆわひめしよわちへ（御祝ひ召しよわちへ）；　○ねたてのふかさは（根立ての深さは）　○しほたるかね（小樽金）（塩太郎金）；　○きよらさちよさあれとも（清らさ強さあれども）　○をれめしよわちへ（降れ召しよわちへ）；　○おゑかをかみ申候（おゑか拝み申候）　○おゑか人　○きこゑ大きみ（聞得大君）　○すゑつき（末継ぎ）

（用例なし）*/de/

{田６}（1551）

用例は少ないが、「エ段の仮名」で表記されており、「イ段の仮名」との混用の例は見出せない。

<用例>

○方へ；　○はゑ（南風）

（用例なし）*/ke/；*/ge/；*/te/；*/tu/；*/de/；*/be/；*/se/；*/ze/；*/me/；*/ne/；*/re/

{やら}（1554）

大体において「エ段の仮名」で表記されているが、「イ段の仮名」との混用の例が見出せる。「みしまよねん、おくのよねん」がそれである。「御島世にも」「奥の世にも」であって、「－ねん」は「－にも」に対応する。

<用例>

○けらへあくかへ（家来赤頭）　○くすくつミつけて（城積みつけて）；　○あんしけす（按司下司）　○いのりめしよわちやるけに（祈り召しよわちやるげに）　○けらへハちへ（造へはちへ）　○つミあけわちへ（積み上げわちへ）；　○しま世のてやちきやら（島世のてや力）　○まうはらて（毛払て）　○よりそふて（寄り添ふて）　○いきやてゝ（如何てて）　○てにつきわうにせ（天継ぎ王仁世）　○くすくつませてておかて（城積ませてて置かて）；　○国のまてや；　○とりのへに（酉の日に）　○からめちへ　○けらへあくかへ（家来赤頭）　○けらへわちへてて（造へわちへてて）　○ちへねん（知念）　○やへさもり（八重座杜）；　○あんしへ（按司部）　○さとぬしへ（里主部）　○かくこするへし（恪護するべし）；　○一はんのせい（一番の勢）　○せいいくさ（勢軍）　○御せちの（御霊力の）　○ミせせるに　○よせらやいてゝと（寄せらやいててと）；　○御世のおさうせ（御世の御思想）；　○めしよわちやる（召しよわちやる）　○をれめしよわちへ（降れ召しよわちへ）　○からめちへ　○いつきやめむ（何時ぎやめむ）　○おさためめしよハやる（御定め召しよはやる）；　○ねいし（根石）　○ねたてひかわ（根立て樋川）

○ミしまよねん（御島世ねん）　○おくのよねん（奥の世ねん）；　○かつれんの大やくもい（勝連の大屋子思い）　○みおやしちやれは　○なきやものやれとも；　○きこゑ大きみ（聞得大君）　○ともゝすゑ（十百末）　○をれめしよハちゑ（降れ召しよはちゑ）
○はゑはら（南風原）

{田7}（1560）

用例は少ないが、「エ段の仮名」で表記されており、「イ段の仮名」との混用の例は見出せない。

<用例>

○方へ；　○せそこ（瀬底）；　○大ミね（大嶺）

（用例なし）*/ke/；*/ge/；*/te/；*/de/；*/be/；*/ze/；*/me/；*/re/；*/we/

{使2}（1561）

{館}{使1}と同じく、多くの項目において/-e/に相当する部分に/-i/に相当する部分と同一の音訳字が現れる。*/e/の音価としては[e～i]とする。

*/ke/に対応する部分に「基、及、急、見」が現れる。

音訳字	中原音韻	東国正韻	訓蒙字会	西儒耳目資	推定音価
け　基	ki	☆	kɯi	ki	kɪ
及	kiə	kkɯp	hɯp, kɯp	kie	kɪ
急	kiəi	kɯp	☆	kie	kɪ
けん　見	kien, hien	kjɔn	kjɔn	kien, hien	kɪɴ

<用例>

○撒基（さけ、酒）　○牙及亦石（やけいし、焼石）　○達急（たけ、竹）　○撒急（さけ、酒）　○活見（ほつけん、絹）

「基、及、急」は*/ki/にも現れる。

○基粦（きりん、麒麟）　○失木都及（しもつき、十一月）　○都急（つき、月）

*/ge/に対応する部分に「基、急、傑、潔、其、之」が現れる。

音訳字	中原音韻	東国正韻	訓蒙字会	西儒耳目資	推定音価
げ　基	ki	☆	kɯi	ki	gɪ
急	kiəi	kɯp	☆	kie	gɪ
傑	kie	☆	kɔr	kie	gɪ
潔	kie	kjɔrʔ		kie	gɪ
其	k ‘i	☆	☆	ki, hi?	gi
之	ʈʂi	☆	☆	☆	dzi

<用例>

○嗑十藍基（かしらげ、頭毛、髪）　○扎安急第（ちやあげて、茶上げて）　○不潔（まゆげ、眉毛）　○胡品其（こひげ？　小髭？）　○嗑蘭自之（からじげ、頭毛、髪）

「基、急」は*/gi/にも現れる。

○皿基諾沽（むぎのこ、麦の粉）　○翁急（をぎ、荻、甘蔗）

*/te/に対応する部分に「枚、第、剃、的、之、知、都、得、甸」が現れる。

音訳字	中原音韻	東国正韻	訓蒙字会	西儒耳目資	推定音価
て　枚	məi	☆	☆	moei, mui	te?
第	tiəi	☆	tjɔi	chi, çu	tɪ
剃	‘tiəi	☆	☆	☆	tɪ
的	tiəi	tjɔk	菂　tjɔk	tie	tɪ
之	ʈʂɨ	ci’	芝　ci	chi	tsi
知	ʈʂɨ	☆	☆	chi	tsi
支	ʈʂɨ	☆	☆	chi	tsi
只	ʈʂɨ	cirʔ	☆	chi	tsi
てい　的	tiəi	tjɔk	菂　tjɔk	tie	tɪ
都	tu	to’	to	tu	tɨi
得	təi	tɯk	☆	te	tei
てん　甸	tien	ttjɔn, ssiŋ	tjɔn	tien, xien, xim	tɪn

<用例>

○速畾拖枚（つとめて、夙めて）　○開第（かいて、書いて）　○剃（て、手）　○法立的（はれて、晴れて）　○吃之（きて、来て）　○掲知（きて、来て）　○榻支（きて、来て）　○拝失之（はいして、拝して）　○密只（みて、見て）　○姑木的（くもりて、曇りて）　○識（之）（しりて、知りて）　○倭的毎（くわうていまへ、皇帝前）　○倭都毎（くわうていまへ、皇帝前）　○嗑得那（くわうていの、皇帝の）　○甸尼（てんに、天に）

「之、只」は*/ti/にも現れる。

○窟之（くち、口）　○法只哇的（はちぐわつ、八月）

*/de/に対応する部分に「嚏、得」が現れる。

音訳字	中原音韻	東国正韻	訓蒙字会	西儒耳目資	推定音価
で　嚏	tiəi	☆	☆	☆	de
でり　得	təi	tɯk	☆	te	de

*/de/, */di/共通に現れる音訳字は、ない。

<用例>

○忿嚏（ふで、筆）　○波得那（ほでりの、雷の）

*/pe/に対応する部分に「乜、牙、葉」が現れる。

音訳字	中原音韻	東国正韻	訓蒙字会	西儒耳目資	推定音価	備　考
へ　乜	也　ie	也　’ja’	也　’ja	☆	e, ɪ	「也」の誤り
牙	ia	☆	’a	☆	e	

葉	ie	’ jɔp, sjɔp	’ jɔp	ie, xe	e, ɪ	

*/pe/, */pi/共通の音訳字、なし。

<用例>

○馬乜《ママ》（まへ、前）　○悪牙密即（うへみち、上道）　○嗑喇亦葉牙（かはらいへや、瓦家屋？）

*/be/に対応する部分に「日、平、別」が現れる。

音訳字	中原音韻	東国正韻	訓蒙字会	西儒耳目資	推定音価
べ　日	riəi	zirʔ	zir	je	be　(?)
平	p ‘iəŋ	☆	☆	☆	bɪ
別	pie	pjɔrʔ, ppjɔr	☆	pie	bɪ

<用例>

○司眉日尸（せんべつ、餞別）　○麻平的（のべて、伸べて）　○拿別（かべ、壁）

「平」は*/pi/にも現れる。　○匹胡平（しごうびん, 四合瓶）

*/se/に対応する部分に「済、司、尸、些、受、森、先」が現れる。

音訳字	中原音韻	東国正韻	訓蒙字会	西儒耳目資	推定音価
せ　済	tsiəi	☆	☆	çi	sɪ
司	ʂi	sʌ’	sʌ	su	sɪ
尸	ʂi	☆	☆	xi	si
些	sie	sa’, sja’	☆	se, sie	sɪ
せう　受	ʃɪəu	☆	☆	☆	ʃoː
せん　森	səm	sʌn	☆	sen, xin	sɪn
先	sien	sjɔn	跣　sjɔn	sien	sɪn

<用例>

○司眉日尸（せんべつ、餞別）　○由六尸（ゆるせ、放せ）　○些姑尼即（せ（ち）くにち、節句日）　○窟受（こせう、胡椒）　○森那（せんの、千の）　○先扎（せんじや？兄）

「司、尸」は*/si/, */su/にも、「受」は*/su/にも、それぞれ現れる。

○申司（しんし、真使）　○曲尸（こし、腰）　○司黙（すみ、墨）　○畐受里（どすり、緞子）

*/ze/に対応する部分に「済、支、惹」が現れる。

音訳字	中原音韻	東国正韻	訓蒙字会	西儒耳目資	推定音価
ぜ　済	tsiəi	☆	☆	☆	ʥi
支	tʂi	ci’	ci	chi	ʥi
惹	rɪo	☆	☆	je	ʥi

*/zi/, */zu/と共通に現れる音訳字、なし。

<用例>

○嗑済（かぜ、風）　○（支尼）（ぜに、銭）　○惹尼（ぜに、銭）

*/me/に対応する部分に「乜、米、毎、密、拖、名、綿」が現れる。

音訳字	中原音韻	東国正韻	訓蒙字会	西儒耳目資	推定音価
め　乜	☆	☆	☆	☆	mɪ
米	miəi	mjɔi’	mi	mi	mɪ
毎	muəi	mʌi’	mʌi	moei, mui	mɨ
密	miəi	mirʔ	蜜 mir	mie	mɪ
拖	t ‘o	☆	☆	t ‘o	mɨ?
めい名	miəŋ	mjɔŋ	mjɔŋ	mim	mɪi?
めん綿	mien	mjɔn	mjɔn	mien	mɪɴ

<用例>

○乜（め、目）　○吾乜（うめ、梅）　○谷米（こめ、米）　○一止買毎（いちもんめ、一匁）　○速都密的（つとめて、夙めて）　○速畾拖枚（つとめて、夙めて）　○包名（はうめい、報名）　○木綿（もめん、木綿）

「乜、米、密」は*/mi/にも現れる。

○吾乜（うみ、海）　○米南米（みなみ）　○密集（みち、道）

*/ne/に対応する部分に「乜、尼、眠、聶」が現れる。

音訳字	中原音韻	東国正韻	訓蒙字会	西儒耳目資	推定音価	備　考
ね　乜	☆	☆	☆	☆	nɪ	
尼	ni, niəi	ni’	ni	nie, i, ni	nɪ	
眠	mien	mjɔn	mjɔn	mien	nɪm	「ぶ」の前
聶	nie	njɔp	鑷 njɔp	nie	nɨ	

<用例>

○乜禄（(こ) ねる、捏る）　○福尼（ふね、船）　○孔加尼（こがね、黄金）　○眠不里（ねぶり、眠り）　○聶（ね、鼠）

「尼」は*/ni/にも現れる。　○尼失（にし、西）　○惹尼（ぜに、銭）

*/re/に対応する部分に「里、立、利」が現れる。

音訳字	中原音韻	東国正韻	訓蒙字会	西儒耳目資	推定音価
れ　里	li	☆	☆	☆	ri
立	liəi	rip	rip	lie	rɪ
れい　利	li	☆	☆	☆	ri:

<用例>

○約姑里的（よくれて、夜暮れて）　○法立的（はれて、晴れて）　○利是（れいし、茘枝）　○利十之（れいして、礼して？）

「里、立」は*/ri/にも現れる。

○分達里（ひだり、左）　○牙立（やり、鑓）

*/we/に対応する部分に「一、葉」が現れる。

音訳字	中原音韻	東国正韻	訓蒙字会	西儒耳目資	推定音価
ゑ　一	iəi	☆	☆	ie	wɪ
葉	ie	’jɔp, sjɔp	’jɔp	ie, xe	wɪ

<用例>

○一更加烏牙（ゑきがおや、男親）　○葉（ゑ、絵）

{田8}（1562）

用例は少ないが、「エ段の仮名」で表記されており、「イ段の仮名」との混用の例は見出せない。

<用例>

○けらゑ（家来）○方へ；　○あくかへ（赤頭）；　○せんとう（船頭）；　○大ミね（大嶺）；　○けらゑ（家来）　○はゑ（南風）

（用例なし）*/ge/；*/te/；*/de/；*/ze/；*/me/；*/re/

{田9}（1563）

「エ段の仮名」で表記されており、「イ段の仮名」との混用の例は見出せない。

<用例>

○けらへ（家来）；　○けらへ（家来）　○方へ；　○あくかへ（赤頭）　○さとぬしへ（里主部）；　○せちあらとミかひき（勢治荒富が引き）　○せんとう（船頭）；　○大ミね（大嶺）；　○はゑ（南風）

（用例なし）；*/ge/；*/te/；*/de/；*/ze/；*/me/；*/re/

{字}（1572頃）

{館}{使1}{使2}と同じく、多くの項目において/-e/に相当する部分に/-i/に相当する部分と同一の音訳字が現れる。*/e/の音価としては[e～i]とする。

*/ke/に対応する部分に「基、及、急、見」が現れる。

音訳字	中原音韻	東国正韻	訓蒙字会	西儒耳目資	推定音価
け　基	ki	☆	kɯi	ki	kɪ
及	kiə	kkɯp	hɯp, kɯp	kie	kɪ
急	kiəi	kɯp	☆	kie	kɪ
けん　見	kien, hien	kjɔn	kjɔn	kien, hien	kɪɴ

<用例>

○撒基（さけ、酒）　○牙及亦石（やけいし、焼石）　○亦急（いけ、行け）　○活見（ほつけん、絹）

「基、及、急」ともに*/ki/にも現れる。

○那基（なき、泣き）　○阿及（あき、秋）　○都急（つき、月）

＊/ge/に対応する部分に「基、急、傑、其、之」が現れる。

音訳字	中原音韻	東国正韻	訓蒙字会	西儒耳目資	推定音価
げ　基	ki	☆	kɯi	ki	gɪ
急	kiəi	kɯp	☆	kie	gɪ
傑	kie		kɔr	kie	gɪ
其	k ʻi	☆	☆	ki, hi?	gi
之	ţşɨ	☆	☆	☆	dzi

<用例>

○嗑十藍基（かしらげ、頭毛、髪）　○安急第（あげて、上げて）
○阿傑的（あげて、上げて）　○品其（ひげ、髭）　○嗑蘭自之（からじげ、頭毛、髪）
「基、急、其」は＊/gi/にも現れる。
○皿基（むぎ、麦の）　○翁急（をぎ、荻、甘蔗）　○汪其（あふぎ、扇）

＊/te/に対応する部分に「第、剃、的、只、枚、支、之、甸」が現れる。

音訳字	中原音韻	東国正韻	訓蒙字会	西儒耳目資	推定音価
て　第	tiəi	☆	tjɔi	chi, çu	tɪ
剃	ʻtiəi	☆	☆	☆	tɪ
的	tiəi	tjɔk	葯　tjɔk	tie	tɪ
只	ţşɨ	cirʔ	☆	chi	tsi
枚	məi	☆	☆	moei, mui	te?
支	ţşɨ	☆	☆	chi	tsi
之	ţşɨ	ci’	芝　ci	chi	tsi
てん甸	tien	ttjɔn, ssiŋ	tjɔn	tien, xien, xim	tɪn

<用例>

○安急第（あげて、上げて）　○剃（て、手）　○法立的（はれて、晴れて）　○速晶拖枚（つとめて、夙めて）　○密只（みて、見て）　○榻支（きて、来て）　○識之（しりて、知りて）　○姑木的（くもりて、曇りて）　○甸尼（てんに、天に）
「只、之」は＊/ti/にも現れる。　○谷只（くち、口）　○窟之（くち、口）

＊/de/に対応する部分に「得」が現れる。

音訳字	中原音韻	東国正韻	訓蒙字会	西儒耳目資	推定音価
でり　得	təi	tɯk	☆	te	de

<用例>

○波得那（ほでりの、雷の）

*/pe/に対応する部分に「乜、牙」が現れる。

音訳字	中原音韻	東国正韻	訓蒙字会	西儒耳目資	推定音価	備　考
へ　乜	也　ie	也　’ja’	也　’ja	☆	e, ɪ	「也」の誤り
牙	ia	☆	’a	☆	e	

*/pi/と共通の音訳字、なし。

<用例>

○馬乜《ママ》（まへ、前）　○吾乜《ママ》（まへ、前）　○悪牙密即（うへみち、上道）

*/be/に対応する部分に「別」が現れる。

音訳字	中原音韻	東国正韻	訓蒙字会	西儒耳目資	推定音価
べ　別	pie	pjɔrʔ, ppjɔr	☆	pie	bɪ

*/bi/に対応する用例なし。

<用例>

○拿別（かべ、壁）

*/se/に対応する部分に「些、受、森」が現れる。

音訳字	中原音韻	東国正韻	訓蒙字会	西儒耳目資	推定音価
せ　些	sie	sa’, sja’	☆	se, sie	sɪ
せう　受	ʃɪəu	☆	☆	☆	ʃoː
せん　森	səm	sʌn	☆	sen, xin	sɪn

<用例>

○些姑尼即（せ（ち）くにち、節句日）　○窟受（こせう、胡椒）

○森那（せんの、千の）

「受」は*/su/にも現れる。　○畾受里（どすり、緞子）

*/ze/に対応する部分に「済、支、惹」が現れる。

音訳字	中原音韻	東国正韻	訓蒙字会	西儒耳目資	推定音価
ぜ　済	tsiəi	☆	☆	☆	ʥi
支	ʈʂɨ	ci’	ci	chi	ʥi
惹	rɪo	☆	☆	je	ʥi

*/zi/, */zu/と共通に現れる音訳字、なし。

<用例>

○嗑済（かぜ、風）　○支尼（ぜに、銭）　○惹尼（ぜに、銭）

*/me/に対応する部分に「乜、米、拖、毎、密、綿」が現れる。

音訳字	中原音韻	東国正韻	訓蒙字会	西儒耳目資	推定音価
め　乜	☆	☆	☆	☆	mɪ
米	miəi	mjɔi’	mi	mi	mɪ
拖	t ‘o	☆	☆	t ‘o	mɨ?

毎	muəi	mʌi’	mʌi	moei, mui	mɨ
密	miəi	mirʔ	蜜 mir	mie	mɪ
めん　綿	mien	mjɔn	mjɔn	mien	mɪɴ

＜用例＞

○乜（め、目）　○吾乜（うめ、梅）　○谷米（こめ、米）　○速畐拖枚（つとめて、夙めて）　○一止買毎（いちもんめ、一一匁）　○速都密的（つとめて、夙めて）　○揚密撒（やめさ？　止めさ？）　○木綿（もめん、木綿）

「乜、米、密」は*/mi/にも現れる。

○吾乜（うみ、海）　○米南米（みなみ）　○密集（みち、道）

*/ne/に対応する部分に「乜、尼、聶」が現れる。

音訳字	中原音韻	東国正韻	訓蒙字会	西儒耳目資	推定音価
ね　乜	☆	☆	☆	☆	nɪ
尼	ni, niəi	ni’	ni	nie, i, ni	nɪ
聶	nie	njɔp	鑷 njɔp	nie	nɨ

＜用例＞

○乜禄（（こ）ねる、捏る）　○石磔嗑尼（しろがね、錫）　○聶（ね、鼠）

「尼」は*/ni/にも現れる。

○尼失（にし、西）　○支尼（ぜに、銭）

*/re/に対応する部分に「里、立、利」が現れる。

音訳字	中原音韻	東国正韻	訓蒙字会	西儒耳目資	推定音価
れ　里	li	☆	☆	☆	ri
立	liəi	rip	rip	lie	rɪ
れい　利	li	☆	☆	☆	riː

＜用例＞

○約姑里的（よくれて、夜暮れて）　○荅毛里（たもれ、賜れ）○法立的（はれて、晴れて）　○利是（れいし、茘枝）

「里、立」は*/ri/にも現れる。

○分達里（ひだり、左）　○它立奴谷只（とりのくち、鳥の口）

*/we/対応の用例なし。

{使３}（1579）

{館}{使１}{使２}{字}と同じく、多くの項目において/-e/に相当する部分に/-i/に相当する部分と同一の音訳字が現れる。*/e/の音価としては[e～i]とする。

*/ke/に対応する部分に「基、及、急、見」が現れる。

音訳字	中原音韻	東国正韻	訓蒙字会	西儒耳目資	推定音価
け　基	ki	☆	kɯi	ki	kɪ
及	kiə	kkɯp	hɯp, kɯp	kie	kɪ
急	kiəi	kɯp	☆	kie	kɪ
けん　見	kien, hien	kjɔn	kjɔn	kien, hien	kɪɴ

<用例>

○撒基（さけ、酒）　○牙及亦石（やけいし、焼石）　○撒急（さけ、酒）　○達急（たけ、竹）　○活見（ほつけん、絹）

「基、及、急」は*/ki/にも現れる。

○一基（いき、行き）　○失木都及（しもつき、十一月）　○都急（つき、月）

*/ge/に対応する部分に「基、急、傑、其、之」が現れる。

音訳字	中原音韻	東国正韻	訓蒙字会	西儒耳目資	推定音価
げ　基	ki		kɯi	ki	gɪ
急	kiəi	kɯp	☆	kie	gɪ
傑	kie	☆	kɔr	kie	gɪ
其	k ‘i	☆	☆	ki, hi?	gi
之	ʈʂɨ	☆	☆	☆	dzi

<用例>

○嗑十藍基（かしらげ、頭毛、髪）　○安急第（あげて、上げて）　○阿傑的（あげて、上げて）　○品其（ひげ、髭）　○嗑蘭自之（からじげ、頭毛、髪）

「基、急、其」は*/gi/にも現れる。

○皿基（むぎ、麦）　○吾撒及（うさぎ、兎）　○民急里（みぎり、右）　○汪其（あふぎ、扇）

*/te/に対応する部分に「第、剃、的、枚、只、之、知、支、都、得、甸」が現れる。

音訳字	中原音韻	東国正韻	訓蒙字会	西儒耳目資	推定音価
て　第	tiəi	☆	tjɔi	chi, çu	tɪ
剃	‘tiəi	☆	☆	☆	tɪ
的	tiəi	tjɔk	菂　tjɔk	tie	tɪ
枚	məi	☆	☆	moei, mui	te?
只	ʈʂɨ	cirʔ	☆	chi	tsi
之	ʈʂɨ	ci’	芝　ci	chi	tsi
知	ʈʂɨ	☆	☆	chi	tsi
支	ʈʂɨ	☆	☆	chi	tsi
てい　的	tiəi	tjɔk	菂　tjɔk	tie	tɪ
都	tu	to’	to	tu	tii
得	təi	tɯk	☆	te	tei

てん　甸	tien	ttjɔn, ssiŋ	tjɔn	tien, xien, xim	tɪn

<用例>

○開第（かいて、書いて）　○剃（て、手）　○法立的（はれて、晴れて）　○速畐拖枚（つとめて、夙めて）　○密只（みて、見て）　○吃之（きて、来て）　○掲知（きて、来て）　○榻支（きて、来て）　○拝失之（はいして、拝して）　○子蓋失之（つかひして、使ひして）　○利十之（れいして、礼して）　○姑木的（くもりて、曇りて）　○識之（しりて、知りて）　○倭的毎（くわうていまへ、皇帝前）　○倭都毎（くわうていまへ、皇帝前）　○嗑得那（くわうていの、皇帝の）　○甸尼（てんに、天に）

「只、之」はにも現れる。

○谷只（くち、口）　○窟之（くち、口）

*/de/に対応する部分に「嚏、得」が現れる。

音訳字	中原音韻	東国正韻	訓蒙字会	西儒耳目資	推定音価
で　嚏	tiəi	☆	☆	☆	de
でり　得	təi	tɯk	☆	te	de

*/di/, */du/と共通の音訳字、なし。

<用例>

○忿嚏（ふで、筆）　○波得那（ほでりの、雷の）

*/pe/に対応する部分に「乜、牙、葉、兼」が現れる。

音訳字	中原音韻	東国正韻	訓蒙字会	西儒耳目資	推定音価	備　考
へ　乜	也　ie	也　’ja’	也　’ja	☆	e, ɪ	「也」の誤り
牙	ia	☆	’a	☆	e	
葉	ie	’jɔp, sjɔp	’jɔp	ie, xe	e, ɪ	

*/pi/と共通の音訳字、なし。

<用例>

○吾乜《ママ》（うへ、上）　○悪牙密即（うへみち、上道）　○嗑喇亦葉牙（かはらいへや、瓦家屋）

*/be/に対応する部分に「日、平、別」が現れる。

音訳字	中原音韻	東国正韻	訓蒙字会	西儒耳目資	推定音価
べ　日	riəi	zirʔ	zir	je	be　(?)
平	p ‘iəŋ	☆	☆	☆	bɪ
別	pie	pjɔrʔ, ppjɔr	☆	pie	bɪ

*/bi/と共通の音訳字、なし。

<用例>

○司眉日尸（せんべつ、餞別）　○麻平的（のべて、伸べて）　○拿別（かべ、壁）

＊/se/相当部分に「済、司、尸、些、受、先、」森」が現れる。

音訳字	中原音韻	東国正韻	訓蒙字会	西儒耳目資	推定音価
せ　済	tsiəi	☆	☆	çi	sɪ
司	ʂi	sʌ’	sʌ	su	sɪ
尸	ʂi	☆	☆	xi	si
些	sie	sa’, sja’	☆	se, sie	sɪ
せう　受	ʃɪəu	☆	☆	☆	ʃo:
せん　先	sien	sjɔn	跣　sjɔn	sien	sɪn
森	səm	sʌn	☆	sen, xin	sɪn

＜用例＞

○司眉日尸（せんべつ、餞別）　○由六尸（ゆるせ、放せ）　○些姑尼即（せ（ち）くにち、節句日）　○（窟受）（こせう、胡椒）　○先扎（せんじや、先者、兄）　○森那（せんの、千の）

「司」は＊/si/,＊/su にも、「尸」は＊/si/にも、それぞれ現れる。

○申司（しんし、真使）　○司黙（すみ、墨）　○曲尸（こし、腰）

＊/ze/に対応する部分に「支、惹、濟」が現れる。

音訳字	中原音韻	東国正韻	訓蒙字会	西儒耳目資	推定音価
ぜ　支	ʈʂi	ci’	ci	chi	ʥi
惹	rɪo	☆	☆	je	ʥi
濟	tsiəi	☆	☆	☆	ʥi

＊/zi/,＊/zu/と共通の音訳字、なし。

＜用例＞

○（支尼）（ぜに、銭）　○惹尼（ぜに、銭）　○嗑濟（かぜ、風）

＊/me/に対応する部分に「乜、米、毎、密、拖、名、綿」が現れる。

音訳字	中原音韻	東国正韻	訓蒙字会	西儒耳目資	推定音価
め　乜	☆	☆	☆	☆	mɪ
米	miəi	mjɔi’	mi	mi	mɪ
毎	muəi	mʌi’	mʌi	moei, mui	mɨ
密	miəi	mirʔ	蜜 mir	mie	mɪ
拖	t ‘o	☆	☆	t ‘o	mɨ?
めい名	miəŋ	mjɔŋ	mjɔŋ	mim	mɪi?
めん綿	mien	mjɔn	mjɔn	mien	mɪɴ

＜用例＞

○速畐拖枚（つとめて、夙めて）　○乜（め、目）　○吾乜（うめ、梅）　○谷米（こめ、米）　○一止買毎（いちもんめ、一匁）　○嗑子密的（あつめて、集めて）　○速畐拖枚（つとめて、夙めて）　○包名（はうめい、報名）　○木綿（もめん、木綿）

「乜、米、密」は＊/mi/にも現れる。

○吾乜（うみ、海）　○米南米（みなみ）　○密乃度（みなと、港）

*/ne/に対応する部分に「乜、尼、眠、聶」が現れる。

音訳字	中原音韻	東国正韻	訓蒙字会	西儒耳目資	推定音価	備　考
ね　乜	☆	☆	☆	☆	nɪ	
尼	ni, niəi	ni’	ni	nie, i, ni	nɪ	
眠	mien	mjɔn	mjɔn	mien	nɪm	「ぶ」の前
聶	nie	njɔp	鑷 njɔp	nie	nɨ	

<用例>

○乜禄（(こ) ねる、捏る）　○孔加尼（こがね、黄金）　○眠不里（ねぶり、眠り）
○聶（ね、鼠）

「尼」は*/ni/にも現れる。

○尼買毎（にもんめ、二匁）　○惹尼（ぜに、銭

*/re/に対応する部分に「里、立、利」が現れる。

音訳字	中原音韻	東国正韻	訓蒙字会	西儒耳目資	推定音価
れ　里	li	☆	☆	☆	ri
立	liəi	rip	rip	lie	rɪ
れい　利	li	☆	☆	☆	riː

<用例>

○約姑里的（よくれて、夜暮れて）　○法立的（はれて、晴れて）　○利是（れいし、荔枝）　○利十之（れいして、礼して？）

「里、立」は*/ri/にも現れる。

○分達里（ひだり、左）　○牙立（やり、鑓）

*/we/に対応する部分に「一、葉」が現れる。

音訳字	中原音韻	東国正韻	訓蒙字会	西儒耳目資	推定音価
ゑ　一	iəi	☆	☆	ie	wɪ
葉	ie	’ jɔp, sjɔp	’ jɔp	ie, xe	wɪ

<用例>

○一更加（ゑきが、男）　○葉（ゑ、絵）

{田10}（1593）

用例は少ないが、「エ段の仮名」で表記されており、「イ段の仮名」との混用の例は見出せない。

<用例>

○方へ

（用例なし）/ke/；*/ge/；*/te/；*/de/；*/be/；*/se/；*/ze/；*/me/；*/ne/；*/re/；*/we/

{浦}（1597）

「エ段の仮名」で表記されており、「イ段の仮名」との混用の例は見出せない。

＜用例＞

○けらへあくかへ（家来赤頭）　○ミおほけに　○つけめしよわちへ（付け～）　○かミほとけの（神仏の）　○たいへいけうたひらはし（太平橋平良橋）；　○あちけす（按司下司）　○ふかさあるけに（深さあるげに）　○つミあけわちへ（積み上げわちへ）；○てたかすゑあんしおそい（テダが末按司襲い）　○首里てたかすゑあんしおそひかなし天の（首里テダが末按司襲ひ加那志天の）　○てりあかりましよわちや事（照り上がり召しよわちや事）　○てんよりわうの御なをは（天より王の名をば）　○あちけすそろて（按司下司揃て）；　○いつまても（何時までも）　○きほくひりまて（儀保小坂まで）　○てたかすゑあんしおそひ（テダがすゑ按司襲ひ）；　○とりのへに（酉に日に）　○けらへあくかへ（家来赤頭）；　○うちほかの御いへの（内外の御威部の）　○さとぬしへ（里主部）○御たかへめしよわちや事（御崇べ召しよわちや事）　○のろへ（ノロ部）；　○しもしましりきやめのせいや（下島尻ぎやめの勢や）　○わうにせ（王仁世）；　○御さうせめしよハちへ（御思想召しよはちへ）；　○まうはらひめしよはちやる（毛祓ひ召しよはちやる）○かなそめはつまき（金染め鉢巻）　○たミひやくしやうのため（民百姓の為）；　○ねいし（根石）　○ねかひ申し候て（願ひ申し候て）　○しやうねいハ（尚寧は）；　○をれめしよハちゑ（降れ召しよはちへ）　○しかれは；　○てたかすゑ（テダが末）　○大小のゑくかおなこ（大小の男女子）　○おゑか人　○おゑ人（老ゑ人）　○きこゑ大きみかなし（聞得大君加那志）

Ⅱ－１－(1)－③　＊／a／

この項目に関しては、漢字資料の一部に音訳字の出入りが見られるだけで、その他の資料においては「揺れ」や「混用」等は一切出現しない。よって、特に記す必要がある場合を除いて、用例を示すことで説明に代えることとする。

｛翻｝(1501)

ハングルの「a」で表記されている。これについては問題なかろう。ハングルの音価［a］と当時の沖縄語の音価とは大差なかったであろう。

＜用例＞

○'a-rɰi（あれ）　○kha-na<ra>-si（からし、芥子）　○ sa-ka-na（さかな、肴）○pha-ka-ma（はかま、袴）　○ si-ru-sa（しろさ、白さ）　○tha-cʌ（たつ、龍）○kha-ta-na（かたな、刀）　○ si-cja（した、下）　○ pha-na（はな、鼻）　○ pha-ru（はる、春）　○ma-ku（まく、幕）　○ 'i-'ja（いや、射矢）　○kha-ra（かはら、瓦）○to-ra（とら、虎）　○ 'oa-ka-si（わかせ、沸かせ）

｛玉｝(1501)

＜用例＞

○このかきつけ（この書き付け）　○このかきつけそむく人あらは（この書き付け背く人あらば）　○さすかさのあんし（差す傘の按司）；　○おもひふたかね（思二金）　○まさふろかね（真三郎金）；　○たたるへし（祟るべし）；　○まあかとたる（真加戸樽）○まなへたる（真鍋樽）；　○あらそふ人あらは　○そむく人あらは；　○ま玉はし（真玉橋）；　○さすかさのあんし（差す傘の按司）　○おさまるへし（納まるべし）；　○まあかとたる（真加戸樽？）　○まさふろかね（真三郎金）　○いたるまて（到るまで）○くもことまりに（雲子とまりに）　○おさまるへし（納まるべし）；　○まなへたる（真鍋樽）；　○みやきせん（今帰仁）　○くにのまたやわたしよわちへ；　○わたしよわちへ（渡しよわちへ）

（用例なし）＊/za/；＊/ra/

｛館｝(16C前半？)

＊/ka /に対応する部分に「个、干、刊、加、看、嗑、高、害、盖、開、稿、凱」が現れる。

同じ音訳字「个」が「か」にも「こ」にも対応する例がある。これは、当時の沖縄語の＊/a/が＊/o/に近い音価を持っていたということを示すものである。後ろよりの音声であったというになり、[ɑ]及びそれに近いものであったと推定される。

音訳字		中原音韻	東国正韻	訓蒙字会	西儒耳目資	推定音価	備　考
か	个	ko	ka'	☆	ko	kɑ	
	干	kan	kan	kan	kan, han	kam	「ぶ」の前
	刊	k 'an	khan	☆	k 'an	kam	「かみなり」

	加	kia	ka'	茄　kja	kia	kja, ka	
	看	ka ‘n	khan	kan	k ‘an	khan, kham	「ぢ・ぶ」の前
	嗑	ko	嗑　har	榼　hap	ho	kɑ	
	高	kau	kow	篙　ko	kao	kɑ	
かい	害	hai	hhai'	☆	hai, ho	kai	
	盖	hai, ho	kai'	☆	ko, ho, kai	kai	
	開	k ‘ai	khai'	kʌi	k ‘ai	khai	
かう	稿	kau	槁　kow	犒　ko	稾　kao	kau	
かつ	嗑	ko	嗑　har	榼　hap	ho	kɑ	
かひ	盖	hai, ho	kai'	☆	ko, ho, kai	kai	
	凱	k ‘ai	khai'	☆	k ‘ai	khai	
かふ	个	ko	ka'	☆	ko	ko:	

＜用例＞

○達个（たか、鷹）　○干不立（かぶり、被り）　○刊毎那立（かみなり、雷）　○集加撒（ちかさ、近さ）　○麻加立（まかり、碗）　○看失（かぢ、舵）　○嗑集（かぜ、風）　○倭嗑（をか、丘、岸）　○高葉（かひ、買ひ）；　○害宅（かいち、獬豸）　○盖乞（かいき、改機）　○開的（かいて、書いて）　○稿（かう、香）　○嗑布（かつふ、葛布）　○子盖失（つかひし、使ひし）　○凱（かひ、かい？　箱、櫃）　○嗑乜那个（かめのかふ、亀の甲）

「个」は*/ko/にも現れる。　○个嗑尼（こがね、黄金）　○稿法个（かうばこ、香箱）

*/ga/に対応する部分に「加、嗑、暗」が現れる。

音訳字		中原音韻	東国正韻	訓蒙字会	西儒耳目資	推定音価
が	加	kia	ka'	茄　kja	kia	ga, gja?
	嗑	ko	嗑　har	榼　hap	ho	gɑ
がん	暗	am	ʔam	'am	han, gan	gaɴ

＜用例＞

○孔加尼（こがね、黄金）　○个嗑尼（こがね、黄金）　○隆暗（りゆうがん、龍眼）

*/ta/に対応する部分に「大、都、達、塔、者、太、刀」が現れる。

音訳字		中原音韻	東国正韻	訓蒙字会	西儒耳目資	推定音価
た	大	ta, tai	tta', ttai', thai', thoa	☆	ta, t'o, to, toi	ta
	都	tu	to'	to	tu	tɑ
	達	ta	tharʔ, ttarʔ	闥　tar	t'a, ta	ta
	塔	t ‘a	thap	thap	t ‘u	tʰa
	者	ʧɪe	cja	赭　cja	che	ʧa
たい	大	ta, tai	tta', ttai', thai', thoa	☆	ta, t'o, to, toi	tai

太	t ‘ai	thai’	汰 thai	t ‘ai	thai
たう 刀	tau	tow	to	tao, tiao	tau
たふ 塔	t ‘a	thap	thap	t ‘u	thau

＜用例＞

○乞大（きた、北）　○都姑乜（たくみ、襪）　○達及（たけ、竹）　○達馬（たま、玉）　○阿者（あした、明日）　○大思（たいし、大使）　○太福（たいふ、大夫）　○大刀那（だいたうの、大唐の）　○塔把（たふば、塔場？）

＊/da/に対応する部分に「達、大、代、旦」が現れる。

音訳字	中原音韻	東国正韻	訓蒙字会	西儒耳目資	推定音価
だ 達	ta	tharʔ, ttarʔ	闥 tar	t’a, ta	da
だい大	ta, tai	tta’, ttai’, thai’, thoa	☆	ta, t’o, to, toi	dai
代	tai	ttʌi’	tʌi	tai	dai
だん旦	tan	tan	tan	tan	daŋ

＜用例＞

○分達里（ひだり、左）　○大立（だいり、内裏）　○代（だい、台）　○別姑旦結（びやくだんき、白檀木）

＊/pa/に対応する部分に「扒、花、法、華、哇、排、包、合、」が現れる。

音訳字	中原音韻	東国正韻	訓蒙字会	西儒耳目資	推定音価
は 扒	puʌi	pai’	☆	pai	pa
花	hua	hoa’	hoa	hoa	ɸa
法	fa	pɔp	pɔp	fa	ɸa
華	hua	hhoa’	hoa	hoa, k ‘ua, fu	ɸa
哇	ua	ʔoa’, ʔai’	蛙 ’oa	ua, ya	wa
はい 排	p ‘ai	ppai’	pʌi	p ‘ai, pai	phai
はう 包	pau	☆	袍 pho	p ‘ao, pao	pau
合	ho	hhap, kap	蛤 hap	ho, ko	ho:
哇	ua	ʔoa’, ʔai’	蛙 ’oa	ua, ya	wa
はや 排	p ‘ai	ppai’	pʌi	p ‘ai, pai	phai

＜用例＞

○扒只（はし、橋）　○花那（はな、鼻）　○法立的（はれて、晴れて）　○華（は、歯）　○嗑哇（かは、河）　○木那哇（ものは、物は）　○排是（はいす、拝す）　○包名（はうめい、報名）　○思合約（すはうやく、蘇合薬）　○思哇（すはう、蘇芳）

＊/ba/に対応する部分に「八、扒、把、法、包、半、班、礬」が現れる。

音訳字	中原音韻	東国正韻	訓蒙字会	西儒耳目資	推定音価
ば 八	pa	parʔ	phar	pa	ba

扒	puʌi	pai’	☆	pai	ba
把	pa	ppa ‘	杷 pha	p ‘a, pa	ba
法	fa	pɔp	pɔp	fa	ba, ɓa
ばう 包	pau	☆	袍 pho	p ‘ao, pao	bau
ばん 半	puon	pan	伴 pan	puon	bɑn
班	pan	pan	☆	pan	ban
礬	fan	phan	pɔn	pan	baɴ

<用例>

○烏只八監（うちばら、内原）　○三扒（さば、鞋）　○塔把（たふば、塔場）　○孫司立法个（すずりばこ、硯箱）　○包子（ばうず、坊主）　○扎半失（ちやばんじ、茶飯事）　○翁班尼（おばんに、御飯）　○晃礬（くわうばん、黄礬）

*/sa/に対応する部分に「三、撒、才、菜、唆、衫」が現れる。

音訳字	中原音韻	東国正韻	訓蒙字会	西儒耳目資	推定音価	備　考
さ　三	sam	sam, cham	sam	san	sam	「ば」の前
撒	sa	san, sarʔ	san	sa	sa	
さい　才	ts ‘ai	ccʌi’	cʌɨ	xieu, xeu	sai	
菜	ts ‘ai	chʌi’	chʌi	ç ‘ai	sai	
さう　唆	suo	soa’	梭 sa	so	so:	
さん　撒	sa	san, sarʔ	san	sa	saŋ	
衫	ʂam	sam	sam	san, xan	sam	「も」の前

<用例>

○撒及（さけ、酒）　○姑撒（くさ、草）　○三扒（さば、鞋）　○才付（さいふ、才府？）　○菜（さい、菜）　○唆亦（さう（ら）へ、候へ）　○撒哇的（さんぐわつ、三月）　○衫買毎（さんもんめ、三匁）

*/za/に対応する部分に「撒、糟」が現れる。

音訳字	中原音韻	東国正韻	訓蒙字会	西儒耳目資	推定音価
ざ　撒	sa	san, sarʔ	san	sa	ʣa
ざう　糟	tsau	☆	co	çao	ʣau

<用例>

○非撒慢多及（ひざまづき、跪）　○糟（ざう、象）

*/ma/に対応する部分に「馬、麻、慢、網、毎」が現れる。

音訳字	中原音韻	東国正韻	訓蒙字会	西儒耳目資	推定音価
ま　馬	ma	ma’	ma	ma	ma
麻	ma	ma’	ma	ma	ma
慢	man	man	漫 man	man	man
まう 網	waŋ	maŋ	maŋ	vam	mau

まへ毎	muəi	mʌi’	mʌi	moei, mui	me:?
まん麻	ma	ma’	ma	ma	ma

＜用例＞

○馬足（まつ、松）　○烏馬（うま、馬）　○麻加立（まかり、碗）　○非撒慢多及（ひざまづき、跪）　○網巾（まうきん、網巾）　○倭毎奴（おまへの、御前の）　○麻柔吐失（まんじふとし、万歳年）

*/na/に対応する部分に「乃、那、南、洋、」が現れる。

同じ音訳字「那」は「ぬ」および「の」相当部分にも現れる。*/ka/で述べたとおり、*/a/の音声実現が後ろ寄りであったことを示している。

音訳字	中原音韻	東国正韻	訓蒙字会	西儒耳目資	推定音価
な　乃	nai	nai’	☆	nai, gai	na
那	na	na’	梛　na	na, no	na
南	nam	nam	nam	nan	nam
洋	iam	’ jaŋ	’ jaŋ	☆	nja
ない　乃	nai	nai’	☆	nai, gai	nai
なん　南	nam	nam	nam	nan	nam, nan

＜用例＞

○密乃度（みなと、港）　○那那子（ななつ、七）　○花那（はな、花）　○米南米（みなみ、南）　○密洋失失（みなしし、螺螄肉）　○乃（ない、無い）　○南木稿（なんもかう、木香）

○是那（すな、砂）　○急那（きぬ、衣）　○馬足那急（まつのき、松の木）

*/ra/に対応する部分に「老、喇、藍、籃、籟」が現れる。

音訳字	中原音韻	東国正韻	訓蒙字会	西儒耳目資	推定音価	備　考
ら　老	lau	row	ro	lao	ra	
喇	la	☆	☆	剌　la	ra	
藍	lam	ram	nam	lan	ran	「じ」の前
籃	lam	ram	ram	lan	ran, raɴ	「じ・ず」 「い」の前
籟	lai	rai’	瀨　roi	lai	ra	
らう　老	lau	row	ro	lao	rau	
らひ　籟	lai	rai’	瀨　roi	lai	rai	

＜用例＞

○阿老思（あらす？　引領）　○嗑哇喇（かはら、瓦）　○它喇（とら、虎）　○嗑藍子乞（からじげ、頭髪）　○失籃子（しらず、知らず）　○姑籟（くら、鞍）　○朝老（ちやうらう、長老）　○大籟（たらひ、盥）

*/wa/に対応する部分に「外、哇、敖、窩、昂」が現れる。

音訳字	中原音韻	東国正韻	訓蒙字会	西儒耳目資	推定音価
わ　外	uai	ŋoi’	’ oi	uai, uai	wai
哇	ua	ʔoa’, ʔai’	蛙　’ oa	ua, ya	wa
わう　敖	au	ŋow	鰲　‘o	gao	wau

＜用例＞

○外亦立（わいり、来）　○哇禄撒（わるさ、悪）　○敖那（わうの、王の）
○夫窩（ほうわう、鳳凰）　○昂哇（わんは、我は）

{石東}（1522）

＜用例＞

○首里おきたかもいかなし（首里おぎやかもい加那志）；　○たて申候ひのもん（建て申候碑の文）　○わたり申候時に（渡り申候時に）；　○首里おきやかもいかなし；　○おきやかもいかなし（おぎやか思い加那志）　○ミやこ（宮古）；　○わたり申候（渡り申候）
（用例なし）*/ka/；*/da/；*/pa/；*/ba/；*/sa/；*/za/；*/ma/；*/ra/

{石西}（1522）

＜用例＞

○かうち（河内）　○かくこ（恪護）　○ひかわ（樋川）　○つかしよわちへ（着かしよわちへ）；　○おかミ申候（拝に申候）　○まかねたる（真金樽）　○くにかみ（国頭）　○あかめたてまつり候て（崇めたてまつり候て）；　○たくしの大やくもい（沢岻の大屋子思い）　○あかめたてまつり候て（崇め奉り候て）　○くにのあんしけすのため（国の按司下司の為）；　○たしきやくき（だしきや釘）　○まかねたる（真金樽）　○ねたてひかわ（根立て樋川）；　○はしわたし申候（橋渡し申候）　○御はいおかミ申候（御拝拝み申候）　○はへはら（南風原）　○まうはらい（毛祓い）；　○一はんのさとぬしへ（一番の里主部）　○此すミのことはハ（此墨の言葉は）；　○さとぬしへ（里主部）　○つさしよわちへ（突刺しよわちへ）　○御さうせのために（御思想のために）；　○まうはらい（毛祓い）　○まうしかね（真牛金）　○ま玉橋（真玉橋）　○くにのまたや（国のまたや）　○しましり（島尻）　○あかめたてまつり候て（崇め奉り候て）；　○おきやかもいかなし天の　○ま玉ミなと（真玉湊）；　○はへはら（南風原）　○まうはらいの時に（毛祓いの時に）；　○くにのまたや　○はしくやう（橋供養）　○おきやかもいかなし天の（おぎやか思い加那志天の）　○大やくもい（大屋子思い）　○たしきやくき（だしきや釘）　○めしよわちや事（召しよわちや事）；　○わたしよわちへ（渡しよわちへ）　○御ゆわい（御祝い）　○たまわり申候（賜り申候）　○めしよわちや事（召しよわちや事）　○ねたてひかわ（根立て樋川）
（用例なし）*/za/

｛田１｝（1523）

＜用例＞

○たから丸（宝丸）；　○たから丸かくわにしやわ（宝丸が官舎わ）　○せいやりとみかひきの（勢遣り富が引き）；　○たから丸（宝丸）　○たまわり申候（賜り申候）　○しほたるもい（小樽思い）（塩太郎思い）；　○まいる（参る）　○たまわり申候（賜り申候）；＊/na/に対応する用例なし；　○たから丸か（宝丸が）；　○せいやりとみかひき（勢遣り富が引き）　○くわにしや（官舎）；　○くわにしやわ（官舎わ）

（用例なし）；＊/da/；＊/pa/；＊/ba/；＊/sa/；＊/za/

｛崇｝（1527）

＜用例＞

○むまから（馬から）；　○くまにて（此処にて）　○むまから（馬から）；　○むまから（馬から）

（用例なし）；＊/ga/；＊/ta/；＊/da/；＊/pa/；＊/ba/；＊/sa/；＊/za/；＊/na/；＊/ja/；＊/wa/

｛おも１｝（1531）

＜用例＞

○かけて（掛けて）　○かたき（敵）　○かほう（果報）　○うらのかず（浦ごとに）○おぎやかもいや　○つかさいのり（司祈り）　○わかぬしす（若主す）；　○こかね（黄金、金）　○あがるおりかさが（上がる～）　○あゆがうち（肝が中）　○きやかるひに＜輝かしい日に＞　○きやがるひに＜輝かしい日に＞　○てにがした（天が下）　○かかあらちへ（輝あらちへ）　○世がほう（世果報；　○たいらけて（平らげて）　○たけたけよ（嶽々よ）　○たしま（太島）　○おしやたる（押し遣たる）　○大ころた（大男達）○かたなうち（刀佩き）；　○だに（実に）　○だしきや＜木の名＞　○さだけて＜先立てて＞　○せたかこ（霊力高子）　○せぢだか（セヂ高）　○のだてゝ（宣立てて）　○まだかさ（真高さ）　○またまもり（真玉杜）；　○はたらしまくはら＜波照間島兵卒＞○はねて（撥ねて）　○よきのはま（よきの浜）　○やなはばま（与那覇浜）　○あまゑわちへからは（歓ゑわちへからは）　○きみはゑ（君南風）　○おそは（襲は）；　○ばてんばま（馬天浜）　○あすばちへ（遊ばちへ）　○あすべは（遊べば）　○ためやらは（撓めやらば）；　○さしきかなもり（佐敷金杜）　○さに（算、数）　○さんこおり（三庫裡）○御さうせ＜御考え＞（御思想）　○おれふさよわちへ（降れ栄さよわちへ）　○ふさい（栄い）　○はぢめいくさ（初め軍）　○まさて（勝て）；　○かざり（笠利）　○ゑんざしき（円座敷）；　○まさて（勝て）　○まだかさ（真高さ）　○まるく（丸く）　○まんまん（万々）　○あまの（天の）　○あよまよい（肝迷い）　○うまれて（勝れて）○おきなます（沖膾）　○しまうち（島討ち）；　○なげくな（嘆くな）　○なごやけて（和やけて）　○なりきよら（鳴り清ら）　○しなて（撓て）　○みかなしけ（御愛しけ）○よなはばま（与那覇浜）；　○あからかさ（赤ら傘）　○あけめつら＜傘＞　○あせら＜長老達＞　○あめもらんもりに（雨洩らん杜に）　○あらきやめ＜有る限り＞　○いのられ（祈られ）　○うらうらと＜のどかに＞　○かくらの＜天上の＞　○きらせ（切らせ）○けらへ＜立派な＞；　○やへましま（八重山島）　○やりかわちへ（遣り交わちへ）

○やる（遣る）　○あおりや（煽りや）　○あかぐちやが　○あやこばま（アヤコ浜）　○あらきやめ＜ある限り＞　○いきやる（如何る）　○うらやて＜心に響いて＞　○おぎやかもいや　○なごやけて（和やけて）；　○わかぬしす（若主ず）　○おそわ（襲わ）　○そわて＜添いて、襲いて＞　○まぶりよわめ＜守り給わん＞　○まぶりよわる＜守り給う＞

｛使１｝(1534)

*/ka/に対応する部分に「加、佳、看、高、拿、嗑、葛、監、害、盖、開、凱、稿、槁、各」が現れる。

音訳字	中原音韻	東国正韻	訓蒙字会	西儒耳目資	推定音価	備　考
か　加	kia	ka’	茄　kja	kia	kja, ka	
佳	kiai	☆	☆	kia, kiai, chui	kja	
看	kan	khan	kan	kan	khan, kham	「ぢ」「ぶ」の前
高	kau	kow	篙　ko	kao	kɑ	
拿	na	☆	☆	☆	ka	
嗑	ko	嗑　har	榼　hap	ho	kɑ	
葛	ko	☆	☆	☆	kɑ	
監	kan	☆	☆	☆	kɑ	
害	hai	hhai’	☆	hai, ho	kai	
盖	kai, ho	kai’	☆	ko, ho, kai	kai	
開	k‘ai	khai’	kʌi	k‘ai	khai	
凱	k‘ai	khai’	☆	k‘ai	khai	
かう　稿	kau	槁　kow	犒　ko	稾　kao	kau	
槁	kau	kow	犒　ko	稾　kao	kau	
かつ　嗑	ko	嗑　har	榼　hap	ho	kɑ	
かひ　盖	kai, ho	kai’	☆	ko, ho, kai	kai	
かふ　各	ko	kak	骼　kak	ko	koː	

＜用例＞

○麻加里（まかり、碗）　○麻佳里（まかり、碗）　○刊眉（かみなり、雷）　○亦如《ママ》撒（いかさ、幾等）　○看失（かぢ、舵）　○高葉（かひ、買ひ）　○拿別（かべ、壁）　○嗑済（かぜ、風）　○害宅（かいち、獬豸）　○盖乞（かいき、改機）　○開的（かいて、書いて）　○凱（かい、櫃）　○槁（かう、香）　○稿炉（かうろ、香炉）　○子盖失（つかひし、使ひし）　○嗑乜那各（かめのかふ、亀の甲）

*/ga/に対応する部分に「加、嗑、暗」が現れる。

音訳字	中原音韻	東国正韻	訓蒙字会	西儒耳目資	推定音価
が　加	kia	ka’	茄　kja	kia	ga, gja
嗑	ko	嗑　har	榼　hap	ho	gɑ

がは　嗑	ko	嗑　har	榼　hap	ho	gɑ
がん　暗	am	ʔam	’am	han, gan	gaɴ

＜用例＞

○孔加尼（こがね、黄金）　○谷禄嗑尼（くろがね、鉄）　○依嗑喇（ゐがはら、井河原）　○龍暗（りゆうがん、龍眼）

*/ta/に対応する部分に「大、打、荅、都、達、塔、榻、者、刀」が現れる。

音訳字	中原音韻	東国正韻	訓蒙字会	西儒耳目資	推定音価
た　大	ta, tai	tta’, ttai, thai’, thoa	☆	ta, t’o, to, toi	ta
打	ta	☆	☆	ta, tim	ta
荅	ta	☆	☆	ta	ta
都	tu	to’	to	tu	tɑ
達	ta	tharʔ, ttarʔ	闥　tar	t’a, ta	ta
塔	t ‘a	thap	thap	t ‘u	tha
榻	t ‘a	thap	thap	t ‘a	tha
者	ʧ I e	cja	赭　cja	che	ʧa
たい　大	ta, tai	tta’, ttai’, thai’, thoa	☆	ta, t’o, to, toi	tai
たう　刀	tau	tow	to	tao, tiao	tau

＜用例＞

○乞大（きた、北）　○荅知（たち、太刀）　○都谷乜（たくみ、襪）　○達急（たけ、竹）　○達馬（たま、玉）　○塔嗑牙（たかや、高屋、楼）　○榻知（たちて、起ちて）　○阿者（あした、明日）　○大福（たいふ、大夫）　○刀那必周（たうのひと、唐の人）

*/da/に対応する部分に「達、大、代」が現れる。

音訳字	中原音韻	東国正韻	訓蒙字会	西儒耳目資	推定音価
だ　達	ta	tharʔ, ttarʔ	闥　tar	t’a, ta	da
だい大	ta, tai	tta’, ttai’, thai’, thoa	☆	ta, t’o, to, toi	dai
代	tai	ttʌi’	tʌi	tai	dai

＜用例＞

○分達里（ひだり、左）　○大苗（だいみん、大明）　○代（だい、台、卓）

*/pa/に対応する部分に「扒、花、法、華、哇、排、包」が現れる。

音訳字	中原音韻	東国正韻	訓蒙字会	西儒耳目資	推定音価
は　扒	puʌi	pai’	☆	pai	pa
花	hua	hoa’	hoa	hoa	ɸa
法	fa	pɔp	pɔp	fa	ɸa

華	hua	hhoa’	hoa	hoa, k ‘ua, fu	ɸa
哇	ua	ʔoa’, ʔai’	蛙　’oa	ua, ya	wa
はい　排	p ‘ai	ppai’	pʌi	p ‘ai, pai	pℎai
はう　包	pau	☆	袍　pho	p ‘ao, pao	pau
哇	ua	ʔoa’, ʔai’	蛙　’oa	ua, ya	wa
はや　排	p ‘ai	ppai’	pʌi	p ‘ai, pai	pℎai

＜用例＞

○扒只（はし、橋）　○花孫奴法拿（はすのはな、蓮の花）　○松只（はし、橋）　○華（は、歯、牙）　○嗑哇（かは、河）　○失哇思（しはす、十二月）　○排是（はいす、拝す）　○包名（はうめい、報名）　○司哇（すはう、蘇芳）

*/ba/に対応する部分に「扒、法、包、鮑、半、班」が現れる。

音訳字	中原音韻	東国正韻	訓蒙字会	西儒耳目資	推定音価
ば　扒	puʌi	pai’	☆	pai	ba
法	fa	pɔp	pɔp	fa	ba, ɞa
ばう包	pau	☆	袍　pho	p ‘ao, pao	bau
鮑	p ‘au	☆	☆	☆	bau
ばん半	puon	pan	伴　pan	puon	bɑn
班	pan	pan	☆	pan	ban

＜用例＞

○三扒（さば、鞋）　○福法各（ふばこ、文箱）　○失農包（しのばう、師の父）　○鮑子（ばうず、坊主）　○札半失（ちやばんじ、茶飯事）　○翁班尼（おばんに、御飯）

*/sa/に対応する部分に「三、沙、撒、菜、唆、衫、」が現れる。

音訳字	中原音韻	東国正韻	訓蒙字会	西儒耳目資	推定音価	備　考
さ　三	sam	sam, cham	sam	san	sam	「ば」の前
沙	ṣa	☆	sa	☆	sa	
撒	sa	san, sarʔ	san	sa	sa	
纖	☆	☆	☆	☆	☆	
さい　菜	ts ‘ai	chʌi’	chʌi	ç ‘ai	sai	
さう　唆	suo	soa’	梭　sa	so	so:	
さん　衫	ṣam	sam	sam	san, xan	sam	「も」の前
撒	sa	san, sarʔ	san	sa	saŋ	

＜用例＞

○三扒（さば、鞋）　○沙舎奴（さすの、鎖の）　○嗑子撒（あつさ、熱さ）　○菜（さい、菜）　○唆亦（さう（ら）へ、候へ）　○衫買毎（さんもんめ、三匁）　○撒哇的（さんぐわつ、三月）

*/za/に対応する部分に「撒、槽」が現れる。

音訳字	中原音韻	東国正韻	訓蒙字会	西儒耳目資	推定音価
ざ　撒	sa	san, sarʔ	san	sa	ʣa
ざう　槽	tsau	☆	co	çao	ʣau

＜用例＞

○非撒慢都急（ひざまづき、跪）　○槽（ざう、象）

*/ma/に対応する部分に「馬、麻、慢、網、毎、」が現れる。

音訳字	中原音韻	東国正韻	訓蒙字会	西儒耳目資	推定音価	備　考
ま　馬	ma	ma’	ma	ma	ma	
麻	ma	ma’	ma	ma	ma	
慢	man	man	漫 man	man	man	
まう綱	waŋ	maŋ	maŋ	vam	mau	「網」と見る
まへ毎	muəi	mʌi’	mʌi	moei, mui	me:?	
まん麻	ma	ma’	ma	ma	ma	

＜用例＞

○馬足（まつ、松）　○吾馬（うま、馬）　○麻佳里（まかり、碗）　○慢多（まど、窓）　○倭毎奴（おまへの、御前の）　○麻柔吐失（まんじふとし、万歳年）

*/na/に対応する部分に「乃、那、南、拿、納、耐」が現れる。

音訳字	中原音韻	東国正韻	訓蒙字会	西儒耳目資	推定音価
な　乃	nai	nai’	☆	nai, gai	na
那	na	na’	梛　na	na, no	na
南	nam	nam	nam	nan	nam
拿	na	☆	☆	☆	na
納	na	☆	nap	☆	na
ない　乃	nai	nai’	☆	nai, gai	nai
耐	na	☆	☆	☆	nai
なひ　耐	na	☆	☆	☆	nai
なん　南	nam	nam	nam	nan	nam, nan

＜用例＞

○密乃度（みなと、港）　○是那（すな、砂）　○米南米（みなみ、南）　○拿都（なつ、夏）○民納（みな、皆）　○阿立乃（ありない、有無）　○烏基利耐（おきれない？起きれない？）　○亜及耐（あきなひ、商ひ）　○南者（なんじや、銀）

*/ra/に対応する部分に「喇、藍、監」が現れる。

音訳字	中原音韻	東国正韻	訓蒙字会	西儒耳目資	推定音価	備　考
ら　喇	la	☆	☆	剌　la	ra	
藍	lam	ram	nam	lan	ran	「じ」の前

監	lam	ram	nam	lan	ran	「藍」の誤り
らひ　喇	la	☆	☆	剌　la	rai	

<用例>

○它喇（とら、虎）　○嗑藍子（からじ、頭髪）　○失監子（しらず、知らず）　○大喇（たらひ、盥）

＊/wa/に対応する部分に「外、哇、歪、敖、窩」が現れる。

音訳字	中原音韻	東国正韻	訓蒙字会	西儒耳目資	推定音価
わ　外	uai	ŋoi’	’oi	uai, uai	wai
哇	ua	ʔoa’，ʔai’	蛙　’oa	ua, ya	wa
歪	uai	☆	’oai	☆	wai
わう　敖	au	ŋow	鰲　‘o	gao	wau
窩	uo	ʔoa’	’oa	uo	oː

<用例>

○外亦利（わいり、来）　○吾哇（うわ？、豚、猪）　○哇禄撒（わるさ、悪）　○蜜由歪里（みゆわいり、御祝り）　○敖那（わうの、王の）　○昂哇（わんは、我は）

｛田２｝（1536）

<用例>

○くわんしやか方へ（官舎が方へ）；　○たまわり申候（賜り申し候）；　○にしはら（西原）　○さとぬしところハ（里主所は）；　○さとぬしところ（里主所）；　○たまわり申候（賜り申候）　○まきり（間切）　○まいる（参る）；　○にしはら（西原）；　○くわにしや（官舎）

（用例なし）＊/ka/；＊/da/；＊/ba/；＊/za/；＊/na/；＊/wa/

｛田３｝（1537）

<用例>

○大やくもいか（大屋子思いが）；　○たう（唐）　○たまわり申候（賜り申し候）；○はゑ（南風）；　○まいる（参る）　○たまわり申候（賜り申候）；　○大やくもい（大屋子思い）；　○たまわり申し候（賜り申候）

（用例なし）＊/ka/；＊/da/；＊/ba/；＊/sa/；＊/za/；＊/na/；＊/ra/

｛田４｝（1541）

<用例>

○[つつ]かねこおりの（～郡の）；　○せちあらとミか（勢治荒富が）　○[つつ]かねてほり；　○たまわり申候（賜り申し候）；　○ちくとのハ（筑殿は）　○まなハん；　○まなハンゑ？　○まさふろ（真三郎）；　○まいる（参る）　○まさふろ（真三郎）○まなハン　○たまわり申候（賜り申候）；　○まなハンゑ；　○せちあらとミか（勢治荒富が）；○たまわり申し候（賜り申候）

（用例なし）；＊/da/；＊/za/；＊/ja/

｛かた｝（1543）

＜用例＞

○かみほとけの（神仏の）　○かきりなし（限りなし）　○ねかひ事かなひ（願ひ事叶ひ）　○しかれは　○御たかへめしよわるもり（御崇べ～）　○ちからをそろへ（力を揃へ）　○むかし（昔）；　○ねかひ事（願ひ事）　○いぬたるかね（犬樽金）　○あんしおそひかなし（按司襲ひ加那志）　○ひかしにあたりて（東に当たりて）　○むまれなから（生まれながら）；　○へんのたけ（弁の嶽）　○たのしむ事かきりなし（楽しむ事限りなし）　○御たかへめしよわるもり（御崇べ召しよわる杜）　○あすたへ（長老部）　○いたるまて（到るまで）；　○たいりより（内裏より）；　○ミはいをかミ申候（御拝拝み申候）　○いしをはめ（石を嵌め）　○これハ；　○されは嘉靖二十年（さればｰ）　○しかれは　○王のなをは（王の名をば）；　○さつけよわちへ（授けよわちへ）　○さとりめしよわちへ（悟り召しよわちへ）　○おさめめしよわる事（治め召しよわる事）　○ふかさ（深さ）；　まつをうへれは（松を植へれば）　○ま五ら（真五良）　○まふとかね（真布渡金）　○あまこあわしめしよわちへ（眼合わしめしよわちへ）　○むかしいま（昔今）；　○王の御なをは（王の御名をば）　○かきりなし（限り無し）　○王かなしハ（王加那志は）　○ねかひ事かなひ（願ひ事叶ひ）；　○ミちはきよらく（道は清らく）　○けらへあくかへ（家来赤頭）　○ちからをそろへ（力を揃へ）　○ま五ら（真五良）　○わらへにいたるまて（童に到るまで）；　○大やくもいた（大屋子思い達）　○千りやうの金を（千両の金を）　○御ほこりめしよわちや　○ミやひら（宮平）；　○わか人（若人）　○わらへにいたるまて（童に到るまで）

（用例なし）；＊/za/

｛田５｝（1545）

＜用例＞

○かなくすく（金城）；　○大やくこいか（大屋子思いが）；　○たまわり申候（賜り申候）；　○はゑ（南風）　○さとぬしところハ（里主所は）；　○さとぬしところ（里主所）；　○きま（儀間）　○たまわり申候（賜り申候）　○まいる（参る）　○まきり（間切）　○まわし（真和志）；　○かなくすく（金城）；　＊/ra/に対応する；　○大やくもい（大屋子思い）；　○まわし（真和志）　○たまわり申し候（賜り申候）

（用例なし）；＊/da/；＊/ba/；＊/za/

｛添｝（1546）

＜用例＞

○かミほとけの（神仏の）　○かうちの大やくもいた（河内の大屋子思い達）　○かすしらす（数知らず）　○おゑか人　○つか井（遣ゐ）　○ふかさハ（深さは）　○まさかひ（真栄）；　○かなはの大やくもい（我那覇の大屋子思い）　○御石かきつみ申候（御石垣積み申候）　○あんしおそひかなし（按司襲ひ加那志）　○しほたるかね（小樽金）（塩太郎金）　○をかみ候て（拝み候て）；　○たけ八十ひろ（丈八十尋）　○御たほひめしよわ

ちへ（御賜ひ召しよわちへ）　○そうたち（僧達）　○しほたるかね（小樽金）（塩太郎金）；○くもこたけ（雲子嶽）　○御石かきつみ申候あひたハ（御石垣積み申候間は）　○御石かきのねたての深さハ（御石垣の根立ての深さは）　○またまもり（真玉杜）；　○かなはの大やくもい（我那覇の大屋子思い）　○みはいハ（御拝は）　○はへおもての（南風表の）；　○ミはんの大やくもいた（御番の大屋子思い達）；　○ともゝととひやくさと（十百と百歳と）　○きよらさ（清らさ）　○ふかさ（深さ）　○御さうせましよわちへ（御思想召しよわちへ）；　○まうはらへ（毛祓へ）　○ま五ら（真語良）　まふにの里主（摩文仁の里主）　○しまともに（島ともに）　○つませてて（積ませてて）　○ひのへむま（丙午）；　○なけハ（長は）　○かなはの大やくもい（我那覇の大屋子思い）；　○けらへわちへ（造らへわちへ）　○きよらさ（清らさ）　○御くらともに（御蔵ともに）○けらへあくかへ（家来赤頭）　○かすしらす（数知らず）　○ちやうらう（長老）○まうはらへの時に（毛祓への時に）　○ま五ら（真五良）；　○ミやこやへまの（宮古八重山の）　○あをりやたけ（煽りや嶽）　○いちやちやけらへわちへ（板門造らへわちへ）○大やくもい（大屋子思い）　○くやう（供養）　○しやなの里主（謝名の里主）　○めしよわちや事（召しよわちや事）　○ちやうらう（長老）　○とひやく（十百）；　○おりあけわちへ　○つミあけわちへ（積み上げわちへ）　○御ゆわひ申候（御祝ひ申候）○御のほりよわちへ　○御たほいめしよわちや事

（用例なし）；*/za/

｛田６｝（1551）

＜用例＞

○かなくすく（金城）；　○大やくこいか（大屋子思いが）；　○たまわり申候（賜り申し候）；　○はゑ（南風）；　○さとぬしところ（里主所）；　○まいる（参る）　○まきり（間切）　○まわし（真和志）　○たまわり申候（賜り申候）　○きま（儀間）；　○かなくすく（金城）；　○大やくもい（大屋子思い）；　○たまわり申し候（賜り申候）

（用例なし）；*/da/；*/ba/；*/za/；*/ra/

｛やら｝（1554）

＜用例＞

○かくこ（恪護）　○かたく（堅く）　○かつれん（勝連）　○かミしも（上下）○おかて（置かて）　○ねたてひかわ（根立て樋川）　○やらさもりのほかに（屋良座杜の外に）　○むかし（昔）；　○あんしおそひかなし（按司襲ひ加那志）　○ちはなれからめちへ（地離れがらめちへ）　○あさかかね　○ミはひおかてあり（御拝拝であり）○おかミめしよはる（拝み召しよはる）　○ちかためのおよハひ（地固めの御祝ひ）○天か下のあちけす（天が下の按司下司）；　○ために（為に）　○はうすた（坊主達）○かたくかくこするへし（堅く恪護するべし）；　○たしきやくき（だしきや釘）　○ねたてひかわ（根立て樋川）　○おさためめしよハやる（御定め召しよはやる）；　○ミはひおかてあり（御拝拝であり）　○まうはらて（毛祓て）　○はゑはら（南風原）　○おきなハ（沖縄）　○かきのはなち（垣花地）　○ちはなれ（地離れ）　○なはのはん（那覇の番）　○いしらこはましらこは（石子は真石子は）　○ミつのかくこハ（水の恪護は）

○おりあけハちへ（おり上げはちへ）；　○はうすた（坊主達）　○なはのはん（那覇の番）○一はんのせい（一番の勢）；　○御世のおさうせ（御世の御思想）　○さしき（佐敷）○おさためめしよハやる（御定め召しよはやる）　○あさかかね　○いくさ（軍）；　○やらさもりやへさもり（屋良座杜八重座杜）；　○まいし（真石）　○まうはらて（毛祓て）○まうし（真牛）　○うちま（内間）　○しましり（島尻）　○とまりのかくこの（泊の恪護の）；　○なきやもの（無きやもの）　○なはのはん（那覇の番）　○おきなハ（沖縄）○かきのはなち（垣花地）　○かなくすく（金城）；　○いしらこはましらこは（石子は真石子は）　○からめちへ　○けらへあくかへ（家来赤頭）　○こちひら（東風平）　○ちきやら（力）　○ちやうらう（長老）；　○やらさもりやへさもり（屋良座杜八重座杜）○なきやものやれとも（無きやものやれども）　○おかむやに（拝む様に）　○大やくもい（大屋子思い）　○いきやてゝ（如何てて）　○おきなハの天きや下ハ（沖縄の天ぎや下は）　○いつきやめむ（何時ぎやめむ）　○たしきやくき（だしきや釘）　○ちきやら（力）　○ちやうらう（長老）　○きちやることハ（来ちやる事は）　○みおやしちやれは　○ふきやう（奉行）；　○わうかなしむ（王加那志む）

{田７}（1560）

＜用例＞

○大やくこいか（大屋子思いが）；　○たまわり申候（賜り申し候）；　○さとぬしところハ（里主所は）；　○さとぬしところ（里主所）；　○まいる（参る）　○まきり（間切）○たまわり申候（賜り申候）；　○大やくもい（大屋子思い）；　○たまわり申し候（賜り申候）

（用例なし）*/ka/；*/da/；*/ba/；*/za/；*/na/；*/ra/

{使２}（1561）

***/ka/**に対応する部分に「嗑、佳、加、刊、堪、看、脚、甲、拿、開、凱、害、蓋、稿、槁、科、嗑、括、各」が現れる。

音訳字	中原音韻	東国正韻	訓蒙字会	西儒耳目資	推定音価	備　考
か　嗑	ko	嚆　har	榼　hap	ho	kɑ	
佳	kiai	☆	☆	kia, kiai, chui	k(j)a	
加	kia	ka'	茄　kja	kia	k(j)a	
刊	k ‘an	khan	☆	k ‘an	kam	「かみなり」
堪	k ‘am	☆	☆	☆	kam	
看	k ‘an	khan	kan	k ‘an	khan, kham	「ぢ・ぶ」の前
脚	kiau	☆	kak	kio	k(j)a	
甲	kia	☆	kak	kia	k(j)a	
拿	na	☆	☆	na	ka	
かい開	k ‘ai	khai'	kʌi	k ‘ai	khai	
凱	k ‘ai	khai'	☆	k ‘ai	khai	
害	hai	hhai'	☆	hai, ho	kai	

蓋	kai, ho	☆	☆	ko, ho, kai	kai	
かう稿	kau	槁　kow	犒　ko	稾　kao	kau	
槁	kau	kow	犒　ko	稾　kao	kau	
科	k ‘o	khoa’	koa	k ‘uo, ko	ko:	
かつ嗑	ko	嗑　har	榼　hap	ho	kɑ	
括	kuo	☆	☆	kuo, huo	kɑ	
かは嗑	ko	嗑　har	榼　hap	ho	kɑ	
かひ蓋	kai, ho	☆	☆	ko, ho, kai	kai	
かふ各	ko	kak	骼　kak	ko	kjo?	
嗑	ko	嗑　har	榼　hap	ho	ko:	

<用例>

○嗑済（かぜ、風）　○麻佳里（まかり、碗）　○即加撒（ちかさ、近さ）　○刊眉（かみなり、雷）　○堪枇（かみ、紙）　○看失（かぢ、舵）　○倭眉脚都司墨（おみかどすみ、御帝墨）　○押甲嗑尼（あかがね、銅）　○拿別（かべ、壁）　○開第（かいて、書いて）　○凱（かい、櫃）　○害宅（かいち、獬豸）　○蓋乞（かいき、改機）○稿炉（かうろ、香炉）　○槁（かう、香）　○科的（かうて、買うて）　○嗑布（かつふ、葛布）　○括基（かつき、活気？）　○嗑喇亦葉牙（かはらいへや、瓦家屋？）　○子蓋失之（つかひして、使ひして）　○嗑乜那各（かめのかふ、亀の甲）

*/ga/に対応する部分に「喈、加、暗」が現れる。

音訳字	中原音韻	東国正韻	訓蒙字会	西儒耳目資	推定音価
が　喈	kiai	☆	☆	☆	g(j)a
加	kia	ka’	茄　kja	kia	g(j)a
がん　暗	am	ʔam	’am	han, gan	gaɴ

<用例>

○石禄嗑尼（しろがね、錫）　○孔加尼（こがね、黄金）　○龍暗（りゆうがん、龍眼）

*/ta/に対応する部分に「打、大、達、塔、撻、荅、借、者、刀」が現れる。

音訳字	中原音韻	東国正韻	訓蒙字会	西儒耳目資	推定音価
た　打	ta	☆	☆	ta, tim	ta
大	ta, tai	tta’, ttai’, thai’, thoa	☆	ta, t’o, to, toi	ta
達	ta	tharʔ, ttarʔ	闥　tar	t’a, ta	ta
塔	t ‘a	thap	thap	t ‘u	tha
撻	t ‘a	☆	☆	t ‘a	tha
荅	ta	☆	☆	ta	ta
借	tsie	☆	chja	çie, cha	ʧa
者	ʧɪe	cja	cja	che	ʧa

たい大	ta, tai	tta', ttai', thai', thoa	☆	ta, t'o, to, toi	tai
たう刀	tau	tow	to	tao, tiao	tau

<用例>

○打苔（たか、鷹）　○大籟（たらひ、盥）　○乞大（きた、北）　○達都（たつ、龍）　○塔嗑牙（たかや、高屋、楼）　○撻馬（たま、玉）　○嗑苔拿（かたな、刀）　○一借沙（いたさ、痛さ）　○阿者（あした、明日）　○識達哇（しりたは、知りたは）　○大刀那必周（だいたうのひと、大唐の人）

*/da/に対応する部分に「達、代、大」が現れる。

音訳字	中原音韻	東国正韻	訓蒙字会	西儒耳目資	推定音価
だ　達	ta	tharʔ, ttarʔ	闥　tar	t'a, ta	da
だい代	tai	ttʌi'	tʌi	tai	dai
大	ta, tai	tta', ttai', thai', thoa	☆	ta, t'o, to, toi	dai

<用例>

○分達里（ひだり、左）　○代（だい、台、卓）　○大刀（だいたう、大唐）　○大苗（だいみん、大明）

*/pa/に対応する部分に「嗑、扒、花、法、抛、哇、排、包、迫」が現れる。

音訳字	中原音韻	東国正韻	訓蒙字会	西儒耳目資	推定音価
は　嗑	ko	har	hap	ho	ha
扒	puʌi	pai'		pai	pa
花	hua	hoa'	hoa	hoa	ɸa
法	fa	pɔp	pɔp	fa	ɸa
抛	p ‘au	☆	☆	p ‘ao	pa
哇	ua	ʔoa', ʔai'	蛙　'oa	ua, ya	wa
はい　排	p ‘ai	ppai'	pʌi	p ‘ai, pai	phai
はう　包	pau		袍　pho	p ‘ao, pao	pau
哇	ua	ʔoa', ʔai'	蛙　'oa	ua, ya	wa:
はや　排	p ‘ai	ppai'	pʌi	p ‘ai, pai	phai
迫	pau	☆	袍　pho	p ‘ao, pao	pau

<用例>

○嗑甲馬（はかま、袴？）　○扒只（はし、橋）　○花孫（はす、蓮）　○法禄（はる、春）　○抛拿（はな、花）　○嗑哇（かは、皮）　○嗑哇喇（かはら、瓦）　○排失之（はいして、拝して）　○包名（はうめい、報名）
○司哇（すはう、蘇芳）　○排姑（はやく、早く）　○迫姑（はやく、早く）

*/ba/に対応する部分に「法、班、褒、半」が現れる。

音訳字	中原音韻	東国正韻	訓蒙字会	西儒耳目資	推定音価
ば　法	fa	pɔp	pɔp	fa	ba, ɞa
班	pan	pan	☆	pan	ban
ばう　褒	pau	☆	☆	☆	bau
ばん　半	puon	pan	伴　pan	puon	bɑn

<用例>

○福法各（ふばこ、文箱）　○汪班尼（おばに、御飯）　○褒子（ばうず、坊主）○札半失（ちやばんじ、茶飯事）

*/sa/に対応する部分に「沙、撒、舎、挿、奢、菜、左、山」が現れる。

音訳字	中原音韻	東国正韻	訓蒙字会	西儒耳目資	推定音価
さ　沙	ṣa	☆	sa	pa, so, xa	sa
撒	sa	san, sarʔ	san	sa	sa
舎	ʃɪe	sja	sja	xe	ʃa
挿	ʈṣa	☆	☆	☆	ʃa
奢	ʃɪe	☆	☆	☆	ʃa
さい　菜	ts ‘ai	chʌi’	chʌi	ç ‘ai	sai
さう　左	tso	☆	coa	ço	soː
さん　山	san	☆	san	xan	san

<用例>

○一借沙（いたさ、痛さ）　○即加撒（ちかさ、近さ）　○撒基（さけ、酒）　○由沽辣舎（ほこらさ、誇らさ）　○挿息（さす、鎖）　○匹奢（ひさ、足、脚）　○菜（さい、菜）　○左詩（さうし、草紙）　○山買毎（さんもんめ、三匁）

*/za/に対応する部分に「舎、喳」が現れる。

音訳字	中原音韻	東国正韻	訓蒙字会	西儒耳目資	推定音価
ざ　舎	ʃɪe	sja	sja	xe	ʤa
ざう　喳	ʈṣa	☆	渣　ca	査　cha	ʣau
諸	ʧɪu	☆	☆	chu	ʤʊː

<用例>

○（匹）舎蛮（資）之（ひざまづき、跪）　○喳（ざう、象）　○諸基（ざうげ、象牙）

*/ma/に対応する部分に「馬、蛮、麻、慢、罔、毎」が現れる。

音訳字	中原音韻	東国正韻	訓蒙字会	西儒耳目資	推定音価
ま　馬	ma	ma’	ma	ma	ma
蛮	man	☆	☆	man	ma
麻	ma	ma’	ma	ma	ma
慢	man	man	漫 man	man	man

まう罔	網　waŋ	maŋ	maŋ	vam	mau
まへ毎	muəi	mʌi’	mʌi	moei, mui	me:?
まん麻	ma	ma’	ma	ma	ma

＜用例＞

○馬足（まつ、松）　○吾馬（うま、馬）　○（匹）舎蛮（資）之（ひざまづき、跪）○麻佳里（まかり、碗）　○慢的（まづ、先づ）　○罔巾（まうきん、網巾）　○倭毎奴（おまへの、御前の）　○麻就吐失（まんじふとし、万歳年）

*/na/に対応する部分に「吶、哪、男、那、南、乃、拿、納、妳、奈」が現れる。

音訳字	中原音韻	東国正韻	訓蒙字会	西儒耳目資	推定音価
な　吶	納　na	☆	納　nap	☆	na
哪	那　na	那　na’	梛　na	那　na, no	na
男	nam	☆	nam	nan	na(ŋ)
那	na	na’	梛　na	na, no	na
南	nam	nam	nam	nan	nam
乃	nai	nai’	☆	nai, gai	na
拿	na	☆	☆	☆	na
納	na	☆	nap	☆	na
ない　妳	你　ni	☆	你　ni	☆	nai
奈	nai, na	☆	☆	nai	nai
なん　南	nam	nam	nam	nan	nam, nan

＜用例＞

○倭王嗑吶尸（わうがなし、王加那志）　○嗜哪（がな、鵞）　○倭男姑（をなご、女子、女）　○是那（すな、砂）　○米南米（みなみ、南）　○密乃度（みなと、港）○拿納子（ななつ、七）　○妳（ない、無）　○奈（ない、無）　○南者（なんじや、銀）

*/ra/に対応する部分に「藍、蘭、喇、辣、箣」が現れる。

音訳字	中原音韻	東国正韻	訓蒙字会	西儒耳目資	推定音価
ら　藍	lam	ram	nam	lan	ran
蘭	lan	☆	☆	lan	ra(n)
喇	la	☆	☆	剌　la	ra
辣	la	☆	☆	la	ra
らひ　箣	☆	☆	☆	☆	rai
喇	la	☆	☆	剌　la	rai
らん　藍	lam	ram	nam	lan	ran
闌	lan	☆	☆	lan	ran

＜用例＞

○它喇（とら、虎）　○由沽辣舎（ほこらさ、誇らさ？）　○失藍子（しらず、知らず）○嗑蘭自之（からじげ、頭毛、髪）　○大箣（たらひ、盥）　○瓦喇的（わらひて、笑ひ

て）　○失藍（しらん、知らん）　○迷闌（みえらん、見えらん）

＊/wa/に対応する部分に「瓦、哇、王、倭、敖、窩」が現れる。

音訳字	中原音韻	東国正韻	訓蒙字会	西儒耳目資	推定音価
わ　瓦	ua	☆	’oa	☆	wa
哇	ua	ʔoa’，ʔai’	蛙　’oa	ua, ya	wa
わう王	iuaŋ	☆	’oaŋ	vam, uam	wau
倭	uo, uəi	ʔoa’	’oa	goei, uei, uo	woː
哇	ua	ʔoa’，ʔai’	蛙　’oa	ua, ya	woː
敖	au	ŋow	鰲　‘o	gao	wau
窩	uo	ʔoa’	’oa	uo	oː
わん瓦	ua	☆	’oa	☆	waɴ

＜用例＞

○瓦喇的（わら（ひ）て、笑（ひ）て）　○哇禄撒（わるさ、悪）　○倭王嗑吶尸（わうがなし、王加那志）　○倭奴（わうの、王の）　○油哇（ゆわう、硫黄）　○敖那（わうの、王の）　○呼窩（ほうわう、鳳凰）　○瓦奴（わんの、我の）

{田８}（1562）

＜用例＞

○あくかへ（赤頭）；　○大やくもいか（大屋子思いが）　○ふさいとミか（ふさい富が；○たまわり申候（賜り申し候）；　○せんとうハ（船頭は）　○はゑ（南風）；　○ふさいとミかひき（相応富が引き）；　○たまわり申候（賜り申候）；　○けらゑ（家来）；　○大やくもい（大屋子思い）；　○たまわり申し候（賜り申候）

（用例なし）＊/da/；＊/ba/；＊/za；/＊/na/

{田９}（1563）

＜用例＞

○あくかへ（赤頭）；　○大やくもいか（大屋子思いが）；　○たまわり申候（賜り申し候）；　○はゑ（南風）　○せんとうハ（船頭は）；　○さとぬしへ（里主部）；　○まいる（参る）　○たまわり申候（賜り申候）；　○けらへ（家来）；　○大やくもい（大屋子思い）；　○たまわり申し候（賜り申候）

（用例なし）；＊/da/；＊/ba/；＊/za/；＊/na/

{字}（1572頃）

＊/ka/に対応する部分に「噶、佳、加、刊、堪、看、脚、甲、拿、開、凱、害、蓋、稿、槁、科、嗑、括、各」が現れる。

音訳字	中原音韻	東国正韻	訓蒙字会	西儒耳目資	推定音価	備　考
か　噶	葛　ko	☆	☆	☆	kɑ	
佳	kiai	☆	☆	kia, kiai, chui	k(j)a	

加	kia	ka'	茄　kja	kia	k(j)a	
刊	k 'an	khan	☆	k 'an	kam	「かみなり」
堪	k 'am	☆	☆	☆	kam	
看	k 'an	khan	kan	k 'an	khan, kham	「ぢ・ぶ」の前
脚	kiau	☆	kak	kio	k(j)a	
甲	kia	☆	kak	kia	k(j)a	
拿	na	☆	☆	na	ka	
かい　開	k 'ai	khai'	kʌi	k 'ai	khai	
凱	k 'ai	khai'	☆	k 'ai	khai	
害	hai	hhai'	☆	hai, ho	kai	
蓋	kai, ho	☆	☆	ko, ho, kai	kai	
かう　稿	kau	槁　kow	犒　ko	稾　kao	kau	
槁	kau	kow	犒　ko	稾　kao	kau	
科	k 'o	khoa'	koa	k 'uo, ko	ko:	
かつ　嗑	ko	嗑　har	榼　hap	ho	kɑ	
括	kuo	☆	☆	kuo, huo	kɑ	
かは　嗑	ko	嗑　har	榼　hap	ho	kɑ	
かひ　蓋	kai, ho	☆	☆	ko, ho, kai	kai	
かふ　各	ko	kak	骼　kak	ko	kjo?	
嗑	ko	嗑　har	榼　hap	ho	ko:	

＜用例＞

○打荅噶（たか、鷹）　○嗑哇（かは、皮）　○麻佳里（まかり、碗）　○即加撒（ちかさ、近さ）　○刊眉（かみなり、雷）　○堪枇（かみ、紙）　○看息（かぢ、舵）　○倭眉脚都（おみかど、御帝）　○押甲嗑尼（あかがね、銅）　○密失拿失（みじかし、短し）　○開第（かいて、書いて）　○凱（かい、櫂）　○害宅（かいち、獬豸）　○蓋乞（かいき、改機）○稿炉（かうろ、香炉）　○槁（かう、香）　○科的（かうて、買うて）　○嗑布（かつふ、葛布）　○括基（かつき、活気？）　○嗑喇（かはら、瓦）　○子蓋失之（つかひして、使ひして）　○嗑乜那各（かめのかふ、亀の甲）

＊/ga/に対応する部分に「嗑、喈、加、暗」が現れる。

音訳字	中原音韻	東国正韻	訓蒙字会	西儒耳目資	推定音価
が　嗑	ko	嗑　har	榼　hap	ho	ga
喈	kiai	☆	☆	☆	g(j)a
加	kia	ka'	茄　kja	kia	g(j)a
がん　暗	am	ʔam	'am	han, gan	gaɴ

＜用例＞

○窟禄嗑尼（くろがね、鉄）　○喈哪（がな、鵞）　○孔加尼（こがね、黄金）　○龍暗（りゆうがん、龍眼）

*/ta/に対応する部分に「打、大、達、塔、坡、撻、荅、借、者」が現れる。

音訳字	中原音韻	東国正韻	訓蒙字会	西儒耳目資	推定音価
た　打	ta	☆	☆	ta, tim	ta
大	ta, tai	tta’, ttai’, thai’, thoa	☆	ta, t’o, to, toi	ta
達	ta	tharʔ, ttarʔ	闥　tar	t’a, ta	ta
塔	t ‘a	thap	thap	t ‘u	tha
坡	☆	☆	☆	☆	ta
撻	t ‘a	☆	☆	t ‘a	tha
荅	ta	☆	☆	ta	ta
借	tsie	☆	chja	çie, cha	ʧa
者	ʧɪe	cja	cja	che	ʧa

＜用例＞

○打荅臈（たか、鷹）　○乞大（きた、北）　○達都（たつ、龍）　○塔嗑牙（たかや、高屋、楼）　○坡末（たま、玉）　○撻馬（たま、玉）　○麽奴嗑荅里（ものがたり、物語）　○一借沙（いたさ、痛さ）　○阿者（あした、明日）　○識達哇（しりたは、知りたは）

*/da/に対応する部分に「達」が現れる。

音訳字	中原音韻	東国正韻	訓蒙字会	西儒耳目資	推定音価
だ　達	ta	tharʔ, ttarʔ	闥　tar	t’a, ta	da

＜用例＞

○分達里（ひだり、左）

*/pa/に対応する部分に「扒、花、法、、抛、哇、排」が現れる。

音訳字	中原音韻	東国正韻	訓蒙字会	西儒耳目資	推定音価
は　扒	puʌi	pai’	☆	pai	pa
花	hua	hoa’	hoa	hoa	ɸa
法	fa	pɔp	pɔp	fa	ɸa
抛	p ‘au	☆	☆	p ‘ao	pa
哇	ua	ʔoa’, ʔai’	蛙　’oa	ua, ya	wa
はう　哇	ua	ʔoa’, ʔai’	蛙　’oa	ua, ya	waː
はや　排	p ‘ai	ppai’	pʌi	p ‘ai, pai	phai

＜用例＞

○扒（は、歯）　○扒只（はし、橋）　○法拿（はな、花）　○抛拿（はな、花）　○抛拿（はな、鼻）　○嗑哇（かは、河）　○失哇思（しはす、十二月）　○司哇（すはう、蘇芳）　○排姑（はやく、早く）

*/ba/に対応する部分に「班」が現れる。

音訳字	中原音韻	東国正韻	訓蒙字会	西儒耳目資	推定音価
ば　班	pan	pan	☆	pan	ban

<用例>

○撒急汪班尼（さけおばに、酒飯）

*/sa/に対応する部分に「沙、撒、舎、奢、菜、山」が現れる。

音訳字	中原音韻	東国正韻	訓蒙字会	西儒耳目資	推定音価
さ　沙	ʂa	☆	sa	pa, so, xa	sa
撒	sa	san, sarʔ	san	sa	sa
舎	ʃɪe	sja	sja	xe	ʃa
奢	ʃɪe	☆	☆	☆	ʃa
さい　菜	ts ‘ai	chʌi’	chʌi	ç ‘ai	sai
さん　山	san	☆	san	xan	san

<用例>

○一借沙（いたさ、痛さ）　○撒禄（さる、猿）　○由沽辣舎（ほこらさ、誇らさ）
○匹奢（ひさ、足、脚）　○菜（さい、菜）　○山買毎（さんもんめ、三匁）

*/za/に対応する部分に「喳」が現れる。

音訳字	中原音韻	東国正韻	訓蒙字会	西儒耳目資	推定音価
ざう　喳	tʂa	☆	渣　ca	查　cha	ʥau

<用例>

○喳（ざう、象）

*/ma/に対応する部分に「馬、麻、末、慢、罔」が現れる。

音訳字	中原音韻	東国正韻	訓蒙字会	西儒耳目資	推定音価
ま　馬	ma	ma’	ma	ma	ma
麻	ma	ma’	ma	ma	ma
末	☆	☆	☆	☆	ma
慢	man	man	漫 man	man	man
まう　罔	網　waŋ	maŋ	maŋ	vam	mau
まん　麻	ma	ma’	ma	ma	ma

<用例>

○馬由（まゆ、眉）　○撻馬（たま、玉）　○麻達（また、再）　○坡末（たま、玉）
○漫畐（まど、暇）　○罔巾（まうきん、網巾）　○麻就吐失（まんじふとし、万歳年）

*/na/に対応する部分に「哪、那、南、乃、納、拿、奈」が現れる。

音訳字	中原音韻	東国正韻	訓蒙字会	西儒耳目資	推定音価
な　哪	那　na	那　na’	梛　na	那　na, no	na

那	na	na’	梛　na	na, no	na
南	nam	nam	nam	nan	nam
乃	nai	nai’	☆	nai, gai	na
納	na	☆	nap	☆	na
拿	na	☆	☆	☆	na
ない　奈	nai, na	☆	☆	nai	nai
なん　南	nam	nam	nam	nan	nam, nan

＜用例＞

○喈哪（がな、鵞）　○是那（すな、砂）　○米南米（みなみ、南）　○密乃度（みなと、港）　○拿納子（ななつ、七）　○漫畐奈（まどない、暇無）　○南者（なんじや、銀）

*/ra/に対応する部分に「藍、喇、辣、闌」が現れる。

音訳字	中原音韻	東国正韻	訓蒙字会	西儒耳目資	推定音価
ら　藍	lam	ram	nam	lan	ran
喇	la	☆	☆	剌　la	ra
辣	la	☆	☆	la	ra
らひ　喇	la	☆	☆	剌　la	rai
らん　藍	lam	ram	nam	lan	ran
闌	lan	☆	☆	lan	ran

＜用例＞

○失藍子（しらず、知らず）　○它喇（とら、虎）　○由沽辣舎（ほこらさ、誇らさ？）　○瓦喇的（わらひて、笑ひて）　○失藍（しらん、知らん）　○迷闌（みえらん、見えらん）

*/wa/に対応する部分に「瓦、哇、不、窩」が現れる。

音訳字	中原音韻	東国正韻	訓蒙字会	西儒耳目資	推定音価	備　考
わ　瓦	ua	☆	’oa	☆	wa	
哇	ua	ʔoa’, ʔai’	蛙　’oa	ua, ya	wa	
わう　不	歪　uai	☆	歪　’oai	☆	wau?	「歪」の誤り
窩	uo	ʔoa’	’oa	uo	oː	

＜用例＞

○瓦喇的（わら（ひ）て、笑（ひ）て）　○嗚哇（うわ？、豚、猪）　○収不（ゆわう、硫黄）　○呼窩（ほうわう、鳳凰）

{使3}（1579）

*/ka/に対応する部分に「噶、嗑、佳、加、刊、堪、看、脚、甲、拿、開、凱、害、蓋、稿、槁、科、括、各」が現れる。

音訳字	中原音韻	東国正韻	訓蒙字会	西儒耳目資	推定音価	備　考
か　噶	葛　ko	☆	☆	☆	kɑ	
嗑	ko	嗑　har	榼　hap	ho	kɑ	
佳	kiai	☆	☆	kia, kiai, chui	k(j)a	
加	kia	ka’	茄　kja	kia	k(j)a	
刊	k ‘an	khan	☆	k ‘an	kam	「かみなり」
堪	k ‘am	☆	☆	☆	kam	
看	k ‘an	khan	kan	k ‘an	khan, kham	「ぢ・ぶ」の前
脚	kiau	☆	kak	kio	k(j)a	
甲	kia	☆	kak	kia	k(j)a	
拿	na	☆	☆	na	ka	
かい開	k ‘ai	khai’	kʌi	k ‘ai	khai	
凱	k ‘ai	khai’	☆	k ‘ai	khai	
害	hai	hhai’	☆	hai, ho	kai	
蓋	kai, ho	☆	☆	ko, ho, kai	kai	
かう稿	kau	槁　kow	犒　ko	稾　kao	kau	
槁	kau	kow	犒　ko	稾　kao	kau	
科	k ‘o	khoa’	koa	k ‘uo, ko	ko:	
かつ嗑	ko	嗑　har	榼　hap	ho	kɑ	
括	kuo	☆	☆	kuo, huo	kɑ	
かは嗑	ko	嗑　har	榼　hap	ho	kɑ	
かひ蓋	kai, ho	☆	☆	ko, ho, kai	kai	
かふ各	ko	kak	骼　kak	ko	kjo?	
嗑	ko	嗑　har	榼　hap	ho	ko:	

<用例>

○打荅噶（たか、鷹）　○嗑哇（かは、皮）　○麻佳里（まかり、碗）　○即加撒（ちかさ、近さ）　○刊眉（かみなり、雷）　○堪枇（かみ、紙）　○看息（かぢ、舵）　○倭眉脚度（おみかど、御帝）　○押甲嗑尼（あかがね、銅）　○密失拿失（みじかし、短し）　○開第（かいて、書いて）　○凱（かい、櫂）　○害宅（かいち、獬豸）　○蓋乞（かいき、改機）○稿炉（かうろ、香炉）　○槁（かう、香）　○科的（かうて、買うて）　○嗑布（かつふ、葛布）　○括基（かつき、活気？）　○嗑喇（かはら、瓦）　○子蓋失之（つかひして、使ひして）　○嗑乜（那各）（かめのかふ、亀の甲）

*/ga/に対応する部分に「嗑、喈、加、暗」が現れる。

音訳字	中原音韻	東国正韻	訓蒙字会	西儒耳目資	推定音価
が　嗑	ko	嗑　har	榼　hap	ho	ga
喈	kiai	☆	☆	☆	g(j)a
加	kia	ka'	茄　kja	kia	g(j)a
がん　暗	am	ʔam	'am	han, gan	gaɴ

<用例>

○拿嗑失（ながし、長し）　○喈哪（がな、鵞）　○孔加尼（こがね、黄金）　○龍暗（りゅうがん、龍眼）

*/ta/に対応する部分に「打、大、達、塔、撻、荅、借、者、刀」が現れる。

音訳字	中原音韻	東国正韻	訓蒙字会	西儒耳目資	推定音価
た　打	ta	☆	☆	ta, tim	ta
大	ta, tai	tta', ttai', thai', thoa	☆	ta, t'o, to, toi	ta
達	ta	tharʔ, ttarʔ	闥　tar	t'a, ta	ta
塔	t ʻa	thap	thap	t ʻu	tʰa
撻	t ʻa	☆	☆	t ʻa	tʰa
荅	ta	☆	☆	ta	ta
借	tsie	☆	chja	çie, cha	ʧa
者	ʧɪe	cja	cja	che	ʧa
たい　大	ta, tai	tta', ttai', thai', thoa	☆	ta, t'o, to, toi	tai
たう　刀	tau	tow	to	tao, tiao	tau

<用例>

○打荅臈（たか、鷹）？　○大籟（たらひ、盥）　○達急（たけ、竹）　○塔嗑牙（たかや、高屋、楼）　○撻馬（たま、玉）　○嗑荅拿（かたな、刀）　○一借沙（いたさ、痛さ）　○阿者（あした、明日）　○識達哇（しりたは、知りたは）　○大福（たいふ、大夫）　○大刀（だいたう、大唐）

*/da/に対応する部分に「達、代、大」が現れる。

音訳字	中原音韻	東国正韻	訓蒙字会	西儒耳目資	推定音価
だ　達	ta	tharʔ, ttarʔ	闥　tar	t'a, ta	da
だい代	tai	ttʌi'	tʌi	tai	dai
大	ta, tai	tta', ttai', thai', thoa	☆	ta, t'o, to, toi	dai

<用例>

○分達里（ひだり、左）　○代（だい、台、卓）　○大苗（だいみん、大明）；○撒嗑子急（さかづき、杯）　○皿子撻馬（みづたま、水玉、水晶）

*/pa/に対応する部分に「嗑、扒、花、法、、抛、麥、哇、排、包」が現れる。

音訳字	中原音韻	東国正韻	訓蒙字会	西儒耳目資	推定音価
は　嗑	ko	har	hap	ho	ha
扒	puʌi	pai’		pai	pa
花	hua	hoa’	hoa	hoa	ɸa
法	fa	pɔp	pɔp	fa	ɸa
抛	p ‘au	☆	☆	p ‘ao	pa
麥	mai	☆	☆	☆	pa
哇	ua	ʔoa’, ʔai’	蛙　’oa	ua, ya	wa
はい 排	p ‘ai	ppai’	pʌi	p ‘ai, pai	pʰai
はう 包	pau		袍　pho	p ‘ao, pao	pau
哇	ua	ʔoa’, ʔai’	蛙　’oa	ua, ya	wa:
はや 排	p ‘ai	ppai’	pʌi	p ‘ai, pai	pʰai
迫	po, pai	☆	☆	☆	pai

＜用例＞

○嗑甲馬（はかま、袴？）　○扒只（はし、橋）　○花孫（はす、蓮）　○法禄（はる、春）　○抛拿（はな、花）　○麥匙（はし、箸）　○嗑哇（かは、皮）　○嗑哇喇（かはら、瓦）　○排失之（はいして、拝して）　○包名（はうめい、報名）　○司哇（すはう、蘇芳）　○排姑（はやく、早く）　○迫姑（はやく、早く）

*/ba/に対応する部分に「法、班、褒、半」が現れる。

音訳字	中原音韻	東国正韻	訓蒙字会	西儒耳目資	推定音価
ば　法	fa	pɔp	pɔp	fa	ba, ɓa
班	pan	pan	☆	pan	ban
ばう　褒	pau	☆	☆	☆	bau
ばん　半	puon	pan	伴　pan	puon	bɑn

＜用例＞

○福法各（ふばこ、文箱）　○汪班尼（おばに、御飯）　○褒子（ばうず、坊主）　○札半失（ちやばんじ、茶飯事）

*/sa/相当部分に「沙、撒、舎、揷、奢、菜、左、山」が現れる。

音訳字	中原音韻	東国正韻	訓蒙字会	西儒耳目資	推定音価
さ　紗	ʂa	☆	sa	pa, so, xa	sa
撒	sa	san, sarʔ	san	sa	sa
舎	ʃɪe	sja	sja	xe	ʃa
揷	ʈʂa	☆	☆	☆	ʃa
奢	ʃɪe	☆	☆	☆	ʃa
さい　菜	ts ‘ai	chʌi’	chʌi	ç ‘ai	sai
さう　左	tso	☆	coa	ço	so:

さん　山	san	☆	san	xan	sam

＜用例＞

○一借沙（いたさ、痛さ）　○即加撒（ちかさ、近さ）　○由沽辣舎（ほこらさ、誇らさ）　○捶息（さす、鎖）　○匹奢（ひさ、足、脚）　○菜（さい、菜）　○左詩（さうし、草紙）　○山買毎（さんもんめ、三匁）

*/za/に対応する部分に「舎、喳、諸」が現れる。

音訳字	中原音韻	東国正韻	訓蒙字会	西儒耳目資	推定音価
ざ　舎	ʃɪe	sja	sja	xe	ʤa
ざう　喳	ʈʂa	☆	渣　ca	查　cha	ʣau
諸	ʧɪu	☆	☆	chu	ʤʊː

＜用例＞

○匹舎蛮資之（ひざまづき、跪）　○喳（ざう、象）　○諸基（ざうげ、象牙）

*/ma/に対応する部分に「馬、蛮、麻、慢、罔、毎」が現れる。

音訳字	中原音韻	東国正韻	訓蒙字会	西儒耳目資	推定音価
ま　馬	ma	ma’	ma	ma	ma
蛮	man	☆	☆	man	ma
麻	ma	ma’	ma	ma	ma
慢	man	man	漫 man	man	man
まう罔	網　waŋ	maŋ	maŋ	vam	mau
まへ毎	muəi	mʌi’	mʌi	moei, mui	meː?
まん麻	ma	ma’	ma	ma	ma

＜用例＞

○馬足（まつ、松）　○匹舎蛮資之（ひざまづき、跪）　○麻佳里（まかり、碗）　○慢的（まづ、先づ）　○罔巾（まうきん、網巾）　○毎（まへ、前）　○麻就吐失（まんじふとし、万歳年）

*/na/に対応する部分に「哪、吶、男、那、南、乃、納、拿、妳、奈」が現れる。

音訳字	中原音韻	東国正韻	訓蒙字会	西儒耳目資	推定音価
な　哪	那　na	那　na’	梛　na	那　na, no	na
吶	納　na	☆	納　nap	☆	na
男	nam	☆	nam	nan	na(ŋ)
那	na	na’	梛　na	na, no	na
南	nam	nam	nam	nan	nam
乃	nai	nai’	☆	nai, gai	na
納	na	☆	nap	☆	na
拿	na	☆	☆	☆	na
ない　妳	你　ni	☆	你　ni	☆	nai

奈	nai, na	☆	☆	nai	nai
なん　南	nam	nam	nam	nan	nam, nan

＜用例＞

○喈哪（がな、鵞）　○倭王嗑吶尸（わうがなし、王加那志）　○烏男姑（をなご、女子、女）　○是那（すな、砂）　○米南米（みなみ、南）　○密乃度（みなと、港）　○拏納子（ななつ、七）　○妳（ない、無）　○漫畐奈（まどない、暇無）　○南及之（なんぎし、難儀し）

*/ra/に対応する部分に「藍、蘭、喇、辣、箣」が現れる。

音訳字	中原音韻	東国正韻	訓蒙字会	西儒耳目資	推定音価
ら　藍	lam	ram	nam	lan	ran
蘭	lan	☆	☆	lan	ra(n)
喇	la	☆	☆	剌　la	ra
辣	la	☆	☆	la	ra
らひ　箣	☆	☆	☆	☆	rai
喇	la	☆	☆	剌　la	rai
らん　藍	lam	ram	nam	lan	ran
闌	lan	☆	☆	lan	ran

＜用例＞

○嗑哇喇（かはら、瓦）　○它喇（とら、虎）　○由沽辣舎（ほこらさ、誇らさ）　○失藍子（しらず、知らず）　○嗑藍子（からづ、髪）　○嗑蘭自之（からじげ、頭毛、髪）　○大箣（たらひ、盥）　○瓦喇的（わらひて、笑ひて）　○失藍（しらん、知らん）　○迷闌（みえらん、見えらん）

*/wa/に対応する部分に「瓦、哇、王、倭、敖、窩」が現れる。

音訳字	中原音韻	東国正韻	訓蒙字会	西儒耳目資	推定音価
わ　瓦	ua	☆	’oa	☆	wa
哇	ua	ʔoa’, ʔai’	蛙　’oa	ua, ya	wa
わう　王	iuaŋ	☆	’oaŋ	vam, uam	wau
倭	uo, uəi	ʔoa’	’oa	goei, uei, uo	wo:
哇	ua	ʔoa’, ʔai’	蛙　’oa	ua, ya	wo:
敖	au	ŋow	鳌　‘o	gao	wau
窩	uo	ʔoa’	’oa	uo	o:
わん　瓦	ua	☆	’oa	☆	waɴ

＜用例＞

○瓦喇的（わら（ひ）て、笑（ひ）て）　○哇禄撒（わるさ、悪）　○枯哇（こ、子）　○倭王嗑吶尸（わうがなし、王加那志）　○倭奴（わうの、王の）　○油哇（ゆわう、硫黄）　○敖那（わうの、王の）　（○瓦奴（わんの、我の））

{田10}(1593)

<用例>

○大やくもいか(大屋子思いが); ○たまわり申候(賜り申し候); ○さとぬしところハ(里主所は); ○さとぬしところ(里主所); ○まいる(参る) ○まわし(真和志) ○きま(儀間) ○たまわり申候(賜り申候); ○大やくもい(大屋子思い); ○たまわり申し候(賜り申候)

(用例なし)*/ka/;*/da/;*/ba/;*/za/;*/na/;*/ra/

{浦}(1597)

<用例>

○はしかけさせ(橋架けさせ) ○かすしらす(数知らず) ○そんとんよりこのかた(尊敦よりこの方) ○かはら(河原) ○かほう(果報) ○ひのかミ(火の神) ○うちほか(内外) ○おゑか ○しかれは ○ふかさあるけに(深さあるけに); ○てたかするゑ(てだが末) ○天か下のあち(天が下の按司) ○あんしおそひかなし天の(按司加那志) ○くにかミ(国頭) ○おかミ申候(拝み申し候) ○ねかひ申し候て(願ひ申し候て) ○大小のゑくかおなこ(大小の男女子); ○たいへいけうたひらはし(太平橋平良橋) ○御たかへめしよわちや事(御崇べ召しよわちや事) ○たひらもり(平良杜) ○たミひやくしやうのため(民百姓の為) ○あすた(長老達) ○くにのあむた ○そんとんよりこのかた(尊敦よりこの方) ○わたしよわちへ(渡しよわちへ); ○てたかするゑあんしおそひ(テダがするゑ按司襲ひ) ○なこの大やくもいまたる(名護の大屋子思い真樽); ○はしかけさせ(橋かけさせ) ○かなそめのはつまき(金染めの鉢巻) ○ミはいおかみ(御拝拝み ○おきなハの(沖縄の) ○たひらのかはら(平良の河原) ○まうはらひ(毛祓ひ); ○はうすた(坊主達) ○くもこはし(雲子橋) ○わうの御なをは(王の御名をば) ○ミおやしたれハ ○しかれは ○ミはんの大やくもいた(三番の大屋子思い達); ○ふかさ(深さ) ○御さうせ(御思想) ○さとぬしへ(里主部) ○はしかけさせ(橋架けさせ) ○するまさるわうにせてて(末勝る王仁世てて); ○しまおそい大さと(島襲い大里); ○まうはらひ(毛祓ひ) ○まきり(間切) ○まさりのミおほけに(勝りのみおほけに) ○またる(真樽) ○くすくまの(城間の) ○しまのあすた(島の長老達) ○まうし(真牛); ○わうの御なをは(王の御名をば) ○たひらのおほな(平良の大庭) ○なこ(名護) ○なを(猶) ○おきなハ(沖縄) ○おなこ(女子); ○いしらこはましらこは(石子は真石子は) ○うらおそひ(浦襲ひ) ○おらおそひの御くすく(浦襲ひの御城) ○たひらのかはら(平良の河原) ○御くらゐを(御位を) ○けらへあくかへ(家来赤頭) ○かすしらす(数知らず) ○ちやうらうた(長老達); ○ねいしまいしのやに(根石真石の様に) ○大やくもいた(大屋子思い達) ○千りやうの(千両の) ○しやうねいハ(尚寧は) ○たミひやくしやう(民百姓) ○ちやうらうた(長老達) ○ふきやう(奉行); ○わうの御くらゐを(王の御位を) ○わうにせ(王仁世) ○わか人(若人) ○わたしよわちへ(渡しよわちへ) ○わらへまても(童までも)

Ⅱ－１－⑴－④　＊／u／

{翻}（1501）

基本的にハングルの「ｕ」で表記されているが、「o」や「ʌ」や「ɯ」などの例もある。

「u」で表記されたものは問題がないと考える。ハングル「u」の音価[u]と同様のそれを想定してよい。

「o」表記のものについては、次の「*/o/」のところで述べることにする。

「ʌ」表記のものは、*/su/「ス」・*/zu/「ズ」・*/tu/「ツ」に対応するものである（*/du/「ヅ」対応の用例なし）。*/e/に対応するものが「i」「jɔi」「jɔ」「ɯi」「ʌi」と様々に表記されているのと対比すると、ほとんど揺れがないので、当時一応安定している音であったと推定される。

ハングル「ʌ」は、1780年頃には消滅し、代わりにその場所に現れるのが「a」及び「ɯ」である。**(例)** kjɔ-zʌr→kjɔ-'ɯr（冬）、 mʌ-rʌ-ta→ma-rɯ-ta（乾く）、 sʌ-ta→sa-ta（買う）。これらの例から推定されることは、ハングル「ʌ」が非円唇かつ中舌的で多分に「ɯ」に近かったらしいということである。

ハングルの「ʌ」が非円唇母音であることを重視すれば、「ʌ」で表記された沖縄語の音価は[ɯ]であると考えられようし、「ʌ」が中舌的であって（音価が[ɨ]のハングル）「ɯ」に近かったということに力点を置くと[ʉ]であると判断される。どちらも可能性がある。更なる示唆はないか。次のような例がある。

　○co-nu<ru>（つる、弦）　○riŋ <niŋ>-kʌ-na<ri>-sa-ki（にごりさけ、濁酒）
　○sʌ -'u（す、酢）

「つる」の「つ」に相当する部分は「cʌ」と表記されてしかるべきはずのものが「co」となり、「にごり」の「ご」にあたる部分は「ko」あるいは「ku」とあるべきものが「kʌ」となっている。これは、ハングルの「ʌ」で表記された沖縄語の音がハングルの「o」あるいは「u」に近かったことを物語る（「ɯ」に近ければ「cɯ-ru」・「niŋ-kɯ-ri」と表記される可能性が高い）。

しかし、近かっただけで、同じではなかった。「sʌ -'u（す、酢）」がそのことを如実に表している。それでは、「ʌ」と「u」とは、非円唇か円唇かで対立していたのか、中舌か後舌かで対立していたのか。前述の例のように、「ʌ」で表記されたものが「ɯ」よりは「o」・「u」に近かったらしいことを考慮に入れると、非円唇と円唇との対立であった可能性が高い。つまり、ハングル「ʌ」は沖縄語の[ɯ]を表記したものであると考えられる。

さて、これを音韻と認めるかどうかについても述べておく必要があろう。通時論的には、音素/ʉ/を設定したほうがよいと考える。

「語音翻訳」による限り、[ɯ]は/s/・/c/・/z/の後にしか現れないから共時態としては相補分布をなしていると解釈できる（前述の「にごりさけ」riŋ<niŋ>-kʌ-na<ri>-sa-ki を考えると自由変異音的でもある）。

しかし、通時論的観点に立つと、近年まで、[ʃi]「し」:[si]「す」、[ʧi]「ち」:[ʦi]「つ」のように、子音の対立としてではあっても、その痕跡を留めていたことを忘れるべきではない。

(例) [ɸuʃi]（ほし、星）・[ʔaʃi]（あせ、汗）：[sina]（すな、砂）・[simi]（すみ、墨）。[ʧi:]（ち、血）：[ʦiʧi]（つき、月）。[hanaʤi:]（はなぢ、鼻血）：[miʥi]（みづ、水）。＜『沖縄語辞典』より摘記。ただし、その音韻表記を音声表記に改めた。＞

さらに、この音が、[ɨ]を経て[i]へと変化したことも看過されてはならない。

（これを音韻と認めると音韻体系に不統一を生じる形となる。それは、ある意味では当然のことである。音韻体系の不統一あるいは乱れこそ言語の変化を示す証左である。）

＜用例＞

用例は以下のとおりである。

「u」の例

○'u-saŋ-ki（うさぎ、兎）　○'u-ma（うま、馬）　○ku-ru-ma（くるま、車）　○ma-ku（まく、幕）　○ki-ru〈nu〉（きぬ、衣）　○phu-'ju（ふゆ、冬）　○'a-pu-ra（あぶら、油）　○pha-ru（はる、春）

「o」の例

○pha-'o-ki（はうき、箒）　○mo-si-ro（むしろ、莚）　○'i-no（いぬ、犬）　○co-nu〈ru〉（つる、弦）

「ʌ」の例

○sʌ-cʌ-ri（すずり、硯）　○sʌ-mi（すみ、墨）　○sʌ-mi（すみ、炭）　○cʌ-ra（つら、面）　○cʌ-ki（つき、月）　○tha-cʌ（たつ、龍）　○nat-cʌ（なつ、夏）

「ɯ」の例

○khɯ-ci（くち、口）

{玉}（1501）

「ウ段の仮名」で表記されている。「オ段の仮名」との混用例は見当たらない。

＜用例＞

○そむく人あらは　○こゑくのあんし（越来の按司）　とよみくすく（豊見城）；　○なかくすくのあんし（中城の按司）；　○ちにふして（地に伏して）　○のちにあらそふ人あらは；　○まさふろかね（真三郎金）；　○このすミ見るへし（この墨見るべし）　○この御すゑ（この御末）；　○そむく人あらは（背く人あらば）；　○まなへたる（真鍋樽）　○たたるへし（祟るべし）　○いたるまて（到るまで）　○おさまる（納まる）

（用例なし）*/tu/；*/du/；*/zu/；*/nu/；*/ju/；*/wu/

{館}（16C前半？）

総じて、*/u/相当部分に現れる音訳字は、*/o/相当部分にも現れる。これは、{館}に続く全ての漢字資料に共通していることである。音声としては、[u]～[o]を推定することとなる。

*/ku /に対応する部分に「公、古、姑、刻、孤、枯、个、晃、倭、嗑、官」が現れる。

音訳字	中原音韻	東国正韻	訓蒙字会	西儒耳目資	推定音価	備　考
く　　公	koŋ	koŋ	koŋ	kun	kun	「じ」の前
古	ku	ko', zjujo	ko	ku	ku	
姑	ku	ko'	ko	ku	ku	
刻	k ‘ə	khɯk	kʌk	k ‘e	ku	
孤	ku	ko'	ko	ku	ku	
枯	k ‘u	kho'	ko	k ‘u	ku	
个	ko	ka'	☆	ko	kʊ	
くわう晃	huaŋ	hhoaŋ	光　koaŋ	hoam, uam, xam	kwam	
倭	uo, uəi	ʔoa'	'oa	goei, uei, uo	kwau	
嗑	ko	噶　har	榼　hap	ho	ko:	
くわん官	kuon	koan	koan	kuon	kwaɴ	

<用例>

○公少（くじやく、孔雀）　○喬古魯古（きよくろく、交椅）　○姑撒（くさ、草）
○必亜姑（ひやく、百）　○烏着刻（おきやく、御客？）　○茲孤立（つくれ、造れ）
○枯木（くも、雲）　○晃礬（くわうばん、黄礬）　○倭的毎（くわうていまへ、皇帝前）
○嗑得那（くわうていの、皇帝の）　○官舎（くわんしや、官舎、三使臣）
「姑」は*/ko/にも現れる。
○姑亦立（こほり、氷）　○姑姑奴子（ここのつ、九つ）

*/gu/に対応する部分に「姑、哇」が現れる。

音訳字	中原音韻	東国正韻	訓蒙字会	西儒耳目資	推定音価
ぐ　　姑	ku	ko'	ko	ku	gu
ぐわ　哇	ua	ʔoa', ʔai'	蛙　'oa	ua, ya	gwa

*/gu/, */go/共通に現れる音訳字、なし。

<用例>

○姑速姑（ぐすく、城）　○焼哇的（しやうぐわつ、正月）　○法只哇的（はちぐわつ、八月）

*/tu/に対応する部分に「子、只、多、禿、的、足、思、是、祖、茲、都、度」が現れる。

音訳字	中原音韻	東国正韻	訓蒙字会	西儒耳目資	推定音価
つ　　子	tsɨ	ccʌ'	cʌ	çu	tsɯ
只	tʂɨ	cirʔ	☆	chi	tsɨ
多	tuo	ta'	☆	to	tu
禿	t ‘u	thok	tok	t ‘o	tu
的	tiəi	tjɔk	菂 tjɔk	tie	tsɨ

足	tsiu	cju', cjuk	cjok	çu, ço	tsɯ
思	sɨ	sʌi'	☆	su, sai	tsɨ
是	ʂɨ	ssi'	si	xɨ	tsɨ
祖	tsu	co'	co	cu, chu	tsɯ
茲	tsɨ	cʌ', ccʌ'	滋 cʌ	☆	tsɨ
都	tu	to'	to	tu	tu
つう 度	tu, to	tto'	to	tu, to, ce	tu:

＜用例＞

○嗑子撒（あつさ、熱さ）　○密子（みつ、三）　○非都只（ひとつ、一ゆ）　○烏奴烏多及（うるうつき、閏月）　○禿有（つゆ、露）　○焼哇的（しやうぐわつ、正月）　○馬足（まつ、松）　○思禄（つる、鶴）　○是只（つち、土）　○祖奴（つの、角）　○茲孤立（つくれ、造れ）　○都及（つき、月）　○度日（つうじ、通事）

「多、都」は*/to/にも現れる。

○速多密的（つとめて、夙）　○非都只（ひとつ、一つ）

「只」は*/ti/にも現れる。　○達只（たち、太刀）

*/tu/に破擦音化が起こり、母音にも変化があったことを示していることになる。

*/du/に対応する部分に「子、多、足」が現れる。

音訳字	中原音韻	東国正韻	訓蒙字会	西儒耳目資	推定音価
づ 子	tsɨ	ccʌ'	cʌ	çu	dzɯ
多	tuo	ta'	☆	to	du
足	tsiu	cju', cjuk	cjok	çu, ço	dzɯ

＜用例＞

○撒嗑子及（さかづき、杯）　○非撒慢多及（ひざまづき、跪）　○民足（みづ、水）

「多」は*/do/にも現れる。

○慢多（まど、窓）　○慢多羅（もどる、戻）

*/pu/に対応する部分に「分、付、布、福」が現れる。

音訳字	中原音韻	東国正韻	訓蒙字会	西儒耳目資	推定音価
ふ 分	fən	pʌn, ppan	pun	fuen	ɸun
付	fu	pu', ppu'	符 pu, 府 pu	fu	ɸu
布	pu	po'	pho	pu	pu
福	fu	pok	pok	fo	ɸu
ふく 付	fu	pu', ppu'	符 pu, 府 pu	fu	ɸu

*/pu/, */po/共通に現れる音訳字、なし。

＜用例＞

○才府（さいふ、才府？）　○嗑布（かつふ、葛布）　○福密（ふみ、文）　○分帖（ふで、筆）　○塔把（たふば、塔場）　○付思（ふくし、副使）

＊/bu/に対応する部分に「不、布」が現れる。

音訳字	中原音韻	東国正韻	訓蒙字会	西儒耳目資	推定音価
ぶ　不	pu, fəu	pu’, puw	芣　pu	po, fo, fu, ku	bu
布	pu	po’	pho	pu	bu

＊/bu/,＊/bo/共通に現れる音訳字、なし。

＜用例＞

○眠不立（ねぶり、眠り）　○飄布（びやうぶ、屏風）

＊/su/に対応する部分に「自、舍、思、是、孫、速」が現れる。

音訳字	中原音韻	東国正韻	訓蒙字会	西儒耳目資	推定音価	備　考
す　自	tsɨ	ccʌ’	cʌ	cu	sɨ	
舍	ʃɪe	sja	sja	xe	sɨ	
思	sɨ	sʌi’	☆	su, sai	sɨ	
是	ʂɨ	ssi’	si	xi	sɨ	
孫	suən	son	son	sun	sɯm, sɯn	「び・ず・の」の前
速	su	sok	☆	so	sɯŋ	
すご　速	su	sok	☆	so	sɯn	

＜用例＞

○申自密稿（しんすみかう、速香）　○撒舍（さす、鎖）　○思墨（すみ、墨）　○是那（すな、砂）　○孫思立（すずり、硯）　○姑速姑（ぐすく、城）　○速禄姑（す（ご）ろく、雙陸）

「舍、思、是」は＊/si/にも現れる。＊/su/が、{翻}で述べた「sʌ」と軌を一にすることがわかる。

○阿舍多（あしやと、父親と）　○申思（しんし、真使）　○是止買毎（しちもんめ、七匁）

＊/zu/に対応する部分に「子、司、思、孫」が現れる。

音訳字	中原音韻	東国正韻	訓蒙字会	西儒耳目資	推定音価	備　考
ず　子	tsɨ	ccʌ’	cʌ	çu	ʣɯ	
司	ʂɨ	sʌ’	sʌ	su	ʣɯ	
思	sɨ	sʌi’	☆	su, sai	ʣɯ	
孫	suən	son	son	sun	ʣɯm	「め」の前

＜用例＞

○包子（ばうず、坊主）　○孫司立法个（すずりばこ、硯箱）　○孫思利（すずり、硯）○思孫乜（すずめ、雀）

「子」は＊/zi/にも現れる。　○嗑籃子（からじ、髪）

{翻} のハングル表記「cʌ」と照応する。

*/mu/に対応する部分に「木、蒙、不」が現れる。

音訳字	中原音韻	東国正韻	訓蒙字会	西儒耳目資	推定音価	備　考
む　木	mu	mok	mok	mo	mu	
蒙	muəŋ	moŋ	矇 moŋ	mun, man, c ʻhum	muŋ	「ぎ」の前
不	pu, fəu	pu', puw	芣 pu	po, fo, fu, ku	bu	

＜用例＞

○木子（むつ、六）　○蒙乞（むぎ、麦）　○不只（むち、鞭）

「木」は*/mo/にも現れる。

○木綿（もめん、木綿）　○枯木（くも、雲）

*/nu/に対応する部分に「奴、那」が現れる。

音訳字	中原音韻	東国正韻	訓蒙字会	西儒耳目資	推定音価
ぬ　奴	nu	no'	no	nu	nu
那	na	na'	梛　na	na, no	nu?, na?

＜用例＞

○亦奴（いぬ、犬）　○奴ゝ木綿（ぬのもめん、布木綿）　○乞那（きぬ、衣）

「奴、那」ともに*/mo/にも現れる。

○烏失祖奴（うしつの、牛角）　○由奴ゝ失（よのぬし、世の主）　○波得那（ほでりの、稲妻の）　○木那哇（ものは、物は）

*/ru/に対応する部分に「罗、禄、奴」が現れる。

音訳字	中原音韻	東国正韻	訓蒙字会	西儒耳目資	推定音価	備　考
る　罗	羅　lo	羅　ra'	羅　ra	lo	rʊ	
禄	lu	rok	nok	lo	rʊ	
奴	nu	no'	no	nu	rʊ	r–n

＜用例＞

○慢多罗（もどる、戻る）　○非禄（ひる、昼）　○禿奴（つる、弦）

「罗、禄」は*/ro/にも現れる。

○約罗亦（よろひ、鎧）　○烏失禄（うしろ、後）

*/ju/に対応する部分に「不、由、有、魚、」が現れる。

音訳字	中原音韻	東国正韻	訓蒙字会	西儒耳目資	推定音価
ゆ　不	pu, fəu	pu', puw	芣　pu	po, fo, fu, ku	ju?
由	iəu	'juʁ	☆	ieu	ju
有	iəu	ŋuw	囿　'ju	ieu	ju
魚	iu	ŋɔ'	'ɔ	iu	ju
(に) ゆう由	iəu	'juʁ	☆	ieu	ju

<用例>

○不潔（(ま) ゆげ、眉毛）　○由蜜（ゆみ、弓）　○馬由（まゆ、眉）　○禿有（つゆ、露）　○魚敖（ゆわう、硫黄）　○由稿（(に) ゆうかう、乳香）

「由」は*/jo/にも現れる。

○由禄（よる、夜）　○由子（よつ、四）

（用例なし）*/wu/

{石東}（1522）

（用例なし）*/ku/；*/gu/；*/tu/；*/du/；*/pu/；*/bu/；*/su/；*/zu/；*/mu/；*/nu/；*ru/；*/ju/；*/wu/

{石西}（1522）

「ウ段の仮名」で表記されている。「オ段の仮名」との混用例は見当たらない。

<用例>

○はしくやう（橋供養）　○たくしの大やくもい（沢岻の大屋子思い）；　○とよみくすく（豊見城）；　○ミちつくり（道造り）　○つかしよわちへ（着かしよわちへ）　○つさしよわちへ（突刺しよわちへ）；　○ミつかくこ（水恪護）　○ミつのへむまのとし（壬午の年）；　○此すミのことはハ（此墨の言葉は）　○くすく（城）　○世あすたへ（世長老部）；　○むまのとし（午の年）；　○さとぬしへ（里主部）；　○御せゝるたまわり申候（御せせる賜り申候）　○たるかねもい（樽金思い）；　○ゆわい（祝い）

（用例なし）*/pu/；*/bu/；*/zu/；*/wu/

{田１}（1523）

「ウ段の仮名」で表記されている。「オ段の仮名」との混用例は見当たらない。

<用例>

○くわにしや（官舎）；　○しほたるもい（小樽思い）（塩太郎思い）　○まいる（参る）

（用例なし）*/gu/；*/tu/；*/du/；*/pu/；*/bu/；*/su/；*/zu/；*/mu/；*/nu/；*/ju/；*/wu/

{崇}（1527）

「ウ段の仮名」で表記されている。「オ段の仮名」との混用例は見当たらない。

「むま」の「む」は［m］である。「撥音」で詳しく述べる。

<用例>

○くまにて（此処にて）；　○あんしもけすも（按司も下司も）；　○むまから（馬から）；○おれるへし（降れるべし）

（用例なし）*/gu/；*/tu/；*/du/；*/pu/；*/bu/；*/zu/；*/nu/；*/ju/；*/wu/

{おも１}（1531）

「ウ段の仮名」で表記されている。「オ段の仮名」との混用例は見当たらない。

<用例>

○あかぐちやが　○おもいくわ（思い子）　○すぐれて（勝れて）　○いくさに（藺草に）;○つかさいのり（司祈り）　○つけわちへ（付けわちへ）　○つちぎりに（土斬りに）○しものつよ（霜の露）;　あけめつら<傘の名>　○世づき富（世付き富）　○やへましまいつこ（八重山島兵士）　○やへましまいづこ（八重山島兵士）;　○ふさい（栄い）○ふらす（降らす）　○ふりみちへて（降り満ちへて）　○みおふね（み御船）　○もゝとふみやかり（百度踏み揚がり）<人名>;　○ぶれしま（群れ島）　○まぶら（守ら）○まぶらめ（守らめ）;　○すぐれて（勝れて）　○すもらん<させよう>　○すゑ（末）○あすばちへ（遊ばちへ）　○おきなます（沖膾）;　○うらのかず<浦毎に>　○かいなでゝす（掻い撫でてず）　○きらのかず<吉日の数>;　○とよむあんしおそいや（鳴響む按司襲いや）;　○ぬしよ（主よ）　○ぬきあけて<差し上げて>　○ぬしかまゑ（主貢物）　○みれどもあかぬ（見れども飽かぬ）;　○あがるおりかさが（上がる折り傘が）○ある（有る、在る）　○いきやる（如何る）　○おしやたる（押し遣たる）　○ぜるまゝ<火の神>　○まるく（丸く）;　○ゆきあかりか（<神女>が）　○あゆがうち（肝が内）○こゆわちへ<乞い給いて>

（用例なし）*/wu/

｛使1｝（1534）

*/ku/に対応する部分に「公、谷、姑、刻、倭、嗑、館」が現れる。

音訳字	中原音韻	東国正韻	訓蒙字会	西儒耳目資	推定音価	備　考
く　　公	koŋ	koŋ	koŋ	kun	kun	「じ」の前
谷	ku	☆	kok	ko, kio	ku	
姑	ku	koʼ	ko	ku	ku	
刻	k ʻə	khɯk	kʌk	k ʻe	ku	
くわ　倭	uo, uəi	ʔoaʼ	ʼoa	goei, uei, uo	kwau	
嗑	ko	噶　har	榼　hap	ho	koː	
くわん館	kuon	☆	☆	☆	kwan	

<用例>

○公少（くじやく、孔雀）　○谷哇的（くぐわつ、九月）　○祿谷買毎（ろくもんめ、六匁）　○姑木（くも、雲）　○僻牙姑（ひやく、百）　○倭的毎（くわうていまへ、皇帝前）　○嗑得那（くわうていの、皇帝の）　○館牙（くわんや、館屋？）

「谷、姑」は*/ko/にも現れる。

○谷米（こめ、米）　○姑姑奴子（ここのつ、九）

*/gu/に対応する部分に「谷、哇」が現れる。

音訳字	中原音韻	東国正韻	訓蒙字会	西儒耳目資	推定音価
ぐ　　谷	ku	☆	kok	ko, kio	gu
ぐわ　哇	ua	ʔoaʼ, ʔaiʼ	蛙　ʼoa	ua, ya	gwa

*/gu/, */go/共通に現れる音訳字、なし。

＜用例＞

○谷○谷（ぐすく、城）　○焼哇的（しやうぐわつ、正月）

*/tu/に対応する部分に「子、司、只、禿、足、的、祖、都、速、度」が現れる。

音訳字	中原音韻	東国正韻	訓蒙字会	西儒耳目資	推定音価
つ　子	tsɨ	ccʌ’	cʌ	çu	tsɯ
司	sɨ	sʌ’	sʌ	su	(t)sɯ
只	tṣɨ	cirʔ	☆	chi	tsɨ
禿	t‘u	thok	tok	t‘o	tu
足	tsiu	cju’, cjuk	cjok	çu,　ço	tsɨ
的	tiəi	tjɔk	药 tjɔk	tie	tsɨ
祖	tsu	co’	co	cu, chu	tsɯ
都	tu	to’	to	tu	tu
速	su	sok	☆	so	(t)sɯ, (t)si
つう　度	tu, to	tto’	to	tu, to, ce	tuː

＜用例＞

○木子（むつ、六）　○司禄（つる、鶴）　○非都只（ひとつ？　一？）　○禿有（つゆ、露）　○足只（つち、土）　○升哇的（しぐわつ、四月）　○祖奴（つの、角）　○都及（つき、月）　○速多密的（つとめて、夙）　○度日（つうじ、通事）

「只」は*/ti, */te/にも、「的」は*/te/にも、それぞれ現れる。

○谷只（くち、口）　○蜜只（みて、見て）　○法立的（はれて、晴れて）

*/du/に対応する部分に「子、足、都」が現れる。

音訳字	中原音韻	東国正韻	訓蒙字会	西儒耳目資	推定音価
づ　子	tsɨ	ccʌ’	cʌ	çu	dzɯ
足	tsiu	cju’, cjuk	cjok	çu,　ço	dzɯ
都	tu	to’	to	tu	du

*/di/, */de/と共通に現れる音訳字、なし。

＜用例＞

○撒嗑子急（さかづき、杯）　○民足（みづ、水）　○非撒慢都急（ひざまづき、跪）

*/pu/に対応する部分に「分、布、福、付」が現れる。

音訳字	中原音韻	東国正韻	訓蒙字会	西儒耳目資	推定音価
ふ　分	fu	pu’, ppu’	符 pu, 府 pu	fu	ɸu
布	pu	po’	pho	pu	pu
福	fu	pok	pok	fo	ɸu

ふく　付	fu	pu’, ppu’	符 pu, 府 pu	fu	ɸu

*/po/と共通に現れる音訳字、なし。

<用例>

○嗑布（かつふ、葛布）　○分帖（ふで、筆）　○福密（ふみ、文、書）　○付司（ふくし、副使）

*/bu/に対応する部分に「不、布」が現れる。

音訳字	中原音韻	東国正韻	訓蒙字会	西儒耳目資	推定音価
ぶ　不	pu, fəu	pu’, puw	芣　pu	po, fo, fu, ku	bu
布	pu	po’	pho	pu	bu

*/bo/と共通に現れる音訳字、なし。

<用例>

○眠不立（ねぶり、眠り）　○飄布（びやうぶ、屏風）

*/su/に対応する部分に「司、舎、是、思、孫」が現れる。

音訳字	中原音韻	東国正韻	訓蒙字会	西儒耳目資	推定音価	備　考
す　司	sɨ	sʌ’	sʌ	su	sɯ	
舎	ʃɪe	sja	sja	xe	si	
是	ʂɨ	ssi’	si	xi	si	
思	si	sʌi’	☆	su, sai	si	
孫	suən	son	son	sun	sɯm, sɯn	「び・ず・の」の前

<用例>

○司哇（すはう、蘇芳）　○沙舎奴（さすの、鎖の）　○是那（すな、砂）　○思墨（すみ、墨）　○谷僧谷（ぐすく、城）　○孫思利（すずり、硯）

「司、舎、是、思」は*/si/にも現れる。

○申司（しんし、真使）　○付司（ふくし、副使）　○阿舎都（あしやと、父親と）

○利是（れいし、茘枝）　○丈思（ちやうし、長使）

*/zu/に対応する部分に「子、思」が現れる。

音訳字	中原音韻	東国正韻	訓蒙字会	西儒耳目資	推定音価
ず　子	tsɨ	ccʌ’	cʌ	çu	ʣɯ
思	si	sʌi’	☆	su, sai	ʣɯ

<用例>

○鮑子（ばうず、坊主）　○孫思利（すずり、硯）

「子」は*/zi/にも現れる。

○嗑藍子（からじ、髪）

*/mu/に対応する部分に「木、蒙」が現れる。

音訳字	中原音韻	東国正韻	訓蒙字会	西儒耳目資	推定音価	備　考
む゚　木	mu	mok	mok	mo	mu	
蒙	muəŋ	moŋ	矇 moŋ	mun, man, cʻhum	muŋ	「ぎ」の前

<用例>

○木子（む゚つ、六）　○以利蒙巳《ママ》（いりむ゚ぎ、炒り麦？）

「木」は*/mo/にも現れる。

○枯木（くも、雲）

*/nu/に対応する部分に「奴、那」が現れる。

音訳字	中原音韻	東国正韻	訓蒙字会	西儒耳目資	推定音価
ぬ　奴	nu	noʼ	no	nu	nu
那	na	naʼ	梛　na	na, no	nu?, na?

<用例>

○亦奴（いぬ、犬）　○急那（きぬ、衣）

「奴、那」ともに*/no/にも現れる。

○吾失祖奴（うしつの、牛角）　○牙馬奴（やまの、山の）　○馬足那急（まつのき、松の木）

*/ru/に対応する部分に「禄、羅、奴」が現れる。

「禿奴（つる、弦）」には「る－ぬ」の問題がある。

音訳字	中原音韻	東国正韻	訓蒙字会	西儒耳目資	推定音価	備　考
る　禄	lu	rok	nok	lo	rʊ	
羅	lo	raʼ	ra	lo	rʊ	
奴	nu	noʼ	no	nu	rʊ	r-n

<用例>

○非禄（ひる、昼）　○慢多羅（もどる、戻る）　○禿奴（つる、弦）

「禄、羅」は*/ro/にも現れる。

○失禄加尼（しろがね、錫）　○羅（ろ、櫓）　○各各羅（こころ、心）

*/ju/に対応する部分に「由、有、魚」が現れる。

音訳字	中原音韻	東国正韻	訓蒙字会	西儒耳目資	推定音価
ゆ　由	iəu	ʼ juɐ	☆	ieu	ju
有	iəu	ŋuw	囿　ʼ ju	ieu	ju
魚	iu	ŋɔʼ	ʼ ɔ	iu	ju

<用例>

（○由其（ゆき、雪））　○由迷（ゆみ、弓）　○禿有（つゆ、露）　○魚敖（ゆわう、硫黄）

「由」は*/jo/にも現れる。

○由禄（よる、夜）

{田２}（1536）

「ウ段の仮名」で表記されている。「オ段の仮名」との混用例は見当たらない。

＜用例＞

○あめく（天久）　○くわんしや（官舎）；　○さとぬしところハ（里主所は）

（用例なし）/gu/；*/tu/；*/du/；*/pu/；*/bu/；*/su/；*/zu/；*/mu/；*/ru/；*/ju/；*/wu/

{田３}（1537）

「ウ段の仮名」で表記されている。「オ段の仮名」との混用例は見当たらない。

＜用例＞

○あめく（天久）　○大やくもい（大屋子思い）；　○よつきとみか（世継ぎ富が）；○まいる（参る）

（用例なし）*/gu/；*/du/；*/pu/；*/bu/；*/su/；*/zu/；*/mu/；*nu/；*/ju/；*/wu/

{田４}（1541）

「ウ段の仮名」で表記されている。「オ段の仮名」との混用例は見当たらない。

＜用例＞

○ちくとの（筑殿）　○てこく（文子）；　○つつかねてほり；　○まさふろ（真三郎）；○まいる（参る）

（用例なし）*/gu/；*/du/；*/pu/；*/su/；*/zu/；*/mu/；*nu/；*/ju/；*/wu/

{かた}（1543）

「ウ段の仮名」で表記されている。「オ段の仮名」との混用例は見当たらない。

＜用例＞

○くに∨のあんしへ（国々の按司部）　○玉の御くらひを（玉の御位を）　○大やくもいた（大屋子思い達）　○みちつくり（道造り）；　○おもひくわへ（思ひ子部）；　○とろつち（泥土）　○ミちをつくり（道を造り）　○天つき王にせ（天継ぎ王仁世）　○まつをうへれ（松を植えれ）；　○さつけめしよわちへ（授け召しよわちへ）　○ミつのとのう（癸の卯）；　○あめふる時ハ（雨降る時は）　○へんのたけといふ（弁の嶽と言ふ）　○まふとかね（真布渡金）；　○すしのミち（筋の道）　○すゝし（涼し）　○きすゝ（宜寿次）；　○まつハすゝし（松は涼し）　○きすゝ（宜寿次）；　○むかしいまの事を（昔今の事を）　○むまれなから（生まれながら）　○たのしむ事（楽しむ事）；　○いぬたるかね（犬樽金）；　○わらへにいたるまて（童に到るまで）　○ふかさあるけに（深さ在るげに）　○わらへにいたるまて（童に到るまで）　○よるもひるも（夜も昼も）　○あめふる時ハ（雨降るときは）；　○きようしゆん（堯舜）

（用例なし）*/bu/；*/wu/

{田５}（1545）

「ウ段の仮名」で表記されている。「オ段の仮名」との混用例は見当たらない。

<用例>

○あめく（天久）　○大やくもい（大屋子思い）；　○かなくすく（金城）；　○かなくすく（金城）；　○さとぬしところ（里主所）；　○まいる（参る）

（用例なし）*/tu/；*/du/；*/pu/；*/bu/；*/zu/；*/mu/；*/ju/；*/wu/

{添}（1546）

「ウ段の仮名」で表記されている。「オ段の仮名」との混用例は見当たらない。

<用例>

○くにかみ（国頭）　○くやう（供養）　○くら（蔵）　○ともゝとひやくさと（十百と百歳と）○おくとより（奥渡より）　○御くすくのこしあて（御城の腰当て）；　○御くすくの御石かき（御城の御石垣）　○おもひくわへ（思ひ子部）；　○ミ御ミつか井（御御御遣ゐ）　○御石かきつませてて（御石垣積ませてて）　○つミみちへて（積みみちへて）○つミ申候（積み申候）　○あつさハ五ひろ（厚さは五尋）；　○ミつのととり（癸酉）；○ふかさハ（深さは）；　○まふにの里主（摩文仁の里主）；　○すゑつきのミ物（添継ぎのみ物）　○御くすくの（御城の）；　○かすしらす（数知らず）；　○ひのへむま（丙午）；○にるやの大ぬし　○里ぬしへ（里主部）；　○しほたるかね（小樽金）（塩太郎金）○にるやの大ぬし（にるやの大主）　○ありよるけに；　○御ゆわひ申候（御祝ひ申候）

（用例なし）*/wu/

{田６}（1551）

「ウ段の仮名」で表記されている。「オ段の仮名」との混用例は見当たらない。

<用例>

○かなくすく（金城）　○大やくもい（大屋子思い）；　○かなくすく（金城）；　○さとぬしところ（里主所）；　○まいる（参る）

（用例なし）*/tu/；*/du/；*/pu/；*/bu/；*/su/；*/zu/；*/mu/；*/ju/；*/wu/

{やら}（1554）

「ウ段の仮名」で表記されている。「オ段の仮名」との混用例は見当たらない。

<用例>

○たしきやくき（だしきや釘）　○くすくつミつけて（城積みつけて）　○くにー（国々）○くるくまし（くるくまじ）　○いくさかちよくの（軍海賊の）　○おくのよねん（奥の世ねん）　○おろくの大やくもい（小禄の大屋子思い）；　○くすくつミつけて（城積みつけて）　○くすくまの大やくもい（城間の大屋子思い）；　○ついさしよわちへ（突い刺しよわちへ）　○つちのとのとり（己の酉）　○くすくつミつけて（城積みつけて）　○いつきやめむ（何時ぎやめむ）　○かつれんの大やくもい（勝連の大屋子思い）；　○ミつのかくこハ（水の恪護は）　○ミつのと（癸）；　○まふとう（真布度）　○世そふもり（世襲ふ杜）　○よりそふて（寄り揃て）；　○ふきやう一人（奉行一人）　○まふとう（真布度）；　○かくこするへし（恪護するべし）　○ともゝするゑ（十百末）　○くすくつミつけ

て（城積みつけて）　○くすくま（城間）　○あんしけす（按司下司）；　○むかしから（昔から）　○いつきやめむ（何時ぎやめむ）　○わうかなしむ（王加那志む）　○おかむやに（拝むやに）；　○さとぬしへ（里主部）；　○かくこするへし（恪護するべし）　○きちやることハ（来ちやることは）　○ミせせるに　○いのりめしよハちやるけに（祈り召しよはちやるげに）

（用例なし）；*/zu/；*/ju/；*/wu/

｛田７｝（1560）

「ウ段の仮名」で表記されている。「オ段の仮名」との混用例は見当たらない。

＜用例＞

○大やくもい（大屋子思い）　○とよミくすく（鳴響み城）；　○とよミくすく（豊見城）；○とよミくすく（豊見城）（鳴響み城）；　○さとぬしところ（里主所）；　○まいる（参る）

（用例なし）*/tu/；*/du/；*/pu/；*/bu/；*/zu/；*/mu/；*/ju/；*/wu/

｛使２｝（1561）

*/ku/に対応する部分に「窟、姑、谷、嗑、倭、館」が現れる。

音訳字	中原音韻	東国正韻	訓蒙字会	西儒耳目資	推定音価
く　窟	k ‘u	☆	kur	ko	ku
姑	ku	ko’	ko	ku	ku
谷	ku	☆	kok	ko, kio	ku
くわう嗑	ko	嚆　har	榼　hap	ho	ko:
倭	uo, uəi	ʔoa’	’oa	goei, uei, uo	kwau
くわん館	kuon	☆	☆	☆	kwaɴ

＜用例＞

○窟之（くち、口）　○姑木（くも、雲）　○禄谷哇的（ろくぐわつ、六月）　○谷撒（くさ、草）　○嗑得那（くわうていの、皇帝の）　○倭的毎（くわうていまへ、皇帝前）○館牙（くわんや、館屋？）

「窟、姑、谷」は*/ko/にも現れる。

○窟受（こせう、胡椒）　○温卜姑里（おんほこり、御誇り）　○谷米（こめ、米）

*/gu/に対応する部分に「窟、吾、沽、嗑」が現れる。

音訳字	中原音韻	東国正韻	訓蒙字会	西儒耳目資	推定音価
ぐ　窟	k ‘u	☆	kur	ko	gu
吾	u	☆	’o	☆	gu
沽	ku	☆	ko	ku	gʊ
哇	ua	ʔoa’, ʔai’	蛙　’oa	ua, ya	gwa

＜用例＞

○窟宿枯（ぐすく、城）　○漫思吾（ますぐ、真直）　○馬訟沽夷（ますぐい、真直い）（まっすぐか）　○法只哇的（はちぐわつ、八月）

「吾」は*/go/にも現れる。
○吾買毎（ごもんめ、五匁）

*/tu/に対応する部分に「司、子、孜、祖、足、速、的、都、禿、牝、尸、通」が現れる。

音訳字	中原音韻	東国正韻	訓蒙字会	西儒耳目資	推定音価
つ　司	sɨ	sʌ'	sʌ	su	(t)sɯ
子	tsɨ	ccʌ'	cʌ	çu	tsɯ
孜	tsɨ	☆	☆	çu	tsɯ
祖	tsu	co'	co	cu, chu	tsɯ
足	tsiu	cju', cjuk	cjok	çu,　ço	tsɨ
速	su	sok	☆	so	(t)sɯ, (t)sɨ
的	tiəi	tjɔk	葯　tjɔk	tie	tsɨ
都	tu	to'	to	tu	tu
禿	t ‘u	thok	tok	t ‘o	tu
牝	piən	☆	☆	pin, xin	tu
尸	ʂɨ	☆	☆	xi	tsu
つう　通	t ‘oŋ	☆	☆	tum	tuː

＜用例＞
○密加《ママ》妳（みつぎ、貢）　○司禄（つる、鶴）　○嗑子撒（あつさ、熱さ）　○一子孜（いつつ、五）　○祖奴（つの、角）　○足止（つち、土）　○速都密的（つとめて、夙）　○焼哇的（しやうぐわつ、正月）　○都急（つき、月）　○禿有（つゆ、露）　○匹牝査（ひつじ、羊）　○司眉日尸（せんべつ、餞別）　○通資（つうじ、通事）
「都」は*/te/にも現れる。
○倭都毎（くわうていまへ、皇帝前）

*/du/に対応する部分に「子、資、足、的」が現れる。

音訳字	中原音韻	東国正韻	訓蒙字会	西儒耳目資	推定音価
づ　子	tsɨ	ccʌ'	cʌ	çu	dzɯ
資	tsɨ	☆	☆	çu	dzɯ
足	tsiu	cju', cjuk	cjok	çu,　ço	dzɯ
的	tiəi	tjɔk	葯　tjɔk	tie	dzɨ

/di/あるいは/de/と共通に現れる音訳字、なし。

＜用例＞
○皿子撻馬（みづたま、水玉、水晶）　○（匹）舎蛮（資）之（ひざまづき、跪）
○民足（みづ、水）　○慢的（まづ、先づ）

*/pu/に対応する部分に「皮、布、福、忿、付」が現れる。

音訳字	中原音韻	東国正韻	訓蒙字会	西儒耳目資	推定音価
ふ　皮	p ʻi	☆	phi	p ʻi	ɸɪ (?)
布	pu	po’	pho	pu	pu
福	fu	pok	pok	fo	ɸu
忿	fən	☆	☆	fuen	ɸun
ふく　付	fu	pu’, ppu’	符 pu, 府 pu	fu	ɸu

*/po/と共通に現れる音訳字、なし。

<用例>

○皮夜（ふや、靴）　○嗑布（かつふ、葛布）　○福尼（ふね、船）　○忿嚏（ふで、筆）○付司（ふくし、副使）

*/bu/に対応する部分に「不、布、塢」が現れる。

音訳字	中原音韻	東国正韻	訓蒙字会	西儒耳目資	推定音価
ぶ　不	pu, fəu	pu’, puw	芣　pu	po, fo, fu, ku	bu
布	pu	po’	pho	pu	bu
塢	u	☆	☆	u	bu

*/bo/と共通に現れる音訳字、なし。

<用例>

○眠不里（ねぶり、眠り）　○飄布（びやうぶ、屏風）　○嗑塢吐（かぶと、兜、盔）

*/su/に対応する部分に「司、思、受、宿、訟、是、息、孫」が現れる。

音訳字	中原音韻	東国正韻	訓蒙字会	西儒耳目資	推定音価	備　考
す　司	ṣɨ	sʌ’	sʌ	su	sɨ	
思	sɨ	sʌi’	☆	su, sai	sɨ	
受	ʃɪəu	☆	sju	☆	sɨ	
宿	siu	☆	☆	co	sɨ	
訟	sioŋ	☆	sioŋ	cum, sum	sɨŋ	「ぐ」の前
是	ṣɨ	ssi’	si	xi	sɨ	
息	ʃɪəi	☆	☆	sie	sɨ	
孫	suən	son	son	sun	sɯm, sɯn	「ず」の前

<用例>

○司黙（すみ、墨）　○失哇思（しはす、十二月）　○啚受里（どすり？　緞子？）○馬訟沽（ますぐ、真直）　○是那（すな、砂）　○挿息（さす、鎖）　○孫司利（すずり、硯）

「司」は*/si/, */se/にも現れる。「受」は*/se/にも、「是」は*/si/にも、それぞれ現れる。

○申司（しんし、真使）　○司眉日尸（せんべつ、餞別）　○窟受（こせう、胡椒）
○利是（れいし、茘枝）

*/zu/に対応する部分に「司、子」が現れる。

音訳字	中原音韻	東国正韻	訓蒙字会	西儒耳目資	推定音価
ず　司	ʂɨ	sʌ’	sʌ	su	ʣɯ
子	tsɨ	ccʌ’	cʌ	çu	ʣɯ

<用例>

○孫司利（すずり、硯）　○褒子（ばうず、坊主）

「子」は*/zi/にも現れる。

○嗑藍子其（からじげ、頭毛、髪）

*/mu/に対応する部分に「畝、皿」が現れる。

音訳字	中原音韻	東国正韻	訓蒙字会	西儒耳目資	推定音価
む　畝	məu	☆	mo	☆	mʊ
皿	miəŋ	☆	☆	mim	mɪ

/mu/,/mo/共通に現れる音訳字、なし。

<用例>

○畝子（むつ、六）　○皿基諾沽（むぎのこ、麦の粉）

*/nu/に対応する部分に「奴」が現れる。

音訳字	中原音韻	東国正韻	訓蒙字会	西儒耳目資	推定音価
ぬ　奴	nu	no’	no	nu	nu

<用例>

○亦奴（いぬ、犬）　○豈奴（いぬ、犬）

「奴」は*/no/にも現れる。

○吾失祖奴（うしつの、牛角）

*/ru/に対応する部分に「六、禄、奴」が現れる。

音訳字	中原音韻	東国正韻	訓蒙字会	西儒耳目資	推定音価
る　六	liəu	☆	rjuk	lo	ru
禄	lu	rok	nok	lo	rʊ
奴	nu	no’	no	nu	rʊ

<用例>

○由六尸（ゆるせ、放せ）　○非禄（ひる、昼）　○子奴（つる、弦）

「六、禄」は*/ro/にも現れる。

○六谷買毎（ろくもんめ、六匁）　○吾失禄（うしろ、後）

*/ju/に対応する部分に「油、有、由」が現れる。

音訳字	中原音韻	東国正韻	訓蒙字会	西儒耳目資	推定音価
ゆ　油	iəu	☆	’ju	ieu	ju
有	iəu	ŋuw	囿　’ju	ieu	ju

由	iəu	’juʁ	☆	ieu	ju

<用例>

○油哇（ゆわう、硫黄）　○禿有（つゆ、露）　○由乜（ゆみ、弓）　○馬由（まゆ、眉）

「由」は*/jo/にも現れる。

○由禄（よる、夜）　○由子（よつ、四）

（用例なし）*/wu/

{田８}（1562）

「ウ段の仮名」で表記されている。「オ段の仮名」との混用例は見当たらない。

<用例>

○大やくもい（大屋子思い）；　○ふさいとミかひき；　○参る

（用例なし）*/gu/；*/tu/；*/du/；*/bu/；*/su/；*/zu/；*/mu/；*/nu/；*/ju/；*/wu/

{田９}（1563）

「ウ段の仮名」で表記されている。「オ段の仮名」との混用例は見当たらない。

<用例>

○大やくもい（大屋子思い）；○さとぬしへ（里主部）；　○まいる（参る）

（用例なし）*/gu/；*/tu/；*/du/；*/pu/；*/bu/；*/su/；*/zu/；*/mu/；*/ju/；*/wu/

{字}（1572頃）

*/ku/に対応する部分に「窟、姑、枯、谷、嗑、倭、館」が現れる。

音訳字	中原音韻	東国正韻	訓蒙字会	西儒耳目資	推定音価
く　窟	k ‘u	☆	kur	ko	ku
姑	ku	ko’	ko	ku	ku
枯	k ‘u	kho’	ko	k ‘u	ku
谷	ku	☆	kok	ko, kio	ku
くわう嗑	ko	嗑　har	榼　hap	ho	ko:
倭	uo, uəi	ʔoa’	’oa	goei, uei, uo	kwau
くわん館	kuon	☆	☆	☆	kwaɴ

<用例>

○窟之（くち、口）　○姑木（くも、雲）　○枯買毎（くもんめ、九匁）　○谷撒（くさ、草）　○嗑得那（くわうていの、皇帝の）　○倭的毎（くわうていまへ、皇帝前）　○館牙（くわんや、館屋？）

「窟、姑、枯、谷」は*/ko/にも現れる。

○窟受（こせう、胡椒）　○温ト姑里（おんほこり、御誇り）　○枯哇（こ、子）　○谷米（こめ、米）

*/gu/に対応する部分に「窟、吾、沽、哇」が現れる。

音訳字	中原音韻	東国正韻	訓蒙字会	西儒耳目資	推定音価
ぐ　窟	k ʻu	☆	kur	ko	gu
吾	u	☆	’o	☆	gu
沽	ku	☆	ko	ku	gʊ
ぐわ　哇	ua	ʔoa’, ʔai’	蛙　’oa	ua, ya	gwa

<用例>

○窟宿枯（ぐすく、城）　○漫思吾（ますぐ、真直）　○法只哇的（はちぐわつ、八月）

「吾」は*/go/にも現れる。

○吾買毎（ごもんめ、五匁）

*/tu/に対応する部分に「司、子、孜、祖、足、速、的、都、禿、牝」が現れる。

音訳字	中原音韻	東国正韻	訓蒙字会	西儒耳目資	推定音価
つ　司	sɨ	sʌ’	sʌ	su	(t)sɯ
子	tsɨ	ccʌ’	cʌ	çu	tsɯ
孜	tsɨ	☆	☆	çu	tsɯ
祖	tsu	co’	co	cu, chu	tsɯ
足	tsiu	cju’, cjuk	cjok	çu,　ço	tsɨ
速	su	sok	☆	so	(t)sɯ, (t)sɨ
的	tiəi	tjɔk	菂　tjɔk	tie	tsɨ
都	tu	to’	to	tu	tu
禿	t ʻu	thok	tok	t ʻo	tu
牝	piən	☆	☆	pin, xin	tu

<用例>

○司禄（つる、鶴）　○一子孜（いつつ、五）　○祖奴（つの、角）　○足止（つち、土）　○速多（つと（めて）、夙）　○谷哇的（くぐわつ、九月）　○都急（つき、月）　○禿有（つゆ、露）　○匹牝查（ひつじ、羊）

*/du/に対応する部分に「足、的」が現れる。

音訳字	中原音韻	東国正韻	訓蒙字会	西儒耳目資	推定音価
づ　足	tsiu	cju’, cjuk	cjok	çu,　ço	dzɯ
的	tiəi	tjɔk	菂　tjɔk	tie	dzɨ

*/di/, */de/と共通に現れる音訳字、なし。

<用例>

○民足（みづ、水）　○慢的（まづ、先づ）

*/pu/に対応する部分に「布、福、爲」が現れる。

音訳字	中原音韻	東国正韻	訓蒙字会	西儒耳目資	推定音価
ふ　布	pu	po’	pho	pu	pu

福	fu	pok	pok	fo	ɸu

*/po/と共通に現れる音訳字、なし。

<用例>

○嗑布（かつふ、葛布）　○福禄（ふる、降る）

*/bu/に対応する用例なし。

*/su/に対応する部分に「司、思、受、訟、是、孫」が現れる。

音訳字	中原音韻	東国正韻	訓蒙字会	西儒耳目資	推定音価	備　考
す　司	ʂi	sʌ'	sʌ	su	si	
思	si	sʌi'	☆	su, sai	si	
受	ʃɪəu	☆	sju	☆	si	
訟	sioŋ	☆	sioŋ	cum, sum	siŋ	「ぐ」の前
是	ʂi	ssi'	si	xi	si	
孫	suən	son	son	sun	sɯm, sɯn	

<用例>

○司哇（すはう、蘇芳）　○失哇思（しはす、十二月）　○啚受里（どすり？　緞子？）
○馬訟沽（ますぐ、真直）　○是那（すな、砂）　○花孫（はす、蓮）

「受」は*/se/にも、「是」は*/si/にも、それぞれ現れる。

○窟受（こせう、胡椒）　○利是（れいし、茘枝）

*/zu/に対応する部分に「子」が現れる。

音訳字	中原音韻	東国正韻	訓蒙字会	西儒耳目資	推定音価
ず　子	tsi	ccʌ'	cʌ	çu	ʥɯ

<用例>

○失藍子（しらず、知らず）

*/mu/に対応する部分に「畆、皿」が現れる。

音訳字	中原音韻	東国正韻	訓蒙字会	西儒耳目資	推定音価
む　皿	miəŋ	☆	☆	mim	mɪ
畆	məu	☆	mo	☆	mʊ

*/mo/と共通する音訳字、なし。

<用例>

○皿基諾沽（むぎのこ、麦の粉）　○畆子（むつ、六）

*/nu/に対応する部分に「奴、那」が現れる。

音訳字	中原音韻	東国正韻	訓蒙字会	西儒耳目資	推定音価
ぬ　奴	nu	no'	no	nu	nʊ
那	na	na'	梛　na	na, no	na

<用例>

○亦奴（いぬ、犬）　○遮那（きぬ、衣）

「奴、那」は*/no/にも現れる。

○祖奴（つの、角）　○牙馬奴（やまの、山の）　○木那哇（ものは、物は）

*/ru/に対応する部分に「禄」が現れる。

音訳字	中原音韻	東国正韻	訓蒙字会	西儒耳目資	推定音価
る　禄	lu	rok	nok	lo	rʊ

<用例>

○非禄（ひる、昼）　○由禄（よる、夜）

「禄」はに*/ro/も現れる。

○石禄嗑尼（しろがね、錫）　○窟碌嗑尼（くろがね、鉄）

*/ju/に対応する部分に「収、有、由」が現れる。

音訳字	中原音韻	東国正韻	訓蒙字会	西儒耳目資	推定音価
ゆ　収	ʃɪəu	☆	☆	☆	ju
有	iəu	ŋuw	囿　'ju	ieu	ju
由	iəu	'juʙ	☆	ieu	ju

<用例>

○収不（ゆわう、硫黄）　○禿有（つゆ、露）　○馬由（まゆ、眉）

「由」は*/jo/にも現れる。

○由禄（よる、夜）　○由子（よつ、四）

（用例なし）*/wu/

{使3}（1579）

*/ku/に対応する部分に「窟、姑、枯、谷、嗑、倭、館」が現れる。

音訳字	中原音韻	東国正韻	訓蒙字会	西儒耳目資	推定音価
く　窟	k ‘u	☆	kur	ko	ku
姑	ku	ko'	ko	ku	ku
枯	k ‘u	kho'	ko	k ‘u	ku
谷	ku	☆	kok	ko, kio	ku
くわう嗑	ko	嗑　har	榼　hap	ho	ko:
倭	uo, uəi	ʔoa'	'oa	goei, uei, uo	kwau
くわん館	kuon	☆	☆	☆	kwaɴ

＜用例＞

〇窟之（くち、口）　〇姑木（くも、雲）　〇枯雀枯（くじやく、孔雀）　〇谷哇的（くぐわつ、九月）　〇嗑得那（くわうていの、皇帝の）　〇倭的毎（くわうていまへ、皇帝前）　〇館牙（くわんや、館屋？）

「窟、姑、谷」は*/ko/にも現れる。

〇窟受（こせう、胡椒）　〇温ト姑里（おんほこり、御誇り）　〇谷米（こめ、米）

*/gu/に対応する部分に「窟、吾、沽、哇」が現れる。

音訳字	中原音韻	東国正韻	訓蒙字会	西儒耳目資	推定音価
ぐ　窟	k ‘u	☆	kur	ko	gu
吾	u	☆	’o	☆	gu
沽	ku	☆	ko	ku	gʊ
ぐわ　哇	ua	ʔoa’, ʔai’	蛙　’oa	ua, ya	gwa

＜用例＞

〇窟宿枯（ぐすく、城）　〇漫思吾（ますぐ、真直）　〇馬訟沽夷（ますぐ、真直）　〇焼哇的（しやうぐわつ、正月）

「吾」はに*/go/も現れる。

〇吾買毎（ごもんめ、五匁）

*/tu/に対応する部分に「司、子、孜、祖、足、速、的、都、禿、牝、尸、通」が現れる。

音訳字	中原音韻	東国正韻	訓蒙字会	西儒耳目資	推定音価
つ　司	sɨ	sʌ’	sʌ	su	(t)sɯ
子	tsɨ	ccʌ’	cʌ	çu	tsɯ
孜	tsɨ	☆	☆	çu	tsɯ
祖	tsu	co’	co	cu, chu	tsɯ
足	tsiu	cju’, cjuk	cjok	çu, ço	tsɨ
速	su	sok	☆	so	(t)sɯ, (t)sɨ
的	tiəi	tjɔk	葯 tjɔk	tie	tsɨ
都	tu	to’	to	tu	tu
禿	t ‘u	thok	tok	t ‘o	tu
牝	piən	☆	☆	pin, xin	tu
尸	ʂɨ	☆	☆	xi	tsu
つう　通	t ‘oŋ	☆	☆	tum	tuː

＜用例＞

〇密加《ママ》妳（みつぎ、貢）　〇司禄（つる、鶴）　〇一子孜（いつつ、五）　〇祖奴（つの、角）　〇足止（つち、土）　〇速都密的（つとめて、夙）　〇升哇的（しぐわつ、正月）　〇都急（つき、月）　〇禿有（つゆ、露）　〇匹牝杳（ひつじ、羊）　〇司眉日尸（せんべつ、餞別）

○通資（つうじ、通事）

「的」は*/te/にも現れる。

○法立的（はれて、晴れて）

*/du/に対応する部分に「子、資、足、的」が現れる。

音訳字	中原音韻	東国正韻	訓蒙字会	西儒耳目資	推定音価
づ　子	tsɨ	ccʌ’	cʌ	çu	dzɯ
資	tsɨ	☆	☆	çu	dzɯ
足	tsiu	cju’, cjuk	cjok	çu,　ço	dzɯ
的	tiəi	tjɔk	药　tjɔk	tie	dzɨ

*/di/, */de/と共通する音訳字、なし。

<用例>

○撒嗑子急（さかづき、杯）　○皿子撻馬（みづたま、水玉、水晶）　○匹舎蛮資之（ひざまづき、跪）　○民足（みづ、水）　○慢的（まづ、先づ）

*/pu/に対応する部分に「莆、皮、布、福、忿、付」が現れる。

音訳字	中原音韻	東国正韻	訓蒙字会	西儒耳目資	推定音価
ふ　莆	甫　fu	☆	☆	☆	ɸu
皮	p ‘i	☆	phi	p ‘i	pɪ?
布	pu	po’	pho	pu	pu
福	fu	pok	pok	fo	ɸu
忿	fən	☆	☆	fuen	ɸun
ふく　付	fu	pu’, ppu’	符 pu, 府 pu	fu	ɸu

*/po/と共通する音訳字、なし。

<用例>

○莆尼（ふね、船）　○皮夜（ふや、靴）　○嗑布（かつふ、葛布）　○福法各（ふばこ、文箱）　○忿嚏（ふで、筆）　○付司（ふくし、副使）

*/bu/に対応する部分に「不、布、塢」が現れる。

音訳字	中原音韻	東国正韻	訓蒙字会	西儒耳目資	推定音価
ぶ　不	pu, fəu	pu’, puw	芣　pu	po, fo, fu, ku	bu
布	pu	po’	pho	pu	bu
塢	u	☆	☆	u	bu

*/bo/と共通する音訳字、なし。

<用例>

○眠不里（ねぶり、眠り）　○飄布（びやうぶ、屏風）　○嗑塢吐（かぶと、兜、盔）

*/su/相当部分に「司、思、受、宿、訟、是、孫」が現れる。

音訳字	中原音韻	東国正韻	訓蒙字会	西儒耳目資	推定音価	備　考
す　司	ʂɨ	sʌ'	sʌ	su	sɨ	
思	sɨ	sʌi'	☆	su, sai	sɨ	
受	ʃɪəu	☆	sju	☆	sɨ	
宿	siu	☆	☆	co	sɨ	
訟	sioŋ	☆	sioŋ	cum, sum	sɨŋ	「ぐ」の前
是	ʂɨ	ssi'	si	xi	sɨ	
息	ʃɪəi	☆	☆	sie	sɨ	
孫	suən	son	son	sun	sɯn	「ず」の前

<用例>

○司黙（すみ、墨）　○失哇思（しはす、十二月）　○啚受里（どすり？　緞子？）　○窟宿枯（ぐすく、城）　○馬訟沽（ますぐ、真直）　○是那（すな、砂）　○挿息（さす、鎖）　○孫司利（すずり、硯）

「司、是」はに*/si/も現れる。

○申司（しんし、真使）　○利是（れいし、茘枝）

*/zu/に対応する部分に「司、子」が現れる。

音訳字	中原音韻	東国正韻	訓蒙字会	西儒耳目資	推定音価
ず　司	ʂɨ	sʌ'	sʌ	su	ʣɯ
子	tsɨ	ccʌ'	cʌ	çu	ʣɯ

<用例>

○孫司利（すずり、硯）　○失藍子（しらず、知らず）

「子」は*/zi/にも現れる。

○嗑藍子其（からじげ、頭毛、髪）

*/mu/に対応する部分に「畒、皿」が現れる。

音訳字	中原音韻	東国正韻	訓蒙字会	西儒耳目資	推定音価
む　畒	miəŋ	☆	☆	mim	mɪ
皿	məu	☆	mo	☆	mʊ

*/mo/と共通する音訳字、なし。

<用例>

○畒子（むつ、六）　○皿基諾沽（むぎのこ、麦の粉）

*/nu/に対応する部分に「奴」が現れる。

音訳字	中原音韻	東国正韻	訓蒙字会	西儒耳目資	推定音価
ぬ　奴	nu	no'	no	nu	nu

<用例>

○奴禄撒（ぬるさ、温さ）　○亦奴（いぬ、犬）

「奴」は*/no/にも現れる。

○（乞）奴（きのふ、昨日）

*/ru/に対応する部分に「陸、六、禄、奴」が現れる。

音訳字	中原音韻	東国正韻	訓蒙字会	西儒耳目資	推定音価	備　考
る　陸	liu	☆	☆	☆	ru	
六	liəu	☆	rjuk	lo	ru	
禄	lu	rok	nok	lo	rʊ	
奴	nu	no’	no	nu	rʊ	r−n

<用例>

○飛陸（ひる、昼）　○由六尸（ゆるせ、放せ）　○由禄（よる、夜）　○法禄（はる、春）　○子奴（つる、弦）

「六、禄」は*/ro/にも現れる。

○六谷買毎（ろくもんめ、六匁）　○禄谷哇的（ろくぐわつ、六月）

*/ju/に対応する部分に「油、有、由」が現れる。

音訳字	中原音韻	東国正韻	訓蒙字会	西儒耳目資	推定音価
ゆ　油	iəu	☆	’ju	ieu	ju
有	iəu	ŋuw	圁　’ju	ieu	ju
由	iəu	’juʁ	☆	ieu	ju

<用例>

○油哇（ゆわう、硫黄）　○禿有（つゆ、露）　○由乜（ゆみ、弓）　○馬由（まゆ、眉）

「由」は*/jo/にも現れる。

○由禄（よる、夜）　○由子（よつ、四）

（用例なし）*/wu/

{田 10}（1593）

「ウ段の仮名」で表記されている。「オ段の仮名」との混用例は見当たらない。

<用例>

○大やくもい（大屋子思い）；　○さとぬし大やくもい（里主大屋子思い）　○さとぬしところ（里主所）；　○まいる（参る）

（用例なし）*/gu/；*/tu/；*/du/；*/pu/；*/bu/；*/su/；*/zu/；*/mu/；*/ju/；*/wu/

{浦}（1597）

「ウ段の仮名」で表記されている。「オ段の仮名」との混用例は見当たらない。

<用例>

○くに（国）　○くひり（小坂）　○くもこはし（雲子橋）　○くらゐ（位）　○大やくもい（大屋子思い）　○ひやくしやう（百姓）　○ゑくか（男）；　○くすくまの大やく

もい（城間の大屋子思い）； ○つきめしよわちへ（継ぎ召しよわちへ） ○つけめしよわちへ（付け召しよわちへ） ○とろつち（泥土） ○世のつちに（世の頂に） ○つミあけわちへ（積み上げわちへ） ○いつまても（何時までも） ○かなそめはつまき（金染め鉢巻）； ○ミつのふかさあるけに（水の深さあるげに）； ○ミつのふかさあるけに（水の深さあるげに） ○雨ふる時は（雨降るときは）； ○ふきやう二人（奉行二人）； ○くすく（城） ○あちけす（按司下司）； ○かすしらす（数知らず）； ○くにのあむた（国のあむた）； ○さとぬしへ（里主部）； ○ふかさあるけに（深さあるけに） ○よるもひるも（夜も昼も） ○雨ふる時ハ ○すゑまさる（末勝る） ○またる（真樽）； ○御ゆわい事あり（御祝い事あり）

（用例なし）*/wu/

Ⅱ－１－⑴－⑤　＊／o／

{翻}（1501）

ハングルの「o」「u」で表記されている。*/e/のように複雑ではないが、*/a/のように単純というわけにもいかない。用例参照。

/u/のところで、/u/に対応する「o」の例を見た。ここでは、*/o/に対応する「u」という、逆の例を見る。もう一度改めて、代表例を見てみよう。

*/u/に対応する「o」の例

○pha-'o-ki（はうき、箒）　○mo-si-ro（むしろ、莚）　○'i-no（いぬ、犬）

*/o/に対応する「u」の例

○ku-co（こぞ、去年）　○ku-tu-si（ことし、今年）　○ku-mi-ci（こみち、小道）
○ku-ru-sa（くろさ、黒さ）　○thu-ri（とり、鳥、鶏）　○mo-si-ru（むしろ、莚）
○si-ru-sa（しろさ、白さ）

以上のように、「語音翻訳」に見る限りにおいて、当時の沖縄語では[o]と[u]とを区別しなくなっていた、区別できなくなっていたと判断できる。

さらに、次のような例もあり、このことを裏付ける。

○'o-'oa（豚）　○'u-'oa(豚)
○phi-chju（人）　○phi-cjo(人)

＜用例＞

「o」の例

○'o-pu-mi-ci（おほみち、大道）　○ma-si-'o（ましお、真塩）　○tho-'o-ri（とほり、通）　○ku-co（こぞ、去年）　○ko-mi（こめ、米）　○kho-sjo（こせう、胡椒）○to-'u（どう、ドウ　○ki-mo-ro〈no〉（きもの、胆の）　○phu-ra〈na〉-mo-to（ふなもと、船元）　○ku-mo-ti（くもりて、雲りて）　○'jo-ta-sa(よたさ、良たさ)

「u」の例

○'i-'u（いを、魚）　○'o-pu-si（おほし、多し）　○'o-pu-mi-ci（おほみち、大道）○ku-co（こぞ、去年）　○ku-tu-si（ことし、今年）　○ku-mi-ci（こみち、小道）○ku-ru-sa（くろさ、黒さ）　○thu-ri（とり、鳥、鶏）　○mo-si-ru（むしろ、莚）○si-ru-sa（しろさ、白さ）

{玉}（1501）

「オ段の仮名」で表記されていて、「ウ段の仮名」との混用も見られない。

＜用例＞

○この御するゑ　○きこゑ大きみの　○このところに；　○こゑく（越来）；　○このところに　○とよみくすく（豊見城）；　○よそひおとん（よそひ御殿）；　○そむく人あらは（背く人あらば）　○よそひおとん（世襲ひ御殿）；　○おとちとのもいかね（おとちとの思い金）　○おもひふたかね（思ひ二金？）；　○のちに（後に）　○きこゑ大きみの（聞得大君の）；　○このところに（この所に）　○まさふろかね（真三郎金）；　○よそひおとん（世襲ひ御殿）　○しよりの御ミ事（首里の御み事）　○わたしよわちへ（渡しよわちへ）　○まにきよたる（真仁清樽）（真仁堯樽）；　○てんにあをき（天に仰ぎ）

（用例なし）*/po/；*/bo/；*/zo/

｛館｝（16C 前半？）

*/u/の場合と表裏になっている。それを用例で確認していくことになる。

*/ko /に対応する部分に「个、孔、姑、哇、殻、科」が現れる。

音訳字	中原音韻	東国正韻	訓蒙字会	西儒耳目資	推定音価	備　考
こ　个	ko	ka'	☆	ko	kʊ	
孔	ko ʻŋ	khoŋ	koŋ	k ʻun	kʊŋ	「が」の前
姑	ku	ko'	ko	ku	kʊ	
哇	ua	ʔoa', ʔai'	蛙　'oa	ua, ya	kwa	
殻	k ʻə, k ʻiau	kok	kok	k ʻio	kʊ	
こほ　科	k ʻo	khoa'	koa	k ʻuo, ko	koː	

<用例>

○个嗑尼（こがね、黄金）　○稿法个（かうばこ、香箱）　○孔加尼（こがね、黄金）○姑亦立（こほり、氷）　○姑姑奴子（ここのつ、九）　○敖那烏哇（わうのおこ、王の御子）　○花孫奴殻（はすのこ、蓮の子）　○科立（こほり、氷）

「个」は*/ka/にも現れる。「姑」は*/ku/にも現れる。

○達个（たか、鷹）　○嗑乜那个（かめのかふ、亀の甲）　○姑撒（くさ、草）

*/go/に対応する部分に「烏、悪」が現れる。

音訳字	中原音韻	東国正韻	訓蒙字会	西儒耳目資	推定音価
ご　烏	u	ʔo	o'	u	u
悪	o, u	ʔo', ʔak, ʔa'	'ak	o, u, ia	gʊŋ

*/gu/と共通の音訳字、なし。

<用例>

○烏買毎（ごもんめ、五匁）　○悪哇的（ごぐわつ、五月）

*/to/に対応する部分に「大、它、多、吐、度、独、都、堕、周」が現れる。

音訳字	中原音韻	東国正韻	訓蒙字会	西儒耳目資	推定音価
と　大	ta, tai	tta', ttai', thai', thoa	☆	ta, t'o, to, toi	tʊ
它	t ʻo	tha'	舵　tha	t ʻa, t ʻo, xe	thʊ
多	tuo	ta'	☆	to	tʊ
吐	t ʻu	tho'	tho	t ʻu	thʊ
度	tu, to	tto'	to	tu, to, ce	tʊ
独	tu	ttok	tok	to	tʊ
都	tu	to'	to	tu	tʊ
堕	tuo, huəi	☆	☆	t ʻo, to, hoei	to

周	ʧɪəu	cjuw	鍋　tjo	cheu	ʧʊ
とほ　它	t ‘o	tha’	舵　tha	t ‘a, t ‘o, xe	tʊː
とを　吐	t ‘u	tho’	tho	t ‘u	tʰuː

<用例>

○大葉羅（とづる、閉）　○它立（とり、鳥）　○速多密的（つとめて、夙）　○吐及（とき、時）　○密乃度（みなと、港）　○独立（とり、取）　○非都只（ひとつ、一つ）　○堕个（とこ、床）　○必周（ひと、人）　○它加撒（とほかさ、遠さ）　○吐（とを、十）

「多、都」は*/tu/にも現れる。

○烏奴烏多及（うるうつき、閏月）　○都及（つき、月）

*/do/に対応する部分に「多、度」が現れる。

音訳字	中原音韻	東国正韻	訓蒙字会	西儒耳目資	推定音価
ど　多	tuo	ta’	☆	to	du
どう度	tu, to	tto’	to	tu, to, ce	dʊː

<用例>

○慢多（まど、窓）　○慢多羅（もどる、戻）　○先度（せんどう、船頭、大使臣）

「多」は*/du/にも現れる。

○非撒慢多及（ひざまづき、跪）

*/po/に対応する部分に「波、活、賀、普、亦、夫、盆」が現れる。

音訳字	中原音韻	東国正韻	訓蒙字会	西儒耳目資	推定音価
ほ　波	po	pa’, pi’	pha	po, poei, pi	po
活	huo	koarʔ	括　koar	huo, kuo,	ɸu
賀	ho	hha’	☆	ho	ɸo
普	p ‘u	pho’	☆	p ‘u	pʊ
亦	iəi	’ juk	☆	ie	e, ɪ
ほう　夫	fu	pu’, ppu’	pu	fu	ɸuː
ほつ　活	huo	koarʔ	括　koar	huo, kuo,	ɸu
ほん　盆	p ‘uən	ppon	pun	p ‘uon	pʊn

*/pu/と共通に現れる音訳字、なし。

<用例>

○波失（ほし、星）　○活个立（ほこり、埃）　○賀（ほ、帆）　○普姑立（ほこり、誇り）　○姑亦《ママ》立（こほり、氷）　○夫窩（ほうわう、鳳凰）　○活見（ほつけん、絹）　○盆那阿結的（ほんの（を）あげて、本の（を）上げて）

*/bo/に対応する部分に「帽」が現れる。

音訳字	中原音韻	東国正韻	訓蒙字会	西儒耳目資	推定音価
ぼう　帽	mau	mow	mo	mao	boː

<用例>

○紗帽（しやぼう、紗帽）

*/so/に対応する部分に「孫」が現れる。

音訳字	中原音韻	東国正韻	訓蒙字会	西儒耳目資	推定音価	備　考
そ　孫	suən	son	son	sun	sɯm	「び」の前

<用例>

○烏孫必（あそび、遊び）

*/zo/に対応する用例がない。

*/mo/に対応する部分に「木、毛、目、莫、慢、買」が現れる。

音訳字	中原音韻	東国正韻	訓蒙字会	西儒耳目資	推定音価	備　考
も　木	mu	mok	mok	mo	mʊ	
毛	mau	moʁ	mo	mao	mʊ	
目	mu	mok	mok	mo	mʊ	
莫	mo, mu	mʌik	☆	mo, mu	mo	
慢	man	man	漫 man	man	mʊn	「ど」の前
もん買	mai	mai’	mʌi	mai	mum?	「め」の前

<用例>

○木綿（もめん、木綿）　○枯木（くも、雲）　○達毛立（たもれ、賜れ）　○加目（かも（しか）、鹿）　○失莫（しも、霜）　○世莫（しも、下）　○慢多羅（もどる、戻る）
○買毎（もんめ、匁）

「木」は*/mu/にも現れる。

○木子（むつ、六）

*/no/に対応する部分に「奴、那、農」が現れる。

音訳字	中原音韻	東国正韻	訓蒙字会	西儒耳目資	推定音価	備　考
の　奴	nu	no’	no	nu	nʊ	
那	na	na’	梛　na	na, no	na	
農	noŋ	noŋ	noŋ	num	nʊm	「ば」の前

<用例>

○烏失祖奴（うしつの、牛角）　○由奴ゝ失（よのぬし、世の主）　○波得那（ほでりの、稲妻の）　○木那哇（ものは、物は）　○失農包（しのばう、師の父）　○乞奴（きのふ、昨日）

「奴、那」は*/nu/にも現れる。

○亦奴（いぬ、犬）　○奴ゝ木綿（ぬのもめん、布木綿）　○乞那（きぬ、衣）

*/ro/に対応する部分に「罗、炉、禄、魯」が現れる。

音訳字	中原音韻	東国正韻	訓蒙字会	西儒耳目資	推定音価
ろ　罗	羅　lo	羅　ra’	羅　ra	lo	rʊ
炉	lu	ro’	ro	lu	rʊ
禄	lu	rok	nok	lo	rʊ
魯	lu	ro’	☆	lu	ru

＜用例＞

○約罗亦（よろひ、鎧）　○稿炉（かうろ、香炉）　○烏失禄（うしろ、後）　○喬古魯古（きよくろく、交椅）

「罗、禄」は*/ru/にも現れる。

○慢多罗（もどる、戻る）　○非禄（ひる、昼）

*/jo/に対応する部分に「由、約」が現れる。

音訳字	中原音韻	東国正韻	訓蒙字会	西儒耳目資	推定音価
よ　由	iəu	’juɞ	☆	ieu	ju
約	iao, io	ʔjak	☆	iao, io	ju

＜用例＞

○由禄（よる、夜）　○由子（よつ、四）　○約姑立的（よくれて、夜暮れて）　○約羅亦（よろひ、鎧）

「由」は*/ju/にも現れる。

○由蜜（ゆみ、弓）　○馬由（まゆ、眉）

*/wo/に対応する部分に「外、翁、烏、倭、窩」が現れる。

音訳字	中原音韻	東国正韻	訓蒙字会	西儒耳目資	推定音価
を　外	uai	ŋoi’	’oi	uai, uai	wʊ
翁	oŋ	ʔoŋ	’oŋ	um	wʊɴ
烏	u	ʔo’	’o	u	wu
倭	uo, uəi	ʔoa’	’oa	goei, uei, uo	wʊ
窩	uo	ʔoa’	’oa	uo	wʊ

＜用例＞

○達只外立（たちをれ、立ち居れ？）　○翁枝（をぎ、荻、甘蔗）　○个失烏奴必約（こしをのべよ、腰を伸べよ）　○倭嗑（をか、丘、岸）　○亦窩（いを、魚）

{石東}（1522）

「オ段の仮名」で表記されている。「ウ段の仮名」との混用は見つからない。

＜用例＞

○ミやこより（宮古より）　○ミこしミ玉の（御腰御玉の）；　○ひのもん（碑の文）；　○ひのもん（碑の文）　○ミこしミ玉のわたり申候；　○ミやこより（宮古より）

（用例なし）*/go/；*/to/；*/do/；*/po/；*/bo/；*/so/；*/zo/；*/ro/；*/wo/

{石西}（1522）

「歴史的仮名遣い」に依れば「をがみ」とあるべき「おかミ申候」の例はあるが、「ウ段の仮名」との混用は見出せない。

＜用例＞

○ことは（言葉）　○このはしハ（この橋は）　○くもことまり（雲子泊）；　○かくこ（恪護）；　○とし（年）　○ととめわちへ（留めわちへ）　○きのとのとり（乙酉）　○此くすくとミつのかくこのために（此城と水の恪護のために）　○ことはハ（言葉は）；○ととめわちへ（留めわちへ；　○さとぬしへあくかへそろて（里主部赤頭揃て）　○そうたち（僧達）　○よそいもり（世襲い杜）；　○せいそろい（勢揃い）；　○とよみもり（鳴響み杜）　○ひのもん（碑の文）　○大やくもい（大屋子思い）　○くもことまり（雲子泊）；　○きのとのとり（乙の酉）　○このはしハ（この橋は）　○すミのことハ（墨の事ハ）；　○せいそろい（勢揃い）　○さとぬしへあくかへそろて（里主部赤頭揃て）；○よそいもり（世襲い杜）　○おくのミよ（奥の澪）　○しまよ（島世）　○とよみもり（鳴響む杜）；　○おかミ申候（拝み申候）

（用例なし）*/po/；*/bo/

{田１}（1523）

「オ段の仮名」で表記されている。「ウ段の仮名」との混用は見つからない。

＜用例＞

○てこく（文子）；　○せいやりとみかひき（勢遣り富が引き）；　○しほたるもい（小樽思い）（塩太郎思い）；　○しほたるもい（小樽思い）（塩太郎思い）；　○しよりの（首里の）　○てこくの（文子の）；　○しよりより（首里より）

（用例なし）*/ko/；*/do/；*/bo/；*/so/；*/zo/；*/ro/；*/wo/

{崇}（1527）

用例は少ないが、「オ段の仮名」で表記されている。「ウ段の仮名」との混用は見つからない。

＜用例＞

○あんしもけすも（按司も下司も）

（用例なし）*/ko/；*/go/；*/to/；*/do/；*/po/；*/bo/；*/so/；*/zo/；*/no/；*/ro/；*/jo/；*/wo/

{おも１}（1531）

「歴史的仮名遣い」に依れば「おきもうち」（御肝内）とあるべきところを「をきもうち」とした例はあるが、「ウ段の仮名」との混用は見出せない。

＜用例＞

○こかね（黄金、金）　○このみくに　○そこて（慶びて）　○とこゑ（十声）　○ほこて（慶て）；　○なごやけて（和やけて）；　○とこゑ（十声）　○ともゝすへ（十百末）○とらちへ（取らちへ）　○あけとまに（明けとまに）　○てよりとみ（手折り富）○もゝとふみやかり（百度踏み揚がり）；　○とゞやちへ（凪やちへ）　○たちよれども（立ち居れども）　○もとりよれ（戻り居れ）　○もどりよれ（戻り居れ）；　○ほこて（慶て）○ほこるてゝ（慶るてて）　○かほう（果報）；　○おぼつ＜天上＞；　○そこて（慶こて）○そへて（襲へて）　○そろて（揃て）　○そゑて（襲ゑて）　○あちおそい（按司襲い）○おそちへ（襲ちへ）　○世そうせぢ（世襲うセヂ）　○ゑそこ＜兵船＞；　*/zo/に対応する用例がない；　○もとりよれ（戻り居れ）　○もりもり（杜々）　○あめもらん（雨漏らん）　○うらひちめもとろ＜船名＞　○おぎやかもいや　○おもいくわ（思い子）○きも（肝）　○國もちの　○くもこ（雲子）　○しものつよ（霜の露）；　○のだてゝ（宣立てて）　○あまのそこらしや（天のそこらしや）　○いのて（祈て）　○かみてたの（神太陽の）　○てるしの（太陽）；　○大ころた（大男達）　○おろちゑ（降ろちゑ）　○そろへて（揃へて）　○もちよろ＜きらびやか、美しいこと＞　○もちろうち（もちろ内）○もちろうちののろー（もちろ内のノロ達）；　○よいつき（依い憑き）　○よりおれて（依り降れて）　○よかるひに（良かる日に）　○よせて（寄せて）　○あよがうち（肝が内）○あよまよい（肝迷い）　○けおのしよが（京の主が）　○けよ（今日）　○しものつよ（霜の露）　○しよりもり（首里杜）　○こよわちへ＜乞い給いて＞；　○をきもうち（を肝内）

{使1}（1534）

*/ko/に対応する部分に「个、孔、古、各、谷、姑、哇、科」が現れる。

音訳字	中原音韻	東国正韻	訓蒙字会	西儒耳目資	推定音価	備　考
こ　个	ko	ka’	☆	ko	kʊ	
孔	ko ‘ŋ	khoŋ	koŋ	k ‘un	kʊŋ	「が」の前
古	ku	ko’, zjujo	ko	ku	kʊ	
各	ko	kak	骼　kak	ko	ko	
谷	ku	☆	kok	ko, kio	kʊ	
姑	ku	ko’	ko	ku	kʊ	
哇	ua	ʔoa’, ʔai’	蛙　’oa	ua, ya	ko?	
こほ　科	k ‘o	khoa’	koa	k ‘uo, ko	koː	

＜用例＞

○莫只个（もちてこ、持ちて来）　○孔加尼（こがね、黄金）　○密温普古里（みおんほこり、御御誇り）　○谷米（こめ、米）　○姑姑奴子（ここのつ、九）　○吾哇（おこ、御子）　○葛嗑尼（こがね、黄金）　○科立（こほり、氷）

「谷、姑」は*/ku/にも現れる。

○谷哇的（くぐわつ、九月）　○禄谷買毎（ろくもんめ、六匁）　○姑木（くも、雲）

*/go/に対応する部分に「吾、悪」が現れる。

音訳字	中原音韻	東国正韻	訓蒙字会	西儒耳目資	推定音価
ご　吾	u	☆	’o	☆	go
悪	o, u	ʔo’, ʔak, ʔa’	’ak	o, u, ia	gʊŋ

*/gu/と共通の音訳字、なし。

<用例>

○吾買毎（ごもんめ、五匁）　○悪哇的（ごぐわつ、五月）

*/to/に対応する部分に「它、多、吐、度、都、堕、周」が現れる。

音訳字	中原音韻	東国正韻	訓蒙字会	西儒耳目資	推定音価
と　它	t ‘o	tha’	舵　tha	t ‘a, t ‘o, xe	tho
多	tuo	ta’	☆	to	tʊ
吐	t ‘u	tho’	tho	t ‘u	thʊ
度	tu, to	tto’	to	tu, to, ce	tʊ
都	tu	to’	to	tu	tʊ
堕	tuo, huəi	☆	☆	t ‘o, to, hoei	to
周	ʧɪəu	cjuw	鋼　tjo	cheu	ʧʊ
とほ　它	t ‘o	tha’	舵　tha	t ‘a, t ‘o, xe	tʊː
とを　吐	t ‘u	tho’	tho	t ‘u	thuː

*/tu/と共通の音訳字、なし。

<用例>

○它喇（とら、虎）　○多失（とし、年）　○吐急（とき、時）　○密乃度（みなと、港）　○阿舎都（あしやと、父親と）　独立（とり、取）　○堕各（とこ、床）　○刀那必周（たうのひと、唐の人）　○它加撒（とほかさ、遠さ）　○吐（とを、十）

*/do/に対応する部分に「多、度」が現れる。

音訳字	中原音韻	東国正韻	訓蒙字会	西儒耳目資	推定音価
ど　多	tuo	ta’	☆	to	du
どう度	tu, to	tto’	to	tu, to, ce	dʊː

*/du/と共通の音訳字、なし。

<用例>

○慢多（まど、窓）　○度（どう、胴、身）

*/po/に対応する部分に「波、活、賀、普、盆」が現れる。

音訳字	中原音韻	東国正韻	訓蒙字会	西儒耳目資	推定音価
ほ　波	po	pa’, pi’	pha	po, poei, pi	po
活	huo	koarʔ	括　koar	huo, kuo,	ɸu
賀	ho	hha’	☆	ho	ɸo
普	p ‘u	pho’	☆	p ‘u	pʊ
ほつ　活	huo	koarʔ	括　koar	huo, kuo,	ɸu
ほん　盆	p ‘uən	ppon	pun	p ‘uon	pʊn

*/pu/と共通の音訳字、なし。

＜用例＞

○波世（ほし、星）　○活各力（ほこり、埃）　○賀（ほ、帆）　○蜜温普古里（みおんほこり、御御誇り）　○谷亦《ママ》立（こほり、氷）　○失《ママ》窩（ほうわう、鳳凰）　○活見（ほつけん、絹）　○盆那（ほんの（を）、本の（を））

*/bo/に対応する部分に「帽」が現れる。

音訳字	中原音韻	東国正韻	訓蒙字会	西儒耳目資	推定音価
ぼう帽	mau	mow	mo	mao	bo:

*/bu/と共通の音訳字、なし。

＜用例＞

○紗帽（しやぼう、紗帽）

*/so/に対応する部分に「遜」が現れる。

音訳字	中原音韻	東国正韻	訓蒙字会	西儒耳目資	推定音価	備　考
そ　遜	suən	son	son	sun	sɯm	「び」の前

*/su/と共通の音訳字、なし。

＜用例＞

○烏孫皮（あそび、遊び）

*/zo/に対応する用例がない。

*/mo/に対応する部分に「木、毛、母、目、莫、慢、買」が現れる。

音訳字	中原音韻	東国正韻	訓蒙字会	西儒耳目資	推定音価	備　考
も　木	mu	mok	mok	mo	mʊ	
毛	mau	moʙ	mo	mao	mʊ	
母	☆	☆	☆	☆	mʊ	
目	mu	mok	mok	mo	mʊ	
莫	mo, mu	mʌik	☆	mo, mu	mo	
慢	man	man	漫 man	man	mʊn	「ど」の前
もん買	mai	mai’	mʌi	mai	mum	「め」の前

＜用例＞

○枯木（くも、雲）　○荅毛里（たもれ、賜れ）　○失母（しも、霜）　○加目（かも（しか）、鹿）　○世莫（しも、下）　○慢多羅（もどる、戻る）　○亦止買毎（いちもんめ、一匁）

「木」は*/mu/にも現れる。

○木子（むつ、六）

*/no/に対応する部分に「奴、那、拿、農」が現れる。

音訳字	中原音韻	東国正韻	訓蒙字会	西儒耳目資	推定音価	備　考
の　奴	nu	no’	no	nu	nʊ	
那	na	na’	梛　na	na, no	na	
拿	na	☆	☆	☆	nʊ	
農	noŋ	noŋ	noŋ	num	nʊm	「ば」の前
のふ　奴	nu	no’	no	nu	nʊː	

<用例>

○吾失祖奴（うしつの、牛角）　○牙馬奴（やまの、山の）　○馬足那急（まつのき、松の木）　○倭急拿必周（おきなわのひと、沖縄の人）　○失農包（しのばう、師の父）　○乞奴（きのふ、昨日）

「奴、那」は*/nu/にも現れる。「那」は*/na/にも現れる。

○亦奴（いぬ、犬）　○急那（きぬ、衣）　○是那（すな、砂）

*/ro/に対応する部分に「炉、禄、羅」が現れる。

音訳字	中原音韻	東国正韻	訓蒙字会	西儒耳目資	推定音価
ろ　炉	lu	ro’	ro	lu	rʊ
禄	lu	rok	nok	lo	rʊ
羅	lo	ra’	ra	lo	ro

<用例>

○稿炉（かうろ、香炉）　○失禄加尼（しろがね、錫）　○羅（ろ、櫓）　○各各羅（こころ、心）

「禄、羅」は*/ru/にも現れる。

○非禄（ひる、昼）　○慢多羅（もどる、戻る）

*/jo/に対応する部分に「由、約」が現れる。

音訳字	中原音韻	東国正韻	訓蒙字会	西儒耳目資	推定音価
よ　由	iəu	’juɞ	☆	ieu	ju
約	iao, io	ʔjak	☆	iao, io	ju

<用例>

○由禄（よる、夜）　○約姑里的（よくれて、夜暮れて）

「由」は*/ju/にも現れる。

○由迷（ゆみ、弓）

*/wo/に対応する部分に「吾、歪、倭、烏、翁、窩」が現れる。

音訳字	中原音韻	東国正韻	訓蒙字会	西儒耳目資	推定音価
を　吾	u	☆	’o	☆	wo
歪	uai	☆	’oai	☆	wʊi
倭	uo, uəi	ʔoa’	’oa	goei, uei, uo	wʊ

烏	u	ʔo’	’o	u	wu
翁	oŋ	ʔoŋ	’oŋ	um	wʊɴ
窩	uo	ʔoa’	’oa	uo	wʊ

＜用例＞

○各失吾（こしを、腰を）　○荅只歪立（たちをれ、立ち居れ？）　○倭嗑（をか、丘、岸）　○彪烏（ひやうを、表を）○翁急（をぎ、荻、甘蔗）　○亦窩（いを、魚）

｛田２｝（1536）

「オ段の仮名」で表記されている。「ウ段の仮名」との混用は見当らない。

＜用例＞

○こおり（郡）　○さとぬしところ（里主所）；　○さとぬしところ（里主所）；　○しよりの（首里の）　○まきりの（間切の）　○あめくの（天久の）；　○さとぬしところ（里主所）；　○しよりより（首里より）

（用例なし）*/go/；*/po/；*/bo/；*/so/；*/zo/；*/mo/；*/wo/

｛田３｝（1537）

「オ段の仮名」で表記されている。「ウ段の仮名」との混用は見当らない。

＜用例＞

○こおり（郡）；　○よつきとみか（世継ぎ富が）；　○せんとう（船頭）；　○大やくもい（大屋子思い）；　○しよりの（首里の）　○あめくの（天久の）；　○しよりより（首里より）　○よつきとみ（世継ぎ富）

（用例なし）*/go/；*/po/；*/bo/；*/so/；*/zo/；*/ro/；*/wo/

｛田４｝（1541）

「オ段の仮名」で表記されている。「ウ段の仮名」との混用は見当らない。

＜用例＞

○こおりの（郡の）；　○てこく（文子）；　○せちあらとミか；　○ちくとの；　○つつかねてほり；　○つつみかねてほり？；　○しよりの（首里の）　○てこくの（文子の）；○まさふろ（真三郎）；　○しよりより（首里より）

（用例なし）*/so/；*/zo/；*/mo/；*/wo/

｛かた｝（1543）

「オ段の仮名」で表記されている。「ウ段の仮名」との混用は見当らない。

＜用例＞

○こころ一にあわせ（心一つに合わせ）　○このかた　○これハ　○あまこあわしめしよわちへ（眼合わし～）　○きこゑ大きみ（聞得大君）　○御ほこりめしよわちや事（御慶り～）　○もろこしのていわう（唐土の帝王）；　○ひのとのとり（丁酉）　○御あそひめしよわるところ（御遊び召しよわるところ）　○さとりめしよわちへ（悟り召しよわちへ）　○かみほとけの（神仏の）；　○ひのとのとり（丁酉）　○御あそひめしよわるところ（御遊び召しよわるところ）　○さとりめしよわちへ（悟り召しよわちへ）　○かみほ

とけの（神仏の）；　○とろつちふかさあるけに（泥土深さあるげに）　○めともわらへにいたるまて（女共童にいたるまで）；　○ミおほけに　○御ほこりめしよわちや事（御慶り召しよわちや事）　○かみほとけの（神仏の）；　○そろて（揃て）　○そんとんよりこのかた（尊敦よりこの方）　○御あそひ（御あそび）　○あんしをそひかなし（按司襲ひ加那志）；　○もり（杜）　○もろこし（唐土）　○ひのもん（碑の文）　○大やくもい（大屋子思い）　○よるもひるも（夜も昼も）　○千年万年までも（千年万年までも）；　○そんとんよりこのかた（尊敦よりこの方）　○へんのたけ（弁の嶽）　○たのしむ事（楽しむ事）　○ひのとのとり（丁の酉）；　○こころ一にあわせ（心一に合わせ）　○そろて（揃て）　○ちからをそろへ（力を揃へ）　○ところ（所）　○とろつち（泥土）　○もろこし（唐土）　○よろこひ（喜び）；　○きようしゆん（堯舜）　○よるもひるも（夜も昼も）　○よろこひたのしむ（喜び楽しむ）　○ミちはきよらく（道は清らく）　○そんとよりこのかた（尊敦よりこの方）；　○をれめしよわちへ（降れ召しよわちへ）　○あんしをそひかなし（按司襲ひ加那志）　○いしをはめ（石を嵌め）　○ちからをそろへ（力を揃へ）

（用例なし）*/go/；*/bo/；*/zo/

｛田５｝（1545）

「オ段の仮名」で表記されている。「ウ段の仮名」との混用は見当らない。

＜用例＞

○こおり（郡）；　○さとぬしところ（里主所）；　*/bo/に対応する用例なし；　○大やくもい（大屋子思い）；　○しよりの（首里の）　○きまの（儀間の）；　○さとぬしところ（里主所）；　○しよりより（首里より）

（用例なし）*/to/；*/go/；*/po/；*/so/；*/zo/；*/wo/

｛添｝（1546）

「オ段の仮名」で表記されている。「ウ段の仮名」との混用は見当らない。

＜用例＞

○こくより（此処より）　○世のこしあて（世の腰当て）　○この御石かき（この石垣）　○ミやこやへまの（宮古八重山の）；　○ともゝとしとひやくさと（十百年と百歳と）　○ミつのとのとりのへに（癸の酉の日に）　○おくとより上（奥渡よ）；　○きよらさちよさあれとも（清らさ強さあれども）；　○御ほけハ　○しほたるかね（小樽金）（塩太郎金）；　○御のほりめし（御上り召し）　○御おもろ御たほいめしよわちや事（御おもろ御給い召しよわちや事）　○御せゝる御たほひめしよわちへ；　○そうたちそろて（僧達揃て）　○あんしおそいかなし天の（按司襲い加那志天の）；　○もゝ（百）　○もり（杜）　○ひのもん（碑の文）　○御おもろ御たほい　○きよらさちよさあれとも（清らさ強さあれども）；　○のほりめし（上り召し）　○この御石かき（この御石垣）　○御世の御さうせ（御世の御思想）　○ひのと（丁）；　○御おもろ御たほい　○あつさハ五ひろ（厚さは五尋）；　○おくとより上（奥渡より上）　○ありよるけに　○御のほりよわちへ（御上りよわちへ）　○きよらさ（清らさ）　○ちよさ（強さ）；　○をかみ候て（拝み候て）　○をれめしよわちへ（降れ召しよわちへ）　○あをりやたけ（煽りや嶽）

（用例なし）*/go/；*/zo/

｛田６｝（1551）

「オ段の仮名」で表記されている。「ウ段の仮名」との混用は見当らない。

＜用例＞

○こほり（郡）　○さとぬしところ（里主所）；　○さとぬしところ（里主所）；　○こほり（郡）；　○大やくもい（大屋子思い）；　○しよりの（首里の）　○きまの（儀間の）　○こほりの（郡の）；　○さとぬしところ（里主所）；　○しよりより（首里より）

（用例なし）＊/go/；＊/bo/；＊/so/；＊/zo/＊/wo/

｛やら｝（1554）

「オ段の仮名」で表記されている。「ウ段の仮名」との混用は見当らない。

＜用例＞

○こちひらの（東風平の）　○このミよハちへ（工によはちへ）　○いしらこはましらこは（石子は真石子は）　○いよこと（異様事）；　○かくこするへし（恪護するべし）；　○とゝめハちへ（留めはちへ）　○なきやものやれとも；　○やらさもりのほかに（屋良座杜の外に）；　○そろて（揃て）；　○なきやものやれとも　○やらさもり（屋良座杜）　○大やくもい（大屋子思い）　○かみしも（上下）　○ともゝするゑ（十百末）；　○いよことのあら時や（異様事のあら時や）　○きまの大やくもい（儀間の大屋子思い）　○いのりめしよハちやるけに（祈り召しよはちやるげに）　○おくのよねん（奥の世ねん）　○つちのと（己）；　○おろくの大やくもい（小禄の大屋子思い）　○ちはなれそろて（地離れ揃て）；　○国のようし（国の要事）　○よせらやいてゝ（寄せらやいてて）　○よりそふて（寄り揃て）　○およハひ（御祝ひ）　○おさためめしよハやる（御定め召しよはやる）　○おかめめしよはる（拝め召しよはる）　○をれめしよわちへ　○まうはらひめしよわちやる（毛祓ひ召しよわちやる）　○いよこと（異様事）　○いきよくまし（動くまじ）　○かちよく（海賊？）　○ちよくかたくかくこするへし（強く堅く恪護するべし）　○いのりめしよハちやる（祈り召しよはちやる）

（用例なし）＊/bo/；＊/zo/；＊/wo/

｛田７｝（1560）

「オ段の仮名」で表記されている。「ウ段の仮名」との混用は見当らない。

＜用例＞

○こおり（郡）　○さとぬしところ（里主所）　○せそこ（瀬底）；　○さとぬしところ（里主所）；　○せそこ（瀬底）；　○大やくもい（大屋子思い）；　○しよりの（首里の）　○まきりの（間切の）　○にしの（西の）；　○さとぬしところ（里主所）；　○しよりより（首里より）　○とよミくすく（豊見城）

（用例なし）＊/go/；＊/po/；＊/bo/；＊/zo/；＊/wo/

｛使２｝（1561）

＊/ko/に対応する部分に「各、曲、窟、乎、古、姑、胡、誇、孔、酷、骨、谷、涸、科」が現れる。

音訳字	中原音韻	東国正韻	訓蒙字会	西儒耳目資	推定音価	備　考
こ　各	ko	kak	骼　kak	ko	k(j)o	
曲	k ‘iu	☆	kok	ku	kʊ	
窟	k ‘u	☆	kur	ko	kʊ	
乎	hu	☆	☆	☆	kʊ	
古	ku	ko’, zjujo	ko	ku	kʊ	
姑	ku	ko’	ko	ku	kʊ	
胡	hu	☆	☆	hu, ku	kʊ	
誇	k ‘ua	☆	☆	kua	kʊ, kwa?	
孔	ko ‘ŋ	khoŋ	koŋ	k ‘un	kʊŋ	「が」の前
酷	k ‘u	☆	☆	ko	kʊ	
骨	ku	☆	☆	ko	kʊ	
谷	ku	☆	kok	ko, kio	kʊ	
沽	ku	☆	☆	ku	kʊ	
こほ　科	k ‘o	khoa’	koa	k ‘uo, ko	ko:	

<用例>

○随各（とこ、床）　○曲尸（こし、腰）　○窟受（こせう、胡椒）　○乎襪子（こべつ、襪）　○温ト姑里（おんほこり、御誇り）　○胡品其（こひげ？、小髭？）　○誇（こ、子）　○孔加尼（こがね、黄金）　○酷骨碌子（ここのつ、九）　○谷米（こめ、米）　○由諾沽（ゆのこ、湯の粉）　○科立（こほり、氷）

「窟、姑、谷」は*/ku/にも現れる。

○窟之（くち、口）　○姑木（くも、雲）　○禄谷哇的（ろくぐわつ、六月）　○谷撒（くさ、草）

*/go/に対応する部分に「課、姑、吾、悪、胡」が現れる。

音訳字	中原音韻	東国正韻	訓蒙字会	西儒耳目資	推定音価
ご　課	k ‘uo	☆	koa	kuo, ko	gʊ
姑	ku	ko’	ko	ku	gʊ
吾	u	☆	’o	☆	gʊ
悪	o, u	ʔo’, ʔak, ʔa’	’ak	o, u, ia	gʊŋ
ごう　胡	hu	☆	☆	hu, ku	gʊ:

<用例>

○課沙（いごさ、痒さ）　○烏男姑（をなご、女子）　○吾買毎（ごもんめ、五匁）　○悪哇的（ごぐわつ、五月）　○匹胡平（しごうびん、四合瓶）

「吾」は*/gu/にも現れる。

○漫思吾（ますぐ、真直）

*/to/に対応する部分に「啚、多、堕、吐、都、度、土、同、它、周、桶」が現れる。

音訳字	中原音韻	東国正韻	訓蒙字会	西儒耳目資	推定音価	備　考
と　啚	t ‘u	☆	to	t ‘u	tʊ	
多	tuo	ta’	☆	to	tʊ	
堕	tuo, huəi	☆	☆	t ‘o, to, hoei	to	
吐	t ‘u	tho’	tho	t ‘u	thʊ	
都	tu	to’	to	tu	tʊ	
度	tu, to	tto’	to	tu, to, ce	tʊ	
土	t ‘u	☆	☆	tu	tʊ	
同	t ‘oŋ	☆	☆	tun	tʊ	
它	t ‘o	tha’	舵　tha	t ‘a, t ‘o, xe	thʊ	
周	ʧɪəu	cjuw	錭　tjo	cheu	ʧʊ	
とう　桶	t ‘oŋ	☆	☆	t ‘um	tom	[b]の前
とを　吐	t ‘u	tho’	tho	t ‘u	thʊː	

*/tu/等との共通音訳字、なし。

<用例>

○速啚拖枚（つとめて、夙めて）　○多失（とし、年）　○堕各（とこ、床）　○吐急（とき、時）　○速都密的（つとめて、夙）　○密乃度（みなと、港）　○土地（とり、鳥）　○同之（とじ、刀自、妻）　○它喇（とら、虎）　○必周（ひと、人）　○桶盤（とうぼん、東道盆）　○吐（とを、十）

*/do/に対応する部分に「啚、都、度、冷」が現れる。

音訳字	中原音韻	東国正韻	訓蒙字会	西儒耳目資	推定音価
ど　啚	t ‘u	☆	to	t ‘u	dʊ
都	tu	to’	to	tu	dʊ
どう　度	tu, to	tto’	to	tu, to, ce	dʊː
冷	ləŋ	☆	令　rjɔŋ	lei, lim	dʊː

*/du/等との共通音訳字、なし。

<用例>

○漫啚（まど、暇）　○悶都里（もどり、戻り）　○度（どう、胴、身）　○冷今（どうぎぬ、胴衣）

*/po/に対応する部分に「活、谷、波、普、卜、由、呼」が現れる。

音訳字	中原音韻	東国正韻	訓蒙字会	西儒耳目資	推定音価
ほ　活	huo	koarʔ	括　koar	huo, kuo,	ɸu
谷	ku	☆	☆	ko, kio	ɸu
波	po	pa’, pi’	pha	po, poei, pi	po
普	p ‘u	pho’	☆	p ‘u	pʊ
卜	pu	☆	pok	po	pʊ

由	iəu	’juβ	☆	ieu	ju
ほう　呼	hu	☆	ho	hu	ho:
ほつ　活	huo	koarʔ	括　koar	huo, kuo,	ɸu

*/pu/等との共通音訳字、なし。

＜用例＞

○活各力（ほこり、埃）　○波世（ほし、星）　○温普古里（おんほこり、御誇り）○温卜姑里（おんほこり、御誇り）　○由沽辣舎（ほこらさ、誇らさ）　○呼窩（ほうわう、鳳凰）　○活見（ほつけん、絹）

*/bo/に対応する部分に「冒、盤」が現れる。

音訳字	中原音韻	東国正韻	訓蒙字会	西儒耳目資	推定音価
ぼう　冒	mau	☆	☆	mao, me	bo:
ぼん　盤	p ‘uon	☆	☆	puon	bʊɴ

*/bu/等との共通音訳字、なし。

＜用例＞

○冒（ぼう、帽）　○桶盤（とうぼん、東盆）

*/so/相当の用例なし。

*/zo/に対応する用例なし。

*/mo/に対応する部分に「麽、莫、母、勃、没、模、毛、木、目、悶、門、莓、謾、買」が現れる。

音訳字	中原音韻	東国正韻	訓蒙字会	西儒耳目資	推定音価	備　考
も　麽	muo	☆	☆	mo	mo	
莫	mo, mu	mʌik	☆	mo, mu	mo	
母	mu	☆	mo	mu/meu	mo	
勃	po	☆	☆	po, poei	mo	m-b
没	muo	☆	☆	☆	mo	
模	mu	☆	☆	mu	mʊ	
毛	mau	moʙ	mo	mao	mʊ	
木	mu	mok	mok	mo	mʊ	
目	mu	mok	mok	mo	mʊ	
悶	mən	☆	☆	muen	mʊn	
門	muən	☆	mun	muen	mʊn	
莓	məi	☆	mʌi	☆	mu	
謾	muon	☆	☆	muon, mien, man	mu	
もん買	mai	mai’	mʌi	mai	mum	「め」の前

*/mu/等との共通音訳字、なし。

＜用例＞

○麼奴嗑荅里（ものがたり、物語）　○世莫（しも、下）　○失母（しも、霜）　○鬱勃人誇（おもりこ、思り子）　○烏鴉没谷古里（おやもほこり、親御誇り？）　○起模（きも、肝）　○荅毛里（たもれ、賜れ）　○枯木（くも、雲）　○加目（かも（しか）、鹿）　○悶都里（もどり、戻り）　○由門都里（よもどり、雀）　○嗑甲苺（かかも、裙）　○謾歸（もどりて、戻りて）　○尼買毎（にもんめ、二匁）

*/no/に対応する部分に「諾、奴、那、農、拿、麻、冷、碌」が現れる。

音訳字	中原音韻	東国正韻	訓蒙字会	西儒耳目資	推定音価	備　考
の　諾	no	☆	☆	no	no	
奴	nu	no’	no	nu	nʊ	
那	na	na’	梛　na	na, no	na	
農	noŋ	noŋ	noŋ	num	nʊm	「ば」の前
拿	na	☆	☆	☆	nʊ	
麻	ma	☆	☆	ma	nʊ	
冷	ləŋ	☆	令　rjɔŋ	lei, lim	nʊ	
碌	lu	☆	☆	lo	nʊ	
のふ　奴	nu	no’	no	nu	nʊː	

＜用例＞

○由諾沽（ゆのこ、湯の粉）　○吾失祖奴（うしつの、牛角）　○麼奴嗑荅里（ものがたり、物語）　○馬足那急（まつのき、松の木）　○木那哇（ものは、物は）　○失農褒（しのばう、師の父）　○麻平的（のべて、伸べて）　○査冷其（ざうのち、象の血）　○倭急拿必周（おきなわのひと、沖縄の人）　○酷骨碌子（ここのつ、九）　○（乞）奴（きのふ、昨日）

「奴」は*/nu/にも現れる。

○亦奴（いぬ、犬）　○豈奴（いぬ、犬）

*/ro/に対応する部分に「羅、炉、六、禄、碌」が現れる。

音訳字	中原音韻	東国正韻	訓蒙字会	西儒耳目資	推定音価
ろ　羅	lo	ra’	ra	lo	ro
炉	lu	ro’	ro	lu	rʊ
六	liəu	☆	rjuk	lo	rʊ
禄	lu	rok	nok	lo	rʊ
碌	lu	☆	☆	lo	rʊ

＜用例＞

○幼羅衣（よろひ、鎧）　○稿炉（かうろ、香炉）　○六谷買毎（ろくもんめ、六匁）　○吾失禄（うしろ、後）　○禄谷哇的（ろくぐわつ、六月）　○窟碌嗑尼（くろがね、鉄）

「六、禄」は*/ru/にも現れる。

○由六尸（ゆるせ、放せ）　○非禄（ひる、昼）

*/jo/に対応する部分に「丘、約、由、幼、院」が現れる。

音訳字	中原音韻	東国正韻	訓蒙字会	西儒耳目資	推定音価
よ　丘	k ʻiəu	☆	ku	☆	ju
約	iao, io	ʔjak	☆	iao, io	ju
由	iəu	ʼ juʁ	☆	ieu	ju
幼	iəu	☆	ʼ ju	ieu	ju
よび　院	iuen	☆	☆	iuen	jum

<用例>

○丘達撒（よたさ、好さ）　○約姑里的（よくれて、夜暮れて）　○由禄（よる、夜）○由子（よつ、四）　○幼羅衣（よろひ、鎧）　○院的（よびて？、呼びて？）

「由」は*/ju/にも現れる。

○由乜（ゆみ、弓）　○馬由（まゆ、眉）

*/wo/に対応する部分に「烏、翁、倭、歪」が現れる。

音訳字	中原音韻	東国正韻	訓蒙字会	西儒耳目資	推定音価
を　烏	u	ʔoʼ	ʼ o	u	wu
翁	oŋ	ʔoŋ	ʼ oŋ	um	wʊɴ
倭	uo, uəi	ʔoaʼ	ʼ oa	goei, uei, uo	wʊ
歪	uai	☆	ʼ oai	☆	wʊ

<用例>

○烏男姑（をなご、女子、女）　○翁急（をぎ、荻、甘蔗）　○倭男姑吾牙（をなごおや、女親）　○荅止歪立（たちをれ、立ち居れ？）

{田８}（1562）

「オ段の仮名」で表記されている。「ウ段の仮名」との混用は見当らない。

<用例>

○こおり（郡）；　○せんとうハ（船頭は）；　○大やくもい（大屋子思い）；　○しよりの（首里の）　○こおりの（郡の）；　○しよりより（首里より）

（用例なし）*/go；*/po/；*/bo/；*/so/；*/zo/；*/ro/；*/wo/

{田９}（1563）

「オ段の仮名」で表記されている。「ウ段の仮名」との混用は見当らない。

<用例>

○こおり（郡）；　○せんとう（船頭）；　○大やくもい（大屋子思い）；　○しよりの（首里の）　○こおりの（郡の）　○はゑの（南風の）；　○しよりより（首里より）

（用例なし）*/go/；*/po/；*/bo/；*/so/；*/zo/；*/ro/；*/wo/

{字}（1572頃）

*/ko/に対応する部分に「噶、各、曲、窟、古、姑、枯、胡、誇、孔、酷、骨、谷、沽、科」が現れる。

音訳字	中原音韻	東国正韻	訓蒙字会	西儒耳目資	推定音価	備　考
こ　噶	葛　ko	☆	☆	☆	kʊ	
各	ko	kak	骼　kak	ko	k(j)o	
曲	k ‘iu	☆	kok	ku	kʊ	
窟	k ‘u	☆	kur	ko	kʊ	
古	ku	ko’, zjujo	ko	ku	kʊ	
姑	ku	ko’	ko	ku	kʊ	
枯	k ‘u	kho’	ko	k ‘u	kʊ	
胡	hu	☆	☆	hu, ku	kʊ	
誇	k ‘ua	☆	☆	kua	kʊ	
孔	ko ‘ŋ	khoŋ	koŋ	k ‘un	kʊŋ	「が」の前
酷	k ‘u	☆	☆	ko	kʊ	
骨	ku	☆	☆	ko	kʊ	
谷	ku	☆	kok	ko, kio	kʊ	
沽	ku	☆	☆	ku	kʊ	
こほ　科	k ‘o	khoa’	koa	k ‘uo, ko	ko:	

<用例>

○噶嗑尼（こがね、黄金）　○福法各（ふばこ、文箱）　○曲尸（こし、腰）　○窟受（こせう、胡椒）　○烏鴉没谷古里（おやもほこり？、親御誇り？）　○温ト姑里（おんほこり、御誇り）　○枯哇（こ、子）　○胡品其（こひげ？、小髭？）　○誇（こ、子）　○孔加尼（こがね、黄金）　○酷骨碌子（ここのつ、九）　○谷米（こめ、米）　○由諾沽（ゆのこ、湯の粉）　○科立（こほり、氷）

「窟、姑、枯、谷」は*/ku/にも現れる。

○窟之（くち、口）　○姑木（くも、雲）　○枯買毎（くもんめ、九匁）　○谷撒（くさ、草）

*/go/に対応する部分に「課、姑、吾、悪、胡」が現れる。

音訳字	中原音韻	東国正韻	訓蒙字会	西儒耳目資	推定音価
ご　課	k ‘uo	☆	koa	kuo, ko	gʊ
姑	ku	ko’	ko	ku	gʊ
吾	u	☆	’o	☆	gʊ
悪	o, u	ʔo’, ʔak, ʔa’	’ak	o, u, ia	gʊŋ
ごう　胡	hu	☆	☆	hu, ku	gʊ:

<用例>

○課沙（いごさ、痒さ？）　○烏男姑（をなご、女子、女）　○吾買毎（ごもんめ、五匁）　○悪哇的（ごぐわつ、五月）　○匹胡平（しごうびん、四合瓶）

「吾」は*/gu/にも現れる。
○漫思吾（ますぐ、真直）

*/to/に対応する部分に「昌、多、吐、度、土、它」が現れる。

音訳字	中原音韻	東国正韻	訓蒙字会	西儒耳目資	推定音価
と　昌	t ‘u	☆	to	t ‘u	tʊ
多	tuo	ta’	☆	to	tʊ
吐	t ‘u	tho’	tho	t ‘u	thʊ
度	tu, to	tto’	to	tu, to, ce	tʊ
土	t ‘u	☆	☆	tu	tʊ
它	t ‘o	tha’	舵　tha	t ‘a, t ‘o, xe	tho
とを吐	t ‘u	tho’	tho	t ‘u	thʊ:

*/tu/等との共通音訳字、なし。
<用例>
○多失（とし、年）　○吐急（とき、時）　○密乃度（みなと、港）　○土地（とり、鳥）　○它喇（とら、虎）　○速昌拖枚（つとめて、夙めて）　○吐（とを、十）

*/do/に対応する部分に「昌、都、度」が現れる。

音訳字	中原音韻	東国正韻	訓蒙字会	西儒耳目資	推定音価
ど　　昌	t ‘u	☆	to	t ‘u	dʊ
都	tu	to’	to	tu	dʊ
どう　度	tu, to	tto’	to	tu, to, ce	dʊ:

*/du/等との共通音訳字、なし。
<用例>
○漫昌（まど、暇）　○由門都里（よもどり、雀）　○度（どう、胴、身）

*/po/に対応する部分に「活、谷、波、普、亦、由、呼」が現れる。

音訳字	中原音韻	東国正韻	訓蒙字会	西儒耳目資	推定音価
ほ　　活	huo	koarʔ	括　koar	huo, kuo,	ɸu
谷	ku	☆	☆	ko, kio	ɸu
波	po	pa’, pi’	pha	po, poei, pi	po
普	p ‘u	pho’	☆	p ‘u	pU
亦	iəi	’ juk	☆	ie	e, ɪ
由	iəu	’ juβ	☆	ieu	ju
ほう　呼	hu	☆	ho	hu	ho:
ほつ　活	huo	koarʔ	括　koar	huo, kuo,	ɸu

*/pu/等との共通音訳字、なし。
<用例>
○活各力（ほこり、埃）　○谷古里（ほこり、誇り）　○波世（ほし、星）　○温普古

里（おんほこり、御誇り）　○温普姑里（おんほこり、御誇り）　○谷亦《ママ》立（こほり、氷）
○由沽辣舎（ほこらさ、誇らさ）　○呼窩（ほうわう、鳳凰）　○活見（ほつけん、絹）

*/bo/に対応する部分に「冒」が現れる。

音訳字	中原音韻	東国正韻	訓蒙字会	西儒耳目資	推定音価
ぼう　冒	mau	☆	☆	mao, me	boː

*/bu/等との共通音訳字、なし。

<用例>

○沙冒（しやぼう、沙帽）

*/so/に対応する用例がない。

*/zo/に対応する用例がない。

*/mo/に対応する部分に「麼、莫、母、没、模、毛、木、目、門、買」が現れる。

音訳字	中原音韻	東国正韻	訓蒙字会	西儒耳目資	推定音価	備　考
も　麼	muo	☆	☆	mo	mo	
莫	mo, mu	mʌik	☆	mo, mu	mo	
母	mu	☆	mo	mu/meu	mo	
没	muo	☆	☆	☆	mo	
模	mu	☆	☆	mu	mʊ	
毛	mau	moʙ	mo	mao	mʊ	
木	mu	mok	mok	mo	mʊ	
目	mu	mok	mok	mo	mʊ	
門	muən	☆	mun	muen	mʊn	
もん　買	mai	maiʼ	mʌi	mai	mum	「め」の前

*/mu/等との共通音訳字、なし。

<用例>

○麼奴嗑荅里（ものがたり、物語）　○世莫（しも、下）　○失母（しも、霜）　○鬱勃人誇（おもりこ、思り子）　○烏鴉没谷古里（おやもほこり、親御誇り？）　○起模（きも、肝）　○荅毛里（たもれ、賜れ）　○枯木（くも、雲）　○加目（かも（しか）、鹿）
○由門都里（よもどり、雀）　○一止買毎（いちもんめ、一匁）

*/no/に対応する部分に「諾、奴、那、拿、冷、碌、没」が現れる。

音訳字	中原音韻	東国正韻	訓蒙字会	西儒耳目資	推定音価	備　考
の　諾	no	☆	☆	no	no	
奴	nu	noʼ	no	nu	nʊ	
那	na	naʼ	梛　na	na, no	na	
拿	na	☆	☆	☆	nʊ	

冷	ləŋ	☆	令 rjəŋ	lei, lim	nʊ	
磟	lu	☆	☆	lo	nʊ	
のふ 奴	nu	no’	no	nu	nʊː	
のり 没	muo	☆	☆	☆	nʊ	n-m

＜用例＞

○由諾沽（ゆのこ、湯の粉）　○祖奴（つの、角）　○牙馬奴（やまの、山の）　○木那哇（ものは、物は）　○沓冷其（ざうのち、象の血）　○拿及（のき、の樹）　○酷骨磟子（ここのつ、九）　○乞奴（きのふ、昨日）　○没東（のりてをり？　載りてをり？）

「奴、那」は*/nu/にも現れる。

○亦奴（いぬ、犬）　○遮那（きぬ？　衣？）

*/ro/に対応する部分に「羅、六、禄、磟」が現れる。

音訳字	中原音韻	東国正韻	訓蒙字会	西儒耳目資	推定音価
ろ　羅	lo	ra’	ra	lo	ro
六	liəu	☆	rjuk	lo	rʊ
禄	lu	rok	nok	lo	rʊ
磟	lu	☆	☆	lo	rʊ

＜用例＞

○羅（ろ、羅）　○六谷買毎（ろくもんめ、六匁）　○石禄嗑尼（しろがね、錫）　○窟磟嗑尼（くろがね、鉄）

「禄」は*/ru/にも現れる。

○非禄（ひる、昼）　○由禄（よる、夜）

*/jo/に対応する部分に「約、由、院」が現れる。

音訳字	中原音韻	東国正韻	訓蒙字会	西儒耳目資	推定音価
よ　約	iao, io	ʔjak	☆	iao, io	ju
由	iəu	’ juʁ	☆	ieu	ju
よび　院	iuen	☆	☆	iuen	jun

＜用例＞

○約姑里的（よくれて、夜暮れて）　○由禄（よる、夜）　○由子（よつ、四）　○院的（よびて？、呼びて？）

「由」は*/ju/にも現れる。

○馬由（まゆ、眉）

*/wo/に対応する部分に「翁、倭」が現れる。

音訳字	中原音韻	東国正韻	訓蒙字会	西儒耳目資	推定音価
を　翁	oŋ	ʔoŋ	’ oŋ	um	wʊɴ
倭	uo, uəi	ʔoa’	’ oa	goei, uei, uo	wʊ

＜用例＞

○翁急（をぎ、荻、甘蔗）　○倭嗑（をか、丘、岸）

{使３}（1579）

*/ko/に対応する部分に「噶、各、曲、窟、乎、古、姑、胡、誇、孔、酷、骨、谷、涸、科」が現れる。

音訳字	中原音韻	東国正韻	訓蒙字会	西儒耳目資	推定音価	備　考
こ　噶	葛　ko	☆	☆	☆	kʊ	
各	ko	kak	骼　kak	ko	k(j)o	
曲	k ‘iu	☆	kok	ku	kʊ	
窟	k ‘u	☆	kur	ko	kʊ	
乎	hu	☆	☆	☆	kʊ	
古	ku	ko’, zjujo	ko	ku	kʊ	
姑	ku	ko’	ko	ku	kʊ	
胡	hu	☆	☆	hu, ku	kʊ	
誇	k ‘ua	☆	☆	kua	kʊ	
孔	ko ‘ŋ	khoŋ	koŋ	k ‘un	kʊŋ	「が」の前
酷	k ‘u	☆	☆	ko	kʊ	
骨	ku	☆	☆	ko	kʊ	
谷	ku	☆	kok	ko, kio	kʊ	
沽	ku	☆	☆	ku	kʊ	
こほ　科	k ‘o	khoa’	koa	k ‘uo, ko	ko:	

＜用例＞

○噶嗑尼（こがね、黄金）　○堕各（とこ、床）　○曲尸（こし、腰）　○窟受（こせう、胡椒）　○乎襪子（こべつ？、襪？）　○谷古里（ほこり、誇り）○温ト姑里（おんほこり、御誇り）　○胡品其（こひげ？、小髭？）　○誇（こ、子）　○孔加尼（こがね、黄金）　○酷骨碌子（ここのつ、九）　○谷米（こめ、米）　○由諾沽（ゆのこ、湯の粉）　○科立（こほり、氷）

「窟、姑、谷」は*/ku/にも現れる。

○窟之（くち、口）　○姑木（くも、雲）　○谷哇的（くぐわつ、九月）

*/go/に対応する部分に「課、姑、吾、悪、胡」が現れる。

音訳字	中原音韻	東国正韻	訓蒙字会	西儒耳目資	推定音価
ご　課	k ‘uo		koa	kuo, ko	gʊ
姑	ku	ko’	ko	ku	gʊ
吾	u	☆	’o	☆	gʊ
悪	o, u	ʔo’, ʔak, ʔa’	’ak	o, u, ia	gʊŋ
ごう？胡	hu	☆	☆	hu, ku	gʊ:

＜用例＞

○課沙（いごさ、痒さ？）　○烏男姑（をなご、女子、女）　○吾買毎（ごもんめ、五匁）　○悪哇的（ごぐわつ、五月）　○？匹胡平（しごうびん？　四合瓶？）

「吾」は*/gu/にも現れる。

○漫思吾（ますぐ、真直）

*/to/に対応する部分に「啚、多、堕、吐、都、度、土、同、它、周、桶」が現れる。

音訳字	中原音韻	東国正韻	訓蒙字会	西儒耳目資	推定音価	備　考
と　啚	t ʻu	☆	to	t ʻu	tʊ	
多	tuo	ta’	☆	to	tʊ	
堕	tuo, huəi	☆	☆	t ʻo, to, hoei	to	
吐	t ʻu	tho’	tho	t ʻu	thʊ	
都	tu	to’	to	tu	tʊ	
度	tu, to	tto’	to	tu, to, ce	tʊ	
土	t ʻu	☆	☆	tu	tʊ	
同	t ʻoŋ	☆	☆	tun	tʊ	
它	t ʻo	tha’	舵　tha	t ʻa, t ʻo, xe	tho	
周	ʧɪəu	cjuw	錭　tjo	cheu	ʧʊ	
とう　桶	t ʻoŋ	☆	☆	t ʻum	tom	[b]の前
とを　吐	t ʻu	tho’	tho	t ʻu	thʊ:	

*/tu/等と共通に現れる音訳字、なし。

＜用例＞

○速啚拖枚（つとめて、夙めて）　○多失（とし、年）　○堕各（とこ、床）　○吐急（とき、時）　○屋都（おと、弟）　○密乃度（みなと、港）　○土地（とり、鳥）　○同之（とじ、刀自、妻）　○它喇（とら、虎）　○必周（ひと、人）　○桶盤（とうぼん、東道盆）　○吐（とを、十）

*/do/に対応する部分に「啚、都、度、冷」が現れる。

音訳字	中原音韻	東国正韻	訓蒙字会	西儒耳目資	推定音価
ど　啚	t ʻu	☆	to	t ʻu	dʊ
都	tu	to’	to	tu	dʊ
どう　度	tu, to	tto’	to	tu, to, ce	dʊ:
冷	ləŋ	☆	令　rjɔŋ	lei, lim	dʊ:

*/du/等と共通に現れる音訳字、なし。

＜用例＞

○漫啚（まど、暇）　○由門都里（よもどり、雀）　○度（どう、胴、身）　○冷今（どうぎぬ？　胴衣？）

*/po/に対応する部分に「賀、活、谷、波、普、卜、亦、由、呼」が現れる。

音訳字	中原音韻	東国正韻	訓蒙字会	西儒耳目資	推定音価
ほ　賀	ho	hha'	☆	ho	ɸo
活	huo	koarʔ	括　koar	huo, kuo,	ɸu
谷	ku	☆	☆	ko, kio	ɸu
波	po	pa', pi'	pha	po, poei, pi	po
卜	pu	☆	pok	po	pu
亦	iəi	'juk	☆	ie	e, ɪ
由	iəu	'juβ	☆	ieu	ju
ほう　呼	hu	☆	ho	hu	ho:
ほつ　活	huo	koarʔ	括　koar	huo, kuo,	ɸu

*/pu/等と共通に現れる音訳字、なし。

<用例>

○賀（ほ、帆）　○谷古里（ほこり、誇り）　○波世（ほし、星）　○温卜姑里（おんほこり、御誇り）　○谷亦《ママ》里（こほり、氷）　○由沽辣舎（ほこらさ、誇らさ）　○呼窩（ほうわう、鳳凰）　○活見（ほつけん、絹）

*/bo/に対応する部分に「冒、盤」が現れる。

音訳字	中原音韻	東国正韻	訓蒙字会	西儒耳目資	推定音価
ぼう　冒	mau	☆	☆	mao, me	bo:
ぼん　盤	p 'uon	☆	☆	puon	bʊɴ

*/bu/等と共通に現れる音訳字、なし。

<用例>

○冒（ぼう、帽）　○桶盤（とうぼん、東盆）

*/so/に対応する用例はない。

*/zo/に対応する用例がない。

*/mo/に対応する部分に「麽、莫、母、、渤、没、模、毛、木、目、悶、門、莓、謾、買」が現れる。

音訳字	中原音韻	東国正韻	訓蒙字会	西儒耳目資	推定音価	備　考
も　麽	muo	☆	☆	mo	mo	
莫	mo, mu	mʌik	☆	mo, mu	mo	
母	mu	☆	mo	mu/meu	mo	
渤	po	☆	☆	po, poei	mo	m-b
没	muo	☆	☆	☆	mo	
模	mu	☆	☆	mu	mʊ	
毛	mau	moʙ	mo	mao	mʊ	

木	mu	mok	mok	mo	mʊ	
目	mu	mok	mok	mo	mʊ	
悶	mən	☆	☆	muen	mʊn	
門	muən	☆	mun	muen	mʊn	
莓	məi	☆	mʌi	☆	mu	
謾	muon	☆	☆	muon, mien, man	mu	
もん 買	mai	mai'	mʌi	mai	mum?	「め」の前

*/mu/等と共通に現れる音訳字、なし。

<用例>

○麼奴嗑荅里（ものがたり、物語）　○世莫（しも、下）　○失母（しも、霜）　○鬱勃人誇（おもりこ、思り子）　○烏鴉没谷古里（おやもほこり、親御誇り？）　○起模（きも、肝、心）　○荅毛里（たもれ、賜れ）　○枯木（くも、雲）　○加目（かも（しか）、鹿）　○悶都里（もどり、戻り）　○由門都里（よもどり、雀）　○嗑甲莓（かかも、裙）　○畏之謾歸（いきもどりて、行き戻りて？）　○尼買毎（にもんめ、二匁）

*/no/に対応する部分に「諾、奴、那、農、拿、麻、冷、碌」が現れる。

音訳字	中原音韻	東国正韻	訓蒙字会	西儒耳目資	推定音価
の　諾	no	☆	☆	no	no
奴	nu	no'	no	nu	nʊ
那	na	na'	梛　na	na, no	na
農	noŋ	noŋ	noŋ	num	nʊm
拿	na	☆	☆	☆	nʊ
麻	ma	☆	☆	ma	nʊ
冷	ləŋ	☆	令　rjɔŋ	lei, lim	nʊ
碌	lu	☆	☆	lo	nʊ
のふ　奴	nu	no'	no	nu	nʊː

<用例>

○皿基諾沽（むぎのこ、麦の粉）　○奴奴木綿（ぬのもめん、布木綿）　○牙馬奴（やまの、山の）　○木那哇（ものは、物は）　○森那（せんの、千の）　○失農褒（しのばう、師の父）　○馬足拿急（まつのき、松の木）　○麻平的（のべて、伸べて）　○（沓冷其）（ざうのち、象の血）○酷骨碌子（ここのつ、九）　○（乞）奴（きのふ、昨日）

「奴」は*/nu/にも現れる。

○奴禄撒（ぬるさ、温さ）　○亦奴（いぬ、犬）

*/ro/に対応する部分に「羅、炉、六、禄、碌」が現れる。

音訳字	中原音韻	東国正韻	訓蒙字会	西儒耳目資	推定音価
ろ　羅	lo	ra'	ra	lo	ro
炉	lu	ro'	ro	lu	rʊ
六	liəu	☆	rjuk	lo	rʊ

禄	lu	rok	nok	lo	rʊ
碌	lu	☆	☆	lo	rʊ

<用例>

○羅（ろ、櫓）　○幼羅衣（よろひ、鎧）　○稿炉（かうろ、香炉）　○六谷買毎（ろくもんめ、六匁）　○禄谷哇的（ろくぐわつ、六月）　○窟碌嗑尼（くろがね、鉄）

「六、禄」は*/ru/にも現れる。

○由六尸（ゆるせ、放せ）　○由禄（よる、夜）　○法禄（はる、春

*/jo/に対応する部分に「丘、約、由、幼、院」が現れる。

音訳字	中原音韻	東国正韻	訓蒙字会	西儒耳目資	推定音価
よ　丘	k ‘iəu	☆	ku	☆	ju
約	iao, io	ʔjak	☆	iao, io	ju
由	iəu	’ juʁ	☆	ieu	ju
幼	iəu	☆	’ ju	ieu	ju
よび院	iuen	☆	☆	iuen	jun

<用例>

○丘達撒（よたさ、好さ）　○約姑里的（よくれて、夜暮れて　○由禄（よる、夜）○由子（よつ、四）　○幼羅衣（よろひ、鎧）　○院的（よびて？、呼びて？）

「由」は*/ju/にも現れる。

○由乜（ゆみ、弓）　○馬由（まゆ、眉）

*/wo/に対応する部分に「烏、翁、倭、歪」が現れる。

音訳字	中原音韻	東国正韻	訓蒙字会	西儒耳目資	推定音価
を　烏	u	ʔo’	’ o	u	wu
翁	oŋ	ʔoŋ	’ oŋ	um	wʊɴ
倭	uo, uəi	ʔoa’	’ oa	goei, uei, uo	wʊ
歪	uai	☆	’ oai	☆	wʊ

<用例>

○烏男姑（をなご、女子、女）○翁急（をぎ、荻、甘蔗）　○倭嗑（をか、丘、岸）○荅止歪立（たちをれ、立ち居れ？）

{田 10}（1593）

「オ段の仮名」で表記されている。「ウ段の仮名」との混用は見当らない。

<用例>

○こおり（郡）　○さとぬしところ（里主所）；　○さとぬしところ（里主所）；　○大やくもい（大屋子思い）；　○しよりの（首里の）　○まきりの（間切の）；　○さとぬしところ（里主所）；　○しよりより（首里より）

（用例なし）*/go/；*/po/；*/bo/；*/so/；*/zo/；*/wo/

{浦}（1597）

「オ段の仮名」で表記されている。「ウ段の仮名」との混用は見当らない。

<用例>

○りうきうこく（琉球国） ○このミよわちへ（工によわちへ） ○いしらこはましらこは（石子は真石子は） ○おほこりめしよハちゑ（御慶り～）； ○わか人おなこわらへ（若人女子童） ○なこの大やくもい（名護の大屋子思い）； ○とろつちミつのふかさあるけに（泥土水の深さあるげに）； ○うちほかの（内外の） ○ミおほけに ○ミおほけハ ○おほこりめしよハちゑ（御慶り召しよわちゑ） ○かミほとけの（神仏の） ○たひらおほなは（平良大庭は） ○御かほうねかひ申候て（御果報願ひ申し候て）； ○きほくひり（儀保小坂）； ○あちけすそろて（按司下司揃て） ○そんとんよりこのかた（尊敦よりこの方） ○おらおそひの御くすく（浦襲ひの御城）； ○かなそめはつまき（金染め鉢巻）； ○おしあけもり（押し上げ杜） ○たひらもり（平良杜） ○ひのもん（碑の文） ○大やくもい（大屋子思い） ○かみしも（上下） ○大小のゑくかおなこともに（大小の男女ともに）； ○のろへ（ノロ部） ○御世の御さうせ（御世の御思想） ○かハかミのあんし（河上の按司） ○いのりましよハちやるけに（祈り召しよはちやるげに） ○このミよわちへ（工みよわちへ） ○つちのとのミの（己の巳の）； ○あちけすそろて（按司下司揃て） ○とろつち（泥土） ○のろへ（ノロ部）； ○およひめしよわちへ（御呼び召しよわちへ） ○よるもひるも（夜も昼も） ○うらおそひよりしよりに（浦襲ひより首里に） ○ミしまよにん（御島世にん） ○そんとんよりこのかた（尊敦よりこの方） ○とよミ城（豊見城）； はめさせてゝをかて（嵌めさせてて置かて） ○ミはいをかミ申候（御拝拝み申候） ○御なをは（御名をば） ○なを（猶） ○御くらゐを（御位を）

Ⅱ－１－⑵ 母音連続（二重母音・長母音）

Ⅱ－１－⑵－① */ｉｉ/

｛翻｝（1501）用例なし。　｛玉｝（1501）用例なし。

｛館｝（16C 前半？）

用例が一つしかなく、それも*/-ii/か*/-ei/か判然としないものであるが、*/-ii/であるのならば、[-ii]を保っている例となる。

なお、音訳字の「古辞書類の音」については、「短母音」のところで見たので、ここではいちいち示すことをしない。以下の、他の漢字資料に関しても同様とする。

＜用例＞

○亜及亦石（やきいし、焼石）

｛石東｝（1522）用例なし。　｛石西｝（1522）用例なし。　｛田１｝（1523）用例なし。
｛崇｝（1527）用例なし。　｛おも１｝（1531）用例なし。　｛使１｝（1534）用例なし。
｛田２｝（1536）用例なし。　｛田３｝（1537）用例なし。　｛田４｝（1541）用例なし。
｛かた｝（1543）用例なし。　｛田５｝（1545）用例なし。　｛添｝（1546）用例なし。
｛田６｝（1551）用例なし。

｛やら｝（1554）

「せいいくさ」は表記の上では、連母音（二重母音）であると見なせる。「こちひら」は、表記上は「ハ行転呼」以前の形である。

＜用例＞

○せいいくさよせらやいてゝと（勢戦さ寄せらやいててと）　○こちひらの大やくもい（東風平の大屋子思い）

｛田７｝（1560）用例なし。　｛使２｝（1561）用例なし。　｛田８｝（1562）用例なし。
｛田９｝（1563）用例なし。　｛字｝（1572頃）用例なし。　｛使３｝（1579）用例なし。
｛田10｝（1593）用例なし。　｛浦｝（1597）用例なし。

Ⅱ－１－⑵－②*/ｉｅ/

｛翻｝（1501）用例なし。

｛玉｝（1501）

これから後に続く仮名資料の多くについて言えることであるが、*/ie/に対応する用例としては、「－ちへ」「－ちゑ」以外は、あまり現れない。この「－ちへ」「－ちゑ」は、｛翻｝の「-cjɔi」に照応するもので、音価としては[ʧe]・[tse]に近いものが推定される。よって、母音部分は短母音であると考えられる。

＜用例＞

○ま玉はしくにのまたやわたしよわちへ

{館}（16C 前半？）

「いへ」の例しかない。これだけから判断するとすれば、「ハ行転呼」を経ていると考えられ、[ie]であろうか。

＜用例＞

○亦葉＜房＞（いへ、家）　○姑撤亦葉＜草房＞（くさいへ、草家）　○嗑哇喇亦葉＜瓦房＞（かはらいへ、瓦家）

{石東}（1522）用例なし。

{石西}（1522）

用例は「ーちへ」のみであると言える。「ちへねん」も同じと見てよかろう。{玉}に準じるものと判断してよいと思われる。

＜用例＞

○つかしよわちへ　○つさしよわちへ（突刺しよわちへ）　○わたしよわちへ（渡しよわちへ）　○ととめわちへ（留めわちへ）　○ちへねんさしきわ（知念佐敷わ）

{田１}（1523）用例なし。　{崇}（1527）用例なし。

{おも１}（1531）

用例は「ーちへ」「ーちゑ」のみである。{玉}に準じる。

＜用例＞

○おろちゑ＜降ろして＞　○よためかちゑ＜振り動して　○あすばちへ＜遊ばして＞　○しちへ＜為て＞　○たとゑちへ＜譬えて＞

{使１}（1534）

{館}と同じである。

＜用例＞

○亦兼《（ママ）》＜房＞（いへ、家）　○嗑哇喇亦葉＜瓦房＞（かはらいへ、瓦家）

{田２}（1536）用例なし。　{田３}（1537）用例なし。　{田４}（1541）用例なし。

{かた}（1543）

{石西}に準じる。即ち、用例は「ーちへ」のみであると言える。「ちへねん」も同じと見てよかろう。

＜用例＞

○あわしめしよわちへ（合し召しよわちへ）　○さつけめしよわちへ（授け召しよわち

へ)　○さとりめしよわちへ（悟り召しよわちへ）　○つきめしよわちへ（継ぎ召しよわちへ）　○をれめしよわちへ（降れ召しよわちへ）　○ちへねん（知念）＜名＞

{田５}（1545）用例なし。

{添}（1546）

{玉}{石西}{おも１}{かた}等と同じである。

＜用例＞

○御のほりめしよわちへ（御上り召しよわちへ）　○をれめしよわちへ（降れ召しよわちへ）　○めしよわちへ（召しよわちへ）　○おりあけわちへ（降り上げわちへ）　○けらへわちへ（造へわちへ）　○つみあけわちへ（積み上げわちへ）　○つみみわちへて（積みみわちへて）

{田６}（1551）用例なし。

{やら}（1554）

{玉}{石西}{おも１}{かた}{添}等と同じである。

＜用例＞

○をれめしよわちへ（降れ召しよわちへ）　○このミよハちへ（工みよはちへ）　○おりあけわちへ（降り上げわちへ）　○とゝめわちへ（留めわちへ）　○おりあけハちへ（降り上げはちへ）　○けらへハちへ（造へはちへ）　○つミあけハちへ（積み上げはちへ）　○からめハちへ　○ちへねんさしきしもしましり（知念佐敷下島尻）

{田７}（1560）用例なし。

{使２}（1561）

{館}と同じである。

＜用例＞

○亦兼＜家＞（いへ、家）（「兼」は「葉」の誤り）

{田８}（1562）用例なし。　{田９}（1563）用例なし。

{字}（1572頃）

{館}と同じである。

＜用例＞

○亦葉＜房＞（いへ、家）　○嗑喇亦葉牙＜瓦房＞（かはらいへや？、瓦家屋？）

{使３}（1579）

{館}と同じである。

＜用例＞

○亦棄＜房＞（いへ、家）

｛田 10｝（1593）用例なし。

｛浦｝（1597）

｛玉｝｛石西｝｛おも１｝｛かた｝｛添｝｛やら｝等と同じである。

＜用例＞

○御よひめしよわちへ（御呼び召しよわちへ）　○つきめしよわちへ（継ぎ召しよわちへ）　○つけめしよわちへ（継げ召しよわちへ）　○かけよわちへ（架けよわちへ）○このミよわちへ（工みよわちへ）　○わたしよわちへ（渡しよわちへ）　○めしよハちへ（召しよはちへ）　○けらへわちへ（造へわちへ）　○おほこりめしよハちゑ（御誇り召しよはちゑ）　○めしよハちゑ（召しよはちゑ）

Ⅱ－１－⑵－③　*/ｉａ/

（*/ija/, */iwa/も含める。）

｛翻｝（1501）

[-ia]あるいは[-ija]である。

＜用例＞

○chja・'oa・ka・si＜焼茶＞（ちやわかし、茶沸かし）　○sja・oŋ・ka＜生薑＞（しやうが、生姜）　○sja・oŋ・koa・cʌ＜正月＞（しやうぐわつ、正月）　○sjo・oŋ・koa・cʌ＜正月＞○mja・'u・njɔn＜開年＞（みやうねん、明年）

｛玉｝（1501）

[-ia]あるいは[-ija]である。

＜用例＞

○よそひおとんの大あんしおきやか（襲ひ御殿の大按司おぎやか）　○首里おきやかもひかなし（首里おぎやか思ひ加那志）　○みやきせんのあんし（今帰仁の按司）

｛館｝（16C 前半？）

[-ia], [-ija], [-iwa]である。

＜用例＞

○扎＜茶＞（ちや、茶）　○扎半失＜筵宴＞（ちやばんじ、茶飯事）　○昂乞立扎＜喫茶＞（あげれちや、上げれ茶）　○昂乞立扎半失＜喫筵宴＞（あげれちやばんじ、上げれ茶飯事）　○胡《（ママ）》失＜丁香＞（ちやうじ、丁香）　○朝老＜長老＞（ちやうらう、長老）○必亜姑就毎＜十両＞（ひやくじふもんめ、百十匁）　○瓢布＜屏風＞（びやうぶ、屏風○別姑旦稿＜檀香＞（びやくだんかう、白檀香）　○官舎＜三使臣＞くわんしや、官舎）○嗑得那使者＜朝貢使臣＞（くわうていのししや、皇帝の使者）　○倭及那使者＜琉球使臣＞　○公少＜孔雀＞（くじやく、孔雀）　○苗年＜明年＞（みやうねん、明年）　○失

哇思＜十二月＞（しはす、師走、十二月）

{石東}（1522）

[-ia]あるいは[-ija]である。

＜用例＞

○首里おきやかもいかなしの御代に（首里おぎやか思い加那志の御代に）　○ミやこより（宮古より）

{石西}（1522）

[-ia]あるいは[-ija]である。

＜用例＞

○首里の王のおきやかもいかなし天のミ御ミ事に（首里の王のおぎやか思ひ加那志天の御御事に）　○たしきやくきつさしよわちへ（だしきや釘突刺しよわちへ）　○めしよわちや事（召しよわちや事）　○三ひやく人（三百人）　○このはしハ（此の橋は）　○ちへねんさしきわ（知念佐敷わ）

{田１}（1523）

[-ia]あるいは[-ija]である。

＜用例＞

○くわにしやわ（官舎わ）　○せいやりとミかひきの（勢遣り富が引きの）

{崇}（1527）用例なし。

{おも１}（1531）

[-ia]あるいは[-ija]である。

＜用例＞

○あらきやめ＜有る限り＞　○いきやり＜行きて＞　○せひやくせぢ＜勢軍セヂ＞
○ぢやくに＜太国＞　○まみや＜真庭＞に　○みやこしま＜宮古島＞

{使１}（1534）

[-ia],[-ija],[-iwa]である。

＜用例＞

○扎＜茶＞（ちや、茶）　○扎半失＜筵宴＞（ちやばんじ、茶飯事）　○昂乞利扎＜喫茶＞（あぎれちや、上げれ茶）　○丈思＜長史＞（ちやうし、長史）　○辟牙姑＜壹百両＞（ひやく、百）　○辟牙谷就毎＜拾両＞（ひやくじふもんめ、百十匁）　○瓢布＜屏峯＞（びやうぶ、屏風）　○嗑得那使者＜朝貢使臣＞（くわうていのししや、皇帝の使者）　○焼哇的＜正月＞しやうぐわつ、正月）　○紗帽＜紗帽（しやうぼう、紗帽）　○公少＜孔雀＞（くじやく、孔雀）　○南者＜銀＞（なんじや、銀、南鐐）　○失哇思＜十二月＞（しはす、十二月）

{田２}（1536）

[-ia]あるいは[-ija]である。

＜用例＞

○くわんしやに（官舎に）　○くわんしやか方へ（官舎が方へ）

{田３}（1537）

[-ia]あるいは[-ija]である。

＜用例＞

○しよりよりあめくの大やくもいの方へ（首里より天久の大やく思いの方へ）

{田４}（1541）

[-ia]あるいは[-ija]である。

＜用例＞

○せちあらとミかちくとのハ（せぢあら富が筑殿は）

{かた}（1543）

[-ia], [-ija], [-iwa]である。

＜用例＞

○きやうしゆんの御代ににたり（堯舜の御代に似たり）　○御ほこりめしよわちや（御誇り召しよわちや）　○ミや平の大やくもい（宮平の大やくもい）　○ミおほけにあひ申候（御おほけに会ひ申候）　○こころ一にあわせ（心一に合わせ））　○ミおんほけにあひ候（御おんほけに会ひ候）　○ひかしにあたりて（東に当たりて）　○千りやうの金を（千両の金を）　○ミちはきよらく（道は清らく）　○ミはいをかミ申候（御拝拝み申候）　○御いわひ事かきりなし（祝ひ事限り無し）→ゆわい事　○もろこしのていわう（唐土の帝王）

{田５}（1545）

[-ia]あるいは[-ija]である。

＜用例＞

○しよりよりあめくの大やくもいか方へ（首里より天久の大やくもいが方へ）

{添}（1546）

[-ia]あるいは[-ija]である。

＜用例＞

○いちやちやけらへわちへ（板門造へわちへ）　○めしよわちや事　○いちやちやけらへわちへ（板門造へわちへ）　○すゑつきの御ちやう（末継ぎの御門）　○ちやうらうそうたちそろて（長老僧達揃て）　○御たほいめしよわちや事（御賜い召しよわちや事）→よハちや　○ともゝととひやくさと（十百と十百さと？）　○二ひやく三十ひろに（二百三十尋に）　○御くすくのこしあて（御城の腰当て）　○世のこしあてあをりやたけ（世の腰当てあをりや嶽に）　○しやなの里主（謝名の里主）　○ミやこやへまのおゑか人（宮

古八重山のおゑか人）　○つミあけわちへ（積み上げわちへ）　○ひとへにありたるけに　○あをりやたけおりあけわちへ（煽りや嶽降り上げわちへ）　○くもこたけ世つきたけおりあけわちへ（雲子嶽世継ぎ嶽降り上げわちへ）

｛田６｝（1551）用例なし。

｛やら｝（1554）

［-ia］,［-ija］,［-iwa］である。

＜用例＞

○いきやてゝ（如何てて）　○おきなハの天きや下ハ（沖縄の天ぎや下は）　○しもしましりきやめの（下島尻ぎやめの）　○いつきやめむ（何時ぎやめも）　○たしきやくきついさしよハちへ（だしきや釘突い刺しよはちへ）　○しま世のてやちきやら（島世の手や力）　○なきやものやれとも　○ふきやう一人（奉行一人）　○そうふきやう二人（総奉行二人）　○御たかへめしよわちや事（御嵩べ召しよわちや事）　○ちやうらうはうすたそろて（長老坊主達揃て）　○いのりめしよわちやるけに（祈り召しよわちやるけに）　○きちやることハ（来ちやる事は）　○くすくつみつけてみおやしちやれは（城積みつけてみおやしちやれば）　○いのりめしよハちやるけに（祈り召しよはちやるけに）　○つミあけハちへ（積み上げはちへ）　○いしらこはましらこはおりあけハちへ（石子は真白子はおり上げはちへ）　○一はんのせいや（一番の勢や）　○ちはなれからめちへ（地離れからめちへ）　○ちはなれそろて（地離れ揃て）　○千萬のミはひ（千萬の御拝）　○てにつきわうにせのあんしおそひかなしの（天継ぎ王仁世の按司襲ひ加那志の）

｛田７｝（1560）用例なし。

｛使２｝（1561）

［-ia］,［-ija］,［-iwa］である。

＜用例＞

○札＜茶＞（ちや、茶）　○扎安急第＜喫茶＞（ちやあげて、茶上げて）　○茶麻加里＜茶鍾＞（ちやまかり、茶碗）　○史司＜長吏＞（ちやうし、長吏）○倭男扎喇＜王妃＞（をなぢやら、王妃）　○辟牙撒＜冷＞（ひあさ、寒さ）　○加失＜東＞（(ひ)がし、東）　○彪烏＜表章＞（ひやうを、表を）　○漂那阿傑的＜進表＞（ひやうのあげて、表の上げて）　○撒牙姑＜壹百両＞（ひやく、百）　○撒姑毎＜拾両＞（ひやく(もん)め、百匁）　○飄布＜屏峯＞（びやうぶ、屏風）　○戯基＜棊子＞（しやうぎ、将棋）　○焼哇的＜正月＞（しやうぐわつ、正月）　○沙冒＜紗帽＞（しやうぼう、紗帽）　○枯雀枯＜孔雀＞（くじやく、孔雀）　○遶＜城＞（じやう、城）　○南者＜銀＞（なんじや、銀）　○失哇思＜十二月＞（しはす、十二月）

｛田８｝（1562）用例なし。

{田９}（1563）

［-ia］あるいは［-ija］である。

＜用例＞

○せちあらとミかひきの（せぢあら富が引きの）

{字}（1572頃）

［-ia］,［-ija］,［-iwa］である。

＜用例＞

○札＜茶＞（ちや、茶）　○札半失＜筵宴＞（ちやばんじ、茶飯事）　○札安急弟＜喫茶＞（ちやあげて、茶上げて）　○茶麻加里＜茶鍾＞（ちやまかり、茶碗）　○丈司＜長史＞（ちやうし、長史）　○撒姑毎＜十両＞（ひやくもんめ、百匁）　○撒牙姑毎＜一百両＞（ひやくもんめ、百匁）　○瓢布＜屏風＞（びやうぶ、屏風）　○嗑得那使者＜朝貢使臣＞（くわうていのししや、皇帝の使者）　○焼哇的＜正月＞（しやうぐわつ、正月）　○沙冒　296　＜紗帽＞（しやぼう、紗帽）　○枯雀姑＜孔雀＞（くじやく、孔雀）　○戲其＜棊子＞（じやうぎ、将棋、象棋）　○南者＜銀＞（なんじや、銀、南鐐）　○失哇思＜十二月＞（しはす、十二月）

{使３}（1579）

［-ia］,［-ija］,［-iwa］である。

＜用例＞

○札＜茶＞（ちや、茶）　○札安急第＜喫茶＞（ちやあげて、茶上げて）　○史司＜長史＞（ちやうし、長史）（史は丈の誤り）　○札半失＜筵宴＞（ちやばんじ、茶飯事）　○茶麻佳里＜茶鍾＞（ちやまかり、茶碗）　○倭男札喇＜王妃＞（をなぢやら（王妃）　○辟牙撒＜冷＞（ひあさ、寒）　○漂那阿傑的＜進表＞（ひやうのあげて、表の上げて）　○彪烏＜表章＞（ひやうを、表を）　○撒牙姑＜一百両＞（ひやく、百、百両）　○撒姑毎＜十両＞（ひやくもんめ、百匁、十両）　○飄布＜屏峯＞（びやうぶ、屏風）　○戲基＜棊子＞（しやうぎ、将棋）　○焼哇的＜正月＞（しやうぐわつ、正月）　○沙冒＜紗帽＞（しやぼう、紗帽）　○枯雀枯＜孔雀＞（くじやく、孔雀）　○遶＜城＞（じやう、城）　○先札＜兄＞（せんじや、先者？、兄）　○南者＜銀＞（なんじや、銀）　○失哇思＜十二月＞（しはす、十二月）

{田10}（1593）用例なし。

{浦}（1597）

［-ia］,［-ija］,［-iwa］である。

＜用例＞

○たしきやくきついさしよハちへ（だいしきや釘突い刺しよはちへ）　○しもしましりきやめのせいや（下島尻ぎやめの勢や）　○ふきやう二人（奉行二人）　○御いちやわりハ（御労りは）　○てりあかりめしよわちや事（照り上がり召しよをちや事）　○めしよハちや事（召しよはちや事）　○くに〵のあちへちやうらうたあすたへ（国々の按司部長

老達長老部）　○いのりめしよわちやるけに（祈り召しよわちやるけに）　○めしよはちやるミせゝるに（召しよはちやるみせせるに）　○めしよわちやるミせせるに（召しよわちやるみせせるに）　○めしよハちや事（召しよはちや事）　○まうはらひめしよはちやるミせゝるに（毛払ひ召しよはちやるみせせるに）　○御ちよわひめしよハちや事（御来よわひ召しよはちや事）　○たミひやくしやうのため（民百姓のため）　○たひらもりおしあけもり（平良杜押し上げ社）　○ちうさんわうしやうねいハ（中山王尚寧は）　○たミひやくしやうのため（民百姓のため）　○つミあけわちへ（積み上げわちへ）　○ミおほけにあひ申候（御御ほけに会ひ申候）　○いしらこはましらこはおりあけわちへ（石子は真白子はおり上げわちへ）　○千りやうの金よりも（千両の金よりも）　○しよりにてりあかりめしよわちや事（首里に照り上がり召しよわちや事）　○ちはなれそろて（地離れ揃て）　○ミちはしつミつけてミおやしたれハ（道橋積みつけてみおやしたれば）　○いしはめさせてゝ（石嵌めさせてて）　○ミはいおかミ申候（御拝拝み申候）　○りうきうこくちうさんわうしやうねいハ（琉球国中山王尚寧は）

Ⅱ－１－⑵－④　*/ｉｕ/

｛翻｝（1501）用例なし。

｛玉｝（1501）

融合していない。[-iu][-iju][-iwu]である。

<用例>

○とよみくすくのあんしおもひふたかね（豊見城の按司思二金）

｛館｝（16C前半？）

融合していない。[-iu][-iju][-iwu]である。

<用例>

○柔<紬>（ちう、紬）　○敖那使多<王旧>（わうのしうと、王の舅）

｛石東｝（1522）用例なし。　｛石西｝（1522用例なし。　｛田１｝（1523）用例なし。
｛崇｝（1527）用例なし。

｛おも１｝（1531）

融合していない。[-iu][-iju][-iwu]である。

<用例>

○たゝきう<貴人>　○おしうけて<押し浮けて>　○かねのみうち<金の御家>
○くりうけて<刳り浮けて>

｛使１｝（1534）

融合していない。[-iu][-iju][-iwu]である。

＜用例＞

○柔＜紬＞（ちう、紬）　○柔哇的＜十月＞（じふぐわつ、十月）　○就買毎＜壹両＞（じふもんめ、十匁）　○辟牙谷就毎＜拾両＞（ひやくじふもんめ、百十匁）　○大福＜大夫＞（たいふ、太夫）？

｛田２｝（1536）用例なし。　｛田３｝（1537）用例なし。　｛田４｝（1541）用例なし。

｛かた｝（1543）

融合していない。[-iu][-iju][-iwu]である。

＜用例＞

○大りうきう国中山王尚清ハ（大琉球国中山王尚清は）　○たいりよりひかしにあたりてへんのたけといふ（内裏より東に当たりて弁の嶽と言ふ）

｛田５｝（1545）用例なし。　｛添｝（1546）用例なし。　｛田６｝（1551）用例なし。

｛やら｝（1554）用例なし。　｛田７｝（1560）用例なし。

｛使２｝（1561）

融合していない。[-iu][-iju][-iwu]である。

＜用例＞

○柔＜紬＞（しう、堦？）　○柔哇的＜十月＞（じふぐわつ、十月）　○就買毎＜壹兩＞（じふもんめ、十匁、十銭）　○麻就吐失＜壹萬個＞（まんじふとし、万歳年、一萬）　○麻由吐失＜萬萬歳＞（まんじふとし、万歳年、一萬）　○大福＜大夫＞（たいふ、大夫）？

｛田８｝（1562）用例なし。　｛田９｝（1563）用例なし。

｛字｝（1572頃）

融合していない。[-iu][-iju][-iwu]である。

＜用例＞

○柔＜紬＞（ちう、紬）　○柔哇的＜十月＞（じふぐわつ、十月）　○就買毎＜一両＞（じふもんめ、十匁）　○太福＜大夫＞（たいふ、太夫）？

｛使３｝（1579）

融合していない。[-iu][-iju][-iwu]である。

＜用例＞

○柔＜紬＞（しう、堦）　○柔哇的＜十月＞（じふぐわつ、十月）　○就買毎＜一兩＞（じふもんめ、十匁、一兩）　○麻就吐失＜一萬箇＞（まんじふとし、万歳年）　○麻由吐失＜萬萬歳＞（まんじふとし、万歳年）　○大福＜大夫＞（たいふ、大夫）

｛田10｝（1593）用例なし。

{浦}（1597）

融合していない。[-iu][-iju][-iwu]である。

＜用例＞

○りうきうこくちうさんわうしやうねいハ（琉球国中山王尚寧は）

Ⅱ－１－(2)－⑤　*/ｉｏ/

{翻}（1501）

融合していない。

＜用例＞

○'i·'u＜魚＞（いを、魚）　○ma·si·o＜塩＞（ましほ、真塩）

{玉}（1501）

融合していない。

＜用例＞

○よそひおとんの大あんしおきやか（世襲ひ御殿の大按司おぎやか）

{館}（16C 前半？）

融合していない。

＜用例＞

○密温普姑立＜謝恩＞（みおんほこり、御御誇）　○亦窩＜魚＞（いを、魚）　○亦窩独立的＜釣魚＞（いをつりて、魚釣りて）

{石東}（1522）用例なし。　{石西}（1522用例なし。

{田１}（1523）

融合していない。

＜用例＞

○一人しほたるもい（一人主？樽思い）　○しよりよりしほたるもい（首里より主？樽思い）

{崇}（1527）用例なし。

{おも１}（1531）

融合していない。

＜用例＞

○あちおそい＜按司襲い＞　○あんしおそい＜按司襲い＞　○かみおそい＜神襲い＞　○みおやせ＜奉れ＞　○よりおれて＜依り降りて＞

{使１}（1534）

融合していない。

＜用例＞

○密温普古里＜謝恩＞（みおんほこり、御御誇）　○密温普谷里＜謝恩＞（みおんほこり、御御誇）　○亦窩＜魚＞（いを、魚）

{田２}（1536）用例なし。　{田３}（1537）用例なし。　{田４}（1541）用例なし。

{かた}（1543）

融合していない。

＜用例＞

○ミちをつくり（道を造り）　○御くらひをつきめしよわちへ（御位を継ぎ召しよわちへ）○ミおんほけにあひ候（御御ほけに会ひ）　○ミおほけにあひ申候（御おほけに会ひ申候）○かみほとけの御あそひめしよわる（神仏の御遊び召しよわる）　○あんしをそひかなし（接司襲ひ加那志）　○いしを（石を）　○ミはいをかミ候（御拝拝み候）　○ミはいをかミ申候（御拝拝み申候）

{田５}（1545）用例なし。

{添}（1546）

融合していない。

＜用例＞

○天つき王のあんしおそいかなし天の（天継ぎ王の接司襲い加那志天の）　○首里天つきのあんしおそいかなし天の（首里天継ぎの接司襲い加那志天の）　○首里天つきのあんしおそひかなし天の（首里天継ぎ按司襲ひ加那志天の）

{田６}（1551）用例なし。

{やら}（1554）

融合していない。

＜用例＞

○あんしおそひかなしのミ御ミ事（按司按司襲ひ加那志の御御御事）　○くすくつみつけてみおやしちやれは（城積みつけてみおやしちやれば）

{田７}（1560）用例なし。

{使２}（1561）

融合していない。

＜用例＞

○衣石乞各必＜玉帯＞（いしききおび、石帯）　○悪牙密温普谷里＜御前謝恩＞（おや

みおんほこり、親御御誇り）　○荅止歪立＜立住＞（たちをれ、立ち居れ）　○游＜魚＞（いを、魚）

{田８}（1562）用例なし。　{田９}（1563）用例なし。

{字}（1572頃）

融合していない。

＜用例＞

○密温ト姑里＜謝恩＞（みおんほこり、御御誇）　○游＜魚＞（いを、魚）

{使３}（1579）

融合していない。

＜用例＞

○游＜魚＞（いを、魚）

{田10}（1593）用例なし。

{浦}（1597）

融合していない。

＜用例＞

○首里てたかすゑあんしおそひかなし天の（首里てだが末按司襲ひ加那志天の　○ミおんほけにあひ候（御おんほけに会ひ候）　○ミおほけハ（御おほけは）　○ミちはしつミつけてミおやしたれハ（道橋積みつけて御おやしたれば）　○ミはいおかみ申（御拝拝み申）　○ミはいおきなハの（御拝沖縄の）　○御くすくのうちほかの（御城の内外の）　○かミほとけのをれめしよハちゑ（神仏の降れ召しよはちゑ）　○御くらゐをつきめしよわちへ（御位を継ぎ召しよわちへ）

Ⅱ－１－⑵－⑥　*/ｅｉ/

{翻}（1501）用例なし。　{玉}（1501）用例なし。

{館}（16C前半？）

融合して[iː]として実現している可能性が高い。

＜用例＞

○嗑得那使者＜使臣＞（くわうていのししや、皇帝の使者）　○嗑得那＜朝貢＞（くわうていの、皇帝の）　○嗑的那＜進貢＞（くわうていの、皇帝の）　○倭的毎＜皇帝＞（くわうていまへ、皇帝前）　○麻柔倭的毎＜萬歳皇帝＞（くわうていまへ、皇帝前）　○大苗烏的毎＜大明皇帝＞（だいみんくわうていまへ、大明皇帝前）　○包名＜報名＞（はうめい、報名）　○立是＜茘枝＞（れいし、茘枝）

｛石東｝（1522）用例なし。

｛石西｝（1522）

表記上は融合していない。

<用例>

○かきのはなちにせいそろい（垣花地に勢ぞろい）

｛田１｝（1523）

表記上は融合していない。

<用例>

○せいやりとミかひきの（勢遣り富が引きの）

｛崇｝（1527）用例なし。

｛おも１｝（1531）

表記上は、融合していない。

<用例>

○けい<霊力の一種>　○せいやりとみ<勢遣富（船名）>　○はぢめいくさ<初め軍>　○せひやく<勢軍>　○せひやくゑが<勢軍吉日>

｛使１｝（1534）

融合して[iː]として実現している可能性が高い。

<用例>

○嗑得那使者<朝貢使臣>（くわうていのししや、皇帝の使者）　○嗑得那<朝貢>（くわうていの、皇帝の）　○嗑得那<進貢>（くわうていの、皇帝の）　○倭的毎<皇帝>（くわうていまへ、皇帝前）　○大苗倭的毎<大明帝王>（だいみんくわうていまへ、大明皇帝前）　○包名<報名>（はうめい、報名）　○利是<茘枝>（れいし、茘枝）

｛田２｝（1536）用例なし。　｛田３｝（1537）用例なし。　｛田４｝（1541）用例なし。

｛かた｝（1543）

表記上は、融合した姿ではない。

<用例>

○もろこしのていわう（唐土の帝王）

｛田５｝（1545）用例なし。　｛添｝（1546）用例なし。　｛田６｝（1551）用例なし。

｛やら｝（1554）

表記上は、融合した姿ではない。

<用例>

○一はんのせいや（一番の勢や）　○せいくさよせらやいてゝと（勢軍寄せらやいててと）　○しもしましりきやめのせいや（下島尻ぎやめの勢や）

{田７}（1560）用例なし。

{使２}（1561）

融合して[iː]として実現している可能性が高い。

<用例>

○牙及亦石＜磚＞（やけいし？やきいし？、焼石）　○嗑得那＜進貢＞（くわうていの、皇帝の）　○嗑得那使者＜朝貢使臣＞（くわうていのししや、皇帝の使者）　○倭的毎＜皇帝＞（くわうていまへ、皇帝前）　○大苗倭都毎＜大明帝王＞（だいみんくわうていまへ、大明皇帝前）　○包名＜報名＞（はうめい、報名）　○利是＜荔枝＞（れいし、荔枝）　○利十之＜作揖＞（れいして、礼して）

{田８}（1562）用例なし。　{田９}（1563）用例なし。

{字}（1572頃）

融合して[iː]として実現している可能性が高い。

<用例>

○嗑得那使者＜朝貢使臣＞（くわうていのししや、皇帝の使者）　○嗑得那＜進貢＞（くわうていの、皇帝の）　○倭的毎＜皇帝＞（くわうていまへ、皇帝前）　○大苗倭的毎＜大明帝王＞（だいみんくわうていまへ、大明皇帝前）　○包名＜報名＞（はうめい、報名）　○利十之＜作揖＞（れいして、礼して）　○利是＜荔枝＞（れいし、荔枝）

{使３}（1579）

融合して[iː]として実現している可能性が高い。

<用例>

○牙及亦石＜磚＞（やきいし？、やけいし？、焼石）　○倭的毎＜皇帝＞（くわうていまへ、皇帝前）　○嗑得那使者＜朝貢史臣＞（くわうていのししや、皇帝の使者）　○嗑得那＜進貢＞（くわうていの、皇帝の）　○利十之＜作揖＞（れいして、礼して）○利是＜荔枝＞（れいし、荔枝）

{田10}（1593）用例なし。

{浦}（1597）

表記上は融合していない。

<用例>

○たいへいけうたひらはし（太平橋平良橋）　○しもしましりきやめのせいや（下島尻ぎやめの勢や）　○りうきうこくちうさんわうしやうねいハ（琉球国中山王尚寧は）

○ねいしまいしのやに（根石真石の様に）

Ⅱ－１－⑵－⑦　*/ｅｅ/

｛翻｝（1501）用例なし。　｛玉｝（1501）用例なし。　｛館｝（16C 前半？）用例なし。
｛石東｝（1522）用例なし。　｛石西｝（1522用例なし。　｛田１｝（1523）用例なし。
｛崇｝（1527）用例なし。

｛おも１｝（1531）

表記上は融合していない。

＜用例＞

○いせゑけり＜勝れ兄弟＞たたみきや

｛使１｝（1534）用例なし。　｛田２｝（1536）用例なし。　｛田３｝（1537）用例なし。
｛田４｝（1541）用例なし。　｛かた｝（1543）用例なし。　｛田５｝（1545）用例なし。
｛添｝（1546）用例なし。　｛田６｝（1551）用例なし。　｛やら｝（1554）用例なし。
｛田７｝（1560）用例なし。　｛使２｝（1561）用例なし。　｛田８｝（1562）用例なし。
｛田９｝（1563）用例なし。　｛字｝（1572 頃）用例なし。　｛使３｝（1579）用例なし。
｛田 10｝（1593）用例なし。　｛浦｝（1597）用例なし。

Ⅱ－１－⑵－⑧　*/ｅａ/

｛翻｝（1501）用例なし。　｛玉｝（1501）用例なし。　｛館｝（16C 前半？）用例なし。
｛石東｝（1522）用例なし。　｛石西｝（1522用例なし。　｛田１｝（1523）用例なし。
｛崇｝（1527）用例なし。

｛おも１｝（1531）

表記上は、融合していない。

＜用例＞

○おそいにせあんしおそい＜襲いにせ按司襲い＞　○かめあみ＜亀網＞　○しめや＜させて＞　○させわちへ＜願って＞　○あまゑわちへからは＜歓え給いてからは＞

｛使１｝（1534）用例なし。　｛田２｝（1536）用例なし。　｛田３｝（1537）用例なし。
｛田４｝（1541）用例なし。　｛かた｝（1543）用例なし。　｛田５｝（1545）用例なし。

｛添｝（1546）

表記上は、融合した姿は見せない。

＜用例＞

○ミ御ほけハかすしらす（御御ほけは数知らず）　○なけハ二百三十ひろにつミみちへて（丈は二百三十尋に積みみちへて）　○たけハ十ひろ（丈は十尋）　○あをりやたけお

りあけわちへ（煽りや嶽降りあげわちへ）　○くもこたけ世つきたけおりあけわちへ（雲子獄世継ぎ嶽降りあげわちへ）

{田６}（1551）用例なし。

{やら}（1554）

表記上は、融合していない。

<用例>

○しま世のてやちきやら（島世の手や力）　○ミはひおかてあり（御拝拝であり）
○いしらこはましらこはおりあけハちへつミあけハちへ（石子は真白子は降りあげはちへ積みあげはちへ）　○国のまてやけらへハちへこのミよハちへ（国のまてや造へはちへ工みよはちへ）　○くすくつみつけてミおやしちやれは（城積みつけて御おやしちやれば）
○はゑはらしまおそい大さと（南風原島襲い大里）

{田７}（1560）用例なし。　{使２}（1561）用例なし。　{田８}（1562）用例なし。
{田９}（1563）用例なし。　{字}（1572頃）用例なし。　{使３}（1579）用例なし。
{田10}（1593）用例なし。

{浦}（1597）

表記上は、融合していない。

<用例>

○くにのまてや（国のまてや）　○ミおほけハかすしらす（御おほけは数知らず）
○かなそめはつまきはうすた（金染鉢巻坊主達）　○つミあけわちへ（積みあげわちへ）
○けらへわちへてて（造へわちへてて）

Ⅱ－１－(2)－⑨　*/ｅｕ/

{翻}（1501）

融合した[-ju]あるいは[-jo]として実現している。

<用例>

○kho·sju<胡椒>（こせう、胡椒）　○san·si·o<川椒>（さんせう、山椒）　○khjo·'o<今日>（けふ、今日）　○sa・kɯi・'i・'u・ti<酒酔了>（さけゑふて、酒酔ふて）

{玉}（1501）用例なし。　{館}（16C前半？）用例なし。　{石東}（1522）用例なし。
{石西}（1522）用例なし。　{田１}（1523）用例なし。　{崇}（1527）用例なし。

{おも１}（1531）

表記の上では、融合した姿ではない。

<用例>

○しけうち<聖所の内>　○おれふさよわ<降り栄え給え>

{使１}（1534）

融合した[-ju]あるいは[-jo]として実現している。

＜用例＞

○彪鳥＜表章＞（へうを、表を）　○漂那阿傑的＜進表＞（へうのあげて、表の上げて）

○谷焼＜楜椒＞（こせう、胡椒）

{田２}（1536）用例なし。　{田３}（1537）用例なし。　{田４}（1541）用例なし。

{かた}（1543）用例なし。　{田５}（1545）用例なし。　{添}（1546）用例なし。

{田６}（1551）用例なし。　{やら}（1554）用例なし。　{田７}（1560）用例なし。

{使２}（1561）

融合した[-ju]あるいは[-jo]として実現している。

＜用例＞

○窟受＜胡椒＞（こせう、胡椒）

{田８}（1562）用例なし。　{田９}（1563）用例なし。

{字}（1572頃）

融合した[-ju]あるいは[-jo]として実現している。

＜用例＞

○彪鳥＜表章＞（へうを、表を）　○漂那阿傑的＜進表＞（へうのあげて、表の上げて）

○窟受＜胡椒＞（こせう、胡椒）

{使３}（1579）

融合した[-ju]あるいは[-jo]として実現している。

＜用例＞

○窟受＜胡椒＞（こせう、胡椒）

{田10}（1593）用例なし。

{浦}（1597）

表記の上では、融合した姿ではない。

＜用例＞

○たいへいけうたいらはし（太平橋平良橋）

Ⅱ－１－(2)－⑩　*/ｅｏ/

{翻}（1501）用例なし。　{玉}（1501）用例なし。　{館}（16C前半？）用例なし。

{石東}（1522）用例なし。　{石西}（1522用例なし。　{田１}（1523）用例なし。

{崇}（1527）用例なし。

{おも１}（1531）

表記の上では、融合した姿ではない。

＜用例＞

○けお＜今日＞の　○けおのうち＜京の内＞に　○はちへおわれ＜来給え＞

{使１}（1534）用例なし。　{田２}（1536）用例なし。　{田３}（1537）用例なし。
{田４}（1541）用例なし。　{かた}（1543）用例なし。　{田５}（1545）用例なし。

{添}（1546）

表記の上では、融合した姿ではない。

＜用例＞

○はへおもてのひとへにありたるけに（南風表の一重にありたるけに）

{田６}（1551）用例なし。　{やら}（1554）用例なし。　{田７}（1560）用例なし。
{使２}（1561）用例なし。　{田８}（1562）用例なし。　{田９}（1563）用例なし。
{字}（1572頃）用例なし。　{使３}（1579）用例なし。　{田10}（1593）用例なし。
{浦}（1597）用例なし。

Ⅱ－１－(2)－⑪　*/ａｉ/

{翻}（1501）

融合していない。[-ai]である。但し、＜来月＞は融合の可能性あり。

＜用例＞

○tha·ki〈ka〉·tai＜卓子＞（たかだい、高台）　○sjo・'oŋ・koa・cʌ・no・phai＜拝年＞（しやうぐわつのはい、正月の拝）　○so·nai＜菜蔬＞（そさい、蔬菜）　○khai＜匙＞（かひ、匙）　○kha·'i　128　＜樻子＞（かひ、櫃）　○tjɔi・'oaŋ・koa・cʌ＜来月＞（らいぐわつ、来月）

{玉}（1501）

表記の上では、融合していない。[-ai]である。

＜用例＞

○みやきせんのあんしまもたいかね（今帰仁の按司真武体金）

{館}（16C前半？）

表記の上では、融合した姿ではない。[-ai]である。

＜用例＞

○盖乞＜改機＞（かいき、改機）　○害宅＜獬豸＞（かいち、獬豸）　○大使＜長史＞（たいし、大使）　○倭及那大使＜琉球長使＞（おきなはのたいし、沖縄の大使）　○太福＜大夫＞（たいふ、太夫）　○倭及那太福＜琉球大夫＞（おきなはのたいふ、沖縄の太夫）　○代＜卓＞（だい、台）　○大苗必周＜大明人＞（だいみんひと、大明人）

○大苗烏的毎＜大明皇帝＞（だいみんくわうていまへ、大明皇帝前）　○大刀那安周＜大唐大人＞（だいたうのあんじ、大唐の按司）　○大苗＜大明＞（だいみん、大明）　○大立葉亦及＜見朝＞（だいりへいき、内裏へ行き）　○大立葉密達＜入朝＞（だいりへまいりた？、内裏へ参りた？）　○排是＜拝＞（はいす、拝す）　○姑撒亦葉＜草房＞（くさいへ、草家）　○菜＜菜＞（さい、菜）　○才府　＜二使臣＞（さいふ、才府）
○達馬亦石　＜玉石＞（たまいし、玉石）　○烏乞立乃＜且慢走＞（おきれない、起きれない？）　○嗑哇喇亦葉＜瓦房＞（かはらいへ、瓦家）　○烏立高葉＜買売＞（うりかひ、売買）　○剴＜箱子＞（かひ？、櫃）　○大籟＜盒＞（たらひ、盥）　○大籟＜食羅＞（たらひ、盥）　○大籟＜木盆＞（たらひ、盥）　○民足大籟＜水筒＞（みづたらひ、水盥）
○密由外立＜慶賀＞（みゆわひ、御祝）

｛石東｝（1522）用例なし。　｛石西｝（1522）用例なし。

｛田１｝（1523）

表記の上では、融合していない。[-ai]である。

＜用例＞

○たうへまいる（唐へ参る）　○てこくの方へまいる（てこくの方へ参る）

｛崇｝（1527）用例なし。

｛おも１｝（1531）

表記の上では、融合していない。[-ai]である。

＜用例＞

○かいなでゝす＜掻い撫でてぞ＞　○たいらけて＜平らげて＞　○なさいきよもい＜父人思い＞に　○あいて＜相手＞

｛使１｝（1534）

融合していない。[-ai]である。

＜用例＞

○蓋乞＜改機＞（かいき、？改機）　○害宅＜獬豸＞（かいち、獬豸）　○大福＜大夫＞（たいふ、太夫）　○代＜卓＞（だい、台）　○大刀那必周＜大唐人＞（だいたうのひと、大唐の人）　○大苗倭的毎＜大明帝王＞（だいみんくわうていまへ、大明皇帝前）
○大立葉亦急＜見朝＞（だいりへいき、内裏へ行き？）　○大立葉密達＜入朝＞（だいりへみた、内裏へ見た？）　○排是＜拝＞（はいす、拝す）　○菜＜菜＞（さい、菜）
○撻馬衣石＜玉石＞（たまいし、玉石）　○烏其利耐＜且慢走＞（おきれない、起きれない？）　○嗑哇喇亦葉＜瓦房＞（かはらいへ、瓦家）　○剴＜箱子＞（かひ？、櫃）
○亜及耐＜買売＞（あきなひ、商ひ）　○大籟＜盆＞（たらひ、盥）　○蜜由歪利＜慶賀＞（みゆわひ、御祝ひ、みゆわひり？）

{田２}（1536）

表記の上では、融合していない。[-ai]である。

<用例>

○しよりよりくわんしやか方へまいる（首里より官舎が方へ参る）

{田３}（1537）

表記の上では、融合していない。[-ai]である。

<用例>

○たうへまいる（唐へ参る）　○あめくの大やくもいの方へまいる（天久の大やくもいの方へ参る）

{田４}（1541）

表記の上では、融合していない。[-ai]である。

<用例>

○まなハんゑまいる（まなはんゑ参る）　○まさふろてこくの方へまいる（真三郎てこくの方へ参る）

{かた}（1543）

表記の上では、融合していない。[-ai]である。

<用例>

○たいりより（内裏より）　○ミはいをかミ申候（御拝拝み申候）　○みや平の大やくもいまいくさかね（宮平の大やくもい真伊久佐金）　○ミ御ミつかひめしよわちへ（御遣ひ召しよわちへ）　○ねかひ事かなひ（願ひ事叶ひ）　○御くらひをつきめしよわちへ（御位を継ぎ召しよわちへ）　○御いわひ事かきりなし（御祝ひ事限りなし）

{田５}（1545）

表記の上では、融合していない。[-ai]である。

<用例>

○あめくの大やくもいか方へまいる（天久の大やくもいが方へ参る）

{添}（1546）

表記の上では、融合していない。[-ai]である。

<用例>

○御ゆわいめしよわちへ（御祝い召しよわちへ）　○御ゆわひ申候（御祝ひ申候）

{田６}（1551）

表記の上では、融合していない。[-ai]である。

<用例>

○かなくすくの大やくもいか方へまいる（金城の大やくもいが方へ参る）

｛やら｝（1554）

表記の上では、融合していない。[-ai]である。

＜用例＞

○くすくまの大やくもいまいくさ（城間の大やくもい真伊久佐）　○ねいしまいしのやに（根石真石の様に）　○ミはひおかてあり（御拝拝であり）　○ちかためのおよハひ（地固めの御祝ひ）　○まうはらひめしよわちやる（毛祓ひ召しよわちやる）　○みおやたいり（御おやだいり）

｛田７｝（1560）

表記の上では、融合していない。[-ai]である。

＜用例＞

○せそこの大やくもいか方へまいる（瀬底の大やくもいが方へ参る）

｛使２｝（1561）

融合していない。[-ai]である。

＜用例＞

○凱＜箱子＞（かい、櫃）　○蓋乞＜改機＞（かいき、改機）　○害宅＜懈豸＞（かいち、懈豸）　○大福＜大夫＞（たいふ、大夫）　○代＜卓＞（だい、台、卓）　○大刀那必周＜唐人＞（だいたうのひと、大唐の人）　○大苗倭都毎＜大明帝王＞（だいみんくわうていまへ、大明皇帝前）　○大立葉亦急＜見朝＞（だいりへいき、内裏へ行き）　○大立葉密達＜入朝＞（だいりへみた、内裏へ見た？）　○排失之＜拝＞（はいして、拝して）　○開第＜字＞（かいて、書いて）　○大葪＜盆＞（たらひ、盥、盆）

｛田８｝（1562）

表記の上では、融合していない。[-ai]である。

＜用例＞

○ふさいとミかひきの（ふさい富が引きの）　○大ミねの大やくもいか方へまいる（大嶺の大やくもいが方へ参る）

｛田９｝（1563）

表記の上では、融合していない。[-ai]である。

＜用例＞

○大みねの大やくもいか方へまいる（大嶺の大やくもいが方へ参る）

｛字｝（1572頃）

融合していない。[-ai]である。

＜用例＞

○蓋乞＜改機＞（かいき、？改機）　○害宅＜獬豸＞（かいち、獬豸）　○太福＜大夫＞（たいふ、太夫）　○代＜卓＞（だい、台）　○大刀那必周＜唐人＞（だいたうのひと、大唐の人）　○大苗倭都毎＜大明帝主＞（だいみんくわうていまへ、大明皇帝前）○大立葉亦急＜見朝＞（だいりへいき、内裏へ行き）　○大立葉密急＜入朝＞（だいりへみき、内裏へ見き？）　○排失之＜拝＞（はいして、拝して）　○菜＜菜＞（さい、菜）○撻馬一＜玉石＞（たまいし、玉石）　○嗑喇亦葉牙＜瓦房＞（かわらいへ、瓦家）○括其＜快活＞（くわいい、快意）　○凱＜箱子＞（かひ？、櫃）　○大籟＜盆＞（たらひ、盥）

{使３}（1579）

融合していない。[-ai]である。

＜用例＞

○蓋乞＜改機＞（かいき、？改機）　○害宅＜獬豸＞（かいち、獬豸）　○開第＜字＞（かいて、書いて）　○凱＜箱子＞（かひ？、櫃）　○大福＜大夫＞（たいふ、大夫）○代＜卓＞（だい、台）　○大刀那必周＜唐人＞（だいたうのひと、大唐の人）　○大苗倭都毎＜大明帝主＞（だいみんくわうていまへ、大明皇帝前）　○大立葉亦急＜見朝＞（だいりへいき、内裏へ行き）　○大立葉密達＜入朝＞（だいりへみた、内裏へ見た？）○排失之＜拝＞（はいして、拝して）　○菜＜菜＞（さい、菜）　○妳＜無＞（ない、無い）　○密由鳥牙＜慶賀＞（みゆはひ、御祝ひ）　○大箣＜盆＞（たらひ、盥）

{田10}（1593）

表記の上では、融合していない。[-ai]である。

＜用例＞

○きまのさとぬし大やくもいか方へまいる（儀間の里主大やくもいが方へ参る）

{浦}（1597）

表記の上では、融合していない。[-ai]である。

＜用例＞

○たいへいけうたいらはしつミ申時のひのもん（太平橋平良橋積み申時の碑の文）○ミはいおかみ申候（御拝拝み申候）　○ねいしまいしのやの（根石真石の様に）　○御ちよわいめしよハちゑ（御ちよわい召しよはちゑ）　○御ゆわい事あり（御祝い事あり）○たひらもりおしあけもり（平良杜押し上げ社）　○たひらのかはら（平良の河原）○まうはらひ（毛祓ひ）　○ミおほけにあひ申候（御ほけに会ひ申候）　○御ちよわひめしよハちや事（御ちよわひ召しよはちや事）　○御くらゐをつきめしよわちへ（御位を継ぎ召しよわちへ）

Ⅱ－１－⑵－⑫　*／ａｅ／

{翻}（1501）用例なし。{玉}（1501）用例なし。

{館}（16C前半？）

「まへ」の例しか存在しない。融合していない。但し、「ハ行転呼」を経て、[-ae]

ではなく[-ai]である可能性が高い。

<用例>

○倭的毎<皇帝>（くわうていまへ、皇帝前）　○麻柔倭的毎<萬歳皇帝>（まんぜいくわうていまへ、万歳皇帝前）　○大苗烏的毎<大明皇帝>（だいみんくわうていまへ、大明皇帝前）　○馬也<前>（まへ、前）

{石東}（1522）用例なし。

{石西}（1522）

融合していない。但し、「ハ行転呼」を経て、[-ae]ではなく[-ai]に近かろう。

<用例>

○はへはらしまおそい大さと（南風原島襲い大里）

{田１}（1523）用例なし。　{崇}（1527）用例なし。　{おも１}（1531）用例なし。

{使１}（1534）

「まへ」の例しか存在しない。融合していない。但し、「ハ行転呼」を経て、[-ae]ではなく[-ai]である可能性が高い。

<用例>

○倭的毎<皇帝>（くわうていまへ、皇帝前）　○大苗倭的毎<大明帝王>（だいみんくわうていまへ、大明皇帝前）　○馬乜《(ママ)》<前>（まへ（前）

{田２}（1536）用例なし。

{田３}（1537）

融合していない。但し、「ハ行転呼」を経て、[-ae]ではなく[-ai]に近かろう。

<用例>

○はゑのこおり「の」（南風の郡の）

{田４}（1541）用例なし。

{かた}（1543）

融合していない。但し、「ハ行転呼」を経て、[-ae]ではなく[-ai]に近かろう。

<用例>

○けらへあくかへ（家来赤頭）

{田５}（1545）

融合していない。但し、「ハ行転呼」を経て、[-ae]ではなく[-ai]に近かろう。

<用例>

○はゑのこおりの（南風の郡の）

{添}（1546）

融合していない。但し、「ハ行転呼」を経て、[-ae]ではなく[-ai]に近かろう。

＜用例＞

○けらへあくかへ（家来赤頭）　○いちやちやけらへわちへ（板門造へわちへ）　○御くらともにけらへ申候（御蔵ともに造へ）　○まうはらへの時に（毛祓への時に）

{田６}（1551）

融合していない。但し、「ハ行転呼」を経て、[-ae]ではなく[-ai]に近かろう。

＜用例＞

○はゑのこおりの（南風の郡の）

{やら}（1554）

融合していない。但し、「ハ行転呼」を経て、[-ae]ではなく[-ai]に近かろう。

＜用例＞

○けらへあくかへ（家来赤頭）　○けらへわちへてて（造へ）　○はゑはら（南風原）

{田７}（1560）用例なし。

{使２}（1561）

「まへ」の例しか存在しない。融合していない。但し、「ハ行転呼」を経て、[-ae]ではなく[-ai]である可能性が高い。

＜用例＞

○倭毎奴＜朝廷＞（おまへの、御前の）　○吾一加毎奴＜賞賜＞（おゑかまへの、御賞前の）　○大苗倭都毎＜大明帝王＞（だいみんくわうていまへ、大明皇帝前）　○馬乜＜前＞（まへ、前）

{田８}（1562）

融合していない。但し、[-ae]ではなく[-ai]に近かろう。

＜用例＞

○はゑのこおりの（南風の郡の）　○けらゑあくかへの（家来赤頭の）

{田９}（1563）

融合していない。但し、[-ae]ではなく[-ai]に近かろう。「ハ行転呼」も経ていよう。

＜用例＞

○さとぬしへけらへあくかへの（里主部家来赤頭の）　○はゑのこおりの（南風の郡の）

{字}（1572頃）

「まへ」の例しか存在しない。融合していない。但し、「ハ行転呼」を経て、[-ae]ではなく[-ai]である可能性が高い。

＜用例＞

○吾一加毎奴＜賞賜＞（おゑかまへの、御賞前の）　○倭的毎＜皇帝＞（くわうていまへ、皇帝前　○大苗倭的毎＜大明帝王＞（だいみんくわうていまへ、大明皇帝前）　○馬乜＜前＞（まへ、前）

｛使３｝（1579）

「まへ」の例しか存在しない。融合していない。但し、「ハ行転呼」を経て、[-ae]ではなく[-ai]である可能性が高い。「馬亦」の「亦」が、それを如実に物語っている。

＜用例＞

○倭毎奴＜朝廷＞（おまへの、御前の）　○吾一加毎奴＜賞賜＞（おゑかまへの、御賞前の）　○馬亦＜前＞（まへ、前）

｛田10｝（1593）用例なし。

｛浦｝（1597）

融合していない。但し、「ハ行転呼」を経て、[-ae]ではなく[-ai]に近かろう。

＜用例＞

○けらへあくかへ（家来赤頭）　○けらへわちへてて（造へわちへてて）

Ⅱ－１－(2)－⑬　*/ａａ/

｛翻｝（1501）

「ハ行転呼」を経た例が並ぶことになった。それも、ハ行転呼の姿を留めているもの[-awa]と更に変化して[-a:]となったものとがある。過渡的状況を反映していると思われる。

「あはさ」については、「ハ行の子音」で述べる。

＜用例＞

○kha･ra＜瓦＞（かはら、瓦）　○phi･sjaŋ･ka＜靴＞（あしがは、足皮）　○'a･'oa ro･'o･pan･ri＜小米飯＞（あはのおばに、粟の御飯）

○'a･pa･sja＜淡＞（あはさ、淡さ）

｛玉｝（1501）

融合していない。

＜用例＞

○まあかとたる（真加戸樽）

｛館｝（16C前半？）

｛翻｝と同じように、「ハ行転呼」を経た例が並ぶことになった。それも、ハ行転呼の姿を留めているもの[-awa]と更に変化して[-a:]となったものとがある。過渡的状況を反映していると思われる。

＜用例＞

○嗑哇＜河＞（かは、河・川）　○嗑哇＜皮＞（かは、皮）　○撒禄嗑哇＜猿皮＞（さるがは、猿皮）　○姑馬嗑哇＜熊皮＞（くまがは、熊皮）　○嗑哇喇＜瓦＞（かはら、瓦）○嗑哇喇亦葉＜瓦房＞（かはらいへ、瓦家）　○亦嗑喇＜井＞（ゐがはら、井河原）○倭及奴必周＜琉球人＞（おきなはひと、沖縄人）　○倭及那敖那＜琉球人国王＞（おきなはわうの、沖縄王の）

｛石東｝（1522）用例なし。

｛石西｝（1522）

ハ行転呼の姿を留めている。

＜用例＞

○ねたてひかわ（根立て樋川）　○たまわり申候（賜り申候）

｛田１｝（1523）

ハ行転呼の姿を留めている。

＜用例＞

○たまわり申候（賜り申候）

｛崇｝（1527）用例なし。

｛おも１｝（1531）

ハ行転呼の形のものとそうでない形のものが並存する。

＜用例＞

○やりかわちへ＜遣り交わして、やりかはちへ＞　○てるかはが＜照る河が、太陽が＞

｛使１｝（1534）

｛翻｝｛館｝と同じように、「ハ行転呼」を経た例が並ぶことになった。それも、ハ行転呼の姿を留めているもの[-awa]と更に変化して[-a:]となったものとがある。過渡的状況を反映していると思われる。

＜用例＞

○嗑哇＜河＞（かは、河・川）　○嗑哇＜皮＞（かは、皮）　○嗑哇喇＜瓦＞（かはら、瓦）　○嗑哇喇亦葉＜瓦房＞（かはらいへ、瓦家）　○依嗑喇＜井＞（ゐがはら、井河原）○倭急拿必周＜琉球人＞（おきなはひと、沖縄人）

｛田２｝（1536）

ハ行転呼の姿を留めている。

＜用例＞

○たまわり申候（賜り申候）

｛田３｝（1537）

ハ行転呼の姿を留めている。

＜用例＞

○たまわり申候（賜り申候）

｛田４｝（1541）

ハ行転呼の姿を留めている。

＜用例＞

○たまわり申候（賜り申候）

｛かた｝（1543）

ハ行転呼の姿を留めている。

＜用例＞

○あまこあわしめしよわちへ（天子合わし召しよわちへ）　○こころ一にあわせ（心一つに合わせ）

｛田５｝（1545）

ハ行転呼の姿を留めている。

＜用例＞

○まわしまきりの（真和志間切りの）　○たまわり申候（賜り申候）

｛添｝（1546）

ハ行転呼以前の姿を留めていると言える。

＜用例＞

○あつさハ五ひろ（厚さは五尋）　○ねたてのふかさは二ひろ（根立ての深さは二尋）○かなはの大やくもい（我那覇の大やくもい）

｛田６｝（1551）

ハ行転呼の姿を留めている。

＜用例＞

○まわしまきりの（真和志間切りの）　○たまわり申候（賜り申候）

｛やら｝（1554）

｛おも１｝と同様、ハ行転呼の形のものとそうでない形のものが並存する。

＜用例＞

○おきなハの天きや下ハ（沖縄の天ぎや下は）　○なはのはん（那覇の番）　○ねたてひかわのミつのかくこハ（根立て樋川の水の恪護は）　○おゑかたまわり申（おゑか賜り申）

｛田７｝（1560）

ハ行転呼の姿を留めている。

＜用例＞

○たまわり申候（賜り申候）

｛使２｝（1561）用例なし。

｛田８｝（1562）

ハ行転呼の姿を留めている。

＜用例＞

○たまわり申候（賜り申候）

｛田９｝（1563）

ハ行転呼の姿を留めている。

＜用例＞

○たまわり申候（賜り申候）

｛字｝（1572頃）

｛翻｝｛館｝｛使１｝と同じように、「ハ行転呼」を経た例が並ぶことになった。それも、ハ行転呼の姿を留めているもの[-awa]と更に変化して[-a:]となったものとがある。過渡的状況を反映していると思われる。

＜用例＞

○嗑哇＜河＞（かは、河・川）　○嗑哇＜皮＞（かは、皮）　○嗑哇喇＜瓦＞（かはら、瓦）　○依嗑喇＜井＞（ゐがはら、河原）　○嗑喇亦葉牙＜瓦房＞（かはらいへや、瓦家屋）　○倭急拿必周＜琉球人＞（おきなはひと、沖縄人）

｛使３｝（1579）

ハ行転呼の姿を留めている。

＜用例＞

○嗑哇＜河＞（かは、河）　○喳哇＜皮＞（かは、皮）　○嗑哇喇＜瓦＞（かはら、瓦）

｛田10｝（1593）

ハ行転呼の姿を留めている。

＜用例＞

○まわしまきりの（真和志間切りの）　○たまわり申候（賜り申候）

｛浦｝（1597）

｛おも１｝｛やら｝と同様、ハ行転呼の形のものとそうでない形のものが並存する。

＜用例＞

○かハカミの大やくもい（河上の大やくもい）　○たひらのかはら（平良の河原）

○おきなハの天か下のあち（沖縄の天が下の按司）　○おゑかたまわり申（おゑか賜り申）

Ⅱ－１－⑵－⑭　＊/ａｕ/

｛翻｝（1501）

融合していない。[-au][-ao]等として実現していよう。しかし、「正月」の例が示すように、長音化の姿も見せている。並存・共存状態である。なお、この「並存」「共存」については、第Ⅶ章で詳しく述べる予定にしている。

＜用例＞

○pha・'o・ki＜箒＞（はうき、箒）　○ca〈ca・u〉＜象＞（ざう、象）　○sja・oŋ・ka＜生薑＞（しやうが、生姜）　○sja・oŋ・koa・cʌ＜正月＞（しやうぐわつ、正月）　○sjo・oŋ・koa・cʌ＜正月＞（しやうぐわつ、正月）　○mja・'u・njɔn＜開年＞（みやうねん、明年）

｛玉｝（1501）用例なし。

｛館｝（16C 前半？）

音訳字の「古辞書類の音」に依ると、融合した場合とそうでない場合とが混在している。｛翻｝がそうであったように、二重母音と長母音とが並存状態にあると見るしかなかろう。

＜用例＞

○稿達馬＜香珠＞（かうだま、香玉、香珠）　○稿法个＜香盒＞（かうばこ、香箱）　○稿炉＜香炉＞（かうろ、香炉）　○定稿＜沈香＞（ぢんかう、沈香）　○由稿＜乳香＞（にゆうかう、乳香）　○別姑旦稿＜檀香＞（びやくだんかう、白檀香）　○大刀那安周＜大唐大人＞（だいたうのあんじ、大唐の按司）　○思哇＜蘇木＞（すはう、蘇芳）　○思合約＜蘇合薬＞（すはうやく、蘇芳薬）　○包名＜報名＞（はうめい、報名）　○包子＜和尚＞（ばうず、坊主）　○糟＜象＞（ざう、象）　○朝老＜長老＞（ちやうらう、長老）　○嗑得那使者＜使臣＞（くわうていのししや、皇帝の使者）　○倭的毎＜皇帝＞（くわうていまへ、皇帝前）　○晃礬＜黄礬＞（くわうばん、黄礬）　○夫窩＜鳳凰＞（ほうわう、鳳凰）　○魚敖＜硫黄＞（ゆわう、硫黄）　○嗑乜那个＜玳瑁＞（かめのかふ、甲の甲）　○塔把＜塔＞（たふば、塔婆）　○昂及＜倭扇＞（あふぎ、扇）　○焼哇的＜正月＞（しやうぐわつ、正月）　○上書＜尚書＞（しやうしよ、尚書）　○朝老＜長老＞（ちやうらう、長老）　○瓢布＜屏風＞（びやうぶ、屏風）　○苗年＜明年＞（みやうねん、明年）

｛石東｝（1522）用例なし。

｛石西｝（1522）

融合していない姿を見せている。[-au]としてよかろう。

＜用例＞

○世の御さうせのために（世の御思想のために）　○まうしかねかうちの大やくもい（真牛金河内の大やくもい）　○まうはらいの時に（毛祓いの時に）　○はしくやうの御ゆわい（橋供養の御祝い）

｛田１｝（1523）

融合していない姿を見せている。[-au]としてよかろう。

＜用例＞

○たうへまいる（唐へ参る）

｛崇｝（1527）用例なし。

｛おも１｝（1531）

融合していない姿を見せている。[-au]としてよかろう。

＜用例＞

○御さうせ＜お考え＞　○おれなふしよわ＜降り直し給え＞

｛使１｝（1534）

｛翻｝｛館｝と同様、二重母音と長母音とが並存状態にある。

＜用例＞

○槁＜香＞（かう、香）　○槁炉＜香炉＞（かうろ、香炉）　○大刀那必周＜唐人＞（だいたうのひと、大唐の人）　○司哇＜蘇木＞（すはう、蘇芳）　○包名＜報名＞（はうめい、報名）　○鮑子＜和尚＞（ばうず、坊主）　○糟＜象＞（ざう、象）○綱巾＜綱巾＞（まうきん、網巾）　○嗑得那使者＜朝貢使臣＞（くわうていのししや、皇帝の使者）○倭的毎＜皇帝＞（くわうていまへ、皇帝前）　○失《（ママ）》窩＜鳳凰＞（ほうわう、鳳凰）○嗑乜那各＜玳瑁＞（かめのかふ、亀の甲）　○昂季＜倭扇＞（あふぎ、扇）　○焼哇的＜正月＞（しやうぐわつ、正月）　○丈思＜長史＞（ちやうし、長史）　○瓢布＜屏峯＞（びやうぶ、屏風）

｛田２｝（1536）用例なし。

｛田３｝（1537）

融合していない姿を見せている。[-au]としてよかろう。

＜用例＞

○たうへまいる（唐へ参る）

｛田４｝（1541）用例なし。

｛かた｝（1543）

融合していない姿を見せている。[-au]としてよかろう。

＜用例＞

○もろこしのていわう（唐土の帝王）　○きやうしゆんの御代ににたり（堯舜の御代に似たり）　○千りやうの金を（千両の金を）

｛田５｝（1545）用例なし。

｛添｝（1546）

融合していない姿を見せている。[-au]としてよかろう。

＜用例＞

○かうちの大やくもい（河内の大屋子思い）　○ちやうらうはうすたそろて（長老坊主達揃て）○御世の御さうせめしよわちへ（御世の御思想召しよわちへ）　○まうはらへの時に（毛祓への時に）　○御くやうの御ゆわひ（御供養の御祝ひ）　○するつきの御ちやう（末続の御門）

｛田６｝（1551）用例なし。

｛やら｝（1554）

融合していない姿を見せている。[-au]としてよかろう。

＜用例＞

○ちやうらうはうすたそろて（長老坊主達揃て）　○御世のおさうせ（御世の御思想）○こちひらの大やくもいまうし（東風平の大屋子思い真牛）　○まうはらひ（毛祓ひ）○わうかなしの（加那志の）　○てにつきわうにせ（天継げぎ王仁世）　○わうかなしむ（王加那志む）　○ふきやう一人（奉行一人）　○そうふきやう二人（総奉行二人）

｛田７｝（1560）用例なし。

｛使２｝（1561）

｛翻｝｛館｝｛使１｝と同様、二重母音と長母音とが並存状態にある。

＜用例＞

○槗＜香＞（かう、香）　○槁炉＜香爐＞（かうろ、香炉）　○大刀那必周＜唐人＞（だいたうのひと（大唐の人）　○司哇＜蘇木＞（すはう、蘇芳）　○包名＜報名＞（はうめい、報名）　○褒子＜和尚＞（ばうず、坊主）　○左詩＜書＞（さうし、草紙）　○喳＜象＞（ざう、象）　○罔巾＜網巾＞（まうきん、網巾）　○嗑得那＜進貢＞（くわうていの、皇帝の）　○倭的毎＜皇帝＞くわうていまへ、皇帝前）　○大苗倭都毎＜大明帝王＞（だいみんくわうていまへ、大明皇帝前）○盒呼窩＜鳳凰＞（ほうわう、鳳凰）○油哇＜硫磺＞（ゆわう、硫磺）　○倭王嗑吶尸＜國王＞（わうがなし、王加那志）○倭奴鬱勃人誇＜王子＞（わうのおほこりご、王の御誇り子）　○枉其＜倭扇＞（あふぎ、扇）○戯基＜棊子＞（しやうぎ、将棋）　○焼哇的＜正月＞（しやうぐわつ、正月）　○遶＜城＞（じやう、城）　○郁＜門＞（じやう、門）　○史司＜長吏＞（ちやうし、長吏）○彪烏＜表章＞（ひやう、表）　○漂那阿傑的＜進表＞（ひやう、表）　○飄布＜屏峯＞

（びやうぶ、屏風）

｛田８｝（1562）用例なし。　｛田９｝（1563）用例なし。

｛字｝（1572頃）

｛翻｝｛館｝｛使１｝｛使２｝と同様、二重母音と長母音とが並存状態にある。

＜用例＞

○槁＜香＞（かう、香）　○槁炉＜香炉＞（かうろ、香炉）　○大刀那必周＜唐人＞（だいたうのひと、大唐の人）　○司哇＜蘇木＞（すはう（蘇芳）　○包名＜報名＞（はうめい、報名）　○褒子＜和尚＞（ばうず、坊主）　○君望（字の順が逆）＜網巾＞（まうきん、網巾）　○嗑得那使者＜朝貢使臣＞（くわうていのししや、皇帝の使者）　○倭的毎＜皇帝＞（くわうていまへ、皇帝前）　○大苗倭的毎＜大明帝王＞　○呼窩＜鳳凰＞（ほうわう、鳳凰）　○収末＜硫黄＞（ゆわう、硫黄）　○倭奴鬱勃人誇＜王子＞（わうのおほこり、王の御誇り子）　○敖那＜王＞（わうの、王の）　○倭王嗑吶尸＜国王＞（わうがなし、王加那志）　○嗑乜那各＜玳瑁＞（かめのかふ、亀の甲）　○匹胡平＜瓶＞（しがふびん、四合瓶）　○枉其＜倭扇＞（あふぎ、扇）　○戧其＜棊子＞（しやうぎ、将棋、象棋）　○焼哇的＜正月＞（しやうぐわつ、正月）　○丈司＜長史＞（ちやうし、長史）　○瓢布＜屏風＞（びやうぶ、屏風）

｛使３｝（1579）

｛翻｝｛館｝｛使１｝｛使２｝｛字｝と同様、二重母音と長母音とが並存状態にある。

＜用例＞

○槁＜香＞（かう、香）　○槁炉＜香爐＞（かうろ、香炉）　○司哇＜蘇木＞（すはう、蘇芳）　○包名＜報名＞（はうめい、報名）　○左詩＜書＞（さうし、草紙）○喳＜象＞（ざう、象）　○罔巾＜網巾＞（まうきん、網巾）　○倭的毎＜皇帝＞（くわうていまへ、皇帝前）　○嗑得那使者＜朝貢史臣＞（くわうていのししや、皇帝の使者）　○呼窩＜鳳凰＞（ほうわう、鳳凰）　○油哇＜硫磺＞（ゆわう、硫磺）　○倭王嗑吶尸＜国王＞（わうがなし、王加那志）　○倭奴鬱勃人誇＜王子＞（わうのおほこりこ、王の御誇り子）　○枉其＜倭扇＞（あふぎ、扇）　○焼哇的＜正月＞（しやうぐわつ、正月）　○遶＜城＞（じやう、城）　○都＜門＞（じやう、門）　○史司＜長史＞（ちやうし、長史）　○漂那阿傑的＜進表＞（ひやうのあげて、表の上げて）　○彪鳥＜表章＞（ひやうを、表を）　○飘布＜屏峯＞（びやうぶ、屏風）

｛田10｝（1593）用例なし。

｛浦｝（1597）

融合していない姿を見せている。[-au]としてよかろう。

＜用例＞

○かなそめはつまきはうすた（金染め鉢巻坊主達）　○御さうせめしよハちへ（御思想召しよはちへ）　○まうはらひ（毛祓ひ）　○とよミ城の大やくもいまうし（豊見城の大

屋子思い真牛）　○くに〱のあちへちやうらうた（国々の按司部長老達）　○わうかなしのおほこりめしよハちゑ（王加那志の御誇り召しよはちへ）　○するまさるわうにせてて（末勝る王仁世てて）　○ちうさんわうしやうねい（中山王尚寧）
○千りやうの金よりも（千両の金よりも）　○たミひやくしやうのため（民百姓のため）
○ふきやう二人（奉行二人）

Ⅱ－１－(2)－⑮　*/ａｏ/

{翻}（1501）

融合していない。音声としては[-ao][-au]等の共存状態と考えられる。

<用例>

○'a･o･sa< 緑>（あをさ、青さ・緑さ）

{玉}（1501）

融合していない。

<用例>

○てんにあをき（天に仰ぎ）

{館}（16C 前半？）用例なし。　{石東}（1522）用例なし。

{石西}（1522）

融合していない。

<用例>

○しまおそい大さと（島襲い大里）

{田１}（1523）用例なし。　{崇}（1527）用例なし。

{おも１}（1531）

融合していない。

<用例>

○おれなおちへからは＜降り直してからは＞　○あおて＜戦って、合うて、会うて＞
○あおらちへ＜煽らして＞　○世がほう＜世果報＞

{使１}（1534）用例なし。　{田２}（1536）用例なし。　{田３}（1537）用例なし。

{田４}（1541）

用例なし。

{かた}（1543）

融合していない。

＜用例＞
　○御なをは天つき王にせとさつけめしよわちへ（御名をば天継ぎ王仁世と授け召しよわちへ）　○ちからをそろへ（力を揃へ）

｛田５｝（1545）用例なし。

｛添｝（1546）
　融合していない。
＜用例＞
　○あをりやたけおりあけわちへ（煽りや嶽降りあげわちへ）

｛田６｝（1551）用例なし。

｛やら｝（1554）
　融合していない。
＜用例＞
　○はゑはらしまおそい大さと（南風原島襲い大里）

｛田７｝（1560）用例なし。

｛使２｝（1561）
　融合していない。
＜用例＞
　○一更加鳥牙＜父親＞（ゑきがおや、男親）

｛田８｝（1562）用例なし。　｛田９｝（1563）用例なし。　｛字｝（1572頃）用例なし。

｛使３｝（1579）
　融合していない。
＜用例＞
　○一更加鳥牙＜父親＞（ゑきがおや、男親）

｛田10｝（1593）用例なし。

｛浦｝（1597）
　融合していない。
＜用例＞
　○御かほうねかひ申し候て（御果報願ひ申し候て）　○しまおそい大さと（島襲い大里）○金よりもなをまさりの（金よりも猶勝りの）　○てんよりわうの御なをは（天より王の御名をば）　○うらおそひよりしよりに（浦襲ひより首里に）　○うらおそひまきりの大

やくもいた（浦襲ひ間切りの大屋子思い達）　○おらおそひの御くすく（浦襲ひの御城）
○たひらおほなハたひらのかはら（平良大庭平良の河原）　○玉うらおそひに御ちよわひ（玉浦襲ひに御ちよわひ）

Ⅱ－１－⑵－⑯　*/ｕｉ/

｛翻｝（1501）

融合していない。音声としては[-ui][-wi]辺りであると考えられる。

＜用例＞

○chui・tha・ci＜初三日＞（ついたち、朔）　○sui・sja＜酸＞（すいさ、酸さ）？
○sa・ka・ku・rui＜撒酒風＞（さかぐるひ、酒狂ひ）　○phu・rui＜篩＞（ふるひ、篩）

｛玉｝（1501）用例なし。　｛館｝（16C前半？）用例なし。　｛石東｝（1522）用例なし。
｛石西｝（1522）用例なし。　｛田１｝（1523）用例なし。　｛崇｝（1527）用例なし。

｛おも１｝（1531）

一例しかないが、融合していない。ハ行転呼は済んでいよう。

＜用例＞

○くひし＜植物名＞に

｛使１｝（1534）用例なし。　｛田２｝（1536）用例なし。　｛田３｝（1537）用例なし。
｛田４｝（1541）用例なし。　｛かた｝（1543）用例なし。　｛田５｝（1545）用例なし。
｛添｝（1546）用例なし。　｛田６｝（1551）用例なし。

｛やら｝（1554）

融合していない。

＜用例＞

○たしきやくきついさしよわちへ　（だしきや釘突い刺しよわちへ）

｛田７｝（1560）用例なし。　｛使２｝（1561）用例なし。　｛田８｝（1562）用例なし。
｛田９｝（1563）用例なし。　｛字｝（1572頃）用例なし。　｛使３｝（1579）用例なし。
｛田10｝（1593）用例なし。　｛浦｝（1597）用例なし。

Ⅱ－１－⑵－⑰　*/ｕｅ/

｛翻｝（1501）用例なし。

｛玉｝（1501）

融合していない。ハ行転呼後の姿である。

＜用例＞

○この御すゑ（この御末）

{館}（16C前半？）

融合していない。*/e/の変化が進んでいるので、音声としては[-ui]かこれに近いものが想定される。

＜用例＞

○烏乜＜上＞（うへ、上）　○烏乜密集＜上御道＞（うへみち、上道）　○烏乜密集＜上御路＞（うへみち、上道）

{石東}（1522）用例なし。　{石西}（1522 用例なし。　{田１}（1523）用例なし。
{崇}（1527）用例なし。

{おも１}（1531）

融合していない。他の仮名資料と同様、「へ」「ゑ」の混用がある。

＜用例＞

○ともゝすへ＜十百末＞　○せひやくゑが＜勢軍吉日＞　○てたがすゑあちおそい＜テダが末按司襲い＞

{使１}（1534）

融合していない。*/e/の変化が進んでいるので、音声としては[-ui]かこれに近いものが想定される。

＜用例＞

○吾乜＜上＞（うへ、上）　○悪牙密即約里＜上御路＞（うへみちより、上道より）

{田２}（1536）用例なし。　{田３}（1537）用例なし。　{田４}（1541）用例なし。

{かた}（1543）

融合はしていない。仮名の「へ」と「ゑ」との混同（混用？）がある。*/e/の変化が進んでいるので、音声としては[-ui]かこれに近いものが想定される。

＜用例＞

○まつうへ申候ひのもん（まつ植へ申候碑の文）　○まつをうへれとの御ミ事（松を植へれとの御御事）　○まつをうへれは（松を植へれば）

{田５}（1545）用例なし。

{添}（1546）

融合はしていない。*/e/の変化が進んでいるので、音声としては[-ui]かこれに近いものが想定される。

<用例>

○すゑつきの御ちやう（添継ぎの御門）　○すゑつきのミ物（添継ぎの御物）

{田６}（1551）用例なし。

{やら}（1554）

融合はしていない。*/e/の変化が進んでいるので、音声としては[-ui]かこれに近いものが想定される。

○ともゝすゑ（十百末）

{田７}（1560）用例なし。

{使２}（1561）

融合していない。*/e/の変化が進んでいるので、音声としては[-ui]かこれに近いものが想定される。

<用例>

○吾乜＜上＞（うへ、上）　○悪牙密即約里＜上御路＞（うへみちより、上道より）

{田８}（1562）用例なし。　{田９}（1563）用例なし。

{字}（1572頃）

融合していない。*/e/の変化が進んでいるので、音声としては[-ui]かこれに近いものが想定される。

<用例>

○吾乜　052　＜上＞（うへ、上）　○悪牙密即約里＜上御路＞（うへみちより、上道より）

{使３}（1579）

融合していない。*/e/の変化が進んでいるので、音声としては[-ui]かこれに近いものが想定される。

<用例>

○吾乜＜上＞（うへ、上）　○悪牙密即約里＜上御路＞（うへみちより、上道より）

{田10}（1593）用例なし。

{浦}（1597）

融合はしていない。*/e/の変化が進んでいるので、音声としては[-ui]かこれに近いものが想定される。

○てたかすゑ（テダが末）　○すゑまさるわうにせてて（末勝る王仁世てて）　○首里てたかすゑ（首里テダが末）

Ⅱ－１－⑵－⑱　*/ｕａ/

{翻}（1501）

[wa]であると判断される。

<用例>

○sja･oŋ･koa･cʌ<正月>（しやうぐわつ、正月）　○sjo･oŋ･koa･cʌ<正月>（しやうぐわつ、正月）　○tjɔi・'oaŋ・koa・cʌ<来月>（らいぐわつ、来月）

{玉}（1501）用例なし。

{館}（16C前半？）

[wa]であると判断される。

<用例>

○思哇<蘇木>（すはう、蘇芳）　○思合約<蘇合薬>（すはうやく、蘇芳薬）　○嗑得那使者<使臣>（くわうていのししや、皇帝の使者）　○嗑得那<朝貢>（くわうていの、皇帝）　○嗑的那<進貢>（くわうていの、皇帝の）　○倭的毎<皇帝>（くわうていまへ、皇帝前）　○麻柔倭的毎<萬歳皇帝>（まんぜいくわうていまへ、万歳皇帝前）　○大苗鳥的毎<大明皇帝>（だいみんくわうていまへ、大明皇帝前）　○晃礬<黄礬>（くわうばん、黄礬）　○官舎<三使臣>（くわんしや、官舎）　○姑哇的<九月>（くぐわつ、九月）　○焼哇的<正月>（しやうぐわつ、正月）　○夫窩<鳳凰>（ほうわう、鳳凰）

{石東}（1522）用例なし。

{石西}（1522）

ハ行転呼が済んでいれば[wa]である可能性があるが、この例だけでは、保留にせざるをえない。

<用例>

○まうはらいの時に（毛祓いの時に）

{田１}（1523）

[wa]であると判断される。

<用例>

○くわにしやわ（官舎わ）

{崇}（1527）用例なし。

{おも１}（1531）

[wa]であると判断される。

＜用例＞

○くはら＜兵卒＞　○くはらいのち＜兵卒の命＞　○おもいくわ＜思い子＞

｛使１｝（1534）

［wa］であると判断される。

＜用例＞

○司哇＜蘇木＞（すはう、蘇芳）　○嗑得那使者＜朝貢使臣＞（くわうていのししや、皇帝の使者）　○嗑得那＜朝貢＞（くわうていの、皇帝の）　○嗑得那＜進貢＞（くわうていの、皇帝の）　○倭的毎＜皇帝＞（くわうていまへ、皇帝前）　○大苗倭的毎＜大明帝王＞（くわうていまへ、皇帝前）　○焼哇的＜正月＞（しやうぐわつ、正月）　○寧哇的＜二月＞（にぐわつ、二月）　○失《ママ》窩＜鳳凰＞（ほうわう、鳳凰）

｛田２｝（1536）

［wa］であると判断される。

＜用例＞

○くわんしやに（官舎に）　○くわんしやか方へ（官舎が方へ）

｛田３｝（1537）用例なし。｛田４｝（1541）用例なし。

｛かた｝（1543）

［wa］であると判断される。

＜用例＞

○おもひくわへ（思ひ子部）

｛田５｝（1545）用例なし。

｛添｝（1546）

［wa］であると判断される。

＜用例＞

○おもひくわへ（思ひ子部）

｛田６｝（1551）用例なし。　｛やら｝（1554）用例なし。　｛田７｝（1560）用例なし。

｛使２｝（1561）

［wa］であると判断される。

＜用例＞

○司哇＜蘇木＞（すはう、蘇芳）

○嗑得那＜進貢＞（くわうていの、皇帝の）　○嗑得那使者＜朝貢使臣＞（くわうていのししや、皇帝の使者）　○倭的毎＜皇帝＞（くわうていまへ、皇帝前）○谷哇的＜九月＞（くぐわつ、九月）　○升哇的＜四月＞（しぐわつ、四月）　○禄谷哇的＜六月＞（ろく

ぐわつ、六月）　○嗚哇＜猪＞（うわ？、豚、猪）　○盒呼窩＜鳳凰＞（ほうわう、鳳凰）

{田８}（1562）用例なし。{田９}（1563）用例なし。

{字}（1572頃）

[wa]であると判断される。

＜用例＞

○司哇＜蘇木＞（すはう、蘇芳）　○括其＜快活＞（くわいい、快意）　○嗑得那使者＜朝貢使臣＞（くわうていのししや、皇帝の使者）　○倭的毎＜皇帝＞（くわうていまへ、皇帝前）　○大苗倭的毎＜大明帝王＞（だいみんくわうていまへ、大明皇帝前）　○谷哇的＜九月＞（くぐわつ、九月）　○升哇的＜四月＞（しぐわつ、四月）○柔哇的＜十月＞（じふぐわつ、十月）　○法只哇的＜八月＞（はちぐわつ、八月）　○呼窩＜鳳凰＞（ほうわう、鳳凰）

{使３}（1579）

[wa]であると判断される。

＜用例＞

○司哇＜蘇木＞（すはう、蘇芳）　○花孫法拿＜蓮花＞（はすはな、蓮花）　○嗑得那使者＜朝貢史臣＞（くわうていのししや、皇帝の使者）　○倭的毎＜皇帝＞（くわうていまへ、皇帝前）　○谷哇的＜九月＞（くぐわつ、九月）　○升哇的＜四月＞（しぐわつ、四月）　○柔哇的＜十月＞（じふぐわつ、十月）　○法只哇的＜八月＞（はちぐわつ、八月）　○嗚哇＜猪＞（うわ？、豚、猪）

{田10}（1593）用例なし。　{浦}（1597）用例なし。

Ⅱ－１－(2)－⑲　*/ｕｕ/

{翻}（1501）用例なし。　{玉}（1501）用例なし。

{館}（16C前半？）

[uu]であろう。

＜用例＞

○度日＜通事＞（つうじ、通事）　○烏奴烏多及＜閏月＞（うるふつき、閏月）

{石東}（1522）用例なし。　{石西}（1522用例なし。　{田１}（1523）用例なし。
{崇}（1527）用例なし。　{おも１}（1531）用例なし。

{使１}（1534）

[uu]であろう。

<用例>

○度日＜通事＞（つうじ、通事）

｛田２｝（1536）用例なし。　｛田３｝（1537）用例なし。　｛田４｝（1541）用例なし。
｛かた｝（1543）用例なし。　｛田５｝（1545）用例なし。　｛添｝（1546）用例なし。
｛田６｝（1551）用例なし。　｛やら｝（1554）用例なし。　｛田７｝（1560）用例なし。

｛使２｝（1561）

[uu]であろう。

<用例>

○通資＜通事＞（つうじ、通事）　○嗑布＜葛布＞（かつふ、葛布、「かっぷ」？）

｛田８｝（1562）用例なし。　｛田９｝（1563）用例なし。

｛字｝（1572頃）

[uu]であろう。

<用例>

○通資＜通事＞（つうじ、通事）

｛使３｝（1579）

[uu]であろう。

<用例>

○通資＜通事＞（つうじ、通事）　○嗑布＜葛布＞（かつふ、葛布、「かっぷ」？）

｛田10｝（1593）用例なし。　｛浦｝（1597）用例なし。

Ⅱ－１－⑵－⑳　*/ｕｏ/

全資料、用例なし。

Ⅱ－１－⑵－㉑　*/ｏｉ/

｛翻｝（1501）用例なし。

｛玉｝（1501）

融合していない。但し、音声的には[oi]から[ui]までの間のバリエーションが考えられる。

<用例>

○おとちとのもいかね（おとち殿思い金）　○よそひおとんの大やくもい（世襲ひ御殿の大屋子思い）　○とよみくすくのあんしおもひふたかね（豊見城の按司思ひ二金）

○首里おきやかもひかなし（首里おぎやか思ひ加那志）＜名＞

｛館｝（16C 前半？）

融合していない。但し、音声的には[oi]から[ui]までの間のバリエーションが考えられる。

＜用例＞

○吐亦 亦《（ママ）》 子＜十五＞（とをいつつ、十五）　○達子吐亦 亦《（ママ）》 子＜二十五＞（ふたつとをいつつ、二十五）　○約罗亦＜甲＞（よろひ、鎧）

｛石東｝（1522）用例なし。

｛石西｝（1522）

融合していない。但し、音声的には[oi]から[ui]までの間のバリエーションが考えられる。

＜用例＞

○しまおそい大さと（島襲い大里）　○とよミもりよそいもり（鳴響み杜世襲い杜）○おきやかもいかなし天（おぎやか思い加那志天）　○かうちの大やくもい（河内大屋子思い）　○くにかみの大やくもい（国頭の大屋子思い）　○たるかねもいたくしの大やくもい（樽金思い沢岻の大屋子思い）　○せいそろい（勢揃い）

｛田１｝（1523）

融合していない。但し、音声的には[oi]から[ui]までの間のバリエーションが考えられる。

＜用例＞

○しほたるもいてこくに（塩太郎思いてこくに）　○しほたるもいてこくの方へ（塩太郎思いてこくの方に）

｛崇｝（1527）用例なし。

｛おも１｝（1531）

融合していない。但し、音声的には[oi]から[ui]までの間のバリエーションが考えられる。

＜用例＞

○あちおそい＜按司襲い＞　○かみおそい＜神襲い＞　○おもいくわ＜思い子＞○そろいて＜揃えて＞　○あけの＜名高い＞よろい

｛使１｝（1534）

融合していない。但し、音声的には[oi]から[ui]までの間のバリエーションが考えられる。

○吐亦子子＜拾伍＞（とをいつつ、十五）　○約羅衣＜甲＞（よろひ、鎧）

{田２}（1536）用例なし。

{田３}（1537）

融合していない。但し、音声的には[oi]から[ui]までの間のバリエーションが考えられる。

<用例>

○あめくの大や「くもいに」（天久の大屋子思いに）　○あめくの大やくもいの方へ（天久の大屋子思いの方へ）

{田４}（1541）用例なし。

{かた}（1543）

融合していない。但し、音声的には[oi]から[ui]までの間のバリエーションが考えられる。

<用例>

○大さとの大やくもい（大里の大屋子思い）　○ミや平の大やくもい（宮平の大屋子思い）　○大やくもいた里主へ（大屋子思い達里主部）　○あんしをそひかなし（接司襲ひ加那志）　○おもひくわへ（思ひ子部）　○おひ人（老ひ人）

{田５}（1545）

融合していない。但し、音声的には[oi]から[ui]までの間のバリエーションが考えられる。

<用例>

○あめくの大やくもいに（天久の大屋子思いに）　○あめくの大やくもいか方へ（天久の大屋子思いが方へ）

{添}（1546）

融合していない。但し、音声的には[oi]から[ui]までの間のバリエーションが考えられる。

<用例>

○あんしおそいかなし天（接司襲い加那志天）　○かうちの大やくもい（河内の大屋子思い）　○かなはの大やくもい（我那覇の大屋子思い）　○大やくもいた（大屋子思い達）○あんしおそひかなし天（按司襲ひ加那志天）○おもひくわへ（思ひ子部）　○御おもろ御たほいめしよわちや事　○御せゝる御たほひめしよわちへ

{田６}（1551）

融合していない。但し、音声的には[oi]から[ui]までの間のバリエーションが考えられる。

<用例>

○きまかなくすくの大やくもいに（儀間金城の大屋子思いに）　○かなくすくの大やく

もいか方へ（金城の大屋子思いが方へ）

{やら}（1554）

融合していない。但し、音声的には[oi]から[ui]までの間のバリエーションが考えられる。

＜用例＞

○しまおそい（島襲い）　○うちまの大やくもい（内間の大屋子思い）　○かつれんの大やくもい（勝連の大屋子思い）　○あんしおそひかなし（ 接司襲ひ加那志）

{田７}（1560）

融合していない。但し、音声的には[oi]から[ui]までの間のバリエーションが考えられる。

＜用例＞

○せそこの大やくもいに（瀬底の大屋子思いに）　○せそこの大やくもいか方へ（瀬底の大屋子思いが方へ）

{使２}（1561）

融合していない。但し、音声的には[oi]から[ui]までの間のバリエーションが考えられる。

＜用例＞

○幼羅衣＜甲＞（よろひ、鎧）

{田８}（1562）

融合していない。但し、音声的には[oi]から[ui]までの間のバリエーションが考えられる。

＜用例＞

○大ミねの大やくもいに（大嶺の大屋子思いに）　○大ミねの大やくもいか方へ（大嶺の大屋子思いが方へ）

{田９}（1563）

融合していない。但し、音声的には[oi]から[ui]までの間のバリエーションが考えられる。

＜用例＞

○大ミねの大やくもいに（大嶺の大屋子思いに）　○大みねの大やくもいか方へ（大嶺の大屋子思いが方へ）

{字}（1572頃）

融合していない。但し、音声的には[oi]から[ui]までの間のバリエーションが考えられる。

<用例>

○畏之謾帰＜辞朝＞（おいとまごひ、御暇請）　○幼羅衣＜甲＞（よろひ、鎧）

{使３}（1579）

融合していない。但し、音声的には[oi]から[ui]までの間のバリエーションが考えられる。

<用例>

○吐亦子孜＜十五＞（とをいつつ、十五）　○幼羅依＜甲＞（よろひ、鎧）

{田 10}（1593）

融合していない。但し、音声的には[oi]から[ui]までの間のバリエーションが考えられる。

<用例>

○きまのさとぬし大やくもいに（儀間の里主大屋子思いに）　○きまのさとぬし大やくもいか方へ（儀間の里主大屋子思いが方へ）

{浦}（1597）

融合していない。但し、音声的には[oi]から[ui]までの間のバリエーションが考えられる。

<用例>

○しまおそい大さと（島襲い大里）　○かハかミの大やくもい（大屋子思い）　○大やくもいた（大屋子思い達）　○あんしおそひかなし天（按司襲ひ加那志天）　○うらおそひまきり（浦襲ひ間切りに）　○玉うらおそひに（玉浦襲ひに）○おもひ事ハ（思ひ事は）

Ⅱ－１－⑵－㉒　*/ｏｅ/

{翻}（1501）用例なし。

{玉}（1501）

融合していない。但し、音声的には[oe]～[oi], [ue]～[ui]の間のバリエーションが考えられる。

<用例>

○きこゑ大きみのあんし（聞得大君の按司）　○こゑくのあんし（越来の按司）

{館}（16C 前半？）用例なし。　{石東}（1522）用例なし。

{石西}（1522）

融合していない。但し、音声的には[oe]～[oi], [ue]～[ui]の間のバリエーションが考えられる。

＜用例＞

○きこゑ大きミ（聞得大君）　○こゑく（越来）

｛田１｝（1523）用例なし。　｛崇｝（1527）用例なし。

｛おも１｝（1531）

融合していない。但し、音声的には[oe]～[oi], [ue]～[ui]の間のバリエーションが考えられる。

＜用例＞

○そろへて＜揃えて＞　○みこゑ＜御声＞○そゑて＜襲いて＞　○そろゑて＜揃えて＞

｛使１｝（1534）用例なし。　｛田２｝（1536）用例なし。　｛田３｝（1537）用例なし。
｛田４｝（1541）用例なし。

｛かた｝（1543）

融合していない。但し、音声的には[oe]～[oi], [ue]～[ui]の間のバリエーションが考えられる。

＜用例＞

○ちからをそろへ（力を揃へ）　○きこゑ大きみ（聞得大君）　○おひ人わか人めとも（老ひ人若人女ども）→おゑ人

｛田５｝（1545）用例なし。

｛添｝（1546）

融合していない。但し、音声的には[oe]～[oi], [ue]～[ui]の間のバリエーションが考えられる。

＜用例＞

○ひとへにありたるけに（一重にありたるけに）○ひのとのミのへに（丁の巳の日に）○ミつのとのとりのへに（癸の酉の日に）　○ひのへむま（丙午）　○きこゑ大きみ（聞得大君）　○おゑかをかみ申候（おゑか拝み申候）　○ミやこやへまのおゑか人（宮古八重山のおゑか人）

｛田６｝（1551）用例なし。

｛やら｝（1554）

融合していない。但し、音声的には[oe]～[oi], [ue]～[ui]の間のバリエーションが考えられる。

＜用例＞

○つちのとのとりのへに（己の酉の日に）　○きこゑ大きみ（聞得大君）　○おゑかたまわり申（おゑか賜り申）

{田７}（1560）用例なし。

{使２}（1561）

融合していない。但し、音声的には[oe]～[oi], [ue]～[ui]の間のバリエーションが考えられる。

＜用例＞

○吾一加毎奴＜賞賜＞（おゑかまへの、御賞前の）

{田８}（1562）用例なし。　{田９}（1563）用例なし。

{字}（1572頃）

融合していない。但し、音声的には[oe]～[oi], [ue]～[ui]の間のバリエーションが考えられる。

＜用例＞

○吾一加毎奴＜賞賜＞（おゑかまへの、御賞前の）

{使３}（1579）

融合していない。但し、音声的には[oe]～[oi], [ue]～[ui]の間のバリエーションが考えられる。

＜用例＞

○吾一加毎奴＜賞賜＞（おゑかまへの、御賞前の）

{田10}（1593）用例なし。

{浦}（1597）

融合していない。但し、音声的には[oe]～[oi], [ue]～[ui]の間のバリエーションが考えられる。

＜用例＞

○つちのとのミのへに（己の巳の日に）　○ミつのへ（壬）　○きこゑ大きみかなし（聞得大君加那志）　○おゑかたまわり申（おゑか賜り申）　○あくかへおゑか人のろへ（赤頭おゑか人ノロ部）　○けすおゑ人わか人（下司老ゑ人若人）→おひ人

Ⅱ－１－⑵－㉓　*/ｏａ/

{翻}（1501）

融合していない。音声的には[oa]～[ua][wa]の間のバリエーションが考えられる。

＜用例＞

○'u·ci·pa·ra 'oai·chjɔ·'a·sʌm·pi＜請裏頭要子＞（内原おはして遊べ）

{玉}（1501）

融合していない。音声的には[oa]～[ua][wa]の間のバリエーションが考えられる。

<用例>

○とよみくすくのあんし（豊見城の按司）　○さすかさのあんし（差す傘の按司）
○きこゑ大きみのあんし（聞得大君の按司）　○きんのあんし（金武の按司）

{館}（16C 前半？）

融合していない。音声的には[oa]～[ua][wa]の間のバリエーションが考えられる。

<用例>

○外亦立＜来＞（おはすれ、御座れ？）

{石東}（1522）用例なし。

{石西}（1522）

融合していない。音声的には[oa]～[ua][wa]の間のバリエーションが考えられる。

<用例>

○くにのあんしけすのため（国の按司下司の為）　○此すみのことハ（此の墨の事は
○かきのはなちにせいそろい（垣花地に勢揃い）　○ま玉橋をわたり（真玉橋を渡り）

{田１}（1523）用例なし。　{崇}（1527）用例なし。

{おも１}（1531）

融合していない。音声的には[oa]～[ua][wa]の間のバリエーションが考えられる。

<用例>

○おそは＜襲は＞　○おそわ＜襲わ＞　○そわて＜添いて、襲いて＞　○はちへおわれ＜来給え＞

{使１}（1534）

融合していない。音声的には[oa]～[ua][wa]の間のバリエーションが考えられる。

<用例>

○外亦立＜来＞（おはすれ、御座れ？）

{田２}（1536）

融合していない。音声的には[oa]～[ua][wa]の間のバリエーションが考えられる。

<用例>

○ところハ（所は）

{田３}（1537）用例なし。

｛田４｝（1541）

融合していない。音声的には[oa]～[ua][wa]の間のバリエーションが考えられる。

＜用例＞

○ちくとのハ（筑殿は）

｛かた｝（1543）

融合していない。音声的には[oa]～[ua][wa]の間のバリエーションが考えられる。

＜用例＞

○あまこあわしめしよわちへ（眼合わし召しよわちへ）　○天つき王にせのあんしをそひかなし（天継ぎ王仁世の按司襲ひ加那志）

｛田５｝（1545）

融合していない。音声的には[oa]～[ua][wa]の間のバリエーションが考えられる。

＜用例＞

○ところハ（所は）

｛添｝（1546）

融合していない。音声的には[oa]～[ua][wa]の間のバリエーションが考えられる。

＜用例＞

○おもひくわへくに〳〵のあんしへ（思ひ子部国々の按司部）　○首里天つき（首里天継ぎ）のあんしおそいかなし天の

｛田６｝（1551）

融合していない。音声的には[oa]～[ua][wa]の間のバリエーションが考えられる。

＜用例＞

○ところハ（所は）

｛やら｝（1554）

融合していない。音声的には[oa]～[ua][wa]の間のバリエーションが考えられる。

＜用例＞

○いよことのあら時や（異様事のあら時や）　○カミしものあんしけす（上下の按司下司）　○いしらこはましらこは（石子は真白子は）　○ねたてひかわのミつのかくこハ（根立て樋川の水の恪護は）　○いくさかちよくのきちやることハ（軍海賊の来ることは）　○かきのはなちやらさもりくすくによりそろて（垣花地屋良座杜城に寄り揃て）

｛田７｝（1560）

融合していない。音声的には[oa]～[ua][wa]の間のバリエーションが考えられる。

＜用例＞

○ところハ（所は）

{使２}（1561）

融合していない。音声的には[oa]～[ua][wa]の間のバリエーションが考えられる。

<用例>

○花孫奴法拿＜蓮花＞（はすのはな、蓮の花）

{田８}（1562）用例なし。　{田９}（1563）用例なし。　{字}（1572頃）用例なし。
{使３}（1579）用例なし。

{田10}（1593）

融合していない。音声的には[oa]～[ua][wa]の間のバリエーションが考えられる。

<用例>

○ところハ（所は）

{浦}（1597）

融合していない。音声的には[oa]～[ua][wa]の間のバリエーションが考えられる。

<用例>

○おきなハの天か下のあち（沖縄の天が下の按司）　○くにのあちけすたミひやくしやうの（国の按司下司民百姓の）　○くにのあむた（国のあむた）　○くに╲のあちへ（国々の按司部）　○しまのあすた（島のあすた）　○いしらこはましらこはおりあけわちへ（石子は真白子はおり上げわちへ）　○二十四代のわうの（二十四代の王の）

Ⅱ－１－⑵－㉔　*/ｏｕ/

{翻}（1501）用例なし。

{玉}（1501）

融合していない。音声的には[ou]～[uu]の間のバリエーションが考えられる。

<用例>

○あらそふ人あらは（争ふ人あらば）

{館}（16C前半？）

融合していない。音声的には[ou]～[uu]の間のバリエーションが考えられる。

<用例>

○溥嗑子及＜茶鍾＞（とうかつき、茶器箱？）　○先度＜大使臣＞（せんどう、船頭）（勢頭）　○度＜身＞（どう、胴）（身体）　○夫窩＜鳳凰＞（ほうわう、鳳凰）　○紗帽＜紗帽＞（しやぼう、紗帽）　○乞奴＜昨日＞（きのふ、昨日）　○吐的子＜十一＞（とをひとつ、十一）（とをふてつ）　○吐達子＜十二＞（とをふたつ、十二）　○達子吐達子＜二十二＞（ふたつとをふたつ、二十二）

{石東}（1522）用例なし。

{石西}（1522）

融合していない。音声的には[ou]〜[uu]の間のバリエーションが考えられる。

＜用例＞

○三百人そうたち（三百人僧達）

{田１}（1523）用例なし。　{祟}（1527）用例なし。

{おも１}（1531）

融合していない。音声的には[ou]〜[uu]の間のバリエーションが考えられる。

＜用例＞

○こう＜来う、来い＞　○世がほう＜世果報＞　○おそう＜襲う＞　○みおうね＜み御船＞

{使１}（1534）

融合していない。音声的には[ou]〜[uu]の間のバリエーションが考えられる。

＜用例＞

○溥嗑子急＜茶鍾＞（とうかつき、茶器箱）？　○度＜身＞（どう、胴）（身体）　○失《(ママ)》窩＜鳳凰＞（ほうわう、鳳凰）　○紗帽＜紗帽＞（しやぼう、紗帽）　○乞奴＜昨日＞（きのふ、昨日）

{田２}（1536）用例なし。

{田３}（1537）

融合していない。音声的には[ou]〜[uu]の間のバリエーションが考えられる。

＜用例＞

○よつきとミかせん「とうハ」（世継ぎ富が船頭は）

{田４}（1541）用例なし。　{かた}（1543）用例なし。　{田５}（1545）用例なし。

{添}（1546）

融合していない。音声的には[ou]〜[uu]の間のバリエーションが考えられる。

＜用例＞

○ちやうらうそうたちそろて（長老僧達揃て）

{田６}（1551）用例なし。

{やら}（1554）

融合していない。音声的には[ou]〜[uu]の間のバリエーションが考えられる。

＜用例＞

○かつれんの大やくもいまふとう（勝連の大屋子思い真布度）　○そうふきやう二人（総

奉行)　○よりそふて（寄り添て)　○世そふもり（世襲ふ杜)

｛田7｝(1560) 用例なし。

｛使2｝(1561)

融合していない。音声的には[ou]～[uu]の間のバリエーションが考えられる。

＜用例＞

○匹胡平＜瓶＞（しんごうびん、四合瓶？）　○屋都＜弟＞（おとうと、弟）　○桶盤＜扒扨一名＞（とうばん、東盆）　○度＜身＞（どう、胴、身）　○冷今＜衫＞（どうぎぬ、胴衣）　○盒呼窩＜鳳凰＞（ほうわう、鳳凰）　○沙冒＜紗帽＞（しやぼう、紗帽）　○冒＜帽＞（ぼう、帽）　○乞奴＜昨日＞（きのふ、昨日）

｛田8｝(1562)

融合していない。音声的には[ou]～[uu]の間のバリエーションが考えられる。

＜用例＞

○けらゑあくかへのせんとうハ（家来赤頭の船頭は）

｛田9｝(1563)

融合していない。音声的には[ou]～[uu]の間のバリエーションが考えられる。

＜用例＞

○あくかへのせんとうハ（赤頭の船頭は）

｛字｝(1572頃)

融合していない。音声的には[ou]～[uu]の間のバリエーションが考えられる。

＜用例＞

○度＜身＞（どう、胴）(身体)　○呼窩＜鳳凰＞（ほうわう、鳳凰）　○沙冒＜紗帽＞（しやぼう、紗帽）　○没束＜帽＞（ぼうし、帽子）　○乞奴＜昨日＞（きのふ、昨日）

｛使3｝(1579)

融合していない。音声的には[ou]～[uu]の間のバリエーションが考えられる。

＜用例＞

○匹胡平＜缾＞（しんごうびん、四合瓶）　○度＜身＞（どう、胴・身）　○冷今＜衫＞（どうぎぬ、胴衣？）　○呼窩＜鳳凰＞（ほうわう、鳳凰）　○沙冒＜紗帽＞（しやぼう、紗帽）　○冒＜帽＞（ぼう、帽）　○乞奴＜昨日＞（きのふ、昨日）　○吐苔子＜十二＞（とをふたつ、十二）　○吐的子＜十一＞（とをふてつ、十一）

｛田10｝(1593) 用例なし。

｛浦｝(1597)

融合していない。音声的には[ou]～[uu]の間のバリエーションが考えられる。

<用例>

○御かほうねかひ申し候て（御果報願ひ申し候て）

Ⅱ－１－⑵－㉕　*/ｏｏ/

{翻}（1501）

例に見る限りでは、融合していない。ハ行転呼も起こっていない。その前の摩擦音化も起こっていない。これについては、（子音の項で）別に論じる。

<用例>

○'o･pu･si＜多酒＞おほし（多し）　○'o･pu･mi･ci＜大路＞おほみち（大道）

{玉}（1501）用例なし。

{館}（16C 前半？）

融合していない。音声的には[oo]～[uu]の間のバリエーションが考えられる。

<用例>

○科立＜雹＞（こほり、氷）（雹）　○它加撒＜遠＞（とほさ、遠さ）　○吐那那子＜十七＞（とをななつ、十七）　○吐密子＜十三＞（とをみつ、十三）　○吐由子＜十四＞（とをよつ、十四）

{石東}（1522）用例なし。　{石西}（1522）用例なし。　{田１}（1523）用例なし。

{崇}（1527）用例なし。　{おも１}（1531）用例なし。

{使１}（1534）

融合していない。音声的には[ou]～[uu]の間のバリエーションが考えられる。

<用例>

○科立＜雹＞（こほり、氷）（雹）　○它加撒＜遠＞（とほさ、遠さ）　○吐亦子子＜拾伍＞（とをいつつ、十五）

{田２}（1536）用例なし。　{田３}（1537）用例なし。

{田４}（1541）

融合していない。音声的には[ou]～[uu]の間のバリエーションが考えられる。

<用例>

○「つつ」かねこほりの（つつかね郡の）

{かた}（1543）

融合していない。音声的には[ou]～[uu]の間のバリエーションが考えられる。

<用例>

○ミおほけにあひ申候（御おほけに会ひ申候）　○むかしいまのことを（昔今のことを）

○御ミ事ををかミ（御み事を拝み）

｛田５｝（1545）用例なし。　｛添｝（1546）用例なし。　｛田６｝（1551）用例なし。
｛やら｝（1554）用例なし。　｛田７｝（1560）用例なし。

｛使２｝（1561）

融合していない。音声的には[ou]～[uu]の間のバリエーションが考えられる。

＜用例＞

○科立＜雹＞（こほり、氷）　○它加撒＜遠＞（とほさ、遠さ）　○吐＜拾＞（とを、十）　○吐畆子＜拾陸＞（とをむつ、十六）　○吐酷骨碌子＜拾玖＞（とをここのつ、十九）

｛田８｝（1562）用例なし。　｛田９｝（1563）用例なし。

｛字｝（1572頃）

融合していない。音声的には[ou]～[uu]の間のバリエーションが考えられる。

＜用例＞

○倭男姑吾牙＜母親＞（をなごおや、女親）　○科立＜雹＞（こほり、氷）（雹）　○谷亦里＜氷＞（こほり、氷）（雹）　○它加撒＜遠＞（とほさ、遠さ）　○吐＜十＞（とを、十）

｛使３｝（1579）

融合していない。音声的には[ou]～[uu]の間のバリエーションが考えられる。

＜用例＞

○科立＜雹＞（こほり、氷）　○它加撒＜遠＞（とほ（か）さ、遠さ）　○吐＜十＞（とを、十）　○吐酷骨碌子＜十九＞（とをここのつ、十九）　○吐拿納子＜十七＞（とをななつ、十七）　○吐畆子＜十六＞（とをむつ、十六）　○吐鴉子＜十八＞（とをやつ、十八）

｛田10｝（1593）用例なし。

｛浦｝（1597）

融合していない。音声的には[ou]～[uu]の間のバリエーションが考えられる。

＜用例＞

○おほけ（御ほけ）　○たひらおほな（平良大庭）　○おほこりめしよハちゑ（御誇り召しよはちゑ）

Ⅱ－２　半母音

Ⅱ－２－(1) ヤ行音

＊／ｊａ，ｊｕ，ｊｏ／について考察する。

総じて、現代語と大差はないと考えられ、用例を示すだけで充分である。

{翻}（1501）

<用例>

○'ja-ma-to（やまと、大和、日本）　○'a-sja（あしや、父親）　○'jo-ta-sja（よたしや、好）　○khjo-'o（けふ、今日）　○zjo（ぢやう、門）

{玉}（1501）

<用例>

○みやきせん（今帰仁）　○くにのまたやわたしよわちへ　○よそひおとん（世襲ひ御殿）　○しよりの御ミ事（首里の御み事）　○わたしよわちへ（渡しよわちへ）　○まにきよたる（真仁清樽）（真仁堯樽）？

*/ju/対応の用例なし。

{館}（16C 前半？）

<音訳字>

*/ja/に対応する部分に「甲、亜、亞、洋、楊、悪、約」が現れる。

*/ju/に対応する部分に「不、由、有、魚、」が現れる。

*/jo/に対応する部分に「由、約」が現れる。

音訳字	中原音韻	東国正韻	訓蒙字会	西儒耳目資	推定音価
や　甲	kia	kap	kap	kia	ja
亜	ia	ʔa’	痖　’a	ia	ja
亞	ia	ʔa’	痖　’a	ia	ja
洋	iam	’jaŋ	’jaŋ	☆	jaŋ
揚	iaŋ	’jaŋ	楊　’jaŋ	iaoŋ	jam?
やあ　悪	o, u	ʔo’, ʔa’k, ʔa’	’ak	o, u, ia	ja?
やく　約	iao, io	ʔjak	☆	iao, io	jaku
ゆ　不	pu, fəu	pu’, puw	芣　pu	po, fo, fu, ku	ju?
由	iəu	’juʙ	☆	ieu	ju
有	iəu	ŋuw	囿　’ju	ieu	ju
魚	iu	ŋɔ’	’ɔ	iu	ju
(に) ゆう由	iəu	’juʙ	☆	ieu	ju
よ　由	iəu	’juʙ	☆	ieu	ju
約	iao, io	ʔjak	☆	iao, io	ju

<用例>

○甲子（やつ、八）　○亜馬（やま、山）　○必亜姑（ひやく、百）　○亞（や、矢）

○塔嗑悪（たかや、高屋、楼）　○密洋殻（みやこ、大海螺）　○揚密撒（やめさ、止めさ）　○悪肺（やあふい、悪味）　○思合約（すはうやく、蘇合薬）；　○不潔（（ま）ゆげ、眉毛）　○由蜜（ゆみ、弓）　○馬由（まゆ、眉）　○禿有（つゆ、露）　○魚敖（ゆわう、硫黄）　○由稿（（に）ゆうかう、乳香）；　○由禄（よる、夜）　○由子（よつ、四）　○約姑立的（よくれて、夜暮れて）　○約羅亦（よろひ、鎧）

{石東}（1522）

＜用例＞

○おきやかもいかなし（おぎやか思い加那志）　○ミやこ（宮古）　○ミやこより（宮古より）

*/ju/対応の用例なし。

{石西}（1522）

＜用例＞

○くにのまたや　○はしくやう（橋供養）　○おきやかもいかなし天の（おぎやか思い加那志天の）　○大やくもい（大屋子思い）　○たしきやくき（だしきや釘）　○めしよわちや事（召しよわちや事）　○ゆわい（祝い）　○よそいもり（世襲い杜）　○おくのミよ（奥の澪）　○しまよ（島世）　○とよみもり（鳴響む杜）

{田１}（1523）

＜用例＞

○せいやりとみかひき（勢遣り富が引き）　○くわにしや（官舎）　○しよりより（首里より）

*/ju/対応の用例なし。

{崇}（1527）

*/ja/, */ju/, */jo/対応の用例なし。

{おも１}（1531）

以下のように、表記の揺れを窺わせる例がある。原因は、母音にある。

あゆがうち（肝が内）、あよがうち（肝が内）／こゆわちへ＜乞い給いて＞、こよわちへ＜乞い給いて＞／けよ（今日）、けおの（今日の）／けおのしよか（京の主が）

＜用例＞

○やへましま（八重山島）　○やりかわちへ（遣り交わちへ）　○やる（遣る）　○あおりや（煽りや）　○あかぐちやが　○あやこばま（アヤコ浜）　○あらきやめ＜ある限り＞　○いきやる（如何る）　○うらやて＜心に響いて＞　○おぎやかもいや　○なごやけて（和やけて）　○ゆきあかりか（＜神女＞が）　○あゆがうち（肝が内）　○こゆわちへ＜乞い給いて＞　○よいつき（依い憑き）　○よりおれて（依り降れて）　○よかるひに（良かる日に）　○よせて（寄せて）　○あよがうち（肝が内）　○あよまよい（肝迷い）　○けおのしよが（京の主が）　○けよ（今日）　○しものつよ（霜の露）　○し

よりもり（首里杜）　○こよわちへ<乞い給いて>

{使１}（1534）

<音訳字>

＊/ja/に対応する部分に「乜、牙、甲、亞、楊」が現れる。

＊/ju/に対応する部分に「由、有、魚、不」が現れる。

＊/jo/に対応する部分に「由、約」が現れる。

音訳字	中原音韻	東国正韻	訓蒙字会	西儒耳目資	推定音価	備　考
や　乜	也　ie	也　'ja'	也　'ja	也　☆	ja	「也」の誤り
牙	ia	☆	'a	☆	ja	
甲	kia	kap	kap	kia	ja	
亞	ia	ʔa'	瘂　'a	ia	ja	
揚	iaŋ	'jaŋ	楊　'jaŋ	iaoŋ	jam?	
ゆ　由	iəu	'juʁ	☆	ieu	ju	
有	iəu	ŋuw	囿　'ju	ieu	ju	
魚	iu	ŋɔ'	'ɔ	iu	ju	
不	pu, fəu	pu', puw	芣　pu	po, fo, fu, ku	ju?	
よ　由	iəu	'juʁ	☆	ieu	ju	
約	iao, io	ʔjak	☆	iao, io	ju	

<用例>

○阿乜《ママ》（あや、母親）　○牙馬奴（やまの、山の）　○牙立（やり、鑓）　○甲子（やつ、八）　○亜馬奴必周（やま（と）のひと、大和の人）　○揚蜜撒（やめさ、止めさ）；（○由其（ゆき、雪））　○由迷（ゆみ、弓）　○禿有（つゆ、露）　○魚敖（ゆわう、硫黄）　○不潔（（ま）ゆげ、眉毛）；　○由禄（よる、夜）　○約姑里的（よくれて、夜暮れて）

{田２}（1536）

<用例>

○くわにしや（官舎）　○しよりより（首里より）

＊/ju/対応の用例なし。

{田３}（1537）

<用例>

○大やくもい（大屋子思い）　○しよりより（首里より）　○よつきとみ（世継ぎ富）

＊/ju/対応の用例なし。

{田４}（1541）

<用例>

○しよりより（首里より）

*/ja/, */ju/対応の用例なし。

{かた}（1543）

＜用例＞

○大やくもいた（大屋子思い達）　○千りやうの金を（千両の金を）　○御ほこりめしよわちや　○ミやひら（宮平）　○きようしゆん（堯舜）　○よるもひるも（夜も昼も）　○よろこひたのしむ（喜び楽しむ）　○ミちはきよらく（道は清らく）　○そんとよりこのかた（尊敦よりこの方）

{田５}（1545）

＜用例＞

○大やくもい（大屋子思い）　○しよりより（首里より）

*/ju/対応の用例なし。

{添}（1546）

＜用例＞

○ミやこやへまの（宮古八重山の）　○あをりやたけ（煽りや嶽）　○いちやちやけらへわちへ（板門造らへわちへ）　○大やくもい（大屋子思い）　○くやう（供養）　○しやなの里主（謝名の里主）　○めしよわちや事（召しよわちや事）　○ちやうらう（長老）　○とひやく（十百）　○御ゆわひ申候（御祝ひ申候）　○おくとより上（奥渡より上）　○ありよるけに　○御のほりよわちへ（御上りよわちへ）　○きよらさ（清らさ）　○ちよさ(強さ)

{田６}（1551）

＜用例＞

○大やくもい（大屋子思い）　○しよりより（首里より）

*/ju/対応の用例なし。

{やら}（1554）

「いよこと(異様事)」は「いやう→いよ（う)」の変化を示す例か。但し、{浦}には「ねいしまいしのやに（根石真石の様に)」の例がある。

＜用例＞

○やらさもりやへさもり（屋良座杜八重座杜）　○なきやものやれとも（無きやものやれども）　○おかむやに（拝む様に）　○大やくもい（大屋子思い）　○いきやてゝ（如何てて）　○おきなハの天きや下ハ（沖縄の天ぎや下は）　○いつきやめむ（何時ぎやめむ）　○たしきやくき（だしきや釘）　○ちきやら（力）　○ちやうらう（長老）　○きちやることハ（来ちやる事は）　○みおやしちやれは　○ふきやう（奉行）　○国のようし（国の要事）　○よせらやいてゝ（寄せらやいてて）　○よりそふて（寄り揃て）　○およハひ（御祝ひ）　○おさためめしよハやる（御定め召しよはやる）　○おかめめしよはる（拝め召しよはる）　○をれめしよわちへ　○まうはらひめしよわちやる（毛祓ひ

召しよわちやる）　○いよこと（異様事）　○いきよくまし（動くまじ）　○かちよく（海賊？）　○ちよくかたくかくこするへし（強く堅く恪護するべし）　○いのりめしよハちやる（祈り召しよはちやる）

＊/ju/対応の用例なし。

{田７}（1560）

＜用例＞

○大やくもい（大屋子思い）　○しよりより（首里より）　○とよミくすく（豊見城）

＊/ju/対応の用例なし。

{使２}（1561）

＜音訳字＞

＊/ja/に対応する部分に「牙、夜、楊、亜、鴉」が現れる。

＊/ju/に対応する部分に「油、有、由、不」が現れる。

＊/jo/に対応する部分に「丘、約、由、幼、院」が現れる。

音訳字	中原音韻	東国正韻	訓蒙字会	西儒耳目資	推定音価
や　牙	ia	☆	’ a	☆	ja
夜	ie	☆	’ ja	ie	ja
揚	iaŋ	’ jaŋ	楊　’ jaŋ	iaoŋ	jam?
亜	ia	ʔa’	瘂　’ a	ia	ja
鴉	ia	☆	’ a	ia	ja
ゆ　油	iəu	☆	’ ju	ieu	ju
有	iəu	ŋuw	囿　’ ju	ieu	ju
由	iəu	’ juʙ	☆	ieu	ju
不	pu, fəu	pu’, puw	芣　pu	po, fo, fu, ku	ju?
よ　丘	k‘iəu	☆	ku	☆	ju
約	iao, io	ʔjak	☆	iao, io	ju
由	iəu	’ juʙ	☆	ieu	ju
幼	iəu	☆	’ ju	ieu	ju
よび　院	iuen	☆	☆	iuen	jun

＜用例＞

○牙馬奴（やまの、山の）　○皮夜（ふや、靴）　○揚密撒（やめさ、止めさ）　○亜馬吐（やまと、大和）　○鴉子（やつ、八）；　○油哇（ゆわう、硫黄）　○禿有（つゆ、露）　○由乜（ゆみ、弓）　○馬由（まゆ、眉）　○不潔（（ま）ゆげ、眉毛）；　○丘達撒（よたさ、好さ）　○約姑里的（よくれて、夜暮れて）　○由禄（よる、夜）　○由子（よつ、四）　○幼羅衣（よろひ、鎧）　○院的（よびて、呼びて）

{田８}（1562）

<用例>

○大やくもい（大屋子思い）　○しよりより（首里より）

*/ju/対応の用例なし。

{田９}（1563）

<用例>

○大やくもい（大屋子思い）　○しよりより（首里より）

*/ju/対応の用例なし。

{字}（1572頃）

<音訳字>

*/ja/に対応する部分に「牙、楊、鵶」が現れる。

*/ju/に対応する部分に「収、有、由」が現れる。

*/jo/に対応する部分に「約、由、院」が現れる。

音訳字	中原音韻	東国正韻	訓蒙字会	西儒耳目資	推定音価
や　牙	ia	☆	’ a	☆	ja
揚	iaŋ	’ jaŋ	楊　’ jaŋ	iaoŋ	jam?
鵶	ia	☆	’ a	ia	ja
ゆ　収	ʃɪəu	☆	☆	☆	ju
有	iəu	ŋuw	囿　’ ju	ieu	ju
由	iəu	’ juɞ	☆	ieu	ju
よ　約	iao, io	ʔjak	☆	iao, io	ju
由	iəu	’ juɞ	☆	ieu	ju
よび　院	iuen	☆	☆	iuen	jun

<用例>

○牙（や、屋）　（○揚密撒（やめさ、止めさ）　○鵶子（やつ、八）；　○収不（ゆわう、硫黄）　○禿有（つゆ、露）　○馬由（まゆ、眉）；　○約姑里的（よくれて、夜暮れて）　○由禄（よる、夜）　○由子（よつ、四）　○院的（よびて、呼びて）

{使３}（1579）

<音訳字>

*/ja/に対応する部分に「牙、夜、楊、亞、鵶」が現れる。

*/ju/に対応する部分に「油、有、由」が現れる。

*/jo/に対応する部分に「丘、約、由、幼、院」が現れる。

音訳字	中原音韻	東国正韻	訓蒙字会	西儒耳目資	推定音価
や　牙	ia	☆	’ a	☆	ja
夜	ie	☆	’ ja	ie	ja
揚	iaŋ	’ jaŋ	楊　’ jaŋ	iaoŋ	jam?

亞	ia	ʔa'	痖　' a	ia	ja
鴉	ia	☆	' a	ia	ja
ゆ　油	iəu	☆	' ju	ieu	ju
有	iəu	ŋuw	囿　' ju	ieu	ju
由	iəu	' juʁ	☆	ieu	ju
よ　丘	k 'iəu	☆	ku	☆	ju
約	iao, io	ʔjak	☆	iao, io	ju
由	iəu	' juʁ	☆	ieu	ju
幼	iəu	☆	' ju	ieu	ju
よび　院	iuen	☆	☆	iuen	jun

<用例>

○牙（や、屋）　○牙立（やり、鑓）　○皮夜（ふや、靴）　○揚密撒（やめさ、止めさ）　○亜馬吐必周（やまとひと、大和人）　○鴉子（やつ、八）；　○油哇（ゆわう、硫黄）　○禿有（つゆ、露）　○由乜（ゆみ、弓）　○馬由（まゆ、眉）；　○丘達撒（よたさ、好さ）　○約姑里的（よくれて、夜暮れて）　○由禄（よる、夜）　○由子（よつ、四）　○幼羅衣（よろひ、鎧）　○院的（よびて、呼びて）

{田10}（1593）

<用例>

○大やくもい（大屋子思い）　○しよりより（首里より）

*/ju/対応の用例なし。

{浦}（1597）

<用例>

○ねいしまいしのやに（根石真石の様に）　○大やくもいた（大屋子思い達）　○千りやうの（千両の）　○しやうねいハ（尚寧は）　○たミひやくしやう（民百姓）　○ちやうらうた（長老達）　○ふきやう（奉行）　○御ゆわい事あり（御祝い事あり）　○およひめしよわちへ（御呼び召しよわちへ）　○よるもひるも（夜も昼も）　○うらおそひよりしよりに（浦襲ひより首里に）　○ミしまよにん（御島世にん）　○そんとんよりこのかた（尊敦よりこの方）　○とよミ城（豊見城）

Ⅱ－２－(2)　ワ行音

＊／ｗｉ, ｗｅ, ｗａ, ｗｕ, ｗｏ／について考察する。但し、特筆すべき事柄が存在しない。基本的には用例提示になる。

{翻}（1501）

音価は、現代語と同じと考えて差し支えないと思われる。

ハングルの「oa」は[wa]である。

「oai」は［wai］を表わしていると見る。

＜用例＞

○wan（我）　○na-’oa（なは、名は）　○’oa-ka-si（沸かせ）　○’a-’oa（粟）○sja-’oŋ-koa-cɯ（正月）　○’ju-’oai-ri（座れ）

/wi/,/we/（,/wu/）,*/wo/相当の用例なし。

｛玉｝（1501）

｛玉｝に限らず、仮名資料には仮名の「え」が出現しない。「ゑ」「へ」しかない。

＜用例＞

○こゑく（越来）　○きこゑ大きみ（聞得大君）　○この御するゑ（この御末）　○わたしよわちへ（渡しよわちへ）　○てんにあをき（天に仰ぎ）

/wi/（,/wu/）相当の用例なし。

｛館｝（16C前半？）

＜音訳字＞

*/wi/に対応する部分に「亦」が現れる。

*/we/に対応する部分に「葉、由」が現れる。

*/wa/に対応する部分に「外、哇、敖、窩、昂」が現れる。

*/wo/に対応する部分に「外、翁、烏、倭、窩」が現れる。

(*/wu/相当の用例なし。)

音訳字	中原音韻	東国正韻	訓蒙字会	西儒耳目資	推定音価
ゐ　亦	iəi	’juk	☆	ie	wi
ゑ　葉	ie	’jɔp, sjɔp	’jɔp	ie, xe	wɪ
ゑひ　由	iəu	’juʙ	☆	ieu	wɪ
わ　外	uai	ŋoi’	’oi	uai, uai	wai
哇	ua	ʔoa’, ʔai’	蛙　’oa	ua, ya	wa
わう　敖	au	ŋow	鼇　‘o	gao	wau
窩	uo	ʔoa’	’oa	uo	oː
わん　昂	aŋ	ŋaŋ	柳　’aŋ	gam	waɴ
を　外	uai	ŋoi’	’oi	uai, uai	wʊ
翁	oŋ	ʔoŋ	’oŋ	um	wʊɴ
烏	u	ʔo’	’o	u	wu
倭	uo, uəi	ʔoa’	’oa	goei, uei, uo	wʊ
窩	uo	ʔoa’	’oa	uo	wʊ

＜用例＞

○亦嗑喇（ゐがはら、井河原）；　○葉（ゑ、絵）；　○外亦立（わいり、来）　○哇禄撒（わるさ、悪）　○敖那（わうの、王の）　○夫窩（ほうわう、鳳凰）　○昂哇（わんは、我は）；　○達只外立（たちをれ、立ち居れ？）　○翁枝（をぎ、荻、甘蔗）　○个失烏奴必約（こしをのべよ、腰を伸べよ）　○倭嗑（をか、丘、岸）　○亦窩（いを、魚）

{石東}（1522）

＜用例＞

○わたり申候（渡り申候）

＊/wi/,＊/we/（,＊/wu/）,＊/wo/相当の用例なし。

{石西}（1522）

「ハ行転呼」及び「お」と「を」との混用が指摘できる。

ねたてひかわ：かは（河）、おかミ申候：をがみ（拝み）、ま玉はしおわたり

＜用例＞

○きこゑ大きミ（聞得大君）　○わたしよわちへ（渡しよわちへ）　○御ゆわい（御祝い）　○たまわり申候（賜り申候）　○めしよわちや事（召しよわちや事）　○ねたてひかわ（根立て樋川）　○おかミ申候（拝み申候）

＊/wi/（,＊/wu/）相当の用例なし。

{田１}（1523）

「ーわ：ーは」の問題あり。

＜用例＞

○くわにしやわ（官舎わ）

＊/wi/,＊/we/（,＊/wu/）,＊/wo/相当の用例なし。

{崇}（1527）

＊/wi/,＊/we/,＊/wa/（,＊/wu/）,＊/wo/相当の用例なし。

{おも１}（1531）

以下のように、混用が多数存在する。

おろちゑ（降ろちゑ）：「おろちへ（降ろちへ）」

きこゑて（聞ゑて）：「きこへ大きみきや」

するゑ（末）：「ともゝすへ（十百末）」

そろゑて（揃ゑて）：「そろいて＜揃えて＞、そろへて＜揃えて＞」、「そゑ＜襲い＞、そゑて＜襲いて＞、そゑる＜襲いる、支配する＞、そゑれ＜襲いれ＞」

おそわ（襲わ）：「おそは（襲は）」

をきもうち（を肝内）：「おぎもせぢ（お肝セヂ）」

＜用例＞

○ゑかのかず＜吉日の数＞　○ゑそこ＜兵船＞　○ゑそにや（英祖にや）　○ゑらて（選で）　○ゑんざしき（円座敷）　○いしゑけり＜勝れ兄弟＞　○おろちゑ（降ろちゑ）　○きこゑて（聞ゑて）　○するゑ（末）　○そろゑて（揃ゑて）　○たとゑて（譬ゑて）　○わかぬしす（若主ず）　○おそわ（襲わ）　○そわて＜添いて、襲いて＞　○まぶりよわめ＜守り給わん＞　○まぶりよわる＜守り給う＞　○をきもうち（を肝内）

＊/wi/（,＊wu/）相当の用例なし。

{使１}（1534）

＜音訳字＞

*/wi/に対応する部分に「依」が現れる。
*/we/に対応する部分に「葉」が現れる。
*/wa/に対応する部分に「外、哇、歪、敖、窩」が現れる。
*/wo/に対応する部分に「吾、歪、倭、烏、翁、窩」が現れる。

音訳字	中原音韻	東国正韻	訓蒙字会	西儒耳目資	推定音価
ゐ　依	iəi	’ jɔk	☆	ie	wi
ゑ　葉	ie	’ jɔp, sjɔp	’ jɔp	ie, xe	wɪ
わ　外	uai	ŋoi’	’ oi	uai, uai	wai
哇	ua	ʔoa’, ʔai’	蛙　’ oa	ua, ya	wa
歪	uai	☆	’ oai	☆	wai
わう　敖	au	ŋow	鰲　‘o	gao	wau
窩	uo	ʔoa’	’ oa	uo	oː
を　吾	u	☆	’ o	☆	wo
歪	uai	☆	’ oai	☆	wʊi
倭	uo, uəi	ʔoa’	’ oa	goei, uei, uo	wʊ
烏	u	ʔo’	’ o	u	wu
翁	oŋ	ʔoŋ	’ oŋ	um	wʊɴ
窩	uo	ʔoa’	’ oa	uo	wʊ

＜用例＞

○依嗑喇（ゐがはら、井河原）；　○葉（ゑ、絵）；　○外亦利（わいり、来）　○吾哇（うわ？、豚、猪）　○哇禄撒（わるさ、悪）　○蜜由歪里（みゆわいり、御祝り）　○敖那（わうの、王の）　○昂哇（わんは、我は）；　○各失吾（こしを、腰を）　○荅只歪立（たちをれ、立ち居れ）　○倭嗑（をか、丘、岸）　○彪烏（ひやうを、表を）　○翁急（をぎ、荻、甘蔗）　○亦窩（いを、魚）

{田２}（1536）

/wi/,/we/,*/wa/（,*/wu/）,*/wo/相当の用例なし。

{田３}（1537）

＜用例＞

○はゑ（南風）　○たまわり申し候（賜り申候）
/wi/（,/wu/）,*/wo/相当の用例なし。

{田４}（1541）

＜用例＞

○まなハんゑ　○たまわり申し候（賜り申候）
/wi/（,/wu/）,*/wo/相当の用例なし。

{かた}（1543）

「これハ、まつハすゝし（松は涼し）、王かなしハ（王加那志は）」のように現れ、「ハ行転呼」の姿「ーわ」の例は見当たらない。

<用例>

○きこゑ大きみ（聞得大君）　○わか人（若人）　○わらへにいたるまて（童に到るまで）○をかミ申（拝み申）　○をれめしよわちへ（降れ召しよわちへ）　○あんしをそひかなし（按司襲ひ加那志）　○いしをはめ（石を嵌め）　○ちからをそろへ（力を揃へ）

/wi/（,/wu/）相当の用例なし。

{田５}（1545）

<用例>

○はゑ（南風）　○まわし（真和志）　○たまわり申し候（賜り申候）

/wi/（,/wu/）,*/wo/相当の用例なし。

{添}（1546）

「をれめし（降れめし）」は、「おれめし」とあるべきところである。

<用例>

○ミ御ミつか井めしよわちへ（み御み遣ゐ召しよわちへ）　○おゑかをかみ申候（おゑか拝み申候）　○おゑか人　○きこゑ大きみ（聞得大君）　○すゑつき（末継ぎ）　○おりあけわちへ　○つミあけわちへ（積み上げわちへ）　○御ゆわひ申候（御祝ひ申候）○御のほりよわちへ　○御たほいめしよわちや事　○をかみ候て（拝み候て）　○をれめしよわちへ（降れ召しよわちへ）　○あをりやたけ（煽りや嶽）

{田６}（1551）

<用例>

○はゑ（南風）　○たまわり申し候（賜り申候）

/wi/（,/wu/）,*/wo/相当の用例なし。

{やら}（1554）

「をれめし」は、「おれめし」とあるべきところである。

<用例>

○きこゑ大きみ（聞得大君）　○ともゝすゑ（十百末）　○をれめしよハちゑ（降れ召しよはちゑ）　○はゑはら（南風原）　○わうかなしむ（王加那志む）

/wi/（,/wu/）,*/wo/相当の用例なし。

{田７}（1560）

<用例>

○たまわり申し候（賜り申候）

/wi/,/we/（,*/wu/）,*/wo/相当の用例なし。

{使２}（1561）

＜音訳字＞

*/wi/に対応する部分に「依」が現れる。
*/we/に対応する部分に「一、葉」が現れる。
*/wa/に対応する部分に「瓦、哇、王、倭、敖、窩」が現れる。
*/wo/に対応する部分に「烏、翁、倭、歪」が現れる。

音訳字		中原音韻	東国正韻	訓蒙字会	西儒耳目資	推定音価
ゐ	依	iəi	’jɔk	☆	ie	wi
ゑ	一	iəi	☆	☆	ie	wɪ
	葉	ie	’jɔp, sjɔp	’jɔp	ie, xe	wɪ
わ	瓦	ua	☆	’oa	☆	wa
	哇	ua	ʔoa’, ʔai’	蛙 ’oa	ua, ya	wa
わう	王	iuaŋ	☆	’oaŋ	vam, uam	wau
	倭	uo, uəi	ʔoa’	’oa	goei, uei, uo	wo:
	哇	ua	ʔoa’, ʔai’	蛙 ’oa	ua, ya	wo:
	敖	au	ŋow	鰲 ‘o	gao	wau
	窩	uo	ʔoa’	’oa	uo	o:
わん	瓦	ua	☆	’oa	☆	waɴ
を	烏	u	ʔo’	’o	u	wu
	翁	oŋ	ʔoŋ	’oŋ	um	wʊɴ
	倭	uo, uəi	ʔoa’	’oa	goei, uei, uo	wʊ
	歪	uai	☆	’oai	☆	wʊ

＜用例＞

○依嗑喇（ゐがはら、井河原）；　○一更加烏牙（ゑきがおや、男親）　○葉（ゑ、絵）；○瓦喇的（わら（ひ）て、笑（ひ）て）　○哇禄撒（わるさ、悪）　○倭王嗑吶尸（わうがなし、王加那志）　○倭奴（わうの、王の）　○油哇（ゆわう、硫黄）　○敖那（わうの、王の）　○呼窩（ほうわう、鳳凰）　○瓦奴（わんの、我の）；　○烏男姑（をなご、女子、女）　○翁急（をぎ、荻、甘蔗）　○倭男姑吾牙（をなごおや、女親）　○荅止歪立（たちをれ、立ち居れ）

{田８}（1562）

「けらゑ」は本来「けらい」のはずであるから、母音の問題も介在している。

＜用例＞

○けらゑ（家来）　○はゑ（南風）　○たまわり申し候（賜り申候）
/wi/（,/wu/）,*/wo/相当の用例なし。

{田９}（1563）

＜用例＞

○はゑ（南風）　○たまわり申し候（賜り申候）
/wi/（,/wu/）,*/wo/相当の用例なし。

{字}（1572頃）

＜音訳字＞

*/wi/に対応する部分に「依」が現れる。

*/wa/に対応する部分に「瓦、哇、不、窩」が現れる。

*/wo/に対応する部分に「翁、倭」が現れる。

/we/（,/wu/）相当の用例なし。

音訳字		中原音韻	東国正韻	訓蒙字会	西儒耳目資	推定音価	備　考
ゐ	依	iəi	’ jɔk	☆	ie	wi	
わ	瓦	ua	☆	’ oa	☆	wa	
	哇	ua	ʔoa’，ʔai’	蛙 ’ oa	ua, ya	wa	
わう	不	歪　uai	☆	歪 ’ oai	☆	wau?	「歪」の誤り
	窩	uo	ʔoa’	’ oa	uo	oː	
を	翁	oŋ	ʔoŋ	’ oŋ	um	wʊɴ	
	倭	uo, uəi	ʔoa’	’ oa	goei, uei, uo	wʊ	

＜用例＞

○依嗑喇（ゐがはら、井河原）；　○瓦喇的（わら（ひ）て、笑（ひ）て）　○嗚哇（うわ、おわ、豚、猪）　○收不（ゆわう、硫黄）　○呼窩（ほうわう、鳳凰）；　○翁急（をぎ、荻、甘蔗）　○倭嗑（をか、丘、岸）

{使３}（1579）

＜音訳字＞

*/wi/に対応する部分に「依」が現れる。

*/we/に対応する部分に「一、葉」が現れる。

*/wa/に対応する部分に「瓦、哇、王、倭、敖、窩」が現れる。

*/wo/に対応する部分に「烏、翁、倭、歪」が現れる。

音訳字		中原音韻	東国正韻	訓蒙字会	西儒耳目資	推定音価
ゐ	依	iəi	’ jɔk	☆	ie	wi
ゑ	一	iəi	☆	☆	ie	wɪ
	葉	ie	’ jɔp, sjɔp	’ jɔp	ie, xe	wɪ
わ	瓦	ua	☆	’ oa	☆	wa
	哇	ua	ʔoa’，ʔai’	蛙 ’ oa	ua, ya	wa
わう	王	iuaŋ	☆	’ oaŋ	vam, uam	wau
	倭	uo, uəi	ʔoa’	’ oa	goei, uei, uo	woː
	哇	ua	ʔoa’，ʔai’	蛙 ’ oa	ua, ya	woː
	敖	au	ŋow	鰲 ‘o	gao	wau
	窩	uo	ʔoa’	’ oa	uo	oː
わん	瓦	ua	☆	’ oa	☆	waɴ
を	烏	u	ʔo’	’ o	u	wu
	翁	oŋ	ʔoŋ	’ oŋ	um	wʊɴ

倭	uo, uəi	ʔoa'	' oa	goei, uei, uo	wʊ
歪	uai	☆	' oai	☆	wʊ

<用例>

○依嗑喇（ゐがはら、井河原）；　○一更加（ゑきが、男）　○葉（ゑ、絵）；　○瓦喇的（わら（ひ）て、笑（ひ）て）　○哇禄撒（わるさ、悪）　○枯哇（こ、子）　○倭王嗑吶尸（わうがなし、王加那志）　○倭奴（わうの、王の）　○油哇（ゆわう、硫黄）　○敖那（わうの、王の）　（○瓦奴（わんの、我の））；　○烏男姑（をなご、女子、女）　○翁急（をぎ、荻、甘蔗）　○倭嗑（をか、丘、岸）　○荅止歪立（たちをれ、立ち居れ）

{田10}（1593）

<用例>

○たまわり申し候（賜り申候）

/wi/,/we/（,*/wu/）,*/wo/相当の用例なし。

{浦}（1597）

「御くらゐ」の「ゐ」を初め、以前の仮名資料と比べると、ほとんど正書法通りであることがわかる。時代が下るにしたがって正書法が確立したか、「歴史的仮名遣い」の学習が進んだか、を窺わせる。

「なを（猶）」の「歴史的仮名遣い」は「なほ」である。

<用例>

○御くらゐを（御位を）　○てたかすゑ（テダが末）　○大小のゑくかおなこ（大小の男女子）　○おゑか人　○おゑ人（老ゑ人）　○きこゑ大きみかなし（聞得大君加那志）　○わうの御くらゐを（王の御位を）　○わうにせ（王仁世）　○わか人（若人）　○わたしよわちへ（渡しよわちへ）　○わらへまても（童までも）　○はめさせてゝをかて（嵌めさせてて置かて）　○ミはいをかミ申候（御拝拝み申候）　○御なをは（御名をば）　○なを（猶）　○御くらゐを（御位を）

Ⅱ－3　子音

Ⅱ－3－(1) カ行の子音

（＊／ｋｉ，ｋｅ，ｋａ，ｋｕ，ｋｏ／の子音）

{翻}（1501）

ハングルの「k」「kh」で表記されている。いわゆる語頭では強い有気音を示す「kh」の例が多く、語中ではそうでない「k」の例が多いが、その時に気音が強ければ「kh」とし、弱ければ「k」としたもののようである。「kho-mjɔi（米）、ko-mɯi（米）」の例があり、そのことを如実に示している。

無気音を示すハングル「kk」で表記された例はない。

以上のことから、{翻}における「カ行音」の子音*/k/の音価は［k, kh］であったと推定される。

＊/ki/相当部分は「ki」「khi」で表記されている。破擦音化していない。/i/の後の*/ka/が「kja」で表記され、口蓋化していることを示している。(例)’i-kja(いか、如何)

<用例>

主な用例は、以下のようである

○’ju-ki(ゆき、雪)　○sa-kɯi（さけ、酒）　○sa-ka-na（さかな、肴）　○kha-mi（かみ、紙）　○ku-ru-ma（くるま、車）　○ku-ru-sa（くろさ、黒さ）　○ko-no（この）　○ku-co（こぞ、去年）　○ku-mi-ci（こみち、小道）：　○’i-kja(いか、如何)

{玉}（1501）

用例に見るように、{翻}に準じた音価推定が可能であろう。{玉}における「カ行音」の子音*/k/の音価は［k, kh］であった。

<用例>

主な用例は、以下のとおりである。

○きんのあんし（金武の按司）　○きこゑ大きみ（聞得大君）　○みやきせん（今帰仁）　○このかきつけ（この書き付け）　○このかきつけそむく人あらは（この書き付け背く人あらば）　○さすかさのあんし（差す傘の按司）　○そむく人あらは　○こゑくのあんし（越来の按司）　○とよみくすく（豊見城）　○この御するゑ　○きこゑ大きみの　○このところに

{館}（16C前半？）

この項目に相当する音訳字で見る限り、*/ki/は[ki]であって、破擦音にはなっていないことがわかる。*/ki/相当部分と*/ke/相当部分に同じ音訳字が使用されている例があることは、「Ⅱ-1　母音」のところで述べた。*/ku/,/ko/についても同様である。

「○亦石乞各必（いしききおび、石帯）　○乞角必（ききおび、帯）の「乞各」「乞角」は、ともに「ききお」[kikjo]であろう。

「○烏着刻（おきやく？　御客？）」の「着」は、破擦音であろう。

「○高葉（かひ、買ひ）」は、「かひ」よりは「かうひ」に対応するように思われる。

以上のことから、{館}における「カ行音」の子音*/k/の音価は［k, kh］であったと推定される。

＜音訳字＞

*/ki /に対応する部分に「及、乞、揭、近、急、結、角、各、着、喬、巾、斤」が現れる。

*/ke /に対応する部分に「及、交、見」が現れる。

*/ka /に対応する部分に「嗑、加、高、个、看、干、刊、害、盖、開、稿、凱」が現れる。

*/ku /に対応する部分に「姑、古、公、刻、孤、枯、个、晃、倭、嗑、官」が現れる。

*/ko /に対応する部分に「个、姑、孔、哇、烏、殻、科」が現れる。

音訳字		中原音韻	東国正韻	訓蒙字会	西儒耳目資	推定音価	備　考
き	及	kiə	kkɯp	hɯp, kɯp	kie	ki	
	乞	k ‘iəi	khɯi’	kɔr	k ‘i, k ‘ie, nie	khi	
	近	kiən	kɯi’	kɯn	kin	kin	「で」の前
	急	kiəi	kɯp	☆	kie	ki	
	揭	k ‘iəi, kie	kkjɔi	☆	k ‘in	khi	
	結	kie	kjɔi’	☆	kie, ki, hi	ki	
きお	各	ko	kak	骼　kak	ko	kjo	
	角	kiau, kiue	kak	kak	kio	kjo	
きや	着	ʧɪo, ʧɪau	☆	thjak	c ‘hu, chu	ʧa	
きよ	喬	k’ieu	kjow	橋　kjo	k’iao, kiao	kjo	
きん	巾	kiɔn	kɯn	kɔn	kin	kiɴ	
	斤	kiən	kɯn	kɯn	kin	kiɴ	
け	及	kiə	kkɯp	hɯp, kɯp	kie	kɪ	
けふ	交	kiau	kjow	kjo	kiao	kjoː	
けん	見	kien, hien	kjɔn	kjɔn	kien, hien	kiɴ	
か	个	ko	ka’	☆	ko	kɑ	
	干	kan	kan	kan	kan, han	kam	「ぶ」の前
	刊	k ‘an	khan	☆	k ‘an	kam	「かみなり」
	加	kia	ka’	茄　kja	kia	kja, ka	
	看	ka ‘n	khan	kan	k ‘an	khan, kham	「ち・ぶ」の前

嗑	ko	嗑 har	榼 hap	ho	kɑ	
高	kau	kow	篙 ko	kao	kɑ	
かい 害	hai	hhai’	☆	hai, ho	kai	
盖	hai, ho	kai’	☆	ko, ho, kai	kai	
開	k ‘ai	khai’	kʌi	k ‘ai	khai	
かう 稿	kau	槁 kow	犒 ko	藁 kao	kau	
かつ 嗑	ko	嗑 har	榼 hap	ho	kɑ	
かひ 盖	hai, ho	kai’	☆	ko, ho, kai	kai	
凱	k ‘ai	khai’	☆	k ‘ai	khai	
かふ 个	ko	ka’	☆	ko	ko:	
く 公	koŋ	koŋ	koŋ	kun	kun	「じ」の前
古	ku	ko’, zjujo	ko	ku	ku	
姑	ku	ko’	ko	ku	ku	
刻	k ‘ə	khɯk	kʌk	k ‘e	ku	
孤	ku	ko’	ko	ku	ku	
枯	k ‘u	kho’	ko	k ‘u	ku	
个	ko	ka’	☆	ko	kʊ	
くわう晃	huaŋ	hhoaŋ	光 koaŋ	hoam, uam, xam	kwam	
倭	uo, uəi	ʔoa’	’oa	goei, uei, uo	kwau	
嗑	ko	嗑 har	榼 hap	ho	ko:	
くわん官	kuon	koan	koan	kuon	kwaɴ	
こ 个	ko	ka’	☆	ko	kʊ	
孔	ko ‘ŋ	khoŋ	koŋ	k ‘un	kʊŋ	「が」の前
姑	ku	ko’	ko	ku	kʊ	
哇	ua	ʔoa’, ʔai’	蛙 ’oa	ua, ya	kwa	
烏	u	ʔo	’o	u	u	
殻	k ‘ə, k ‘iau	kok	kok	k ‘io	kʊ	
こほ 科	k ‘o	khoa’	koa	k ‘uo, ko	ko:	

<用例>

主な用例は、以下のとおりである。

○都及（つき、月）　○由乞（ゆき、雪）　○葉急（ゑき、駅）　○掲只（きて、来て）○別姑旦結（びやくだんき、白檀木）　○亦石乞各必（いしききおび、石帯）　○乞角必（ききおび、帯）　○非近的（ひきで、引き出）　○烏着刻（おきやく？　御客？）○喬古魯古（きよくろく、交椅）　○網巾（まうきん、網巾）　○林斤（りんきん、下程）；○達及（たけ、竹）　○交哇（けふは、今日は）　○活見（ほつけん、絹）；　○達个（たか、鷹）　○干不立（かぶり、被り）　○刊毎那立（かみなり、雷）　○集加撒（ちかさ、近さ）　○麻加立（まかり、碗）　○看失（かぢ、舵）　○嗑集（かぜ、風）　○倭嗑（をか、丘、岸）　○高葉（かひ、買ひ）；　○害宅（かいち、獬豸）　○盖乞（かいき、改機）○開的（かいて、書いて）　○稿（かう、香）　○嗑布（かつふ、葛布）　○子盖失（つかひし、使ひし）　○凱（かひ、かい？　箱、櫃）　○嗑乜那个（かめのかふ、亀の甲）；○公少（くじやく、孔雀）　○喬古魯古（きよくろく、交椅）　○姑撒（くさ、草）○必亜姑（ひやく、百）　○烏着刻（おきやく、御客？）　○茲孤立（つくれ、造れ）○枯木（くも、雲）　○晃磐（くわうばん、黄磐）　○倭的毎（くわうていまへ、皇帝前）○嗑得那（くわうていの、皇帝の）　○官舎（くわんしや、官舎、三使臣）；○个嗑尼（こがね、黄金）　○稿法个（かうばこ、香箱）　○孔加尼（こがね、黄金）　○姑亦立（こほり、氷）　○姑姑奴子（ここのつ、九）　○敖那烏哇（わうのおこ、王の御子）　○花孫奴殻（はすのこ、蓮の子）　○科立（こほり、氷）

{石東}（1522）

{翻}・{館}に準じた音価を推定して、間違いはないと判断される。{石東}における「カ行音」の子音*/k/の音価は［k, kh］であった。

＜用例＞

○首里おきやかもいかなしの御世に（首里おぎやか思い加那志の御世に）　○ミやこより（宮古より）　○ミこしミ玉の（御腰御玉の）

（用例なし）*/ki/, */ke/, */ku/

{石西}（1522）

{翻}・{館}に準じた音価を推定して、間違いはないと判断される。{石西}における「カ行音」の子音*/k/の音価は［k, kh］であった。

＜用例＞

○きこゑ大きミ　○きのと（乙）　○ちへねんさしきわ（知念佐敷わ）　○たしきやくき（だしきや釘）　○かうち（河内）　○かくこ（恪護）　○ひかわ（樋川）　○つかしよわちへ（着かしよわちへ）　○はしくやう（橋供養）　○たくしの大やくもい（沢岻の大屋子思い）　○ことは（言葉）　○このはしハ
○くもことまり（雲子泊）

（用例なし）*/ke/

{田１}（1523）

{翻}・{館}に準じた音価を推定して、間違いはないと判断される。{田１}における「カ行音」の子音*/k/の音価は［k, kh］であった。

＜用例＞

○せいやりとみかひき（勢遣り富が引き）　○たから丸（宝丸）　○くわにしや（官舎）

（用例なし）*/ke/, */ko/

{崇}（1527）

{翻}・{館}に準じた音価を推定して、間違いはないと判断される。{崇}における「カ行音」の子音*/k/の音価は［k, kh］であった。

＜用例＞

○むまから（馬から）　○くまにて（此処にて）

（用例なし）*/ki/, */ke/, */ko/

｛おも１｝（1531）

「いきやり」「いきやる」は、口蓋化を示す表記である。

｛おも１｝における「カ行音」の子音*/k/の音価は［k, kh］であったと判断される。

＜用例＞

○きこゑて（聞こゑて）　○きみはゑが（君南風が）　○きも（肝、心）　○かたき（敵）　○さしきかなもり（佐敷金杜）　○よきのはま（よきの浜）　○いきやり（行きやり）　○いきやる（如何る）　○きやのうちみや（京の内庭）；　○け（気、霊力）　けおの（今日の）　○けよの（今日の）　○けよのせぢ（京のセヂ）　○あけとま（明け方）　○あけの（名高い）　○おしうけて（押し浮けて）　○たけたけよ（嶽嶽よ）；　○かけて（掛けて）　○かたき（敵）　○かほう（果報）　○うらのかず（浦ごとに）　○おぎやかもいや　○つかさいのり（司祈り）　○わかぬしす（若主す）；　○くに（国）　○くもこ（雲子）　○いくさせち（戦の霊力）　○なげくな（嘆くな）；　○こかね（黄金、金）　○このみくに　○そこて（慶びて）　○とこゑ（十声）　○ほこて（慶て）

｛使１｝（1534）

｛使１｝における「カ行音」の子音*/k/の音価は［k, kh］であったと推定できる。但し、「きや」相当部分に破擦音系統の音訳字が現れているので、その環境では破擦音化が進みつつあったと考えられる。

＜音訳字＞

*/ki/に対応する部分に「及、乞、近、其、急、、掲、基、進、各、着、巾、斤」が現れる。

*/ke/に対応する部分に「及、急、見」が現れる。

*/ka/に対応する部分に「加、佳、看、高、拿、嗑、噶、監、害、盖、開、凱、稿、槁、各」が現れる。

*/ku/に対応する部分に「公、谷、姑、刻、倭、嗑、館」が現れる。

*/ko/に対応する部分に「个、孔、古、各、谷、姑、哇、噶、科」が現れる。

音訳字	中原音韻	東国正韻	訓蒙字会	西儒耳目資	推定音価	備　考
き　　及	kiə	kkɯp	hɯp, kɯp	kie	ki	
乞	k ‘iəi	khɯi’	kɔr	k ‘i, k ‘ie, nie	khi	
近	kiən	kɯi’	kɯn	kin	kin	「で」の前
其	k ‘i	☆	☆	☆	khi	
急	kiəi	kɯp	☆	kie	ki	
氣	k ‘iəi	☆	☆	☆	khɪ	
掲	k ‘iəi, kie	kkjɔi	☆	k ‘in	khi	
基	ki	☆	☆	☆	ki	
進	tsiən	☆	☆	☆	tsi	
きお　各	ko	kak	骼　kak	ko	kjo	

きや　着	ʧɪo, ʧɪau	☆	thjak	c‘hu, chu	ʧa	
きん　巾	kiɔn	kɯn	kɔn	kin	kiɴ	
斤	kiən	kɯn	kɯn	kin	kiɴ	
け　及	kiə	kkɯp	hɯp, kɯp	kie	kɪ	
急	kiəi	kɯp	☆	kie	kɪ	
けん　見	kien, hien	kjɔn	kjɔn	kien, hien	kɨɴ	
か　加	kia	ka’	茄　kja	kia	kja, ka	
佳	kiai	☆	☆	kia, kiai, chui	kja	
看	kan	khan	kan	kan	khan, kham	「ぢ」「ぶ」の前
高	kau	kow	篙　ko	kao	kɑ	
拿	na	☆	☆	☆	ka	
嗑	ko	嗑　har	榼　hap	ho	kɑ	
噶	ko	☆	☆	☆	kɑ	
監	kan	☆	☆	☆	kɑ	
害	hai	hhai’	☆	hai, ho	kai	
盖	kai, ho	kai’	☆	ko, ho, kai	kai	
開	k‘ai	khai’	kʌi	k‘ai	khai	
凱	k‘ai	khai’	☆	k‘ai	khai	
かう　稿	kau	槁　kow	犒　ko	稾　kao	kau	
槁	kau	kow	犒　ko	稾　kao	kau	
かつ　嗑	ko	嗑　har	榼　hap	ho	kɑ	
かひ　盖	kai, ho	kai’	☆	ko, ho, kai	kai	
かふ　各	ko	kak	骼　kak	ko	ko:	
く　公	koŋ	koŋ	koŋ	kun	kun	「じ」の前
谷	ku	☆	kok	ko, kio	ku	
姑	ku	ko’	ko	ku	ku	
刻	k‘ə	khɯk	kʌk	k‘e	ku	
くわ　倭	uo, uəi	ʔoa’	’oa	goei, uei, uo	kwau	
嗑	ko	嗑　har	榼　hap	ho	ko:	
くわん館	kuon	☆	☆	☆	kwan	
こ　个	ko	ka’	☆	ko	kʊ	
孔	ko‘ŋ	khoŋ	koŋ	k‘un	kʊŋ	「が」の前
古	ku	ko’, zjujo	ko	ku	kʊ	
各	ko	kak	骼　kak	ko	ko	
谷	ku	☆	kok	ko, kio	kʊ	
姑	ku	ko’	ko	ku	kʊ	
哇	ua	ʔoa’, ʔai’	蛙　’oa	ua, ya	ko?	
噶	ko	☆	☆	☆	ko	

こほ　科	k ‘o	khoa’	koa	k ‘uo, ko	ko:	

<用例>

主な用例は、以下のとおりである。

○乞奴（きのふ、昨日）　○阿及（あき、秋）　○非近的（ひきで、引き出）　○非進的（ひきで、引き出）　○由其（ゆき、雪）　○都急（つき、月）　○氣力（きり、霧）　○掲知（きて、来て）　○基粦（きりん、麒麟）　○乞各必（ききおび、帯）　○吾着刻（おきやく、御客）　○網巾（まうきん、網巾）　○林斤（りんきん、下程）；○牙及亦石（やけいし、焼石、磚）　○達急（たけ、竹）　○撒急（さけ、酒）　○活見（ほつけん、絹）；○麻加里（まかり、碗）　○麻佳里（まかり、碗）　○刊眉（かみなり、雷）　○亦如《ママ》撒（いかさ、幾等）　○看失（かぢ、舵）　○高葉（かひ、買ひ）　○拿別（かべ、壁）　○嗑済（かぜ、風）　○害宅（かいち、獬豸）　○蓋乞（かいき、改機）　○開的（かいて、書いて）　○凱（かい、櫃）　○槁（かう、香）　○槁炉（かうろ、香炉）　○子蓋失（つかひし、使ひし）　○嗑乜那各（かめのかふ、亀の甲）；　○公少（くじやく、孔雀）　○谷哇的（くぐわつ、九月）　○禄谷買毎（ろくもんめ、六匁）　○姑木（くも、雲）　○僻牙姑（ひやく、百）　○倭的毎（くわうていまへ、皇帝前）　○嗑得那（くわうていの、皇帝の）　○館牙（くわんや、館屋？）；○莫只个（もちてこ、持ちて来）　○孔加尼（こがね、黄金）　○密温普古里（みおんほこり、御御誇り）　○谷米（こめ、米）　○姑姑奴子（ここのつ、九）　○吾哇（おこ、御子）　○噶嗑尼（こがね、黄金）　○科立（こほり、氷）

{田２}（1536）

用例は多くないが、{田２}における「カ行音」の子音*/k/の音価は［k, kh］であったと推定できるであろう。

<用例>

○あめく（天久）　○くわんしや（官舎）　○こおり（郡）　○さとぬしところ（里主所）

（用例なし）*/ki/, */ke/, */ka/

{田３}（1537）

{田３}における「カ行音」の子音*/k/の音価は［k, kh］であったと考えられる。

<用例>

○あめく（天久）　○大やくもい（大屋子思い）　○こおり（郡）

（用例なし）*/ki/, */ke/, */ka/

{田４}（1541）

{田４}における「カ行音」の子音*/k/の音価は［k, kh］であったと判断される。

<用例>

○[つつ]かねこおりの（～郡の）　○ちくとの（筑殿）　○てこく（文子）　○こおりの（郡の）

（用例なし）*/ki/, */ke/

{かた}（1543）

{かた}における「カ行音」の子音*/k/の音価は［k, kh］であったと推定できる。

＜用例＞

○きこゑ大きみ（聞得大君）　○ミちはきよらく（道は清らく）　○大りうきう国（大琉球国）　○けらへあくかへ（家来赤頭）　○ミおほけにあひ申候　○さつけめしよわちへ（授け～）　○へんのたけ（弁の嶽）　○かみほとけの（神仏の）　○かきりなし（限りなし）　○ねかひ事かなひ（願ひ事叶ひ）　○しかれは　○御たかへめしよわるもり（御崇べ～）　○ちからをそろへ（力を揃へ）　○むかし（昔）　○くにＶのあんしへ（国々の按司部）　○玉の御くらひを（玉の御位を）　○大やくもいた（大屋子思い達）　○みちつくり（道造り）　○こころ一にあわせ（心一つに合わせ）　○このかた　○これハ　○あまこあわしめしよわちへ（眼合わし～）　○きこゑ大きみ（聞得大君）　○御ほこりめしよわちや事（御慶り～）　○もろこしのていわう（唐土の帝王）

{田５}（1545）

{田５}における「カ行音」の子音*/k/の音価は［k, kh］であったと判断する。

＜用例＞

○かなくすく（金城）　○あめく（天久）　○大やくもい（大屋子思い）　○こおり（郡）

（用例なし）*/ki/, */ke/

{添}（1546）

{添}における「カ行音」の子音*/k/の音価は［k, kh］であったと推定できる。

＜用例＞

○きよらさ（清らさ）　○きこゑ大きみ（聞得大君）　○御石かきつませて（御石垣積ませて）　○けらへあくかへ（家来赤頭）　○あをりやたけ（煽りや嶽）　○たけハ十ひろ（丈は十尋）　○ミ御ほけハ　○かミほとけの（神仏の）　○かうちの大やくもいた（河内の大屋子思い達）　○かすしらす（数知らず）　○おゑか人　○つか井（遣ゐ）　○ふかさハ（深さは）　○まさかひ（真栄）　○くにかみ（国頭）　○くやう（供養）　○くら（蔵）　○ともゝとひやくさと（十百と百歳と）○おくとより（奥渡より）　○御くすくのこしあて（御城の腰当て）　○こくより（此処より）　○世のこしあて（世の腰当て）　○この御石かき（この石垣）　○ミやこやへまの（宮古八重山の）

{田６}（1551）

{田６}における「カ行音」の子音*/k/の音価は［k, kh］であったと考えられる。

＜用例＞

○かなくすく（金城）　○大やくもい（大屋子思い）　○こほり（郡）　○さとぬしところ（里主所）

（用例なし）*/ki/, */ke/

{やら}（1554）

「いきや」（如何）、「ちきやら」（力）、「たしきやくき」（だしきや釘）は、口蓋化を示す表記である。

｛やら｝における「カ行音」の子音*/k/の音価は［k, kh］であったと推定する。

＜用例＞

○きちやることハ（来ちやることは）　○きこゑ大きみ（聞得大君）　○おきなハ（沖縄）　○かきのはなち地（垣花）　○なきやもの（無きやもの）　○いきやてゝ（如何てて）　○しま世のてやちきやら（しま世のてや力）　○たしきやくき（だしきや釘）○けらへあくかへ（家来赤頭）　○くすくつミつけて（城積みつけて）　○かくこ（恪護）○かたく（堅く）　○かつれん（勝連）　○かミしも（上下）　○おかて（置かて）○ねたてひかわ（根立て樋川）　○やらさもりのほかに（屋良座杜の外に）　○むかし（昔）○たしきやくき（だしきや釘）　○くすくつミつけて（城積みつけて）　○くにー（国々）○くるくまし（くるくまじ）　○いくさかちよくの（軍海賊の）　○おくのよねん（奥の世ねん）　○おろくの大やくもい（小禄の大屋子思い）　○こちひらの（東風平の）○このミよハちへ（工によはちへ）　○いしらこはましらこは（石子は真石子は）　○いよこと（異様事）

｛田７｝（1560）

｛田７｝における「カ行音」の子音*/k/の音価は［k, kh］であったと判断する。

＜用例＞

○大やくもい（大屋子思い）　○とよミくすく（鳴響み城）　○こおり（郡）　○さとぬしところ（里主所）　○せそこ（瀬底）

（用例なし）*/ki/, */ke/, */ka/

｛使２｝（1561）

｛使２｝における「カ行音」の子音*/k/の音価は［k, kh］であったと推定できる。但し、*/ki/に対応する部分に破擦音を示す音訳字「之」も現れる。破擦音化が進行していると見ることができる。

＜音訳字＞

*/ki/に対応する部分に「基、起、吃、及、急、掲、乞、更、刻、其、之、氣、豈、各、近」が現れる。

*/ke/に対応する部分に「基、及、急、見」が現れる。

*/ka/に対応する部分に「噶、嗑、佳、加、刊、堪、看、脚、甲、拿、開、剴、害、蓋、稿、槁、科、嗑、括、各」が現れる。

*/ku/に対応する部分に「窟、姑、谷、嗑、倭、館」が現れる。

*/ko/に対応する部分に「噶、各、曲、窟、古、姑、胡、誇、孔、酷、骨、谷、涸、科」が現れる。

音訳字		中原音韻	東国正韻	訓蒙字会	西儒耳目資	推定音価	備　考
き	基	ki	☆	kɯi	ki	ki	
	起	k ‘i	☆	☆	ki	ki	
	吃	kiəi, k ‘iəi	☆	kɔr	☆	ki	

及	kiə	kkɯp	hɯp, kɯp	kie	ki	
急	kiəi	kɯp	☆	kie	ki	
揭	k ʻiəi, kie	kkjɔi	☆	k ʻin	khi	
乞	k ʻiəi	khɯi'	kɔr	k ʻi, k ʻie, nie	khi	
更	kəŋ	☆	☆	☆	ki	
刻	k ʻə	☆	kʌk	☆	kɪ	
其	k ʻi	☆	☆	ki, hi?	ki	
之	tʂɨ	☆	☆	☆	tsi	
氣	k ʻiəi	☆	skɯi	ki, khi	ki	
豈	k ʻai	☆	☆	ki, kai	ki	
きお　各	ko	kak	骼　kak	ko	kjo	
きん　斤	kiɔn	kɯn	kɔn	kin	kiɴ	
け　基	ki	☆	kɯi	ki	kɪ	
及	kiə	kkɯp	hɯp, kɯp	kie	kɪ	
急	kiəi	kɯp	☆	kie	kɪ	
けん　見	kien, hien	kjɔn	kjɔn	kien, hien	kɪɴ	
か　噶	葛　ko	☆	☆	☆	kɑ	
嗑	ko	嗑　har	榼　hap	ho	kɑ	
佳	kiai	☆	☆	kia, kiai, chui	k(j)a	
加	kia	ka'	茄　kja	kia	k(j)a	
刊	k ʻan	khan	☆	k ʻan	kam	「かみなり」
堪	k ʻam	☆	☆	☆	kam	
看	k ʻan	khan	kan	k ʻan	khan, kham	「ぢ・ぶ」の前
脚	kiau	☆	kak	kio	k(j)a	
甲	kia	☆	kak	kia	k(j)a	
拿	na	☆	☆	na	ka	
かい　開	k ʻai	khai'	kʌi	k ʻai	khai	
凱	k ʻai	khai'	☆	k ʻai	khai	
害	hai	hhai'	☆	hai, ho	kai	
蓋	kai, ho	☆	☆	ko, ho, kai	kai	
かう　稿	kau	槁　kow	犒　ko	槀　kao	kau	
槁	kau	kow	犒　ko	槀　kao	kau	
科	k ʻo	khoa'	koa	k ʻuo, ko	ko:	
かつ　嗑	ko	嗑　har	榼　hap	ho	kɑ	
括	kuo	☆	☆	kuo, huo	kɑ	
かは　嗑	ko	嗑　har	榼　hap	ho	kɑ	
かひ　蓋	kai, ho	☆	☆	ko, ho, kai	kai	
かふ　各	ko	kak	骼　kak	ko	kjo?	

嗑	ko	嗑　har	榼　hap	ho	ko:	
く　窟	k ‘u	☆	kur	ko	ku	
姑	ku	ko’	ko	ku	ku	
谷	ku	☆	kok	ko, kio	ku	
くわう嗑	ko	嗑　har	榼　hap	ho	ko:	
倭	uo, uəi	ʔoa’	’oa	goei, uei, uo	kwau	
くわん館	kuon	☆	☆	☆	kwaɴ	
こ　噶	葛　ko	☆	☆	☆	kʊ	
各	ko	kak	骼　kak	ko	k(j)o	
曲	k ‘iu	☆	kok	ku	kʊ	
窟	k ‘u	☆	kur	ko	kʊ	
古	ku	ko’, zjujo	ko	ku	kʊ	
姑	ku	ko’	ko	ku	kʊ	
胡	hu	☆	☆	hu, ku	kʊ	
誇	k ‘ua	☆	☆	kua	kʊ, kwa?	
孔	ko ‘ŋ	khoŋ	koŋ	k ‘un	kʊŋ	「が」の前
酷	k ‘u	☆	☆	ko	kʊ	
骨	ku	☆	☆	ko	kʊ	
谷	ku	☆	kok	ko, kio	kʊ	
沽	ku	☆	☆	ku	kʊ	
こほ　科	k ‘o	khoa’	koa	k ‘uo, ko	ko:	

＜用例＞

主な用例は、以下のとおりである。

○基粦（きりん、麒麟）　○起模（きも、肝、心）　○吃之（きて、来て）　○失木都及（しもつき、十一月）　○都急（つき、月）　○吐急（とき、時）　○掲知（きて、来て）　○乞大（きた、北）　○一更加烏牙（ゑきがおや、男親）　○刻納里（きなり、木成り、木実）　○由其（ゆき、雪）　○（匹）舎蛮（資）之（ひざまづき、跪）　○氣力（きり、霧）　○豈奴（きぬ、衣）　○衣石乞各必（いしきいしききおび、石帯）　○罔巾（まうきん、網巾）；○撒基（さけ、酒）　○牙及亦石（やけいし、焼石）　○達急（たけ、竹）　○撒急（さけ、酒）　○活見（ほつけん、絹）；○嗑済（かぜ、風）　○麻佳里（まかり、碗）[kja]?　○即加撒（ちかさ、近さ）　○刊眉（かみなり、雷）　○堪枇（かみ、紙）　○看失（かぢ、舵）　○倭眉脚都司墨（おみかどすみ、御帝墨）　○押甲嗑尼（あかがね、銅）　○拿別（かべ、壁）　○開第（かいて、書いて）　○凱（かい、櫃）　○害宅（かいち、獬豸）　○蓋乞（かいき、改機）○稿炉（かうろ、香炉）　○槁（かう、香）　○科的（かうて、買うて）　○嗑布（かつふ、葛布）　○括基（かつき、活気？）　○嗑喇亦葉牙（かはらいへや、瓦家屋？）　○子蓋失之（つかひして、使ひして）　○嗑乜那各（かめのかふ、亀の甲）；○窟之（くち、口）　○姑木（くも、雲）　○禄谷哇的（ろくぐわつ、六月）　○谷撒（くさ、草）　○嗑得那（くわうていの、皇帝の）　○倭的毎（くわうていまへ、皇帝前）　○館牙（くわんや、館屋？）；○噶嗑尼（こがね、黄金）

○隋各（とこ、床）　○曲尸（こし、腰）　○窟受（こせう、胡椒）　○温ト姑里（おんほこり、御誇り）　○胡品其（こひげ？、小髭？）　○誇（こ、子）　○孔加尼（こがね、黄金）　○酷骨碌子（ここのつ、九）　○谷米（こめ、米）　○由諾沽（ゆのこ、湯の粉）　○科立（こほり、氷）

{田８}（1562）

{田８}における「カ行音」の子音*/k/の音価は［k，kh］であったと推定する。

＜用例＞

○ふさいとミかひき（ふさい富が引き）　○けらゑ（家来）　○あくかへ（赤頭）　○大やくもい（大屋子思い）　○こおり（郡）

{田９}（1563）

{田９}における「カ行音」の子音*/k/の音価は［k，kh］であったと推定される。

＜用例＞

○せちあらとミかひき（勢治荒富が引き）　○けらへ（家来）　○あくかへ（赤頭）　○大やくもい（大屋子思い）　○こおり（郡）

{字}（1572 頃）

{字}における「カ行音」の子音*/k/の音価は［k，kh］であったと推定できる。但し、*/ki/に対応する部分に破擦音を示す音訳字「之」も現れる。破擦音化が進行していると見ることができる。

＜音訳字＞

*/ki/に対応する部分に「乙、基、旗、起、吃、及、急、掲、乞、更、刻、遮、之、氣、麒、各、巾」が現れる。

*/ke/に対応する部分に「基、及、急、見」が現れる。

*/ka/に対応する部分に「噶、佳、加、刊、堪、看、脚、甲（里）、拿、開、凱、害、蓋、稿、槁、科、嗑、括、各」が現れる。

*/ku/に対応する部分に「窟、姑、枯、谷、嗑、倭、館」が現れる。

*/ko/に対応する部分に「噶、各、曲、窟、古、姑、枯、胡、誇、孔、酷、骨、谷、涸、科」が現れる。

音訳字	中原音韻	東国正韻	訓蒙字会	西儒耳目資	推定音価	備　考
き　乙	iəi	☆	☆	☆	ki	
基	ki	☆	kɯi	ki	ki	
旗	k ‘i	☆	☆	☆	ki	
起	k ‘i	☆	☆	ki	ki	
吃	kiəi, k ‘iəi	☆	kər	☆	ki	
及	kiə	kkɯp	hɯp, kɯp	kie	ki	
急	kiəi	kɯp	☆	kie	ki	
掲	k ‘iəi, kie	kkjəi	☆	k ‘in	khi	

	乞	k ‘iəi	khɯi’	kɔr	k ‘i, k ‘ie, nie	khi	
	更	kəŋ	☆	☆	☆	ki	
	刻	k ‘ə	☆	kʌk	☆	kɪ	
	遮	ʧɪe	☆	☆	☆	tsi	
	之	tʂi	☆	☆	☆	tsi	
	氣	k ‘iəi	☆	skɯi	ki, khi	ki	
	麒	k ‘i	☆	☆	☆	ki	
きお	各	ko	kak	骼　kak	ko	kjo	
きん	巾	kiɔn	kɯn	kɔn	kin	kiɴ	
け	基	ki	☆	kɯi	ki	kɪ	
	及	kiə	kkɯp	hɯp, kɯp	kie	kɪ	
	急	kiəi	kɯp	☆	kie	kɪ	
けん	見	kien, hien	kjɔn	kjɔn	kien, hien	kɪɴ	
か	噶	葛　ko	☆	☆	☆	kɑ	
	佳	kiai	☆	☆	kia, kiai, chui	k(j)a	
	加	kia	ka’	茄　kja	kia	k(j)a	
	刊	k ‘an	khan	☆	k ‘an	kam	「かみなり」
	堪	k ‘am	☆	☆	☆	kam	
	看	k ‘an	khan	kan	k ‘an	khan, kham	「ぢ・ぶ」の前
	脚	kiau	☆	kak	kio	k(j)a	
	拿	na	☆	☆	na	ka	
かい	開	k ‘ai	khai’	kʌi	k ‘ai	khai	
	凱	k ‘ai	khai’	☆	k ‘ai	khai	
	害	hai	hhai’	☆	hai, ho	kai	
	蓋	kai, ho	☆	☆	ko, ho, kai	kai	
かう	稿	kau	槁　kow	犒　ko	稾　kao	kau	
	槁	kau	kow	犒　ko	稾　kao	kau	
	科	k ‘o	khoa’	koa	k ‘uo, ko	ko:	
かつ	嗑	ko	嗑　har	榼　hap	ho	kɑ	
	括	kuo	☆	☆	kuo, huo	kɑ	
かは	嗑	ko	嗑　har	榼　hap	ho	kɑ	
かひ	蓋	kai, ho	☆	☆	ko, ho, kai	kai	
かふ	各	ko	kak	骼　kak	ko	kjo?	
	嗑	ko	嗑　har	榼　hap	ho	ko:	
く	窟	k ‘u	☆	kur	ko	ku	
	姑	ku	ko’	ko	ku	ku	
	枯	k ‘u	kho’	ko	k ‘u	ku	
	谷	ku	☆	kok	ko, kio	ku	

くわう 嗑	ko	嗑　har	榼　hap	ho	ko:	
倭	uo, uəi	ʔoa'	'oa	goei, uei, uo	kwau	
くわん 館	kuon	☆	☆	☆	kwaɴ	
こ　噶	葛　ko	☆	☆	☆	kʊ	
各	ko	kak	骼　kak	ko	k(j)o	
曲	k'iu	☆	kok	ku	kʊ	
窟	k'u	☆	kur	ko	kʊ	
古	ku	ko',zjujo	ko	ku	kʊ	
姑	ku	ko'	ko	ku	kʊ	
枯	k'u	kho'	ko	k'u	kʊ	
胡	hu	☆	☆	hu, ku	kʊ	
誇	k'ua	☆	☆	kua	kʊ	
孔	ko'ŋ	khoŋ	koŋ	k'un	kʊŋ	「が」の前
酷	k'u	☆	☆	ko	kʊ	
骨	ku	☆	☆	ko	kʊ	
谷	ku	☆	kok	ko, kio	kʊ	
沽	ku	☆	☆	ku	kʊ	
こほ　科	k'o	khoa'	koa	k'uo, ko	ko:	

<用例>

主な用例は、以下のとおりである。

○乙依（きぬ、衣）　○那基（なき、泣き）　○由旗（ゆき、雪）　○起模（きも、肝、心）　○吃之（きて、来て）　○阿及（あき、秋）　○都急（つき、月）　○乞奴（きのふ、昨日）　○一更加烏牙（ゑきがおや、男親）　○刻納里（きなり、木成り、木実）○遮那（きぬ、衣）　○匹舎蛮資之（ひざまづき、跪）　○氣力（きり、霧）　○麒粦（きりん、麒麟）○衣石乞各必（いしきいしききおび、石帯）　○罔巾（まうきん、網巾）；○撒基（さけ、酒）　○牙及亦石（やけいし、焼石）　○亦急（いけ、行け）　○活見（ほつけん、絹）；　○打荅噶（たか、鷹）　○嗑哇（かは、皮）　○麻佳里（まかり、碗）○即加撒（ちかさ、近さ）　○刊眉（かみなり、雷）　○堪枇（かみ、紙）　○看息（かぢ、舵）　○倭眉脚都（おみかど、御帝）　○押甲嗑尼（あかがね、銅）　○密失拿失（みじかし、短し）　○開第（かいて、書いて）　○凱（かい、櫂）　○害宅（かいち、獬豸）○蓋乞（かいき、改機）○稿炉（かうろ、香炉）　○槁（かう、香）　○科的（かうて、買うて）　○嗑布（かつふ、葛布）　○括基（かつき、活気？）　○嗑喇（かはら、瓦）○子蓋失之（つかひして、使ひして）　○嗑乜那各（かめのかふ、亀の甲）；○窟之（くち、口）　○姑木（くも、雲）　○枯買毎（くもんめ、九匁）　○谷撒（くさ、草）　○嗑得那（くわうていの、皇帝の）　○倭的毎（くわうていまへ、皇帝前）　○館牙（くわんや、館屋？）；　○噶嗑尼（こがね、黄金）　○福法各（ふばこ、文箱）　○曲尸（こし、腰）○窟受（こせう、胡椒）　○烏鴉没谷古里（おやもほこり？、親御誇り？）　○　○温卜姑里（おんほこり、御誇り）　○枯哇（こ、子）　○胡品其（こひげ？、小髭？）　○誇（こ、子）　○孔加尼（こがね、黄金）　○酷骨碌子（ここのつ、九）　○谷米（こめ、

米）　○由諾沽（ゆのこ、湯の粉）　○科立（こほり、氷）

{使３}（1579）

{使３}における「カ行音」の子音*/k/の音価は［k, kh］であったと推定できる。但し、*/ki/に対応する部分に破擦音を示す音訳字「之」も現れる。破擦音化が進行していると見ることができる。

<音訳字>

*/ki/に対応する部分に「基、旗、起、吃、及、急、掲、乞、更、刻、其、之、氣、豈、各、巾」が現れる。

*/ke/に対応する部分に「基、及、急、見」が現れる。

*/ka/に対応する部分に「噶、嗑、佳、加、刊、堪、看、脚、甲、拿、開、凱、害、蓋、稿、槁、科、括、各」が現れる。

*/ku/に対応する部分に「窟、姑、枯、谷、嗑、倭、館」が現れる。

*/ko/に対応する部分に「噶、各、曲、窟、乎、古、姑、胡、誇、孔、酷、骨、谷、涸、科」が現れる。

音訳字	中原音韻	東国正韻	訓蒙字会	西儒耳目資	推定音価	備　考
き　基	ki	☆	kɯi	ki	ki	
旗	k ‘i	☆	☆	☆	ki	
起	k ‘i	☆	☆	ki	ki	
吃	kiəi, k ‘iəi	☆	kɔr	☆	ki	
及	kiə	kkɯp	hɯp, kɯp	kie	ki	
急	kiəi	kɯp	☆	kie	ki	
掲	k ‘iəi, kie	kkjɔi	☆	k ‘in	khi	
乞	k ‘iəi	khɯi’	kɔr	k ‘i, k ‘ie, nie	khi	
更	kəŋ	☆	☆	☆	ki	
刻	k ‘ə	☆	kʌk	☆	kɪ	
其	k ‘i	☆	☆	ki, hi?	ki	
之	tʂɨ	☆	☆	☆	tsi	
氣	k ‘iəi	☆	skɯi	ki, khi	ki	
豈	k ‘ai	☆	☆	ki, kai	ki	
きお　各	ko	kak	骼　kak	ko	kjo	
きん　巾	kiɔn	kɯn	kɔn	kin	kiɴ	
け　基	ki	☆	kɯi	ki	kɪ	
及	kiə	kkɯp	hɯp, kɯp	kie	kɪ	
急	kiəi	kɯp	☆	kie	kɪ	
けん　見	kien, hien	kjɔn	kjɔn	kien, hien	kɪɴ	
か　噶	葛　ko	☆	☆	☆	kɑ	
嗑	ko	嗑　har	榼　hap	ho	kɑ	
佳	kiai	☆	☆	kia, kiai, chui	k(j)a	

加	kia	ka’	茄　kja	kia	k(j)a	
刊	k ‘an	khan	☆	k ‘an	kam	「かみなり」
堪	k ‘am	☆	☆	☆	kam	
看	k ‘an	khan	kan	k ‘an	khan, kham	「ち・ぶ」の前
脚	kiau	☆	kak	kio	k(j)a	
甲	kia	☆	kak	kia	k(j)a	
拿	na	☆	☆	na	ka	
かい　開	k ‘ai	khai’	kʌi	k ‘ai	khai	
凱	k ‘ai	khai’	☆	k ‘ai	khai	
害	hai	hhai’	☆	hai, ho	kai	
蓋	kai, ho	☆	☆	ko, ho, kai	kai	
かう　稿	kau	槁　kow	犒　ko	稾　kao	kau	
槁	kau	kow	犒　ko	稾　kao	kau	
科	k ‘o	khoa’	koa	k ‘uo, ko	ko:	
かつ　嗑	ko	嗑　har	榼　hap	ho	ka	
括	kuo	☆	☆	kuo, huo	ka	
かは　嗑	ko	嗑　har	榼　hap	ho	ka	
かひ　蓋	kai, ho	☆	☆	ko, ho, kai	kai	
かふ　各	ko	kak	骼　kak	ko	kjo?	
嗑	ko	嗑　har	榼　hap	ho	ko:	
く　窟	k ‘u	☆	kur	ko	ku	
姑	ku	ko’	ko	ku	ku	
枯	k ‘u	kho’	ko	k ‘u	ku	
谷	ku	☆	kok	ko, kio	ku	
くわう嗑	ko	嗑　har	榼　hap	ho	ko:	
倭	uo, uəi	ʔoa’	’oa	goei, uei, uo	kwau	
くわん館	kuon	☆	☆	☆	kwaɴ	
こ　噶	葛　ko	☆	☆	☆	kʊ	
各	ko	kak	骼　kak	ko	k(j)o	
曲	k ‘iu	☆	kok	ku	kʊ	
窟	k ‘u	☆	kur	ko	kʊ	
乎	hu	☆	☆	☆	kʊ	
古	ku	ko’, zjujo	ko	ku	kʊ	
姑	ku	ko’	ko	ku	kʊ	
胡	hu	☆	☆	hu, ku	kʊ	
誇	k ‘ua	☆	☆	kua	kʊ	

孔	ko ‘ŋ	khoŋ	koŋ	k ‘un	kʊŋ	「が」の前
酷	k ‘u	☆	☆	ko	kʊ	
骨	ku	☆	☆	ko	kʊ	
谷	ku	☆	kok	ko, kio	kʊ	
沽	ku	☆	☆	ku	kʊ	
こほ　科	k ‘o	khoa’	koa	k ‘uo, ko	ko:	

<用例>

主な用例は、以下のとおりである。

○一基（いき、行き）　○由旗（ゆき、雪）　○起模（きも、肝、心）　○吃之（きて、来て）　○失木都及（しもつき、十一月）　○都急（つき、月）　○掲知（きて、来て）　○乞奴（きのふ、昨日）　○一更加烏牙（ゑきがおや、男親）　○刻納里（きなり、木成り、木実）　○其粦（きりん、麒麟）　○匹舎蛮資之（ひざまづき、跪）　○氣力（きり、霧）　○豈奴（きぬ、衣）　○衣石乞各必（いしきいしききおび、石帯）　○罔巾（まうきん、網巾）；　○撒基（さけ、酒）　○牙及亦石（やけいし、焼石）　○撒急（さけ、酒）　○達急（たけ、竹）　○活見（ほつけん、絹）；　○打荅噶（たか、鷹）　○嗑哇（かは、皮）　○麻佳里（まかり、碗）　○即加撒（ちかさ、近さ）　○刊眉（かみなり、雷）　○堪枇（かみ、紙）　○看息（かぢ、舵）　○倭眉脚度（おみかど、御帝）　○押甲嗑尼（あかがね、銅）　○密失拿失（みじかし、短し）　○開第（かいて、書いて）　○凱（かい、櫃）　○害宅（かいち、獬豸）　○蓋乞（かいき、改機）○槁炉（かうろ、香炉）　○槁（かう、香）　○科的（かうて、買うて）　○嗑布（かつふ、葛布）　○括基（かつき、活気？）　○嗑喇（かはら、瓦）　○子蓋失之（つかひして、使ひして）　○嗑乜（那各）（かめのかふ、亀の甲）；　○窟之（くち、口）　○姑木（くも、雲）　○枯雀枯（くじやく、孔雀）　○谷哇的（くぐわつ、九月）　○嗑得那（くわうていの、皇帝の）　○倭的毎（くわうていまへ、皇帝前）　○館牙（くわんや、館屋？）；○噶嗑尼（こがね、黄金）　○堕各（とこ、床）　○曲尸（こし、腰）　○窟受（こせう、胡椒）　○乎襪子（こべつ？、襪？）　○谷古里（ほこり、誇り）○温卜姑里（おんほこり、御誇り）　○胡品其（こひげ？、小髭？）　○誇（こ、子）　○孔加尼（こがね、黄金）　○酷骨碌子（ここのつ、九）　○谷米（こめ、米）　○由諾沽（ゆのこ、湯の粉）　○科立（こほり、氷）

{田 10}（1593）

{田 10}における「カ行音」の子音*/k/の音価は［k, kh］であったと推定できる。

<用例>

○大やくもい（大屋子思い）　○こおり（郡）　○さとぬしところ（里主所）

（用例なし）*/ki/, */ke/, */ka/

{浦}（1597）

{浦}における「カ行音」の子音*/k/の音価は［k, kh］であったと推定できる。

＜用例＞

○きこゑ大きみかなし（聞得大君加那志）　○りうきう（琉球）　○おきなハ（沖縄）○はつまき（鉢巻）　○御ちよわひ（御来よわひ）　○御ちよわいめし（御来よわい召し）　○けらへあくかへ（家来赤頭）　○ミおほけに　○つけめしよわちへ（付け〜）○かミほとけの（神仏の）　○たいへいけうたひらはし（太平橋平良橋）　○はしかけさせ（橋架けさせ）　○かすしらす（数知らず）　○そんとんよりこのかた（尊敦よりこの方）　○かはら（河原）　○かほう（果報）　○ひのかミ（火の神）○うちほか（内外）○おゑか　○しかれは　○ふかさあるけに（深さあるけに）　○くに（国）　○くひり（小坂）　○くもこはし（雲子橋）　○くらゐ（位）　○大やくもい（大屋子思い）　○ひやくしやう（百姓）　○ゑくか（男）　○りうきうこく（琉球国）　○このミよわちへ（工によわちへ）　○いしらこはましらこは（石子は真石子は）　○おほこりめしよハちゑ（御慶り〜）

Ⅱ－３－(2)　ガ行の子音

（＊／ｇｉ，ｇｅ，ｇａ，ｇｕ，ｇｏ／の子音）

{翻}（1501）

ハングルの「ｋ」で表記されており、「ŋ」に後続する形で表記された例が多い。この「ŋ」に関しては「撥音」のところで詳しく述べる。

音価に関して、[g] であって [ŋ] ではなかったという決め手はないが、現代（沖縄）語のガ行子音が語頭・語中とも [g] であり、また、現代朝鮮語でŋの次のkは有声音となるが、それは [g] であることから推して、[g] であったと判断しておく。

＜用例＞

主な用例を示す。

○'u-saŋ-ki（うさぎ、兎）　○'aŋ-kɯi-ra（あげら、上げら）　○'aŋ-kat-tjɔi（あがりて、上がりて）　○sja-'oŋ-ka（しやうが、生姜）　○ma-sʌŋ-ko（ますぐ、真直）○sjo-'oŋ-koa-cʌ（しやうぐわつ、正月）

{玉}（1501）

＊/gi/における破擦音化、及び＊/-iga/における口蓋化は見出せない。「ガ行音」の子音の音価は、[g]であると判断される。

所謂「濁点」の表示は、なされていない。

（これは、碑文記と辞令文書とに共通に言えることであって、例外はない。よって、以下において「有声子音」に関する項目では、いちいちこのような断りはしないこととする。）

＜用例＞

○てんにあをき（天に仰ぎ）　○おきやかもひかなし　○おもひふたかね（思二金）○まさふろかね（真三郎金）　○なかくすくのあんし（中城の按司）　○こゑく（越来）

（用例なし）＊/ge/

{館}（16C 前半？）

＊/-iga/における口蓋化は見出せない。

「ガ行音」の子音の音価は、[g]であると判断される。

「ガ行音」の子音＊/g/の音価は［g］であったと推定できる。但し、＊/gi/に対応する部分に、破裂音の音訳字とともに、破擦音を示す音訳字「枝」も現れているので、破擦音化が始まっていると見ることができる。

＜音訳字＞

＊/gi/に対応する部分に「及、乞、枝」が現れる。

＊/ge/に対応する部分に「乞、結、潔」が現れる。

＊/ga/に対応する部分に「加、嗑、暗」が現れる。

＊/gu/に対応する部分に「姑、哇」が現れる。

＊/go/に対応する部分に「烏、悪」が現れる。

音訳字	中原音韻	東国正韻	訓蒙字会	西儒耳目資	推定音価
ぎ　及	kiə	kkɯp	hɯp, kɯp	kie	gi
乞	k ‘iəi	khɯi’	kɔr	k ‘i, k ‘ie, nie	gi
枝	tsɨ, k ‘i	kki’, ci’	ci	k ‘i, chi, xi	ʤi
げ　乞	k ‘iəi	khɯi’	kɔr	k ‘i, k ‘ie, nie	gɨ
結	kie	kjɔi’	☆	kie, ki, hi	gɪ
潔	kie	kjɔrʔ	☆	kie	gɪ
が　加	kia	ka′	茄　kja	kia	ga, gja?
嗑	ko	嗑　har	榼　hap	ho	gɑ
がん暗	am	ʔam	’am	han, gan	gaɴ
ぐ　姑	ku	ko’	ko	ku	gu
ぐわ哇	ua	ʔoa’, ʔai’	蛙　’oa	ua, ya	gwa
ご　烏	u	ʔo	o’	u	u
悪	o, u	ʔo’, ʔak, ʔa’	’ak	o, u, ia	gʊŋ

＜用例＞

主な用例は、以下のとおりである。

○昂及（あふぎ、扇）　○烏撒及（うさぎ、兎）　○以立蒙乞（いりむ゚ぎ、炒り麦）　○翁枝（をぎ、荻、甘蔗）　○品乞（ひげ、髭）　○阿結的（あげて、上げて）　○不潔（まゆげ、眉毛）　○孔加尼（こがね、黄金）　○个嗑尼（こがね、黄金）　○隆暗（りゆうがん、龍眼）　○姑速姑（ぐすく、城）　○焼哇的（しやうぐわつ、正月）　○法只哇的（はちぐわつ、八月）　○烏買毎（ごもんめ、五匁）　○悪哇的（ごぐわつ、五月）

{石東}（1522）

＊/-iga/における口蓋化は見出せない。

「ガ行音」の子音の音価は、[g]であると判断される。

＜用例＞

○首里おきやかもいかなし（首里おぎやかもい加那志）

（用例なし）*/ge/, */gu/, */go/

{石西}（1522）

/gi/における破擦音化は見出せない。/-iga/の環境にある用例が見当たらない。

「ガ行音」の子音の音価は、[g]であると判断する。

＜用例＞

○たしきやくき（だしきや釘）　○あんしけすのため（按司下司のため）　○おかミ申候（拝に申候）　○まかねたる（真金樽）　○くにかみ（国頭）　○あかめたてまつり候て（崇めたてまつり候て）　○とよみくすく（豊見城）　○かくこ（恪護）

{田１}（1523）

/-iga/における口蓋化は見出せない。（/gi/の用例なし。）

「ガ行音」の子音の音価は、[g]であると判断する。

＜用例＞

○たから丸かくわにしやわ（宝丸が官舎わ）　○せいやりとみかひきの（勢遣り富が引き）　○てこく（文子）

（用例なし）*/gi/, */ge/, */gu/

{崇}（1527）

「ガ行音」の子音の音価は、[g]であると判断される。

＜用例＞

○あんしもけすも（按司も下司も）

（用例なし）*/gi/, */ga/, */gu/, */go/

{おも１}（1531）

*/gi/における破擦音化の有無は確認できない。、

*/-iga/における口蓋化の用例がある。　○てにぎや下（天ぎや下）

「ガ行音」の子音の音価は、[g]であると判断される。

＜用例＞

○きみーか（君々が）　○おぎもうちに（お肝内に）　○おきやかもい　○おぎやかもい　○みちやぎりに（土斬りに）　○をぎもうちの（を肝内の）　○あらきやめ＜ある限り＞　○かよわぎやめ＜通うまで＞　○てにぎや下（天ぎや下）　○げに（実に）　○なげくな（嘆くな）　○たいらけて（平らげて）　○こかね（黄金、金）　○あがるおりかさが（上がる～）　○あゆがうち（肝が中）　○きやかるひに＜輝かしい日に＞　○きやがるひに＜輝かしい日に＞　○てにがした（天が下）　○かかあらちへ（輝あらちへ）　○世がほう（世果報）　○あかぐちやが　○おもいくわ（思い子）　○すぐれて（勝れて）　○いくさに（藺草に）　○なごやけて（和やけて）

{使１}（1534）

＊/gi/における破擦音化は見出せない。

＊/-iga/の環境にある用例が見当たらない。

「ガ行音」の子音の音価は、[g]であると判断する。

＜音訳字＞

＊/gi/に対応する部分に「及、季、急」が現れる。

＊/ge/に対応する部分に「乞、其、傑、潔」が現れる。

＊/ga/に対応する部分に「加、嗑、暗」が現れる。

＊/gu/に対応する部分に「谷、哇」が現れる。

＊/go/に対応する部分に「吾、悪」が現れる。

音訳字		中原音韻	東国正韻	訓蒙字会	西儒耳目資	推定音価
ぎ	及	kiə	kkɯp	hɯp, kɯp	kie	gi
	季	ki	☆	☆	☆	gi
	急	kiəi	kɯp	☆	kie	gi
げ	乞	k ‘iəi	khɯi’	kɔr	k ‘i, k ‘ie, nie	gɨ
	其	k ‘i	☆	☆	☆	gɨ
	傑	kie	☆	kɔr	kie	gɨ
	潔	kie	kjɔrʔ	☆	kie	gɪ
が	加	kia	ka’	茄　kja	kia	ga, gja
	嗑	ko	嗑　har	榼　hap	ho	gɑ
がは	嗑	ko	嗑　har	榼　hap	ho	gɑ
がん	暗	am	ʔam	’am	han, gan	gaɴ
ぐ	谷	ku	☆	kok	ko, kio	gu
ぐわ	哇	ua	ʔoa’, ʔai’	蛙　’oa	ua, ya	gwa
ご	吾	u	☆	’o	☆	go
	悪	o, u	ʔo’, ʔak, ʔa’	’ak	o, u, ia	gʊŋ

＜用例＞

主な用例は、以下のとおりである。

○吾撒及（うさぎ、兎）　○昂季（あふぎ、扇）　○翁急（をぎ、荻、甘蔗）　○昂乞利（あげれ、上げれ）　○品其（ひげ、髭）　○阿傑的（あげて、上げて）　○不潔（まゆげ、眉毛）　○孔加尼（黄金）　○谷禄嗑尼（くろがね、鉄）　○依嗑喇（ゐがはら、井河原）　○龍暗（りゆうがん、龍眼）　○谷□谷（ぐすく、城）　○焼哇的（しやうぐわつ、正月）　○吾買毎（ごもんめ、五匁）　○悪哇的（ごぐわつ、五月）

{田２}（1536）

＊/gi/における破擦音化は見出せない。

＊/-iga/の環境にある用例が見当たらない。

{田２}における「ガ行音」の子音の音価は、[g]であると判断する。

＜用例＞
○まきり（間切）　○くわんしやか方へ（官舎が方へ）
（用例なし）*/ge/, */gu/, */go/

{田３}（1537）

/gi/における破擦音化、及び/-iga/における口蓋化は見出せない。
「ガ行音」の子音の音価は、[g]であると判断される。

＜用例＞
○よつきとみか（世継ぎ富が）　○大やくもいか（大屋子思いが）
（用例なし）*/ge/, */gu/, */go/

{田４}（1541）

/gi/における破擦音化、及び/-iga/における口蓋化は見出せない。
「ガ行音」の子音の音価は、[g]であると判断される。

＜用例＞
○せちあらとミか（勢治荒富が）　○[つつ]かねてほり　○てこく（文子）
（用例なし）*/gi/, */ge/, */gu/

{かた}（1543）

/gi/における破擦音化、及び/-iga/における口蓋化は見出せない。
「ガ行音」の子音の音価は、[g]であると判断される。

＜用例＞
○きすゝの大やくもい（宜寿次の大屋子思い）　○きようしゆん（尭舜）　○かきりなし（限りなし）　○御くらひをつきめしよわちへ（御位を継ぎめしよわちへ）　○ふかさあるけに（深さあるけに）　○ねかひ事（願ひ事）　○いぬたるかね（犬樽金）　○あんしおそひかなし（按司襲ひ加那志）　○ひかしにあたりて（東に当たりて）　○むまれなから（生まれながら）　○おもひくわへ（思ひ子部）
（用例なし）*/go/

{田５}（1545）

/gi/における破擦音化、及び/-iga/における口蓋化は見出せない。
「ガ行音」の子音の音価は、[g]であると判断される。

＜用例＞
○きま（儀間）　○まきり（間切）　○大やくもいか（大屋子思いが）　○かなくすく（金城）
（用例なし）*/ge/, */go/

{添}（1546）

/gi/における破擦音化、及び/-iga/における口蓋化は見出せない。
「ガ行音」の子音の音価は、[g]であると判断される。

＜用例＞

○きこゑ大きみきみー（聞得大君君々）　○首里天つきの（首里天継ぎの）　○ありたるけに　○いちやちやけらへわちへ（板門造へわちへ）　○つミあけわちへ（積み上げわちへ）　○なけハ二百三十ひろに（長は二百三十尋に）　○かなはの大やくもい（我那覇の大屋子思い）　○御石かきつみ申候（御石垣積み申候）　○あんしおそひかなし（按司襲ひ加那志）　○しほたるかね（小樽金）（塩太郎金）　○をかみ候て（拝み候て）　○御くすくの御石かき（御城の御石垣）　○おもひくわへ（思ひ子部）

（用例なし）*/go/

{田６}（1551）

/gi/における破擦音化、及び/-iga/における口蓋化は見出せない。

「ガ行音」の子音の音価は、[g]であると判断される。

＜用例＞

○きま（儀間）　○まきり（間切）　○大やくもいか（大屋子思いが）　○かなくすく（金城）

（用例なし）*/ge/, */go/

{やら}（1554）

*/gi/における破擦音化は見出せない。

*/-iga/における口蓋化を示す例がある。

○天きや下ハ　○しもしましりきやめむ（下島尻ぎやめむ）　○いきよくまし（動くまじ）

「(いこく→) いきよく」、「天きや下」と「天か下」。口蓋化表記とそうでないものとの並存が認められる。

「ガ行音」の子音の音価は、[g]であると判断される。

＜用例＞

○きまの大やくもい（儀間の大屋子思い）　○たしきやくき（だしきや釘）　○天きや下ハ　○しもしましりきやめむ（下島尻ぎやめむ）　○いきよくまし（動くまじ）　○ふきやう（奉行）　○あんしけす（按司下司）　○いのりめしよわちやるけに（祈り召しよわちやるげに）　○けらへハちへ（造へはちへ）　○つミあけわちへ（積み上げわちへ）　○あんしおそひかなし（按司襲ひ加那志）　○ちはなれからめちへ（地離れがらめちへ）　○あさかかね　○ミはひおかてあり（御拝拝であり）　○おかミめしよはる（拝み召しよはる）　○ちかためのおよハひ（地固めの御祝ひ）　○天か下のあちけす（天が下の按司下司）　○くすくつミつけて（城積みつけて）　○くすくまの大やくもい（城間の大屋子思い）　○かくこするへし（恪護するべし）

{田７}（1560）

/gi/における破擦音化、及び/-iga/における口蓋化は見出せない。

「ガ行音」の子音の音価は、[g]であると判断される。

＜用例＞

○まきり（間切）　○大やくもいか（大屋子思いが）　○とよミくすく（豊見城）

（用例なし）*/ge/, */go

{使2}（1561）

*/gi/における破擦音化は見出せない。

*/-iga/の用例が見当たらない。

「ガ行音」の子音の音価は、[g]であると判断される。

＜音訳字＞

*/gi/に対応する部分に「妳、基、及、急、其、今」が現れる。

*/ge/に対応する部分に「基、急、傑、潔、其、之」が現れる。

*/ga/に対応する部分に「喈、加、暗」が現れる。

*/gu/に対応する部分に「窟、吾、沽、嗑」が現れる。

*/go/に対応する部分に「課、姑、吾、悪、胡」が現れる。

音訳字		中原音韻	東国正韻	訓蒙字会	西儒耳目資	推定音価
ぎ	妳	你 ni	☆	☆	你 ni	gi
	基	ki	☆	kɯi	ki	gi
	及	kiə	kkɯp	hɯp, kɯp	kie	gi
	急	kiəi	kɯp	☆	kie	gi
	其	k ‘i	☆	☆	ki, hi?	gi
ぎぬ	今	kiəm	☆	☆	☆	giɴ
げ	基	ki	☆	kɯi	ki	gɪ
	急	kiəi	kɯp	☆	kie	gɪ
	傑	kie	☆	kɔr	kie	gɪ
	潔	kie	kjɔrʔ		kie	gɪ
	其	k ‘i	☆	☆	ki, hi?	gi
	之	ʈʂɨ	☆	☆	☆	dzi
が	喈	kiai	☆	☆	☆	g(j)a
	加	kia	ka’	茄　kja	kia	g(j)a
がん	暗	am	ʔam	’am	han, gan	gaɴ
ぐ	窟	k ‘u	☆	kur	ko	gu
	吾	u	☆	’o	☆	gu
	沽	ku	☆	ko	ku	gʊ
	哇	ua	ʔoa’, ʔai’	蛙　’oa	ua, ya	gwa
ご	課	k ‘uo		koa	kuo, ko	gʊ
	姑	ku	ko’	ko	ku	gʊ
	吾	u	☆	’o	☆	gʊ
	悪	o, u	ʔo’, ʔak, ʔa’	’ak	o, u, ia	gʊŋ
？ごう	胡	hu	☆	☆	hu, ku	gʊː

<用例>

主な用例は、以下のとおりである。

○密加《ママ》妳（みつぎ、貢）　○皿基諾沽（むぎのこ、麦の粉）　○吾撒及（うさぎ、兎）○翁急（をぎ、荻、甘蔗）　○汪其（あふぎ、扇）　○冷今（どうぎぬ？　胴衣？）○嗑十藍基（かしらげ、頭毛、髪）　○扎安急第（ちやあげて、茶上げて）　○不潔（まゆげ、眉毛）　○胡品其（こひげ？　小髭？）　○嗑蘭自之（からじげ、頭毛、髪）○石禄嗑尼（しろがね、錫）　○孔加尼（こがね、黄金）　○龍暗（りゆうがん、龍眼）○窟宿枯（ぐすく、城）　○漫思吾（ますぐ、真直）　○馬訟沽夷（ますぐい、真直い）（まっすぐか）　○法只哇的（はちぐわつ、八月）　○課沙（いごさ、痒さ？）　○吾買毎（ごもんめ、五匁）　○悪哇的（ごぐわつ、五月）　○？匹胡平（しごうびん？　四合瓶？）

{田８}（1562）

/-iga/における口蓋化は見出せない。（/gi/は用例なし。）

「ガ行音」の子音の音価は、[g]であると判断される。

<用例>

○大やくもいか（大屋子思いが）　○ふさいとミか（ふさい富が）

（用例なし）*/gi/, */ge/, */gu/, */go

{田９}（1563）

/-iga/における口蓋化は見出せない。（/gi/は用例なし。）

「ガ行音」の子音の音価は、[g]であると判断される。

<用例>

○大やくもいか（大屋子思いが）

（用例なし）*/gi/, */ge/, */gu/, */go

{字}（1572 頃）

*/gi/における破擦音化は見出せない。

*/-iga/の用例が見当たらない。

「ガ行音」の子音の音価は、[g]であると判断される。

<音訳字>

*/gi/に対応する部分に「基、及、急、其」が現れる。

*/ge/に対応する部分に「基、急、傑、其、之」が現れる。

*/ga/に対応する部分に「嗑、喈、加、暗」が現れる。

*/gu/に対応する部分に「窟、吾、沽、哇」が現れる。

*/go/に対応する部分に「課、姑、吾、悪、胡」が現れる。

音訳字	中原音韻	東国正韻	訓蒙字会	西儒耳目資	推定音価
ぎ　基	ki	☆	kɯi	ki	gi
及	kiə	kkɯp	hɯp, kɯp	kie	gi

急	kiəi	kɯp	☆	kie	gi
其	k ʻi	☆	☆	ki, hi?	gi
げ　基	ki	☆	kɯi	ki	gɪ
急	kiəi	kɯp	☆	kie	gɪ
傑	kie		kɔr	kie	gɪ
其	k ʻi	☆	☆	ki, hi?	gi
之	ʈʂi	☆	☆	☆	dzi
が　嗑	ko	嗑　har	榼　hap	ho	ga
喈	kiai	☆	☆	☆	g(j)a
加	kia	ka’	茄　kja	kia	g(j)a
がん　暗	am	ʔam	’am	han, gan	gaɴ
ぐ　窟	k ʻu	☆	kur	ko	gu
吾	u	☆	’o	☆	gu
沽	ku	☆	ko	ku	gʊ
ぐわ　哇	ua	ʔoa’, ʔai’	蛙　’oa	ua, ya	gwa
ご　課	k ʻuo	☆	koa	kuo, ko	gʊ
姑	ku	ko’	ko	ku	gʊ
吾	u	☆	’o	☆	gʊ
悪	o, u	ʔo’, ʔak, ʔa’	’ak	o, u, ia	gʊŋ
？ごう胡	hu	☆	☆	hu, ku	gʊː

<用例>

主な用例は、以下のとおりである。

○皿基（むぎ、麦の）　○吾撒及（うさぎ、兎）　○翁急（をぎ、荻、甘蔗）　○汪其（あふぎ、扇）　○嗑十藍基（かしらげ、頭毛、髪）　○安急第（あげて、上げて）　○阿傑的（あげて、上げて）　○品其（ひげ、髭）　○窟禄嗑尼（くろがね、鉄）　○喈哪（がな、鵞）　○孔加尼（こがね、黄金）　○龍暗（りゆうがん、龍眼）　○窟宿枯（ぐすく、城）　○漫思吾（ますぐ、真直）　○法只哇的（はちぐわつ、八月）　○課沙（いごさ、痒さ？）　○烏男姑（をなご、女子、女）　○吾買毎（ごもんめ、五匁）　○悪哇的（ごぐわつ、五月）　○？匹胡平（しごうびん？　四合瓶？）

{使３}（1579）

/gi/における破擦音化は見出せない。/-iga/の用例が見当たらない。

「ガ行音」の子音の音価は、[g]であると判断される。

<音訳字>

*/gi/に対応する部分に「基、及、急、其、今」が現れる。

*/ge/に対応する部分に「基、急、傑、其」が現れる。

*/ga/に対応する部分に「嗑、喈、加、暗」が現れる。

*/gu/に対応する部分に「窟、吾、沽、哇」が現れる。

*/go/に対応する部分に「課、姑、吾、悪、胡」が現れる。

音訳字	中原音韻	東国正韻	訓蒙字会	西儒耳目資	推定音価
ぎ　基	ki	☆	kɯi	ki	gi
及	kiə	kkɯp	hɯp, kɯp	kie	gi
急	kiəi	kɯp	☆	kie	gi
其	k ‘i	☆	☆	ki, hi?	gi
ぎぬ　今	kiəm	☆	☆	☆	giɴ
げ　基	ki	☆	kɯi	ki	gɪ
急	kiəi	kɯp	☆	kie	gɪ
傑	kie	☆	kɔr	kie	gɪ
其	k ‘i	☆	☆	ki, hi?	gi
が　嗑	ko	嗑　har	榼　hap	ho	ga
喈	kiai	☆	☆	☆	g(j)a
加	kia	ka’	茄　kja	kia	g(j)a
がん　暗	am	ʔam	’am	han, gan	gaɴ
ぐ　窟	k ‘u	☆	kur	ko	gu
吾	u	☆	’o	☆	gu
沽	ku	☆	ko	ku	gʊ
ぐわ　哇	ua	ʔoa’, ʔai’	蛙　’oa	ua, ya	gwa
ご　課	k ‘uo	☆	koa	kuo, ko	gʊ
姑	ku	ko’	ko	ku	gʊ
吾	u	☆	’o	☆	gʊ
悪	o, u	ʔo’, ʔak, ʔa’	’ak	o, u, ia	gʊŋ
ごう？胡	hu	☆	☆	hu, ku	gʊː

<用例>

主な用例は、以下のとおりである。

○皿基（むぎ、麦）　○吾撒及（うさぎ、兎）　○民急里（みぎり、右）　○汪其（あふぎ、扇）　○冷今（どうぎぬ、胴衣）　○嗑十藍基（かしらげ、頭毛、髪）　○安急第（あげて、上げて）　○阿傑的（あげて、上げて）　○品其（ひげ、髭）　○拿嗑失（ながし、長し）　○喈哪（がな、鵞）　○孔加尼（こがね、黄金）　○龍暗（りゆうがん、龍眼）　○窟宿枯（ぐすく、城）　○漫思吾（ますぐ、真直）　○馬訟沽夷ますぐ、真直）○焼哇的（しやうぐわつ、正月）　○課沙（いごさ、痒さ？）　○烏男姑（をなご、女子、女）　○吾買毎（ごもんめ、五匁）　○悪哇的（ごぐわつ、五月）　○？匹胡平（しごうびん、四合瓶）

{田 10}（1593）

/gi/における破擦音化、及び/-iga/における口蓋化は見出せない。

「ガ行音」の子音の音価は、[g]であると判断される。

<用例>

○きま（儀間）　○大やくもいか（大屋子思いが）

（用例なし）*/ge/, */gu/, */go/

{浦}（1597）

/gi/における破擦音化、及び/-iga/における口蓋化は見出せない。

○きほくひり（儀保小坂）　○くにかミ（国頭）

「ガ行音」の子音の音価は、[g]であると判断される。

＜用例＞

○きほくひり（儀保小坂）　○うらおそひまきり（浦襲ひ間切）　○つきめしよわちへ（継ぎ召しよわちへ）　○ふきやう二人（奉行二人）　○しもしましりきやめの（下島尻ぎやめの）　○あちけす（按司下司）　○ふかさあるけに（深さあるげに）　○つミあけわちへ（積み上げわちへ）　○てたかすゑ（てだが末）　○天か下のあち（天が下の按司）　○あんしおそひかなし天の（按司加那志）　○くにかミ（国頭）　○おかミ申候（拝み申し候）　○ねかひ申し候て（願ひ申し候て）　○大小のゑくかおなこ（大小の男女子）　○くすくまの大やくもい（城間の大屋子思い）　○わか人おなこわらへ（若人女子童）　○なこの大やくもい（名護の大屋子思い）

Ⅱ－３－⑶　タ行の子音

（*／ｔｉ，ｔｅ，ｔａ，ｔｕ，ｔｏ／の子音）

{翻}（1501）

/te, ta, to/に対応するのは「t」「th」で、/ti, tu/に対応するものは「c」「ch」で、それぞれ表記されている。

また、/i/の後の*/te, ta, to/のなかにも「c」「ch」で表記されたものがある。破擦音化がかなり進んでいたことを知ることができる。

語頭では強い有気音の「th」、語中ではそうではない「t」の例が多い。音価が［t, th］であったと判断できる。

「c・ch」に関しても、次の例により（当時の沖縄語に）気音の有無による対立のないことがわかる。

○phi-chju（人）　○phi-cjo（人）　○cʌ-ra（面、顔）　○chʌ-ra（面、顔）

無気音表記（「tt」「cc」等）の例も見当たらない。

15・6世紀頃の朝鮮語の「c」・「ch」は、それぞれ［ts］・［tsh］であるとされるが、「茶 chja」の例により（当時の沖縄語に）［ʧ］も確認できる。

「cʌ-ra」は［tsɯra］であろうが、「chʌ-ra」もあるから、多少口蓋化しはじめていたのであろう（［ʧɯra］のように）。「人　phi-cjo、phi-chju」も同様である。

＜用例＞

主な用例を示す。

○'a-sa-ti（あさて、明後日）　○thi（て、手）　○tha-cʌ（たつ、龍）　○chui-tha-ci（ついたち、一日）、tho-'o-ri（とほり、通）　○to-ra（とら、虎）　：ci（ち、地）

○khɯ-ci（くち、口）　○chʌ-ra（つら、面）　○na-cʌ（なつ、夏）　：that-cjɔi（たちて、発ちて）　○si-cja（した、下）　○phi-chju（ひと、人）　○chja（ちや、茶）

｛玉｝(1501)

仮名からは、｛翻｝のように「*/te, ta, to/に対応するのは「t」「th」で、*/ti, tu/に対応するものは「c」「ch」で、それぞれ表記されている」というようなことは指摘できないが、同時期の資料であることから、｛翻｝に準じて、「て、た、と」の子音の音価は[t, th]であり、「ち、つ」の子音の音価は[ʧ, ts]であったと推定する。

<用例>

○ちにふして（地に伏して）　○おとちとのもいかね　○のちにあらそふ人あらは（後に争ふ人あらば）　○てんにあをき（天に仰ぎ）　○たたるへし（祟るべし）　○このところに　○とよみくすく（豊見城）

（用例なし）*/tu/

｛館｝（16C前半？）

*/ti/, */tu/相当部分に破擦音の音訳字が現れる。

○姑之（くち、口）　○嗑子撒（あつさ、熱さ）　○密子（みつ、三）

*/te/, */ta/, */to/にも/i/の後の環境で破擦音の音訳字が現れる。

○密只（みて、見て）　○阿者（あした、明日）　○必周（ひと、人）

これらの例は、破擦音化の進行を示していると思われる。

よって、｛翻｝と同じように、*/te/, */ta/, */to/の子音の音価は[t, th]であり、*/ti/, */tu/の子音の音価は[ʧ, ts]であったと推定する。

<音訳字>

*/ti/に対応する部分に「只、集、止、結、之、宅、的、扎、朝、着」が現れる。

*/te/に対応する部分に「的、只、帖、得、甸」が現れる。

*/ta/に対応する部分に「達、大、都、塔、者、太、刀」が現れる。

*/tu/に対応する部分に「子、的、只、多、禿、足、思、是、祖、茲、速、都、度」が現れる。

*/to/に対応する部分に「多、它、吐、周、大、度、独、都、堕、」が現れる。

音訳字	中原音韻	東国正韻	訓蒙字会	西儒耳目資	推定音価
ち　之	tʂi	ci’	芝　ci	chi	tsi
止	tʂi	ci’	趾　ci	c ‘hi, chi	tsi
只	tʂi	ciʔ	☆	chi	tsi
宅	tʂai	to’	thʌik	ç ‘e, çe	tsi
的	tiəi	tjɔk	菂　tjɔk	tie	ti
結	kie	kjɔi’	☆	kie, ki, hi	ʧi ?
集	tsiəi	ccip	cip	çie, ça	tsi
ちや　扎	tʂa	carʔ	☆	ca, che	ʧa
ちやう朝	ʧɪəut, ʃ ‘ɪəu	tjow	tjo	c ‘hao, chao	ʧoː

ちよ　着	ʧɪo, ʧɪau	☆	thjak	c ‘hu, chu	ʧo
て　只	ʈʂi	cirʔ	☆	chi	tsi
的	tiəi	tjɔk	葯 tjɔk	tie	tɪ
帖	t ‘ie	thjɔp	thjɔp	t ‘ie	thɪ
てい　的	tiəi	tjɔk	葯 tjɔk	tie	tɪi
得	təi	tɯk	☆	te	tei
てん　甸	tien	ttjɔn, ssiŋ	tjɔn	tien, xien, xim	tɪn
た　大	ta, tai	tta’, ttai’, thai’, thoa	☆	ta, t’o, to, toi	ta
都	tu	to’	to	tu	tɑ
達	ta	tharʔ, ttarʔ	闥　tar	t’a, ta	ta
塔	t ‘a	thap	thap	t ‘u	tha
者	ʧɪe	cja	赭　cja	che	ʧa
たい　大	ta, tai	tta’, ttai’, thai’, thoa	☆	ta, t’o, to, toi	tai
太	t ‘ai	thai’	汰 thai	t ‘ai	thai
たう　刀	tau	tow	to	tao, tiao	tau
たふ　塔	t ‘a	thap	thap	t ‘u	thau
つ　子	tsi	ccʌ’	cʌ	çu	tsɯ
只	ʈʂi	cirʔ	☆	chi	tsi
多	tuo	ta’	☆	to	tu
禿	t ‘u	thok	tok	t ‘o	tu
的	tiəi	tjɔk	葯 tjɔk	tie	tsi
足	tsiu	cju’, cjuk	cjok	çu,　ço	tsɯ
思	si	sʌi’	☆	su, sai	tsi
是	ʂi	ssi’	si	xi	tsi
祖	tsu	co’	co	cu, chu	tsɯ
茲	tsi	cʌ’, ccʌ’	滋　cʌ	☆	tsi
速	su	sok	☆	so	sɯ, si
都	tu	to’	to	tu	tu
つう　度	tu, to	tto’	to	tu, to, ce	tu:
と　大	ta, tai	tta’, ttai’, thai’, thoa	☆	ta, t’o, to, toi	tʊ
它	t ‘o	tha’	舵　tha	t ‘a, t ‘o, xe	thʊ
多	tuo	ta’	☆	to	tʊ
吐	t ‘u	tho’	tho	t ‘u	thʊ
度	tu, to	tto’	to	tu, to, ce	tʊ
独	tu	ttok	tok	to	tʊ

都	tu	to’	to	tu	tʊ
堕	tuo, huəi	☆	☆	t ‘o, to, hoei	to
周	ʧɪəu	cjuw	錭 tjo	cheu	ʧʊ
とほ 它	t ‘o	tha’	舵 tha	t ‘a, t ‘o, xe	tʊː
とを 吐	t ‘u	tho’	tho	t ‘u	thuː

<用例>

主な用例は、以下のとおりである。

○姑之（くち、口） ○是止哇的（しちぐわつ、七月） ○達只（たち、太刀） ○害宅（かいち、獬豸） ○鳥達的（おたち、御立ち） ○糟奴結（ざうのち？ 像の血？） ○密集（みち、道） ○莫只个（もちてこ、持ちて来） ○扎（ちや、茶） ○朝失（ちやうじ、丁子、丁香） ○着姑少（ちよくしよ、勅書）： ○法立的（はれて、晴れて） ○速多密的（つとめて、夙） ○掲只（きて、来て） ○密只（みて、見て） ○失只（しりて、知りて） ○帖（て、手） ○倭的毎（くわうていまへ、皇帝前） ○嗑得那（くわうていの、皇帝の） ○甸尼（てんに、てにに？ 天に）； ○乞大（きた、北） ○都姑乜（たくみ、襪） ○達及（たけ、竹） ○達馬（たま、玉） ○阿者（あした、明日） ○大思（たいし、大使） ○太福（たいふ、大夫） ○大刀那（だいたうの、大唐の） ○塔把（たふば、塔場？）； ○嗑子撒（あつさ、熱さ） ○密子（みつ、三） ○非都只（ひとつ、一つ） ○烏奴烏多及（うるうつき、閏月） ○禿有（つゆ、露） ○焼哇的（しやうぐわつ、正月） ○馬足（まつ、松） ○思禄（つる、鶴） ○是只（つち、土） ○祖奴（つの、角） ○茲孤立（つくれ、造れ） ○速多密的（つとめて、夙） ○都及（つき、月） ○度日（つうじ、通事）； ○大葉羅（とづる、閉） ○它立（とり、鳥） ○速多密的（つとめて、夙） ○吐及（とき、時） ○密乃度（みなと、港） ○独立（とり、取） ○非都只（ひとつ？ 一？） ○堕个（とこ、床） ○必周（ひと、人） ○它加撒（とほかさ、遠さ） ○吐（とを、十）

{石東}（1522）

「て」「た」の用例しかないが、{翻}{館}に準じた音価推定が可能であろう。

<用例>

○たて申候ひのもん（建て申候碑の文） ○わたり申候時に（渡り申候時に）
（用例なし）*/ti/, */tu/, */to/

{石西}（1522）

{玉}と同様、仮名からは、{翻}と{館}のように対応するハングルや音訳字から音価推定をするということはできないが、{翻}{館}に準じて、「て、た、と」の子音の音価は[t, th]であり、「ち、つ」の子音の音価は[ʧ, ts]であったと推定する。そして、環境に応じて破擦音化も進行していたであろうと判断する。

<用例>

○ちへねんさしきわ（知念佐敷は） ○三百人そうたち（三百人僧達） ○かうちのあんし（河内の按司） ○めしよわちや事（召しよわちや事） ○おれめしよわちへ（降れ召しよわちへ） ○わたしよわちへ（渡しよわちへ） ○あかめたてまつり候て（崇め奉

り候て）　○ミしまよねんみくによねんてゝ（御島世ねん御国世ねんてて）　○たくしの大やくもい（沢岻の大屋子思い）　○あかめたてまつり候て（崇め奉り候て）　○くにのあんしけすのため（国の按司下司の為）　○ミちつくり（道造り）　○つかしよわちへ（着かしよわちへ）　○つさしよわちへ（突刺しよわちへ）　○とし（年）　○ととめわちへ（留めわちへ）　○きのとのとり（乙酉）　○此くすくとミつのかくこのために（此城と水の恪護のために）　○ことはハ（言葉は）

｛田１｝（1523）

｛翻｝｛館｝に準じた音価推定が可能であろう。

＜用例＞

○てこく（文子）　○たう（唐）　○たから丸（宝丸）　○たまわり申候（賜り申候）　○しほたるもい（小樽思い）（塩太郎思い）　○せいやりとみかひき（勢遣り富が引き）

（用例なし）＊/ti/,＊/tu/

｛崇｝（1527）

｛翻｝｛館｝に準じた音価推定が可能であろう。

＜用例＞

○くまにてむまから（此処にて馬から）

（用例なし）＊/ti/,＊/ta/,＊/tu/,＊/to/

｛おも１｝（1531）

｛翻｝｛館｝に準じた音価推定が可能であろう。

＜用例＞

○ちかの＜兵卒＞　○ちよわちへ＜来給いて＞　○ちよわる＜居給う＞　○いつこいのち＜兵の命＞　○おぎもうちに（御肝内に）　○かねのみうち（金の御家）　○もちなやる＜もてなしたる＞　○おさちへ＜濡れて＞　○おそちへ＜襲って＞　○おろちへ＜降ろして＞　○おろちゑ＜降ろして＞　○しちへ（為ちへ）＜して＞　○みちやぎり（土撃り）　○てるくも（照る雲）＜神女名＞　○てにがした（天が下）　○あいて（相手）　○いのて（祈て）　○うちあけて（打ち上げて））　○おれて（降れて）　○きこゑて（聞こゑて）　○そろて（揃て）　○たいらけて（平らげて）　○のだてゝ（宣立てて）　○なて（成て）　○たいらけて（平らげて）　○たけたけよ（嶽々よ）　○たしま（太島）　○おしやたる（押し遣たる）　○大ころた（大男達）　○かたなうち（刀佩き）　○つかさいのり（司祈り）　○つけわちへ（付けわちへ）　○つちぎりに（土斬りに）　○しものつよ（霜の露）　○とこゑ（十声）　○ともゝすへ（十百末）　○とらちへ（取らちへ）　○あけとまに（明けとまに）　○てよりとみ（手折り富）

○もゝとふみやかり（百度踏み揚がり）

｛使１｝（1534）

音訳字に多少の出入りはあるものの、全体としては｛館｝と同じ様相を呈している。即ち、＊/ti/,＊/tu/相当部分に破擦音の音訳字が現れ、＊/te/,＊/ta/,＊/to/にも/i/の後の環境で破擦音の音訳字が現れる。

よって、{館}と同じように、*/ti/,*/tu/の子音の音価は[ʧ, ts]であり（音訳字「只」が、*/ti/と*/tu/両方に現れていることにも注目）、*/te/,*/ta/,*/to/の子音の音価は[t, th]であるが、環境によって破擦音化が起こっていると言える。

<音訳字>

*/ti/に対応する部分に「千、之、止、只、宅、即、知、集、扎、札、丈、着」が現れる。

*/te/に対応する部分に「帖、的、只、知、得、甸」が現れる。

*/ta/に対応する部分に「大、打、荅、都、達、塔、榻、者、刀」が現れる。

*/tu/に対応する部分に「子、司、只、禿、足、的、祖、都、速、度」が現れる。

*/to/に対応する部分に「它、多、吐、度、都、堕、周」が現れる。

音訳字	中原音韻	東国正韻	訓蒙字会	西儒耳目資	推定音価
ち　千	ts ‘ien	☆	☆	☆	ʧi
之	ʈʂɨ	ci’	芝　ci	chi	tsi
止	ʈʂɨ	ci’	趾　ci	c ‘hi, chi	tsi
只	ʈʂɨ	cirʔ	☆	chi	tsi
宅	ʈʂai	to’	thʌik	ç ‘e, çe	tsi
即	tsiəi	☆	☆	çie	tsi
知	ʈʂɨ	☆	☆	chi	tsi
集	tsiəi	ccip	cip	çie, ça	tsi
ちや　扎	ʈʂa	carʔ	☆	ca, che	ʧa
札	ʈʂa	carʔ	☆	ca, che	ʧa
ちやう丈	ʧɪaŋ	☆	☆	☆	ʧau
ちよ　着	ʧɪo, ʧɪau	☆	thjak	c ‘hu, chu	ʧo
て　帖	t ‘ie	thjɔp	thjɔp	t ‘ie	*th*ɪ
的	tiəi	tjɔk	菂　tjɔk	tie	tɪ
只	ʈʂɨ	cirʔ	☆	chi	tsi
知	ʈʂɨ	☆	☆	☆	tsi
てい　的	tiəi	tjɔk	菂　tjɔk	tie	tɪi
得	təi	tɯk	☆	te	tei
てん　甸	tien	ttjɔn, ssiŋ	tjɔn	tien, xien, xim	tɪn
た　大	ta, tai	tta’, ttai, thai’, thoa	☆	ta, t’o, to, toi	ta
打	ta	☆	☆	ta, tim	ta
荅	ta	☆	☆	ta	ta
都	tu	to’	to	tu	tɑ
達	ta	tharʔ, ttarʔ	闥　tar	t’a, ta	ta
塔	t ‘a	thap	thap	t ‘u	*th*a

榻	t ‘a	thap	thap	t ‘a	tha
者	ʧɪe	cja	赭　cja	che	ʧa
たい　大	ta, tai	tta’, ttai’, thai’, thoa	☆	ta, t’o, to, toi	tai
たう　刀	tau	tow	to	tao, tiao	tau
つ　子	tsɨ	ccʌ’	cʌ	çu	tsɯ
司	sɨ	sʌ’	sʌ	su	(t)sɯ
只	ʈʂɨ	cirʔ	☆	chi	tsɨ
禿	t ‘u	thok	tok	t ‘o	tu
足	tsiu	cju’, cjuk	cjok	çu, ço	tsɨ
的	tiəi	tjɔk	菂 tjɔk	tie	tsɨ
祖	tsu	co’	co	cu, chu	tsɯ
都	tu	to’	to	tu	tu
速	su	sok	☆	so	(t)sɯ, (t)sɨ
つう　度	tu, to	tto’	to	tu, to, ce	tu:
と　它	t ‘o	tha’	舵　tha	t ‘a, t ‘o, xe	tho
多	tuo	ta’	☆	to	tʊ
吐	t ‘u	tho’	tho	t ‘u	thʊ
度	tu, to	tto’	to	tu, to, ce	tʊ
都	tu	to’	to	tu	tʊ
堕	tuo, huəi	☆	☆	t ‘o, to, hoei	to
周	ʧɪəu	cjuw	鯛　tjo	cheu	ʧʊ
とほ　它	t ‘o	tha’	舵　tha	t ‘a, t ‘o, xe	tʊ:
とを　吐	t ‘u	tho’	tho	t ‘u	thu:

<用例>

主な用例は、以下のとおりである。

○谷之（くち、口）　○止止哇的（しちぐわつ、七月）　○谷只（くち、口）　○害宅（かいち、獬豸）　○即加撒（ちかさ、近）　○荅知（たち、太刀）　○密集（みち、道）　○扎（ちや、茶）　○溥嗑子急（ちやつぎ？　茶鍾）　○札半失（ちやばんじ、茶飯事）　○丈思（ちやうし、長使）　○着谷少（ちよくしよ、勅書）：　○帖（て、手）　○法立的（はれて、晴れて）　○掲知（きて、来て）　○蜜只（みて、見て）　○倭的毎（くわうていまへ、皇帝前）　○嗑得那（くわうていの、皇帝の）　○甸尼奴法立的（てんのはれて、てにのはれて？　天の晴れて）；　○乞大（きた、北）　○荅知（たち、太刀）　○都谷乜（たくみ、襪）　○達急（たけ、竹）　○達馬（たま、玉）　○塔嗑牙（たかや、高屋、楼）　○榻知（たちて、起ちて）　○阿者（あした、明日）　○大福（たいふ、大夫）　○刀那必周（たうのひと、唐の人）；　○木子（むつ、六）　○司禄（つる、鶴）　○非都只（ひとつ、一つ）　○禿有（つゆ、露）　○足只（つち、土）　○升哇的（しぐわつ、四月）　○祖奴（つの、角）　○都及（つき、月）　○速多密的（つとめて、夙）　○度日（つうじ、通事）；　○它喇（とら、虎）　○多失（とし、年）　○吐急（とき、時）○密乃度（みなと、港）　○阿舎都（あしやと、父親と）　独立（とり、取）　○堕各（とこ、床）　○刀那必周（たうのひと、唐の人）　○它加撒（とほかさ、遠さ）　○吐（とを、十）

｛田２｝（1536）

｛翻｝｛館｝に準じた音価推定をする。

＜用例＞

○たまわり申候(賜り申候)

（用例なし）*/ti/, */te/, */tu/, */to/

｛田３｝（1537）

｛翻｝｛館｝に準じた音価推定が可能であろう。

＜用例＞

○たう（唐）　○たまわり申候（賜り申候）　○よつきとみか（世継ぎ富が）

（用例なし）*/ti/, */te/

｛田４｝（1541）

｛翻｝｛館｝に準じた音価推定をしてよかろう。

＜用例＞

○ちくとの（筑殿）　○つつかねてほり　○てこく(文子)　○たまわり申候（賜り申候）○せちあらとミか（勢治荒富が）

｛かた｝（1543）

｛翻｝｛館｝に準じた音価推定が可能であろう。

＜用例＞

○ちからをそろへ（力を揃へ）　○あわしめしよわちへ（合わし召しよわちへ）　○御ほこりめしよわちや　○ひかしにあたりて（東に当たりて）　○ていわう(帝王)　○へんのたけ（弁の嶽）　○たのしむ事かきりなし（楽しむ事限りなし）　○御たかへめしよわるもり（御崇べ召しよわる杜）　○あすたへ（長老部）　○いたるまて（到るまで）○とろつち（泥土）　○ミちをつくり（道を造り）　○天つき王にせ（天継ぎ王仁世）○まつをうへれ（松を植えれ）　○ひのとのとり（丁酉）　○御あそひめしよわるところ（御遊び召しよわるところ）　○さとりめしよわちへ（悟り召しよわちへ）　○かみほとけの（神仏の）

｛田５｝（1545）

｛翻｝｛館｝に準じた音価推定でよかろう。

＜用例＞

○たまわり申候（賜り申候）

（用例なし）*/ti/, */te/, */tu/, */to/

{添}（1546）

「ちよさ（強さ）」の例は、「つ」と「ち」との交代が起こっていることを示している例で、*/tu/の破擦音化が進行するとともに母音にも変化が起こったことを物語っている。{使１} で音訳字「只」が、*/ti/と*/tu/両方に現れたことが想起される。

その他に関しては、{翻}{館} に準じた解釈でよかろう。

＜用例＞

○をれめしよわちへ（降れ召しよわちへ）　○めしよわちや事（召しよわちや事）　○ちやうらう（長老）　○ちよさ（強さ）　○つみみちへて（積みみちへて）　○人々そろて（人々揃て）　○御石かきつませて（御石垣積ませて）　○こしあて（腰当て）　○たけ八十ひろ（丈八十尋）　○御たほひめしよわちへ（御賜ひ召しよわちへ）　○そうたち（僧達）　○しほたるかね（小樽金）（塩太郎金）　○ミ御ミつか井（御御御遣ゐ）　○御石かきつませてて（御石垣積ませてて）　○つミみちへて（積みみちへて）　○つミ申候（積み申候）　○あつさハ五ひろ（厚さは五尋）　○とも丶としとひやくさと（十百年と百歳と）　○ミつのとのとりのへに（癸の酉の日に）　○おくとより上（奥渡より上）

{田６}（1551）

{翻}{館} に準じた音価推定でよかろう。

＜用例＞

○たまわり申候（賜り申候）

（用例なし）*/ti/,*/te/,*/tu/,*/to/

{やら}（1554）

{添} では「ちよさ」の形で出てきたが、ここでは「ちよく（強く）」の形である。「つ」が「ち」で現れていることに変わりはない。*/tu/の破擦音化が進行するとともに母音にも変化が起こっている。{使１} で音訳字「只」が、*/ti/と*/tu/両方に現れていることについては前述した。

その他に関しては、{翻}{館} に準じた解釈でよかろう。

＜用例＞

○ちきやら（力）　○ちはなれて（地は離れて）　○ちへねん（知念）　○ちやうらう（長老）　○ちよく（強く）　○うちまの大やくもい（内間の大屋子思い）　○こちひら（東風平）　○このミよハちへ（好みよはちへ）　○きちやることハ（来ちやることは）　○みおやしちやれは　○をれめしよハちゑ（降れめしよはちゑ）　○をれめしよわちへ（降れめしよわちへ）　○しま世のてやちきやら（島世のてや力）　○まうはらて（毛払て）　○よりそふて（寄り添ふて）　○いきやて丶（如何てて）　○てにつきわうにせ（天継ぎ王仁世）　○くすくつませてておかて（城積ませてて置かて）　○ために（為に）　○はうすた（坊主達）　○かたくかくこするへし（堅く恪護するべし）　○ついさしよわちへ（突い刺しよわちへ）　○つちのとのとり（己の酉）　○くすくつミつけて（城積みつけて）　○いつきやめむ（何時ぎやめむ）　○かつれんの大やくもい（勝連の大屋子思い）　○と丶めハちへ（留めはちへ）　○とまりのかくこ（泊の恪護）　○とりのへに（酉の日に）　○さとぬしへ（里主部）　○まとく（真徳）　○まふとう（真布度）

{田７}（1560）

音価推定に関しては、{翻}{館}に準じると判断する。

＜用例＞

○たまわり申候（賜り申候）　○とよミくすく（豊見城）

（用例なし）*/ti/, */te/, */tu/

{使２}（1561）

{使１}と同じく、音訳字に多少の出入りはあるものの、全体としては{館}と同じ様相を呈している。即ち、*/ti/, */tu/相当部分に破擦音の音訳字が現れ、*/te/, */ta/, */to/にも/i/の後の環境で破擦音の音訳字が現れる。

よって、{館}と同じように、*/ti/, */tu/の子音の音価は[ʧ, ts]であり、*/te/, */ta/, */to/の子音の音価は[t, th]であるが、環境によって破擦音化が起こっていると言える。「一借沙（いたさ、痛さ）」が、破擦音化のよい例である。

＜音訳字＞

*/ti/に対応する部分に「止、集、即、其、宅、只、之、扎、札、茶」が現れる。

*/te/に対応する部分に「枚、第、剃、的、之、知、都、得、甸」が現れる。

*/ta/に対応する部分に「打、大、達、塔、撻、荅、借、者、刀」が現れる。

*/tu/に対応する部分に「司、子、孜、祖、足、速、的、都、禿、牝、尸、通」が現れる。

*/to/に対応する部分に「晶、多、堕、吐、都、度、土、同、它、周、桶」が現れる。

音訳字	中原音韻	東国正韻	訓蒙字会	西儒耳目資	推定音価	備　考
ち　止	ʈʂɨ	ci’	趾　ci	c ‘hi, chi	tsi	
集	tsiəi	ccip	cip	çie, ça	tsi	
即	tsiəi	☆	☆	çie	tsi	
其	k ‘i	☆	☆	ki	ʧi	
宅	ʈʂai	to’	thʌik	ç ‘e, çe	tsi	
只	ʈʂɨ	cirʔ	☆	chi	tsi	
之	ʈʂɨ	ci’	芝　ci	chi	tsi	
ちや　札	ʈʂa	carʔ	☆	ca, che	ʧa	
茶	ʈʂ ‘a	☆	ta	c ‘ha	ʧa	
扎	ʈʂa	carʔ	☆	ca, che	ʧa	
て　枚	məi	☆	☆	moei, mui	teʔ	
第	tiəi	☆	tjɔi	chi, çu	tɪ	
剃	‘tiəi	☆	☆	☆	tɪ	
的	tiəi	tjɔk	菂　tjɔk	tie	tɪ	
之	ʈʂɨ	ci’	芝　ci	chi	tsi	
知	ʈʂɨ	☆	☆	chi	tsi	
支	ʈʂɨ	☆	☆	chi	tsi	
只	ʈʂɨ	cirʔ	☆	chi	tsi	

てい　的	tiəi	tjɔk	药　tjɔk	tie	tɪ	
都	tu	to'	to	tu	tii	
得	təi	tɯk	☆	te	tei	
てん　甸	tien	ttjɔn, ssiŋ	tjɔn	tien, xien, xim	tɪn	
た　打	ta	☆	☆	ta, tim	ta	
大	ta, tai	tta', ttai', thai', thoa	☆	ta, t'o, to, toi	ta	
達	ta	tharʔ, ttarʔ	闥　tar	t'a, ta	ta	
塔	t ʻa	thap	thap	t ʻu	tʰa	
撻	t ʻa	☆	☆	t ʻa	tʰa	
荅	ta	☆	☆	ta	ta	
借	tsie	☆	chja	çie, cha	ʧa	
者	ʧɪe	cja	cja	che	ʧa	
たい　大	ta, tai	tta', ttai', thai', thoa	☆	ta, t'o, to, toi	tai	
たう　刀	tau	tow	to	tao, tiao	tau	
つ　司	sɨ	sʌ'	sʌ	su	(t)sɯ	
子	tsɨ	ccʌ'	cʌ	çu	tsɯ	
孜	tsɨ	☆	☆	çu	tsɯ	
祖	tsu	co'	co	cu, chu	tsɯ	
足	tsiu	cju', cjuk	cjok	çu,　ço	tsɨ	
速	su	sok	☆	so	(t)sɯ, (t)sɨ	
的	tiəi	tjɔk	药　tjɔk	tie	tsɨ	
都	tu	to'	to	tu	tu	
秃	t ʻu	thok	tok	t ʻo	tu	
牝	piən	☆	☆	pin, xin	tu	
尸	şɨ	☆	☆	xi	tsu	
つう　通	t ʻoŋ	☆	☆	tum	tuː	
と　啚	t ʻu	☆	to	t ʻu	tʊ	
多	tuo	ta'	☆	to	tʊ	
堕	tuo, huəi	☆	☆	t ʻo, to, hoei	to	
吐	t ʻu	tho'	tho	t ʻu	tʰʊ	
都	tu	to'	to	tu	tʊ	
度	tu, to	tto'	to	tu, to, ce	tʊ	
土	t ʻu	☆	☆	tu	tʊ	
同	t ʻoŋ	☆	☆	tun	tʊ	
它	t ʻo	tha'	舵　tha	t ʻa, t ʻo, xe	tʰo	
周	ʧɪəu	cjuw	錭　tjo	cheu	ʧʊ	

とう　桶	t ‘oŋ	☆	☆	t ‘um	tom	[b]の前
とを　吐	t ‘u	tho’	tho	t ‘u	thʊ:	

<用例>

主な用例は、以下のとおりである。

○足止（つち、土）　○式止哇的（しちぐわつ、七月）　○密集（みち、道）　○即加撒（ちかさ、近）　○渣冷其（ざうのち、象の血）　○害宅（かいち、獬豸）　○法只哇的（はちぐわつ、八月）　○窟之（くち、口）　○扒拋（はち、鉢）　○札半失（ちやばんじ、茶飯事）　○茶麻佳里（ちやまかり、茶碗）　○扎（ちや、茶）；　○速昌拖枚（つとめて、夙めて）　○開第（かいて、書いて）　○剃（て、手）　○法立的（はれて、晴れて）　○吃之（きて、来て）　○掲知（きて、来て）　○榻支（きて、来て）　○拝失之（はいして、拝して）　○密只（みて、見て）　○姑木的（くもりて、曇りて）　○識（之）（しりて、知りて）　○倭的毎（くわうていまへ、皇帝前）　○倭都毎（くわうていまへ、皇帝前）　○嗑得那（くわうていの、皇帝の）　○甸尼（てんに、天に）；　○打荅（たか、鷹）？　○大籟（たらひ、盥）　○乞大（きた、北）　○達都（たつ、龍）　○塔嗑牙（たかや、高屋、楼）　○撻馬（たま、玉）　○嗑荅拿（かたな、刀）　○一借沙（いたさ、痛さ）　○阿者（あした、明日）　○識達哇（しりたは、知りたは）　○大刀那必周（だいたうのひと、大唐の人）；　○密加《ママ》妳（みつぎ、貢）　○司禄（つる、鶴）　○嗑子撒（あつさ、熱さ）　○一子孜（いつつ、五）　○祖奴（つの、角）　○足止（つち、土）　○速都密的（つとめて、夙）　○焼哇的（しやうぐわつ、正月）　○都急（つき、月）　○禿有（つゆ、露）　○匹牝沓（ひつじ、羊）　○司眉日尸（せんべつ、餞別）　○通資（つうじ、通事）；　○速昌拖枚（つとめて、夙めて）　○多失（とし、年）　○堕各（とこ、床）　○吐急（とき、時）　○速都密的（つとめて、夙）　○密乃度（みなと、港）　○土地（とり、鳥）　○同之（とじ、刀自、妻）　○它喇（とら、虎）　○必周（ひと、人）　○桶盤（とうぼん、東道盆）　○吐（とを、十）

{田８}（1562）

{翻}{館}に準じた音価推定をする。

<用例>

○たまわり申候（賜り申候）　○ふさいとミか（相応い富が）

（用例なし）＊/ti/,＊/te/,＊/tu/

{田９}（1563）

{翻}{館}に準じた音価推定をしてよかろう。

<用例>

○たまわり申候（賜り申候）

（用例なし）＊/ti/,＊/te/,＊/tu/,＊/to/

{字}（1572頃）

{使１}{使２}同様、全体としては{館}と同じ様相を呈している。即ち、＊/ti/,＊/tu/

相当部分に破擦音の音訳字が現れ、*/te/, */ta/, */to/にも/i/の後の環境で破擦音の音訳字が現れるので、{館}と同じように、*/ti/, */tu/の子音の音価は[ʧ, ts]であり、*/te/, */ta/, */to/の子音の音価は[t, th]であるが、環境によって破擦音化が起こっていると言える。「一借沙（いたさ、痛さ）」「阿者（あした、明日）」ともに破擦音化の例である。

<音訳字>

*/ti/に対応する部分に「子、止、集、即、其、宅、只、之、扎」が現れる。
*/te/に対応する部分に「第、剃、的、只、支、之、甸」が現れる。
*/ta/に対応する部分に「打、大、達、塔、坡、撻、荅、借、者」が現れる。
*/tu/に対応する部分に「司、子、孜、祖、足、速、的、都、禿、牝」が現れる。
*/to/に対応する部分に「啚、多、吐、度、土、它」が現れる。

音訳字	中原音韻	東国正韻	訓蒙字会	西儒耳目資	推定音価
ち　子	ʈʂɨ	ci’	趾　ci	c ‘hi, chi	tsi
止	ʈʂɨ	ci’	趾　ci	c ‘hi, chi	tsi
集	tsiəi	ccip	cip	çie, ça	tsi
即	tsiəi	☆	☆	çie	tsi
其	k ‘i	☆	☆	ki	ʧi
宅	ʈʂai	to’	thʌik	ç ‘e, çe	tsi
只	ʈʂɨ	cirʔ	☆	chi	tsi
之	ʈʂɨ	ci’	芝　ci	chi	tsi
ちや扎	ʈʂa	carʔ	☆	ca, che	ʧa
て　第	tiəi	☆	tjɔi	chi, çu	tɪ
剃	‘tiəi	☆	☆	☆	tɪ
的	tiəi	tjɔk	菂　tjɔk	tie	tɪ
只	ʈʂɨ	cirʔ	☆	chi	tsi
支	ʈʂɨ	☆	☆	chi	tsi
之	ʈʂɨ	ci’	芝　ci	chi	tsi
てん甸	tien	ttjɔn, ssiŋ	tjɔn	tien, xien, xim	tɪn
た　打	ta	☆	☆	ta, tim	ta
大	ta, tai	tta’, ttai’, thai’, thoa	☆	ta, t’o, to, toi	ta
達	ta	tharʔ, ttarʔ	闥　tar	t’a, ta	ta
塔	t ‘a	thap	thap	t ‘u	tha
坡	☆	☆	☆	☆	ta
撻	t ‘a	☆	☆	t ‘a	tha
荅	ta	☆	☆	ta	ta
借	tsie	☆	chja	çie, cha	ʧa
者	ʧɪe	cja	cja	che	ʧa
つ　子	tsɨ	ccʌ’	cʌ	çu	tsɯ

孜	tsɨ	☆	☆	çu	tsɯ
祖	tsu	co'	co	cu, chu	tsɯ
足	tsiu	cju', cjuk	cjok	çu, ço	tsɨ
速	su	sok	☆	so	(t)sɯ, (t)sɨ
的	tiəi	tjɔk	药　tjɔk	tie	tsɨ
都	tu	to'	to	tu	tu
禿	t 'u	thok	tok	t 'o	tu
牝	piən	☆	☆	pin, xin	tu
と　畐	t 'u	☆	to	t 'u	tʊ
多	tuo	ta'	☆	to	tʊ
吐	t 'u	tho'	tho	t 'u	thʊ
度	tu, to	tto'	to	tu, to, ce	tʊ
土	t 'u	☆	☆	tu	tʊ
它	t 'o	tha'	舵　tha	t 'a, t 'o, xe	tho
とを吐	t 'u	tho'	tho	t 'u	thʊ:

<用例>

主な用例は、以下のとおりである。

○足止（つち、土）　○密集（みち、道）　○即加撒（ちかさ、近）　○渣冷其（ざうのち、象の血）　○害宅（かいち、獬豸）　○谷只（くち、口）　○窟之（くち、口）　○扎（ちや、茶）；　○安急第（あげて、上げて）　○剃（て、手）　○法立的（はれて、晴れて）　○密只（みて、見て）　○榻支（きて、来て）　○識之（しりて、知りて）　○姑木的（くもりて、曇りて）　○甸尼（てんに、天に）；　○打苔膃（たか、鷹）　○乞大（きた、北）　○達都（たつ、龍）　○塔嗑牙（たかや、高屋、楼）　○坡末（たま、玉）　○撻馬（たま、玉）　○麼奴嗑荅里（ものがたり、物語）　○一借沙（いたさ、痛さ）　○阿者（あした、明日）　○識達哇（しりたは、知りたは）；　○司禄（つる、鶴）　○一子孜（いつつ、五）　○祖奴（つの、角）　○足止（つち、土）　○速多（つと（めて）、夙）　○谷哇的（くぐわつ、九月）　○都急（つき、月）　○禿有（つゆ、露）　○匹牝沓（ひつじ、羊）；　○多失（とし、年）　○吐急（とき、時）　○密乃度（みなと、港）　○土地（とり、鳥）　○它喇（とら、虎）　○速畐拖枚（つとめて、夙めて）　○吐（とを、十）

{使３}（1579）

{使１}{使２}{字}と同じように、全体としては{館}と同じ様相を呈している。即ち、*/ti/,*/tu/相当部分に破擦音の音訳字が現れ、*/te/,*/ta/,*/to/にも/i/の後の環境で破擦音の音訳字が現れるので、{館}と同じように、*/ti/,*/tu/の子音の音価は[ʧ, ts]であり、*/te/,*/ta/,*/to/の子音の音価は[t, th]であるが、環境によって破擦音化が起こっている。「一借沙（いたさ、痛さ）」「阿者（あした、明日）」「必周（ひと、人）」ともに破擦音化の例である。

＜音訳字＞

*/ti/に対応する部分に「止、集、即、其、宅、只、之、扎、札、茶、史（丈）」が現れる。

*/te/に対応する部分に「第、剃、的、只、之、知、支、都、得、甸」が現れる。

*/ta/に対応する部分に「打、大、達、塔、撻、荅、借、者、刀」が現れる。

*/tu/に対応する部分に「司、子、孜、祖、足、速、的、都、禿、牝、尸、通」が現れる。

*/to/に対応する部分に「啚、多、堕、吐、都、度、土、同、它、周、桶」が現れる。

音訳字	中原音韻	東国正韻	訓蒙字会	西儒耳目資	推定音価	備　考
ち　止	ʈʂɨ	ci'	趾　ci	c ‘hi, chi	tsi	
集	tsiəi	ccip	cip	çie, ça	tsi	
即	tsiəi	☆	☆	çie	tsi	
其	k ‘i	☆	☆	ki	ʧi	
宅	ʈʂai	to'	thʌik	ç ‘e, çe	tsi	
只	ʈʂɨ	cirʔ	☆	chi	tsi	
之	ʈʂɨ	ci'	芝　ci	chi	tsi	
扎	☆	☆	☆	☆	tsi	
ちや　札	ʈʂa	carʔ	☆	ca, che	ʧa	
茶	ʈʂ ‘a	☆	ta	c ‘ha	ʧa	
扎	ʈʂa	carʔ	☆	ca, che	ʧa	
て　第	tiəi	☆	tjɔi	chi, çu	tɪ	
剃	‘tiəi	☆	☆	☆	tɪ	
的	tiəi	tjɔk	菂　tjɔk	tie	tɪ	
只	ʈʂɨ	cirʔ	☆	chi	tsi	
之	ʈʂɨ	ci'	芝　ci	chi	tsi	
知	ʈʂɨ	☆	☆	chi	tsi	
支	ʈʂɨ	☆	☆	chi	tsi	
てい　的	tiəi	tjɔk	菂　tjɔk	tie	tɪ	
都	tu	to'	to	tu	tii	
得	təi	tɯk	☆	te	tei	
てん　甸	tien	ttjɔn, ssiŋ	tjɔn	tien, xien, xim	tɪn	
た　打	ta	☆	☆	ta, tim	ta	
大	ta, tai	tta', ttai', thai', thoa	☆	ta, t'o, to, toi	ta	
達	ta	tharʔ, ttarʔ	闥　tar	t'a, ta	ta	
塔	t ‘a	thap	thap	t ‘u	tha	
撻	t ‘a	☆	☆	t ‘a	tha	
荅	ta	☆	☆	ta	ta	

	借	tsie	☆	chja	çie, cha	ʧa	
	者	ʧɪe	cja	cja	che	ʧa	
たい	大	ta, tai	tta', ttai', thai', thoa	☆	ta, t'o, to, toi	tai	
たう	刀	tau	tow	to	tao, tiao	tau	
つ	司	sɨ	sʌ'	sʌ	su	(t)sɯ	
	子	tsɨ	ccʌ'	cʌ	çu	tsɯ	
	孜	tsɨ	☆	☆	çu	tsɯ	
	祖	tsu	co'	co	cu, chu	tsɯ	
	足	tsiu	cju', cjuk	cjok	çu, ço	tsɨ	
	速	su	sok	☆	so	(t)sɯ, (t)sɨ	
	的	tiəi	tjɔk	药 tjɔk	tie	tsɨ	
	都	tu	to'	to	tu	tu	
	秃	t'u	thok	tok	t'o	tu	
	牝	piən	☆	☆	pin, xin	tu	
	尸	ʂɨ	☆	☆	xi	tsu	
つう	通	t'oŋ	☆	☆	tum	tuː	
と	畐	t'u	☆	to	t'u	tʊ	
	多	tuo	ta'	☆	to	tʊ	
	堕	tuo, huəi	☆	☆	t'o, to, hoei	to	
	吐	t'u	tho'	tho	t'u	thʊ	
	都	tu	to'	to	tu	tʊ	
	度	tu, to	tto'	to	tu, to, ce	tʊ	
	土	t'u	☆	☆	tu	tʊ	
	同	t'oŋ	☆	☆	tun	tʊ	
	它	t'o	tha'	舵 tha	t'a, t'o, xe	tho	
	周	ʧɪəu	cjuw	錭 tjo	cheu	ʧʊ	
とう	桶	t'oŋ	☆	☆	t'um	tom	[b]の前
とを	吐	t'u	tho'	tho	t'u	thʊː	

<用例>

主な用例は、以下のとおりである。

○足止（つち、土）　○密集（みち、道）　○即加撒（ちかさ、近）　○渣冷其（ざうのち、象の血）○害宅（かいち、獬豸）　○谷只（くち、口）　○窟之（くち、口）○扒抛（はち、鉢）；　○開第（かいて、書いて）　○剃（て、手）　○法立的（はれて、晴れて）　○速畐拖枚（つとめて、夙めて）　○密只（みて、見て）　○吃之（きて、来て）　○揭知（きて、来て）　○榻支（きて、来て）　○拝失之（はいして、拝して）○子蓋失之（つかひして、使ひして）　○利十之（れいして、礼して）　○姑木的（くもりて、曇りて）　○識之（しりて、知りて）　○倭的毎（くわうていまへ、皇帝前）

○倭都毎（くわうていまへ、皇帝前）　○嗑得那（くわうていの、皇帝の）　○甸尼（てんに、天に）；　○打答膈（たか、鷹）？　○大籟（たらひ、盥）　○達急（たけ、竹）　○塔嗑牙（たかや、高屋、楼）　○撻馬（たま、玉）　○嗑荅拿（かたな、刀）　○一借沙（いたさ、痛さ）　○阿者（あした、明日）　○識達哇（しりたは、知りたは）　○大福（たいふ、大夫）　○大刀（だいたう、大唐）；　○密加《ママ》妳（みつぎ、貢）　○司禄（つる、鶴）　○一子孜（いつつ、五）　○祖奴（つの、角）　○足止（つち、土）　○速都密的（つとめて、夙）　○升哇的（しぐわつ、正月）　○都急（つき、月）　○禿有（つゆ、露）　○匹牝杳（ひつじ、羊）　○司眉日尸（せんべつ、餞別）　○通資（つうじ、通事）；　○速畐拖枚（つとめて、夙めて）　○多失（とし、年）　○堕各（とこ、床）　○吐急（とき、時）　○屋都（おと、弟）　○密乃度（みなと、港）　○土地（とり、鳥）　○同之（とじ、刀自、妻）　○它喇（とら、虎）　○必周（ひと、人）　○桶盤（とうぼん、東道盆）　○吐（とを、十）

｛田10｝（1593）

｛翻｝｛館｝に準じた音価推定をする。

＜用例＞

○たまわり申候（賜り申候）　○さとぬし大やくもい（里主大家子思い）

（用例なし）*/ti/, */te/, */tu/

｛浦｝（1597）

「御いちやわり←御いたわり」は破擦音化の例である。「はつまき」は「はちまき」であり、｛添｝｛やら｝の「ちよさ」「ちよく」とは逆の様相を呈しているが、「ち」と「つ」との出入りを示している。

｛翻｝｛館｝に準じた音価推定が可能であろう。

＜用例＞

○ちはなれそろて（地離れ揃て）　○ちうさんわう（中山王）　○御いちやわりハ（御労りは）　○うちほかの（内外の）　○みち（道）　○ミち（道）　○御ちよわひ（御来よわひ）　○御ちよわい（御来よわい）　○てたかすゑあんしおそい（テダが末按司襲い）○首里てたかすゑあんしおそひかなし天の（首里テダが末按司襲ひ加那志天の）　○てりあかりましよわちや事（照り上がり召しよわちや事）　○てんよりわうの御なをは（天より王の名をば）　○あちけすそろて（按司下司揃て）　○たいへいけうたひらはし（太平橋平良橋）　○御たかへめしよわちや事（御崇べ召しよわちや事）　○たひらもり（平良杜）　○たミひやくしやうのため（民百姓の為）　○あすた（長老達）　○くにのあむた○そんとんよりこのかた（尊敦よりこの方）　○わたしよわちへ（渡しよわちへ）　○つきめしよわちへ（継ぎ召しよわちへ）　○つけめしよわちへ（付け召しよわちへ）　○とろつち（泥土）　○世のつちに（世の頂に）　○つミあけわちへ（積み上げわちへ）○いつまても（何時までも）　○かなそめはつまき（金染め鉢巻）　○大小のゑくかおなこともに（大小の男女ともに）　○ひのとのとり（丁の酉）　○大さと（大里）○かミほとけの（神仏の）

Ⅱ－３－⑷ ダ行の子音

（＊／ｄｉ，ｄｅ，ｄａ，ｄｕ，ｄｏ／の子音）

｛翻｝（1501）

＊/de, da, do/に対応するのは「t」で表記されている。［d］であったと考えられる。

＊/di/に対応すると考えられるのが二例、存在する。「cʌn・ci」と表記された「つぢ、頂」と「zjo」と表記された「ぢやう、門」との二例である。破擦音化していたと判断される。

＊/du/に対応する例が見当たらない。存在すれば、＊/tu/との対応関係から考えて、「c」か「z」かで表記されたはずである。破擦音化した[ʥ][ʣ]であったろう。

＜用例＞

主な用例を示す。

○cʌn・<u>ci</u>（つぢ、頂） ○<u>zjo</u>（ぢやう、門） ○phun-<u>ti</u>（ふで、筆） ○thjɔn-<u>ta</u>（てんだう、天道？、太陽） ○tha-ki<ka>-<u>tai</u>（たかだい、高台） ○<u>to</u>-' u（どう、胴、身）

｛玉｝（1501）

｛翻｝に準じた音価を推定してよいと考えられる。＊/de, da, do/に対応するものは[d]、＊/di/と＊/du/とに対応する例は見当たらないが、破擦音化した[ʥ][ʣ]が想定されよう。

＜用例＞

○千年万年にいたるま<u>て</u> ○まあかと<u>た</u>る（真加戸樽） ○まなへ<u>た</u>る（真鍋樽） ○よそひお<u>と</u>ん（よそひ御殿）

（用例なし）＊/di,＊/du/

｛館｝（16C 前半？）

＊/di/に対応する「失、扎」、＊/du/に対応する「足、子」がそれぞれ示しているように、｛翻｝と同様、＊/de, da, do/に対応するのは［d］、＊/di/と＊/du/とに対応するのは[ʥ][ʣ]であったと考えられる。

＜音訳字＞

＊/di/に対応する部分に「失、扎、定」が現れる。

＊/de/に対応する部分に「的、帖、得」が現れる。

＊/da/に対応する部分に「達、大、代、旦」が現れる。

＊/du/に対応する部分に「足、子、多、」が現れる。

＊/do/に対応する部分に「多、度」が現れる。

音訳字	中原音韻	東国正韻	訓蒙字会	西儒耳目資	推定音価
ぢ 失	ʃɪəi	si', sirʔ	矢 si	xe, xi, ie	dzi
ぢや扎	tʂa	carʔ	☆	ca, che	ʥa
ぢん定	tiəŋ	tjɔŋ, ttjɔŋ	碇 tjɔŋ	tim	dziŋ, dzin
で 的	tiəi	tjɔk	菂 tjɔk	tie	dɪ

帖	t ‘ie	thjɔp	thjɔp	t ‘ie	dɪ
得	təi	tɯk	☆	te	de
だ　達	ta	tharʔ, ttarʔ	闥　tar	t’a, ta	da
だい大	ta, tai	tta’, ttai’, thai’, thoa	☆	ta, t’o, to, toi	dai
代	tai	ttʌi’	tʌi	tai	dai
だん旦	tan	tan	tan	tan	daŋ
づ　子	tsɨ	ccʌ’	cʌ	çu	dzɯ
多	tuo	ta’	☆	to	du
足	tsiu	cju’, cjuk	cjok	çu,　ço	dzɯ
ど　多	tuo	ta’	☆	to	du
どう度	tu, to	tto’	to	tu, to, ce	dʊː

<用例>

主な用例は、以下のとおりである。

○看失（かぢ、舵）　○扎喇（ぢやら、王妃）　○定稿（ぢんかう、沈香）；　○非近的（ひきで、引出）　○分帖（ふで、筆）　○波得那（ほでりの、稲妻の）；　○大立（だいり、内裏）　○代（だい、台）　○別姑旦結（びやくだんき、白檀木）；　○撒嗑子及（さかづき、杯）　○非撒慢多及（ひざまづき、跪）　○民足（みづ、水）；　○慢多（まど、窓）　○慢多羅（もどる、戻）　○先度（せんどう、船頭、大使臣）

{石東}（1522）

用例は少ないが、{翻}{館}に準じて、*/de, da, do/に対応するのは［d］、*/di/と*/du/とに対応するのは[ȡ][ʥ]であったと推定する。

<用例>

○ち金丸（治金丸）

（用例なし）*/de/, */da/, */du/, */do/

{石西}（1522）

{翻}{館}に準じて、*/de, da, do/に対応するものは［d］、*/di/と*/du/とに対応するものは[ȡ][ʥ]であったと推定してよかろう。

<用例>

○かきのはなち（垣花地）　○たしきやくき（だしきや釘）　○まかねたる（真金樽）　○ねたてひかわ（根立て樋川）　○ミつかくこ（水恪護）　○ミつのへむまのとし（壬午の年）　○ととめわちへ（留めわちへ）

（用例なし）*/de/

{田1}（1523）

*/di/, */de/, */da/, */du/, */do/に対応する用例なし。

{崇}（1527）

*/di/, */de/, */da/, */du/, */do/に対応する用例なし。

{おも１}（1531）

濁点が付されていたりいなかったりで、統一性がない。同一の言葉であると思われるもので、濁点のあるものとそうでないものとがあることが、それを如実に物語っている。次の例参照。

○もとりよれ（戻り居れ）　○もどりよれ（戻り居れ）

用例に依る限りにおいて{翻}{館}等に準じた音価推定ができる。*/de, da, do/に対応するものは［d］、*/di/と*/du/とに対応するものは[ʥ][ʤ]であった。

<用例>

○ぢやくに（太国）　○いくさせち<戦の霊力>　○おぎもせぢ（お肝セヂ）　○せぢだか（セヂ高）　○ひぢめわちへ（治めわちへ）　○やぢよ（八千代）　○はぢめいくさ（初め軍）　○あちおそい（按司襲い）　○ちやはれ（草履）　○とよで（鳴響で）　○かいなでゝす（掻い撫でてす）　○ゑらて（選で）　○だに（実に）　○だしきや<木の名>　○さだけて<先立てて>　○せたかこ（霊力高子）　○せぢだか（セヂ高）　○のだてゝ（宣立てて）　○まだかさ（真高さ）　○またまもり（真玉杜）　○あけめつら<傘の名>　○世づき富（世付き富）　○やへましまいつこ（八重山島兵士）　○やへましまいづこ（八重山島兵士）　○とゞやちへ（凪やちへ）　○たちよれども（立ち居れども）　○もとりよれ（戻り居れ）　○もどりよれ（戻り居れ）

{使１}（1534）

/di//de/*/da/*/du/*/do/それぞれに、{館}と共通の音訳字が現れるので、{館}に準じた音価が推定できる。即ち、*/de, da, do/に対応するのは［d］、*/di/と*/du/とに対応するのは[ʥ][ʤ]であったと考えられる。

<音訳字>

*/di/に対応する部分に「失、扎」が現れる。
*/de/に対応する部分に「的、帖、得」が現れる。
*/da/に対応する部分に「達、大、代」が現れる。
*/du/に対応する部分に「子、足、都」が現れる。
*/do/に対応する部分に「多、度」が現れる。

音訳字	中原音韻	東国正韻	訓蒙字会	西儒耳目資	推定音価
ぢ　失	ʃɪəi	si’, sirʔ	矢　si	xe, xi, ie	dzi
ぢや扎	ʈʂa	carʔ	☆	ca, che	ʤa
で　的	tiəi	tjɔk	菂 tjɔk	tie	dɪ
帖	t ‘ie	thjɔp	thjɔp	t ‘ie	dɪ
得	təi	tɯk	☆	te	de
だ　達	ta	tharʔ, ttarʔ	闥　tar	t’a, ta	da

だい大	ta, tai	tta', ttai', thai', thoa	☆	ta, t'o, to, toi	dai
代	tai	ttʌi'	tʌi	tai	dai
づ　子	tsɨ	ccʌ'	cʌ	çu	dzɯ
足	tsiu	cju', cjuk	cjok	çu,　ço	dzɯ
都	tu	to'	to	tu	du
ど　多	tuo	ta'	☆	to	du
どう度	tu, to	tto'	to	tu, to, ce	dʊː

<用例>

主な用例は、以下のとおりである。

○看失（かぢ、舵）　○扎喇（ぢやら、王妃）；　○非進的（ひきで、引出）　○分帖（ふで、筆）　○波得那（ほでりの、稲妻の）；　○分達里（ひだり、左）　○大苗（だいみん、大明）　○代（だい、台、卓）；　○撒嗑子急（さかづき、杯）　○民足（みづ、水）　○非撒慢都急ぐ（ひざまづき、跪）；　○慢多（まど、窓）　○度（どう、胴、身）

{田２}（1536）

{翻}{館}等に準じた音価推定が可能と考え、*/de, da, do/に対応するものは［d］、*/di/と*/du/とに対応するものは[ʥ][ʤ]であったとする。

<用例>

○さとぬしところ（里主所）

（用例なし）*/di/, */de/, */da/, */du/

{田３}（1537）

{翻}{館}等に準じた音価推定が可能と考え、*/de, da, do/に対応するものは［d］、*/di/と*/du/とに対応するものは[ʥ][ʤ]であったとする。

<用例>

○せんとう（船頭）

（用例なし）*/di/, */de/, */da/, */du/

{田４}（1541）

{翻}{館}等に準じた音価推定が可能と考え、*/de, da, do/に対応するものは［d］、*/di/と*/du/とに対応するものは[ʥ][ʤ]であったとする。

<用例>

○せちあらとミか　○ちくとの

（用例なし）*/de/, */da/, */du/

{かた}（1543）

{翻}{館}等に準じた音価推定が可能と考え、*/de, da, do/に対応するものは［d］、*/di/と*/du/とに対応するものは[ʥ][ʤ]であったとする。

＜用例＞

○いたるまて（到るまで）　○たいりより（内裏より）　○さつけめしよわちへ（授け召しよわちへ）　○ミつのとのう（癸の卯）　○とろつちふかさあるけに（泥土深さあるげに）　○めともわらへにいたるまて（女共童にいたるまで）

（用例なし）*/di/

{田５}（1545）

{翻}{館}等に準じた音価推定が可能と考え、*/de, da, do/に対応するものは［d］、*/di/と*/du/とに対応するものは[ʥ][ʤ]であったとする。

＜用例＞

○さとぬしところ（里主所）

（用例なし）*/di/, */de/, */da/, */du/

{添}（1546）

{翻}{館}等に準じた音価推定が可能と考え、*/de, da, do/に対応するものは［d］、*/di/と*/du/とに対応するものは[ʥ][ʤ]であったとする。

＜用例＞

○いちやちやけらへわちへ（板門造らへわちへ）　○するつきの御ちやう（添継ぎの御門）　○くもこたけ（雲子嶽）　○御石かきつみ申候あひたハ（御石垣積み申候間は）　○御石かきのねたての深さハ（御石垣の根立ての深さは）　○またまもり（真玉杜）　○ミつのととり（癸酉）　○きよらさちよさあれとも（清らさ強さあれども）

（用例なし）*/de/

{田６}（1551）

{翻}{館}等に準じた音価推定が可能と考え、*/de, da, do/に対応するものは［d］、*/di/と*/du/とに対応するものは[ʥ][ʤ]であったとする。

＜用例＞

○さとぬしところ（里主所）

（用例なし）*/di/, */de/, */da/, */du/

{やら}（1554）

{翻}{館}等に準じた音価推定が可能と考え、*/de, da, do/に対応するものは［d］、*/di/と*/du/とに対応するものは[ʥ][ʤ]であったとする。

＜用例＞

○ちかため（地固め）　○御せちの（御霊力の）　○かちよくの（海賊の？）　○国のまてや　○たしきやくき（だしきや釘）　○ねたてひかわ（根立て樋川）　○おさためめしよハやる（御定め召しよはやる）　○ミつのかくこハ（水の恪護は）　○ミつのと（癸）　○とゝめハちへ（留めはちへ）　○なきやものやれとも

{田７}（1560）

{翻}{館}等に準じた音価推定が可能と考え、*/de, da, do/に対応するものは［d］、*/di/と*/du/とに対応するものは[ʥ][ʤ]であったとする。

<用例>

○さとぬしところ（里主所）

（用例なし）*/di/, */de/, */da/, */du/

{使２}（1561）

/di//de/*/da/*/du/*/do/それぞれに、{館}{使１}と共通する音訳字が現れるので、{館}{使１}に準じた音価を推定することが可能である。即ち、*/de, da, do/に対応するのは[d]、*/di/と*/du/とに対応するのは[ʥ][ʤ]であったと言うことができる。

<音訳字>

*/di/に対応する部分に「失、扎」が現れる。

*/de/に対応する部分に「嚏、得」が現れる。

*/da/に対応する部分に「達、代、大」が現れる。

*/du/に対応する部分に「子、資、足、的」が現れる。

*/do/に対応する部分に「啚、都、度、冷」が現れる。

音訳字	中原音韻	東国正韻	訓蒙字会	西儒耳目資	推定音価
ち　失	ʃɪəi	si', sirʔ	矢　si	xe, xi, ie	dzi
ちや　扎	ʈʂa	carʔ	☆	ca, che	ʤa
で　嚏	tiəi	☆	☆	☆	de
でり　得	təi	tɯk	☆	te	de
だ　達	ta	tharʔ, ttarʔ	闥　tar	t'a, ta	da
だい　代	tai	ttʌi'	tʌi	tai	dai
大	ta, tai	tta', ttai', thai', thoa	☆	ta, t'o, to, toi	dai
づ　子	tsɨ	ccʌ'	cʌ	çu	dzɯ
資	tsɨ	☆	☆	çu	dzɯ
足	tsiu	cju', cjuk	cjok	çu,　ço	dzɯ
的	tiəi	tjɔk	菂　tjɔk	tie	dzɨ
ど　啚	t ʻu	☆	to	t ʻu	dʊ
都	tu	to'	to	tu	dʊ
どう　度	tu, to	tto'	to	tu, to, ce	dʊː
冷	ləŋ	☆	令　rjɔŋ	lei, lim	dʊː

<用例>

主な用例は、以下のとおりである。

○看失（かぢ、舵）　○倭男扎喇（をなぢやら、王妃）；　○忿嚏（ふで、筆）　○波得那（ほでりの、雷の）；　○分達里（ひだり、左）　○代（だい、台、卓）　○大刀（だいたう、大唐）　○大苗（だいみん、大明）；　○皿子撻馬（みづたま、水玉、水晶）　○（四）

舎蛮（資）之（ひざまづき、跪）　○民足（みづ、水）　○慢的（まづ、先づ）；　○漫畾（まど、暇）　○悶都里（もどり、戻り）　○度（どう、胴、身）　○冷今（どうぎぬ？胴衣？）

｛田８｝（1562）

｛翻｝｛館｝等に準じた音価推定が可能と考え、*/de, da, do/に対応するものは［d］、*/di/と*/du/とに対応するものは[ʤ][ʣ]であったとする。

＜用例＞

○せんとうハ（船頭は）

（用例なし）*/di/, */de/, */da/, */du/

｛田９｝（1563）

＜用例＞

○せちあらとミかひき（勢治荒富が引き）　○せんとう（船頭）

（用例なし）*/de/, */da/, */du/

｛字｝（1572 頃）

（*/di/の用例はないが）音訳字の全てが｛使２｝と同一である。｛館｝｛使１｝｛使２｝に準じた音価を推定してよいことになる。即ち、*/de, da, do/に対応するのは[d]、*/di/と*/du/とに対応するのは[ʤ][ʣ]であった。

＜音訳字＞

*/di/に相当する用例がない。

*/de/に対応する部分に「得」が現れる。

*/da/に対応する部分に「達」が現れる。

*/du/に対応する部分に「足、的」が現れる。

*/do/に対応する部分に「畾、都、度」が現れる。

音訳字	中原音韻	東国正韻	訓蒙字会	西儒耳目資	推定音価
でり　得	təi	tɯk	☆	te	de
だ　達	ta	tharʔ, ttarʔ	闥　tar	t'a, ta	da
づ　足	tsiu	cju', cjuk	cjok	çu,　ço	dzɯ
的	tiəi	tjɔk	菂　tjɔk	tie	dzi
ど　畾	t ʻu	☆	to	t ʻu	dʊ
都	tu	to'	to	tu	dʊ
どう　度	tu, to	tto'	to	tu, to, ce	dʊ:

＜用例＞

主な用例は、以下のとおりである。

○波得那（ほでりの、雷の）；　○分達里（ひだり、左）；　○皿子撻馬（みづたま、水玉、水晶）　○民足（みづ、水）　○慢的（まづ、先づ）；　○漫畾（まど、暇）　○由門都里（よもどり、雀）　○度（どう、胴、身）

{使３}（1579）

用字例の全てが {使２} と同じである。故に、{館} {使１} {使２} に準じた音価を推定することが可能であるから、*/de, da, do/に対応するものは ［d］、*/di/と*/du/とに対応するものは[ʥ][ʤ]であったということになる。

＜音訳字＞

*/di/に対応する部分に「失、扎」が現れる。

*/de/に対応する部分に「嚔、得」が現れる。

*/da/に対応する部分に「達、代、大」が現れる。

*/du/に対応する部分に「子、資、足、的」が現れる。

*/do/に対応する部分に「啚、都、度、冷」が現れる。

音訳字	中原音韻	東国正韻	訓蒙字会	西儒耳目資	推定音価
ぢ　失	ʃɪəi	si', sirʔ	矢　si	xe, xi, ie	dzi
ぢや扎	ʈʂa	carʔ	☆	ca, chė	ʤa
で　嚔	tiəi	☆	☆	☆	de
でり得	təi	tɯk	☆	te	de
だ　達	ta	tharʔ, ttarʔ	闥　tar	t'a, ta	da
だい代	tai	ttʌi'	tʌi	tai	dai
大	ta, tai	tta', ttai', thai', thoa	☆	ta, t'o, to, toi	dai
づ　子	tsɨ	ccʌ'	cʌ	çu	dzɯ
資	tsɨ	☆	☆	çu	dzɯ
足	tsiu	cju', cjuk	cjok	çu,　ço	dzɯ
的	tiəi	tjɔk	菂　tjɔk	tie	dzɨ
ど　啚	t ‘u	☆	to	t ‘u	dʊ
都	tu	to'	to	tu	dʊ
どう度	tu, to	tto'	to	tu, to, ce	dʊː
冷	ləŋ	☆	令　rjɔŋ	lei, lim	dʊː

＜用例＞

用例は、以下の通りである。

○看失（かぢ、舵）　○倭男扎喇（をなぢやら、王妃）；　○怱嚔（ふで、筆）　○波得那（ほでりの、雷の）；　○分達里（ひだり、左）　○代（だい、台、卓）　○大苗（だいみん、大明）；　○撒嗑子急（さかづき、杯）　○皿子撻馬（みづたま、水玉、水晶）　○匹舎蛮資之（ひざまづき、跪）　○民足（みづ、水）　○慢的（まづ、先づ）；　○漫啚（まど、暇）　○由門都里（よもどり、雀）　○度（どう、胴、身）　○冷今（どうぎぬ、胴衣）

{田 10}（1593）

{翻} {館} 等に準じた音価推定が可能と考え、*/de, da, do/に対応するものは ［d］、*/di/と*/du/とに対応するものは[ʥ][ʤ]であったとする。

＜用例＞

〇さとぬしところ（里主所）

（用例なし）*/di/, */de/, */da/, */du/

｛浦｝（1597）

｛翻｝｛館｝等に準じた音価推定が可能と考え、*/de, da, do/に対応するものは［d］、*/di/と*/du/とに対応するものは[ʥ][ʤ]であったとする。

＜用例＞

〇あちけすそろて（按司下司揃て）　〇あちへ（按司部）　〇世のつちに（世の頂に）〇いつまても（何時までも）　〇きほくひりまて（儀保小坂まで）　〇てたかすゑあんしおそひ（テダがすゑ按司襲ひ）　〇なこの大やくもいまたる（名護の大屋子思い真樽）〇ミつのふかさあるけに（水の深さあるげに）　〇とろつちミつのふかさあるけに（泥土水の深さあるげに）

Ⅱ－３－(5) ハ行の子音

（＊／ｐｉ，ｐｅ，ｐａ，ｐｕ，ｐｏ／の子音）

｛翻｝（1501）

ハングルの「ph」と「p」で表記されている。それらと対応する｛沖辞｝（1963）とを比べてみると、次のようなことが言える。｛沖辞｝のアクセント表示は省略する。

1）「pi」で表記されたもので｛沖辞｝で［ɸi］（hwi）であるものと同時に、「phi」で表記されたもので｛沖辞｝で［ɸi］（hwi）であるものが存在する。

2）「pu」で表記されたもので｛沖辞｝で［ɸu］（hu）であるものと、「phu」で表記されたもので｛沖辞｝で［ɸu］（hu）であるものを比べると、前者が語中であって「ホ」に対応するものであるのに対し、後者は語頭であって「フ」に対応するものである。

3）その他の「ph」は、すべて語頭である。

（例）〇羊　pi・cʌ・cja/　hwicizi（未）　〇火盆　phi・pha・ci/　hwibaci（火鉢）〇足　phi・sja/　hwisja（足）　〇多酒　'o・pu・si/　ʔuhusaɴ（多い）　〇大路　'o・pu・mi・ci/　ʔuhumici（大通り。大道）　〇冬　phu・'ju/　huju（冬）　〇筆　phun・ti/　hudi（筆）　〇蒜　phɯi・ru/　hwiru（大蒜）　〇花　pha・na/　hana（花）

以上のことと、例えば「花」が［ɸana］であれば「hoa・na」と表記された可能性があることを考え合わせると（｛漂｝（1818）には、「hoa・chi・koa・chi」（八月）の例がある）、「ph」は（[ɸ]ではなく）[ph]を示している可能性が高い。

（その他の例）

〇老鼠　'o・'ja・pi・chju　〇 淡　'a・pa・sja　〇一　pu・tjɔi・cʌ　〇人　phi・chju　〇向日　phi・ru　〇晴了　pha・ri・tjɔi　〇春　pha・ru　〇 箒　pha・'o・ki　〇袴児　pha・ka・ma　〇鼻　pha・na　〇牙歯　pha　〇江口　phu・ra＜na＞・mo・to　〇下（雨）　phut・tjɔi　〇下（雪）phu・ri

＜用例＞

改めて代表例をあげておく。

○pi・cʌ・cja（ひつじ、羊）　○phi・pha・ci（ひばち、火鉢）　○phɯi・ru（へる、蒜）　○pha・na（はな、鼻）　○’a・pa・sja（あはさ、淡さ）　○pu・tjɔi・cʌ（ふてつ、一）　○phu・’ju（ふゆ、冬）　○phun・ti（ふで、筆）　○’o・pu・si（おほし、多し）

（用例なし）*/po/

{玉}（1501）

{翻}に準じた音価推定をして大過なかろう。両唇破裂音[ph][p]であったと考える。

<用例>

○よそひおとん（よそひ御殿）　○おきやかもひ（おぎやか思ひ）　○くにのまたやわたしよわちへ（国のまたや渡しよわちへ）　○あらそふ人あらは（争ふ人あらは）　○そむく人あらは（背く人あらは）　○ちにふして（地に伏して）　○のちにあらそふ人あらは（後に争ふ人あらは）

（用例なし）*/po/

{館}（16C 前半？）

{翻}と違い、破裂音[ph][p]の片鱗を見せながら、摩擦音[ɸ]へと移行していると見ることができよう。○約羅亦（よろひ、鎧）　○高葉（かひ、買ひ）○嗑哇（かは、河）　○木那哇（ものは、物は）等は「ハ行転呼」後の姿である。

<音訳字>

*/pi/に対応する部分に「分、必、非、品、亦、葉、漂」が現れる。
*/pe/に対応する部分に「也、亦、葉、卞」が現れる。
*/pa/に対応する部分に「扒、花、法、華、哇、排、包、合、」が現れる。
*/pu/に対応する部分に「分、付、布、福」が現れる。
*/po/に対応する部分に「波、活、賀、普、亦、夫、盆」が現れる。

音訳字	中原音韻	東国正韻	訓蒙字会	西儒耳目資	推定音価	備　考
ひ　分	fən	pʌn, ppan	pun	fuen	ɸun(?)	「だ」の前
必	piəi	pirʔ	秘 phir	pi, pie	pi	
非	fəi	phi’	pi	fi	ɸi	
品	p‘iən	phum	phum	p‘in	phiŋ	「げ」の前
亦	iəi	’juk	☆	ie	i	
葉	ie	’jɔp, sjɔp	’jɔp	ie, xe	i	
ひやう 漂	p‘ieu	phjow	瓢 phjo	p‘iao	pjau	
へ　也	ie	’ja’	’ja	☆	e, ɪ	
亦	iəi	’juk	☆	ie	e, ɪ	
葉	ie	’jɔp, sjɔp	’jɔp	ie, xe	e, ɪ	
へん　卞	pien	ppjɔn	☆	pien, p‘uon	pɪɴ	
は　扒	puʌi	pai’	☆	pai	pa	
花	hua	hoa’	hoa	hoa	ɸa	

法	fa	pɔp	pɔp	fa	ɸa	
華	hua	hhoa’	hoa	hoa, k ‘ua, fu	ɸa	
哇	ua	ʔoa’ , ʔai’	蛙 ’ oa	ua, ya	wa	
はい 排	p ‘ai	ppai’	pʌi	p ‘ai, pai	pɦai	
はう 包	pau	☆	袍 pho	p ‘ao, pao	pau	
合	ho	hhap, kap	蛤 hap	ho, ko	ho:	
哇	ua	ʔoa’ , ʔai’	蛙 ’ oa	ua, ya	wa	
はや 排	p ‘ai	ppai’	pʌi	p ‘ai, pai	pɦai	
ふ 分	fən	pʌn, ppan	pun	fuen	ɸun	
付	fu	pu’ , ppu’	符 pu, 府 pu	fu	ɸu	
布	pu	po’	pho	pu	pu	
福	fu	pok	pok	fo	ɸu	
ふく 付	fu	pu’ , ppu’	符 pu, 府 pu	fu	ɸu	
ほ 波	po	pa’ , pi’	pha	po, poei, pi	po	
活	huo	koarʔ	括 koar	huo, kuo,	ɸu	
賀	ho	hha’	☆	ho	ɸo	
普	p ‘u	pho’	☆	p ‘u	pʊ	
亦	iəi	’ juk	☆	ie	e, ɪ	
ほう 夫	fu	pu’ , ppu’	pu	fu	ɸu:	
ほつ 活	huo	koarʔ	括 koar	huo, kuo,	ɸu	
ほん 盆	p ‘uən	ppon	pun	p ‘uon	pʊn	

＜用例＞

主な用例は、以下のとおりである。

○必禄（ひる、昼）　○非禄（ひる、昼）　○約羅亦（よろひ、鎧）　○高葉（かひ、買ひ）　○分達立（ひだり、左）　○品乞（ひげ、髭）　○漂那（ひやうの、表の？）；○馬也（まへ、前）　○亦葉（いへ、家）　○唆亦（さう（ら）へ、候へ）　○阿卞（あへん、阿片）；　○扒只（はし、橋）　○花那（はな、鼻）　○法立的（はれて、晴れて）○華（は、歯）　○嗑哇（かは、河）　○木那哇（ものは、物は）　○排是（はいす、拝す）　○包名（はうめい、報名）　○思合約（すはうやく、蘇合薬）　○思哇（すはう、蘇芳）；　○才府（さいふ、才府？）　○嗑布（かつふ、葛布）　○福密（ふみ、文）○分帖（ふで、筆）　○塔把（たふば、塔場）　○付思（ふくし、副使）；　○波失（ほし、星）　○活个立（ほこり、埃）　○賀（ほ、帆）　○普姑立（ほこり、誇り）　○姑亦《ママ》立（こほり、氷）　○夫窩（ほうわう、鳳凰）　○活見（ほつけん、絹）　○盆那阿結的（ほんの（を）あげて、本の（を）上げて）

{石東}（1522）

用例が少ない上に、仮名資料であるという制約のために、明確なことは言えないが、(資料の成立時期等も勘案すると)｛翻｝と｛館｝との中間的な様相を呈していたのではないかと考えられる。

＜用例＞

○ひのもん（碑の文）

（用例なし）*/pe/, */pa/, */pu/, */po/

｛石西｝（1522）

｛石東｝と同様の理由により、｛翻｝と｛館｝との中間的な様相を呈していたと思われる。

＜用例＞

○ひのもん（碑の文）　○ねたてひかわ（根立て樋川）　○きのととりのへに（乙酉の日に）　○つかしよわちへ（着かしよわちへ）　○ミつのへむまのとし（壬午の年）　○はへはら（南風原）　○はしわたし申候（橋渡し申候）　○御はいおかミ申候（御拝拝み申候）　○はへはら（南風原）　○まうはらい（毛祓い）

（用例なし）*/pu/, */po/

｛田１｝（1523）

｛石東｝｛石西｝と同じように、｛翻｝と｛館｝との中間的な様相を呈していたとする。

＜用例＞

○せいやりとみかひき（勢遣り富が引き）　○たうへ（唐へ）　○方へ　○しほたるもい（小樽思い）（塩太郎思い）

（用例なし）*/pa/, */pu/

｛崇｝（1527）

*/pi/, */pe/, */pa/, */pu/, */po/に対応する用例なし。

｛おも１｝（1531）

「あいて」（相手）、「そろゑて」（揃）、「するゑ」（末）、「おそわ」（襲）、「みおうねかす」（み御船数）の例がある。それぞれ「歴史的仮名遣い」としては、「あひて」「そろへて」「すへ」「おそは」「みおふねかす」とあるべきところである。「ハ行転呼」の証左となる例である。

「そろへて」「すへ」「みおふね」の例もあることから、並存状態あるいは揺れている状態と見ることも可能であろう。以上の事柄から判断すると、｛翻｝よりは｛館｝に近い資料であると言うことができる。

＜用例＞

○ひろく（広く）　○ひぢめわちへ（治めわちへ）　○ひようおきて（表掟）　○きやかるひに（輝がる日に）　○きやがるひに（輝がる日に）　○せひやく（勢軍）　○せひやくゑが＜勢軍吉日＞　○よひきとみ（世引き富）　○けらへゆらふさよ＜立派なゆらふさよ＞　○しちへ（為ちへ）　○しちへす（為ちへず）＜為てぞ＞　○そへて（襲へて）　○そろへて（揃へて）　○ともゝすへ（十百末）　○もりやへきみ＜群れ合い君＞　○やへましま（八重山島）　○とらちへ（取らちへ）　○はたらしまくはら＜波照間島兵卒＞

〇はねて（撥ねて）　〇よきのはま（よきの浜）　〇やなはばま（与那覇浜）　〇あまゑわちへからは（歓ゑわちへからは）　〇きみはゑ（君南風）　〇おそは（襲は）　〇ふさい（栄い）　〇ふらす（降らす）　〇ふりみちへて（降り満ちへて）　〇みおふね（み御船）　〇もゝとふみやかり（百度踏み揚がり）＜人名＞　〇ほこて（慶て）　〇ほこるてゝ（慶るてて）　〇かほう（果報）

｛使１｝（1534）

音訳字にいくらかの出入りはあるが、総体としては｛館｝と同じ様相を呈しているので、音価に関しても｛館｝と同様の推定をする。即ち、破裂音[ph][p]の片鱗を見せながら、摩擦音[ɸ]へと移行している。「ハ行転呼」もある。

＜音訳字＞

*/pi/に対応する部分に「分、皮、必、衣、非、品、葉、辟、彪、漂」が現れる。
*/pe/に対応する部分に「牙、葉」が現れる。
*/pa/に対応する部分に「扒、花、法、華、哇、排、包」が現れる。
*/pu/に対応する部分に「分、布、福、付」が現れる。
*/po/に対応する部分に「波、活、賀、普、盆」が現れる。

音訳字	中原音韻	東国正韻	訓蒙字会	西儒耳目資	推定音価	備　考
ひ　分	fən	pʌn, ppan	pun	fuen	ɸun(?)	「だ」の前
皮	p ‘i	☆	phi	p ‘i	pi	
必	piəi	pirʔ	柲 phir	pi, pie	pi	
衣	iə	☆	’ ɯi	☆	i	
非	fəi	phi’	pi	fi	ɸi	
品	p ‘iən	phum	phum	p ‘in	phiŋ	「げ」の前
葉	ie	’ jɔp, sjɔp	’ jɔp	ie, xe	i	
辟	piəi	☆	pj ɔk	p ‘i, pie, mi	pi	
ひやう彪	pieu	☆	☆	pieu	pjau	
漂	p ‘ieu	phjow	瓢 phjo	p ‘iao	pjau	
へ　牙	ia	☆	’ a	☆	e	
葉	ie	’ jɔp, sjɔp	’ jɔp	ie, xe	e, ɪ	
は　扒	puʌi	pai’		pai	pa	
花	hua	hoa’	hoa	hoa	ɸa	
法	fa	pɔp	pɔp	fa	ɸa	
華	hua	hhoa’	hoa	hoa, k ‘ua, fu	ɸa	
哇	ua	ʔoa’, ʔai’	蛙　’ oa	ua, ya	wa	
はい　排	p ‘ai	ppai’	pʌi	p ‘ai, pai	phai	
はう　包	pau	☆	袍　pho	p ‘ao, pao	pau	
哇	ua	ʔoa’, ʔai’	蛙　’ oa	ua, ya	wa	
はや　排	p ‘ai	ppai’	pʌi	p ‘ai, pai	phai	
ふ　分	fu	pu’, ppu’	符 pu, 府 pu	fu	ɸu	

布	pu	po’	pho	pu	pu	
福	fu	pok	pok	fo	ɸu	
ふく 付	fu	pu’, ppu’	符 pu, 府 pu	fu	ɸu	
ほ 波	po	pa’, pi’	pha	po, poei, pi	po	
活	huo	koarʔ	括　koar	huo, kuo,	ɸu	
賀	ho	hha’	☆	ho	ɸo	
普	p ‘u	pho’	☆	p ‘u	pʊ	
ほつ 活	huo	koarʔ	括　koar	huo, kuo,	ɸu	
ほん 盆	p ‘uən	ppon	pun	p ‘uon	pʊn	

＜用例＞

主な用例を示す。

○皮禄（ひる、昼）　○刀那必周（たうのひと、唐の人）　○非近的（ひきで、引き出）　○辟牙姑（ひやく、百）　○分達里（ひだり、左）　○品其（ひげ、髭）　○約羅衣（よろひ、鎧）　○高葉（かひ、買ひ）　○彪鳥（ひやうを、表を）　○漂那（ひやうの（を）、表の（を））；　○悪牙蜜即（うへみち、上道）　○亦葉（いへ、家）　○馬乜《ママ》（まへ、前）；　○扒只（はし、橋）　○花孫奴法拿（はすのはな、蓮の花）　○松只（はし、橋）　○華（は、歯、牙）　○嗑哇（かは、河）　○失哇思（しはす、十二月）　○排是（はいす、拝す）　○包名（はうめい、報名）　○司哇（すはう、蘇芳）；　○嗑布（かつふ、葛布）　○福密（ふみ、文、書）　○分帖（ふで、筆）　○付司（ふくし、副使）；　○波世（ほし、星）　○活各力（ほこり、埃）　○賀（ほ、帆）　○蜜温普古里（みおんほこり、御御誇り）　○活見（ほつけん、絹）　○盆那（ほんの（を）、本の（を））

｛田２｝（1536）

「ハ行転呼」の例は見出せないが、総体としては｛使１｝に準じた音価推定をしてよかろうと思う。

＜用例＞

○方へ　○にしはら（西原）　○さとぬしところハ（里主所は）

（用例なし）*/pi/, */pu/, */po/

｛田３｝（1537）

「ハ行転呼」の例は見出せないが、総体としては｛使１｝に準じた音価推定をしてよかろうと思う。

＜用例＞

○たうへ（唐へ）　○方へ　○せん［とうハ］（船頭は）　○はゑ（南風）

（用例なし）*/pi/, */pu/, */po/

｛田４｝（1541）

「ハ行転呼」の例は見出せないが、総体としては｛使１｝に準じた音価推定をしてよかろうと思う。

<用例>

○方へ　○ちくとのハ（筑殿は）　○まなハん　○つつかねてほり

（用例なし）*/pi/, */pu/。

{かた}（1543）

「おひ人」に対して「おゑ人」、「いわひ事」に対して「ゆわい事」、「うへ」に対して「うゑ」（植ゑ）の例が、それぞれ存在する。

{使１}に準じた音価推定をするのが穏当であろう。

<用例>

○ひのもん（碑の文）　○ひかしにあたりて（東に当たりて）　○よるもひるも（夜も昼も）　○ミおほけにあひ申候　○あんしをそひかなし（按司襲ひ加那志）　○御いわひ事（御祝ひ事）　○おひ人（老ひ人）　○おもひくわへ（思ひ子部）　○ひのとのとりのへに（丁の酉に日に）　○まつうへ申候（松植へ申候）　○ちからをそろへ（力を揃へ）　○ミはいをかミ申候（御拝拝み申候）　○いしをはめ（石を嵌め）　○これハ　○あめふる時ハ（雨降る時は）　○へんのたけといふ（弁の嶽と言ふ）　○まふとかね（真布渡金）　○ミおほけに　○御ほこりめしよわちや事（御慶り召しよわちや事）　○かみほとけの（神仏の）

{田５}（1545）

{使１}に準じると考える。

<用例>

○方へ　○はゑ（南風）　○さとぬしところハ（里主所は）

（用例なし）*/pi/, */pu/, */po/

{添}（1546）

{使１}に準じると考える。

<用例>

○ひのもん（碑の文）　○ひとへにありたるけに（一重にありたるげに）　○ひやく（百）　○あつさハ五ひろ（厚さは五尋）　○あひたハ（間は）　○あんしおそひかなし（按司襲ひ加那志）　○おもひくわへ（思ひ子部）　○まさかひ（真栄）　○御ゆわひ申候（御祝ひ申候）　○ひとへ（一重）　○けらへあくかへ（家来赤頭）　○おりあけわちへ　○ひのとのミのへに（丁の巳の日に）　○ミつのとのとりのへに（癸の酉の日に）　○まうはらへの時に（毛祓への時に）　○ひのへむま（丙午）　○かなはの大やくもい（我那覇の大屋子思い）　○みはいハ（御拝は）　○はへおもての（南風表の）　○ふかさハ（深さは）　○御ほけハ　○しほたるかね（小樽金）（塩太郎金）

{田６}（1551）

「こほり」に対して「こおり」の例もある。

{使１}に準じると考える。

＜用例＞

○方へ　○はゑ（南風）　○こほり（郡）

（用例なし）*/pi/,*/pu/

｛やら｝（1554）

｛使１｝に準じると考える。

＜用例＞

○ひかわ（樋川）　○ちかためのおよハひ（地固めの御祝ひ）　○こちひらの（東風平の）　○まうはらひめしよわちやる（毛祓ひ召しよわちやる）　○あんしおそひかなしの（按司襲ひ加那志の）　○とりのへに（酉の日に）　○からめちへ　○けらへあくかへ（家来赤頭）　○けらへわちへてて（造へわちへてて）　○ちへねん（知念）　○やへさもり（八重座杜）　○ミはひおかてあり（御拝拝であり）　○まうはらて（毛祓て）　○はゑはら（南風原）　○おきなハ（沖縄）　○かきのはなち（垣花地）　○ちはなれ（地離れ）○なはのはん（那覇の番）　○いしらこはましらこは（石子は真石子は）　○ミつのかくこハ（水の恪護は）　○おりあけハちへ（おり上げはちへ）　○まふとう（真布度）○世そふもり（世襲ふ杜）　○よりそふて（寄り揃て）　○やらさもりのほかに（屋良座杜の外に）

｛田７｝（1560）

｛使１｝に準じると考える。

＜用例＞

○方へ　○さとぬしところハ（里主所は）

（用例なし）*/pi/,*/pu/,*/po/

｛使２｝（1561）

用字例のほとんどが｛使１｝と共通する。破裂音[ph][p]の片鱗を見せながら、摩擦音[ɸ]へと移行している。「ハ行転呼」もある。

＜音訳字＞

*/pi/に対応する部分に「皮、非、匹、必、品、分、辟、衣、牙、撒、彪、漂」が現れる。

*/pe/に対応する部分に「牙、葉」が現れる。

*/pa/に対応する部分に「嗑、扒、花、法、抛、鳥、哇、排、包、迫」が現れる。

*/pu/に対応する部分に「皮、布、福、忿、付」が現れる。

*/po/に対応する部分に「活、谷、波、普、卜、由、呼」が現れる。

音訳字	中原音韻	東国正韻	訓蒙字会	西儒耳目資	推定音価	備　考
ひ　　皮	p ‘i		phi	p ‘i	pi	
非	fəi	phi’	pi	fi	ɸi	
匹	p ‘iəp		phith		pi	
必	piəi	pirʔ	柲 phir	pi, pie	pi	

品	p ‘iən	phum	phum	p ‘in	phiŋ	「げ」の前
分	fən	pʌn, ppan	pun	fuen	ɸun(?)	「だ」の前
辟	piəi		pj ɔk	p ‘i, pie, mi	pi	
衣	iə	☆	’ ɯi	☆	i	
牙	ia	☆	’ a	☆	i	
ひや 撒	sa	san, sarʔ	san	sa	ça	
ひやう彪	pieu	☆	☆	pieu	pjau	
漂	p ‘ieu	phjow	瓢 phjo	p ‘iao	pjau	
へ 牙	ia	☆	’ a	☆	e	
葉	ie	’ jɔp, sjɔp	’ jɔp	ie, xe	e, ɪ	
は 嗑	ko	har	hap	ho	ha	
扒	puʌi	pai’		pai	pa	
花	hua	hoa’	hoa	hoa	ɸa	
法	fa	pɔp	pɔp	fa	ɸa	
抛	p ‘au	☆	☆	p ‘ao	pa	
烏	u	ʔo	’ o	u	u	
哇	ua	ʔoa’ , ʔai’	蛙 ’ oa	ua, ya	wa	
はい 排	p ‘ai	ppai’	pʌi	p ‘ai, pai	phai	
はう 包	pau		袍 pho	p ‘ao, pao	pau	
哇	ua	ʔoa’ , ʔai’	蛙 ’ oa	ua, ya	wa:	
はや 排	p ‘ai	ppai’	pʌi	p ‘ai, pai	phai	
迫	pau	☆	袍 pho	p ‘ao, pao	pau	
ふ 皮	p ‘i	☆	phi	p ‘i	ɸɪ (?)	
布	pu	po’	pho	pu	pu	
福	fu	pok	pok	fo	ɸu	
忿	fən	☆	☆	fuen	ɸun	
ふく 付	fu	pu’ , ppu’	符 pu, 府 pu	fu	ɸu	
ほ 活	huo	koarʔ	括 koar	huo, kuo,	ɸu	
谷	ku	☆	☆	ko, kio	ɸu	
波	po	pa’ , pi’	pha	po, poei, pi	po	
普	p ‘u	pho’	☆	p ‘u	pʊ	
ト	pu	☆	pok	po	pʊ	
亦	iəi	’ juk	☆	ie	e, ɪ	
由	iəu	’ juβ	☆	ieu	ju	
ほう 呼	hu	☆	ho	hu	ho:	
ほつ 活	huo	koarʔ	括 koar	huo, kuo,	ɸu	

＜用例＞

主な用例は、以下のとおりである。

○皮禄（ひる、昼）　○非禄（ひる、昼）　○匹奢（ひさ、足、脚）　○必周（ひと、人）　○胡品其（こひげ、小髭）　○分達里（ひだり、左）　○辟角禄撒（ひじゆるさ、冷さ）　○幼羅衣（よろひ、鎧）　○撒牙姑（ひやく、百）　○彪烏（ひやうを、表を）　○漂那（ひやうの（を）、表の（を））；　○馬乜《ママ》（まへ、前）　○悪牙密即（うへみち、上道）　○嗑喇亦葉牙（かはらいへや、瓦家屋？）；　○嗑甲馬（はかま、袴？）　○扒只（はし、橋）　○花孫（はす、蓮）　○法禄（はる、春）　○抛拿（はな、花）　○密由烏牙（みゆわひ、御祝ひ）　○嗑哇（かは、皮）　○嗑哇喇（かはら、瓦）　○排失之（はいして、拝して）　○包名（はうめい、報名）　○司哇（すはう、蘇芳）　○排姑（はやく、早く）　○追姑（はやく、早く）；　○皮夜（ふや、靴）　○（嗑布）（かつふ、葛布）　○福尼（ふね、船）　○忿嚏（ふで、筆）　○付司（ふくし、副使）；　○活各力（ほこり、埃）　○波世（ほし、星）　○温普古里（おんほこり、御誇り）　○温卜姑里（おんほこり、御誇り）　○由沽辣舎（ほこらさ、誇らさ）　○呼窩（ほうわう、鳳凰）　○活見（ほつけん、絹）

{田８}（1562）

{使１}に準じると判断する。

<用例>

○ふさいとミかひき（ふさい富が引き）　○方へ　○せんとうハ（船頭は）　○はゑ（南風）

（用例なし）*/po/

{田９}（1563）

{使１}に準じると考えられよう。

<用例>

○せちあらとミかひき（勢治荒富が引き）　○けらへ（家来）　○方へ　○はゑ（南風）　○せんとうハ（船頭は）

（用例なし）*/pu/,*/po/

{字}（1572頃）

多少の相違はあるものの、音訳字が{使２}と共通するものが多い。{使２}に準じる、引いては{使１}に通じる。破裂音[ph][p]の片鱗を見せながら、摩擦音[ɸ]へと移行している。「ハ行転呼」もある。

<音訳字>

*/pi/に対応する部分に「皮、非、匹、品、分、辟、撒」が現れる。
*/pe/に対応する部分に「牙」が現れる。
*/pa/に対応する部分に「扒、花、法、抛、哇、排」が現れる。
*/pu/に対応する部分に「布、福」が現れる。
*/po/に対応する部分に「活、谷、波、普、由、呼」が現れる。

音訳字	中原音韻	東国正韻	訓蒙字会	西儒耳目資	推定音価	備　考
ひ　皮	p ʻi	☆	phi	p ʻi	pi	

非	fəi	phi’	pi	fi	ɸi	
匹	p ‘iəp	☆	phith	☆	pi	
品	p ‘iən	phum	phum	p ‘in	phiŋ	「げ」の前
分	fən	pʌn, ppan	pun	fuen	ɸun(?)	「だ」の前
辟	piəi	☆	pj ɔk	p ‘i, pie, mi	pi	
ひや　撒	sa	san, sarʔ	san	sa	ça	
へ　牙	ia	☆	’ a	☆	e	
は　扒	puʌi	pai’	☆	pai	pa	
花	hua	hoa’	hoa	hoa	ɸa	
法	fa	pɔp	pɔp	fa	ɸa	
抛	p ‘au	☆	☆	p ‘ao	pa	
哇	ua	ʔoa’, ʔai’	蛙　’ oa	ua, ya	wa	
はう　哇	ua	ʔoa’, ʔai’	蛙　’ oa	ua, ya	Wa:	
はや　排	p ‘ai	ppai’	pʌi	p ‘ai, pai	phai	
ふ　布	pu	po’	pho	pu	pu	
福	fu	pok	pok	fo	ɸu	
爲	uəi	☆	☆	☆	u	
ほ　活	huo	koarʔ	括　koar	huo, kuo	ɸu	
谷	ku	☆	☆	ko, kio	ɸu	
波	po	pa’, pi’	pha	po, poei, pi	po	
普	p ‘u	pho’	☆	p ‘u	pU	
亦	iəi	’ juk	☆	ie	e, ɪ	
由	iəu	’ juβ	☆	ieu	ju	
ほう　呼	hu	☆	ho	hu	ho:	
ほつ　活	huo	koarʔ	括　koar	huo, kuo	ɸu	

<用例>

主な用例は、以下のようである。

○皮禄（ひる、昼）　○非禄（ひる、昼）　○匹牝査（ひつじ、羊）　○辟角禄撒（ひじゆるさ、冷さ）　○品其（ひげ、髭）　○分達里（ひだり、左）　○撒姑毎（ひやく（もん）め、百匁）；　○悪牙密即（うへみち、上道）　○扒(は、歯)　○扒只（はし、橋）　○法拿（はな、花）　○抛拿（はな、花）　○抛拿（はな、鼻）　○嗑哇（かは、河）　○失哇思（しはす、十二月）　○司哇（すはう、蘇芳）　○排姑（はやく、早く）；　○福禄（ふる、降る）　○嗑布（かつふ、葛布）；　○活各力（ほこり、埃）　○谷古里（ほこり、誇り）　○波世（ほし、星）　○温普古里（おんほこり、御誇り）　○温普姑里（おんほこり、御誇り）　○由沽辣舎（ほこらさ、誇らさ）　○呼窩（ほうわう、鳳凰）　○活見（ほつけん、絹）

{使３}（1579）

音訳字は、{使２}とほとんど同じである。{使２}と同じく、破裂音[ph][p]の片鱗を見せながら、摩擦音[ɸ]へと移行している。「ハ行転呼」もあるとなる。

＜音訳字＞

*/pi/に対応する部分に「皮、飛、匹、必、品、分、辟、衣、牙、撒、彪、漂」が現れる。

*/pe/に対応する部分に「牙、葉」が現れる。

*/pa/に対応する部分に「嗑、扒、花、法、抛、麥、烏、哇、排、包」が現れる。

*/pu/に対応する部分に「莆、皮、布、福、忿、付」が現れる。

*/po/に対応する部分に「賀、活、谷、波、普、卜、由、呼」が現れる。

音訳字	中原音韻	東国正韻	訓蒙字会	西儒耳目資	推定音価	備　考
ひ　皮	p ʻi	☆	phi	p ʻi	pi	
飛	fəi	phi’	pi	fi	ɸi	
匹	p ʻiəp	☆	phith	☆	pi	
必	piəi	pirʔ	祕 phir	pi, pie	pi	
品	p ʻiən	phum	phum	p ʻin	pʰiŋ	「げ」の前
分	fən	pʌn, ppan	pun	fuen	ɸun(?)	「だ」の前
辟	piəi	☆	pj ɔk	p ʻi, pie, mi	pi	
衣	iə	☆	’ ɯi	☆	i	
牙	ia	☆	’ a	☆	i	
ひや　撒	sa	san, sarʔ	san	sa	ça	
ひやう彪	pieu	☆	☆	pieu	pjau	
漂	p ʻieu	phjow	瓢 phjo	p ʻiao	pjau	
へ　牙	ia	☆	’ a	☆	e	
葉	ie	’ jɔp, sjɔp	’ jɔp	ie, xe	e, ɪ	
は　嗑	ko	har	hap	ho	ha	
扒	puʌi	pai’		pai	pa	
花	hua	hoa’	hoa	hoa	ɸa	
法	fa	pɔp	pɔp	fa	ɸa	
抛	p ʻau	☆	☆	p ʻao	pa	
麥	mai	☆	☆	☆	pa	
哇	ua	ʔoa’, ʔai’	蛙　’ oa	ua, ya	wa	
はい　排	p ʻai	ppai’	pʌi	p ʻai, pai	pʰai	
はう　包	pau	☆	袍　pho	p ʻao, pao	pau	
哇	ua	ʔoa’, ʔai’	蛙　’ oa	ua, ya	waː	
はや　排	p ʻai	ppai’	pʌi	p ʻai, pai	pʰai	
迫	po, pai	☆	☆	☆	pai	
ふ　莆	甫　fu	☆	☆	☆	ɸu	
皮	p ʻi	☆	phi	p ʻi	pɪ?	
布	pu	po’	pho	pu	pu	

福	fu	pok	pok	fo	ɸu	
忿	fən	☆	☆	fuen	ɸun	
ふく　付	fu	pu’, ppu’	符 pu, 府 pu	fu	ɸu	
ほ　賀	ho	hha’	☆	ho	ɸo	
活	huo	koarʔ	括　koar	huo, kuo,	ɸu	
谷	ku	☆	☆	ko, kio	ɸu	
波	po	pa’, pi’	pha	po, poei, pi	po	
卜	pu	☆	pok	po	pU	
由	iəu	’juβ	☆	ieu	ju	
ほう　呼	hu	☆	ho	hu	ho:	
ほつ　活	huo	koarʔ	括　koar	huo, kuo,	ɸu	

<用例>

主な用例を示す。

○皮禄（ひる、昼）　○飛陸（ひる、昼）　○匹奢（ひさ、足）　○必周（ひと、人）○辟牙撒（ひあさ、寒さ）　○品其（ひげ、髭）　○分達里（ひだり、左）　○幼羅衣（よろひ、鎧）　○撒牙姑（ひやく、百）　○密由烏牙（みゆはひ、御祝ひ）　○彪烏（ひやうを、表を）　○漂那（ひやうの（を）、表の（を））；　○悪牙密即（うへみち、上道）○嗑喇亦葉牙（かはらいへや、瓦家屋）；　○嗑甲馬（はかま、袴）　○扒只（はし、橋）○花孫（はす、蓮）　○法禄（はる、春）　○抛拿（はな、花）　○麥匙（はし、箸）○嗑哇（かは、皮）　○嗑哇喇（かはら、瓦）　○排失之（はいして、拝して）　○包名（はうめい、報名）　○司哇（すはう、蘇芳）　○排姑（はやく、早く）　○迫姑（はやく、早く）；　○菁尼（ふね、船）　○皮夜（ふや、靴）　○嗑布（かつふ、葛布）　○福法各（ふばこ、文箱）　○忿嚏（ふで、筆）　○付司（ふくし、副使）；　○賀（ほ、帆）○谷古里（ほこり、誇り）　○波世（ほし、星）　○温卜姑里（おんほこり、御誇り）○由沽辣舍（ほこらさ、誇らさ）　○呼窩（ほうわう、鳳凰）　○活見（ほつけん、絹）

{田10}（1593）

{使１}{使２}{使３}等に準じた音価推定が可能であろう。

<用例>

○方へ　○さとぬしところハ（里主所は）

（用例なし）*/pi/, */pu/, */po/

{浦}（1597）1

{使１}{使２}{使３}等に準じた音価推定が可能と判断する。

<用例>

○ひのとのとり（丁の酉）　○ひのかミ（火の神）　○ひやくしやう（百姓）　○よるもひるも（夜も昼も）　○あひ申候（会ひ申候）　○うらおそひより（浦襲ひより）○おもひ事ハ（思いひ事は）　○たひらはし（平良橋）　○まうはらひ（毛祓ひ）　○ねかひ申し候て（願ひ申し候て）　○とりのへに（酉に日に）　○けらへあくかへ（家来赤

頭）　○はしかけさせ（橋かけさせ）　○かなそめのはつまき（金染めの鉢巻）　○ミはいおかみ（御拝拝み　○おきなハの（沖縄の）　○たひらのかはら（平良の河原）　○まうはらひ（毛祓ひ）　○ミつのふかさあるけに（水の深さあるげに）　○雨ふる時は（雨降るときは）　○うちほかの（内外の）　○ミおほけに　○ミおほけハ　○おほこりめしよハちゑ（御慶り召しよわちゑ）　○かミほとけの（神仏の）　○たひらおほなは（平良大庭は）　○御かほうねかひ申候て（御果報願ひ申し候て）

Ⅱ－３－(6)　バ行の子音

（＊／ｂｉ，ｂｅ，ｂａ，ｂｕ，ｂｏ／の子音）

この項目に関しては、特段述べるべき事柄は存在しない。全資料を通じて、音価は[b]であった。注記すべきことがない限り、用例のみを示す。

{翻}（1501）

ハングルの「ｐ」で表記されている。［ｂ］であったと判断される。

<用例>

○na・pɯi（なべ、鍋）　○’om・pa・ri<ni>,’o・pa・ri<ni>,’om・pan・ri<ni>（おばに、御飯）　○’a・pu・ra（あぶら、油）

（用例なし）＊/bi, bo/

{玉}（1501）

<用例>

○おさまるへし（納まるべし）　○たたるへし（崇るべし）　○まなへたる（真鍋樽）○ま玉はし（真玉橋）　○まさふろかね（真三郎金）

（用例なし）＊/bi/,＊/bo/

{館}（16C 前半？）

<音訳字>

＊/bi/に対応する部分に「必、別、漂」が現れる。
＊/be/に対応する部分に「必、別」が現れる。
＊/ba/に対応する部分に「八、扒、把、法、包、半、班、礬」が現れる。
＊/bu/に対応する部分に「不、布」が現れる。
＊/bo/に対応する部分に「帽」が現れる。

音訳字	中原音韻	東国正韻	訓蒙字会	西儒耳目資	推定音価
び　必	piəi	pirʔ	秘 phir	pi, pie	bi
びや　別	pie	pjɔrʔ, ppjɔr	☆	pie	bja
びやう 飄	pʻieu	pjow	phuŋ	piao	bjau
びん　飄	pʻieu	pjow	phuŋ	piao	biɴ
べ　必	piəi	pirʔ	秘 phir	pi, pie	bɪ
別	pie	pjɔrʔ, ppjɔr	☆	pie	bɪ

ば　八	pa	parʔ	phar	pa	ba
扒	puʌi	pai’	☆	pai	ba
把	pa	ppa ‘	杷　pha	p ‘a, pa	ba
法	fa	pɔp	pɔp	fa	ba, ɞa
ばう　包	pau	☆	袍　pho	p ‘ao, pao	bau
ばん　半	puon	pan	伴　pan	puon	bɑn
班	pan	pan	☆	pan	ban
礬	fan	phan	pɔn	pan	baɴ
ぶ　不	pu, fəu	pu’, puw	芣　pu	po, fo, fu, ku	bu
布	pu	po’	pho	pu	bu
ぼう　帽	mau	mow	mo	mao	bo:

<用例>

主な用例は、以下のとおりである。

○乞角必（ききおび、帯）　○別姑旦結（びやくだんき、白檀木）　○飄布（びやうぶ、屏風）　○飄（びん、瓶）；　○奴必約（のべよ、伸べよ）　○那喇別（ならべ、並べ）；　○烏只八監（うちばら、内原）　○三扒（さば、鞋）　○塔把（たふば、塔場）　○孫司立法个（すずりばこ、硯箱）　○包子（ばうず、坊主）　○扎半失（ちやばんじ、茶飯事）　○翁班尼（おばんに、御飯）　○晃礬（くわうばん、黄礬）；　○眠不立（ねぶり、眠り）　○飄布（びやうぶ、屏風）；　○紗帽（しやぼう、紗帽）

{石東}（1522）

*/bi/, */be/, */ba/, */bu/, */bo/に対応する用例なし。

{石西}（1522）

<用例>

○さとぬしへ（里主部）　○あすたへ（長老部）　○あくかへ（赤頭）　○一はんのさとぬしへ（一番の里主部）　○此すミのことはハ（此墨の言葉は）

（用例なし）*/bi/, */bu/, */bo/

{田１}（1523）

*/bi/, */be/, */ba/, */bu/, */bo/に対応する用例なし。

{崇}（1527）

<用例>

○むまからおれるへし（馬から下れるべし）

（用例なし）*/bi/, */ba/, */bu/, */bo/

{おも１}（1531）

＜用例＞

○あすべは（遊べば）　○いべのいのり（威部の祈り）　○ばてんばま（馬天浜）○あすばちへ（遊ばちへ）　○あすべは（遊べば）　○ためやらは（撓めやらば）　○ぶれしま（群れ島）　○まぶら（守ら）　○まぶらめ（守らめ）　○おぼつ＜天上＞

（用例なし）*/bi/

{使１}（1534）

＜音訳字＞

*/bi/に対応する部分に「必、皮、漂」が現れる。
*/be/に対応する部分に「必、別」が現れる。
*/ba/に対応する部分に「扒、法、包、鲍、半、班」が現れる。
*/bu/に対応する部分に「不、布」が現れる。
*/bo/に対応する部分に「帽」が現れる。

音訳字	中原音韻	東国正韻	訓蒙字会	西儒耳目資	推定音価
び　必	piəi	pirʔ	柲 phir	pi, pie	bi
皮	p ‘i	☆	phi	p ‘i	bi
びや　瓢	p ‘ieu	pjow	phuŋ	p ‘iao	bjau
びん　瓢	p ‘ieu	pjow	phuŋ	p ‘iao	biɴ
べ　必	piəi	pirʔ	柲 phir	pi, pie	bɪ
別	pie	pjɔrʔ, ppjɔr	☆	pie	bɪ
ば　扒	puʌi	pai’	☆	pai	ba
法	fa	pɔp	pɔp	fa	ba, ʙa
ばう　包	pau	☆	袍　pho	p ‘ao, pao	bau
鲍	p ‘au	☆	☆	☆	bau
ばん　半	puon	pan	伴　pan	puon	bɑn
班	pan	pan	☆	pan	ban
ぶ　不	pu, fəu	pu’, puw	芣　pu	po, fo, fu, ku	bu
布	pu	po’	pho	pu	bu
ぼう　帽	mau	mow	mo	mao	bo:

＜用例＞

主な用例は、以下のとおりである。

○文必（おび、帯）　○烏遜皮（あそび？　遊び？）　○瓢布（びやうぶ、屏風）○法拿瓢（はなびん、花瓶）；　○奴必約（のべよ、伸べよ）　○拿別（かべ、壁）；○三扒（さば、鞋）　○福法各（ふばこ、文箱）　○失農包（しのばう、師の父）　○鲍子（ばうず、坊主）　○札半失（ちやばんじ、茶飯事）　○翁班尼（おばんに、御飯）；○眠不立（ねぶり、眠り）　○瓢布（びやうぶ、屏風）；　○紗帽（しやぼう、紗帽）

{田２}（1536）

/bi/,/be/,*/ba/,*/bu/,*/bo/に対応する用例なし。

{田３}（1537）

/bi/,/be/,*/ba/,*/bu/,*/bo/に対応する用例なし。

{田４}（1541）

<用例>

○まなハんゑ　○まさふろ（真三郎）　○つつみかねてほり

（用例なし）*/bi/,*/be/

{かた}（1543）

<用例>

○御あそひめしよわる（御遊び召しよわる）　○よろこひたのしむ事（喜び楽しむ事）○へんのたけ（弁の嶽）　○あくかへ（赤頭）　○あすたへ（長老部）　○御たかへめしよわるもり（御崇べ召しよわる杜）　○わらへにいたるまて（童に到るまで）　○されは嘉靖二十年（されば嘉靖二十年）　○しかれは　○王のなをは（王の名をば）

（用例なし）*/bu/,*/bo/

{田５}（1545）

/bi/,/be/,*/ba/,*/bu/,*/bo/に対応する用例なし。

{添}（1546）

<用例>

○あんしへ（按司部）　○ミはんの大やくもいた（御番の大屋子思い達）　○まふにの里主（摩文仁の里主）　○御のほりめし（御上り召し）　○御おもろ御たほいめしよわちや事　○御せゝる御たほひめしよわちへ

（用例なし）*/bi/

{田６}（1551）

/bi/,/be/,*/ba/,*/bu/,*/bo/に対応する用例なし。

{やら}（1554）

<用例>

○あんしへ（按司部）　○さとぬしへ（里主部）　○かくこするへし（恪護するべし）○はうすた（坊主達）　○なはのはん（那覇の番）　○一はんのせい（一番の勢）　○ふきやう一人（奉行一人）　○まふとう（真布度）　○ミまふりめしよハる（御守り召しよはる）

（用例なし）*/bi/,*/bo/

{田７}（1560）

＊/bi/,＊/be/,＊/ba/,＊/bu/,＊/bo/に対応する用例なし。

{使２}（1561）

＜音訳字＞

＊/bi/に対応する部分に「必、瓢、平」が現れる。
＊/be/に対応する部分に「日、平、別、襪」が現れる。
＊/ba/に対応する部分に「法、班、褒、半」が現れる。
＊/bu/に対応する部分に「不、布、塢」が現れる。
＊/bo/に対応する部分に「冒、盤」が現れる。

音訳字	中原音韻	東国正韻	訓蒙字会	西儒耳目資	推定音価
び　　必	piəi	pirʔ	秘 phir	pi, pie	bi
びやう瓢	p ‘ieu	pjow	phuŋ	p ‘iao	bjau
びん　平	p ‘iəŋ	☆	☆	☆	biɴ
べ　　日	riəi	zirʔ	zir	je	be　(?)
平	p ‘iəŋ	☆	☆	☆	bɪ
別	pie	pjɔrʔ, ppjɔr	☆	pie	bɪ
襪	wa	☆	☆	ua, va	bɪ　(?)
ば　　法	fa	pɔp	pɔp	fa	ba, ʙa
班	pan	pan	☆	pan	ban
ばう　褒	pau	☆	☆	☆	bau
ばん　半	puon	pan	伴　pan	puon	bɑn
ぶ　　不	pu, fəu	pu’, puw	芣　pu	po, fo, fu, ku	bu
布	pu	po’	pho	pu	bu
塢	u	☆	☆	u	bu
ぼう　冒	mau	☆	☆	mao, me	bo:
ぼん　盤	p ‘uon	☆	☆	puon	bʊɴ

＜用例＞

主な用例は、以下のとおりである。

○文《ママ》必（おび、帯）　○瓢布（びやうぶ、屏風）　○匹胡平（しごうびん？　四合瓶？）；○司眉日尸（せんべつ、餞別）　○麻平的（のべて、伸べて）　○拿別（かべ、壁）；○福法各（ふばこ、文箱）　○汪班尼（おばに、御飯）　○褒子（ばうず、坊主）　○札半失（ちやばんじ、茶飯事）；　○眠不里（ねぶり、眠り）　○瓢布（びやうぶ、屏風）○嗑塢吐（かぶと、兜、盔）；　○冒（ぼう、帽）　○桶盤（とうぼん、東盆）

{田８}（1562）

＜用例＞

○あくかへ（赤頭）

（用例なし）＊/bi/,＊/ba/,＊/bu/,＊/bo/

{田９}（1563）

＜用例＞

○あくかへ（赤頭）　○さとぬしへ（里主部）

（用例なし）*/bi/,*/ba/,*/bu/,*/bo/

{字}（1572 頃）

＜用例＞

*/bi/,/bu/に対応する用例なし。

*/be/に対応する部分に「別」が現れる。

*/ba/に対応する部分に「班」が現れる。

*/bo/に対応する部分に「冒」が現れる。

音訳字	中原音韻	東国正韻	訓蒙字会	西儒耳目資	推定音価
べ　別	pie	pjɔrʔ, ppjɔr	☆	pie	bɪ
ば　班	pan	pan	☆	pan	ban
ぼう　冒	mau	☆	☆	mao, me	boː

＜用例＞

主な用例は、以下のとおりである。

○拿別（かべ、壁）　○撒急汪班尼（さけおばに、酒飯）　○沙冒（しやぼう、沙帽）

{使３}（1579）

＜音訳字＞

*/bi/に対応する部分に「必、筆、瓢、平」が現れる。

*/be/に対応する部分に「日、平、別、襪」が現れる。

*/ba/に対応する部分に「法、班、褒、半」が現れる。

*/bu/に対応する部分に「不、布、塢」が現れる。

*/bo/に対応する部分に「冒、盤」が現れる。

音訳字	中原音韻	東国正韻	訓蒙字会	西儒耳目資	推定音価
び　必	piəi	pirʔ	秘 phir	pi, pie	bi
筆	piəi	☆	☆	☆	bi
びやう 瓢	p ‘ieu	pjow	phuŋ	p ‘iao	bjau
びん　平	p ‘iəŋ	☆	☆	☆	biɴ
べ　日	riəi	zirʔ	zir	je	be （?）
平	p ‘iəŋ	☆	☆	☆	bɪ
別	pie	pjɔrʔ, ppjɔr	☆	pie	bɪ
襪	wa	☆	☆	ua, va	bɪ （?）
ば　法	fa	pɔp	pɔp	fa	ba, ɞa
班	pan	pan	☆	pan	ban
ばう　褒	pau	☆	☆	☆	bau

ばん　半	puon	pan	伴　pan	puon	bɑn
ぶ　不	pu, fəu	pu’, puw	芣　pu	po, fo, fu, ku	bu
布	pu	po’	pho	pu	bu
塢	u	☆	☆	u	bu
ぼう　冒	mau	☆	☆	mao, me	bo:
ぼん　盤	p ‘uon	☆	☆	puon	bʊɴ

<用例>

主な用例は、以下のとおりである。

○文必（おび、帯）　○文筆（おび、帯）　○飄布（びやうぶ、屛風）　○匹胡平（しごうびん？　四合瓶？）；　○司眉日尸（せんべつ、餞別）　○麻平的（のべて、伸べて）○拿別（かべ、壁）；　○福法各（ふばこ、文箱）　○汪班尼（おばに、御飯）　○褒子（ばうず、坊主）　○札半失（ちやばんじ、茶飯事）；　○眠不里（ねぶり、眠り）　○飄布（びやうぶ、屛風）　○嗑塢吐（かぶと、兜、盔）；　○冒（ぼう、帽）　○桶盤（とうぼん、東盆）

{田10}（1593）

*/bi/, */be/, */ba/, */bu/, */bo/に対応する用例なし。

{浦}（1597）

<用例>

○きほくひり（儀保小坂）　○およひめしよわちへ（御呼び召しよわちへ）　○うちほかの御いへの（内外の御威部の）　○さとぬしへ（里主部）　○御たかへめしよわちや事（御崇べ召しよわちや事）　○のろへ（ノロ部）　○はうすた（坊主達）　○くもこはし（雲子橋）　○わうの御なをは（王の御名をば）　○ミおやしたれハ　○しかれは　○ミはんの大やくもいた（三番の大屋子思い達）　○ふきやう二人（奉行二人）　○きほくひり（儀保小坂）

Ⅱ－３－(7)　サ行の子音

（＊／ｓｉ，ｓｅ，ｓａ，ｓｕ，ｓｏ／の子音）

{翻}（1501）

ハングルの「ｓ」で表記されている。「sa」と表記されたものと「sja」と表記されたものがあるところから、音価は［s］［ʃ］であったことがわかる。

［si］と［ʃi］との対立があったかどうかは、ハングルの表記からは、わからない。対立があったとしても、ハングルではともに「si」と表記する以外に方法はない。

「sʌ」で表記されたものは「ス」に対応する。

ところで、貴族・士族の成年男子が近年まで区別していた［ʃi］と［si］との対立について考えてみると、次の例のように、［ʃi］は「シ」「セ」に対応し、［si］は「ス」に対応する。

［ɸuʃi］husi（星）、［ʔaʃi］ʔasi（汗）：［sina］sina（砂）、［simi］simi（墨）

［u］→［ɯ］→［ï］→［i］と変化したことによって、「シ」「セ」と「ス」との対立が［ʃi］と［si］との対立として実現したのであろう。このことと、現在でも［ʃi］:［si］の対立を有する伊江島方言などでは、［ʔasi:］（汗）のように、［si］に「セ」と対応するものが含まれることを考え合わせると、現在では「シ」「セ」がともに［ʃi］になっている沖縄語（首里語など）においても、「ス」が［sɯ］である段階では、「シ」の［ʃi］と「セ」の［si］とが対立していたと考えられる。だから、たとえば、「白 si-ru-sa」は［ʃirusa］であり、「哥哥　sin-ca」は「先者（センジヤ）」に対応し、［sindza］であったろう。

｛館｝に「先扎」とあるのは、この「哥哥　sin・ca」に対応するか。

＜用例＞

○si-ma（しま、島、故郷）　○si-ru-sa（しろさ、白さ）　○si・cja（した、下、底　○si・cja（した、舌）　○ku・tu・si（ことし、今年）　○'o・pu・si（おほし、多し、多酒）　○ma・si・'o（ましほ、真塩、塩）　○mu・si・ru（むしろ、筵、席子）　○sin・ca（せんじや、先者、哥哥）　○'oa・ka・si（わかせ、沸かせ、焼（茶））　○ro＜no＞・mi＜ma＞・sjɔi（のませ、飲ませ、饋（他）喫）　○sa・ka・na（さかな、肴、飯）　○san・si・'o（さんせう、山椒、川椒）　○sʌn・ta・sa（すださ、涼さ、涼快）　○sʌ・'u（す、酢、醋）　○sʌ・cʌ・ri（すずり、硯）　○sʌ・mi（すみ、墨）　○ro＜no＞・ma・sʌ・ra＜na＞（のますな、飲ますな、不要饋）　○ma・sʌŋ・ko（ますぐ、真直ぐ、平）　○'ja・sʌ・mjɔ・'is・cjɔi（やすみいりて、休み入りて、落了、日が沈んで）　○sto・mɯi・ti（すとめて、夙めて、清早）　○sui・sja（すいさ、酸いさ）　○sui・rɯi（するい、砂貼是）　○so・nai（そない、蔬菜、菜蔬）　○sja・'oŋ・koa・cʌ（しやうぐわつ、正月）　○sja・'oŋ・ka（しやうが、生薑）　○'a・sja（あしや、父親）　○'jo・ta・sja（よたさ、良たさ、好）　○'a・pa・sja（あはさ、淡さ）　○phi・sja（ひしや、足）　○sjo・'oŋ・koa・cʌ（しやうぐわつ、正月）　○mi・sjo（みそ、味噌、醤）　○kho・sju（こせう、胡椒）

｛玉｝（1501）

音価に関しては、｛翻｝に準じる。

＜用例＞

○しよりの御ミ事（首里の御み事）　○このすミ見るへし（この墨見るべし）　○ちにふして（地に伏して）　○さすかさのあんし（差す傘の按司）　○おさまるへし（納まるべし）　○このすミ見るへし（この墨見るべし）　○この御すゑ（この御末）　○そむく人あらは（背く人あらば）　○よそひおとん（世襲ひ御殿）

（用例なし）*/se/

｛館｝（16C 前半？）

音価に関しては、｛翻｝に準じた解釈が可能であろう。特筆すべきことはない。用例を示す。

＜音訳字＞

*/si/に対応する部分に「升、失、石、只、世、使、食、思、是、深、時、柔、舎、

者、紗、上、焼、恕、書、申、臣」が現れる。
*/se/に対応する部分に「些、焼、先、森」が現れる。
*/sa/に対応する部分に「三、撒、才、菜、唆、衫」が現れる。
*/su/に対応する部分に「自、舎、思、是、孫、速」が現れる。
*/so/に対応する部分に「孫」が現れる。

音訳字	中原音韻	東国正韻	訓蒙字会	西儒耳目資	推定音価	備　考
し　升	ʃɪəŋ	siŋ	sɯŋ	xim	ʃiŋ	「ぐ」の前
失	ʃɪəi	si', sirʔ	矢　si	xe, xi, ie	ʃi	
石	ʃɪəi	ssjɔk	sjɔk	xe	ʃi	
只	ʈʂɨ	cirʔ	☆	chi	si	
世	ʃɪəi	sjɔi	sjɔi	xi	ʃi	
使	ʂɨ	sʌ'	☆	xi, su	si	
食	ʃɪəi, ziei	ssik, 'i'	sik	xei	ʃi	
思	sɨ	sʌi'	☆	su, sai	si	
是	ʂɨ	ssi'	si	xi	si	
深	ʃɪəm	sim	☆	xin, c 'hin	ʃim	
時	ʂɨ	ssi'	si	xi	si	
しう　使	ʂɨ	sʌ'	☆	xi, su	si	
柔	rɪəu	ssjɔ', zjuw	☆	jeu	ʃuː	
しや　舎	ʃɪe	sja	sja	xe	ʃa	
者	ʧɪe	cja	赭　cja	che	ʃa	
紗	ʂa	sa'	sa	xa	ʃa	
しやう上	ʃɪaŋ	ssjaŋ	sjaŋ	an	ʃau	
焼	ʃɪeu	sjow	sjo	ao	ʃau	
しゆ　恕	ʃɪu	sjo'	sjo	xu	ʃu	
しよ　少	ʃɪeu	sjow	炒　chjo	xao	ʃo	
書	ʃɪu	sjo'	sjo	xu	ʃo	
しん　申	ʃɪəm	sin	伸　sin	sin, xin	ʃiɴ	
臣	ʧ 'ɪem	ssin	sin	c 'hin, xin	ʃiɴ	
せ　些	sie	sa', sja'	☆	se, sie	si	
せう　焼	ʃɪeu	sjow	sjo	ao	ʃoː	
せん　先	sien	sjɔn	跣　sjɔn	sien	sɪn	「じや」「どう」の前
森	səm	sʌn	☆	sen, xin	sɪn	
さ　三	sam	sam, cham	sam	san	sam	「ば」の前
撒	sa	san, sarʔ	san	sa	sa	
さい　才	ts 'ai	ccʌi'	cʌɨ	xieu, xeu	sai	
菜	ts 'ai	chʌi'	chʌi	ç 'ai	sai	

さう　唆	suo	soa'	梭　sa	so	so:	
さん　撒	sa	san, sarʔ	san	sa	saŋ	
衫	ʂam	sam	sam	san, xan	sam	「も」の前
す　自	tsɨ	ccʌ'	cʌ	cu	sɨ	
舍	ʃɪe	sja	sja	xe	sɨ	
思	sɨ	sʌi'	☆	su, sai	sɨ	
是	ʂɨ	ssi'	si	xi	sɨ	
孫	suən	son	son	sun	sɯm, sɯn	「び・ず・の」の前
速	su	sok	☆	so	sɯŋ	
すご　速	su	sok	☆	so	sɯn	
そ　孫	suən	son	son	sun	sɯm	「び」の前

<用例>

主な用例は、以下のようである。

○升哇的（しぐわつ、四月）　○个多少（ことし、今年）　○失失（しし、獅子）○烏失（うし、牛）　○亦石（いし、石）　○扒只（はし、橋）　○世莫（しも、下）○使臣（ししん、使臣）　○乞《ママ》食（しし、獅子）　○大思（たいし、大使）　○是止買毎（しちもんめ、七匁）　○花時（はし（ら）、柱）　○失達哇（し（り）たは、知りたは）○使多（しうと、舅）　○柔（しう、紬）　○阿舍多（あしやと、父親と）　○使者（ししや、使者）　○紗帽（しやぼう、紗帽）　○上書（しやうしよ、尚書）　○焼哇的（しやうぐわつ、正月）　○恕思（しゆす、蠕子）　○着姑少（ちよくしよ、勅書）　○上書（しやうしよ、尚書）　○申自密稿（しんすみかう、速香）　○申思（しんし、真使）○使臣（ししん、使臣）；　○些姑尼集（せ（ち）くにち、節句日）　○姑焼（こせう、胡椒）　○先扎（せんじや？　兄）　○森那（せんの、千の）；　○撒及（さけ、酒）　○姑撒（くさ、草）　○三扒（さば、鞋）　○才付（さいふ、才府？）　○菜（さい、菜）○唆亦（さう（ら）へ、候へ）　○撒哇的（さんぐわつ、三月）　○衫買毎（さんもんめ、三匁）；　○申自密稿（しんすみかう、速香）　○撒舍（さす、鎖）　○思墨（すみ、墨）○是那（すな、砂）　○孫思立（すずり、硯）　○姑速姑（ぐすく、城）　○速禄姑（す（ご）ろく、雙陸）；　○烏孫必（あそび、遊び）

｛石東｝（1522）

音価に関しては、｛翻｝｛館｝に準じる。

<用例>

○首里おきやかもいかなし（首里おぎやか思い加那志）　○ミこしミ玉の（御腰御玉の）（用例なし）＊/se/,＊/sa/,＊/su/,＊/so/

｛石西｝（1522）

音価に関しては、｛翻｝｛館｝に準じる。

<用例>

○下しましり（下島尻）　○しまよ（島世）　○つかしよわちへ（着かしよわちへ）○とし（年）　○はし（橋）　○わたし申候（渡し申候）　○せいそろい（勢揃い）○御せゝるたまわり申候　○さとぬしへ（里主部）　○つさしよわちへ（突刺しよわちへ）○御さうせのために（御思想のために）　○此すミのことはハ（此墨の言葉は）　○くすく（城）　○世あすたへ（世長老部）　○さとぬしへあくかへそろて（里主部赤頭揃て）○そうたち（僧達）　○よそいもり（世襲い杜）

{田1}（1523）

音価に関しては、{翻}{館}に準じる。

<用例>

○しほたるもい（小樽思い）（塩太郎思い）　○しよりより（首里より）　○くわにしや（官舎）　○せいやりとみかひき（勢遣り富が引き）

（用例なし）*/sa/, */su/, */so/

{崇}（1527）

音価に関しては、{翻}{館}に準じる。

<用例>

○おれるへし（降れるべし）　○あんしもけすも（按司も下司も）

（用例なし）*/se/, */sa/, */so/

{おも1}（1531）

「いしゑけり」と「いせゑけり」は「同一語」であるから、「し」と「せ」とが同音であることを示す例となる。{翻}{館}より進んだ段階の姿を見せている。

<用例>

○しちへ（為ちへ）　○しなて（撓て）　○しまうち（島討ち）　○しよりもり（首里杜）　○しられゝ（知られれ）　○いしゑけり<勝れ兄弟>　○おざし（御差し）　○おしあけて（押し上げて）　○おれほしや（降れ欲しや）　○だしきや<木の名>　○ぬしよ（主よ）　○みしま（御島）（三島）　○やしなやり（養な遣り）　○けおのしよか（京の主が）　○せいくさ（勢軍）　○せぢ<霊力>　○せちとよみ（セヂ鳴響み）　○せひやく<勢軍>　○あせら（長老達）　○いせゑけり<勝れ兄弟>　○きらせ（切らせ）○みおやせ<奉れ>　○さしきかなもり（佐敷金杜）　○さに（算、数）　○さんこおり（三庫裡）　○御さうせ<御考え>（御思想）　○おれふさよわちへ（降れ栄さよわちへ）○ふさい（栄い）　○はぢめいくさ（初め軍）　○まさて（勝て）　○すぐれて（勝れて）○すもらん<させよう>　○すゑ（末）　○あすばちへ（遊ばちへ）　○おきなます（沖膾）　○そこて（慶こて）　○そへて（襲へて）　○そろて（揃て）　○そゑて（襲ゑて）○あちおそい（按司襲い）　○おそちへ（襲ちへ）　○世そうせぢ（世襲うセヂ）　○ゑそこ<兵船>

{使1}(1534)

音価に関しては、{翻}{館}に準じる。

「烏孫皮」は「あすび」とする。{おも1}に「あすばちへ」とある。ただし、{かた}には「御あそひ」とある。

<音訳字>

*/si/に対応する部分に「升、世、失、石、只、司、式、使、是、思、時、深、柔、舎、者、紗、焼、恕、少、申、臣」が現れる。

*/se/に対応する部分に「些、焼、先、森」が現れる。

*/sa/に対応する部分に「三、沙、撒、菜、唆、衫、」が現れる。

*/su/に対応する部分に「司、舎、是、思、孫」が現れる。

*/so/に対応する部分に「遜」が現れる。

音訳字		中原音韻	東国正韻	訓蒙字会	西儒耳目資	推定音価	備考
し	升	ʃɪəŋ	siŋ	sɯŋ	xim	ʃiŋ	「ぐ」の前
	世	ʃɪəi	sjɔi	sjɔi	xi	ʃi	
	失	ʃɪəi	si', sirʔ	矢 si	xe, xi, ie	ʃi	
	石	ʃɪəi	ssjɔk	sjɔk	xe	ʃi	
	只	ʈʂɨ	cirʔ	☆	chi	si	
	司	ʂɨ	sʌ'	sʌ	su	sɪ	
	式	ʃɪəi	☆	sik	☆	ʃi	
	使	ʂɨ	sʌ'	☆	xi, su	si	
	是	ʂɨ	ssi'	si	xi	si	
	思	si	sʌi'	☆	su, sai	si	
	時	ʂɨ	ssi'	si	xi	si	
	深	ʃɪəm	sim	☆	xin, c'hin	ʃim	
しう	柔	rɪəu	ssjɔ', zjuw	☆	jeu	ʃuː	
しや	舎	ʃɪe	sja	sja	xe	ʃa	
	者	ʧɪe	cja	赭 cja	che	ʃa	
	紗	ʂa	sa'	sa	xa	ʃa	
しやう	焼	ʃɪeu	sjow	sjo	ao	ʃau	
しゆ	恕	ʃɪu	sjo'	sjo	xu	ʃu	
しよ	少	ʃɪeu	sjow	炒 chjo	xao	ʃo	
しん	申	ʃɪəm	sin	伸 sin	sin, xin	ʃiɴ	
	臣	ʧ'ɪem	ssin	sin	c'hin, xin	ʃiɴ	
せ	些	sie	sa', sja'	☆	se, sie	si	
せう	焼	ʃɪeu	sjow	sjo	ao	ʃoː	
せん	先	sien	sjɔn	跣 sjɔn	sien	sɪn	
	森	səm	sʌn	☆	sen, xin	sɪn	
さ	三	sam	sam, cham	sam	san	sam	「ば」の前
	沙	ʂa	☆	sa	☆	sa	

撒	sa	san, sarʔ	san	sa	sa	
さい　菜	ts ‘ai	chʌi’	chʌi	ç ‘ai	sai	
さう　唆	suo	soa’	梭　sa	so	so:	
さん　衫	ṣam	sam	sam	san, xan	sam	「も」の前
撒	sa	san, sarʔ	san	sa	saŋ	
す　司	sɨ	sʌ’	sʌ	su	sɯ	
舎	ʃɪe	sja	sja	xe	sɨ	
是	ṣɨ	ssi’	si	xi	sɨ	
思	sɨ	sʌi’	☆	su, sai		
孫	suən	son	son	sun	sɯm, sɯn	「び・ず・の」の前
そ　遜	suən	son	son	sun	sɯm	「び」の前

<用例>

主な用例は、以下のとおりである。

○升哇的（しぐわつ、四月）　○波世（ほし、星）　○吾失（うし、牛）　○衣石（いし、石）　○扒只（はし、橋）　○申司（しんし、真使）　○式的哇的（しちぐわつ、七月）　○使臣（ししん、使臣）　○付司（ふくし、副使）　○利是（れいし、茘枝）　○丈思（ちやうし、長使）　○花時（はし（ら）、柱）　○深止買毎（しもんめ、四匁）　○柔（しう、紬）　○阿舎都（あしやと、父親と）　○使者（ししや、使者）　○紗帽（しやぼう、紗帽）　○焼哇的（しやうぐわつ、正月）　○恕思（しゆす、蠕子）　○着谷少（ちよくしよ、勅書）　○申司（しんし、真使）　○使臣（ししん、使臣）；　○些姑尼即（せ（ち）くにち、節句日）　○谷焼（こせう、胡椒）　○先扎（せんじや？　兄）　○森那（せんの、千の）；　○三扒（さば、鞋）　○沙舎奴（さすの、鎖の）　○嗑子撒（あつさ、熱さ）　○菜（さい、菜）　○唆亦（さう（ら）へ、候へ）　○衫買毎（さんもんめ、三匁）　○撒哇的（さんぐわつ、三月）；　○司哇（すはう、蘇芳）　○沙舎奴（さすの、鎖の）　○是那（すな、砂）　○思墨（すみ、墨）　○孫思利（すずり、硯）；　○烏孫皮（あすび、遊び）

{田2}（1536）

音価に関しては、{翻}{館}に準じる。

<用例>

○くわんしや（官舎）　○さとぬしところ（里主所）　○しよりより（首里より）　○にしはら（西原）　○さとぬしところ（里主所）

（用例なし）*/se/, */su/, */so/

{田3}（1537）

音価に関しては、{翻}{館}に準じる。

<用例>

○しよりより（首里より）　○せんとうハ（船頭は）

（用例なし）*/sa/, */su/, */so/。

｛田４｝（1541）

音価に関しては、｛翻｝｛館｝に準じる。

＜用例＞

○しよりより（首里より）　○せちあらとミか（勢治荒富が）　○まさふろ（真三郎）
（用例なし）＊/su/, ＊/so/

｛かた｝（1543）

音価に関しては、｛翻｝｛館｝に準じる。

＜用例＞

○御たかへし申候（御崇べ申候）　○きようしゆんの御代に（堯舜の御代に）　○いしをはめ（石を嵌め）　○よろこひたのしむ事（喜び楽しむ事）　○かきりなし（限りなし）　○ひかしにあたりて（東に当たりて）　○むかし（昔）　○こころ一にあわせ（心一に合わせ）　○天つき王にせ（天継ぎ王仁世）　○さつけよわちへ（授けよわちへ）　○さとりめしよわちへ（悟り召しよわちへ）　○おさめめしよわる事（治め召しよわる事）
○ふかさ（深さ）　○すしのミち（筋の道）　○すゝし（涼し）　○きすゝ（宜寿次）
○そろて（揃て）　○そんとんよりこのかた（尊敦よりこの方）　○御あそひ（御あそび）
○あんしをそひかなし（按司襲ひ加那志）

｛田５｝（1545）

音価に関しては、｛翻｝｛館｝に準じる。

＜用例＞

○しよりより（首里より）　○さとぬしところ（里主所）　○まわし（真和志）　○さとぬしところ（里主所）　○かなくすく（金城）
（用例なし）＊/se/, ＊/so/

｛添｝（1546）

音価に関しては、｛翻｝｛館｝に準じると思われるが、「すゑつき」（添継ぎ）と「そゑつき」（添継ぎ）の例があるので、変化が更に進んだ段階だと言える。

＜用例＞

○しまともに（島と共に）　○しほたるかね（小樽金）（塩太郎金）　○かすしらす（数知らず）　○しるし申候（記し申候）　○にるやの大ぬし（にるやの大主）　○こしあて（腰当て）　○とし（年）　○めしよわちへ（召しよわちへ）　○御石かきつませてて（御石垣積ませてて）　○御せゝる御たほひ　○ともゝととひやくさと（十百と百歳と）
○きよらさ（清らさ）　○ふかさ（深さ）　○御さうせましよわちへ（御思想召しよわちへ）　○すゑつきのミ物（添継ぎのみ物）　○御くすくの（御城の）　○そうたちそろて（僧達揃て）　○あんしおそいかなし天の（按司襲い加那志天の）

｛田６｝（1551）

音価に関しては、｛翻｝｛館｝に準じる。

＜用例＞

○しよりより（首里より）　○さとぬしところ（里主所）　○まわし（真和志）　○さとぬしところ（里主所）

（用例なし）*/se/, */su/, */so/

｛やら｝（1554）

音価に関しては、｛翻｝｛館｝に準じる。

＜用例＞

○しもしましり（下島尻）　○ミしまよねん（御島世ねん）　○およハひしめさしよハる（御祝ひ為召さしよはる）　○かミしもの（上下の）　○いしらこ（石子）　○みつのとのうし（癸の丑）　○ねいし（根石）　○むかし（昔）　○一はんのせい（一番の勢）　○せいいくさ（勢軍）　○御せちの（御霊力の）　○ミせせるに　○よせらやいてゝと（寄せらやいててと）　○御世のおさうせ（御世の御思想）　○さしき（佐敷）　○おさためめしよハやる（御定め召しよはやる）　○あさかかね　○いくさ（軍）　○かくこするへし（恪護するべし）　○ともゝすゑ（十百末）　○くすくつミつけて（城積みつけて）　○くすくま（城間）　○あんしけす（按司下司）　○そろて（揃て）

｛田７｝（1560）

音価に関しては、｛翻｝｛館｝に準じる。

＜用例＞

○さとぬしところ（里主所）　○しよりより（首里より）　○にしの（西の）　○せそこ（瀬底）　○さとぬしところ（里主所）　○とよミくすく（豊見城）（鳴響み城）　○せそこ（瀬底）

｛使２｝（1561）

音価に関しては、｛翻｝｛館｝に準じる。

＜音訳字＞

*/si/に対応する部分に「吸、使、司、詩、時、式、職、失、十、升、申、世、是、石、只、之、實、尸、柔、沙、者、焼、臣、匹」が現れる。

*/se/に対応する部分に「済、司、尸、些、受、森、先」が現れる。

*/sa/に対応する部分に「沙、撒、舎、挿、奢、菜、左、山」が現れる。

*/su/に対応する部分に「司、思、受、宿、訟、是、息、孫」が現れる。

*/so/相当の用例なし。

音訳字	中原音韻	東国正韻	訓蒙字会	西儒耳目資	推定音価	備　考
し　　吸	hiəi	☆	hɯp	hie	si	
使	ṣɨ	sʌ’	☆	xi, su	si	
司	ṣɨ	sʌ’	sʌ	su	sɪ	
詩	ṣɨ	☆	si	xi	si	
時	ṣɨ	ssi’	si	xi	si	

式	ʃɪəi	☆	sik	xe	ʃi	
識	ʃɪəi, ʈʂɨ	☆	☆	xe, xi, chi	ʃi	
失	ʃɪəi	si', sirʔ	矢　si	xe, xi, ie	ʃi	
十	ʃɪəi	☆	☆	xe	ʃi	
升	ʃɪəŋ	siŋ	sɯŋ	xim	ʃiŋ	
申	ʃɪəm	sin	伸　sin	sin, xin	ʃiɴ	
世	ʃɪəi	sjɔi	sjɔi	xi	ʃi	
是	ʂɨ	ssi'	si	xi	si	
石	ʃɪəi	ssjɔk	sjɔk	xe	ʃi	
只	ʈʂɨ	cirʔ	☆	chi	si	
之	ʈʂɨ	ci'	芝　ci	chi	si	
實	ʃɪəi	☆	☆	xe	ʃi	
尸	ʂɨ	☆	☆	xi	si	
しう　柔	rɪəu	ssjɔ', zjuw	☆	jeu	ʃu:	
しや　沙	ʂa	sa'	sa	xa	ʃa	
者	ʧɪe	cja	赭　cja	che	ʃa	
しやう焼	ʃɪeu	sjow	sjo	ao	ʃau	
しん　申	ʃɪəm	sin	伸　sin	sin, xin	ʃiɴ	
臣	ʧ'ɪem	ssin	sin	c'hin, xin	ʃiɴ	
匹	p'iəp	☆	phith	☆	ʃiɴ	
せ　済	tsiəi	☆	☆	çi	sɪ	
司	ʂɨ	sʌ'	sʌ	su	sɪ	
尸	ʂɨ	☆	☆	xi	si	
些	sie	sa', sja'	☆	se, sie	sɪ	
せう　受	ʃɪəu	☆	☆	☆	ʃo:	
せん　森	səm	sʌn	☆	sen, xin	sɪn	
先	sien	sjɔn	跣　sjɔn	sien	sɪn	
さ　沙	ʂa	☆	sa	pa, so, xa	sa	
撒	sa	san, sarʔ	san	sa	sa	
舎	ʃɪe	sja	sja	xe	ʃa	
挿	ʈʂa	☆	☆	☆	ʃa	
奢	ʃɪe	☆	☆	☆	ʃa	
さい　菜	ts'ai	chʌi'	chʌi	ç'ai	sai	
さう　左	tso	☆	coa	ço	so:	
さん　山	san	☆	san	xan	san	
す　司	ʂɨ	sʌ'	sʌ	su	si	
思	si	sʌi'	☆	su, sai	sɨ	
受	ʃɪəu	☆	sju	☆	sɨ	

宿	siu	☆	☆	co	si	
訟	sioŋ	☆	sioŋ	cum, sum	siŋ	「ぐ」の前
是	ṣi	ssi’	si	xi	si	
息	ʃɪəi	☆	☆	sie	si	
孫	suən	son	son	sun	sɯn	「ず」の前

<用例>

主な用例は、以下のとおりである。

○吸之（して、為て）　○使臣（ししん、使臣）　○申司（しんし、真使）　○左詩（さうし、草紙）　○失母（しも、霜）　○失失（しし、肉）　○利十之（れいして、礼して）○升哇的（しぐわつ、四月）　○申買毎（しもんめ、四匁）　○波世（ほし、星）　○利是（れいし、茘枝）　○依石（いし、石）　○扒只（はし、橋）　○南及之（なんぎし、難儀し）　○一實（いし、石）　○曲尸（こし、腰）　○柔（しう、紬）　○沙冒（しやぼう、紗帽）　○使者（ししや、使者）　○焼哇的（しやうぐわつ、正月）　○申司（しんし、真使）　○使臣（ししん、使臣）　○匹胡平（しごうびん？　四合瓶）；　○司眉日尸（せんべつ、餞別）　○由六尸（ゆるせ、放せ）　○些姑尼即（せ（ち）くにち、節句日）　○窟受（こせう、胡椒）　○森那（せんの、千の）○先扎（せんじや、兄）；　○一借沙（いたさ、痛さ）　○即加撒（ちかさ、近さ）　○撒基（さけ、酒）　○由沽辣舎（ほこらさ、誇らさ）　○揷息（さす、鎖）　○匹奢（ひさ、足、脚）　○菜（さい、菜）○左詩（さうし、草紙）　○山買毎（さんもんめ、三匁）；　○司黙（すみ、墨）　○失哇思（しはす、十二月）　○畐受里（どすり？　緞子？）　○馬訟沽（ますぐ、真直）○是那（すな、砂）　○揷息（さす、鎖）　○孫司利（すずり、硯）

{田８}（1562）

音価に関しては、{翻}{館}に準じる。

<用例>

○しよりより（首里より）　○せんとう（船頭）　○ふさいとミかひき（相応富が引き）
（用例なし）*/su/, */so/

{田９}（1563）

音価に関しては、{翻}{館}に準じる。

<用例>

○しよりより（首里より）　○せちあらとミかひき（勢治荒富が引き）　○せんとう（船頭）　○さとぬしへ（里主部）
（用例なし）*/su/, */so/

{字}（1572頃）

音価に関しては、{翻}{館}に準じる。

<音訳字>

*/si/に対応する部分に「式、識、失、十、升、申、世、是、石、只、之、實、豸、

柔、紗、焼」が現れる。

*/se/に対応する部分に「些、受、森」が現れる。

*/sa/に対応する部分に「沙、撒、舎、奢、菜、山」が現れる。

*/su/に対応する部分に「司、思、受、訟、是、孫」が現れる。

*/so/に対応する用例がない。

音訳字	中原音韻	東国正韻	訓蒙字会	西儒耳目資	推定音価	備　考
し　式	ʃɪəi	☆	sik	☆	ʃi	
識	ʃɪəi, ʈʂɨ	☆	☆	xe, xi, chi	ʃi	
失	ʃɪəi	si', sirʔ	矢　si	xe, xi, ie	ʃi	
十	ʃɪəi	☆	☆	xe	ʃi	
升	ʃɪəŋ	siŋ	sɯŋ	xim	ʃiŋ	
申	ʃɪəm	sin	伸　sin	sin, xin	ʃiɴ	
世	ʃɪəi	sjɔi	sjɔi	xi	ʃi	
是	ʂɨ	ssi'	si	xi	si	
石	ʃɪəi	ssjɔk	sjɔk	xe	ʃi	
只	ʈʂɨ	cirʔ	☆	chi	si	
之	ʈʂɨ	ci'	芝　ci	chi	si	
實	ʃɪəi	☆	☆	xe	ʃi	
豸	ʈʂɨ , ʈʂai	☆	☆	☆	si	
しう　柔	rɪəu	ssjɔ', zjuw	☆	jeu	ʃuː	
しや　紗	ʂa	sa'	sa	xa	ʃa	
しやう焼	ʃɪeu	sjow	sjo	ao	ʃau	
せ　些	sie	sa', sja'	☆	se, sie	sɪ	
せう　受	ʃɪəu	☆	☆	☆	ʃoː	
せん　森	səm	sʌn	☆	sen, xin	sɪn	
さ　沙	ʂa	☆	sa	pa, so, xa	sa	
撒	sa	san, sarʔ	san	sa	sa	
舎	ʃɪe	sja	sja	xe	ʃa	
奢	ʃɪe	☆	☆	☆	ʃa	
さい　菜	ts 'ai	chʌi'	chʌi	ç 'ai	sai	
さん　山	san	☆	san	xan	san	
す　司	ʂɨ	sʌ'	sʌ	su	sɨ	
思	sɨ	sʌi'	☆	su, sai	sɨ	
受	ʃɪəu	☆	sju	☆	sɨ	
訟	sioŋ	☆	sioŋ	cum, sum	sɨŋ	「ぐ」の前
是	ʂɨ	ssi'	si	xi	sɨ	
孫	suən	son	son	sun	sɯ (n)	

<用例>

主な用例は以下のとおりである。

○式的哇的（しちぐわつ、七月）　○識之（しりて、知りて）　○失母（しも、霜）○多失（とし、年）　○嗑十藍基（かしらげ、頭毛、髪）　○○升哇的（しぐわつ、四月）○申買毎（しもんめ、四匁）　○波世（ほし、星）　○利是（れいし、茘枝）　○依石（いし、石）　○扒只（はし、橋）　○南及之（なんぎし、難儀し）　○一實（いし、石）○胡豸（うし、牛）　○柔（しう、紬）　○紗冒（しやぼう、紗帽）　○焼哇的（しやうぐわつ、正月）；　○些姑尼即（せ（ち）くにち、節句日）　○寵受（こせう、胡椒）○森那（せんの、千の）；　○一借沙（いたさ、痛さ）　○撒禄（さる、猿）　○由沽辣舎（ほこらさ、誇らさ）　○匹奢（ひさ、足、脚）　○菜（さい、菜）　○山買毎（さんもんめ、三匁）；　○司哇（すはう、蘇芳）　○失哇思（しはす、十二月）　○啚受里（どすり、緞子）　○馬訟沽（ますぐ、真直）　○是那（すな、砂）　○花孫（はす、蓮）

｛使3｝（1579）

音価に関しては、基本的には｛翻｝｛館｝に準じると考えられるが、*/se/にも*/su/にも同じ音訳字の「司」が現れる。*/se/と*/su/とは同音になっていた可能性がある。それは[si][sɪ][sɨ]か。

<音訳字>

*/si/相当部分に「吸、匙、使、司、詩、時、式、識、失、十、升、申、世、是、石、只、之、實、尸、柔、沙、者、戯、焼、臣、匹」が現れる。

*/se/相当部分に「済、司、尸、些、受、先、」森」が現れる。

*/sa/相当部分に「沙、撒、舎、挿、奢、菜、左、山」が現れる。

*/su/相当部分に「司、思、受、宿、訟、是、孫」が現れる。

*/so/に対応する用例はない。

音訳字	中原音韻	東国正韻	訓蒙字会	西儒耳目資	推定音価	備　考
し　吸	hiəi	☆	hɯp	hie	si	
匙	ʈʂ ‘ɨ	☆	☆	☆	ʃi	
使	ʂɨ	sʌ’	☆	xi, su	si, sɪ, sɨ	
司	ʂɨ	sʌ’	sʌ	su	si, sɪ, sɨ	
詩	ʂɨ	☆	si	xi	si	
時	ʂɨ	ssi’	si	xi	si	
式	ʃɪəi	☆	sik	xe	ʃi	
識	ʃɪəi, ʈʂɨ	☆	☆	xe, xi, chi	ʃi	
失	ʃɪəi	si’, sirʔ	矢　si	xe, xi, ie	ʃi	
十	ʃɪəi	☆	☆	xe	ʃi	
升	ʃɪəŋ	siŋ	sɯŋ	xim	ʃiŋ	
申	ʃɪəm	sin	伸　sin	sin, xin	ʃiɴ	
世	ʃɪəi	sjɔi	sjɔi	xi	ʃi	
是	ʂɨ	ssi’	si	xi	si	

	石	ʃɪəi	ssjɔk	sjɔk	xe	ʃi	
	只	ʈʂɨ	cirʔ	☆	chi	si	
	之	ʈʂɨ	ci'	芝　ci	chi	si	
	實	ʃɪəi	☆	☆	xe	ʃi	
	尸	ʂɨ	☆	☆	xi	si	
しう	柔	rɪəu	ssjɔ', zjuw	☆	jeu	ʃuː	
しや	沙	ʂa	sa'	sa	xa	ʃa	
	者	ʧɪe	cja	赭　cja	che	ʃa	
しやう	餞	倉 ts ʻaŋ	☆	倉　chaŋ	☆	ʃau	
	焼	ʃɪeu	sjow	sjo	ao	ʃau	
しん	申	ʃɪəm	sin	伸　sin	sin, xin	ʃiɴ	
	臣	ʧ ʻɪem	ssin	sin	c ʻhin, xin	ʃiɴ	
	匹	p ʻiəp	☆	phith	☆	ʃiɴ	
せ	済	tsiəi	☆	☆	çi	sɪ	
	司	ʂɨ	sʌ'	sʌ	su	sɪ	
	尸	ʂɨ	☆	☆	xi	si	
	些	sie	sa', sja'	☆	se, sie	sɪ	
せう	受	ʃɪəu	☆	☆	☆	ʃoː	
せん	先	sien	sjɔn	跣　sjɔn	sien	sɪn	
	森	səm	sʌn	☆	sen, xin	sɪn	
さ	紗	ʂa	☆	sa	pa, so, xa	sa	
	撒	sa	san, sarʔ	san	sa	sa	
	舎	ʃɪe	sja	sja	xe	ʃa	
	挿	ʈʂa	☆	☆	☆	ʃa	
	奢	ʃɪe	☆	☆	☆	ʃa	
さい	菜	ts ʻai	chʌi'	chʌi	ç ʻai	sai	
さう	左	tso	☆	coa	ço	soː	
さん	山	san	☆	san	xan	san	
す	司	ʂɨ	sʌ'	sʌ	su	si, sɪ, sɨ	
	思	sɨ	sʌi'	☆	su, sai	sɨ	
	受	ʃɪəu	☆	sju	☆	sɨ	
	宿	siu	☆	☆	co	sɨ	
	訟	sioŋ	☆	sioŋ	cum, sum	sɨŋ	「ぐ」の前
	是	ʂɨ	ssi'	si	xi	sɨ	
	息	ʃɪəi	☆	☆	sie	sɨ	
	孫	suən	son	son	sun	sɯn	「ず」の前

<用例>

主な用例は、以下のとおりである。

○吸之（して、為て）　○麥匙（はし、箸）　○使臣（ししん、使臣）　○申司（しんし、真使）　○左詩（さうし、草紙）　○花時（はし（ら）、柱）　○式止哇的（しちぐわつ、七月）　○識之（しりて、知りて）　○失母（しも、霜）　○利十之（れいして、礼して）　○升哇的（しぐわつ、四月）　○申買毎（しもんめ、四匁）　○波世（ほし、星）　○利是（れいし、茘枝）　○依石（いし、石）　○扒只（はし、橋）　○南及之（なんぎし、難儀し）　○一實（いし、石）　○曲尸（こし、腰）　○柔（しう、紬）　○沙冒（しやぼう、紗帽）　○使者（ししや、使者）　○戯基（しやうぎ、将棋）　○焼哇的（しやうぐわつ、正月）　○申司（しんし、真使）　○使臣（ししん、使臣）　○匹胡平（しごうびん？　四合瓶）；　○司眉日尸（せんべつ、餞別）　○由六尸（ゆるせ、放せ）　○些姑尼即（せ（ち）くにち、節句日）　○（窩受）（こせう、胡椒）　○先扎（せんじや？　兄）　○森那（せんの、千の）；　○一借沙（いたさ、痛さ）　○即加撒（ちかさ、近さ）　○由沽辣舎（ほこらさ、誇らさ）　○捶息（さす、鎖）　○匹奢（ひさ、足、脚）　○菜（さい、菜）　○左詩（さうし、草紙）　○山買毎（さんもんめ、三匁）；　○司黙（すみ、墨）　○失哇思（しはす、十二月）　○畠受里（どすり？　緞子？）　○窟宿枯（ぐすく、城）　○馬訟沽（ますぐ、真直）　○是那（すな、砂）　○捶息（さす、鎖）　○孫司利（すずり、硯）

{田10}（1593）

音価に関しては、{翻}{館}に準じる。

<用例>

○しよりより（首里より）　○にし（西）　○まわし（真和志）　○さとぬし（里主）　○さとぬし大やくもい（里主大屋子思い）　○さとぬしところ（里主所）

（用例なし）*/se/, */su/, */so/

{浦}（1597）

音価に関しては、{翻}{館}に準じる。

<用例>

○しかれは　○しま（島）　○かみしも（上下）　○しやうねい（尚寧）　○しよりに（首里に）　○かすしらす（数知らず）　○いしはめさせて〻（石嵌めさせてて）　○かミしも（上下）　○はしかけさせ（橋架けさせ）　○ひやくしやう（百姓）　○御さうせめしよハちへ（御思想召しよはちへ）　○わたしよわちへ（渡しよわちへ）　○しもしましりきやめのせいや（下島尻ぎやめの勢や）　○わうにせ（王仁世）　○ふかさ（深さ）　○御さうせ（御思想）　○さとぬしへ（里主部）　○はしかけさせ（橋架けさせ）　○すゑまさるわうにせてて（末勝る王仁世てて）　○てたかすゑ（てだが末）　○すゑまさる（末勝る）　○くすく（城）　○あちけす（按司下司）　○あちけすそろて（按司下司揃て）　○そんとんよりこのかた（尊敦よりこの方）　○おらおそひの御くすく（浦襲ひの御城）

Ⅱ－３－⑻　ザ行の子音

（＊／ｚｉ，ｚｅ，ｚａ，ｚｕ，ｚｏ／の子音）

{翻}（1501）

ハングルの「ｚ」および「ｃ」で表記されている。

「－n・z－」と「－n・c－」とで違いがあるかということになるが、用例を見た限りにおいては、違いはない。ともに［(n) ʥ］か［(n) ʥ］、あるいは［(n) ʤ］を表わしていよう。

「ヂ」と「ヅ」とに対応する例が見当たらないので、「ジ」と「ヂ」、「ズ」と「ヅ」との区別があったかどうかには、触れられない。

＜用例＞

○pi・cʌ・cja（ひつじ、羊）　○sin・ca（せんじや、先者、哥哥）　○khan・cɯi（かぜ、風）○ca＜ca' u＞（ざう、象）　○sʌ・cʌ・ri（すずり、硯）　○ka・nan＜ran＞・zu（からず、頭髪）　○ko・co（こぞ、去年、旧年）

{玉}（1501）

表記の上からは、*/zi/, */ze/の区別があるように見受けられる。しかし、「今帰仁」の「仁」の音が「じん」であるとすれば、「じ」と「ぜ」とが同じ音になっていた例になるが、これだけでは軽々に断定するわけにはいかない。第Ⅶ章で詳しく論じることになろう。

音価に関しては、{翻}に準じるとしておく。

＜用例＞

○あんし（按司）　○みやきせんのあんし（今帰仁の按司）

（用例なし）*/za/, */zu/, */zo/

{館}（16C 前半？）

音価に関しては、{翻}に準じると見ることができる。

音訳字を比べた限りでは、*/zi/と*/ze/との区別はないように思われる。

＜音訳字＞

*/zi/に対応する部分に「子、日、失、只、周、柔、就、少、扎、者、遶、角、勒、」が現れる。

*/ze/に対応する部分に「支、集」が現れる。

*/za/に対応する部分に「撒、糟」が現れる。

*/zu/に対応する部分に「子、司、思、孫」が現れる。

*/zo/に対応する用例がない。

音訳字	中原音韻	東国正韻	訓蒙字会	西儒耳目資	推定音価	備　考
じ　子	tsɨ	ccʌ'	cʌ	çu	ʥɨ	
日	rɪəi	zirʔ	zir	je	ʤi	
失	ʃɪəi	si', sirʔ	矢　si	xe, xi, ie	ʤi	

只	ʈʂɨ	cirʔ	☆	chi	ʤi	
周	ʧɪəu	cjuw	鐧　tjo	cheu	ʤi	
じう　柔	rɪəu	ssjɔ', zjuw	☆	jeu	ʤu:	
じふ　柔	rɪəu	ssjɔ', zjuw	☆	jeu	ʤu:	
就	tsiəu	ccjuw	☆	çieu	ʤu:	
じや　少	ʃɪeu	sjow	炒　chjo	xao	ʤa	
扎	ʈʂa	carʔ	☆	ca, che	ʤa	
者	ʧɪe	cja	赭　cja	che	ʤa	
じやう遶	rɪeu	zjow	☆	jao, xao	ʤau	
じゆ　角	kiau, kiue	kak	骼　kak	kio	ʤu	
じよう勒	ləi	rɯk	rɯk	le	ʤu:	
ぜ　支	ʈʂɨ	ci'	ci	chi	ʣɪ	
集	tsiəi	ccip	cip	çie, ça	ʣɪ	
ざ　撒	sa	san, sarʔ	san	sa	ʣa	
ざう　糟	tsau	☆	co	çao	ʣau	
ず　子	tsɨ	ccʌ'	cʌ	çu	ʣɯ	
司	ʂɨ	sʌ'	sʌ	su	ʣɯ	
思	si	sʌi'	☆	su, sai	ʣɯ	
孫	suən	son	son	sun	ʣɯm	「め」の前

<用例>

主な用例は、以下のとおりである。

○嗑籃子（からじ、髪）　○度日（つうじ、通事）　○密失那《ママ》失（みじかし、短し）○非多只（ひつじ、羊）　○安周（あんじ、按司）　○麻柔倭的毎（まんじうくわうていまへ、萬歳皇帝前）　○柔哇的（じふぐわつ、十月）　○就買毎（じふもんめ、十匁）○公少（くじやく、孔雀）　○先扎（せんじや？　兄）　○南者（なんじや、銀）　○遶（じやう、城）　○必角禄撒（ひじゆるさ、冷さ）　○勒那（じようの、門の）；　○支尼（ぜに、銭）　○嗑集（かぜ、風）；　○非撒慢多及（ひざまづき、跪）　○糟（ざう、象）；○包子（ばうず、坊主）　○孫司立法个（すずりばこ、硯箱）　○孫思利（すずり、硯）○思孫乜（すずめ、雀）

｛石東｝（1522）

*/zi/, */ze/, */za/, */zu/, */zo/に対応する用例がない。

｛石西｝（1522）

音価に関しては、｛翻｝｛館｝に準じる。

<用例>

○下しましり（下島尻）　○くにのあんしけすの（国の按司下司の）　○世の御さうせのために（世の御思想のために）　○せいそろい（勢揃い）

（用例なし）*/za/, */zu/

{田１}（1523）

*/zi/, */ze/, */za/, */zu/, */zo/に対応する用例がない。

{崇}（1527）

音価に関しては、{翻}{館}に準じる。

＜用例＞

○あんしもけすも（按司も下司も）

（用例なし）*/ze/, */za/, */zu/, */zo/

{おも１}（1531）

音価に関しては、{翻}{館}に準じる。

＜用例＞

○しまじりの（島尻の）　○あんしおそい（按司襲い）　○ぜるまゝ＜火の神＞　○御さうせ＜御考え＞（御思想）　○世のさうぜ（世の思想）　○かざり（笠利）　○ゑんざしき（円座敷）　○うらのかず＜浦毎に＞　○かいなでゝす（掻い撫でてず）　○きらのかず＜吉日の数＞

（用例なし）*/zo/

{使１}（1534）

音価に関しては、{翻}{館}に準じると見ることができる。即ち、破擦音[ʤ][ʥ]であった。

＜音訳字＞

*/zi/に対応する部分に「子、日、失、知」が現れる。

*/ze/に対応する部分に「支、済、熱」が現れる。

*/za/に対応する部分に「撒、槽」が現れる。

*/zu/に対応する部分に「子、思」が現れる。

*/zo/に対応する用例がない。

音訳字	中原音韻	東国正韻	訓蒙字会	西儒耳目資	推定音価
じ　子	tsɨ	ccʌ'	cʌ	çu	ʥɨ
日	rɪəi	zirʔ	zir	je	ʤi
失	ʃɪəi	si', sirʔ	矢　si	xe, xi, ie	ʤi
知	ʈʂɨ	☆	☆	☆	ʥɨ
じふ　油	iəu	☆	☆	☆	ʤuː
柔	rɪəu	ssjɔ', zjuw	☆	jeu	ʤuː
就	tsiəu	ccjuw	☆	çieu	ʤuː
じや　扎	ʈʂa	carʔ	☆	ca, che	ʤa
者	ʧɪe	cja	赭　cja	che	ʤa
じやう遶	rɪeu	zjow	☆	jao, xao	ʤau
じやく少	ʃɪeu	sjow	炒　chjo	xao	ʤa

じゅ　角	kiau, kiue	kak	骼　kak	kio	ʤu
ぜ　熱	rɪe	zjorʔ	☆	je	ʣe
ざ　撒	sa	san, sarʔ	san	sa	ʣa
ざう　槽	tsau	☆	co	çao	ʣau
ず　子	tsɨ	ccʌ’	cʌ	çu	ʣɯ
思	sɨ	sʌi’	☆	su, sai	ʣɯ

<用例>

主な用例。

○嗑藍子（からじ、髪）　○度日（つうじ、通事）　○札半失（ちやばんじ、茶飯事）○非都知（ひつじ、羊）　○麻油吐失（まんじふとし、万歳年）　○柔哇的（じふぐわつ、十月）　○就買毎（じふもんめ、十匁）　○先扎（せんじや？　兄）　○南者（なんじや、銀）　○遶（じやう、城）　○公少（くじやく、孔雀）　○辟角禄撒（ひじゆるさ、冷さ）○熱尼（ぜに、銭）；　○非撒慢都急（ひざまづき、跪）　○槽（ざう、象）；　○鮑子（ばうず、坊主）　○孫思利（すずり、硯）

{田2}（1536）

*/zi/, */ze/, */za/, */zu/, */zo/に対応する用例なし。

{田3}（1537）

*/zi/, */ze/, */za/, */zu/, */zo/に対応する用例がない。

{田4}（1541）

*/zi/, */ze/, */za/, */zu/, */zo/に対応する用例がない。

{かた}（1543）

音価に関しては、{翻}{館}に準じる。即ち、破擦音[ʤ][ʣ]であった。

「筋」は歴史的仮名遣いでは「すぢ」であるから、「すしのミち（筋の道）」は、「ぢ」と「じ」との区別消滅を示す例となる。

「きすゝ」は[gisidzi]か。

<用例>

○すしのミち（筋の道）　○あんしへ（按司部）　○まつハすゝし（松は涼し）　○きすゝ（宜寿次）

（用例なし）*/ze/, */za/, */zo/

{田5}（1545）

*/zi/, */ze/, */za/, */zu/, */zo/に対応する用例がない。

{添}（1546）

音価に関しては、{翻}{館}に準じるであろう。即ち、破擦音[ʤ][ʣ]であった。

<用例>

○しやなの里主（謝名の里主）　○御さうせましよわちへ（御思想召しよわちへ）
○かすしらす（数知らず）

（用例なし）*/za/, */zo/

{田６}（1551）

*/zi/, */ze/, */za/, */zu/, */zo/に対応する用例がない。

{やら}（1554）

音価に関しては、{翻}{館}に準じるものとする。即ち、破擦音[ʤ][ʥ]であった。

<用例>

○しもしましり（下島尻）　○国のようし（国の要事）　○いきよくまし（動くまじ）
○御世のおさうせ（御世の御思想）　○やらさもりやへさもり（屋良座杜八重座杜）

（用例なし）*/zu/, */zo/

{田７}（1560）

*/zi/, */ze/, */za/, */zu/, */zo/に対応する用例がない。

{使２}（1561）

音価に関しては、{翻}{館}に準じると判断することができる。即ち、破擦音[ʤ][ʥ]であった。

<音訳字>

*/zi/に対応する部分に「喳、子、資、自、失、之、就、柔、由、者、雀、扎、遶、角、郁」が現れる。

*/ze/に対応する部分に「済、支、惹」が現れる。

*/za/に対応する部分に「舎、喳」が現れる。

*/zu/に対応する部分に「司、子」が現れる。

*/zo/に対応する用例がない。

音訳字	中原音韻	東国正韻	訓蒙字会	西儒耳目資	推定音価
じ　喳	ʈʂa	☆	渣　ca	査　cha	ʥi
子	tsɨ	ccʌ’	cʌ	çu	ʥi
資	tsɨ	☆	☆	çu	ʥi
自	tsɨ	☆	cʌ	☆	ʥi
失	ʃɪəi	si’, sirʔ	矢　si	xe, xi, ie	ʤi
之	ʈʂɨ	ci’	芝　ci	chi	ʥi
じふ　就	rɪəu	ssjɔ’, zjuw	☆	jeu	ʤu:
柔	tsiəu	ccjuw	☆	çieu	ʤu:
由	iəu	’juʙ	☆	Ieu	ju
じや　者	ʧɪe	cja	赭　cja	che	ʤa

雀	tsio, tsiau	☆	cjak	Çio	ʤa
扎	ʈʂa	carʔ	☆	ca, che	ʤa
じやう 遶	rɪeu	zjow	☆	jao, xao	ʤau
じゆ 角	kiau, kiue	kak	骼 kak	kio	ʤu
じよう 郁	iu	☆	☆	io	ʤo:
ぜ 済	tsiəi	☆	☆	☆	ʣi
支	ʈʂɨ	ci'	ci	chi	ʣi
惹	rɪo	☆	☆	je	ʣi
ざ 舎	ʃɪe	sja	sja	xe	ʤa
ざう 喳	ʈʂa	☆	渣 ca	查 cha	ʣau
諸	ʧɪu	☆	☆	chu	ʤʊ:
ず 司	ʂɨ	sʌ'	sʌ	su	ʣɯ
子	tsɨ	ccʌ'	cʌ	çu	ʣɯ

<用例>

主な用例。

○匹牝查（ひつじ、羊）　○嗑藍子其（からじげ、頭毛、髪）　○通資（つうじ、通事）○嗑蘭自之（からじげ、頭毛、髪）　○密失拿失（みじかし、短し）　○同之（とじ、刀自、妻）　○就買毎（じふもんめ、十匁）　○柔哇的（じふぐわつ、十月）　○麻由吐失（まんじふとし、万歳年）　○南者（なんじや、銀）　○枯雀枯（くじやく、孔雀）○先扎（せんじや？　兄）　○遶（じやう、城）　○辟角禄撒（ひじゆるさ、冷さ）○郁（じよう、門）；　○嗑済（かぜ、風）　○（支尼）（ぜに、銭）　○惹尼（ぜに、銭）；○（匹）舎蛮（資）之（ひざまづき、跪）　○喳（ざう、象）　○諸基（ざうげ、象牙）；○孫司利（すずり、硯）　○褒子（ばうず、坊主）

{田８}（1562）

＊/zi/,＊/ze/,＊/za/,＊/zu/,＊/zo/に対応する用例がない。

{田９}（1563）

＊/zi/,＊/ze/,＊/za/,＊/zu/,＊/zo/に対応する用例がない。

{字}（1572頃）

音価に関しては、{翻}{館}に準じると見ることができる。即ち、破擦音[ʤ][ʣ]であった。

<音訳字>

＊/zi/に対応する部分に「喳、子、失、就、柔、由、者、雀、遶、角、郁」が現れる。
＊/ze/に対応する部分に「済、支、惹」が現れる。
＊/za/に対応する部分に「喳」が現れる。
＊/zu/に対応する部分に「子」が現れる。
＊/zo/に対応する用例がない。

音訳字	中原音韻	東国正韻	訓蒙字会	西儒耳目資	推定音価
じ　　喳	ʈʂa	☆	渣　ca	査　cha	ʥi
子	tsɨ	ccʌ’	cʌ	çu	ʥi
失	ʃɪəi	si’, sirʔ	矢　si	xe, xi, ie	ʤi
じふ　就	rɪəu	ssjɔ’, zjuw	☆	jeu	ʤu:
柔	tsiəu	ccjuw	☆	çieu	ʤu:
由	iəu	’juʙ	☆	Ieu	ju
じや　者	ʧɪe	cja	赭　cja	che	ʤa
雀	tsio, tsiau	☆	cjak	Çio	ʤa
じやう遶	rɪeu	zjow	☆	jao, xao	ʤau
じゆ　角	kiau, kiue	kak	骼　kak	kio	ʤu
じよう郁	iu	☆	☆	io	ʤo:
ぜ　　済	tsiəi	☆	☆	☆	ʥi
支	ʈʂɨ	ci’	ci	chi	ʥi
惹	rɪo	☆	☆	je	ʥi
ざう　喳	ʈʂa	☆	渣　ca	査　cha	ʥau
ず　　子	tsɨ	ccʌ’	cʌ	çu	ʥɯ

<用例>

主な用例。

○匹牝査（ひつじ、羊）　○嗑藍子其（からじげ、頭毛、髪）　○密失拿失（みじかし、短し）　○就買毎（じふもんめ、十匁）　○柔哇的（じふぐわつ、十月）　○麻由吐失（まんじふとし、万歳年）　○南者（なんじや、銀）　○枯雀枯（くじやく、孔雀）　○遶（じやう、城）　○辟角禄撒（ひじゆるさ、冷さ）　○郁（じよう、門）；　○嗑済（かぜ、風）　○支尼（ぜに、銭）　○惹尼（ぜに、銭）；　○喳（ざう、象）　○諾《ママ》基（ざうげ、象牙）；　○失藍子（しらず、知らず）

{使３}（1579）

音価に関しては、{翻}{館}に準じると考えて間違いない。即ち、破擦音[ʤ][ʥ]であった。

<音訳字>

*/zi/に対応する部分に「喳、子、資、自、失、之、就、柔、由、者、雀、扎、遶、角、郁」が現れる。

*/ze/に対応する部分に「支、惹、濟」が現れる。

*/za/に対応する部分に「舎、喳、諸」が現れる。

*/zu/に対応する部分に「司、子」が現れる。

*/zo/に対応する用例がない。

音訳字	中原音韻	東国正韻	訓蒙字会	西儒耳目資	推定音価
じ　　喳	ʈʂa	☆	渣　ca	査　cha	ʥi
子	tsɨ	ccʌ’	cʌ	çu	ʥi

資	tsɨ	☆	☆	çu	ʥi
自	tsɨ	☆	cʌ	☆	ʥi
失	ʃɪəi	si', sirʔ	矢　si	xe, xi, ie	ʤi
之	ʈʂɨ	ci'	芝　ci	chi	ʥi
じふ　就	rɪəu	ssjɔ', zjuw	☆	jeu	ʤu:
柔	tsiəu	ccjuw	☆	çieu	ʤu:
由	iəu	'juʁ	☆	Ieu	ju
じや　者	ʧɪe	cja	赭　cja	che	ʤa
雀	tsio, tsiau	☆	cjak	Çio	ʤa
扎	ʈʂa	carʔ	☆	ca, che	ʤa
じやう遶	rɪeu	zjow	☆	jao, xao	ʤau
じゆ　角	kiau, kiue	kak	骼　kak	kio	ʤu
じよう郁	iu	☆	☆	io	ʤo:
ぜ　支	ʈʂɨ	ci'	ci	chi	ʥi
惹	rɪo	☆	☆	je	ʥi
濟	tsiəi	☆	☆	☆	ʥi
ざ　舎	ʃɪe	sja	sja	xe	ʤa
ざう　喳	ʈʂa	☆	渣　ca	査　cha	ʥau
諸	ʧɪu	☆	☆	chu	ʤʊ:
ず　司	ʂɨ	sʌ'	sʌ	su	ʣɯ
子	tsɨ	ccʌ'	cʌ	çu	ʣɯ

<用例>

主な用例。

（○匹牝査（ひつじ、羊））　○嗑藍子其（からじげ、頭毛、髪）　○通資（つうじ、通事）　○札半失（ちやばんじ、茶飯事）　○同之（とじ、刀自、妻）　○就買毎（じふもんめ、十匁）　○柔哇的（じふぐわつ、十月）　○麻由吐失（まんじふとし、万歳年）　○南者（なんじや、銀）　○枯雀枯（くじやく、孔雀）　○先扎（せんじや？　兄）　○遶（じやう、城）　○辟角禄撒（ひじゆるさ、冷さ）　○郁（じよう、門）；○（支尼）（ぜに、銭）　○惹尼（ぜに、銭）　○嗑済（かぜ、風）；　○匹舎蛮資之（ひざまづき、跪）　○喳（ざう、象）　○諸基（ざうげ、象牙）；　○孫司利（すずり、硯）　○失藍子（しらず、知らず）

｛田10｝（1593）

*/zi/, */ze/, */za/, */zu/, */zo/に対応する用例がない。

｛浦｝（1597）

音価に関しては、｛翻｝｛館｝に準じると見ることができる。即ち、破擦音[ʤ][ʥ]であった。

＜用例＞

○あんしおそひ（按司襲ひ）　○御さうせめしよハちへ（御思想召しよはちへ）　○しまおそい大さと（島襲い大里）　○かすしらす（数知らず）　○かなそめはつまき（金染め鉢巻）

Ⅱ－３－(9)　マ行の子音

（＊／mｉ, mｅ, mａ, mｕ, mｏ／の子音）

以下、特記すべき事柄が無い場合は、用例に語らせる。

｛翻｝（1501）

ハングルの「m」で表記されている。現代語と同じ音価［m］であったろう。

＜用例＞

主な用例は、以下のとおりである。

○mi-na-rat＜nat＞-ti（みななりて）　○mi-ci（みち、道）　○kha-mi（かみ、紙）　○'a-mɯｉ（あめ、雨）　○ko-mɯｉ（こめ、米）　○ma-si-'o（ましお、真塩）　○ma-ku（まく、幕）　○ku-ru-ma（くるま、車）　○pha-mu（はむ、蛇）　○mo-si-ru（むしろ、莚）　○ki-mo（きも、肝、心）　○ku-mo-tjɔi（くもりて、曇りて）○mja-'u-njɔn（みやうねん、明年）

｛玉｝（1501）

「みやきせん（今帰仁）」は、「いま→いみや→みや」の変化を経たと考えられる。

＜用例＞

○みやきせん（今帰仁）　○とよみくすく（豊見城）　○このすミ見るへし（この墨見るべし）　○まあかとたる（真加戸樽？）　○まさふろかね（真三郎金）　○いたるまて（到るまで）　○くもことまりに（雲子とまりに）　○おさまるへし（納まるべし）　○そむく人あらは（背く人あらば）　○おとちとのもいかね（おとちとの思い金）　○おもひふたかね（思ひ二金？）

（用例なし）＊/me/

｛館｝（16C 前半？）

「不只（むち、鞭）」は、「むち－ぶち」の変化を示している。

＜音訳字＞

＊/mi/に対応する部分に「乜、民、毎、米、密、墨、（眉、苗）」が現れる。

＊/me/に対応する部分に「乜、毎、米、密、眠、（名、綿）」が現れる。

＊/ma/に対応する部分に「馬、麻、慢、網、毎、」が現れる。

＊/mu/に対応する部分に「木、蒙、不」が現れる。

＊/mo/に対応する部分に「木、毛、目、莫、慢、買」が現れる。

音訳字	中原音韻	東国正韻	訓蒙字会	西儒耳目資	推定音価	備　考
み　乜	☆	☆	☆	☆	mi	

民	miən	min	min	min	min	「づ」の前
毎	muəi	mʌi'	mʌi	moei, mui	mɪ	
米	miəi	mjɔi'	mi	mi	mi	
密	miəi	mirʔ	蜜 mir	mie	mi	
墨	mo	mɯk	mɯk	me	mɪ?	
みみ眉	muəi	mi'	mi	mui, moei, ma	mi	
みや苗	mieu	mjow	mjo	miao	mja	
みん苗	mieu	mjow	mjo	miao	mɪɴ, mɪŋ	
め　乜	☆	☆	☆	☆	mɪ	
米	miəi	mjɔi'	mi	mi	mɪ	
毎	muəi	mʌi'	mʌi	moei, mui	mɨ	
密	miəi	mirʔ	蜜 mir	mie	mɪ	
眠	mien	mjɔn	mjɔn	mien	mɪn	「ど」の前
めい名	miəŋ	mjɔŋ	mjɔŋ	mim	mɪi?	
めん綿	mien	mjɔn	mjɔn	mien	mɪɴ	
ま　馬	ma	ma'	ma	ma	ma	
麻	ma	ma'	ma	ma	ma	
慢	man	man	漫 man	man	man	
まう網	waŋ	maŋ	maŋ	vam	mau	
まへ毎	muəi	mʌi'	mʌi	moei, mui	me:?	
まん麻	ma	ma'	ma	ma	ma	
む　木	mu	mok	mok	mȯ	mu	
蒙	muəŋ	moŋ	曚 moŋ	mun, man, c 'hum	muŋ	「ぎ」の前
不	pu, fəu	pu', puw	芣 pu	po, fo, fu, ku	bu	
も　木	mu	mok	mok	mo	mʊ	
毛	mau	moʙ	mo	mao	mʊ	
目	mu	mok	mok	mo	mʊ	
莫	mo, mu	mʌik	☆	mo, mu	mo	
慢	man	man	漫 man	man	mʊn	「ど」の前
もん買	mai	mai'	mʌi	mai	mum?	「め」の前

<用例>

主な用例は、以下のようである。

○烏乜（うみ、海）　○民足（みづ、水）　○刊毎那立（かみなり、雷）　○米南米（みなみ）　○密乃度（みなと、港）　○由密（ゆみ、弓）　○思墨（すみ、墨）　○苗年（みやうねん、明年）　○大苗（だいみん、大明）；　○乜（め、目）　○嗑乜（あめ、雨）　○姑米（こめ、米）　○買毎（もんめ、匁）　○速多密的（つとめて、夙めて）　○眠多木（めども、妻、女共）　○包名（はうめい、報名）　○木綿（もめん、木綿）；　○馬足（まつ、松）　○烏馬（うま、馬）　○麻加立（まかり、碗）　○非撒慢多及（ひざまづき、跪）　○網巾（まうきん、網巾）　○倭毎奴（おまへの、御前の）　○麻柔吐失（まんじふとし、万歳年）；　○木子（む゚つ、六）　○蒙乞（む゚ぎ、麦）　○不只（む゚ち、鞭）；○木綿（もめん、木綿）　○枯木（くも、雲）　○達毛立（たもれ、賜れ）　○加目（かも（しか）、鹿）　○失莫（しも、霜）　○世莫（しも、下）　○慢多羅（もどる、戻る）○買毎（もんめ、匁）

{石東}（1522）

＜用例＞

○ミこしミ玉の（御腰御玉の）　○ミやこより（宮古より）　○ひのもん（碑の文）

（用例なし）*/me/,*/ma/,*/mu/

{石西}（1522）

「む゚ま」の「む゚」は、「撥音」を示していると考えられる。「撥音」のところで改めて述べる。

＜用例＞

○ミちつくり（道造り）　○ミなと（湊）　○おくのミよ（奥の澪）　○おかミ申候（拝み申候）　○すミ（墨）　○御ゆわいめしやわちや事（御祝い召しよわちや事）　○あかめたてまつり候て（崇め奉り候て）　○ととめわちへ（留めわちへ）　○まうはらい（毛祓い）　○まうしかね（真牛金）　○ま玉橋（真玉橋）　○くにのまたや（国のまたや）○しましり（島尻）　○あかめたてまつり候て（崇め奉り候て）　○む゚まのとし（午の年）○とよみもり（鳴響み杜）　○ひのもん（碑の文）　○大やくもい（大屋子思い）　○くもことまり（雲子泊）

{田１}（1523）

＜用例＞

○せいやりとみかひき（勢遣り富が引き）　○御ミ事　○まいる（参る）　○たまわり申候（賜り申候）　○しほたるもい（小樽思い）（塩太郎思い）

（用例なし）*/me/,*/mu/

{崇}（1527）

「む゚ま」の「む゚」は、{石西}の「む゚ま（午）」と同じように「撥音」を示していると考えられる。「撥音」のところで改めて述べる。

＜用例＞

○くまにて（此処にて）　○む゚まから（馬から）　○あんしもけすも（按司も下司も）

（用例なし）*/mi/,*/me/

{おも１}（1531）

「まみやに（真庭に）」の「みや」（庭）は、「には→にわ→にや→みや」の変化を示しているか。

＜用例＞

○みこゑ（御声）　○みしま（御島）（三島）　○みもん（見物）　○あおなみや（青波

や)　○大きみきや（大君ぎや）　○きみはゑ（君南風）　○まみやに（真庭に）　○めしよわちへ（召しよわちへ）　○あけめつら＜傘＞　○あめや（雨や）　○あめもらん（雨漏らん）　○うらひちめもとろ＜船名＞　○しめや＜させて＞　○まさて（勝て）　○まだかさ（真高さ）　○まるく（丸く）　○まんまん（万々）　○あまの（天の）　○あよまよい（肝迷い）　○うまれて（勝れて）　○おきなます（沖膾）　○しまうち（島討ち）　○とよむあんしおそいや（鳴響む按司襲いや）　○もとりよれ（戻り居れ）　○もりもり（杜々）　○あめもらん（雨漏らん）　○うらひちめもとろ＜船名＞　○おぎやかもいや　○おもいくわ（思い子）　○きも（肝）　○國もちの　○くもこ（雲子）　○しものつよ（霜の露）

{使１}（1534）

＜音訳字＞

*/mi/に対応する部分に「乜、民、米、眉、迷、密、蜜、墨、苗」が現れる。
*/me/に対応する部分に「乜、米、毎、眠、蜜、名、綿」が現れる。
*/ma/に対応する部分に「馬、麻、慢、網、毎、」が現れる。
*/mu/に対応する部分に「木、蒙」が現れる。
*/mo/に対応する部分に「木、毛、母、目、莫、慢、買」が現れる。

音訳字	中原音韻	東国正韻	訓蒙字会	西儒耳目資	推定音価	備　考
み　乜	☆	☆	☆	☆	mi	
民	miən	min	min	min	min, miŋ	「づ」の前
米	miəi	mjɔi’	mi	mi	mi	
眉	muəi	mi’	mi	mui, moei, ma	mi	
迷	muəi	☆	mi	mi	mi	
密	miəi	mirʔ	蜜 mir	mie	mi	
蜜	muəi	mirʔ	mir	mie	mi	
墨	mo	mɯk	mɯk	me	mɪ?	
みん苗	mieu	mjow	mjo	miao	mɪm, mɪɴ, mɪŋ	
め　乜	☆	☆	☆	☆	mɪ	
米	miəi	mjɔi’	mi	mi	mɪ	
毎	muəi	mʌi’	mʌi	moei, mui	mɨ	
眠	mien	mjɔn	mjɔn	mien	mɪn	「ど」の前
蜜	miəi	mirʔ	mir	mie	mɪ	
めい名	miəŋ	mjɔŋ	mjɔŋ	mim	mɪi?	
めん綿	mien	mjɔn	mjɔn	mien	mɪɴ	
ま　馬	ma	ma’	ma	ma	ma	
麻	ma	ma’	ma	ma	ma	
慢	man	man	漫 man	man	man	
まう網	waŋ	maŋ	maŋ	vam	mau	「網」と見る
まへ毎	muəi	mʌi’	mʌi	moei, mui	me:?	

まん麻	ma	ma’	ma	ma	ma	
む　木	mu	mok	mok	mo	mu	
蒙	muəŋ	moŋ	矇 moŋ	mun, man, c ‘hum	muŋ	「ぎ」の前
も　木	mu	mok	mok	mo	mʊ	
毛	mau	moʁ	mo	mao	mʊ	
母	☆	☆	☆	☆	mʊ	
目	mu	mok	mok	mo	mʊ	
莫	mo, mu	mʌik	☆	mo, mu	mo	
慢	man	man	漫 man	man	mʊn	「ど」の前
もん買	mai	mai’	mʌi	mai	mum?	「め」の前

＜用例＞

○吾乜（うみ、海）　○民足（みづ、水）　○米南米（みなみ）　○眉（みみ、耳）○由迷（ゆみ、弓）　○密乃度（みなと、港）　○蜜子（みつ、三）　○大苗（だいみん、大明）；　○嗑乜（あめ、雨）　○谷米（こめ、米）　○亦止買毎（いちもんめ、一匁）○眠多木（めども、妻、女共）　○速多蜜的（つとめて、夙めて）　○包名（はうめい、報名）　○木綿（もめん、木綿）；　○馬足（まつ、松）　○吾馬（うま、馬）　○麻佳里（まかり、碗）　○慢多（まど、窓）　○倭毎奴（おまへの、御前の）　○麻柔吐失（まんじふとし、万歳年）；　○木子（むつ、六）　○以利蒙巳《ママ》（いりむぎ、炒り麦？）；○枯木（くも、雲）　○荅毛里（たもれ、賜れ）　○失母（しも、霜）　○加目（かも（しか）、鹿）　○世莫（しも、下）　○慢多羅（もどる、戻る）　○亦止買毎（いちもんめ、一匁）

{田２}（1536）

＜用例＞

○御ミ事　○あめく（天久）　○たまわり申候（賜り申候）　○まきり（間切）　○まいる（参る）

（用例なし）*/mu/, */mo/

{田３}（1537）

＜用例＞

○御ミ事　○よつきとみか（世継ぎ富が）　○あめく（天久）　○まいる（参る）○たまわり申候（賜り申候）　○大やくもい（大屋子思い）

（用例なし）*/mu/

{田４}（1541）

＜用例＞

○御ミ事　○せちあらとミか（勢治荒富が）　○まいる（参る）　○まさふろ（真三郎）○まなハン　○たまわり申候（賜り申候）

（用例なし）*/me/, */mu/, */mo/

{かた}（1543）

「むまれ～」については、{石西}・{崇}の「むま（馬、午）」同様、「撥音」のところで取り上げる。

＜用例＞

○ミちつくり（道造り）　○ミつのとのう（癸の卯）　○ミやひら（宮平）　○ミおほけ　○をかみ申（拝み申）　○めとも（女共）　○めしよわちへ（召しよわちへ）　○あめふる時ハ（雨降る時は）　○はめいしを（嵌め石を）　○まつをうへれは（松を植へれば）　○ま五ら（真五良）　○まふとかね（真布渡金）　○あまこあわしめしよわちへ（眼合わしめしよわちへ）　○むかしいま（昔今）　○むかしいまの事を（昔今の事を）　○むまれなから（生まれながら）　○たのしむ事（楽しむ事）　○もり（杜）　○もろこし（唐土）　○ひのもん（碑の文）　○大やくもい（大屋子思い）　○よるもひるも（夜も昼も）　○千年万年までも（千年万年までも）

{田５}（1545）

＜用例＞

○御ミ事　○あめく（天久）　○きま（儀間）　○たまわり申候（賜り申候）　○まいる（参る）　○まきり（間切）　○まわし（真和志）　○大やくもい（大屋子思い）

（用例なし）＊/mu/

{添}（1546）

「むま」は、{石西}・{崇}・{かた}の「むまれ」「むま」と同じように「撥音」である。そこで再度考察する。

＜用例＞

○ひのとのミのへに（丁の巳の日に）　○みはいハ（御拝は）　○ミつのと（癸）　○ミやこ（宮古）　○かミほとけの（神仏の）　○くにかみの（国頭の）　○つミ申候（積み申候）　○ミはいをかみ候て（御拝拝み候て）　○めしよわちへ（召しよわちへ）　○御ゆわひめしよわちへ（御祝ひ召しよわちへ）　○まうはらへ（毛祓へ）　○ま五ら（真語良）　まふにの里主（摩文仁の里主）　○しまともに（島ともに）　○つませてて（積ませてて）　○ひのへむま（丙午）　○もゝ（百）　○もり（杜）　○ひのもん（碑の文）　○御おもろ御たほい　○きよらさちよさあれとも（清らさ強さあれども）

{田６}（1551）

＜用例＞

○御ミ事　○まいる（参る）　○まきり（間切）　○まわし（真和志）　○たまわり申候（賜り申候）　○きま（儀間）　○大やくもい（大屋子思い）

（用例なし）＊/me/,＊/mu/

{やら}（1554）

＜用例＞

○ミつのかくこハ（水の恪護は）　○ミはんのさとぬしへ（三番の里主部）　○みよは

らて（澪はらて）　○おかミめしよはる（拝み召しよはる）　○かミしも（上下）　○つミつけて（積みつけて）　○めしよわちやる（召しよわちやる）　○をれめしよわちへ（降れ召しよわちへ）　○からめちへ　○いつきやめむ（何時ぎやめむ）　○おさためめしよハやる（御定め召しよはやる）　○かくこのために（恪護のために）　○まいし（真石）　○まうはらて（毛祓て）　○まうし（真牛）　○うちま（内間）　○しましり（島尻）　○とまりのかくこの（泊の恪護の）　○むかしから（昔から）　○いつきやめむ（何時ぎやめむ）　○わうかなしむ（王加那志む）　○おかむやに（拝むやに）　○なきやものやれとも　○やらさもり（屋良座杜）　○大やくもい（大屋子思い）　○かみしも（上下）　○ともゝするゑ（十百末）

{田７}（1560）

＜用例＞

○御ミ事　○大ミね（大嶺）　○とよミくすく（鳴響み城）　○まいる（参る）　○まきり（間切）　○たまわり申候（賜り申候）　○大やくもい（大屋子思い）

（用例なし）*/me/, */mu/

{使２}（1561）

「堪枇（かみ、紙）」は「かみ→かび[kabi]」の変化を示している。

＜音訳字＞

*/mi/に対応する部分に「乜、皿、眉、米、墨、密、蜜、民、迷、黙、膩、枇、苗」が現れる。

*/me/に対応する部分に「乜、米、毎、密、掩、名、綿」が現れる。

*/ma/に対応する部分に「馬、蛮、麻、慢、罔、毎」が現れる。

*/mu/に対応する部分に「畆、皿」が現れる。

*/mo/に対応する部分に「麼、莫、母、勃、没、模、毛、木、目、悶、門、莓、謾、買」が現れる。

音訳字	中原音韻	東国正韻	訓蒙字会	西儒耳目資	推定音価	備　考
み　乜	☆	☆	☆	☆	mi	
皿	miəŋ	☆	☆	mim	mi	
眉	muəi	mi’	mi	mui, moei, ma	mi	
米	miəi	mjɔi’	mi	mi	mi	
墨	mo	mɯk	mɯk	me	mɪ？	
密	miəi	mirʔ	蜜 mir	mie	mi	
蜜	miəi	mirʔ	mir	mie	mi	
民	miən	min	min	min	min	
迷	miəi	☆	mi	mi	mi	
黙	mo	☆	☆	☆	mɪ	
膩	ni	ni	貳　zi	☆	mi	m-n
枇	p ‘i	☆	☆	p ‘i, pi	bi	m-b

みえ迷	miəi	☆	mi	mi	mi:	
みん苗	mieu	mjow	mjo	miao	mɪm, mɪɴ, mɪŋ	
め　乜	☆	☆	☆	☆	mɪ	
米	miəi	mjɔi'	mi	mi	mɪ	
毎	muəi	mʌi'	mʌi	moei, mui	mɨ	
密	miəi	mirʔ	蜜 mir	mie	mɪ	
拖	t ‘o	☆	☆	t ‘o	mɨ?	
めい名	miəŋ	mjɔŋ	mjɔŋ	mim	mɪi?	
めん綿	mien	mjɔn	mjɔn	mien	mɪɴ	
ま　馬	ma	ma'	ma	ma	ma	
蛮	man	☆	☆	man	ma	
麻	ma	ma'	ma	ma	ma	
慢	man	man	漫 man	man	man	
まう罔	網　waŋ	maŋ	maŋ	vam	mau	
まへ毎	muəi	mʌi'	mʌi	moei, mui	me:?	
まん麻	ma	ma'	ma	ma	ma	
む　畒	məu	☆	mo	☆	mʊ	
皿	miəŋ	☆	☆	mim	mɪ	
も　麼	muo	☆	☆	mo	mo	
莫	mo, mu	mʌik	☆	mo, mu	mo	
母	mu	☆	mo	mu/meu	mo	
勃	po	☆	☆	po, poei	mo	m–b
没	muo	☆	☆	☆	mo	
模	mu	☆	☆	mu	mʊ	
毛	mau	moʙ	mo	mao	mʊ	
木	mu	mok	mok	mo	mʊ	
目	mu	mok	mok	mo	mʊ	
悶	mən	☆	☆	muen	mʊn	
門	muən	☆	mun	muen	mʊn	
莓	məi	☆	mʌi	☆	mu	
謾	muon	☆	☆	muon, mien, man	mu	
もん買	mai	mai'	mʌi	mai	mum?	「め」の前

＜用例＞

○吾乜（うみ、海）　○皿子撻馬（みづたま、水玉、水晶）　○刊眉（かみ（なり）、雷）○米南米（みなみ）　○司墨（すみ、墨）　○密集（みち、道）　○蜜温普谷里（みおんほこり、御御誇り）　○民足（みづ、水）　○迷迷（みみ、耳）　○司黙（すみ、墨）○膩子（みつ、三）　○堪枇（かみ、紙）　○迷闌（みえらん、見えらん）　○大苗（だいみん、大明）；　○速冨拖枚（つとめて、夙めて）　○乜（め、目）　○吾乜（うめ、梅）

○谷米（こめ、米）　○一止買毎（いちもんめ、一一匁）　○速都密的（つとめて、夙めて）　○速啚拖枚（つとめて、夙めて）　○包名（はうめい、報名）　○木綿（もめん、木綿）；　○馬足（まつ、松）　○吾馬（うま、馬）　○（匹）舎蛮（資）之（ひざまづき、跪）　○麻佳里（まかり、碗）　○慢的（まづ、先づ）　○罔巾（まうきん、網巾）　○倭毎奴（おまへの、御前の）　○麻就吐失（まんじふとし、万歳年）；　○畝子（むつ、六）　○皿基諾沽（むぎのこ、麦の粉）；　○麼奴嗑荅里（ものがたり、物語）　○世莫（しも、下）　○失母（しも、霜）　○鬱勃人誇（おもりこ、思り子）　○鳥鴉没谷古里（おやもほこり、親御誇り？）　○起模（きも、肝）　○荅毛里（たもれ、賜れ）　○枯木（くも、雲）　○加目（かも（しか）、鹿）　○悶都里（もどり、戻り）　○由門都里（よもどり、雀）　○嗑甲苺（かかも、裙）　○謾歸（もどりて、戻りて？）　○尼買毎（にもんめ、二匁）

{田８}（1562）

<用例>

○御ミ事　○大ミね（大嶺）　○ふさいとミかひき　○たまわり申候（賜り申候）　○大やくもい（大屋子思い）

（用例なし）*/me/,*/mu/

{田９}（1563）

<用例>

○御ミ事　○大ミね（大嶺）　○せちあらとミかひき（勢治荒富が引き）　○まいる（参る）　○たまわり申候（賜り申候）　○大やくもい（大屋子思い）

（用例なし）*/me/,*/mu/

{字}（1572頃）

「吾乜（うみ、海）」と「吾乜（うめ、梅）」との例がある。同一音価としてもよいか。

<音訳字>

*/mi/に対応する部分に「乜、皿、眉、米、密、蜜、民、迷、膩」が現れる。

*/me/に対応する部分に「乜、米、拖、毎、密、綿」が現れる。

*/ma/に対応する部分に「馬、麻、末、慢、罔」が現れる。

*/mu/に対応する部分に「畝、皿」が現れる。

*/mo/に対応する部分に「麼、莫、母、没、模、毛、木、目、門、買」が現れる。

音訳字	中原音韻	東国正韻	訓蒙字会	西儒耳目資	推定音価	備　考
み　乜	☆	☆	☆	☆	mi	
皿	miəŋ	☆	☆	mim	mi	
眉	muəi	mi’	mi	mui, moei, ma	mi	
米	miəi	mjɔi’	mi	mi	mi	
密	miəi	mirʔ	蜜 mir	mie	mi	

蜜	miəi	mirʔ	mir	mie	mi	
民	miən	min	min	min	min	
迷	miəi	☆	mi	mi	mi	
膩	ni	ni	貳　zi	☆	mi	m-n
みえ　迷	miəi	☆	mi	mi	miː	
め　乜	☆	☆	☆	☆	mɪ	
米	miəi	mjɔi’	mi	mi	mɪ	
拖	t ‘o	☆	☆	t ‘o	mɨʔ	
毎	muəi	mʌi’	mʌi	moei, mui	mɨ	
密	miəi	mirʔ	蜜 mir	mie	mɪ	
めん　綿	mien	mjɔn	mjɔn	mien	mɪɴ	
ま　馬	ma	ma’	ma	ma	ma	
麻	ma	ma’	ma	ma	ma	
末	☆	☆	☆	☆	ma	
慢	man	man	漫 man	man	man	
まう　罔	網　waŋ	maŋ	maŋ	vam	mau	
まん　麻	ma	ma’	ma	ma	ma	
む　皿	miəŋ	☆	☆	mim	mɪ	
畆	məu	☆	mo	☆	mʊ	
も　麼	muo	☆	☆	mo	mo	
莫	mo, mu	mʌik	☆	mo, mu	mo	
母	mu	☆	mo	mu/meu	mo	
没	muo	☆	☆	☆	mo	
模	mu	☆	☆	mu	mʊ	
毛	mau	moʙ	mo	mao	mʊ	
木	mu	mok	mok	mo	mʊ	
目	mu	mok	mok	mo	mʊ	
門	muən	☆	mun	muen	mʊn	
もん　買	mai	mai’	mʌi	mai	mumʔ	「め」の前

<用例>

○吾乜（うみ、海）　○皿子撻馬（みづたま、水玉、水晶）　○刊眉（かみ（なり）、雷）○米南米（みなみ）　○密集（みち、道）　○蜜温普枯里（みおんほこり、御御誇り）○民足（みづ、水）　○膩子（みつ、三）　○迷闌（みえらん、見えらん）；　○乜（め、目）　○吾乜（うめ、梅）　○谷米（こめ、米）　○速畐拖枚（つとめて、夙めて）○一止買毎（いちもんめ、一一匁）　○速都密的（つとめて、夙めて）　○揚密撒（やめさ？　止めさ？）　○木綿（もめん、木綿）；　○馬由（まゆ、眉）　○撻馬（たま、玉）○麻達（また、再）　○坡末（たま、玉）　○漫畐（まど、暇）　○罔巾（まうきん、網巾）　○麻就吐失（まんじふとし、万歳年）；　○皿基諾沽（むぎのこ、麦の粉）　○畆子（むつ、六）；　○麼奴嗑荅里（ものがたり、物語）　○世莫（しも、下）　○失母（しも、霜）　○鬱勃人誇（おもりこ、思り子）　○烏鴉没谷古里（おやもほこり、親御誇り？）　○起模（きも、肝）　○苔毛里（たもれ、賜れ）　○枯木（くも、雲）　○加目（かも（しか）、鹿）　○由門都里（よもどり、雀）　○一止買毎（いちもんめ、一匁）

{使３}（1579）

「堪枇（かみ、紙）」は、「かみ→かび[kabi]」の変化を示している。

吾乜（うみ、海）：吾乜（うめ、梅）。同一音価としてもよいか。

＜音訳字＞

＊/mi/に対応する部分に「乜、皿、眉、米、墨、密、民、黙、膩、枇、迷、苗」が現れる。

＊/me/に対応する部分に「乜、米、毎、密、拖、名、綿」が現れる。

＊/ma/に対応する部分に「馬、蛮、麻、慢、罔、毎」が現れる。

＊/mu/に対応する部分に「畝、皿」が現れる。

＊/mo/に対応する部分に「麼、莫、母、、渤、没、模、毛、木、目、悶、門、莓、謾、買」が現れる。

音訳字	中原音韻	東国正韻	訓蒙字会	西儒耳目資	推定音価	備　考
み　乜	☆	☆	☆	☆	mi	
皿	miəŋ	☆	☆	mim	mi	
眉	muəi	mi’	mi	mui, moei, ma	mi	
米	miəi	mjɔi’	mi	mi	mi	
墨	mo	mɯk	mɯk	me	mɪ?	
密	miəi	mirʔ	蜜 mir	mie	mi	
民	miən	min	min	min	min	
黙	mo	☆	☆	☆	mɪ	
膩	ni	ni	貮　zi	☆	mi	m-n
枇	p ‘i	☆	☆	p ‘i, pi	bi	m-b
みえ迷	miəi	☆	mi	mi	mi:	
みん苗	mieu	mjow	mjo	miao	mɪm, mɪɴ, mɪŋ	
め　乜	☆	☆	☆	☆	mɪ	
米	miəi	mjɔi’	mi	mi	mɪ	
毎	muəi	mʌi’	mʌi	moei, mui	mɨ	
密	miəi	mirʔ	蜜 mir	mie	mɪ	
拖	t ‘o	☆	☆	t ‘o	mɨ?	
めい名	miəŋ	mjɔŋ	mjɔŋ	mim	mɪi?	
めん綿	mien	mjɔn	mjɔn	mien	mɪɴ	
ま　馬	ma	ma’	ma	ma	ma	
蛮	man	☆	☆	man	ma	
麻	ma	ma’	ma	ma	ma	
慢	man	man	漫 man	man	man	

まう罔	網　waŋ	maŋ	maŋ	vam	mau	
まへ毎	muəi	mʌi’	mʌi	moei, mui	me:?	
まん麻	ma	ma’	ma	ma	ma	
む　畆	miəŋ	☆	☆	mim	mɪ	
皿	məu	☆	mo	☆	mʊ	
も　麼	muo	☆	☆	mo	mo	
莫	mo, mu	mʌik	☆	mo, mu	mo	
母	mu	☆	mo	mu/meu	mo	
勃	po	☆	☆	po, poei	mo	m–b
没	muo	☆	☆	☆	mo	
模	mu	☆	☆	mu	mʊ	
毛	mau	moʙ	mo	mao	mʊ	
木	mu	mok	mok	mo	mʊ	
目	mu	mok	mok	mo	mʊ	
悶	mən	☆	☆	muen	mʊn	
門	muən	☆	mun	muen	mʊn	
莓	məi	☆	mʌi	☆	mu	
謾	muon	☆	☆	muon, mien, man	mu	
もん買	mai	mai’	mʌi	mai	mum?	「め」の前

＜用例＞

○吾乜（うみ、海）　○皿子撻馬（みづたま、水玉、水晶）　○刊眉（かみ（なり）、雷）　○米南米（みなみ）　○司墨（すみ、墨）　○密乃度（みなと、港）　○民足（みづ、水）　○司黙（すみ、墨）　○膩子（みつ、三）　○堪枇（かみ、紙）　○迷闌（みえらん、見えらん）　○大苗（だいみん、大明）；　○速畠拖枚（つとめて、夙めて）　○乜（め、目）　○吾乜（うめ、梅）　○谷米（こめ、米）　○一止買毎（いちもんめ、一一匁）　○嗑子密的（あつめて、集めて）　○速畠拖枚（つとめて、夙めて）　○包名（はうめい、報名）　○木綿（もめん、木綿）；　○馬足（まつ、松）　○匹舎蛮資之（ひざまづき、跪）　○麻佳里（まかり、碗）　○慢的（まづ、先づ）　○罔巾（まうきん、網巾）　○毎（まへ、前）　○麻就吐失（まんじふとし、万歳年）；　○畆子（むつ、六）　○皿基諾沽（むぎのこ、麦の粉）；　○麼奴嗑荅里（ものがたり、物語）　○世莫（しも、下）　○失母（しも、霜）　○鬱勃人誇（おもりこ、思り子）　○烏鴉没谷古里（おやもほこり、親御誇り？）　○起模（きも、肝、心）　○荅毛里（たもれ、賜れ）　○枯木（くも、雲）　○加目（かも（しか）、鹿）　○悶都里（もどり、戻り）　○由門都里（よもどり、雀）　○嗑甲莓（かかも、裙）　○畏之謾歸（いきもどりて、行き戻りて？）　○尼買毎（にもんめ、二匁）

｛田10｝（1593）

＜用例＞

○御ミ事　○まいる（参る）　○まわし（真和志）　○きま（儀間）　○たまわり申候（賜り申候）　○大やくもい（大屋子思い）

（用例なし）*/me/,*/mu/

{浦}（1597）

＜用例＞

○つちのとのミの（己の巳の）　○ミちはしつミつけて（道橋積みつけて）　○ミつ（水）　○ミはいおかミ申候（御拝拝み申候）　○かミほとけの（神仏の）　○ひのかミ（火の神）　○くにかミ（国頭）　○このミよわちへ（工みよわちへ）　○たミひやくしやう（民百姓）　○つミあけわちへ（積みあげわちへ）　○まうはらひめしよはちやる（毛祓ひ召しよはちやる）　○かなそめはつまき（金染め鉢巻）　○たミひやくしやうのため（民百姓の為）　○まうはらひ（毛祓ひ）　○まきり（間切）　○まさりのミおほけに（勝りのみおほけに）　○またる（真樽）　○くすくまの（城間の）　○しまのあすた（島の長老達）　○まうし（真牛）　○くにのあむた（国のあむた）　○おしあけもり（押し上げ杜）　○たひらもり（平良杜）　○ひのもん（碑の文）　○大やくもい（大屋子思い）　○かみしも（上下）　○大小のゑくかおなこともに（大小の男女ともに）

Ⅱ－３－(10)　ナ行の子音

（*／ｎｉ，ｎｅ，ｎａ，ｎｕ，ｎｏ／の子音）

注記すべきこともさほど無いので、基本的に、用例に語ってもらうことにする。

{翻}（1501）

ハングルの「ｎ」で表記されている。誤って「ｒ」で表記された例もある。これについては、次項「ラ行の子音」で述べる。

現代語と同じく［ｎ］であった。ハングルでは［ɲ］と［n］との書き分けがないから、／ｉ／の前で［ɲ］となると断言はできないが、可能性は高かろう。

＜用例＞

○riŋ〈niŋ〉・kʌ・na〈ri〉・sa・kɯi（にごりさけ、濁り酒、白酒）　○ri〈ni〉・kja・sa（にがさ、苦さ）　○'om・pa・ri〈ni〉（おばに、御飯）　○'a・rʌi〈nʌi〉（あね、姉、姐姐）　○na（な、名、姓）　○nat・cʌ（なつ、夏）　○pha・na（はな、鼻）　○ruk〈nuk〉・sa（ぬくさ、温さ、暖和）　○ru〈nu〉・ku・mi（ぬくみ、温み、向（火））　○'i・no（いぬ、犬、狗）　○ki・ru〈nu〉（きぬ、衣、衣服）　○ki・mo・ro〈no〉（きもの、肝の、心の、心腸）　○ko・ro〈no〉cʌ・ki（このつき、この月、這月）　○'a・'oa・ro〈no〉（あはの、粟の、小米（飯））　○cʌ・ra・ru〈nu〉（つらの、面の、顔の）

{玉}（1501）

＜用例＞

○まもたいかね（真武体金）　○まさふろかね（真三郎金）　○まなへたる（真鍋樽）　○のちに（後に）　○きこゑ大きみの（聞得大君の）

（用例なし）*/ni/,*/nu/

{館}（16C 前半？）

「密洋失失（みなしし、螺蛳肉）」は、「密洋」が（「みな→みにや」で）口蓋化表記と判断される。

「尼失（にし、西）」「熱尼（ぜに、銭）」「福尼（ふね、船）」の例が示すように、「に」と「ね」とに同一の音訳字が当てられている。

「是那（すな、砂）」「急那（きぬ、衣）」「馬足那急（まつのき、松の木）」が示すように、「那」は「な、ぬ、の」に現れている。

「亦奴（いぬ、犬）」「烏失祖奴（うしつの、牛角）」「牙馬奴（やまの、山の）」の例がある。

以上は、母音の問題であるので、ここではこの程度にしておく。

＜音訳字＞

＊/ni/に対応する部分に「尼、寧、由」が現れる。

＊/ne/に対応する部分に「乜、尼、眠、聶、年」が現れる。

＊/na/に対応する部分に「乃、那、南、洋、」が現れる。

＊/nu/に対応する部分に「奴、那」が現れる。

＊/no/に対応する部分に「奴、那、農」が現れる。

音訳字	中原音韻	東国正韻	訓蒙字会	西儒耳目資	推定音価	備　考
に　尼	ni, niəi	ni'	ni	nie, i, ni	ni	
寧	niəŋ	☆	☆	nim	niŋ	
にゅう由	iəu	'juʁ	☆	ieu	nju:	
ね　乜	☆	☆	☆	☆	nɪ	
尼	ni, niəi	ni'	ni	nie, i, ni	nɪ	
眠	mién	mjɔn	mjɔn	mien	nɪm	「ぶ」の前
聶	nie	njɔp	鑷 njɔp	nie	nɨ	
ねん　年	nien	njɔn	njɔn	nien	nɪn	
な　乃	nai	nai'	☆	nai, gai	na	
那	na	na'	梛　na	na, no	na	
南	nam	nam	nam	nan	nam	
洋	iam	'jaŋ	'jaŋ	☆	nja	
ない　乃	nai	nai'	☆	nai, gai	nai	
なん　南	nam	nam	nam	nan	nam, nan	
ぬ　奴	nu	no'	no	nu	nu	
那	na	na'	梛　na	na, no	nu?, na?	
の　奴	nu	no'	no	nu	nʊ	
那	na	na'	梛　na	na, no	na	
農	noŋ	noŋ	noŋ	num	nʊm	「ば」の前

＜用例＞

○尼失（にし、西）　○熱尼（ぜに、銭）　○寧哇的（にぐわつ、二月）　○由稿（にゅうかう、乳香）；　○密乜（みね、嶺）　○福尼（ふね、船）　○孔加尼（こがね、黄金）

○眠不立（ねぶり、眠り）　○聶（ね、鼠）　○苗年（みやうねん、明年）；　○那那子（ななつ、七）　○花那（はな、花）　○密乃度（みなと、港）　○米南米（みなみ、南）　○密洋失失（みなしし、螺螄肉）　○乃（ない、無い）　○南木稿（なんもかう、木香）；　○亦奴（いぬ、犬）　○奴ゝ木綿（ぬのもめん、布木綿）　○乞那（きぬ、衣）；　○烏失祖奴（うしつの、牛角）　○由奴ゝ失（よのぬし、世の主）　○波得那（ほでりの、稲妻の）　○木那哇（ものは、物は）　○失農包（しのばう、師の父）　○乞奴（きのふ、昨日）

{石東}（1522）

＜用例＞

○わたり申候時に　○御代に　○首里おきやかもいかなし　○ひのもん（碑の文）　○ミこしミ玉のわたり申候

（用例なし）*/ne/, */nu/

{石西}（1522）

＜用例＞

○くにのまたや（国のまたや）　○くにかみ（国頭）　○ともに（共に）　○ミしまよねん　○ねたてひかわ（根立て樋川）　○たるかねもい（樽金思い）　○ちへねん（知念）　○おきやかもいかなし天の　○ま玉ミなと（真玉湊）　○さとぬしへ（里主部）　○きのとのとり（乙の酉）　○このはしハ（この橋は）　○すミのことハ（墨の事ハ）

{田1}（1523）

＜用例＞

○くわにしや（官舎）　○てこくに（文子に）　○しよりの（首里の）　○てこくの（文子の）

（用例なし）*/ne/, */na/, */nu/

{崇}（1527）

＜用例＞

○くまにてむまから（此処にて馬から）

（用例なし）*/ne/, */na/, */nu/, */no/

{おも1}（1531）

＜用例＞

○にるやせぢ　○あよがうちに（肝が内に）　○くに（国）　○ぢやくに（太国）　○てるくもに（照る雲に）　○みおふね（み御船）　○みおうねかず（み御船数）　○なげくな（嘆くな）　○なごやけて（和やけて）　○なりきよら（鳴り清ら）　○しなて（撓て）　○みかなしけ（御愛しけ）　○よなはばま（与那覇浜）　○ぬしよ（主よ）　○ぬきあけて＜差し上げて＞　○ぬしかまゑ（主貢物）　○みれどもあかぬ（見れども飽かぬ）　○のだてゝ（宣立てて）　○あまのそこらしや（天のそこらしや）　○いのて（祈て）

○かみてたの（神太陽の）　○てるしの（太陽）

{使1}（1534）

同一の音訳字が違う環境で現れることについて、{館}のところで触れたが、ここでも同様のことが指摘できる。

「に」と「ね」：○尼失（にし、西）　○熱尼（ぜに、銭）　○福尼（ふね、船）

「な」と「ぬ」と「の」：○是那（すな、砂）　○急那（きぬ、衣）　○馬足那急（まつのき、松の木）：この種の「一那」20例

「ぬ」と「の」：○亦奴（いぬ、犬）　○吾失祖奴（うしつの、牛角）　○牙馬奴（やまの、山の）：この種の「一奴」11例

以上のことについては、母音の問題として、そこで詳しく論じる。

<音訳字>

*/ni/に対応する部分に「尼、寧、由」が現れる。

*/ne/に対応する部分に「乜、尼、眠、聶」が現れる。

*/na/に対応する部分に「乃、那、南、拿、納、耐」が現れる。

*/nu/に対応する部分に「奴、那」が現れる。

*/no/に対応する部分に「奴、那、拿、農」が現れる。

音訳字	中原音韻	東国正韻	訓蒙字会	西儒耳目資	推定音価	備　考
に　尼	ni, niəi	ni’	ni	nie, i, ni	ni	
寧	niəŋ	☆	☆	nim	niŋ	
にゆう由	iəu	’ juʙ	☆	ieu	nju:	
ね　乜	☆	☆	☆	☆	nɪ	
尼	ni, niəi	ni’	ni	nie, i, ni	nɪ	
眠	mien	mjɔn	mjɔn	mien	nɪm	「ぶ」の前
聶	nie	njɔp	鑷 njɔp	nie	nɨ	
な　乃	nai	nai’	☆	nai, gai	na	
那	na	na’	梛　na	na, no	na	
南	nam	nam	nam	nan	nam	
拿	na	☆	☆	☆	na	
納	na	☆	nap	☆	na	
ない　乃	nai	nai’	☆	nai, gai	nai	
耐	na	☆	☆	☆	nai	
なひ　耐	na	☆	☆	☆	nai	
なん　南	nam	nam	nam	nan	nam, nan	
ぬ　奴	nu	no’	no	nu	nu	
那	na	na’	梛　na	na, no	nu?, na?	
の　奴	nu	no’	no	nu	nʊ	
那	na	na’	梛　na	na, no	na	
拿	na	☆	☆	☆	nʊ	

農	noŋ	noŋ	noŋ	num	nʊm	「ば」の前
のふ　奴	nu	no'	no	nu	nʊː	

<用例>

○尼失（にし、西）　○熱尼（ぜに、銭）　○寧哇的（にぐわつ、二月；　○乜禄（(こ)ねる、捏る）　○福尼（ふね、船）　○眠不里（ねぶり、眠り）　○聶（ね、鼠）；　○密乃度（みなと、港）　○是那（すな、砂）　○米南米（みなみ、南）　○拿都（なつ、夏）　○民納（みな、皆）　○阿立乃（ありない、有無）　○烏基利耐（おきれない？　起きれない？）　○亜及耐（あきなひ、商ひ）　○南者（なんじや、銀）；　○亦奴（いぬ、犬）　○急那（きぬ、衣）；　○吾失祖奴（うしつの、牛角）　○牙馬奴（やまの、山の）　○馬足那急（まつのき、松の木）　○倭急拿必周（おきなわのひと、沖縄の人）　○失農包（しのばう、師の父）　○乞奴（きのふ、昨日）

｛田２｝（1536）

<用例>

○くわんしやに（官舎に）　○にし（西）　○にしはら（西原）　○さとぬしところハ（里主所は）　○しよりの（首里の）　○まきりの（間切の）　○あめくの（天久の）

（用例なし）*/ne/, */na/

｛田３｝（1537）

<用例>

○しよりの（首里の）　○あめくの（天久の）

（用例なし）*/ni/, */ne/, */na/, *nu/

｛田４｝（1541）

<用例>

○てこくに（文子に）　○[つつ]かねこほり　○まなハンゑ　○しよりの（首里の）　○てこくの（文子の）

（用例なし）*/nu/

｛かた｝（1543）

<用例>

○御代ににたり（御代に似たり）　○くに一の（国々の）　○天つき王にせ（天継ぎ王仁世）　○ねかひ事（願ひ事）　○いぬたるかね（犬樽金）　○王の御なをは（王の御名をば）　○かきりなし（限り無し）　○王かなしハ（王加那志は）　○ねかひ事かなひ（願ひ事叶ひ）　○いぬたるかね（犬樽金）　○そんとんよりこのかた（尊敦よりこの方）　○へんのたけ（弁の嶽）　○たのしむ事（楽しむ事）　○ひのとのとり（丁の酉）

｛田５｝（1545）

<用例>

○大やくもいに（大屋子思いに）　○かなくすく（金城）　○さとぬしところ（里主所）

○しよりの（首里の）　○きまの（儀間の）
（用例なし）*/ne/

{添}（1546）

＜用例＞

○にるやの大ぬし　○くにかみの（国頭の）　○ありたるけに　○まふにの里主（摩文仁の里主）　○ねたてのふかさは（根立ての深さは）　○しほたるかね（小樽金）（塩太郎金）　○なけハ（長は）　○かなはの大やくもい（我那覇の大屋子思い）　○にるやの大ぬし　○里ぬしへ（里主部）　○のほりめし（上り召し）　○この御石かき（この御石垣）　○御世の御さうせ（御世の御思想）　○ひのと（丁）

{田６}（1551）

＜用例＞

○大やくもいに（大屋子思いに）　○かなくすく（金城）　○さとぬしところ（里主所）　○しよりの（首里の）　○きまの（儀間の）　○こほりの（郡の）
（用例なし）*/ne/

{やら}（1554）

「みしまよねん、おくのよねん」の「ーねん」は「ーにも」である。「御島代にも」「奥の代にも」である。

＜用例＞

○とりのへに（酉の日に）　○やらさもりのほかに（屋良座杜の外に）　○くにーのあんしへ（国々の按司部）　○ねいし（根石）　○ねたてひかわ（根立て樋川）　○ミしまよねん（御島世ねん）　○おくのよねん（奥の世ねん）　○なきやもの（無きやもの）　○なはのはん（那覇の番）　○おきなハ（沖縄）　○かきのはなち（垣花地）　○かなくすく（金城）　○さとぬしへ（里主部）　○いよことのあら時や（異様事のあら時や）　○きまの大やくもい（儀間の大屋子思い）　○いのりめしよハちやるけに（祈り召しよはちやるげに）　○おくのよねん（奥の世ねん）　○つちのと（己）

{田７}（1560）

＜用例＞

○にし（西）　○大やくもいに（大屋子思いに）　○大ミね（大嶺）　○さとぬしところ（里主所）　○しよりの（首里の）　○まきりの（間切の）　○にしの（西の）
（用例なし）*/na/

{使２}（1561）

＜音訳字＞

*/ni/に対応する部分に「尼、寧」が現れる。
*/ne/に対応する部分に「乜、尼、眠、聶」が現れる。
*/na/に対応する部分に「呐、哪、男、那、南、乃、拿、納、妳、奈」が現れる。

*/nu/に対応する部分に「奴」が現れる。

*/no/に対応する部分に「諾、奴、那、農、拿、麻、冷、碌」が現れる。

音訳字		中原音韻	東国正韻	訓蒙字会	西儒耳目資	推定音価	備　考
に	尼	ni, niəi	ni'	ni	nie, i, ni	ni	
	寧	niəŋ	☆	☆	nim	niŋ	
ね	乜	☆	☆	☆	☆	nɪ	
	尼	ni, niəi	ni'	ni	nie, i, ni	nɪ	
	眠	mien	mjɔn	mjɔn	mien	nɪm	「ぶ」の前
	聶	nie	njɔp	鑷 njɔp	nie	nɨ	
な	吶	納　na	☆	納　nap	☆	na	
	哪	那　na	那　na'	梛　na	那　na, no	na	
	男	nam	☆	nam	nan	na(ŋ)	
	那	na	na'	梛　na	na, no	na	
	南	nam	nam	nam	nan	nam	
	乃	nai	nai'	☆	nai, gai	na	
	拿	na	☆	☆	☆	na	
	納	na	☆	nap	☆	na	
ない	妳	你　ni	☆	你　ni	☆	nai	
	奈	nai, na	☆	☆	nai	nai	
なん	南	nam	nam	nam	nan	nam, nan	
ぬ	奴	nu	no'	no	nu	nu	
の	諾	no	☆	☆	no	no	
	奴	nu	no'	no	nu	nʊ	
	那	na	na'	梛　na	na, no	na	
	農	noŋ	noŋ	noŋ	num	nʊm	「ば」の前
	拿	na	☆	☆	☆	nʊ	
	麻	ma	☆	☆	ma	nʊ	
	冷	ləŋ	☆	令　rjɔŋ	lei, lim	nʊ	
	碌	lu	☆	☆	lo	nʊ	
のふ	奴	nu	no'	no	nu	nʊː	

<用例>

○尼失（にし、西）　○惹尼（ぜに、銭）　○寧哇的（にぐわつ、二月；　○乜禄（(こ)ねる、捏る）　○福尼（ふね、船）　○孔加尼（こがね、黄金）　○眠不里（ねぶり、眠り）　○聶（ね、鼠）；　○倭王嗑吶尸（わうがなし、王加那志）　○啥哪（がな、鵞）○倭男姑（をなご、女子、女）　○是那（すな、砂）　○米南米（みなみ、南）　○密乃度（みなと、港）　○拿納子（ななつ、七）　○妳（ない、無）　○奈（ない、無）○南者（なんじや、銀）；　○亦奴（いぬ、犬）　○豈奴（いぬ、犬）；　○由諾沽（ゆのこ、湯の粉）　○吾失祖奴（うしつの、牛角）　○麼奴嗑荅里（ものがたり、物語）○馬足那急（まつのき、松の木）　○木那哇（ものは、物は）　○失農褒（しのばう、師

の父）　○麻平的（のべて、伸べて）　○査冷其（ざうのち、象の血）　○倭急拿必周（おきなわのひと、沖縄の人）　○酷骨碌子（ここのつ、九）　○（乞）奴（きのふ、昨日）

｛田８｝（1562）

＜用例＞

○大やくもいに（大屋子思いに）　○大ミね（大嶺）　○しよりの（首里の）　○こおりの（郡の）

（用例なし）＊/na/,＊/nu/

｛田９｝（1563）

＜用例＞

○大やくもいに（大屋子思いに）　○大ミね（大嶺）　○さとぬしへ（里主部）　○しよりの（首里の）　○こおりの（郡の）　○はゑの（南風の）

（用例なし）＊/na/

｛字｝（1572頃）

＜音訳字＞

＊/ni/に対応する部分に「尼、寧」が現れる。
＊/ne/に対応する部分に「乜、尼、聶」が現れる。
＊/na/に対応する部分に「哪、那、南、乃、納、拿、奈」が現れる。
＊/nu/に対応する部分に「奴、那」が現れる。
＊/no/に対応する部分に「諾、奴、那、拿、冷、碌、没」が現れる。

音訳字		中原音韻	東国正韻	訓蒙字会	西儒耳目資	推定音価	備　考
に	尼	ni, niəi	ni’	ni	nie, i, ni	ni	
	寧	niəŋ	☆	☆	nim	niŋ	
ね	乜	☆	☆	☆	☆	nɪ	
	尼	ni, niəi	ni’	ni	nie, i, ni	nɪ	
	聶	nie	njɔp	鑷 njɔp	nie	ni	
な	哪	那　na	那　na’	梛　na	那　na, no	na	
	那	na	na’	梛　na	na, no	na	
	南	nam	nam	nam	nan	nam	
	乃	nai	nai’	☆	nai, gai	na	
	納	na	☆	nap	☆	na	
	拿	na	☆	☆	☆	na	
ない	奈	nai, na	☆	☆	nai	nai	
なん	南	nam	nam	nam	nan	nam, nan	
ぬ	奴	nu	no’	no	nu	nʊ	
	那	na	na’	梛　na	na, no	na	
の	諾	no	☆	☆	no	no	

奴	nu	no’	no	nu	nʊ	
那	na	na’	梛　na	na, no	na	
拿	na	☆	☆	☆	nʊ	
冷	ləŋ	☆	令　rjɔŋ	lei, lim	nʊ	
碌	lu	☆	☆	lo	nʊ	
のふ　奴	nu	no’	no	nu	nʊ:	
のり　没	muo	☆	☆	☆	nʊ	n–m

<用例>

○尼失（にし、西）　○支尼（ぜに、銭）　○寧哇的（にぐわつ、二月；　○乜禄（(こ) ねる、捏る）　○石碌嗑尼（しろがね、錫）　○聶（ね、鼠）；　○喈哪（がな、鵞） ○是那（すな、砂）　○米南米（みなみ、南）　○密乃度（みなと、港）　○拿納子（ななつ、七）　○漫畾奈（まどない、暇無）　○南者（なんじや、銀）；　○亦奴（いぬ、犬） ○遮那（きぬ、衣）；　○由諾沽（ゆのこ、湯の粉）　○祖奴（つの、角）　○牙馬奴（やまの、山の）　○木那哇（ものは、物は）　○査冷其（ざうのち、象の血）　○拿及（のき、の樹）　○酷骨碌子（ここのつ、九）　○乞奴（きのふ、昨日）　○没東（のりてをり、載りてをり）

{使３}（1579）

「乜禄（(こ) ねる、捏る)」は、「ねる（練る)」の可能性もある。

<音訳字>

*/ni/に対応する部分に「尼、寧」が現れる。
*/ne/に対応する部分に「乜、尼、眠、聶」が現れる。
*/na/に対応する部分に「哪、吶、男、那、南、乃、納、拿、妳、奈」が現れる。
*/nu/に対応する部分に「奴」が現れる。
*/no/に対応する部分に「諾、奴、那、農、拿、麻、冷、碌」が現れる。

音訳字	中原音韻	東国正韻	訓蒙字会	西儒耳目資	推定音価	備　考
に　尼	ni, niəi	ni’	ni	nie, i, ni	ni	
寧	niəŋ	☆	☆	nim	niŋ	
ね　乜	☆	☆	☆	☆	nɪ	
尼	ni, niəi	ni’	ni	nie, i, ni	nɪ	
眠	mien	mjɔn	mjɔn	mien	nɪm	「ぶ」の前
聶	nie	njɔp	鑷 njɔp	nie	nɨ	
な　哪	那　na	那　na’	梛　na	那　na, no	na	
吶	納　na	☆	納　nap	☆	na	
男	nam	☆	nam	nan	na(ŋ)	
那	na	na’	梛　na	na, no	na	
南	nam	nam	nam	nan	nam	
乃	nai	nai’	☆	nai, gai	na	
納	na	☆	nap	☆	na	

拿	na	☆	☆	☆	na	
ない　妳	你　ni	☆	你　ni	☆	nai	
奈	nai, na	☆	☆	nai	nai	
なん　南	nam	nam	nam	nan	nam, nan	
ぬ　奴	nu	no'	no	nu	nu	
の　諾	no	☆	☆	no	no	
奴	nu	no'	no	nu	nʊ	
那	na	na'	梛　na	na, no	na	
農	noŋ	noŋ	noŋ	num	nʊm	
拿	na	☆	☆	☆	nʊ	
麻	ma	☆	☆	ma	nʊ	
冷	ləŋ	☆	令　rjɔŋ	lei, lim	nʊ	
碌	lu	☆	☆	lo	nʊ	
のふ　奴	nu	no'	no	nu	nʊ:	

＜用例＞

○尼買毎（にもんめ、二匁）　○惹尼（ぜに、銭）　○寧哇的（にぐわつ、二月；○乜禄（（こ）ねる、捏る）　○孔加尼（こがね、黄金）　○眠不里（ねぶり、眠り）○聶（ね、鼠）；　○啱哪（がな、鵞）　○倭王嗑吶戸（わうがなし、王加那志）　○烏男姑（をなご、女子、女）　○是那（すな、砂）　○米南米（みなみ、南）　○密乃度（みなと、港）　○拿納子（ななつ、七）　○妳（ない、無）　○漫畐奈（まどない、暇無）○南及之（なんぎし、難儀し）；　○奴禄撒（ぬるさ、温さ）　○亦奴（いぬ、犬）；○皿基諾沽（むぎのこ、麦の粉）　○奴奴木綿（ぬのもめん、布木綿）　○牙馬奴（やまの、山の）　○木那哇（ものは、物は）　○森那（せんの、千の）　○失農褒（しのばう、師の父）　○馬足拿急（まつのき、松の木）　○麻平的（のべて、伸べて）　○（沓冷其）（ざうのち、象の血）○酷骨碌子（ここのつ、九）　○（乞）奴（きのふ、昨日）

{田10}（1593）

＜用例＞

○にし（西）　○大やくもいに（大屋子思いに）　○さとぬし大やくもい（里主大屋子思い）　○さとぬしところ（里主所）　○しよりの（首里の）　○まきりの（間切の）

（用例なし）*/ne/, */na/

{浦}（1597）

＜用例＞

○みちに（道に）　○くにのまてや（国のまてや）　○くにかミ（国頭）　○ふかさあるけに（深さあるげに）　○ともに（共に）　○わうにせ（王仁世）　○ねいし（根石）○ねかひ申し候て（願ひ申し候て）　○しやうねいハ（尚寧は）　○わうの御なをは（王の御名をば）　○たひらのおほな（平良の大庭）　○なこ（名護）　○なを（猶）　○おきなハ（沖縄）　○おなこ（女子）　○さとぬしへ（里主部）　○のろへ（ノロ部）

○御世の御さうせ（御世の御思想）　○かハかミのあんし（河上の按司）　○いのりましよハちやるけに（祈り召しよはちやるげに）　○このミよわちへ（工みよわちへ）　○つちのとのミの（己の巳の）

Ⅱ－３－(11) ラ行の子音

（＊／ｒｉ，ｒｅ，ｒａ，ｒｕ，ｒｏ／の子音）

以下、特に述べるべき事柄が無い場合は、用例を示すことで説明に代える。

{翻}（1501）

{翻}に接してすぐに気付くことは、ｒとｎとの混同の多いことである。沖縄語のｒをｎのハングルに、沖縄語のｎをｒのハングルにしてしまっている例が多い。服部四郎(1978)「日本祖語について・７」では、それが全部上げられ、「ｎとｒの混同例は、全体の32パーセントに達する」(p. 99) と述べられている。そして、その原因が次のように説明される。

知識人を除いては、″正式に″はｒ－（ㄹ）で書かれる漢字音は実際にはｎ－で読まれたため、漢字音を表わすハングルを取り扱いなら(ママ)もこの点に関する原理を十分に理解しない半知識人の間にはハングルのｒとｎとを混同する傾向があったであろう。成希顔自身にそんな癖があったとは考えられないから、右述の誤記を説明するためには、筆耕あるいは印刷職人にそういう癖があったと考えるよりほか仕方がないのではなかろうか(p. 100)。

これ以外の理由は、多分考えられないだろうと思われる。

このように、ｒとｎとが混同されている例があるので、ｎで表記されていてもｒと判断されるものはここで扱うことにする。

この他に、沖縄語のｒをハングルのｔで表記した例がある。次がそれである。

茶末　nan・ta・ri<ni>・kha・ta・si

これに対して、服部博士は「これは（ｒ）を（ｔ）に誤ったものであろう」(前掲論文 p. 97) と説明される。

もしそうだとすれば、「来月　tjɔi・’oaŋ・koa・cʌ」のｔもｒを誤ったと解することができるかもしれない。この「来月」に関して、伊波論文では、不明としながらも、「之を tiwagwatsɯ と読むと、現代語に類似の語がない。試みに第一音節の字を레に代へて読む と、rewagwatsɯ になつて来月に近くなる。대《ママ》（de）にしても、首里語のｒは舌端が振動しないで、欧米の採訪者も往々ｄと思った位だから、結局同じになるわけである。大島方言では、来月を degetsu といい、来来月を dedegetsu というから、これから類推して、琉球語でもかつて degwatsɯ といつていたと考えることも出来る」（『全集』第四巻　p. 85 ）と述べられている。そして、「茶末　nan・ta・ri〈ni〉・kha・

ta・si」の項には、(nadani　karashi) とローマナイズが付され、「辛子、からしなの実を粉にしたもの。今はたゞカラシという」と述べられているだけで、ハングルではｔである (kha・ta・si) のをローマナイズではｒとしたことには触れられていない。

字形が似ていることからｒ (ㄹ) をｔ (ㄷ) に誤ったというのは容易に首肯できることである。と同時に、伊波論文のｒの説明にも説得力がある。

{沖辞} には、現代首里語のｒに関し、次のような記述がある。

標準語の語頭のラ行の子音は、那覇方言ではｒに対応するが、首里方言では通常ｄに対応する。首里方言で語頭をｒに発音するのは教養ある貴族・士族の成年男子の発音、文語的な発音、または新しい発音である。
標準語の語中の「ラ (ra)」「レ (re)」「ル (ru)」「ロ (ro)」の子音は首里方言でもｒに対応するのが普通である。(p. 42)

現代語がそうであるからそうであったとは、俄かには言えない面もあるが、示唆に富む事柄ではある。
結局のところ、「芥末」のｔはｒの誤りであり、「来月」のｔは発音通り ([ｄ] を) 聞き取ったものであってｒの誤りではないと考えられる。
音価は、現代語と同じであったと考えてよかろう。

＜用例＞

○’a・ri (あり、有り、在り)　○phu・ri (ふり、降り、下 (雪))　○sʌ・cʌ・ri (すずり、硯)　○’ju・’oai・ri (ゆわゐり、座り)　○pha・ri・tjɔi (はれて、晴れて)　○sʌ・rjɔi (すれ、為れ、做)　○’a・rɯi (あれ、彼れ、他)　○ku・rɯi (これ、此れ、這箇)　○sui・rɯi (すいれ、砂貼是)　○’u・ci・pa・ra (うちばら、内原、裏)　○kha・ra (かはら、瓦)　○to・ra (とら、虎)　○phi・ru (ひる、昼、白日)　○pha・ru (はる、春)　○ku・ru・ma (くるま、車)　○co・nu<ru> (つる、弦)　○si・ru・sa (しろさ、白さ)　○mo・si・ru (むしろ、莚、席子)　○ku・ru・sa (くろさ、黒さ)　○’a・rja・pɯi・ran (ありはべらぬ、在り侍らぬ、無甚麽)　○pha・nja<rja> (はしら、柱)　○sa・ka・ku・rui (さかぐるひ、酒狂ひ、撒酒風)　○phu・rui (ふるひ、篩)　○(’jo)’oar・sa (わるさ、悪さ、歹)　○phir・ma (ひるま、昼間、日)

{玉} (1501)

＜用例＞

○くもことまりに (雲子泊に)　○しよりの御ミ事 (首里の御み事)　○まなへたる (真鍋樽)　○たたるへし (祟るべし)　○いたるまて (到るまで)　○おさまる (納まる)　○このところに (この所に)　○まさふろかね (真三郎金)

(用例なし) */re/, */ra/

{館}（16C 前半？）

ここでも、{翻} で問題になった/r/と/n/との問題がある。*/ri/に対応する部分に現れた「尼」や*/ru/に対応する部分に現れた「奴」などである。これらは、沖縄語ではなく、中国語（中国南部地域）に起因する。

音価に関しては、{翻} と同じように考えて差し支えないと思われる。

＜音訳字＞

*/ri/に対応する部分に「立、尼、隆、粦、林、」が現れる。

*/re/に対応する部分に「立」が現れる。

*/ra/に対応する部分に「老、喇、藍、籃、籟」が現れる。

*/ru/に対応する部分に「罗、禄、奴」が現れる。

*/ro/に対応する部分に「罗、炉、禄、魯」が現れる。

音訳字	中原音韻	東国正韻	訓蒙字会	西儒耳目資	推定音価	備　考
り　立	liəi	rip	rip	lie	ri	
尼	ni, niəi	ni’, ’i’	ni	ni, nie, i	ri	r-n
りゆう隆	lioŋ	rjuŋ	窿　rjuŋ	☆	rjuŋ	
りん　粦	隣　liən	鄰　rin	鄰　rin	lin	riɴ	「きりん」
林	liəm	rim	rim	lin	riŋ	「りんきん」
れ　立	liəi	rip	rip	lie	rɪ	
れい　立	liəi	rip	rip	lie	rɪ	
ら　老	lau	row	ro	lao	ra	
喇	la	☆	☆	剌　la	ra	
藍	lam	ram	nam	lan	ran	「じ」の前
籃	lam	ram	ram	lan	ran	「ず」の前
籟	lai	rai’	瀨　roi	lai	ra	
らう　老	lau	row	ro	lao	rau	
らひ　籟	lai	rai’	瀨　roi	lai	rai	
る　罗	羅　lo	羅　ra’	羅　ra	lo	rʊ	
禄	lu	rok	nok	lo	rʊ	
奴	nu	no’	no	nu	rʊ	
ろ　罗	羅　lo	羅　ra’	羅　ra	lo	rʊ	
炉	lu	ro’	ro	lu	rʊ	
禄	lu	rok	nok	lo	rʊ	
魯	lu	ro’	☆	lu	ru	

＜用例＞

○分達立（ひだり、左）　○加尼（(あ) がり、上がり、東）　○阿立（あり、有り）
○隆暗（りゆうがん、龍眼）　○乞粦（きりん、麒麟）　○林斤（りんきん、下程）；
○法立的（はれて、晴れて）　○嗑達立（かたれ、語れ）　○立是（れいし、茘枝）；
○阿老思（あらす？　引領）　○嗑哇喇（かはら、瓦）　○它喇（とら、虎）　○嗑藍子乞（からじげ、頭髪）　○失籃子（しらず、知らず）　○姑籟（くら、鞍）　○朝老（ちやうらう、長老）　○大籟（たらひ、盥）；　○慢多罗（もどる、戻る）　○非禄（ひる、昼）　○禿奴（つる、弦）；　○約罗亦（よろひ、鎧）　○稿炉（かうろ、香炉）　○烏失禄（うしろ、後）　○喬古魯古（きよくろく、交椅）

{石東}（1522）

＜用例＞

○わたり申候時に（渡り申候時に）　○ミやこより（宮古より）

（用例なし）*/re/, */ra/, *ru/, */ro/

{石西}（1522）

＜用例＞

○よそいもり（世襲い杜）　○あかめたてまつり候て（崇め奉り候て）　○しましり（島尻）　○御せゝるたまわり申候（御せせる賜り申候）　○おれめしよわちへ（降れ召しよわちへ）　○はへはら（南風原）　○まうはらいの時に（毛祓いの時に）　○御せゝるたまわり申候（御せせる賜り申候）　○たるかねもい（樽金思い）　○せいそろい（勢揃い）　○さとぬしへあくかへそろて（里主部赤頭揃て）

{田１}（1523）

＜用例＞

○せいやりとみかひき（勢遣り富が引き）　○しよりより（首里より）　○たまわり申候（賜り申候）　○たから丸か（宝丸が）　○しほたるもい（小樽思い）（塩太郎思い）　○まいる（参る）

（用例なし）*/re/, */ro/

{崇}（1527）

＜用例＞

○おれるへし（降れるべし）　○むまから（馬から）　○おれるへし（降れるべし）

（用例なし）*/ri/, */ro/

{おも１}（1531）

*/ri/が[i]/i/に変化したことを示す例がある。

○よりおれて（依り降れて）：よいつき（依り憑き）

「エ段音」と「イ段音」との混同を示す例がある。

○ちやはれ（さうり、草履）

＜用例＞

○あおりや（煽りや）　○あかなやり＜守り育てて＞　○あり（有り）　○いきやり（行きやり）　○いしゑけり＜勝れ兄弟＞　○いせゑけり＜勝れ兄弟＞　○いべのいのり（威部の祈り）　○さんこおり（三庫裡）　○しまじりの（島尻の）　○しよりもり（首里杜）　○よりおれて（依り降れて）　○あはれ＜立派な＞　○あれ（有れ）　○いのられ（祈られ）　○いのりたてまつれは（祈り奉れば）　○おれて（降れて）　○おれほしや（降れ

欲しや）　○しられゝ（知られれ）　○すぐれて（勝れて）　○そゑれ（襲ゑれ）　○ちやはれ（草履）　○まされ（勝れ）　○あからかさ（赤ら傘）　○あけめつら＜傘＞　○あせら＜長老達＞　○あめもらんもりに（雨洩らん杜に）　○あらきやめ＜有る限り＞　○いのられ（祈られ）　○うらうらと＜のどかに＞　○かくらの＜天上の＞　○きらせ（切らせ）　○けらへ＜立派な＞　○あがるおりかさが（上がる折り傘が）　○ある（有る、在る）　○いきやる（如何る）　○おしやたる（押し遣たる）　○ぜるまゝ＜火の神＞　○まるく（丸く）　○大ころた（大男達）　○おろちゑ（降ろちゑ）　○そろへて（揃へて）　○もちよろ＜きらびやか、美しいこと＞　○もちろうち（もちろ内）　○もちろうちののろー（もちろ内のノロ達）

｛使１｝（1534）

｛翻｝｛館｝で問題になった/r/と/n/との問題がある。

○禿奴（つる、弦）：るーぬ

＜音訳字＞

*/ri/に対応する部分に「力、立、里、利、尼、龍、林、粦」が現れる。
*/re/に対応する部分に「力、立、礼、里、利」が現れる。
*/ra/に対応する部分に「喇、藍、監、箣」が現れる。
*/ru/に対応する部分に「禄、羅、奴」が現れる。
*/ro/に対応する部分に「炉、禄、羅」が現れる。

音訳字	中原音韻	東国正韻	訓蒙字会	西儒耳目資	推定音価	備　考
り　力	liəi	☆	☆	☆	ri	
立	liəi	rip	rip	lie	ri	
里	li	☆	ri	☆	ri	
利	li	☆	☆	☆	ri	r-n
尼	ni, niəi	ni’, ’i’	ni	ni, nie, i	ri	
りゆう龍	loŋ	☆	rjoŋ	☆	rjuː	
りん　林	liəm	rim	rim	lin	riŋ	「りんきん」
粦	隣　liən	鄰　rin	鄰　rin	lin	riɴ	「きりん」
れ　力	liəi	☆	☆	☆	rɪ	
立	liəi	rip	rip	lie	rɪ	
礼	liəi	☆	rjɔi	☆	rɪ	
里	li	☆	☆	☆	ri	
利	li	☆	☆	☆	ri	
れい　利	li	☆	☆	☆	riː	
ら　喇	la	☆	☆	剌　la	ra	
藍	lam	ram	nam	lan	ran	「じ」の前
監	lam	ram	nam	lan	ran	「藍」の誤り
らひ　箣	la	☆	☆	剌　la	rai	
る　禄	lu	rok	nok	lo	rʊ	

	羅	lo	ra’	ra	lo	rʊ	
	奴	nu	no’	no	nu	rʊ	
ろ	炉	lu	ro’	ro	lu	rʊ	
	禄	lu	rok	nok	lo	rʊ	
	羅	lo	ra’	ra	lo	ro	

＜用例＞

○阿力（あり、有り）　○它立（とり、鳥、鶏）　○加尼尼失（(あ) がりにし、東西）○麻佳里（まかり、碗）　○吾利（うり、瓜）　○烏利（うり、売り）　○龍暗（りゆうがん、龍眼）　○基羚（きりん、麒麟）；　○嗑達力（かたれ、語れ）　○法立的（はれて、晴れて）　○是礼（すれ、為れ）　○約姑里的（よくれて、夜暮れて）　○吊乞利（あげれ、上げれ）　○利是（れいし、茘枝）；　○它喇（とら、虎）　○嗑藍子（からじ、頭髪）○失監子（しらず、知らず）　○大箣（たらひ、盥）；　○非禄（ひる、昼）　○慢多羅（もどる、戻る）　○禿奴（つる、弦）；　○稿炉（かうろ、香炉）　○失禄加尼（しろがね、錫）　○羅（ろ、櫓）　○各各羅（こころ、心）

{田２}（1536）

＜用例＞

○こおり（郡）　○しよりより（首里より）　○たまわり申候（賜り申候）　○にしはら（西原）　○さとぬしところ（里主所）

（用例なし）*/re/, */ru/

{田３}（1537）

＜用例＞

○こおり（郡）　○しよりより（首里より）　○たまわり申候（賜り申候）　○まいる（参る）

（用例なし）*/re/, */ra/, */ro/

{田４}（1541）

＜用例＞

○しよりより（首里より）　○たまわり申候（賜り申候）　○[つつ]かねこおり　○せちあらとミか（勢治荒富が）　○まいる（参る）　○まさふろ(真三郎)

（用例なし）*/re/

{かた}（1543）

＜用例＞

○大りうきう国（大琉球国）　○千りやうの金を（千両の金を）　○ひかしにあたりて（東に当たりて）　○もりあり（杜在り）　○さとりめしよわちへ（悟り召しよわちへ）○たいりより（内裏より）　○みちつくり（道造り）　○まつをうへれ（松を植へれ）○これハ　○されは嘉靖二十年　○むまれなから（生まれながら）　○をれめしよわちへ

（降れ召しよわちへ）　○ミちはきよらく（道は清らく）　○けらへあくかへ（家来赤頭）○ちからをそろへ（力を揃へ）　○ま五ら（真五良）　○わらへにいたるまて（童に到るまで）　○ふかさあるけに（深さ在るげに）　○わらへにいたるまて（童に到るまで）○よるもひるも（夜も昼も）　○あめふる時ハ（雨降るときは）　○こころ一にあわせ（心一に合わせ）　○そろて（揃て）　○ちからをそろへ（力を揃へ）　○ところ（所）　○とろつち（泥土）　○もろこし（唐土）　○よろこひ（喜び）

{田５}（1545）

<用例>

○こおり（郡）　○まきり（間切）　○しよりより（首里より）　○たまわり申候（賜り申候）　○まいる（参る）　○さとぬしところ（里主所）

（用例なし）*/re/, */ra/

{添}（1546）

<用例>

○ありよるけに　○あをりやたけ（煽りや嶽）　○おりあけわちへ（おり上げわちへ）○こくより上下　○首里もり（首里杜）　○とり（酉）　○きよらさちよさあれとも（清らさ強さあれども）　○をれめしよわちへ（降れ召しよわちへ）　○けらへわちへ（造らへわちへ）　○きよらさ（清らさ）　○御くらともに（御蔵ともに）　○けらへあくかへ（家来赤頭）　○かすしらす（数知らず）　○ちやうらう（長老）　○まうはらへの時に（毛祓への時に）　○ま五ら（真五良）　○しほたるかね（小樽金）（塩太郎金）　○にるやの大ぬし（にるやの大主）　○ありよるけに　○御おもろ御たほい　○あつさハ五ひろ（厚さは五尋）

{田６}（1551）

<用例>

○しよりより（首里より）　○まきり（間切）　○たまわり申候（賜り申候）　○こほり（郡）　○まいる（参る）　○さとぬしところ（里主所）

（用例なし）*/re/, */ra/

{やら}（1554）

<用例>

○おかてあり（拝であり）　○いのりめしよハちやるけに（祈り召しよはちやるげに）○おりあけハちへ　○しもしましり（下島尻）　○しより御城（首里御城）　○とまりのかくこ（泊の恪護）　○とりのへに（酉の日に）　○もり（杜）　○かつれんの大やくもい（勝連の大屋子思い）　○みおやしちやれは　○なきやものやれとも　○いしらこはましらこは（石子は真石子は）　○からめちへ　○けらへあくかへ（家来赤頭）　○こちひら（東風平）　○ちきやら（力）　○ちやうらう（長老）　○かくこするへし（恪護するべし）　○きちやることハ（来ちやることは）　○ミせせるに　○いのりめしよハちやるけに（祈り召しよはちやるげに）　○おろくの大やくもい（小禄の大屋子思い）　○ちは

なれそろて（地離れ揃て）

｛田7｝（1560）

＜用例＞

○こおり（郡）　○しよりより（首里より）　○たまわり申候（賜り申候）　○まいる（参る）　○さとぬしところ（里主所）

（用例なし）＊/re/,＊/ra/

｛使2｝（1561）

「土地（とり、鶏）」の「地」は、｛翻｝で述べた/r/と/d/との問題を反映しており、「加尼尼失（(あ) がりにし、東西)」の（一つ目の）「尼」は、｛翻｝｛館｝で取り上げた/r/と/n/と軌を一にしている。

＜音訳字＞

＊/ri/に対応する部分に「人、利、里、立、力、領、地、尼、龍、粦」が現れる。
＊/re/に対応する部分に「里、立、利」が現れる。
＊/ra/に対応する部分に「藍、蘭、喇、辣、箣」が現れる。
＊/ru/に対応する部分に「六、禄、奴」が現れる。
＊/ro/に対応する部分に「羅、炉、六、禄、碌」が現れる。

音訳字	中原音韻	東国正韻	訓蒙字会	西儒耳目資	推定音価	備　考
り　人	rɪən	☆	zin	jin	ri	
利	li	☆	☆	☆	ri	
里	li	☆	ri	☆	ri	
立	liəi	rip	rip	lie	ri	
力	liəi	☆	☆	☆	ri	
領	liəŋ	☆	☆	lim	ri	
地	ti	☆	☆	ti	ri	r–d
尼	ni, niəi	ni’，’i’	ni	ni, nie, i	ri	r–n
りゆう龍	loŋ	☆	rjoŋ	☆	rju:	
りん　粦	隣　liən	鄰　rin	鄰　rin	lin	riɴ	「きりん」
れ　里	li	☆	☆	☆	ri	
立	liəi	rip	rip	lie	rɪ	
れい　利	li	☆	☆	☆	ri:	
ら　藍	lam	ram	nam	lan	ran	
蘭	lan	☆	☆	lan	ra(n)	
喇	la	☆	☆	剌　la	ra	
辣	la	☆	☆	la	ra	
らひ　箣	☆	☆	☆	☆	rai	
喇	la	☆	☆	剌　la	rai	
らん　藍	lam	ram	nam	lan	ran	

	闌	lan	☆	☆	lan	ran	
る	六	liəu	☆	rjuk	lo	ru	
	禄	lu	rok	nok	lo	rʊ	
	奴	nu	no’	no	nu	rʊ	
ろ	羅	lo	ra’	ra	lo	ro	
	炉	lu	ro’	ro	lu	rʊ	
	六	liəu	☆	rjuk	lo	rʊ	
	禄	lu	rok	nok	lo	rʊ	
	碌	lu	☆	☆	lo	rʊ	

<用例>

○鬱勃人誇（おもりこ、思り子）　○吾利（うり、瓜）　○分達里（ひだり、左）　○牙立（やり、鑓）　○阿力（あり、有り）　○員領（えり、襟）　○土地（とり、鶏）　○加尼尼失（(あ) がりにし、東西）　○龍暗（りゆうがん、龍眼）　○基粦（きりん、麒麟）；　○約姑里的（よくれて、夜暮れて）　○法立的（はれて、晴れて）　○利是（れいし、茘枝）　○利十之（れいして、礼して？）；　○它喇（とら、虎）　○由沽辣舎（ほこらさ、誇らさ？）　○失藍子（しらず、知らず）　○嗑蘭自之（からじげ、頭毛、髪）　○大箣（たらひ、盥）　○瓦喇的（わらひて、笑ひて）　○失藍（しらん、知らん）　○迷闌（みえらん、見えらん）；　○由六尸（ゆるせ、放せ）　○非禄（ひる、昼）　○子奴（つる、弦）；　○幼羅衣（よろひ、鎧）　○稿炉（かうろ、香炉）　○六谷買毎（ろくもんめ、六匁）　○吾失禄（うしろ、後）　○禄谷哇的（ろくぐわつ、六月）　○窟碌嗑尼（くろがね、鉄）

｛田８｝（1562）

<用例>

○しよりより（首里より）　○こおり（郡）　○たまわり申候（賜り申候）　○けらゑ（家来）　○参る

（用例なし）*/re/,*/ro/

｛田９｝（1563）

<用例>

○しよりより（首里より）　○たまわり申候（賜り申候）　○けらへ（家来）　○せちあらとミかひき（勢治荒富が引き）　○まいる（参る）

（用例なし）*/re/,*/ro/

｛字｝（1572頃）

「空為（えり、襟）」の「為」は「/ri/→/i/」の変化を、「土地（とり、鶏）」の「地」は/r/と/d/との問題を、「姑木尼（くもり、曇り）」の「尼」は/r/と/n/との問題を示している。

＜音訳字＞

*/ri/に対応する部分に「利、里、立、力、為、地、尼」が現れる。
*/re/に対応する部分に「里、立、利」が現れる。
*/ra/に対応する部分に「藍、喇、辣、闌」が現れる。
*/ru/に対応する部分に「禄」が現れる。
*/ro/に対応する部分に「羅、六、禄、碌」が現れる。

音訳字	中原音韻	東国正韻	訓蒙字会	西儒耳目資	推定音価	備　考
り　利	li	☆	☆	☆	ri	
里	li	☆	ri	☆	ri	
立	liəi	rip	rip	lie	ri	
力	liəi	☆	☆	☆	ri	
為	uəi	☆	☆	☆	ji	ri-i
地	ti	☆	☆	ti	ri	r-d
尼	ni, niəi	ni’，’i’	ni	ni, nie, i	ri	r-n
れ　里	li	☆	☆	☆	ri	
立	liəi	rip	rip	lie	rɪ	
れい　利	li	☆	☆	☆	riː	
ら　藍	lam	ram	nam	lan	ran	
喇	la	☆	☆	剌　la	ra	
辣	la	☆	☆	la	ra	
らひ　喇	la	☆	☆	剌　la	rai	
らん　藍	lam	ram	nam	lan	ran	
闌	lan	☆	☆	lan	ran	
る　禄	lu	rok	nok	lo	rʊ	
ろ　羅	lo	ra’	ra	lo	ro	
六	liəu	☆	rjuk	lo	rʊ	
禄	lu	rok	nok	lo	rʊ	
碌	lu	☆	☆	lo	rʊ	

＜用例＞

○吾利（うり、瓜）　○分達里（ひだり、左）　○它立奴谷只（とりのくち、鳥の口）○気力（きり、霧）　○空為（えり、襟）　○土地（とり、鶏）　○姑木尼（くもり、曇）○龍暗（りゆうがん、龍眼）　○麒粦（きりん、麒麟）；　○約姑里的（よくれて、夜暮れて）　○荅毛里（たもれ、賜れ）○法立的（はれて、晴れて）　○利是（れいし、茘枝）；○失藍子（しらず、知らず）　○它喇（とら、虎）　○由沽辣舎（ほこらさ、誇らさ？）○瓦喇的（わらひて、笑ひて）　○失藍（しらん、知らん）　○迷闌（みえらん、見えらん）；　○非禄（ひる、昼）　○由禄（よる、夜）　○司奴（つる、弦）；　○羅（ろ、羅）○六谷買毎（ろくもんめ、六匁）　○石禄嗑尼（しろがね、錫）　○窟碌嗑尼（くろがね、鉄）

{使３}（1579）

「土地（とり、鶏)」の「地」は/r/と/d/との問題を、「加尼尼失（(あ）がりにし、東西)」の（一つ目の）「尼」は/r/と/n/との問題を示している。

<音訳字>

*/ri/に対応する部分に「人、利、里、立、領、力、地、尼」が現れる。

*/re/に対応する部分に「里、立」が現れる。

*/ra/に対応する部分に「藍、蘭、喇、辣、箣」が現れる。

*/ru/に対応する部分に「陸、六、禄、奴」が現れる。

*/ro/に対応する部分に「羅、炉、六、禄、碌」が現れる。

音訳字		中原音韻	東国正韻	訓蒙字会	西儒耳目資	推定音価	備　考
り	人	rɪən	☆	zin	jin	ri	
	利	li	☆	☆	☆	ri	
	里	li	☆	ri	☆	ri	
	立	liəi	rip	rip	lie	ri	
	領	liəŋ	☆	☆	lim	ri	
	力	liəi	☆	☆	☆	ri	
	地	ti	☆	☆	ti	ri	r-d
	尼	ni, niəi	ni’,’i’	ni	ni, nie, i	ri	r-n
れ	里	li	☆	☆	☆	ri	
	立	liəi	rip	rip	lie	rɪ	
れい	利	li	☆	☆	☆	riː	
ら	藍	lam	ram	nam	lan	ran	
	蘭	lan	☆	☆	lan	ra(n)	
	喇	la	☆	☆	剌　la	ra	
	辣	la	☆	☆	la	ra	
らひ	箣	☆	☆	☆	☆	rai	
	喇	la	☆	☆	剌　la	rai	
らん	藍	lam	ram	nam	lan	ran	
	闌	lan	☆	☆	lan	ran	
る	陸	liu	☆	☆	☆	ru	
	六	liəu	☆	rjuk	lo	ru	
	禄	lu	rok	nok	lo	rʊ	
	奴	nu	no’	no	nu	rʊ	
ろ	羅	lo	ra’	ra	lo	ro	
	炉	lu	ro’	ro	lu	rʊ	
	六	liəu	☆	rjuk	lo	rʊ	
	禄	lu	rok	nok	lo	rʊ	
	碌	lu	☆	☆	lo	rʊ	

＜用例＞

○鬱勃人誇（おもりこ、思り子）　○吾利（うり、瓜）　○分達里（ひだり、左）○麻佳里（まかり、碗）　○牙立（やり、鑓）　○員領（えり、襟）　○活各力（ほこり、埃）　○土地（とり、鶏）　○加尼尼失（（あ）がりにし、東西）　○龍暗（りゆうがん、龍眼）　○基粦（きりん、麒麟）；　○約姑里的（よくれて、夜暮れて）　○法立的（はれて、晴れて）　○利是（れいし、茘枝）　○利十之（れいして、礼して）；　○嗑哇喇（かはら、瓦）　○它喇（とら、虎）　○由沽辣舎（ほこらさ、誇らさ）　○失藍子（しらず、知らず）　○嗑藍子（からづ、髪）　○嗑蘭自之（からじげ、頭毛、髪）　○大簕（たらひ、盥）　○瓦喇的（わらひて、笑ひて）　○失藍（しらん、知らん）　○迷闌（みえらん、見えらん）；　○飛陸（ひる、昼）　○由六尸（ゆるせ、放せ）　○由禄（よる、夜）○法禄（はる、春）　○子奴（つる、弦）；　○羅（ろ、櫓）　○幼羅衣（よろひ、鎧）○稿炉（かうろ、香炉）　○六谷買毎（ろくもんめ、六匁）　○禄谷哇的（ろくぐわつ、六月）　○窟磟嗑尼（くろがね、鉄）

{田10}（1593）

＜用例＞

○しよりより（首里より）　○こおり（郡）　○たまわり申候（賜り申候）　○まいる（参る）　○さとぬしところ（里主所）

（用例なし）*/re/, */ra/

{浦}（1597）

＜用例＞

○りうきうちうさんわう（琉球中山王）　○千りやうの金よりも（千両の金よりも）○御やわい事あり　○おりあけわちへ　○きほくひり（儀保小坂）　○うらおそひよりしよりに（裏襲ひより首里に）　○おほこりめしよハちゑ（御慶り召しよはちへ）　○まきり（間切）　○をれめしよハちゑ（降れ召しよはちへ）　○しかれは　○いしらこはましらこは（石子は真石子は）　○うらおそひ（浦襲ひ）　○おらおそひの御くすく（浦襲ひの御城）　○たひらのかはら（平良の河原）　○御くらゐを（御位を）　○けらへあくかへ（家来赤頭）　○かすしらす（数知らず）　○ちやうらうた（長老達）　○ふかさあるけに　○よるもひるも（夜も昼も）　○雨ふる時ハ　○するゑまさる（末勝る）　○またる（真樽）　○あちけすそろて（按司下司揃て）　○とろつち（泥土）　○のろへ（ノロ部）

Ⅱ－４　その他

Ⅱ－４－(1) 撥音

{翻}（1501）

朝鮮語には、音声としての有声音は存在するが、それを表記する文字は、「△」（ｚ）を除いて、ないので、日本語の有声子音を表わすのに、無声子音を示すハングル（k, t, c, p）の前に鼻音の「ŋ, n, m」を先行させて示すとされ、伊波普猷も、この考えに従っている。

他の朝鮮資料は、今、措くとして、少なくとも{翻}にはこの考えは当てはまらない。それは、次のような理由によってである。

1）鼻音を示すハングル（ŋ, n, m）が、次の音が有声音であることを示すための単なる印なのであれば、三つも使う必要はない。一つで事足りる。よし、三つ使ったとしても、いろいろな組み合わせが現われてよい。朝鮮語（当時、及び現代も）には、綴字法として「n・k」「n・p」「m・k」「m・t」「m・c」「ŋ・t」「ŋ・p」「ŋ・c」の組み合わせもある㊟。

㊟＜例（中期朝鮮語）＞○ｐɔｎ・kai（稲妻）　○tun・pak・hʌ・ta（不体裁である）○sam・ki・ta（生ずる）　○stʌm・to・’ja・ki（汗疹）　○kʌ・rim・cʌ（女子の礼装の時、頭髪を掩う黒の頭巾）　○mʌiŋ・tʌr・ta（作る）　○pu・huɔŋ・pa・hoi（鳳凰岩）　○hʌiŋ・cʌ（布巾）

それにもかかわらず、{翻}では、「n・t」「n・c」「m・p」「ŋ・k」の組み合わせしかない。これは、（有声子音の前に）鼻音が実際に存在したことを示していると考えられる。

2）ハングル「z」は、それ自体有声子音であるから、鼻音の助けを借りる必要はないのに、次のような例がある。

頭　ka・nan〈ran〉・zu

さらに、『捷解新語』においては、次の例のように、語頭の有声子音を示すために、朝鮮語にはない綴字法を使ったりしている。

mpu・zjɔn（豊前）　　　nto・ko（どこ）
ŋko・za・ru（ござる）

つまり、m・n・ŋをそれぞれp・t・kに先行させてそれを一綴字の中に取り込んでいる。もし、{翻}における「m・p」「n・t」「ŋ・k」などが有声子音を表記する方法であったのならば、例えば、「身子　to・’u」は「nto・’u」と表記されたはずである。そうはなっていないのであるから、「n・t」などが有声子音を表記するための手段であるとは考えにくい。

3）現代（首里）語では、いわゆる撥音便は消滅している。そして、ここで問題にしている（有声子音の前の）鼻音も現代語では消えている。この二つの間には密接な関連があるように思われる。

例えば、「読んで」に対応する［judi］について考えてみる。これは［＊jomite］・［jumiti］から［jundi］を経てきた形であることは間違いなかろう。その鼻音の脱落した形である。

ところで、「筆」に対応する現代語は［ɸudi］であるが、{翻}では「筆　phun・ti］となっている。鼻音の存在が示されている。

「読んで」の鼻音と「筆」の鼻音が共に脱落しているのは、この二つが同じ性質のものであったことを物語っていると考えられる。

以上により、(「語中」の場合）有声子音の前に鼻音が存在し、それは鼻母音というよりは、撥音と呼べるものであったと言えよう。

さらに言えることは、その脱落が{翻}の段階で始まっていたということである。次の例がそれを示している。

○請　’a・ki・ra
○喫飯　’aŋ・kɯi・ra
○飯　’om・pa・ri〈ni〉
○飯　’o・pa・ri〈ni〉

現代語で、有声子音の前に鼻音（撥音）の存在する語は、語的にその現象を留めているものか、脱落現象の終わった後に入って来たものであると考えられるものである。例えば、「考える」は現代語で［kaŋge:juɴ］［kaŋge:jiɴ］で、有声子音の前に鼻音の存在する語であるが、『おもろさうし』には、音韻的に「考える」に対応する語は見当たらない。『おもろさうし』が歌謡を集めたものであることも考慮する必要があろうが、示唆を与える事柄であると思う。

ここで、目を別のところに転じてみる。次の例によって、(有声子音の前の鼻音云々に拘りなく）いわゆる「撥音」の存在が確認できる。

○我　wan　　○我們　wan
○青　than・chjɔŋ　　○川椒　san・si・’o

「san・si・’o」は漢語由来と考えられ、ある意味では撥音の先駆けではなかろうか。「than・chjɔŋ」は、朝鮮語そのものといった風情である。「丹青」は朝鮮語で「than・chjɔŋ］である。

「san・si・’o」に撥音の存在を見るのであれば、「頭　ka・nan〈ran〉・zu」も同様に扱うことができよう。そうであれば、[g]の前の[ŋ]、[b]の前の[m]もそれに準じるものと考えて差し支えなかろうというのが、前述の主張である。

ただし、これらの撥音と現代語の撥音とは、区別する必要があるものと思われる。現代語のそれは、次の例のように、[m－][n－]の後の母音が脱落してできたと考えられるからである。

[ŋkaʃi]　←　[mukaʃi]（昔）
[nna]　←　[mina]（皆）
[ʔiɴ]　←　[ʔinu]（犬）
[kagaɴ]　←　[kagami]（鏡）
[waɴ]　←　[wami][wanu]（我身？）

先に述べたように、{翻}に現われたような撥音は、勢力が弱くなっていた。それと相前後して、母音脱落による撥音が生じたと考えられまいか。「我　wan」が、その証拠となろう。つまり、「川椒」などの撥音と母音脱落による撥音との橋渡し的（あるいは中間的）存在と考えられよう。

現代語において「読みて」の撥音は脱落しているのに[judi]（mi→n→φ）、「鏡」の撥音は脱落していない[kagaɴ]（mi→ɴ）ことの説明にもなる、か。

第Ⅶ章で更に詳しく述べることにする。

ちなみに、「飯」の「' om・ー」と「' o・ー」の違いには、「御飯」の「御」を「オン」というか「オ」というかの違いも反映されていそうである。

<用例>

○phun-ti（ふで、筆）　○thjɔn-ta（てんだう、天道？、太陽）　○ 頭　ka・nan<ran>・zu　○頂　cʌn・ci　○風　khan・cɯi　○' om・pa・ri〈ni〉,' o・pa・ri〈ni〉,' om・pan・ri〈ni〉（おばに）　○'u-saŋ-ki（ウサギ、兎）　○'aŋ-kɯi-ra（あげら、上げら）

○'aŋ-kat-tjɔi（あがりて、上がりて）　○sja-'oŋ-ka（しやうが、生姜）　○ma-sʌŋ-ko（ますぐ、真直）　○sjo-'oŋ-koa-cʌ（しやうぐわつ、正月）

｛玉｝（1501）

表記上、撥音の存在が確認できる。

<用例>

○あんし（按司）　○おとん（御殿）　○みやきせん（今帰仁）　○きんのあんし（金武の按司）　○てんにあをき（天に仰ぎ）

｛館｝（16C 前半？）

<用例>

○密温普姑立（みおんほこり、御御誇り）　○隆暗（りゆうがん、龍眼）　○網巾（まうきん、網巾）○林斤（りんきん、下程）　○官舎（くわんしや、官舎、三使臣）　○結見（ほつけん、絹）　○撒哇的（さんぐわつ、三月）　○申思（しんし、真使）　○先扎（せんじや、先者？、兄））　○森那（せんの、千の）　○別姑旦結（びやくだんき、白檀木）　○定稿（ぢんかう、沈香）　○甸尼（てんに、天に）

｛石東｝（1522）

<用例>

○ひのもん（碑の文）

｛石西｝（1522）

「ミつのへのむまのとし（壬午の年）」の「む」は[m]であり、「ム音便」とでも呼ぶべきものであることを、後ほど詳述する予定である。

<用例>

○くにのあんしけす（国の按司下司）　○一はんのさとぬしへ（一番の里主部）　○ひのもん（碑の文）　○みくによねん（御国代にも）　○ミしまよねん（御島代にも）

○ミつのへのむまのとし（壬午の年）

｛田１｝（1523）

用例ナシ。

但し「くわにしやわ（官舎は）」の例がある。｛田２｝には「くわんしや」とある。

｛崇｝（1527）

「むまから（馬から）」の「む」は、｛石西｝で述べたのと同様、[m]であり、「ム音便」とでも呼ぶべきものであることを、後ほど詳述する予定である。

＜用例＞

○あんしもけすも（按司も下司も）　○むまから（馬から）

｛おも１｝（1531）

「てにがした（天が下）、てにぎや下（天が下）、てにち（天地）、てにのいのり（天の祈り）、てによりした（天より下）」等の例があり、「てん（天）」の例はない。

この「に」は、撥音を表示したものか、あるいは「天」が文字通り「てに」であったことを示しているのか。他の例では「ん」が表記されているのであるから、「てん」ではなく、「てに」であった可能性が高いということになるか。

＜用例＞

○まんまん（万々）　○みもん（見物）　○ゑんざしき（円座敷）　○あめもらん（雨漏らん）　○あんしおそい（按司襲い）　○さんこおり（三庫裡）　○すもらん＜為せよう＞

｛使１｝（1534）

「甸尼（てんに、天に）、甸尼奴（てんの、天の）」「翁班尼（おばんに、御飯）」の例は、｛おも１｝の「てに（天）」に示唆を与えるものであろう。｛おも１｝の「てに（天）」との照応を考えれば、「甸尼」は「てに」で、「甸尼奴」は「てにの」となるはずであるが、「翁班尼（おばんに、御飯）」との関係で考えれば、それぞれ「てんに」「てんにの」の可能性も出てくる。決定には熟考を要する。

＜用例＞

○密温普古里（みおんほこり、御御誇り）　○龍暗（りゆうがん、龍眼）　○網《ママ》巾（まうきん、網巾）　○林斤（りんきん、下程）　○活見（ほつけん、絹）　○申司（しんし、真使）　○使臣（ししん、使臣）○先扎（せんじや、先者？、兄）　○森那（せんの、千の）　○甸尼（てんに、天に）　○甸尼奴（てんの、天の）　○南者（なんじや、銀）　○札半失（ちやばんじ、茶飯事）　○翁班尼（おばんに、御飯）　○瓢（びん、瓶）　○盆那（ほんの、本の）　○大苗（だいみん、大明）　○木綿（もめん、木綿）　○買毎（もんめ、匁）　○基粦（きりん、麒麟）　○昴哇（わんは、我は）

｛田２｝（1536）

＜用例＞

○くわんしやか方へ（官舎が方へ）

{田３}（1537）

＜用例＞

○せんとう（船頭）

{田４}（1541）

＜用例＞

○まなハんゑ

{かた}（1543）

＜用例＞

○あんしへ（按司部）　○きようしゆんの御代に（尭舜の御代に）　○そんとんよりこのかた（尊敦よりこの方）　○へんのたけ（弁の嶽）　○ひのもん（碑の文）

{田５}（1545）

用例ナシ。

{添}（1546）

「ひのへむま（丙午）」に関しては、{石西}、{崇}と同じである。

＜用例＞

○あんしへ（按司部）　○ミはんの大やくもいた（御番の屋子思い達）　○ひのもん（碑の文）　○ひのへむま（丙午）

{田６}（1551）用例ナシ。

{やら}（1554）

＜用例＞

○あんしけす（按司下司）　○一はんのせい（一番の勢）　○ちへねん（知念）　○なはのはん（那覇の番）　○おくのよねん（奥の代にも）　○ミしまよねん（御島代にも）

{田７}（1560）用例ナシ。

{使２}（1561）

＜用例＞

○司眉日尸（せんべつ、餞別）　○温卜姑里（おんほこり、御誇り）　○龍暗（りゆうがん、龍眼）　○罔巾（まうきん、網巾）　○館牙（くわんや？、館屋？）　○活見（ほつけん、絹）　○山買毎（さんもんめ、三匁目）　○申司（しんし、真使）　○使臣（ししん、使臣）　○先扎（せんじや、先者？、兄））　○森（せん、千）　○甸尼（てんに、天に）　○甸尼（てんに、天に）　○南者（なんじや、銀）　○札半失（ちやばんじ、茶飯事）　○匹胡平（しごうびん、四合瓶）　○桶盤（とうばん、東盆）　○大苗（だいみん、大明）　○木綿（もめん、木綿）　○一止買毎（いちもんめ、一匁）　○失藍（しらん、知らん）　○基粦（きりん、麒麟）　○瓦奴（わんの、我の）

{田８}（1562）

＜用例＞

○せんとう（船頭）

{田９}（1563）

＜用例＞

○せんとうハ（船頭は）

{字}（1572頃）

＜用例＞

○温ト姑里（おんほこり、御誇り）　○龍暗（りゆうがん、龍眼）　○罔巾（まうきん、網巾）　○活見（ほつけん、絹）　○山買毎（さんもんめ、三匁目）　○森那（せんの、千の）　○甸尼（てんに、天に）　○南者（なんじや、銀）　○汪班尼（おばに、おばんに、御飯）　○木綿（もめん、木綿）　○尼買毎（にもんめ、二匁）　○失藍（しらん、知らん）　○麒粦（きりん、麒麟）

{使３}（1579）

＜用例＞

○司眉日尸（せんべつ、餞別）　○温ト姑里（おんほこり、御誇り）　○龍暗（りゆうがん、龍眼）　○罔巾（まうきん、網巾）　○冷今（どうぎぬ、胴衣？）　○館牙（くわんや？、館屋？）　○活見（ほつけん、絹）　○山買毎（さんもんめ、三匁目）　○申司（しんし、真使）　○使臣（ししん、使臣）　○先扎（せんじや、先者？、兄）　○森那（せんの、千の）　○甸尼（てんに、天に）　○甸尼（てんに、天に）　○南及之（なんぎし、難儀し）　○南者（なんじや、銀）　○札半失（ちやばんじ、茶飯事）　○匹胡平（しごうびん、四合瓶）　○桶盤（とうばん、東盆）　○大苗（だいみん、大明）　○木綿（もめん、木綿）　○一止買毎（いちもんめ、一匁）　○失藍（しらん、知らん）　○迷蘭（みえらん、見えらん）　○基粦（きりん、麒麟）　○瓦奴（わんの、我の）

{田10}（1593）用例ナシ。

{浦}（1597）

＜用例＞

○ミしまよねん（御島代にも）　○てんより（天より）　○そんとんより（尊敦より）

Ⅱ－４－(2)　促音

{翻}（1501）

促音を示すと思われる次のような例がある。

○尽了　mi・na・rat〈nat〉・ti

○後日　’a・sat・ti

○下（雨）　phut・tjɔi

○上了　’aŋ・kat・tjɔi

○起身　that・cjɔi

○落了　’ja・sʌ・mjɔ・’is・cjɔi

それぞれ、順に、「みななつて」「あさつて」「降つて」「上がつて」「発つて」「やすみ入つて」に対応すると思われる。

「後日　’a・sat・ti」を例について考えてみる。「－tt－」のように表記されていれば、無気音の表示である可能性もあるが、「－t・t－」のように、前の子音が前音節の終わりにある、つまり、朝鮮語でいうパッチムの形になっているので、それは否定されよう。

パッチムの「s」は、(「t」の前では)「t」と音価を同じくするから、「－s・c－」は「－t・c－」と同じと考えてよい。

よって、パッチムに準じて考えると、「－t・t－」「－t・c－」「－s・c－」は、その間に休止のあることをしめしていることになり、促音表記であると考えられる。

同じくパッチムの形での表記になっている次のような例もある。

○甚麼子　ru<nu>・’uk・ka

○晴了　pha・rit・tjɔi

○一路上　mit・ci・mit・ci

○火盆　phi・phat・ci

○到　kit・cjɔi

○幾時　’it・cʌ

○夏　nat・cʌ

これらについては一考を要しそうである。対応（現代）語形との関係上、俄かには促音表記と言えない例である。

伊波普猷は、「朝鮮語にはtsがないので、之を写すのにㅈ又はㅊを以てし、或はその前の音節の語尾に、ㄷ（t）を附けて之を写したものもある」(『全集』第四巻　p.55)と説明しているが、これは当たらない。15世紀頃の朝鮮語の「c」・「ch」はそれぞれ[ts]・[tsh]であったと考えられるからである。

観点を変えて考えてみる。例えば、「夏　nat・cʌ」は、具体音声が、[natsɯ]であったとして、「na・cʌ」と表記すると、「硯　sʌ・cʌ・ri」「旧年　ku・co」の例が示すように、母音間の「c」は有声音を表わすことになるから、そうならないように「nat・cʌ」としたと考えられなくもない。

しかし、これには、すぐ反証が上がる。先に見たとおり、[ts]を示すと思われるハングル「c」は母音間のそれであったし、気音が強いと判断された時に「ch」で表記したのであり、有声音と間違われないために「ch」とする配慮などはなされていないのであった。そして、何よりも、「起身 that・cjɔi」が促音の存在を裏付けるはずである。もっとも、この例が「発つて」にではなく「発ち」に対応するというのであれば、別の面が出てくる。

疑問の余地は残しながらも、これらの例も促音表記と見てよいのではないか。

{玉}（1501）用例見当たらず。

{館}（16C 前半？）

表記上促音と認定できるものは存在しないが、例えば「失達哇（しりたは、知りたは)」「失只（しりて、知りて)」は、表記には現れていないが、促音を含んでいる可能性がある。

{石東}（1522）用例見当たらず。　{石西}（1522）用例見当たらず。
{田１}（1523）用例見当たらず。　{崇}（1527）用例見当たらず。
{おも１}（1531）用例見当たらず。

{使１}（1534）

「失達哇（しりたは、知りたは)」「失知（しりて、知りて)」は、表記には現れていないが、促音を含んでいる可能性がある。

{田２}（1536）用例見当たらず。　{田３}（1537）用例見当たらず。
{田４}（1541）用例見当たらず。　{かた}（1543）用例見当たらず。
{田５}（1545）用例見当たらず。　{添}（1546）用例見当たらず。
{田６}（1551）用例見当たらず。

{やら}（1554）

「くすくつませてておかて（城積ませて置かて)」は、表記には現れていないが、促音を含んでいる可能性がある。

{田７}（1560）用例見当たらず。

{使２}（1561）

「屋的（うりて、売りて)」「識達哇（しりたは、知りたは)」「識之（しりて、知りて)」は、表記には現れていないが、促音を含んでいる可能性がある。

{田８}（1562）用例見当たらず。　{田９}（1563）用例見当たらず。

{字}（1572 頃）

「屋的（うりて、売りて)」「識達哇（しりたは、知りたは)」「識之（しりて、知りて)」は、表記には現れていないが、促音を含んでいる可能性がある。

{使３}（1579）

「屋的（うりて、売りて)」「識達哇（しりたは、知りたは)」「識之（しりて、知りて)」は、表記には現れていないが、促音を含んでいる可能性がある。

{田 10}（1593）用例見当たらず。　{浦}（1597）用例見当たらず。

Ⅱ－４－⑶ 口蓋化と破擦音化

口蓋化と破擦音化に関しては、/ki/・/-ika/・/gi/・/-iga/、/ti/・/-ita/・/di/・/-ida/の八項目について重点的に述べることとし、その他の項目は、用例が存在する場合にその都度取り上げていくこととする。以下（第Ⅲ章～第Ⅵ章）、同様である。

{翻}（1501）

◇/ki/　「キ」相当部分は（ハングルの）「ki」「khi」で表記されている。破擦音化していない。

＜用例＞

○kit-cjɔi（来て）　○ki-mo（肝、心）　○ki-ru〈nu〉（衣、着物）　○'ju-ki（雪）
○'a-ki（秋）　○khi-ri〈ni〉-'u（昨日）

◇/-ika/　/i/の後の「カ」は「kja」で表記されている。口蓋化していることになる。/-ika/の例は他に見当たらないが、口蓋化を示す例としては、この一例でも充分であろう。

＜用例＞

○'i-kja（いか、如何）

◇/gi/　「ギ」相当部分は（ハングルの）「ki」で表記され、破擦音化していない姿を見せている

＜用例＞

○'usaŋ-ki（うさぎ、兎）

◇/-iga/　/i/の後の「ガ」は「kja」で表記されている。口蓋化していることがわかる。

＜用例＞

○ni-kja-sa（にがさ、苦さ）

◇/ti/　ハングルの「t」では現れない。破擦音を示すハングル「c」で表記されている。以下の仮名資料に一貫して現れる「ち」は、これに準じるものと考えられる。つまり、破擦音化していると判断される。

＜用例＞

○ci（地）　○khɯ-ci（口）

◇/-ita/　/i/の後の「タ」は「cja」で表記されている。破擦音化を示す表記である。

＜用例＞

○si・cja（下）　○si・cja（舌）

◇/-ite/　/i/に先行された「テ」はその影響を受けて破擦音化している（「来て」「入りて」の例）と言えるが、「上がりて」「曇りて」「降りて」の例が示すように、破裂音の段階にあるものもある。同じ音環境（「－りて」）にあると言える「入りて」と「曇りて」「降りて」とが異なる現われを示している。

＜用例＞

○kit・cjɔi（来て）　○'is・cjɔi(入りて)
○'a・kat・tjɔi（上がりて）　○ku・mo・tjɔi（曇りて）　○phut・tjɔi（降りて）

◇/tu/　[tu]ではなく、破擦音化した段階の[tsɯ]である。「chʌ・ra」の例から、更に口蓋化が進みつつあることもわかる。

<用例>

○pi・cʌ・cja（羊）　○tha・cʌ（龍）　○nat・cʌ（夏）　○koa・cʌ（ぐわつ、月）
○pu・tjɔi・cʌ（ふてつ、一つ）　○cʌ・ki（月）　○chʌ・ra（面、顔）

◇/-ito/　/i/の後の「ト」の中にも「c」「ch」で表記されたものがある。破擦音化がかなり進んでいたことを知ることができる。

<用例>

○phi・chju（人）　○phi・cjo（人）

◇/di/<用例>ナシ

◇/-ida/<用例>/ナシ

｛玉｝（1501）

◇/ki/　｛翻｝に準じ、破擦音化はしていないと見る。

<用例>

○きんのあんし（金武の按司）　○きこゑ大きみ（聞得大君）

◇/-ika/<用例>ナシ

◇/gi/　｛翻｝に準じ、破擦音化はしていないと見る。

<用例>

○てんにあをき（天に仰ぎ）

◇/-iga/<用例>ナシ

◇/ti/　｛翻｝に準じ、破擦音化していたと見る。

<用例>

○ちにふして（地に伏して）　○のちにあらそふ人あらは（後に争ふ人あらば）

◇/-ita/<用例>ナシ

◇/di/<用例>ナシ

◇/-ida/<用例>ナシ

｛館｝（16C前半？）

◇/ki/　破擦音化していない。但し、「烏着刻」は「きや」相当部分に破擦音を含んでいる。過渡的姿を見せていると考えられる。

<用例>

○都及（つき、月）　○由乞（ゆき、雪）　○葉急（ゑき、駅）　○網巾（まうきん、網巾）

◇/-ika/

<用例>　口蓋化を示している。

○集加撒（ちかさ、近さ）　○亦加撒（いかさ、幾等）　○烏着刻（おきやく、御客）

◇/-ike/　「キ」と同じ音訳字が「ケ」にも現れている。口蓋化していることを示していると考えられる。

＜用例＞

○亦及（いけ、行け）

上に出てきた音訳字について、『中原音韻』・『東国正韻』・『訓蒙字会』・『西儒耳目資』における「音」を一覧表にして示す。以下、同様である。

音訳字	中原音韻	東国正韻	訓蒙字会	西儒耳目資	推定音価
き　及	kiə	kkɯp	hɯp, kɯp	kie	ki
乞	k ‘iəi	khɯi’	kɔr	k ‘i, k ‘ie, nie	khi
急	kiəi	kɯp	☆	kie	ki
きん巾	kiɔn	kɯn	kɔn	kin	kiɴ
け　及	kiə	kkɯp	hɯp, kɯp	kie	kɪ
か　加	kia	ka’	茄　kja	kia	kja, ka
きや着	ʧɪo, ʧɪau	☆	thjak	c ‘hu, chu	ʧa

◇/gi/　破擦音化せず。

＜用例＞

○昂及（あふぎ、扇）　○烏撒及（うさぎ、兎）　○以立蒙乞（いりむぎ、炒り麦）

◇/-iga/　この用例だけでは、口蓋化の有無は判断できない。

＜用例＞

○亦嗑喇（ゐがはら、井河原）

◇/-ige/

＜用例＞

○品乞（ひげ、髭）

音訳字	中原音韻	東国正韻	訓蒙字会	西儒耳目資	推定音価
ぎ　及	kiə	kkɯp	hɯp, kɯp	kie	gi
乞	k ‘iəi	khɯi’	kɔr	k ‘i, k ‘ie, nie	gi
げ　乞	k ‘iəi	khɯi’	kɔr	k ‘i, k ‘ie, nie	gi̇
が　嗑	ko	嗑　har	榼　hap	ho	gɑ

◇/ti/　破擦音化している。

＜用例＞

○姑之（くち、口）　○是止哇的（しちぐわつ、七月）　○達只（たち、太刀）○密集（みち、道）

◇/-ita/　破擦音化しているが、「乞大（きた、北）」の例があり、過渡的様相を見せているとも言える。

＜用例＞

○阿者（あした、明日）　○乞大（きた、北）

◇/-ite/　破擦音化している場合とそうでない場合がある。その条件は｛翻｝と同様である。

＜用例＞

○掲只（きて、来て）　○密只（みて、見て）　○失只（しりて、知りて）　○姑木的（くもりて、曇りて）

◇/tu/　破擦音化している例とそうでない例とが記録されている。

＜用例＞

○密子（みつ、三）　○禿有（つゆ、露）

◇/-ito/　破擦音化している。

＜用例＞

○必周（ひと、人）

音訳字	中原音韻	東国正韻	訓蒙字会	西儒耳目資	推定音価
ち　之	ʈʂɨ	ci'	芝　ci	chi	tsi
止	ʈʂɨ	ci'	趾　ci	c ʻhi, chi	tsi
只	ʈʂɨ	cirʔ	☆	chi	tsi
集	tsiəi	ccip	cip	çie, ça	tsi
た　者	ʧɪe	cja	赭　cja	che	ʧa
大	ta, tai	tta', ttai', thai', thoa	☆	ta, t'o, to, toi	ta
て　只	ʈʂɨ	cirʔ	☆	chi	tsi
的	tiəi	tjɔk	菂　tjɔk	tie	tɪ
つ　子	tsɨ	ccʌ'	cʌ	çu	tsɯ
禿	t ʻu	thok	tok	t ʻo	tu
と　周	ʧɪəu	cjuw	錭　tjo	cheu	ʧʊ

◇/di/　{翻} から推して、破擦音化していると考えられる。

＜用例＞

○看失（かぢ、舵）　○定稿（ぢんかう、沈香）

◇/-ida/＜用例＞ナシ

音訳字	中原音韻	東国正韻	訓蒙字会	西儒耳目資	推定音価
ぢ　失	ʃɪəi	si', sirʔ	矢　si	xe, xi, ie	dzi
ぢん定	tiəŋ	tjɔŋ, ttjɔŋ	碇　tjɔŋ	tim	dziŋ, dzin

{石東}（1522）

◇/ki/＜用例＞ナシ

◇/-ika/＜用例＞ナシ

◇/gi/　表記上は、口蓋化（及び破擦音化）は認められない。

＜用例＞

○首里おきやかもいかなし（首里おぎやかもい加那志）

◇/-iga/　表記上は、口蓋化（及び破擦音化）は認められない。

<用例>

○首里おきやかもいかなし（首里おぎやかもい加那志）

◇/ti/<用例>ナシ

◇/-ita/<用例>ナシ

◇/di/　｛翻｝｛館｝に準じて、破擦音化していたと見る。

<用例>

○ち金丸（治金丸）

◇/-ida/<用例>ナシ

｛石西｝（1522）

◇/ki/　表記上は、口蓋化（及び破擦音化）は認められない。

<用例>

○きこゑ大きミ（聞得大君）　○ちへねんさしきわ（知念佐敷わ）　○たしきやくき（だしきや釘）

◇/-ika/<用例>ナシ

◇/gi/　表記上は、口蓋化（及び破擦音化）は認められない。

<用例>

○たしきやくき（だしきや釘）

◇/-iga/　口蓋化していない。

<用例>

○くにかみ（国頭）

◇/ti/　｛翻｝｛館｝等に準じて、破擦音化していたと見る。

<用例>

○ちへねんさしきわ（知念佐敷は）　○かうちのあんし（河内の按司）

◇/-ita/<用例>ナシ

◇/-ite/　例の「－ちへ」は、｛翻｝の「－cjɔi」に照応すると思われる。破擦音化している証しとなる。

<用例>

○おれめしよわちへ（降れ召しよわちへ）　○わたしよわちへ（渡しよわちへ）

◇/di/　｛翻｝｛館｝等に準じて、破擦音化していたと見る。

<用例>

○かきのはなち（垣花地）

◇/-ida/<用例>ナシ

｛田１｝（1523）

◇/ki/　｛翻｝｛館｝等に準じ、口蓋化（及び破擦音化）はしていない。

<用例>

○せいやりとみかひき（勢遣り富が引き）

◇/-ika/<用例>ナシ

◇/gi/<用例>ナシ

◇/-iga/　表記の上からは、口蓋化は見出せない。

<用例>

○せいやりとみかひきの（勢遣り富が引き）

◇/ti/<用例>ナシ

◇/-ita/<用例>ナシ

◇/di/<用例>ナシ

◇/-ida/<用例>ナシ

｛崇｝（1527）

◇/ki/<用例>ナシ

◇/-ika/<用例>ナシ

◇/gi/<用例>ナシ

◇/-iga/<用例>ナシ

◇/ti/<用例>ナシ

◇/-ita/<用例>ナシ

◇/-ite/　口蓋化（及び破擦音化）せず。用例中の「にて」は現代語の[nʧi]（～で）につながると思われる。この後（｛崇｝以後）口蓋化し、更に破擦音化していったのであろう。

<用例>

○くまにてむまから（此処にて馬から）

◇/di/<用例>ナシ

◇/-ida/<用例>ナシ

｛おも１｝（1531）

◇/ki/　｛翻｝｛館｝等に準じ、口蓋化（及び破擦音化）はしていないと思われる。

<用例>

○きこゑて（聞こゑて）　○きも（肝、心）

◇/-ika/　口蓋化している。

<用例>

○いきやる（如何る）｛いかある｝　○いきやり（行きやり）｛いきありて｝

◇/gi/　｛翻｝｛館｝等に準じ、口蓋化（及び破擦音化）はしていない。

<用例>

○おぎもうちに（お肝内に）

◇/-iga/　明らかに同一語であると判断されるもので、口蓋化している場合とそうでない場合がある。これについては、第Ⅶ章で詳しく述べる。

<用例>

○てにぎや下（天ぎや下）　○てにがした（天が下）

◇/ti/　破擦音化していたと考えられる。

<用例>

○いつこいのち＜兵の命＞　○おぎもうちに（御肝内に）

◇/-ita/

<用例>ナシ

◇/-ite/　用例の「－ちへ」「－ちゑ」は、{石西} で述べたように、{翻} の「－cjɔi」に照応すると思われる破擦音化の証左となる。但し、「あいて（相手)」などのように破裂音の例もある。この点も {翻} と共通する。

<用例>

○おろちへ＜降ろして＞　○おろちゑ＜降ろして＞　○しちへ（為ちへ）＜して＞
○あいて（相手）　○いのて（祈て）　○なて（成て）

◇/di/　{翻} {館} などの例から推して、破擦音化していたはずである。

<用例>

○ひぢめわちへ（治めわちへ）　○やぢよ（八千代）　○はぢめいくさ（初め軍）

◇/-ida/　表記上は、破擦音化していない。

<用例>

○せぢだか（セヂ高）

{使1} (1534)

◇/ki/　破擦音化していないと言えようが、「非進的」の「進」がその兆候を示している。

<用例>

○乞奴（きのふ、昨日）　○阿及（あき、秋）　○非近的（ひきで、引き出　○非進的（ひきで、引き出）

◇/-ika/　口蓋化している。

<用例>

○亦如《ママ》撒（いかさ、幾等）（「如」は「加」の誤り）

音訳字	中原音韻	東国正韻	訓蒙字会	西儒耳目資	推定音価	備　考
き　及	kiə	kkɯp	hɯp, kɯp	kie	ki	
乞	k ‘iəi	khɯi’	kɔr	k ‘i, k ‘ie, nie	khi	
近	kiən	kɯi’	kɯn	kin	kin	「で」の前
進	tsiən	☆	☆	☆	tsi	
か　加	kia	ka’	茄　kja	kia	kja, ka	

◇/gi/　破擦音化なし。

<用例>

○吾撒及（うさぎ、兎）　○昂季（あふぎ、扇）

◇/-iga/　この用例からは、口蓋化は窺えない。

<用例>

○依嗑喇（ゐがはら、井河原）

音訳字	中原音韻	東国正韻	訓蒙字会	西儒耳目資	推定音価
ぎ　及	kiə	kkɯp	hɯp, kɯp	kie	gi

季	ki	☆	☆	☆	gi
がは嗑	ko	噶　har	榼　hap	ho	gɑ

◇/ti/　{翻}{館}等に準じ、破擦音化している。

＜用例＞

○谷之（くち、口）　○即加撒（ちかさ、近）　○荅知（たち、太刀）○密集（みち、道）

◇/-ita/　破擦音化していない例しか記録されていない。

＜用例＞

○乞大（きた、北）

◇/-ite/　破擦音化している。

＜用例＞

○蜜只（みて、見て）　○掲知（きて、来て）

◇/tu/　破擦音化していると言えようが、「禿有」が示すように、破裂音の場合もある。

＜用例＞

○木子（むつ、六）　○司禄（つる、鶴）　○足只（つち、土）　○禿有（つゆ、露）

◇/-ito/　破擦音化している。

＜用例＞

○刀那必周（たうのひと、唐の人）

音訳字	中原音韻	東国正韻	訓蒙字会	西儒耳目資	推定音価
ち　之	ʈʂɨ	ci'	芝　ci	chi	tsi
即	tsiəi	☆	☆	çie	tsi
知	ʈʂɨ	☆	☆	chi	tsi
集	tsiəi	ccip	cip	çie, ça	tsi
た　大	ta, tai	tta', ttai', thai', thoa	☆	ta, t' o, to, toi	ta
て　只	ʈʂɨ	cirʔ	☆	chi	tsi
知	ʈʂɨ	☆	☆	☆	tsi
つ　子	tsɨ	ccʌ'	cʌ	çu	tsɯ
司	sɨ	sʌ'	sʌ	su	(t)sɯ
足	tsiu	cju', cjuk	cjok	çu,　ço	tsɨ
禿	t ʻu	thok	tok	t ʻo	tu
と　周	ʧɪəu	cjuw	錭　tjo	cheu	ʧʊ

◇/di/　破擦音化している。

＜用例＞

○看失（かぢ、舵）

◇/-ida/　この例では破擦音化はない。

<用例>

○分達里（ひだり、左）

◇/du/　破擦音化している。

○撒嗑子急（さかづき、杯）　○民足（みづ、水）

音訳字	中原音韻	東国正韻	訓蒙字会	西儒耳目資	推定音価
ぢ　失	ʃɪəi	si', sirʔ	矢　si	xe, xi, ie	ʥi
だ　達	ta	tharʔ, ttarʔ	闥　tar	t'a, ta	da
づ　子	tsɨ	ccʌ'	cʌ	çu	ʣɯ
足	tsiu	cju', cjuk	cjok	çu, ço	ʣɯ

{田２}（1536）

◇/ki/<用例>ナシ

◇/-ika/<用例>ナシ

◇/gi/　表記上は、破擦音化がない。

<用例>

○まきり（間切）

◇/-iga/<用例>ナシ

◇/ti/<用例>ナシ

◇/-ita/<用例>ナシ

◇/di/<用例>ナシ

◇/-ida/<用例>ナシ

{田３}（1537）

◇/ki/<用例>ナシ

◇/-ika/<用例>ナシ

◇/gi/　表記上は、破擦音化がない。

<用例>

○よつきとみか（世継ぎ富が）

◇/-iga/　表記上は、口蓋化がない。

<用例>

○よつきとみか（世継ぎ富が）　○大やくもいか（大屋子思いが）

◇/ti/<用例>ナシ

◇/-ita/<用例>ナシ

◇/di/<用例>ナシ

◇/-ida/<用例>ナシ

{田４}（1541）

◇/ki/<用例>ナシ

◇/-ika/<用例>ナシ

◇/gi/<用例>/ナシ
◇/-iga/　表記上は、口蓋化なし。
<用例>
○せちあらとミか（勢治荒富が）
◇/ti/　破擦音化していたであろう。
<用例>
○ちくとの（筑殿）
◇/-ita/<用例>ナシ
◇/di/　破擦音化していたであろう。
<用例>
○せちあらとミか（勢治荒富が）
◇/-ida/<用例>ナシ

｛かた｝（1543）

◇/ki/　｛翻｝｛館｝等の例から、口蓋化（及び破擦音化）はしていないと類推する。
<用例>
○きこゑ大きみ（聞得大君）　○ミちはきよらく（道は清らく）
◇/-ika/<用例>ナシ
◇/gi/　｛翻｝｛館｝等の例から、破擦音化していないと類推する。
<用例>
○かきりなし（限りなし）　○御くらひをつきめしよわちへ（御位を継ぎめしよわちへ）
◇/-iga/　口蓋化を示す表記にはなっていない。
<用例>
○あんしおそひかなし（按司襲ひ加那志）　○ひかしにあたりて（東に当たりて）
◇/ti/　｛翻｝｛館｝等の例から、破擦音化していると類推する。
<用例>
○ちからをそろへ（力を揃へ）
◇/-ita/　表記上は、破擦音化がない。
<用例>
○いたるまて（到るまで）
◇/-ite/　用例の「－ちへ」は、｛石西｝｛おも１｝で述べたように、｛翻｝の「－cjɔi」に照応すると思われる。破擦音化の証左となる。但し、「あいて（相手）」などのように破裂音の例もある。この点も｛翻｝と共通する。
<用例>
○あわしめしよわちへ（合わし召しよわちへ）　○ひかしにあたりて（東に当たりて）
◇/di/<用例>/ナシ
◇/-ida/<用例>ナシ

｛田５｝(1545)

◇/ki/<用例>ナシ

◇/-ika/<用例>ナシ

◇/gi/　表記上は、破擦音化がない。

<用例>

○きま（儀間）　○まきり（間切）

◇/-iga/　口蓋化を示す表記にはなっていない。

<用例>

○大やくもいか（大屋子思いが）

◇/ti/<用例>ナシ

◇/-ita/<用例>ナシ

◇/di/<用例>ナシ

◇/-ida/<用例>ナシ

｛添｝(1546)

◇/ki/　破擦音化を示す表記にはなっていない。

<用例>

○きよらさ（清らさ）　○きこゑ大きみ（聞得大君）　○御石かきつませて（御石垣積ませて）

◇/-ika/<用例>/ナシ

◇/gi/　表記上は、破擦音化がない。

<用例>

○首里天つきの（首里天継ぎの）

◇/-iga/　口蓋化を示す表記にはなっていない。

<用例>

○あんしおそひかなし（按司襲ひ加那志）

◇/ti/　｛翻｝｛館｝等の例から、破擦音化していると類推する。

<用例>

○ちやうらう（長老）

◇/-ita/　表記上は、破擦音化がないとなる。

<用例>

○いちやちやけらへわちへ（板門造へはちへ）

◇/-ite/　用例の「一ちへ」は、｛石西｝｛おも１｝｛かた｝で述べたように、｛翻｝の「一cjɔi」に照応すると思われる。破擦音化の証左となる。

<用例>

○をれめしよわちへ（降れ召しよわちへ）

◇/di/　破擦音化していたであろう。

<用例>

○いちやちやけらへわちへ（板門造らへわちへ）　○するつきの御ちやう（添継ぎの御門）

◇/-ida/　破擦音化のない表記である。

<用例>

○御石かきつみ申候あひたハ（御石垣積み申候間は）

{田６}（1551）

◇/ki/<用例>ナシ

◇/-ika/<用例>ナシ

◇/gi/　表記上は、破擦音化がない。

<用例>

○きま（儀間）　○まきり（間切）

◇/-iga/　口蓋化を示す表記にはなっていない。

<用例>

○大やくこいか（大屋子思いが）

◇/ti/<用例>ナシ

◇/-ita/<用例>ナシ

◇/di/<用例>ナシ

◇/-ida/<用例>ナシ

{やら}（1554）

◇/ki/　破擦音化はしていないと判断する。

<用例>

○きこゑ大きみ（聞得大君）　○おきなハ（沖縄）

◇/-ika/　口蓋化の表記がなされている。

<用例>

○いきやてゝ（如何てて）　○しま世のてやちきやら（しま世のてや力）　○たしきやくき（だしきや釘）

◇/gi/

<用例>

○きまの大やくもい（儀間の大屋子思い）

◇/-iga/　口蓋化とそうでない表記とが並存する。

<用例>

○天きや下ハ　○天か下のあちけす（天が下の按司下司）　○あんしおそひかなし（按司襲ひ加那志）　○ちかためのおよハひ（地固めの御祝ひ）

◇/-igo/　口蓋化の例がある。

<用例>

○いきよくまし（動くまじ）

◇/ti/　破擦音化していたと判断する。

<用例>

○ちきやら（力）　○ちはなれて（地は離れて）　○こちひら（東風平）

◇/-ita/<用例>/ナシ

◇/-ite/　用例の「ーちへ」「ちゑ」は、{石西}{おも1}{かた}{添}で述べたことと同じように、{翻}の「ーcjɔi」に照応するもので、破擦音化を示すものである。

<用例>

○このミよハちへ（好みよはちへ）　○きちやることハ（来ちやることは）　○をれめしよハちゑ（降れめしよはちゑ）　○をれめしよわちへ（降れめしよわちへ）

◇/di/　破擦音化していたものと思われる。

<用例>

○ちかため（地固め）　○御せちの（御霊力の）

◇/-ida/<用例>ナシ

{田7}（1560）

◇/ki/<用例>ナシ

◇/-ika/<用例>ナシ

◇/gi/　表記上は、破擦音化がない。

<用例>

○まきり（間切）

◇/-iga/　口蓋化を示す表記にはなっていない。

<用例>

○大やくこいか（大屋子思いが）

◇/ti/<用例>ナシ

◇/-ita/<用例>ナシ

◇/di/<用例>ナシ

◇/-ida/<用例>ナシ

{使2}（1561）

◇/ki/　破擦音化していない。

<用例>

○起模（きも、肝、心）　○都急（つき、月）　○由其（ゆき、雪）

◇/-ika/　口蓋化している。

<用例>

○即加撒（ちかさ、近さ）

音訳字	中原音韻	東国正韻	訓蒙字会	西儒耳目資	推定音価
き　起	k ʻi	☆	☆	ki	ki
急	kiəi	kɯp	☆	kie	ki
其	k ʻi	☆	☆	ki,hi?	ki
か　加	kia	ka'	茄　kja	kia	kja

◇/gi/

<用例>　破擦音化していない。

○吾撒及（うさぎ、兎）　○汪其（あふぎ、扇）

◇/-iga/

<用例>ナシ

音訳字	中原音韻	東国正韻	訓蒙字会	西儒耳目資	推定音価
ぎ　及	kiə	kkɯp	hɯp, kɯp	kie	gi
其	k ʻi	☆	☆	ki, hi?	gi

◇/ti/

<用例>

○足止（つち、土）　○密集（みち、道）

◇/-ita/　破擦音化している。

<用例>

○一借沙（いたさ、痛さ）　○阿者（あした、明日）

◇/-ite/　破擦音化したものとそうでないものとが並存している。

<用例>

○開第（かいて、書いて）　○吃之（きて、来て）　○掲知（きて、来て）　○拝失之（はいして、拝して）　○密只（みて、見て）　○姑木的（くもりて、曇りて）

◇/tu/　破擦音化している。「的」もその範疇に入るであろう。

<用例>

○司禄（つる、鶴）　○一子孜（いつつ、五）　○祖奴（つの、角）　○足止（つち、土）　○焼哇的（しやうぐわつ、正月）

◇/-ito/

<用例>

○必周（ひと、人）

音訳字	中原音韻	東国正韻	訓蒙字会	西儒耳目資	推定音価
ち　止	ʈʂɨ	ciʼ	趾　ci	c ʻhi, chi	tsi
集	tsiəi	ccip	cip	çie, ça	tsi
て　第	tiəi	☆	tjɔi	chi, çu	tɪ
之	ʈʂɨ	ciʼ	芝　ci	chi	tsi
知	ʈʂɨ	☆	☆	chi	tsi
只	ʈʂɨ	cirʔ	☆	chi	tsi
た　借	tsie	☆	chja	çie, cha	ʧa
者	ʧɪe	cja	cja	che	ʧa
つ　司	si	sʌʼ	sʌ	su	(t)sɯ
子	tsi	ccʌʼ	cʌ	çu	tsɯ
孜	tsi	☆	☆	çu	tsɯ
祖	tsu	coʼ	co	cu, chu	tsɯ
足	tsiu	cjuʼ, cjuk	cjok	çu,　ço	tsɨ
的	tiəi	tjɔk	葯　tjɔk	tie	tsɨ

と 周	ʧɪəu	cjuw	錭 tjo	cheu	ʧʊ

◇/di/ 破擦音化していると言える。

<用例>

○看失（かぢ、舵）

◇/-ida/ この例では口蓋化も破擦音化もしていない。

<用例>

○分達里（ひだり、左）

音訳字	中原音韻	東国正韻	訓蒙字会	西儒耳目資	推定音価
ち 失	ʃɪəi	si', sirʔ	矢 si	xe, xi, ie	dzi
だ 達	ta	tharʔ, ttarʔ	闥 tar	t'a, ta	da

{田８}（1562）

◇/ki/ 破擦音化していない。

<用例>

○ふさいとミかひき（ふさい富が引き）

◇/-ika/<用例>/ナシ

◇/gi/<用例>ナシ

◇/-iga/

<用例> 口蓋化していない。

○大やくもいか（大屋子思いが）　○ふさいとミか（ふさい富が）

◇/ti/<用例>ナシ

◇/-ita/<用例>ナシ

◇/di/<用例>ナシ

◇/-ida/<用例>ナシ

{田９}（1563）

◇/ki/ 破擦音化していない。

<用例>

○せちあらとミかひき（勢治荒富が引き）

◇/-ika/<用例>ナシ

◇/gi/<用例>ナシ

◇/-iga/ 口蓋化していない。

<用例>

○大やくもいか（大屋子思いが）

◇/ti/<用例>ナシ

◇/-ita/<用例>ナシ

◇/di/ 破擦音化していよう。

＜用例＞

○せちあらとミかひき（勢治荒富が引き）

◇/-ida/＜用例＞ナシ

{字}（1572頃）

◇/ki/　破擦音化した例（遮那）とそうでないのが並存している。

＜用例＞

○乙依（きぬ、衣）　○起模（きも、肝、心）　○遮那（きぬ、衣）

◇/-ika/　口蓋化している。

＜用例＞

○即加撒（ちかさ、近さ）　○倭眉脚都（おみかど、御帝）

音訳字	中原音韻	東国正韻	訓蒙字会	西儒耳目資	推定音価
き　乙	iəi	☆	☆	☆	ki
起	k ‘i	☆	☆	ki	ki
遮	ʧɪe	☆	☆	☆	tsi
か　加	kia	ka’	茄　kja	kia	kja
脚	kiau	☆	kak	kio	kja

◇/gi/　破擦音化はしていない。

＜用例＞

○皿基（むぎ、麦の）　○吾撒及（うさぎ、兎）　○汪其（あふぎ、扇）

◇/-iga/

＜用例＞ナシ

音訳字	中原音韻	東国正韻	訓蒙字会	西儒耳目資	推定音価
ぎ　基	ki	☆	kɯi	ki	gi
及	kiə	kkɯp	hɯp, kɯp	kie	gi
其	k ‘i	☆	☆	ki, hi?	gi

◇/ti/

＜用例＞

○足止（つち、土）　○密集（みち、道）　○即加撒（ちかさ、近さ）

◇/-ita/　破擦音化したものとそうでないもの（乞大）とが並存している。

＜用例＞

○一借沙（いたさ、痛さ）　○阿者（あした、明日）　○乞大（きた、北）

◇/-ite/　破擦音化したものとそうでないもの（姑木的）とが並存している。

＜用例＞

○密只（みて、見て）　○楊支（きて、来て）　○識之（しりて、知りて）　○姑木的（くもりて、曇りて）

◇/tu/　破擦音化したものとそうでないもの（谷哇的、都急）とが並存している。

<用例>

○司禄（つる、鶴）　○一子孜（いつつ、五）　○谷哇的（くぐわつ、九月）

○都急（つき、月）

音訳字	中原音韻	東国正韻	訓蒙字会	西儒耳目資	推定音価
ち　止	ʈʂɨ	ci’	趾　ci	c ‘hi, chi	tsi
集	tsiəi	ccip	cip	çie, ça	tsi
即	tsiəi	☆	☆	çie	tsi
た　借	tsie	☆	chja	çie, cha	ʧa
者	ʧɪe	cja	cja	che	ʧa
大	ta, tai	tta’, ttai’, thai’, thoa	☆	ta, t’o, to, toi	ta
て　只	ʈʂɨ	cirʔ	☆	chi	tsi
支	ʈʂɨ	☆	☆	chi	tsi
之	ʈʂɨ	ci’	芝　ci	chi	tsi
的	tiəi	tjɔk	菂 tjɔk	tie	tɪ
つ　司	sɨ	sʌ’	sʌ	su	(t)sɯ
子	tsɨ	ccʌ’	cʌ	çu	tsɯ
孜	tsɨ	☆	☆	çu	tsɯ
的	tiəi	tjɔk	菂 tjɔk	tie	tsɨ
都	tu	to’	to	tu	tu

◇/di/<用例>/ナシ

◇/-ida/　この例では破擦音化していない。

<用例>

○分達里（ひだり、左）

◇/du/　破擦音化したものとそうでないものとが共存状態にある。

<用例>

○民足（みづ、水）　○慢的（まづ、先づ）

音訳字	中原音韻	東国正韻	訓蒙字会	西儒耳目資	推定音価
だ　達	ta	tharʔ, ttarʔ	闥　tar	t’a, ta	da
づ　足	tsiu	cju’, cjuk	cjok	çu,　ço	dzɯ
的	tiəi	tjɔk	菂　tjɔk	tie	dzɨ

{使３}（1579）

◇/ki/　「匹舎蛮資之」が「ひざまづき」に対応するとすれば、「之」が*/ki/に相当し、破擦音化しているらしいことになる。他の（多くは）破擦音化していないものと思われる。

＜用例＞

○由旗（ゆき、雪）　○起模（きも、肝、心）　○匹舎蛮資之（ひざまづき、跪）

◇/-ika/　口蓋化している。

＜用例＞

○即加撒（ちかさ、近さ）　○倭眉脚度（おみかど、御帝）

音訳字	中原音韻	東国正韻	訓蒙字会	西儒耳目資	推定音価
き　旗	k ʻi	☆	☆	☆	ki
起	k ʻi	☆	☆	ki	ki
之	tʂi	☆	☆	☆	tsi
か　加	kia	ka’	茄　kja	kia	kja
脚	kiau	☆	kak	kio	kja

◇/gi/　破擦音化していない。

＜用例＞

○皿基（むぎ、麦の）　○吾撒及（うさぎ、兎）　○汪其（あふぎ、扇

◇/-iga/　口蓋化していると言える。

＜用例＞

○一更加烏牙（ゑきがおや、男親）

音訳字	中原音韻	東国正韻	訓蒙字会	西儒耳目資	推定音価
ぎ　基	ki	☆	kɯi	ki	gi
及	kiə	kkɯp	hɯp, kɯp	kie	gi
其	k ʻi	☆	☆	ki, hi?	gi
が　加	kia	ka’	茄　kja	kia	gja

◇/ti/　破擦音化している。

＜用例＞

○足止（つち、土）　○密集（みち、道）　○即加撒（ちかさ、近）　○谷只（くち、口）　○窟之（くち、口）

◇/-ita/　破擦音化している。

＜用例＞

○一借沙（いたさ、痛さ）　○阿者（あした、明日）

◇/-ite/　破擦音化したものとそうでないものとがある。

＜用例＞

○密只（みて、見て）　○吃之（きて、来て）　○掲知（きて、来て）　○拝失之（はいして、拝して）　○識之（しりて、知りて）　○姑木的（くもりて、曇りて）

◇/-ito/　破擦音化している。

＜用例＞

○必周（ひと、人）

音訳字	中原音韻	東国正韻	訓蒙字会	西儒耳目資	推定音価
ち　止	ʈʂɨ	ci’	趾　ci	c ‘hi, chi	tsi
集	tsiəi	ccip	cip	çie, ça	tsi
即	tsiəi	☆	☆	çie	tsi
只	ʈʂɨ	cirʔ	☆	chi	tsi
之	ʈʂɨ	ci’	芝　ci	chi	tsi
た　借	tsie	☆	chja	çie, cha	ʧa
者	ʧɪe	cja	cja	che	ʧa
て　只	ʈʂɨ	cirʔ	☆	chi	tsi
之	ʈʂɨ	ci’	芝　ci	chi	tsi
知	ʈʂɨ	☆	☆	chi	tsi
的	tiəi	tjɔk	菂　tjɔk	tie	tɪ
と　周	ʧɪəu	cjuw	錭　tjo	cheu	ʧʊ

◇/di/　破擦音化している。

＜用例＞

○看失（かぢ、舵）

◇/-ida/　この例では口蓋化も破擦音化もしていない。

＜用例＞

○分達里（ひだり、左）

音訳字	中原音韻	東国正韻	訓蒙字会	西儒耳目資	推定音価
ぢ　失	ʃɪəi	si’, sirʔ	矢　si	xe, xi, ie	dzi
だ　達	ta	tharʔ, ttarʔ	闥　tar	t’a, ta	da

{田 10}（1593）

◇/ki/＜用例＞ナシ

◇/-ika/＜用例＞ナシ

◇/gi/　表記上は、破擦音化がない。

＜用例＞

○きま（儀間）

◇/-iga/　口蓋化を示す表記にはなっていない。

＜用例＞

○大やくもいか（大屋子思いが）

◇/ti/＜用例＞ナシ

◇/-ita/＜用例＞ナシ

◇/di/＜用例＞ナシ

◇/-ida/＜用例＞ナシ

｛浦｝（1597）

◇/ki/　破擦音化した例とそうでない例とが記録されている。

＜用例＞

○御ちよわひ（御来よわひ）　○おきなハ（沖縄）　○はつまき（鉢巻）

◇/-ika/　表記上は、口蓋化していない。

＜用例＞

○しかれは

◇/gi/　*/ki/から推して、破擦音化している可能性があるが、表記上は現れて来ない。

＜用例＞

○きほくひり（儀保小坂）　○うらおそひまきり（浦襲ひ間切）

◇/-iga/　表記で見る限り、口蓋化していない。

＜用例＞

○あんしおそひかなし天の（按司加那志）　○くにかミ（国頭）

◇/ti/　破擦音化している。「かなそめはつまき」の例は、「ち」とあるべきところに「つ」が現れた例である。

＜用例＞

○ちはなれそろて（地離れ揃て）　○みち（道）

○かなそめはつまき（金染め鉢巻）

◇/-ita/　破擦音化している。

＜用例＞

○御いちやわりハ（おいたわりは、御労りは）

◇/di/　破擦音化しているであろう。

＜用例＞

○あちへ（按司部）　○世のつちに（世の頂に）

◇/-ida/**＜用例＞**ナシ

第Ⅲ章　17世紀の沖縄語の音韻

17世紀の沖縄語の音韻について考察する。

Ⅲ－１　母音

Ⅲ－１－(1) 短母音

Ⅲ－１－(1)－①　＊／i／

16世紀同様、*/i/に関しては、特筆すべき事柄は見当たらないので、基本的に用例を示すのみとする。

｛田11｝(1606)

＜用例＞

○ちやくにとミかひき（謝国富が引き）；　○ちやくにとミ（謝国富）；　○ちやくにとミかひき（謝国富が引き）；　○しよりより（首里より）　○おしあけとミ（押上富）○さとぬしへ（里主部）；　○御ミ事　○おしあけとミ（押上富）　○ちやくにとミ（謝国富）；○大やくもいに（大屋子思いに）　○ちやくにとミ（謝国富）；　○こおり（郡）○しよりより（首里より）

（用例なし）*/gi/； */ti/；*/bi/；*/zi/

｛使４｝(1606)

＜音訳字＞

*/ki/に対応する部分に「基、旗、起、吃、及、急、掲、乞、更、刻、其、之、氣、豈、各、巾」が現れる。

音訳字	中原音韻	東国正韻	訓蒙字会	西儒耳目資	推定音価
き　基	ki	☆	kɯi	ki	ki
旗	k ‘i	☆	☆	☆	ki
起	k ‘i	☆	☆	ki	ki
吃	kiəi, k ‘iəi	☆	kɔr	☆	ki
及	kiə	kkɯp	hɯp, kɯp	kie	ki
急	kiəi	kɯp	☆	kie	ki
掲	k ‘iəi, kie	kkjɔi	☆	k ‘in	khi

乞	k ‘iəi	khɯi’	kɔr	k ‘i, k ‘ie, nie	khi
更	kəŋ	☆	☆	☆	ki
刻	k ‘ə	☆	kʌk	☆	kɪ
其	k ‘i	☆	☆	ki, hi?	ki
之	tʂi	☆	☆	☆	tsi
氣	k ‘iəi	☆	skɯi	ki, khi	ki
豈	k ‘ai	☆	☆	ki, kai	ki
きお各	ko	kak	骼　kak	ko	kjo
きん巾	kiɔn	kɯn	kɔn	kin	kiɴ

＜用例＞

○悶都里一基（もどりいき、戻り行き）　○由旗（ゆき、雪）　○起模（きも、肝）　○吃之（きて、来て）　○阿及（あき、秋）　○都急（つき、月）　○掲知（きて、来て）　○乞大（きた、北）　○一更加烏牙（ゑきがおや、男親）　○刻納里（きなり、木成り、木実）　○其粦（きりん、麒麟）　○匹舎蛮資之（ひざまづき、跪）　○氣力（きり、霧）　○豈奴（きぬ、衣）　○衣石乞各必（いしききおび、玉帯）　○罔巾（まうきん、網巾）；

「基、及、急」は*/ke/にも現れる。

○撒基（さけ、酒）　○牙及亦石（やけいし、焼け石）　○達急（たけ、竹）

*/gi/に対応する部分に「基、及、急、其、今」が現れる。

音訳字	中原音韻	東国正韻	訓蒙字会	西儒耳目資	推定音価
ぎ　基	ki	☆	kɯi	ki	gi
及	kiə	kkɯp	hɯp, kɯp	kie	gi
急	kiəi	kɯp	☆	kie	gi
其	k ‘i	☆	☆	ki, hi?	gi
ぎぬ今	kiəm	☆	☆	☆	giɴ

＜用例＞

○皿基諾沽（むぎのこ、麦の粉）　○吾撒及（うさぎ、兎）　○翁急（をぎ、荻、甘蔗）　○枉其（あふぎ、扇）　○冷今（どうぎぬ、胴衣、衫）

「基、急、其」は*/ge/にも現れる。

○諸基（ざうげ、象牙）　○安急第（あげて、上げて）　○品其（ひげ、髭）

*/ti/に対応する部分に「止、集、即、其、宅、只、之、札、茶、扎」が現れる。

音訳字	中原音韻	東国正韻	訓蒙字会	西儒耳目資	推定音価
ち　止	tʂi	ci’	趾　ci	c ‘hi, chi	tsi
集	tsiəi	ccip	cip	çie, ça	tsi
即	tsiəi	☆	☆	çie	tsi
其	k ‘i	☆	☆	ki	ʧi

宅	ʈʂai	to’	thʌik	ç ‘e, çe	tsi
只	ʈʂi	cirʔ	☆	chi	tsi
之	ʈʂi	ci’	芝　ci	chi	tsi
ちや札	ʈʂa	carʔ	☆	ca, che	ʧa
茶	ʈʂ ‘a	☆	ta	c ‘ha	ʧa
扎	ʈʂa	carʔ	☆	ca, che	ʧa

<用例>

○足止（つち、土）　○密集（みち、道）　○即加撒（ちかさ、近さ）　○其（ち、血）○害宅（かいち、懈豸）　○只（ち、地）　○窟之（くち、口）　○札（ちや、茶）○茶麻佳里（ちやまかり、茶碗）　○扎（ちや、茶）

「只、之」は*/te/にも現れる。（破擦音化の例）

○吃之（きて、来て）　○密只（みて、見て）

*/di/に対応する部分に「失、扎」が現れる。

音訳字	中原音韻	東国正韻	訓蒙字会	西儒耳目資	推定音価
ぢ　失	ʃɪəi	si’, sirʔ	矢　si	xe, xi, ie	dzi
ぢや扎	ʈʂa	carʔ	☆	ca, che	ʤa

<用例>

○看失（かぢ、舵）　○倭男扎喇（をなぢやら、王妃）；　○忿嚏（ふで、筆）　○波得（ほでり、雷）

*/pi/に対応する部分に「皮、飛、匹、必、品、分、辟、衣、牙、撒、彪、漂」が現れる。

音訳字	中原音韻	東国正韻	訓蒙字会	西儒耳目資	推定音価	備　考
ひ　皮	p ‘i		phi	p ‘i	pi	
飛	fəi	phi’	pi	fi	ɸi	
匹	p ‘iəp		phith		pi	
必	piəi	pirʔ	秘 phir	pi, pie	pi	
品	p ‘iən	phum	phum	p ‘in	phiŋ	「げ」の前
分	fən	pʌn, ppan	pun	fuen	ɸun(?)	「だ」の前
辟	piəi	☆	pj ɔk	p ‘i, pie, mi	pi	
衣	iə	☆	’ ɯi	☆	i	
牙	ia	☆	’ a	☆	i	
ひや　撒	sa	san, sarʔ	san	sa	ça	
ひやう彪	pieu	☆	☆	pieu	pjau	
漂	p ‘ieu	phjow	瓢 phjo	p ‘iao	pjau	

<用例>

○皮禄（ひる、昼）　○飛陸（ひる、昼）　○匹奢（ひさ、足）　○必周（ひと、人）

○辟牙撒（ひあさ、寒さ）　○品其（ひげ、髭）　○分達里（ひだり、左）　○幼羅衣（よろひ、鎧）　○撒牙姑（ひやく、百）　○密由烏牙（みゆはひ、御祝ひ）　○彪烏（ひやうを、表を）　○漂那（ひやうの（を）、表の（を））

「牙」は*/pe/にも現れる。
○悪牙密即（うへみち、上道）

*/bi/に対応する部分に「必、筆、瓢、平」が現れる。

音訳字	中原音韻	東国正韻	訓蒙字会	西儒耳目資	推定音価
び　必	piəi	pirʔ	秘 phir	pi, pie	bi
筆	piəi	☆	☆	☆	bi
びやう瓢	p ‘ieu	pjow	phuŋ	p ‘iao	bjau
びん　平	p ‘iəŋ	☆	☆	☆	biɴ

<用例>
○文必（おび、帯）　○文筆（おび、帯）　○瓢布（びやうぶ、屏風）　○匹胡平（しごうびん、四合瓶）

*/si/に対応する部分に「吸、匙、使、司、詩、時、式、識、失、十、升、申、世、是、石、只、之、實、尸、柔、紗、者、戲、焼、申、臣、匹」が現れる。

音訳字	中原音韻	東国正韻	訓蒙字会	西儒耳目資	推定音価
し　吸	hiəi	☆	hɯp	hie	si
匙	tʂɨ	☆	☆	☆	ʃi
使	ʂɨ	sʌ’	☆	xi, su	si
司	ʂɨ	sʌ’	sʌ	su	sɪ
詩	ʂɨ	☆	si	xi	si
時	ʂɨ	ssi’	si	xi	si
式	ʃɪəi	☆	sik	xe	ʃi
識	ʃɪəi, tʂɨ	☆	☆	xe, xi, chi	ʃi
失	ʃɪəi	si’, sirʔ	矢　si	xe, xi, ie	ʃi
十	ʃɪəi	☆	☆	xe	ʃi
升	ʃɪəŋ	siŋ	sɯŋ	xim	ʃiŋ
申	ʃɪəm	sin	伸　sin	sin, xin	ʃiɴ
世	ʃɪəi	sjɔi	sjɔi	xi	ʃi
是	ʂɨ	ssi’	si	xi	si
石	ʃɪəi	ssjɔk	sjɔk	xe	ʃi
只	tʂɨ	cirʔ	☆	chi	si
之	tʂɨ	ci’	芝　ci	chi	si
實	ʃɪəi	☆	☆	xe	ʃi

尸	ʂɨ	☆	☆	xi	si
しう　柔	rɪəu	ssjɔ', zjuw	☆	jeu	ʃuː
しや　紗	ʂa	sa'	sa	xa	ʃa
者	ʧɪe	cja	赭　cja	che	ʃa
しやう戧	倉 tsa ʻŋ	☆	倉 chaŋ	☆	ʧua
焼	ʃɪeu	sjow	sjo	ao	ʃau
しん　申	ʃɪəm	sin	伸　sin	sin, xin	ʃiɴ
臣	ʧ ʻɪem	ssin	sin	c ʻhin, xin	ʃiɴ
匹	p ʻiəp	☆	phith	☆	ʃiɴ

＜用例＞

○吸之（して、為て）　○麥匙（はし、箸）　○使臣（ししん、使臣、使者）　○申司（しんし、真使）　○左詩（さうし、草紙）　○失母（しも、霜）　○失失（しし、肉）　○利十之（れいして、礼して）　○升哇的（しぐわつ、四月）　○申買毎（しもんめ、四匁）　○波世（ほし、星）　○利是（れいし、茘枝）　○依石（いし、石）　○扒只（はし、橋）　○南及之（なんぎし、難儀し）　○一實（いし、石）　○曲尸（こし、腰）　○柔（しう、紬）　○沙冒（しやぼう、紗帽）　○使者（ししや、使者）　○戧基（しやうぎ、将棋）　○焼哇的（しやうぐわつ、正月）　○申司（しんし、真使、正使）　○使臣（ししん、使臣、使者）　○匹胡平（しごうびん？　四合瓶）

「司」は*/se/, */su/にも、「是」は*/su/にも、「尸」は*/se/, */tu/にも、それぞれ現れる。

○司眉日尸（せんべつ、餞別）　○是那（すな、砂）　○由六尸（ゆるせ、放せ）　○司黙（すみ、墨）

*/zi/に対応する部分に「喳、子、資、自、失、之、就、柔、由、者、雀、扎、遶、角、郁」が現れる。

音訳字	中原音韻	東国正韻	訓蒙字会	西儒耳目資	推定音価
じ　喳	ʈʂa	☆	渣　ca	査　cha	ʥi
子	tsɨ	ccʌ'	cʌ	çu	ʥi
資	tsɨ	☆	☆	çu	ʥi
自	tsɨ	☆	cʌ	☆	ʥi
失	ʃɪəi	si', sirʔ	矢　si	xe, xi, ie	ʤi
之	ʈʂɨ	ci'	芝　ci	chi	ʥi
じふ　就	rɪəu	ssjɔ', zjuw	☆	jeu	ʤuː
柔	tsiəu	ccjuw	☆	çieu	ʤuː
由	iəu	'juʙ	☆	Ieu	ju
じや　者	ʧɪe	cja	赭　cja	che	ʤa
雀	tsio, tsiau	☆	cjak	Çio	ʤa
扎	ʈʂa	carʔ	☆	ca, che	ʤa

じやう遶	rɪeu	zjow	☆	jao, xao	ʤau
郁	iu	☆	☆	io	ʤoː
じゅ　角	kiau, kiue	kak	骼　kak	kio	ʤu

＜用例＞

○匹牝喳（ひつじ、羊）　○嗑藍子其（からじげ、頭毛、髪）　○通資（つうじ、通事）○嗑蘭自之（かしらげ、頭毛、髪）　○札半失（ちやばんじ、茶飯事）　○同之（とじ、刀自、妻）　○就買毎（じふもんめ、十匁）　○柔哇的（じふぐわつ、十月）　○麻由吐失（まんじふとし、万歳年）　○南者（なんじや、銀）　○枯雀枯（くじやく、孔雀）○先扎（せんじや？　兄）　○遶（じやう、城）　○郁（じやう、門）　○辟角禄撒（ひじゆるさ、冷さ）

「子」は*/zu/にも現れる。

○失藍子（しらず、知らず

*/mi/に対応する部分に「乜、皿、眉、米、墨、密、民、黙、膩、枇、迷、苗」が現れる。

音訳字	中原音韻	東国正韻	訓蒙字会	西儒耳目資	推定音価	備　考
み　乜	☆	☆	☆	☆	mi	
皿	miəŋ	☆	☆	mim	mi	
眉	muəi	mi’	mi	mui, moei, ma	mi	
米	miəi	mjɔi’	mi	mi	mi	
墨	mo	mɯk	mɯk	me	mɪ?	
密	miəi	mirʔ	蜜　mir	mie	mi	
民	miən	min	min	min	min	
黙	mo	☆	☆	☆	mɪ	
膩	ni	ni	貳　zi	☆	mi	m-n
枇	p ‘i	☆	☆	p ‘i, pi	bi	m-b
みえ迷	miəi	☆	mi	mi	miː	
みん苗	mieu	mjow	mjo	miao	mɪm, mɪɴ, mɪŋ	

＜用例＞

○吾乜（うみ、海）　○皿子撻馬（みづたま、水玉、水晶）　○刊眉（かみ（なり）、雷）○米南米（みなみ）　○司墨（すみ、墨）　○密乃度（みなと、港）　○民足（みづ、水）○司黙（すみ、墨）　○膩子（みつ、三）　○堪枇（かみ、紙）　○迷闌（みえらん、見えらん）　○大苗（だいみん、大明）

「乜、米、密」は*/me/にも現れる。

○乜（め、目）　○吾乜（うめ、梅）　○谷米（こめ、米）　○嗑子密的（あつめて、集めて）

「堪枇（かみ、紙）」は、「かみ→かび[kabi]」の変化を示している。

*/ni/に対応する部分に「尼、寧」が現れる。

音訳字	中原音韻	東国正韻	訓蒙字会	西儒耳目資	推定音価
に　尼	ni, niəi	ni’	ni	nie, i, ni	ni
寧	niəŋ	☆	☆	nim	niŋ

＜用例＞

○尼買毎（にもんめ、二匁）　○惹尼（ぜに、銭）　○寧哇的（にぐわつ、二月

「尼」は*/ne/にも現れる。

○孔加尼（こがね、黄金）

*/ri/に対応する部分に「人、利、里、立、領、力、地、尼、龍、粦」が現れる。

音訳字	中原音韻	東国正韻	訓蒙字会	西儒耳目資	推定音価	備　考
り　人	rɪən	☆	zin	jin	ri	
利	li	☆	☆	☆	ri	
里	li	☆	ri	☆	ri	
立	liəi	rip	rip	lie	ri	
領	liəŋ	☆	☆	lim	ri	
力	liəi	☆	☆	☆	ri	
地	ti	☆	☆	ti	ri	r-d
尼	ni, niəi	ni’, ’i’	ni	ni, nie, i	ri	r-n
りゆう龍	loŋ	☆	rjoŋ	☆	rju:	
りん　粦	隣　liən	鄰　rin	鄰　rin	lin	riɴ	「きりん」

＜用例＞

○鬱勃人誇（おもりこ、思り子）　○吾利（うり、瓜）　○分達里（ひだり、左）
○麻佳里（まかり、碗）　○牙立（やり、鑓）　○員領（えり、襟）　○氣力（きり、霧）
○土地（とり、鶏）　○加尼尼失（(あ）がりにし、東西）　○龍暗（りゆうがん、龍眼）
○基粦（きりん、麒麟）

「里、立」は*/re/にも現れる。

○約姑里的（よくれて、夜暮れて）　○法立的（はれて、晴れて）

*/wi/に対応する部分に「依」が現れる。

音訳字	中原音韻	東国正韻	訓蒙字会	西儒耳目資	推定音価
ゐ　依	iəi	’jɔk	☆	ie	wi

＜用例＞

○依嗑喇（ゐがはら、井河原）

{よう}（1620）

＜用例＞

○きよらく（清らく）　○りうきう国（琉球国）；　○いしふきやう（石奉行）　○そうふきやう（総奉行）　○まきり（間切）；　○ちよく（強く）　○大ちよもいかなし（大ちよ思い加那志）　○こちひらの（東風平の）；○御はかのさうちハ（御墓の掃除は）；○ひのもん（碑の文）　○御ちよわひめしよわに；　○しゆるてゝ　○しよりより（首里より）　○いしふきやう（石奉行）　○けらゑらしめさよわちへ（造らゑらし召さよわちへ）　○ほるへし（彫るべし）　○めしよわちへ（召しよわちへ）；○あんしおそい（按司襲い）；○ミ御ミつかい　○おかミ申候（拝み申候）　○をかみ申候（拝み申候）；○にせれ（似せれ）　○にせる（似せる）　○ちばなにしたけに（知花西嶽に）　○ふうくに（果報国）　○みらに（見らに）；○りうきう国（琉球国）　○てりあかりめしよわちやこと（照り上がり召しよわちやこと）　○しよりより（首里より）　○まきり（間切）

（用例なし）*/bi/

{おも２}（1613）

＜用例＞

○きこゑ中くすく（聞こゑ中城）　○きちへ（着ちへ）　○よきやのろの（よきや神女の）　○きよらや（清らや）　○ひきよせれ（引き寄せれ）　○きよる（来居る；○あらきやめ＜有る限り＞　○なたかつるき（名高剣）　○おしあけつるき（押し上げ剣）○やきのうら（八木の浦）　○いちよのしきや（いちよのしぎや）；○いちやぢや（板門）○きちへ（着て）　○きちやれ（来ちやれ）＜来たれ＞　○ちばなにしたけ（知花西嶽）○てもち（手持ち）　○のちも（命も）　○もちちへ（持ちちへ）＜持って＞；○御はかのさうちハ（御墓の掃除は）；○ひかのうみ（東の海）　○ひきよせれ（引き寄せれ）○ひやし（拍子）　○ひらひらは（坂々は）　○ゆかるひに（良かるひに）　○よかるひに（良かるひに）；*/bi/に対応する用例なし。；○いしと（石と）○こゑく世のぬしの（越来世の主の）　○しやり（し遣り）＜して＞　○ひやし（拍子）　○しらなみや（白波や）○よしのうらの（吉の浦の）　○わしのみね（鷲の嶺）；　*/zi /に対応する用例なし。；○かみの（上の）　○かみや（神や）　○きみのあちの（君の按司の）　○つゝみ（鼓）○みもの（見物）　○みやあけれは（見上げれば）；○にせれ（似せれ）　○にせる（似せる）　○ちばなにしたけに（知花西嶽に）　○ふうくに（果報国）　○みらに（見らに）；○あかるもりくすく（上がる杜城）　○しやり（し遣り）　○ほつむもり（ほつむ杜）

{おも３}（1623）

表記の上では、「イ段の仮名」が使用されているが、「エ段の仮名」との混用が散見される。

○めいるな＜見えるな＞　○ゑひやの二はなれ＜伊平屋の二離れ＞　○さゑく＜細工＞

＜用例＞

○きたたんのみやに（北谷の庭に）　○きちへ（来ちへ）＜来て＞　○きむ（肝）○たうあきない（唐商い）　○かたき（敵）　○つき（月）　○ひきいちへ物（引き出物）；○だしきやくぎ（だしきや釘）　○あらむぎやが（新麦が）　○つちきりに（土斬りに）

○つちぎりに（土斬りに）　○とぎやわ（銛わ）；○ちおとちや（乳兄弟）　○ちおとぢや（乳兄弟）　○ちかさ（近さ）○くちや（口や）　○たちより（立ち居り）　○つちやちよむ（土やちよむ）　○みち（道）　○て（手）　○てにからわ（天からわ）　○てにち（天地）；○ぢいからは（地からは）　○あち（按司）　○あぢ（按司）　○いちのかぢ（一の舵）　○せぢ<霊力>；○世かるひに（良かる日に）　○よかるひいに（良かる日に）　○ひかわひら（樋川坂）　○ひとのおやに（人の親に）　○ひるは（昼は）　○ひろく（広く）　○よろい（鎧）　○ひやく（百）；○ひのもん（碑の文）　○ひのとのゐ（丁の亥）　○おもひくわへ（思い子部）　○おもひ二ら（思ひ二郎）　○思ひとく（思ひ徳）　○御とむらひに（御弔ひに）　○ひのとのゐのへに（丁の亥の日に）；○かなびやふ（金比屋武）<拝所名>　○かなひやふ（金比屋武）　○といきゝおび（十重帯）　○たれきゝおひ（垂れ帯）　○くひからむ（首からむ）；○したに（下に）　○しほの（潮の）　○しまか（島が）　○ましろ（真白）　○いしは（石は）○うし（牛）　○ことし（今年）　○はし（橋）○むかしはちめから（昔初めから）；○あんし（按司）　○おなごあんじやれどむ（女按司やれどむ）　○しましりに（島尻に）；○みこへ（御声）　○みこゑ（御声）　○みち（道）○みつ（水）　○みなと（港）　○みやこ（宮古）　○うみ（海）　○かゝみいろの（鏡色の）　○かみ（神）　○ゆみ（弓）　○にきりも（右も）；○にせる（似せる）　○かに<かく、このように>　○くに（国）　○せにこかね（銭金）　○ぜにこかね（銭金）；○たうりやり（田降り遣り）　○しましりに（島尻に）　○しより（首里）　○とまり（泊）○ひぢやりも（左も）　○もりの（杜の）

{本}（1624）

＜用例＞

○いまきしん（今帰仁）　○からめきミちへ　；○天きやすゑ（天ぎや末）　○石ふきやう（石奉行）　○天にあふき地にふして（天に仰ぎ地に伏して）　○御すきりめしよわちや事（御過ぎり召しよわちや事）；○ちいへい（指揮）　○一七日のうちに　○からめきミちへて　○御すきりめしよわちや事（御過ぎり召しよわちや事）　○けらへわちへ（造らへわちへ）；○御すしより（御筋より）「すぢ」；○およひ申さす（及び申さず）；○あんしおしられ（按司お知られ）　○いまきしん（今帰仁）　○あるましく候ほとに；○ミいくに（新くに）　○からめきミちへて　○ミはい（御拝）　○さいもんよミ候て（祭文詠み候て）　○をかミ申候ほとに（拝み申候ほどに）　○くしかミ（具志頭）　○国かミ（国頭）；○かくにて　○一七日のうちに　○いふにおよひ申さす（言ふに及び申さず）　○あたにや太郎（安谷屋太郎）　○あにあれは　○かにある事は　○まによこ（真如古）；○御おくりし申候（御送りし申候）　○かさり物を（飾り物を）　○御すきりましよわちや事（御過ぎり召しよわちや事）　○御給り候ほとに　○唐より　○をりふし（折り節）

{田 12}（1627）

＜用例＞

○きま村より（儀間村より）；○御み事；○大やくもいに（大屋子思いに）；○こおりの（郡の）　○きま村より（儀間村より）

（用例なし）*/ki/,*/ti/,*/pi/,*/bi/,*/si/,*/zi/

{田 13}（1628）

＜用例＞

○にしのこおりの（西の郡の）；*/zi /に対応する用例なし。； ○御ミ事； ○にしのこおりの（西の郡の） ○大やくもいに（大屋子思いに）；○にしのこおりに（西の郡に） ○たまわり申候

（用例なし）*/ki/,*/gi/,*/ti/,*/di/,*/pi/,*/bi/

{田 14}（1631）

＜用例＞

○きまの里主親雲上に（儀間の里主親雲上） ○きま村より（儀間村より）； ○御み事；○里之子親雲上に； ○こおりの（郡の） ○きま村より（儀間村より）

（用例なし）*/ki/,*/di/,*/pi/,*/bi/,*/si/,*/zi/

{田 15}（1634）

＜用例＞

○きまの子に（儀間の子に）； ○御ミ事；○きまの子に（儀間の子に）； ○たまハり申候

（用例なし）*/ki/,*/ti/,*/di/,*/pi/,*/bi/,*/si/,*/zi/

{田 16}（1660）

＜用例＞

○ちくとのハ（筑殿は）； ○ちくとのハ（筑殿は） ○儀間しに（儀間子に） ○御み事；○儀間しに； ○たまわり申候

（用例なし）*/ki/,*/gi/,*/pi/,*/bi/,*/zi/

Ⅲ－１－⑴－② ＊／e／

仮名資料においては原則的に「エ段の仮名」で表記されている。しかし、時に「イ段の仮名」との「混同」「混用」が見出される。漢字資料においては、ほとんどの場合、*/i/に対応する部分に現れる音訳字が*/e/に対応する部分にも現れる。音価としては[e]～[i]を想定するのが妥当のように思われる。これについては、通時的観点から、第Ⅶ章で詳しく述べる。ここでは、用例提示を旨とする。

{田 11}（1606）

表記の上では、「エ段の仮名」が使用されている。しかし、本来「けらい」であるはずの「けらへ」が示すように、「イ段の仮名」と「エ段の仮名」の混用が見られる。

＜用例＞

○けらへ（家来）； ○おしあけとミが（押上富が）； ○方へ ○けらへ（家来）； ○さとぬしへ（里主部） ○あくかへ（赤頭）； ○せんとう（船頭）

（用例なし）*/te/,*/de/,*/ze/,*/me/,*/ne/,*/re/

{使4}（1606）

＊/ke/に対応する部分に「基、及、急、見」が現れる。

音訳字	中原音韻	東国正韻	訓蒙字会	西儒耳目資	推定音価
け　基	ki	☆	kɯi	ki	kɪ
及	kiə	kkɯp	hɯp, kɯp	kie	kɪ
急	kiəi	kɯp	☆	kie	kɪ
けん見	kien, hien	kjɔn	kjɔn	kien, hien	kɪɴ

<用例>

○撒基（さけ、酒）　○牙及亦石（やけいし、焼け石）　○達急（たけ、竹）　○活見（ほつけん、絹）

「基、及、急」ともに＊/ki/にも現れる。

○悶都里一基（もどりいき、戻り行き）　○阿及（あき、秋）　○都急（つき、月

＊/ge/に対応する部分に「基、急、傑、其」が現れる。

音訳字	中原音韻	東国正韻	訓蒙字会	西儒耳目資	推定音価
げ　基	ki	☆	kɯi	ki	gɪ
急	kiəi	kɯp	☆	kie	gɪ
傑	kie	☆	kɔr	kie	gɪ
其	k ʻi	☆	☆	ki, hi?	gi

<用例>

○諸基（ざうげ、象牙）　○安急第（あげて、上げて）　○阿傑的（あげて、上げて）○品其（ひげ、髭）

「基、急、其」ともに＊/gi/にも現れる。

○皿基諾沽（むぎのこ、麦の粉）　○翁急（をぎ、荻、甘蔗）　○枉其（あふぎ、扇）

＊/te/に対応する部分に「第、剃、的、之、知、枚、支、只、的、都、得、甸」が現れる。

音訳字	中原音韻	東国正韻	訓蒙字会	西儒耳目資	推定音価
て　第	tiəi	☆	tjɔi	chi, çu	tɪ
剃	ʻtiəi	☆	☆	☆	tɪ
的	tiəi	tjɔk	药　tjɔk	tie	tɪ
之	ʈʂɨ	ci'	芝　ci	chi	tsi
知	ʈʂɨ	☆	☆	chi	tsi
枚	məi	☆	☆	moei, mui	te?
支	ʈʂɨ	☆	☆	chi	tsi
只	ʈʂɨ	cirʔ	☆	chi	tsi
てい的	tiəi	tjɔk	药　tjɔk	tie	tɪ

都	tu	to’	to	tu	tɨi
得	təi	tɯk	☆	te	tei
てん甸	tien	ttjɔn, ssiŋ	tjɔn	tien, xien, xim	tɪn

＜用例＞

○安急第（あげて、上げて）　○剃（て、手）　○法立的（はれて、晴れて）　○吃之（きて、来て）　○掲知（きて、来て）　○榻枚（きて？、来て？）　○榻支（きて？、来て？）　○密只（みて、見て）　○倭的毎（くわうていまへ、皇帝前、皇帝）　○倭都毎（くわうていまへ、皇帝前、皇帝）　○嗑得那使者（くわうていのししや、皇帝の使者、朝貢使臣）　○甸尼（てん、てんに？、天）

「之、只」は*/ti/にも、「的、都」は*/tu/にも、それぞれ現れる。

○窟之（くち、口）　○只（ち、地）　○寧哇的（にぐわつ、二月）　○都急（つき、月）

*/de/に対応する部分に「嚏、得」が現れる。

音訳字	中原音韻	東国正韻	訓蒙字会	西儒耳目資	推定音価
で　嚏	tiəi	☆	☆	☆	de
得	təi	tɯk	☆	te	de

*/di/, */du/と共通に現れる音訳字、なし。

＜用例＞

○忿嚏（ふで、筆）　○波得（ほでり、雷）

*/pe/に対応する部分に「乜、牙、葉、兼」が現れる。

音訳字	中原音韻	東国正韻	訓蒙字会	西儒耳目資	推定音価	備　考
へ　乜	也　ie	也　’ja’	也　’ja	☆	e, ɪ	「也」の誤り
牙	ia	☆	’a	☆	e	
葉	ie	’jɔp, sjɔp	’jɔp	ie, xe	e, ɪ	

＜用例＞

○吾乜《ママ》（うへ、上）　○悪牙密即（うへみち、上道）　○嗑喇亦葉牙（かはらいへや、瓦家屋？）

「牙」は*/pi/にも現れる。

○密由烏牙（みゆはひ、御祝ひ）

*/be/に対応する部分に「日、平、別、襪」が現れる。

音訳字	中原音韻	東国正韻	訓蒙字会	西儒耳目資	推定音価
べ　日	riəi	zirʔ	zir	je	be　(?)
平	p‘iəŋ	☆	☆	☆	bɪ
別	pie	pjɔrʔ, ppjɔr	☆	pie	bɪ

襪	wa	☆	☆	ua, va	bɪ（?）

*/bi/と共通の音訳字、なし。

＜用例＞

○司眉日尸（せんべつ、餞別）　○麻平的（のべて、伸べて）　○拿別（かべ、壁）

*/se/に対応する部分に「済、司、尸、些、受、森、先」が現れる。

音訳字	中原音韻	東国正韻	訓蒙字会	西儒耳目資	推定音価
せ　済	tsiəi	☆	☆	çi	sɪ
司	ʂɨ	sʌʼ	sʌ	su	sɪ
尸	ʂɨ	☆	☆	xi	si
些	sie	saʼ, sjaʼ	☆	se, sie	sɪ
せう　受	ʃɪəu	☆	☆	☆	ʃoː
せん　森	səm	sʌn	☆	sen, xin	sɪn
先	sien	sjən	跣　sjən	sien	sɪn

＜用例＞

○司眉日尸（せんべつ、餞別）　○由六尸（ゆるせ、放せ）　○些姑尼即（せ（ち）くにち、節句日）　○窟受（こせう、胡椒）　○森那（せんの、千の）　○先扎（せんじや？兄）

「司」は*/si/, */su/にも、「尸」は*/si/にも、それぞれ現れる。

○申司（しんし、真使）　○司黙（すみ、墨）　○曲尸（こし、腰）

*/ze/に対応する部分に「支、惹、濟」が現れる。

音訳字	中原音韻	東国正韻	訓蒙字会	西儒耳目資	推定音価
ぜ　支	tʂɨ	ciʼ	ci	chi	ʥi
惹	rɪo	☆	☆	je	ʥi
濟	tsiəi	☆	☆	☆	ʥi

*/zi/, */zu/と共通する音訳字、なし。

＜用例＞

○（支尼）（ぜに、銭）　○惹尼（ぜに、銭）　○嗑濟（かぜ、風）

*/me/に対応する部分に「乜、米、毎、密、拖、名、綿」が現れる。

音訳字	中原音韻	東国正韻	訓蒙字会	西儒耳目資	推定音価
め　乜	☆	☆	☆	☆	mɪ
米	miəi	mjəiʼ	mi	mi	mɪ
毎	muəi	mʌiʼ	mʌi	moei, mui	mɨ
密	miəi	mirʔ	蜜　mir	mie	mɪ
拖	tʻo	☆	☆	tʻo	mɨ?
めい名	miəŋ	mjəŋ	mjəŋ	mim	mɪi?

めん綿	mien	mjɔn	mjɔn	mien	mɪɴ

<用例>

○速畐拖枚（つとめて、夙めて）　○乜（め、目）　○吾乜（うめ、梅）　○谷米（こめ、米）　○一止買毎（いちもんめ、一匁）　○嗑子密的（あつめて、集めて）　○包名（はうめい、報名）　○木綿（もめん、木綿）

「乜、米、密」は*/mi/にも現れる。

○吾乜（うみ、海）　○米南米（みなみ）　○密乃度（みなと、港）

*/ne/に対応する部分に「乜、尼、眠、聶」が現れる。

音訳字	中原音韻	東国正韻	訓蒙字会	西儒耳目資	推定音価	備　考
ね　乜	☆	☆	☆	☆	nɪ	
尼	ni, niəi	ni'	ni	nie, i, ni	nɪ	
眠	mien	mjɔn	mjɔn	mien	nɪm	「ぶ」の前
聶	nie	njɔp	鑷 njɔp	nie	nɨ	

<用例>

○乜禄（(こ) ねる、捏る）　○孔加尼（こがね、黄金）　○眠不里（ねぶり、眠り）　○聶（ね、鼠）

「尼」は*/ni/にも現れる。

○尼買毎（にもんめ、二匁）　○惹尼（ぜに、銭）

*/re/に対応する部分に「里、立」が現れる。

音訳字	中原音韻	東国正韻	訓蒙字会	西儒耳目資	推定音価
れ　里	li	☆	☆	☆	ri
立	liəi	rip	rip	lie	rɪ
れい　利	li	☆	☆	☆	ri:

<用例>

○約姑里的（よくれて、夜暮れて）　○法立的（はれて、晴れて）　○利是（れいし、茘枝）

「里、立」は*/ri/にも現れる。

○分達里（ひだり、左）　○麻佳里（まかり、碗）　○牙立（やり、鑓）

*/we/に対応する部分に「一、葉」が現れる。

音訳字	中原音韻	東国正韻	訓蒙字会	西儒耳目資	推定音価
ゑ　一	iəi	☆	☆	ie	wɪ
葉	ie	' jɔp, sjɔp	' jɔp	ie, xe	wɪ

＜用例＞

○一更加（ゑきが、男）　○葉（ゑ、絵）

｛よう｝（1620）

表記の上では、「エ段の仮名」が使用されている。

＜用例＞

○いけくすく（池城）；　○やりよるけにてて　○けらゑらし（造らゑらし）；　○ゑそのてたの御はか（英祖のテダの墓）　○やりよるけにてて　○のこらにしゆるてゝ（残らにしゆるてて）　○てりあかりめしよわちやこと（照り上がり召しよわちやこと）；　○なるまても；　○かのへさる（庚申）　○すへまさる王にせかなしは（末勝る王にせ加那志は）　○めしよわちへ　；○からめくへしと　○ほるへし（彫るべし）　○世あすたへ（世長老部）；　○王にせかなし（王仁世加那志）；　○御さうせめしよわちへ（御思想召しよわちへ）；○めしよわちへ（召しよわちへ）　○たてめしよわちやる（建て召しよわちやる）　○からめくへしと；＊/ne/に対応する用例なし。；　○あにあれは（あにあれば）　○うらおそいのようとれは（浦襲いのようどれは）

｛おも２｝（1613）

表記の上では、「エ段の仮名」が使用されているが、「イ段の仮名」も現れる。

○かけふさい＜掛け栄え＞　○はいて＜栄えて＞　○きみはい＜君南風＞は　○まいたて＜前立て＞　○こいくあやみや＜越来綾庭＞に　○こいて＜越えて＞　○みこい＜御声＞

＜用例＞

○けおの（今日の）　○けよから（今日から）　○かけて（掛けて）　○かけふさい（掛け栄い）；　○あけかなし（上げ加那志）＜神女名＞　○おしあけつるき（押し上げ剣）　○みやあけれは（見上げれば）；　○こゑくこてるわに（越来こてるわに）　○つめて（集めて）　○てもち（手持ち）　○はうて（這うて）　○せめて（攻めて）；　○うちちへ（打ちちへ）　○御まへ（御前）　○きちへ（着て）　○へともい（辺戸思い）＜人名＞　○うへて（植へて）；　○こゑくくせみやに（越来奇せ庭に）　○せめて（攻めて）　○なりあからせ（鳴り上がらせ）　○にせる（似せる）　○はやせ（囃せ）　○ひきよせれ（引き寄せれ）；　○めつらしや（珍しや）　○せめて（攻めて）；　○ね（根）　○ねくに（根国）　○かねと（金と）　○しねりやよきやのろの；　○きちやれ（来ちやれ）＜来たれ＞　○これと（之と）　○にせれ（似せれ）　○よせれ（寄せれ）　○こゑくあやみや＜越来綾庭＞に

（用例なし）＊/de/, ＊/be/, ＊/ze/

｛おも３｝（1623）

表記の上では、「エ段の仮名」が使用されているが、「イ段の仮名」との混用が散見される。

○めいるな＜見えるな＞　○ゑひやの二はなれ＜伊平屋の二離れ＞

＜用例＞

○け（気）＜霊力＞　○けお（今日）　○けお（京）　○さけと（酒と）　○たけ（竹）；○けすと（下司と）　○げすからと（下司からど）　○みおもかけ（御面影）　○みおもかげ（御面影）　○なけくな（嘆くな）　○なげくな（嘆くな）；　○て（手）　○てにからわ（天からわ）　○てにち（天地）　○あいて（相手）　○ふてつ（一つ）；　○とかでは（十日では）　○とかでゑは（十日でゑは）　○なてころか（撫で男が）　○なてゝ（撫でて）　○くでけんのわかきよ（久手堅の若人）　○そで（袖）；　○いへ（言へ）　○なみのうへ（波の上）　○そろへて（揃へて）　○そろゑて（揃ゑて）　○まへ（前）　○まゑ（前）；　○へにのとりの（紅の鳥の）　○あすたべ（長老部）　○あすべは（遊べば）　○なべたるが（鍋樽が）　○なへたるか（鍋樽が）；　○せと（船頭）　○せんとう（船頭）　○せんのいのり（千の祈り）　○こせて（着せて）；　○せにこかね（銭金）　○ぜにこかね（銭金）　○かせ（風）　○かぜ（風）　○さうせ＜考え、思慮＞；○みるめ（見る目）　○めつらし（珍し）　○めやらべが（女童が）　○あめ（雨）　○こめす世のぬしの（米須世の主の）　○ためが（為が）　○いめの（夢の）；　○ね（音）　○ねいし（根石）　○ねがて（願て）＜願って＞　○ねふさ（眠さ）　○たまみねふ（玉御柄杓）　○たまみねぶ（玉御柄杓）　○あねの（姉の）　○かねは（金は、鉄は、金属は）　○こかね（金、黄金）　○ふね（船）　○あやみねに（綾嶺に）；　○あれとも（有れども）　○かつれんと（勝連と）　○これ（之）　○すくれて（優れて）　○すぐれて（優れて）　○すれは（為れば）　○はりゑや（晴りゑや）＜晴れは＞

｛本｝（1624）

表記の上では、「エ段の仮名」が使用されている。

＜用例＞

○御はかけらへわちへ（御墓造らへわちへ）　○ごんげんも（権現も）；　○あつめ候て（集め候て）　○からめきミちへて　○御ミつかいすれてて　○たてめされ候（建て召され候）；○千年萬年までも；○けらへわちへ（造へわちへ）　○ちいへい（指揮）　○からめきミちへて；　○たたるへし（祟るべし）　○しるへのために（標のために）　○世あすたへ（世長老部）　○わらへの（童の）；　○めとも（女共）　○御たてめされ候（御建て召され候）　○めしよわちや事；＊/ne/に対応する用例なし。；　○大あんしおしられの（大按司おしられの）　○御ミつかいすれてて（御御遣いすれてて）　○あにあれは（用例なし）＊/ke/,＊/se/,＊/ze/

｛田 12｝（1627）用例なし　｛田 13｝（1628）用例なし　｛田 14｝（1631）用例なし
｛田 15｝（1634）用例なし　｛田 16｝（1660）用例なし

Ⅲ－１－⑴－③　＊／a／

この項目に関しては、問題はない。ただ、漢字資料の場合、＊/o/と共通の音訳字が多く現れる。これについては、第Ⅱ章で述べたことと同じである。

{田11}(1606)

<用例>

○あくかへ(赤頭);　○おしあけとミが(押上富が)　○ちやくにとミか(謝国富が);
○たまわり申候(賜り申候;　○せんとうハ(船頭は);　○さとぬしへ(里主部);
○たまわり申候　○まいる(参る);　○けらへ(家来)
(用例なし) */da/*/ba/*/za/*/ na/

{使4}(1606)

*/ka/に対応する部分に「噶、嗑、佳、加、刊、堪、看、脚、甲、拿、開、凱、害、蓋、稿、槁、括、科、各」が現れる。

音訳字	中原音韻	東国正韻	訓蒙字会	西儒耳目資	推定音価	備　考
か　噶	葛　ko	☆	☆	☆	kɑ	
嗑	ko	嗑　har	榼　hap	ho	kɑ	
佳	kiai	☆	☆	kia, kiai, chui	k(j)a	
加	kia	ka'	茄　kja	kia	k(j)a	
刊	k 'an	khan	☆	k 'an	kam	「かみなり」
堪	k 'am	☆	☆	☆	kam	
看	k 'an	khan	kan	k 'an	khan, kham	「ぢ・ぶ」の前
脚	kiau	☆	kak	kio	k(j)a	
甲	kia	☆	kak	kia	k(j)a	
拿	na	☆	☆	na	ka	
かい開	k 'ai	khai'	kʌi	k 'ai	khai	
凱	k 'ai	khai'	☆	k 'ai	khai	
害	hai	hhai'	☆	hai, ho	kai	
蓋	kai, ho	☆	☆	ko, ho, kai	kai	
かう稿	kau	槁　kow	犒　ko	稾　kao	kau	
槁	kau	kow	犒　ko	稾　kao	kau	
科	k 'o	khoa'	koa	k 'uo, ko	ko:	
かつ嗑	ko	嗑　har	榼　hap	ho	kɑ	
括	kuo	☆	☆	kuo, huo	kɑ	
かは嗑	ko	嗑　har	榼　hap	ho	kɑ	
かひ蓋	kai, ho	☆	☆	ko, ho, kai	kai	
かふ各	ko	kak	骼　kak	ko	kjo?	

<用例>

○打荅噶(たか、鷹)　○嗑済(かぜ、風)　○麻佳里(まかり、碗)　○即加撒(ちかさ、近さ)　○刊眉(かみ(なり)、雷)　○堪枇(かみ、紙)　○看失(かぢ、舵)　○倭眉脚都司墨(おみかどすみ、御帝墨、勅書)　○押甲嗑尼(あかがね、銅)　○拿別(かべ、壁)　○開第(かいて、書いて)　○凱(かい、櫃?)　○害宅(かいち、獬豸)　○蓋乞(かいき、改機)　○稿炉(かうろ、香炉)　○槁(かう、香)　○括基(かつき、

活気？、快活）　○科的（かうて、買うて）　○嗑乜那各（かめのかふ、亀の甲）

*/ga/に対応する部分に「嗑、喈、加、暗」が現れる。

音訳字	中原音韻	東国正韻	訓蒙字会	西儒耳目資	推定音価
が　嗑	ko	嗑　har	榼　hap	ho	gɑ
喈	kiai	☆	☆	☆	g(j)a
加	kja	ka’	茄　kja	kia	g(j)a
がん暗	am	ʔam	’ am	han, gan	gaɴ

＜用例＞

○噶嗑尼（こがね、黄金）　○喈哪（がな、鵞）　○孔加尼（こがね、黄金）　○龍暗（りゆうがん、龍眼）

*/ta/に対応する部分に「打、大、達、塔、撻、苔、借、者、刀」が現れる。

音訳字	中原音韻	東国正韻	訓蒙字会	西儒耳目資	推定音価
た　打	ta	☆	☆	ta, tim	ta
大	ta, tai	tta’, ttai’, thai’, thoa	☆	ta, t’o, to, toi	ta
達	ta	tharʔ, ttarʔ	闥　tar	t’a, ta	ta
塔	t ‘a	thap	thap	t ‘u	tha
撻	t ‘a	☆	☆	t ‘a	tha
苔	ta	☆	☆	ta	ta
借	tsie	☆	chja	çie, cha	ʧa
者	ʧɪe	cja	cja	che	ʧa
たう刀	tau	tow	to	tao, tiao	tau

＜用例＞

○打苔噶（たか、鷹）　○乞大（きた、北）　○達急（たけ、竹）　○塔嗑牙（たかや、高屋）　○撻馬（たま、玉、珠）　○嗑苔拿（かたな、刀）　○一借沙（いたさ、痛さ）　○阿者（あした、明日）　○大刀（だいたう、大唐）

*/da/に対応する部分に「達、代、大」が現れる。

音訳字	中原音韻	東国正韻	訓蒙字会	西儒耳目資	推定音価
だ　達	ta	tharʔ, ttarʔ	闥　tar	t’a, ta	da
だい大	ta, tai	tta’, ttai’, thai’, thoa	☆	ta, t’o, to, toi	dai
代	tai	ttʌi’	tʌi	tai	dai

＜用例＞

○分達里（ひだり、左）　○代（だい、台、卓）　○大刀（だいたう、大唐）

*/pa/に対応する部分に「嗑、扒、花、法、、抛、麥、哇、排、包、迫」が現れる。

音訳字	中原音韻	東国正韻	訓蒙字会	西儒耳目資	推定音価
は　嗑	ko	har	hap	ho	ha
扒	puʌi	pai’		pai	pa
花	hua	hoa’	hoa	hoa	ɸa
法	fa	pɔp	pɔp	fa	ɸa
抛	p ‘au	☆	☆	p ‘ao	pa
麥	mai	☆	☆	☆	pa
哇	ua	ʔoa’，ʔai’	蛙　’ oa	ua, ya	wa
はい　排	p ‘ai	ppai’	pʌi	p ‘ai, pai	pℎai
はう　包	pau		袍　pho	p ‘ao, pao	pau
哇	ua	ʔoa’，ʔai’	蛙　’ oa	ua, ya	wa:
はや　排	p ‘ai	ppai’	pʌi	p ‘ai, pai	pℎai
迫	po, pai	☆	☆	☆	pai

＜用例＞

○嗑甲馬（はかま、袴？）　○扒只（はし、橋）　○花孫（はす、蓮）　○法禄（はる、春）　○抛拿（はな、花）　○麥匙（はし、箸）　○嗑哇（かは、皮）　○嗑哇喇（かはら、瓦）　○排失之（はいして、拝して）　○包名（はうめい、報名）　○司哇（すはう、蘇芳）　○排姑（はやく、早く）　○迫姑（はやく、早く）

*/ba/に対応する部分に「法、班、褒、半」が現れる。

音訳字	中原音韻	東国正韻	訓蒙字会	西儒耳目資	推定音価
ば　法	fa	pɔp	pɔp	fa	ba, ɓa
班	pan	pan	☆	pan	ban
ばう　褒	pau	☆	☆	☆	bau
ばん　半	puon	pan	伴　pan	puon	bɑn

＜用例＞

○福法各（ふばこ、文箱）　○汪班尼（おばに、御飯）　○褒子（ばうず、坊主）　○札半失（ちやばんじ、茶飯事）

*/sa/に対応する部分に「沙、撒、舎、挿、奢、菜、左、山」が現れる。

音訳字	中原音韻	東国正韻	訓蒙字会	西儒耳目資	推定音価
さ　沙	ʂa	☆	sa	pa, so, xa	sa
撒	sa	san, sarʔ	san	sa	sa
舎	ʃɪe	sja	sja	xe	ʃa
挿	ʈʂa	☆	☆	☆	ʃa
奢	ʃɪe	☆	☆	☆	ʃa
さい　菜	ts ‘ai	chʌi’	chʌi	ç ‘ai	sai
さう　左	tso	☆	coa	ço	so:

さん　山	san	☆	san	xan	san

<用例>

○一借沙（いたさ、痛さ）　○即加撒（ちかさ、近さ）　○撒基（さけ、酒）　○由沽辣舎（ほこらさ、誇らさ）　○揷息（さす、鎖）　○匹奢（ひさ、足、脚）　○菜（さい、菜）　○左詩（さうし、草紙）　○山買毎（さんもんめ、三匁）

*/za/に対応する部分に「舎、喳、諸」が現れる。

音訳字	中原音韻	東国正韻	訓蒙字会	西儒耳目資	推定音価
ざ　舎	ʃɪe	sja	sja	xe	ʤa
ざう　喳	ʈʂa	☆	渣　ca	查　cha	ʣau
諸	ʧɪu	☆	☆	chu	ʤʊ:

<用例>

○匹舎蛮資之（ひざまづき、跪）　○喳（ざう、象）　○諸基（ざうげ、象牙）

*/ma/に対応する部分に「馬、蛮、麻、慢、罔、毎」が現れる。

音訳字	中原音韻	東国正韻	訓蒙字会	西儒耳目資	推定音価
ま　馬	ma	ma’	ma	ma	ma
蛮	man	☆	☆	man	ma
麻	ma	ma’	ma	ma	ma
慢	man	man	漫 man	man	man
まう罔	網　waŋ	maŋ	maŋ	vam	mau
まへ毎	muəi	mʌi’	mʌi	moei, mui	me:?
まん麻	ma	ma’	ma	ma	ma

<用例>

○馬足（まつ、松）　○匹舎蛮資之（ひざまづき、跪）　○麻佳里（まかり、碗）　○慢的（まづ、先づ）　○罔巾（まうきん、網巾）　○毎（まへ、前）　○麻就吐失（まんじふとし、万歳年）

*/na/に対応する部分に「哪、吶、男、那、南、乃、納、拿、妳、奈」が現れる。

音訳字	中原音韻	東国正韻	訓蒙字会	西儒耳目資	推定音価
な　哪	那　na	那　na’	梛　na	那　na, no	na
吶	納　na	☆	納　nap	☆	na
男	nam	☆	nam	nan	na(ŋ)
那	na	na’	梛　na	na, no	na
南	nam	nam	nam	nan	nam
乃	nai	nai’	☆	nai, gai	na
納	na	☆	nap	☆	na
拿	na	☆	☆	☆	na
ない　妳	你　ni	☆	你　ni	☆	nai

奈	nai, na	☆	☆	nai	nai
なん　南	nam	nam	nam	nan	nam, nan

<用例>

○喈哪（がな、鵞）　○倭王嗑吶尸（わうがなし、王加那志）　○烏男姑（をなご、女子、女）　○是那（すな、砂）　○米南米（みなみ、南）　○密乃度（みなと、港）○拿納子（ななつ、七）　○妳（ない、無）　○漫晶奈（まどない、暇無）　○南及之（なんぎし、難儀し）

*/ra/に対応する部分に「藍、蘭、喇、辣、籟、闌」が現れる。

音訳字	中原音韻	東国正韻	訓蒙字会	西儒耳目資	推定音価
ら　藍	lam	ram	nam	lan	ran
蘭	lan	☆	☆	lan	ra(n)
喇	la	☆	☆	剌　la	ra
辣	la	☆	☆	la	ra
らひ　籟	☆	☆	☆	☆	rai
喇	la	☆	☆	剌　la	rai
らん　藍	lam	ram	nam	lan	ran
闌	lan	☆	☆	lan	ran

<用例>

○嗑哇喇（かはら、瓦）　○它喇（とら、虎）　○由沽辣舎（ほこらさ、誇らさ？）○失藍子（しらず、知らず）　○嗑藍子（からづ、髪）　○嗑蘭自之（からじげ、頭毛、髪）　○大籟（たらひ、盥）　○瓦喇的（わらひて、笑ひて）　○失藍（しらん、知らん）○迷闌（みえらん、見えらん）

*/wa/に対応する部分に「瓦、哇、王、倭、敖、窩」が現れる。

音訳字	中原音韻	東国正韻	訓蒙字会	西儒耳目資	推定音価
わ　瓦	ua	☆	’oa	☆	wa
哇	ua	ʔoa’, ʔai’	蛙　’oa	ua, ya	wa
わう　王	iuaŋ	☆	’oaŋ	vam, uam	wau
倭	uo, uəi	ʔoa’	’oa	goei, uei, uo	wo:
哇	ua	ʔoa’, ʔai’	蛙　’oa	ua, ya	wo:
敖	au	ŋow	鰲　‘o	gao	wau
窩	uo	ʔoa’	’oa	uo	o:
わん　瓦	ua	☆	’oa	☆	waɴ

<用例>

○瓦喇的（わら（ひ）て、笑（ひ）て）　○哇禄撒（わるさ、悪）　○枯哇（こ、子）○倭王嗑吶尸（わうがなし、王加那志）　○倭奴（わうの、王の）　○油哇（ゆわう、硫黄）　○敖那（わうの、王の）　○瓦奴（わんの、我の）

{よう}(1620)

＜用例＞

○かのへさる(庚申)○この御はかの(この御墓の); ○からめくへし ○てたかすゑ(テダが末) ○あんしかなしも(按司加那志も) ○おかミ申候(拝み申候) ○をかみ申候(拝み申候) ○てりあかりめしよわちやこと(照り上がり召しよわちやこと); ○たてめしよわちやる(建て召しよわちやる) ○たまくすく(玉城) ○世あすたへ(世長老部) ○よむたもさ(読谷山); ○ゑそのてたの御はか(英祖のテダの御墓); ○この御はかの(この御墓の) ○あはこん(阿波根) ○ようとれは ○あとハ ○御なハ; ○あにあれは ○あさくならはほるへし(浅くならば彫るべし); ○御さうせめしよわちへ(御思想召しよわちへ) ○さうちハ(掃除は) ○かのへさる(庚申) ○あさくならは(浅くならば) ○すへまさる(末勝る); ○よむたもさの(読谷山の); ○まきり(間切) ○まさる(勝る) ○なるまても(成るまでも) ○たまくすく(玉城) ○まゑに(前に); ○ならは(成らば) ○御なハ(御名は) ○なるまても(成るまでも); ○あさくならは(浅く成らば) ○うらおそい(浦襲い) ○からめくへしと ○きよらく(清らく) ○けらゑらしめしよわちへ(造らへらし召しよわちへ) ○こちひら(東風平) ○のこらにしゆるてゝ(残らにしゆるてて)

{おも2}(1613)

＜用例＞

○かねと(金と、鉄と)○つかい(使い) ○わかつかさ(若司) ○わかまつ(若松) ○あちかす(按司数) ○かみの(上の) ○むかて(向かて); ○あがるいに(東に) ○あかるもり(上がる杜) ○きやかるひに(輝がる日に) ○こかねけは(黄金けは) ○たるが(誰が) ○なりあからせ(鳴り上がらせ) ○世がけせぢ(世掛けせぢ); ○かたなうち(刀佩ち)＜刀佩き＞ ○たまよ(玉よ) ○よた(覡) ○うたん(討たん) ○したたりや(直垂や); ○あたにやも(安谷屋も) ○かほうてた(果報てだ); ○あたにやは(安谷屋は) ○あはれわかまつ(あはれ若松) ○はうて(這うて) ○はやせ(囃せ)○はやふさ(隼); ○ちばなにしたけに(知花西嶽に) ○うたは(打たば); ○さうす(清水) ○さうせて(想せて)＜考えて＞ ○さちへ(差ちへ)＜差して＞ ○はやふさ(隼) ○世のふさい ○世まさるみやかり(世勝るみやがり); ○わかまつ(若松) ○しまのねに(島の根に) ○まさる(勝る) ○まぢうん＜一緒に＞ ○まわちへ(回ちへ)＜回して＞ ○まぶれ(守れ); ○なお(直) ○なかくすく(中城) ○かたなうち(刀佩ち); ○うら(浦) ○きよらや(清らや) ○しらなみや(白波や) ○よしのうらの(吉の浦の) ＊/za/に対応する用例なし。

{おも3}(1623)

＜用例＞

○かさなおり(風直り) ○かざなおり(風直り) ○かせ(風) ○かち(舵) ○かわはんた(川端) ○かみ(神) ○さかくらは(酒蔵は) ○ちかさ(近さ); ○こかね(黄金) ○あはれまへゑくか(あはれ真男) ○あがかいなであちおそい(吾が掻い撫で按司襲い) ○がぢやもりに(我謝杜に) ○いちやかわに(いちや川に);

○たけ（竹）　○たけ（丈）　○たけ（嶽）　○たまの（玉の）　○たひに（旅に）　○きたたんに（北谷に）　○うたい（謡い）　○うたは（打たば）　○あちやは（明日は）；　○まだまの（真玉の）　○よだ（枝）　○あだにやのもりに（安谷屋の杜に）　○くだせ（下せ）　○くたせ（下せ）　○さだけて（先立てて）　○たますたれ（玉簾）　○せだかあちおそいや（世だか按司襲いや）　○ひぢやりも（左も）；　○はくき（歯口）　○はし（橋）　○はなの（花の）　○はね（羽）　○はまかはに（浜川に）　○はゑ（南風）　○ひかわひら（樋川坂）　○かわひらに（川坂に）　○くろかわの（黒皮の）；　○たればかま（垂れ袴）　○たまばしり（玉走り）　○ひきやかわさは（山羊皮草履）　○あすべは（遊べば）；○さかな（肴）　○さけと（酒と）　○さくらか（桜が）　○さや（鞘）　○さゝけて（捧げて）　○あさつゆは（朝露は）；　○ゑんさしき（円座敷）　○ゑんざしき（円座敷）　○ほうざき（穂先）　○かざなおり（風直り）　○あざまあつめなに（安座間集め庭に）；　○まくら（枕）　○まつなみは（松並は）　○めまよ（目眉）　○なまの（今の）　○まるく（丸く）　○いみや（今）　○うまのかた（馬の絵）　○うまれとし（生まれ年）　○くるまかさ（車傘）　○しま（島）；　○なつ（夏）　○なゝの（七の）　○たうあきない（唐商い）　○はりつなや（張り綱や）　○はなの（花の）　○みなと（港）；　○かはらいのち（曲玉命）　○あやきくら（綾木鞍）　○くらま<弓>　○しらす（知らず）　○まかびたらひよもい（真壁太良ひ思い）　○とらうのとき（寅卯の時）

{本}（1624）

＜用例＞

○かにある事は　○くしかミ（具志頭）　○ミ御ミつかいすれてて（御御御使いすれてて）　○なか城おもひ二ら（中城思ひ二良）　○御はかけらへわちへ（御墓造らへわちへ）　○御すしよりほかに（御筋よりほかに）；　○あんしおそいかなしの（按司襲い加那志の）　○からめきミちへ　○国かミまさふろ（国頭真三郎）　○おやかなしの（親加那志の）　○ゑくか御三人（男御三人）　○をかミ申候ほとに（拝み申候ほどに）；　○たてめされ候（建て召され候）　○ために（為に）；　○あたにや太郎（安谷屋太郎）；　○ミはいからめき申候（御拝がらめき申候）　○御はかけらへわちへ（御墓造へわちへ）　○此御はかところは（此御墓所は）；　○入事あらは（入る事あらば）　○あにあれは；　○石のさいくあつめ候て（石の細工集め候て）　○さいもん（祭文）　○およひ申さす（及び申さず）　○まさふろ（真三郎）　○御たてめされ候（御建て召され候）；　○かさり物をすゑ（飾り物を据ゑ）　○御さ候間　○いふにおよひ申さす（言ふに及び申さず）；　○まさふろ（真三郎）　○あるましく候ほとに（あるまじく候ほどに）　○まによこ（真如古）　○千年萬年までも（千年万年までも）；　○なか城（中城）　○おなこ（女子）　○おやかなし（親加那志）；　○入事あらは（入る事あらば）　○おもひ二ら（思ひ二郎）　○からめきミちへて　○けらへわちへ（造へわちへ）　○御とむらひに（御弔ひに）

{田12}（1627）

○三拾石ハ；○南風のきまの（南風の儀間の）

（用例なし）*/ka/, */ga/, */ta/, */da/, */ba/, */sa/, */za/, */na/, */ra/

{田 13}（1628）

○たまわり申候（賜り申候）；　○仕上世奉行ハ；○たまわり申候

（用例なし）*/ka/, */ga/, */da/, */ba/, */sa/, */za/, */na/, */ra/

{田 14}（1631）

○たまわり申候（賜り申候）；　○はゑのこおりの（南風の郡の）　○三拾石ハ；　○きまの里之子親雲上に（儀間の里之子親雲上に）　○きま村より（儀間村より）○たまわり申候

（用例なし）*/ka/, */ga/, */da/, */ba/, */sa/, */za/, */na/, */ra/

{田 15}（1634）

○勢遣富か引の；　○たまわり申候（賜り申候）；　○筑殿ハ　○たまハり申候；　○きまの子に（儀間の子に）　○たまハり申候

（用例なし）*/ka/, */da/, */ba/, */sa/, */za/, */na/, */ra/

{田 16}（1660）

○勢遣富か引の；　○たまわり申候（賜り申候）；　○ちくとのハ（筑殿は）　○たまわり申候

（用例なし）*/ka/, */da/, */ba/, */sa/, */za/, */na/, */ra/

Ⅲ－１－(1)－④　*／u／

{田 11}（1606）

基本的に、「ウ段の仮名」で表記されている。「オ段の仮名」との混用の例は見当たらない。音価は[u]と考えられる。

<用例>

○あくかへ（赤頭）　○大やくもい（大屋子思い）；　○さとぬしへ（里主部）；　○まいる（参る）

（用例なし）*/gu/, */tu/, */du/, */pu/, */bu/, */su/, */zu/, */mu/

{使４}（1606）

第Ⅱ章の漢字資料について述べたのと同様、総じて、*/u/相当部分に現れる音訳字は、*/o/相当部分にも現れる。

*/ku/に対応する部分に「窟、姑、枯、谷、嗑、倭、館」が現れる。

音訳字	中原音韻	東国正韻	訓蒙字会	西儒耳目資	推定音価
く　窟	k ‘u	☆	kur	ko	ku
姑	ku	ko’	ko	ku	ku
枯	k ‘u	kho’	ko	k ‘u	ku
谷	ku	☆	kok	ko, kio	ku

くわう嗑	ko	嗑　har	榼　hap	ho	ko:
倭	uo, uəi	ʔoa’	’oa	goei, uei, uo	kwau
くわん館	kuon	☆	☆	☆	kwaɴ

<用例>

○窟之（くち、口）　○姑木（くも、雲）　○枯買毎（くもんめ、九匁）　○谷哇的（くぐわつ、九月）　○嗑得（くわうてい、皇帝）　○倭的毎（くわうていまへ、皇帝前）　○館牙（くわんや？、館屋？、館駅）

「窟、姑、枯、谷」は*/ko/にも現れる。

○窟受（こせう、胡椒）　○温ト姑里（おんほこり、御誇、謝恩）　○枯哇（こ、子）　○谷米（こめ、米）

*/gu/に対応する部分に「窟、吾、沽、哇」が現れる。

音訳字	中原音韻	東国正韻	訓蒙字会	西儒耳目資	推定音価
ぐ　窟	k ‘u	☆	kur	ko	gu
吾	u	☆	’ o	☆	gu
沽	ku	☆	☆	ku	gʊ
ぐわ哇	ua	? oa’ ,? ai’	蛙’ oa	ua, ya	gwa

<用例>

○窟宿枯（ぐすく、城、皇城）　○漫思吾（ますぐ、真直ぐ）　○馬訟沽（ますぐ、真直ぐ）　○焼哇的（しやうぐわつ、正月）

「吾」は*/go/にも現れる。

○吾買毎（ごもんめ、五匁

*/tu/に対応する部分に「司、子、孜、祖、足、速、的、都、禿、牝、尸、通」が現れる。

音訳字	中原音韻	東国正韻	訓蒙字会	西儒耳目資	推定音価
つ　司	sɨ	sʌ’	sʌ	su	(t)sɯ
子	tsɨ	ccʌ’	cʌ	çu	tsɯ
孜	tsɨ	☆	☆	çu	tsɯ
祖	tsu	co’	co	cu, chu	tsɯ
足	tsiu	cju’, cjuk	cjok	çu,　ço	tsɨ
速	su	sok	☆	so	(t)sɯ, (t)sɨ
的	tiəi	tjɔk	菂　tjɔk	tie	tsɨ
都	tu	to’	to	tu	tu
禿	t ‘u	thok	tok	t ‘o	tu
牝	piən	☆	☆	pin, xin	tu
尸	ʂɨ	☆	☆	xi	tsu

つう通	t ‘oŋ	☆	☆	tum	tuː

＜用例＞

○司禄（つる、鶴） ○嗑子撒（あつさ、熱さ） ○一子孜（いつつ、五つ） ○祖奴（つの、角） ○足止（つち、土） ○速都密的（つとめて、夙めて） ○寧哇的（にぐわつ、二月） ○都急（つき、月） ○禿有（つゆ、露）

○匹牝嗟（ひつじ、羊） ○司眉日尸（せんべつ、餞別、下程） ○通資（つうじ、通事）

「的、都」は*/te/にも現れる。「都」は*/to/にも現れる。資料に信頼を寄せるとすれば、*/tu/*/te/*/to/が音声的に共通性を有していたことであるから、*/tu/の母音部分の音価をそのように推定する必要がある。第Ⅱ章で、ハングル資料｛翻｝（1501）を分析して、*/tu/の母音の音価を[ɯ]と推定した。*/tu/の変化がその延長線上にあることを、「的、都」という音訳字が示していることになる。音価は[[ɯ]～[ɨ]が考えられよう。

○法立的（はれて、晴れて） ○倭都毎（くわうていまへ、皇帝前、皇帝） ○屋都（おと、弟）

*/du/に対応する部分に「子、資、足、的」が現れる。

音訳字	中原音韻	東国正韻	訓蒙字会	西儒耳目資	推定音価
づ 子	tsɨ	ccʌ'	cʌ	çu	dzɯ
資	tsɨ	☆	☆	çu	dzɯ
足	tsiu	cju',cjuk	cjok	çu, ço	dzɯ
的	tiəi	tjɔk	药 tjɔk	tie	dzɨ

/di/,/de/と共通する音訳字、なし。

＜用例＞

○皿子撻馬（みづたま、水玉、水晶） ○匹舎蜜資之（ひざまづき、跪） ○民足（みづ、水） ○慢的（まづ、慢走）

*/pu/に対応する部分に「莆、皮、布、福、忿、付」が現れる。

音訳字	中原音韻	東国正韻	訓蒙字会	西儒耳目資	推定音価
ふ 莆	甫 fu	☆	☆	☆	ɸu
皮	p ‘i	☆	phi	p ‘i	pɪ?
布	pu	po'	pho	pu	pu
福	fu	pok	pok	fo	ɸu
忿	fən	☆	☆	fuen	ɸun
ふく 付	fu	pu' ,ppu'	符 pu, 府 pu	fu	ɸu

*/po/と共通の音訳字、なし。

＜用例＞

○莆尼（ふね、船）　○皮夜（ふや、靴）　○嗑布（かつふ、葛布）　○福法各（ふばこ、文箱）　○忿噫（ふで、筆）　○付司（ふくし、副使）

*/bu/に対応する部分に「不、布、塢」が現れる。

音訳字	中原音韻	東国正韻	訓蒙字会	西儒耳目資	推定音価
ぶ　不	pu, fəu	pu’, puw	芣　pu	po, fo, fu, ku	bu
布	pu	po’	pho	pu	bu
塢	u	☆	☆	u	bu

*/bo/と共通の音訳字、なし。

＜用例＞

○眠不里（ねぶり、眠り）　○瓢布（びやうぶ、屏風）　○嗑塢吐（かぶと、兜、盔）

*/su/に対応する部分に「司、思、受、宿、訟、是、息、孫」が現れる。

音訳字	中原音韻	東国正韻	訓蒙字会	西儒耳目資	推定音価	備　考
す　司	ʂɨ	sʌ’	sʌ	su	sɨ	
思	sɨ	sʌi’	☆	su, sai	sɨ	
受	ʃɪəu	☆	sju	☆	sɨ	
宿	siu	☆	☆	co	sɨ	
訟	sioŋ	☆	sioŋ	cum, sum	sɨŋ	「ぐ」の前
是	ʂɨ	ssi’	si	xi	sɨ	
息	ʃɪəi	☆	☆	sie	sɨ	
孫	suən	son	son	sun	sɯm, sɯn	「び・ず・の」の前

＜用例＞

○司黙（すみ、墨）　○失哇思（しはす、十二月）　○晶受里（どすり？　緞子？）　○窟宿枯（ぐすく、城、皇城）　○馬訟沽（ますぐ、真直）　○是那（すな、砂）　○插息（さす、鎖）　○孫司利（すずり、硯）

「司」は*/si/, */se/にも、「是」は*/si/にも現れる。このことは、*/su/の音価が[sɨ][si]であったことを示していよう。

○申司（しんし、真使、正使）　○司眉日尸（せんべつ、餞別）　○利是（れいし、茘枝）

*/zu/に対応する部分に「司、子」が現れる。

音訳字	中原音韻	東国正韻	訓蒙字会	西儒耳目資	推定音価
ず　司	ʂɨ	sʌ’	sʌ	su	dzɯ
子	tsɨ	ccʌ’	cʌ	çu	dzɯ

＜用例＞

○孫司利（すずり、硯）　○失藍子（しらず、知らず）

「子」は*/zi/にも現れる。このことは、*/zu/の音価が[dzɨ][dzi]であったことを示していよう。

○噛藍子其（からじげ、頭毛、髪）

*/mu/に対応する部分に「畝、皿」が現れる。

音訳字	中原音韻	東国正韻	訓蒙字会	西儒耳目資	推定音価
む　畝	miəŋ	☆	☆	mim	mɪ
皿	məu	☆	mo	☆	mʊ

*/mo/と共通の音訳字、なし。

<用例>

○畝子（むつ、六）　○皿基諾沽（むぎのこ、麦の粉）

*/nu/に対応する部分に「奴」が現れる。

音訳字	中原音韻	東国正韻	訓蒙字会	西儒耳目資	推定音価
ぬ　奴	nu	no’	no	nu	nu

<用例>

○奴禄撒（ぬるさ、温さ）　○亦奴（いぬ、犬）

「奴」は*/no/にも現れる。

○奴奴木綿（ぬのもめん、布木綿）　○牙馬奴（やまの、山の）

*/ru/に対応する部分に「陸、六、禄、奴」が現れる。

音訳字	中原音韻	東国正韻	訓蒙字会	西儒耳目資	推定音価
る　陸	liu	☆	☆	☆	ru
六	liəu	☆	rjuk	lo	ru
禄	lu	rok	nok	lo	rʊ
奴	nu	no’	no	nu	rʊ

<用例>

○飛陸（ひる、昼）　○由六尸（ゆるせ、放せ）　○由禄（よる、夜）　○法禄（はる、春）　○子奴（つる、弦）

「六、禄」は*/ro/にも現れる。

○六谷買毎（ろくもんめ、六匁）　○禄谷哇的（ろくぐわつ、六月）

*/ju/に対応する部分に「油、有、由」が現れる。

音訳字	中原音韻	東国正韻	訓蒙字会	西儒耳目資	推定音価
ゆ　油	iəu	☆	’ju	ieu	ju
有	iəu´	ŋuw	囿　’ju	ieu	ju
由	iəu	’juʙ	☆	ieu	ju

＜用例＞
○油哇（ゆわう、硫黄）　○禿有（つゆ、露）　○由乜（ゆみ、弓）　○馬由（まゆ、眉）

「由」は*/jo/にも現れる。
○由禄（よる、夜）　○由子（よつ、四）

{よう}（1620）

「ウ段の仮名」で表記されている。「オ段の仮名」との混用例は見出せない。

＜用例＞
○ちよくきよらく（強く清らく）　○あさくならは（浅くならば）　○たまくすく（玉城）　○大やくもい（大屋子思い）；　○いけくすく（池城）　○たまくすく（玉城）　○とよみくすく（豊見城）；　○ミ御ミつかい；　○いしふきやう（石奉行）；　○すへまさる（末勝る）　○すへまさる王にせかなしは（末勝る王仁世加那志は）　○このすミの（この墨の）　○てたかすゑ（テダが末）　○いけくすく（池城）　○たまくすく（玉城）　○世あすたへ（世長老部）；　○のこらにしゆるてゝ（残らにしゆるてて）　○かのへさる（庚申）　○なるまても（成るまでも）　○すへまさる（末勝る）　○やりよるけてて
（用例なし）*/du/, */pu/, */zu/, */mu/, */nu/

{おも２}（1613）

基本的に「ウ段の仮名」で表記されている。

＜用例＞
○くすく（城）　○くにのね（国の根）　○ふうくに（果報国）；　○きこゑ中くすく（聞こゑ中城）　○きもあくみは（肝あぐみは）　○ちばなかなくすく（知花金城）；　○あはれわかまつ（あはれ若松）　○おしあけつるき（押し上げ剣）　○おみやつち（御庭頂）　○つかい（使い）　○わかつかさ（若司）　○つヽみ（鼓）　○なつやに（夏やに）　○あつる（有る、在る）；　○つゝみ（鼓）　○おれつむ＜旧三月＞；　○ふうくに（果報国）　○世のふさい；　○あすはす（遊ばす）　○する（為る）；　○あしかすが（按司数が）；　○とよむ（鳴響む）　○ほつむもり＜杜名＞；　○あかるもりくすく（上がる杜城）　○あかるいに（東に）　○おしあけつるき（押し上げ剣）　○きよる（来居る）　○する（為る）　○にせる（似せる）　○のぼる（上る）
（用例なし）*/bu/, */nu/

{おも３}（1623）

基本的に「ウ段の仮名」で表記されているが、「オ段の仮名」との混用がある。

＜用例＞
○くちや（口や）　○くに（国）　○くもか（雲が）　○くひからむ（首からむ）　○くるまかさ（車傘）　○くろかねのこら（黒金の子等）　○おくのうみ（奥の海）　○くわか（子が）　○くわげ（桑木）；　○くすく（城）　○ぐすくおやいくさ（城親軍）　○おもいぐわの（思い子の）；　○つき（月）　○つくて（作て）＜作って＞　○つちぎり

に（土斬りに）　○つよ（露）　○やつら（屋根面）　○くたかあつめなに（久高集め庭に）　○たつ（立つ）　○たつ（発つ）　○みつ（三つ）；　○みつ（水）　○すでみづ（孵で水）　○つゝみの（鼓の）　○きみてづり（君手摩り）＜祭式の名＞　○あたにやのいちみさうす（安谷屋の泉清水）　○あまみたまちな（あまみ玉綱）；　○ふさて（栄さて）＜栄えて＞　○ふね（船）　○ふゆは（冬は）　○ふよは（冬は）　○ふる（降る）；　○あすぶ（遊ぶ）　○あすふ（遊ぶ）　○かなかふと（鉄兜）　○たまみねぶ（玉音柄杓）　○そのひやふは（園比屋武は）；　○あすはす（遊ばす）　○する（為る）；　○かすよ（数よ）　○しらす（知らず）　○すつなり（鈴鳴り）；　○むかし（昔）　○あらむぎやが（新麦が）　○むつまたは（六つ股は）　○むらさきの（紫の）　○とよむ（鳴響む）　○あやきぶち（綾木鞭）　○ねふさ（眠さ）；　○くるまかさ（車傘）　○つる（弦）　○ひる（昼）　○まるく（丸く）　○まわる（回る）　○よる（夜）

「オ段の仮名」の例

○おへておちへ＜植えておいて＞　○おひたひ＜初旅＞（うひたび）　○そろお＜揃う＞　○ようとれ（夕凪れ）」（ゆう～）

{本}（1624）

基本的に「ウ段の仮名」で表記されている。

＜用例＞

○御おくりし申候（御送りし申候）　○思ひとく（思徳）　○かくにて　○石のさいくあつめ候て（石の細工集め候て）；　○くしかミまによこ（具志頭真如古）　○おもひくわへ（思ひ子部）；　○御ミつかいのちいへい；　○地にふして（地に伏して）　○いふにおよひ申さす（言ふに及び申さず）　○天にあふき（天に仰ぎ）　○をりふし（折り節）；　○ふきやう（奉行）　○国かミまさふろ（国頭真三郎）；　○御すきりめしよわちや事（御過ぎり召しよわちや事）　○御すしより（御筋より）　○御ミつかいすれてて　○天きやすゑ（天ぎや末）　○かさり物をすゑ（飾り物を据ゑ）　○世あすたへ（世長老部）；　○いふにおよひ申さす（言ふに及び申さず）；　○御とむらひに（御弔ひに）；　○かにある事は　○しるへのために（標のために）

（用例なし）*/du/*/pu/*/nu/

{田 12}（1627）

例は少ないが、「ウ段の仮名」で表記されている。

＜用例＞

○大やくもい（大屋子思い）

（用例なし）*/gu/*/tu/*/du/ */pu/*/bu/*/su/*/zu/*/mu/*/nu/*/ru/

{田 13}（1628）

例は少ないが、「ウ段の仮名」で表記されている。

＜用例＞

○大やくもい（大屋子思い）

（用例なし）*/gu/*/tu/*/du/ */pu/*/bu/*/su/*/zu/*/mu/*/nu/*/ru/

｛田 14｝（1631）用例なし。　｛田 15｝（1634）用例なし。

｛田 16｝（1660）

例は少ないが、「ウ段の仮名」で表記されている。

<用例>

○ちくとのハ（筑殿は）

（用例なし）*/gu/*/tu/*/du/ */pu/*/bu/*/su/*/zu/*/mu/*/nu/*/ru/

Ⅲ－１－(1)－⑤　*／o／

｛田 11｝（1606）

基本的に「オ段の仮名」で表記されている。

<用例>

○こおり（郡）；　○おしあけとミ（押上富）　○ちやくにとミ（謝国富）　○さとぬしへ（里主部）；　○せんとう（船頭）；　○しよりの（首里の）　○…ひきの（…引きの）　○こおりの（郡の）　○あくかへの（赤頭の）

（用例なし）*/go/*/bo/*/so/*/zo/*/ro/

｛使４｝（1606）

*/ko/に対応する部分に「噶、各、曲、窟、乎、古、姑、枯、胡、誇、孔、酷、骨、谷、沽、科」が現れる。

音訳字	中原音韻	東国正韻	訓蒙字会	西儒耳目資	推定音価	備　考
こ　噶	葛　ko	☆	☆	☆	kʊ	
各	ko	kak	骼　kak	ko	k(j)o	
曲	k ‘iu	☆	kok	ku	kʊ	
窟	k ‘u	☆	kur	ko	kʊ	
乎	hu	☆	☆	☆	kʊ	
古	ku	ko’, zjujo	ko	ku	kʊ	
姑	ku	ko’	ko	ku	kʊ	
枯	k ‘u	kho’	ko	k ‘u	kʊ	
胡	hu	☆	☆	hu, ku	kʊ	
誇	k ‘ua	☆	☆	kua	kʊ	
孔	ko ‘ŋ	khoŋ	koŋ	k ‘un	kʊŋ	「が」の前
酷	k ‘u	☆	☆	ko	kʊ	
骨	ku	☆	☆	ko	kʊ	
谷	ku	☆	kok	ko, kio	kʊ	
沽	ku	☆	☆	ku	kʊ	

こほ科	k ‘o	khoa’	koa	k ‘uo, ko	ko:	

＜用例＞

○噶嗑尼（こがね、黄金）　○堕各（とこ、床）　○曲尸（こし、腰）　○窟受（こせう、胡椒）　○乎襪子（こべつ、襪）　○烏鴉没谷古里（おやもほこり、親御誇、給賞）○温卜姑里（おんほこり、御誇、謝恩）　○枯哇（こ、子、子等？）　○胡品其（こひげ、小髭）　○誇（こ、子）　○孔加尼（こがね、黄金）　○酷骨碌子（ここのつ、九つ）○酷骨碌子（ここのつ、九つ）　○谷米（こめ、米）　○由諾沽（ゆのこ、湯の粉）○科立（こほり、氷、雹）

「窟、姑、枯、谷」は*/ku/にも現れる。

○窟之（くち、口）　○姑木（くも、雲）　○枯買毎（くもんめ、九匁）　○谷哇的（くぐわつ、九月）

*/go/に対応する部分に「課、姑、吾、悪、胡」が現れる。

音訳字	中原音韻	東国正韻	訓蒙字会	西儒耳目資	推定音価
ご　課	k ‘uo	☆	koa	kuo, ko	gʊ
姑	ku	ko’	ko	ku	gʊ
吾	u	☆	’ o	☆	gʊ
悪	o, u	? o’ , ? ak, ? a’	☆	o, u, ia	gʊŋ
ごう胡	hu	☆	☆	hu, ku	gʊ:

＜用例＞

○課沙（(い) ごさ、痒）　○烏男姑（をなご、女子）　○吾買毎（ごもんめ、五匁）○悪哇的（ごぐわつ、五月）　○匹胡平（しごうびん、四合瓶）

「吾」は*/gu にも現れる。

○漫思吾（ますぐ、真直ぐ）

*/to/に対応する部分に「啚、多、堕、吐、都、度、土、同、它、周、桶」が現れる。

音訳字	中原音韻	東国正韻	訓蒙字会	西儒耳目資	推定音価	備　考
と　啚	t ‘u	☆	to	t ‘u	tʊ	
多	tuo	ta’	☆	to	tʊ	
堕	tuo, huəi	☆	☆	t ‘o, to, hoei	to	
吐	t ‘u	tho’	tho	t ‘u	thʊ	
都	tu	to’	to	tu	tʊ	
度	tu, to	tto’	to	tu, to, ce	tʊ	
土	t ‘u	☆	☆	tu	tʊ	
同	t ‘oŋ	☆	☆	tun	tʊ	
它	t ‘o	tha’	舵　tha	t ‘a, t ‘o, xe	tho	
周	ʧɪəu	cjuw	錭　tjo	cheu	ʧʊ	

とう桶	t ‘oŋ	☆	☆	t ‘um	tom	[b]の前

<用例>

○速圖施枚（つとめて、夙めて）　○多失（とし、年）　○堕各（とこ、床）　○吐急（とき、時）　○屋都（おと、弟）　○密乃度（みなと、港）　○土地（とり、鶏）　○同之（とじ、刀自、妻）　○它喇（とら、虎）　○必周（ひと、人）　○桶盤（とうぼん、東（道）盆、盤）

「都」は*/tu/にも現れる。

○都急（つき、月）

*/do/に対応する部分に「圖、都、度、冷、歸」が現れる。

音訳字	中原音韻	東国正韻	訓蒙字会	西儒耳目資	推定音価
ど　圖	t ‘u	☆	to	t ‘u	dʊ
都	tu	to’	to	tu	dʊ
どう度	tu, to	tto’	to	tu, to, ce	dʊː
冷	ləŋ	☆	令 rjɔŋ	lei, lim	dʊː
歸	kuəi	☆	☆	☆	du?

*/du/と共通の音訳字、なし。

<用例>

○漫圖（まど、暇）　○由門都里（よもどり、雀）　○度（どう、胴）　○冷今（どうぎぬ、胴衣、衫）　○畏之謾歸（いきもどりて、行き戻りて）

*/po/に対応する部分に「賀、活、谷、波、卜、亦、由、呼」が現れる。

音訳字	中原音韻	東国正韻	訓蒙字会	西儒耳目資	推定音価
ほ　賀	ho	hha’	☆	ho	ɸo
活	huo	koarʔ	括　koar	huo, kuo,	ɸu
谷	ku	☆	☆	ko, kio	ɸu
波	po	pa’, pi’	pha	po, poei, pi	po
卜	pu	☆	pok	po	pʊ
亦	iəi	’ juk	☆	ie	e, ɪ
由	iəu	’ juβ	☆	ieu	ju
ほう　呼	hu	☆	ho	hu	hoː
ほつ　活	huo	koarʔ	括　koar	huo, kuo,	ɸu

*/pu/と共通の音訳字、なし。

<用例>

○賀（ほ、帆）　○谷古里（ほこり、誇り）　○波世（ほし、星）　○温卜姑里（おんほこり、御誇り）　○谷亦《ママ》里（こほり、氷）　○由沽辣舎（ほこらさ、誇らさ）　○呼窩（ほうわう、鳳凰）　○活見（ほつけん、絹）

*/bo/に対応する部分に「冒、盤」が現れる。

音訳字	中原音韻	東国正韻	訓蒙字会	西儒耳目資	推定音価
ぼう　冒	mau	☆	☆	mao, me	bo:
ぼん　盤	p ‘uon	☆	☆	puon	bʊɴ

*/bu/と共通の音訳字、なし。

＜用例＞

○冒（ぼう、帽）　○桶盤（とうぼん、東盆）

*/so/に対応する用例なし。　　*/zo/に対応する用例なし。

*/mo/に対応する部分に「麼、莫、母、渤、没、模、毛、木、目、悶、門、苺、謾、買」が現れる。

音訳字	中原音韻	東国正韻	訓蒙字会	西儒耳目資	推定音価	備　考
も　麼	muo	☆	☆	mo	mo	
莫	mo, mu	mʌik	☆	mo, mu	mo	
母	mu	☆	mo	mu/meu	mo	
勃	po	☆	☆	po, poei	mo	m-b
没	muo	☆	☆	☆	mo	
模	mu	☆	☆	mu	mʊ	
毛	mau	moʙ	mo	mao	mʊ	
木	mu	mok	mok	mo	mʊ	
目	mu	mok	mok	mo	mʊ	
悶	mən	☆	☆	muen	mʊn	
門	muən	☆	mun	muen	mʊn	
苺	məi	☆	mʌi	☆	mu	
謾	muon	☆	☆	muon, mien, man	mu	
もん買	mai	mai’	mʌi	mai	mum?	「め」の前

*/mu/と共通の音訳字、なし。

＜用例＞

○麼奴嗑荅里（ものがたり、物語）　○世莫（しも、下）　○失母（しも、霜）　○鬱勃人誇（おもりこ、思り子）　○烏鴉没谷古里（おやもほこり、親御誇り）　○起模（きも、肝、心）　○荅毛里（たもれ、賜れ）　○枯木（くも、雲）　○加目（かも（しか）、鹿）　○悶都里（もどり、戻り）　○由門都里（よもどり、雀）　○嗑甲苺（かかも、裙）　○畏之謾歸（いきもどりて、行き戻りて）　○尼買毎（にもんめ、二匁）

*/no/に対応する部分に「諾、奴、那、農、拿、麻、冷、磟」が現れる。

音訳字	中原音韻	東国正韻	訓蒙字会	西儒耳目資	推定音価
の　　諾	no	☆	☆	no	no
奴	nu	no’	no	nu	nʊ

那	na	na’	梛　na	na, no	na
農	noŋ	noŋ	noŋ	num	nʊm
拿	na	☆	☆	☆	nʊ
麻	ma	☆	☆	ma	nʊ
冷	ləŋ	☆	令　rjɔŋ	lei, lim	nʊ
碌	lu	☆	☆	lo	nʊ
のふ　奴	nu	no’	no	nu	nʊ:

＜用例＞

○皿基諾沽（むぎのこ、麦の粉）　○奴奴木綿（ぬのもめん、布木綿）　○牙馬奴（やまの、山の）　○木那哇（ものは、物は）　○森那（せんの、千の）　○失農褒（しのばう、師の父）　○馬足拿急（まつのき、松の木）　○麻平的（のべて、伸べて）　○嗟冷其（ざうのち、象の血）○酷骨碌子（ここのつ、九つ）　○乞奴（きのふ、昨日）

「奴」は*/nu/にも現れる。

○奴禄撒（ぬるさ、温さ）　○亦奴（いぬ、犬）

*/ro/に対応する部分に「羅、炉、六、禄、碌」が現れる。

音訳字	中原音韻	東国正韻	訓蒙字会	西儒耳目資	推定音価
ろ　羅	lo	ra’	ra	lo	ro
炉	lu	ro’	ro	lu	rʊ
六	liəu	☆	rjuk	lo	rʊ
禄	lu	rok	nok	lo	rʊ
碌	lu	☆	☆	lo	rʊ

＜用例＞

○羅（ろ、櫓）　○幼羅衣（よろひ、鎧）　○稿炉（かうろ、香炉）　○六谷買毎（ろくもんめ、六匁）　○禄谷哇的（ろくぐわつ、六月）　○窟碌嗑尼（くろがね、鉄）

「六、禄」は*/ru/にも現れる。

○由六尸（ゆるせ、放せ）　○由禄（よる、夜）　○法禄（はる、春）

*/jo/に対応する部分に「丘、約、由、幼、院」が現れる。

音訳字	中原音韻	東国正韻	訓蒙字会	西儒耳目資	推定音価
よ　丘	k ‘iəu	☆	ku	☆	ju
約	iao, io	ʔjak	☆	iao, io	ju
由	iəu	’ juʁ	☆	ieu	ju
幼	iəu	☆	’ ju	ieu	ju
よび　院	iuen	☆	☆	iuen	jun

＜用例＞

○丘達撒（よたさ、好さ）　○約姑里的（よくれて、夜暮れて）　○由禄（よる、夜）

○由子（よつ、四つ）　○幼羅衣（よろひ、鎧）　○院的（よびて、呼びて）

「由」は*/ju/にも現れる。
○由乜（ゆみ、弓）　○馬由（まゆ、眉）

*/wo/に対応する部分に「烏、翁、倭、歪」が現れる。

音訳字	中原音韻	東国正韻	訓蒙字会	西儒耳目資	推定音価
を　烏	u	ʔo'	'o	u	wu
翁	oŋ	ʔoŋ	'oŋ	um	wʊɴ
倭	uo, uəi	ʔoa'	'oa	goei, uei, uo	wʊ
歪	uai	☆	'oai	☆	wʊ

＜用例＞
○烏男姑（をなご、女子、女）　○翁急（をぎ、荻、甘蔗）　○倭嗑（をか、丘、岸）
○荅止歪立（たちをれ、立ち居れ）

{よう}（1620）

基本的に「オ段の仮名」で表記されている。

＜用例＞
○こちひらの大やくもい（東風平の大屋子思い）　○めしよわちやこと（召しよわちやこと）　○このひのもんハ（この碑の文は）　○のこらにしゆるてゝ（残らにしゆるてて）；○課沙（(い）ごさ、痒）　○烏男姑（をなご、女子）　○吾買毎（ごもんめ、五匁）
○悪哇的（ごぐわつ、五月）　○匹胡平（しんごうびん？、四合瓶？）；　○あとハ（後は）
○めしよわちやこと（召しよわちやこと）；　○うらおそいのようとれは（浦襲いのようどれは）；　○ほるへし（彫るべし）；　○ほん正月まゑに（盆正月前に）；　○そうふきやう（総奉行）　○うらおそい（浦襲い）；　*/zo/に対応する用例なし。；　○あんしおそいかなしも　○なるまても　○大ちよもいかなし　○ひのもん（碑の文）　○大やくもい（大屋子思い）；　○のこらにしゆるてゝ（残らにしゆるてて）　○このすミの（この墨の）
○あはこんの（阿波根の）　○かのへさる（庚申）　○こちひらの大やくもい（東風平の大屋子思い）
（用例なし）*/ro/

{おも2}（1613）

基本的に「オ段の仮名」で表記されている。

＜用例＞
○こかねけは（黄金けは）　○こちやひら（古謝坂）　○このいくさせち（此の戦させち）　○これと（之と）　○こうは（来うは）；　○かなごり（鉋屑）　○こゑくは（越来は）　○ごゑくあやみやに（越来綾庭に）　○ことく（如く）；　○かねと（金と）　○ことく（如く）　○とよむ（鳴響む）　○みちへと<見てと>　○とりよわれ（取りよわれ）<取り給え>；　○へともい（辺土思い）<人名>　○よど（淀）　○もとせ（戻せ）
○もどせ（戻せ）；　○ほこりよわちへ（誇りよわちへ）<誇り給いて>　○ほつむもり（ほ

つむ杜）　○世かほう（世果報）；　○のぼる（上る）；　○そろいわちへ（揃いわちへ）<揃い給いて>　○そわる（襲わる）<支配する>；　○おもて（思て）　○きもあくみの（肝あぐみの）　○てもち（手持ち）　○のちも（命も）　○みもの（見物）　○もとせ（戻せ）　○もどせ（戻せ）　○もゝうら（百浦）；　○のちも（命も）　○のぼる（上る）　○のろ（神女）　○あたにやのもりに（安谷屋の杜に）　○みもの（見物）　○わしのみね（鷲の嶺）；　○のろ（神女）　○よろい（鎧）

（用例なし）*/zo/

{おも３}（1623）

基本的に「オ段の仮名」で表記されているが、「ウ段の仮名」との混用が見出される。

<用例>

○こかね（黄金）　○こゝろ（心）　○この（此の）　○たこ（蛸）；　○かなごり（鉋屑）　○こゑくは（越来は）　○ごゑくあやみやに（越来綾庭に）　○ことく（如く）；○とき（時）　○とし（年）　○とりぎや（鳥ぎや）<鳥が>　○ひとのおや（人の親）○ひとり（一人）　○とうの（十の）　○いと（糸）；　○せんとう（船頭）　○まとうさ（間遠さ）　○まどおさ（間遠さ）　○もとれ（戻れ）　○もどて（戻て）<戻って>○はまちとり（浜千鳥）；　○ややのまほう（ややの真帆）　○ほうふくろに（帆袋に）○ほうばな（穂花）　○ほこり（誇り、慶り）　○ほししゆ（星しゆ）　○しほの（塩の）；○あかぼしや（赤星や）　○みやりぼしや（見遣り欲しや）　○ぎぼくびり（儀保小坂）○のほて（上て）<上って>　○のぼて（上て）<上って>　○まへふしの（前坊主の）○まへほしや（前坊主や）；　○そて（袖）　○そろて（揃て）<揃って>　○そんとのまみやに（そんとの真庭に）　○よりあそび（踊り遊び）　○あけずみそ（蜻蛉御衣）○みしゆ（御衣）　○みしよよみやは（御衣読みやは）；　○もとれ（戻れ）　○もゝと（百度）　○もりの（杜の）　○おもい（思い）　○きも（肝）　○くも（雲）　○しものおきて（下の掟）　○しもつきか（霜月が）　○むゝよみの（百読みの）；　○にちすゑの（後末の）　○のる（乗る）　○のりや（海苔や）　○みもの（見物）；　○おろくよこたけに（小禄横嶽に）　○くろがねのこらか（黒金の子等が）　○こゝろ（こころ）　○しろかね（銀）　○うらしろ（浦白）　○そろう（揃う）　○そろお（揃お）　○そろて（揃て）<揃って>　○ところ（所）

「ウ段の仮名」で表記された例

○あうらちへ<煽らして>（あおらちへ<煽らして>）　○みかう<御顔>（かほ、かお、かう）　○なうちへ<直して>（なほ、なお、なう）　○よるい<鎧>
○おむうな<思うな>　○ゆろい<鎧>　○とう<十>の（とをの）　○とうさ<遠さ>（とほさ）　○ゆかるなかくすく（良かる中城）　○ゆらせ（寄らせ）　○ゆと（淀）
○あゆ（肝）

※「みかう<御顔>」に対して「みかお<御顔>　みかおう<御顔>　みかを<御顔>」もある。

※「ゆと（淀）」に対して「よと（淀）」、「あゆ（肝）」に対して「あよ（肝）」もある。

｛本｝（1624）

基本的に「オ段の仮名」で表記されている。

＜用例＞

○くしかミまによこ（具志頭真如古）；　○なこのうら（名護の浦）　○なこやけて（和やけて）　○おなごあんじやれどむ（女按司やれども）　○くにごしやん（国御杖）；○御とむらひに（御弔ひに）　○めしよわちへとこのひのもんハ（召しよわちへとこの碑の文は）　○思ひとく（思徳）；　○僧侶めともわらへの（僧侶女共童の）　○此御はかところ（此御墓所）　○あるましく候ほとに　○御給り候ほとに；　○御すしよりほかに（御筋より外に）　○あるましく候ほとに（あるまじく候ほどに）；　○ひのもん（碑の文）○あんしもけすも（按司も下司も）　○昔今にも；　○しるへのために（標のために）○いろいろのかさり物を（いろいろの飾り物を）　○ひのと（丁）；　○いろいろのかさり物を（いろいろの飾り物を）　○此御はかところは（此御墓所は）　○まさふろ（真三郎）（用例なし）*/bo/*/so/*/zo/

｛田 12｝（1627）

「オ段の仮名」で表記されている。

＜用例＞

○南風のこおりの（南風の郡の）；　○大やくもい（大屋子思い）；　○こおりの（郡の）○きまの（儀間の）　○首里の

（用例なし）*/go/*/to/*/do/*/po/*/bo/*/so/*/zo/*/ro/

｛田 13｝（1628）

「オ段の仮名」で表記されている。

＜用例＞

○こおりの（郡の）；　○大やくもい（大屋子思い）；　○首里の御ミ事　○にしのこおりの　○儀間の里之子大やくもいに

（用例なし）*/go/*/to/*/do/*/po/*/bo/*/so/*/zo/*/ro/

｛田 14｝（1631）

「オ段の仮名」で表記されている。

＜用例＞

○はゑのこおりの（南風の郡の）；　○首里の御み事　○はゑのこおりの　○きまの里之子親雲上に

（用例なし）*/go/*/to/*/do/ */po/*/bo/*/so/*/zo/*/mo/*/ro/

｛田 15｝（1634）

「オ段の仮名」で表記されている。

＜用例＞

○きまの子に（儀間の子に）　○首里の御ミ事　○家来赤頭の　○勢遣富か引の里主部

（用例なし）*/ko/*/go/*/to/*/do/*/po/*/bo/*/so/*/zo/*/mo/*/ro/

{田16}（1660）

「才段の仮名」で表記されている。

<用例>

○ちくとのハ（筑殿は）；　○ちくとのハ（筑殿は）　○首里の御み事　○勢高富か引の　○里主部家来赤頭の

（用例なし）*/ko/*/go/*/to/*/po/*/bo/*/so/*/zo/*/mo/*/ro/

Ⅲ－１－(2)　母音連続（二重母音・長母音）

Ⅲ－１－(2)－①　*/ｉｉ/

{田11}（1606）用例なし　{使４}（1606）用例なし　{おも２}（1613）用例なし

{よう}（1620）

例が一つしかないので、断定的なことは言えないが、「ハ行転呼」以前の形で現れているから、融合以前であると思われる。

<用例>

○こちひらの大やくもい（東風平の大屋子思い）

{おも３}（1623）

[-ii]であろう。

<用例>

○ぬきいちやしやり<差し出だして>　○ひきいちへ物<引出物>　○みきい<御酒>と　○ちいたか<礁の名>　○おしいて<押し出て>　○きみいきよい<君招請>　○よにいし<真北風>　○はりいてたる<走り出でたる>

{本}（1624）

[-ii]であろう。

<用例>

○御つかいのちいへい（御使いの指揮）　○ミいくに御はかけらへわちへ（新くに御墓造へわちへ）

{田12}（1627）用例なし　{田13}（1628）用例なし　{田14}（1631）用例なし
{田15}（1634）用例なし　{田16}（1660）用例なし

Ⅲ－１－(2)－②　*/ｉｅ/

{田11}（1606）用例なし

｛使４｝（1606）

＜用例＞

○亦棄＜房＞（いへ、家）

｛よう｝（1620）用例なし

｛おも２｝（1613）

「ーちへ」の例しかない。第Ⅱ章で述べたことに準じる。

＜用例＞

○あがりよわちへ＜揚がり給いて＞　○うちちへ＜打って＞　○きちへ＜着て＞　○さちへ＜差して＞　○まわちへ＜廻して＞　○もちへ＜持って＞

｛おも３｝（1623）

融合していない。

＜用例＞

○あいちへ＜相手＞　○あおらちへ＜煽らして＞　○いへ＜言え＞　○いちゑ＜言って、行って、出て＞　○はりゑ＜晴れ＞や　○いゑのあかるい＜伊江の東＞に

｛本｝（1624）

｛おも１｝｛おも２｝に同じ。

＜用例＞

○御つかいのちいへい（御使いの指揮）　○けらへわちへ（造へわとへ）　○からめきわちへ（がらめきわちへ）　○ちへねん（知念）

｛田12｝（1627）用例なし　｛田13｝（1628）用例なし　｛田14｝（1631）用例なし
｛田15｝（1634）用例なし　｛田16｝（1660）用例なし

Ⅲ－１－⑵－③　*/ｉａ/

（*/i ja/, */iwa/も含める。）

｛田11｝（1606）

[-ia]あるいは[-i ja]である。

＜用例＞

○おしあけとミかせんとう（押し上げ富が船頭）

｛使４｝（1606）

[-ia], [-i ja], [-iwa]である。

＜用例＞

○札＜茶＞（ちや、茶）　○史司＜長史＞（ちやうし、長史）　○札半失＜筵宴＞（ちやばんじ、茶飯事）　○茶麻佳里＜茶鍾＞（ちやまかり、茶碗）　○倭男札喇＜王妃＞（を

なぢやら、王妃）　○辟牙撒＜冷＞（ひあさ、寒さ）　○漂那阿傑的＜進表＞（ひやうのあげて、表の上げて）　○彪烏＜表章＞（ひやうを、表を）　○撒牙姑＜一百两＞（ひやく、百・百兩）　○撒姑毎＜十两＞（ひやくもんめ、百匁・十兩）　○飄布＜屏峯＞（びやうぶ（屏風）　○戯基＜棊子＞（しやうぎ、将棋）　○焼哇的＜正月＞（しやうぐわつ、正月）　○沙冒＜紗帽＞（しやぼう、紗帽）　○枯雀枯＜孔雀＞（くじやく、孔雀）　○遶＜城＞（じやう、城）　○先札＜兄＞（せんじや、先者、兄）　○南者＜銀＞（なんじや、銀）　○失哇的思＜十二月＞（しはす、十二月）

{よう}（1620）

[-ia], [-ija], [-iwa]である。

＜用例＞

○いしふきやう（石奉行）　○そうふきやう（総奉行）　○てりあかりめしよわちやこと　○たてめしよわちやる―。　○このひのもんハたてめしよわちやる。　○あにあれはと　○てりあかり（照り上がり）　○このはかのさうちは

{おも２}（1613）

[-ia]あるいは[-ija]である。

＜用例＞

○あらきやめ＜有る限り＞　○きやかる＜輝やかしい＞ひに　○きちやれ＜来たれ＞　○みちやる＜見たる＞　○いみや＜今＞からと　○あたにやのもり＜安谷屋の杜＞に

{おも３}（1623）

[-ia]あるいは[-ija]である。

＜用例＞

○あらきやめ＜有る限り＞　○いきや＜言いに＞　○いきやある＜如何なる＞　○いりきや＜甍＞　○きやり＜着て＞　○きやんうち＜京の内＞　○あかごちや＜火の神＞があちや＜明日＞わ　○いせひやし＜勝れ拍子＞　○おしあけつるき＜押し上げ剣＞　○あおなみやか＜青波が＞　○いみや＜今＞　○あたにやおきて＜安谷屋掟＞　○おりやり＜降りやり＞

{本}（1624）

[-ia], [-ija], [-iwa]である（「ハ行転呼」があると考えて）。

＜用例＞

○石ふきやう（石奉行）　○天きやするゑ（天ぎや末）　○御すきりめしよわちや事（御過ぎり召しよわちや事）　○あたにや太郎（安谷屋太郎）　○かにある事は　○天にあふき（天に仰ぎ）　○ミはいからめき申候。（三拝がらめに申候）

{田12}（1627）用例なし　{田13}（1628）用例なし　{田14}（1631）用例なし
{田15}（1634）用例なし　{田16}（1660）用例なし

Ⅲ－１－⑵－④　*/ｉｕ/

｛田 11｝（1606）用例なし

｛使４｝（1606）

融合していると見なせる。

＜用例＞

○柔＜紬＞（しう、堦）　○柔哇的＜十月＞（じふぐわつ、十月）　○就買毎＜一兩＞（じふもんめ、十匁・一兩）　○麻就吐失＜一萬箇＞（まんじふとし、万歳年）　○麻由吐失＜萬萬歳＞（まんじふとし、万歳年）　○大福＜大夫＞（たいふ、大夫）

｛よう｝（1620）用例なし

｛おも２｝（1613）

融合している可能性が高い。

＜用例＞

○まぢうん＜一緒に＞

｛おも３｝（1623）

形態素の境を含むものでは融合せず、そうでないものでは融合していると考えられる。

＜用例＞

○おしうけ＜押し浮け＞　○かねのみうち＜金の御家＞　○なみうちくち＜波打ち口＞　○くにうち＜国討ち＞　○まぢうん＜一緒に＞

｛本｝（1624）

一例しかないが、「ハ行転呼」以前と見て、融合ナシと判断する。

＜用例＞

○いふにおよひ申さす（言ふに及び申さず）

｛田 12｝（1627）用例なし　｛田 13｝（1628）用例なし　｛田 14｝（1631）用例なし
｛田 15｝（1634）用例なし　｛田 16｝（1660）用例なし

Ⅲ－１－⑵－⑤*/ｉｏ/

｛田 11｝（1606）用例なし

｛使４｝（1606）

母音も変化し、融合している。

＜用例＞

○游＜魚＞（いを、魚）

｛よう｝（1620）

表記上は、融合していない。

＜用例＞

○あんしおそいかなし（接司襲い加那志）

｛おも２｝（1613）

表記上は、融合していない。

＜用例＞

○あちおそい＜按司襲い＞に　○みおやせ＜奉れ＞

｛おも３｝（1623）

融合した形とそうでないものとが存在する。

＜用例＞

○あよるな＜有りおるな＞；　○あちおそい＜按司襲い＞　○かみおそい＜神襲い＞　○みおうねかす＜み御船数＞　○しほ＜潮＞の　○にほんうち＜日本内＞に

｛本｝（1624）

融合していない。

＜用例＞

○あんしおしられ（接司お知られ）　○あんしおそいかなし（接司襲い加那志）　○ミちをつくり（道を作り）

｛田12｝（1627）用例なし　｛田13｝（1628）用例なし　｛田14｝（1631）用例なし　｛田15｝（1634）用例なし　｛田16｝（1660）用例なし

Ⅲ－１－(2)－⑥　*/ｅｉ/

｛田11｝（1606）用例なし

｛使４｝（1606）

＜用例＞

○倭的毎＜皇帝＞（くわうていまへ、皇帝前）　○嗑得那使者＜朝貢史臣＞（くわうていのししや、皇帝の使者）　○包名＜報名＞（はうめい、報名）　○利十之＜作揖＞（れいして、礼して？）　○利是＜茘枝＞（れいし、茘枝）

｛よう｝（1620）用例なし。｛おも２｝（1613）用例なし。

{おも３}（1623）

＜用例＞

○けい＜霊力の一種＞　○せい＜精＞　○めいるな＜見えるな＞　○ねい＜根＞　○ねいし＜根石＞　○せへ＜精＞　○いせゑけり＜勝れ兄弟＞

{本}（1624）

＜用例＞

○つかいのちいへい（使いの指揮）

{田 12}（1627）用例なし　{田 13}（1628）用例なし　{田 14}（1631）用例なし
{田 15}（1634）用例なし　{田 16}（1660）用例なし

Ⅲ－１－⑵－⑦　*／ｅｅ／

{田 11}（1606）用例なし　{使４}（1606）用例なし　{よう}（1620）用例なし
{おも２}（1613）用例なし　{おも３}（1623）用例なし　{本}（1624）用例なし
{田 12}（1627）用例なし　{田 13}（1628）用例なし　{田 14}（1631）用例なし
{田 15}（1634）用例なし　{田 16}（1660）用例なし

Ⅲ－１－⑵－⑧　*／ｅａ／

{田 11}（1606）用例なし　{使４}（1606）用例なし

{よう}（1620）

＜用例＞

○うらおそいのようとれは（浦襲いのようどれは）

{おも２}（1613）

＜用例＞

○けはやのろ＜神女名＞の　○よせわる＜寄せ給う＞

{おも３}（1623）

＜用例＞

○けあるくにおそい＜気有る国襲い＞よ　○けやけたる＜蹴上げたる＞　○けやわちへ＜気を合わして＞　○あよむてやは＜歩むといえば＞　○そろへやり＜揃え遣り＞　○しめや＜させて＞　○いゑや大やこ＜伊平屋大屋子＞が　○あけわちゑ＜明け給いて＞　○とへわ＜問えば＞

{本}（1624）

＜用例＞

○ミいくにはかけらへわちへ（新くに墓造へわちへ）

{田 12}（1627）用例なし　{田 13}（1628）用例なし　{田 14}（1631）用例なし
{田 15}（1634）用例なし　{田 16}（1660）用例なし

Ⅲ－１－⑵－⑨　*/ｅｕ/

{田 11}（1606）用例なし

{使４}（1606）

＜用例＞

○窟受＜胡椒＞（こせう、胡椒）

{よう}（1620）用例なし

{おも２}（1613）

＜用例＞

○かけふさい＜掛け栄え＞

{おも３}（1623）

＜用例＞

○けう有くにおそい＜気有国襲い＞きや　○てうかせ＜上風＞の　○ねうしかときく子丑の時＞　○かけふさい＜掛け栄え＞　○けふ＜京＞　○おれふさて＜降り栄えて＞　○あまゑふさよわちへ＜歓え栄え給いて＞

{本}（1624）用例なし　{田 12}（1627）用例なし　{田 13}（1628）用例なし
{田 14}（1631）用例なし　{田 15}（1634）用例なし　{田 16}（1660）用例なし

Ⅲ－１－⑵－⑩　*/ｅｏ/

{田 11}（1606）用例なし　{使４}（1606）用例なし　{よう}（1620）用例なし
{おも２}（1613）用例なし

{おも３}（1623）

＜用例＞

○かけおかて＜かけ拝んで＞　○けお＜気＞　○けお＜京＞　○けお＜今日＞　○おへておちへ＜植えておいて＞　○ておのいと＜上の糸＞　○ておら＜手折ら＞　○おれほさて＜降り栄えて＞

{本}（1624）用例なし　{田 12}（1627）用例なし　{田 13}（1628）用例なし
{田 14}（1631）用例なし　{田 15}（1634）用例なし　{田 16}（1660）用例なし

Ⅲ－１－⑵－⑪　*/ａｉ/

{田 11}（1606）用例なし。

{使４}（1606）

＜用例＞

○蓋乞＜改機＞（かいき、改機）　○害它＜懈豸＞（かいち、懈豸）　○開第＜字＞（かいて、書）　○凱＜箱子＞（かい、櫃？）　○大福＜大夫＞（たいふ、大夫）　○代＜卓＞（だい、台、卓）　○大刀那必周＜唐人＞（だいたうのひと、大唐の人）　○大立葉亦急＜見朝＞（だいりへいき、内裏へ行き）　○排失之＜拝＞（はいして、拝して）　○菜＜菜＞（さい、菜）　○妳＜無＞（ない、無）　○密由烏牙＜慶賀＞（みゆはひ、御祝）　○大𥳑＜盆＞（たらひ、盥・盆）

{よう}（1620）

＜用例＞

○ミ御ミつかいめしよわちへ（御御み使い召しよわちへ）　○御ちよわひめしよわに（御来よわひ召しよわに）

{おも２}（1613）

＜用例＞

○つかい＜招待、使い＞　○かけふさい＜掛け栄え＞　○世の＜世の＞ふさい

{おも３}（1623）

融合はしていない。母音の変化（[e]→[i]）及び「ハ行転呼」を経（「ひ→い」）、ともに[-ai]となっている。

＜用例＞

○御みつかい＜御み使い＞　○おむかい＜お迎い＞　○かいとり＜櫂取り＞　○さかい＜境＞　○たいらけて＜平らげて＞　○きみはい＜君南風＞は　○はいて＜栄えて＞　○さいくとゝまり＜細工ととまり＞や　○とまいて＜尋ねて＞　○物まいり＜物参り＞　○ならい＜習い＞

{本}（1624）

＜用例＞

○御ミつかいすれ（御使い為れてて）　○御つかいのちいへい（御使いの指揮）　○ミはいからめき申候（御拝がらめき申候）　○石のさいくあつめ集め候て（石の細工集め候て）　○さいもんよミ候て（祭文読み候て）　○御とむらひにいろいろのかさり物をするゑ（御弔ひに色々の飾り物を据ゑ）

{田12}（1627）用例なし　{田13}（1628）用例なし　{田14}（1631）用例なし
{田15}（1634）用例なし　{田16}（1660）用例なし

Ⅲ－１－⑵－⑫　*/ａｅ/

{田11}（1606）

＜用例＞

○さとぬしへけらへあくかへの（里主家来赤頭の）

{使４}（1606）

＜用例＞

○倭毎奴＜朝廷＞（おまへ、御前）　○吾一加毎奴＜賞賜＞（おゑかまへの、御賞前の）
○馬亦＜前＞（まへ、前）

{よう}（1620）

＜用例＞

○ほん正月まゑに（本正月前に）　○ちよくきよらくけらゑらしめしよわちへ（強く清らく造らゑらし召しよわちへ）

{おも２}（1613）

＜用例＞

○御まへ＜お前＞　○あまゑて＜歓えて＞

{おも３}（1623）

融合はしていないが、[-ai]であることは、「まいたて＜前立て＞」（[e]→[i]の変化）の例が物語っている。

＜用例＞

○かへれ＜帰れ＞　○きみはへ＜君南風＞は　○さへずるな＜囀るな＞　○あまへ＜歓え＞　○まへ＜前＞　○しなへて＜撓いて＞　○あらへ＜洗え＞　○かゑて＜帰って＞
○さゑく＜細工＞　○まゑ＜前＞
○まいたて＜前立て＞

{本}（1624）

＜用例＞

○御はかけらへわちへ（お墓造へわちへ）

{田12}（1627）用例なし　{田13}（1628）用例なし

{田14}（1631）

＜用例＞

〇はゑのこおりの（南風の郡の）

{田15}（1634）用例なし　{田16}（1660）用例なし

Ⅲ－１－(2)－⑬　*/ａａ/

{田11}（1606）

＜用例＞

〇たまわり申候（賜り申候）

{使４}（1606）

＜用例＞

〇嗑哇＜河＞（かは、河）　〇喳哇＜皮＞（かは、皮）　〇嗑哇喇＜瓦＞（かはら、瓦）〇嗑喇亦葉牙＜瓦房＞（かはら、瓦）

{よう}（1620）

＜用例＞

〇御なハのこらにしゆるてて（御名は残らにしゆるてて）　〇あさくならはほるへし（浅くならは彫るべし）　〇あはこんの大やくもい（阿波根の大屋子思い）

{おも２}（1613）

＜用例＞

〇てたかあな＜テダが穴＞に　〇よなはし＜与那覇子＞ぎや　〇あはれ＜立派な＞わかまつ　〇まわちへ＜廻して＞　〇あわちへす＜合わしてぞ＞

{おも３}（1623）

＜用例＞

〇かかあらちへ＜輝かして＞　〇たいらあけて＜平らげて＞〇よなははま＜与那覇浜＞〇まはへ＜真南風＞　〇まはゑ＜真南風＞　〇しなは＜撓わ＞　〇あは＜吾は＞　〇あはれ＜立派な＞わかまつ　〇かわはんた＜川端＞　〇ひかわひら＜樋川坂＞　〇まわる＜廻る＞

{本}（1624）

＜用例＞

〇入事あらは（入る事あらは）

{田12}（1627）用例なし

{田 13}（1628）

＜用例＞

○たまわり申候（賜り申候）

{田 14}（1631）

＜用例＞

○たまわり申候（賜り申候）

{田 15}（1634）

＜用例＞

○たまハり申候（賜り申候）

{田 16}（1660）

＜用例＞

○たまわり申候（賜り申候）

Ⅲ－１－⑵－⑭　*/ａｕ/

{田 11}（1606）用例なし

{使４}（1606）

＜用例＞

○槁＜香＞（かう、香）　○稿炉＜香爐＞（かうろ、香炉）　○司哇＜蘇木＞（すはう、蘇芳）　○包名＜報名＞（はうめい、報名）　○左詩＜書＞（さうし、草紙）　○喳＜象＞（ざう、象）　○罔巾＜網巾＞（まうきん、網巾）　○倭的毎＜皇帝＞（くわうていまへ、皇帝前）　○嗑得那使者＜朝貢史臣＞（くわうていのししや、皇帝の使者）　○呼窩＜鳳凰＞（ほうわう、鳳凰）　○油哇＜硫磺＞（ゆわう、硫磺）　○枉其＜倭扇＞（あふぎ、扇）　○戲基＜棊子＞（しやうぎ、将棋）　○焼哇的＜正月＞（しやうぐわつ、正月）　○遶＜城＞（じやう、城）　○都＜門＞（じやう、門）　○史司＜長史＞（ちやうし、長史）（音訳字の「史」は「丈」の誤りか）　○漂那阿傑的＜進表＞（ひやうのあげて、表の上げて）　○彪烏＜表章＞（ひやうを、表を）　○飄布＜屏峯＞（びやうぶ、屏風）

{よう}（1620）

＜用例＞

○御さうせめしよわちへ（御思想召しよをちへ）　○御はかのさうちハ（御墓の掃除は）　○いしふきやう（石奉行）　○そうふきやう（総奉行）

{おも２}（1613）

＜用例＞

○はうて＜這って＞　○さうす＜清水＞　○さうせて＜考えて＞　○てたかふさよわる

くすく＜テダが栄え給う城＞

{おも３}（1623）

＜用例＞

○おかう＜お顔＞　○おみかう＜御み顔＞　○むかうとし＜向かう年＞　○たう＜唐＞○はうて＜這って＞　○御さうせ＜お考え＞　○まうて＜舞うて＞○なうちへ＜直して＞○あうらちへ＜煽らして＞　○あんしかすのわう＜按司数の王＞　○むかふとし＜向かう年＞　○きやう＜京＞　○ぢやう＜門＞　○よりやう＜寄り合う＞

※　「みかお＜御顔＞　みかおう＜御顔＞　みかを＜御顔＞」もある。

{本}（1624）

○御さうせめしよわちへ（御思想召しよをちへ）　○天にあふき地にふして（天に仰ぎ地に伏して）　○石ふきやうあたにや太郎（石奉行安谷屋太郎）

{田 12}（1627）用例なし　{田 13}（1628）用例なし　{田 14}（1631）用例なし
{田 15}（1634）用例なし　{田 16}（1660）用例なし

Ⅲ－１－⑵－⑮　*/ａｏ/

{田 11}（1606）用例なし

{使４}（1606）

＜用例＞

○一更加烏牙＜父親＞（ゐきがおや、男親）

{よう}（1620）

＜用例＞

○うらおそいよりしよりに（浦襲いより首里に）　○うらおそいまきり（浦襲い間切）

{おも２}（1613）

＜用例＞

○たてなおちへ＜建て直して＞　○なお＜直＞　○世かほう＜世果報＞

{おも３}（1623）

＜用例＞

○みかお＜御顔＞　○しまおそい＜島襲い＞　○まおのいと＜真苧の糸＞は　○おれなおちへ＜降り直して＞　○かざなおり＜風直り＞　○なを＜直＞　○あおしや＜青しや＞○あおて＜戦って、合うて、会うて＞　○あおりかさ＜煽り傘＞　○かほう＜果報＞
○かほうお＜果報＞

「なふちへ＜直して＞（なほ～）」あり。

※　「みかおう＜御顔＞　みかを＜御顔＞」もある。

{本}（1624）用例なし　{田12}（1627）用例なし　{田13}（1628）用例なし
{田14}（1631）用例なし　{田15}（1634）用例なし　{田16}（1660）用例なし。

Ⅲ－１－⑵－⑯　*/ｕｉ/

{田11}（1606）用例なし　{使４}（1606）用例なし　{よう}（1620）用例なし

{おも２}（1613）
＜用例＞
○あがるい＜東＞に　○てるひおのかな＜照る日おのかな（人名）＞か

{おも３}（1623）
＜用例＞
○あかるい＜東＞に　○てるひ＜照る日（人名）＞か
○よるい＜鎧＞（よろひ）

{本}（1624）用例なし　{田12}（1627）用例なし　{田13}（1628）用例なし
{田14}（1631）用例なし　{田15}（1634）用例なし　{田16}（1660）用例なし。

Ⅲ－１－⑵－⑰　*/ｕｅ/

{田11}（1606）用例なし

{使４}（1606）
＜用例＞
○吾乜＜上＞（うへ、上）　○悪牙密即約里＜上御路＞（うへみちより、上道より）

{よう}（1620）
＜用例＞
○てたかすゑ（テダが末）

{おも２}（1613）
＜用例＞
○うへて＜植えて＞

{おも３}（1623）
＜用例＞
○すへ＜末、子孫＞　○すへて＜据えて＞　○うへさちやる＜植え差したる＞　○すゑ

<末、子孫>　○するゑて<据えて>　○うゑさちやる<植え差したる>　○うゑて<植えて>

{本}（1624）

<用例>

○天きやするゑ（天ぎや末）　○かさり物をするゑ（飾り物を据ゑ）

{田12}（1627）用例なし　{田13}（1628）用例なし　{田14}（1631）用例なし
{田15}（1634）用例なし　{田16}（1660）用例なし

Ⅲ－１－(2)－⑱　*/ｕａ/

{田11}（1606）

<用例>

○せんとうハ（船頭は）

{使４}（1606）

<用例>

○司哇<蘇木>（すはう、蘇芳）　○花孫法拿<蓮花>（はすはな、蓮花）

{よう}（1620）用例なし

{おも２}（1613）

<用例>

○こゑくあやみや<越来綾庭>に　○こうは<来うは>　○こゑくこてるわ<越来こてるわ>に

{おも３}（1623）

<用例>

○こいくあやみや<越来綾庭>に　○こゑくあやみや<越来綾庭>に　○こうは<来うは>　○うわる<おわる、お座る>

{本}（1624）

<用例>

○いしのさいくあつめ候て（石の細工集め候て）　○石ふきやうあたにや太郎（石奉行安谷屋太郎）　○大あんしおしられのおもひくわへ（大按司御知られの思ひ子部）

{田12}（1627）用例なし　{田13}（1628）用例なし　{田14}（1631）用例なし
{田15}（1634）用例なし　{田16}（1660）用例なし

Ⅲ－１－⑵－⑲　*/ｕｕ/

｛田11｝（1606）用例なし

｛使４｝（1606）

＜用例＞

○通資＜通事＞（つうじ、通事）　○嗑布＜葛布＞（かつふ、葛布）「かっぷ」？

｛よう｝（1620）用例なし

｛おも２｝（1613）

＜用例＞

○ふうくに＜果報国＞（ほうくに）

｛おも３｝（1623）

＜用例＞

○もちるうち＜もちる内＞に　○おむうな＜思うな＞

｛本｝（1624）用例なし　｛田12｝（1627）用例なし　｛田13｝（1628）用例なし
｛田14｝（1631）用例なし　｛田15｝（1634）用例なし　｛田16｝（1660）用例なし

Ⅲ－１－⑵－⑳　*/ｕｏ/

｛田11｝（1606）用例なし　｛使４｝（1606）用例なし　｛よう｝（1620）用例なし
｛おも２｝（1613）用例なし

｛おも３｝（1623）

＜用例＞

○くすくおとの＜城お殿＞　○くおのうち＜京の内＞　○かつおうたけ＜岳名＞　○かつおだけ＜岳名＞　○かほうお＜果報＞

｛本｝（1624）用例なし　｛田12｝（1627）用例なし　｛田13｝（1628）用例なし
｛田14｝（1631）用例なし　｛田15｝（1634）用例なし　｛田16｝（1660）用例なし

Ⅲ－１－⑵－㉑　*/ｏｉ/

｛田11｝（1606）

＜用例＞

○おしあけとミかせんとう大やくもいに（押し上げ富が船頭大屋子思いに）　○おしあけとミかせんとう大やくもいか方へ（押し上げ富が船頭大屋子思いが方へ）

{使４}（1606）

＜用例＞

○吐亦子孜＜十五＞（とをいつつ、十五）　○胡品其＜鬍子＞（こひげ、小髭？）
○亞馬吐必周＜日本人＞（やまとひと、大和人）　○幼羅依＜甲＞（よろひ、鎧）

{よう}（1620）

＜用例＞

○あんしおそいかなしも（接司襲い加那志も）　○うらおそいよりしよりに（浦襲いより首里に）　○うらおそいまきり（浦襲い間切より）　○大ちよもいかなし（大ちよ思い加那志）　○大やくもい（大屋子思い）

{おも２}（1613）

＜用例＞

○あちおそい＜按司襲い＞に　○しまおそい＜島襲い＞　○おもい＜思い＞　○またちよもい＜真太求思い（人名）＞　○よねもい＜米思い＞は　○そろい＜揃い＞　○よろい＜鎧＞

{おも３}（1623）

＜用例＞

○こいもの＜恋者＞に　○といきゝおび＜十重帯＞　○ほい＜舳＞まて　○おもひ＜思い子＞きや　○おひきよる＜追い来おる＞　○おひ人＜老い人＞に
　こいくあやみや＜越来綾庭＞に　こいて＜越えて＞　みこい＜御声＞

{本}（1624）

＜用例＞

○あんしおそいかなし（接司襲い加那志）　○いろいろのかさり物を（色々の飾り物を）
○おもひくわへ（思ひ子部）　○なか城おもひ二ら（中城思二良）　○おひ人わか人めともわらへにいたるまて（老ひ人若人女ども童に到るまで）

{田 12}（1627）

＜用例＞

○きまの大やくもいに（儀間の大屋子思いに）

{田 13}（1628）

＜用例＞

○儀間の里之子大やくもいに（儀間の里之子大屋子思いに）

{田 14}（1631）用例なし　{田 15}（1634）用例なし　{田 16}（1660）用例なし

Ⅲ－１－⑵－㉒　*/ｏｅ/

{田11}（1606）用例なし

{使４}（1606）
＜用例＞
○吾一加毎奴＜賞賜＞（おゑかまへの、御賞前の）

{よう}（1620）
＜用例＞
○かのへさる（庚申）　○おゑかをかみ申候（おゑか拝み申候）

{おも２}（1613）
＜用例＞
○こゑく＜地名＞は　○ごゑくもりくすく＜越来杜城＞

{おも３}（1623）
＜用例＞
○いしけなはきこへ＜伊敷索聞え＞る　○きこへる＜聞える＞　○かこへ＜佳声＞の　○こへ＜声＞　○たとへて＜譬えて＞　○とへは＜問えば＞　○とへわ＜問えば＞　○そへたて＜添え立て＞　○ともへ＜巴＞　○そろへやり＜揃え遣り＞○きこゑて＜聞えて＞　○こゑ＜声＞　○そゑれ＜襲いれ＞　○おゑ＜老い＞　○おゑか＜お吉日＞　○おゑぢ＜追手＞

こいくあやみや＜越来綾庭＞に　こいて＜越えて＞　みこい＜御声＞

{本}（1624）用例なし　{田12}（1627）用例なし　{田13}（1628）用例なし
{田14}（1631）用例なし　{田15}（1634）用例なし　{田16}（1660）用例なし。

Ⅲ－１－⑵－㉓　*/ｏａ/

{田11}（1606）用例なし　{使４}（1606）用例なし

{よう}（1620）
＜用例＞
○このすミのあさくならは（この墨の浅くならは）　○てにつきわうにせのあんしおそひかなしの（天継ぎ王仁世の按司襲い加那志の）

{おも２}（1613）
＜用例＞
○きもあくみ＜肝あぐみ＞　○いけばるのあち＜按司名＞の　○そわる＜襲わる、支配

する>

{おも３}（1623）

<用例>

○もとあし<基足、根本>から　○きもあくみ<肝あぐみ>　○しもあし<下足>から　○いへのあち<按司名>か　○こはいふさ<小隼>　○とはしり<十走り（戸）>　○おそは<襲は>　○おもはな<思わな>　○こわば<乞わば>　○おそわ<襲わ>　○おもわせ<思わせ>

{本}（1624）

<用例>

○かにある事は昔今にもあるましく候ほとに（かにある事は昔今にもあるまじく候ほどに）　○御はかところは（御墓所は）

{田12}（1627）用例なし　{田13}（1628）用例なし　{田14}（1631）用例なし　{田15}（1634）用例なし

{田16}（1660）

<用例>

○ちくとのハ（筑殿は）

Ⅲ－１－⑵－㉔　*/ｏｕ/

{田11}（1606）

<用例>

○あくかへのせんとうハ（赤頭の船頭は）　○おしあけとミかせんとう大やくもいに（押し上げ富が船頭大屋子思いに）　○おしあけとミかせんとう大やくもいか方へ（押し上げ富が船頭大屋子思いが方へ）

{使４}（1606）

<用例>

○匹胡平<缾>（しんごうびん、四合瓶？）　○度<身>（どう、胴・身）　○冷今<衫>（どうぎぬ、胴衣？）　○呼窩<鳳凰>（ほうわう、鳳凰）　○沙冒<紗帽>（しやぼう、紗帽）　○冒<帽>（ぼう、帽）　○乞奴<昨日（きのふ、昨日）　○吐荅子<十二>（とをふたつ、十二）　○吐的子<十一>（とをふてつ、十一）

{よう}（1620）

<用例>

○そうふきやう（総奉行）

｛おも２｝（1613）

＜用例＞

○こうは＜来うは＞　○世かほう＜世果報＞　○おそうやに＜襲うように＞　○やきのうら＜八木の浦＞の　○よしのうら＜吉の浦＞の
○ふうくに＜果報国＞（ほうくに）

｛おも３｝（1623）

＜用例＞

○こう＜来う、来い＞　○こうて＜乞うて＞　○世がほう＜世果報＞○おそう＜襲う＞　○おもうやに＜思う様に＞　○くおのうち＜京の内＞　○けよのうち＜京の内＞は　○そろう＜揃う＞　○おうね＜お船＞

｛本｝（1624）用例なし　｛田 12｝（1627）用例なし　｛田 13｝（1628）用例なし
｛田 14｝（1631）用例なし　｛田 15｝（1634）用例なし　｛田 16｝（1660）用例なし

Ⅲ－１－⑵－㉕　*/oo/

｛田 11｝（1606）用例なし

｛使４｝（1606）

＜用例＞

○科立＜雹＞（こほり、氷）　○它加撒＜遠＞（とほ（か）さ、遠さ）　○吐＜十＞（とを、十）　○吐亦子孜＜十五＞（とをいつつ、十五）○吐鴉子＜十八＞（とをやつ、十八）○吐由子＜十四＞（とをよつ、十四）

｛よう｝（1620）用例なし

｛おも２｝（1613）

＜用例＞

○やりかさのおやのろ＜やりかさの親ノロ＞

｛おも３｝（1623）

＜用例＞

○こおり＜郡＞　○とおり＜通り＞　○おほこり＜お慶び＞
とう＜十＞の（とをの）　とうさ＜遠さ＞（とほさ）　とうり＜通り＞　そろお＜揃う＞

｛本｝（1624）用例なし　｛田 12｝（1627）用例なし　｛田 13｝（1628）用例なし
｛田 14｝（1631）用例なし　｛田 15｝（1634）用例なし　｛田 16｝（1660）用例なし

Ⅲ－2　半母音

Ⅲ－2－(1) ヤ行音

＊／ｊａ,ｊｕ,ｊｏ／について考察する。

{田 11}（1606）

＜用例＞

○大やくもい（大屋子思い）　○ちやくにとミ（謝国富）　○しよりより（首里より）

*/ju/に対応する用例なし。

{使４}（1606）

＜音訳字＞

*/ja/に対応する部分に「牙、夜、楊、亞、鴉」が現れる。

*/ju/に対応する部分に「油、有、由」が現れる。

*/jo/に対応する部分に「丘、約、由、幼、院」が現れる。

音訳字		中原音韻	東国正韻	訓蒙字会	西儒耳目資	推定音価
や	牙	ia	☆	’ a	☆	ja
	夜	ie	☆	’ ja	ie	ja
	揚	iaŋ	’ jaŋ	楊　’ jaŋ	iaoŋ	jam?
	亞	ia	ʔa’	痘　’ a	ia	ja
	鴉	ia	☆	’ a	ia	ja
ゆ	油	iəu	☆	’ ju	ieu	ju
	有	iəu	ŋuw	囿　’ ju	ieu	ju
	由	iəu	’ juɞ	☆	ieu	ju
よ	丘	k ‘iəu	☆	ku	☆	ju
	約	iao, io	ʔjak	☆	iao, io	ju
	由	iəu	’ juɞ	☆	ieu	ju
	幼	iəu	☆	’ ju	ieu	ju
よび	院	iuen	☆	☆	iuen	jun

＜用例＞

○牙（や、屋）　○牙立（やり、鑓）　○皮夜（ふや、靴）　○揚密撒（やめさ、止めさ）　○亞馬吐必周（やまとひと、大和人）　○鴉子（やつ、八）；　○油哇（ゆわう、硫黄）　○禿有（つゆ、露）　○由乜（ゆみ、弓）　○馬由（まゆ、眉）；　○丘達撒（よたさ、好さ）　○約姑里的（よくれて、夜暮れて　○由禄（よる、夜）　○由子（よつ、四）○幼羅衣（よろひ、鎧）　○院的（よびて、呼びて）

{よう}（1620）

<用例>

○やりよるけに　○いしふきやう（石奉行）　○おやかなし（親加那志）　○大やくもい（大屋子思い）　○のこらにしゆるてゝ（残らにしゆるてて）　○ようとれは　○よむたもさ（読谷山）　○うらおそいよりしよりに（浦襲いより首里に）　○大ちよもいかなし　○ちよくきよらく（強く清らく）　○とよみくすく（豊見城）

{おも２}（1613）

<用例>

○やて（遣りて）　○いみやは（今は）　○みやも（今も）　○うらやむ（羨む）　○きよらや（清らや）　○こちやひら（古謝坂）　○ゆかるひに（良かるひに）　○あまみきよ（アマミ人）　○きよる（来居る）　○けよから（今日から）　○しよる（し居る）　○とよむ（鳴響む）　○よろい（鎧）

{おも３}（1623）

<用例>

○やきのおもいきや（八木の思いぎや）　○やすま（休ま）<休もう>　○やとせ（八年）　○やまと（大和）　○やま（山）　○あやき（綾木）　○ゆだ（枝）　○ゆみ（弓）　○よは（世は）　○よが（夜が）　○よせれ（寄せれ）　○よろい（鎧）

{本}（1624）

<用例>

○あたにや太郎（安谷屋太郎）　○いしふきやう（石奉行）　○おやかなし（親加那志）　○天きやすゑ（天ぎや末）　○よミ候て（詠み候て）　○唐より　○およひ申さす（及び申さず）

*/ju/に対応する用例なし。

{田12}（1627）

<用例>

○大やくもい（大屋子思い）　○きま村より（儀間村より）

*/ju/に対応する用例なし。

{田13}（1628）

<用例>

○大やくもいに（大屋子思いに）

*/ju, jo/に対応する用例なし。

{田14}（1631）

<用例>

○きま村より（儀間村より）

*/ja, ju/に対応する用例なし。

{田 15}（1634）

*/ja, ju, jo/に対応する用例なし。

{田 16}（1660）

*/ja, ju, jo/に対応する用例なし。

Ⅲ－２－(2) ワ行音

＊／ｗｉ,ｗｅ,ｗａ,ｗｕ,ｗｏ／について考察する。

{田 11}（1606）

<用例>

○たまわり申候

*/wi, we, wu, wo/に対応する用例なし。

{使４}（1606）

<音訳字>

*/wi/に対応する部分に「依」が現れる。

*/we/に対応する部分に「一、葉」が現れる。

*/wa/に対応する部分に「瓦、哇、王、倭、敖、窩」が現れる。

*/wo/に対応する部分に「烏、翁、倭、歪」が現れる。

音訳字		中原音韻	東国正韻	西儒耳目資	訓蒙字会	推定音価
ゐ	依	iəi	’ jɔk	ie	☆	wi
ゑ	一	iəi	☆	ie	☆	wɪ
	葉	ie	’ jɔp, sjɔp	ie, xe	’ jɔp	wɪ
わ	瓦	ua	☆	☆	’ oa	wa
	哇	ua	ʔoa’，ʔai’	ua, ya	蛙 ’ oa	wa
わう	王	iuaŋ	☆	vam, uam	’ oaŋ	wau
	倭	uo, uəi	ʔoa’	goei, uei, uo	’ oa	woː
	哇	ua	ʔoa’，ʔai’	ua, ya	蛙 ’ oa	woː
	敖	au	ŋow	gao	螯 ‘o	wau
	窩	uo	ʔoa’	uo	’ oa	oː
わん	瓦	ua	☆	☆	’ oa	waɴ
を	烏	u	ʔo’	u	’ o	wu
	翁	oŋ	ʔoŋ	um	’ oŋ	wʊɴ
	倭	uo, uəi	ʔoa’	goei, uei, uo	’ oa	wʊ
	歪	uai	☆	☆	’ oai	wʊ

＜用例＞

○依嗑喇（ゐがはら、井河原）；　○一更加（ゑきが、男）　○葉（ゑ、絵）；　○瓦喇的（わら（ひ）て、笑（ひ）て）　○哇禄撒（わるさ、悪）　○枯哇（こ、子）　○倭王嗑吶尸（わうがなし、王加那志）　○倭奴（わうの、王の）　○油哇（ゆわう、硫黄）　○敖那（わうの、王の）　○瓦奴（わんの、我の）；　○烏男姑（をなご、女子、女）　○翁急（をぎ、荻、甘蔗）　○倭嗑（をか、丘、岸）　○荅止歪立（たちをれ、立ち居れ）

｛よう｝（1620）

「するゑ」：「すゐ」「すい」「すひ」などは、ない。/e/→/i/完了せず。「すへまさる」あり。

「をかみ～」：「おかミ申候」あり。

＜用例＞

○ゑそのてだ（英祖のテダ）　○おゑか申候　○てたかすゑ（テダが末）　○けらゑらしよわちへ　○御ちよわひめしよわに　○をかみ申候（拝み申候）

*/wi/に対応する用例なし。

｛おも２｝（1613）

「あんは（吾は）」あり。

「けお（今日）、けよから（今日から）」の例あり。

＜用例＞

*/wi/, */wo/に対応する用例なし。

○ゑけ＜掛け声＞　○きこゑいろめきや（聞こゑいろめきや）　○ごゑくもり（越来杜）　○わかまつ（若松）　○わしのみね（鷲の嶺）　○そわる（襲わる）＜支配する＞　○あがりよわちへ（揚がりよわちへ）＜揚がり給いて＞　○みものこてるわに（見物こてるわに）　○おそうやに（襲うやに）　○かほうてた（果報テダ）　○はうて（這うて）　○まぢうん＜一緒に＞

｛おも３｝（1623）

「こゑ」（声）：旧仮名遣い通り。

「ゑのち（命）、をのち（命）、のち（命）」の例あり。

「さゑく」（細工）：仮名遣いは「さいく」。

「得る」の仮名遣いは「える」。

「選ぶ」の仮名遣いは「えらぶ」。

「をかう（御顔）」：「みかを（御顔）」

「うへて（植へて）」：仮名遣いは「うゑて」。

「すへ（末）」「すゑ（末）」

＜用例＞

○ゐくに（良い国）　○ゐせわちへ（据せわちへ）＜据え給いて＞　○ゐちへ（居ちへ）　○ゐより＜坐り居り＞　○ゑけりあんし（兄按司）　○ゑひやに（伊平屋に）　○ゑんかくじ（円覚寺）　○かゑて（帰ゑて）＜帰って＞　○こゑ（声）　○さゑく（細工）

○ゑたる（得たる）　○ゑひやに（伊平屋に）　○ゑらて（選で）<選んで>　○すへ（末）　○するゑ（末）　○うへて（植へて）　○わかきみ（若君）　○わし（鷲）　○わん（我、吾）　○くろかわ（黒革）　○ひかわぢやう（樋川門）　○かわはんた（川端）　○くわか（子が）　○けわいあすび（競い遊び）　○をかう（御顔）　○をのち（命）　○をもろ<オモロ>　○をなりきみ（妹君）　○みかを（御顔）

{本}（1624）

<用例>

*/wu/に対応する用例なし。

○ひのとのゐのへに（丁の亥の日に）　○ゑくか（男）　○天きやすゑ（天ぎや末）　○かさり物をすゑ（飾り物を据ゑ）　○おもひくわへ（思ひ子部）　○御わたり候て（御渡り候て）　○わらへ（童）　○をかミ申候ほとに（拝み申候ほどに）　○をりふし（折り節）　○かさり物をするゑ（飾り物を据ゑ）

※「歴史的仮名遣い」通りである。
「すゑ（末）」、「すゑる（据ゑる）」
「をがむ」、「をり（折り）」

{田 12}（1627）

*/wi, we, wa, wu, wo/に対応する用例なし。

{田 13}（1628）

<用例>

○たまわり申候

*/wi, we, wu, wo/に対応する用例なし。

{田 14}（1631）

<用例>

○はゑのこおりの（南風の郡の）　○たまわり申候

*/wi, wu, wo/に対応する用例なし。

{田 15}（1634）

*/wi, we, wa, wu, wo/に対応する用例なし。

{田 16}（1660）

<用例>

○たまわり申候

*/wi, we, wu, wo/に対応する用例なし。

Ⅲ－３　子音

Ⅲ－３－(1)　カ行の子音
（＊／ｋｉ，ｋｅ，ｋａ，ｋｕ，ｋｏ／の子音）

{田 11}（1606）

表記の上では、*/ki/に 破擦音化は認められない。

＜用例＞

○ちやくにとミかひき（謝国富が引き）　○けらへ（家来）　○あくかへ（赤頭）
○大やくもい（大屋子思い）　○こおり（郡）

{使４}（1606）

表記の上では、*/ki/に破擦音化は認められない。
「き（木）」について、第Ⅶ章で述べる。

＜音訳字＞

*/ki/に対応する部分に「基、旗、起、吃、及、急、揭、乞、更、刻、其、之、氣、豈、各、巾」が現れる。

*/ke/に対応する部分に「基、及、急、見」が現れる。

*/ka/に対応する部分に「噶、嗑、佳、加、刊、堪、看、脚、甲、拿、開、凱、害、蓋、稿、槁、括、科、各」が現れる。

*/ku/に対応する部分に「窟、姑、枯、谷、嗑、倭、館」が現れる。

*/ko/に対応する部分に「噶、各、曲、窟、乎、古、姑、枯、胡、誇、孔、酷、骨、谷、沽、科」が現れる。

音訳字	中原音韻	東国正韻	訓蒙字会	西儒耳目資	推定音価	備　考
き　基	ki	☆	kɯi	ki	ki	
旗	k ʻi	☆	☆	☆	ki	
起	k ʻi	☆	☆	ki	ki	
吃	kiəi, k ʻiəi	☆	kɔr	☆	ki	
及	kiə	kkɯp	hɯp, kɯp	kie	ki	
急	kiəi	kɯp	☆	kie	ki	
揭	k ʻiəi, kie	kkjɔi	☆	k ʻin	khi	
乞	k ʻiəi	khɯiʼ	kɔr	k ʻi, k ʻie, nie	khi	
更	kəŋ	☆	☆	☆	ki	
刻	k ʻə	☆	kʌk	☆	kɪ	
其	k ʻi	☆	☆	ki, hi?	ki	
之	tʂɨ	☆	☆	☆	tsi	
氣	k ʻiəi	☆	skɯi	ki, khi	ki	
豈	k ʻai	☆	☆	ki, kai	ki	
きお　各	ko	kak	骼　kak	ko	kjo	

きん	巾	kiɔn	kɯn	kɔn	kin	kiN	
け	基	ki	☆	kɯi	ki	kɪ	
	及	kiə	kkɯp	hɯp, kɯp	kie	kɪ	
	急	kiəi	kɯp	☆	kie	kɪ	
けん	見	kien, hien	kjɔn	kjɔn	kien, hien	kɪN	
か	噶	葛　ko	☆	☆	☆	kɑ	
	嗑	ko	嗑　har	榼　hap	ho	kɑ	
	佳	kiai	☆	☆	kia, kiai, chui	k(j)a	
	加	kia	ka'	茄　kja	kia	k(j)a	
	刊	k 'an	khan	☆	k 'an	kam	「かみなり」
	堪	k 'am	☆	☆	☆	kam	
	看	k 'an	khan	kan	k 'an	khan, kham	「ぢ・ぶ」の前
	脚	kiau	☆	kak	kio	k(j)a	
	甲	kia	☆	kak	kia	k(j)a	
	拿	na	☆	☆	na	ka	
かい	開	k 'ai	khai'	kʌi	k 'ai	khai	
	凱	k 'ai	khai'	☆	k 'ai	khai	
	害	hai	hhai'	☆	hai, ho	kai	
	蓋	kai, ho	☆	☆	ko, ho, kai	kai	
かう	稿	kau	槁　kow	犒　ko	稾　kao	kau	
	槁	kau	kow	犒　ko	稾　kao	kau	
	科	k 'o	khoa'	koa	k 'uo, ko	ko:	
かつ	嗑	ko	嗑　har	榼　hap	ho	kɑ	
	括	kuo	☆	☆	kuo, huo	kɑ	
かは	嗑	ko	嗑　har	榼　hap	ho	kɑ	
かひ	蓋	kai, ho	☆	☆	ko, ho, kai	kai	
かふ	各	ko	kak	骼　kak	ko	kjo?	
く	窟	k 'u	☆	kur	ko	ku	
	姑	ku	ko'	ko	ku	ku	
	枯	k 'u	kho'	ko	k 'u	ku	
	谷	ku	☆	kok	ko, kio	ku	
くわう	嗑	ko	嗑　har	榼　hap	ho	ko:	
	倭	uo, uəi	ʔoa'	'oa	goei, uei, uo	kwau	
くわん	館	kuon	☆	☆	☆	kwaN	
こ	噶	葛　ko	☆	☆	☆	kʊ	
	各	ko	kak	骼　kak	ko	k(j)o	
	曲	k 'iu	☆	kok	ku	kʊ	
	窟	k 'u	☆	kur	ko	kʊ	

	乎	hu	☆	☆	☆	kʊ	
	古	ku	ko', zjujo	ko	ku	kʊ	
	姑	ku	ko'	ko	ku	kʊ	
	枯	k ‘u	kho'	ko	k ‘u	kʊ	
	胡	hu	☆	☆	hu, ku	kʊ	
	誇	k ‘ua	☆	☆	kua	kʊ	
	孔	ko ‘ŋ	khoŋ	koŋ	k ‘un	kʊŋ	「が」の前
	酷	k ‘u	☆	☆	ko	kʊ	
	骨	ku	☆	☆	ko	kʊ	
	谷	ku	☆	kok	ko, kio	kʊ	
	沽	ku	☆	☆	ku	kʊ	
こほ	科	k ‘o	khoa'	koa	k ‘uo, ko	ko:	

<用例>

○悶都里一基（もどりいき、戻り行き）　○由旗（ゆき、雪）　○起模（きも、肝）○吃之（きて、来て）　○阿及（あき、秋）　○都急（つき、月）　○掲知（きて、来て）○乞大（きた、北）　○一更加烏牙（ゑきがおや、男親）　○刻納里（きなり、木成り、木実）　○其粦（きりん、麒麟）　○匹舎蛮資之（ひざまづき、跪）　○氣力（きり、霧）○豈奴（きぬ、衣）　○衣石乞各必（いしききおび、玉帯）　○罔巾（まうきん、網巾）；○撒基（さけ、酒）　○牙及亦石（やけいし、焼け石）　○達急（たけ、竹）　○活見（ほつけん、絹）；　○打苔噶（たか、鷹）　○嗑済（かぜ、風）　○麻佳里（まかり、碗）○即加撒（ちかさ、近さ）　○刊眉（かみ（なり）、雷）　○堪枇（かみ、紙）　○看失（かぢ、舵）　○倭眉脚都司墨（おみかどすみ、御帝墨、勅書）　○押里嗑尼（あかがね、銅）○拿別（かべ、壁）　○開第（かいて、書いて）　○凱（かい、櫃？）　○害宅（かいち、懈豸）　○蓋乞（かいき、改機）　○稿炉（かうろ、香炉）　○槁（かう、香）　○括基（かつき、活気？、快活）　○科的（かうて、買うて）　○嗑乜那各（かめのかふ、亀の甲）；　○窟之（くち、口）　○姑木（くも、雲）　○枯買毎（くもんめ、九匁）　○谷哇的（くぐわつ、九月）　○嗑得（くわうてい、皇帝）　○倭的毎（くわうていまへ、皇帝前）　○館牙（くわんや？、館屋？、館駅）；　○噶嗑尼（こがね、黄金）　○堕各（とこ、床）　○曲尸（こし、腰）　○窟受（こせう、胡椒）　○乎襪子（こべつ？、襪）　○烏鴉没谷古里（おやもほこり？、親御誇？、給賞）　○温ト姑里（おんほこり、御誇、謝恩）○枯哇（こ、子、子等？）　○胡品其（こひげ、小髭）　○誇（こ、子）　○孔加尼（こがね、黄金）　○酷骨碌子（ここのつ、九つ）　○酷骨碌子（ここのつ、九つ）　○谷米（こめ、米）　○由諾沽（ゆのこ、湯の粉）　○科立（こほり、氷、雹）

{おも２}（1613）

＊/ki/に関しては、基本的に「き」で表記されているが、「ち」の場合もあるので、破擦音化を確認することができる。

「いきやる」や「いきやり」などの例はない。

＜用例＞

○きこゑ中くすく（聞こゑ中城）　○きちへ（着ちへ）　○よきやのろの（よきや神女の）　○きよらや（清らや）　○ひきよせれ（引き寄せれ）　○きよる（来居る）　○けおの（今日の）　○けよから（今日から）　○かけて（掛けて）　○かけふさい（掛け栄い）　○かねと（金と、鉄と）　○つかい（使い）　○わかつかさ（若司）　○わかまつ（若松）　○あちかす（按司数）　○かみの（上の）　○むかて（向かて）　○くすく（城）　○くにのね（国の根）　○ふうくに（果報国）　○こかねけは（黄金けは）　○こちやひら（古謝坂）　○このいくさせち（此の戦させぢ）　○これと（之と）　○こうは（来うは）；　○ちよわちへ＜来給いて＞　○もちちやる＜持ち来たる＞

{よう}（1620）

＊/ki/の 破擦音化した例がある。

＜用例＞

○きよらく（清らく）　○りうきう国（琉球国）　○いけくすく（池城）　○かのへさる（庚申）　○この御はかの（この御墓の）　○ちよくきよらく（強く清らく）　○あさくならは（浅くならば）　○たまくすく（玉城）　○大やくもい（大屋子思い）　○こちひらの大やくもい（東風平の大屋子思い）　○めしよわちやこと（召しよわちやこと）　○このひのもんハ（この碑の文は）　○のこらにしゆるてゝ（残らにしゆるてて）；　○御ちよわひめしよわに（御来よわひ召しよわに）

{おも３}（1623）

＊/ki/に関しては、基本的に「き」で表記されているが、「ち」の場合もあるので、破擦音化を確認することができる。

＜用例＞

○きたたんのみやに（北谷の庭に）　○きちへ（来ちへ）＜来て＞　○きむ（肝）　○たうあきない（唐商い）　○かたき（敵）　○つき（月）　○ひきいちへ物（引き出物）　○け（気）＜霊力＞　○けお（今日）　○けお（京）　○さけと（酒と）　○たけ（竹）　○かさなおり（風直り）　○かざなおり（風直り）　○かせ（風）　○かち（舵）　○かわはんた（川端）　○かみ（神）　○さかくらは（酒蔵は）　○ちかさ（近さ）　○くちや（口や）　○くに（国）　○くもか（雲が）　○くひからむ（首からむ）　○くるまかさ（車傘）　○くろかねのこら（黒金の子等）　○おくのうみ（奥の海）　○くわか（子が）　○くわげ（桑木）　○こかね（黄金）　○こゝろ（心）　○この（此の）　○たこ（蛸）；　○さちやる＜咲きたる＞　○もちちやる＜持ち来たる＞　○ちうらのはな＜清らの花＞

{本}（1624）

表記上は、＊/ki/の 破擦音化の例は見当たらない。

＜用例＞

○いまきしん（今帰仁）　○からめきミちへ　○かくにて　○かさり物をすゑ（飾り物を据ゑ）　○かにある事は　○くしかミ（具志頭）　○ミ御ミつかいすれてて（御御御使

いすれてて）　○なか城おもひ二ら（中城思ひ二良）　○御はかけらへわちへ（御墓造らへわちへ）　○御すしよりほかに（御筋よりほかに）　○御おくりし申候（御送りし申候）　○思ひとく（思徳）　○かくにて　○石のさいくあつめ候て（石の細工集め候て）　○くしかミまによこ（具志頭真如古）

*/ke/に対応する用例なし。

{田12}（1627）

*/ki/相当の用例がないので、破擦音化に関しては触れられない。

＜用例＞

○大やくもい（大屋子思い）　○南風のこおりの（南風の郡の）

*/ki, ke, ka/に対応する用例なし。

{田13}（1628）

*/ki/相当の用例がないので、破擦音化に関しては触れられない。

＜用例＞

○大やくもい（大屋子思い）　○こおりの（郡の）

*/ki, ke, ka/に対応する用例なし。

{田14}（1631）

*/ki/相当の用例がないので、破擦音化に関しては触れられない。

＜用例＞

○はゑのこおりの（南風の郡の）

*/ki, ke, ka, ku/に対応する用例なし。

{田15}（1634）

*/ki, ke, ka, ku, ko/に対応する用例なし。

{田16}（1660）

*/ki/相当の用例がないので、破擦音化に関しては触れられない。

＜用例＞

○ちくとのハ（筑殿は）

*/ki, ke, ka, ko/に対応する用例なし。

Ⅲ－３－⑵　ガ行の子音

（*／ｇｉ,ｇｅ,ｇａ,ｇｕ,ｇｏ／の子音）

{田11}（1606）

*/gi/相当の用例がないので、破擦音化に関しては触れられない。

＜用例＞

○おしあけとミが（押上富が）　○ちやくにとミか（謝国富が）

*/gi, gu, go/に対応する用例なし。

{使4}(1606)

/gi/に対応する音訳字の、「古辞書類の音」を見ると、 破擦音系のものは存在しない。よって、/gi/の破擦音化は起こっていないと判断できる。

<音訳字>

*/gi/に対応する部分に「基、及、急、其、今」が現れる。
*/ge/に対応する部分に「基、急、傑、其」が現れる。
*/ga/に対応する部分に「嗑、喈、加、暗」が現れる。
*/gu/に対応する部分に「窟、吾、沽、哇」が現れる。
*/go/に対応する部分に「課、姑、吾、悪、胡」が現れる。

音訳字	中原音韻	東国正韻	訓蒙字会	西儒耳目資	推定音価
ぎ　基	ki	☆	kɯi	ki	gi
及	kiə	kkɯp	hɯp, kɯp	kie	gi
急	kiəi	kɯp	☆	kie	gi
其	k ‘i	☆	☆	ki, hi?	gi
ぎぬ今	kiəm	☆	☆	☆	giɴ
げ　基	ki	☆	kɯi	ki	gɪ
急	kiəi	kɯp	☆	kie	gɪ
傑	kie	☆	kɔr	kie	gɪ
其	k ‘i	☆	☆	ki, hi?	gi
が　嗑	ko	嗑　har	榼　hap	ho	gɑ
喈	kiai	☆	☆	☆	g(j)a
加	kja	ka’	茄　kja	kia	g(j)a
がん暗	am	?am	’ am	han, gan	gaɴ
ぐ　窟	k ‘u	☆	kur	ko	gu
吾	u	☆	’ o	☆	gu
沽	ku	☆	☆	ku	gʊ
ぐわ哇	ua	? oa’, ? ai’	蛙’ oa	ua, ya	gwa
ご　課	k ‘uo	☆	koa	kuo, ko	gʊ
姑	ku	ko’	ko	ku	gʊ
吾	u	☆	’ o	☆	gʊ
悪	o, u	? o’, ? ak, ? a’	☆	o, u, ia	gʊŋ
ごう胡	hu	☆	☆	hu, ku	gʊː

<用例>

○皿基諾沽(むぎのこ、麦の粉)　○吾撒及(うさぎ、兎)　○翁急(をぎ、荻、甘蔗)　○枉其(あふぎ、扇)　○冷今(どうぎぬ、胴衣、衫);　○諸基(ざうげ、象牙)　○安急第(あげて、上げて)　○阿傑的(あげて、上げて)　○品其(ひげ、髭);　○噶嗑尼(こがね、黄金)　○喈哪(がな、鵞)　○孔加尼(こがね、黄金)　○龍暗(りゆうが

ん、龍眼）；　○窟宿枯（ぐすく、城、皇城）　○漫思吾（ますぐ、真直ぐ）　○馬訟沽（ますぐ、真直ぐ）　○焼哇的（しやうぐわつ、正月）；　○課沙（（い）ごさ、痒）　○烏男姑（をなご、女子）　○吾買毎（ごもんめ、五匁）　○悪哇的（ごぐわつ、五月）　○匹胡平（しごうびん、四合瓶）

{おも２}（1613）

＊/gi/に関しては、「き」「ぎ」が多い。

＜用例＞

○あらきやめ＜有る限り＞　○なたかつるき（名高剣）　○おしあけつるき（押し上げ剣）　○やきのうら（八木の浦）　○いちよのしきや（いちよのしぎや）　○あけかなし（上げ加那志）＜神女名＞　○おしあけつるき（押し上げ剣）　○みやあけれは（見上げれば）　○あがるいに（東に）　○あかるもり（上がる杜）　○きやかるひに（輝がる日に）　○こかねけは（黄金けは）　○たるが（誰が）　○なりあからせ（鳴り上がらせ）　○世がけせぢ（世掛けせぢ）　○きこゑ中くすく（聞こゑ中城）　○きもあくみは（肝あぐみは）　○ちばなかなくすく（知花金城）　○かなごり（鉋屑）　○こゑくは（越来は）　○ごゑくあやみやに（越来綾庭に）　○ことく（如く）

{よう}（1620）

表記上は、＊/gi/の 破擦音化は、窺えない。

＜用例＞

○いしふきやう（石奉行）　○そうふきやう（総奉行）　○まきり（間切）　○やりよるけにてて　○けらゑらし（造らゑらし）　○からめくへし　○てたかする（テダが末）　○あんしかなしも（按司加那志も）　○おかミ申候（拝み申候）　○をかみ申候（拝み申候）　○てりあかりめしよわちやこと（照り上がり召しよわちやこと）　○いけくすく（池城）　○たまくすく（玉城）　○とよみくすく（豊見城）　○あはこんの大やくもい（阿波根の大屋子思い）

{おも３}（1623）

＊/gi/に関しては、「き」「ぎ」が多い。

＜用例＞

○だしきやくぎ（だしきや釘）　○あらむぎやが（新麦が）　○つちきりに（土斬りに）　○つちぎりに（土斬りに）　○とぎやわ（銛わ）　○けすと（下司と）　○げすからと（下司からど）　○みおもかけ（御面影）　○みおもかげ（御面影）　○なけくな（嘆くな）　○なげくな（嘆くな）　○こかね（黄金）　○あはれまへゑくか（あはれ真男）　○あがかいなであちおそい（吾が掻い撫で按司襲い）　○がぢやもりに（我謝杜に）　○いちやかわに（いちや川に）　○くすく（城）　○ぐすくおやいくさ（城親軍）　○おもいぐわの（思い子の）　○ごゑくもり（越来杜）

{本}（1624）

＊/gi/の 破擦音化については、表示上はわからない。

*/-iga/に関して、口蓋化のあるものとそうでないものとが並存している。

<用例>

○天きやすゑ（天ぎや末）　○石ふきやう（石奉行）　○天にあふき地にふして（天に仰ぎ地に伏して）　○御すきりめしよわちや事（御過ぎり召しよわちや事）　○御はかけらへわちへ（御墓造らへわちへ）　○ごんげんも（権現も）　○あんしおそいかなしの（按司襲い加那志の）　○からめきミちへ　○国かミまさふろ（国頭真三郎）　○おやかなしの（親加那志の）　○ゑくか御三人（男御三人）　○をかミ申候ほとに（拝み申候ほどに）　○くしかミまによこ（具志頭真如古）　○おもひくわへ（思ひ子部）　○おなこおやかなしの（女親加那志の）　○ごんげんも（権現も）　○なこのうら（名護の浦）　○なこやけて（和やけて）　○おなごあんじやれどむ（女按司やれども）　○くにごしやん（国御杖）

{田 12}（1627）

表記上は、*/gi/の 破擦音化は、窺えない。

<用例>

○きま村より（儀間村より）

*/ge, ga, gu, go/に対応する用例なし。

{田 13}（1628）

*/gi/相当の用例がないので、 破擦音化に関しては触れられない。

*/gi, ge, ga, gu, go/に対応する用例なし。

{田 14}（1631）

表記上は、*/gi/の 破擦音化は、窺えない。

<用例>

○きまの里主親雲上に（儀間の里主親雲上）　○きま村より（儀間村より）

*/ge, ga, gu, go/に対応する用例なし。

{田 15}（1634）

表記上は、*/gi/の 破擦音化は、窺えない。

<用例>

○きまの子に（儀間の子に）　○勢遣富か引の

*/ge, gu, go/に対応する用例なし。

{田 16}（1660）

*/gi/相当の用例がないので、 破擦音化に関しては触れられない。

<用例>

○勢遣富か引の

*/gi, ge, gu, go/に対応する用例なし。

Ⅲ－３－(3)　タ行の子音
（＊／ｔｉ,ｔｅ,ｔａ,ｔｕ,ｔｏ／の子音）

{田 11}（1606）

他の資料に準じて考えれば、*/ti/は破擦音化していたであろう。

＜用例＞

○たまわり申候（賜り申候）　○おしあけとミ（押上富）　○ちやくにとミ（謝国富）
○さとぬしへ（里主部）

*/ti, te, tu/に対応する用例なし。

{使４}（1606）

*/ti/の破擦音化は、疑いを容れない。例えば、音訳字「止、只」の「古事書類の音」を参照。

＜音訳字＞

*/ti/に対応する部分に「止、集、即、其、宅、只、之、札、茶、扎」が現れる。

*/te/に対応する部分に「第、剃、的、之、知、枚、支、只、的、都、得、甸」が現れる。

*/ta/に対応する部分に「打、大、達、塔、撻、荅、借、者、刀」が現れる。

*/tu/に対応する部分に「司、子、孜、祖、足、速、的、都、禿、牝、尸、通」が現れる。

*/to/に対応する部分に「啚、多、堕、吐、都、度、土、同、它、周、桶」が現れる。

音訳字	中原音韻	東国正韻	訓蒙字会	西儒耳目資	推定音価	備　考
ち　止	ʈʂɨ	ci’	趾　ci	c ‘hi, chi	tsi	
集	tsiəi	ccip	cip	çie, ça	tsi	
即	tsiəi	☆	☆	çie	tsi	
其	k ‘i	☆	☆	ki	ʧi	
宅	ʈʂai	to’	thʌik	ç ‘e, çe	tsi	
只	ʈʂɨ	cirʔ	☆	chi	tsi	
之	ʈʂɨ	ci’	芝　ci	chi	tsi	
ちや札	ʈʂa	carʔ	☆	ca, che	ʧa	
茶	ʈʂ ‘a	☆	ta	c ‘ha	ʧa	
扎	ʈʂa	carʔ	☆	ca, che	ʧa	
て　第	tiəi	☆	tjɔi	chi, çu	tɪ	
剃	‘tiəi	☆	☆	☆	tɪ	
的	tiəi	tjɔk	菂　tjɔk	tie	tɪ	
之	ʈʂɨ	ci’	芝　ci	chi	tsi	
知	ʈʂɨ	☆	☆	chi	tsi	
枚	məi	☆	☆	moei, mui	te?	
支	ʈʂɨ	☆	☆	chi	tsi	

只	ʈʂɨ	cirʔ	☆	chi	tsi	
てい的	tiəi	tjɔk	葯　tjɔk	tie	tɪ	
都	tu	to'	to	tu	tɨi	
得	təi	tɯk	☆	te	tei	
てん甸	tien	ttjɔn, ssiŋ	tjɔn	tien, xien, xim	tɪn	
た　打	ta	☆	☆	ta, tim	ta	
大	ta, tai	tta', ttai', thai', thoa	☆	ta, t' o, to, toi	ta	
達	ta	tharʔ, ttarʔ	闥　tar	t' a, ta	ta	
塔	t ‘a	thap	thap	t ‘u	tha	
撻	t ‘a	☆	☆	t ‘a	tha	
荅	ta	☆	☆	ta	ta	
借	tsie	☆	chja	çie, cha	ʧa	
者	ʧɪe	cja	cja	che	ʧa	
たう刀	tau	tow	to	tao, tiao	tau	
つ　司	si	sʌ'	sʌ	su	(t)sɯ	
子	tsɨ	ccʌ'	cʌ	çu	tsɯ	
孜	tsɨ	☆	☆	çu	tsɯ	
祖	tsu	co'	co	cu, chu	tsɯ	
足	tsiu	cju', cjuk	cjok	çu,　ço	tsɨ	
速	su	sok	☆	so	(t)sɯ, (t)si	
的	tiəi	tjɔk	葯　tjɔk	tie	tsɨ	
都	tu	to'	to	tu	tu	
禿	t ‘u	thok	tok	t ‘o	tu	
牝	piən	☆	☆	pin, xin	tu	
尸	ʂɨ	☆	☆	xi	tsu	
つう通	t ‘oŋ	☆	☆	tum	tuː	
と　啚	t ‘u	☆	to	t ‘u	tʊ	
多	tuo	ta'	☆	to	tʊ	
堕	tuo, huəi	☆	☆	t ‘o, to, hoei	to	
吐	t ‘u	tho'	tho	t ‘u	thʊ	
都	tu	to'	to	tu	tʊ	
度	tu, to	tto'	to	tu, to, ce	tʊ	
土	t ‘u	☆	☆	tu	tʊ	
同	t ‘oŋ	☆	☆	tun	tʊ	
它	t ‘o	tha'	舵　tha	t ‘a, t ‘o, xe	thʊ	
周	ʧɪəu	cjuw	錭　tjo	cheu	ʧʊ	
とう桶	t ‘oŋ	☆	☆	t ‘um	tom	[b]の前

<用例>

○足止（つち、土）　○密集（みち、道）　○即加撒（ちかさ、近さ）　○其（ち、血）○害宅（かいち、懈豸）　○只（ち、地）　○窟之（くち、口）　○札（ちや、茶）○茶麻佳里（ちやまかり、茶碗）　○扎（ちや、茶）　○史司（ちやうし、長使）；○安急第（あげて、上げて）　○剃（て、手）　○法立的（はれて、晴れて）　○吃之（きて、来て）　○掲知（きて、来て）　○榻枚（きて？、来て？）　○榻支（きて？、来て？）○密只（みて、見て）　○倭的毎（くわうていまへ、皇帝前、皇帝）　○倭都毎（くわうていまへ、皇帝前、皇帝）　○嗑得那使者（くわうていのししや、皇帝の使者、朝貢使臣）○甸尼（てん、てんに？、天）；　○打苔噶（たか、鷹）　○乞大（きた、北）　○達急（たけ、竹）　○塔嗑牙（たかや、高屋）　○撻馬（たま、玉、珠）　○嗑苔拿（かたな、刀）○一借沙（いたさ、痛さ）　○阿者（あした、明日）　○大刀（だいたう、大唐）；　○密加妳（みつぎ、貢）　○司禄（つる、鶴）　○嗑子撒（あつさ、熱さ）　○一子孜（いつつ、五つ）　○祖奴（つの、角）　○足止（つち、土）　○速都密的（つとめて、夙めて）○寧哇的（にぐわつ、二月）　○都急（つき、月）　○禿有（つゆ、露）　○匹牝喳（ひつじ、羊）　○司眉日尸（せんべつ、餞別、下程）　○通資（つうじ、通事）；　○速圖施枚（つとめて、夙めて）　○多失（とし、年）　○堕各（とこ、床）　○吐急（とき、時）○屋都（おと、弟）　○密乃度（みなと、港）　○土地（とり、鶏）　○同之（とじ、刀自、妻）　○它喇（とら、虎）　○必周（ひと、人）　○桶盤（とうぼん、東（道）盆、盤）

｛よう｝（1620）

*/ti/は破擦音化していると思われる。

/tu/が/ti/と区別しにくくなっていたことを示す例（ちよく、強く）がある。

<用例>

○こちひらの（東風平の）　○大ちよもいかなし（大ちよ思い加那志）　○ゑそのてたの御はか（英祖のテダの墓）　○やりよるけにてて　○のこらにしゆるてゝ（残らにしゆるてて）　○てりあかりめしよわちやこと（照り上がり召しよわちやこと）　○たてめしよわちやる（建て召しよわちやる）　○たまくすく（玉城）　○世あすたへ（世長老部）○よむたもさ（読谷山）　○ミ御ミつかい　○ちよく（強く）　○あとハ（後は）　○めしよわちやこと（召しよわちやこと）

｛おも２｝（1613）

*/ti/は破擦音化していたと思われる。

「いちや←いた（板）」「きちへ←きて」の例が示すように、*/-ita/*/-ite/等は破擦音化していた。

「もちちへ」の他に、「もちなちやる＜もてなしたる＞、もちへ＜持って＞、もちちやる＜持ち来る＞」等の例がある。それぞれ「促音」か。

「あつる（有る、在る）」も、促音である可能性は否定できない。

<用例>

○いちやぢや（板門）　○きちへ（着て）　○きちやれ（来ちやれ）＜来たれ＞　○ち

ばなにしたけ（知花西嶽）　○てもち（手持ち）　○のちも（命も）　○もちちへ（持ちちへ）<持って>　○こゑくこてるわに（越来こてるわに）　○つめて（集めて）　○てもち（手持ち）　○はうて（這うて）　○せめて（攻めて）　○かたなうち（刀佩ち）<刀佩き>　○たまよ（玉よ）　○よた（覡）　○うたん（討たん）　○したたりや（直垂や）　○あはれわかまつ（あはれ若松）　○おしあけつるき（押し上げ剣）　○おみやつち（御庭頂）　○つかい（使い）　○わかつかさ（若司）　○つゝみ（鼓）　○なつやに（夏やに）　○あつる（有る、在る）　○かねと（金と）　○ことく（如く）　○とよむ（鳴響む）　○みちへと<見てと>　○とりよわれ（取りよわれ）<取り給え>

{おも３}（1623）

/ti/は、破擦音化していた。/ki/も破擦音化し、両者の区別が難しくなっていたことを物語る「はくき（歯口）」の例もある。

「あちやは（明日は）」は、*/-ita/破擦音化を示すよい例である。

<用例>

○ちおとちや（乳兄弟）　○ちおとぢや（乳兄弟）　○ちかさ（近さ）　○くちや（口や）　○たちより（立ち居り）　○つちやちよむ（土やちよむ）　○みち（道）　○て（手）　○てにからわ（天からわ）　○てにち（天地）　○あいて（相手）　○ふてつ（一つ）　○たけ（竹）　○たけ（丈）　○たけ（嶽）　○たまの（玉の）　○たひに（旅に）　○きたたんに（北谷に）　○うたい（謡い）　○うたは（打たば）　○あちやは（明日は）　○つき（月）　○つくて（作て）<作って>　○つちぎりに（土斬りに）　○つよ（露）　○やつら（屋根面）　○くたかあつめなに（久高集め庭に）　○たつ（立つ）　○たつ（発つ）　○みつ（三つ）　○とき（時）　○とし（年）　○とりぎや（鳥ぎや）<鳥が>　○ひとのおや（人の親）　○ひとり（一人）　○とうの（十の）　○いと（糸）

{本}（1624）

*/ti/は破擦音化していたであろう。

*/-ita/の用例は見出せないが、破擦音化していたであろうと思われる。

<用例>

○ちいへい（指揮）　○一七日のうちに　○からめきミちへて　○御すきりめしよわちや事（御過ぎり召しよわちや事）　○けらへわちへ（造らへわちへ）　○あつめ候て（集め候て）　○からめきミちへて　○御ミつかいすれてて　○たてめされ候（建て召され候）　○ために（為に）　○御ミつかいのちいへい　○御とむらひに（御弔ひに）　○めしよわちへとこのひのもんハ（召しよわちへとこの碑の文は）　○思ひとく（思徳）

{田12}（1627）

*/ti/の用例はないが、破擦音化していたであろう。

*/ti, te, ta, tu, to/に対応する用例なし。

{田13}（1628）

*/ti/の用例はないが、破擦音化していたであろう。

＜用例＞

○たまわり申候（賜り申候）

*/ti, te, tu, to/に対応する用例なし。

{田 14}（1631）

*/ti/の用例はないが、破擦音化していたであろう。

＜用例＞

○たまわり申候（賜り申候）

*/ti, te, tu, to/に対応する用例なし。

{田 15}（1634）

*/ti/の用例はないが、破擦音化していたであろう。

＜用例＞

○たまハり申候（賜り申候）

*/ti, te, tu, to/に対応する用例なし。

{田 16}（1660）

*/ti/は破擦音化していたと思われる。

＜用例＞

○ちくとのハ（筑殿は）　○たまハり申候（賜り申候）

*/te, tu, to/に対応する用例なし。

Ⅲ－３－⑷　ダ行の子音

（*／ｄｉ,ｄｅ,ｄａ,ｄｕ,ｄｏ／の子音）

{田 11}（1606）

＜用例＞

○せんとう（船頭）

*/di, de, da, du/に対応する用例なし。

{使４}（1606）

*/di/は破擦音化していたと判断できる。

＜音訳字＞

*/di/に対応する部分に「失、扎」が現れる。

*/de/に対応する部分に「嚏、得」が現れる。

*/da/に対応する部分に「達、代、大」が現れる。

*/du/に対応する部分に「子、資、足、的」が現れる。

*/do/に対応する部分に「圖、都、度、冷、歸」が現れる。

音訳字	中原音韻	東国正韻	訓蒙字会	西儒耳目資	推定音価
ぢ　失	ʃɪəi	si', sirʔ	矢　si	xe, xi, ie	dzi
ぢや扎	ʈʂa	carʔ	☆	ca, che	ʤa
で　嚏	tiəi	☆	☆	☆	de
得	təi	tɯk	☆	te	de
だ　達	ta	tharʔ, ttarʔ	闥　tar	t'a, ta	da
だい大	ta, tai	tta', ttai', thai', thoa	☆	ta, t'o, to, toi	dai
代	tai	ttʌi'	tʌi	tai	dai
づ　子	tsɨ	ccʌ'	cʌ	çu	dzɯ
資	tsɨ	☆	☆	çu	dzɯ
足	tsiu	cju', cjuk	cjok	çu,　ço	dzɯ
的	tiəi	tjɔk	菂 tjɔk	tie	dzɨ
ど　啚	t ʻu	☆	to	t ʻu	dʊ
都	tu	to'	to	tu	dʊ
どう度	tu, to	tto'	to	tu, to, ce	dʊː
冷	ləŋ	☆	令 rjɔŋ	lei, lim	dʊː
歸	kuəi	☆	☆	☆	du?

<用例>

○看失（かぢ、舵）　○倭男扎喇（をなぢやら、王妃）；　○忿嚏（ふで、筆）　○波得（ほでり、雷）；　○分達里（ひだり、左）　○代（だい、台、卓）　○大刀（だいたう、大唐）；　○皿子撻馬（みづたま、水玉、水晶）　○匹舎蜜資之（ひざまづき、跪）　○民足（みづ、水）　○慢的（まづ、慢走）；　○漫啚（まど、暇）　○由門都里（よもどり、雀）　○度（どう、胴）　○冷今（どうぎぬ、胴衣、衫）　○畏之謾歸（いきもどりて、行き戻りて）

{よう}（1620）

他から推して、*/di/は破擦音化していたと判断される。

<用例>

○御はかのさうちハ（御墓の掃除は）　○なるまても　○ゑそのてたの御はか（英祖のテダの御墓）　○うらおそいのようとれは（浦襲いのようどれは）

*/du/に対応する用例なし。

{おも2}（1613）

「いちみさうす（泉清水）」の例があるが、これは*/di/の破擦音化を示すと同時に、*/du/と*/di/との共通性、更には*/zu/との似通いを如実に示したものとなっている。

「いづみ（泉）～」。「そうづ（添水、僧都）」

「てかねまる（治金丸）」は、本来「ぢがねまる」のはずで、「ぢ」であるべきところが「で」で表記されていることになる。*/di/と/de/が同音になっていたということか。

＜用例＞

〇あちおそいに（按司襲いに）　〇あちかすが（按司数が）　〇いちぢや（板門）〇まぢうん＜一緒に＞　〇世かけせぢ（世掛けせぢ）　〇あたにやも（安谷屋も）　〇かほうてた（果報てだ）　〇つゝみ（鼓）　〇おれつむ＜旧三月＞　〇へともい（辺土思い）＜人名＞　〇よど（淀）　〇もとせ（戻せ）　〇もどせ（戻せ）；　〇いちみさうす（泉清水）　〇てかねまる（治金丸）

＊/de/に対応する用例なし。

{おも３}（1623）

「いぢへな（伊是名）」の例は、＊/di/破擦音化を示すとともに、＊/di/が＊/ze/と同じと見なされ、更には＊/zi/とも同じと意識されていた可能性を提示している。

「ひぢやりも（左も）」は＊/-ida/の破擦音化を示す例であり、「なりすつは（鳴り鈴は）」「いちみ（泉）」「たまちな（玉綱）」等は＊/di/＊/du/及び＊/zu/の似通いを示唆している。

＜用例＞

〇ぢいからは（地からは）　〇あち（按司）　〇あぢ（按司）　〇いちのかぢ（一の舵）〇せぢ＜霊力＞　〇とかでは（十日では）　〇とかでゑは（十日でゑは）　〇なてころか（撫で男が）　〇なてゝ（撫でて）　〇くでけんのわかきよ（久手堅の若人）　〇そで（袖）〇まだまの（真玉の）　〇よだ（枝）　〇あだにやのもりに（安谷屋の杜に）　〇くだせ（下せ）　〇くたせ（下せ）　〇さだけて（先立てて）　〇たますたれ（玉簾）　〇せだかあちおそいや（世だか按司襲いや）　〇ひぢやりも（左も）　〇みつ（水）　〇すでみづ（孵で水）　〇つゝみの（鼓の）　〇きみてづり（君手摩り）＜祭式の名＞　〇あたにやのいちみさうす（安谷屋の泉清水）　〇あまみたまちな（あまみ玉綱）　〇せんとう（船頭）　〇まとうさ（間遠さ）　〇まどおさ（間遠さ）　〇もとれ（戻れ）　〇もどて（戻て）＜戻って＞　〇はまちとり（浜千鳥）；　〇いぢへな（伊是名）　〇ひぢやりも（左も）〇なりすつは（鳴り鈴は）　〇いちみ（泉）　〇たまちな（玉綱）

{本}（1624）

「御すしより（御筋より）」は、＊/di/破擦音化を示す好例である。＊/di/と＊/zi/との区別ができなくなっていた証左である。

＜用例＞

〇御すしより（御筋より）　〇千年萬年までも　〇あたにや太郎（安谷屋太郎）　〇僧侶めともわらへの（僧侶女共童の）　〇此御はかところ（此御墓所）　〇あるましく候ほとに　〇御給り候ほとに

＊/du/対応の用例なし。

{田12}（1627）

＊/di, de, da, du, do/に対応する用例なし。

{田 13}（1628）

*/di, de, da, du, do/に対応する用例なし。

{田 14}（1631）

*/di, de, da, du, do/に対応する用例なし。

{田 15}（1634）

*/di, de, da, du, do/に対応する用例なし。

{田 16}（1660）

＜用例＞

○ちく<u>と</u>のハ（筑殿は）

*/di, de, da, du/に対応する用例なし。

Ⅲ－３－⑸ ハ行の子音
（＊／ｐｉ,ｐｅ,ｐａ,ｐｕ,ｐｏ／の子音）

{田 11}（1606）

仮名だけから音価を推定するのには困難を伴う。同時期の漢字資料等を参考にすると、破裂音[p]と摩擦音[ɸ]との並存状態かと考えられる。

＜用例＞

○ちやくにとミか<u>ひ</u>き（謝国富が引き）　○方<u>へ</u>　○けら<u>へ</u>（家来）　○せんとう<u>ハ</u>（船頭は）

*/pu, po/に対応する用例なし。

{使４}（1606）

音訳字の「古事書類の音」をもとにすると、破裂音[p]と摩擦音[ɸ]とが並存しているように見える。

＜音訳字＞

*/pi/に対応する部分に「皮、飛、匹、必、品、分、辟、衣、牙、撒、彪、漂」が現れる。

*/pe/に対応する部分に「牙、葉」が現れる。

*/pa/に対応する部分に「嗑、扒、花、法、抛、麥、烏、哇、排、包、迫」が現れる。

*/pu/に対応する部分に「莆、皮、布、福、忿、付」が現れる。

*/po/に対応する部分に「賀、活、谷、波、卜、由、呼」が現れる。

音訳字	中原音韻	東国正韻	訓蒙字会	西儒耳目資	推定音価	備　考
ひ　皮	p ‘i		phi	p ‘i	pi	
飛	fəi	phi’	pi	fi	ɸi	
匹	p ‘iəp		phith		pi	
必	piəi	pirʔ	柲 phir	pi, pie	pi	
品	p ‘iən	phum	phum	p ‘in	pʰiŋ	「げ」の前

分	fən	pʌn, ppan	pun	fuen	ɸun(?)	「だ」の前
辟	piəi	☆	pj ɔk	p ‘i, pie, mi	pi	
衣	iə	☆	’ ɯi	☆	i	
牙	ia	☆	’ a	☆	i	
ひや　撒	sa	san, sarʔ	san	sa	ça	
ひやう彪	pieu	☆	☆	pieu	pjau	
漂	p ‘ieu	phjow	瓢 phjo	p ‘iao	pjau	
へ　牙	ia	☆	’ a	☆	e	
葉	ie	’ jɔp, sjɔp	’ jɔp	ie, xe	e, ɪ	
は　嗑	ko	har	hap	ho	ha	
扒	puʌi	pai’		pai	pa	
花	hua	hoa’	hoa	hoa	ɸa	
法	fa	pɔp	pɔp	fa	ɸa	
抛	p ‘au	☆	☆	p ‘ao	pa	
麥	mai	☆	☆	☆	pa	
烏	u	ʔo	’ o	u	u	
哇	ua	ʔoa’, ʔai’	蛙 ’ oa	ua, ya	wa	
はい　排	p ‘ai	ppai’	pʌi	p ‘ai, pai	phai	
はう　包	pau		袍 pho	p ‘ao, pao	pau	
哇	ua	ʔoa’, ʔai’	蛙 ’ oa	ua, ya	wa:	
はや　排	p ‘ai	ppai’	pʌi	p ‘ai, pai	phai	
迫	po, pai	☆	☆	☆	pai	
ふ　莆	甫 fu	☆	☆	☆	ɸu	
皮	p ‘i	☆	phi	p ‘i	pɪ?	
布	pu	po’	pho	pu	pu	
福	fu	pok	pok	fo	ɸu	
忿	fən	☆	☆	fuen	ɸun	
ふく　付	fu	pu’, ppu’	符 pu, 府 pu	fu	ɸu	
ほ　賀	ho	hha’	☆	ho	ɸo	
活	huo	koarʔ	括 koar	huo, kuo,	ɸu	
谷	ku	☆	☆	ko, kio	ɸu	
波	po	pa’, pi’	pha	po, poei, pi	po	
卜	pu	☆	pok	po	pʊ	
由	iəu	’ juβ	☆	ieu	ju	
ほう　呼	hu	☆	ho	hu	ho:	
ほつ　活	huo	koarʔ	括 koar	huo, kuo,	ɸu	

<用例>

○皮禄（ひる、昼）　○飛陸（ひる、昼）　○匹奢（ひさ、足）　○必周（ひと、人）○辟牙撒（ひあさ、寒さ）　○品其（ひげ、髭）　○分達里（ひだり、左）　○幼羅衣（よろひ、鎧）　○撒牙姑（ひやく、百）　○密由烏牙（みゆはひ、御祝ひ）　○彪烏（ひやうを、表を）　○漂那（ひやうの（を）、表の（を））；　○悪牙密即（うへみち、上道）○嗑喇亦葉牙（かはらいへや、瓦家屋？）；　○嗑甲馬（はかま、袴？）　○扒只（はし、橋）　○花孫（はす、蓮）　○法禄（はる、春）　○抛拿（はな、花）　○麥匙（はし、箸）　○嗑哇（かは、皮）　○嗑哇喇（かはら、瓦）　○排失之（はいして、拝して）○包名（はうめい、報名）　○司哇（すはう、蘇芳）　○排姑（はやく、早く）　○迫姑（はやく、早く）；　○莆尼（ふね、船）　○皮夜（ふや、靴）　○嗑布（かつふ、葛布）○福法各（ふばこ、文箱）　○忿噠（ふで、筆）　○付司（ふくし、副使）；　○賀（ほ、帆）　○谷古里（ほこり、誇り）　○波世（ほし、星）　○温卜姑里（おんほこり、御誇り）　○由沽辣舎（ほこらさ、誇らさ）　○呼窩（ほうわう、鳳凰）　○活見（ほつけん、絹）

｛よう｝（1609）

｛田 11｝同様、仮名だけから音価を推定するのには困難を伴う。同時期の漢字資料等を参考にすると、破裂音[p]と摩擦音[ɸ]との並存状態かと考えられる。

「すへ」等として現れ、「すひ」「すい」「すゐ」などではないから、*/e/→[i]/i/は完了せず、途上にあると思われる。

<用例>

○ひのもん（碑の文）　○御ちよわひめしよわに　；○かのへさる（庚申）　○すへまさる王にせかなしは（末勝る王にせ加那志は）　○めしよわちへ　○この御はかの（この御墓の）　○あはこん（阿波根）　○ようとれは　○あとハ　○御なハ　○ほるへし（彫るべし）

*/pu/に対応する用例なし。

｛おも２｝（1613）

「こゑくこてるわ（越来こてるわ）」「したたりや（直垂や）」「しらなみや（白波や）」等の例があることに注意。

<用例>

○ひかのうみ（東の海）　○ひきよせれ（引き寄せれ）　○ひやし（拍子）　○ひらひらは（坂々は）　○ゆかるひに（良かるひに）　○よかるひに（良かるひに）　○うちちへ（打ちちへ）　○御まへ（御前）　○きちへ（着て）　○へともい（辺戸思い）＜人名＞　○うへて（植へて）　○あたにやは（安谷屋は）　○あはれわかまつ（あはれ若松）○はうて（這うて）　○はやせ（囃せ）　○はやふさ（隼）　○ふうくに（果報国）○世のふさい　○ほこりよわちへ（誇りよわちへ）＜誇り給いて＞　○ほつむもり（ほつむ杜）　○世かほう（世果報）

{おも3}(1623)

「ハ行転呼」がある。「よろい、ひかわひら、かわひらに、くろかわの」等。
但し、「はまかはに」等もあり、変化の途中にあると言えよう。

＜用例＞

○世かるひに(良かる日に)　○よかるひいに(良かる日に)　○ひかわひら(樋川坂)　○ひとのおやに(人の親に)　○ひるは(昼は)　○ひろく(広く)　○よろい(鎧)　○ひやく(百)　○いへ(言へ)　○なみのうへ(波の上)　○そろへて(揃へて)　○そろゑて(揃ゑて)　○まへ(前)　○まゑ(前)　○はくき(歯口)　○はし(橋)　○はなの(花の)　○はね(羽)　○はまかはに(浜川に)　○はゑ(南風)　○ひかわひら(樋川坂)　○かわひらに(川坂に)　○くろかわの(黒皮の)　○ふさて(栄さて)＜栄えて＞　○ふね(船)　○ふゆは(冬は)　○ふよは(冬は)　○ふる(降る)　○ややのまほう(ややの真帆)　○ほうふくろに(帆袋に)　○ほうばな(穂花)　○ほこり(誇り、慶り)　○ほししゆ(星しゆ)　○しほの(塩の)

{本}(1624)

他の仮名資料と同じく、表記だけから音価を推定するのには限界があるが、同時期の漢字資料等を参考にすると、破裂音[p]と摩擦音[ɸ]との並存状態かと考えられる。

＜用例＞

○ひのもん(碑の文)　○ひのとのゐ(丁の亥)　○おもひくわへ(思い子部)　○おもひ二ら(思ひ二郎)　○思ひとく(思ひ徳)　○御とむらひに(御弔ひに)　○ひのとのゐのへに(丁の亥の日に)　○けらへわちへ(造へわちへ)　○ちいへい(指揮)　○からめきミちへて　○ミはいからめき申候(御拝がらめき申候)　○御はかけらへわちへ(御墓造へわちへ)　○此御はかところは(此御墓所は)　○地にふして(地に伏して)　○いふにおよひ申さす(言ふに及び申さず)　○天にあふき(天に仰ぎ)　○をりふし(折り節)　○御すしよりほかに(御筋より外に)　○あるましく候ほとに(あるまじく候ほどに)

{田12}(1627)

他の仮名資料と同じく、破裂音[p]と摩擦音[ɸ]との並存状態にあると見る。

＜用例＞

○三拾石ハ

*/pi, pe, pu, po/に対応する用例なし。

{田13}(1628)

他の仮名資料と同じく、破裂音[p]と摩擦音[ɸ]との並存状態にあると見る。

＜用例＞

○仕上世奉行ハ

*/pi, pe, pu, po/に対応する用例なし。

{田14}（1631）

他の仮名資料と同じく、破裂音[p]と摩擦音[ɸ]との並存状態にあると見る。

＜用例＞

○はゑのこおりの（南風の郡の）　○三拾石ハ

*/pi, pe, pu, po/に対応する用例なし。

{田15}（1634）

他の仮名資料と同じく、破裂音[p]と摩擦音[ɸ]との並存状態にあると見る。

＜用例＞

○筑殿ハ　○たまハり申候

*/pi, pe, pu, po/に対応する用例なし。

{田16}（1660）

他の仮名資料と同じく、破裂音[p]と摩擦音[ɸ]との並存状態にあると見る。

＜用例＞

○ちくとのハ（筑殿は）

*/pi, pe, pu, *po/に対応する用例なし。

Ⅲ－３－(6) バ行の子音

（＊／ｂｉ,ｂｅ,ｂａ,ｂｕ,ｂｏ／の子音）

{田11}（1606）

音価は[b]であるとして支障はなかろう。

＜用例＞

○さとぬしへ（里主部）　○あくかへ（赤頭）

*/bi, ba, bu, bo/に対応する用例なし。

{使４}（1606）

音訳字の教える音価は[b]である。

＜音訳字＞

*/bi/に対応する部分に「必、筆、瓢、平」が現れる。

*/be/に対応する部分に「日、平、別、襪」が現れる。

*/ba/に対応する部分に「法、班、褒、半」が現れる。

*/bu/に対応する部分に「不、布、塢」が現れる。

*/bo/に対応する部分に「冒、盤」が現れる。

音訳字	中原音韻	東国正韻	訓蒙字会	西儒耳目資	推定音価
び　必	piəi	pirʔ	秘 phir	pi, pie	bi
筆	piəi	☆	☆	☆	bi
びやう瓢	p ʻieu	pjow	phuŋ	p ʻiao	bjau

びん　平	p ʻiəŋ	☆	☆	☆	biɴ
べ　日	riəi	zirʔ	zir	je	be　(?)
平	p ʻiəŋ	☆	☆	☆	bɪ
別	pie	pjɔrʔ, ppjɔr	☆	pie	bɪ
襪	wa	☆	☆	ua, va	bɪ　(?)
ば　法	fa	pɔp	pɔp	fa	ba, ɞa
班	pan	pan	☆	pan	ban
ばう　褒	pau	☆	☆	☆	bau
ばん　半	puon	pan	伴　pan	puon	bɑn
ぶ　不	pu, fəu	pu’, puw	芣　pu	po, fo, fu, ku	bu
布	pu	po’	pho	pu	bu
塢	u	☆	☆	u	bu
ぼう　冒	mau	☆	☆	mao, me	bo:
ぼん　盤	p ʻuon	☆	☆	puon	bʊɴ

<用例>

○文必（おび、帯）　○文筆（おび、帯）　○瓢布（びやうぶ、屏風）　○匹胡平（しごうびん、四合瓶）；　○司眉日尸（せんべつ、餞別）　○麻平的（のべて、伸べて）○拿別（かべ、壁）；　○福法各（ふばこ、文箱）　○汪班尼（おばに、御飯）　○褒子（ばうず、坊主）　○札半失（ちやばんじ、茶飯事）；　○眠不里（ねぶり、眠り）　○瓢布（びやうぶ、屏風）　○嗑塢吐（かぶと、兜、盔）；　○冒（ぼう、帽）　○桶盤（とうぼん、東盆）

{よう}（1620）

音価は[b]であるとして支障はなかろう。

<用例>

○からめくへしと　○ほるへし（彫るべし）　○世あすたへ（世長老部）　○あにあれは　○あさくならはほるへし（浅くならば彫るべし）　○いしふきやう（石奉行）　○ほん正月まゑに（盆正月前に）

*/bi/に対応する用例なし。

{おも2}（1613）

音価は[b]であるとして支障はなかろう。

「ーみやうぶ」（屏風）の例があり、「b－m」交代を示している。

<用例>

○おそば（御側）　○あすはす（遊ばす）　○ちばなにしたけに（知花西嶽に）　○うたは（打たば）　○のぼる（上る）

*/bi, be, bu/に対応する用例なし。

{おも３}（1623）

音価は[b]であるとして支障はなかろう。

＜用例＞

○かなびやふ（金比屋武）＜拝所名＞　○かなひやふ（金比屋武）　○といきゝおび（十重帯）　○たれきゝおひ（垂れ帯）　○くひからむ（首からむ）　○けらへみやうぶ（げらへ屏風）　○へにのとりの（紅の鳥の）　○あすたべ（長老部）　○あすべは（遊べば）○なべたるが（鍋樽が）　○なへたるか（鍋樽が）　○たればかま（垂れ袴）　○たまばしり（玉走り）　○ひきやかわさは（山羊皮草履）　○あすべは（遊べば）　○あすぶ（遊ぶ）　○あすふ（遊ぶ）　○かなかふと（鉄兜）　○たまみねぶ（玉音柄杓）　○そのひやふは（園比屋武は）　○あかぼしや（赤星や）　○みやりぼしや（見遣り欲しや）○ぎぼくびり（儀保小坂）　○のほて（上て）＜上って＞　○のぼて（上て）＜上って＞○まへふしの（前坊主の）　○まへほしや（前坊主や）

{本}（1624）

音価は[b]であるとして支障はなかろう。

＜用例＞

○およひ申さす（及び申さず）　○たたるへし（祟るべし）　○しるへのために（標のために）　○世あすたへ（世長老部）　○わらへの（童の）　○入事あらは（入る事あらば）　○あにあれは　○ふきやう（奉行）　○国かミまさふろ（国頭真三郎）

*/bo/に対応する用例なし。

{田12}（1627）

*/bi, be, ba, bu, bo/に対応する用例なし。

{田13}（1628）

*/bi, be, ba, bu, bo/に対応する用例なし。

{田14}（1631）

*/bi, be, ba, bu, bo/に対応する用例なし。

{田15}（1634）

*/bi, be, ba, bu, bo/に対応する用例なし。

{田16}（1660）

*/bi, be, ba, bu, bo/に対応する用例なし。

Ⅲ－３－(7)　サ行の子音

（*／s i, s e, s a, s u, s o／の子音）

{田11}（1606）

音価は[s]であろう。*/i/の前では[ʃ]の可能性も考えられるが、仮名からは何とも言えない。

＜用例＞

○しよりより（首里より）　○おしあけとミ（押上富）　○さとぬしへ（里主部）

○せんとう（船頭）　○さとぬしへ（里主部）
*/su, so/に対応する用例なし。

｛使４｝（1606）

音訳字「司」が、*/si/*/se/*/su/に現れる、また、「尸」は*/si/*/se/に現れている。*/si/*/se/*/su/が同音になっていた可能性が高く、それは[si]であったと思われる。

＜音訳字＞

*/si/に対応する部分に「吸、匙、使、司、詩、時、式、識、失、十、升、申、世、是、石、只、之、實、尸、柔、紗、者、餞、焼、申、臣、匹」が現れる。
*/se/に対応する部分に「済、司、尸、些、受、森、先」が現れる。
*/sa/に対応する部分に「沙、撒、舎、挿、奢、菜、左、山」が現れる。
*/su/に対応する部分に「司、思、受、宿、訟、是、息、孫」が現れる。
*/so/に対応する用例なし。

音訳字	中原音韻	東国正韻	訓蒙字会	西儒耳目資	推定音価	備　考
し　吸	hiəi	☆	hɯp	hie	si	
匙	tʂɨ	☆	☆	☆	ʃi	
使	ʂɨ	sʌ’	☆	xi, su	si	
司	ʂɨ	sʌ’	sʌ	su	sɪ	
詩	ʂɨ	☆	si	xi	si	
時	ʂɨ	ssi’	si	xi	si	
式	ʃɪəi	☆	sik	xe	ʃi	
識	ʃɪəi, tʂɨ	☆	☆	xe, xi, chi	ʃi	
失	ʃɪəi	si’, sirʔ	矢　si	xe, xi, ie	ʃi	
十	ʃɪəi	☆	☆	xe	ʃi	
升	ʃɪəŋ	siŋ	sɯŋ	xim	ʃiŋ	
申	ʃɪəm	sin	伸　sin	sin, xin	ʃiɴ	
世	ʃɪəi	sjɔi	sjɔi	xi	ʃi	
是	ʂɨ	ssi’	si	xi	si	
石	ʃɪəi	ssjɔk	sjɔk	xe	ʃi	
只	tʂɨ	cirʔ	☆	chi	si	
之	tʂɨ	ci’	芝　ci	chi	si	
實	ʃɪəi	☆	☆	xe	ʃi	
尸	ʂɨ	☆	☆	xi	si	
しう　柔	rɪəu	ssjɔ’, zjuw	☆	jeu	ʃu:	
しや　紗	ʂa	sa’	sa	xa	ʃa	
者	ʧɪe	cja	赭　cja	che	ʃa	
しやう餞	倉 tsa ‘ŋ	☆	倉 chaŋ	☆	ʧua	
焼	ʃɪeu	sjow	sjo	ao	ʃau	

しん　申	ʃɪəm	sin	伸　sin	sin, xin	ʃiɴ	
臣	ʧ ‘ɪem	ssin	sin	c ‘hin, xin	ʃiɴ	
匹	p ‘iəp	☆	phith	☆	ʃiɴ	
せ　済	tsiəi	☆	☆	çi	sɪ	
司	ʂɨ	sʌ’	sʌ	su	sɪ	
尸	ʂɨ	☆	☆	xi	si	
些	sie	sa’, sja’	☆	se, sie	sɪ	
せう　受	ʃɪəu	☆	☆	☆	ʃo:	
せん　森	səm	sʌn	☆	sen, xin	sɪn	
先	sien	sjɔn	跣　sjɔn	sien	sɪn	
さ　沙	ʂa	☆	sa	pa, so, xa	sa	
撒	sa	san, sarʔ	san	sa	sa	
舎	ʃɪe	sja	sja	xe	ʃa	
揷	ʈʂa	☆	☆	☆	ʃa	
奢	ʃɪe	☆	☆	☆	ʃa	
さい　菜	ts ‘ai	chʌi’	chʌi	ç ‘ai	sai	
さう　左	tso	☆	coa	ço	so:	
さん　山	san	☆	san	xan	san	
す　司	ʂɨ	sʌ’	sʌ	su	sɨ	
思	si	sʌi’	☆	su, sai	sɨ	
受	ʃɪəu	☆	sju	☆	sɨ	
宿	siu	☆	☆	co	sɨ	
訟	sioŋ	☆	sioŋ	cum, sum	sɨŋ	「ぐ」の前
是	ʂɨ	ssi’	si	xi	sɨ	
息	ʃɪəi	☆	☆	sie	sɨ	
孫	suən	son	son	sun	sɯn	「ず」の前

＜用例＞

○吸之（して、為て）　○麥匙（はし、箸）　○使臣（ししん、使臣、使者）　○申司（しんし、真使）　○左詩（さうし、草紙）　○失母（しも、霜）　○失失（しし、肉）　○利十之（れいして、礼して）　○升哇的（しぐわつ、四月）　○申買毎（しもんめ、四匁）　○波世（ほし、星）　○利是（れいし、茘枝）　○依石（いし、石）　○扒只（はし、橋）　○南及之（なんぎし、難儀し）　○一實（いし、石）　○曲尸（こし、腰）　○柔（しう、紬）　○沙冒（しやぼう、紗帽）　○使者（ししや、使者）　○戯基（しやうぎ、将棋）　○焼哇的（しやうぐわつ、正月）　○申司（しんし、真使、正使）　○使臣（ししん、使臣、使者）　○匹胡平（しごうびん？　四合瓶）；　○司眉日尸（せんべつ、餞別）　○由六尸（ゆるせ、放せ）　○些姑尼即（せ（ち）くにち、節句日）　○窟受（こせう、胡椒）　○森那（せんの、千の）　○先扎（せんじや、先者、兄）；　○一借沙（いたさ、痛さ）　○即加撒（ちかさ、近さ）　○撒基（さけ、酒）　○由沽辣舎（ほこらさ、誇らさ）　○揷息（さす、鎖）　○匹奢（ひさ、足、脚）　○菜（さい、菜）　○左詩（さうし、草紙）　○山買毎（さんもんめ、三匁）；　○司黙（すみ、墨）　○失哇思（しはす、十二月）　○晶受里（どすり、緞子）　○窟宿枯（ぐすく、城、皇城）　○馬訟沽（ますぐ、真直）　○是那（すな、砂）　○挿息（さす、鎖）　○孫司利（すずり、硯）

｛よう｝（1620）

音価は[s]であろう。*/i/の前では[ʃ]の可能性も考えられるが、仮名からは何とも言えない。

＜用例＞

○しゆるてゝ　○しよりより（首里より）　○いしふきやう（石奉行）　○けらゑらしめさよわちへ（造らゑらし召さよわちへ）　○ほるへし（彫るべし）　○めしよわちへ（召しよわちへ）　○王にせかなし（王仁世加那志）　○御さうせめしよわちへ（御思想召しよわちへ）　○さうちハ（掃除は）　○かのへさる（庚申）　○あさくならは（浅くならば）　○すへまさる（末勝る）　○すへまさる王にせかなしは（末勝る王仁世加那志は）　○このすミの（この墨の）　○てたかすゑ（テダが末）　○いけくすく（池城）　○たまくすく（玉城）　○世あすたへ（世長老部）　○そうふきやう（総奉行）　○うらおそい（浦襲い）

｛おも２｝（1613）

「したたりや（直垂や）は、「下垂れ」か「直垂」か判然としない。「ひ」と「し」との交代の可能性も否定できない。

「せゝ（獅子）」は、「し」と「せ」との区別なき様を表している。

＜用例＞

○いしと（石と）　○こゑく世のぬしの（越来世の主の）　○しやり（し遣り）　＜して＞　○ひやし（拍子）　○しらなみや（白波や）　○よしのうらの（吉の浦の）　○わしのみね（鷲の嶺）　○こゑくくせみやに（越来奇せ庭に）　○せめて（攻めて）　○なりあからせ（鳴り上がらせ）　○にせる（似せる）　○はやせ（囃せ）　○ひきよせれ（引き寄せれ）　○さうす（清水）　○さうせて（想せて）＜考えて＞　○さちへ（差ちへ）＜差して＞　○はやふさ（隼）　○世のふさい　○世まさるみやかり（世勝るみやがり）○あすはす（遊ばす）　○する（為る）　○そろいわちへ（揃いわちへ）＜揃い給いて＞○そわる（襲わる）＜支配する＞

｛おも３｝（1623）

音価は[s]であろう。*/i/の前では[ʃ]の可能性も考えられるが、仮名からは何とも言えない。

「みそ」（御衣）が、「みしゆ」とも「みしよ」とも表記されている。子音の口蓋化と母音の変化とを同時に示している例である。

＜用例＞

○したに（下に）　○しほの（潮の）　○しまか（島が）　○ましろ（真白）　○いしは（石は）　○うし（牛）　○ことし（今年）　○はし（橋）　○むかしはちめから（昔初めから）　○せと（船頭）　○せんとう（船頭）　○せんのいのり（千の祈り）　○こ

せて（着せて）　○さかな（肴）　○さけと（酒と）　○さくらか（桜が）　○さや（鞘）　○さゝけて（捧げて）　○あさつゆは（朝露は）　○すくれて（優れて）　○すぐれて（優れて）　○すちゑらひ（筋選び）　○すへ（末）　○すゑ（末）　○すへて（据へて）　○げすからと（下司からと）　○そて（袖）　○そろて（揃て）<揃って>　○そんとのまみやに（そんとの真庭に）　○よりあそび（踊り遊び）　○あけずみそ（蜻蛉御衣）　○みしゆ（御衣）　○みしよよみやは（御衣読みやは）

{本}（1624）

音価は[s]であろう。*/i/の前では[ʃ]の可能性も考えられるが、仮名からは何とも言えない。

<用例>

○御おくりし申候　○しるへのために（標のために）　○あんしおしられ（按司お知られ）　○いしのさいく（石の細工）　○おやかなし（親加那志）　○くしかミ（具志頭）　○たたるへし（祟るべし）　○御すきりめしよわちや事（御過ぎり召しよわちや事）　○をりふし（折節）　○石のさいくあつめ候て（石の細工集め候て）　○さいもん（祭文）　○およひ申さす（及び申さず）　○まさふろ（真三郎）　○御たてめされ候（御建て召され候）　○御すきりめしよわちや事（御過ぎり召しよわちや事）　○御すしより（御筋より）　○御ミつかいすれてて　○天きやすゑ（天ぎや末）　○かさり物をすゑ（飾り物を据ゑ）　○世あすたへ（世長老部）

*/se, so/に対応する用例なし。

{田12}（1627）

*/si, se, sa, su, so/に対応する用例なし。

{田13}（1628）

音価は[s]であろう。*/i/の前では[ʃ]の可能性も考えられるが、仮名からは何とも言えない。

<用例>

○にしのこおりの（西の郡の）

*/se, sa, su, so/に対応する用例なし。

{田14}（1631）

*/si, se, sa, su, so/に対応する用例なし。

{田15}（1634）

*/si, se, sa, su, so/に対応する用例なし。

{田16}（1660）

音価は[s]であろう。*/i/の前では[ʃ]の可能性も考えられるが、仮名からは何とも言えない。

＜用例＞

○儀間しに（儀間子に）

*/se, sa, su, so/に対応する用例なし。

Ⅲ－３－(8) ザ行の子音

（＊／ｚｉ，ｚｅ，ｚａ，ｚｕ，ｚｏ／の子音）

{田11}（1606）

*/zi, ze, za, zu, zo/に対応する用例なし。

{使４}（1606）

音訳字「子、之、支」を対照することにより、*/zi/*/ze/*/zu/の音価が同じであるらしいこと、そしてそれが[ʤi]あるいは[dzi]であるらしいことがわかる。

＜音訳字＞

*/zi/に対応する部分に「喳、子、資、自、失、之、就、柔、由、者、雀、扎、遶、角、郁」が現れる。

*/ze/に対応する部分に「支、惹、濟」が現れる。

*/za/に対応する部分に「舎、喳、諸」が現れる。

*/zu/に対応する部分に「司、子」が現れる。

*/zo/に対応する用例なし。

音訳字	中原音韻	東国正韻	訓蒙字会	西儒耳目資	推定音価
じ　・喳	ʈʂa	☆	渣　ca	査　cha	ʥi
子	tsɨ	ccʌ’	cʌ	çu	ʥi
資	tsɨ	☆	☆	çu	ʥi
自	tsɨ	☆	cʌ	☆	ʥi
失	ʃɪəi	si’, sirʔ	矢　si	xe, xi, ie	ʤi
之	ʈʂɨ	ci’	芝　ci	chi	ʥi
じふ　就	rɪəu	ssjɔ’, zjuw	☆	jeu	ʤu:
柔	tsiəu	ccjuw	☆	çieu	ʤu:
由	iəu	’juʙ	☆	Ieu	ju
じや　者	ʧɪe	cja	赭　cja	che	ʤa
雀	tsio, tsiau	☆	cjak	Çio	ʤa
扎	ʈʂa	carʔ	☆	ca, che	ʤa
じやう遶	rɪeu	zjow	☆	jao, xao	ʤau
じゆ　角	kiau, kiue	kak	骼　kak	kio	ʤu
じよう郁	iu	☆	☆	io	ʤo:
ぜ　支	ʈʂɨ	ci’	ci	chi	ʥi
惹	rɪo	☆	☆	je	ʥi
濟	tsiəi	☆	☆	☆	ʥi

ざ　　舎	ʃɪe	sja	sja	xe	ʤa
ざう　喳	ʈʂa	☆	渣　ca	查　cha	ʣau
諸	ʧɪu	☆	☆	chu	ʤʊː
ず　　司	ʂɨ	sʌ'	sʌ	su	ʣɯ
子	tsɨ	ccʌ'	cʌ	çu	ʣɯ

<用例>

○匹牝喳（ひつじ、羊））　○嗑藍子其（からじげ、頭毛、髪）　○通資（つうじ、通事）○嗑蘭自之（かしらげ、頭毛、髪）　○札半失（ちやばんじ、茶飯事）　○同之（とじ、刀自、妻）　○就買毎（じふもんめ、十匁）　○柔哇的（じふぐわつ、十月）　○麻由吐失（まんじふとし、万歳年）　○南者（なんじや、銀）　○枯雀枯（くじやく、孔雀）○先扎（せんじや、先者、兄）　○遶（じやう、城）　○辟角禄撒（ひじゆるさ、冷さ）○郁（じよう、門）；　○（支尼）（ぜに、銭）　○惹尼（ぜに、銭）　○嗑濟（かぜ、風）；○匹舎蛮資之（ひざまづき、跪）　○喳（ざう、象）　○諸基（ざうげ、象牙）；　○孫司利（すずり、硯）　○失藍子（しらず、知らず）

{よう}（1620）

音価は[dz]であろう。*/i/の前では[ʤ]の可能性も考えられるが、仮名からは何とも言えない。

<用例>

○あんしおそい（按司襲い）　○御さうせめしよわちへ（御思想召しよわちへ）　○よむたもさの（読谷山の）

*/zu, zo/に対応する用例なし。

{おも２}（1613）

音価は[dz]であろう。*/i/の前では[ʤ]の可能性も考えられるが、仮名からは何とも言えない。

<用例>

○あしかすが（按司数が）

*/zi, ze, za, zo/に対応する用例なし。

{おも３}（1623）

音価は[dz]であろう。*/i/の前では[ʤ]の可能性も考えられるが、仮名からは何とも言えない。

「あんし・あんじ」「あち」「あぢ」で現れ、「あし・あじ」「あんち・あんぢ」は姿を見せない。

「かせ・かぜ（風）」であって、「かし・かじ・かち・かぢ」は存在しない。但し、「ーかす（風）」「ーかず（風）」「かすのねも（風の根も）」はある。これだと「ぜ」と「ず」は同音ということになる。「すつ（鈴）」もあるから、「ず」と「づ」も同音の可能性が出てくる。（「みつ（水）」はあるが、「みす」は、ない。）

「－てす」が「－てぞ」の変化の結果だとすれば、「ず」と「ぞ」は同音になる。以上を纏めると、「ぜ・ず・ぞ・づ」は同音であったかということになる。

<用例>

○あんし（按司）　○おなごあんじやれどむ（女按司やれどむ）　○しましりに（島尻に）　○せにこかね（銭金）　○ぜにこかね（銭金）　○かせ（風）　○かぜ（風）　○さうせ<考え、思慮>　○ゑんさしき（円座敷）　○ゑんざしき（円座敷）　○ほうざき（穂先）　○かざなおり（風直り）　○あざまあつめなに（安座間集め庭に）　○かすよ（数よ）　○しらす（知らず）　○すつなり（鈴鳴り）　○かいなてゝす<掻い撫でてぞ>　○ゑぞにやすへ（英祖にや末）　○ゑそにやすへ（英祖にや末）

{本}（1624）

音価は[dz]であろう。*/i/の前では[ʥ]の可能性も考えられるが、仮名からは何とも言えない。

<用例>

○あんしおしられ（按司お知られ）　○いまきしん（今帰仁）　○あるましく候ほとに　○かさり物をすゑ（飾り物を据ゑ）　○御さ候間　○いふにおよひ申さす（言ふに及び申さず）

*/ze, zo/に対応する用例なし。

{田12}（1627）

*/zi, ze, za, zu, zo/に対応する用例なし。

{田13}（1628）

*/zi, ze, za, zu, zo/に対応する用例なし。

{田14}（1631）

*/zi, ze, za, zu, zo/に対応する用例なし。

{田15}（1634）

*/zi, ze, za, zu, zo/に対応する用例なし。

{田16}（1660）

*/zi, ze, za, zu, zo/に対応する用例なし。

Ⅲ－3－(9) マ行の子音

（＊／mｉ,mｅ,mａ,mｕ,mｏ／の子音）

{田11}（1606）

音価は[m]以外には考えられない。

<用例>

○御ミ事　○おしあけとミ（押上富）　○ちやくにとミ（謝国富）　○たまわり申候　○まいる（参る）；　○大やくもい（大屋子思い）

*/me, mu/に対応する用例なし。

{使４}（1606）

「堪枇（かみ、紙）」は、「かみ→かび[kabi]」の変化を示している。

「吾乜（うみ、海）」:「吾乜（うめ、梅）」の例から、*/mi/と*/me/とが同一として意識されたらしいことがわかる。

＜音訳字＞

*/mi/に対応する部分に「乜、皿、眉、米、墨、密、民、黙、膩、枇、迷、苗」が現れる。

*/me/に対応する部分に「乜、米、毎、密、拖、名、綿」が現れる。

*/ma/に対応する部分に「馬、蛮、麻、慢、罔、毎」が現れる。

*/mu/に対応する部分に「畆、皿」が現れる。

*/mo/に対応する部分に「麼、莫、母、渤、没、模、毛、木、目、悶、門、莓、謾、買」が現れる。

音訳字	中原音韻	東国正韻	訓蒙字会	西儒耳目資	推定音価	備　考
み　乜	☆	☆	☆	☆	mi	
皿	miəŋ	☆	☆	mim	mi	
眉	muəi	mi’	mi	mui, moei, ma	mi	
米	miəi	mjɔi’	mi	mi	mi	
墨	mo	mɯk	mɯk	me	mɪ?	
密	miəi	mirʔ	蜜 mir	mie	mi	
民	miən	min	min	min	min	
黙	mo	☆	☆	☆	mɪ	
膩	ni	ni	貳　zi	☆	mi	m-n
枇	p ‘i	☆	☆	p ‘i/pi	bi	m-b
みえ迷	miəi	☆	mi	mi	mi:	
みん苗	mieu	mjow	mjo	miao	mɪm, mɪɴ, mɪŋ	
め　乜	☆	☆	☆	☆	mɪ	
米	miəi	mjɔi’	mi	mi	mɪ	
毎	muəi	mʌi’	mʌi	moei, mui	mɨ	
密	miəi	mirʔ	蜜 mir	mie	mɪ	
拖	t ‘o	☆	☆	t ‘o	mɨ?	
めい名	miəŋ	mjɔŋ	mjɔŋ	mim	mɪi?	
めん綿	mien	mjɔn	mjɔn	mien	mɪɴ	
ま　馬	ma	ma’	ma	ma	ma	
蛮	man	☆	☆	man	ma	
麻	ma	ma’	ma	ma	ma	
慢	man	man	漫 man	man	man	
まう罔	網　waŋ	maŋ	maŋ	vam	mau	
まへ毎	muəi	mʌi’	mʌi	moei, mui	me:?	
まん麻	ma	ma’	ma	ma	ma	

む　畒	miəŋ	☆	☆	mim	mɪ	
皿	məu	☆	mo	☆	mʊ	
も　麼	muo	☆	☆	mo	mo	
莫	mo, mu	mʌik	☆	mo, mu	mo	
母	mu	☆	mo	mu/meu	mo	
勃	po	☆	☆	po, poei	mo	m-b
没	muo	☆	☆	☆	mo	
模	mu	☆	☆	mu	mʊ	
毛	mau	moʁ	mo	mao	mʊ	
木	mu	mok	mok	mo	mʊ	
目	mu	mok	mok	mo	mʊ	
悶	mən	☆	☆	muen	mʊn	
門	muən	☆	mun	muen	mʊn	
莓	məi	☆	mʌi	☆	mu	
謾	muon	☆	☆	muon, mien, man	mu	
もん買	mai	mai’	mʌi	mai	mum?	「め」の前

<用例>

○吾乜（うみ、海）　○皿子撻馬（みづたま、水玉、水晶）　○刊眉（かみ（なり）、雷）○米南米（みなみ）　○司墨（すみ、墨）　○密乃度（みなと、港）　○民足（みづ、水）○司黙（すみ、墨）　○膩子（みつ、三）　○堪枇（かみ、紙）　○迷闌（みえらん、見えらん）　○大苗（だいみん、大明）；　○速畐拖枚（つとめて、夙めて）　○乜（め、目）○吾乜（うめ、梅）　○谷米（こめ、米）　○一止買毎（いちもんめ、一一匁）　○嗑子密的（あつめて、集めて）　○包名（はうめい、報名）　○木綿（もめん、木綿）；　○馬足（まつ、松）　○匹舎蛮資之（ひざまづき、跪）　○麻佳里（まかり、碗）　○慢的（まづ、先づ）　○罔巾（まうきん、網巾）　○毎（まへ、前）　○麻就吐失（まんじふとし、万歳年）；　○畒子（むつ、六）　○皿基諾沽（むぎのこ、麦の粉）；　○麼奴嗑荅里（ものがたり、物語）　○世莫（しも、下）　○失母（しも、霜）　○鬱勃人誇（おもりこ、思り子）　○烏鴉没谷古里（おやもほこり、親御誇り？）　○起模（きも、肝、心）○荅毛里（たもれ、賜れ）　○枯木（くも、雲）　○加目（かも（しか）、鹿）　○悶都里（もどり、戻り）　○由門都里（よもどり、雀）　○嗑甲莓（かかも、裙）　○畏之謾歸（いきもどりて、行き戻りて？）　○尼買毎（にもんめ、二匁）

{よう}（1620）

音価は[m]以外には考えられない。

「よむたもさ」は、「撥音」の問題を考える上で示唆を与える例である。

「も」は「ん」ではありえない。違いはどこから来るのか。「み」[mi] →[m]「む」を想定している。詳しくは、第Ⅶ章で論じる。

<用例>

○ミ御ミつかい　○おかミ申候（拝み申候）　○をかみ申候（拝み申候）　○めしよわ

ちへ（召しよわちへ）　○たてめしよわちやる（建て召しよわちやる）　○からめくへしと　○まきり（間切）　○まさる（勝る）　○なるまても（成るまでも）　○たまくすく（玉城）　○まゑに（前に）　○よむたもさ（読谷山）　○あんしおそいかなしも　○なるまても　○大ちよもいかなし　○ひのもん（碑の文）　○大やくもい（大屋子思い）

｛おも２｝（1613）

「うらやも（羨も）」の例があり、「む」と「も」との交代を示している。

「まぶれ（守れ）」の例は、［mo→mu→bu］の変化を示唆か。｛おも３｝に「そのひやぶ（園比屋武）」がある。「そのひやむ→そのひやぶ」の変化を示すか。

「まぼれ→まぶれ」の段階から「まむれ」に変わるのか。［bo→mo→mu］の変化か。もし、これなら、「そのひやぶ」が「そのひやむ」に変わることになる。

<用例>

○かみの（上の）　○かみや（神や）　○きみのあちの（君の按司の）　○つゝみ（鼓）　○みもの（見物）　○みやあけれは（見上げれば）　○めつらしや（珍しや）　○せめて（攻めて）　○わかまつ（若松）　○しまのねに（島の根に）　○まさる（勝る）　○まぢうん<一緒に>　○まわちへ（回ちへ）<回して>　○まぶれ（守れ）　○とよむ（鳴響む）　○ほつむもり<杜名>　○おもて（思て）　○きもあくみの（肝あぐみの）　○てもち（手持ち）　○のちも（命も）　○みもの（見物）　○もとせ（戻せ）　○もどせ（戻せ）　○もゝうら（百浦）

｛おも３｝（1623）

「あやきぶち（綾木鞭）」「ねふさ（眠さ）」は「ｍ－ｂ」の交代を示す。

「にきりも（右も）」は「ｍ－ｎ」の交代を示す。

「むむ（百）」の例があり、母音の変化を示している。

<用例>

○みこへ（御声）　○みこゑ（御声）　○みち（道）　○みつ（水）　○みなと（港）　○みやこ（宮古）　○うみ（海）　○かゝみいろの（鏡色の）　○かみ（神）　○ゆみ（弓）　○にきりも（右も）　○みるめ（見る目）　○めつらし（珍し）　○めやらべが（女童が）　○あめ（雨）　○こめす世のぬしの（米須世の主の）　○ためが（為が）　○いめの（夢の）　○まくら（枕）　○まつなみは（松並は）　○めまよ（目眉）　○なまの（今の）　○まるく（丸く）　○いみや（今）　○うまのかた（馬の絵）　○うまれとし（生まれ年）　○くるまかさ（車傘）　○しま（島）　○むかし（昔）　○あらむぎやが（新麦が）　○むつまたは（六つ股は）　○むらさきの（紫の）　○とよむ（鳴響む）　○あやきぶち（綾木鞭）　○ねふさ（眠さ）○もとれ（戻れ）　○もゝと（百度）　○もりの（杜の）　○おもい（思い）　○きも（肝）　○くも（雲）　○しものおきて（下の掟）　○しもつきか（霜月が）　○むゝよみの（百読みの）

｛本｝（1624）

音価は［m］以外には考えられない。

＜用例＞

○ミいくに（新くに）　○からめきミちへて　○ミはい（御拝）　○さいもんよミ候て（祭文詠み候て）　○をかミ申候ほとに（拝み申候ほどに）　○くしかミ（具志頭）　○国かミ（国頭）　○めとも（女共）　○御たてめされ候（御建て召され候）　○めしよわちや事　○まさふろ（真三郎）　○あるましく候ほとに（あるまじく候ほどに）　○まによこ（真如古）　○千年萬年までも（千年万年までも）　○御とむらひに（御弔ひに）　○ひのもん（碑の文）　○あんしもけすも（按司も下司も）　○昔今にも

{田 12}（1627）

音価は[m]以外には考えられない。

＜用例＞

○御み事　○南風のきまの（南風の儀間の）　○大やくもい（大屋子思い）

*/me, mu/に対応する用例なし。

{田 13}（1628）

音価は[m]以外には考えられない。

＜用例＞

○御ミ事　○たまわり申候　○大やくもい（大屋子思い）

*/me, mu/に対応する用例なし。

{田 14}（1631）

音価は[m]以外には考えられない。

＜用例＞

○御み事　○きまの里之子親雲上に（儀間の里之子親雲上に）　○きま村より（儀間村より）　○たまわり申候

*/me, mu, mo/に対応する用例なし。

{田 15}（1634）

音価は[m]以外には考えられない。

＜用例＞

○御ミ事　○きまの子に（儀間の子に）　○たまハり申候

*/me, mu, mo/に対応する用例なし。

{田 16}（1660）

音価は[m]以外には考えられない。

＜用例＞

○御み事　○たまわり申候

*/me, mu, mo/に対応する用例なし。

Ⅲ－３－(10) ナ行の子音

（＊／ｎｉ,ｎｅ,ｎａ,ｎｕ,ｎｏ／の子音）

{田 11}（1606）

音価は[n]以外には考えられない。

＜用例＞

○大やくもいに（大屋子思いに）　○ちやくにとミ（謝国富）　○さとぬしへ（里主部）　○しよりの（首里の）　○…ひきの（…引きの）　○こおりの（郡の）　○あくかへの（赤頭の）

*/ne, na/に対応する用例なし。

{使４}（1606）

音価は[n]以外には考えられない。

＜音訳字＞

*/ni/に対応する部分に「尼、寧」が現れる。

*/ne/に対応する部分に「乜、尼、眠、聶」が現れる。

*/na/に対応する部分に「哪、呐、男、那、南、乃、納、拿、妳、奈」が現れる。

*/nu/に対応する部分に「奴」が現れる。

*/no/に対応する部分に「諾、奴、那、農、拿、麻、冷、碌」が現れる。

音訳字		中原音韻	東国正韻	訓蒙字会	西儒耳目資	推定音価	備　考
に	尼	ni, niəi	ni’	ni	nie, i, ni	ni	
	寧	niəŋ	☆	☆	nim	niŋ	
ね	乜	☆	☆	☆	☆	nɪ	
	尼	ni, niəi	ni’	ni	nie, i, ni	nɪ	
	眠	mien	mjɔn	mjɔn	mien	nɪm	「ぶ」の前
	聶	nie	njɔp	鑷 njɔp	nie	nɨ	
な	哪	那　na	那　na’	梛　na	那　na, no	na	
	呐	納　na	☆	納　nap	☆	na	
	男	nam	☆	nam	nan	na(ŋ)	
	那	na	na’	梛　na	na, no	na	
	南	nam	nam	nam	nan	nam	
	乃	nai	nai’	☆	nai, gai	na	
	納	na	☆	nap	☆	na	
	拿	na	☆	☆	☆	na	
ない	妳	你　ni	☆	你　ni	☆	nai	
	奈	nai, na	☆	☆	nai	nai	
なん	南	nam	nam	nam	nan	nam, nan	
ぬ	奴	nu	no’	no	nu	nu	
の	諾	no	☆	☆	no	no	

奴	nu	no'	no	nu	nʊ	
那	na	na'	梛　na	na, no	na	
農	noŋ	noŋ	noŋ	num	nʊm	
拿	na	☆	☆	☆	nʊ	
麻	ma	☆	☆	ma	nʊ	
冷	ləŋ	☆	令　rjɔŋ	lei, lim	nʊ	
碌	lu	☆	☆	lo	nʊ	
のふ　奴	nu	no'	no	nu	nʊː	

＜用例＞

○尼買毎（にもんめ、二匁）　○惹尼（ぜに、銭）　○寧哇的（にぐわつ、二月）；○乜禄（（こ）ねる、捏る）　○孔加尼（こがね、黄金）　○眠不里（ねぶり、眠り）○聶（ね、鼠）；　○喈哪（がな、鵞）　○倭王嗑吶尸（わうがなし、王加那志）　○烏男姑（をなご、女子、女）　○是那（すな、砂）　○米南米（みなみ、南）　○密乃度（みなと、港）　○拿納子（ななつ、七）　○妳（ない、無）　○漫畐奈（まどない、暇無）○南及之（なんぎし、難儀し）；　○奴禄撒（ぬるさ、温さ）　○亦奴（いぬ、犬）；○皿基諾沽（むぎのこ、麦の粉）　○奴奴木綿（ぬのもめん、布木綿）　○牙馬奴（やまの、山の）　○木那哇（ものは、物は）　○森那（せんの、千の）　○失農褒（しのばう、師の父）　○馬足拿急（まつのき、松の木）　○麻平的（のべて、伸べて）　○喳冷其（ざうのち、象の血）○酷骨碌子（ここのつ、九）　○乞奴（きのふ、昨日）

｛よう｝（1620）

音価は[n]以外には考えられない。

＜用例＞

○ほん正月まゑに（盆正月前に）　○あにあれはと　○やりよるけにてて　○ならは（成らば）　○御なハ（御名は）　○なるまても（成るまでも）　○のこらにしゆるてゝ（残らにしゆるてて）　○このすミの（この墨の）　○あはこんの（阿波根の）　○かのへさる（庚申）　○こちひらの大やくもい（東風平の大屋子思い）

*/ne, nu/に対応する用例なし。

｛おも２｝（1613）

音価は[n]以外には考えられない。

＜用例＞

○にせれ（似せれ）　○にせる（似せる）　○ちばなにしたけに（知花西嶽に）　○ふうくに（果報国）　○みらに（見らに）　○ね（根）　○ねくに（根国）　○かねと（金と）　○しねりやよきやのろの　○なお（直）　○なかくすく（中城）　○かたなうち（刀佩ち）　○のちも（命も）　○のぼる（上る）　○のろ（神女）　○あたにやのもりに（安谷屋の杜に）　○みもの（見物）　○わしのみね（鷲の嶺）

*/nu/に対応する用例なし。

{おも３}（1623）

音価は[n]以外には考えられない。

<用例>

○にせる（似せる）　○かに<かく、このように>　○くに（国）　○せにこかね（銭金）　○ぜにこかね（銭金）　○ね（音）　○ねいし（根石）　○ねがて（願て）<願って>　○ねふさ（眠さ）　○たまみねふ（玉御柄杓）　○たまみねぶ（玉御柄杓）　○あねの（姉の）　○かねは（金は、鉄は、金属は）　○こかね（金、黄金）　○ふね（船）　○あやみねに（綾嶺に）　○なつ（夏）　○なゝの（七の）　○たうあきない（唐商い）　○はりつなや（張り綱や）　○はなの（花の）　○みなと（港）　○にちするゑの（後末の）　○のる（乗る）　○のりや（海苔や）　○みもの（見物）

{本}（1624）

音価は[n]以外には考えられない。

<用例>

○かくにて　○一七日のうちに　○いふにおよひ申さす（言ふに及び申さず）　○あたにや太郎（安谷屋太郎）　○あにあれは　○かにある事は　○まによこ（真如古）　○なか城（中城）　○おなこ（女子）　○おやかなし（親加那志）　○しるへのためのに（標のためのに）　○いろいろのかさり物を（いろいろの飾り物を）　○ひのと（丁）

*/ne, nu/に対応する用例なし。

{田12}（1627）

音価は[n]以外には考えられない。

<用例>

○大やくもいに（大屋子思いに）　○こおりの（郡の）　○きまの（儀間の）　○首里の

*/ne, na, nu/に対応する用例なし。

{田13}（1628）

音価は[n]以外には考えられない。

<用例>

○にしのこおりの（西の郡の）　○大やくもいに（大屋子思いに）　○首里の御ミ事　○にしのこおりの　○儀間の里之子大やくもいに

*/ne, na, nu/に対応する用例なし。

{田14}（1631）

音価は[n]以外には考えられない。

<用例>

○里之子親雲上に　○首里の御み事　○はるゑのこおりの　○きまの里之子親雲上に

*/ne, na, nu/に対応する用例なし。

{田15}（1634）

音価は[n]以外には考えられない。

＜用例＞

○きまの子に（儀間の子に）　○首里の御ミ事　○家来赤頭の　○勢遣富か引の里主部

*/ne, na, nu/に対応する用例なし。

{田16}（1660）

音価は[n]以外には考えられない。

＜用例＞

○儀間しに　○ちくとのハ（筑殿は）　○首里の御み事　○勢高富か引の　○里主部家来赤頭の

*/ne, na, nu/に対応する用例なし。

Ⅲ－３－(11)　ラ行の子音

（*／ri，re，ra，ru，ro／の子音）

{田11}（1606）

音価は[r]であろう。

＜用例＞

○こおり（郡）　○しよりより（首里より）　○たまわり申候　○けらへ（家来）○まいる（参る）

*/re, ro/に対応する用例なし。

{使４}（1606）

音価は[r]であろう。

「r-d」「r-n」の交代が起こることがある。

＜音訳字＞

*/ri/に対応する部分に「人、利、里、立、領、力、地、尼、龍、蕣」が現れる。

*/re/に対応する部分に「里、立」が現れる。

*/ra/に対応する部分に「藍、蘭、喇、辣、箣、闌」が現れる。

*/ru/に対応する部分に「陸、六、禄、奴」が現れる。

*/ro/に対応する部分に「羅、炉、六、禄、碌」が現れる。

音訳字	中原音韻	東国正韻	訓蒙字会	西儒耳目資	推定音価	備　考
り　人	rɪən	☆	zin	jin	ri	
利	li	☆	☆	☆	ri	
里	li	☆	ri	☆	ri	
立	liəi	rip	rip	lie	ri	
領	liəŋ	☆	☆	lim	ri	
力	liəi	☆	☆	☆	ri	

地	ti	☆	☆	ti	ri	r-d
尼	ni,niəi	ni’,’ i’	ni	ni,nie,i	ri	r-n
りゆう龍	loŋ	☆	rjoŋ	☆	rjuː	
りん　粦	隣　liən	鄰　rin	鄰　rin	lin	riɴ	「きりん」
れ　里	li	☆	☆	☆	ri	
立	liəi	rip	rip	lie	rɪ	
れい　利	li	☆	☆	☆	riː	
ら　藍	lam	ram	nam	lan	ran	
蘭	lan	☆	☆	lan	ra(n)	
喇	la	☆	☆	剌　la	ra	
辣	la	☆	☆	la	ra	
らひ　箣	☆	☆	☆	☆	rai	
喇	la	☆	☆	剌　la	rai	
らん　藍	lam	ram	nam	lan	ran	
闌	lan	☆	☆	lan	ran	
る　陸	liu	☆	☆	☆	ru	
六	liəu	☆	rjuk	lo	ru	
禄	lu	rok	nok	lo	rʊ	
奴	nu	no’	no	nu	rʊ	
ろ　羅	lo	ra’	ra	lo	ro	
炉	lu	ro’	ro	lu	rʊ	
六	liəu	☆	rjuk	lo	rʊ	
禄	lu	rok	nok	lo	rʊ	
碌	lu	☆	☆	lo	rʊ	

＜用例＞

○鬱勃人誇（おもりこ、思り子）　○吾利（うり、瓜）　○分達里（ひだり、左）○麻佳里（まかり、碗）　○牙立（やり、鑓）　○員領（えり、襟）　○氣力（きり、霧）○土地（とり、鶏）　○加尼尼失（(あ) がりにし、東西）　○龍暗（りゆうがん、龍眼）○基粦（きりん、麒麟）；　○約姑里的（よくれて、夜暮れて）　○法立的（はれて、晴れて）　○利是（れいし、茘枝）　○利十之（れいして、礼して）；　○嗑哇喇（かはら、瓦）○它喇（とら、虎）　○由沽辣舎（ほこらさ、誇らさ？）　○失藍子（しらず、知らず）○嗑藍子（からづ、髪）　○嗑蘭自之（からじげ、頭毛、髪）　○大箣（たらひ、盥）○瓦喇的（わらひて、笑ひて）　○失藍（しらん、知らん）　○迷闌（みえらん、見えらん）；　○飛陸（ひる、昼）　○由六尸（ゆるせ、放せ）　○由禄（よる、夜）　○法禄（はる、春）　○子奴（つる、弦）；　○羅（ろ、櫓）　○幼羅衣（よろひ、鎧）　○稿炉（かうろ、香炉）　○六谷買毎（ろくもんめ、六匁）　○禄谷哇的（ろくぐわつ、六月）○窟碌嗑尼（くろがね、鉄）

｛よう｝（1620）

音価は[r]であろう。

＜用例＞

○りうきう国（琉球国）　○てりあかりめしよわちやこと（照り上がり召しよわちやこと）　○しよりより（首里より）　○まきり（間切）　○あにあれは（あにあれば）　○うらおそいのようとれは（浦襲いのようどれは）　○あさくならは（浅く成らば）　○うらおそい（浦襲い）　○からめくへしと　○きよらく（清らく）　○けらゑらしめしよわちへ（造らへらし召しよわちへ）　○こちひら（東風平）　○のこらにしゆるてゝ（残らにしゆるてて）　○かのへさる（庚申）　○なるまても（成るまでも）　○すへまさる（末勝る）　○やりよるけてて

*/ro/に対応する用例なし。

｛おも２｝（1613）

音価は[r]であろう。

＜用例＞

○あかるもりくすく（上がる杜城）　○しやり（し遣り）　○ほつむもり（ほつむ杜）　○きちやれ（来ちやれ）＜来たれ＞　○これと（之と）　○にせれ（似せれ）　○よせれ（寄せれ）　○うら（浦）　○きよらや（清らや）　○しらなみや（白波や）　○よしのうらの（吉の浦の）　○あかるもりくすく（上がる杜城）　○あかるいに（東に）　○おしあけつるき（押し上げ剣）　○きよる（来居る）　○する（為る）　○にせる（似せる）　○のぼる（上る）　○おもろねや　○のろ（神女）　○よろい（鎧）

｛おも３｝（1623）

音価は[r]であろう。

＜用例＞

○たうりやり（田降り遣り）　○しましりに（島尻に）　○しより（首里）　○とまり（泊）　○ひぢやりも（左も）　○もりの（杜の）　○あれとも（有れども）　○かつれんと（勝連と）　○これ（之）　○すくれて（優れて）　○すぐれて（優れて）　○すれは（為れば）　○はりゑや（晴りゑや）＜晴れは＞　○かはらいのち（曲玉命）　○あやきくら（綾木鞍）　○くらま＜弓＞　○しらす（知らず）　○まかびたらひよもい（真壁太良ひ思い）　○とらうのとき（寅卯の時）　○くるまかさ（車傘）　○つる（弦）　○ひる（昼）　○まるく（丸く）　○まわる（回る）　○よる（夜）　○よろは（夜は）　○おろくよこたけに（小禄横嶽に）　○くろがねのこらか（黒金の子等が）　○こゝろ（こころ）　○しろかね（銀）　○うらしろ（浦白）　○そろう（揃う）　○そろお（揃お）　○そろて（揃て）＜揃って＞　○ところ（所）

｛本｝（1624）

音価は[r]であろう。

＜用例＞

○御おくりし申候（御送りし申候）　○かさり物を（飾り物を）　○御すきりましよわ

ちや事（御過ぎり召しよわちや事）　○御給り候ほとに　○唐より　○をりふし（折り節）○大あんしおしられの（大按司おしられの）　○御ミつかいすれてて（御御遣いすれてて）○あにあれは　○入事あらは（入る事あらば）　○おもひ二ら（思ひ二郎）　○からめきミちへて　○けらへわちへ（造へわちへ）　○御とむらひに（御弔ひに）　○かにある事は　○しるへのために（標のために）　○いろいろのかさり物を（いろいろの飾り物を）○此御はかところは（此御墓所は）　○まさふろ（真三郎）

{田 12}（1627）

音価は[r]であろう。

<用例>

○こおりの（郡の）　○きま村より（儀間村より）

*/re, ra, ru, ro/に対応する用例なし。

{田 13}（1628）

音価は[r]であろう。

<用例>

○にしのこおりに（西の郡に）　○たまわり申候

*/re, ra, ru, ro/に対応する用例なし。

{田 14}（1631）

音価は[r]であろう。

<用例>

○こおりの（郡の）　○きま村より（儀間村より）

*/re, ra, ru, ro/に対応する用例なし。

{田 15}（1634）

音価は[r]であろう。

<用例>

○たまハり申候

*/re, ra, ru, ro/に対応する用例なし。

{田 16}（1660）

音価は[r]であろう。

<用例>

○たまわり申候

*/re, ra, ru, ro/に対応する用例なし。

Ⅲ－４　その他

Ⅲ－4－(1) 撥音

{田 11}（1606）

用例が一つしかない。

<用例>

○せんとう（船頭）

{使４}（1606）

漢語由来の例が多い。

<用例>

○司眉日尸（せんべつ、餞別）　○温ト姑里（おんほこり、御誇り）　○龍暗（りゆうがん、龍眼）　○罔巾（まうきん、網巾）　○冷今（どうぎぬ、胴衣？）　○館牙（くわんや、館屋）　○活見（ほつけん、絹）　○山買毎（さんもんめ、三匁目）　○申司（しんし、真使、正使）　○使臣（ししん、使臣）　○先扎（せんじや、先者、兄））　○森那（せんの、千の）　○甸尼（てんに、天に）　○南及之（なんぎし、難儀し）　○南者（なんじや、銀）　○札半失（ちやばんじ、茶飯事）　○匹胡平（しごうびん、四合瓶）　○桶盤（とうばん、東盆）　○大苗（だいみん、大明）　○木綿（もめん、木綿）　○一止買毎（いちもんめ、一匁）　○失藍（しらん、知らん）　○迷闌（みえらん、見えらん）　○基粦（きりん、麒麟）　○瓦奴（わんの、我の）

{よう}（1620）

「よむたもさ（読谷山）」の例に関しては、第Ⅶ章で詳しく論じる。

<用例>

○あんしおそい（按司襲い）　○ほん正月まゑに（盆正月前に）　○あはこんの大やくもい（阿波根の大屋子思い）　○よむたもさ（読谷山）

{本}（1624）

「撥音」の存在を認めることができる。

<用例>

○あんしおしられ（按司おしられ）　○いまきしん（今帰仁）　○さいもん（祭文）　○ひのもん（碑の文）

{田 12}（1627）用例なし　{田 13}（1628）用例なし　{田 14}（1631）用例なし
{田 15}（1634）用例なし　{田 16}（1660）用例なし

Ⅲ－４－⑵　促音

｛田 11｝（1606）

促音を表記したと判断される用例は、見当たらない。

｛使４｝（1606）

「屋的（うりて、売りて）」「識達哇（しりたは、知りたは）」「識之（しりて、知りて）」は、表記には現れていないが、促音を含んでいる可能性がある。

｛よう｝（1620）

促音表記であると判断できる用例の存在を、確認することができない。

｛おも２｝（1613）

促音表記であろうと思わせる例がある。

○うちちへ＜打って＞　○もちちへ＜持って＞

これらに準じると思われる次の例がある。

○おもて＜思って＞　○しなて＜撓って＞　○むかて＜向かって＞

｛おも３｝（1623）

｛おも２｝同様、促音表記と思われる例がある。

○うちちへ＜打って＞　○うちちへ＜討って＞　○うちちゑ＜打って＞　○たちちへ＜立って＞

表記上は現れていないが、促音を含むと考えられる例がある。

○あかて＜上がって、揚がって＞　○あがて＜上がって、揚がって＞　○いちへ＜言って、行って、出て＞　○いちゑ＜言って、行って、出て＞　○うちへ＜打って＞　○おそちへ＜襲って＞　○おそて＜襲って＞　○かよて＜通って＞　○かゑて＜帰って＞　○さそて＜誘って＞　○しなて＜撓って＞　○そるて＜揃って＞　○そろて＜揃って＞　○つくて＜作って、造って＞　○とて＜取って＞　○なて＜なって＞　○まさて＜勝って＞　○まわて＜廻って＞　○みまふて＜見守って＞　○もとて＜戻って＞　○もどて＜戻って＞　○やしなて＜養って＞　○よて＜寄って＞　○わたて＜渡って＞　○わらてる＜笑ってぞ＞

｛本｝（1624）｛田 12｝（1627）｛田 13｝（1628）｛田 14｝（1631）｛田 15｝（1634）
｛田 16｝（1660）　促音を表記したと認められる用例は、見当たらない。

Ⅲ－4－(3)　口蓋化と破擦音化

{田11}（1606）

口蓋化あるいは破擦音化を示す用例は、存在しない。例えば、「ちやくにとミか」や「おしあけとミか」等は、口蓋化していれば、「ちやくにとミきや」「おしあけとミきや」等と表記されていたであろう。以下、{田12～16}についても同様である。

{使4}（1606）

◇/ki/　破擦音化しているものとそうでないものとが存在する。

＜用例＞

○匹舎蛮資之（ひざまづき、跪）　○由旗（ゆき、雪）　○起模（きも、肝、心）

◇/-ika/　口蓋化している。「まかり」の「か」は口蓋化する環境にはないはずであるが、音訳字「佳」は口蓋化したそれである。

＜用例＞

○即加撒（ちかさ、近さ）　○倭眉脚都（おみかど、御帝）

○麻佳里（まかり、碗）

上に出てきた音訳字について、『中原音韻』・『東国正韻』・『訓蒙字会』・『西儒耳目資』における「音」を一覧表にして示す。以下、同様である。

音訳字	中原音韻	東国正韻	訓蒙字会	西儒耳目資	推定音価
き　之	tʂɨ	☆	☆	☆	tsi
旗	k ‘i	☆	☆	☆	ki
起	k ‘i	☆	☆	ki	ki
か　加	kia	ka’	茄　kja	kia	kja
脚	kiau	☆	kak	kio	kja
佳	kiai	☆	☆	kia, kiai, chui	kja

◇/gi/　破擦音化せず。

＜用例＞

○皿基（むぎ、麦の）　○吾撒及（うさぎ、兎）　○汪其（あふぎ、扇）

◇/-iga/　この用例では、口蓋化が窺える。

＜用例＞

○一更加烏牙（ゐきがおや、男親）

音訳字	中原音韻	東国正韻	訓蒙字会	西儒耳目資	推定音価
き　基	ki	☆	kɯi	ki	gi
及	kiə	kkɯp	hɯp, kɯp	kie	gi
其	k ‘i	☆	☆	ki, hi?	gi
げ　基	ki		kɯi	ki	gɪ
が　加	kia	ka’	茄　kja	kia	gja

◇/ti/　破擦音化している。

<用例>

○足止（つち、土）　○密集（みち、道）　○即加撒（ちかさ、近）　○谷只（くち、口）　○窟之（くち、口）

◇/-ita/　破擦音化している。

<用例>

○一借沙（いたさ、痛さ）　○阿者（あした、明日）

◇/-ite/　破擦音化している場合とそうでない場合がある。その条件は{翻}{館}の場合と同様である。

<用例>

○密只（みて、見て）　○吃之（きて、来て）　○掲知（きて、来て）　○拝失之（はいして、拝して）　○識之（しりて、知りて）　○姑木的（くもりて、曇りて）

◇/tu/　破擦音化している。

<用例>

○司禄（つる、鶴）　○一子孜（いつつ、五）　○祖奴（つの、角）

◇/-ito/　破擦音化している。

<用例>

○必周（ひと、人）

音訳字	中原音韻	東国正韻	訓蒙字会	西儒耳目資	推定音価
ち　止	ʈʂɨ	ci’	趾　ci	c ‘hi, chi	tsi
集	tsiəi	ccip	cip	çie, ça	tsi
即	tsiəi	☆	☆	çie	tsi
た　借	tsie	☆	chja	çie, cha	ʧa
者	ʧɪe	cja	cja	che	ʧa
て　只	ʈʂɨ	cirʔ	☆	chi	tsi
之	ʈʂɨ	ci’	芝　ci	chi	tsi
知	ʈʂɨ	☆	☆	chi	tsi
的	tiəi	tjɔk	的　tjɔk	tie	tɪ
つ　司	sɨ	sʌ’	sʌ	su	(t) sɯ
子	tsɨ	ccʌ’	cʌ	çu	tsɯ
祖	tsu	co’	co	cu, chu	tsɯ
と　周	ʧɪəu	cjuw	錭　tjo	cheu	ʧʊ

◇/di/　破擦音化している。

<用例>

○看失（かぢ、舵）

◇/-ida/　用例はこれだけで、この限りでは口蓋化はない。

<用例>

○分達里（ひだり、左）

◇/du/　「的」は多少問題があるが、他は破擦音化している。

＜用例＞

○匹舎蛮資之（ひざまづき、跪）　○民足（みづ、水）　○慢的（まづ、先づ）

音訳字	中原音韻	東国正韻	訓蒙字会	西儒耳目資	推定音価
ぢ　失	ʃɪəi	si', sirʔ	矢　si	xe, xi, ie	dzi
だ　達	ta	tharʔ, ttarʔ	闥　tar	t'a, ta	da
づ　子	tsɨ	ccʌ'	cʌ	çu	dzɯ
資	tsɨ	☆	☆	çu	dzɯ
足	tsiu	cju', cjuk	cjok	çu,　ço	dzɯ
的	tiəi	tjɔk	菂　tjɔk	tie	dzɨ

｛よう｝（1620）

○いしふきやう（石奉行）　○そうふきやう（総奉行）

○てりあかりめしよわちやこと　○たてめしよわちやる

｛おも２｝（1613）

◇/ki/　基本的に「き」で表記されている。「ち」で表記されたものもあるので、破擦音化している。

＜用例＞

○きちへ（着ちへ）　○きよらや（清らや）　○ひきよせれ（引き寄せれ）　○きよる（来居る）；　○ちよわちへ＜来給いて＞　○もちちやる＜持ち来たる＞

◇/-ika/

＜用例＞　口蓋化を示している。

○あまみや＜アマミヤ＞よきやのろの

◇/gi/　表記としては「き」「ぎ」が多い。

＜用例＞

○なたかつるき（名高剣）　○やきのうら（八木の浦）　○○いちよのしきや（いちよのしぎや）

◇/-iga/　口蓋化している。

＜用例＞

○いとよのし＜人名＞きや（いとよのしが）　○よなはし＜与那覇子＞ぎや（よなはしが）

◇/ti/　破擦音化していると見る。

＜用例＞

○一七日のうちに　○からめきミちへて　○けらへわちへ（造らへわちへ）

◇/-ita/

＜用例＞

○いちやぢや（いたぢや）＜板門＞　○きちやれ（きたれ）＜来たれ＞　○みちやる（みたる）＜見たる＞

◇/-ite/　破擦音化している。

＜用例＞

○おろちへ（おろして）＜降ろして＞　○きちへ（きて）＜着て＞　○さちへ（さして）＜差して＞　○まわちへ（まはして）＜廻して＞

◇/di/「いちみさうす（泉清水）」の例があるが、これは*/di/の破擦音化を示すと同時に、*/du/と*/di/との共通性、更には*/zu/との似通いを如実に示したものとなっている。

＜用例＞

○あちかすが（按司数が）　○いちぢや（板門）　○世かけせぢ（世掛けせぢ）

◇/-ida/

＜用例＞

○いぢやちへ（いだして）＜出して＞

◇/-ima/

＜用例＞

○いみや（いま）＜今＞からと　○みや（いま）＜今＞も

｛おも３｝（1623）

◇/ki/　「き」表記が多いが、「ち」もあるので破擦音化していることになる。

＜用例＞

○きちへ（来ちへ）＜来て＞　○きむ（肝）　○かたき（敵）　○つき（月）　○ひきいちへ物（引き出物）；　○さちやる＜咲きたる＞　○もちちやる＜持ち来たる＞　○ちうらのはな＜清らの花＞

◇/-ika/

＜用例＞　口蓋化を示している。

○いきや（行か）＜行こう＞　○いきやある（いかある）＜如何なる＞　○みきや（みか）＜三日＞　○おみきやう（みかほ）＜御み顔＞よ

○いりきや＜甍＞「いらか」「いりか」？

◇/-iko/

＜用例＞　口蓋化している。

○いきよい（いこい）＜招請＞ちよ　○いきよわ（いこわ）＜迎えよ＞

◇/gi/　表記上は「き」「ぎ」が多い。

＜用例＞

○だしきやくぎ（だしきや釘）　○あらむぎやが（新麦が）　○つちきりに（土斬りに）　○つちぎりに（土斬りに）

◇/-iga/　口蓋化していることがわかる。

＜用例＞

○おみきやみ（おみがみ）＜お身が身＞よ　○かみきやたけ（かみがたけ）＜神の嶽＞　○きみきやいのち（きみが）＜君の命＞　○みきや（みが）＜見に＞　○あかともい＜人名＞ぎや　○てにぎやした＜天が下＞　○てにぎや下＜天が下＞　○天ぎやした＜天が下＞　○にぎやよ（にがよ）＜苦世＞

◇/ti/　/ti/は、破擦音化していた。*/ki/も破擦音化し、両者の区別が難しくなっていたことを物語る「はくき（歯口）」の例もある。

＜用例＞

○ちかさ（近さ）　○くちや（口や）　○たちより（立ち居り）　○つちやちよむ（土やちよむ）　○みち（道）

◇/-ita/　破擦音化している。

＜用例＞

○あちや（あした）＜明日＞は　○あちや（あした）＜明日＞わ　○あちや（あした）＜明日＞む　○あちや（した）＜明日＞も　○いちやけ（いたけ）＜痛け＞　○いちやちや（いたぢや）＜板門＞　○いちやぢや（いたぢや）＜板門＞　○きちや物（きたもの）＜着たのだが＞　○きちやれ（きたれ）＜来たれ＞　○○みちやる（みたる）＜見たる＞　○きもちや（きもいた）＜肝痛さ＞　○きもちやさ（きもいたさ）＜肝痛さ＞　○さちやる（さきたる）＜咲きたる＞　○さちや物（さしたもの）＜差したのに＞

◇/-ite/　破擦音化している。

＜用例＞

○あいちへ（あひて）＜相手＞　○あうらちへ（あふらして）＜煽らして＞　○いちへ（いひて）＜言って＞　○おいちへ（おひて）＜追手＞　○きちへ（きて）＜来て＞　○きちへ（きて）＜着て＞　○みちへ（みて）＜見て＞　○しちゑ（して）＜為て＞　○みちへ＜道＞

◇/di/　「いぢへな（伊是名）」の例は、*/di/破擦音化を示すとともに、*/di/が*/ze/と同じと見なされ、更には*/zi/とも同じと意識されていた可能性を提示している。

＜用例＞

○ぢいからは（地からは）　○あぢ（按司）　○せぢ＜霊力＞

◇/-ida/　破擦音化している。

＜用例＞

○いちやす（いだす）＜出す＞　○いちやちへ（いだして）＜出して＞　○いぢやちへ（いだして）＜出して＞　○ひぢやり（ひだり）＜左＞も

◇/-ide/　破擦音化している。

＜用例＞

○いちへて（いでて）＜出でて＞　○いちへれ（いでれ）＜出でれ＞　○こちへ（こいで）＜漕いで＞

◇/-ima/

＜用例＞　口蓋化している。

○いみや（いま）＜今＞　○いみやこ（いまこ）＜今＞より

◇/-iso/

＜用例＞　口蓋化している。

○かさへみしよ（かさへみそ）＜重ね御衣＞

◇/-ino/　口蓋化している。

<用例>

〇いによはのおきてもち（いのは）<伊饒波の掟持ち>なる

{本}（1624）

口蓋化を示すのが、一例、存在する。

〇天きやするゑ（天がするゑ）

〇石ふきやう　→　口蓋化か。

〇御すきりめしよわちや事（御過ぎり召しよわちや事）　→　破擦音化か。

※いまきしん思ひとく（今帰仁思ひ得）<口蓋化なし>

{田12}（1627）

口蓋化あるいは破擦音化を示す用例は、存在しない。

{田13}（1628）

口蓋化あるいは破擦音化を示す用例は、存在しない。

{田14}（1631）

口蓋化あるいは破擦音化を示す用例は、存在しない。

{田15}（1634）

口蓋化あるいは破擦音化を示す用例は、存在しない。

{田16}（1660）

口蓋化あるいは破擦音化を示す用例は、存在しない。

第Ⅳ章　18世紀の沖縄語の音韻

18 世紀の沖縄語の音韻について考察する。

Ⅳ－１　母音

Ⅳ－１－(1)　短母音

Ⅳ－１－(1)－①　＊／ｉ／

｛仲里｝（1703 頃）

「イ段の仮名」で表記されていて、音価としては、揺ぎ無く[i]である。

以下のような例は、/i/の問題ではなく、*/e/や*/zu/等に起因する事柄である。それぞれの項で扱うことになる。

○したかく（せたかく、霊力高く）　○糸かじ（いとかぢ、糸舵）　○まぜない（まじなひ、呪ひ）　○夜すずめ（よしじま、夜静寂）

＜用例＞

○きもくら（肝暗）　○きよらよね（清ら雨）　○立きつち（たち切つち）　○つきおりて（憑き降りて）　○よきのはま（雪の浜）；　○くなぎづな（繋ぎ綱）　○まぎまんの司（大まんの司）；　○あざかちかい（あざか誓ひ）　○のろちかい（神女誓ひ）　○おれぐち（下れ口）　○こがねぐち（黄金口）　○かにいち（かに言ち）　○むかいなおち（向かい直ち）　○よりずらちへ（寄りずらちへ；　○世ぢかい（世誓ひ）　○がけぢめしようろ＜未詳＞　○わかぢちよ＜神名＞＜未詳＞　○ゑりぢよ＜掛け声＞　○をとぢきよ＜未詳＞；　○ひびかしゆす（響かしゆす）　○ひれやぶりくわ（放れ破り子）　○まひつじ（真未）　○おもひきみ（思ひ君）；　○びなくわ（汚な子）　○こひ（首）　○重び森（重び森）　○ひびかしゆす（響かしゆす）；　○しまがほう（島果報）　○かみしも（上下）　○いしすい（礎）　○こてうし（こて牛）；　○じんだおむしよ（糖味噌）　○あんじおそい（按司襲い）　○おとじや（弟者）　○まひつじ（真未）；　○みななべ（無鍋）＜中身の入っていない鍋＞　○みなとかしら（港頭）＜港口＞　○いづみこおり（泉凍り）＜冷たい泉＞　○あめのきみがなし（天の君加那志）　○かみしも（上下）；　○にがむし（苦虫）＜害虫＞　○ふさにならば（房にならば）　○かにいち（斯に言ち）　○だにあるけに（実にあるけに）＜実際にあるので＞；　○おしあがり（押し上がり）　○つきおりて（憑き降りて）　○かなもり（金杜）；　○かわらゐせ（瓦据せ）

{混}（1711）

「イ段の仮名」で表記されていて、音価としては、[i]である。

以下のような例は、/i/の問題ではなく、*/e/や子音等に起因する事柄である。それぞれ関連する項で扱うことになる。

○あきつ：あけづ（蜻蛉）　○もちなし（持成し、饗応）（もてなし）

○みすずひ（御硯）＜ri-i←pi＞　○とじ（女房、刀自）：うゐとぢ（初婦）

○たうきみ（たうきび、唐黍）

＜用例＞

○きしれ（煙管）　○きたなさ（汚さ）　○きにふ（昨日）　○きよらさ（清らさ）　○あきつ（蜻蛉）　○いたきよら（板清ら、船の美称）　○いづきやさ（短さ）　○うきしま（浮島、那覇）　○おきなわ（沖縄）　○おねびき（御根引き、御結婚）　○こゑたつき（超た月）　○こんつき（今月）　○たき（滝）　○ゆき（米）；　○きやめ（迄）　○およぎ（御宿衣、御夜着）　○するぎほう（莚帆）　○ちやうぎぬ（朝衣）　○つのむぎ（大麦）　○まぎも（真肝、正直なる人）　○まつるぎ（真剣）　○しろはせやきぬ（白朝衣、白芭蕉衣？）；　○ちちよゐ（千鳥）　○ちぢよい（千鳥）　○ちやうぎぬ（朝衣）　○きやのうちみやに（御城内に）　○おはうちや（御包丁）　○むきやちや（御蚊帳）；　○いぢきやさ（短さ）　○なむぢや（銀）；　○ひいしやぐ（芭蕉の実、ひさご？）　○ひがさ（日傘）　○ひぎやおぢやう（瑞泉門、樋川御門？）　○ひひじや（羊）＜実は山羊？＞　○ひやくさ（百歳）　○ひやし（拍子）　○あひら（鶩）　○おもひなかす（思ひ流す）；　○ひわ（枇杷）　○びや（琵琶）　○むきやび（御紙、みかみ）　○あらたひ（新旅）　○うゐたび（初旅）　○おねびき（御根引き、御結婚）　○きむびら（薤）　○たれききび（垂帯）；　○しげち（酒）　○しじよき（退き）　○したぎ（汗衫）　○しぶい（冬瓜）　○しぶり（冬瓜）　○しほからさ（鹹さ）　○しらげ（白毛）　○しらなみ（白波）　○しろかね（錫）　○いしらこ（石）　○大ぬし（主上）　○くそし（医師）　○ことし（今年）　○にし（雪隠）　○ましろ（真白）　○むかしはしめ（昔初）；　○きじ（禁制）　○とじ（女房、刀自）　○むむじり（桃尻）　○むかしはしめ（昔初）；　○みおうね（御船）　○みしよ（味噌）　○みすか言（密言）　○みや（庭）　○みやかい（鶏）＜庭飼ひ＞　○みやとり（鶏）＜庭鳥＞　○あおなみ（青波）　○おみかう（御顔）　○にやみつき（来々月；　○にきやさ（苦さ）　○にし（雪隠）　○にやみつき（来々年）　○あにたやべる（左様にて侍る）　○きにふ（昨日）　○げに（実に）　○だに（誠に）　○むにやい（九年母）　○やあに（来年）；　○うらまはり（浦回り）　○おきれとり（火取り）　○おはいり（酢）　○おまかり（御椀）　○さくり（探り）　○しぶり（冬瓜）　○のり（絹粥）　○みやとり（鶏）　○をり（居り）；　○うゐぐわ（初子）　○うゐ旅（初旅）　○おむしやたゐ（行幸の御先備之事）　○くわゐ（田芋）　○ちちよゐ（千鳥）　○みおべゐ（水）

{琉由}（1713）

概ね「イ段の仮名」で表記されているが、次のような例がある。勿論、原因は*/i/ではなく、*/e/にある。

○アガレ森　○イレ村　○オレロ　○ヲレグチ

○マカビ森カネノ御イベ　　○アワシ川

＜用例＞

○キミマモノ　　○君真物　　○キンナ嶽　　○アウサキ森　　○イシキナハ按司　○オキナワノ嶽　　○カキ灰　　○フキアゲ　　○ミサキ御嶽　　○ワキヤ川

○ギイス嶽　　○ギナマ原　　○スイツギ御門　（添継御門）　○ニギリ飯　　○浜ヲギ　　○ヤギナハモリ城

○チヤゲ森ムヤゲ森ノ御イベ　　○チヤマキヅカサ　　○チヤラテ　　○アカハチ　○ウチアガリノ御イベ　　○ウチバラノ殿　　○バクチ　　○マチカネ橋　　○モチヅキ　○ヨリミチ　　○ヲヤケアカハチ　　○ヲレグチ

○ヂヤウノハムイ御イベ　　○ヂャナ川　　○アカタ御ヂヤウノ御嶽　　○イチヤヂヤ森　○セヂアラ嶽　　○ナアタオホヂ　　○ノムヂ嶽　　○マネノセヂダカシヤカノ御イベ

○ヒガワノ嶽　　○ヒル木　　○新垣ヲヒヤ　　○思ヒメガ　　○ソノヒヤブ御嶽　○初ヲチヨハヒ　　○マヒラテリ嶽　　○ユヒムタノ御花米　　○ヲモヒマラツカサ

○アソビ　　○イシビラ嶽　　○イシラビヤノ御イベ　　○神アソビ　　○白小エビ　○玉知イラビ　　○マカビ森カネノ御イベ　　○三日遊ビ　　○結ビ　　○エラビガネ　○エラビヲタイ大神

○シアン橋　　○シキヤコンノ殿獅子頭　　○シジカドノ　　○シマイ御嶽　　○シメ縄　○シロカネノ御イベ　　○青シバ　　○アブシバライ　　○アムガナシ　○アワシ川　　○真シラベ　　○エボシ川　　○ヲシアゲ森

○大アルジ　　○カナマノアジ　　○白サジ　　○セジアラノ嶽　　○セヂアラ嶽　○タジヨク魚　　○マナツジ嶽　　○モジヨルキヨノ大神

○ミアゲ森　　○ミセヾル　　○ミセゼル　　○ミハイ　　○ミハナ　　御花　　○ミヤタネ　　○ミヤダネ　　ミヤ種子　　○アマミ人　　○ウエズミ森　　○オガミ　○拝ミ崎　　○キミコイシ嶽　　○シマネドミ　　○ナミ里御嶽

○ニギリ飯　　○ニシ崎　　○ニヨク宮城　　○クニヅカサノ御イベ　　○仲地ニヤ　○ハリマニキヤモヤ　　○マニヨク樽按司　　○モジロキヨウニギリキヨウ

○リウキン御イベ　　○アザカ冠リ　　○アフリノハナ　　○アヲリ岳　　○神ガカリ　○キリン　　○クリ舟　　○コネリ御唄　　○サウリ　　○トマリノトノ　　○ニギリ飯　○穂マツリ　　○水ハリ　　○モリノヒラ嶽　　○ヨリアゲ森

○ヰイノ嶽

{信}（1721）

音価が[i]であることは間違いない。

＜音訳字＞

*/ki/に対応する部分に「雞、革、基、棄、気、紀、起、吉、及、急、金、掲、乞、刻、子、止、其、巳、几、豈、綺、各、衾、輕、甚、巾」等が現れる。

音訳字	中原音韻	朴通事諺解	老乞大諺解	華英辞典	推定音価	備　考
き　　雞	kiəi	ki	ki	☆	ʧi	「木」は

						[ki：]
革	kiai, kə	☆	☆	☆	ʧi	
基	ki	其 khi, kki	☆	☆	ʧi	
棄	k ʻi	☆	khi	☆	ʧi	
気	k ʻiəi	khi	khi	ch ʻi	ʧi	
紀	ki	☆	☆	☆	ʧi	
起	k ʻi	khi	khi	☆	ʧi	
吉	kiəi	☆	ki, kiʔ	☆	ʧi	
及	kiə	☆	☆	chi	ʧi	
急	kiəi	☆	ki, kiʔ	☆	ʧi	
金	kiən	kin	kin	☆	ʧi	
掲	k ʻiəi, kie	☆	☆	☆	ʧi	
乞	k ʻiəi, kie	khi, khiʔ	☆	☆	ʧi	
刻	k ʻə	khɯi, khɯiʔ	☆	☆	ʧi	
子	tsɨ	☆	☆	☆	tsi, ʧi	
止	tsɨ	☆	☆	☆	tsi, ʧi	
其	k ʻi	khi, kki	khi, kki	ch ʻi	ʧi	
巳	ziei	☆	☆	☆	tsi, ʧi	
几	ki	☆	☆	chi	ʧi	
豈	k ʻai	khi	☆	☆	ʧi	
きい　綺	k ʻi	☆	☆	☆	ʧi：	
き（お）各	ko	kɔ, kɔʙ	kɔ, kaw	☆	ʧo	
きぬ　衾	k ʻiəm	☆	☆	☆	tsiɴ	
きぬ　輕	k ʻiəŋ	khiŋ	☆	☆	tsiɴ	
きゅん甚	ʃɪəm	☆	☆	☆	ʧuɴ	
きん　巾	kiəm	☆	☆	☆	ʧiɴ	

<用例>

○雞（き、木）　○一革拉殺（いきらさ、少らさ）　○基粦（きりん、麒麟）　○喀喇亦棄牙（かはらふきや？、瓦葺き屋？、瓦房）　○気力（きり、霧）　○阿紀（あき、秋）　○屋起堅（おきる、起きる）　○吐吉（とき、時）　○呀及一什（やきいし、焼石、磚）　○子急（つき、月）　○屋金尼失（おきにし？、北）　○掲之（きて、来て）　○衣石乞各必（いしききおび、石帯、玉帯）　○刻納里（きなり、木成、木の実）　○波着子（むつき？、襁褓？、脚踏棉）　○仝止（かき、垣）　○霞爽（よき、斧）　○亞立其（ありき、歩き）　○沙八巳（さばき、裁き、櫛）　○會几噶（ゑきが、男）　○豈奴（きぬ、衣）　○綺羅（きいろ、黄色）　○衣石乞各必（いしききおび、石帯、玉帯）　○衾（きぬ、衣）　○輕（きぬ、衣）　○迫枯一甚（はやくいく？、早行？）　○網巾（まうきん、網巾）」；

「雞、吉、急、几」は*/ke/にも現れる。

○打吉（たけ、竹）　○亦急（いけ、行け）　○殺几（さけ、酒）　○雞花（けいくわ、桂花）；

*/gi/に対応する部分に「雞、基、既、棋、吉、及、急、子、其、之、几、妳、琴、景、切」等が現れる。

音訳字	中原音韻	朴通事諺解	老乞大諺解	華英辞典	推定音価
ぎ　雞	kiəi	ki	ki	☆	ʤi
基	ki	其　khi, kki	☆	☆	ʤi
既	kiəi	ki	ki	☆	ʤi
棋	k ʻi	☆	☆	☆	ʤi
吉	kiəi	☆	ki, kiʔ	chi	ʤi
及	kiə	☆	☆	chi	ʤi
急	kiəi	☆	ki, kiʔ	chi	ʤi
子	tsi	☆	☆	tzŭ	dzi, ʤi
其	k ʻi	khi, kki	khi, kki	ch ʻi	ʤi
之	tsi	cɯ, cɯz	☆	ch ʻi	dzi, ʤi
几	ki	☆	☆	chi	ʤi
妳	你　ni	ni	ni	☆	ʤi
ぎぬ　琴	k ʻiəm	☆	☆	☆	ʤiɴ
景	k ʻiəŋ	kiŋ	☆	☆	ʤiɴ
ぎり　切	tsʻie, tsʻiəi	☆	☆	☆	ʤiri

＜用例＞

○思雞（すぎ、杉）　○現基（やなぎ、柳）　○雖之既（ゆつぎ、油注ぎ）　○冲棋（しやうぎ、将棋、象棋）　○翁吉（をぎ、甘蔗）　○禮及（れいぎ、礼儀）　○名急里（みぎ、右）　○輕化子榮（きぬはぎをり、衣剥ぎ居り、脱衣）　○枉其（あふぎ、扇）　○閔子磁之（みづつぎ、水注ぎ）　○梯殺几（てさぎ？、手巾）　○密加妳吸之（みつぎして？、朝貢）　○阿米琴（あびぎぬ、浴衣）　○百索景（ばせうぎぬ、芭蕉衣）　○間切（まぎり、間切、府）

「其、之、几」は*/ge/にも現れる。

○喀籃子其（かしらげ、頭髪、頭毛）　○嗑蘭自之（かしらげ、頭髪、頭毛）　○非几（ひげ、髭）；

*/ti/に対応する部分に「基、子、止、七、汁、生、即、宅、池、着、之、齊、夾、札、茶、丈、速」が現れる。

音訳字	中原音韻	朴通事諺解	老乞大諺解	華英辞典	推定音価
ち　基	ki	其　khi, kki	☆	☆	ʧi
子	tsï	cɯ, cɯz	cɯ, cɯz	tzŭ	ʧi

止	ʈʂï	☆	☆	☆	ʧi
七	ts ʻiəi	chi, chiʔ	chi, chiʔ	☆	ʧi
汁	ʧɪəi	☆	☆	chï	ʧi
生	ʂəŋ	s ʌŋ, sɯŋ	☆	☆	ʧi
即	tsiəi	ci, ciʔ	☆	chi	ʧi
宅	ʈʂai	c ɔ, cciʔ	☆	☆	ʧi
池	ʈʂ ʻï	chi, cciz	地　ti, tti	☆	ʧi
着	ʧɪo, ʧɪau	cjo, ccjaw	cjo, ccjaʙ	☆	ʧi
之	ʈʂ ʻï	cɯ, cɯz	cɯ, cɯz	chï	tsi
齊	ts ʻəi, tsï	ci, cci, cai	☆	ch ʻi	tsi
ちや　札	ʈʂa	☆	☆	☆	ʧa
茶	ʈʂ ʻa	cha, cca	cha, cca	☆	ʧa
着	ʧɪo, ʧɪau	cjo, ccjaw	cjo, ccjaʙ	☆	ʧa
ちやう　丈	ʧɪaŋ	☆	☆	☆	ʧa:
着	ʧɪo, ʧɪau	cjo, ccjaw	cjo, ccjaʙ	☆	ʧa:
ちよ　速	su	☆	☆	☆	ʧo

＜用例＞

○基（ち、血）　○坐古泥子（じふごにち、十五日）　○一止買毎（いちもんめ、一匁）　○坐十七泥子（じふしちにち、十七日）　○錫汁祖（しちじふ、七十）　○潤生（くち、口）　○些谷尼即（せちくにち、節句日）　○瞎宅（かいち、懈豸）　○足池（つち、土）　○阿格着（あかち、赤血）　○密之（みち、道）　○齊（ち、乳）　○夾介子（ちかし？、近し？）　○札（ちや、茶）　○茶碗（ちやわん、茶碗）　○喀着（かや、かちや、蚊帳）　○丈史（ちやうし、長史）　○和着（はうちやう、包丁）　○速都（ちよと、少）

「子」は*/si/,*/tu/にも、「之」は*/te/,*/si/にも、それぞれ現れる。

○夾介子（ちかし？、近し？）　○靴底子（そてつ、蘇鉄）　○一吉之（いきて、生きて）　○阿殺之（あさし、浅し）

*/di/に対応する部分に「子、失、主、之、几、局」等が現れる。

音訳字	中原音韻	朴通事諺解	老乞大諺解	華英辞典	推定音価
ぢ　子	ʈʂï	cɯ, cɯz	cɯ, cɯz	tzŭ	dzi
失	ʃɪəi	☆	☆	shï	ʤi
主	ʧɪu	☆	cju	☆	ʤi
之	ʈʂ ʻï	cɯ, cɯz	cɯ, cɯz	chï	dzi
几	ki	☆	☆	chi	ʤi
局	kiu	☆	☆	☆	ʤi

＜用例＞

○抵子密之（とぢみちて、閉満）　○看失（かぢ、舵）　○安主（あぢ、按司）　○非之（ひぢ、肘）　○阿几（あぢ、按司）　○渾局（をぢ、伯父）

「子」は*/du/にも現れる。
○閔子（みづ、水）

*/pi/に対応する部分に「衣、撒、失、人、皮、非、飛、必、分、辟、晦、夏、平」が現れる。

音訳字	中原音韻	朴通事諺解	老乞大諺解	華英辞典	推定音価
ひ　衣	iə	☆	☆	☆	i
撒	sa	sa, saʔ	sa, saʔ	☆	çj(a)
失	ʃɪəi	☆	☆	shï	çi
人	rɪən	zin	zin	☆	ji
皮	p ‘i	phi, ppi	phi, ppi	☆	ɸi
非	fəi	ɞɯi, ɞi	ɞɯi	fei	ɸi
飛	fəi	ɞɯi, ɞi	☆	☆	ɸi
必	piəi	pi, piʔ	pi, piʔ	pi	ɸi
分	fən	☆	ɞɯn, ɞɞɯn	☆	ɸin
辟	piəi	☆	☆	僻 pei/pi	ɸi
ひあ　晦	huəi	☆	☆	☆	çja
ひや　夏	hia	☆	☆	☆	çja
撒	sa	☆	☆	☆	çja
ひん　平	p ‘iəŋ	phiŋ, ppiŋ	phiŋ, ppiŋ	☆	ɸiɴ

<用例>
○幼羅衣（よろひ、鎧）　○撒牙姑（ひやく、一百両）　○失脚衣（ひたひ、額）○鬱勃人誇（おもひこ、思ひ子）　○皮羅(ひる、昼)　○非几（ひげ、髭）　○飛（ひ、日）　○必周（ひと、人）　○分搭里（ひだり、左）　○辟角羅殺（ひじゆるさ、冷さ、寒さ）　○晦殺（ひあさ、寒さ）　○夏古（ひやく、百）　○撒姑毎（ひやくもんめ、百匁）　○平素奴周（ひんすのひと、貧の人）

「非」は*/pe/にも現れる。
○非徒（へる、蒜）

*/bi/に対応する部分に「彼、美、弼、必、筆、米、北、飄、平」等が現れる。

音訳字	中原音韻	朴通事諺解	老乞大諺解	華英辞典	推定音価	備　考
び　彼	pi	☆	☆	☆	bi	
美	muəi	☆	☆	mei	mi	b-m
弼	piəi	☆	☆	☆	bi	
必	piəi	pi, piʔ	pi, piʔ	☆	bi	
筆	piəi	☆	pi, piʔ	pi	bi	
米	miəi	mi	mi	☆	mi	b-m
北	pəi	pɔ, pɯiʔ	pɔ, pɯiʔ	☆	bi	

びやう　飄	p ‘ieu	☆	風　ɞuŋ	☆	bju	
びん　平	p ‘iəŋ	phiŋ, ppiŋ	phiŋ, ppiŋ	☆	biɴ	

＜用例＞

○威彼（おゆび、指）　○阿美的（あびて、浴びて）　○搭弼（たび、足袋）　○科必（くび、首）　○分筆（おび、帯）　○阿米琴（あびぎぬ、浴衣）　○柯北音（よぶ、呼ぶ）　○飄布（びやうぶ、屏風）　○匹胡平（しがふびん、四合瓶）

○阿美的（あびて、浴びて）　○阿米琴（あびぎぬ、浴衣）　[ami-]である。

*/si/に対応する部分に「稀、吸、細、使、司、史、市、施、時、式、識、失、錫、什、十、書、深、申、是、昔、石、之、矢、尸、疽、士、子、色、蝦、紗、者、着、夏、沙、冲、焼、鵲、就、執、臣、沈」等が現れる。

音訳字	中原音韻	朴通事諺解	老乞大諺解	華英辞典	推定音価	備　考
し　稀	hiəi	☆	☆	☆	ʃi	
吸	hiəi	☆	☆	☆	ʃi	
細	siəi	si	si	hsi	ʃi	
使	sï	sɯ, sɯz	sɯ, sɯz	☆	ʃi	
司	sï	sɯ, sɯz	伺　chɯ, sɯz	☆	ʃi	
史	sï	☆	☆	☆	ʃi	
市	ʂï	sɯ, ssɯz	☆	shï	ʃi	
施	ʂï, i	☆	☆	☆	ʃi	
時	sï	sɯ, ssɯz	sɯ, ssɯz	shï	ʃi	
式	ʃɪəi	☆	☆	☆	ʃi	
識	ʃɪəi, ʈʂï	☆	si, siʔ	shi	ʃi	
失	ʃɪəi	☆	☆	shï	ʃi	
錫	siəi	☆	☆	☆	ʃi	
什	ʃɪəi	☆	si, ssiʔ	shï	ʃi	
十	ʃɪəi	si, ssiʔ	si, ssiʔ	shï	ʃi	
書	ʃɪu	sju	sju	☆	ʃi	
深	ʃɪəm	sin	sin	☆	ʃi	
申	ʃɪəm	sin	☆	☆	ʃi	
是	ʂï	sɯ, ssɯz	sɯ, ssɯz	shï	ʃi	
昔	siəi	☆	☆	hsi	ʃi	
石	ʃɪəi	si, ssiʔ	si, ssiʔ	shï	ʃi	
之	ʈʂï	cɯ, cɯz	cɯ, cɯz	chï	ʃi	
矢	ʂï	☆	☆	☆	ʃi	
尸	ʂï	sɯ, sɯz	sɯ, sɯz	☆	ʃi	
疽	ts ‘iu	☆	☆	☆	ʃi	

	士	ʂï	☆	☆	☆	ʃi	
	子	ʈʂï	cɯ, cɯz	cɯ, cɯz	tzŭ	ʃi	
しう	色	ʂï, ʂəi	☆	☆	☆	ʃuː	
しほ	蝦	hia	☆	☆	☆	ʃu	
しや	紗	ʂa	sa	炒 chao, chaw	☆	ʃa	
	者	ʧɪe	☆	☆	☆	ʃa	
	着	ʧɪo, ʧɪau	cjo, ccjaw	cjo, ccjaw	☆	ʃa	
しやう	夏	hia	☆	☆	☆	ʃoː	
	沙	ʂa	sa	紗　sa	☆	ʃoː	
	冲	ʧ ‘ɪoŋ	☆	☆	☆	ʃoː	
	焼	ʃɪeu	sjao, sjaw	☆	☆	ʃoːŋ	「が」の前
	鵲	ts ‘io	☆	☆	☆	ʃoː	
しゆ	就	tsiəu	☆	☆	☆	ʃu	
しよ	執	ʧɪəi	☆	ci, ciʔ	☆	ʃu	
	什	ʃɪəi	☆	si, ssiʔ	☆	ʃu	
しん	申	ʃɪəm	sin	☆	☆	ʃiɴ	
	臣	ʧ ‘ɪəm	☆	☆	☆	ʃiɴ	
	沈	ʧ ‘ɪəm, ʃɪəm	☆	☆	☆	ʃiŋ	

<用例>

○稀羅殺（しろさ、白さ）　○吸之（して、為て）　○細徂（しじふ、四十）　○使臣（ししん、使臣）　○申司（しんし、真使、正使）　○丈史（ちやうし、長史）　○利市（れいし、茘枝）　○施失（しし、獅子）　○花時（はし（ら）、柱）　○多式（とし、年）　○識之（しりて、知りて）　○兀失（うし、牛）　○錫汁徂（しちじふ、七十）　○什嘸（しも、霜）　○坐十七泥子（じふしちにち、十七日）　○阿書着（あしだ、足駄）　○一深慮古（いしなご、石子）　○申買毎（しもんめ、四匁）　○一是（いし、石）　○昔着（した、下）　○依石（いし、石）　○阿殺之（あさし、浅し）　○匹胡平（しがふびん、四合瓶）　○夫失（ほし、星）　○曲尸（こし、腰）　○毛埴（ぼうし、帽子）　○鳥孤欲士（てくよし、鷺鳥）　○夾介子（ちかし、近し）　○色多（しうと、舅）　○麻蝦（ましほ、真塩）　○紗帽（しやぼう、紗帽）　○使者（ししや、使者）　○一着（いしや、医者）　○夏括子（しやうぐわつ、正月）　○沙油（しやうゆ、醤油）　○冲棋（しやうぎ、将棋、象棋）　○焼介（しやうが、生姜）　○烏鵲（おしやう、御賞）　○堤就（ていしゆ、亭主）　○式執直（ししよく、紙燭）　○什麼子（しよもつ、書物）　○使臣（ししん、使臣）　○沈噶（しんか、臣下）

「司」は*/se/, */su/にも、「失」は*/se/にも、「是」は*/su/にも、「尸」は*/se/, */tu/にも、「子」は*/su/, */ti/にも、それぞれ現れる。

○司眉日尸（せんべつ、餞別）　○司哇（すはう、蘇芳）　○是挪（すな、砂）　○哈那失几（はなせき、鼻咳）　○由六尸（ゆるせ、放せ）　○司眉日尸（せんべつ、餞別）　○動子（どんす、緞子）　○子急（つき、月）

*/zi/に対応する部分に「子、資、自、失、厨、齊、坐、執、由、徂、躅、雀、着、禮、角、孰、濁」等が現れる。

音訳字		中原音韻	朴通事諺解	老乞大諺解	華英辞典	推定音価
じ	子	ʈʂï	cɯ, cɯz	cɯ, cɯz	tzŭ	ʤi
	資	ʈʂï	☆	cɯ, cɯz	☆	ʤi
	自	ʈʂï	cɯ, cɯz	cɯ, cɯz	☆	ʤi
	失	ʃɪəi	☆	☆	shï	ʤi
	厨	ʧ ‘ɪu	☆	☆	☆	ʤi
	齊	ts ‘iəi, tsï	ci, cci	☆	☆	ʤi
じふ	坐	tsuo	co, ccuə	co, ccuə	☆	ʤu:
	執	ʧɪəi	☆	ci, ciʔ	☆	ʤu:
	由	iəu	☆	’ iu, ’ iw	☆	ʤu:
	徂	ts ‘u	☆	祖 cu	☆	ʤu:
	躅	ʧɪu	☆	☆	☆	ʤu:
じや	雀	tsio, tsiau	chjo, chaʙ	☆	☆	ʤa
	着	ʧɪo, ʧɪau	☆	cjo, ccjaʙ	☆	ʤa
	禮	liəi	☆	☆	☆	ʤa
じやう	濁	ʈʂo	☆	☆	☆	ʤo:
じゆ	角	kiau, kiue	☆	☆	☆	ʤu
	孰	ʃɪu	☆	☆	☆	ʤu

<用例>

○茄子埋大（がじまる、榕樹）　○通資（つうじ、通事）　○喀蘭自之（かしらげ、頭髪、頭毛）　○札半失（ちやばんじ、茶飯事）　○拖厨（とじ、とぎ？、妻）　○喀拉齊（かしら、からじ？、頭髪？）　○坐古泥子（じふごにち、十五日）　○執買毎（じふもんめ、十匁）　○麻由吐失（まんじふとし？、万歳年？）　○膩徂（にじふ、二十）　○躅括子（じふぐわつ、十月）　○枯雀姑（くじやく、孔雀）　○皮着（やぎ、ひじや、山羊）　○倭男禮喇（きさき、おなじやら、妃）　○濁（じやう、門、外？）　○辟角羅殺（ひじゆるさ、冷さ）　○麻孰吐失（まんじゆとし？、万歳年？）　；　○支膩（ぜに、銭）　○層（ぜに、銭）

「子」は*/zu/にも現れる。

○思子里（すずり、硯）

*/mi/に対応する部分に「乜、你、血、泥、皮、眉、美、米、墨、密、名、迷、唔、獮、閔、妙」等が現れる。

音訳字		中原音韻	朴通事諺解	老乞大諺解	華英辞典	推定音価	備　考
み	乜	☆	☆	☆	☆	mi	
	你	ni	ni	ni	☆	ni	
	血	皿 miəŋ	☆	☆	☆	mi	「皿」の誤りか

泥	niəi	ni	☆	☆	mi	m-n　（鏡）
皮	p ‘i	phi, ppi	phi, ppi	☆	bi	m-b
眉	muəi	mɯi	☆	mei	mi	
美	muəi	☆	☆	☆	mi	
米	miəi	mi	mi	mi	mi	
墨	mo	mɔ, mɯiʔ	☆	☆	mi	
密	miəi	mi	mi, miʔ	mi	mi	
名	miəŋ	miŋ	miŋ	☆	mi	
迷	miəi	mi	mi	mi	mi	
唔	u	☆	☆	☆	mi	
彌	mi	☆	☆	mi	mi	m-n
閔	miən	☆	☆	min	min	
みゆ　妙	mieu	mjao, mjaʁ	☆	☆	mju	

<用例>

○乜子（みつ、三つ）　○你米（みみ、耳）　○血（ママ）子達馬（みづたま、水玉、水晶）　○喀敢泥（かがみ、鏡）　○睹皮（かみ、紙）　○倭眉脚都司墨（おみことすみ、御御言墨、勅書）　○阿美（あみ、有るか）　○烏米（うみ、海）　○倭眉脚都司墨（おみことすみ、御御言墨、勅書）　○密之（みち、道）　○名急里（みぎり、右）　○迷耶（みや、宮）　○喀唔渺（かみなり、雷）　○彌沙（みそ、味噌）　○閔子（みづ、水）　○妙母（みゆ、みむ、見）

「乜、眉、美、密、名、憫」は*/me/にも現れる。

○喀乜（かめ、亀）　○夾殺眉（がさめ、蟹）　○美（め、目）　○馬米那（まめな、豆菜）　○尼買毎（にもんめ、二匁）　○速都密的（つとめて、早朝）　○包名（はうめい、報名）　○錯閔（さうめん、素麵）

*/ni/に対応する部分に「你、泥、尼、迷、彌、膩」等が現れる。

音訳字	中原音韻	朴通事諺解	老乞大諺解	華英辞典	推定音価	備　考
に　你	ni	ni	☆	ni	ni	
泥	niəi	ni	☆	niəi	ni	
尼	ni	ni	☆	☆	ni	
迷	miəi	mi	mi	mi	ni	n-m
彌	mi	☆	☆	mi	ni	n-m
膩	ni	☆	☆	ni	ni	

<用例>

○你波（にぶ、柄杓）　○之一子泥子（じふいちにち、十一日）　○尼失（にし、西）　○土古尼迷（とほくないに、「とおくないか」、遠くないに？）　○彌唔（にぶ、柄杓）　○支膩（ぜに、銭）

「你、泥、尼」は*/ne/にも現れる。

〇胡你（ふね、船）　〇噶喀泥（こがね、黄金）　〇唔尼（むね、胸）

*/ri/に対応する部分に「胎、依、衣、一、尼、利、里、立、領、力、嘸、聊、粦」等が現れる。

音訳字	中原音韻	朴通事諺解	老乞大諺解	華英辞典	推定音価	備　考
り　胎	i	☆	☆	☆	ji	ri-ji
依	iəi	☆	☆	i	ji	ri-ji
衣	iəi	’ i	☆	i	ji	ri-ji
一	iəi	☆	☆	yi	ji	ri-ji
尼	ni, niəi	☆	☆	☆	ri	r-n
利	li	ri	ri	li	ri	
里	li	ri	ri	li	ri	
立	liəi	ri, riʔ	ri, riʔ	li	ri	
領	liəŋ	riŋ	riŋ	☆	ri	
力	liəi	☆	☆	li	ri	
嘸	wu	☆	☆	☆	ri	
聊	lieu	☆	☆	☆	ri	
りん　粦	隣　liən	☆	☆	☆	riɴ	

<用例>

〇烏胎（うり、瓜）　〇法介依（はかり、秤）　〇麥介衣（まかり、碗）　〇馬一（まり、鞠）　〇加尼尼失（(あ) がりにし、上り西）　〇利（り、里）　〇思子里（すずり、硯）　〇牙立（やり、槍）　〇員領（えり、襟）　〇気力（きり、霧）　〇有殺嘸的（よさりて、夜さりて）　〇聊茶切（りやう、両）　〇基粦（きりん、麒麟）

「利、里、力」は*/re/にも現れる。

〇答毛里（たもれ？、給れ？）　〇法力的（はれて、晴れて）　〇利市（れいし、茘枝）

「り→い」の変化があったもの。

〇烏胎（うり、瓜）　〇法介依（はかり、秤）　〇麥介衣（まかり、碗）　〇馬一（まり、鞠）

但し、〇思子里（すずり、硯）

*/wi/に対応する部分に「依、兀」が現れる。

音訳字	中原音韻	朴通事諺解	老乞大諺解	華英辞典	推定音価
ゐ　依	iəi	☆	’ i, ʔi	i	wi
兀	u	’ u	☆	☆	wi

<用例>

〇依喀喇（ゐがはら、井河原）　〇兀執（ゐりて、坐りて）

{見}（1764）

音価は[i]である。

<音訳字>

*/ki/に対応する部分に「及、吉、奇、氣、基、機、子、衾、輕、恰、腔、求、金」等が現れる。

音訳字	中原音韻	朴通事諺解	老乞大諺解	華英辞典	推定音価
き　及	kiə	☆	☆	chi	ʧi
吉	kiəi	☆	ki, kiʔ	chi	ʧi
奇	ki	khi, kki	☆	ch ‘i/ chi	ʧi
氣	k ‘iəi	khi	khi	ch ‘i	ʧi
基	ki	其　khi, kki	☆	☆	ʧi
機	kiəi	☆	幾　ki	☆	ʧi
子	tsï	☆	☆	tzŭ	ʧi
きい　奇	ki	khi, kki	☆	ch ‘i/ chi	ʧiː
きぬ　衾	k ‘iəm	☆	☆	☆	ʧi ɴ
輕	k ‘iəŋ	khiŋ	☆	☆	ʧi ɴ
きや　恰	哈　ha	☆	☆	☆	ʧa
きやん腔	k ‘iaŋ	☆	☆	☆	ʧa ɴ
きよ　求	k ‘iəu	khiu, kkiw	☆	☆	ʧ u
きん　金	kiən	kin	kin	☆	ʧi ɴ
輕	k ‘iəŋ	khiŋ	☆	☆	ʧi ɴ

<用例>

○及答（きた、北）　○此吉（つき、月）　○奇失禮（きせる、煙管）　○氣木（きも、肝、心）　○屋基惹（おきなは、沖縄）　○阿撒烏機（あさおき、朝起き）　○藤子（しき？、敷き？）　○奇魯（きいろ、黄色）　○衾（きぬ、衣）　○輕花子的（きぬはぎて、衣剥ぎて、衣脱ぎて）　○恰谷（きやく、客）　○腔（きやん、喜屋武）　○求喇殺（きよらさ、清らさ）　○牌金（ぺいきん、親雲上）　○輕撒喀子吉（きんさかづき、金杯）

「吉、機」は*/ke/にも現れる。

○撒吉並（さけびん、酒瓶）　○殺機（さけ、酒）

*/gi/に対応する部分に「及、吉、機、子、止、巾、衾、間」等が現れる。

音訳字	中原音韻	朴通事諺解	老乞大諺解	華英辞典	推定音価
ぎ　及	kiə	☆	☆	chi	ʤi
吉	kiəi	☆	ki, kiʔ	chi	ʤi
機	kiəi	☆	幾　ki	☆	ʤi
子	tsɨ	☆	☆	tzŭ	ʤi
止	tsɨ	☆	☆	☆	ʤi
巾	kiən	☆	☆	☆	ʤiɴ

衾	k ‘iəm	☆	☆	☆	ʤiɴ
間	kian	kjɔn	kjɔn	☆	ʤiɴ

<用例>

○禮及（れいぎ、礼儀）　○蜜吉歴（みぎり、右）　○充機（しやうぎ、将棋）　○花子的（はぎて、剥ぎて、脱ぎて）　○吐止（とじ、伽、妻）　○毒巾（どうぎぬ、胴衣）○哇答一利衾（わたいれぎぬ、綿入れ衣）　○讀間（どうぎぬ、胴衣）

「及、子」は*/ge/にも現れる。

○虚及（ひげ、髭）　○哈喇子（かしらげ、頭髪、頭毛）

*/ti/に対応する部分に「子、之、止、至、知、恥、耻、齒、夾、茶、渣、竹、芍、局、察」等が現れる。

音訳字		中原音韻	朴通事諺解	老乞大諺解	華英辞典	推定音価
ち	子	tsï	cɯ, cɯz	cɯ, cɯz	tzŭ	ʧi
	之	tʂï	cɯ, cɯz	cɯ, cɯz	chĭ	ʧi
	止	tʂï	☆	☆	☆	ʧi
	至	tʂï	☆	cɯ, cɯz	☆	ʧi
	知	tʂï	☆	ci, ciz	☆	ʧi
	恥	tʂï	☆	☆	☆	ʧi
	耻	tʂï	☆	☆	☆	ʧi
	齒	tʂï	chɯ, chɯz	☆	☆	ʧi
ちや	夾	kja	kja	☆	☆	ʧa
	茶	tʂa	☆	☆	☆	ʧa
	渣	査　tʂ ‘a, tʂa	☆	☆	☆	ʧa
ちやう	竹	ʧɪu	cu, cuʔ	cu, cuʔ	☆	ʧa:
	芍	ʃɪau, ʃɪo	☆	☆	☆	ʧa:
ちゆ	局	kiu	☆	☆	☆	ʧu
ちよ	察	tʂ ‘a	☆	☆	☆	ʧu

<用例>

○失子（せち、節）　○木之（もち、餅）　○窟止（くち、口）　○蜜至（みち、道）○瞎知刮止（はちぐわつ、八月）　○恥喀撒（ちかさ、近さ）　○耻（ち、乳）　○齒（ち、地）　○因夾撒（いんちやさ、短さ）　○茶碗（ちやわん、茶碗）　○因渣饑花（いんちやじふあ、短簪）　○和竹（はうちやう、包丁）　○芍匙（ちやうし、長司、勅使）○屋多渾局（おとをぢ、おとうんちゆ、叔父）　○察姑事（ちよくし、勅使）

「子」は*/tu/にも、「之、止」は*/te/,*/tu/にも、それぞれ現れる。

○阿子撒（あつさ、熱さ）　○亦吉之（いきて、生きて）　○之搭之（ついたち、一日）○枯魯止（ころして、殺して）　○空刮止（くぐわつ、九月）

*/di/に対応する部分に「帶」が現れる。

音訳字	中原音韻	朴通事諺解	老乞大諺解	華英辞典	推定音価
ち　帶	tai	☆	tai	☆	ʤi

＜用例＞

○哈帶（かぢ、舵）

*/pi/に対応する部分に「衣、依、虚、熏、灰、薫」等が現れる。

音訳字	中原音韻	朴通事諺解	老乞大諺解	華英辞典	推定音価
ひ　衣	iə	☆	☆	i	i
依	iəi	☆	☆	i	i
虚	hiu	☆	☆	hsü	ɸi
熏	hiuən	☆	☆	☆	ɸi
ひえ　灰	huəi	☆	☆	☆	ɸiː
ひん　薫	hiuən	☆	☆	☆	ɸiɴ

＜用例＞

○虚喳衣（ひたひ、額）　○欲魯依（よろひ、鎧）　○虚魯（ひる、昼）　○熏喀失（ひがし、東）　○灰撒（ひえさ、寒さ）　○薫述（ひんす？、貧相？、貧乏）

*/bi/に対応する部分に「比、必、美、倍、妙、平、並、炳」等が現れる。

音訳字	中原音韻	朴通事諺解	老乞大諺解	華英辞典	推定音価	備　考
び　比	pi	pi	pi	pi	bi	
必	piəi	pi, piʔ	pi, piʔ	pi	bi	
美	muəi	☆	☆	mei	mi	b-m
倍	puəi	☆	pɯi, ppɯi	☆	bi	
びやう　妙	mieu	mjao, mjaɐ	☆	☆	bjuː	b-m
びん　平	p ‘iəŋ	phiŋ, ppiŋ	phiŋ, ppiŋ	☆	biɴ	
並	piəŋ	piŋ, ppiŋ	☆	☆	biɴ	
炳	piəŋ	☆	丙　piŋ	☆	biɴ	

＜用例＞

○烏比（おび、帯）　○烏必（おび、帯）　○阿美的（あびて、浴びて）　○威倍（および、指、およべ？）　○妙不（びやうぶ、屏風）　○廳平（てんびん、天秤）○撒吉並（さけびん、酒瓶）　○炳（びん、瓶）

「比、倍」は*/be/にも現れる。

○哇辣比（わらべ、童）　○那倍（なべ、鍋）

*/si/に対応する部分に「十、子、什、失、石、使、事、食、匙、蓐、識、収、叔、思、煞、芍、充、首、述、侍、聲」等が現れる。

音訳字		中原音韻	朴通事諺解	老乞大諺解	華英辞典	推定音価
し	十	ʃɪəi	si, ssiʔ	si, ssiʔ	shï	ʃi
	子	ʈʂï	cɯ, cɯz	cɯ, cɯz	tzŭ	ʃi
	什	ʃɪəi	☆	si, ssiʔ	shï	ʃi
	失	ʃɪəi	☆	☆	shï	ʃi
	石	ʃɪəi	si, ssiʔ	si, ssiʔ	shï	ʃi
	使	ʂï	sɯ, sɯz	sɯ, sɯz	☆	si
	事	ʂï	sɯ, sɯz	☆	☆	si
	食	ʃɪəi, ziei	si, ssiʔ	☆	☆	ʃi
	匙	ʈʂ'ï	chɯ, ccɯz	chɯ, ccɯz	☆	si
	蓐	ru	zju, zjuʔ	zu, zuʔ	☆	si
	識	ʃɪəi, ʈʂï	☆	si, siʔ	☆	ʃi
しう	収	ʃɪəi	☆	☆	☆	ʃu:
しお	叔	ʃɪu	☆	su, suʔ	shu	ʃu
しひ	思	sï	☆	sɯ, sɯz	ssŭ	ʃu
しや	殺	ʂa, ʂai	sa, saʔ	sa, saʔ	sha	ʃa
	芍	ʃɪau, ʃɪo	☆	☆	☆	ʃa
しやう	充	ʧ'ɪəŋ	☆	☆	☆	ʃo:
しゆ	首	ʃɪəu	☆	☆	☆	ʃu
	述	ʧɪu	☆	☆	☆	ʃu
しゆう	侍	ʂï	☆	☆	☆	ʃu
しよ	失	ʃɪəi	☆	☆	shï	ʃi
しん	聲	ʃɪəŋ	siŋ	siŋ	☆	ʃiŋ

<用例>

○蓐十之泥止（じふしちにち、十七日）　○膜子（ぼうし、帽子）　○什□喀喇殺（しほからさ、塩辛さ）　○弗失（ほし、星）　○伊石（いし、石）　○使木（しも、下）　○察姑事（ちよくし、勅使）　○食芍（ししやう、師匠）　○呼匙（ふくし、副使）　○蓐子（しき？、敷き）　○識吉（しき、敷き）　○収（しう、州）　○麻叔（ましお、真塩）　○思毒（しひと、舅）　○亦殺（いしや、医者）　○芍倭刮止（しやうぐわつ、正月）　○充機（しやうぎ、将棋）　○烏弗首（おほしゆ、大主）　○梯述（ていしゆ、亭主）　○波子人侍（ばうずれんしゆう、坊主練修）　○失木子（しよもつ、書物）　○聲喀（しんか、臣下）

「子」は*/su/にも、「失」は*/se/にも、それぞれ現れる。

○動子（どんす、緞子）　○失子（せち、節）

*/zi/に対応する部分に「之、日、汁、饑、肉、蓐、夾、察」等が現れる。

音訳字	中原音韻	朴通事諺解	老乞大諺解	華英辞典	推定音価
じ　之	ʈʂï	cɯ, cɯz	cɯ, cɯz	chï	ʤi
日	rɪəi	zi, ziʔ	zi, ziʔ	jï	ʤi
汁	ʧɪəi	☆	☆	chï	ʤi
じい　饑	幾　kiəi	☆	☆	☆	ʤiː
じふ　肉	rɪəu	zu, zuʔ	zu, zuʔ	☆	ʤuː
蓐	ru	zju, zjuʔ	zu, zuʔ	☆	ʤuː
じや　夾	kia	kja	☆	☆	ʤa
察	ʈʂ ʻa	ca, cca	☆	☆	ʤa

*/ze/, */zu/と共通に現れる音訳字は、ない。

＜用例＞

○梯察之（てさじ、手巾）　○日（じ、字）　○失汁（つじ、辻）　○因喳饑花（みじかかんざし、いんちやじふあ？、短簪）　○泥肉泥泥止（にじふににち、二十二日）○蓐刮止（じふぐわつ、十月）　○南夾（なんじや、銀）　○西察（せんじや？、先者？、兄）

*/mi/に対応する部分に「比、米、美、梅、密、媚、蜜、閩、彌」等が現れる。

音訳字	中原音韻	朴通事諺解	老乞大諺解	華英辞典	推定音価	備　考
み　比	pi	☆	☆	☆	bi	m-b
米	miəi	mi	mi	mi	mi	
美	muəi	☆	☆	mei	mi	
梅	muəi	☆	mɯi	☆	mi	
密	miəi	mi	mi, miʔ	mi	mi	
媚	muəi	眉　mɯi	☆	☆	mi	
蜜	miəi	mi	mi, miʔ	☆	mi	
閩	miəi	☆	☆	☆	mi	
彌	mi	☆	☆	mi	mi	

＜用例＞

○哈比（かみ、紙）　○西米（すみ、墨）　○喀察美（がさみ、蟹）　○梅子利（みづいれ、水入れ）　○欲密（ゆみ、弓）　○媚吉（みづ、水）　○蜜至（みち、道）　○閩那蜜（みなみ、南）　○彌述（みそ、味噌）

「米、美、梅、密」は*/me/にも現れる。「美」は*/mu/にも現れる。

○馬米那（まめな、豆菜、もやし）　○美（め、目）　○亦梅（いめ、夢）　○揚密撒（やめさ、止めさ）

○美戞（むいか、六日）

*/ni/に対応する部分に「列、你、泥、逆、膩」等が現れる。

音訳字	中原音韻	朴通事諺解	老乞大諺解	華英辞典	推定音価	備　考
に　列	lie	☆	☆	☆	ni	n-r
你	ni	ni	☆	ni	ni	
泥	niəi	ni	☆	ni	ni	
逆	niəi	☆	☆	☆	ni	
膩	ni	☆	☆	ni	ni	

<用例>

○列（に、荷）　○你不（にぶ、柄杓）　○泥肉泥泥止（じじふににち、二十二日）
○逆失（にし、西）　○膩刮止（にぐわつ、二月）

「你、泥」は*/ne/にも現れる。

○弗你（ふね、船）　○枯喀泥（こがね、黄金）

*/ri/に対応する部分に「利、理、歴、里、衣、依、倚、爺、」等が現れる。

音訳字	中原音韻	朴通事諺解	老乞大諺解	華英辞典	推定音価	備　考
利	li	ri	ri	li	ri	
理	li	ri	☆	li	ri	
歴	liəi	☆	☆	☆	ri	
里	li	ri	ri	☆	ri	
衣	iəi	’ i	☆	i	ji	ri-ji
依	iəi	☆	☆	i	ji	ri-ji
倚	i	☆	☆	☆	ji	ri-ji
爺	ie	’ jɔ	☆	☆	ji	ri-ji

<用例>

○息子利（すずり、硯）　○堪理（かみなり、雷）　○蜜吉歴（みぎり、右）　○木奴喀達里（ものがたり、物語）　○巴殺那衣（ばさなり、芭蕉成り、芭蕉実）　○花喀依（はかり、秤）　○麼喀倚（まかり、碗）　○土馬爺（とまり、泊）

「利」は*/re/にも現れる。

○哇答一利衾（わたいれぎぬ、綿入れ衣）

*/wi/に対応する用例ナシ。

{琉訳}（1800 頃）

音価は[i]である。

<音訳字>

*/ki/に対応する部分に「及、奇、直、急、雞、幾、机、吉、刻、乞、啓、檄、喜、豈、機、知、即、詰、其、氣、几、甲、茶、金、軽、衾、覺、夾、著、九、主、久、

巾、京」等が現れる。

代表例について「古辞書類の音」を示す。

音訳字		中原音韻	朴通事諺解	老乞大諺解	華英辞典	推定音価
き	及	kiə	☆	☆	chi	ʧi
	奇	ki	khi, kki	☆	ch ‘i/ chi	ʧi
	急	kiəi	☆	ki, kiʔ	☆	ʧi
	雞	kiəi	ki	ki	☆	ʧi
	吉	kiəi	☆	ki, kiʔ	chi	ʧi
	刻	k ‘iəi	khi	khi	☆	ʧi
	乞	ki	其　khi, kki	☆	☆	ʧi
	豈	k ‘ai	khi	☆	☆	ʧi
	機	kiəi	☆	幾　ki	☆	ʧi
	其	k ‘i	khi, kki	khi, kki	ch ‘i	ʧi
	氣	k ‘iəi	khi	khi	ch ‘i	ʧi
	几	ki	☆	☆	chi	ʧi
	金	kiən	kin	kin	☆	ʧi N
	軽	k ‘iəŋ	khiŋ	☆	☆	ʧi N
	衾	k ‘iəm	☆	☆	☆	ʧi N

＜用例＞

○及（き、木）＜木＞　○及把（きば、牙）＜牙＞　○阿及（あき、秋）＜秋＞　○阿喇奇喀即（あらきかぜ、荒き風）＜颶＞　○阿武直答麻（あをきたま、青き玉）＜瓏＞　○武直（おき、沖）＜沖＞　○倭急拿（おきなは、沖縄）＜琉球＞　○搯雞（かなき（金木）（堅い木）＜楡＞　○哭羅雞（くろき、黒木）＜烏木＞　○幾（き、机）＜机＞　○吉（き、木）＜木＞　○刻納里（きなり、木成り、木実）＜菓＞　○乞齊空書（きざはし、階）＜階＞　○啓力（きせる、煙管）＜烟筒＞　○檄桃辣中（きたなし、汚し）＜穢汚＞　○喜及（きち、吉？）＜賀喜＞　○豈奴（きぬ、衣）＜衣服＞　○機禄（きゆ、消ゆ）＜消銷＞　○知禄（きゆ、消ゆ）＜熄＞　○即禄（きよら、清ら）＜嫺＞　○詰之（きて、来て）＜到＞　○其砂看若（きさから、先から）＜先来＞　○火氣（はうき、箒）＜掃箒＞　○孩父几（はひふき、灰吹）＜唾壺＞　○甲當（きたたに、北谷）＜北谷＞　○茶旦（きたたに、北谷）＜小谷＞（「北谷」の誤り）　○金（きぬ、衣）＜裘＞　○軽（きぬ、衣）＜衣＞　○衾（きぬ、衣）＜衣裳＞　○覺（きやう、郷）＜郷＞　○夾古多（きやくとう、脚橙）＜脚橙＞　○著（きやう、韁）＜韁＞　○九（きゆう、宮）＜宮＞　○主因（きゆういん、宮尹）＜宮尹＞　○敢羅久古（かんらきよく、嵌螺局）＜嵌螺局＞　○即巾（ずきん、頭巾）＜頭巾＞　○拜京（ぱいきん、牌金、親雲上）＜親雲上＞　○日中（あきる、あちゆん、呆る）＜呆＞

○乙夾中（いきあふ、行き会ふ、イチャユン）＜遭著＞

○若（きぢ？、生地）＜樸＞（「樸」は「あらき、きじ」）　○寛醋（くわんえき？、館駅）＜館驛＞

*/gi/に対応する部分に「及、其、直、地、日、即、琴、金、入、主、如、人」等が現れる。

代表例について「古辞書類の音」を示す。

音訳字	中原音韻	朴通事諺解	老乞大諺解	華英辞典	推定音価
ぎ　及	kiə	☆	☆	chi	ʤi
其	ki	khi, kki	☆	chi	ʤi
琴	k ʻiəm	☆	☆	☆	ʤiɴ

<用例>

○木及（むぎ、麦）<麥>　○武及（をぎ、荻、甘蔗）<蔗>　○枉其（あふぎ、扇）<扇>　○武席直奴（うすぎぬ、薄絹）<紗>　○屋掃地煞其（おしうぎざけ、御祝儀酒）<餞行酒>　○喀日力（かぎり、限り）<株>　○米即瓦（みぎは、水際）<瀕河渚湄>　○阿米琴（あびぎぬ、浴衣）<汗衫>　○喀金（かはぎぬ、皮衣）<裘>　○入（ぎよ、敌）<敌>　○主石（ぎよし、圍師）<圍師>　○仍如（たいぎよ、帯魚）<帯魚>　○人即禄（ぎんじる、吟じる）<吟>

*/ti/に対応する部分に「及、子、直、之、今、吉、即、宅、指、斎、速、汁、宜、疾、雞、札、著、鐘、朱、諸、主、茶、叔、如、覚、升、金、正」等が現れる。

代表例について「古辞書類の音」を示す。

音訳字	中原音韻	朴通事諺解	老乞大諺解	華英辞典	推定音価
ち　子	tsï	cɯ, cɯz	cɯ, cɯz	tzŭ	ʧi
之	tʂï	cɯ, cɯz	cɯ, cɯz	chï	ʧi
即	tsiəi	ci, ciʔ	☆	chi	ʧi
宅	tʂai	cɔ, cciʔ	☆	☆	ʧi
斎	ts ʻəi, tsï	ci, cci, cai	☆	ch ʻi	☆
速	su	☆	☆	☆	☆
汁	ʧɪəi	☆	☆	☆	ʧi
札	tʂa	☆	☆	☆	ʧa
茶	tʂ ʻa	cha, cca	cha, cca	☆	ʧa

<用例>

○及喀那（ちから、力）<力>　○一奴及（いのち、命）<命>　○以獨古直（いとぐち、糸口）<緒>　○古即（くち、口）<口>　○末之（もち、餅）<餅>　○泥子（にち、日）<日>　○五今密（うちみね、内嶺、ウチンミ）<内嶺>　○了吉倭（うちわ、団扇）<扇>　○瞎宅（かいち、懈豸）<獬豸>　○屈指（くち、口？）<口？>　○斎（ち、乳）<奶>　○速都（ちと、少）<少>　○河汁徂（はちじふ、八十）<八十>　○福宜（ふち、淵）<潭>　○木疾其（もちていき、持ちて行き）<拿去>　○木雞喇蘭もちひららん、用ゐららん）<不中用>　○札（ちや、茶）<茶>　○著（ちやう、頂）<頂>　○午甫鐘（おほちゆう、大中）<天中>　○朱筵（ちゆうあう、中央）<中央>　○諸書（ちゆうしう、中秋）<中秋>　○哥主古（こうちよく、供直）<供直>　○茶古息（ちよくし、勅使）<長史>　○叔府（ちよふ、儲傳）<儲傳>　○如若（ちようやう、

重陽）＜重陽＞　○比即覚石及（ひつちようしき、筆貼式）＜筆貼式＞　○父升（ほうちよく、奉直）＜奉直＞　○古金答（こちんだ、東風平、こちひら）＜東風平＞　○正（ちん、鎮）＜鎮＞

*/di/に対応する部分に「及、叔、日、如、直、主、久、若、著」等が現れる。

代表例について「古辞書類の音」を示す。

音訳字	中原音韻	朴通事諺解	老乞大諺解	華英辞典	推定音価
ぢ　主	ʧɪu	☆	cju	☆	ʤi

＜用例＞

○武及（うぢ、氏）＜姓氏＞　○喀及（かぢ、舵）＜柁＞　○問叔（をぢ、叔父、伯父）＜翁主＞　○席日（すぢ、筋）＜筋＞　○及如麻禄（ちぢまる、縮まる）＜縮＞　○阿煞直（あさぢ、鱖）＜鱖＞　○文主（をぢ、叔父）＜叔＞　○文久（をぢ、伯父）＜伯叔舅＞　○午甫若（おほぢやう、大門）＜大門＞　○著（ぢやう、丈）＜丈＞

*/pi/に対応する部分に「許、一、虚、必、皮、兆、僻、非、鄙、衣、愛、伊、以、界、街、噶、鬼、歸、怠、代、即、的、乃、迷、我、拜、外、歪、孩、薄、熏、尾、賣、買、頼、来、牙、溶」等が現れる。

代表例について「古辞書類の音」を示す。

音訳字	中原音韻	朴通事諺解	老乞大諺解	華英辞典	推定音価
ひ　虚	hiu	☆	☆	hsü	ɸi
必	piəi	pi, piʔ	pi, piʔ	pi	ɸi
皮	p ‘i	phi, ppi	phi, ppi	☆	ɸi
非	fəi	ʙɯi, ʙi	ʙɯi	fei	ɸi
衣	iə	☆	☆	☆	i

＜用例＞

○許及（ひげ、髭）＜鬢髭鬚鬍髯＞　○許（ひ、火）＜火＞　○父六一（ふるひ、篩）＜篩＞　○虚禄麻（ふるま、昼間）＜上午＞　○必周（ひと、人）＜人＞　○皮爬石（ひばし、火箸）＜筯＞　○兆煞（ひさ、寒さ）＜太冷＞　○僻那麻之記（ひざまづき、跪き）＜跪＞　○非羅煞（ひろさ、広さ）＜闊＞　○鄙廬木舎（ひるまさ、珍さ）＜古怪＞　○幼羅衣（よろひ、鎧）＜甲＞　○愛答（あひだ、間）＜間＞　○武眉禄伊（うめるいひ？、うめる飯？）＜饔＞　○以納江（いひなほす、言ひ直す）　○煞界（さかひ、境）＜疆＞　○不喇街（ほらがひ、法螺貝）＜螺＞　○阿吉噶（あじやがひ、あじや貝）＜硨磲＞　○及鬼木石（きくひむし、木食ひ虫）＜蝤＞　○答歸（たぐひ、類ひ）＜逑＞　○畏之漫歸（おいとまごひ、御暇請ひ）＜辭朝＞　○怠喇喀（たひらか、平らか）＜平＞　○代喇喀（たひらか、平らか）＜踧踖＞　○即牙息（つひやす、費やす）＜即「つ」の例多し＞＜費＞　○午的（をととひ、一昨日、ウッティー）＜前日＞○阿及乃（あきなひ、商ひ）＜商賈＞　○迷八麻＜「麻」は「石」の誤記か＞（にひばし、新橋）＜新橋＞　○由我（いはひ、祝ひ）＜祝＞　○武由拜（おいはひ、御祝ひ）＜盛寵＞　○晒外（さいはひ、幸ひ）＜吉祥＞　○晒歪（さいはひ、幸ひ）＜祥祉福＞　○孩父几（はひふき、灰吹）＜唾壺＞

（但し、「唾壺（だこ）」は「つばを吐き入れるつぼ」） ○薄（ひよう、雹）＜雹＞ ○迎熏官叔（いんひんかんしゆ、寅賓館等）＜寅賓館等＞ ○一及尾（いきほひ、勢ひ）＜勢＞ ○眉賣（みまひ、見舞ひ）＜問安＞ ○牙買（やまひ、病ひ）＜癩＞ ○煞木頼（さむらひ、侍）＜士＞ ○思眉拿来（すみならひ、墨習ひ、読書）＜讀書＞ ○密由烏牙（みゆわひ、御祝ひ）＜慶賀＞ ○溶的（ゑひて、酔ひて）＜酩酊醉醺＞ ○撒牙姑（ひやく、百）＜百兩＞ ○午骨石喇（おくひら、奥平）＜奥平＞（「ひ-し」混同？）

*/bi/に対応する部分に「必、比、筆、稟、碑、脾、許、米、飄」等が現れる。
代表例について「古辞書類の音」を示す。

音訳字	中原音韻	朴通事諺解	老乞大諺解	華英辞典	推定音価
び　必	piəi	pi, piʔ	pi, piʔ	pi	bi
比	pi	pi	pi	pi	bi
筆	piəi	☆	pi, piʔ	pi	bi
米	miəi	mi	mi	☆	mi
飄	p ‘ieu	☆	風　ɐuŋ	☆	bju

＜用例＞

○必瓦（びわ、枇杷）＜枇杷＞ ○阿骨必（あくび、欠伸）＜噫＞ ○午福午比（おほおび、大帯）＜紳＞ ○文筆（おび、帯）＜帯＞ ○阿稟拿（あびるな、叫るな）＜不要作聲＞ ○烟碑（えび、蝦）＜蝦＞ ○凹紅脾（なすび、茄子）＜茄＞ ○分許獨（ふびと、史）＜史＞ ○阿米琴（あびぎぬ、浴衣）＜汗衫＞ ○飄布（びやうぶ、屏風）＜屏風＞

*/si/に対応する部分に「石、失、使、十、息、什、時、下、世、昔、食、識、式、席、絲、細、施、示、習、心、申、絹、是、痆、詩、市、之、掃、収、如、家、審、著、蝦、狎、赦、説、鵲、叔、書、就、順、所、壽、生、辰、發」等が現れる。
代表例について「古辞書類の音」を示す。

音訳字	中原音韻	朴通事諺解	老乞大諺解	華英辞典	推定音価
し　石	ʃɪəi	si, ssiʔ	si, ssiʔ	shï	ʃi
失	ʃɪəi	☆	☆	shï	ʃi
使	sï	sɯ, sɯz	sɯ, sɯz	☆	si
十	ʃɪəi	si, ssiʔ	si, ssiʔ	shï	ʃi
什	ʃɪəi	☆	si, ssiʔ	shï	ʃi
時	sï	sɯ, ssɯz	sɯ, ssɯz	☆	ʃi
昔	siəi	☆	☆	hsi	ʃi
食	ʃɪəi, ziei	si, ssiʔ	☆	☆	ʃi
識	ʃɪəi, ʈʂï	☆	si, siʔ	shi	ʃi
式	ʃɪəi	☆	☆	☆	ʃi
細	siəi	si	si	hsi	ʃi
施	ʂï, i	☆	☆	☆	ʃi

申	ʃɪəm	sin	☆	☆	ʃi(n)
是	ʂï	sɯ, ssɯz	sɯ, ssɯz	shï	ʃi
市	ʂï	sɯ, ssɯz	☆	shï	ʃi
之	tʂï	cɯ, cɯz	cɯ, cɯz	chï	ʃi
収	ʃɪəi	☆	☆	☆	ʃuː
蝦	hia	☆	☆	☆	ʃu
鵲	ts ‘io	☆	☆	☆	ʃoː
叔	ʃɪu	☆	su, suʔ	☆	ʃu
書	ʃɪu	sju	sju	☆	ʃu
就	tsiəu	☆	☆	☆	ʃu

＜用例＞

○石木（しも、霜）＜霜＞　○一石（いし、石）＜石＞　○失失（しし、肉）＜肉＞　○噶得那使者（くわうていのししや、皇帝の使者）＜朝貢使臣＞　○十六十（しるし、印）＜印＞　○答答息（ただし、正し）＜董正＞　○什麻（しま、島）＜島＞　○石禄時（しるし、印）＜符＞　○武喀下（をかし、可笑し）＜可笑＞　○壽世代（しいしだい、所司代）＜宰相＞　○昔著（した、下）＜下＞　○拍食里（はしる、雨戸）＜門＞　○識之（しりて、知りて）＜都曉得＞　○式執直（しんぎり、芯切り？）＜蝋剪＞　○福席麻麻（ほしいまま、恣）＜恣肆慾＞　○絲獨中（しろし、白し、シルサン）＜白＞　○細徂（しじふ、四十）＜四十＞　○曲施麻平的（こしのびて、腰伸びて）＜鞠躬＞　○山茶抹示（さだめし、定めし）＜収定＞　○習之（しりて、知りて、シッチ）＜暁得＞　○一心狭及（いしがき、石垣）＜墻＞　○申之（しにて、死にて、シジ）＜死＞　○答麼瑞綃（たまずし、玉厨子）＜璽＞　○拍是（はし、橋）＜橋＞　○毛疸（ぼうし、帽子）＜纓＞　○屋書喀那詩米（おしゆがなしまへ、御主加那志前）＜国王＞　○利市（れいし、茘枝）＜茘支＞　○閔子磁之（みづさし、水差し）＜水注＞　○屋掃地煞其（おしうぎざけ、御祝儀酒）＜餞行酒＞　○収久（しうきう、繡毬）＜繡毬＞　○如（しう、泗）＜泗＞　○阿家（あした、明日）＜明日＞　○一審密（いしみね、石嶺）＜石嶺＞　○一著（いしや、医者）＜醫士＞　○石蝦（ししや、使者）＜使者＞　○狎（しや、榭）＜榭＞　○柯敖（くわうしや、黌舎）（学舎）＜黌＞　○説（しやう、瘴）＜瘴＞　○烏鵲谷古里（おしやうほこり、御賞誇り？）＜給賞＞　○麻叔（ましほ、真塩）＜鹽＞　○叔古叔子（しゆくじつ、祝日）＜祝祝＞　○叔哉（しゆうさい、秀才）＜秀才＞　○叔（しよ、嶼）＜嶼＞　○力書（りつしう、立秋）＜立秋＞　○泊書（ばうしゆ、芒種）＜芒種＞　○書引（しよいん、庶尹）＜庶尹＞　○提就（ていしゆ、亭主）＜主＞　○力順（りつしゆん、立春）＜立春＞　○主禄古入（ちようろくしよ、調禄所）＜調禄所＞　○所所（しよしよ、粧奩）＜粧奩＞　○感壽骨（かんしよく、寒食）＜寒食＞　○澗生（こうしん、口唇）＜口＞　○辰（しん、唇）＜脣＞　○升巾（しんけん、進顋）＜進顋＞　○古發甲（こばしがは、小橋川）＜小橋川＞

*/zi/に対応する部分に「日、及、石、即、失、子、叔、主、直、息、昴、斎、而、徂、執、由、孰、佳、雀、假、鑽、俗、如、順、入、人、仁」等が現れる。
代表例について「古辞書類の音」を示す。

音訳字	中原音韻	朴通事諺解	老乞大諺解	華英辞典	推定音価
じ　日	rɪəi	zi, ziʔ	zi, ziʔ	jï	ʤi
子	ʈʂï	cɯ, cɯz	cɯ, cɯz	tzŭ	ʤi
斎	ts ʻiəi, tsï	ci, cci	☆	chʻi	ʤi
徂	ts ʻu	☆	祖　cu	☆	ʤuː
執	ʧɪəi	☆	ci, ciʔ	☆	ʤuː
由	iəu	☆	’ iu, ’ iw	☆	ʤuː
孰	ʧɪəi	☆	ci, ciʔ	☆	ʤu
雀	tsio, tsiau	chjo, chaʙ	☆	☆	ʤa

<用例>

○讀日（とうじ、冬至）<冬至>　○宜及（にじ、虹）<霓蠕蝀虹>　○許石力（ひじり、聖）<聖>　○叔一都即（そひつうじ、添ひ通事）<副通事>　○札半失（ちやばんじ、茶飯事）<筵宴>　○一打喇子及（いたらじき、板良敷）<板良敷>　○叔古叔子（しゆくじつ、祝日）<祝祝>　○安主（あんじ、按司）<按司>　○喀答直奇那古（かたじけなく、忝く）<辱>　○日息息（ぎすじ、宜寿次）<宜壽火>　○石力及都昴（しれきつうじ、司歴通事）<司歴通事>　○領斎（りんじ、鱗次）<鱗>　○連而（れんじ、蓮枝？）<藕合>　○六古徂（ろくじふ、六十）<六十>　○執買毎（じふもんめ、十匁）<一兩>　○麻由獨石（まんじふとし、万十歳）<萬萬歳>　○麻孰獨石（まんじふとし、万十歳）<萬歳>　○喀佳（がじや、我謝）<我謝>　○枯雀姑（くじやく、孔雀）<孔雀>　○假古（じやく、雀）<雀>　○眼鑽（がじゃん、蚊）<蚊>　○俗里（じゆり、女郎）<伎>　○的即如（てつじゆ、鉄樹）<鐵樹>　○莫如（まうじう、猛獣）<貔貅>　○順（じゆん、準）<準>　○入我光（じようおうくわん、承応官）<承応官>　○人（じん、腎）<腎>　○仁日即（じんじつ、人日）<人日>

*/mi/に対応する部分に「米、密、墨、眉、你、味、彌、必、皮、迷、惟、閔、血、毎、養、一、奴、獨、賣、容」等が現れる。
代表例について「古辞書類の音」を示す。

音訳字	中原音韻	朴通事諺解	老乞大諺解	華英辞典	推定音価
み　米	miəi	mi	mi	mi	mi
密	miəi	mi	mi, miʔ	mi	mi
墨	mo	mɔ, mɯiʔ	☆	☆	mi
眉	mo	mɔ, mɯiʔ	☆	mei	mi
你	ni	ni	ni	☆	mi
彌	mi	☆	☆	mi	mi
皮	p ʻi	phi, ppi	phi, ppi	☆	mi
迷	miəi	mi	mi	mi	mi

閔	miən	☆	☆	☆	min

<用例>

○米足（みぞ、溝）<溝滄渠>　○阿米（あみ、網）<網罟罾竹堂>　○喀密拿利（かみなり、雷）<雷>　○阿彌佛都司墨（おみことすみ、御御言墨）<敕書>　○眉賣（みまひ、見舞ひ）<問安>　○你賤（みず？、見ず？）<看過>　○味及（みき、神酒）<糖>　○彌砂（みそ、味噌）<醤>　○喀必（かみ、紙）<紙>　○屈山皮（くさみ、臭み）<穢>　○失闌迷（しらみ、虱）<虱>　○惟迷龜（みみぐり、耳栗？、木耳）<木耳>　○閔子磁之（みづざし、水差し）<水注>　○血子答麻（みづたま、水玉、水晶）<水晶>　○由毎街禄（よみがへる、甦る）<朔>　○骨什及養（ぐしかみ、具志頭、グシチャン）<具志頭>　○阿父一（ほとんどは、イ）（あぶみ、鐙）<鐙>（「一」は、ほとんどは、「イ」。ここも「アブイ」に対応）　○達奇度奴（たけとみ、武富）<武富>（「奴」ほとんどは、ヌ・ン。ここも「タキトゥン」に対応）　○答麻（誤字？）（たみ、民）<民>　○獨不一（とみもり、富盛、トゥンブイ？）<富盛>　○賣生（みはし、御箸）<筯>　○容當（よみたに、読谷、ユンタン）<讀谷山>

*/ni/に対応する部分に「宜、泥、里、你、直、膩、彌、一、皆、呢、當、旦、軋、迷」等が現れる。

代表例について「古辞書類の音」を示す。

音訳字	中原音韻	朴通事諺解	老乞大諺解	華英辞典	推定音価	備　考
に　　泥	niəi	ni	☆	ni	ni	
你	ni	ni	☆	ni	ni	
膩	ni	☆	☆	ni	ni	
彌	mi	☆	☆	mi	ni	n-m
迷	miəi	mi	mi	mi	ni	n-m

<用例>

○宜喀喇（にがな、苦菜）<茶>　○古宜（くに、国）<邦州>　○泥子（にち、日）<日>　○阿打里雅（あだにや、安谷屋）<安谷屋>　○支你（ぜに、銭）<鈔>　○奴骨直（のぐに、野国）<野國>　○膩徂（にじふ、二十）<二十>　○彌五（にぶ、柄杓）<瓢>　○麻不一（まぶに、摩文仁）<摩文仁>　○鴨皆（やに、脂）<松膠>　○由那姑呢（よなぐに、与那国）<与那国>　○容當（よみたに、読谷）<讀谷山>　○茶旦（きたたに、北谷）<小谷>（「小」は「北」の誤記）　○坤軋弧（こんにやく、蒟蒻）<芋羹>　○迷八麻（にひばし、新橋）<新橋>（「麻」は「石」の誤記）

*/ri/に対応する部分に「力、里、理、立、利、一、伊、禮、衣、石、圻、以、委、龜、歸、日、虧、乃、買、賣、留、六、容、冷、禄、林、領」等が現れる。

代表例について「古辞書類の音」を示す。

音訳字	中原音韻	朴通事諺解	老乞大諺解	華英辞典	推定音価	備　考
り　　力	liəi	☆	☆	li	ri	
里	li	ri	ri	li	ri	

理	li	ri	☆	li	ri	
立	liəi	ri,riʔ	ri,riʔ	li	ri	
利	li	ri	ri	li	ri	
一	iəi	☆	☆	yi	ji	ri-ji
衣	iəi	’ i	☆	☆	ji	ri-ji
領	liəŋ	riŋ	riŋ	☆	rin	

＜用例＞

○力喀（りつか、立夏）＜立夏＞　○喀煞力（かざり、飾り）＜幘＞　○及里（きる、霧）＜霧雰＞　○古都失理（ことしり、事知り）＜暁事＞　○大立葉密達（だいりへみた、内裏へ見た？）＜入朝＞　○嗑茶利（かたり、語り）＜説話＞　○阿一（あり、蟻）＜蛾蟻＞　○土馬伊（とまり、泊）＜泊＞　○那感打喀禮（なかむらかり、仲村渠）＜中村渠＞　○麥介衣（まかり、碗）＜碗＞　○馬及石（間切）＜間切＞　○撲之圻米（まつりめ、茉莉芽？）＜茉莉＞　○兔胡以（まんぢゆううり、饅頭瓜、パパイヤ）＜東瓜＞　○委（うり、瓜）＜瓜＞　○惟迷龜（みみぐり、耳栗？、木耳）＜木耳＞　○無不歸（おんほこり、御誇り）＜多謝＞　○日甲骨（ぜりかく、勢理客）＜勢理客＞　○虧奴（とくりの、徳利の）＜酒壷＞　○東主木一（とりこほり、鳥小堀、トゥンジャムイ）＜島崛＞（「島」は「鳥」の誤記）　○木木拿乃（もものなり、桃の成り、桃の実）＜桃＞　○獨買木納（とまりむら、泊村）＜泊村＞　○賣（まり、毬）＜毬＞　○留（りう、流）＜流＞　○六宮（りうくん、隆勲）＜隆勲＞　○容梗（りゆうがん、龍眼）＜龍眼＞　○冷趕（りゆうがん、龍眼）＜龍眼＞　○禄哥（りゆうこう、龍口）（「禄」は、ほとんどは、「る」）＜龍口＞　○日林（じりん、耳輪）＜耳輪＞　○領斎（りんじ、鱗次）＜鱗次＞

○一（ゐ、井）　○一奴骨（ゐのこ、猪子）　○一禄（ゐる、座る）　○古力乃亦（くれなゐ、紅）　○木石奴古一（むしのこゑ、虫の声）　○伊（ゐん、院）

○夷（ゑ、絵）　○意（ゑ、絵）　○威帝（ゑひて、酔ひて）　○溶的（ゑひて、酔ひて）　○武一禄（ゑひる？、酔ひる？）

Ⅳ－１－⑴－②　＊／e／

{仲里}（1703頃）

総じて、「エ段の仮名」で表記されているが、次の例のように「イ段の仮名」との混用が見られる。

○したかく（せたかく、霊力高く）　○まぜない（まじなひ、呪ひ）

音価としては、[e～i]を想定するしかなかろう。

＜用例＞

○はしかけて（橋掛けて）　○浮けれけれ（浮けれけれ）　○かなかけて（かな掛けて）○けをのもり（霊力の森）；　○げにあるけに（実にあるけに、実にある故に）　○おもあげ（面上げ）；　○てぐわれて（手乞われて）　○てるかは（照る河、太陽）　○あてなふち（当て直ち）　○雨乞て（雨乞て）　○のだてる（宣立てる）；　○でニのきみがなし（天の君課加那志？）　○みそであわちへ（御袖合わちへ）　○あふりやへさすかさ（あふりやへ差す傘）　○さしうへろ（差し植へろ）　○見得申候へハ（見え申し候へば）　○なふちへ（直ちへ）　○はたよらちへ（はたよらちへ、端寄らちへ）；　○たかべる（崇べる）　○かななべ（鉄鍋）；　○おせじ（御霊力）　○よせよわれ（寄せよわれ）；　○あぜら（畦）　○こもこぜ（雲子瀬）　○かなぜい（金礎）；　○めさし（目差し）<まきよの役人>　○めしようわひ（召しようわひ）　○あめのはしかけて（雨の橋掛けて）　○からめく（勤めく）；　○こがねぐち（黄金口）<港の美称>　○きよらよね（清ら雨）<雨の美称>　○いぞくみうね（兵士御船）　○ぬしのまね（主の真似）；　○あざれる（乱れる）　○おしられごと（祈願事）　○くれのはし（雨の橋）　○夜ぐれのふに（夜暮れのふに）；　○ゑが（吉日）　○あふゑいだち（追ふゑ出だち）　○ていゑいだちへ（追ゑ出だちへ）　○とこゑ（十声）

｛混｝（1711）

基本的には、「エ段の仮名」で表記されるが、次の例が示すように、「イ段の仮名」が使用される場合もある。

○もちなし（持成し、饗応）（もてなし）　○きしれ（きせる、煙管）

音価としては、緩やかに[e～i]とする。

<用例>

○けおのあけとまに（今日の曙に）　○けふ（今日）　○あけづ（蜻蛉）　○あけどま（明日）　○ちやけ（即刻）　○チヨかけ（ひとかけ、一片）　○をとけもの（放広者）；　○げに（実に）　○あけくのはて（上句終、挙句の果て）　○あけれ（上げれ）　○おかげい（御留主）　○きよけ（清毛）　○みおもかけ（御面影）　○みささげ（貢物、御捧げ）；　○てたかあな（太陽が穴、東）　○てたこ（太陽子、帝）　○てるかは（照る河、御日）　○あさて（明後日）　○くもて（曇て）　○こてい（特牛）　○すとめて（朝）　○ぬきあてて（抜き当て）　○をつてい（一昨日）；　○でい（いさ、掛け声）　○すで水（孵で水）；　○へた（海の端）　○へんご（垢）　○あへちへ（相手）　○あやあまへ（国母、あやあ前）　○いちへ（言て）　○いらへ（答へ）　○うへあやちやう（守礼乃門、上綾門？）　○そへつきおちやう（継世門）　○もへくわのはな（茉莉花）；　○あすたへ（長老部、三司官）　○あにやあやへらぬ（左様にては侍らぬ）　○あやはへる（蝶）　○おしなへて（押並べて）　○おやかたへ（親方部）　○のろへ（祝部）　○はへる（蝶）　○はべる（蝶）　○ゆふへ（夕部）　○よあすたへ（世長老部、三司官）　○よべ（夕部）　○をふなべ（よふなべ、夜職）；　○せちあらとみ（御船、せぢ新富？）　○せと（瀬戸）　○せるむねやかり（往古おもろの名人）　○くせ（癖）　○すへませ（子孫、末益せ？）　○よせれ（寄せれ）；　○さんぜんざう（常住不断）；　○めいにち（忌日、命日）　○めさましき（目覚しき）　○めつらしや（珍しや）　○おめあね（姉）<おもひあね、思ひ姉>　○おめけり（女の方より男兄弟を云）<おもひゑけり>　○おめちやさ（思ひ痛さ）　○いめ（夢）　○おほめく（恍惚）　○たまめつら（玉珍ら）　○つめて（度々）　○ねさめ（寝覚め）　○ひぢめ（治世）　○ふすめみおはに（赤飯）　○まめな（豆菜、もやし）　○わめく（喚く）；　○ねさめ（寝覚め）　○ねたさ（妬さ？、立腹する事）　○あこかね（銅）　○おうね（船）　○おほね（大根）　○おめあね（姉）　○こかね（黄金）

○よね（米）； あうれ（来れ） ○あさどれ（朝凪） ○おれが（其れか） ○きしれ（煙管） ○しれい（後） ○たれききび（垂れ帯） ○づれが（何らか） ○はれ（走れ） ○ぶれしま（群島） ○むツれ（朋友の交） ○夕とれ（夕凪）； ○ゑかきみはね（綾衣） ○ゑかの数（日々の数） ○ゑぞこ（船） ○ゑらふてる月（さやか成月） ○あとゑて（集て） ○あまゑおちやう（歓会門） ○あゆはりゑや（はやく走る） ○おすゑんべい（御仙餅、御煎餅） ○おゑちへ（追風） ○こゑたつき（越た月） ○すゑ（船作場）<据ゑ？> ○ながふゑ（なべら、糸瓜）<長笛？> ○まはゑすづなり（南風） ○まゑけか（男） ○まゑなご（女）

{琉由}（1713）

しっかりした規範「正書法」を意識した「書き言葉」の資料と考えられる。規範に沿ったように「エ段の仮名」で表記されているが、無意識のうちに「話し言葉」の影響を受けてしまったらしく、「イ段の仮名」で表記されるべきものが「エ段の仮名」になっているものとその逆の例とが散見される。「アガレ森、イレ村、オレロ」、「マカビ森カネノ御イベ」等がそれに当たろう。

これに関しては、第Ⅶ章で、改めて論じる。

＜用例＞

○ケツマ嶽 ○ケル坐 ○アケシノロ火神 ○アマザケ ○ウケノハナノ嶽 ○白金ダケノ御イベ ○ヲヤケ赤蜂

○ゲストク嶽 ○ゲライ司ミカミ ○安次嶺神アシアゲ ○御ゲライ御米 ○オシアゲ嶽 ○フキアゲ ○葺上ゲ ○フサゲ ○ホサゲ

○テダ川嶽 ○テリアガリ ○テンツギノ嶽 ○石テイシ ○コシアテノ中森 ○ノダテ事 ○バテンノ殿 ○ミタテ森城 ○モリテル御イベ

○カデシ川 ○クムデ森 ○ソデタレ御嶽 ○ナデルワノ御セジ ○水撫デムデ ○茹デ米

○ヘドノヒヤ ○アマヘ御門 ○イヘマノマモヒメカ ○月ノマシラヘ ○泊白玉マヘヒキ ○マカネコヘ按司 ○ヤヘザ森

○アシタカ御イベ ○アスタベ所 ○アネベ ○タカベ ○真シラベ ○ヲンナイ折目三日タカベ ○マカビ森カネノ御イベ 「まかべ」

○セジアラノ嶽 ○セド神 ○センモリノ御イベ ○アセリ馬 ○御セジ御イベ ○キセル ○ヨセ森

○ゼリカクノ殿 ○（奥ノ）クハゼ嶽 ○シコゼ御嶽 ○ミセゼル ○ヲモヒ真ゼニガネガ御物

○メカルノ嶽 ○メヅラ ○メンナノ御嶽 ○アツメナノトノ ○カメ山御嶽 ○シメ縄 ○年アメ ○マツメガ ○ムメギヨラタチナリノ御イベ

○ネツハイモト ○ネヅミ ○ネヒノ御神 ○アネベ ○カネクノ殿 ○カネトノ ○神ソネノ御イベ ○クロガネ ○コネリ ○マネ ○ミヤタネ ○ミヤダネ

○アガレ森 ○イレ村 ○オレロ ○袖タレ大アルジ ○ソデタレ御嶽 ○離レ出砂 ○ハナレ山 ○ミスヅレ ○ヱレキヤカヒ大嶽 ○ヲレ嶽

○ヱガミ　○ヱケドン御嶽　○ヱボシ川　○ヱボシガワ　○ウヱカ地　○ウヱカ人　○スヱノ森　○ヲヱカ人

{信}（1721）

ほとんどの場合に、*/e/相当部分に現れる音訳字が、*/i/相当部分にも現れることから、両者の区別が無いことがわかる。

故に、音価は両者を包含する意味で、[e〜i]とする。

<音訳字>

*/ke/に対応する部分に「格、吉、急、几、雞」が現れる。

音訳字	中原音韻	朴通事諺解	老乞大諺解	華英辞典	推定音価
け　格	ko	☆	☆	☆	kɪ
吉	kiəi	☆	ki, kiʔ	chi	kɪ
急	kiəi	☆	ki, kiʔ	☆	kɪ
几	ki	☆	☆	chi	ki
けい　雞	kiəi	ki	ki	☆	kɪ：

<用例>

○唔格（をけ、桶）　○打吉（たけ、竹）　○亦急（いけ、行け）　○殺几（さけ、酒）　○雞花（けいくわ、桂花）

「吉、急、几、雞」は*/ki/にも現れる。

○吐吉（とき、時）　○子急（つき、月）　○會几噶（ゑきが、男）　○雞（き、木）

*/ge/に対応する部分に「傑、其、之、平、几」が現れる。

音訳字	中原音韻	朴通事諺解	老乞大諺解	華英辞典	推定音価
げ　傑	kie	☆	☆	chie	gɪ
其	k ʻi	khi, kki	khi, kki	ch ʻi	gɪ
之	tsɨ	cɯ,　cɯz	☆	ch ʻi	dzɪ
平	p ʻiɔŋ	phiŋ, ppiŋ	☆	☆	gɪ
几	ki	☆	☆	chi	gɪ

<用例>

○阿傑的（あげて、上げて）　○喀籃子其（かしらげ、頭髪、頭毛）　○嗑蘭自之（かしらげ、頭髪、頭毛）　○麻平的（まげて、曲げて？）　○非几（ひげ、髭）

「其、之、几」は*/gi/にも現れる。

○枉其（あふぎ、扇）　○閔子磁之（みづつぎ、水注ぎ）　○梯殺几（てさぎ、手巾）

*/te/に対応する部分に「梯、帝、底、蹄、的、得、皮、其、之、支、直、執、鳥、堤、條、町、廳」が現れる。

音訳字	中原音韻	朴通事諺解	老乞大諺解	華英辞典	推定音価
て　梯	t ‘iəi	thi	剃　thi	t ‘i	ti
帝	tiəi	☆	☆	ti	ti
底	tiəi	ti	☆	☆	ti
蹄	t ‘iəi	thi, tti	thi, tti	☆	ti
的	tiəi	ti, tiʔ	ti, tiʔ	ti	ti
得	təi	☆	☆	☆	ti
皮	p ‘i	phi, ppi	phi, ppi	☆	ti
其	k ‘i	khi, kki	khi, kki	☆	ʧi
之	ʈʂ ‘ï	cɯ, cɯz	cɯ, cɯz	chï	tsi
支	ʈʂï	☆	☆	☆	tsi
直	ʧɪəi	☆	ci, cciʔ	☆	ʧi
執	ʧɪəi	☆	ci, ciʔ	☆	ʧi
鳥	tieu	☆	☆	☆	ti
てい　堤	ʧəi	提　thi, tti	提　thi, tti	☆	ti
條	t ‘ieu	thao, thaw	thao, thaw	☆	ti:
てん　町	t ‘iəŋ	☆	☆	☆	tin
廳	t ‘iəŋ	thiŋ	thiŋ	☆	tim

<用例>

○梯殺几（てさぎ、手巾）　○殷帝（いねて、寝て）　○靴底子（そてつ、蘇鉄）
○蹄子烘（てづかみ、拳）　○阿殺的（あさて、明後日）　○一得姑（えてこ、得来）
○皮沙之（てさぎ、手巾）　○那其（なきて、泣きて）　○一吉之（いきて、生きて）
○榻支（たちて、発ちて）　○失直（しにて、死にて）　○兀執（ゐりて、坐りて）
○鳥孤欲士（てくよし?、鷲）　○堤（てい、亭）　○條書（ていし、梯子）　○町（てん、天）　○廳馬荅白（てんびん、天秤）

「之」は*/ti/にも現れる。

○密之（みち、道）

*/de/に対応する部分に「的、坤」が現れる。

音訳字	中原音韻	朴通事諺解	老乞大諺解	華英辞典	推定音価
で　的	tiəi	ti, tiʔ	ti, tiʔ	☆	di
でり　的	tiəi	ti, tiʔ	ti, tiʔ	☆	di:
でん　坤	k ‘uən	☆	☆	☆	diŋ

<用例>

○夫的（ふで、筆）　○賀的（ほでり、稲妻、電）　○坤軋姑（でんがく、田楽）

「的」は*/du/にも現れる。
○慢的（まづ）

*/pe/に対応する部分に「乜、非、葉、牙、彪、漂」が現れる。

音訳字	中原音韻	朴通事諺解	老乞大諺解	華英辞典	推定音価
へ　乜	也　ie	☆	☆	☆	ji
非	fəi	ɞɯi, ɞi	ɞɯi	fei	hɪɪ
葉	ie	☆	☆	☆	jɪ
牙	ia	☆	☆	☆	jɪ
へう　彪	pieu	☆	☆	☆	çu:
漂	p ‘ieu	☆	標　pjao, pjaw	☆	çu:

<用例>
○媽乜（まへ、前）　○非徒（へる、蒜）　○大立葉（だいりへ、内裏へ）　○惡牙密即（うへみち、上道）　○彪烏（へうを、表を）　○漂那阿傑的（へうをあげて、表を上げて）

「非」は*/pi/にも現れる。
○非几（ひげ、髭）

*/be/に対応する部分に「脾、日、培」が現れる。

音訳字	中原音韻	朴通事諺解	老乞大諺解	華英辞典	推定音価
べ　脾	脾　p ‘ai	☆	☆	☆	bɪ
日	riəi	☆	☆	☆	bɪ
培	pəu	pɯi, ppɯi	☆	☆	bɪ

*/be/, */bi/共通に現れる音訳字、なし。

<用例>
○那脾（なべ、鍋）　○司眉日尸（せんべつ、餞別）　○歪拉培（わらべ、童）

*/se/に対応する部分に「司、失、尸、絲、索、殺、受、拉、些、心、森、先、層、洗」が現れる。

音訳字	中原音韻	朴通事諺解	老乞大諺解	華英辞典	推定音価
せ　司	sï	sɯ, sɯz	伺　chɯ, sɯz	ssŭ	sɪ
失	ʃɪəi	☆	☆	shï	ʃi
尸	ʂï	sɯ, sɯz	sɯ, sɯz	shï	sɪ
絲	ʂï	☆	☆	☆	sɪ
せう　索	so	sai, saiʔ	☆	☆	so:
殺	ʂa, ʂai	sa, saʔ	sa, saʔ	☆	so:
受	ʃɪəu	☆	siu, ssiw	☆	so:
拉	la	☆	☆	☆	so:

せち　些	sie	☆	sjo	☆	sɪ
せん　心	siəm	sin	sin	☆	sɪn
森	səm	☆	☆	☆	sɪn
先	sien	sjɔn	sjɔn	☆	sɪɴ
層	ts ‘əŋ	☆	☆	☆	sɪɴ
洗	siɔi, sien	☆	sjɔn	☆	sɪn

＜用例＞

○司眉日尸（せんべつ、餞別）　○哈那失几（はなせき、鼻咳）　○由六尸（ゆるせ、放せ）　○絲古禮耶（せごいれや、刀鞘）　○百索景（ばせうぎぬ、芭蕉衣）　○巴殺那（ばせうなり、芭蕉実）　○窩受（こせう、胡椒）　○巴拉（ばせう、芭蕉）　○些谷尼即（せちくにち、節句日）　○木心（もうせん、毛氈）　○森那（せんの、千の）　○先（せん、千）　○一層（いちせん、一銭）　○洗之（せんじや？、先者、年上）

「司、失、尸」は*/si/にも現れる。

○申司（しんし、真使、正使）　○施失（しし、獅子）　○兀失（うし、牛）　○曲尸（こし、腰）

*/ze/に対応する部分に「支、層」が現れる。

音訳字	中原音韻	朴通事諺解	老乞大諺解	華英辞典	推定音価
ぜ　支	tʂï	cɯ, cɯz	☆	☆	dzɪ
ぜに　層	ts ‘əŋ	☆	☆	☆	dzɪɴ

*/zi/, */zu/と共通する音訳字、なし。

＜用例＞

○支膩（ぜに、銭）　○層（ぜに、銭）

*/me/に対応する部分に「乜、堦、唔、馬、梅、眉、美、米、毎、密、木、晦、名、綿、閔」が現れる。

音訳字	中原音韻	朴通事諺解	老乞大諺解	華英辞典	推定音価
め　乜	☆	☆	☆	☆	mɪ
堦	kiai	☆	☆	☆	mɪ
唔	u	☆	☆	☆	mɪ
馬	ma	ma	ma	☆	mɪ
梅	muəi	☆	mɯi	☆	mɪ
眉	muəi	mɯi	mɯi	mei	mɪ
美	muəi	☆	☆	mei	mɪ
米	miəi	mi	mi	mi	mɪ
毎	muəi	mɯi	mɯi	mei	mɪ
密	miəi	mi	mi, miʔ	mi	mɪ

木	mu	mu	mu, muʔ	☆	mɪ
晦	muəi	☆	☆	☆	mɪ
名	miəŋ	☆	miŋ	☆	mɪː
綿	mien	mjɔn	mjɔn	☆	mɪɴ
閔	miən	☆	☆	☆	mɪɴ

＜用例＞

○喀乜（かめ、亀）　○速圖堦枚（つとめて、早朝）　○梅唔（うめ、梅）　○枯羅馬馬（くろまめ、黒豆）　○阿梅（あめ、雨）　○客晩（かめ、瓶）　○夾殺眉（がさめ、蟹）　○美（め、目）　○馬米那（まめな、豆菜）　○尼買毎（にもんめ、二匁）　○速都密的（つとめて、早朝）　○可木（こめ、米）　○喀也(ママ)那各（かめのかふ、亀甲、玳瑁）　○五晦殺（うめさ？、大？）　○包名（はうめい、報名）　○木綿（もめん、木綿）　○錯閔（さうめん、素麺）

「乜、眉、美、米、密、名、閔」は*/mi/にも現れる。「馬」は*/ma/にも、「木」は*/mo/にも、それぞれ現れる。

○乜子（みつ、三つ）　○倭眉脚都司墨（おみことすみ、御御言墨、勅書）　○阿美（あみ、有るか）　○烏米（うみ、海）　○密之（みち、道）　○名急里（みぎり、右）　○閔子（みづ、水）

*/ne/に対応する部分に「你、泥、尼、聶、膩」が現れる。

音訳字	中原音韻	朴通事諺解	老乞大諺解	華英辞典	推定音価
ね　你	ni	ni	☆	ni	ni
泥	niəi	ni	☆	niəi	ni
尼	ni	ni	☆	☆	ni
聶	nie	鑷　njɔ, njɔʔ	☆	☆	ni
膩	ni	☆	☆	ni	ni

＜用例＞

○胡你（ふね、船）　○閑札古（ねどこ、寝床）　○噶喀泥（こがね、黄金）　○唔尼（む゚ね、胸）　○聶（ね、鼠）　○喀膩（かね、金）

「你、泥、尼」は*/ni/にも現れる。

○你波（にぶ、柄杓）　○之一子泥子（じふいちにち、十一日）　○尼失（にし、西）

*/re/に対応する部分に「里、力、利、禮、菱、臨」が現れる。

音訳字	中原音韻	朴通事諺解	老乞大諺解	華英辞典	推定音価	備　考
れ　里	li	ri	ri	li	ri	
力	liəi	☆	☆	li	ri	
利	li	ri	ri	li	ri	
禮	liəi	ri	☆	li	ri	

菱	陵　liəŋ	☆	☆	☆	riŋ	れん一こん
臨	liəm	☆	☆	☆	riɴ	

<用例>

○答毛里（たもれ？、給れ？）　○法力的（はれて、晴れて）　○利市（れいし、茘枝）
○禮及（れいぎ、礼儀）　○菱公（れんこん、蓮根）　○臨（れん、蓮）

「里、力、利」ともに*/ri/にも現れる。

○思子里（すずり、硯）　○気力（きり、霧）　○利（り、里）

*/we/に対応する部分に「夷、威、會」が現れる。

音訳字	中原音韻	朴通事諺解	老乞大諺解	華英辞典	推定音価
ゑ　夷	i	☆	姨　’i	☆	i
威	uəi	’ ui	☆	☆	wi
會	huəi	hui, hhui	☆	☆	wi

<用例>

○夷（ゑ、絵）　○威帝（ゑひて、酔ひて）　○會几噶（ゑきが、男）

｛見｝（1764）

総じて*/e/相当部分に現れる音訳字が、*/i/相当部分にも現れることから、両者の区別が無いことがわかる。

故に、音価は両者を包含する意味で、[e～i]とする。

*/ke/に対応する部分に「吉、急、機」が現れる。

音訳字	中原音韻	朴通事諺解	老乞大諺解	華英辞典	推定音価
け　吉	kiəi	☆	ki, kiʔ	chi	ki
急	kiəi	ki	ki, kiʔ	☆	ki
機	kiəi	☆	幾　ki	☆	ki

<用例>

○撒吉並（さけびん、酒瓶）　○准姑亦急（はやくいけ、早く行け）　○殺機（さけ、酒）

「吉、機」は*/ki/にも現れる。

○此吉（つき、月）　○阿撒烏機（あさおき、朝起き

*/ge/に対応する部分に「及、子」が現れる。

音訳字	中原音韻	朴通事諺解	老乞大諺解	華英辞典	推定音価
げ　及	kiə	☆	☆	chi	gi
子	tsi	☆	☆	tzŭ	ʤi

<用例>

○虚及（ひげ、髭）　○哈喇子（かしらげ、頭髪、頭毛）

「及、子」ともに*/ki/にも現れる。

○禮及（れいぎ、礼儀）　○花子的（はぎて、剥ぎて、脱ぎて）

*/te/に対応する部分に「低、的、梯、蹄、直、蒂、之、止、提、廳」が現れる。

音訳字	中原音韻	朴通事諺解	老乞大諺解	華英辞典	推定音価
て　低	tiəi	☆	☆	☆	ti
的	tiəi	ti, tiʔ	ti, tiʔ	ti	ti
梯	tʻiəi	thi	剃　thi	tʻi	ti
蹄	tʻiəi	thi, tti	thi, tti	☆	ti
直	ʧiəi	☆	ci, cciʔ	chï	ʧi
蒂	tiəi	☆	☆	☆	ti
之	ʈʂï	cɯ, cɯz	cɯ, cɯz	chï	ʧi
止	ʈʂï	☆	☆	☆	ʧi
てい　提	tʻiəi	thi, tti	thi, tti	☆	tiː
梯	tʻiəi	thi	剃　thi	☆	tiː
てん　廳	tʻiəŋ	thiŋ	thiŋ	☆	thiɴ

<用例>

○羅搭低（らうたて、蝋立て）　○阿撒的（あさて、明後日）　○梯殺之（てさじ、手巾）　○蹄子拱（てづかみ？、手拳？）　○失直（しにて、死にて）　○寧蒂（いねて、寝て）　○亦吉之（いきて、生きて）　○枯魯止（ころして、殺して）　○提（てい、亭）　○梯述（ていしゆ、亭主）　○廳（てん、天）

「之、止」ともに*/ti/にも現れる。

○木之（もち、餅）　○窟止（くち、口）

*/de/に対応する部分に「的、禮」が現れる。

音訳字	中原音韻	朴通事諺解	老乞大諺解	華英辞典	推定音価
で　的	tiəi	ti, tiʔ	ti, tiʔ	ti	di
でり　禮	liəi	☆	☆	li	diː

*/di/, */du/と共通する音訳字、なし。

<用例>

○弗的（ふで、筆）　○福禮（ほでり、稲妻）

*/pe/に対応する部分に「灰」が現れる。

音訳字	中原音韻	朴通事諺解	老乞大諺解	華英辞典	推定音価
へ　灰	huəi	☆	☆	☆	ɸi

ぺい　牌	p ʻai	phai, ppai	☆	☆	peː

<用例>

○灰魯（へる、蒜）　○牌金（ぺいきん、親雲上）

「灰」は*/pi/にも現れる。

○灰撒（ひえさ、寒さ）

*/be/に対応する部分に「比、倍、牌」が現れる。

音訳字	中原音韻	朴通事諺解	老乞大諺解	華英辞典	推定音価
べ　比	pi	pi	pi	pi	bi
倍	puəi	☆	pɯi, ppɯi	☆	bi

*/bi/と共通の音訳字、なし。

<用例>

○哇辣比（わらべ、童）　○那倍（なべ、鍋）

*/se/に対応する部分に「失、色、絲、西、身、洗、審」が現れる。

音訳字	中原音韻	朴通事諺解	老乞大諺解	華英辞典	推定音価
せ　失	ʃɪəi	☆	☆	shï	ʃi
色	ʂï, ʂəi	☆	☆	☆	ʃi
絲	ʂï	☆	☆	☆	ʃi
せん　西	siəi	si	si	☆	ʃiː
身	☆	☆	☆	☆	ʃiɴ
洗	siɔi, sien	☆	sjɔn	☆	ʃin
審	ʃɪəm	☆	☆	☆	ʃiɴ

<用例>

○失子（せち、節）　○色（せ、海老）　○絲古撒耶（せごさや？、小刀鞘）　○西察（せんじや、兄、先者）　○木身（もうせん、毛氈）　○洗察渾局（せんじやをぢ、先者伯父）　○三審（さみせん、三線、三味線）

*/ze/に対応する部分に「子、井」が現れる。

音訳字	中原音韻	朴通事諺解	老乞大諺解	華英辞典	推定音価
ぜ　子	tʂï	cɯ, cɯz	cɯ, cɯz	tzŭ	ʤi
ぜに　井	tsiəŋ	☆	ciŋ	☆	ʤiɴ

<用例>

○哈子（かぜ、風）　○井（ぜに、銭）

「子」は*/zu/にも現れる。

○息子利（すずり、硯）

*/me/に対応する部分に「米、美、梅、密、閔、念」が現れる。

音訳字	中原音韻	朴通事諺解	老乞大諺解	華英辞典	推定音価	備　考
め　米	miəi	mi	mi	mi	mɪ	
美	muəi	☆	☆	mei	mɪ	
梅	muəi	☆	mɯi	☆	mɪ	
密	miəi	mi	mi, miʔ	mi	mɪ	
閔	miən	☆	☆	min	mɪ	
めむ　念	niem	☆	☆	☆	nin	m-n
めん　閔	miən	☆	☆	☆	miɴ	

<用例>

○馬米那（まめな、豆菜、もやし）　○美（め、目）　○亦梅（いめ、夢）　○揚密撒（やめさ、止めさ）　○枯魯馬閔（くろまめ、黒豆）　○苦念搭（くめむら、くにんだ、久米村）　○索閔（さうめん、素麺）

「米、美、梅、密」は*/mi/にも現れる。

○西米（すみ、墨）　○喀察美（がさみ、蟹）　○梅子利（みづいれ、水入れ）　○欲密（ゆみ、弓

*/ne/に対応する部分に「你、利、泥」が現れる。

音訳字	中原音韻	朴通事諺解	老乞大諺解	華英辞典	推定音価	備　考
ね　你	ni	ni	☆	ni	ni	
泥	niəi	ni	☆	ni	ni	
利	li	ri	ri	li	ni	n-r

<用例>

○弗你（ふね、船）　○枯喀泥（こがね、黄金）　○混利（ふね、船）

「你、泥」は*/ni/にも現れる。

○你不（にぶ、柄杓）　○泥肉泥泥止（にじふににち、二十二日）

*/re/に対応する部分に「力、利、禮、人」が現れる。

音訳字	中原音韻	朴通事諺解	老乞大諺解	華英辞典	推定音価
れ　力	liəi	☆	☆	li	ri
利	li	ri	ri	li	ri
禮	liəi	ri	☆	li	ri
れい　禮	liəi	ri	☆	li	riː
れん　人	rɪən	zin	zin	☆	riɴ

<用例>

○花力的（はれて、晴れて）　○哇答一利衾（わたいれぎぬ、綿入れ衣）　○阿那禮（あ

られ、霰）　○人侍（れんしゆう、練修）

「利」は*/ri/にも現れる。
　○息子利（すずり、硯）

　*/we/に対応する部分に「烏、椅、威」が現れる。

音訳字	中原音韻	朴通事諺解	老乞大諺解	華英辞典	推定音価
ゑ　烏	u	’u	’u	☆	wi
椅	奇　ki	☆	☆	☆	wi
ゑひ　威	uəi	’ui	☆	☆	wi

＜用例＞
　○烏吉喀（ゑきが、男）　○椅（ゑ、絵）　○威帝（ゑひて、酔ひて）

{琉訳}（1800 頃）

　多くの場合において、*/e/相当部分に現れる音訳字が、*/i/相当部分にも現れることから、両者の区別が無いことがわかる。
　故に、音価は両者を包含する意味で、[e～i]とする。

＜音訳字＞
　*/ke/に対応する部分に「及、其、夾、奇、喀、几、直、雞、街、鳩、著、覚、錦、迎、巾、見」等が現れる。
　代表例について「古辞書類の音」を示す。

音訳字	中原音韻	朴通事諺解	老乞大諺解	華英辞典	推定音価
け　几	ki	☆	☆	chi	ki
雞	kiəi	ki	ki	☆	kɪ：

＜用例＞
　○及（け、毛）＜毹＞　○撒及（さけ、酒）＜酒＞　○屋掃地煞其（おしうぎざけ、御祝儀酒）＜餞行酒＞　○喀夾喀日（かけかぎ、掛け鈎）＜帳鈎＞　○奇即禄（けずる、削る）＜刮刷剷剃＞　○五喀（をけ、桶）＜担桶＞　○阿几（あけい、亞卿）＜亞卿＞
○一直密雅骨昔骨（いけみやぐすく、池宮城）＜池宮城＞　○雞（けい、閨）＜閨門＞
○街多（けいとう、鷄鷗）＜鷄鷗＞　○鳩（けふ、今日）＜今日＞　○著即古多（けふちくたう、夾竹桃）＜夾竹桃＞　○覚（けん、県）＜郷＞　○錦（けん、塤）＜塤＞（つちぶえ）　○迎直（けんち、硯池）＜硯池＞　○升巾（しんけん、進顯）＜進顯＞　○活見ほつけん、北絹）＜絹＞

　*/ge/に対応する部分に「及、日、之、其、屈、即、結、金、几」等が現れる。
　代表例について「古辞書類の音」を示す。

音訳字	中原音韻	朴通事諺解	老乞大諺解	華英辞典	推定音価
げ　及	kiə	☆	☆	chi	gi

之	tsɨ	cɯ, cɯz	☆	chï	dzɪ
其	k ʻi	khi, kki	khi, kki	chi	gɪ

＜用例＞

○喀及（かげ、陰）＜蔭缺＞　○古禄古利及（くろくりげ、黒栗毛）＜驊騮＞　○阿石日馬（あしげうま、葦毛馬）＜驄＞　○嗑籃自之（かしらげ、頭毛）＜叩頭＞　○枋浪其（くらげ、海月）＜鮓＞　○慚屈（ざんげ、懺悔）＜退悔＞　○那即武古（なげおく、投げおく）＜投＞　○不古結及（ぼくげき、木屐）＜木屐＞　○几（げい、朊）＜朊＞　○甫禄金（ふるげん、古堅）＜古堅＞

*/te/に対応する部分に「的、得、即、智、底、梯、之、治、日、疾、提、條、著、頂、聴」等が現れる。

代表例について「古辞書類の音」を示す。

音訳字	中原音韻	朴通事諺解	老乞大諺解	華英辞典	推定音価
て　的	tiəi	ti, tiʔ	ti, tiʔ	ti	ti
得	təi	☆	☆	☆	ti
底	tiəi	ti	☆	☆	ti
梯	t ʻiəi	thi	剃　thi	t ʻi	ti
之	tʂ ʻï	cɯ, cɯz	cɯ, cɯz	chï	tsi
提	t ʻiəi	thi, tti	thi, tti	☆	ti:
條	t ʻieu	thao, thaw	thao, thaw	☆	ti:
聴	t ʻiəŋ	thiŋ	thiŋ	☆	tim

＜用例＞

○的（て、手）＜手＞　○阿撒的（あさて、明後日）＜後日＞　○武得禄（おてる、落てる）＜阤＞　○速都密即（つとめて、夙めて、早朝）＜早起＞　○阿其智（あけて、開けて）＜開＞　○靴底子（そてつ、蘇鉄）＜鐵樹＞　○巴梯呂麻（はてるま、波照間）＜波照間＞　○密加乃吸之（みつぎして、貢して）＜朝貢＞　○亦加亦之（いかいひて、如何言ひて）＜怎麼講＞　○武力治（おりて、降りて）＜下来＞　○石日（しにて、死にて）＜塔＞　○木疾其（もちていき、持ちて行き）＜拿去＞　○你著你勿之（いでてみてき？、出でてみてき？）＜進去＞　○你即的著（いでてきて、出でて来て）＜出来＞　○喀得那（くわうていの、皇帝の）＜進貢＞　○我的米（くわうていまへ、皇帝前）＜皇帝＞　○底（てい、蹄）＜蹄＞　○提就（ていしゆ、亭主）＜主＞　○喀武條書（はしごていし、梯子梯子）＜階＞　○著（てう、兆）＜兆＞　○頂及古（てんぢく、天竺）＜天竺＞　○聴馬答白（てんびん、天秤、ティンマターベー）＜天平＞

*/de/に対応する部分に「的、即、著」等が現れる。

代表例について「古辞書類の音」を示す。

音訳字	中原音韻	朴通事諺解	老乞大諺解	華英辞典	推定音価
で　的	tiəi	ti, tiʔ	ti, tiʔ	ti	di

＜用例＞

○武的（うで、腕）＜臂肱膊肘＞　○蘇的（そで、袖）＜袖＞　○你即的（いでて、出でて）＜出＞　○你著你勿之（いでてみてきて、出でてみて来て）＜進去＞

*/pe/に対応する部分に「非、葉、由、愛、以、伊、許、威、一、尾、戒、街、世、威昔、乃、宜、懐、虚、非、彪、漂、熏、買、米、墨、没、毎」等が現れる。

代表例」について「古辞書類の音」を示す。

音訳字	中原音韻	朴通事諺解	老乞大諺解	華英辞典	推定音価
へ　非	fəi	ɞɯi, ɞi	ɞɯi	fei	hɪɪ
葉	ie	☆	☆	☆	jɪ
彪	pieu	☆	☆	☆	çuː
漂	p ‘ieu	☆	標 pjao, pjaw	☆	çuː

＜用例＞

○非（へ、屁）＜米費＞　○大立葉密達（だいりへみた？、内裏へ見た？）＜入朝＞　○伊由（いへ、家）＜塾＞　○愛的（あへて、敢て）＜敢＞　○以（いへ、家）＜家宅楹＞　○伊獨木（いへども、雖も）＜雖＞　○許牙（いへや、伊平屋）＜葉壁山＞　○威（うへ、上）＜上＞　○由喀一（ゆかうへ、床上）＜床＞　○午一即（うえず、上江洲）＜上江洲＞　○尾府（「府」は「麻」の誤記か）（うへま、上間）＜上間＞　○戒力米禄（かへりみる、顧る）＜顧＞　○街禄（かへる、帰る）＜歸還＞　○武世奴光（をしへのくわん、教への官）＜教官＞　○武納威昔（うらそへ、浦添）＜浦添＞　○喀乃（かなへ、鼎）＜鼎＞　○一及宜（いけにへ、生贄）＜牲＞　○懐八喇（はへばら、南風原）＜南風原＞　○虚安那（へいあんな、平安名）＜平安名＞　○非巾（へいけん、秉憲）＜秉憲＞　○彪烏（へうを、表を）＜表章＞　○漂那阿傑的（へうをあげて、表を上げて）＜進表＞　○熏學（へんせう、返照）＜返照＞　○買（まへ）＜前＞　○屋書喀那詩米（おしゆがなしまへ、御主加那志前）＜国王＞　○墨打（まへだ、前田）＜前田＞　○没木的（まへもて、前面）＜前面＞　○阿毎朧（わうまへの？、王前の？）＜朝廷＞

*/be/に対応する部分に「必、比、日、筆、稟」等が現れる。

代表例について「古辞書類の音」を示す。

音訳字	中原音韻	朴通事諺解	老乞大諺解	華英辞典	推定音価
べ　比	pi	pi	pi	pi	bi
日	riəi	☆	☆	☆	bɪ

＜用例＞

○喀必（かべ、壁）＜壁＞　○那比（なべ、鍋）＜鍋釜＞　○司眉日施（せんべつ、餞別）＜下程＞　○七禄筆（つるべ、釣瓶）＜繘＞　○稟（べん、弁）＜弁冕＞

＊/se/に対応する部分に「石、十、席、駛、痛、什、即、司、昔、息、説、時、叔、世、詩、學、書、些、層、神、洗、辰、先、審、昇、森」等が現れる。

代表例について「古辞書類の音」を示す。

音訳字	中原音韻	朴通事諺解	老乞大諺解	華英辞典	推定音価
せ　司	sï	sɯ, sɯz	伺 chɯ, sɯz	☆	sɪ
些	sie	☆	sjo	☆	sɪ
洗	siɔi, sien	☆	sjɔn	☆	sɪn
先	sien	sjɔn	sjɔn	☆	sɪɴ
審	ʃɪəm	☆	☆	shên	ʃiɴ
森	səm	☆	☆	☆	sɪn

＜用例＞

○石力（せり、芹）＜芹＞　○父石古（ふせぐ、防ぐ）＜防＞　○十那喀（せなか、背中）＜背＞　○阿席（あせ、汗）＜汗＞　○駛（せ、瀬）＜瀬＞　○痛情納舎（せつなさ、切なさ）＜悶＞　○什拿發（せなは、瀬名波）＜瀬名波＞　○即米（せみ、蝉）＜蝉蜩螗蛩＞　○司眉日施（せんべつ、餞別）＜下程＞　○達麻一昔（たまよせ、玉代勢）＜玉帯勢＞　○獨木息（ともよせ、友寄）＜友寄＞　○説及（せいぎ、正議）＜正議＞　○説干（せうかん、小寒）＜小寒＞　○説（せふ、妾）＜妾＞　○時姆馬噶（せいおまご、世御孫）＜世孫＞　○叔几（せいけい、正卿）＜正卿＞　○世洗（せいせん、清泉）＜清水山＞　○詩眉（せいめい、清明）＜清明＞　○熏學（へんせう、返照）＜返照＞　○火必書（ほうびせう、鳳尾蕉）＜鐵樹＞　○些古宜即（せちくにち、節句日）＜節＞　○一層（いちせん、一銭）＜錢＞　○三甚（さんせん、三線）＜三絃＞　○叔神（しゆつせん、出船）＜開船＞　○世洗（せいせん、清泉）＜清水山＞　○辰（せん、萱）＜萱＞　○先（せん、千）＜千＞　○審（せん、尖）＜尖＞　○昇順（せんじゆん、宣詢）＜宣詢＞　○森那（せんの、千の）＜千歳＞

＊/ze/に対応する部分に「即、支、日、及、著、人、仁」等が現れる。

代表例について「古辞書類の音」を示す。

音訳字	中原音韻	朴通事諺解	老乞大諺解	華英辞典	推定音価
ぜ　支	tʂï	cɯ, cɯz	☆	chi	dzɪ

＜用例＞

○喀即（かぜ、風）＜風＞　○支你（ぜに、銭）＜鈔＞　○日甲骨（ぜりかく、勢理客）＜勢理客＞　○一及及（ゐぜき、井堰）＜堋＞　○猶著（どぜう、鰌）＜鰌＞　（「猶」は「獨」の誤記か）　○三人（さんぜん、賛善）＜賛善＞　○仁甫（ぜんぶ、膳夫）＜膳夫＞

＊/me/に対応する部分に「米、眉、毎、密、美、維、惟、抹、闢」等が現れる。

代表例について「古辞書類の音」を示す。

音訳字	中原音韻	朴通事諺解	老乞大諺解	華英辞典	推定音価
め　米	miəi	mi	mi	mi	mɪ

眉	muəi	mɯi	mɯi	mei	mɪ
毎	muəi	mɯi	mɯi	mei	mɪ
密	miəi	mi	mi,miʔ	mi	mɪ
美	muəi	☆	☆	mei	mɪ

<用例>

○米（め、目）＜目＞　○喀那米（かなめ、要）＜要＞　○古眉（こめ、米）＜米＞　○法日毎（はじめ、初め）＜初俶始＞　○阿密骨（あめく、天久）＜天久＞　○喀美（かめ、亀）＜龜蔡＞　○毛維（もんめ、匁）＜銭＞　○因惟米之（いめみて、夢見て）＜作夢＞　○山茶抹示（さだめし、定めし）＜収定＞　○閼不骨乃蘭木奴（めんぼくないらぬもの、面目無いらぬもの、ミンブクネーランムヌ）＜不顧體面＞

*/ne/に対応する部分に「你、泥、米、密、那、閑、寧、認」等が現れる。

代表例について「古辞書類の音」を示す。

音訳字	中原音韻	朴通事諺解	老乞大諺解	華英辞典	推定音価
ね　　你	ni	ni	☆	ni	ni
泥	niəi	ni	☆	ni	ni

<用例>

○你（ね）＜根＞　○福你宜奴禄（ふねにのる、船に乗る）＜上船＞　○失六加泥（しろがね、白銀）＜酒杯＞　○叔公米（しゆくみね、祝嶺）＜祝嶺＞　○一審密（いしみね、石嶺、イシンミ）＜石嶺＞　○答喀那（高嶺）？＜坲＞　○閑札古（ねどこ、寝床）？＜床＞　○三寧（さんねんにいちうるふ、三年に一閏）＜三年一閏＞　○苦認菩（くねんぼ、九年母）＜桔梗＞

*/re/に対応する部分に「力、里、麗、禮、理、例、利、連、隣、臨、材」等が現れる。

代表例について「古辞書類の音」を示す。

音訳字	中原音韻	朴通事諺解	老乞大諺解	華英辞典	推定音価
れ　　力	liəi	☆	☆	li	ri
里	li	ri	ri	li	ri
禮	liəi	ri	☆	☆	ri
利	li	ri	ri	li	ri
臨	liəm	☆	☆	☆	riɴ

<用例>

○古力（これ、此れ）＜茲是此斯＞　○瓦力（われ、我）＜我＞　○席答里（すでれ、簾）＜簾＞　○牙不麗（やぶれ、破れ）＜創＞　○禮及（れいぎ、礼儀）＜拜揖＞　○喀理（かれい、家令、宗令）＜宗令＞　○例（れい、嶺）＜嶺＞　○利市（れいし、茘枝）＜茘支＞　○連而（れんじ、蓮枝）＜藕合＞　○喀即隣（かつれん、勝連）＜勝連＞　○福臨禄（「禄」は誤記）（はうれんさう、菠薐草）＜菠＞　○材宮（れんこん、蓮根）＜藕＞

＊/we/

＜用例＞

○夷（ゑ、絵）　○意（ゑ、絵）　○威帝（ゑひて、酔ひて）　○溶的（ゑひて、酔ひて）　○武一禄（ゑひる、酔ひる）

Ⅳ－１－(1)－③　＊／a／

全資料を通じて、音価は問題なく[a]である。以下、多くは用例提示で充分である。

{仲里}（1703頃）

「ハ行転呼」は終了しているはずであるが、表記上は、次の例のように両様現れる。

○あさかわ（あさかは、淺川）　○かわら（かはら、瓦）

○てるかは（照る河）

＜用例＞

○かななべ（鉄鍋）　○かほ時（果報時）　○かみしも（上下）　○からさい（辛蝗）　○たかべる（たかべる、祟べる）　○てるかは（照る河、太陽）　○ひびかしゆし（響かしゆし）　○四か日（四日）；　○あが（我が）　○あかがや（赤萱）　○おしあがり（押し上がり）　○こがねぐち（黄金口、港の美称）　○しまがほう（島果報）；　○たかべる（祟べる）　○たけのくち（滝の口）　○いたきよら　たなきよら（板清ら　棚清ら、船のこと）　○いしたうね（石たうね、石の飼葉桶）；　○だに（実に）　○てだ（太陽）；　○あまのはし（あまのはし、雨の橋）　○はたよらちへ（端寄らちへ）　○はまおれ（浜下れ）　○てるかは（照る河）　○あそばしゆむ（遊ばしゆむ）　○さばい（黴）　○井ばな（井端、井戸口）；　○雨乞さき（雨乞ひ崎）　○さんどたうと（三度尊と）　○ふさにならば（房にならば）　○ほさつのふ（菩薩の穂）；　○ざんぐもい（儒艮池）　○あざれる（乱れる）　○大なざ（大父）；　○まぜない（呪い）　○まぬし（真主）＜神、司＞　○まひつじ（真未）　○いぐましゆす（賑ましゆす）；　○なかのまきよ（中のまきよ）　○大なざ（大父）　○神ななそ（神七十）　○なをや（何）　○かなかほと（鉄兜）　○五折はな（五折花）；　○らあ（汝）　○からもしや（辛虫）＜害虫＞　○きよらよね（清ら雨）＜雨の美称＞　○みなとかしら（港頭）＜港口＞　○あぜら（畦）；　○やに（様に）　○やわやわと（柔々と）　○ちかや（茅）　○おみややて（御庭やて）；　○わかまのここし（若女の小腰）　○わうにせ（王仁世）　○ふれくわ（痴れ子）　○みそであわちへ（御袖合わちへ）

{混}（1711）

「ハ行転呼」は終了しているはずであるが、表示上は、次の例のように両様現れる。

○さきまはり（崎回り）　○てるかは（御日、照る河）

○おきなわ（沖縄）　○おまつくわ（御枕）　○けわい（気配）　○ひわ（枇杷）

母音に影響があるわけではないが、口蓋化が盛んに起こっている。一端を示す。

○いぢきやさ（みぢかさ、短さ）　○みおむきやうへ（みおみかうべ、御頭）　○みきやう（みかほ→みかお→みかう→みきやう、御顔）　○みきやむだ（みかんだ、みかづら、蕪）　○むきやがみ（みかがみ、御鏡）　○むきやちや（みかちや、御蚊帳）　○むきやてもの（みかてもの、御和て物）　○むきやび（みかび、御紙）　○むきやま（みかま、御鍋）　○むきやまかい（みかまかい、御鍋匙）　○むきやむさし（みかみさし、御髪指）　○たまむきやぶり（たまみかぶり、玉御被り、玉の御冠）○おつききやなし（おつきがなし、御月加那志）　○ひぎやおぢやう（ひがはおぢやう、樋川御門、瑞泉門）　○てだききやなし（てだきがなし、太陽加那志）　○にきやさ（にがさ、苦さ）　○むしやばき（御梳、みさばき）　○いみや（いま、今）　○ひにやたほい（ひなたぼり？、日向ぼり？）

＜用例＞

○かばしや（香ばしや）　○かむだ（葛）　○からさ（辛さ）　○おまかり（御椀）　○おみかう（御顔）　○おやかたへ（親方部）　○しほからさ（鹹さ）　○てるかは（照る河、御日）　○はつかしや（恥かしや）　○まんなか（真中）　○むか（昔）　○むかしけさし（太古）　○むかしはしめ（昔初）　○わかなつ（若夏）　○わかみづ（若水）；　○かあとり（鴨）　○があとり（鴨）　○があなあ（鵝）　○あか（我）　○あかざい（日光暉、明がい）　○あこかね（銅）　○おもひなかす（思ひ流す）　○しろかね（錫）　○たなかはり（種子変り）　○てたかあな（東、太陽が穴）　○とかむる（咎むる）　○まゑけか（真男）　○むまか（孫）；　○たうきみ（唐黍）　○たき（滝）　○たつき（立月）　○たるが（誰か）　○たれはかま（垂れ袴）＜だれ〜？＞　○あすたへ（三司官、長老部）　○あたらしや（惜らしや）　○おさた（御砂糖）　○おたうふ（御豆腐）　○おやかたへ（親方部）　○きたなさ（汚さ）　○さアたア（砂糖）　○しまたつな（島手綱）　○ねたさ（妬さ？、腹立ち）　○はなあたへ（花園）；　○だに（実に）　○だにす（さあれば）　○かむだ（葛）　○きたいこね（胡蘿蔔、黄大根）　○そだて（育て）　○たいこね（菜菔、大根）　○みおやたいり（公事）；　○はうと（鳩）　○はつかしや（恥かしや）　○はづむ（弾む）　○はへる（蝶）　○はべる（蝶）　○おはうちや（御包丁）　○さきまはり（崎回り）　○てるかは（御日、照る河）　○らんのはな（蘭の花）；　○おかはしや（御香ばしや）　○たれはかま（垂れ袴）　○おさすのそば（御鎖乃側）　○かばしや（香ばしや）　○さば（草履）　○なはん（南蛮）　○みおばに（美飯）；　○さう（笙）　○さかさま（逆さま）　○さくり（探り）　○ささら浪（小波）　○さば（草履）　○あさて（明後日）　○あまかさ（雨暈）　○からさ（辛さ）　○十百さ（十百）　○なあさて（翌々日）　○にきやさ（苦さ）　○ひがさ（日暈）；　○ざま（様）　○ざれ（戯）　○すざへ（兄）　○なざ（父親）　○ねさめ（寝覚）　○のざ（能作）　○むざ（下人下女）；　○まかり（椀）　○まさかり（真盛り、最中）　○ましろ（真白）　○まだ（未だ）　○まぢよく（真強く）　○まつくわ（枕）　○まや（猫）　○ごま（胡麻）　○ずま（何方）　○なま（今）；　○な（其方）　○なあちや（翌日）　○ななそ（七十）　○なま（今）　○なむぢや（銀）　○あおなみ（青波）　○てだな（莧菜）　○ふなこ（水主）　○よなか（夜中）；　○らんのはな（蘭の花）　○あつらへ物（誂物）　○あひら（鶩）　○あらたひ（新旅）　○いしらこ（石）　○いらへ（答へ）　○からさ（辛さ）　○きよらさ（清らさ）　○しらげ（白毛）　○しらなみ（白波）；　○やあに（来年）　○やそ（八十）　○やまと旅（大和旅）　○あちや（明日）　○あやはへる（蝶）　○いしやと（蟷螂）　○いみや（今）　○おはうちや（御包丁）　○きやかまくら（京鎌倉）　○ちやうぎぬ（朝衣）　○なむぢや（銀）　○びや（琵琶）　○ひやし（拍子）　○まや（猫）　○みや（庭）　○みやとり（鶏）；　○わか夏（若夏）　○わかみづ（若水）　○わん（我れ）　○おきなわ（沖縄）　○おまつくわ（御枕）　○くわうていかなし（皇帝加那志）　○けわい（気配）　○ひわ（枇杷）

｛琉由｝（1713）

<用例>

○カタシ油　○カデシ川　○カネノ森　○カミヤノネヒノ御神　○神山マネヅカサノ御イベ　○カラ草　○ウエカ人　○御タカベ　○クンナカノ嶽　○タカラ嶽　○友寄ノミカミ

○ガダノコ嶽　○ガナハナ嶽　○ガルマロ嶽　○アガリミヤ　○鬼界ガ島　○クロガネ　○コガネ森　○立ツガナシ　○根ガミ

○タイラ嶽　○タバコ　○タモト座　○アスタベ所　○アツタ嶽　○御タカベ所　○シキマタノ嶽　○タンゴ　○ハタト大アルジ　○ハンタミヤ　○ワタリ神通ヒ神

○ダイ城　○ダゴ川　○ダ竹　○アダン　○石ダゴノ御イベ　○テダ川嶽　○ノダテゴト　○ミツダケ　○ヨンダガネコ

○ハケ森　○ハナレ山　○ハン川御嶽　○ハンタノ殿　○ハンダノ殿　○アカハチ　○イシキナハ按司　○ウケミゾハリ水　○ガナハノ殿　○玉ガハラ　○ツハノ若司御イベ　○水ハリ　○大和ハンタ　○ヲタハラ

○バクチ　○バテンノ殿　○バマノトノ　○青シバ　○アブシバライ　○扇コバ　○大サバクリ　○刻タバコ　○コバダイノ御イベ　○シホバナ司　○ナバ　○ホバナ嶽　○山ノフセライ青シバノ真主

○サクマノ嶽　○サシキシノ嶽　○サス森　○アカサキ嶽　○東ノサキ　○大ツカサ　○クサリ　○サイハ御嶽　○玉サラ　○ミサキ御嶽　○ヤブサツノ御嶽

○ザガノ御イベ　○アザカ冠リ　○アマザケ　○城内ノヤラザ嶽　○島添アザナノ御イベ　○八貫文ヌザ　○ミナゴザ　○ヤヘザ森　○ヤラザ森

○マカ川　○マキヨツカサ　○マチカキ泊　○マネ　○アマミノロ火神　○稲之ミシキヨマ　○今焼マカリ　○カネマルノ御イベ　○シマノ嶽　○トマリノトノ　○ワカマツノ御イベ

○ナカウ川　○ナシマ嶽　○ナバ　○ナヨクラ御嶽　○カミヂヤナ嶽　○キンナ嶽　○コヱナ　○島ナフシ　○ハナレ山　○ホバナ嶽　○ヤナシ　○ヲナリヲンナイ折目

○カラクサ　○カラ草　○君キヨラ　○ゲライ森　○シチヤラ嶽　○シラ馬　○タイラ嶽　○玉ガハラ　○トカラ小路　○ナヨクラ

○ワカツカサ　○ワライキヨ　○ガワラ瀬　○中ガワス嶽　○マワジノ御イベ　○メンノワウ御イベ

{信}(1721)

＜音訳字＞

*/ka/に対応する部分に「噶、掐、嗑、佳、加、介、街、看、既、客、甲、他、呵、哈、喀、夾、瞎、科、各、烘」等が現れる。

音訳字	中原音韻	朴通事諺解	老乞大諺解	華英辞典	推定音価
か　噶	葛　ko	☆	☆	ka	kɑ
掐	t ‘au	☆	☆	☆	ka
嗑	ko	☆	☆	ho	kɑ
佳	kiai	kja, kjaʔ	☆	chia	k(j)a
加	kia	☆	kja	chia/ka	k(j)a
介	kiai	☆	kjɔi	chie	kja
街	kiai	☆	☆	☆	kja
看	k ‘an	☆	☆	☆	kan
既	kiəi	☆	ki	☆	ka
客	k ‘o, k ‘iai	khjɔi, khɯiʔ	khjɔi, khɯiʔ	☆	ka
甲	kia	☆	☆	☆	kja
他	t ‘o	☆	☆	☆	kɑ
呵	ho	☆	可　khɔ	☆	kɑ
哈	ha	☆	☆	☆	ka
喀	k ‘o	☆	☆	k ‘a/k ‘e	kɑ
夾	kia	kja	☆	☆	kja
かい　瞎	hia	☆	hja, hjaʔ	☆	kja
かう　科	k ‘o	☆	☆	☆	koː
かふ　各	ko	kɔ, kɔʙ	kɔ, kaw	☆	koː
かみ　烘	hoŋ	☆	☆	☆	kɑɴ

＜用例＞

○噶塢吐(かぶと、盔)　○掐殺(かさ、笠、帽)　○嗑籃自子(かしらげ、頭髪)　○孔加尼麻佳(こがねまかり、金碗)　○哈加馬(はかま、袴)　○福子介(ふつか、二日)　○喂街(をゑか?、親戚?)　○看失(かぢ、舵)　○喂既奴周(をゑかのひと、富の人)　○客晩(かめ、瓶)　○喀里眉(かかも、裙)　○他喇子(かしら、頭髪)　○由沙(かさ、笠)　○呵唔失失(かうしし、鹿肉)　○哈那子(かしら、頭髪)　○喀哇(かは、皮)　○夾殺(かさ、傘)　○瞎皮(かみ、紙)　○阿里喀膩(あかがね、銅)　○科爐(かうろ、香炉)　○喀也(ママ)那各(かめのかふ、亀の甲、玳瑁)　○蹄子烘(てづかみ?、てつぐみ?、拳)

*/ga/に対応する部分に「噶、加、茄、介、敢、喀、夾、軋、胡」等が現れる。

音訳字	中原音韻	朴通事諺解	老乞大諺解	華英辞典	推定音価
が　噶	葛　ko	☆	☆	ka	gɑ
加	kia	☆	kja	chia/ka	g(j)a

茄	kia	kjɔ, kkjɔ	khjɔ, kkjɔ	☆	g(j)a
介	kiai	☆	kjɔi	chie	g(j)a
敢	kam	☆	☆	☆	ga
喀	k ‘o	☆	☆	k ‘a/k ‘e	gɑ
夾	kia	kja	☆	chia	g(j)a
軋	ia	☆	☆	☆	gja
がふ　胡	hu	☆	☆	☆	go:

<用例>

○會几噶（ゑきが、男）　○孔加尼（こがね、黄金）　○茄子埋大（がじまる、榕樹）○焼介（しやうが、生姜）　○喀敢泥（かがみ、鏡）　○噶喀泥（こがね、黄金）　○那夾殺（ながさ、長さ）　○枯軋膩（こがね、黄金）　○匹胡平（しがふびん、四合瓶）

*/ta/に対応する部分に「搭、搭、韃、脚、他、打、大、托、達、塔、答、撻、抬、榻、荅、着、叨」等が現れる。

音訳字	中原音韻	朴通事諺解	老乞大諺解	華英辞典	推定音価
た　搭	ta	ta, taʔ	ta, taʔ	☆	ta
搭	ta	ta, taʔ	ta, taʔ	☆	ta
韃	ta	☆	☆	☆	ta
脚	kiau	kjo, kjoʙ	☆	☆	t(ʃ)a
他	t ‘o	tha	☆	t ‘a	ta
打	ta	ta	ta	ta	ta
大	ta, tai	ta, tta	ta, tta	☆	ta
托	t ‘o	☆	☆	☆	ta
達	ta	ta, tta	ta, tta	ta	ta
塔	t ‘a	tha, thaʔ	☆	☆	ta
答	ta	☆	☆	ta	ta
撻	t ‘a	☆	☆	☆	ta
抬	t ‘a	☆	☆	☆	ta
榻	t ‘a	tha, thaʔ	tha, thaʔ	☆	ta
荅	ta	☆	☆	☆	ta
着	ʧɪo, ʧɪau	cjo, ccjaw	cjo, ccjaʙ	☆	ʧa
たあ　他	ta	tha	tha	t ‘a	ta:
たい　大	ta, tai	ta, tta	ta, tta	☆	tɛ:
たう　托	t ‘o	☆	☆	☆	to:
叨	t ‘au	☆	☆	☆	to:

<用例>

○之搭之（ついたち、一日）　○搭弼（たび、足袋）　○屋韃（うた、歌）　○失脚衣（ひたひ、額）　○他阿喇（たらひ、盥）　○打吉（たけ、竹）　○福大（ふた、蓋）

○托几（たけ、竹）　○達都（たつ、龍）　○塔八孤（たばこ、煙草）　○優答殺（よたさ、好さ）　○撻馬（たま、玉、珠）　○抬奴吉（たむけ、手向け）　○楊支（たちて、発ちて）　○荅止歪立（たちわいり、立行）　○昔着（した、下）　○他古（たあご、盥）○托福（たうふ、豆腐）　○叨濃周（たうのひと、唐人）

*/da/に対応する部分に「塔、搭、打、着、苔、大」等が現れる。

音訳字	中原音韻	朴通事諺解	老乞大諺解	華英辞典	推定音価
だ　　塔	t ‘a	tha, thaʔ	☆	☆	da
搭	ta	ta, taʔ	ta, taʔ	☆	da
打	ta	ta	ta	ta	da
着	ʧɪo, ʧɪau	cjo, ccjaw	cjo, ccjaʙ	☆	ʤa
だい　苔	t ‘ai	thjao, ttjaw	☆	☆	dai
大	ta, tai	ta, tta	ta, tta	☆	dai

<用例>

○克塔里（こだらひ？、小盥？）　○分搭里（ひだり、左）　○又打（えだ、枝）○阿書着（あしだ、足駄）　○亂思古苔（らふそくだい、蝋燭台）　○大立（だいり、内裏）

*/pa/に対応する部分に「化、河、花、汗、巴、八、法、哇、哈、夸、抛、瞎、豁、牙、滑、火、包、和、生、喀、灰、追、排、番」等が現れる。

音訳字	中原音韻	朴通事諺解	老乞大諺解	華英辞典	推定音価
は　　化	hua	☆	☆	hwa	ɸa
河	ho	☆	☆	ho	ɸa
花	hua	hoa	hoa	☆	ɸa
汗	han	☆	☆	☆	haŋ
巴	pa	把　pa	芭　pa	pa	ɸa
八	pa	pa, paʔ	pa, paʔ	pa	ɸa
法	fa	ʙa, ʙaʔ	☆	fa	ɸa
哇	ua	☆	☆	☆	wa
哈	ha	☆	☆	☆	ha
夸	k ‘ua	☆	☆	☆	ɸa
抛	p ‘au	☆	phao, phaw	☆	ɸa
瞎	hia	☆	hja, hjaʔ	☆	ɸa
豁	huo	☆	☆	☆	ɸa
牙	ia	’ a		☆	wa
滑	ku	☆	☆	☆	kwa
はう　火	huo	☆	ho, hhuɔ	☆	hoː
包	pau	pao	pao, paw	☆	hoː

和	huo	ho, hhɔ	ho, hhɔ, hhuɔ	☆	hoː
はし　生	ʂəŋ	☆	☆	☆	ʃiː
喀	k ‘o	☆	☆	☆	?
はへ　灰	huəi	☆	☆	☆	ɸεː
はや　迫	迫　pai	☆	☆	☆	ɸεː
はや　排	p ‘ai	phai, ppai	phai, ppai	☆	ɸεː
はん　番	番　fan	☆	☆	☆	han

＜用例＞

○化子榮（はぎをり、脱ぎ居り）　○河汁祖（はちじふ、八十）　○花時（はし（ら）、柱）　○汗俆及里（はんぎれ？、半切？）　○巴羅（はる、原、畑）　○哥八（はこ、箱）　○法介依（はかり、秤）　○喀哇羅（かはら、瓦）　○哈羅（はる、春）　○夸（は、葉）　○抛拿（はな、花）　○瞎子介（はつか、二十日）　○豁那（はな、花）　○呵牙（かは、皮、靴）　○膩滑（には、庭）　○火氣（はうき、箒）　○包名（はうめい、報名）　○和着（はうちやう、包丁）　○賣生（おはし、御箸）　○喀唔（はしご、梯子）　○灰（はへ、南）　○迫枯一甚（はやくいく？、早く行く？）　○排枯亦急（はやくいけ、早く行け）　○番子母（はんつんいも、甘藷）

*/ba/に対応する部分に「巴、八、百、法、媽、爬、阿、琫、褒、班、半、盤」等が現れる。

音訳字	中原音韻	朴通事諺解	老乞大諺解	華英辞典	推定音価	備　考
ば　巴	pa	把　pa	芭　pa	pa	ba	
八	pa	pa, paʔ	pa, paʔ	pa	ba	
百	pai, po	☆	pɔ, pɯiʔ		ba	
法	fa	ɞa, ɞaʔ	☆	fa	ba	
媽	ma	☆	☆	☆	ma	b-m
爬	p ‘a	☆	☆	☆	ba	
阿	a, ə	☆	☆	☆	ba	
ばう　琫	棒　paŋ	棒　paŋ, bbaŋ	☆	☆	boː	
褒	☆	☆	☆	☆	boː	
巴	pa	把　pa	芭　pa	☆	boː	
ばに　班	pan	☆	☆	☆	baɴ	
ばん　半	puon	pɔn	pɔn	☆	ban	
盤	p ‘uon	phɔn, ppɔn	phɔn, ppɔn	☆	baɴ	

＜用例＞

○殺巴（さば、草履）　○塔八孤（たばこ、煙草）　○百索景（ばせうぎぬ、芭蕉衣）　○福法名（ママ）（ふばこ、文箱）　○喂媽（をば、伯母、叔母）　○皮爬失（ひばし、火箸）　○科阿里阿哥（かういればこ？、香入箱？）　○琫（ばう、棒）　○巴子（ばうず、坊主）　○失農褒（しのばう？、師の坊？）　○唔班（おばに、御飯）　○札半失（ちやばんじ、茶飯事）　○山姆盤（そろばん、算盤）

*/sa/に対応する部分に「沙、殺、撒、柴、舎、三、爽、綵、錯、薩、小、摻、山」等が現れる。

音訳字	中原音韻	朴通事諺解	老乞大諺解	華英辞典	推定音価
さ　沙	sa	sa	紗　sa	☆	sa
殺	ʂa, ʂai	sa, saʔ	sa, saʔ	☆	sa
撒	sa	sa, saʔ	sa, saʔ	sa	sa
柴	ts ‘ai	☆	☆	☆	sa
舎	ʃɪe	☆	sjɔ	☆	sa
三	sam	san	san	☆	sa
爽	suaŋ	soaŋ	☆	☆	sa
さい　綵	ts ‘ai	☆	☆	☆	sai
さう　錯	ts ‘o	☆	☆	☆	so:
さつ　薩	sa	☆	☆	sa	sa
さふ？　小	sieu	sjao, sjaw	☆	☆	so:
さん　摻	sam, ts ‘am	☆	☆	☆	san
三	sam	san	san	☆	san
山	san	san	san	san	saŋ, sam

<用例>

○沙八巳（さばき、裁き、櫛）　○谷殺（くさ、草）　○撒（さ、紗）　○柴心（さす、鎖）　○由（ママ）沽辣舎（ほこらさ、誇らさ）　○三波堤（さむらひ、侍）　○関爽殺（くささ、臭さ？）　○綵（さい、菜）　○錯閔（さうめん、素麺）　○菩薩（ぼさつ、菩薩）　○小利（さふらへ？、候へ）　○摻徂（さんじふ、三十）　○三括子（さんぐわつ、三月）　○山買毎（さんもんめ、三匁）

*/za/に対応する部分に「作、札、三、石、齊、喳」等が現れる。

音訳字	中原音韻	朴通事諺解	老乞大諺解	華英辞典	推定音価
ざ　作	so	co, caʙ	co, caʙ	☆	dza
札	ʈʂa	☆	☆	cha	dza
三	sam	san	san	☆	dza
石	ʃɪəi	si, ssiʔ	si, ssiʔ	shï	dza
齊	ts ‘iəi, tsï	ci, cci	☆	☆	dza
ざう　喳	ʈʂ ‘a , ʈʂa	☆	☆	☆	dzo:

<用例>

○荷作（ござ、茣蓙）　○阿札噶（あざがひ、硨渠）　○阿三那（あざな、字）　○石古魯（ざくろ、石榴）　○乞齊空書（きざはし、階）　○喳（ざう、象）

*/ma/に対応する部分に「馬、貿、麻、埋、末、漫、木、媽、没、滿、謾、賣、麥、慢、網、買、毎」等が現れる。

音訳字	中原音韻	朴通事諺解	老乞大諺解	華英辞典	推定音価
ま　馬	ma	ma	ma	ma	ma
貿	məu	☆	☆	☆	ma
麻	ma	ma	ma	ma	ma
埋	mai	☆	☆	☆	ma
末	mo	mo, muoʔ	☆	mo	mɑ
漫	muon	慢　man	慢　man	☆	ma
木	mu	mu, muʔ	mu, muʔ	☆	mɑ
媽	ma	☆	☆	ma	ma
没	muo	☆	mu, muʔ	☆	mɑ
滿	muon	☆	mɔn	☆	mɑ
謾	muon	☆	☆	☆	mɑ
賣	mai	mai	mai	☆	ma
麥	mai	☆	☆	mai	ma
慢	man	man	man	☆	ma
まう　網	waŋ	’oaŋ, waŋ	☆	☆	mo:
まへ　買	mai	mai	mai	☆	mɛ:
毎	muəi	mɯi	mɯi	☆	mɛ:

<用例>

○嘸馬（うま、馬）　○貿子（まつ、松）　○麻蝦（ましほ、真塩）　○茄子埋大（がじまる、榕樹）　○末之（まちて、待ちて）　○漫思吾（ますぐ、真直ぐ）　○木一乖（まつりくわ、茉莉花）　○媽括（まくら、枕）　○那没焼介（なましやうが、生生姜）　○密子滿吉（みつまき、衣服）　○謾圖押里（まどなり、暇也）　○賣由（まゆ、眉）　○麥介衣（まかり、碗）　○慢的（まづ）　○網巾（まうきん、網巾）　○阿姆買（あもまへ、母前）　○倭毎那（わうまへの？、王前の？）

*/na/に対応する部分に「挪、押、虐、男、那、南、乃、納、拿、渺」等が現れる。

音訳字	中原音韻	朴通事諺解	老乞大諺解	華英辞典	推定音価	備　考
な　挪	那　na	那　na	那　na, no, nɔ	那 na	na	
押	kia	☆	☆	☆	na	
虐	nio	☆	☆	☆	na	
男	nam	nan	nan	☆	na	
那	na	na	na, no, nɔ	na/no	na	
南	nam	nan	nan	nan	naŋ	「ぎ・ご」の前
乃	nai	nai	☆	☆	na	

納	na	na	☆	na	na	
拿	na	na	na	na	na	
ない 你	ni	ni	☆	ni	nɛ	
尼	ni	ni	☆	☆	nɛ	
なの 挪	那 na	那 na	那 na, no, nɔ	☆	na	
なり 那	那 na	那 na	那 na, no, nɔ	na	na	
乃	nai	nai	☆	☆	naji	
渺	mieu	☆	☆	☆	naji	n-m
なん 南	nam	nan	nan	nan	naŋ	

<用例>

○是挪（すな、砂） ○謾圖押里（まどなり、暇也） ○一深虚古（いしなご、石子） ○倭男禮喇（おなじやら、妃） ○豁那（はな、花） ○會南姑（をなご、女） ○密乃度（みなと、港） ○豁納（はな、鼻） ○爭拿（つな、綱） ○你嬾（ないらぬ、無らぬ） ○土古尼迷（とほくないに、「とおくないか」、遠くないに？） ○之搭之挪介（ついたちなのか、初七日） ○巴殺那（ばせうな（り）、芭蕉実） ○莫莫拿乃（もものなり、桃実） ○喀唔渺（かみなり、雷） ○南及之（なんぎして、難儀して）

*/ra/に対応する部分に「打、答、那、羅、藍、蘭、來、喇、拉、籃、辣、嬾、闌、箣、約、堤、亂」等が現れる。

音訳字	中原音韻	朴通事諺解	老乞大諺解	華英辞典	推定音価	備　考
ら　打	ta	☆	☆	☆	da	r-d
答	ta	☆	☆	☆	ra	r-d
那	na	na	na, no	na	ra	r-n
羅	lo	ro, rɔ	ro, rɔ	lo	rɑ	
藍	lam	ran	ran	☆	ra	
蘭	lan	☆	欄 ran	☆	ra	
來	lai	rɔi, rai	rɔi, rai	☆	ra	
喇	la	☆	☆	la	ra	
拉	la	☆	☆	la	ra	
籃	lam	☆	☆	☆	ran	「じ」の前
辣	la	☆	☆	☆	ra	
らぬ　嬾	lam	☆	☆	☆	raɴ	
闌	lan	☆	☆	lan	raɴ	
らひ　箣	☆	☆	☆	☆	☆	
約	iau, io	☆	’ja, ʔjaɞ	☆	rɪː	
堤	tiəi	☆	☆	☆	rɪː	
らふ　亂	luon	☆	☆	☆	roː	

<用例>

○孔加喳司（こがらす、小鳥）　○阿唔打（あぶら、油）　○思答（つら、面、顔）　○那那容（ならふ、習ふ）　○羅（ら、羅）　○失藍子（しらず、知らず）　○喀蘭自之（かしらげ、頭髪、頭毛）　○阿來來（あらら、洗ら）　○母喇（むら、村）　○土拉（とら、虎）　○喀籃自之（かしらげ、頭髪、頭毛）　○由沽辣舎（ほこらさ、誇らさ）　○你嬾（ないらぬ、無らぬ）　○迷闌（みえらぬ、見えらぬ）　○大箣（たらひ、盥）　○阿約的（あらひて、洗らひて）　○三波堤（さむらひ、侍）　○亂思古苔（らふそくだい、蝋燭台）

*/wa/に対応する部分に「烏、瓦、歪、華、倭、哇、敖、窩、喇、乞、碗」等が現れる。

音訳字	中原音韻	朴通事諺解	老乞大諺解	華英辞典	推定音価
わ　烏	u	☆	☆	☆	wa
瓦	ua	’oa	’oa	wa	wa
わい　歪	uai	☆	’oai	☆	wɛ:
わう　華	hua	☆	☆	☆	wo:
倭	uo, uəi	☆	ʔo, ʔuɔ	☆	wo:
哇	ua	☆	☆	☆	wo:
敖	au	☆	☆	☆	wo:
窩	uo	☆	☆	☆	wo:
わら　喇	la	☆	☆	☆	ra
わる　乞	挖　ia	☆	☆	wa	wa
わん　碗	椀　uon	ʔuɔn	椀ʔuɔn, ’uɔn	☆	waɴ

<用例>

○密由烏牙（みゆわひ、御祝）　○瓦喇的（わらひて、笑ひて）　○歪拉培（わらべ、童）　○荅止歪立（たちわいり、立ち行り）　○哭泥華（くにわう、国王）　○倭（わう、王）　○油哇（ゆわう、硫黄）　○敖（わう、王）　○呼窩（ほうわう、鳳凰）　○喀喇（かはら、瓦）　○乞殺（わるさ、悪さ）　○茶碗（ちやわん、茶碗）

{見}（1764）

<音訳字>

*/ka/に対応する部分に「哈、格、戞、街、喀、噶、科、柯、寛、堪、拱」等が現れる。

音訳字	中原音韻	朴通事諺解	老乞大諺解	華英辞典	推定音価
か　哈	ha	☆	☆	☆	ka
格	ko	☆	☆	☆	kɑ
戞	kia	☆	☆	☆	kja
街	kiai	☆	kjɔi	☆	ka
喀	k‘o	☆	☆	k‘a/k‘e	kɑ

噶	ko	☆	☆	ka	kɑ
かう　科	k ‘o	☆	☆	☆	ko:
哈	ha	☆	☆	☆	ko:
柯	☆	kɔ	可　khɔ	☆	ko:
かは　哈	ha	☆	☆	☆	ka:
喀	k ‘o	☆	☆	k ‘a/k ‘e	ka:
寛	k ‘uon	☆	khuɔn	☆	kɑ:
かみ　堪	k ‘am	☆	☆	☆	kan
拱	kioŋ	☆	☆	☆	kaɴ

<用例>

○哈子（かぜ、風）　○堉格（ゆ（た）か、豊か）　○福子憂（ふつか、二日）　○喂街（おゑか、親戚）　○喀谷（かご、籠）　○阿噶喀泥（あかがね、銅）　○科倍（かうべ、頭）　○哈巴殺（かうばしさ、香ばしさ）　○柯盧（かうろ、香炉）　○哈喇弗吉牙（かはらぶきや、瓦葺家）　○喀辣（かはら、瓦）　○寛古（かはぐつ？、革靴？）　○堪理（かみなり、雷）　○蹄子拱（てづかみ？、手拳）

*/ga/に対応する部分に「哈、喀、搭」が現れる。

音訳字	中原音韻	朴通事諺解	老乞大諺解	華英辞典	推定音価
が　哈	ha	☆	☆	☆	ga
喀	k ‘o	☆	☆	k ‘a/k ‘e	gɑ
搭	ta	☆	☆	☆	ga

<用例>

○哈哈密（かがみ、鏡）　○那喀撒（ながさ、長さ）　○阿美搭阿美（あびがめ、浴甕）

*/ta/に対応する部分に「大、他、達、答、搭、搭、撻、渣、雑、帖、拖、駄」等が現れる。

音訳字	中原音韻	朴通事諺解	老乞大諺解	華英辞典	推定音価
た　大	ta, tai	ta, tta	ta, tta	☆	ta
他	t ‘o	tha	☆	t ‘a	ta
達	ta	ta, tta	ta, tta	ta	ta
答	ta	☆	☆	ta	ta
搭	ta	ta, taʔ	ta, taʔ	☆	ta
搭	塔　t ‘a	塔　tha, thaʔ	☆	☆	ta
撻	t ‘a	☆	☆	☆	ta
渣	査　ʈʂ ‘a, ʈʂa	☆	☆	☆	ʧa
雑	tsa	ca, ccaʔ	ca, ccaʔ	☆	ʧa
たい　帖	t ‘ie	☆	☆	☆	te:
たう　拖				☆	to:
駄	t ‘o, to	☆	☆	☆	to:

＜用例＞

○羅搭低（らうたて、蝋立て）　○阿撒的（あさて、明後日）　○梯殺之（てさじ、手巾）　○蹄子拱（てづかみ？、手拳？）　○失直（しにて、死にて）　○寧蒂（いねて、寝て）　○亦吉之（いきて、生きて）　○枯魯止（ころして、殺して）　○提（てい、亭）　○梯述（ていしゆ、亭主）　○廳（てん、天）；　○大剌（たらひ、盥）　○他吉（たけ、竹）　○□達（うた、歌）　○那倍弗答（なべふた、鍋蓋）　○之搭之（ついたち、一日）　○搭必（たび、足袋）　○撻馬（たま、珠、玉）　○失渣（した、舌）　○阿雑（あした、明日）　○帖夫（たいふ、大夫）　○拖福（たうふ、豆腐）　○駄樓毒（たうのひと、唐の人）

＊/da/に対応する部分に「搭、雑」が現れる。

音訳字	中原音韻	朴通事諺解	老乞大諺解	華英辞典	推定音価
だ　搭	ta	☆	ta, taʔ	☆	da
雑	tsa	ca, caʔ	ca, caʔ	☆	ʤa

＜用例＞

○虚搭歴（ひだり、左）　○阿失雑（あしだ、足駄）

＊/pa/に対応する部分に「花、哈、班、滑、瞎、阿、哇、和、懐、番」等が現れる。

音訳字	中原音韻	朴通事諺解	老乞大諺解	華英辞典	推定音価
は　花	hua	hoa	hoa	☆	ɸa
哈	ha	☆	☆	☆	ha
班	pan	☆	☆	☆	han
滑	ku	☆	☆	☆	ɸa
瞎	hia	☆	hja, hjaʔ	☆	ɸa
阿	a, ɔ	’a	’a, ʔa	☆	wa
哇	ua	☆	☆	☆	wa
はう　和	huo	ho, hhɔ	ho, hhɔ, hhuɔ	☆	hoː
はひ　懐	huai	hoa, hhoa	hoai, hhoai	☆	ɸai
はん　番	pan	☆	ɞan	☆	han

＜用例＞

○花魯（はる、春）　○哈那失機（はなせき、鼻咳）　○班那炳（はなびん、花瓶）　○滑谷（はこ、箱）　○瞎子喀（はつか、二十日）　○廳喀阿拉（てんがはら、天河原）　○逆哇（には、庭）　○和吉（はうき、箒）　○懐（はひ、灰）　○番子母（はんつんいも、甘藷）

＊/ba/に対応する部分に「八、巴、波、班、邦」等が現れる。

音訳字	中原音韻	朴通事諺解	老乞大諺解	華英辞典	推定音価
ば　八	pa	pa, paʔ	pa, paʔ	pa	ba
巴	pa	把　pa	芭　pa	pa	ba

ばう　波	po	po, puɔ	☆	☆	boː
ばん　班	pan	☆	☆	☆	baɴ
邦	paŋ	☆	☆	☆	baɴ

<用例>

○枯毒八（ことば、言葉）　○巴殺那衣（ばさなり、芭蕉成り、芭蕉実）　○波子（ばうず、坊主）　○述奴班（そろばん、算盤）　○邦（ばん、晩）

*/sa/に対応する部分に「殺、撒、色、索、三」が現れる。

音訳字	中原音韻	朴通事諺解	老乞大諺解	華英辞典	推定音価
さ　　殺	ʂa, ʂai	sa, saʔ	sa, saʔ	sha	sa
撒	sa	sa, saʔ	sa, saʔ	sa	sa
さい　色	ʂï, ʂəi	☆	☆	☆	seː
さう　索	so	☆	☆	☆	soː
さん　三	sam	san	san	☆	saɴ

<用例>

○喀殺（かさ、傘、笠）　○阿撒的（あさて、明後日）　○亞色（やさい、野菜）　○索閔（さうめん、素麺）　○三審（さみせん、三線、三味線）　○三刮子（さんぐわつ、三月）

*/za/に対応する部分に「作、臧、栽」が現れる。

音訳字	中原音韻	朴通事諺解	老乞大諺解	華英辞典	推定音価
ざ　　作	so	☆	co, caʙ	☆	dza
臧	ts ‘aŋ, tsaŋ	☆	☆	☆	dza
ざい　栽	tsai	chai, ccai	裁　chai, ccai	☆	dzai

<用例>

○□作（ござ？、茣蓙？）　○捫臧（おんざ、御座）　○奇栽（きざはし、きざい？、階）

*/ma/に対応する部分に「馬、麻、嗎、媽、麽、麦」等が現れる。

音訳字	中原音韻	朴通事諺解	老乞大諺解	華英辞典	推定音価
ま　　馬	ma	ma	ma	ma	ma
麻	ma	ma	ma	ma	ma
嗎	ma	ma	☆	☆	ma
媽	ma	☆	☆	ma	ma
麽	muo	ma	ma	mo/ma	ma
まへ　麦	mai	☆	☆	☆	meː

<用例>

○花喀馬（はかま、袴）　○麻由（まゆ、眉）　○牙嗎（やま、山）　○媽寡（まくら、

枕）　○麼喀倚（まかり、碗）　○麥（まへ、前）；　○木喇殺吉（むらさき、紫）　○母拉（むら、村）　○慕穀（むこ、婿）　○美戞（むいか、六日）

＊/na/に対応する部分に「那、拉、納、南、乃、惹」が現れる。

音訳字	中原音韻	朴通事諺解	老乞大諺解	華英辞典	推定音価	備　考
な　那	na	na	na, no, nɔ	na/no	na	
拉	la	☆	☆	la	na	n–r
納	na	na	☆	na	na	
なぬ　南	nam	nan	nan	nan	naŋ	
なり　乃	nai	nai	☆	☆	naji	ri–ji
なわ　惹	rɪo	☆	☆	☆	naː	
なん　南	nam	nan	nan	nan	nan	

＜用例＞

○那即（なつ、夏）　○息拉（すな、砂）　○花納（はな、鼻）　○南喀（なぬか、七日）　○屋毒烏乃（おとをなり、弟姉妹、妹）　○屋基惹（おきなわ、沖縄）　○南夾（なんじや、銀）

＊/ra/に対応する部分に「那、拉、喇、辣、搭、羅、列、箣、來、藍」等が現れる。

音訳字	中原音韻	朴通事諺解	老乞大諺解	華英辞典	推定音価	備　考
ら　那	na	na	na, no	na	ra	r–n
拉	la	☆	☆	la	ra	
喇	la	☆	☆	la	ra	
辣	la	☆	☆	☆	ra	
搭	ta	☆	☆	☆	ra	r–d
羅	lo	ro, rɔ	ro, rɔ	lo	ra	
ら（り）利	li	ri	ri	☆	ri	
らい　列	lie	☆	☆	☆	reː	
らひ　箣	籟　lai	☆	☆	☆	reː	
來	lai	rɔi, rai	rɔi, rai	☆	reː	
らん　藍	lam	ran	ran	☆	raɴ	

＜用例＞

○阿那禮（あられ、霰）　○母拉（むら、村）　○求喇殺（きよらさ、清らさ）　○哈哇辣（かはら、瓦）　○苦念搭（くめむら、くにんだ、久米村）　○羅（ら、羅）　○花失利窟歯（はしらぐち、柱口、戸口）　○柯列虚毒（かうらいひと、高麗人）　○大箣（たらひ、盥）　○烏木的阿來（おもてあらひ、表洗ひ）　○失藍（しらん、知らん）

＊/wa/に対応する部分に「瓦、哇、挖、往、碗」が現れる。

音訳字	中原音韻	朴通事諺解	老乞大諺解	華英辞典	推定音価
わ　瓦	ua	ʼoa	ʼoa	wa	wa

わう　哇	ua	☆	☆	☆	wa
わる　挖	ia	☆	☆	☆	wa
わん　往	iuaŋ	’ oaŋ	’ oaŋ	☆	waɴ
碗	uon	ʔuɔn	椀 ’ uɔn, ʔuɔn	☆	waɴ

＜用例＞

○瓦喇的（わらひて、笑ひて）　○哇辣比（わらべ、童）　○挖殺（わるさ、悪さ）○往（わん、我）　○茶碗（ちやわん、茶碗）

{琉訳}（1800 頃）

＜音訳字＞

*/ka/に対応する部分に「喀、加、哥、街、渇、屐、寡、嗑、噶、看、甲、佳、介、皆、街、瞎、乾、果、窩、戒、高、官、敢、趕、干、感、剛」等が現れる。

代表例について「古辞書類の音」を示す。

音訳字	中原音韻	朴通事諺解	老乞大諺解	華英辞典	推定音価
か　喀	k ‘o	☆	☆	k ‘a/k ‘e	kɑ
加	kia	☆	kja	chia	kja
街	kiai	☆	☆	☆	ka
嗑	ko	☆	☆	ho	kɑ
噶	葛　ko	☆	☆	ka	kɑ
看	k ‘an	☆	☆	☆	kan
甲	kia	☆	☆	☆	ka
佳	kiai	kja, kjaʔ	☆	chia	ka
介	kiai	☆	kjɔi	chie	ka
瞎	hia	☆	hja, hjaʔ	☆	kja

＜用例＞

○喀直（かき、垣）＜垣＞　○喀及（かき、柿）＜柿＞　○亦加（いか、如何）＜怎麼＞　○煞哥（さか、逆）＜悖誖逆＞　○喂街（おゑか、親戚）＜親戚＞　○渇其担（かけたり、掛けたり、カキタン）＜門已鎖＞　○屐其阻（かけず、掛けず）＜門未鎖＞○寡古（かく、描く）＜畫＞　○嗑籃自之（かしらげ、頭髪、カラジギ）＜叩頭＞　○噶塢吐（かぶと、甲）＜盔＞　○其砂看若（きさから、先から）＜先来＞　○喀甲眉（かかも、衫、下裳）＜裙＞　○佳奇呂麻（かけろま、加計路間＜加喜路間＞　○法介依（はかり、秤）＜秤＞

○鴨皆（あかい、赤い）＜紅＞　○街（かい、介）＜介＞　○街（かひ、匙）＜鑑＞○街禄（かへる、）＜歸還＞　○瞎宅（かいち、懈豸）＜懈豸＞　○乾哥（かうか、校枷）＜校枷＞　○果山（かうざん、高山）＜山巣＞　○窩（かふ、閘）＜閘＞　○戒力米禄（かへりみる、顧みる）＜顧＞　○高（かほ、顔）＜嬌＞

○迎熏官叔（いんひんかんしゆ、寅賓館等）＜寅賓館等＞　○敢不石（かんぶし、監撫使）＜監撫使＞　○趕哥（かんがふ、考ふ）＜考＞　○干喀米禄（かんがみる、鑑みる）＜鑑＞　○感壽骨（かんしよく、寒食）＜寒食＞　○剛禄（かんろ、寒露）＜寒露＞

○骨什中（ぐしかは、具志川、グシチャン）＜具志川＞　○骨什及養（ぐしかみ、具志頭）＜具志頭＞（グシチャー？　グシチャン？）　○陰夾煞（みじかし、短し、インチャサ）＜短＞

*/ga/に対応する部分に「喀、狭、哥、加、夾、楷、街、噶、皆、甲、岩、干、買、梗、趕」等が現れる。

代表例について「古辞書類の音」を示す。

音訳字	中原音韻	朴通事諺解	老乞大諺解	華英辞典	推定音価
が　喀	k ‘o	☆	☆	k ‘a/k ‘e	ga
加	kia	☆	kja	chia/ka	ga
噶	葛　ko	☆	☆	ka	gɑ

＜用例＞

○阿喀喀你（あかがね、赤金、銅）＜銅＞　○一心狭及（いしがき、石垣）＜墻又＞　○武答哥（うたがふ、疑ふ）＜猜疑伺窺＞　○失六加泥（しろがね、白銀）＜酒杯＞　○夾煞眉（がざみ、蟹）＜蟹＞　○石力楷（しりがい、鞦）＜紂＞　○阿雜街（あかがひ、赤貝？、あざか？）＜蚶＞　○阿札噶（あじやがひ、あじや貝）＜硨渠＞　○奔買（ぶんがひ、文貝）＜文貝＞　○古即皆禄くつ（がへる、覆る）＜顛＞　○古發甲（こばしがは、小橋川）＜小橋川＞　○岩孤（がんこう、眼孔）＜眼孔＞　○怪干（くわいがん、迴雁）＜迴雁＞　○容梗（りゆうがん、龍眼）＜龍眼＞　○冷趕（りゆうがん、龍眼）＜龍眼＞

*/ta/に対応する部分に「答、打、達、他、桃、茶、堂、托、淡、家、著、脚、遮、甲、茶、得、代、仍、韃、多、礁、大、叨、掇、怠、當、担、旦、丹、恒」等が現れる。

代表例について「古辞書類の音」を示す。

音訳字	中原音韻	朴通事諺解	老乞大諺解	華英辞典	推定音価
た　答	ta	☆	☆	ta	ta
打	ta	ta	ta	ta	ta
達	ta	ta, tta	ta, tta	ta	ta
他	t ‘o	tha	☆	t ‘ạ	ta
托	t ‘ɔ	☆	☆	t ‘o	ta
脚	kiau	kjo, kjoʙ	☆	☆	tʃa
大	ta, tai	ta, tta	ta, tta	☆	ta
叨	t ‘au	☆	☆	☆	to:

＜用例＞

○答喀喇（たから、宝）＜貲貨寶幣＞　○武答（うた、歌）＜謳謌謡＞　○打喀密牙（たかみや、高宮）＜高宮＞　○達拿八達（たなばた、七夕）＜七夕＞　○他阿喇（たらひ、盥）＜湯盆＞　○他里（たらひ、盥）＜面桶＞　○檄桃辣中（きたなし、汚し、キタナサン）＜穢汚＞　○嗑茶利（かたり、語り）＜説話＞　○堂高（たか、高？）＜矮＞（矯の誤記）　○托几（たけ、竹）＜竹＞　○淡八姑（たばこ、煙草）＜菸＞　○阿家（あした、明日）＜明日＞　○昔著（した、下）＜下＞　○失脚衣（ひたひ、額）＜額顱＞　○麻奴遮（まるいた、丸板、俎）＜打板＞　○甲當（きたたに、北谷）＜北谷＞　○茶旦（きたたに、北谷）＜北谷＞　○古得石（くわうたいし、皇太子）＜世子＞　○辰理代石（しんりたいし、審理大使）＜審理大使＞　○仍如（たいぎよ、帯魚）＜帯魚＞　○榣韃（どうたい、胴体）＜身軀躬＞　○許大（ひたひ、額）＜額＞　○我多（あうたう、櫻島）＜櫻島＞　○石多（したふ、慕ふ）＜戀＞　○烏磼（うたふ、歌ふ）＜唱曲＞　○叨儂周（たうのひと、唐の人）＜唐人＞　○掇奴骨納（たうのくら、当の蔵）＜當藏＞　○怠喇喀（たひらか、平らか）＜平＞　○牙公答當（やくもたたぬ、ヤクンタタン、役も立たぬ）＜没搭煞＞　○渇其担（かけたり、カキタン、掛けたり）＜門已鎖＞　○旦古（たんご、端午）＜端午＞　○不丹（ぼたん、牡丹）＜牡丹＞　○瓦恒日（わたんぢ、渡地）＜三渡地＞

*/da/に対応する部分に「答、達、打、茶、獨、代、得、啼、大、苔、多、當、旦」等が現れる。

代表例について「古辞書類の音」を示す。

音訳字	中原音韻	朴通事諺解	老乞大諺解	華英辞典	推定音価
だ　打	ta	ta	ta	ta	da
大	ta, tai	ta, tta	ta, tta	☆	dai
苔	t ‘ai	thjao, ttjaw	☆	☆	dai

＜用例＞

○阿一答（あひだ、間）＜際＞　○愛答（あひだ、間）＜間＞　○父答（ふだ、札）＜箋牘＞　○拿達（なみだ、涙）＜涙＞　○奴打及（のだけ、野嵩）＜野嵩＞　○山茶抹示（さだめし、定めし）＜収定＞　○獨古（濁）＜濁＞　○法代一（はだへ、肌）＜肌膚＞　○壽世代（しよしだい、所司代？）＜宰相＞　○得（だい、題）＜題＞　○啼姑姑（だいこん、大根）＜蘿蔔＞　○大立葉密達（だいりへみた？、内裏へ見た？）＜入朝＞　○禮思古苔（らふそくだい、蝋燭台）＜燭簽＞　○我多（わうだう、黄道）＜黄道＞　○當及（だんき、檀木）＜檀板＞　○喀你喀旦（かねかだん、兼箇段）＜兼嘉段＞

*/pa/に対応する部分に「法、八、發、花、話、河、化、罰、拍、豁、番、巴、凡、汗、瓦、尾、牙、喀、我、拿、孩、拜、外、歪、哇、火、福、懐、板、還、賣」等が現れる。

代表例について「古辞書類の音」を示す。

音訳字	中原音韻	朴通事諺解	老乞大諺解	華英辞典	推定音価
は　法	fa	ʙa, ʙaʔ	☆	fa	ɸa
八	pa	pa, paʔ	pa, paʔ	pa	ɸa
花	hua	hoa	hoa	☆	ɸa
河	ho	☆	☆	ho	ɸa
化	hua	☆	☆	hwa	ɸa
豁	hia	☆	hja, hjaʔ	☆	ɸa
番	番　fan	☆	☆	☆	han

巴	pa	把　pa	芭　pa	pa	ɸa
牙	ia	☆	☆	☆	wa
喀	k ‘o	☆	☆	☆	ka(a)
哇	ua	☆	☆	☆	wa
火	huo	☆	ho, hhuɔ	☆	ho:
懐	huai	hoa, hhoa	hoai, hhoai	☆	ɸai

＜用例＞

○法介依（はかり、秤）＜戥＞　○喀直法石（かけはし、架け橋）＜梯＞　○八麻（はま、浜）＜濵島＞　○發喀力奴武不十（はかりのおもし、秤の重し）＜錘＞　○花（は、歯）＜齒＞　○即話（つは、津覇）＜津覇＞　○河汁徂（はちじふ、八十）＜八十＞　○喀及奴化那（かきのはな、垣花）＜垣花＞　○煞石罸刹母（はしはさむ、挟む）＜樋又＞　○拍是（はし、橋）＜橋＞　○一答豁（えだは、枝葉）＜葼＞　○番五脚鶏母魯（はをはじくもの、歯を弾く物）＜牙刷＞　○巴梯呂麻（はてるま、波照間）　○凡必禄（はべる、侍る）＜侍＞　○汗你及里（はんぎれ、半切れ）＜面盆＞　○武瓦禄（をはる、終る）＜終喪了訖＞　○瓦札歪（わざわひ、災ひ）＜殃禍災菑＞　○那尾（なは、縄）○阿里牙木坐那木奴（あれはむぞうなもの、あれは無藏なもの）＜可憐＞　○許納喀（ひらかは、平川）＜平川＞　○由我（いはひ、祝ひ）＜祝＞　○拿（なは、なわ）＜繩＞○宜孩（みはい、御拝）＜致謝＞　○麻古拜（まぐはひ、目会ひ）＜姻＞　○晒外（さいはひ、幸ひ）＜吉祥＞　○晒歪（さいはひ、幸ひ）＜祥祉福＞　○司哇（すはう、蘇芳）＜蘇木＞　○火（はう、枋）＜枋＞　○福臨禄＜「禄」は誤記か＞（はうれんさう、菠薐草）＜菠＞　○懐八喇（はへばら、南風原）＜南風原＞　○板時（はぬす、はんす、甘諸）＜薯＞　○項還石（てんはんし、點班使）＜點班使＞　○賣生（みはし、御箸）＜筯＞

*/ba/に対応する部分に「八、巴、法、把、發爬、拜、褒、莫、泊、武、博、班、版、盤、半、板」等が現れる。

代表例について「古辞書類の音」を示す。

音訳字	中原音韻	朴通事諺解	老乞大諺解	華英辞典	推定音価
ば　八	pa	pa, paʔ	pa, paʔ	pa	ba
巴	pa	把　pa	芭　pa	pa	ba
法	fa	ɞa, ɞaʔ	☆	fa	ba
班	pan	☆	☆	☆	baɴ
盤	p ‘uon	phɔn, ppɔn	phɔn, ppɔn	☆	baɴ
半	puon	pɔn	pɔn	☆	ban

＜用例＞

○八石（ばし、馬歯）＜馬齒山＞　○伊那答八（いなたば、稲束）＜稷＞　○即巴直（つばき、椿）＜椿＞　○以石法石（いしばし、石橋）＜矼＞　○及把（きば、牙）＜牙＞○泥發喀泥（ねばがね、粘金？）＜鍒＞　○古發甲（こばしがは、小橋川）＜小橋川＞○皮爬石（ひばし、火箸）＜筯＞　○約拜（やうばい、楊梅）＜楊梅＞　○由拜（よばひ、夜這ひ）＜光棍＞　○失農褒（しのばう、師の坊）＜師傳＞　○莫（ばう、宗）＜宗＞

○泊書（ばうしゆ、芒種）＜芒種＞　○佛什武（ほしばう、星棒・星昴？）＜昴＞（「昴」の音は「ばう」）　○武博（うばふ、奪ふ）＜奪＞　○五班（おばん、御飯）＜飯＞　○古版（ごばん、碁盤）＜枰＞　○山姆盤（そろばん、算盤）＜算盤＞　○札半失（ちやばんじ、茶飯事）＜筵宴＞　○板（ばん、渠鳥）＜渠鳥＞

*/sa/に対応する部分に「煞、撒、三、刹、舎、砂、薩、哉、才、所、茶、晒、山、摻」等が現れる。

代表例について「古辞書類の音」を示す。

音訳字	中原音韻	朴通事諺解	老乞大諺解	華英辞典	推定音価
さ　煞	ṣa, ṣai	sa, saʔ	sa, saʔ	sha	sa
撒	sa	sa, saʔ	sa, saʔ	sa	sa
舎	ʃɪe	☆	sjɔ	☆	sa
薩	sa	☆	☆	sa	sa
山	sam	san	san	san	san, saŋ
三	sam	san	san	☆	san
摻	sam, ts ‘am	☆	☆	☆	san

<用例>

○煞及（さけ、酒）＜酏＞　○阿煞（あさ、朝）＜朝＞　○撒及（さけ、酒）＜酒＞　○阿撒（あさ、朝）＜早間＞　○山茶抹示（さだめし、定めし）＜収定＞　○刹及（さけ、酒）＜醽＞　○勿舎（うれしさ、嬉しさ、ウッサ）＜歓喜＞　○其砂看若（さきから、先から、キサカラ）＜先来＞　○即喀薩獨禄（つかさどる、司る）＜司＞　○叔哉（しゆうさい、秀才）＜秀才＞　○奴才（よさい、夜菜？）＜餐＞　○所哥石（さうこし、倉庫使）＜倉庫使＞　○所（さを、竿）＜竿＞　○茶華古（さふくわこ、挿花褲）＜挿花褲＞　○光晒（くわんさつ、観察）＜觀察＞　○三（さん、傘）＜傘＞　○摻徂（さんじふ、三十）＜三十＞

*/za/に対応する部分に「雑、煞、坐、三、札、撒、齊、刹、若、磁、所、山、慚」等が現れる。

代表例について「古辞書類の音」を示す。

音訳字	中原音韻	朴通事諺解	老乞大諺解	華英辞典	推定音価
ざ　三	sam	san	san	☆	dza
札	ţṣa	☆	☆	☆	dza

<用例>

○乾木力奴喀雑力（かんむりのかざり、冠の飾り）＜紘＞　○瓦雑瓦一（わざはひ、災ひ）＜厄＞　○煞古禄（ざくろ、石榴）＜榴＞　○坐古＜「古坐」の誤り＞（ござ、莫蓙）＜草屦＞　○阿三羅（あざな、字）＜字＞　○阿札木古（あざむく、欺く）＜謾＞　○乾撒石（かんざし、簪）＜簪笄釵釧鈿＞　○乞齊空書（きざはし、階）＜階＞　○得古刹古（だいくざく、大工廻）＜大古迴＞　○伊許若失（よいひざし、良い日差し？）＜好造化＞　○閔子磁之（みづざし、水差し）＜水注＞　○法答所（はたざを、旗竿）＜杠＞

○果山（かうざん、高山）<山巣>　○慚屈（ざんげ、懺悔）<退悔>

*/ma/に対応する部分に「麻、馬、木、法、貿、八、漫、末、摸、麼、媽、麥、嗎、没、莫、米、買、墨、毎、賣、蠻、瞞、兔、満」が現れる。

代表例について「古辞書類の音」を示す。

音訳字	中原音韻	朴通事諺解	老乞大諺解	華英辞典	推定音価
ま　麻	ma	ma	ma	ma	ma
馬	ma	ma	ma	ma	ma
木	mu	mu, muʔ	mu, muʔ	☆	mɑ
貿	məu	☆	☆	mau	ma
漫	muon	慢　man	慢　man	☆	ma
末	mo	mo, muoʔ	☆	mo	mɑ
麼	muo	ma	ma	mo/ma	ma
媽	ma	☆	☆	ma	ma
麥	mai	☆	☆	mai	ma
没	muo	☆	mu, muʔ	☆	mɑ
買	mai	mai	mai	☆	mɛː
毎	muəi	mɯi	mɯi	☆	mɛː
満	muon	☆	mɔn	☆	mɑn

<用例>

○麻眉（まめ、豆）<菽豆>　○牙麻（やま、山）<山>　○即有及馬（つよきうま、強き馬）<駴>　○嘸馬（うま、馬）<馬>　○木一乖（まつりくわ、茉莉花）<茉莉>　○的法古（てまく、手撒く）<撒>　○貿子那吉（まつのき、松の木）<柏>　○石八石（せまし、狭し）<湫>　○畏之漫歸（おいとまごひ、御暇請ひ）<辭朝>　○子怒末打（つのまた、角又）<海菜>　○摸之圻米（まつりめ、茉莉芽？）<茉莉>　○答麼瑞綃（たまずし、玉厨子？）<璽>　○呀媽失失（やましし、猪）<猪>　○麥介衣（まかり、碗）<碗>　○嗎（うま、午）<午>　○没宜及（まいにち、毎日）<毎日>　○莫如（まうじう、猛獣）<貔貅>　○屋書喀那詩米（おしゆがなしまへ、御主加那志前）<国王>　○靴羅買（すらまへ、父前）<爹>　○墨打（まへだ、前田）<前田>　○阿毎臚（わうまへの、王前の）<朝廷>　○賣（まり、毬）<毬>　○眉賣示（みまひし、見舞ひし）<問安>　○以獨蠻（いとまん、糸満）<絲満>　○説瞞（せうまん、小満）<小満>　○兔胡以（まんぢゆううり、饅頭瓜、パパイヤ）<東瓜>　○満火（まんほう、蟒袍）<蟒袍>

＊/na/に対応する部分に「那、拿、牙、羅、辣、凹、搯、拏、乃、納、奴、南」等が現れる。

代表例について「古辞書類の音」を示す。

音訳字	中原音韻	朴通事諺解	老乞大諺解	華英辞典	推定音価
な　那	na	na	na, no, nɔ	na/no	na
拿	na	na	na	na	na
乃	nai	nai	☆	☆	naji
納	na	na	☆	na	na
南	nam	nan	nan	nan	nan

＜用例＞

○那石（なし、梨）＜梨＞　○法那（はな、花）＜花葩蘤＞　○法拿（はな、鼻）＜鼻＞　○一蘭密牙（いらみな、伊良皆）＜伊良皆＞　○阿三羅（あざな、字）＜字＞　○檄桃辣中（きたなし、汚し）＜穢汚＞　○凹舡脾（なすび、茄子）＜茄＞　○搯雞（かなぎ、金木、堅い木）＜楡＞　○拏佳（なうか、何か）＜何事＞　○阿及乃（あきなひ、商ひ）＜商賈＞　○喀乃（かなへ、鼎）＜鼎＞　○木木拿乃（もものなり、桃の成り、桃の実）＜桃＞　○牙石納（やしなふ、養ふ）＜畜＞　○武及奴（おぎなふ、補ふ）（「奴」は、ほとんどの例は、「の」）＜彌補＞　○時及宜雅（しきな、しきにや、識名）＜識名＞　○南及（なんぢ、汝）＜爾汝＞　○男及牙（なんぢや、銀）＜銀＞

＊/ra/に対応する部分に「喇、羅、納、落、蘭、那、籃、拉、浪、若、闌、禄、瓜、答、里、来、頼、濫、覧、禮、郎、朗」等が現れる。

代表例について「古辞書類の音」を示す。

音訳字	中原音韻	朴通事諺解	老乞大諺解	華英辞典	推定音価	備　考
ら　喇	la	☆	☆	la	ra	
羅	lo	ro, rɔ	ro, rɔ	lo	rɑ	
蘭	lan	☆	欄　ran	☆	ra	
那	na	na	na, no	☆	ra	r-n
籃	lam	☆	☆	☆	ran	「じ」の前
拉	la	☆	☆	la	ra	
闌	lan	☆	☆	lan	ra	
答	ta	☆	☆	☆	ra	r-d
来	lai	rɔi, rai	rɔi, rai	☆	ra	

＜用例＞

○喇及（らち、埒）＜壝＞　○喀喇撒（からさ、辛さ）＜辛辣＞　○阿不羅（あぶら、脂）＜脂＞　○阿納喀（あらかは、新川）＜新川＞　○落父（らふく、蘿蔔）＜蘿蔔＞　○一蘭密牙（いらみな、伊良皆）＜伊良皆＞　○及喀那（ちから、力）＜力＞　○嗑籃自之（かしらげ、頭毛）＜叩頭＞　○牙拉司（からす、烏）＜鴉鵲＞　○枋浪其（くらげ、海月）＜鮓＞　○孔加喳司（こがらす、小烏？）＜喜鵲＞　○其砂看若（さきから、先から、キサカラ）　○失闌迷（しらみ、虱）＜虱＞　○你古禄（ねぐら、塒）＜塒櫟＞

○麻瓜（まくら、枕）＜枕＞　○安荅（あぶら、油）＜油＞　○五喀里（こだらひ、小盥？）＜浴桶＞　○思眉拿来（すみならひ、墨習ひ、読書）＜讀書＞　○煞木頼（さむらひ、侍）＜士＞　○失濫（しらぬ、知らぬ）＜不曉得＞　○拏覧（ならぬ、成らぬ）＜不便＞　○禮思古苔（らふそくだい、蝋燭台）＜燭簽＞　○郎干（らんかん、欄干）＜欄＞　○朗（らん、巒）＜巒＞

*/wa/

＜用例＞

○瓦（わ、輪）　○瓦及（わき、脇）　○阿瓦（あわ、泡）　○了吉倭（うちわ、団扇）○歪立（わいり、行り）　○及古寡（きくくわ、菊花）　○阿達一光（あたりくわん、遏闥理官）　○光日即（ぐわんじつ、元日）　○一貫（いちくわん、一貫）　○奴彎（ぎのわん、宜野湾）　○怪干（くわいがん、迴雁）　○柯赦（くわうしや、黌舎）（学舎）○喀得（くわうてい、皇帝）　○喀福（くわほう、果報）　○噶得那使者（くわうていのししや、皇帝の使者）　○我的米（くわうていまへ、皇帝前）　○由我（ゆわう、硫黄）○哥落（くわうらう、桄榔）　○豁及（くわき、桑木）　○豁子（ぐわつ、月）　○木古瓜（もくくわ、木瓜）　○油哇（ゆわう、硫黄）

Ⅳ－１－⑴－④　＊／u／

{仲里}（1703頃）

基本的には「ウ段の仮名」で表記されているが、次に示すように、「ウ段の仮名」であるべきところに「オ段の仮名」が当てられていることがある。*/o/が*/u/に移行していたことを物語る。これは、*/u/の音価が[o]等であったということを意味するのではない。漢字資料がそのことを示している。*/o/の音価が*/u/のそれと同じになっていた、即ち[u]になっていたということである。

○こひ（くび、首）　○こんであわちへ（くむであわちへ、組む手合はちへ）
○にがもしや（にがむし、苦虫）
○のき植ろ（ぬきうゑろ、抜き植ゑろ）
○よき（ゆき、雪）　○いきよえ（いくゆゑ、行く故）

また、*/tu/*/du/*/su/*/zu/の母音は[i]になっていた。その一例を示す。

○はちのこ（はつのこ、初の子）

＜用例＞

○くれのはし（雨の橋）　○あよくら（肝暗）　○たいくに（大国）；　○おれぐち（下れ口）　○こがねぐち（黄金口）　○はぐ（接ぐ、板を接ぎ合せて船を造る）　○夕ぐれのふに（夕暮れのふに）；　○つきおりて（憑きおりて）　○つろおて（弦落て、つる＝筋肉、だれること）　○あつみな（集め庭）　○まひつじ（真未）　○夜つづき（夜続き）；

○よしみづな（よしみ綱）　○いづみこおり（泉冷、冷たき泉）　○ふさにならば（房にならば）　○ふみきつち（踏み切つち）；　○いぶ（雨、水）　○なしやぶりくわ（生し破り子）；　○すすなべ（煤鍋）　○てすりよわる（手擦りよわる）；　○いしすい（いしずゑ、礎）　○おもずらちへ（おもずらちへ、面ずらちへ）　○よりずらちへ（よりずらちへ、寄りずらちへ）　○むかいなおち（向かい直ち）　○にがむし（苦虫）＜害虫＞
○なかむた（中村）　○あそばしゆむ（遊ばせしむ）；　○ゆなべ（斎鍋）　○やしのしゆ（やしの主）

｛混｝（1711）

｛仲里｝と同じく、基本的には「ウ段の仮名」で表記されているが、次に示すように、「ウ段の仮名」であるべきところに「オ段の仮名」が当てられていることがある。*/o/が*/u/に移行していたことを物語る。これも｛仲里｝と同じ理由による。

○くそし（医師、くすし、薬師）　○そそ（すそ、裾）

また、*/tu/*/du/*/su/*/zu/の母音は[i]になっていた。その一端を示す。

○みすずひ（御硯）：みすづり（神託）　○まぢよく（真強く、まづよく）

＜用例＞

○くせ（癖）　○くそし（医師）　○くはい（鍬）　○くぶ（蜘蛛）　○くもて（曇て）
○おくすり（御酒）　○おくとう（大海）　○ひやくさ（百歳）　○まぢよく（真強く）
○まつくわ（枕）　○みものくすく（御物城）；　○さぐり（探り）　○しのぐ（凌ぐ）
○ゆまんぐい（夕間暮）；　○つかあい（番）　○つこもり（晦日）　○つと（土産）
○つのむぎ（大麦）　○つほる（瓢）　○あつらへ物（誂物）　○おまつくわ（御枕）
○をつてい（一昨日）　○こんつき（今月）；　○づれが（何れか）　○あけづ（蜻蛉）
○しまたつな（島手綱）　○つらづき（面着き）　○はづむ（弾む）　○めつらしや（珍しいや）　○ゆづくひ（夕付日）　○わかみづ（若水）；　○ふなこ（水主）　○ふらう（豇）
○あがふれ（上がれ）　○きにふ（昨日）　○けふ（今日）　○のろふ（呪ふ）　○むかふとし（来年）　○ゆこふ（憩ふ）　○ゆふへ（夕部）　○ゆふまくれ（夕間暮れ）
○をふなべ（よふなべ、夜職）；　○しぶい（冬瓜）　○しふい（冬瓜）　○ぶれしま（群れ島、むれしま）　○くぶ（蜘蛛、くも）；　○すいさ（酸さ）　○すくれ（勝れ）　○すざへ（兄）　○すづみ（沐浴）　○すとめて（朝）　○すゑ（船作場、据ゑ？）　○あすたへ（長老部、三司官）　○おくすり（御酒）　○おあすのそば（御鎖之側）　○かすざい（焼酎の糟）　○てすりあけ（手擦り上げ）　○ひよす（ひよ鳥）　○みすすひ（御硯）
○みすづり（神託）；　○ずへんずへん（蛍）　○ずま（何方）　○ずずすや（出家、数珠擦）　○みすずひ（御硯）；　○むか（昔）　○むかしけさし（太古）　○むかふ年（来年）
○あむた（油）　○おむきよし（御腰物）　○かむだ（葛）　○きむびら（薤）　○さへむ（〜さへも）　○とかむる（咎むる）　○はづむ（弾む）　○よとむ（淀む）；　○ぬきあてて（抜き当てて、差し当てて）　○大ぬし（主上）　○しろはせやきぬ（白朝衣）

○まぬのほう（真布帆）；　○てるかは（御日、照る河）　○はへる（蝶）　○はべる（蝶）；
○ゆき（米）＜雪＞　○ゆふべ（夕べ）　○ゆまんぐい（夕間暮れ）

{琉由}（1713）

{仲里}{混}と同じく、基本的には「ウ段の仮名」で表記されているが、次に示すように、「ウ段の仮名」であるべきところに「オ段の仮名」が当てられていることがある。*/o/が*/u/に移行していたことを物語る。これも{仲里}{混}と同じ理由による。

○ウケミゾハリ水　＜みづ：みぞ＞　　○扇コバ　＜くば：こば＞
○前ガネコ　＜まへがねく：まへがねこ＞（前兼久）
○オマノコ　＜うま：おま＞（馬の子）

また、*/tu/*/du/*/su/*/zu/の母音は[i]になっていた。その一端を示す。

○離君アルズ　＜あるじ、主＞

＜用例＞

○クリ舟　○クロガネ　○アクマハライ　○大サバクリ　○バクチ　○ヤクロ河
○グスク嶽　○上グシケン嶽　○御タウグラ　○フナグラノ殿　○ヲレグチ
○ツキシロノ大神　○ツハ拝ミ　○ツヤ　○アカツラ　○アツメナノ御イベ　○大ツカサ　○立ツガナシ　○テンツギノ嶽　○ハツガネ　○ミツダケ
○アカフヅカサ　○イベヅカサ　○オレヅミ　○葛カヅラ　○下フヅキノ殿　○ネヅミ　○ミスヅレ　○メヅラ
○フカソコ嶽　○フク蘭長筵　○フト藁　○フルマ根所　○アフ嶽　○アフリ川　○イフノ嶽　○カネフサノ御イベ　○ヤナフシ
○スキヤアガリ　○スヾ御嶽　○スミヤ里　○スヱノ森　○御サスカ　○ギイス嶽　○グスク嶽　○ナスノ嶽　○メイノスミ　○世アスタベ　○ワカマツスデマツノ御イベ
○ズガリノ嶽　○ウエズミ森　○サウズ川　○スズノ御イベ
○ムサ　○ムタ川　○ムロキノ嶽　○アムガナシ　○クサムコ　○シタムタ　○下ムツコノ嶽　○真南風アムシラレ　○ヨラムサノ御イベ
○ヌカ　○ヌシヅカサノ御イベ　○イベナヌシ　○ヨノヌシ
○アガルイノ大御イベ　○大ヒルカメヒル　○キセル　○スデル君ガナシ　○友利大アルジ　○ヒル木　○ミセゼル　○メカルノ嶽　○ヲルヽ御嶽

{信}（1721）

/u/に対応する部分に現れる音訳字のほとんどが/o/に対応する部分にも現れる。*/o/が*/u/に移行していたことを物語る。これは、*/u/の音価が[o]等であったということを意味するのではない。音訳字の「古事書類の音」を見ると、*/o/の音価が*/u/

のそれと同じになっていた、即ち[u]になっていたということがわかる。

/tu/,/du/,*/su/,*/zu/においては母音にも変化が及び、それぞれ[tsi],[dzi],[si],[dzi]となっていると解される。それぞれの項参照。

<音訳字>

*/ku/に対応する部分に「雞、科、客、苦、空、窟、古、姑、枯、潤、谷、哭、沽、孤、克、闢、括、花、乖、」等が現れる。

音訳字	中原音韻	朴通事諺解	老乞大諺解	華英辞典	推定音価
く　雞	kiəi	ki	ki	☆	ku
科	k ʻo	☆	☆	k ʻo	ku
客	k ʻo ,k ʻiai	khjɔi, khɯiʔ	khjɔi, khɯiʔ	☆	ku
苦	ku	khu	☆	k ʻu	ku
空	k ʻoŋ	khoŋ, khuŋ	☆	☆	ku
窟	k ʻu	khu, khuʔ	☆	☆	ku
古	ku	ku	☆	☆	ku
姑	ku	☆	ku	ku	ku
枯	k ʻu	☆	☆	k ʻu	ku
潤	rɪuən	☆	☆	☆	ku
谷	ku	☆	☆	ku	ku
哭	k ʻu	☆	☆	kʻu	ku
沽	ku	☆	☆	☆	ku
孤	ku	☆	☆	☆	ku
克	k ʻo	☆	☆	☆	kʊ
闢	kuan	☆	☆	☆	ku
くら　括	kuo	☆	☆	☆	kwa
くわ　花	hua	hoa	hoa	☆	kwa
乖	kuai	☆	☆	☆	kwa

<用例>

○脚雞（かく、掻く）　○科必（くび、首）　○客梗（くこ、枸杞）　○坐苦苦（ママ）泥子（じふくにち、十九日）　○空括子（くぐわつ、九月）　○窟碌喀膩（くろがね、鉄）○六古祖（ろくじふ、六十）　○姑木的（くもりて、曇りて）　○枯木（くも、雲）○潤生（くち、口）　○谷殺（くさ、草）　○哭羅雞（くろき、黒木）　○沽（く、来）○鳥孤欲士（てくよし、鷲鳥）　○克培（くぶ、貝、蛤蜊）　○闢爽殺（くささ、臭さ、酸的）　○媽括（まくら、枕）　○雞花（けいくわ、桂花）　○木一乖（まつりくわ、茉莉花）

「科、窟、古、枯、谷、哭、沽」は*/ko/にも現れる。

○科過碌子（ここのつ、九つ）　○窟之（こち、東）　○之搭之哭古魯（ついたちここの（か））、初九日）　○枯軋膩（こがね、黄金）　○谷亦里（こほり、氷）　○之搭之哭

古魯（ついたちここの（か））、初九日）　○由(ママ)沽辣舎（ほこらさ、誇）

＊/gu/に対応する部分に「可、吾、沽、括」が現れる。

音訳字	中原音韻	朴通事諺解	老乞大諺解	華英辞典	推定音価
ぐ　可	k ‘o	☆	☆	☆	gu
吾	u	☆	☆	☆	gu
沽	ku	☆	☆	☆	gu
ぐわ　括	kuo	☆	☆	☆	gwa

＊/go/と共通の音訳字、なし。

<用例>

○耶獨可之（やどぐち、宿口）　○漫思吾（ますぐ、真直ぐ）　○馬訟沽（ますぐ、真直ぐ）　○夏括子（しやうぐわつ、正月）

＊/tu/に対応する部分に「左、司、子、思、磁、祖、足、速、多、着、都、禿、之、尸、爭、疸、通、一」等が現れる。

音訳字	中原音韻	朴通事諺解	老乞大諺解	華英辞典	推定音価
つ　左	tso	☆	☆	☆	tsï
司	sï	sɯ, sɯz	☆	☆	tsi
子	tsï	cɯ, cɯz	cɯ, cɯz	tzŭ	tsi
思	sï	☆	☆	☆	tsi
磁	ts ‘ï	☆	☆	☆	tsi
祖	tsu	☆	☆	☆	tsï
足	tsiu	☆	☆	☆	tsï
速	su	☆	☆	☆	tsï
多	tuo	to, tɔ	to, tɔ	☆	tsï
着	ʧɪo, ʧɪau	cjo, ccjaw	cjo, ccjaʙ	☆	tsï
都	tu	☆	☆	☆	tsï
禿	t ‘u	☆	☆	☆	tsï
之	ʈʂ ‘ï	cɯ, cɯz	cɯ, cɯz	chï	tsi
尸	ʂ ‘ï	☆	☆	☆	tsi
爭	ʈʂəŋ	☆	☆	☆	tsi
疸	☆	☆	☆	☆	tsiː
通	t ‘oŋ	thuŋ	thuŋ	t ‘uŋ	tsɯ
一	iəi	’ i	☆	☆	tsiː

<用例>

○左奴（つの、角）　○司禄（つる、鶴）　○子急（つき、月）　○思答（つら、面）　○閔子磁之（みづつぎ、水注ぎ）　○祖奴（つの、角）　○足池（つち、土）　○速都密的（つとめて、夙めて）　○那多乜（なつめ、棗）　○波着子（むつき、襁褓）　○達都

（たつ、龍）　○禿有（つゆ、露）　○約之（なつ、夏）　○司眉日尸（せんべつ、餞別）○爭拿（つな、綱）　○瞎子介疸（はつかついたち、二十一日）　○通資（つうじ、通事）○木一乖（まつりくわ、茉莉花）

「子、着、之」は*/ti/にも現れる。「多、都」は*/to/にも現れる。「尸」は*/si/にも現れる。

○坐古泥子（じふごにち、十五日）　○阿格着（あかち、赤血）　○密之（みち、道）○多式（とし、年）　○速都密的（つとめて、夙めて）　○曲尸（こし、腰）

*/du/に対応する部分に「子、的」が現れる。

音訳字	中原音韻	朴通事諺解	老乞大諺解	華英辞典	推定音価
づ　子	tsï	☆	☆	tzŭ	dzi
的	tiəi	ti, tiʔ	ti, tiʔ	ti	dzi

<用例>

○関子（みづ、水）　○慢的（まづ）

「子」は*/di/にも現れる。「的」は*/de/にも現れる。

○抵子密之（とぢみちて、閉満）　○夫的（ふで、筆）

*/pu/に対応する部分に「莆、灰、胡、夫、福、誇、付、抵」が現れる。

音訳字	中原音韻	朴通事諺解	老乞大諺解	華英辞典	推定音価
ふ　莆	甫　fu	☆	☆	☆	ɸu
灰	huəi	☆	☆	☆	ɸu:
胡	hu	☆	☆	☆	ɸu
夫	fu	ʙu	☆	☆	ɸu
福	fu	ʙu, ʙuʔ	ʙu, ʙuʔ	fu	ɸu
誇	k ‘ua	☆	☆	☆	ɸa
付	fu	☆	☆	☆	ɸu
ふた　打	ta	☆	☆	☆	ɸuta
ふて　抵	tiəi	☆	☆	☆	t’i

*/po/と共通の音訳字、なし。

<用例>

○莆泥（ふね、船）　○灰堉（ふゆ、冬）　○胡你（ふね、船）　○夫的（ふで、筆）○福大（ふた、蓋）　○彌誇（かんざし、じふわ、簪）　○付司（ふくし、副使）　○抵子（ふてつ、一つ）

*/bu/に対応する部分に「唔、波、布、風、塢、培」が現れる。

音訳字	中原音韻	朴通事諺解	老乞大諺解	華英辞典	備　考
ぶ　唔	u	☆	☆	☆	bu

波	po	po, puɔ	☆	☆	bu
布	pu	pu	pu	pu	bu
風	foŋ	☆	☆	☆	buɴ
塢	u	☆	☆	wu	bu
培	pəu	pɯi, ppɯi	倍　pɯi, ppɯi	☆	bu

<用例>

○阿唔打（あぶら、油）　○你波（にぶ、柄杓）　○飄布（びようぶ、屏風）　○風（ぶ、分）　○噶塢吐（かぶと、兜）　○克培（くぶ？、貝？）

「唔」は*/bo/にも現れる。

○之唔（つぼ、壺）

*/su/に対応する部分に「細、司、四、子、思、訟、色、心、是、西、素、靴、需」等が現れる。

音訳字	中原音韻	朴通事諺解	老乞大諺解	華英辞典	推定音価
す　細	siəi	si	si	☆	sɪ
司	sï	sɯ, sɯz	伺　chɯ, sɯz	ssŭ	sɪ
四	sï	sɯ, sɯz	sɯ, sɯz	☆	sɪ
子	tṣï	cɯ, cɯz	cɯ, cɯz	tzŭ	sɪ
思	sï	☆	sɯ, sɯz	ssŭ	sɪ
訟	sioŋ	☆	☆	☆	sɪ
色	ṣï,　ṣəi	☆	☆	☆	sɪ
心	siəm	sin	sin	☆	sɪ
是	ṣï	sɯ, ssɯz	sɯ, ssɯz	☆	sɪ
西	siəi	si	si	☆	sɪ
素	su	su	☆	☆	sɪ
靴	hiue	hjujɔ	☆	☆	sɪ
需	siu	☆	☆	☆	sɪ

<用例>

○細米（すみ、墨）　○司哇（すはう、蘇芳）　○沙四内古（さすのこ、鎖の子）　○動子（どんす、緞子）　○思子里（すずり、硯）　○馬訟沽（ますぐ、真直）　○色莫莫（すもも、李）　○柴心（さす、鎖）　○是挪（すな、砂）　○西米（すみ、墨）　○平素奴周（ひんすのひと、貧の人）　○靴羅買（すままへ、父前）　○獨需（どす、友？）

「子、是」は*/si/にも現れる。「思、靴」は*/so/にも現れる。

○夾介子（ちかし？、近し？）　○一是（いし、石）　○亂思古苔（らふそくだい、蝋燭台）　○靴底子（そてつ、蘇鉄）

*/zu/に対応する部分に「子」が現れる。

音訳字	中原音韻	朴通事諺解	老乞大諺解	華英辞典	推定音価
ず　子	ţşï	cɯ, cɯz	cɯ, cɯz	tzŭ	dzɪ

<用例>

○思子里（すずり、硯）

「子」は*/zi/にも現れる。

○茄子埋大（がじまる、榕樹）

*/mu/に対応する部分に「奴、波、母、唔、姆、美」が現れる。

音訳字	中原音韻	朴通事諺解	老乞大諺解	華英辞典	推定音価	備考
む　奴	nu	nu	nu	☆	nu	m-n
波	po	☆	☆	☆	bu	m-b
母	mu	mu	mu	mu	mu	
唔	u	☆	☆	☆	mu	
姆	mu	☆	☆	mu	mu	
美	muəi	☆	☆	☆	mu	

<用例>

○抬奴吉（たむけ、手向け）　○波着子（む゚つき、襁褓）　○母喇（む゚ら、村）　○唔尼（む゚ね、胸）　○姆子（む゚つ、六つ）　○美介（む゚いか、六日）

「母」は*/mo/にも現れる。「美」は*/mi/にも現れる。

○土母（とも、供）　○阿美（あみ、有るか）

*/nu/に対応する部分に「奴、濃」が現れる。

音訳字	中原音韻	朴通事諺解	老乞大諺解	華英辞典	推定音価
ぬ　奴	nu	nu	nu	nu	nu
濃	noŋ	膿　nuŋ	☆	nung/nêng	nu

<用例>

○奴羅殺（ぬるさ、温さ）　○濃殺（ぬさ？、奴婢？）

「奴、濃」ともに*/mo/にも現れる。

○吾失祖奴（うしつの、牛角）　○叨濃周（たうのひと、唐の人）

*/ru/に対応する部分に「大、徒、奴、羅、陸、六、禄、楞」等が現れる。

音訳字	中原音韻	朴通事諺解	老乞大諺解	華英辞典	推定音価	備考
る　大	ta, tai	☆	☆	☆	ru	r-d
徒	t ‘u	☆	☆	☆	ru	r-d
奴	nu	nu	nu	☆	ru	r-n

羅	lo	ro, rɔ	ro, rɔ	lo	ru	
陸	liu	☆	☆	☆	ru	
六	liəu	riu	riu, ruʔ	liu/lu	ru	
禄	lu	☆	☆	lu	ru	
るん？　楞	ləŋ	☆	☆	☆	ruɴ	

<用例>

○茄子埋大（がじまる、榕樹）　○非徒（へる、蒜）　○子奴（つる、弦）　○巴羅（はる、春）　○殺陸（さる、猿）　○由六尸（ゆるせ、放せ）　○司禄（つる、鶴）　○乞介楞（きかる？、聞かる？）

「羅、六」は*/ro/にも現れる。

○羅（ろ、櫓）　○六姑括子（ろくぐわつ、六月）

*/ju/に対応する部分に「堉、又、油、憂、有、由、雖、音、容、堅、榮」等が現れる。

音訳字	中原音韻	朴通事諺解	老乞大諺解	華英辞典	推定音価
ゆ　堉	育　iu	☆	☆	☆	ju
又	iəu	’iw	’iu, ’iw	☆	ju
油	iəu	’iw	’u, ’iw	yu/you	ju
憂	iəu	’iu	☆	☆	ju
有	iəu	’iw	’iu, ’iw	you/yu	ju
由	iəu	’iu	’u, ’iw	yu/you	ju
雖	suəi	☆	☆	☆	ju
ゆん　音	iəm	☆	☆	☆	juɴ
容	ioŋ	☆	☆	jung/yung	juɴ
堅	kien	☆	☆	☆	juɴ
榮	yuəŋ	☆	☆	☆	juɴ

<用例>

○灰堉（ふゆ、冬）　○又急（ゆき、雪）　○油哇（ゆわう、硫黄）　○憂米（ゆみ、弓）　○禿有（つゆ、露）　○沙由（しやうゆ、醤油）　○雖之既（ゆつぎ、湯注ぎ）　○柯北音（よぶ、アビユン、呼ぶ）　○那那容（ならふ、ナラユン、習ふ）　○屋起堅（おきる、ウキユン、起きる）　○化子榮（はぎをり、ハジユン、剥ぎをり、脱ぎをり）

「由」は*/jo/にも現れる。

○由奴奴失（よのぬし、世の主）

{見}（1764）

{信}と同じように、　*/u/に対応する部分に現れる音訳字のほとんどが*/o/に対応する部分にも現れる。*/o/が*/u/に移行していたことを物語る。これは、*/u/の音価が[o]等であったということを意味するのではない。音訳字の「古事書類の音」を見ると、*/o/の音価が*/u/のそれと同じになっていた、即ち[u]になっていたということがわかる。

*/tu/, */du/, */su/, */zu/においては母音にも変化が及び、それぞれ[tsi], [dzi], [si], [dzi]となっていると解される。それぞれの項参照。

＜音訳字＞

*/ku/に対応する部分に「古、谷、苦、空、姑、枯、骨、窟、酷、寡、刮、光」等が現れる。

音訳字	中原音韻	朴通事諺解	老乞大諺解	華英辞典	推定音価
く　古	ku	ku	☆	ku	ku
谷	ku	☆	☆	☆	ku
苦	ku	khu	☆	k ‘u	ku
空	ku	khu	☆	k‘unŋ	kʊŋ
姑	ku	☆	ku	ku	ku
枯	k ‘u	☆	☆	k ‘u	ku
骨	ku	ku, kuʔ	ku, kuʔ	ku	ku
窟	k ‘u	khu, khuʔ	☆	☆	ku
酷	k ‘u	☆	☆	☆	ku
くら　寡	kua	☆	☆	☆	kkwa
くわ　刮	kua	koa, koaʔ	☆	☆	kwa
くわん光	kuaŋ	koaŋ	koaŋ	☆	kwaɴ

＜用例＞

○枯花古（こはく、琥珀）　○恰谷（きやく、客）　○苦念搭（くにんだ、久米村）
○空刮子（くぐわつ、九月）　○准姑（はやく、早く）　○枯魯馬閔（くろまめ、黒豆）
○六骨刮子（ろくぐわつ、六月）　○窟木（くも、雲）　○酷泥止（くにち、九日）
○媽寡（まくら、枕）　○西刮（すいくわ、西瓜）　○壓光（やくわん、薬罐）

「古、谷、姑、枯、窟、酷」は*/ko/にも現れる。

○酷古盧喀（ここのか、九日）　○滑谷（はこ、箱）　○姑西察烏乃（こせんじやをなり、小先者姉妹）　○枯毒八（ことば、言葉）　○窟美（こめ、米）　○酷古盧喀（ここのか、九日）

*/gu/に対応する部分に「古、窟、刮」が現れる。

音訳字	中原音韻	朴通事諺解	老乞大諺解	華英辞典	推定音価
ぐ　古	ku	ku	☆	ku	gu
窟	k ‘u	☆	☆	☆	gu
ぐわ　刮	kua	☆	☆	☆	gwa

<用例>

○寛（？）古（かはぐつ？、革靴？）　○花失利窟齒（はしらぐち、柱口、戸）　○失刮子（しぐわつ、四月）

「古」は*go//にも現れる。

○古（ご、碁）

*/tu/に対応する部分に「七、子、止、失、此、即、齒、之、吐」等が現れる。

音訳字	中原音韻	朴通事諺解	老乞大諺解	華英辞典	推定音価
つ　七	ts ‘iəi	chi, chiʔ	chi, chiʔ	ch‘i	tsi
子	tsï	cɯ, cɯz	cɯ, cɯz	tzŭ	tsi
止	ʈʂï	☆	☆	☆	tsi
失	ʃɪəi	☆	☆	shï	tsi
此	ts ‘ï	☆	☆	☆	tsi
即	tsiəi	ci, ciʔ	☆	chi	tsi
齒	ʈʂï	chɯ, chɯz	☆	☆	tsi
之	ʈʂï	cɯ, cɯz	cɯ, cɯz	chï	tsi：
吐	t ‘u	☆	☆	☆	tsu：

<用例>

○七欲（つゆ、露）　○阿子撒（あつさ、熱さ）　○空刮止（くぐわつ、九月）　○失汁（つぢ、辻）　○此吉（つき、月）　○那即（なつ、夏）　○齒止（つち、土）　○之搭之（ついたち、一日）　○吐□（つうじ、通事）

「子、止、之」は*/ti/にも現れる。「吐」ほ*/to/にも現れる。

○失子（せち、節）　○窟止（くち、口）　○木之（もち、餅）　○阿馬吐（やまと、大和）

*/du/に対応する部分に「子、吉」が現れる。

音訳字	中原音韻	朴通事諺解	老乞大諺解	華英辞典	推定音価
づ　子	ʈʂï	cɯ, cɯz	cɯ, cɯz	tzŭ	dzi
吉	kiəi	☆	☆	chi	dzi

*/di/, */de/, */do/と共通に現れる音訳字、なし。

<用例>

○梅子利（みづいれ、水入れ）　○媚吉（みづ、水）

*/pu/に対応する部分に「夫、弗、混、福、花、呼」が現れる。

音訳字	中原音韻	朴通事諺解	老乞大諺解	華英辞典	推定音価
ふ　夫	fu	ɞu	☆	☆	ɸu
弗	fu	☆	☆	fu	ɸu

混	huən	☆	☆	☆	ɸu
福	fu	ɕu, ɕuʔ	ɕu, ɕuʔ	☆	ɸu
ふあ 花	hua	hoa	hoa	☆	ɸa
ふう 夫	fu	ɕu	☆	☆	ɸu
ふく 呼	hu	☆	☆	乎 hu	ɸu

<用例>

○帖夫（たいふ、大夫）　○弗欲（ふゆ、冬）　○混利（ふね、船）　○福的（ふりて、降りて）　○因喳饑花（みじかかんざし、いんちやじふあ？、短簪）　○呼趾（ふくし、副使）

「弗」は*/po/にも現れる。

○弗失（ほし、星）

*/bu/に対応する部分に「不、布、弗、答」が現れる。

音訳字	中原音韻	朴通事諺解	老乞大諺解	華英辞典	推定音価
ぶ 不	pu, fəu	☆	pu, puʔ	pu	bu
布	pu	pu	pu	pu	bu
弗	fu	☆	☆	fu	bu
ぶら 答	ta	☆	☆	☆	(n)da

*/bo/と共通に現れる音訳字、なし。

<用例>

○哈不毒（かぶと、兜）　○失布衣（しぶい、冬瓜）　○哈喇弗吉牙（かはらぶきや、瓦葺き家）　○庵答（あぶら、油）

*/su/に対応する部分に「子、巳、西、述、思、洗、息」が現れる。

音訳字	中原音韻	朴通事諺解	老乞大諺解	華英辞典	推定音価
す 子	ʈʂï	cɯ, cɯz	cɯ, cɯz	tzŭ	si
巳	ziei	☆	☆	☆	si
西	siəi	si	si	☆	si
述	ʧɪu	☆	☆	☆	si
思	sï	☆	sɯ, sɯz	ssŭ	si
洗	siɔi, sien	☆	sjɔn	☆	si
息	siəi	☆	☆	hsi	si
すい 西	siəi	si	si	☆	si

<用例>

○動子（どんす、緞子）　○蜜子哇答巳（みづわたす、水渡す、過水）　○西米（すみ、墨）　○薫述（ひんす、貧相？、貧乏）　○思密（すみ、墨）　○賒洗（さす？、鎖）　○息子利（すずり、硯）　○西殺（すいさ、酸いさ）

「子」は*/si/にも現れる。「述」は*/so/にも現れる。
○膜子（ぼうし、帽子）　○述奴班（そろばん、算盤）

*/zu/に対応する部分に「子」が現れる。

音訳字	中原音韻	朴通事諺解	老乞大諺解	華英辞典	推定音価
ず　子	ṭṣï	cɯ, cɯz	cɯ, cɯz	tzŭ	dzi

＜用例＞
○息子利（すずり、硯）

「子」は*/si/,*/ze/にも現れる。
○膜子（ぼうし、帽子）　○哈子（かぜ、風）

*/mu/に対応する部分に「木、母、慕、美」が現れる。

音訳字	中原音韻	朴通事諺解	老乞大諺解	華英辞典	推定音価
む　木	mu	mu, muʔ	mu, muʔ	mu	mu
母	mu	mu	mu	mu	mu
慕	mu	☆	☆	☆	mu
美	muəi	☆	☆	mei	mu

＜用例＞
○木喇殺吉（むらさき、紫）　○母拉（むら、村）　○慕穀（むこ、婿）　○美憂（むいか、六日）

「木、母」は*/mo/にも現れる。「美」は*/mi/,*/me/にも現れる。
○窟木（くも、雲）　○番子母（はんつんいも？、甘藷）　○喀察美（がさみ、蟹）
○美（め、目）

*/nu/に対応する部分に「奴」が現れる。

音訳字	中原音韻	朴通事諺解	老乞大諺解	華英辞典	推定音価
ぬ　奴	nu	nu	nu	nu	nu

＜用例＞
○奴奴（ぬの、布）

「奴」は*/no/にも現れる。
○木奴喀達里（ものがたり、物語）

*/ru/に対応する部分に「陸、魯、禮」が現れる。

音訳字	中原音韻	朴通事諺解	老乞大諺解	華英辞典	推定音価
る　陸	liu	☆	☆	☆	ru
魯	lu	☆	☆	☆	ru

る（り）禮	liəi	ri	☆	☆	ri

＜用例＞

〇攸陸（よる、夜）　〇花魯（はる、春）　〇奇失禮（きせる、煙管）

「魯」は*/ro/にも現れる。

〇窟魯殺（くろさ、黒さ）

*/ju/に対応する部分に「由、欲、堉」等が現れる。

音訳字	中原音韻	朴通事諺解	老乞大諺解	華英辞典	推定音価
ゆ　由	iəu	’iu	’u, ’iw	yu/you	ju
欲	iu	☆	☆	☆	ju
堉	育　iu	☆	☆	☆	ju

＜用例＞

〇麻由（まゆ、眉）　〇七欲（つゆ、露）　〇思子吉（ゆつぎ、油注ぎ）　〇堉格（ゆ（た）か、豊か）

「由」は*/jo/にも現れる。

〇由吉（よき、斧）

｛琉訳｝（1800 頃）

｛信｝｛見｝と同じく、*/u/に対応する部分に現れる音訳字のほとんどが*/o/に対応する部分にも現れる。

/o/が/u/に移行していたことを物語る。これは、*/u/の音価が[o]等であったということを意味するのではない。音訳字の「古事書類の音」を見ると、*/o/の音価が*/u/のそれと同じになっていた、即ち[u]になっていたということがわかる。

*/tu/, */du/, */su/, */zu/においては母音にも変化が及び、それぞれ[tsi], [dzi], [si], [dzi]となっていると解される。それぞれの項参照。

＜音訳字＞

*/ku/に対応する部分に「古、骨、屈、枯、姑、苦、科、哥、克、邱、空、枋、哭、胶、弧、鬼、瓜、寡、國、豁、渴、華、乖、怪、柯、喀、噶、我、光、貫、寬、公、宮」等が現れる。

代表例について「古辞書類の音」を示す。

音訳字	中原音韻	朴通事諺解	老乞大諺解	華英辞典	推定音価
く　古	ku	ku	☆	ku	ku
骨	ku	ku, kuʔ	ku, kuʔ	ku	ku
枯	k‘u	☆	☆	k‘u	ku
姑	ku	☆	ku	ku	ku
苦	ku	khu	☆	k‘u	ku
科	k‘o	☆	☆	k‘o	ku

克	k ‘o	☆	☆	☆	kʊ
空	k ‘oŋ	khoŋ, khuŋ	☆	k‘unŋ	ku
哭	k ‘u	☆	☆	k‘u	ku
弧	ku	☆	☆	☆	ku
寡	kua	☆	☆	kwa	kkwa
乖	kuai	☆	☆	☆	kwa
光	kuaŋ	koaŋ	koaŋ	☆	kwaɴ

＜用例＞

○古煞力（くさり、鎖）＜鐺＞　○以古撒（いくさ、戦）＜軍＞　○骨木（くも、雲）＜雲＞　○屈蘇里（くすり、薬）＜薬＞　○枯徂（くじふ、九十）＜九十＞　○枯雀姑（くじやく、孔雀）＜孔雀＞　○苦力（くれ、暮れ）＜日晡＞　○科必（くび、首）＜首＞　○哥比喀雑里（くびかざり、首飾り）＜首飾＞　○克培（くぶ、貝？）＜蛤蠣＞　○邱致（くひて、食ひて）＜咬人＞　○空不中（くぼむ、窪む）＜凹＞　○枋浪其（くらげ、海月）＜鮓＞　○哭羅雞（くろき、黒木）＜烏木＞　○胶闌堵迷（くろずむ、黒染む）＜紫＞　○坤軋弧（こんにやく、蒟蒻）＜芋羹＞　○及鬼木石（きくひむし、木食ひ虫）＜蝤＞　○麻瓜（まくら、枕）＜枕＞　○及古寡（きくくわ、菊花）＜菊花＞　○國（くわ、鍬）＜鍬＞　○豁一（くわえ、桑江）＜桑江＞　○豁及（くわき、桑木）＜桑＞　○渇夫是（くわほうす、果報す？）＜多謝＞　○茶華古（さふくわこ、挿花褌）＜挿花褌＞　○木一乖（まつりくわ、茉莉花）＜茉莉＞　○怪羅（くわいらう、回廊）＜迴廊＞　○柯（くわう）○喀（くわう）　○噶（くわう）　○我（くわう）　○光（くわん）　○貫（くわん）○寛醋（くわんえき、館駅）＜館驛＞　○公公（くんくん、君君）＜君君＞　○六宮（りうくん、隆勲）＜隆勲＞

*/gu/に対応する部分に「古、骨、姑、吾、歸、龜、括、怪、胶、光、公」等が現れる。

代表例について「古辞書類の音」を示す。

音訳字	中原音韻	朴通事諺解	老乞大諺解	華英辞典	推定音価
ぐ　古	ku	ku	☆	☆	gu
吾	u	五　’u	五　’u	五　’u	gu
括	kuo	☆	☆	☆	gwa

＜用例＞

○以獨古直（いちぐち、糸口）＜緒＞　○法麻古力（はまぐり、蛤）＜蛤蚌蠙蛟＞　○骨昔骨（ぐすく、城）＜城郭＞　○由那姑呢（よなぐに、与那国）＜与那国＞　○漫思吾（ますぐ、真直ぐ）＜平身＞　○答歸（たぐひ、類ひ）＜逑＞　○撒歸以答撒即（さぐりいださず、探り出ださず）＜捜不出＞　○惟迷龜（みみぐり？、耳栗？、木耳）＜木耳＞　○括子（ぐわつ、月）＜月＞　○叔奇怪石（しゆきぐわいし、主稿外史）＜主稿外史＞　○胶胶（ぐわんぐわん、＜擬声語＞？）＜鑼＞　○光日即（ぐわんじつ、元日）＜元日＞　○公（ぐん、郡）＜郡＞

*/tu/に対応する部分に「即、及、子、獨、俗、情、施、息、周、午、速、几、七、之、節、疾、晒、叔、都、主、朱、活、喇、力」等が現れる。

代表例について「古辞書類の音」を示す。

音訳字	中原音韻	朴通事諺解	老乞大諺解	華英辞典	推定音価
つ　即	tsiəi	ci, ciʔ	☆	chi	tsi
子	tsï	cɯ, cɯz	cɯ, cɯz	tzŭ	tsi
速	su	☆	☆	☆	tsï
七	ts ʻiəi	chi, chiʔ	chi, chiʔ	chʻi	tsi
之	ʈʂ ʻï	cɯ, cɯz	cɯ, cɯz	chï	tsiː
都	tu	☆	☆	tu/tou	tsï

＜用例＞

「及」は、「き、ち、つ」に現れる。

○即即米（つつみ、包）＜囊韜＞　○一即即（いつつ、五つ）＜五伍＞　○阿喀及即（あかつき、暁）＜瞳曨＞　○子奴（つる、弦）＜弦＞　○古獨（くつ、朽つ）＜蠹朽事＞（獨は、多くは「と」で現れる）　○以獨俗木古（いとつむぐ、糸紡ぐ）＜紡線＞　○痛情納舎（せつなし？、切なし？）＜悶＞　○司眉日施（せんべつ、餞別）＜下程＞　○答息（たつ、裁つ）＜裁＞　○周維（つい、対）＜兩＞　○午日奴（つづる、綴る）＜衲＞　○速都密即（つとめて、夙めて、早朝）＜早起＞　○喀那失几（はなしつ？、鼻疾？）＜傷風＞　○法那七（はなつ？、放つ？）＜殺米栽＞　○米之泥（みつに、密に）＜不語＞　○光晒（くわんさつ、観察）＜觀察＞　○叔神（しゆつせん、出船）＜開船＞　○石力及都昴（しれきつうじ、司歴通事）＜司歴通事＞　○喀竹（かつう？、嘉津宇？）＜楚岳＞　○即牙息（つひやす、費す）＜費＞　○兆煞奴主煞（ひあさのつよさ、冷さの強さ）＜太冷＞　○阿即煞奴朱煞（あつさのつよさ、暑さの強さ）＜太熱＞　○活見（ほつけん、北絹）＜絹＞　○喇著（らつきう、辣韮）＜蕎＞　○力喀（りつか、立夏）＜立夏＞

*/du/に対応する部分に「即、獨、之、日、子、竹、宗」等が現れる。

代表例について「古辞書類の音」を示す。

音訳字	中原音韻	朴通事諺解	老乞大諺解	華英辞典	推定音価
づ　子	tsï	☆	☆	tzŭ	dzi

＜用例＞

○一喀即及（いかづち、雷）＜靋靂＞　○米即（みづ、水）＜水＞　○許獨禄（ひいづる、秀づる）＜秀＞　○僻那麻之記（ひざまづき、跪き）＜跪＞　○午日奴（つづる、綴る）＜衲＞　○血子答麻（みづたま、水玉、水晶）＜水晶＞　○答竹你禄（たづねる、尋ねる）＜尋＞　○一宗雑及（いづみざき、泉崎、イジュンザチ？）＜泉崎＞

*/pu/に対応する部分に「父、福、服、甫、不、府、弗、佛、分、武、午、由、手、阿、窩、枉、哥、枯、鳩、著、煞、茶、書、徂、執、収、孰、如、説、蘇、答、多、礁、獨、都、納、奴、怒、牛、我、博、父、回、抵、木、憂、那、禮、落、禄、六」等が現れる。

代表例について「古辞書類の音」を示す。

音訳字	中原音韻	朴通事諺解	老乞大諺解	華英辞典	推定音価
ふ　福	fu	ɞu, ɞuʔ	ɞu, ɞuʔ	fu	ɸu

＜用例＞

○父古禄（ふくろ、袋）＜嚢槖幐＞　○阿父禄（あふる、溢る）＜瀲灩＞　○福及禄（ふける、更ける）＜更＞　○服的（ふで、筆）＜筆＞　○甫答即（ふたつ、二つ）＜隻隻＞　○古禄不（くるふ、狂ふ）＜猗＞　○叔府（ちよふ、儲傳）＜儲傳＞　○弗答（ふた、蓋）＜扁＞　○一那佛骨（いなふく、稲福）＜稲福＞　○分許獨（ふびと、史）＜史＞　○喀喇阿武一（からあふひ、唐葵？）＜茂＞　○阿午一（あふひ、葵）＜葵＞　○一由（いふ、言ふ）＜瀆謂＞　○古手答（こふだ、小札）＜札＞　○阿（あふ、会ふ）＜「阿」は、ほとんどは「あ」＞＜遇＞　○窩（あふ、会ふ）＜會＞　○枉其（あふぎ、扇）＜扇＞　○煞及哥（さけかふ、酒買ふ）＜「哥」ほとんどは「か」＞＜醵＞　○席枯（すくふ、救ふ）＜救＞　○鳩（けふ、今日）＜今日＞　○著即古多（けふちくたう、夾竹桃）＜竹桃＞　○喀著（かぞふ、数ふ）＜算＞　○的即煞（てつさふ、鉄鍤）＜鐵鍤＞　○茶華古（さふくわこ、挿花褌）＜挿花褌＞　○武書（をしふ、教ふ）＜教＞　○由武収（ようをしふ、良う教ふ）＜誨訓＞　○枯徂（くじふ、九十）＜九十＞　○執買毎（じふもんめ、十匁）＜一兩＞　○麻孰獨石（まんじふとし、万十歳）＜萬歳＞　○宜如法叔古（にじふはちしゆく、二十八宿）＜二十八宿＞　○説（せふ、妾）＜妾＞　○阿喇蘇（あらそふ、争ふ）＜争＞　○答（たふ）＜答＞　○石多（したふ、慕ふ）＜戀＞　○烏礁（うたふ、歌ふ）＜唱曲＞　○牙獨（やとふ、雇ふ）＜雇＞　○牙都やとふ、雇ふ）＜傭＞　○阿喀納（あがなふ、償ふ）＜償＞　○武及奴（おぎなふ、補ふ）＜彌補＞　○及奴（きのふ、昨日）＜繰緋緯芒昨＞　○怒（ぬふ、縫ふ）＜縫＞　○及牛（きのふ、昨日）＜昨日＞　○古我（くはふ、加ふ）＜加＞　○武博（うばふ、奪ふ）＜奪＞　○泊父（ばうふう、防風）＜防風＞　○火（ふう、缶）＜缶＞（「缶」は「かま」）　○回（ふえ、笛）＜笛＞　○抵即（ふてつ、一つ）＜一壹＞　○武木（おもふ、思ふ）＜想惟思念＞　○答答憂（ただよふ、漂ふ）＜漂＞　○那日即（らふじつ、臘日）＜臘日＞　○禮思古苔（らふそくだい、蝋燭台）＜燭簽＞　○及落（きらふ、嫌ふ）＜憚＞　○喀及落（かげろふ、蜉蝣）＜蜉蝣＞　○福禄（ふるふ、震ふ）＜ほとんどは「る」＞＜震＞　○三寧宜一子武六（さんねんにいちうるふ、三年に一閏）＜ほとんどは「る、ろ」＞＜三年一閏＞

*/bu/に対応する部分に「不、父、布、甫、波、莫、五、木、楊、奔、忘」等が現れる。

代表例について「古辞書類の音」を示す。

音訳字	中原音韻	朴通事諺解	老乞大諺解	華英辞典	推定音価
ぶ　不	pu, fəu	☆	pu, puʔ	pu	bu

布	pu	pu	pu	pu	bu
波	po	po, puɔ	☆	☆	bu

<用例>

○不答（ぶた、豚）<豕>　○喀不獨（かぶと、甲）<介>　○阿父喇（あぶら、油）<膩>　○飄布（びやうぶ、屏風）<屏風>　○仁甫（ぜんぶ、膳夫）<膳夫>　○你波（にぶ、柄杓）<勺>　○答莫（たぶ、賜ぶ）<頒>　○彌五（にぶ、柄杓）<瓢>　○公武木席木（こんをむすぶ、婚を結ぶ）<結婚>　○及楊（（きやぶ、喜屋武）<喜屋武>　○書奔（しうぶん、秋分）<秋分>　○皮買之忘満之故知（ひるじぶんまぢかし、昼時分間近し？）<燒火煮飯>

*/su/に対応する部分に「息、席、即、昔、石、司、思、蘇、酥、送、轉、叔、靴、什、子、舡、時、世、惜、尸、洗、西、主、悉、席、尋、星」等が現れる。

代表例について「古辞書類の音」を示す。

音訳字	中原音韻	朴通事諺解	老乞大諺解	華英辞典	推定音価
す　息	siəi	☆	☆	hsi	si
司	sï	sɯ, sɯz	伺 chɯ, sɯz	ssŭ	sɪ
思	sï	☆	sɯ, sɯz	ssŭ	si
子	tṣï	cɯ, cɯz	cɯ, cɯz	tzŭ	si
洗	siɔi, sien	☆	sjɔn	☆	si
西	siəi	si	si	☆	si

<用例>

○息答力（すだれ、簾）<箔>　○武息直奴（うすぎぬ、薄衣、襦）<襦>　○席答里（すだれ、簾）<簾>　○喀即（かす、糟）<糟粕>　○昔那必（すなべ、砂辺）<砂邊>　○木米息力武石（もみすりうす、籾擦り臼）<磨礱>　○司哇（すわう、蘇芳）<蘇木>　○思眉喀其（すみかき、墨書き）<寫字>　○屈蘇里（くすり、薬）<薬材>　○拿達武都酥（なみだおとす、涙落とす）<流泪>　○送姑（すぐ、直ぐ）<直>　○轉諸識之（すべてしりて、全て知りて）<都曉得>　○叔必禄（すべる、統る）<帥統>　○靴羅買（すらまへ、父前）<爹>　○讀什奴拿喀（どすのなか、友の仲）<朋友之間>　○動子（どんす、緞子）<緞>　○凹舡脾（なすび、茄子）<茄>　○板時（はぬす、甘藷）<薯>　○平禄不世（ほろぼす、滅ぼす）<滅>　○馬惜（ます、枡）<筲>　○由六尸（ゆるす、許す）<放下>　○勿洗（うすい、雨水）<雨水>　○几西（こすい、胡荽？、香荽？）<蔢荽>　○主（すう）　○悉（すゑ、末）<柄>　○席（すゑ、末）<末>　○尋（すん、寸）<寸>　○牙星即（やすんず、安んず）<康>　○喀古江（かくす、隠す、カクスン）<隠藏>

*/zu/に対応する部分に「即、席、息、瑞、説、直、治、足、阻、昔」等が現れる。

代表例について「古辞書類の音」を示す。

音訳字	中原音韻	朴通事諺解	老乞大諺解	華英辞典	推定音価
即	tsiəi	ci, ciʔ	☆	chi	dzi

息	siəi	☆	☆	hsi	dzi
直	ʧɪəi	☆	ci, cciʔ	☆	dzi
足	tsiu	☆	☆	☆	dzi
昔	siəi	☆	☆	hsi	dzi

＜用例＞

○即巾（ずきん、頭巾）＜頭巾＞　○麻由席米（まゆずみ、黛）＜黛＞　○息息直（すずき、鱸）＜鱸＞　○答麼瑞綃（たまずし、玉厨子）＜璽＞　○説（ゆず、柚）＜橙＞（「ゆ」相当の音訳字脱落か。）　○古直力（くずれ、崩れ）＜玦＞　○鴨其治泥（あけずに、開けずに）＜莫開＞　○一足米（いずみ、伊豆味）＜伊豆味＞　○屐其阻（かぎかけず、鍵掛けず）＜門未鎖＞　○虚昔牙麻（ひずやま、ひず山）＜峐＞

＊/mu/に対応する部分に「木、武、母、不、福、父、姆、模、迷、波、拇、致、感、送」が現れる。

代表例について「古辞書類の音」を示す。

音訳字		中原音韻	朴通事諺解	老乞大諺解	華英辞典	推定音価
む	木	mu	mu, muʔ	mu, muʔ	mu	mu
	母	mu	mu	mu	mu	mu
	姆	mu	☆	☆	mu	mu
	波	po	☆	☆	☆	bu

＜用例＞

○木石（むし、虫）＜蟲＞　○及木里（けむり、煙）＜烟＞　○武石禄（むしろ、筵）＜茀＞　○阿石奴古母喇（あしのこむら、足の腓）＜跗脛踝＞　○不直（むち、鞭）＜笞＞　○答瓦福禄（たはむる、戯る）＜戯＞　○答瓦父禄（たはむる、戯る）＜謔＞　○阿姆買（あむまへ、母前）＜娘＞　○喀模（かむ、噛む）＜齩＞　○胶闌堵迷（くろぞむ）＜紫＞　○三波提（さむらひ、侍？）＜公子＞　○拇即（むつ、六つ）＜六＞　○羊致（よむ、読む、数む）＜數物＞　○那感打喀禮（なかむらかり、仲村渠）＜中村渠＞　○送喀（さむかは、寒川）＜寒川＞

＊/nu/に対応する部分に「奴、臚、軽、衾、琴、金、當、濫、蘭、覧、闌」等が現れる。

代表例について「古辞書類の音」を示す。

音訳字		中原音韻	朴通事諺解	老乞大諺解	華英辞典	推定音価
ぬ	奴	nu	nu	nu	nu	nu

＜用例＞

○奴奴（ぬの、布）＜布＞　○以奴（いぬ、犬）＜犬狗＞　○及奴（きぬ、衣）＜袍＞　○及奴（きぬ、絹）＜帛＞　○由臚臚識（よのぬし、世の主）＜聖旨＞　○軽（きぬ、衣）＜衣＞　○衾（きぬ、衣）＜衣裳＞　○阿米琴（あびぎぬ、浴衣）＜汗衫＞　○喀金（かはぎぬ、皮衣）＜裘＞　○牙公答當（やくもたたぬ、役も立たぬ、ヤクン　タタン）＜没搭煞＞　○濫（らぬ）　○喀密雑宜一蘭（かみざにゐらぬ、上座に座らぬ？）＜不敢僭

坐＞　○拏覧（ならぬ、成らぬ）＜不便＞　○烏蘭（をらぬ、居らぬ）＜不在家＞

＊/ru/に対応する部分に「禄、羅、奴、呂、徒、廬、六、晩」等が現れる。
代表例について「古辞書類の音」を示す。

音訳字	中原音韻	朴通事諺解	老乞大諺解	華英辞典	推定音価	備　考
る　禄	lu	☆	☆	lu	ru	
羅	lo	ro, rɔ	ro, rɔ	lo	ru	
奴	nu	nu	nu	nu	ru	r−n
徒	t ‘u	☆	☆	☆	ru	r−d

＜用例＞

○由禄（よる、夜）＜夜間＞　○阿許禄（あひる、家鴨）＜鴨＞　○喀羅煞（かるさ、軽さ）＜輕＞　○午日奴（つづる、綴る）＜衲＞　○巴梯呂麻（はてるま、波照間）＜波照間＞　○非徒（ひる、蒜）＜蒜＞　○鄙廬木舎（ひるまさ、珍さ）＜古怪＞　○由六尸（ゆるし、許し）＜放下＞　○三寧宜一子武六（さんねんにいちうるふ、三年に一閏）＜三年一閏＞　○一子晩那（いつわるな、偽るな）＜莫説誑＞

Ⅳ－１－⑴－⑤　＊／o／

{仲里}（1703 頃）

原則的には「オ段の仮名」で表記されているが、＊/u/のところで見たことの表裏関係として、次に示すように、「オ段の仮名」であるべきところに「ウ段の仮名」が当てられていることがある。＊/o/が＊/u/に移行していたことを物語る。これは、＊/u/の音価が[o]等であったということを意味するのではない。漢字資料がそのことを示している。＊/o/の音価が＊/u/のそれと同じになっていた、即ち[u]になっていたということである。

○くめて（こめて、込めて）　○ふれくわ（ふれこ、狂れ子）
○てぐいの（てごひの、手乞ひの）
○ほさつのふ（ぼさつのほ、菩薩の穂）　○なふす（なほす、直す）
○安谷屋つぶ（あだにやつぼ、安谷屋壷）
○みまふやうちへ（みまもりやうちへ、見守りやうちへ）　○酒むり（さけもり、酒盛り）
○そるいて（揃いて）　○どる（どろ、泥）

＜用例＞

○ここし（小腰）　○こころ生（心生まれ、立派に生まれ）　○こがねぐち（黄金口、港の美称）　○このだる（工だる）；　○かねまごと（かね真言）　○なごなごと（和なごと、和やかに）；　○とこゑ（十声）　○ととみ（留め）　○とよむ（響む、有名な）　○まひと（真人？）　○みなとかしら（港頭）；　○どる（泥）　○ととみ（留み）　○みやがどまい（みやが泊い）；　○ほこらしや（誇らしや）　○ほくれ（誇れ）　○しまがほう（島果報）；　○ほさつのふ（菩薩の穂）　○おたぼいめしよわれ（御給い召しよわれ）　○門もり（門守）　○かなもり（金杜）　○かみしも（か上下）；　○のだてる（宣立てる）　○のろちかい（神女誓い）　○みみながの司（耳長の司）　○このだる（工だる）；　○くろいし森（黒石森）　○おもろしや（おもろ為手）　○こころ（心）　○おれぐち（下れ口）　○そるいて（揃いて）　○どる（どろ、泥）；　○よがほう（世果報）　○よね（米、雨粒、砂）　○よりかけ（寄り掛け）　○あよくら（肝暗）；　○をなが（尾長）　○なをや（何）

{混}（1711）

{仲里}と同じく、原則的には「オ段の仮名」で表記されているが、*/u/のところで見たことの表裏関係として、次に示すように、「オ段の仮名」であるべきところに「ウ段の仮名」が当てられていることがある。*/o/が*/u/に移行していたことを物語る。これは、*/u/の音価が[o]等であったということを意味するのではない。漢字資料がそのことを示している。*/o/の音価が*/u/のそれと同じになっていた、即ち[u]になっていたということである。

○みすか言（みそか言、密言）　○くぶ（蜘蛛、くも）　○むむじり（ももじり、桃尻）＜「やまもも（楊梅、山桃）」の例あり＞　○さへむ（さへも）

＜用例＞

○こかね（黄金）　○こかねくち（黄金口）　○こぞ（去年）　○こてい（特牛）　○ことし（今年）　○こゑたつき（越た月）　○こんつき（今月）　○いしらこ（石）　○てたこ（太陽子、帝）　○ところ（墓）　○めつらこゑ（珍ら声）；　○ごま（胡麻）　○いしなこ（石）　○つこもり（晦日）；　○とかむる（咎むる）　○ところ（墓）　○とじ（女房、刀自）　○ともまさり（艫勝り？、船）　○とももそ（十百人）　○とももと（十百年）　○うゐとぢ（初婦）　○うゐをと（初夫）　○おこと（御言葉）　○おとうろ（御燈籠、御行燈）　○おとくぼん（御徳盆）　○ことし（今年）　○ももと（百年）　やまと旅（大和旅）；　○どまんくい（周章まぐり）　○あけどま（明日）　○あさどら（早朝）　○あさどれ（朝凪）　○おとろかす（驚かす）　○まとろむ（微睡む）　○夕とれ（夕凪）　○よとむ（淀む）　○よもとり（雀）；　○ほこ（鋒）　○ほこらしや（誇らしや）　○おほね（大根）　○おほみおどん（大美御殿）　○しほからさ（鹹さ）　○をほう（返答の言葉）；　○おぼい（水）　○おりほしや（居り欲しや）　○こぼるる（溢るる）　○つほる（瓢）　○とぼし（松明、ともし？灯し？）　○まほろし（幻）；　○そそ（裾）　○そだて（育て）　○おさすのそば（御鎖之側）；　○おそれい（菜皿）　○くそくはい（糞食はい、クシャミの時の呪い言）　○くそし（医師）　○みおそへさし（御副差）　○みそかけ（衣架）　○ももそ（百人）　○やそ（八十）；　○こぞ（去年）　○ゑぞこ（船）；　○もだい（悶い）　○もつくり（耕作）　○ももそ（百人）　○ももと（百年）　○おもひなかす（思ひ流す）　○きもちやさ（肝痛さ、痛腸の心）　○首里もりくすく（首里森城、首里王城）　○やまもも（楊梅、山桃）；　○のり（絹粥）　○のろふ（呪ふ）

○のろへ（祝部）　○みおみのけ（言上）　○らんのはな（蘭の花）；　○あけもとろのはな（早朝花）　○おとうろ（御行燈、御燈籠）　○おとろかす（驚かす）　○かうろく豆（本大豆）　○しろかね（錫）　○しろはせやきぬ（白朝衣）　○ところ（墓）　○のろふ（呪ふ）　○ましろ（真白）　○まほろし（幻）；　○よあすたへ（世長老部、三司官）　○よどむ（淀む）　○よね（米）　○よべ（夕部）　○よも鳥（雀）　○あよ（肝）　○およぎ（御宿衣、御夜着）　○きよけ（清毛）　○きよらさ（清らさ）　○しよれば（しおれば）；　○をつてい（一昨日）　○をとけもの（放広者）　○をふなべ（よふなべ、夜職）　○をり（居り）　○おめをつと（弟）＜思ひ弟＞

｛琉由｝（1713）

基本的には「オ段の仮名」で表記されるが、「オ段の仮名」で表記されるべきものが、「ウ段の仮名」で表記されている例が見られる。条件、理由等｛仲里｝｛混｝に準じる。

○ヨクツナノ嶽　（よこつなのたけ、横綱の嶽？）
○スグロクノ嶽　（すごろくの嶽）
○島ナフシ（島なほし）　○年ナフリ（年なほり）
○イヌリノ嶽　（いのりの嶽）

＜用例＞

○コガネ九年母　○コシアテ森　○ウマノコ　○大ヤコモイ　○カネコ世ノ主　○君ホコリ　○フカソコ嶽

○アナゴ姥　○石ダゴノ御イベ　○イシラゴノ嶽　○カゴ御門　○神アヤゴ　○下ゴヲリ　○多和田マキウネゴンコダマノ火鉢　○ナゴノ殿　○ヲゴノ御嶽

○トノ　○トマリ御待所　○豊見トモソヘ豊見キナキ　○トヨミノ御イベ　○トンボウ　○イトサケノ嶽　○オモトアルジ　○オモト嵩　○タモト座　○ブト川

○祈願立ホドキ　○シジカドノ　○シマネドミ　○セド神　○ヘドノヒヤ　○マフンドノ　○ワカドノ嶽　○ヱケドン御嶽

○ホバナ嶽　○ホンカワラ　○イホ崎　○オホガネコノ嶽　○君ホコリ　○シホバナ司　○世ガホウ

○オボルコウ屋敷　○カナヒヤボノトノ　○氷ボト潰　○サシボ　○トボシ　○トンボウ　○ナンダイボサツ　○ノボリ　○ヱボシ川

○ソコモリノ御イベ　○ソデタレ御嶽　○ソノヒヤブ御嶽　○ソントンノ御イベ　○アソビ　○イソヅカサ　○神ソネノ御イベ　○フカソコ嶽　○ミモノトモソイ　○ヲソコ川

○アマミゾ嶽　○イゾミガナシ　○ウケミゾハリ水　○カナゾメ親雲上　○カメゾ　○玉城ヲケミゾ

○モチヅキ　○モリカサノ御イベ　○石モリノ御イベ　○オモカサノ嶽　○オモロ　○キマモノ　○キミマモノ　○君マモノ　○シモ門嶽　○田イモ　○ナカモト森

○ノケンノ殿　○ノシテダ　○ノダテゴト　○ノハナジ殿　○野甫ノロ火神
○ノボリ　○ノマイ物　○ノムヂ嶽　○ノロ　○ウマノコ　○ウエノ嶽
○キンマモノ　○ソノヒヤブ　○トノ　○中ノロ火神
○赤イロ目宮鳥御嶽　○オモロ　○具志川ノロ　○クロガネ　○シロカネ嶽
○トヾロキノ嶽　○マシロ大アルジ　○ヤクロ河ヲシロマシ
○ヲカ御嶽　○ヲシアゲ森　○ヲナリ　○アヲリ岳　○川ヲレ　○下ゴヲリ
○泊ヲヒヤ屋敷　○浜ヲギ　○ミヲヤ地

{信}(1721)

/u/のところで見たように、/u/相当部分と*/o/相当部分とに同一の音訳字の現れる頻度が高い。前述したごとく、*/o/が*/u/に移行していたことを物語る。これは、*/u/の音価が[o]等であったということを意味するのではない。音訳字の「古事書類の音」を見ると、*/o/の音価が*/u/のそれと同じになっていた、即ち[u]になっていたということがわかる。

<音訳字>

*/ko/に対応する部分に「噶、可、科、過、各、括、曲、窟、古、姑、孤、枯、誇、孔、梗、克、谷、哥、哭、嘸、沽、脚、古、滑、公」等が現れる。

音訳字	中原音韻	朴通事諺解	老乞大諺解	華英辞典	推定音価
こ　噶	葛　ko	☆	☆	ka	kʊ
可	k ‘o	☆	☆	☆	kʊ
科	k ‘o	☆	☆	k ‘o	kʊ
過	kuo	☆	☆	☆	kʊ
各	ko	kɔ, kɔʙ	kɔ, kaw	☆	kʊ
括	kuo	☆	☆	☆	kʊ
曲	k ‘iu	khju, khjuʔ	☆	☆	kʊ
窟	k ‘u	khu, khuʔ	☆	☆	ku
古	ku	ku	☆	ku	ku
姑	ku	☆	ku	☆	ku
孤	ku	☆	☆	k ‘u	ku
枯	k ‘u	☆	☆	☆	ku
誇	k ‘ua	☆	☆	☆	kwa
孔	k ‘oŋ	☆	☆	☆	kʊŋ
梗	kəŋ	☆	☆	☆	kʊ
克	k ‘o	☆	☆	☆	kʊ
谷	ku	☆	☆	☆	ku
哥	ko	☆	ko	☆	kʊ
哭	k ‘u	☆	☆	☆	ku
嘸	wu	☆	☆	☆	ku

沽	ku	☆	☆	☆	ku
脚	kiau	☆	kjo, kjaʙ	ku	ku
古	ku	☆	☆	☆	ku
こえ　滑	hua, ku	☆	☆	☆	kwi
こん　公	koŋ	☆	kuŋ	kʊɴ	kʊɴ

＜用例＞

○噶喀泥（こがね、黄金）　○可木（こめ、米）　○科過碌子（ここのつ、九つ）　○科過碌子（ここのつ、九つ）　○活各力（ほこり、埃、灰）　○括（こ、こら、子、子等）　○曲尸（こし、腰）　○窟之（こち、東）　○之搭之哭古魯（ついたちここの（か））、初九日）　○母姑（むこ、婿）　○塔八孤（たばこ、煙草）　○枯軋膩（こがね、黄金）　○誇（こ、子）　○孔加泥麻佳里（こがねまかり、金碗）　○客梗（くこ、枸杞）　○克搭里（こだらひ、小盥）　○谷亦里（こほり、氷）　○福法名（ふばこ、文箱）　○哥八（はこ、箱）（音訳字逆転）　○之搭之哭古魯（ついたちここの（か））、初九日）　○嗎什的（こしあて、腰当）　○由(ママ)沽辣舎（ほこらさ、誇）　○倭眉脚都司墨（おみことすみ、御御言墨）　○滑的（こえて、肥えて）　○菱公（れんこん、蓮根）

「科、窟、古、枯、谷、哭、沽」は*/ku/にも現れる。

○科必（くび、首）　○窟碌喀膩（くろがね、鉄）　○枯木（くも、雲）　○谷殺（くさ、草）　○哭羅雞（くろき、黒木）　○沽（く、来）

○會几噶（ゑきが、男）

*/go/に対応する部分に「噶、唔、荷、古、姑、吾、谷、歸」等が現れる。

音訳字	中原音韻	朴通事諺解	老乞大諺解	華英辞典	推定音価
ご　噶	葛　ko	☆	☆	ka	gʊ
唔	u	五　'u	五　'u	☆	gu
荷	ho	☆	☆	☆	gʊ
古	ku	ku	☆	ku	gu
姑	ku	☆	ku	ku	gu
吾	u	五　'u	五　'u	☆	gu
谷	ku	☆	☆	☆	gu
ごひ　歸	kuəi	☆	☆	☆	gwi

*/gu/と共通の音訳字、なし。

＜用例＞

○姆馬噶（おまご、御孫）　○喀唔（はしご、梯子）　○右（ご、碁）　○古祖（ごじふ、五十）　○姑泥子（ごにち、五日）　○吾買毎（ごもんめ、五匁）　○谷多（ごどう、梧桐）　○畏之謾歸（おいとまごひ、御暇請）

*/to/に対応する部分に「拖、多、抵、吐、都、度、土、之、啚、宅、周、忒、禿、朶、虧、掐、土、推、椛、冬」が現れる。

音訳字	中原音韻	朴通事諺解	老乞大諺解	華英辞典	推定音価
と　拖	t ‘o	tho, thɔ	tho, thɔ	☆	tʊ
多	tuo	to, tɔ	to, tɔ	☆	tʊ
抵	tiəi	☆	低　ti	☆	tu
吐	t ‘u	☆	☆	t ‘u	tu
都	tu	tu	tu	tu/tou	tu
度	tu, to	☆	☆	tu	tʊ
土	t ‘u	thu	thu	t ‘u	tu
之	ʈʂ ‘ï	cɯ, cɯz	cɯ, cɯz	☆	tsi
啚	t ‘u	☆	☆	☆	tu
宅	ʈʂai	☆	☆	☆	tu
周	ʧɪəu	ciu, ciw	ciu, ciw	☆	ʧu
忒	t ‘ə	☆	☆	☆	tu
とう　禿	t ‘u	thu, thuʔ	☆	☆	tʊ::
朶	tuo	☆	☆	☆	tʊ::
とくり　虧	☆	khui	khui	☆	tukkui
との　掐	t ‘au	☆	☆	☆	tun
とほ　土	t ‘u	thu	thu	☆	tʊ::
とり　推	t ‘uəi	☆	☆	☆	tuji
とを　椛	t ‘o	tho, thɔ	tho, thɔ	☆	tʊ::
冬	toŋ	tuŋ	tuŋ	☆	tʊːɴ

<用例>

○拖厨（とじ、妻）　○多式（とし、年）　○抵子密之（とぢみちて、閉満）　○吐吉（とき、時）　○速都密的（つとめて、夙めて）　○密乃度（みなと、港）　○土拉（とら、虎）　○畏之謾歸（おいとまごひ、御暇請）　○速啚堦枚（つとめて、早朝）　○宅喇（とら、虎）　○亦周（いと、絹）　○失忒（すと、畚箕）　○禿羅（とうろう、燈籠）　○雞朶（けいとう、鶏頭、鶏冠）　○虧奴（とくりの、徳利の）　○掐几（とのうち、殿内）　○土殺迷（とほさみ?、遠さみ?）　○推（とり、鶏）　○椛（とを、十）　○福冬（ふとん、布団）

「多、都、之」は*/tu/にも現れる。

○那多乜（なつめ、棗）　○達都（たつ、龍）　○約之（なつ、夏）

*/do/に対応する部分に「札、多、都、圖、獨、度、掐、動」が現れる。

音訳字	中原音韻	朴通事諺解	老乞大諺解	華英辞典	推定音価
ど　札	ʈʂa	☆	☆	☆	dʊ
多	tuo	to, tɔ	to, tɔ	☆	dʊ

都	tu	tu	tu	tu/tou	du
圖	t ‘u	☆	☆	☆	du
獨	tu	tu, ttuʔ	☆	tu	du
どう　度	tu, to	☆	☆	tu	dʊ：
掐	t ‘au	☆	☆	☆	dʊ：
どん　動	toŋ	tuŋ,　ttuŋ	tuŋ,　ttuŋ	☆	dʊɴ

*/du/と共通の音訳字、なし。

<用例>

○閑札古（ねどこ、寝床）　○由門多里（よもどり、雀）　○馬都（まど、窓）　○謾圖（まど、暇）　○耶獨（やど、宿）　○度（どう、胴）　○掐韃（どうた？、胴達、自分達）　○動子（どんす、緞子）

*/po/に対応する部分に「火、賀、活、谷、夫、布、卜、由、哭、虎、呼、活」等が現れる。

音訳字	中原音韻	朴通事諺解	老乞大諺解	華英辞典	推定音価
ほ　火	huo	☆	☆	hwo/ho	ho
賀	ho	☆	☆	☆	ho
活	huo	☆	ho, hhuɔʔ	☆	ho
谷	ku	☆	☆	☆	ɸu
夫	fu	☆	☆	☆	ɸu
布	pu	☆	pu	☆	ɸu
卜	pu	☆	☆	☆	ɸu
由	iəu	☆	☆	☆	?
哭	k ‘	☆	☆	☆	ɸu
虎	hu	☆	☆	☆	ɸu
ほう　呼	hu	☆	☆	乎 hu	ɸu
ほつ　活	huo	☆	☆	☆	ɸu

*/pu/と共通の音訳字、なし。

<用例>

○屋火殺（おほさ、多さ）　○賀的（ほでり、稲妻、電）　○活各力（ほこり、埃）
○谷古里（ほこり？、誇？）　○夫失（ほし、星）　○什布喀殺（しほからさ、塩辛）
○温卜姑里（御誇）　○由沽辣舎（ほこらさ？、誇さ？）
○哭素（ほぞ、臍）　○五虎之（おほぢ？、祖父母）　○呼窩（ほうわう、鳳凰）　○活見（ほつけん、北絹）

*/bo/に対応する部分に「唔、菩、帽、毛」が現れる。

音訳字	中原音韻	朴通事諺解	老乞大諺解	華英辞典	推定音価	備　考
ぼ　唔	u	☆	☆	☆	bu	
菩	婦　fu	phu, ppu	☆	☆	bu	

ぼう　帽	mau	mao, maʙ	☆	☆	boː	b-m
毛	mau	mao	☆	☆	boː	b-m

<用例>

○之唔（つぼ、壺）　○菩薩豁那（ぼさつばな、菩薩花、扶桑花）　○紗帽（しやぼう、紗帽）　○毛疽（ぼうし、帽子）

「唔」は*/bu/にも現れる。

○阿唔打（あぶら、油）

*/so/に対応する部分に「靴、沙、山、思」が現れる。

音訳字	中原音韻	朴通事諺解	老乞大諺解	華英辞典	推定音価
そ　靴	hiue	hjujɔ	hjujɔ	hs i e	sʊ
沙	sa	sa	紗　sa	☆	sʊ
山	ṣan	san	☆	san	sʊ
思	sï	☆	☆	ssŭ	sʊ

<用例>

○靴底子（そてつ、蘇鉄）　○彌沙（みそ、味噌）　○山姆盤（そろばん、算盤）○亂思古苔（らふそくだい、蝋燭台）

「靴、思」は*/su/にも現れる。

○靴羅買（すらまへ、父前）　○思子里（すずり、硯）

*/zo/に対応する部分に「素」が現れる。

音訳字	中原音韻	朴通事諺解	老乞大諺解	華英辞典	推定音価
ぞ　素	su	su	su	☆	dzʊ

*/zu/等との共通の音訳字、なし。

<用例>

○哭素（ほぞ、臍）

*/mo/に対応する部分に「麼、悶、莫、眉、母、卜、勃、膜、毛、木、門、嘸、摩、姆、買」等が現れる。

音訳字	中原音韻	朴通事諺解	老乞大諺解	華英辞典	推定音価	備　考
も　麼	muo	ma	ma	☆	mʊ	
悶	mən	☆	☆	☆	mʊ	
莫	mo, mu	mo, maʙ	模　mu	☆	mʊ	
眉	muəi	mɯi	mɯi	☆	mʊ	
母	mu	mu	mu	mu	mu	
卜	pu	☆	☆	pu	bu	m-b
勃	po	☆	☆	☆	mu	m-b

膜	mo	☆	☆	☆	mʊ	
毛	mau	mao, maʙ	mao, maw	☆	mo:	
木	mu	mu, muʔ	mu, muʔ	mu	mu	
門	muən	問' un, wun	mɯn	☆	mu	
嘸	u	☆	☆	☆	mu	
摩	muo	☆	☆	☆	mu	
姆	mu	☆	☆	☆	mu	
買	mai	mai	mai	☆	mum	

<用例>

○什麼子（しよもつ、書物）　○悶都里一其（もどりいき、戻行）　○莫莫拿乃（もものなり、桃実）　○喀甲眉（かかも、下裳）　○土母（とも、供）　○唔卜殺（おもさ、重さ）　○鬱勃人誇（おもひこ、思ひ子）　○膜膜（もも、腿）　○答毛里（たもれ、給れ）　○枯木（くも、雲）　○由門多里（よもどり、雀）　○什嘸（しも、霜）　○一奴摩奴（いのもの、同物）　○阿姆買（あもまへ?、母前?）　○山買毎（さんもんめ、三匁）

「母」は*/mu/にも現れる。「木」は*/me/, */ma/にも現れる。

○母喇（むら、村）　○可木（こめ、米）　○木一乖（まつりくわ、茉莉花）

*/no/に対応する部分に「諾、奴、那、内、濃、農、冷、魯、拿、碌」が現れる。

音訳字	中原音韻	朴通事諺解	老乞大諺解	華英辞典	推定音価	備　考
の　　諾	no	☆	☆	☆	nʊ	
奴	nu	nu	nu	nu	nu	
那	na	na	na, no, nɔ	na	nʊ	
内	nuəi	nui	nui	☆	nu	
濃	noŋ	膿　nuŋ	☆	nung/nêng	nʊ	
農	noŋ	☆	☆	nung	nʊ	
冷	ləŋ	rɯŋ	rɯŋ	☆	nu	n-r
魯	lu	☆	☆	☆	nu	n-r
拿	na	na	na	na	nʊ	
碌	lu	☆	☆	☆	nu	n-r

<用例>

○由諾姑（ゆのこ、湯粉）　○吾失祖奴（うしつの、牛角）　○貿子那吉（まつのき、松の木）　○沙四内古（さすのこ、鎖の子）　○叨濃周（たうのひと、唐の人）　○失農褒（しのばう、師の坊?）　○喳冷基（ざうのち、象の血）　○之搭之哭古魯（ついたちここの（か）、初九（日））　○莫莫拿乃（もものなり、桃実）　○科過碌子（ここのつ、九つ）

「奴、濃」は*/nu/にも現れる。

○奴羅殺（ぬるさ、温さ）　○濃殺（ぬさ、奴婢？）

＊/ro/に対応する部分に「羅、魯、六、姆、爐、碌」が現れる。

音訳字	中原音韻	朴通事諺解	老乞大諺解	華英辞典	推定音価	備　考
ろ　羅	lo	ro, rɔ	ro, rɔ	lo	rʊ	
魯	lu	☆	☆	☆	ru	
六	liəu	riu	riu, ruʔ	liu/lu	ru	
姆	mu	☆	☆	☆	ru	n-r, n-m
爐	lu	ru	ru	☆	ru	
碌	lu	☆	☆	☆	ru	
ろう　羅	lo	ro, rɔ	ro, rɔ	lo	rʊ	

<用例>

○羅（ろ、櫓）　○石古魯（ざくろ、石榴）　○六姑括子（ろくぐわつ、六月）　○山姆盤（そろばん、算盤）　○科爐（かうろ、香炉）　○窟碌喀膩（くろがね、鉄）　○禿羅（とうろう、燈籠）

「羅、六」は＊/ru/にも現れる。

○巴羅（はる、春）　○由六尸（ゆるせ、放せ）

＊/jo/に対応する部分に「堉、郁、霞、約、優、有、由、幼、夭、欲、院」が現れる。

音訳字	中原音韻	朴通事諺解	老乞大諺解	華英辞典	推定音価
よ　堉	育　iu	☆	☆	☆	ju
郁	iu	☆	☆	☆	ju
霞	hia	☆	☆	☆	ju
約	iau, io	☆	’ jo, ʔjaʙ	☆	ju
優	iəu	☆	☆	☆	ju
有	iəu	’ iw	’ iu, ’ iw	you/yu	ju
由	iəu	’ iu	’ u, ’ iw	yu/you	ju
幼	iəu	☆	☆	yu	ju
夭	iəu	☆	☆	☆	ju
欲	iu	☆	☆	yü	ju
よび　院	iuen	☆	’ juɔn, ŋjujɔn	☆	jun

<用例>

○堉羅（よる、夜）　○郁加（よか、四日）　○霞爽（よき、斧）　○悪牙密即約里（うへみちより、上道より）　○優答殺（よたさ、好さ）　○有（よ、夜）　○由奴奴失（よのぬし、世の主）　○幼羅衣（よろひ、鎧）　○夭子（よつ、四つ）　○鳥孤欲士（てくよし？、鷲鳥？）　○院的（よびて、呼びて）

「堉、有、由」は＊/ju/にも現れる。

○灰堉（ふゆ、冬）　○禿有（つゆ、露）　○沙由（しやうゆ、醤油）

*/wo/に対応する部分に「唔、喂、烏、翁、戸、由、倭、會、渾、威」が現れる。

音訳字	中原音韻	朴通事諺解	老乞大諺解	華英辞典	推定音価
を　唔	u	五　’u	五　’u	☆	wu
喂	畏　uəi	’ui	’ui	☆	wu
烏	u	’u	’u	u	wu
翁	oŋ	☆	☆	☆	wuŋ
戸	hu	☆	☆	☆	wu
由	iəu	’iw	’iu, ’iw	yu/you	ju
倭	uo, uəi	☆	ʔo, ʔuɔ	☆	wu
會	huəi	hui, hhui	☆	☆	wu
渾	huən	☆	☆	☆	wu
をひ　威	uəi	’ui	☆	☆	wi
をゑ　喂	畏　uəi	’ui	’ui	☆	wi

<用例>

○唔格（をけ、桶）　○喂媽（をば、伯母・叔母）　○烏乃（をなり、妹）　○翁吉（をぎ、甘蔗）　○戸多（をと、夫）　○一由（いを、魚）　○倭喀（をか、丘）　○會南姑（をなご、女）　○渾局（をぢ、伯父・叔父）　○威（をひ、甥）　○喂街（をゑか、親戚？）

{見}（1764）

{信}と同じように、*/u/相当部分と*/o/相当部分とに同一の音訳字の現れる頻度が高い。前述したごとく、*/o/が*/u/に移行していたことを物語る。これは、*/u/の音価が[o]等であったということを意味するのではない。音訳字の「古事書類の音」を見ると、*/o/の音価が*/u/のそれと同じになっていた、即ち[u]になっていたということがわかる。

<音訳字>

*/ko/に対応する部分に「古、谷、姑、孤、枯、烏、庫、窟、穀、酷、寡、快」等が現れる。

音訳字	中原音韻	朴通事諺解	老乞大諺解	華英辞典	推定音価
こ　古	ku	ku	☆	ku	ku
谷	ku	☆	☆	☆	ku
姑	ku	☆	☆	ku	ku
孤	ku	☆	☆	☆	ku
枯	k‘u	☆	ku	k‘u	ku
烏	u	’u	’u	☆	ku
庫	k‘u	☆	☆	☆	ku

窟	k ‘u	khu, khuʔ	☆	☆	ku
穀	ku	☆	☆	☆	ku
酷	k ‘u	☆	☆	☆	ku
（こら）寡	kua	☆	☆	kwa	kkwa
こえ　快	k ‘uai	☆	☆	☆	kwiː

＜用例＞

○酷古盧喀（ここのか、九日）　○滑谷（はこ、箱）　○姑西察烏乃（こせんじやをなり、小先者姉妹）　○塔八孤（たばこ、煙草）　○枯毒八（ことば、言葉）　○烏失吉（こしき、甑）　○庫兀利（こほり、氷）　○窟美（こめ、米）　○慕穀（むこ、婿）　○酷古盧喀（ここのか、九日）　○寡（こら、児等）　○快的（こえて、肥えて）

「古、谷、姑、枯、窟、酷、」は*/ku/にも現れる。

○枯花古（こはく、琥珀）　○恰谷（きやく、客）　○准姑（はやく、早く）　○枯魯馬閔（くろまめ、黒豆）　○窟木（くも、雲）　○酷泥止（くにち、九日）

***/go/に対応する部分に「古、共、谷、姑、喀」が現れる。**

音訳字	中原音韻	朴通事諺解	老乞大諺解	華英辞典	推定音価
ご　古	ku	ku	☆	ku	gu
共	kioŋ	☆	☆	☆	guŋ
谷	ku	☆	☆	☆	gu
姑	ku	☆	☆	ku	gu
喀	k ‘o	☆	☆	k ‘a/k ‘e	gʊ

*/gu/と共通の音訳字、なし。

＜用例＞

○古（ご、碁）　○共刮子（ごぐわつ、五月）　○喀谷（かご、籠）　○烏那姑（をなご、女）　○烏麻喀（おまご、御孫）

***/to/に対応する部分に「土、多、吐、毒、塗、搭、濁、周、徒、突、冬」等が現れる。**

音訳字	中原音韻	朴通事諺解	老乞大諺解	華英辞典	推定音価
と　土	t ‘u	thu	thu	t ‘u	tu
多	tuo	to, tɔ	☆	☆	tʊ
吐	t ‘u	☆	☆	t ‘u	tu
毒	tu	☆	☆	☆	tu
塗	t ‘u	☆	☆	☆	tu
搭	ta	☆	☆	☆	tʊ
濁	tu	☆	☆	☆	tu
周	ʧɪəu	ciu, ciw	ciu, ciw	☆	ʧu
とう　吐	t ‘u	☆	☆	t ‘u	tuː

徒	t ‘u	☆	☆	☆	tu:
突	t ‘u	☆	☆	☆	tu
冬	toŋ	tuŋ	tuŋ	☆	tuɴ

<用例>

○土吉（とき、時）　○屋多渾局（おとをぢ、叔父）　○阿馬吐（やまと、大和）○撒毒（さと、里）　○塗末（とも、供）　○混利搭兀巳（ふねといみ？、船通いみ？）○濁（と、門）　○亦周（いと、絹）　○徒撒（とほさ、遠さ）　○突喀（とをか、十日）○福冬（ふとん、布団）

「吐」は*/tu/にも現れる。

○吐□（つうじ、通事）

*/do/に対応する部分に「毒、盧、獨、讀、動」が現れる。

音訳字	中原音韻	朴通事諺解	老乞大諺解	華英辞典	推定音価	備　考
ど　毒	tu	☆	☆	☆	du	
盧	lo	☆	☆	☆	du	d-r
どう　毒	tu	☆	☆	☆	du	
魯	lu	☆	☆	☆	du	d-r
獨	tu	☆	☆	tu	du	
讀	tu, təu	☆	☆	tu	du	
どん　動	toŋ	☆	tuŋ, ttuŋ	☆	duɴ	

*/gu/等との共通音訳字、なし。

<用例>

○毒露（どろ、泥）　○盧失（どし、友）　○毒巾（どうぎぬ、胴衣）　○魯（どう、胴、体）　○烏獨（ううどう、布団）　○讀間（どうぎぬ、胴衣）　○動子（どんす、緞子）

*/po/に対応する部分に「兀、灰、弗、呼、福」が現れる。

音訳字	中原音韻	朴通事諺解	老乞大諺解	華英辞典	推定音価
ほ　兀	u	’ u	☆	☆	ɸu
灰	huəi	☆	☆	☆	ɸu
弗	fu	☆	☆	fu	ɸu
呼	hu	☆	☆	乎 hu	ɸu
福	fu	ɐu, ɐuʔ	ɐu, ɐuʔ	fu	ɸu

<用例>

○庫兀利（こほり、氷）　○烏灰撒（おほさ、多さ）　○弗失（ほし、星）　○呼述（ほぞ、臍）　○福禮（ほでり、稲妻）

「弗」は*/pu/にも現れる。

○弗欲（ふゆ、冬）

＊/bo/に対応する部分に「膜」が現れる。

音訳字	中原音韻	朴通事諺解	老乞大諺解	華英辞典	推定音価	備　考
ぼ　　膜	mo	☆	☆	☆	bo:	b-m

＊/bu/との共通音訳字、なし。

＜用例＞

○膜子（ぼうし、帽子）

＊/so/に対応する部分に「述」が現れる。

音訳字	中原音韻	朴通事諺解	老乞大諺解	華英辞典	推定音価
そ　　述	ʧɪu	☆	☆	☆	su

＜用例＞

○述奴班（そろばん、算盤）

「述」は＊/su/にも現れる。

○薫述（ひんす、貧相？、貧乏）

＊/zo/に対応する部分に「述」が現れる。

音訳字	中原音韻	朴通事諺解	老乞大諺解	華英辞典	推定音価
ぞ　　述	ʧɪu	☆	☆	☆	su

「述」は＊/zo/＊ではなく、/so/に対応するのかもしれない。

＜用例＞

○呼述（ほぞ、臍）

＊/mo/に対応する部分に「木、末、密、蒙」が現れる。

音訳字	中原音韻	朴通事諺解	老乞大諺解	華英辞典	推定音価
も　　木	mu	mu, muʔ	mu, muʔ	mu	mu
末	mo	mo, muoʔ	☆	mo	mʊ
密	miəi	mi	mi, miʔ	mi	mu
蒙	muəŋ	☆	☆	☆	mu
いも　母	mu	mu	mu	mu	ʔmmu
もう　木	mu	mu, muʔ	mu, muʔ	mu	mu:

＜用例＞

○窟木（くも、雲）　○塗末（とも、供）　○喀喀密（かかも、裙）　○蒙羅（もの、物）　○番子母（はんつんいも、甘藷）　○木身（もうせん、毛氈）

「木、母」は＊/mu/にも現れる。

○木喇殺吉（むらさき、紫）　○母拉（むら、村）

*/no/に対応する部分に「奴、樓、盧、羅」が現れる。

音訳字	中原音韻	朴通事諺解	老乞大諺解	華英辞典	推定音価	備　考
の　奴	nu	nu	nu	nu	nu	
樓	ləu	☆	rɯ, rɯh	☆	nu	n-r
盧	lo	☆	☆	☆	nʊ	n-r
羅	lo	☆	ro, rɔ	lo	nʊ	n-r

<用例>

○木奴喀達里（ものがたり、物語）　○駄樓周（たうのひと、唐の人）　○酷古盧喀（ここのか、九日）　○蒙羅（もの、物？）

「奴」は*/nu/にも現れる。

○奴奴（ぬの、布）

*/ro/に対応する部分に「六、奴、碌、魯、盧、爐、露、羅」が現れる。

音訳字	中原音韻	朴通事諺解	老乞大諺解	華英辞典	推定音価	備　考
ろ　六	liəu	riu	riu, ruʔ	l i u /lu	ru	
奴	nu	nu	nu	nu	ru	r-n
碌	lu	☆	☆	☆	ru	
魯	lu	☆	☆	☆	ru	
盧	lo	☆	☆	☆	rʊ	
爐	lu	ru	ru	☆	ru	
露	lu	☆	☆	☆	ru	
ろう　羅	lo	ro, rɔ	ro, rɔ	lo	roː	
盧	lo	☆	☆	☆	roː	

<用例>

○六骨刮止（ろくぐわつ、六月）　○述奴班（そろばん、算盤）　○窟碌喀泥（くろがね、鉄）　○窟魯殺（くろさ、黒さ）　○柯盧（かうろ、香炉）　○爐（ろ、櫓）　○毒露（どろ、泥）　○羅搭低（ろうたて、蝋立て）　○吐盧（とうろう、燈籠）

「魯」は*/ru/にも現れる。

○花魯（はる、春）

*/jo/に対応する部分に「由、攸、育、欲、堉、蓐」が現れる。

音訳字	中原音韻	朴通事諺解	老乞大諺解	華英辞典	推定音価
よ　由	iəu	’iu	’u, ’iw	yu/you	ju
攸	iəu	☆	☆	☆	ju
育	iu	☆	☆	you/yu	ju

欲	iu	☆	☆	yü	ju
堉	育　iu	☆	☆	☆	ju
蕁	ru	zju, zjuʔ	zu, zuʔ	☆	ju

＜用例＞

○由吉（よき、斧）　○攸陸（よる、夜）　○蕁育喀（じふよか、十四日）　○欲魯依（よろひ、鎧）　○堉美（よめ、嫁）　○泥蕁蕁喀（にじふよか、二十四日）

「由、欲、堉」は*/ju/にも現れる。

○麻由（まゆ、眉）　○七欲（つゆ、露）　○堉格（ゆ（た）か、豊か）

*/wo/に対応する部分に「屋、倭、烏、由、威、渾」が現れる。

音訳字	中原音韻	朴通事諺解	老乞大諺解	華英辞典	推定音価
を　屋	u	’ u	☆	☆	wu
倭	uo, uəi	☆	ʔo, ʔuɔ	☆	wu
烏	u	’ u	’ u	u	wu
由	iəu			yu/you	ju
をひ　威	uəi	’ ui	☆	☆	wiː
をん　渾	huən	☆	☆	☆	wun

＜用例＞

○屋多（をと、弟、年下）　○倭喀（をか、丘）　○烏毒（をと、夫）　○亦由（いを、魚）　○威（をひ、甥）　○渾局（をぢ、伯父・叔父）

{琉訳}（1800頃）

{信}{見}と同じように、*/u/相当部分と*/o/相当部分とに同一の音訳字の現れる頻度が高い。前述したごとく、*/o/が*/u/に移行していたことを物語る。これは、*/u/の音価が[o]等であったということを意味するのではない。音訳字の「古事書類の音」を見ると、*/o/の音価が*/u/のそれと同じになっていた、即ち[u]になっていたということがわかる。

＜音訳字＞

*/ko/に対応する部分に「古、骨、姑、喀、誇、孔、曲、几、五、服、苦、高、孤、哥、濶、割、歸、金、公、宮、坤、滾」等が現れる。

代表例について「古辞書類の音」を示す。

音訳字	中原音韻	朴通事諺解	老乞大諺解	華英辞典	推定音価
こ　古	ku	ku	☆	ku	ku
姑	ku	☆	☆	ku	ku
誇	k ‘ua	☆	☆	☆	kwa
孔	k ‘oŋ	☆	☆	☆	koŋ
曲	k ‘iu	khju, khjuʔ	☆	☆	kʊ
孤	ku	☆	☆	☆	ku

公	koŋ	☆	kuŋ	☆	kʊN

<用例>

○古古禄（こころ、心）＜心＞　○及古力（きこり、樵）＜樵＞　○骨六木（ころも、衣）＜衣＞　○淡八姑（たばこ、煙草）＜菸＞　○阿喀一（かこひ、囲ひ）＜椭扉＞　○答及奴誇（たけのこ、筍）＜筍＞　○孔加喳司（こがらす小鳥？）＜喜鵲＞　○曲施（こし、腰）＜腰＞　○几西（こすい、胡荽？、香荽？）＜蔆荽＞　○五喀里（こだらひ、小盥？）＜浴桶＞　○服即（こつ、忽）＜忽＞　○苦麻（こま、此処）＜在此＞　○復高劣中（ほこる、誇る、ほこれたり）＜歓喜＞　○孤怪（こうくわい、後悔）＜懊悔＞　○哥昔（こうし、疥）＜疥＞　○澗生（こうしん、口唇）＜口＞　○割及（こうち、幸地）＜幸地＞　○無不歸（おほこり、御誇り？）＜多謝＞　○鬱金（うこん、薑黄）＜薑黄＞　○公（こん、婚）＜結婚＞　○宫（こん、棍）＜棍＞　○坤軋弧（こんにやく、蒟蒻）＜芋羹＞　○的讀滾（てどこん、手登根）＜手登根＞

*/go/に対応する部分に「古、骨、姑、歸、滾」等が現れる。
代表例について「古辞書類の音」を示す。

音訳字	中原音韻	朴通事諺解	老乞大諺解	華英辞典	推定音価
ご　古	ku	ku	☆	ku	gu
姑	ku	☆	ku	ku	gu

<用例>

○古（ご、碁）＜棊＞　○那古（なご、名護）＜名護＞　○骨一骨（ごゑく、越来）＜越来＞　○會南姑（をなご、女子）＜女＞　○畏之漫歸（おいとまごひ、御暇請ひ）＜辭朝＞　○許牙滾（ひやごん、比屋根）＜比屋根＞

*/to/に対応する部分に「獨、都、度、讀、吐、通、土、周、之、州、機、的、多、禿、虧、敦」等が現れる。
代表例について「古辞書類の音」を示す。

音訳字	中原音韻	朴通事諺解	老乞大諺解	華英辞典	推定音価
と　都	tu	☆	☆	tu/tou	tu
吐	t ʻu	☆	☆	t ʻu	tu
土	t ʻu	thu	thu	t ʻu	tu
周	ʧɪəu	ciu, ciw	ciu, ciw	☆	ʧu
之	ʈʂ ʻï	cɯ, cɯz	cɯ, cɯz	chï	tsi
多	tuo	to, tɔ	to, tɔ	☆	tʊ
禿	t ʻu	thu, thuʔ	☆	☆	tʊː:
虧	☆	khui	khui	☆	tukkui

<用例>

○獨石（とし、年）＜年歳＞　○阿獨（あと、痕）＜痕＞　○古都（こと、琴）＜琴箏＞　○度古禄阿即煞（ところあつさ、処暑さ、処暑）＜處暑＞　○密煞讀（みさと、美里）＜美里＞　○亞馬吐（やまと、大和）＜日本＞　○通夾治（とがりて、尖りて）

＜凸＞　○土石（とし、年）＜歳＞　○必周（ひと、人）＜人＞　○叨儂周（たうのひと、唐の人）＜唐人＞　○桃濃州（たうのひと、唐の人）＜中国＞　○畏之漫歸（おいとまごひ、御暇請ひ）＜辭朝＞　○虚機（ひとひ、一日、一日中）＜終日＞　○午的（をととひ、一昨日）＜前日＞　○寡古多（かくとう、鶴頭）＜鶴頭＞　○禿羅（とうろう、燈籠）＜燈籠＞　○虧奴（とくりの、徳利の）＜酒壺＞
○敦必（とび、鳶、とんび）＜鳶＞

*/do/に対応する部分に「獨、度、讀、多、札、兜、都、椙、掇、動」等が現れる。
代表例について「古辞書類の音」を示す。

音訳字	中原音韻	朴通事諺解	老乞大諺解	華英辞典	推定音価
ど　獨	tu	tu, ttuʔ	☆	tu	du
度	tu, to	☆	☆	tu	dʊ：
讀	tu, təu	☆	☆	tu	du
多	tuo	to, tɔ	to, tɔ	☆	dʊ
都	tu	tu	tu	☆	du
動	toŋ	tuŋ,　ttuŋ	tuŋ,　ttuŋ	☆	duɴ

＜用例＞

○獨禄（どろ、泥）＜泥＞　○許獨古（ひどこ、火床）＜鑪＞　○息拿度力（すなどり、漁）＜漁＞　○那喀甫讀（なかほど、仲程）＜仲程＞　○失濫多（しらんど、知らんど）＜不曉得＞　○閑札古（ねどこ？、寝床？）＜床＞　○兜母禄（どもる、吃る）＜吃＞　○都直獨石説（どうちどしせい、同知度支正）＜同知度支正＞　○椙韃（どうたい、胴体）＜身軀躬＞　○掇理（どうり、道理）＜豈有此理＞　○動子（どんす、緞子）＜緞＞
○馬字木浄加（まにてもどるか？、何処にて戻るか？）＜那里来＞

*/po/に対応する部分に「福、父、弗、甫、服、不、火、法、卜、補、復、佛、武、午、谷、哭、阿、乎、高、孤、叔、収、獨、納、活、腐、泊、右、尾、石」等が現れる。
代表例について「古辞書類の音」を示す。

音訳字	中原音韻	朴通事諺解	老乞大諺解	華英辞典	推定音価
ほ　福	fu	ɞu, ɞuʔ	ɞu, ɞuʔ	fu	ɸu
弗	fu	☆	☆	fu	ɸu
火	huo	☆	☆	hwo/ho	ho
卜	pu	☆	☆	☆	ɸu
谷	ku	☆	☆	☆	ɸu
哭	k ‘u	☆	☆	☆	ɸu
活	huo	☆	☆	☆	ɸu

＜用例＞

○福石（ほし、星）＜台＞　○武福牙（おほや、大屋）＜厦＞　○父（ほ、帆）＜篷帆＞　○父（ほ、穂）＜穂＞　○武弗以石（おほいし、大石）＜磐＞　○午甫若（おほぢやう、大門）＜大門＞　○服踈奴奴（ほそぬの、細布）＜絨＞　○石不喀喇撒（しほからさ、塩辛さ）＜鹹＞　○屋火煞（おほさ、多さ）＜多＞　○烏法麻古力（おほはまぐり、大蛤）＜鼇＞　○温卜姑里（おんほこり、御誇り？）＜謝恩＞　○補介叔度（ほかしうと、外舅）＜舅又＞　○復高劣中勿舎（ほこれたりうれしさ、誇れたり嬉しさ）＜歓喜＞○佛什（ほし、星）＜星宿＞　○那武（なほ、猶）＜猶繇＞　○由蘇午一（よそほひ、装ひ）＜妝＞　○烏鵲谷古里（おほんほこり、御誇り）＜給賞＞　○哭素（ほぞ、臍）＜臍＞　○阿牙（ほや、靴）＜靴＞　○乎禄不世（ほろぼし、滅ぼし）＜滅＞　○高由石（かほよし、顔良し）＜嬌＞　○孤力（こほり、氷）＜湅＞　○叔（しほ、潮）＜潮＞○麻収（ましほ、真塩）＜鹽＞　○一直獨禄（いきどほる、憤る）＜僵仆悶＞　○以納江（いひなほす、言ひ直す）＜講和＞　○多叔服活（どうしふほう）＜頭緝布篷＞　○腐（ほう、逢）＜逢＞　○泊（ほう、峯）＜峯又＞　○由蘇右（よそほふ、装ふ）＜粧＞　○一及尾（いきほひ、勢ひ）＜勢＞　○木由石（もよほし、催し）＜催促＞

*/bo/に対応する部分に「不、菩、父、兵」等が現れる。

代表例について「古辞書類の音」を示す。

音訳字	中原音韻	朴通事諺解	老乞大諺解	華英辞典	推定音価
ぼ　菩	婦　fu	phu, ppu	☆	p ‘u	bu

＜用例＞

○不丹（ぼたん、牡丹）＜牡丹＞　○即不（つぼ、壷）＜壷＞　○苦認菩（くねんぼ、九年母）＜桔梗＞　○魏父力（おいぼれ、老いぼれ）＜耄＞　○兵（ぼえも、保栄茂）＜保榮茂＞

*/so/に対応する部分に「蘇、叔、粟、息、即、収、靴、数、法、疎、山、竹、砂、思、所、叔、蘇、施、昔、孫」等が現れる。

代表例について「古辞書類の音」を示す。

音訳字	中原音韻	朴通事諺解	老乞大諺解	華英辞典	推定音価
そ　靴	hiue	hjujɔ	hjujɔ	hs i e	sʊ
山	ṣan	san	☆	☆	sʊ
思	sï	☆	☆	ssŭ	sʊ

＜用例＞

○蘇喇（そら、空）＜宇宙霄＞　○牙古蘇古（やくそく、約束）＜約定＞　○叔古納（そこなふ、損なふ）＜戕＞　○粟喇（そら、空）＜乾空＞　○阿息不（あそぶ、遊ぶ）＜遊逍遥＞　○武即石（おそし、遅し）＜遲＞　○石石必収（ししみそ、肉味噌）＜醤＞○靴底子（そてつ、蘇鉄）＜鐵樹＞　○数那瓦禄（そなはる、備はる）＜晐＞　○法達木的（そばもて、傍方）＜傍邊＞　○服踈奴奴（ほそぬの、細布）＜絨＞　○山姆盤（そろばん、算盤）＜算盤＞　○那喀竹你茶（なかそね、仲宗根）＜中宗根＞　○彌砂（みそ、味噌）＜醤＞　○禮思古苔（らふそくだい、蝋燭台）＜燭簽＞　○所及乃石（そうきないし、綜器内司）＜綜器内司＞　○叔引（そういん、総尹）＜總尹＞　○蘇里多伊石（そうりたうえいし、総理唐栄司）＜總理唐榮司＞　○施的（そうて、添うて）＜請添＞　○武

納昔（うらそへ、浦添）＜浦添＞　○孫即（そんず、損ず）＜損＞

*/zo/に対応する部分に「竹、叔、素、著、堵、足、坐、所、總」等が現れる。

代表例について「古辞書類の音」を示す。

音訳字	中原音韻	朴通事諺解	老乞大諺解	華英辞典	推定音価
ぞ　素	su	su	su	☆	dzʊ

<用例>

○奴竹木（のぞむ、望む）＜臨望＞　○石力竹古（しりぞく、退く）＜退＞　○石力叔古（しりぞく、退く）＜郤＞　○哭素（ほぞ、臍）＜臍＞　○喀著（かぞふ、数ふ）＜算＞　○胶闌堵迷（くろぞむ、黒染む）＜紫＞　○米足（みぞ、溝）＜溝澮渠＞　○阿里牙木坐那木奴（あれはむぞうなもの、あれは無蔵なもの）＜可憐＞　○所奴及（ぞうのき、臓の器？）＜臓＞　○叔總奴古都（しよぞんのこと、所存の事）＜如意＞

*/mo/に対応する部分に「木、拿、不、目、母、卜、眉、麼、末、武、公、兵、莫、買、蒙」が現れる。

代表例について「古辞書類の音」を示す。

音訳字	中原音韻	朴通事諺解	老乞大諺解	華英辞典	推定音価
も　木	mu	mu, muʔ	mu, muʔ	mu	mu
母	mu	mu	mu	mu	mu
卜	pu	☆	☆	pu	bu
眉	muəi	mɯi	mɯi	☆	mʊ
麼	muo	ma	ma	☆	mʊ
末	mo	mo, muoʔ	☆	mo	mʊ
莫	mo, mu	mo, maʁ	模　mu	☆	mʊ
買	mai	mai	mai	☆	mum
蒙	蒙	☆	☆	☆	mun

<用例>

○木木（もも、腿）＜腿股＞　○及木（きも、肝）＜膽＞　○一奴拿奴（いのもの、同のもの）＜一様＞　○發喀力奴武不十（はかりのおもし、秤の重し）＜錘＞　○多目古以石喀及（とうもくいしかき、頭目彝司加紀）＜頭目彝司加紀＞　○土母（とも、供）＜丫頭＞　○五卜煞（おもさ、重さ）＜重＞　○喀甲眉（かかも、衫、下裳）＜裙＞　○什麼子（しよもつ、書物）＜書＞　○末之（もち、餅）＜餅＞　○武（うも、芋）（多くは、「う」）＜芋＞　○牙公答當（やくもたたぬ、役も立たぬ）＜没搭煞＞　○兵（ぼえも、保栄茂）＜保榮茂＞　○　蘇古石午撒莫（そくしうさもう、側翅烏紗帽）（そくし・うさぼう？）＜側翅烏紗帽＞　○買每（もんめ、匁）＜銭＞　○蒙奴喀日力（もんのかぎり、門の限り）＜株＞　○毛維（もんめ、匁）＜銭＞

*/no/に対応する部分に「奴、那、拿、農、怒、臚、甫、濃、儂、魯、諾、牛、奴、翁」等が現れる。

代表例について「古辞書類の音」を示す。

音訳字	中原音韻	朴通事諺解	老乞大諺解	華英辞典	推定音価
の　奴	nu	nu	nu	nu	nu
那	na	na	na, no, nɔ	na/no	nʊ
拿	na	na	na	na	nʊ
農	noŋ	☆	☆	nung	nʊ
濃	noŋ	膿　nuŋ	☆	nung/nêng	nʊ
魯	lu	☆	☆	☆	nu
諾	no	☆	☆	☆	nʊ

<用例>

○奴木（のむ、飲む）＜飲＞　○一奴及（いのち、命）＜命＞　○即奴（つの、角）＜角＞　○木那哇（ものは、物は）＜方物＞　○木木拿乃（もものなり、桃の成り、桃の実）＜桃＞　○農度（のど、喉）＜喉嚨＞　○子怒末打（つのまた、角又）＜海菜＞　○獨臚（との、殿）＜殿＞　○獨力甫昔（とりのす、鳥の巣）＜巣＞　○桃濃州（たうのひと、唐の人）＜中国＞　○叨儂周（たうのひと、唐の人）＜唐人＞　○母魯（もん、物）＜物＞　○由諾古（ゆのこ、湯の粉）＜粉＞　○及牛（きのふ、昨日）＜昨日＞　○及奴（きのふ、昨日）＜繰緋緯芒昨＞　○翁（をの、斧）＜斤＞

*/ro/に対応する部分に「禄、路、呂、羅、闌、獨、姆、六、畧、落」等が現れる。

代表例について「古辞書類の音」を示す。

音訳字	中原音韻	朴通事諺解	老乞大諺解	華英辞典	推定音価	備　考
ろ　羅	lu	☆	☆	lo	rʊ	
姆	mu	☆	☆	☆	ru	n-r, n-m
六	liəu	riu	riu, ruʔ	liu/lu	ru	

<用例>

○禄（ろ、櫓）＜艣＞　○武禄喀（おろか、愚か）＜愚蠢＞　○一路（いろ、色）＜色＞　○佳奇呂麻（かけろま、加計路間）＜加喜路間＞　○非羅煞（ひろさ、広さ）＜闊＞　○胺闌堵迷（くろぞみ、黒染み）＜紫＞　○絲獨中（しろし、白し）＜白＞　○山姆盤（そろばん、算盤、ソノバン）＜算盤＞　○一六（えいろく、永禄）＜永禄＞　○畧（ろう、樓）＜樓＞　○喀及落（かげろふ、蜉蝣）＜蜉蝣＞

*/wo/

<用例>

○武（を、尾）　○阿武那（あをな、青菜）　○午喀（をか、岡）　○五喀（をけ、桶）　○阿五失失（あをしし、鹿）　○文久（をぢ、伯父、叔父）　○問叔（をぢ（叔父、伯父）？　○會南姑（をなご、女子）　○烏闌（をらん、居らぬ）　○以由（いを、魚）（いゆ）　○獨必烏（とびいを、飛魚）　○翁（をの、斧）　○翁那喀即喇（をんなかづら、女鬘）

○所（さを、竿）　○禿抵即（とをふてつ、十一）

Ⅳ－１－⑵ 母音連続（二重母音・長母音）

仮名資料においては、表記上、総じて融合していないと見ることができるが、漢字資料の場合は、そうではない。以下、必要な場合のみ注記を加える。

Ⅳ－１－⑵－① ＊/ｉｉ/

{仲里}（1703頃）

＜用例＞

○ながみねぺえくみい（長嶺親雲上）

{混}（1711）

＜用例＞

○きいはのはな（桂花） ○ひいしやぐ（芭蕉の実） ○ひひじや（羊） ○みひつきん（御鼻紙）

{琉由}（1713）

＜用例＞

○アシヒヤカリ ○イシヒヤゴノ御イベ ○オモロミヒヤシ ○イキシニヒラ ○シユリヒキウノ御イベ ○イヒソ御嶽 ○マイヒキヒウモイ

{信}（1721）

＜用例＞

○綺羅（きいろ、黄色） ○呀及一什（やきいし、焼石） ○之搭之一子介（ついたちいつか、初五日） ○悶ママ都里一其（もどりいき、戻り行き） ○括其（くわいい、快意）

{見}（1764）

＜用例＞

○奇魯（きいろ、黄色） ○之搭之一子憂（ついたちいつか、初五日）

{琉訳}（1800頃）

＜用例＞

○及禄（きいろ、黄色） ○息及以獨（すぢいと、筋糸） ○獨必烏（とびいを、飛魚） ○米米詩（みみしひ、耳聾） ○米許喇説因（みひらせういん、三平等少尹） ○迷八麻（にひばし、新橋）＜「麻」は「石」の誤記＞ ○一（いひ、飯） ○木雞喇蘭（もちゐららぬ、用ゐららぬ）

Ⅳ－１－⑵－②　*/ｉｅ/

｛仲里｝（1703頃）

＜用例＞

○あべらちへ　○いゑいだちへ　○みそであわちへ　○ていゑいだちへ　○いゑのひや

｛混｝（1711）

＜用例＞

○たまきゑらてささちへ（刀を撰てさゝすると云事か）　○あへちへ（相手）　○いちへ（云て）　○みおもかげたちへ（御面影たつ）　○あやてうちゑ（おもろ仕候時つゝみにて拍子を打）　○あよはりゑや（はやく走る）

｛琉由｝（1713）

＜用例＞

○イヘシヤ小アシシヤ　○イヘスシヤ　○イヘマノマモヒメカ

｛信｝（1721）

＜用例＞

○迷闌（みえらぬ、見えらぬ）　○喀喇亦棄牙（かはらいへや、瓦家屋）

｛見｝（1764）

＜用例＞

○灰撒（ひえさ（冷えさ、寒さ）

｛琉訳｝（1800頃）

＜用例＞

○石及一及（せきえき（蜥蜴、とかげ）　○一宜時（いにしへ、古）　○一及宜（いけにへ、生贄）　○伊獨木（いへども、雖も）　○許牙（いへや、伊平屋）　○喀喇亦棄（かはらいへ、瓦家）＜「棄」は「葉」の誤記＞　○日以石（ぎゐいし、儀衛使）

Ⅳ－１－⑵－③　*/ｉａ/

｛仲里｝（1703頃）

＜用例＞

○ちやよくめしやる（鎮座召しある）　○みなつちや（蝗）　○いゑのひや（いゑの比屋）　○とびやへ（飛びやりて）　○おもろしや（オモロ為手）　○こしやてなおち（腰当直して）　○にがもしや（苦虫）　○あまみや森　○おみややて（御庭やて）　○おしわきのおやのろ（おしわきの親ノロ）　○いきやしちやる（如何したる）　○ひびきや（麝香鼠）　○いきやしちやる（如何したる）

｛混｝（1711）

＜用例＞

○いぢきやさ（短き）　○うへきやう（蘐香）　○おつききやなし（おつき　月天）○ききやのうきしま（鬼界嶋の事）　○きやめ（迄）　○たまむきやぶり（玉の御冠）○にきやさ（苦　にかき）　○むきやび（紙）　○あちや（明日）　○ちやうぎぬ（朝衣）○なむぢや（銀子之）　○ひやくさ（百歳）　○いしやと（蟷蜋）　○おりほしや（居度）○いみや（今）　○むにやい（九年母）（みなり、御成り）
○ひわ（枇杷）

｛琉由｝（1713）

＜用例＞

○イシキヤノ殿　○サキヤマ嶽　○フキアゲ　○ヨキヤ巫火神　○イチヤヂヤ森　○ミチヤ大嶽　○イチヤヂヤ森　○アシヒヤカリ　○兼城ヲヒヤ　○イシヤラ嶽　○大アシシヤ小アシシヤ　○オシアゲ嶽　○コシアテノ御イベ　○シアン橋　○アガリミヤ　○豊ミヤ　○ミアゲ森　○野国ニヤ嶽　○テリアガリ（照り上がり）　○ミハイ　○ミハナ　○アイハンタ御嶽

｛信｝（1721）

＜用例＞

○客姑（きやく、客）　○札（ちや、茶）　○濁（ぢやう、門）　○晦煞（ひあさ（寒さ）　○夏古（ひやく、百）＜一百＞　○撒牙姑（ひやく、百）＜一百兩＞　○一着（いしや、医者）　○噍什的（こしあて、腰当て、後）　○夏括子（しやうぐわつ、正月）○沙由（しやうゆ、醤油）　○枯雀枯（くじやく、孔雀）　○皮着（ひじや、山羊）○迷耶（みや、宮）　○坤軋姑（こんにやく、蒟蒻）　○一牙（いや、矢、射矢）　○膩滑（には、庭）　○荅止歪立（たちわいり、立ち行り）
○哭泥華（くにわう、国王）

｛見｝（1764）

＜用例＞

○恰谷（きやく、客）　○茶碗（ちやわん、茶碗）　○和竹（はうちやう、庖丁）○秒不（びやうぶ、屏風）　○芍喀（しやうが、生姜）　○芍倭刮止（しやうぐわつ、正月）　○芍由（しやうゆ、醤油）　○密牙（みや、宮）　○依牙（いや、射矢）　○逆哇（には、庭）

｛琉訳｝（1800 頃）

＜用例＞

○乙夾中（いきあふ、行き会ふ、イチャユン？）　○覺（きやう、郷）　○著金（きやうげん、狂言）　○及牙古（きやく、脚）　○煞及牙麻（さきやま、崎山）　○宜及牙喀（にぎやか、賑やか）　○勿之耶（うちや、内屋）　○有著（しうちやう、酋長）　○札（ちや、茶）　○木直阿瓦（もちあは、糯粟）　○著（ぢやう、丈）　○夏古（ひやく、百）　○撒姑毎（ひやくもんめ、百匁）　○獨比阿喀禄（とびあがる、（飛び上がる）　○比約不（びやうぶ、屏風）　○一著（いしや、医者）　○説洗禄（しやうずる、生ずる）　○石牙古（しやく、尺）　○喀佳（がじや、我謝）　○枯雀姑（くじやく、孔雀）　○日雅那（じやな、謝名）　○喀米牙（かみや、神谷）　○昔米牙喀（すみやか、速やか）　○打喀密牙（たかみや、高宮）　○米牙古石麻（みやこじま、宮古島）　○安宜雅（あにや、安仁屋）　○坤軋弧（こんにやく、蒟蒻）　○一牙（いや、射矢）　○及瓦（きは、際）　○米即瓦（みぎは、水際）　○宜什八納（にしはら、西原）　○賣生（みはし、御箸）　○武直宜瓦（うちには、内庭）　○必瓦（びは、枇杷）　○宜瓦獨力（にはとり、鶏）

Ⅳ－１－⑵－④　＊/ｉｕ/

｛仲里｝（1703 頃）

＜用例＞

○いぞくみうね（いぞく御船）　○ためにうたれたるよし（為被為討由）

｛混｝（1711）

＜用例＞

○くりうけ（船をおしうけて）　○きにふ（昨日）　○みやりふしや（見度事）

｛琉由｝（1713）

＜用例＞

○キウノ森　○ギウノ森　○イチウヅカサ　○マイヒキヒウモイ　○玉ノミウヂ嶽　○リウキン御イベ　○上アミフシ御嶽　○ヨリフサノ嶽　○ハイフタ御嶽

｛信｝（1721）

＜用例＞

○色多（しうと、舅）　○摻徂（さんじふ、三十）　○河汁徂（はちじふ、八十）

｛見｝（1764）

＜用例＞

○収（しう、州）　○三蓐（さんじふ、三十）　○蓐刮止（じふぐわつ、十月）　○帖夫（たいふ、太夫）

｛琉訳｝（1800 頃）

＜用例＞

○古若獨米（こしうとめ、小姑）　○掃地（しうぎ、祝儀）　○叔獨（しうと、舅）　○息都（しうと、舅）　○諸書（ちゆうしう、中秋）　○留（りう、流）　○武書（をしふ、教ふ）　○古徂（ごじふ、五十）　○執買毎（じふもんめ、十匁）　○代甫（たいふ、大夫）

Ⅳ－１－(2)－⑤　*/ｉｏ/

{仲里}（1703 頃）

＜用例＞

〇つきおりて（憑き降りて、天下りて）　〇たなきよらにおしおれて（たな清らに押し降れて）　〇いたきよらに寄りおれて（板清らに寄り降れて）

{混}（1711）

＜用例＞

〇おほみおどん（大美御殿）　〇ふすめみおはに（赤飯）　〇みおばに（美飯）　〇みおもかけ（御面影）　〇ゑぞこかずみおうね（船）　〇ほこりおちやう（久慶門）　〇するぎほう（莚帆）　〇おましほ（塩）御真塩　〇うゐをと（初夫）

{琉由}（1713）

＜用例＞

〇世ナフシオヒヤ　〇トヨミオラノ御イベ　〇ツチホシキ嶽　〇シホバナ司　〇イホ崎　〇エラビヲタイ大神　〇ミヲヤ地　〇タケナイヲリメ

{信}（1721）

＜用例＞

〇衣石乞各必（いしききおび、石帯）　〇什布喀煞（しほからさ、塩辛さ）　〇麻蝦（ましほ、真塩）　〇一由（いを、魚）

{見}（1764）

＜用例＞

〇麻叔（ましほ、真塩）　〇什口喀喇煞（しほからさ、塩辛さ）　〇亦由（いを、魚）

{琉訳}（1800 頃）

＜用例＞

〇阿石牛禄（あしおと、足音）　〇一及尾（いきほひ、勢ひ）　〇午叔（うしほ、汐）　〇収（しほ、塩）　〇叔（しほ、潮）　〇麻収（ましほ、真塩）　〇以午力（いほり、庵）　〇以由（いを、魚）　〇獨必烏（とびいを、飛魚）

Ⅳ－１－(2)－⑥　*/ｅｉ/

仮名資料においては、表記上、融合はしていない。漢字資料においては、（それぞれの音訳字を見る限り）融合している。

{仲里}（1703頃）

<用例>

○ていゑいだちへ（ていゑ出だちへ）　○あふゑいだち

{混}（1711）

<用例>

○おかげい（御留主）　○くわうていかなし（皇帝ノ御事）（皇帝加那志）　○こてい（特《コツ》牛《トイ》）　○おすゑんべい（御仙餅）（おせんべい）　○めい日《にち》（忌日）（命日）　○おそれい（菜皿）　○しれい（うしろ）（しりへ、後方）　○みおべゐ（水）

{琉由}（1713）

<用例>

○キミノスデヒルスガナシ　○泊白玉マヘヒキ　○大ヒルカメヒル

{信}（1721）

音訳字を見た限りでは、融合している。[iː]として実現していた。（音訳字の「古辞書類の音」については、それぞれの項参照。）

<用例>

○雞花（けいくわ、桂花）　○雞朶（けいとう、鶏頭）　○喀得那（くわうていの、皇帝の）　○堤（てい、亭）　○條書（ていし、梯子）　○堤就（ていしゆ、亭主）　○包名（はうめい、報名）　○禮及（れいぎ、礼儀）　○利市（れいし、茘枝）　○威帝（ゑひて、酔ひて）

{見}（1764）

音訳字を見た限りでは、融合している。[iː]として実現していた。（音訳字の「古辞書類の音」については、それぞれの項参照。）

<用例>

○提（てい、亭）　○梯述（ていしゅ、亭主）　○禮及（れいぎ、礼儀）

{琉訳}（1800頃）

音訳字を見た限りでは、融合している。[iː]として実現していた。（音訳字の「古辞書類の音」については、それぞれの項参照。）

<用例>

○雞（けい、閨）　○街多（けいとう、鶏鵰）　○及里及（けいれき、経歴）　○喀得（くわうてい、皇帝）　○提就（ていしゆ、亭主）　○虚安那（へいあんな、平安名）　○説及（せいぎ、正議）　○詩眉（せいめい、清明）　○詩眉（せいめい、清明）　○喀力一（かれいひ、乾飯）　○石及里（せきれい、鶺鴒）　○力（れい、礼）　○禮及（れいぎ、礼儀）　○利市（れいし、茘枝）　○武一禄（ゑひる、酔ひる）　○溶的（ゑひて、酔ひて）

Ⅳ－１－⑵－⑦　*/ｅｅ/

{仲里}（1703 頃）

＜用例＞

見当たらず。

{混}（1711）

＜用例＞

○いせゑけりあちおそい（いせはかしこき心）

{琉由}（1713）

＜用例＞

見当たらず。

{信}（1721）

＜用例＞

見当たらず。

{見}（1764）

＜用例＞

見当たらず。

{琉訳}（1800 頃）

＜用例＞

見当たらず。

Ⅳ－１－⑵－⑧　*/ｅａ/

{仲里}（1703 頃）

＜用例＞

○御みのけやびら　○なげやたけ（なげや嶽）　○てやい嶽　○まねやべもの ○ひれやぶりくわ（ひれ破り子）

{混}（1711）

＜用例＞

○いねけあかはね（幼稚のもの）　○こむてあわちへ（手を合する）　○ももすてやへて（冥加難有）　○うへあやちやう（守礼之邦門）（上綾門）　○しまそへあざな（にしの鐘楼）　○とすへやすへ（千年　八百年）　○さうせやりあくて（思ひ倦《アクム》て）（思想やりあぐで）　○しろはせやきぬ（白朝衣）　○こねや（この時分）　○くせはへる（蝶） ○けわい（ケオヒノ心カ）　○あまへわち（よろこひ）

○おめあね（姉）（おもあね、思姉）

{琉由}（1713）

＜用例＞

○アスヒカケハベルカケアルジ　○ヲヤケアカハチ　○マセヤ嶽御イベ　○カメヤマ大アルジ（主あるじ→按司？）　○豊見カメアルズ　○カネヤマノ御イベ　○アスヒカケハベルカケニシ　○ヲタウハツフンセハツ　○神ヲレハナ

{信}（1721）

＜用例＞

○鳥木的阿來（おもてあらひ、面洗ひ）　○喀喇亦棄牙（かはらいへや、瓦家屋）

{見}（1764）

＜用例＞

見当たらず。

{琉訳}（1800頃）

＜用例＞

○許牙（いへや、伊平屋）　○牙一麻（やへやま、八重山）　○你牙（ねや、寝屋）　○打及八禄（たけはら、嵩原）　○你發（ねは、根波）　○及瓦石（けわし、険し）

Ⅳ－１－⑵－⑨　*/ｅｕ/

{仲里}（1703頃）

＜用例＞

見当たらず。

{混}（1711）

＜用例＞

○あやてうちゑ（おもろ仕候時つゝみにて拍子を打）　○けふ（今日）　○ねふさ（遅事）

{琉由}（1713）

＜用例＞

○サイセウ寺　○メウ底オト　○識名ケフリ樋川　○カネフサノ御イベ

{信}（1721）

融合していると判断される。

＜用例＞

○彪鳥（へうを、表を）　○漂那阿傑的（へうをあげて、表を上げて）　○窟受（こせう、胡椒）　○百索景（ばせうぎぬ、芭蕉衣）

{見}（1764）

＜用例＞

見当たらず。

{琉訳}（1800頃）

融合していると判断される。

＜用例＞

○叔著（しようけう、升篙）　○著（てう、兆）　○彪（へう、表）　○漂（へう、表）○許約（へう、豹）　○比有（べう、廟）　○説叔（せうしよ、小暑）　○猶著（どぜう、鰌）＜「猶」は「獨」の誤記＞　○鳩（けふ、今日）　○説（せふ、妾）

Ⅳ－１－⑵－⑩　*/ｅｏ/

{仲里}（1703頃）

＜用例＞

○いぶ乞ておりろ（雨・水乞て降りろ）　○こておろく＜人名＞　○はねおてしめて○けをの森

{混}（1711）

＜用例＞

○けおのあけとまに（今日の曙事を申）（けふ、今日）　○おうらなへおかみ（御伺する）○めしよわへおみこし（御腰物）　○こかねおとん（常の御殿）（こがねおどん、黄金御殿）○しろかねおちやう（高あさなの門）（しろがねおぢやう、白銀御門）　○あふはせをむしよ（青芭蕉御衣）（あをばせうみそ）　○おめをつと（弟）（おもひをと、思弟）

{琉由}（1713）

＜用例＞

○カネオツ盛　○クワゲホク嶽　○イテホタ御嶽　○アマレホチ　○モモケヲタヘ　○ニタメヲホソイ

{信}（1721）

＜用例＞

○窒唔（われを、我を、わんを）

{見}（1764）

＜用例＞

見当たらず。

{琉訳}（1800頃）

＜用例＞

○息的武喀福（すでおくわほう、孵で御果報）　○眉武石獨力（めおしどり、雌鴛鴦）

Ⅴ－１－⑵－⑪　*/ａｉ/

{仲里}（1703頃）

表記上は、融合していない。

＜用例＞

○あぜらなかい（畦なかい）　○あざかちかい（あざか誓い）　○まがいじ（真害事）　○だいくに（大国）　○なかばい(中空)　○よばいくわ（夜這い子）　○からさい（飛蝗、蝗）　○にがさい（苦さい）　○みやがどまい（みやが＜大港＞泊まい）　○まぜない言（呪い言）　○しきらいの大のろ

{混}（1711）

表記上は、融合していない。

＜用例＞

○お世《よ》おわつかい（摂政）（～つかひ）　○おゑべやうちにかいどまかよる（指ヤ内ニマカル）　○かいしやう（開静　日 出 卯《ジツシュツバウ》の楼鐘百八の声）　○かいん（薄）　○みおむつかい（奉屈請事）（みおみつかひ）　○むきやまかい（鍋匙）（みかまかい）　○きたいこね（胡蘿蔔《キタイコン》）（きだいこね、黄大根）　○たいこね（菜菔《タイコン》）（だいこね、大根）　○またいらのたたみ（畳）（またひらのたたみ、真平らの畳）　○みおやたいり（公事を也）　○くはい（鍬）　○ねいしまいし（長久）（ねいしまいし、根石真石）　○つかあい（番）（つがひ）　○けわい（ケオヒノ心カ）（けはひ）　○つかなひばうと（鳩　やばうと　鴿《イヘハト》）　○あひら（鶩《アヒル》）　○おちよわひめしよわちへ（(行幸の)事）　○おむしやたゐ（行幸の御先備之事）　○くわゐ（田芋）　○もだい（悶絶もたへ）　○おいらい（答る）（おいらへ）　○けらいて（造営並調和）（げらへて）　○おむしやたゐ（行幸の時御先備の）　○くわゐ（田芋）

{琉由}（1713）

表記上は、融合していない。

＜用例＞

○サカイガネ　○フカイ御嶽　○コガイ　○アタイ川之殿　○タイラ嶽　○ダイ城　○ハイカメマ嶽　○ミハイ　○サイハ御嶽　○カイマイ殿　○芋ナイ折目　○アクマハライ（悪魔祓ひ）　○ワライニキヨウ　<cf.笑キヨウ>　○アイハンタ御嶽　○初ヲチヨハヒ　○マヒトマラツカサ　○カナヒヤ森　○ワラヒ御イベ

{信}（1721）

融合していない。

＜用例＞

○瞎宅（かいち、獬豸）　○大福（たいふ、太夫）　○綵（さい、菜）　○你嬾（ないらぬ、無いらぬ）　○括其（くわいい、快意）　○荅止歪立（たちわいり、立ち行り）　○阿古噶（あこ（や）がひ、阿古屋貝）　○失脚衣（ひたひ、額）　○鳥木的阿來（おもてあらひ、面洗ひ）　○克搭里（こだらひ、小盥）　○大箣（たらひ、盥）　○密由鳥牙（みゆわひ、御祝ひ）

{見}（1764）

表記上は、融合していない。

＜用例＞

○帖夫（たいふ、太夫）　○柯列（かうらい、高麗）　○虚渣衣（ひたひ、額）　○懐（はひ、灰）　○搭阿来（たらひ、盥）

{琉訳}（1800 頃）

融合した形とそうでない形とが現れている。同一語についても同様である。

＜用例＞

○鴨皆（あかい、紅い）　○瞎宅（かいち、懈豸）　○石力楷（しりがい、鞦）　○代叔（たいしよ、大暑）　○得（だい、題）　○大立（だいり、内裏）　○孩（はい、牌）　○古晒（ごさい、五歳）　○晒外（さいはひ、幸ひ）　○没宜及（まいにち、毎日）　○乃喀石禄（ないがしろ、蔑ろ）　○羅以石（らいし、良醫司）　○愛席禄（あいする、愛する）　○孤怪（こうくわい、後悔）　○街（かひ、匙）　○煞界（さかひ、境）　○煞喀一（さかひ、境）　○武獨喀一（おとがひ、頤）　○怠喇喀（たひらか、平らか）　○許大（ひたひ、額）　○失脚衣（ひたひ、額）　○麻一打一喇（まへだひら、真栄平）　○由拜（よばひ、夜這ひ）　○眉賣（みまひ、見舞ひ）　○阿及乃（あきなひ、商ひ）　○他阿喇（たらひ、盥）　○他里（たらひ、盥）　○答喇一（たらひ、盥）　○阿一答（あひだ、間）　○愛答（あひだ、間）　○由鳥牙（ゆわひ、祝ひ）　○古力乃（くれなゐ、紅）　○骨喇一（くらゐ、位）

Ⅳ－１－⑵－⑫　*/ａｅ/

{仲里}（1703 頃）

＜用例＞

見当たらず。

{混}（1711）

表記上は、融合していない。但し、*/e/は[i]になっていたであろう。

＜用例＞

○はなあたへ（花園）　○肝《きも》はへて（肝うれしきと云心）　○はへらい（人をこなし気任する）　○すざへ（兄）　○あまへわち（よろこひ）　○あやあまへ（国母）（あやあ前）　○かまへ（貢物）　○とまへる（物を探索　人なと尋る）（トゥメーユン）　○あつらへ物《もの》

（誂物）　○いらへ（答る）　○まはゑすヾなり（南風）　○まゑけか（男）　○まゑなご（女の事敬て申）

{琉由}（1713）

表記上は、融合していない。但し、*/e/は[i]になっていたであろう。

＜用例＞

○アマヘ御門　○アヘダノ嶽　○タヱン川　○イベノマヱノ嶽　○ナヱカサノ御イベ

{信}（1721）

「はへ」「まへ」「らへ」に対応する例が見出された。音訳字は、それぞれ「灰」「買」「毎」「利」である。「利」だけが融合して[iː]となっていると見なせる。

＜用例＞

○灰（はへ、南）　○阿姆買（あもまへ、母前）　○倭的毎（くわうていまへ、皇帝前）；○三衣米小利（めしさふらへ、召し候へ）

{見}（1764）

*/e/は「i」となっているが、[a]との融合はしていない。

＜用例＞

○麦（まへ、前）

{琉訳}（1800頃）

*/e/は「i」となっているが、[a]との融合はしていない。

＜用例＞

○那喀一（ながえ、轅）　○晒即禄（さえぎる、遮る）　○喀一息（かへす、返す）○喀一的（かへで、楓）　○街禄（かへる、帰る）　○喀一禄（かへる、返る）　○法代一（はだへ、肌）　○法一（はへ、蠅）　○阿姆買（あむまへ、母前）　○麻一（まへ、前）　○墨打（まへだ、前田）　○麻一打一喇（まへだひら、真栄平）　○麻一答力（まへだれ、前垂れ）　○喀乃（かなへ、鼎）　○那一（なへ、苗）　○乃（なへ、苗）○牙一麻（やへやま、八重山）

Ⅳ－１－⑵－⑬　*/ａａ/

{仲里}（1703頃）

表記上は、融合していない。

＜用例＞

○みそであわちへ（御袖合わちへ）　○てるかは（照る日、太陽）　○あさかわ（淺川）○せつらわい大のろ大ぬし

{混}（1711）

表記上は、融合していない。

<用例>

○かあとり（鴨）　○があとり（鴨）　○があなあ（鵝）　○てたかあな（東の事）（テダがあな、テダが穴）　○なあさて（翌々日事《ヨクヨクジツノ》）（のあさて）　○なあちや（翌日）（のあした）　○あゝせ（醤物）　○たなかはり（種子変と書）　○てるかは（御日の事）（照る河）　○うらまはり（浦々巡行）　○うらはり（舟）　○あはさ（淡きをいふ塩かげんなとのあまき）　○おきなわ（悪鬼納と書　琉球）　○こむてあわちへ（手を合する）

{琉由}（1713）

表記上は、融合していない。

<用例>

○マカアノ嶽　○ナアタオホヂ　○西ノアヽビノ御イベ　○カハラ田　○玉ガハラ（玉瓦？）　○ヲタハラ　○ガナハノ殿（我那覇の殿）　○東カワラ　○カワヅカサノ御イベ　○ヒガワノ嶽　○マワジノ御イベ　○オキナワノ嶽　○アワシ川

{信}（1721）

「ハ行転呼」は終了している（更に[wa]が[a]に変化したものもある）が、一部、「阿法煞（あはさ、淡さ）」のように、そうでない例も存在する。

<用例>

○他古（たあご、盥）　○喀哇（かは、河）　○喀哇（かは（皮）　○喀哇喇（かはら、瓦）　○喀喇（かはら、瓦）　○依喀喇（ゐがはら、井河原）　○倭急拿必周（おきなはひと、沖縄人）　○阿法煞（あはさ、淡さ）

{見}（1764）

「ハ行転呼」は終了している（更に[wa]が[a]に変化したものもある）が、一部、「阿花煞（あはさ、淡さ）」のように、そうでない例も存在する。

<用例>

○哈哇（かは、河・川）　○哈哇辣（かはら、河原）　○哈喇弗吉牙（かはらぶきや、瓦葺屋）　○十ロ哈喇（しきがはら、敷瓦）　○廳哈阿拉（てんがはら、天河）　○屋基惹（おきなは、沖縄）　○阿花煞（あはさ、淡さ）

{琉訳}（1800頃）

「ハ行転呼」は終了している（更に[wa]が[a]に変化したものもある）が、一部、「那發（なは、那覇）」「阿法石（あはし、淡し）」等のように、そうでない例も存在する。

<用例>

○那喀阿眉（ながあめ、（長雨）　○撒日（さあじ、巾）　○阿喀法答喀（あかはだか（赤裸）　○阿麻奴喀瓦（あまのかは、天の河）　○喀瓦（かは、川）　○喀瓦（かは、皮）　○喀金（かはぎぬ、皮衣）　○喀八牙（かはや、厠）　○喀瓦羅（かはら、瓦）　○古八喀（くばがは、久場川）　○麻即喀（まつがは、松川）　○喀答瓦喇（かたはら、傍ら）　○一答豁（えだは、枝葉）　○煞瓦（さは、沢）　○瓦雑瓦一（わざはひ、災ひ）○倭急拿（おきなは、沖縄）　○什拿發（せなは、瀬名波）　○答直那瓦（たけなは、酣）○那瓦（なは、縄）　○法那法答（はなはだ、甚だ）　○阿喇瓦息（あらはす、表す・現す）　○阿瓦（あは、粟）　○阿瓦石（あはせ、袷）　○牙瓦喀古（やはかぐ、和らぐ）○牙瓦喇喀（やはらか、柔らか）　○喀瓦古（かわく、乾く）　○法喇瓦答（はらわた、腸）　○阿瓦（あわ、泡）　○麻日（まわし、真和志）；　○一喇發（いらは、伊良波）○那發（なは、那覇）　○喀喇法利（からはり、唐針、羅針盤）　○阿法石（あはし、淡し）

Ⅳ－１－(2)－⑭　*/ａｕ/

{仲里}（1703頃）

表記上は、融合していない。

＜用例＞

○いしたうね（石飼葉桶）　○さんどたうと（さんど尊と）　○なたうて（成たうて）○たうさきの司（堂崎の司）　○わうにせ（王仁世）　○なふす（直す、世の繁栄を祈る神事をする）　○あふさばい（青さばい）　○たたみちやう（貴人、国王）　○みまふやうちへ（見守やうちへ）

{混}（1711）

表記上は、融合していない。

＜用例＞

○かうのあつため（鹿肉）　○かうろく豆《まめ》（本大豆）　○おたうふ（御豆腐）　○たうきみ（唐黍）　○おはうちや（たちもの　庖丁）　○はうと（鳩）　○御《お》さうぜ（叡慮）○さう（笙）　○まう鳥《とり》（鵜之鳥）　○ふらう（豇豆　白角豆《シロサヽケ》　紫豇豆《アカサヽゲ》　紋豇豆《アヤサヽケ》）　○あうれ（来れ）　○くわうていかなし（皇帝ノ御事）（皇帝加那志）　○むかふ年《とし》（来年）○あがふれ（食なとあかれ）　○あふたふと（仏神を信仰する詞）　○袖《そで》たれてまふて（広き袖を飜して舞）　○ゑらふてる月《つき》（さやか成月）　○ちやうぎぬ（朝衣）　○めしやうれ（食など参れ）

○おみかう（御顔）（みかほ）　○みおむきやうへ（美御頭）（みおみかうべ）

{琉由}（1713）

表記上は、融合していない。

＜用例＞

○ナカウ川　○山ガウト　○御タウグラ火神　○コバダウノ嶽　○コバウノ森○サウズ川　○アラザウリ　○ヨリアゲマウリ御イベ　○カナウヅカサノ御イベ○ヒラウ嶽　○アウサキ森　○ワウ地　○カフ　○真ダフツ按司　○サフシキンノ殿　○アラザフリ）　○中間マフリ　○アフスシヅカサ　○カヤウ嶽御イベ○ヤウノ嶽

{信}（1721）

音訳字は、二重母音系のものとそうでないものとが混じっている。融合への過渡期といったところである。

<用例>

○呵唔失失（かうしし、鹿肉） ○科的（かうて、買うて） ○叨濃周（たうのひと、唐の人） ○托福（たうふ、豆腐） ○司哇（すはう、蘇芳） ○火氣（はうき、箒） ○和着（はうちやう、包丁） ○包名（はうめい、報名） ○棒（ばう、棒） ○巴子（ばうず、坊主） ○錯関（さうめん、素麺） ○喳（ざう、象） ○網巾（まうきん、網巾） ○哭泥華（くにわう、国王） ○喀得那（くわうていの、皇帝の） ○呼窩（ほうわう、鳳凰） ○油哇（ゆわう、硫黄） ○喀也ママ那各（かめのかふ、亀甲） ○衣米小利（めしさふらへ、召し候へ） ○亂思古苔（らふそくだい、蝋燭台） ○枉其（あふぎ、扇） ○沙由（しやうゆ、醤油） ○那没橈介（なましやうが、生生姜）

{見}（1764）

{信} 同様、音訳字は、二重母音系のものとそうでないものとが混じっている。融合への過渡期といったところであるが、{信} よりは進んでいる。

<用例>

○柯以禮（かういれ、香入れ） ○哈巴煞（かうばさ、香ばさ） ○科倍（かうべ、頭） ○柯列（かうらい、高麗） ○駄（たう、唐） ○拖福（たうふ、豆腐） ○和吉（はうき、箒） ○和竹（はうちやう、庖丁） ○波子（ばうず、坊主） ○索関（さうめん、索麺） ○羅搭低（らふたて蝋立て） ○由哇（ゆわう、硫磺） ○食芍（ししやう、師匠） ○芍喀（しやうが、生姜） ○芍倭刮止（しやうぐわつ、正月） ○芍由（しやうゆ、醤油） ○和竹（はうちやう、庖丁） ○秒不（びやうぶ（屏風）

{琉訳}（1800 頃）

{信}{見} よりは融合化が進んでいると見なせる。

<用例>

○果山（かうざん、高山） ○桃（たう、唐） ○叨（たう、唐） ○掇麻（たうま、当真） ○不多（ぶだう、葡萄） ○火氣（はうき、箒） ○泊書（ばうしゆ、芒種） ○莫如（まうじう、猛獣） ○拏佳（なうか、何か） ○怪羅（くわいらう、回廊） ○羅（らう、狼） ○窩（あう、襖） ○覺（きやう、郷） ○著金（きやうげん、狂言） ○喀得（くわうてい、皇帝） ○火我（ほうわう、鳳凰） ○油哇（ゆわう、硫黄） ○由我（ゆわう、硫黄） ○窩（かふ、閘） ○石多（したふ、慕ふ） ○答古我（たくはふ、貯ふ） ○武博（うばふ、奪ふ） ○阿喀納（あがなふ、償ふ） ○阿禄（あらふ、洗ふ） ○及落（きらふ、嫌ふ） ○瓦禄（わらふ、笑ふ） ○枉其（あふぎ、扇） ○阿午一（あふひ、葵） ○阿父禄（あふる、溢る）

Ⅳ－１－(2)－⑮　*/ａｏ/

{仲里}（1703頃）

表記上は、融合していない。但し、*/o/が[u]に変化し、[au]で実現していると判断される。

<用例>

○こしやてなおち（腰当て直ち）　○まをとたけ（まをと嶽）　○なをや（何や）

{混}（1711）

表記上は、融合していない。但し、*/o/が[u]に変化し、[au]で実現していると判断される。

<用例>

○てたかおさし（天命）（テダがお差し）　○あまおさけ（醴）　○なおさ（(御)為）○あおなみ（青波）　○ももかほうしやへて（百果報しはべりて）（行幸を蒙ふりて）○あをもの（青苗　あをは）

{琉由}（1713）

表記上は、融合していない。但し、*/o/が[u]に変化し、[au]で実現していると判断される。

<用例>

○ナカオモトナカタライ　○ナアタオホヂ兄弟　○ナアタヲホヂ　○アマオレ司○カホウモリシマギシノ御イベ　○世ガホウ　○マヲトクノ御セジ　○ヤナヲシ皿○アヲヤマノ嶽　○アヲリ岳

{信}（1721）

*/o/が[u]に変化し、[au]で実現していると判断される。

<用例>

○唖煞（あをさ、青さ）

{見}（1764）

*/o/が[u]に変化し、[au]で実現していると判断される。

<用例>

○阿撒烏機（あさおき、朝起き）　○搭麻烏比（たまおび、玉帯）　○窩煞（あをさ、青さ）

{琉訳}（1800頃）

*/o/が[u]に変化し、[au]で実現していると判断される。

<用例>

○高（かほ、顔）　○喀武（かほ、顔）　○阿煞喀武（あさがほ、朝顔）　○那武（なほ、猶）　○所（さを、竿）　○阿武石（あをし、青し）　○阿五失失（あをしし、鹿）

○阿武那（あをな、青菜）

Ⅳ－１－⑵－⑯　*/ｕｉ/

{仲里}（1703 頃）

表記上は、融合していない。

<用例>

○あがるい（東方）　○はうゐ（はふり、神に仕える人）　○手ぐいの（手乞いの）

{混}（1711）

表記上は、融合していない。

<用例>

○こうすい（胡荾《コスイ》）　○すいさ（酸き）　○ずいんずいん（螢）　○ゆづくひ（夕附日）○みすずひ（御硯）（みすずり）　○あがるい（東）　○うゐぐわ（初子）　○うゐ旅（初旅）；　○ゆまんぐい（夕間暮）（ゆふまぐれ）

{琉由}（1713）

表記上は、融合していない。

<用例>

○サスクイ　○アスイ森　○モコズイノ御イベ　○チヤウノハムイ御イベ　○アガルイ（御拝）　○サクヒ御嶽　○タツヒヤク　○アスヒカケハベルカケニシ　○テルヒキウノ御イベ

{信}（1721）

用例による限り、*/tui/は融合して[-i:]となっていると考えられるが、*/mui/は[-ui]であると判断される。これは*/tu/の母音が変化していたためである。

<用例>

○之搭之（ついたち、一日）　○之搭之美介（ついたちむいか、初六日）

{見}（1764）

用例による限り、*/tui/と*/sui/は融合して[-i:]となっている考えられるが、*/mui/は[-ui]であると判断される。これは*/tu/と*/su/の母音が変化していたためである。

<用例>

○之搭之密憂（ついたちみか、初三日）　○梅子利（みづいれ、水入れ）　○西刮（すいくわ、西瓜）　○西煞（すいさ、酸さ）　○美憂（むいか、六日）

{琉訳}（1800 頃）

融合した形とそうでない形とが並存している。この「並存」については、第Ⅶ章で触れる。

<用例>

○周維（つい、対）　○即達及（ついたち、一日）　○即的（ついで、次いで）　○勿洗（うすい、雨水）　○麻奴遮（まるいた、丸板、俎）　○阿禄一瓦（あるいは、或は）○及鬼木石（きくひむし、木食ひ虫）　○武古一息（うぐひす、鶯）　○答古一（たぐひ、類ひ）　○答歸（たぐひ、類ひ）　○即牙息（つひやす、費す）　○父六一（ふるひ、篩）

Ⅳ－１－⑵－⑰　*/ue/

{仲里}（1703頃）

用例見当たらず。

{混}（1711）

表記上は、融合していない。但し、*/e/は[i]で実現していた。

<用例>

○すへませ（子孫）（末益せ）　○みすへご（御小刀）　○ずへんずへん（螢）＜「ずいんずいん、ずゐんずゐん」もある＞　○うへあやちやう（守礼之邦門）（うへあやぢやう）○うへきやう（褱香）　○おすゑんべい（御仙餅）（おせんべい）　○すゑ（船作場）

{琉由}（1713）

表記上は、融合していない。但し、*/e/は[i]で実現していた。

<用例>

○スヱノ森　○ウヱカ地　○ウヱノ嶽

{信}（1721）

融合していない。但し、*/e/は[i]で実現していた。

<用例>

○威（うへ、上）　○悪牙密即約里（うへみちより、上道寄り）

{見}（1764）

用例見当たらず。

{琉訳}（1800頃）

「威（うへ、上）」「一（うへ、上）」の例が示すように、融合せず[ui]の状態のものと融合して[iː]となったものとが「並存」している。

<用例>

○父一（ふえ、笛）　○威（うへ、上）　○一（うへ、上）　○午一即（うへず、上江洲）　○尾府（うへま、上間）＜「府」は「麻」の誤記＞　○即及一（つくゑ、机）○悉（すゑ、末）　○席（すゑ、末）　○一石即（いしずゑ、礎））　○古即一（こずゑ、梢）

Ⅳ－１－⑵－⑱　*/ｕａ/

{仲里}（1703 頃）

融合して[wa]となっていると考えられる。但し、例として上げたのは、もとは */oa/である。

<用例>

○ふれくわ（振れ子）　○なしやぶりくわ（生し破り子）　○てぐわれて（手乞われて）

{混}（1711）

表記の上では、融合していると思われるものとそうでないものとがある。「枕」と「初子」とには別の要素も含まれている。

<用例>

○くそくはい（童子の嚏《ハナヒル》　時まじなふ詞）（くそくへ、糞食へ）　○くはい（鍬）○おくわしぼん（まゑなご部の御盆）（おくわしぼん、御菓子盆）　○くわうていかなし（皇帝ノ御事）　○くわゐ（田芋）<くわゐ、慈姑>　○ぐわたぐわた（瓦《グワ》（堕《タ》々々））○まつくわ（枕）（まくら）　○うゐぐわ（初子）（うひご）

{琉由}（1713）

表記の上では、融合していると思われるものとそうでないものとがある。

<用例>

○グスクアカ　○ヘカルアマミヤ嶽　○ヨヤゲマキウアミサデツカサノ御イベ○クハンガノ殿　○ツハ拝ミ　○ナフシナデルハイノ御イベ　○ヲタウハツフンセハツ　○クワウジンノ御イベ　○クワゲホク嶽　○ウルワシノ御イベ　○ナデルワノ御セジ

{信}（1721）

融合して[wa]となっていると考えられる。

<用例>

○司哇（すはう、蘇芳）　○一貫（いちくわん、一貫）　○括其（くわいい、快意）○喀得那（くわうていの、皇帝の）　○雞花（けいくわ、桂花）　○約慣（やくわん、薬罐）　○吾括子（ごぐわつ、五月）　○膩括子（にぐわつ、二月）　○通資（つうじ、通事）

{見}（1764）

融合して[wa]となっていると考えられる。

<用例>

○西刮（すいくわ、西瓜）　○壓光（やくわん、薬缶）　○空刮止（くぐわつ、九月）○三刮止（さんぐわつ、三月）　○由哇（ゆわう、硫磺）

{琉訳}（1800頃）

表記の上では、融合していると思われるものとそうでないものとが「並存」している。

＜用例＞

○古瓦石（くはし、詳し）　○麻古拜（まぐはひ、目会ひ）　○午即瓦木奴（うつはもの、器物）　○即話（つは、津覇）　○即瓦木奴（つはもの、兵）　○司哇（すはう、蘇芳）　○武瓦喀瓦（うはがは、上皮）　○及古寡（きくくわ、菊花）　○古瓦奴米（くわのみ、桑の実）　○骨我（くわ、桑）　○國（くわ、鍬）　○豁一（くわえ、桑江）　○豁及（くわき、桑木）　○括子（ぐわつ、月）　○古即瓦（くつわ、轡）　○昔瓦禄（すわる、座る）

Ⅳ－１－⑵－⑲　*/ｕｕ/

{仲里}（1703頃）

表記で見る限りでは、融合なし。

＜用例＞

○みつうし

{混}（1711）

表記で見る限りでは、融合なし。

＜用例＞

○おたうふ（御豆腐）

{琉由}（1713）

表記で見る限りでは、融合なし。

＜用例＞

○コガネシオブルクウノ御イベ　○ヨスウチ御門　○テクフ嶽　○ツフ川　○ヲタウハツフンセハツ　○オシアゲヅカサキウフヅカサ潮花司七ツ御イベ（押し上げ司気大司潮花司七ツ御イベ？）

{信}（1721）

表記で見る限りでは、融合なし。

＜用例＞

○通資（つうじ、通事）　○彪鳥（へうを、表を）

{見}（1764）

表記で見る限りでは、融合なし。

＜用例＞

○吐口（つうじ、通事）　○拖福（たうふ、豆腐）

{琉訳}（1800頃）

表記の上では、融合していると思われるものとそうでないものとがある。

<用例>

○古古匆（こくう、穀雨）　○叔一都即（そひつうじ、添ひ通事）　○都都即（とつうじ、都通事）　○米即武米（みづうみ、湖）　○泊父（ばうふう、防風）　○武禄（うるふ、閏）　○古禄不（くるふ、狂ふ）　○福禄（ふるふ、震ふ）

Ⅳ－１－(2)－⑳　*/ｕｏ/

{仲里}（1703頃）

見当たらず。

{混}（1711）

表記で見る限りでは、融合なし。

<用例>

○地天《ちてに》とよむ大《おほ》ぬし（主上の御事）　○ほつほつ（発々《ホツホツ》）

{琉由}（1713）

表記で見る限りでは、融合なし。

<用例>

○ヨウオスイ

{信}（1721）

表記で見る限りでは、融合なし。

<用例>

○彪烏（へうを、表を）　○漂那阿傑的（へうをあげて、表を上げて）

{見}（1764）

見当たらず。

{琉訳}（1800頃）

表記で見る限りでは、融合なし。

<用例>

○我屋多（わうおと、王弟）　○米即福獨里（みづほとり、水辺）

Ⅳ－１－(2)－㉑　*/ｏｉ/

{仲里}（1703頃）

表記で見る限りでは、融合なし。但し、*/o/は[u]になっている可能性が高い。

＜用例＞

○そいきよらのおやのろ（そい清らの親ノロ）　○おそいやにおれて（おそいやに降れて）　○ざんぐもい（ざん篭い？）　○あとおいて（後追ひて）　○そそひ（選そひ）；○まうへち風（まおひて風、真追手風）

{混}（1711）

表記で見る限りでは、融合なし。但し、*/o/は[u]になっている可能性が高い。

＜用例＞

○ほいはん御《お》盃《さかづき》（金外はほりすかにして内はなめらか）　○おぼい（水）　○いせゑけりあちおそい（いせはかしこき心）（いせゑけり按司襲ひ）　○おやもい（父母）（親思ひ）　○おそろい（御菜皿）（おそろひ、御揃ひ）　○おいねけ（御幼稚）　○おいらい（答る）（おいらへ、御答らへ）　○みもりよそひもり（御森世添ひ森？）　○おもひなかす（思流ス）　○町《まち》きをひ（七ツ時分）；　○とこい（十声）（とこゑ）

{琉由}（1713）

表記で見る限りでは、融合なし。但し、*/o/は[u]になっている可能性が高い。

＜用例＞

○キミコイシ嶽　○マシラゴイノ御イベ　○ソイツギノイシズ御イベ　○大ヤコモイ　○カネマンノイベ　○ニシセルコヒヤノトノ　○イヘマノマモヒメカ（八重山の思ひメガ）　○ソノヒヤブ（園比屋武？）　○モリノヒラ嶽　○新垣ヲヒヤ　○オホヰガワ嶽

{信}（1721）

音訳字で見る限りでは、融合なし。但し、*/o/は[u]になっている可能性が高い。

＜用例＞

○畏之謾歸（おいとまごひ、御暇請ひ）　○畏之謾歸（おいとまごひ、御暇請ひ）○叨濃周（たうのひと、唐の人）

{見}（1764）

音訳字で見る限りでは、融合なし。但し、*/o/は[u]になっている可能性が高い。

＜用例＞

○欲魯依（よろひ、鎧）　○威（をひ、甥・姪）

{琉訳}（1800頃）

表記で見る限りでは、融合なし。但し、*/o/は[u]になっている可能性が高い。

＜用例＞

○獨一石（といし、砥石）　○武弗以石（おほいし、大石）　○武一的（おいて、於いて）　○武由拜（おいはひ、御祝ひ）　○魏父力（おいぼれ、老いぼれ）　○午一宜（おおいに、大いに）　○阿喀一（かこひ、囲ひ）＜「阿」は「何」の誤記＞　○一及尾（いきほひ、勢ひ）　○由蘇午一（よそほひ、装ひ）　○幼羅衣（よろひ、鎧）　○武一（を

ひ、甥）　○木獨一（もとゐ（基）

Ⅳ－１－⑵－㉒　*/ｏｅ/

{仲里}（1703頃）

表記で見る限りでは、融合なし。但し、*/o/は[u]に、*/e/は[i]になっている可能性が高い。

<用例>

○あちらこえ（畦越え）　○とこゑ（十声）

{混}（1711）

表記で見る限りでは、融合なし。但し、*/o/は[u]に、*/e/は[i]になっている可能性が高い。

<用例>

○いつのこへん（五合瓶）　○かこへ（声の能き事）（かこゑ、佳声？）　○そへつきおちやう（継世門）　○みおそへさし（御副差）　○おへさ（大き）　○こゑたつき（越た月）　○おゑちへ（追風）　○おゑべやうちにかいどまかよる（指ヤ内ニマカル）

{琉由}（1713）

表記で見る限りでは、融合なし。但し、*/o/は[u]に、*/e/は[i]になっている可能性が高い。

<用例>

○マカネコヘ按司　○豊見トモソヘ豊見キナキ　○コヱナ　○トヱダ御イベ　○イノヱガナシ　○オヱカ人　○ヲヱカ人

{信}（1721）

音訳字で見る限りでは、融合なし。但し、*/o/は[u]になっている可能性が高い。*/e/も[i]になっている可能性が高い。

<用例>

○滑的（こえて、肥えて）　○喂街（をゑか、親戚？）

{見}（1764）

用例見当たらず。

{琉訳}（1800頃）

/o/は[u]に、/e/は[i]になったが、それらが融合しないままのものと、融合して[i:]となったものとの「新旧」「並存」の姿を見せている。「並存」については、第Ⅶ章で詳しく述べる。

<用例>

○武宜必（もえび、燃え火）　○古一（こゑ、声）　○骨一骨（ごゑく、越来）　○喂

街（おゑか、親戚）；
　○武納昔（うらそへ、浦添）　○兵（ぼえも、保栄茂）

Ⅳ－１－⑵－㉓　＊/ｏａ/

{仲里}（1703頃）

　表記で見る限りでは、融合なし。但し、*/o/は[u]になっている可能性が高い。

＜用例＞

　○いぞわれて（誘われて？）　○おたぼいめしよわれ（御賜ぼい召しよわれ）

{混}（1711）

　表記で見る限りでは、融合なし。但し、*/o/は[u]になっている可能性が高い。

＜用例＞

　○おことあわしやうちへ（御言葉を合せて）　○むらさきのあや雲《くも》（雲をほめて云）
○きもはへて（きむほくりなかほくり）　○あけくのはて（上句終《アケクノハテ》）　○おはいり（酢）
○おはつかさ（些小なる）　○おわば（何事も本より外之事）

{琉由}（1713）

　表記で見る限りでは、融合なし。但し、*/o/は[u]になっている可能性が高い。

＜用例＞

　○オモトアルジ　○掟ノアム　○コハナリノ御イベ　○フチコハラ　○アフリノハナ　○ノハナジ殿　○ヲハタケ根所　○コバノワカツカサ御イベ　○オワラキウ

{信}（1721）

　音訳字で見る限りでは、融合なし。但し、*/o/は[u]になっている可能性が高い。

＜用例＞

　○木那哇（ものは、物）

{見}（1764）

　音訳字で見る限りでは、融合なし。但し、*/o/は[u]になっている可能性が高い。

＜用例＞

　○枯花古（こはく、琥珀）　○鳥那姑哇辣倍（をなごわらべ、女童）

{琉訳}（1800頃）

　音訳字で見る限りでは、融合なし。但し、*/o/は[u]になっている可能性が高い。

＜用例＞

　○古阿石（こあし、小足）　○武阿眉（おほあめ、大雨）　○骨發即（こはつ、小波津）
○木八喇（もはら、専ら）　○牛發（のは、饒波）　○武瓦禄（をはる、終る）　○武服瓦（おほわ、大輪）　○奴瓦及（のわけ、野分け）

Ⅳ－１－(2)－㉔　*/ｏｕ/

{仲里}（1703 頃）

表記で見る限りでは、融合なし。但し、*/o/は[u]になっている可能性が高い。

<用例>

○こうて嶽　○まみたるせとう<人名>　○よがほう（世果報）　○たぼうちへ（給うちへ）　○よりもう（より藻）　○あかころう（吾がころう）　○あらさきの大ころう（新崎の男子）

{混}（1711）

表記で見る限りでは、融合なし。但し、*/o/は[u]になっている可能性が高い。

<用例>

○こうすい（胡荽《コスイ》）　○おくとう（大海）　○くわんとうり（西瓜）（広東瓜）　○おとうろ（御行燈）　○おほう（承ていらへる言葉　諾の字に当）　○をほう（いらへる言葉）○おもうやに（思様に）　○おうね（船）　○みおうね（御船）　○ゆこふ（憩ノ字カ　いつときゆくふと云時はしはしやすむ事）　○のろふ（呵《シカル》　呪咀《シュショ》する）　○をふなべ（よふなべ　（夜職《ヲナベ》））

{琉由}（1713）

表記で見る限りでは、融合なし。但し、*/o/は[u]になっている可能性が高い。

<用例>

○大コウリ　○大美崎トウハ　○世ガホウ（世果報）　○ケロウ地　○オウブノ嶽　○フシコフネ　○ソフツケナ巫　○山ノフセライ

{信}（1721）

音訳字で見る限りでは、融合なし。但し、*/o/は[u]になっている可能性が高い。

<用例>

○雞朶（けいとう、鶏頭）　○禿羅（とうろう、燈籠）　○谷多（ごどう、梧桐）○呼窩（ほうわう、鳳凰）　○紗冒（しやぼう、紗帽）　○毛疸（ぼうし、帽子）　○木心（もうせん、毛氈）　○禿羅（とうろう、燈籠）

{見}（1764）

音訳字で見る限りでは、融合なし。但し、*/o/は[u]になっている可能性が高い。

<用例>

○吐盧（とうろう、灯篭）　○魯（どう、胴・身体）　○毒巾（どうぎぬ、胴衣）○膜子（ぼうし、帽子）　○木身（もうせん、毛氈）　○吐盧（とうろう、灯篭）

{琉訳}（1800 頃）

音訳字で見る限りでは、融合なし。但し、*/o/は[u]になっている可能性が高い。

＜用例＞
○岩孤（がんこう、眼孔）　○光哥（くわんこう、官侯）　○割及（こうち、幸地）○寡古多（かくとう、鶴頭）　○街多（けいとう、鶏鵰）　○力讀（りつとう、立冬）○度（どう、胴）　○喀福（くわほう、果報）　○火我（ほうわう、鳳凰）　○毛疽（ぼうし、帽子）　○叔引（そういん、総尹）　○禿羅（とうろう、燈籠）　○署（ろう、樓）○古（こふ、請ふ）　○都（とふ、問ふ）　○午（おほふ、覆ふ）　○及牛（きのふ、昨日）　○及奴（きのふ、昨日）　○喀及落（かげろふ、蜉蝣）　○虚禄（ひろふ、拾ふ）

Ⅳ－１－⑵－㉕　*/ｏｏ/

{仲里}（1703頃）

表記で見る限りでは、融合なし。但し、*/o/は[u]になっている可能性が高い。

＜用例＞
○いづみこおり（泉氷）　○そいきよらのおやのろ（そい清らの親ノロ）

{混}（1711）

表記で見る限りでは、融合なし。但し、*/o/は[u]になっている可能性が高い。

＜用例＞
○すづとみのおやおうね（御船の事）　○おほう（承ていらへる言葉　諾の字に当）○おほね（大根）　○おほみおどん（大美御殿）　○しまなかねとをり（嶋国の上より雲なとのとをる）

{琉由}（1713）

表記で見る限りでは、融合なし。但し、*/o/は[u]になっている可能性が高い。

＜用例＞
○コオリ御嶽　○シノゴオリメ　○タケノコホツカサノ御イベ　○オホガネコノ嶽　○オホキガワ嶽　○ナアタオホヂ兄弟　○ナアタヲホヂ　○下ゴヲリ○下ノヲヒヤ　○野保ノヲヒヤ火神

{信}（1721）

音訳字で見る限りでは、融合なし。但し、*/o/は[u]になっている可能性が高い。

＜用例＞
○科立（こほり、氷）　○屋火煞（おほさ、多さ）　○拖抵子（とをふてつ、十一）

{見}（1764）

音訳字で見る限りでは、融合なし。但し、*/o/は[u]になっている可能性が高い。

＜用例＞
○庫兀利（こほり、氷）　○徒撒（とほさ、遠さ）　○烏灰撒（おほさ、多さ）　○烏弗首（おほしゆ、大主）　○之搭之突喀（ついたちとをか、初十日）

{琉訳}（1800頃）

*/o/は[u]に、そしてそれらが融合しないままのものと、融合して[u:]となったものとの「新旧」「並存」の姿を見せている。「おほ～（大～）」の例を示す。
「並存」については、第Ⅶ章で詳しく述べる。

○午福午比（おほおび、大帯）
○武喀石喇（おほかしら、大頭）
　　○武即即米（おほつづみ、大鼓））
　　○烏米即（おほみづ、大水）
　　　○武福牙（おほや、大屋）
　　　○烏牙及（おほやけ、公）
○武服瓦（おほわ、大輪）

<用例>

○午福午比（おほおび、大帯）　○武弗武必（おほおび、大帯）　○午一宜（おおいに、大いに）　○孤力（こほり、氷）　○獨石（とほし、遠し）　○由蘇午一（よそほひ（装ひ）　○武阿眉（おほあめ、大雨）　○武弗以石（おほいし、大石）　○午福午比（おほおび、大帯）　○武喀石喇（おほかしら、大頭）　○屋火煞（おほさ、多さ）　○武即即米（おほつづみ、大鼓））　○烏米即（おほみづ、大水）　○武福牙（おほや、大屋）　○烏牙及（おほやけ、公）　○武服瓦（おほわ、大輪）

Ⅳ－２　半母音

Ⅳ－２－(1)　ヤ行音　＊／ｊａ，ｊｕ，ｊｏ／

＊／ｊａ，ｊｕ，ｊｏ／について考察する。

音価は[j]であって、揺ぎ無い。用例を示すだけで充分であろう。

{仲里}（1703頃）

＜用例＞

○やに（様に）　○やわやわと（柔々と）　○ちかや（茅）　○おみややて（御庭やて）；○ゆなべ（斎鍋）　○やしのしゆ（やしの主）；　○よがほう（世果報）　○よね（米、雨粒、砂）　○よりかけ（寄り掛け）　○あよくら（肝暗）　○よき（ゆき、雪）　○いきよえ（いくゆゑ、行く故）　○あぜらこえ（あぜらこえ、畦越え）

{混}（1711）

＜用例＞

○やあに（来年）　○やそ（八十）　○やまと旅（大和旅）　○あちや（明日）　○あやはへる（蝶）　○いしやと（蟷螂）　○いみや（今）　○おはうちや（御包丁）　○きやかまくら（京鎌倉）　○ちやうぎぬ（朝衣）　○なむぢや（銀）　○びや（琵琶）○ひやし（拍子）　○まや（猫）　○みや（庭）　○みやとり（鶏）；　○ゆき（米）＜雪＞　○ゆふべ（夕部）　○ゆまんぐい（夕間暮れ）；　○よあすたへ（世長老部、三司官）　○よどむ（淀む）　○よね（米）　○よべ（夕部）　○よも鳥（雀）　○あよ（肝）○およぎ（御宿衣、御夜着）　○きよけ（清毛）　○きよらさ（清らさ）　○しよれば（しおれば）

{琉由}（1713）

＜用例＞

○ヤクロ河　○ヤハ嶽　○ヤラザ森城　○ヤラノ御イベ　○アガリミヤ○アヤ森ノ嶽　○ウヤ川　○金盛豊ミヤ　○神アヤゴ　○カヤ刈　○ミヤ種子○ユキアガリノ御イベ　○ユヒムタノ御花　○シユケツ御嶽　○シラユキノ御イベ　○ヨキ家来ノ大神　○ヨシノ嶽　○ヨナ川ノ殿　○ヨリアゲ森　○金城ヨリノハナ森　○君キヨラ　○トモヨセ　○ナヨクラ御嶽　○マキヨツカサ

{信}（1721）

＜音訳字＞

＊/ja/に対応する部分に「牙、耶、約、揚、亞、呀、鴉、茶、捱、現」が現れる。

＊/ju/に対応する部分に「堉、又、油、憂、有、由、雖、音、容、堅、榮」が現れる。

＊/jo/に対応する部分に「堉、郁、霞、約、優、有、由、幼、夭、欲、院」が現れる。

音訳字	中原音韻	朴通事諺解	老乞大諺解	華英辞典	推定音価	備　考
や　牙	ia	’ ja	’ ja, ŋja	ya	ja	

耶	ie	☆	☆	☆	ja	
約	iau, io	☆	’ jo, ʔjaʙ	☆	ja	
揚	iaŋ	’ jaŋ	’ jaŋ	☆	ja	
亞	ia	☆	’ ja, ʔja	ya	ja	
呀	ia	☆	☆	a/ya	ja	
やう 鴉	ia	☆	☆	☆	ja	
茶	ʈʂ ‘a	cha, cca	☆	☆	a	「聊茶」反切
やせ 捱	涯 iai	☆	☆	☆	jai	
やな 現	hien	☆	☆	☆	jaŋ	
ゆ 堉	育 iu	☆	☆	☆	ju	
又	iəu	’ iw	’ iu, ’ iw	☆	ju	
油	iəu	’ iw	’ u, ’ iw	yu/you	ju	
憂	iəu	’ iu	☆	☆	ju	
有	iəu	’ iw	’ iu, ’ iw	you/yu	ju	
由	iəu	’ iu	’ u, ’ iw	yu/you	ju	
雖	suəi	☆	☆	☆	ju	
ゆん 音	iəm	☆	☆	☆	juɴ	
容	ioŋ	☆	☆	jung/yung	juɴ	
堅	kien	☆	☆	☆	juɴ	
榮	yuəŋ	☆	☆	☆	juɴ	
よ 堉	育 iu	☆	☆	☆	ju	
郁	iu	☆	☆	☆	ju	
霞	hia	☆	☆	☆	ju	
約	iau, io	☆	’ jo, ʔjaʙ	☆	ju	
優	iəu	☆	☆	☆	ju	
有	iəu	’ iw	’ iu, ’ iw	you/yu	ju	
由	iəu	’ iu	’ u, ’ iw	yu/you	ju	
幼	iəu	☆	☆	yu	ju	
夭	iəu	☆	☆	☆	ju	
欲	iu	☆	☆	yü	ju	
よび 院	iuen	☆	’ juɔn, ŋjujɔn	☆	jun	

<用例>

○牙立（やり、槍） ○迷耶（みや、宮） ○約慣（やくわん、薬缶） ○揚密撒（やめさ？、止めさ？） ○亞馬吐（やまと、大和） ○呀子（やつ、八つ） ○鴉介（やうか、八日） ○聊茶（りやう、両） ○捱的（やせて、痩て） ○現基（やなぎ、柳）；○灰堉（ふゆ、冬） ○又急（ゆき、雪） ○油哇（ゆわう、硫黄） ○憂米（ゆみ、弓） ○禿有（つゆ、露） ○沙由（しやうゆ、醤油） ○雖之既（ゆつぎ、湯注ぎ） ○柯北音（よぶ、アビユン、呼ぶ） ○那那容（ならふ、ナラユン、習ふ） ○屋起堅（おきる、ウキユン、起きる）　○化子榮（はぎをり、ハジユン、剥ぎをり、脱ぎをり）；　○堉羅（よる、夜）　○郁加（よか、四日）　○霞爽（よき、斧）　○悪牙密即約里（うへみちより、上道より）　○優答殺（よたさ、好さ）　○有（よ、夜）　○由奴奴失（よのぬし、世の主）　○幼羅衣（よろひ、鎧）　○夭子（よつ、四つ）　○鳥孤欲士（てくよし？、鵞鳥？）○院的（よびて、呼びて）

｛見｝（1764）

＜音訳字＞

＊/ja/に対応する部分に「牙、呀、亞、耶、揚、壓、着、約、藥、挨」が現れる。
＊/ju/に対応する部分に「由、欲、堉」が現れる。
＊/jo/に対応する部分に「由、攸、育、欲、堉、蕚」が現れる。

音訳字	中原音韻	朴通事諺解	老乞大諺解	華英辞典	推定音価
や　牙	ia	’ ja	’ ja, ŋja	ya	ja
呀	ia	☆	☆	a/ya	ja
亞	ia	☆	’ ja, ʔja	ya	ja
耶	ie	☆	☆		ja
揚	iaŋ	’ jaŋ	’ jaŋ		ja
壓	ia	☆	’ ja, ʔja		ja
着	ʧɪo, ʧɪau	☆	☆		ʧa
やう　約	iau, io	☆	’ jo, ʔjaʙ		jʊ
藥	iau, io	’ jo	’ jo, ʔjaʙ		jo:
やせ　挨	ai	☆	☆		jai
ゆ　由	iəu	’ iu	’ u, ’ iw	yu/you	ju
欲	iu	☆	☆	yü	ju
堉	育　iu	☆	☆		ju
よ　由	iəu	’ iu	’ u, ’ iw	yu/you	ju
攸	iəu	☆	☆		ju
育	iu	☆	☆	you/yu	ju
欲	iu	☆	☆	yü	ju
堉	育　iu	☆	☆		ju
蕚	ru	zju, zjuʔ	zu, zuʔ		ju

＜用例＞

○牙嗎（やま、山）　○屋呀（おや、親）　○亞色（やさい、野菜）　○撒耶（さや、鞘）　○揚密撒（やめさ、止めさ）　○壓光（やくわん、薬缶）　○喀着（かや、かちや、蚊帳）　○約喀（やうか、八日）　○藥（やう、陽）　○挨的（やせて、痩せて）　○挨（やり、槍）；　○麻由（まゆ、眉）　○七欲（つゆ、露）　○思子吉（ゆつぎ、油注ぎ）○堉格（ゆ（た）か、豊か）；　○由吉（よき、斧）　○攸陸（よる、夜）　○蕚育喀（じふよか、十四日）　○欲魯依（よろひ、鎧）　○堉美（よめ、嫁）　○泥蕚蕚喀（にじふよか、二十四日）

{琉訳}（1800頃）

＜音訳字＞

*/ja/に対応する部分に「牙、鴨、伊、雅、耶、呀、亞」が現れる。

*/ju/に対応する部分に「由、油、芥、有」が現れる。

*/jo/に対応する部分に「由、唷、欲、幼、一、羊」が現れる。

主な音訳字について「古辞書類の音」を示す。

音訳字		中原音韻	朴通事諺解	老乞大諺解	華英辞典	推定音価
や	牙	ia	’ ja	’ ja, ŋja	ya	ja
	呀	ia	☆	☆	a/ya	ja
	亞	ia	☆	’ ja, ʔja	ya	ja
ゆ	由	iəu	’ iu	’ u, ’ iw	yu/you	ju
	油	iəu	’ iw	’ u, ’ iw	yu/you	ju
よ	由	iəu	’ iu	’ u, ’ iw	yu/you	ju
	欲	iu	☆	☆	yü	ju

＜用例＞

○牙（や、屋）　○牙一八（やいば、刃）　○鴨皆（やに、脂）　○伊牙不禄（やぶる、破る）　○牙不禄（やぶる、破る）　○阿雑牙喀（あざやか、鮮やか）　○安宜雅（あにや、安仁屋）　○勿之耶（うちや、内屋）　○光呀（ぐわんや、元夜）　○亞馬吐（やまと、大和）

○由（ゆ、湯）　○由及（ゆき、雪）　○阿由木（あゆむ、歩む）　○油哇（ゆわう、硫黄）　○　○一禄（いゆ、癒ゆ）　○機禄（きゆ、消ゆ）　○金芥（ひゆ、莧）　○有禄古（ゆるく、緩く）　○由禄古（ゆるく、緩く）

○由（よ、世）　○由日（よぎ、輿儀）　○由石（よし、良し）　○唷即（よつ、四つ）　○欲那骨昔骨（よなぐすく、与那城）　○幼羅衣（よろひ、鎧）　○達麻一昔（たまよせ、玉代勢）　○羊致（よむ、読む、数む）

Ⅳ－２－⑵　ワ行音　＊／ｗｉ，ｗｅ，ｗａ，ｗｏ／

＊／ｗｉ，ｗｅ，ｗａ，ｗｏ／について考察する。

音価は[w]であって、用例を示せば事足りる。

{仲里}（1703頃）

○かわら（かはら、瓦）　○いきよゑ（いくゆゑ、行く故）　○おなり（をなり、姉妹）　○おりしき（をりしき、折りしき）

＜用例＞

○かわらゐせ（瓦据せ）；　○ゑが（吉日）　○あふゑいだち（追ふゑ出だち）　○ていゑいだちへ（追ゑ出だちへ）　○とこゑ（十声）；　○わかまのここし（若女の小腰）　○わうにせ（王仁世）　○ふれくわ（痴れ子）　○みそであわちへ（御袖合わちへ）；

○をなが（尾長）　○なをや（何）

{混}（1711）

次のような注を付しておく。

<「い－ゐ－ひ」「え－ゑ－へ」「わ－は」「お－ほ－を」について>

○ちぢよい（千鳥）：ちちよゐ（千鳥）　○ながふゑ（糸瓜）<長笛？>：ながふえ（長笛）　○おきなわ（おきなは、沖縄）　○けわい（けはひ、気配）　○ひわ（びは、枇杷）　○おとちや（弟者）：おみをつと（弟）<思ひ弟>

○おぼい（水）：みおべゐ（水）

<用例>

○うゐぐわ（初子）　○うゐ旅（初旅）　○おむしやたゐ（行幸の御先備之事）　○くわゐ（田芋）　○ちちよゐ（千鳥）　○みおべゐ（水）；　○ゑかきみはね（綾衣）　○ゑかの数（日々の数）　○ゑぞこ（船）　○ゑらふてる月（さやか成月）　○あとゑて（集て）　○あまゑおちやう（歓会門）　○あゆはりゑや（はやく走る）　○おすゑんべい（御仙餅、御煎餅）　○おゑちへ（追風）　○こゑたつき（越た月）　○すゑ（船作場）<据ゑ？>　○ながふゑ（なべら、糸瓜）<長笛？>　○まはゑすづなり（南風）　○まゑけか（男）　○まゑなご（女）；　○わか夏（若夏）　○わかみづ（若水）　○わん（我れ）　○おきなわ（沖縄）　○おまつくわ（御枕）　○くわうていかなし（皇帝加那志）　○けわい（気配）　○ひわ（枇杷）；　○をつてい（一昨日）　○をとけもの（放広者）　○をふなべ（よふなべ、夜職）　○をり（居り）　○おめをつと（弟）<思ひ弟>

{琉由}（1713）

<用例>

○ヰイノ嶽

○ヱガミ　○ヱケドン御嶽　○ヱボシ川　○ヱボシガワ　○ウヱカ地　○ウヱカ人　○スヱノ森　○ヲヱカ人

○ワカツカサ　○ワライキヨ　○ガワラ瀬　○中ガワス嶽　○マワジノ御イベ　○メンノワウ御イベ

○ヲカ御嶽　○ヲシアゲ森　○ヲナリ　○アヲリ岳　○川ヲレ　○下ゴヲリ　○泊ヲヒヤ屋敷　○浜ヲギ　○ミヲヤ地

{信}（1721）

<音訳字>

*/wi/に対応する部分に「依、兀」が現れる。

*/we/に対応する部分に「夷、威、會」が現れる。

*/wa/に対応する部分に「烏、瓦、歪、華、倭、哇、敖、窩、喇、空、碗」が現れる。

*/wo/に対応する部分に「唔、喂、烏、翁、戸、由、倭、會、渾、威」が現れる。

音訳字	中原音韻	朴通事諺解	老乞大諺解	華英辞典	推定音価
ゐ　依	iəi	☆	’i, ʔi	☆	wi

兀	u	’u	☆	☆	wi
ゑ　夷	i	☆	姨　’i	☆	i
威	uəi	’ui	☆	☆	wi
會	huəi	hui, hhui	☆	☆	wi
わ　烏	u	☆	☆	u	wa
瓦	ua	’oa	’oa	wa	wa
わい　歪	uai	☆	’oai	☆	wɛː
わう　華	hua	☆	☆	☆	woː
倭	uo, uəi	☆	ʔo, ʔuɔ	☆	woː
哇	ua	☆	☆	☆	woː
敖	au	☆	☆	☆	woː
窩	uo	☆	☆	☆	woː
わら　喇	la	☆	☆	☆	ra
わる　穵	挖　ia	☆	☆	☆	wa
わん　碗	椀　uon	ʔuɔn	椀ʔuɔn,’uɔn	☆	waɴ
を　唔	u	五　’u	五　’u	☆	wu
喂	畏　uəi	’ui	’ui	☆	wu
烏	u	’u	’u	u	wu
翁	oŋ	☆	☆	☆	wuŋ
戸	hu	☆	☆	☆	wu
由	iəu	’iw	’iu,’iw	yu/you	ju
倭	uo, uəi	☆	ʔo, ʔuɔ	☆	wu
會	huəi	hui, hhui	☆	☆	wu
渾	huən	☆	☆	☆	wu
をひ　威	uəi	’ui	☆	☆	wi
をゑ　喂	畏　uəi	’ui	’ui	☆	wi

＜用例＞

○依喀喇（ゐがはら、井河原）　○兀執（ゐりて、坐りて）；　○夷（ゑ、絵）　○威帝（ゑひて、酔ひて）　○會几噶（ゑきが、男）；　○密由烏牙（みゆわひ、御祝）　○瓦喇的（わらひて、笑ひて）　○歪拉培（わらべ、童）　○荅止歪立（たちわいり、立ち行り）　○哭泥華（くにわう、国王）　○倭（わう、王）　○油哇（ゆわう、硫黄）　○敖（わう、王）　○呼窩（ほうわう、鳳凰）　○喀喇（かはら、瓦）　○穵殺（わるさ、悪さ）　○茶碗（ちやわん、茶碗）；　○唔格（をけ、桶）　○喂媽（をば、伯母・叔母）　○烏乃（をなり、妹）　○翁吉（をぎ、甘蔗）　○戸多（をと、夫）　○一由（いを、魚）　○倭喀（をか、丘）　○會南姑（をなご、女）　○渾局（をぢ、伯父・叔父）　○威（をひ、甥）　○喂街（をゑか、親戚？）

｛見｝（1764）

＜音訳字＞

＊/wi/に対応する用例ナシ。

＊/we/に対応する部分に「烏、椅、威」が現れる。

＊/wa/に対応する部分に「瓦、哇、挖、往、碗」が現れる。

＊/wo/に対応する部分に「屋、倭、烏、由、威、渾」が現れる。

音訳字	中原音韻	朴通事諺解	老乞大諺解	華英辞典	推定音価
ゑ　烏	u	’u	’u	u	wi
椅	奇　ki	☆	☆	☆	wi
ゑひ　威	uəi	’ui	☆	☆	wi
わ　瓦	ua	’oa	’oa	wa	wa
わう　哇	ua	☆	☆	☆	wa
わる　挖	ia	☆	☆	☆	wa
わん　往	iuaŋ	’oaŋ	’oaŋ	☆	waɴ
碗	uon	ʔuɔn	椀　’uɔn, ʔuɔn	☆	waɴ
を　屋	u	’u	☆	☆	wu
倭	uo, uəi	☆	ʔo, ʔuɔ	☆	wu
烏	u	’u	’u	u	wu
由	iəu			yu/you	ju
をひ　威	uəi	’ui	☆	☆	wiː
をん　渾	huən	☆	☆	☆	wun

＜用例＞

○烏吉喀（ゑきが、男）　○椅（ゑ、絵）　○威帝（ゑひて、酔ひて）；　○瓦喇的（わらひて、笑ひて）　○哇辣比（わらべ、童）　○挖殺（わるさ、悪さ）　○往（わん、我）　○茶碗（ちやわん、茶碗）；　○屋多（をと、弟、年下）　○倭喀（をか、丘）　○烏毒（をと、夫）　○亦由（いを、魚）　○威（をひ、甥）　○渾局（をぢ、伯父・叔父）

｛琉訳｝（1800頃）

＜音訳字＞

＊/wi/に対応する部分に「一、亦、伊」が現れる。

＊/we/に対応する部分に「夷、意、一、威、溶、武」が現れる。

＊/wa/に対応する部分に「瓦、倭、歪、光、寡、貫、彎、怪、柯、喀、噶、我、哥、豁、瓜、哇」が現れる。

＊/wo/に対応する部分に「武、午、五、文、問、會、烏、由、烏、翁、所、禿」が現れる。

主な音訳字について「古辞書類の音」を示す。

音訳字	中原音韻	朴通事諺解	老乞大諺解	華英辞典	推定音価
ゐ　一	iəi	’i	’i/ʔi	yi	i

亦	iəi	’ i	☆	i/yi	i
伊	i	☆	☆	i	i
ゑ　夷	i	☆	姨　’ i	☆	i
一	iəi	’ i	’ i/ʔi	yi	i
威	uəi	’ ui	☆	☆	wi
わ　瓦	ua	’ oa	’ oa	wa	wa
倭	uo, uəi	☆	ʔo, ʔuɔ	☆	wo：
歪	uai	☆	’ oai	wai	wɛ：
を　烏	u	’ u	’ u	u	wu
翁	oŋ	☆	☆	☆	wuŋ
由	iəu	’ iw	’ iu, ’ iw	☆	ju

＜用例＞

○一（ゐ、井）　○一奴骨（ゐのこ、猪子）　○一禄（ゐる、座る）　○古力乃亦（くれなゐ、紅）　○木石奴古一（むしのこゑ、虫の声）　○伊（ゐん、院）

○夷（ゑ、絵）　○意（ゑ、絵）　○威帝（ゑひて、酔ひて）　○溶的（ゑひて、酔ひて）　○武一禄（ゑひる？、酔ひる？）

○瓦（わ、輪）　○瓦及（わき、脇）　○阿瓦（あわ、泡）　○了吉倭（うちわ、団扇）　○歪立（わいり、行り）　○及古寡（きくくわ、菊花）　○阿達一光（あたりくわん、遏闥理官）　○光日即（ぐわんじつ、元日）　○一貫（いちくわん、一貫）　○奴彎（ぎのわん、宜野湾）　○怪干（くわいがん、迴雁）　○柯赦（くわうしや、黌舎）（学舎）　○喀得（くわうてい、皇帝）　○喀福（くわほう、果報）　○噶得那使者（くわうていのししや、皇帝の使者）　○我的米（くわうていまへ、皇帝前）　○由我（ゆわう、硫黄）　○哥落（くわうらう、桄榔）　○豁及（くわき、桑木）　○豁子（ぐわつ、月）　○木古瓜（もくくわ、木瓜）　○油哇（ゆわう、硫黄）

○武（を、尾）　○阿武那（あをな、青菜）　○午喀（をか、岡）　○五喀（をけ、桶）　○阿五失失（あをしし、鹿）　○文久（をぢ、伯父、叔父）　○問叔（をぢ、叔父、伯父）？　○會南姑（をなご、女子）　○烏蘭（をらん、居らぬ）　○以由（いを、魚）（いゆ）　○獨必烏（とびいを、飛魚）

○翁（をの、斧）　○翁那喀即喇（をんなかづら、女鬘）　○所（さを、竿）　○禿抵即（とをふてつ、十一）

Ⅳ－３　子音

Ⅳ－３－⑴　カ行の子音
（＊／ｋｉ，ｋｅ，ｋａ，ｋｕ，ｋｏ／の子音）

{仲里}（1703頃）

＊/ki/は、表記上は「き」で出てくることが多いが、次の例が示すように、実際は破擦音化していた可能性が高い。その他の項目の音価は[k]である。

○ちいすの君（きこゑのきみ、聞こゑの君）　○ちへせんきみ（きこゑせんきみ、聞こゑせん君）　○ちよわる（きよわる、来よわる、おいでになる）

＊/-ika/だけでなく、＊/-iku/にも口蓋化の例がある（母音の交代が起こっているが）。

○いきやしちやる（いかしたる、如何為たる）

○いきよえ（いくゆゑ、行く故）

＊/k/と他の子音との交代例がある。

○くなぎづな（つなぎづな、繋ぎ綱）

○くみあがり（ふみあがり、踏み上がり）

<用例>

○きもくら（肝暗）　○きよらよね（清ら雨）　○立きつち（たち切つち）　○つきおりて（憑き降りて）　○よきのはま（雪の浜）；　○はしかけて（橋掛けて）　○浮けれけれ（浮けれけれ）　○かなかけて（かな掛けて）　○けをのもり（霊力の森）；　○かななべ（鉄鍋）　○かほ時（果報時）　○かみしも（上下）　○からさい（辛蝗）　○たかべる（崇べる）　○てるかは（照る河、太陽）　○ひびかしゆし（響かしゆし）　○四か日（四日）；　○くれのはし（雨の橋）　○あよくら（肝暗）　○たいくに（大国）；　○こここし（小腰）　○こころ生（心生まれ、立派に生まれ）　○こがねぐち（黄金口、港の美称）　○このだる（工だる）

{混}（1711）

次の例は、＊/ki/の破擦音化を示している。

○おちよはへめしやうち（おきよはへめしやうち、御来よはへめしやうち）

○おちよわひめしよわちへ（おきよわひめしよわちへ、御来よわひめしよわちへ）

＊/ki/は、表記上は「き」で出てくることが多いが、用例が示すように、実際は破擦音化していた可能性が高い。その他の項目の音価は[k]である。

口蓋化の例が多い。後に＊/-ika/と＊/-iko/の例を示す。

<用例>

○きしれ（煙管）　○きたなさ（汚さ）　○きにふ（昨日）　○きよらさ（清らさ）　○あきつ（蜻蛉）　○いたきよら（板清ら、船の美称）　○いづきやさ（短さ）　○うきしま（浮島、那覇）　○おきなわ（沖縄）　○おねびき（御根引き、御結婚）　○こゑた

つき（超た月）　○こんつき（今月）　○たき（滝）　○ゆき（米）；
○けおのあけとまに（今日の曙に）　○けふ（今日）　○あけづ（蜻蛉）　○あけどま（明日）　○ちやけ（即刻）　○チヨかけ（ひとかけ、一片）　○をとけもの（放広者）；
○かばしや（香ばしや）　○かむだ（葛）　○からさ（辛さ）　○おまかり（御椀）　○おみかう（御顔）　○おやかたへ（親方部）　○しほからさ（鹹さ）　○てるかは（照る河、御日）　○はつかしや（恥かしや）　○まんなか（真中）　○むか（昔）　○むかしけさし（太古）　○むかしはしめ（昔初）　○わかなつ（若夏）　○わかみづ（若水）；
○くせ（癖）　○くそし（医師）　○くはい（鍬）　○くぶ（蜘蛛）　○くもて（曇て）　○おくすり（御酒）　○おくとう（大海）　○ひやくさ（百歳）　○まぢよく（真強く）　○まつくわ（枕）　○みものくすく（御物城）
○こかね（黄金）　○こかねくち（黄金口）　○こぞ（去年）　○こてい（特牛）　○ことし（今年）　○こゑたつき（越た月）　○こんつき（今月）　○いしらこ（石）　○てたこ（太陽子、帝）　○ところ（墓）　○めつらこゑ（珍ら声）

＜口蓋化「きや」の例＞
○いぢきやさ（みぢかさ、短さ）　○みおむきやうへ（みおみかうべ、御頭）｛みおむき（御顔）あり[mjunʧi]｝　○みきやう（みかほ→みかお→みかう→みきやう、御顔）　○みきやむだ（みかんだ、みかづら、蕪）　○むきやがみ（みかがみ、御鏡）　○むきやちや（みかちや、御蚊帳）　○むきやてもの（みかてもの、御和て物）　○むきやび（みかび、御紙）　○むきやま（みかま、御鍋）　○むきやまかい（みかまかい、御鍋匙）　○むきやむさし（みかみさし、御髪指）　○たまむきやぶり（たまみかぶり、玉御被り、玉の御冠）
＜口蓋化「きよ」の例＞
○おむきよし（おみこし、御腰）　○おむきよはん（おみこばん、御花米実（イル）る器）　○おむきよへん（おみこびん？、御～瓶？）

｛琉由｝（1713）

*/ki/に対応する部分は、多く「き」で表記されているが、破擦音化していた可能性が高い。その他の項目の音価は[k]である。

＜用例＞

○キミマモノ　○キンナ嶽　○アウサキ森　○イシキナハ按司　○オキナワノ嶽　○カキ灰　○フキアゲ　○ミサキ御嶽　○ワキヤ川
○ケツマ嶽　○ケル坐　○アケシノロ火神　○アマザケ　○ウケノハナノ嶽　○白金ダケノ御イベ　○ヲヤケ赤蜂
○カタシ油　○カデシ川　○カネノ森　○カミヤノネヒノ御神　○カラ草　○ウエカ人　○御タカベ　○クンナカノ嶽　○タカラ嶽　○友寄ノミカミ
○クリ舟　○クロガネ　○アクマハライ　○大サバクリ　○バクチ　○ヤクロ河
○コガネ九年母　○コシアテ森　○ウマノコ　○オマノコ　○大ヤコモイ　○カネコ世ノ主　○君ホコリ　○フカソコ嶽

{信}（1721）

音訳字の「古事書類の音」が示すように、*/ki/は破擦音化している。その他の項目の音価は[k]である。

<音訳字>

*/ki/に対応する部分に「雞、革、基、棄、気、紀、起、吉、及、急、金、掲、乞、刻、子、止、其、巳、几、豈、綺、各、衾、輕、甚、巾」が現れる。

*/ke/に対応する部分に「格、吉、急、几、雞」が現れる。

*/ka/に対応する部分に「噶、搯、嗑、佳、加、介、街、看、既、客、甲、他、呵、哈、喀、夾、瞎、科、各、烘」が現れる。

*/ku/に対応する部分に「雞、科、客、苦、空、窟、古、姑、枯、濶、谷、直、哭、沽、孤、克、闊、括、花、乖、」が現れる。

*/ko/に対応する部分に「噶、可、科、過、各、括、曲、窟、古、姑、孤、枯、誇、孔、梗、克、谷、名、哥、哭、嘸、沽、脚、古、滑、公」が現れる。

音訳字	中原音韻	朴通事諺解	老乞大諺解	華英辞典	推定音価	備　考
き　雞	kiəi	ki	ki	☆	ki/ʧi	「木」は[ki:]
革	kiai, kə	☆	☆	☆	ʧi	
基	ki	其　khi, kki	☆	☆	ʧi	
棄	k ‘i	☆	khi	☆	ʧi	
気	k ‘iəi	khi	khi	ch ‘i	ʧi	
紀	ki	☆	☆	☆	ʧi	
起	k ‘i	khi	khi	☆	ʧi	
吉	kiəi	☆	ki, kiʔ	☆	ʧi	
及	kiə	☆	☆	chi	ʧi	
急	kiəi	☆	ki, kiʔ	☆	ʧi	
金	kiən	kin	kin	☆	ʧi	
掲	k ‘iəi, kie	☆	☆	☆	ʧi	
乞	k ‘iəi, kie	khi, khiʔ	☆	☆	ʧi	
刻	k ‘ə	khɯi, khɯiʔ	☆	☆	ʧi	
子	tsi	☆	☆	☆	tsi ʧiʔ	
止	tsi	☆	☆	☆	tsi ʧiʔ	
其	k ‘i	khi, kki	khi, kki	ch ‘i	ʧi	
巳	ziei	☆	☆	☆	tsi ʧiʔ	
几	ki	☆	☆	chi	ʧi	
豈	k ‘ai	khi	☆	☆	ʧi	
きい　綺	k ‘i	☆	☆	☆	ʧi:	
き(お) 各	ko	kɔ, kɔʙ	kɔ, kaw	☆	ʧo	
きぬ　衾	k ‘iəm	☆	☆	☆	tsiɴ	

輕	k ‘iəŋ	khiŋ	☆	☆	tsiɴ	
きゆん甚	ʃɪəm	☆	☆	☆	ʧuɴ	
きん　巾	kiəm	☆	☆	☆	ʧiɴ	
け　格	ko	☆	☆	☆	kɪ	
吉	kiəi	☆	ki, kiʔ	chi	kɪ	
急	kiəi	☆	ki, kiʔ	☆	kɪ	
几	ki	☆	☆	chi	ki	
けい　雞	kiəi	ki	ki	☆	kɪː	
か　噶	葛　ko	☆	☆	ka	kɑ	
掐	t ‘au	☆	☆	☆	ka	
嗑	ko	☆	☆	ho	kɑ	
佳	kiai	kja, kjaʔ	☆	chia	k(j)a	
加	kia	☆	kja	chia/ka	k(j)a	
介	kiai	☆	kjɔi	chie	kja	
街	kiai	☆	☆	☆	kja	
看	k ‘an	☆	☆	☆	kan	
既	kiəi	☆	ki	☆	ka	
客	k ‘o, k ‘iai	khjɔi, khɯiʔ	khjɔi, khɯiʔ	☆	ka	
甲	kia	☆	☆	☆	kja	
他	t ‘o	☆	☆	☆	kɑ	
呵	ho	☆	可　khɔ	☆	kɑ	
哈	ha	☆	☆	☆	ka	
喀	k ‘o	☆	☆	k‘a/k‘e	kɑ	
夾	kia	kja	☆	☆	kja	
かい　瞎	hia	☆	hja, hjaʔ	☆	kja	
かう　科	k ‘o	☆	☆	☆	koː	
かふ　各	ko	kɔ, kɔʙ	kɔ, kaw	☆	koː	
かみ　烘	hoŋ	☆	☆	☆	kɑɴ	
く　雞	kiəi	ki	ki	☆	ku	
科	k ‘o	☆	☆	k‘o	ku	
客	k ‘o, k ‘iai	khjɔi, khɯiʔ	khjɔi, khɯiʔ	☆	ku	
苦	ku	khu	☆	k‘u	ku	
空	k ‘oŋ	khoŋ, khuŋ	☆	☆	ku	
窟	k ‘u	khu, khuʔ	☆	☆	ku	
古	ku	ku	☆	☆	ku	
姑	ku	☆	ku	ku	ku	
枯	k ‘u	☆	☆	k‘u	ku	
潤	rɪuən	☆	☆	☆	ku	

谷	ku	☆	☆	ku	ku	
直	ʧɪəi	☆	☆	☆	ku	
哭	k ʻu	☆	☆	kʻu	ku	
沽	ku	☆	☆	☆	ku	
孤	ku	☆	☆	☆	kʊ	
克	k ʻo	☆	☆	☆	ku	
關	kuan	☆	☆	☆	kwa	
くら　括	kuo	☆	☆	☆	kwa	
くわ　花	hua	hoa	hoa	☆	kwa	
乖	kuai	☆	☆	☆	kʊ	
こ　噶	葛　ko	☆	☆	ka	kʊ	
可	k ʻo	☆	☆	☆	kʊ	
科	k ʻo	☆	☆	kʻo	kʊ	
過	kuo	☆	☆	☆	kʊ	
各	ko	kɔ, kɔʙ	kɔ, kaw	☆	kʊ	
括	kuo	☆	☆	☆	kʊ	
曲	k ʻiu	khju,　khjuʔ	☆	☆	ku	
窟	k ʻu	khu, khuʔ	☆	☆	ku	
姑	ku	☆	ku	ku	ku	
孤	ku	☆	☆	☆	ku	
枯	k ʻu	☆	☆	kʻu	ku	
誇	k ʻua	☆	☆	☆	kwa	
孔	k ʻoŋ	☆	☆	☆	kʊŋ	
梗	kəŋ	☆	☆	☆	kʊ	
克	k ʻo	☆	☆	☆	kʊ	
谷	ku	☆	☆	☆	ku	
哥	ko	☆	ko	☆	kʊ	
哭	k ʻu	☆	無　’ u, wu	☆	ku	
嘸	wu	☆	☆	☆	ku	
沽	ku	☆	☆	☆	ku	
脚	kiau	☆	kjo, kjaʙ	☆	ku	
古	ku	☆	☆	ku	ku	
こえ　滑	hua, ku	☆	☆	☆	kwi	
こん　公	koŋ	☆	kuŋ	☆	kʊɴ	

＜用例＞

○雞（き、木）　○一革拉殺（いきらさ、少らさ）　○基粦（きりん、麒麟）　○喀喇亦棄牙（かはらふきや、瓦葺き屋、瓦房）　○気力（きり、霧）　○阿紀（あき、秋）　○屋起堅（おきる、起きる）　○吐吉（とき、時）　○呀及一什（やきいし、焼石、磚）

○子急（つき、月）　○屋金尼失（おきにし？、北）　○掲之（きて、来て）　○衣石乞各必（いしききおび、石帯、玉帯）　○刻納里（きなり、木成、木の実）　○波着子（むつき？、襁褓？、脚踏棉）　○霞爽（よき、斧）　○亞立其（ありき、歩き）　○沙八巳（さばき、裁き、櫛）　○會几噶（ゐきが、男）　○豈奴（きぬ、衣）　○綺羅（きいろ、黄色）　○衣石乞各必（いしききおび、石帯、玉帯）　○衾（きぬ、衣）　○輕（きぬ、衣）　○迫枯一甚（はやくいく？、早行？）　○網巾（まうきん、網巾）；

○唔格（をけ、桶）　○打吉（たけ、竹）　○亦急（いけ、行け）　○殺几（さけ、酒）　○雞花（けいくわ、桂花）；

○噶塢吐（かぶと、盔）　○搯殺（かさ、笠、帽）　○嗑籃自子（かしらげ、頭髪）　○孔加尼麻佳（こがねまかり、金碗）　○哈加馬（はかま、袴）　○福子介（ふつか、二日）　○喂街（をゐか、親戚）　○看失（かぢ、舵）　○喂既奴周（をゐかのひと、富の人）　○客晩（かめ、瓶）　○喀甲眉（かかも、裙）　○他喇子（かしら、頭髪）　○由沙（かさ、笠）　○呵唔失失（かうしし、鹿肉）　○哈那子（かしら、頭髪）　○喀哇（かは、皮）　○夾殺（かさ、傘）　○瞎皮（かみ、紙）　○阿里喀膩（あかがね、銅）　○科爐（かうろ、香炉）　○喀也（ママ）那各（かめのかふ、亀の甲、玳瑁）　○蹄子烘（てづかみ？、てつぐみ？、拳）；

○脚雞（かく、掻く？）　○科必（くび、首）　○客梗（くこ、枸杞？）　○坐苦苦（ママ）泥子（じふくにち、十九日）　○空括子（くぐわつ、九月）　○窟碌喀膩（くろがね、鉄）　○六古徂（ろくじふ、六十）　○姑木的（くもりて、曇りて）　○枯木（くも、雲）　○潤生（くち、口）　○谷殺（くさ、草）　○式執直（ししよく、紙燭）　○哭羅雞（くろき、黒木）　○沽（く、来）　○烏孤欲士（てくよし？、鷲鳥）　○克培（くぶ？、貝？、蛤蜊）　○闢爽殺（くささ？、臭さ、酸的）　○媽括（まくら、枕）　○雞花（けいくわ、桂花）　○木一乖（まつりくわ、茉莉花）；

○噶喀泥（こがね、黄金）　○可木（こめ、米）　○科過碌子（ここのつ、九つ）　○科過碌子（ここのつ、九つ）　○活各力（ほこり、埃、灰）　○括（こ、こら、子、子等）　○曲尸（こし、腰）　○窟之（こち、東）　○之搭之哭古魯（ついたちここの（か））、初九日）　○母姑（むこ、婿）　○塔八孤（たばこ、煙草）　○枯軋膩（こがね、黄金）　○誇（こ、子）　○孔加泥麻佳里（こがねまかり、金碗）　○客梗（くこ、枸杞）　○克搭里（こだらひ、小盥）　○谷亦里（こほり、氷）　○福法名（ふばこ、文箱）　○哥八（はこ、箱）（音訳字逆転）　○之搭之哭古魯（ついたちここの（か））、初九日）　○嘸什的（こしあて、腰当）　○倭眉脚都司墨（おみことすみ、御御言墨）　○滑的（こえて、肥えて）　○菱公（れんこん、蓮根）

｛見｝（1764）

音訳字の「古事書類の音」が示すように、*/ki/は破擦音化している。その他の項目の音価は[k]である。

＜音訳字＞

*/ki/に対応する部分に「及、吉、奇、氣、基、機、子、衾、輕、恰、腔、求、金」が現れる。

*/ke/に対応する部分に「吉、急、機」が現れる。

*/ka/に対応する部分に「哈、格、戛、街、喀、噶、科、柯、寛、堪、拱」が現れる。

*/ku/に対応する部分に「古、谷、苦、空、姑、枯、骨、窟、酷、寡、刮、光」が現れる。

*/ko/に対応する部分に「古、谷、姑、孤、枯、烏、庫、窟、穀、酷、寡、快」が現れる。

音訳字	中原音韻	朴通事諺解	老乞大諺解	華英辞典	推定音価
き　及	kiə	☆	☆	chi	ʧi
吉	kiəi	☆	ki, kiʔ	chi	ʧi
奇	ki	khi, kki	☆	ch ‘i/ chi	ʧi
氣	k ‘iəi	khi	khi	ch ‘i	ʧi
基	ki	其　khi, kki	☆	☆	ʧi
機	kiəi	☆	幾　ki	☆	ʧi
子	tsï	☆	☆	tzŭ	ʧi
きい　奇	ki	khi, kki	☆	ch ‘i/ chi	ʧiː
きぬ　衾	k ‘iəm	☆	☆	☆	ʧi ɴ
輕	k ‘iəŋ	khiŋ	☆	☆	ʧi ɴ
きや　恰	哈　ha	☆	☆	☆	ʧa
きやん腔	k ‘iaŋ	☆	☆	☆	ʧa ɴ
きよ　求	k ‘iəu	khiu, kkiw	☆	☆	ʧ u
きん　金	kiən	kin	kin	☆	ʧi ɴ
輕	k ‘iəŋ	khiŋ	☆	☆	ʧi ɴ
け　吉	kiəi	☆	ki, kiʔ	chi	ki
急	kiəi	ki	ki, kiʔ	☆	ki
機	kiəi	☆	幾　ki	☆	ki
か　哈	ha	☆	☆	☆	ka
格	ko	☆	☆	☆	kɑ
戛	kia	☆	☆	☆	kja
街	kiai	☆	kjɔi	☆	ka
喀	k ‘o	☆	☆	k ‘a/k ‘e	kɑ
噶	ko	☆	☆	ka	kɑ
かう　科	k ‘o	☆	☆	☆	koː
哈	ha	☆	☆	☆	koː
柯	☆	k ɔ	可　khɔ	☆	koː
かは　哈	ha	☆	☆	☆	kaː
喀	k ‘o	☆	☆	k ‘a/k ‘e	kaː
寛	k ‘uon	☆	khuɔn	☆	kɑː
かみ　堪	k ‘am	☆	☆	☆	kan
拱	kioŋ	☆	☆	☆	kaɴ

く　古	ku	ku	☆	ku	ku
谷	ku	☆	☆	☆	ku
苦	ku	khu	☆	k ‘u	ku
空	ku	khu	☆	k‘unŋ	kʊŋ
姑	ku	☆	ku	ku	ku
枯	k ‘u	☆	☆	k ‘u	ku
骨	ku	ku, kuʔ	ku, kuʔ	ku	ku
窟	k ‘u	khu, khuʔ	☆	☆	ku
酷	k ‘u	☆	☆	☆	ku
くら　寡	kua	☆	☆	☆	kkwa
くわ　刮	kua	koa, koaʔ	☆	☆	kwa
くわん光	kuaŋ	koaŋ	koaŋ	☆	kwaɴ
こ　古	ku	ku	☆	ku	ku
谷	ku	☆	☆	☆	ku
姑	ku	☆	☆	ku	ku
孤	ku	☆	☆	☆	ku
枯	k ‘u	☆	ku	k ‘u	ku
烏	u	’ u	’ u	☆	ku
庫	k ‘u	☆	☆	☆	ku
窟	k ‘u	khu, khuʔ	☆	☆	ku
穀	ku	☆	☆	☆	ku
酷	k ‘u	☆	☆	☆	ku
（こら）寡	kua	☆	☆	kwa	kkwa
こえ　快	k ‘uai	☆	☆	☆	kwi：

＜用例＞

○及答（きた、北）　○此吉（つき、月）　○奇失禮（きせる、煙管）　○氣木（きも、肝、心）○屋基惹（おきなわ、沖縄）　○阿撒烏機（あさおき、朝起き）　○蓐子（しき？、敷き？）　○奇魯（きいろ、黄色）　○衾（きぬ、衣）　○輕花子的（きぬはぎて、衣剥ぎて、衣脱ぎて）　○恰谷（きやく、客）　○腔（きやん、喜屋武）　○求喇殺（きよらさ、清らさ）　○牌金（ぺいきん、親雲上）　○輕撒喀子吉（きんさかづき、金杯）；○撒吉並（さけびん、酒瓶）　○准姑亦急（はやくいけ、早く行け）　○殺機（さけ、酒）；○哈子（かぜ、風）　○堉格（ゆ（た）か、豊か）　○福子憂（ふつか、二日）　○喂街（おゑか、親戚）　○喀谷（かご、籠）　○阿噶喀泥（あかがね、銅）　○科倍（かうべ、頭）　○哈巴殺（かうばしさ、香ばしさ）　○柯盧（かうろ、香炉）　○哈喇弗吉牙（かはらぶきや、瓦葺家）　○喀辣（かはら、瓦）　○寛古（かはぐつ？、革靴？）　○堪理（かみなり、雷）　○蹄子拱（てづかみ？、手拳）；

○枯花古（こはく、琥珀）　○恰谷（きやく、客）　○苦念搭（くにんだ、久米村）○空刮子（くぐわつ、九月）　○准姑（はやく、早く）　○枯魯馬閔（くろまめ、黒豆）○六骨刮子（ろくぐわつ、六月）　○窟木（くも、雲）　○酷泥止（くにち、九日）

○嗎寡（まくら、枕）　○西刮（すいくわ、西瓜）　○壓光（やくわん、薬罐）；
　○酷古盧喀（ここのか、九日）　○滑谷（はこ、箱）　○姑西察烏乃（こせんじやをなり、小先者姉妹）　○塔八孤（たばこ、煙草）　○枯毒八（ことば、言葉）　○烏失吉（こしき、甑）　○庫兀利（こほり、氷）　○窟美（こめ、米）　○慕穀（むこ、婿）　○酷古盧喀（ここのか、九日）　○寡（こら、児等）　○快的（こえて、肥えて）

｛琉訳｝（1800 頃）

　音訳字の「古事書類の音」が示すように、*/ki/は破擦音化している。その他の項目の音価は[k]である。

　/ki/に関して、用例数が多いのは、「及」である。「及」は/ke/でも現れる。*/ke/でも用例数が一番多い。

＜音訳字＞

　*/ki/に対応する部分に「及、奇、直、急、雞、幾、机、吉、刻、乞、啓、檄、喜、豈、機、知、即、詰、其、氣、几、甲、茶、金、軽、衾、覺、夾、著、九、主、久、巾、京」等が現れる。

　*/ke/に対応する部分に「及、其、夾、奇、喀、几、直、雞、街、鳩、著、覚、錦、迎、巾、見」等が現れる。

　*/ka/に対応する部分に「喀、加、哥、街、渇、屐、寡、嗑、噶、看、甲、佳、介、皆、街、瞎、乾、果、窩、戒、高、官、敢、趕、干、感、剛」等が現れる。

　*/ku/に対応する部分に「古、骨、屈、枯、姑、苦、科、哥、克、邱、空、枋、哭、胶、弧、鬼、瓜、寡、國、豁、渇、華、乖、怪、柯、喀、噶、我、光、貫、寛、公、宮」等が現れる。

　*/ko/に対応する部分に「古、骨、姑、喀、誇、孔、曲、几、五、服、苦、高、孤、哥、濶、割、歸、金、公、宮、坤、滾」等が現れる。

　主な用字例について「古辞書類の音」を示す。

音訳字	中原音韻	朴通事諺解	老乞大諺解	華英辞典	推定音価
き　及	kiə	☆	☆	chi	ʧi
奇	ki	khi, kki	☆	ch ‘i/ chi	ʧi
急	kiəi	☆	ki, kiʔ	☆	ʧi
雞	kiəi	ki	ki	☆	ʧi
吉	kiəi	☆	ki, kiʔ	chi	ʧi
刻	k ‘iəi	khi	khi	☆	ʧi
乞	ki	其 khi, kki	☆	☆	ʧi
豈	k ‘ai	khi	☆	☆	ʧi
機	kiəi	☆	幾　ki	☆	ʧi
其	k ‘i	khi, kki	khi, kki	ch ‘i	ʧi
氣	k ‘iəi	khi	khi	ch ‘i	ʧi

	几	ki	☆	☆	chi	ʧi
	金	kiən	kin	kin	☆	ʧi N
	軽	k ‘iəŋ	khiŋ	☆	☆	ʧi N
	衾	k ‘iəm	☆	☆	☆	ʧi N
け	几	ki	☆	☆	chi	ki
	雞	kiəi	ki	ki	☆	ki
か	喀	k ‘o	☆	☆	k ‘a/k ‘e	kɑ
	加	kia	☆	kja	chia	kja
	街	kiai	☆	☆	☆	ka
	嗑	ko	☆	☆	ho	kɑ
	噶	葛 ko	☆	☆	ka	kɑ
	看	k ‘an	☆	☆	☆	kan
	甲	kia	☆	☆	☆	ka
	佳	kiai	kja, kjaʔ	☆	chia	ka
	介	kiai	☆	kjɔi	chie	kai
	瞎	hia	☆	hja, hjaʔ	☆	kai
く	古	ku	ku	☆	ku	ku
	骨	ku	ku, kuʔ	ku, kuʔ	ku	ku
	枯	k ‘u	☆	☆	k ‘u	ku
	姑	ku	☆	ku	ku	ku
	苦	ku	khu	☆	k ‘u	ku
	科	k ‘o	☆	☆	k ‘o	ku
	克	k ‘o	☆	☆	☆	kʊ
	空	k ‘oŋ	khoŋ, khuŋ	☆	k‘unŋ	ku
	哭	k ‘u	☆	☆	k‘u	ku
	弧	ku	☆	☆	☆	ku
	寡	kua	☆	☆	kwa	kwa
	乖	kuai	☆	☆	☆	kwa
	光	kuaŋ	koaŋ	koaŋ	☆	kwaɴ
こ	古	ku	ku	☆	ku	ku
	姑	ku	☆	☆	ku	ku
	誇	k ‘ua	☆	☆	☆	kwa
	孔	k ‘oŋ	☆	☆	☆	kʊŋ
	曲	k ‘iu	khju, khjuʔ	☆	☆	kʊ
	孤	ku	☆	☆	☆	ku
	公	koŋ	☆	kuŋ	☆	kʊɴ

上記以外の、主な音訳字の『華英辞典』における音を以下に示す。
直 chĭ　机 chi　記 chi　幾 chi　詰 chie

＜用例＞

○及（き、木）＜木＞　○及把（きば、牙）＜牙＞　○阿及（あき、秋）＜秋＞　○阿喇奇喀即（あらきかぜ、荒き風）＜颶＞　○阿武直答麻（あをきたま、青き玉）＜壚＞　○武直（おき、沖）＜沖＞　○倭急拿（おきなは、沖縄）＜琉球＞　○掐雞（かなき（金木）（堅い木）＜榆＞　○哭羅雞（くろき、黒木）＜烏木＞　○幾（き、机）＜机＞　○吉（き、木）＜木＞　○刻納里（きなり、木成り、木実）＜菓＞　○乞齊空書（きざはし、階）＜階＞　○啓力（きせる、煙管）＜烟筒＞　○檄桃辣中（きたなし、汚し）＜穢汚＞　○喜及（きち、吉？）＜賀喜＞　○豈奴（きぬ、衣）＜衣服＞　○機禄（きゆ、消ゆ）＜消銷＞　○知禄（きゆ、消ゆ）＜熄＞　○即禄（きよら、清ら）＜媚＞　○詰之（きて、来て）＜到＞　○其砂看若（きさから、先から）＜先来＞　○火氣（はうき、箒）＜掃箒＞　○孩父几（はひふき、灰吹）＜唾壺＞

○甲當（きたたに、北谷）＜北谷＞　○茶旦（きたたに、北谷）＜小谷＞（「北谷」の誤り）　○金（きぬ、衣）＜裘＞　○軽（きぬ、衣）＜衣＞　○衾（きぬ、衣）＜衣裳＞　○覺（きやう、郷）＜郷＞　○夾古多（きやくとう、脚橙）＜脚橙＞　○著（きやう、韁）＜韁＞　○九（きゆう、宮）＜宮＞　○主因（きゆういん、宮尹）＜宮尹＞　○敢羅久古（かんらきよく、嵌螺局）＜嵌螺局＞　○即巾（ずきん、頭巾）＜頭巾＞　○拜京（ぱいきん、牌金、親雲上）＜親雲上＞　○日中（あきる、あちゆん、呆る）＜呆＞　○乙夾中（いきあふ、行き会ふ、イチャユン）＜遭著＞　○若（きぢ？、生地）＜樸＞「樸」は「あらき、きじ」　○寛醋（くわんえき？、館駅）＜館驛＞

○及（け、毛）＜毧＞　○撒及（さけ、酒）＜酒＞　○屋掃地煞其（おしうぎざけ、御祝儀酒）＜餞行酒＞　○喀夾喀日（かけかぎ、掛け鈎）＜帳鈎＞　○奇即禄（けずる、削る）＜刮刷劘剃＞　○五喀（をけ、桶）＜担桶＞　○阿几（あけい、亞卿）＜亞卿＞　○一直密雅骨昔骨（いけみやぐすく、池宮城）＜池宮城＞　○雞（けい、閨）＜閨門＞　○街多（けいとう、鷄鵰）＜鷄鵰＞　○鳩（けふ、今日）＜今日＞　○著即古多（けふちくたう、夾竹桃）＜夾竹桃＞　○覚（けん、県）＜鄴＞　○錦（けん、塤）＜塤＞（つちぶえ）　○迎直（けんち、硯池）＜硯池＞　○升巾（しんけん、進顯）＜進顯＞　○活見ほつけん、北絹）＜絹＞

○喀直（かき、垣）＜垣＞　○喀及（かき、柿）＜柿＞　○亦加（いか、如何）＜怎麼＞　○煞哥（さか、逆）＜悖詩逆＞　○喂街（おゑか、親戚）＜親戚＞　○渇其担（かけたり、掛けたり、カキタン）＜門已鎖＞　○履其阻（かけず、掛けず）＜門未鎖＞　○寡古（かく、描く）＜畫＞　○嗑籃自之（かしらげ、頭髪、カラジギ）＜叩頭＞　○噶塢吐（かぶと、甲）＜盔＞　○其砂看若（きさから、先から）＜先来＞　○喀甲眉（かかも、衫、下裳）＜裙＞　○佳奇呂麻（かけろま、加計路間＜加喜路間＞　○法介依（はかり、秤）＜秤＞　○鴨皆（あかい、赤い）＜紅＞　○街（かい、介）＜介＞　○街（かひ、匙）＜蠶＞　○街禄（かへる、還る）＜歸還＞　○瞎宅（かいち、懈豸）＜懈豸＞　○乾哥（かうか、校枷）＜校枷＞　○果山（かうざん、高山）＜山巣＞　○窩（かふ、閘）＜閘＞　○戒力米禄（かへりみる、顧みる）＜顧＞　○高（かほ、顔）＜嬌＞

○迎熏官叔（いんひんかんしゆ、寅賓館等）＜寅賓館等＞　○敢不石（かんぶし、監撫使）＜監撫使＞　○趕哥（かんがふ、考ふ）＜考＞　○干喀米禄（かんがみる、鑑みる）＜鑑＞　○感壽骨（かんしよく、寒食）＜寒食＞　○剛禄（かんろ、寒露）＜寒露＞

○骨什中（ぐしかは、具志川、グシチャン）＜具志川＞　○骨什及養（ぐしかみ、具志頭）＜具志頭＞（グシチャー？　グシチャン？）　○陰夾煞（みじかし、短し、インチャサ）＜短＞

○古煞力（くさり、鎖）＜鏁＞　○以古撒（いくさ、戦）＜軍＞　○骨木（くも、雲）＜雲＞　○屈蘇里（くすり、薬）＜薬＞　○枯徂（くじふ、九十）＜九十＞　○枯雀姑（くじやく、孔雀）＜孔雀＞　○苦力（くれ、暮れ）＜日晡＞　○科必（くび、首）＜首＞　○哥比喀雑里（くびかざり、首飾り）＜首飾＞　○克培（くぶ、貝？）＜蛤蠣＞　○邱致（くひて、食ひて）＜咬人＞　○空不中（くぼむ、窪む）＜凹＞　○枋浪其（くらげ、海月）＜鮓＞　○哭羅雞（くろき、黒木）＜烏木＞　○胶闌堵迷（くろずむ、黒染む）＜紫＞　○坤軋弧（こんにやく、蒟蒻）＜芋羹＞　○及鬼木石（きくひむし、木食ひ虫）＜蝤＞　○麻瓜（まくら、枕）＜枕＞　○及古寡（きくくわ、菊花）＜菊花＞　○國（くわ、鍬）＜鍬＞　○豁一（くわえ、桑江）＜桑江＞　○豁及（くわき、桑木）＜桑＞　○渴夫是（くわほうす、果報す？）＜多謝＞　○茶華古（さふくわこ、挿花褌）＜挿花褌＞　○木一乖（まつりくわ、茉莉花）＜茉莉＞　○怪羅（くわいらう、回廊）＜迴廊＞　○柯（くわう）　○喀（くわう）　○噶（くわう）　○我（くわう）　○光（くわん）　○貫（くわん）　○寛醋（くわんえき、館駅）＜館驛＞　○公公（くんくん、君君）＜君君＞　○六宮（りうくん、隆勲）＜隆勲＞

○古古禄（こころ、心）＜心＞　○及古力（きこり、樵）＜樵＞　○骨六木（ころも、衣）＜衣＞　○淡八姑（たばこ、煙草）＜菸＞　○阿喀一（かこひ、囲ひ）＜槅扉＞　○答及奴誇（たけのこ、筍）＜筍＞　○孔加喳司（こがらす小鳥？）＜喜鵲＞　○曲施（こし、腰）＜腰＞　○几西（こすい、胡荽？、香荽？）＜蔢荽＞　○五喀里（こだらひ、小盥？）＜浴桶＞　○服即（こつ、忽）＜忽＞　○苦麻（こま、此処）＜在此＞　○復高劣中（ほこる、誇る、ほこれたり）＜歓喜＞　○孤怪（こうくわい、後悔）＜懊悔＞　○哥昔（こうし、疥）＜疥＞　○濶生（こうしん、口唇）＜口＞　○割及（こうち、幸地）＜幸地＞　○無不歸（おほこり、御誇り？）＜多謝＞　○鬱金（うこん、薑黄）＜薑黄＞　○公（こん、婚）＜結婚＞　○宮（こん、棍）＜棍＞　○坤軋弧（こんにやく、蒟蒻）＜芋羹＞　○的讀滾（てどこん、手登根）＜手登根＞

Ⅳ－３－⑵　ガ行の子音

（＊／ｇｉ，ｇｅ，ｇａ，ｇｕ，ｇｏ／の子音）

{仲里}（1703頃）

*/gi/に対応する部分は、多く「き」で表記されているが、破擦音化していた可能性が高い。その他の項目の音価は[g]である。

＜用例＞

○くなぎづな（繋ぎ綱）　○まぎまんの司（大まんの司）；　○げにあるけに（実にあるけに、実にある故に）　○おもあげ（面上げ）；　○あが（我が）　○あかがや（赤萱）　○おしあがり（押し上がり）　○こがねぐち（黄金口、港の美称）　○しまがほう（島果報）；　○おれぐち（下れ口）　○こがねぐち（黄金口）　○はぐ（接ぐ、板を接ぎ合せて船を造る）　○夕ぐれのふに（夕暮れのふに）；　○かねまごと（かね真言）　○なごなご

と（和なごと、和やかに）

{混}（1711）

＊/gi/に対応する部分は、多く「き」で表記されているが、破擦音化していた可能性が高い。その他の項目の音価は[g]である。

「ぎや」○おつききやなし（おつきがなし、御月加那志）　○ひぎやおぢやう（ひがはおぢやう、樋川御門、瑞泉門）　○てだききやなし（てだきがなし、太陽加那志）　○にきやさ（にがさ、苦さ）

口蓋化・破擦音化なしの例

○おものぶぎやう（御物奉行）　○にかよう（凶歳、苦世）　○ひがさ（日傘）

○ぐわたぐわた（瓦堕々々）

○ひいしやぐ（芭蕉の実、ひさご？瓢？）

＜用例＞

○きやめ（迄）　○およぎ（御宿衣、御夜着）　○するぎほう（莚帆）　○ちやうぎぬ（朝衣）　○つのむぎ（大麦）　○まぎも（真肝、正直なる人）　○まつるぎ（真剣）○しろはせやきぬ（白朝衣、白芭蕉衣？）；　○げに（実に）　○あけくのはて（上句終、挙句の果て）　○あけれ（上げれ）　○おかげい（御留主）　○きよけ（清毛）　○みおもかけ（御面影）　○みささげ（貢物、御捧げ）；　○かあとり（鴨）　○があとり（鴨）○があなあ（鵝）　○あか（我）　○あかゞい（日光暉、明がい）　○あこかね（銅）○おもひなかす（思ひ流す）　○しろかね（錫）　○たなかはり（種子変り）　○てたかあな（東、太陽が穴）　○とかむる（咎むる）　○まゑけか（真男）　○むまか（孫）；○さぐり（探り）　○しのぐ（凌ぐ）　○ゆまんぐい（夕間暮）；　○ごま（胡麻）　○いしなこ（石）　○つこもり（晦日）

{琉由}（1713）

「白サジ」が、「白鷺（しらさぎ）」であれば、＊/gi/破擦音化の例となる。
その他の項目の音価は[g]である。

＜用例＞

ギイス嶽　ギナマ原　スイツギ御門　（添継御門？　ソ→ス、ウェ→イ）　ニギリ飯　浜ヲギ　ヤギナハモリ城

ゲストク嶽　ゲライ司ミカミ　安次嶺神アシアゲ　御ゲライ御米　オシアゲ嶽　フキアゲ　葺上ゲ　フサゲ　ホサゲ

ガダノコ嶽　我那覇　ガナハナ嶽　ガルマロ嶽　アガリミヤ　鬼界ガ島　クロガネ　コガネ森　立ツガナシ　根ガミ

グスク嶽　上グシケン嶽　御タウグラ　スグロクノ嶽　フナグラノ殿　ヲレグチ

アナゴ姥　石ダゴノ御イベ　イシラゴノ嶽　カゴ御門　神アヤゴ　下ゴヲリ

多和田マキウネゴンコダマノ火鉢　ナゴノ殿　ヲゴノ御嶽

{信}（1721）

/gi/に対応する部分には、有気音か破擦音系の音訳字が現れるので、/gi/破擦音化の可能性が高い。その他の項目の音価は[g]である。

＜音訳字＞

*/gi/に対応する部分に「雞、基、既、棋、吉、及、急、子、其、之、几、妳、琴、景、切」が現れる。

*/ge/に対応する部分に「傑、其、之、平、几」が現れる。

*/ga/に対応する部分に「噶、加、茄、介、敢、喀、夾、軋、胡」が現れる。

*/gu/に対応する部分に「可、吾、沽、括」が現れる。

*/go/に対応する部分に「噶、唔、荷、古、姑、吾、谷、歸」が現れる。

音訳字		中原音韻	朴通事諺解	老乞大諺解	華英辞典	推定音価
ぎ	雞	kiəi	ki	ki	☆	ʤi
	基	ki	其　khi, kki	☆	☆	ʤi
	既	kiəi	ki	ki	☆	ʤi
	棋	k ‘i	☆	☆	☆	ʤi
	吉	kiəi	☆	ki, kiʔ	chi	ʤi
	及	kiə	☆	☆	chi	ʤi
	急	kiəi	☆	ki, kiʔ	chi	ʤi
	子	tsɨ	☆	☆	tzŭ	dzi, ʤi
	其	k ‘i	khi, kki	khi, kki	ch ‘i	ʤi
	之	tsɨ	cɯ, cɯz	☆	ch ‘i	dzi, ʤi
	几	ki	☆	☆	chi	ʤi
	妳	你　ni	ni	ni	☆	ʤi
ぎぬ	琴	k ‘iəm	☆	☆	☆	ʤiɴ
	景	k ‘iəŋ	kiŋ	☆	☆	ʤiɴ
ぎり	切	ts ‘ie, ts ‘iəi	☆	☆	☆	ʤiri
げ	傑	kie	☆	☆	chie	gɪ
	其	k ‘i	khi, kki	khi, kki	ch ‘i	gɪ
	之	tsɨ	cɯ, cɯz	☆	ch ‘i	dzɪ
	平	p ‘iəŋ	phiŋ, ppiŋ	☆	☆	gɪ
	几	ki	☆	☆	chi	gɪ
が	噶	葛　ko	☆	☆	ka	gɑ
	加	kia	☆	kja	chia/ka	g(j)a
	茄	kia	kjɔ, kkjɔ	khjɔ, kkjɔ	☆	g(j)a
	介	kiai	☆	kjɔi	chie	g(j)a
	敢	kam	☆	☆	☆	ga

	喀	k ‘o	☆	☆	k ‘a/k ‘e	gɑ
	夾	kia	kja	☆	chia	g(j)a
	軋	ia	☆	☆	☆	gja
がふ	胡	hu	☆	☆	☆	go:
ぐ	可	k ‘o	☆	☆	☆	gu
	吾	u	☆	☆	☆	gu
	沽	ku	☆	☆	☆	gu
ぐわ	括	kuo	☆	☆	☆	gwa
ご	噶	葛　ko	☆	☆	ka	gʊ
	唔	u	五　’u	五　’u	☆	gu
	荷	ho	☆	☆	☆	gʊ
	古	ku	ku	☆	ku	gu
	姑	ku	☆	ku	ku	gu
	吾	u	五　’u	五　’u	☆	gu
	谷	ku	☆	☆	☆	gu
ごひ	歸	kuəi	☆	☆	☆	gwi

＜用例＞

○思雞（すぎ、杉）　○現基（やなぎ、柳）　○雖之既（ゆつぎ、油注ぎ）　○冲棋（しやうぎ、将棋、象棋）　○翁吉（をぎ、甘蔗）　○禮及（れいぎ、礼儀）　○名急里（みぎ、右）　○輕化子榮（きぬはぎをり、衣剥ぎ居り、脱衣）　○枉其（あふぎ、扇）　○閔子磁之（みづつぎ、水注ぎ）　○梯殺几（てさぎ？、手巾）　○密加妳吸之（みつぎして？、朝貢）　○阿米琴（あびぎぬ、浴衣）　○百索景（ばせうぎぬ、芭蕉衣）　○間切（まぎり、間切、府）；　○阿傑的（あげて、上げて）　○喀籃子其（かしらげ、頭髪、頭毛）　○嗑蘭自之（かしらげ、頭髪、頭毛）　○麻平的（まげて、曲げて？）　○非几（ひげ、髭）；　○會几噶（ゑきが、男）　○孔加尼（こがね、黄金）　○茄子埋大（がじまる、榕樹）　○焼介（しやうが、生姜）　○喀敢泥（かがみ、鏡）　○噶喀泥（こがね、黄金）　○那夾殺（ながさ、長さ）　○枯軋膩（こがね、黄金）　○匹胡平（しがふびん、四合瓶）；　○耶獨可之（やどぐち、宿口）　○漫思吾（ますぐ、真直ぐ）　○馬訟沽（ますぐ、真直ぐ）　○夏括子（しやうぐわつ、正月）；　○姆馬噶（おまご、御孫）　○喀唔（はしご、梯子）　○右（ご、碁）　○古徂（ごじふ、五十）　○姑泥子（ごにち、五日）　○吾買毎（ごもんめ、五匁）　○谷多（ごどう、梧桐）　○畏之謾歸（おいとまごひ、御暇請）

{見}（1764）

＊/gi/に対応する部分には、有気音か破擦音系の音訳字が現れるので、＊/gi/破擦音化の可能性が高い。その他の項目の音価は[g]である。

＜音訳字＞

＊/gi/に対応する部分に「及、吉、機、子、止、巾、衾、間」が現れる。

＊/ge/に対応する部分に「及、子」が現れる。

*/ga/に対応する部分に「哈、喀、搭」が現れる。
*/gu/に対応する部分に「古、窟、刮」が現れる。
*/go/に対応する部分に「古、共、谷、姑、喀」が現れる。

音訳字		中原音韻	朴通事諺解	老乞大諺解	華英辞典	推定音価
ぎ	及	kiə	☆	☆	chi	ʤi
	吉	kiəi	☆	ki, kiʔ	chi	ʤi
	機	kiəi	☆	幾　ki	☆	ʤi
	子	tsɨ	☆	☆	tzŭ	ʤi
	止	tsɨ	☆	☆	☆	ʤi
	巾	kiən	☆	☆	☆	ʤiɴ
	衾	k ‘iəm	☆	☆	☆	ʤiɴ
	間	kian	kjɔn	kjɔn	☆	ʤiɴ
げ	及	kiə	☆	☆	chi	gi
	子	tsɨ	☆	☆	tzŭ	ʤi
が	哈	ha	☆	☆	☆	ga
	喀	k ‘o	☆	☆	k ‘a/k ‘e	gɑ
	搭	ta	☆	☆	☆	ga
ぐ	古	ku	ku	☆	ku	gu
	窟	k ‘u	☆	☆	☆	gu
ぐわ	刮	kua	☆	☆	☆	gwa
ご	古	ku	ku	☆	ku	gu
	共	kioŋ	☆	☆	☆	guŋ
	谷	ku	☆	☆	☆	gu
	姑	ku	☆	☆	ku	gu
	喀	k ‘o	☆	☆	k ‘a/k ‘e	gʊ

<用例>

○禮及（れいぎ、礼儀）　○蜜吉歴（みぎり、右）　○充機（しやうぎ、将棋）　○花子的（はぎて、剥ぎて、脱ぎて）　○吐止（とじ、伽、妻）　○毒巾（どうぎぬ、胴衣）　○哇答一利衾（わたいれぎぬ、綿入れ衣）　○讀間（どうぎぬ、胴衣）；　○虚及（ひげ、髭）　○哈喇子（かしらげ、頭髪、頭毛）；　○哈哈密（かがみ、鏡）　○那喀撒（ながさ、長さ）　○阿美搭阿美（あびがめ、浴甕）；　○寛（？）古（かはぐつ？、革靴？）　○花失利窟齒（はしらぐち、柱口、戸）　○失刮子（しぐわつ、四月）；　○古（ご、碁）　○共刮子（ごぐわつ、五月）　○喀谷（かご、籠）　○烏那姑（をなご、女）　○烏麻喀（おまご、御孫）

{琉訳}（1800 頃）

/gi/に対応する部分には、有気音か破擦音系の音訳字が現れるので、/gi/破擦音化の可能性が高い。その他の項目の音価は[g]である。

＜音訳字＞

＊/gi/に対応する部分に「及、其、直、地、日、即、琴、金、入、主、如、人」等が現れる。

＊/ge/に対応する部分に「及、日、之、其、屈、即、結、金、几」等が現れる。

＊/ga/に対応する部分に「喀、狭、哥、加、夾、楷、街、噶、皆、甲、岩、干、買、梗、趕」等が現れる。

＊/gu/に対応する部分に「古、骨、姑、吾、歸、龜、括、怪、胶、光、公」等が現れる。

＊/go/に対応する部分に「古、骨、姑、歸、滾」等が現れる。

代表的な音訳字について「古辞書類の音」を示す。

音訳字	中原音韻	朴通事諺解	老乞大諺解	華英辞典	推定音価
ぎ　及	kiə	☆	☆	chi	ʤi
其	ki	khi, kki	☆	chi	ʤi
琴	k ‘iəm	☆	☆	☆	ʤiɴ
げ　及	kiə	☆	☆	chi	gi
之	tsɨ	cɯ,　cɯz	☆	chï	dzɪ
其	k ‘i	khi, kki	khi, kki	chi	gɪ
が　喀	k ‘o	☆	☆	k‘a/k‘e	ga
加	kia	☆	kja	chia/ka	ga
噶	葛　ko	☆	☆	ka	gɑ
ぐ　古	ku	ku	☆	ku	gu
吾	u	五　’u	五　’u	☆	gu
括	kuo	☆	☆	☆	gwa
ご　古	ku	ku	☆	ku	gu
姑	ku	☆	ku	ku	gu

上記以外の、主な音訳字の『華英辞典』における音を以下に示す。

直 chï、日 jï、即 chi；日 jï；狭 hsia、夾 chia；骨 ku、姑 ku、歸 kwei；骨 ku

＜用例＞

○木及（むぎ、麦）＜麥＞　○武及（をぎ、荻、甘蔗）＜蔗＞　○枉其（あふぎ、扇）＜扇＞　○武席直奴（うすぎぬ、薄絹）＜紗＞　○屋掃地煞其（おしうぎざけ、御祝儀酒）＜餞行酒＞　○喀日力（かぎり、限り）＜秩＞　○米即瓦（みぎは、水際）＜瀬河渚湄＞　○阿米琴（あびぎぬ、浴衣）＜汗衫＞　○喀金（かはぎぬ、皮衣）＜裘＞　○入（ぎよ、敌）＜敌＞　○主石（ぎよし、圉師）＜圉師＞　○仍如（たいぎよ、帯魚）＜帯魚＞　○人即禄（ぎんじる、吟じる）＜吟＞

○喀及（かげ、陰）＜蔭缺＞　○古禄古利及（くろくりげ、黒栗毛）＜驊騮＞　○阿石日馬（あしげうま、葦毛馬）＜驄＞　○嗑籃自之（かしらげ、頭毛）＜叩頭＞　○枋浪其（くらげ、海月）＜鮓＞　○慚屈（ざんげ、懺悔）＜退悔＞　○那即武古（なげおく、投げおく）＜投＞　○不古結及（ぼくげき、木屐）＜木屐＞　○几（げい、靚）＜靚＞

○甫禄金（ふるげん、古堅）＜古堅＞

○阿喀喀你（あかがね、赤金、銅）＜銅＞　○一心狭及（いしがき、石垣）＜墻又＞○武答哥（うたがふ、疑ふ）＜猜疑伺窺＞　○失六加泥（しろがね、白銀）＜酒杯＞○夾煞眉（がざみ、蟹）＜蟹＞　○石力楷（しりがい、鞦）＜紂＞　○阿雑街（あかがひ、赤貝？、あざか？）＜蚶＞　○阿札噶（あじやがひ、あじや貝）＜硨渠＞○奔買（ぶんがひ、文貝）＜文貝＞　○古即皆禄くつ（がへる、覆る）＜顛＞　○古發甲（こばしがは、小橋川）＜小橋川＞　○岩孤（がんこう、眼孔）＜眼孔＞　○怪干（くわいがん、迴雁）＜迴雁＞　○容梗（りゆうがん、龍眼）＜龍眼＞　○冷趕（りゆうがん、龍眼）＜龍眼＞

○以獨古直（いちぐち、糸口）＜緒＞　○法麻古力（はまぐり、蛤）＜蛤蚌蠙螋＞○骨昔骨（ぐすく、城）＜城郭＞　○由那姑呢（よなぐに、与那国）＜与那国＞　○漫思吾（ますぐ、真直ぐ）＜平身＞　○答歸（たぐひ、類ひ）＜逑＞　○撒歸以答撒即（さぐりいださず、探り出ださず）＜捜不出＞　○惟迷龜（みみぐり？、耳栗？、木耳）＜木耳＞　○括子（ぐわつ、月）＜月＞　○叔奇怪石（しゆきぐわいし、主稿外史）＜主稿外史＞　○胶胶（ぐわんぐわん、＜擬声語＞？）＜鑼＞　○光日即（ぐわんじつ、元日）＜元日＞　○公（ぐん、郡）＜郡＞

○古（ご、碁）＜碁＞　○那古（なご、名護）＜名護＞　○骨一骨（ごゑく、越来）＜越来＞　○會南姑（をなご、女子）＜女＞　○畏之漫歸（おいとまごひ、御暇請ひ）＜辭朝＞　○許牙滾（ひやごん、比屋根）＜比屋根＞

Ⅳ－３－⑶　タ行の子音

（＊／ｔｉ，ｔｅ，ｔａ，ｔｕ，ｔｏ／の子音）

{仲里}（1703 頃）

＊/ti/は、仮名だけではわからないが、同時期の漢字資料の例から推して、破擦音化していたと判断される。

＊/tu/も破擦音化していたであろう。母音も変化している。「はちのこ（はつのこ、初の子）」がそれを示している。漢字資料も参照。

＊/-ita/は、破擦音化した形もあれば、そうでない形もある。＊/-ito/も同様である。

＜破擦音化＞の例（参考として「き」の例も載せた）

○きみちやか（きみたか、君高）　○たたみちやう（たたみひと、貴み人）

○ちいすの君（きこゑのきみ、聞こゑの君）　○ちへせんきみ（きこゑせんきみ、聞こゑせん君）　○ちよわる（きよわる、来よわる、おいでになる）

＜破擦音化せず＞の例

○いたきよら（板清ら）　○まひと（真人）

＜用例＞

○あざかちかい（あざか誓ひ）　○のろちかい（神女誓ひ）　○おれぐち（下れ口）○こがねぐち（黄金口）　○かにいち（かに言ち）　○むかいなおち（向かい直ち）

○よりずらちへ（寄りずらちへ；　○てぐわれて（手乞われて）　○てるかは（照る河、太陽）　○あてなふち（当て直ち）　○雨乞て（雨乞て）　○のだてる（宣立てる）；　○たかべる（崇べる）　○たけのくち（滝の口）　○いたきよら　たなきよら（板清ら　棚清ら、船のこと）　○いしたうね（石たうね、石の飼葉桶）；　○つきおりて（憑きおりて）　○つろおて（弦落て、つる＝筋肉、だれること）　○あつみな（集め庭）　○まひつじ（真未）　○夜つづき（夜続き）；　○とこゑ（十声）　○ととみ（留め）　○とよむ（響む、有名な）　○まひと（真人）　○みなとかしら（港頭）；　○はちのこ（はつのこ、初の子）

{混}（1711）

破擦音化が顕著に現れている。いくつか例を示す。

○あちや（あした、明日）　○みちやる（見たる）　○なあちや（のあした、翌日、の明日）　○きもちやさ（きもいたさ、肝痛さ、痛腸の心）

○あへちへ（相手）（あひて）　○いちへ（言て）（いひて）　○はちへきより（走来より）（はひてきより）　○みちへいちへ（見て行て）（みていきて）

○チヨかけ（一片）（ひとかけ）

次のは、*/ti/と*/te/とが同音である可能性を示す。

○もちなし（持成し、饗応）（もてなし）

＜用例＞

○ちちよゐ（千鳥）　○ちぢよい（千鳥）　○ちやうぎぬ（朝衣）　○きやのうちみやに（御城内に）　○おはうちや（御包丁）　○むきやちや（御蚊帳）；

○てたかあな（太陽が穴、東）　○てたこ（太陽子、帝）　○てるかは（照る河、御日）　○あさて（明後日）　○くもて（曇て）　○こてい（特牛）　○すとめて（朝）　○ぬきあてて（抜き当て）　○をつてい（一昨日）；

○たうきみ（唐黍）　○たき（滝）　○たつき（立月）　○たるが（誰か）　○たれはかま（垂れ袴）　○あすたへ（三司官、長老部）　○あたらしや（惜らしや）　○おさた（御砂糖）　○おたうふ（御豆腐）　○おやかたへ（親方部）　○きたなさ（汚さ）　○さアたア（砂糖）　○しまたつな（島手綱）　○ねたさ（妬さ？、腹立ち）　○はなあたへ（花園）；

○つかあい（番）　○つこもり（晦日）　○つと（土産）　○つのむぎ（大麦）　○つほる（瓢）　○あつらへ物（誂物）　○おまつくわ（御枕）　○をつてい（一昨日）　○こんつき（今月）；

○とかむる（咎むる）　○ところ（墓）　○とじ（女房、刀自）　○ともまさり（艫勝り？、船）　○とももそ（十百人）　○とももと（十百年）　○うゐとぢ（初婦）　○うゐをと（初夫）　○おこと（御言葉）　○おとうろ（御燈籠、御行燈）　○おとくぼん（御徳盆）　○ことし（今年）　○ももと（百年）やまと旅（大和旅）

{琉由}（1713）

この資料の仮名表記だけでは、破擦音化の如何については論じられない。

＜用例＞

○チヤゲ森ムヤゲ森ノ御イベ　○チヤマキヅカサ　○チヤラテ　○アカハチ　○ウチアガリノ御イベ　○ウチバラノ殿　○バクチ　○マチカネ橋　○モチヅキ　○ヨリミチ　○ヲヤケアカハチ　○ヲレグチ

○テダ川嶽　○テリアガリ　○テンツギノ嶽　○石テイシ　○コシアテノ中森　○ノダテ事　○バテンノ殿　○ミタテ森城　○モリテル御イベ

○タイラ嶽　○タバコ　○タモト座　○アスタベ所　○アツタ嶽　○御タカベ所　○シキマタノ嶽　○タンゴ　○ハタト大アルジ　○ハンタミヤ　○ワタリ神通ヒ神

○ツキシロノ大神　○ツハ拝ミ掟　○ツヤ　○アカツラ　○アツメナノ御イベ　○大ツカサ　○立ツガナシ　○テンツギノ嶽　○ハツガネ　○ミツダケ

○トノ　○トマリ御待所　○豊見トモソヘ豊見キナキ　○トヨミノ御イベ　○トンボウ　○イトサケノ嶽　○オモトアルジ　○オモト嵩　○タモト座　○ブト川

{信}（1721）

音訳字の「古事書類の音」によって、*/ti/*/-ita/*/-ite/等の破擦音化を知ることができる。

＜音訳字＞

*/ti/に対応する部分に「基、子、止、七、汁、生、即、宅、池、着、之、齊、夾、札、茶、丈、速」が現れる。

*/te/に対応する部分に「梯、帝、底、蹄、的、得、皮、枚、其、之、支、直、執、鳥、堤、條、町、廳」が現れる。

*/ta/に対応する部分に「搭、搭、韃、脚、他、打、大、托、達、塔、答、撻、抬、榻、苔、着、叨」が現れる。

*/tu/に対応する部分に「左、司、子、思、磁、祖、足、速、多、着、都、禿、之、尸、爭、疽、通、一」が現れる。

*/to/に対応する部分に「堦、拖、多、抵、吐、都、度、土、之、畐、宅、周、忒、禿、朶、虧、掐、土、推、栬、冬」が現れる。

音訳字	中原音韻	朴通事諺解	老乞大諺解	華英辞典	推定音価
ち　基	ki	其　khi, kki	☆	☆	ʧi
子	tsɿ̈	cɯ, cɯz	cɯ, cɯz	tzŭ	ʧi
止	ʈʂɿ̈	☆	☆	☆	ʧi
七	ts ‘iəi	chi, chiʔ	chi, chiʔ	☆	ʧi
汁	ʧɪəi	☆	☆	chï	ʧi
生	ʂəŋ	s ʌŋ, sɯŋ	☆	☆	ʧi
即	tsiəi	ci, ciʔ	☆	chi	ʧi
宅	ʈʂai	c ɔ, cciʔ	☆	☆	ʧi
池	ʈʂ ‘ɿ̈	chi, cciz	地　ti, tti	☆	ʧi

着	ʧɪo, ʧɪau	cjo, ccjaw	cjo, ccjaʙ	☆	ʧi
之	ʈʂ ʻï	cɯ, cɯz	cɯ, cɯz	chï	tsi
齊	ts ʻəi, tsï	ci, cci, cai	☆	ch ʻi	tsi
ちや　札	ʈʂa	☆	☆	☆	ʧa
茶	ʈʂ ʻa	cha, cca	cha, cca	☆	ʧa
着	ʧɪo, ʧɪau	cjo, ccjaw	cjo, ccjaʙ	☆	ʧa
ちやう　丈	ʧɪaŋ	☆	☆	☆	ʧaː
着	ʧɪo, ʧɪau	cjo, ccjaw	cjo, ccjaʙ	☆	ʧaː
ちよ　速	su	☆	☆	☆	ʧo
て　梯	t ʻiəi	thi	剃　thi	t ʻi	ti
帝	tiəi	☆	☆	ti	ti
底	tiəi	ti	☆	☆	ti
蹄	t ʻiəi	thi, tti	thi, tti	☆	ti
的	tiəi	ti, tiʔ	ti, tiʔ	ti	ti
得	təi	☆	☆	☆	ti
皮	p ʻi	phi, ppi	phi, ppi	☆	ti
其	k ʻi	khi, kki	khi, kki	☆	ʧi
之	ʈʂ ʻï	cɯ, cɯz	cɯ, cɯz	chï	tsi
支	ʈʂï	☆	☆	☆	tsi
直	ʧɪəi	☆	ci, cciʔ	☆	ʧi
執	ʧɪəi	☆	ci, ciʔ	☆	ʧi
鳥	tieu	☆	☆	☆	ti
てい　堤	ʧəi	提　thi, tti	提　thi, tti	☆	ti
條	t ʻieu	thao, thaw	thao, thaw	☆	tiː
てん　町	t ʻiəŋ	☆	☆	☆	tin
廳	t ʻiəŋ	thiŋ	thiŋ	☆	tim
た　搭	ta	ta, taʔ	ta, taʔ	☆	ta
搭	ta	ta, taʔ	ta, taʔ	☆	ta
韃	ta	☆	☆	☆	ta
脚	kiau	kjo, kjoʙ	☆	☆	t(ʃ)a
他	t ʻo	tha	☆	t ʻa	ta
打	ta	ta	ta	ta	ta
大	ta, tai	ta, tta	ta, tta	☆	ta
托	t ʻo	☆	☆	☆	ta
達	ta	ta, tta	ta, tta	ta	ta
塔	t ʻa	tha, thaʔ	☆	☆	ta
答	ta	☆	☆	ta	ta
撻	t ʻa	☆	☆	☆	ta

	抬	t ‘a	☆	☆	☆	ta
	榻	t ‘a	tha, thaʔ	tha, thaʔ	☆	ta
	荅	ta	☆	☆	☆	ta
	着	ʧɪo, ʧɪau	cjo, ccjaw	cjo, ccjaʚ	☆	ʧa
たあ	他	ta	tha	tha	t ‘a	ta:
たい	大	ta, tai	ta, tta	ta, tta	☆	tɛ:
たう	托	t ‘o	☆	☆	☆	to:
	叨	t ‘au	☆	☆	☆	to:
つ	左	tso	☆	☆	☆	tsï
	司	sï	sɯ, sɯz	☆	☆	tsi
	子	tsï	cɯ, cɯz	cɯ, cɯz	tzŭ	tsi
	思	sï	☆	☆	☆	tsi
	磁	ts ‘ï	☆	☆	☆	tsi
	祖	tsu	☆	☆	☆	tsï
	足	tsiu	☆	☆	☆	tsï
	速	su	☆	☆	☆	tsï
	多	tuo	to, tɔ	to, tɔ	☆	tsï
	着	ʧɪo, ʧɪau	cjo, ccjaw	cjo, ccjaʚ	☆	tsï
	都	tu	☆	☆	☆	tsï
	禿	t ‘u	☆	☆	☆	tsï
	之	ʈʂ ‘ï	cɯ, cɯz	cɯ, cɯz	chï	tsi
	尸	ʂ ‘ï	☆	☆	☆	tsi
	爭	ʈʂəŋ	☆	☆	☆	tsi
	疽	☆	☆	☆	☆	tsi:
	通	t ‘oŋ	thuŋ	thuŋ	t ‘uŋ	tsɯ
	一	iəi	’ i	☆	☆	tsi:
と	拖	t ‘o	tho, thɔ	tho, thɔ	☆	tʊ
	多	tuo	to, tɔ	to, tɔ	☆	tʊ
	抵	tiəi	☆	低 ti	☆	tu
	吐	t ‘u	☆	☆	t ‘u	tu
	都	tu	tu	tu	tu/tou	tu
	度	tu, to	☆	☆	tu	tʊ
	土	t ‘u	thu	thu	t ‘u	tu
	之	ʈʂ ‘ï	cɯ, cɯz	cɯ, cɯz	☆	tsi
	啚	t ‘u	☆	☆	☆	tu
	宅	ʈʂai	☆	☆	☆	tu
	周	ʧɪəu	ciu, ciw	ciu, ciw	☆	ʧu
	忒	t ‘ə	☆	☆	☆	tu

とう　禿	t ‘u	thu, thuʔ	☆	☆	tʊ::
朶	tuo	☆	☆	☆	tʊ::
とくり　虧	☆	khui	khui	☆	tukkui
との　掐	t ‘au	☆	☆	☆	tun
とほ　土	t ‘u	thu	thu	☆	tʊ::
とり　推	t ‘uəi	☆	☆	☆	tuji
とを　桅	t ‘o	tho, thɔ	tho, thɔ	☆	tʊ::
冬	toŋ	tuŋ	tuŋ	☆	tʊ:ɴ

<用例>

○基（ち、血）　○坐古泥子（じふごにち、十五日）　○一止買毎（いちもんめ、一匁）○坐十七泥子（じふしちにち、十七日）　○錫汁徂（しちじふ、七十）　○潤生（くち、口）　○些谷尼即（せちくにち、節句日）　○瞎宅（かいち、懈豸）　○足池（つち、土）○阿格着（あかち、赤血）　○密之（みち、道）　○齊（ち、乳）　○札（ちや、茶）○茶碗（ちやわん、茶碗）　○喀着（かや、かちや、蚊帳）　○丈史（ちやうし、長史）○和着（はうちやう、包丁）　○速都（ちよと、少）；　○梯殺几（てさぎ、手巾）　○殷帝（いねて、寝て）　○靴底子（そてつ、蘇鉄）　○蹄子烘（てづかみ、拳）　○阿殺的（あさて、明後日）　○一得姑（えてこ、得来）　○皮沙之（てさぎ、手巾）　○速圖堦枚（つとめて、早朝）　○那其（なきて、泣きて）　○一吉之（いきて、生きて）　○榻支（たちて、発ちて）　○失直（しにて、死にて）　○兀執（ゐりて、坐りて）　○鳥孤欲士（てくよし、鵞）　○堤（てい、亭）　○條書（ていし、梯子）　○町（てん、天）○廳馬荅白（てんびん、天秤）；　○之搭之（ついたち、一日）　○搭弼（たび、足袋）○屋韃（うた、歌）　○失脚衣（ひたひ、額）　○他阿喇（たらひ、盥）　○打吉（たけ、竹）　○福大（ふた、蓋）　○托几（たけ、竹）　○達都（たつ、龍）　○塔八孤（たばこ、煙草）　○優答殺（よたさ、好さ）　○撻馬（たま、玉、珠）　○抬奴吉（たむけ、手向け）　○榻支（たちて、発ちて）　○荅止歪立（たちわいり、立行）　○昔着（した、下）　○他古（たあご、盥）　○托福（たうふ、豆腐）　○叨濃周（たうのひと、唐人）；○左奴（つの、角）　○司禄（つる、鶴）　○子急（つき、月）　○思答（つら、面）○閔子磁之（みづつぎ、水注ぎ）　○祖奴（つの、角）　○足池（つち、土）　○速都密的（つとめて、夙めて）　○那多乜（なつめ、棗）　○波着子（むつき、襁褓）　○達都（たつ、龍）　○禿有（つゆ、露）　○約之（なつ、夏）　○司眉日尸（せんべつ、餞別）○爭拿（つな、綱）　○瞎子介疽（はつかついたち、二十一日）　○通資（つうじ、通事）○木一乖（まつりくわ、茉莉花）；　○堦立（とり、鳥）　○拖厨（とじ、妻）　○多式（とし、年）　○抵子密之（とぢみちて？、閉満？）　○吐吉（とき、時）　○速都密的（つとめて、夙めて）　○密乃度（みなと、港）　○土拉（とら、虎）　○畏之謾歸（おいとまごひ、御暇請）　○速圖堦枚（つとめて、早朝）　○宅喇（とら、虎）　○亦周（いと、絹）　○失忒（すと、畚箕）　○禿羅（とうろう、燈籠）　○雞朶（けいとう、鶏頭、鶏冠）　○虧奴（とくりの、徳利の）　○掐几（とのうち、殿内）　○土殺迷（とほさみ、遠さみ？）　○推（とり、鶏）　○桅（とを、十）　○福冬（ふとん、布団）

{見}(1764)

音訳字の「古事書類の音」によって、*/ti/*/-ita/*/-ite/等の破擦音化を知ることができる。

<音訳字>

*/ti/に対応する部分に「子、之、止、至、知、恥、耻、齒、夾、茶、渣、竹、芍、局、察」が現れる。

*/te/に対応する部分に「低、的、梯、蹄、直、蒂、之、止、提、廳」が現れる。

*/ta/に対応する部分に「大、他、達、答、搭、搭、撻、渣、雑、帖、拖、駄」が現れる。

*/tu/に対応する部分に「七、子、止、失、此、即、齒、之、吐」が現れる。

*/to/に対応する部分に「土、多、吐、毒、塗、搭、濁、周、徒、突、冬」が現れる。

音訳字		中原音韻	朴通事諺解	老乞大諺解	華英辞典	推定音価
ち	子	tsï	cɯ, cɯz	cɯ, cɯz	tzŭ	ʧi
	之	ʈʂï	cɯ, cɯz	cɯ, cɯz	chï	ʧi
	止	ʈʂï	☆	☆	☆	ʧi
	至	ʈʂï	☆	cɯ, cɯz	☆	ʧi
	知	ʈʂï	☆	ci, ciz	☆	ʧi
	恥	ʈʂï	☆	☆	☆	ʧi
	耻	ʈʂï	☆	☆	☆	ʧi
	齒	ʈʂï	chɯ, chɯz	☆	☆	ʧi
ちや	夾	kja	kja	☆	☆	ʧa
	茶	ʈʂa	☆	☆	☆	ʧa
	渣	査　ʈʂ ʻa, ʈʂa	☆	☆	☆	ʧa
ちやう	竹	ʧɪu	cu, cuʔ	cu, cuʔ	☆	ʧaː
	芍	ʃɪau, ʃɪo	☆	☆	☆	ʧaː
ちゆ	局	kiu	☆	☆	☆	ʧu
ちよ	察	ʈʂ ʻa	☆	☆	☆	ʧu
て	低	tiəi	☆	☆	☆	ti
	的	tiəi	ti, tiʔ	ti, tiʔ	ti	ti
	梯	t ʻiəi	thi	剃　thi	t ʻi	ti
	蹄	t ʻiəi	thi, tti	thi, tti	☆	ti
	直	ʧiəi	☆	ci, cciʔ	chï	ʧi
	蒂	tiəi	☆	☆	☆	ti
	之	ʈʂï	cɯ, cɯz	cɯ, cɯz	chï	ʧi
	止	ʈʂï	☆	☆	☆	ʧi
てい	提	t ʻiəi	thi, tti	thi, tti	☆	tiː
	梯	t ʻiəi	thi	剃　thi	☆	tiː
てん	廳	t ʻiəŋ	thiŋ	thiŋ	☆	thiɴ

た	大	ta, tai	ta, tta	ta, tta	☆	ta
	他	t ‘o	tha	☆	t ‘a	ta
	達	ta	ta, tta	ta, tta	ta	ta
	答	ta	☆	☆	ta	ta
	搭	ta	ta, taʔ	ta, taʔ	☆	ta
	搭	塔　t ‘a	塔 tha, thaʔ	☆	☆	ta
	撻	t ‘a	☆	☆	☆	ta
	渣	查　ʈʂ ‘a, ʈʂa	☆	☆	☆	ʧa
	雑	tsa	ca, ccaʔ	ca, ccaʔ	☆	ʧa
たい	帖	t ‘ie	☆	☆	☆	te:
たう	拖				☆	to:
	駄	t ‘o, to	☆	☆	☆	to:
つ	七	ts ‘iəi	chi, chiʔ	chi, chiʔ	ch ‘i	tsi
	子	tsï	cɯ, cɯz	cɯ, cɯz	tzŭ	tsi
	止	ʈʂï	☆	☆	☆	tsi
	失	ʃɪəi	☆	☆	shï	tsi
	此	ts ‘ï	☆	☆	☆	tsi
	即	tsiəi	ci, ciʔ	☆	chi	tsi
	齒	ʈʂï	chɯ, chɯz	☆	☆	tsi
	之	ʈʂï	cɯ, cɯz	cɯ, cɯz	chï	tsi:
	吐	t ‘u	☆	☆	☆	tsu:
と	土	t ‘u	thu	thu	t ‘u	tu
	多	tuo	to, tɔ	☆	☆	tʊ
	吐	t ‘u	☆	☆	t ‘u	tu
	毒	tu	☆	☆	☆	tu
	塗	t ‘u	☆	☆	☆	tu
	搭	ta	☆	☆	☆	tʊ
	濁	tu	☆	☆	☆	tu
	周	ʧɪəu	ciu, ciw	ciu, ciw	☆	ʧu
とう	吐	t ‘u	☆	☆	t ‘u	tu:
	徒	t ‘u	☆	☆	☆	tu:
	突	t ‘u	☆	☆	☆	tu
	冬	toŋ	tuŋ	tuŋ	☆	tuɴ

＜用例＞

○失子（せち、節）　○木之（もち、餅）　○窟止（くち、口）　○蜜至（みち、道）○瞎知刮止（はちぐわつ、八月）　○恥喀撒（ちかさ、近さ）　○耻（ち、乳）　○齒（ち、地）　○因夾撒（いんちやさ、短さ）　○茶碗（ちやわん、茶碗）　○因渣饑花（いんちやじふあ、短簪）　○和竹（はうちやう、包丁）　○芍匙（ちやうし、長司、勅使）

○屋多渾局（おとをぢ、おとうんちゆ、叔父）　○察姑事（ちよくし、勅使）；　○羅搭低（らうたて、蝋立て）　○阿撒的（あさて、明後日）　○梯殺之（てさじ、手巾）　○蹄子拱（てづかみ？、手拳？）　○失直（しにて、死にて）　○寧蒂（いねて、寝て）　○亦吉之（いきて、生きて）　○枯魯止（ころして、殺して）　○提（てい、亭）　○梯述（ていしゆ、亭主）　○廳（てん、天）；　○大剌（たらひ、盥）　○他吉（たけ、竹）　○□達（うた、歌）　○那倍弗答（なべふた、鍋蓋）　○之搭之（ついたち、一日）　○搭必（たび、足袋）　○撻馬（たま、珠、玉）　○失渣（した、舌）　○阿雑（あした、明日）　○帖夫（たいふ、大夫）　○拖福（たうふ、豆腐）　○駄樓毒（たうのひと、唐の人）；　○七欲（つゆ、露）　○阿子撒（あつさ、熱さ）　○空刮止（くぐわつ、九月）　○失汁（つぢ、辻）　○此吉（つき、月）　○那即（なつ、夏）　○齒止（つち、土）　○之搭之（ついたち、一日）　○吐□（つうじ、通事）；　○土吉（とき、時）　○屋多渾局（おとをぢ、叔父）　○阿馬吐（やまと、大和）　○撒毒（さと、里）　○塗末（とも、供）　○混利搭亢巳（ふねといみ？、船通いみ？）　○濁（と、門）　○亦周（いと、絹）　○徒撒（とほさ、遠さ）　○突喀（とをか、十日）　○福冬（ふとん、布団）

{琉訳}（1800頃）

破擦音化した形とそうでない形とが(同一語に関しても)、例のように、多々現れる。「新旧」「並存」状態である。(数字は、本文の通し番号。近い位置に「並存」していることを示す意図がある。)

この「並存」については、第Ⅶ章で詳しく論じる。

あした（明日）
　阿家　1143 明日曰―
　阿石答　1443 晨旦曰―
　　＜この二例に関しては「明日」と「朝」との違いである可能性も考えられる。＞
した（下）
　昔著　0792 下曰石答亦曰―
　石達　1181 底下曰―
　石答　0792 下曰―亦曰昔著
した（舌）
　失答　1947 舌曰―
　石答　2637 簀又曰父一奴―
ひたひ（額）
　失脚衣　1929 額顱曰―
　許大　1930 額又曰―

＜音訳字＞

＊/ti/に対応する部分に「及、子、直、之、今、吉、即、宅、指、斎、速、汁、宜、疾、雞、札、著、鐘、朱、諸、主、茶、叔、如、覚、升、金、正」等が現れる。

＊/te/に対応する部分に「的、得、即、智、底、梯、之、治、日、疾、提、條、著、頂、聴」等が現れる。

*/ta/に対応する部分に「答、打、達、他、桃、茶、堂、托、淡、家、著、脚、遮、甲、茶、得、代、仍、韃、多、礁、大、叨、掇、怠、當、担、旦、丹、恒」等が現れる。

*/tu/に対応する部分に「即、及、子、獨、俗、情、施、息、周、午、速、几、七、之、節、疾、晒、叔、都、主、朱、活、喇、力」等が現れる。

*/to/に対応する部分に「獨、都、度、讀、吐、通、土、周、之、州、機、的、多、禿、虧、敦」等が現れる。

代表的なものについて「古辞書類の音」を示す。

音訳字		中原音韻	朴通事諺解	老乞大諺解	華英辞典	推定音価
ち	子	tsï	cɯ, cɯz	cɯ, cɯz	tzŭ	ʧi
	之	ṭṣï	cɯ, cɯz	cɯ, cɯz	chï	ʧi
	即	tsiəi	ci, ciʔ	☆	chi	ʧi
	宅	ṭṣai	c ɔ, cciʔ	☆	☆	ʧi
	斎	ts ‘əi, tsï	ci, cci, cai	☆	ch‘i	☆
	速	su	☆	☆	☆	☆
	汁	ʧɪəi	☆	☆	☆	ʧi
	札	ṭṣa	☆	☆	☆	ʧa
	茶	ṭṣ ‘a	cha, cca	cha, cca	☆	ʧa
て	的	tiəi	ti, tiʔ	ti, tiʔ	ti	ti
	得	təi	☆	☆	☆	ti
	底	tiəi	ti	☆	☆	ti
	梯	t ‘iəi	thi	剃　thi	t‘i	ti
	之	ṭṣ ‘ï	cɯ, cɯz	cɯ, cɯz	chï	tsi
	提	t ‘iəi	thi, tti	thi, tti	☆	ti:
	條	t ‘ieu	thao, thaw	thao, thaw	☆	ti:
	聴	t ‘iəŋ	thiŋ	thiŋ	☆	tim
た	答	ta	☆	☆	ta	ta
	打	ta	ta	ta	ta	ta
	達	ta	ta, tta	ta, tta	ta	ta
	他	t ‘o	tha	☆	t‘a	ta
	托	t ‘o	☆	☆	t‘o	ta
	脚	kiau	kjo, kjoʙ	☆	☆	tʃa
	大	ta, tai	ta, tta	ta, tta	☆	ta
	叨	t ‘au	☆	☆	☆	to:
つ	即	tsiəi	ci, ciʔ	☆	chi	tsi
	子	tsï	cɯ, cɯz	cɯ, cɯz	tzŭ	tsi
	速	su	☆	☆	☆	**tsï**
	七	ts ‘iəi	chi, chiʔ	chi, chiʔ	ch‘i	tsi

之	ʈʂ ‘ɿ	cɯ, cɯz	cɯ, cɯz	chï	tsi:
都	tu	☆	☆	tu/tou	tsï
と　都	tu	☆	☆	tu/tou	tu
吐	t ‘u	☆	☆	t ‘u	tu
土	t ‘u	thu	thu	t ‘u	tu
周	ʧɪəu	ciu, ciw	ciu, ciw	☆	ʧu
之	ʈʂ ‘ɿ	cɯ, cɯz	cɯ, cɯz	chï	tsi
多	tuo	to, tɔ	to, tɔ	☆	tʊ
禿	t ‘u	thu, thuʔ	☆	☆	tʊ::
虧	☆	khui	khui	☆	tukkui

上記以外の、主な音訳字の『華英辞典』における音を以下に示す。

及 chi、直 chï；即 chi、治 chï/ch ‘ï；淡 tan、家 cha/ka、著 cho/chau/chu；

及 chi、節 chie；獨 tu、度 tu、讀 tu、通 t ‘uŋ

＜用例＞

○及喀那（ちから、力）＜力＞　○一奴及（いのち、命）＜命＞　○以獨古直（いとぐち、糸口）＜緒＞　○古即（くち、口）＜口＞　○末之（もち、餅）＜餅＞　○泥子（にち、日）＜日＞　○五今密（うちみね、内嶺、ウチンミ）＜内嶺＞　○了吉倭（うちわ、団扇）＜扇＞　○瞎宅（かいち、獬豸）＜獬豸＞　○屈指（くち、口）＜口＞　○斎（ち、乳）＜奶＞　○速都（ちと、少）＜少＞　○河汁徂（はちじふ、八十）＜八十＞　○福宜（ふち、淵）＜潭＞　○木疾其（もちていき、持ちて行き）＜拿去＞　○木雞喇蘭もちひららん、用ゐららん）＜不中用＞　○札（ちや、茶）＜茶＞　○著（ちやう、頂）＜頂＞　○午甫鐘（おほちゆう、大中）＜天中＞　○朱筵（ちゆうあう、中央）＜中央＞　○諸書（ちゆうしう、中秋）＜中秋＞　○哥主古（こうちよく、供直）＜供直＞　○茶古息（ちよくし、勅使）＜長史＞　○叔府（ちよふ、儲傳）＜儲傳＞　○如若（ちようやう、重陽）＜重陽＞　○比即覚石及（ひつちようしき、筆貼式）＜筆貼式＞　○父升（ほうちよく、奉直）＜奉直＞　○古金答（こちんだ、東風平、こちひら）＜東風平＞　○正（ちん、鎮）＜鎮＞

○的（て、手）＜手＞　○阿撒的（あさて、明後日）＜後日＞　○武得禄（おてる、落てる）＜阤＞　○速都密即（つとめて、夙めて、早朝）＜早起＞　○阿其智（あけて、開けて）＜開＞　○靴底子（そてつ、（蘇鉄）＜鐵樹＞　○巴梯呂麻（はてるま、波照間）＜波照間＞　○密加乃吸之（みつぎして、貢して）＜朝貢＞　○亦加亦之（いかいひて、如何言ひて）＜怎麼講＞　○武力治（おりて、降りて）＜下来＞　○石旦（しにて、死にて）＜塔＞　○木疾其（もちていき、持ちて行き）＜拿去＞　○你著你勿之（いでてみてき？、出でてみてき？）＜進去＞　○你即的著（いでてきて、出でて来て）＜出来＞　○喀得那（くわうていの、皇帝の）＜進貢＞　○我的米（くわうていまへ、皇帝前）＜皇帝＞　○底（てい、蹄）＜蹄＞　○提就（ていしゆ、亭主）＜主＞　○喀武條書（はしごていし、梯子梯子）＜階＞　○著（てう、兆）＜兆＞　○頂及古（てんぢく、天竺）＜天竺＞　○聴馬答白（てんびん、天秤、ティンマターベー）＜天平＞

○答喀喇（たから、宝）＜貲貨寶幣＞　○武答（うた、歌）＜謳謌謡＞　○打喀密牙（たかみや、高宮）＜高宮＞　○達拿八達（たなばた、七夕）＜七夕＞　○他阿喇（たらひ、盥）＜湯盆＞　○他里（たらひ、盥）＜面桶＞　○檄桃辣中（きたなし、汚し、キタナサン）＜穢汚＞　○嗑茶利（かたり、語り）＜説話＞　○堂高（たか、高？）＜矮＞（矯の誤記）　○托几（たけ、竹）＜竹＞　○淡八姑（たばこ、煙草）＜菸＞　○阿家（あした、明日）＜明日＞　○昔著（した、下）＜下＞　○失脚衣（ひたひ）（ひたひ、額）＜額顱＞　○麻奴遮（まるいた、丸板、俎）＜打板＞　○甲當（きたたに、北谷）＜北谷＞　○茶旦（きたたに、北谷）＜北谷＞　○古得石（くわうたいし、皇太子）＜世子＞　○辰理代石（しんりたいし、審理大使）＜審理大使＞　○仍如（たいぎよ、帯魚）＜帯魚＞　○梠韃（どうたい、胴体）＜身軀躬＞　○許大（ひたひ、額）＜額＞　○我多（あうたう、櫻島）＜櫻島＞　○石多（したふ、慕ふ）＜戀＞　○烏礁（うたふ、歌ふ）＜唱曲＞　○叨儂周（たうのひと、唐の人）＜唐人＞　○掇奴骨納（たうのくら、当の蔵）＜當藏＞　○怠喇喀（たひらか、平らか）＜平＞　○牙公答當（やくもたたぬ、ヤクンタタン、役も立たぬ）＜没搭煞＞　○渴其担（かけたり、カキタン、掛けたり）＜門已鎖＞　○旦古（たんご、端午）＜端午＞　○不丹（ぼたん、牡丹）＜牡丹＞　○瓦恒日（わたんぢ、渡地）＜三渡地＞

○即即米（つつみ、包）＜橐韜＞　○一即即（いつつ、五つ）＜五伍＞　○阿喀及即（あかつき、暁）＜瞳矓＞　○子奴（つる、弦）＜弦＞　○古獨（くつ、朽つ）＜蠹朽事＞　○以獨俗木古（いとつむぐ、糸紡ぐ）＜紡線＞　○痛情納舎（せつなし？、切なし？）＜悶＞　○司眉日施（せんべつ、餞別）＜下程＞　○答息（たつ、裁つ）＜裁＞　○周維（つい、対）＜兩＞　○午日奴（つづる、綴る）＜衲＞　○速都密即（つとめて、夙めて、早朝）＜早起＞　○喀那失几（はなしつ？、鼻疾？）＜傷風＞　○法那七（はなつ？、放つ？）＜殺米栽＞　○米之泥（みつに、密に）＜不語＞　○光晒（くわんさつ、観察）＜觀察＞　○叔神（しゆつせん、出船）＜開船＞　○石力及都昴（しれきつうじ、司歴通事）＜司歴通事＞　○喀竹（かつう？、嘉津宇？）＜楚岳＞　○即牙息（つひやす、費す）＜費＞　○兆煞奴主煞（ひあさのつよさ、冷さの強さ）＜太冷＞　○阿即煞奴朱煞（あつさのつよさ、暑さの強さ）＜太熱＞　○活見（ほつけん、北絹）＜絹＞　○喇著（らつきう、辣韮）＜蕎＞　○力喀（りつか、立夏）＜立夏＞

○獨石（とし、年）＜年歳＞　○阿獨（あと、痕）＜痕＞　○古都（こと、琴）＜琴筝＞　○度古禄阿即煞（ところあつさ、処暑さ、処暑）＜處暑＞　○密煞讀（みさと、美里）＜美里＞　○亞馬吐（やまと、大和）＜日本＞　○通夾治（とがりて、尖りて）＜凸＞　○土石（とし、年）＜歳＞　○必周（ひと、人）＜人＞　○叨儂周（たうのひと、唐の人）＜唐人＞　○桃濃州（たうのひと、唐の人）＜中国＞　○畏之漫歸（おいとまごひ、御暇請ひ）＜辭朝＞　○虚機（ひとひ、一日、一日中）＜終日＞　○午的（をととひ、一昨日）＜前日＞　○寡古多（かくとう、鶴頭）＜鶴頭＞　○禿羅（とうろう、燈籠）＜燈籠＞　○虧奴（とくりの、徳利の）＜酒壺＞　○敦必（とび、鳶、とんび）＜鳶＞

Ⅳ－３－⑷　ダ行の子音

（＊／ｄｉ，ｄｅ，ｄａ，ｄｕ，ｄｏ／の子音）

{仲里}（1703頃）

次の例により、＊/di/と＊/zi/とが同音になっていたことを知ることができる。

○糸かじ（いとかぢ、糸舵）

＜用例＞

○世ぢかい（世誓ひ）　○がけぢめしようろ＜未詳＞　○わかぢちよ＜神名＞＜未詳＞　○ゑりぢよ＜掛け声＞　○をとぢきよ＜未詳＞；　○でニのきみがなし（天の君課加那志？）　○みそであわちへ（御袖合わちへ）　○だに（実に）　○てだ（太陽）　○よしみづな（よしみ綱）　○いづみこおり（泉冷、冷たき泉）　○どる（泥）　○ととみ（留み）　○みやがどまい（みやが泊い）

{混}（1711）

破擦音化の一例を示す。

○ちぢよい（ちどり、千鳥）

次の例は、＊/di/と＊/zi/＊/du/とが、＊/du/と＊/zu/とが、それぞれ同音であることを示していることになる。つまりは、＊/di/＊/du/＊/zi/＊/zu/が同音であるらしいことを物語っていることになる。

○とぢ：とじ（刀自、女房）　○まぢよく（真強く、まづよく）

○みすずひ（御硯）：みすづり（神託）

○づれが（何れか）：ずま（何方）

＜用例＞

○いぢきやさ（短さ）　○なむぢや（銀）；　○でい（いさ、掛け声）　○すで水（孵で水）；　○だに（実に）　○だにす（さあれば）　○かむだ（葛）　○きたいこね（胡蘿蔔、黄大根）　○そだて（育て）　○たいこね（菜菔、大根）　○みおやたいり（公事）；　○づれが（何れか）　○あけづ（蜻蛉）　○しまたつな（島手綱）　○つらづき（面着き）　○はづむ（弾む）　○めつらしや（珍しいや）　○ゆづくひ（夕付日）　○わかみづ（若水）；　○どまんくい（周章まぐり）　○あけどま（明日）　○あさどら（早朝）　○あさどれ（朝凪）　○おとろかす（驚かす）　○まとろむ（微睡む）　○夕とれ（夕凪）　○よとむ（淀む）　○よもとり（雀）

{琉由}（1713）

次の例により、＊/di/と＊/zi/とが同音であると意識されていることがわかり、＊/di/が破擦音化していると推定できる。他もこれに準じよう。

○セジアラノ嶽　○セヂアラ嶽

＜用例＞

○ヂヤウノハムイ御イベ　○ヂャナ川　○アカタ御ヂヤウノ御嶽　○イチヤヂヤ森　○セヂアラ嶽　○ナアタオホヂ　○ノムヂ嶽　○マネノセヂダカシヤカノ御

イベ
○カデシ川　○クムデ森　○ソデタレ御嶽　○ナデルワノ御セジ　○水撫デムデ　○茹デ米
○ダイ城　○ダゴ川　○ダ竹　○アダン　○石ダゴノ御イベ　○テダ川嶽　○ノダテゴト　○ミツダケ　○ヨンダガネコ
○アカフヅカサ　○イベヅカサ　○オレヅミ　○葛カヅラ　○下フヅキノ殿　○ネヅミ　○ミスヅレ　○メヅラ
○祈願立ホドキ　○シジカドノ　○シマネドミ　○セド神　○ヘドノヒヤ　○マフンドノ　○ワカドノ嶽　○ヱケドン御嶽

{信}（1721）

音訳字の「古事書類の音」によって、*/di/*/-ida/*/-ide/等の破擦音化を知ることができる。

<音訳字>

*/di/に対応する部分に「子、失、主、之、几、局、俗」が現れる。
*/de/に対応する部分に「的、坤」が現れる。
*/da/に対応する部分に「塔、搭、打、着、苔、大」が現れる。
*/du/に対応する部分に「子、的」が現れる。
*/do/に対応する部分に「札、多、都、圖、獨、度、掐、動」が現れる。

音訳字		中原音韻	朴通事諺解	老乞大諺解	華英辞典	推定音価
ぢ	子	ʈʂï	cɯ, cɯz	cɯ, cɯz	tzŭ	dzi
	失	ʃɪəi	☆	☆	shï	ʤi
	主	ʧɪu	☆	cju	☆	ʤi
	之	ʈʂ ‘ï	cɯ, cɯz	cɯ, cɯz	chï	dzi
	几	ki	☆	☆	chi	ʤi
	局	kiu	☆	☆	☆	ʤi
で	的	tiəi	ti, tiʔ	ti, tiʔ	ti	di
でり	的	tiəi	ti, tiʔ	ti, tiʔ	☆	di:
でん	坤	k ‘uən	☆	☆	☆	diŋ
だ	塔	t ‘a	tha, thaʔ	☆	☆	da
	搭	ta	ta, taʔ	ta, taʔ	☆	da
	打	ta	ta	ta	ta	da
	着	ʧɪo, ʧɪau	cjo, ccjaw	cjo, ccjaʙ	☆	ʤa
だい	苔	t ‘ai	thjao, ttjaw	☆	☆	dai
	大	ta, tai	ta, tta	ta, tta	☆	dai
づ	子	tsï	☆	☆	tzŭ	dzi
	的	tiəi	ti, tiʔ	ti, tiʔ	ti	dzi
ど	札	ʈʂa	☆	☆	☆	dʊ
	多	tuo	to, tɔ	to, tɔ	☆	dʊ

都	tu	tu	tu	tu/tou	du
圖	t ‘u	☆	☆	☆	du
獨	tu	tu, ttuʔ	☆	tu	du
どう　度	tu, to	☆	☆	tu	dʊ：
掐	t ‘au	☆	☆	☆	dʊ：
どん　動	toŋ	tuŋ, ttuŋ	tuŋ, ttuŋ	☆	dʊɴ

<用例>

○抵子密之（とぢみちて、閉満）　○看失（かぢ、舵）　○安主（あぢ、按司）　○非之（ひぢ、肘）　○阿几（あぢ、按司）　○渾局（をぢ、伯父）；　○夫的（ふで、筆）
○賀的（ほでり、稲妻、雷）　○坤軋姑（でんがく、田楽）；　○克塔里（こだらひ？、小盥？）　○分搭里（ひだり、左）　○又打（えだ、枝）　○阿書着（あしだ、足駄）　○亂思古苔（らふそくだい、蝋燭台）　○大立（だいり、内裏）；　○閔子（みづ、水）　○慢的（まづ）；　○閑札古（ねどこ、寝床）　○由門多里（よもどり、雀）　○馬都（まど、窓）　○謾圖（まど、暇）　○耶獨（やど、宿）　○度（どう、胴）　○掐韃（どうた？、胴達、自分達）　○動子（どんす、緞子）

{見}（1764）

音訳字の「古事書類の音」によって、*/di/*/-ida/*/-ide/等の破擦音化を知ることができる。

<音訳字>

*/di/に対応する部分に「帯」が現れる。
*/de/に対応する部分に「的、禮」が現れる。
*/da/に対応する部分に「搭、雑」が現れる。
*/du/に対応する部分に「子、吉」が現れる。
*/do/に対応する部分に「毒、盧、獨、讀、動」が現れる。

音訳字	中原音韻	朴通事諺解	老乞大諺解	華英辞典	推定音価	備　考
ぢ　帯	tai	☆	tai	☆	ʤi	
で　的	tiəi	ti, tiʔ	ti, tiʔ	ti	di	
でり　禮	liəi	☆	☆	li	diː	
だ　搭	ta	☆	ta, taʔ	☆	da	
雑	tsa	ca, caʔ	ca, caʔ	☆	ʤa	
づ　子	ʈʂï	cɯ, cɯz	cɯ, cɯz	tzŭ	dzi	
吉	kiəi	☆	☆	chi	dzi	
ど　毒	tu	☆	☆	☆	du	
盧	lo	☆	☆	☆	du	d-r
どう　毒	tu	☆	☆	☆	du	
魯	lu	☆	☆	☆	du	d-r
獨	tu	☆	☆	tu	du	
讀	tu, təu	☆	☆	tu	du	

どん　動	toŋ	☆	tuŋ, ttuŋ	☆	duɴ	

<用例>

○哈帶（かぢ、舵）；　○弗的（ふで、筆）　○福禮（ほでり、稲妻）；　○虚搭歴（ひだり、左）　○阿失雑（あしだ、足駄）；　○梅子利（みづいれ、水入れ）　○媚吉（みづ、水）；　○毒露（どろ、泥）　○盧失（どし、友）　○毒巾（どうぎぬ、胴衣）　○魯（どう、胴、体）　○烏獨（ううどう、布団）　○讀間（どうぎぬ、胴衣）　○動子（どんす、緞子）

{琉訳}（1800 頃）

音訳字の「古事書類の音」によって、*/di/*/-ida/*/-ide/等の破擦音化を知ることができる。

なみだ（涙）

那米答　1995 涕涙曰—

拿達　1192 流泪曰—武都酥

拿答　2001 哭泣曰—

<音訳字>

*/di/に対応する部分に「及、叔、日、如、直、主、久、若、著」等が現れる。

*/de/に対応する部分に「的、即、著」等が現れる。

*/da/に対応する部分に「答、達、打、荼、獨、代、得、啼、大、苔、多、當、旦」等が現れる。

*/du/に対応する部分に「即、獨、之、日、子、竹、宗」等が現れる。

*/do/に対応する部分に「獨、度、讀、多、札、兜、都、椙、掇、動」等が現れる。

代表的なものについて「古辞書類の音」を示す。

音訳字	中原音韻	朴通事諺解	老乞大諺解	華英辞典	推定音価
ぢ　主	ʧɪu	☆	cju	☆	ʤi
で　的	tiəi	ti, tiʔ	ti, tiʔ	ti	di
だ　打	ta	ta	ta	ta	da
大	ta, tai	ta, tta	ta, tta	☆	dai
苔	t ʻai	thjao, ttjaw	☆	☆	dai
づ　子	tsï	☆	☆	tzŭ	dzi
ど　獨	tu	tu, ttuʔ	☆	tu	du
度	tu, to	☆	☆	tu	dʊ：
讀	tu, təu	☆	☆	tu	du
多	tuo	to, tɔ	to, tɔ	☆	dʊ
都	tu	tu	tu	☆	du
動	toŋ	tuŋ,　ttuŋ	tuŋ,　ttuŋ	☆	duɴ

上記以外の、主な音訳字の『華英辞典』における音を以下に示す。

及 chi、如 ju；即 chi；答 ta、達 ta、代 tai；即 chi、之 chï；

＜用例＞

○武及（うぢ、氏）＜姓氏＞　○喀及（かぢ、舵）＜柁＞　○席旦（すぢ、筋）＜筋＞　○及如麻禄（ちぢまる、縮まる）＜縮＞　○阿煞直（あさぢ、鱖）＜鱖＞　○文主（をぢ、叔父）＜叔＞　○文久（をぢ、伯父）＜伯叔舅＞　○午甫若（おほぢやう、大門）＜大門＞　○著（ぢやう、丈）＜丈＞

○武的（うで、腕）＜臂肱膊肘＞　○蘇的（そで、袖）＜袖＞　○你即的（いでて、出でて）＜出＞　○你著你勿之（いでてみてきて、出でてみて来て）＜進去＞

○阿一答（あひだ、間）＜際＞　○愛答（あひだ、間）＜間＞　○父答（ふだ、札）＜箋牘＞　○拿達（なみだ、涙）＜涙＞　○奴打及（のだけ、野嵩）＜野嵩＞　○山茶抹示（さだめし、定めし）＜収定＞　○獨古（濁）＜濁＞　○法代一（はだへ、肌）＜肌膚＞　○壽世代（しよしだい、所司代？）＜宰相＞　○得（だい、題）＜題＞　○啼姑姑（だいこん、大根）＜蘿蔔＞　○大立葉密達（だいりへみた？、内裏へ見た？）＜入朝＞　○禮思古苔（らふそくだい、蝋燭台）＜燭簽＞　○我多（わうだう、黄道）＜黄道＞　○當及（だんき、檀木）＜檀板＞　○喀你喀旦（かねかだん、兼箇段）＜兼嘉叚＞

○一喀即及（いかづち、雷）＜靀靂＞　○米即（みづ、水）＜水＞　○許獨禄（ひいづる、秀づる）＜秀＞　○僻那麻之記（ひざまづき、跪き）＜跪＞　○午日奴（つづる、綴る）＜衲＞　○血子答麻（みづたま、水玉、水晶）＜水晶＞　○答竹你禄（たづねる、尋ねる）尋＜＞　○一宗雑及（いづみざき、泉崎、イジュンザチ？）＜泉崎＞

○獨禄（どろ、泥）＜泥＞　○許獨古（ひどこ、火床）＜鑪＞　○息拿度力（すなどり、漁）＜漁＞　○那喀甫讀（なかほど、仲程）＜仲程＞　○失濫多（しらんど、知らんど）＜不曉得＞　○閑札古（ねどこ？、寝床？）＜床＞　○兜母禄（どもる、吃る）＜吃＞　○都直獨石説（どうちどしせい、同知度支正）＜同知度支正）＞　○榣韃（どうたい、胴体）＜身軀躬＞　○掇理（どうり、道理）＜豈有此理＞　○動子（どんす、緞子）＜緞＞　○馬字木浄加（まにてもどるか、何処にて戻るか＜那里来＞

Ⅳ－３－⑸ ハ行の子音

（＊／ｐｉ，ｐｅ，ｐａ，ｐｕ，ｐｏ／の子音）

｛仲里｝（1703 頃）

仮名だけでは音価の特定はできない。同時期の漢字資料を参照すると、[ɸ]が大勢のようであるが、[p]の名残もある。

以下に見るように、「ハ行転呼」は終了していると見られるが、名残と思しき例も散見される。「なふす」等がそれであろう。

○まぜない（まじなひ、呪ひ）　○あさかわ（あさかは、淺川）　○いぞくみうね（いぞくみふね、いぞく御船）　○こしやてなおち（こしあてなほして、腰当て直して）

○ほさつのふ（ぼさつのほ、菩薩の穂）　○ほうにならば（ほにならば、穂にならば）

○なふす（なほす、直す）

「くみあがり（ふみあがり、踏み上がり）」の例は、音価[ɸ]の可能性を補強するものとなろう。

＜用例＞

○ひびかしゆす（響かしゆす）　○ひれやぶりくわ（放れ破り子）　○まひつじ（真未）○おもひきみ（思ひ君）　○あふりやへさすかさ（あふりやへ差す傘）　○さしうへろ（差し植へろ）　○見得申候へハ（見え申し候へば）　○なふちへ（直ちへ）　○はたよらちへ（はたよらちへ、端寄らちへ）；　○あまのはし（あまのはし、雨の橋）　○はたよらちへ（端寄らちへ）　○はまおれ（浜下れ）　○てるかは（照る河）　○ふさにならば（房にならば）　○ふみきつち（踏み切つち）；　○ほこらしや（誇らしや）　○ほくれ（誇れ）○しまがほう（島果報）；　○くみあがり（ふみあがり、踏み上がり）

{混}（1711）

先に{仲里}で取り上げた「くみあがり（ふみあがり、踏み上がり）」が、此処にも存在する。音価[ɸ]の可能性を示唆する。

＜用例＞

○ひいしやぐ（芭蕉の実、ひさご？）　○ひがさ（日傘）　○ひぎやおぢやう（瑞泉門、樋川御門？）　○ひひじや（羊）＜実は山羊？＞　○ひやくさ（百歳）　○ひやし（拍子）○あひら（鶩）　○おもひなかす（思ひ流す）；　○へた（海の端）　○へんご（垢）○あへちへ（相手）　○あやあまへ（国母、あやあ前）　○いちへ（言て）　○いらへ（答へ）　○うへあやちやう（守礼乃門、上綾門？）　○そへつきおちやう（継世門）　○もへくわのはな（茉莉花）；　○はうと（鳩）　○はつかしや（恥かしや）　○はづむ（弾む）○はへる（蝶）　○はべる（蝶）　○おはうちや（御包丁）　○さきまはり（崎回り）○てるかは（御日、照る河？）　○らんのはな（蘭の花）；　○ふなこ（水主）　○ふらう（豇）　○あがふれ（上がれ）　○きにふ（昨日）　○けふ（今日）　○のろふ（呪ふ）○むかふとし（来年）　○ゆこふ（憩ふ）　○ゆふへ（夕部）　○ゆふまくれ（夕間暮れ）○をふなべ（よふなべ、夜職）；　○ほこ（鋒）　○ほこらしや（誇らしや）　○おほね（大根）　○おほみおどん（大美御殿）　○しほからさ（鹹さ）　○をほう（返答の言葉）；○くみあがり（ふみあがり、踏み上がり）

{琉由}（1713）

仮名だけでは音価の特定はできない。同時期の漢字資料を参照すると、[ɸ]が大勢のようであるが、[p]の名残もある。これに準じる。

＜用例＞

○ヒガワノ嶽　○ヒル木　○新垣ヲヒヤ　○思ヒメガ　○ソノヒヤブ御嶽○初ヲチヨハヒ　○マヒラテリ嶽　○ユヒムタノ御花米　○ヲモヒマラツカサ

○ヘドノヒヤ　○アマヘ御門　○イヘマノマモヒメカ　○月ノマシラヘ　○泊白玉マヘヒキ　○マカネコヘ按司　○ヤヘザ森

○ハケ森　○ハナレ山　○ハン川御嶽　○ハンタノ殿　○ハンダノ殿　○アカハチ　○イシキナハ按司　○ウケミゾハリ水　○ガナハノ殿　○玉ガハラ○ツハノ若司御イベ　○水ハリ　○大和ハンタ　○ヲタハラ

○フカソコ嶽　○フク蘭長筵　○フト藁　○フルマ根所　○アフ嶽　○アフリ川　○イフノ嶽　○カネフサノ御イベ　○年ナフリ　○ヤナフシ

○ホバナ嶽　○ホンカワラ　○イホ崎　○オホガネコノ嶽　○君ホコリ　○シホバナ司　世ガホウ

{信}(1721)

音訳字の「古辞書類の音」を参照すると、[ɸ]が大勢のようであるが、[p]の名残もある。音価は、そのように想定するしかあるまい。

<音訳字>

*/pi/に対応する部分に「衣、撒、失、人、皮、非、飛、必、分、辟、晦、夏、平」等が現れる。

*/pe/に対応する部分に「乜、非、葉、牙、彪、漂」等が現れる。

*/pa/に対応する部分に「它、化、河、花、汗、巴、八、法、哇、哈、夸、抛、瞎、豁、牙、滑、火、包、和、生、喀、灰、迫、排、番」等が現れる。

*/pu/に対応する部分に「莆、灰、胡、夫、福、誇、付、抵」等が現れる。

*/po/に対応する部分に「番、火、賀、活、谷、夫、布、卜、由、哭、虎、呼、活」等が現れる。

音訳字		中原音韻	朴通事諺解	老乞大諺解	華英辞典	推定音価
ひ	衣	iə	☆	☆	☆	i
	撒	sa	sa, saʔ	sa, saʔ	☆	çj(a)
	失	ʃɪəi	☆	☆	shï	çi
	人	rɪən	zin	zin	☆	ji
	皮	p ʻi	phi, ppi	phi, ppi	☆	ɸi
	非	fəi	ɞɯi, ɞi	ɞɯi	fei	ɸi
	飛	fəi	ɞɯi, ɞi	☆	☆	ɸi
	必	piəi	pi, piʔ	pi, piʔ	pi	ɸi
	分	fən	☆	ɞɯn, ɞɞɯn	☆	ɸin
	辟	piəi	☆	☆	僻 pei/pi	ɸi
ひあ	晦	huəi	☆	☆	☆	çja
ひや	夏	hia	☆	☆	☆	çja
	撒	sa	☆	☆	☆	çja
ひん	平	p ʻiəŋ	phiŋ, ppiŋ	phiŋ, ppiŋ	☆	ɸiɴ
へ	乜	也　ie	☆	☆	☆	ji
	非	fəi	ɞɯi, ɞi	ɞɯi	fei	hɪɪ
	葉	ie	☆	☆	☆	jɪ
	牙	ia	☆	☆	☆	jɪ
へう	彪	pieu	☆	☆	☆	çuː
	漂	p ʻieu	☆	標 pjao, pjaw	☆	çuː
は	化	hua	☆	☆	hwa	ɸa

	河	ho	☆	☆	ho	ɸa
	花	hua	hoa	hoa	☆	ɸa
	汗	han	☆	☆	☆	haŋ
	巴	pa	把　pa	芭　pa	pa	ɸa
	八	pa	pa, paʔ	pa, paʔ	pa	ɸa
	法	fa	ɕa, ɕaʔ	☆	fa	ɸa
	哇	ua	☆	☆	☆	wa
	哈	ha	☆	☆	☆	ha
	夸	k ‘ua	☆	☆	☆	ɸa
	抛	p ‘au	☆	phao, phaw	☆	ɸa
	瞎	hia	☆	hja, hjaʔ	☆	ɸa
	豁	huo	☆	☆	☆	ɸa
	牙	ia	’ a		☆	wa
	滑	ku	☆	☆	☆	kwa
はう	火	huo	☆	ho, hhuɔ	☆	ho:
	包	pau	pao	pao, paw	☆	ho:
	和	huo	ho, hhɔ	ho, hhɔ, hhuɔ	☆	ho:
はし	生	ʂəŋ	☆	☆	☆	ʃi:
	喀	k ‘o	☆	☆	☆	?
はへ	灰	huəi	☆	☆	☆	ɸε:
はや	迫	迫　pai	☆	☆	☆	ɸε:
はや	排	p ‘ai	phai, ppai	phai, ppai	☆	ɸε:
はん	番	番　fan	☆	☆	☆	han
ふ	莆	甫　fu	☆	☆	☆	ɸu
	灰	huəi	☆	☆	☆	ɸu:
	胡	hu	☆	☆	☆	ɸu
	夫	fu	ɕu	☆	☆	ɸu
	福	fu	ɕu, ɕuʔ	ɕu, ɕuʔ	fu	ɸu
	誇	k ‘ua	☆	☆	☆	ɸa
	付	fu	☆	☆	☆	ɸu
ふた	打	ta	☆	☆	☆	ɸuta
ふて	抵	tiəi	☆	☆	☆	t’i
ほ	火	huo	☆	☆	hwo/ho	ho
	賀	ho	☆	☆	☆	ho
	活	huo	☆	ho, hhuɔʔ	☆	ho
	谷	ku	☆	☆	☆	ɸu
	夫	fu	☆	☆	☆	ɸu
	布	pu	☆	pu	☆	ɸu

ト	pu	☆	☆	☆	ɸu
由	iəu	☆	☆	☆	?
哭	k ‘u	☆	☆	☆	ɸu
虎	hu	☆	☆	☆	ɸu
ほう　呼	hu	☆	☆	乎 hu	ɸu
ほつ　活	huo	☆	☆	☆	ɸu

<用例>

○幼羅衣（よろひ、鎧）　○撒牙姑（ひやく、一百両）　○失脚衣（ひたひ、額）　○鬱勃人誇（おもひこ、思ひ子）　○皮羅（ひる、昼）　○非几（ひげ、髭）　○飛（ひ、日）　○必周（ひと、人）　○分搭里（ひだり、左）　○辟角羅殺（ひじゆるさ、冷さ、寒さ）　○晦殺（ひあさ、寒さ）　○夏古（ひやく、百）　○撒姑毎（ひやくもんめ、百匁）　○平素奴周（ひんすのひと、貧の人）；　○嫣乜（まへ、前）　○非徒（へる、蒜）　○大立葉（だいりへ、内裏へ）　○惡牙密即（うへみち、上道）　○彪烏（へうを、表を）　○漂那阿傑的（へうをあげて、表を上げて）；　○穵　○化子榮（はぎをり、脱ぎ居り）　○河汁祖（はちじふ、八十）　○花時（はし（ら）、柱）　○汗你及里（はんぎれ？、半切？）　○巴羅（はる、原、畑）　○哥八（はこ、箱）　○法介依（はかり、秤）　○喀哇羅（かはら、瓦）　○哈羅（はる、春）　○夸（は、葉）　○抛拿（はな、花）　○瞎子介（はつか、二十日）　○豁那（はな、花）　○呵牙（かは、皮、靴）　○膩滑（には、庭）　○火氣（はうき、箒）　○包名（はうめい、報名）　○和着（はうちやう、包丁）　○賣生（おはし、御箸）　○喀唔（はしご、梯子）　○灰（はへ、南）　○迫枯一甚（はやくいく？、早く行く？）　○排枯亦急（はやくいけ？、早く行け）　○番子母（はんつんいも、甘藷）；　○菁泥（ふね、船）　○灰堉（ふゆ、冬）　○胡你（ふね、船）　○夫的（ふで、筆）　○福大（ふた、蓋）　○彌誇（かんざし、じふわ、簪）　○付司（ふくし、副使）　○抵子（ふてつ、一つ）；　○番（は？、歯？）　○屋火殺（おほさ、多さ）　○賀的（ほでり、稲妻、雷）　○活各力（ほこり、埃）　○谷古里（ほこり、誇り）　○夫失（ほし、星）　○什布喀殺（しほからさ、塩辛）　○温卜姑里（御誇）　○由沽辣舍（ほこらさ、誇さ）　○哭素（ほぞ、臍）　○五虎之（おほぢ？、祖父母）　○呼窩（ほうわう、鳳凰）　○活見（ほつけん、北絹）

｛見｝（1764）

音訳字の「古辞書類の音」を参照すると、[ɸ]が大勢のようであるが、[p]の名残もある。音価は、そのように想定するしかあるまい。

<音訳字>

*/pi/に対応する部分に「衣、依、虚、熏、灰、薫」等が現れる。

*/pe/に対応する部分に「灰」等が現れる。

*/pa/に対応する部分に「花、哈、班、滑、瞎、阿、哇、和、懐、番」等が現れる。

*/pu/に対応する部分に「夫、弗、混、福、花、呼」等が現れる。

*/po/に対応する部分に「兀、灰、弗、呼、福」等が現れる。

音訳字	中原音韻	朴通事諺解	老乞大諺解	華英辞典	推定音価
ひ　衣	iə	☆	☆	i	i
依	iəi	☆	☆	i	i
虚	hiu	☆	☆	hsü	ɸi
熏	hiuən	☆	☆	☆	ɸi
ひえ　灰	huəi	☆	☆	☆	ɸi：
ひん　薫	hiuən	☆	☆	☆	ɸiɴ
へ　灰	huəi	☆	☆	☆	ɸi
ぺい　牌	p'ai	phai, ppai	☆	☆	pe：
は　花	hua	hoa	hoa	☆	ɸa
哈	ha	☆	☆	☆	ha
班	pan	☆	☆	☆	han
滑	ku	☆	☆	☆	ɸa
瞎	hia	☆	hja, hjaʔ	☆	ɸa
阿	a, ɔ	' a	' a, ʔa	☆	wa
哇	ua	☆	☆	☆	wa
はう　和	huo	ho, hhɔ	ho, hhɔ, hhuɔ	☆	ho：
はひ　懐	huai	hoa, hhoa	hoai, hhoai	☆	ɸai
はん　番	pan	☆	ɞan	☆	han
ふ　夫	fu	ɞu	☆	☆	ɸu
弗	fu	☆	☆	fu	ɸu
混	huən	☆	☆	☆	ɸu
福	fu	ɞu, ɞuʔ	ɞu, ɞuʔ	☆	ɸu
ふあ　花	hua	hoa	hoa	☆	ɸa
ふう　夫	fu	ɞu	☆	☆	ɸu
ふく　呼	hu	☆	☆	乎 hu	ɸu
ほ　兀	u	' u	☆	☆	ɸu
灰	huəi	☆	☆	☆	ɸu
弗	fu	☆	☆	fu	ɸu
呼	hu	☆	☆	乎 hu	ɸu
福	fu	ɞu, ɞuʔ	ɞu, ɞuʔ	fu	ɸu

<用例>

○虚喳衣（ひたひ、額）　○欲魯依（よろひ、鎧）　○虚魯（ひる、昼）　○熏喀失（ひがし、東）　○灰撒（ひえさ、寒さ）　○薫述（ひんす？、貧相？、貧乏）；　○灰魯（へる、蒜）；　○花魯（はる、春）　○哈那失機（はなせき、鼻咳）　○班那炳（はなびん、花瓶）　○滑谷（はこ、箱）　○瞎子喀（はつか、二十日）　○廳喀阿拉（てんがはら、天河原）　○逆哇（には、庭）　○和吉（はうき、箒）　○懐（はひ、灰）　○番子母（はんつんいも？、甘藷）；　○帖夫（たいふ、大夫）　○弗欲（ふゆ、冬）　○混利（ふね、船）　○福的（ふりて、降りて）　○因喳饑花（みじかかんざし、いんちやじふあ？、短簪）　○呼匙（ふくし、副使）；　○庫兀利（こほり、氷）　○烏灰撒（おほさ、多さ）　○弗失（ほし、星）　○呼述（ほぞ、臍）　○福禮（ほでり、稲妻）

{琉訳}（1800頃）

音訳字の「古辞書類の音」を参照すると、[ɸ]が大勢のようであるが、[p]の名残もある。音価は、そのように想定するしかあるまい。

＜音訳字＞

*/pi/に対応する部分に「許、一、虚、必、皮、兆、僻、非、鄙、衣、愛、伊、以、界、街、噶、鬼、歸、怠、代、即、的、乃、迷、我、拜、外、歪、孩、薄、熏、尾、賣、買、頼、来、牙、溶」等が現れる。

*/pe/に対応する部分に「非、葉、由、愛、以、伊、許、威、一、尾、戒、街、世、威昔、乃、宜、懐、虚、非、彪、漂、熏、買、米、墨、没、毎」等が現れる。

*/pa/に対応する部分に「法、八、發、花、話、河、化、罰、拍、豁、番、巴、凡、汗、瓦、尾、牙、喀、我、拿、孩、拜、外、歪、哇、火、福、懐、板、還、賣」等が現れる。

*/pu/に対応する部分に「父、福、服、甫、不、府、弗、佛、分、武、午、由、手、阿、窩、枉、哥、枯、鳩、著、煞、茶、書、徂、執、収、孰、如、説、蘇、答、多、礁、獨、都、納、奴、怒、牛、我、博、父、回、抵、木、憂、那、禮、落、禄、六」等が現れる。

*/po/に対応する部分に「福、父、弗、甫、服、不、火、法、卜、補、復、佛、武、午、谷、哭、阿、乎、高、孤、叔、収、獨、納、活、腐、泊、右、尾、石」等が現れる。

代表例について「古辞書類の音」を示す。

音訳字		中原音韻	朴通事諺解	老乞大諺解	華英辞典	推定音価
ひ	虚	hiu	☆	☆	hsü	ɸi
	必	piəi	pi, piʔ	pi, piʔ	pi	ɸi
	皮	p ‘i	phi, ppi	phi, ppi	☆	ɸi
	非	fəi	ʙɯi, ʙi	ʙɯi	fei	ɸi
	衣	iə	☆	☆	☆	i
へ	非	fəi	ʙɯi, ʙi	ʙɯi	fei	hɪɪ
	葉	ie	☆	☆	☆	jɪ
	彪	pieu	☆	☆	☆	çuː
	漂	p ‘ieu	☆	標 pjao, pjaw	☆	çuː
は	法	fa	ʙa, ʙaʔ	☆	fa	ɸa
	八	pa	pa, paʔ	pa, paʔ	pa	ɸa
	花	hua	hoa	hoa	☆	ɸa
	河	ho	☆	☆	ho	ɸa

	化	hua	☆	☆	hwa	ɸa
	豁	hia	☆	hja, hjaʔ	☆	ɸa
	番	番　fan	☆	☆	☆	han
	巴	pa	把　pa	芭　pa	pa	ɸa
	牙	ia	☆	☆	☆	wa
	喀	k ‘o	☆	☆	☆	ka(a)
	哇	ua	☆	☆	☆	wa
	火	huo	☆	ho, hhuɔ	☆	ho:
	懐	huai	hoa, hhoa	hoai, hhoai	☆	ɸai
ふ	福	fu	ɞu, ɞuʔ	ɞu, ɞuʔ	fu	ɸu
ほ	福	fu	ɞu, ɞuʔ	ɞu, ɞuʔ	fu	ɸu
	弗	fu	☆	☆	fu	ɸu
	火	huo	☆	☆	hwo/ho	ho
	ト	pu	☆	☆	☆	ɸu
	谷	ku	☆	☆	☆	ɸu
	哭	k ‘u	☆	☆	☆	ɸu
	活	huo	☆	☆	☆	ɸu

上記以外の、主な音訳字の『華英辞典』における音を以下に示す。

許 hsü、僻 pei/pi；許 hsü、非 fei；發 fa、罰 fa、拍 p ‘ai/p ‘e、凡 fan；父 fu、服 fu、甫 fu、不 pu、佛 fu/fo、分 fên；父 fu、甫 fu、服 fu、不 pu、佛 fu/fo、乎 hu

＜用例＞

○許及（ひげ、髭）＜鬢髭鬚髯髯＞　○許（ひ、火）＜火＞　○父六一（ふるひ、篩）＜篩＞　○虚禄麻（ふるま、昼間）＜上午＞　○必周（ひと、人）＜人＞　○皮爬石（ひばし、火箸）＜筯＞　○兆煞（ひさ、寒さ）＜太冷＞　○僻那麻之記（ひざまづき、跪き）＜跪＞　○非羅煞（ひろさ、広さ）＜闊＞　○鄙廬木舎（ひるまさ、珍さ）＜古怪＞　○幼羅衣（よろひ、鎧）＜甲＞　○愛答（あひだ、間）＜閒＞　○武眉禄伊（うめるいひ？、うめる飯？）＜饔＞　○以納江（いひなほす、言ひ直す）　○煞界（さかひ、境）＜疆＞　○不喇街（ほらがひ、法螺貝）＜螺＞　○阿吉噶（あじやがひ、あじや貝）＜硨渠＞　○及鬼木石（きくひむし、木食ひ虫）＜蟠＞　○答歸（たぐひ、類ひ）＜逑＞　○畏之漫歸（おいとまごひ、御暇請ひ）＜辭朝＞　○怠喇喀（たひらか、平らか）＜平＞　○代喇喀（たひらか、平らか）＜踧踖＞　○即牙息（つひやす、費やす）＜費＞　○午的（をとひ、一昨日、ウッティー）＜前日＞　○阿及乃（あきなひ、商ひ）＜商賈＞　○迷八麻＜「麻」は「石」の誤記か＞（にひばし、新橋）＜新橋＞　○由我（いはひ、祝ひ）＜祝＞　○武由拜（おいはひ、御祝ひ）＜盛寵＞　○晒外（さいはひ、幸ひ）＜吉祥＞　○晒歪（さいはひ、幸ひ）＜祥祉福＞　○孩父几（はひふき、灰吹）＜唾壺＞（但し、「唾壺（だこ）」は「つばを吐き入れるつぼ」）　○薄（ひよう、雹）＜雹＞　○迎熏官叔（いんひんかんしゆ、寅賓館等）＜寅賓館等＞　○一及尾（いきほひ、勢ひ）＜勢＞　○眉賣（みまひ、見舞ひ）＜問安＞　○牙買（やまひ、病ひ）＜癩＞　○煞木頼（さむらひ、侍）＜士＞　○思眉拿来（すみならひ、墨習ひ、読書）＜讀書＞　○密由烏牙（みゆわひ、御祝ひ）＜慶賀＞　○溶的（ゑひて、酔ひて）＜酩酊酔醺＞　○撒牙姑（ひやく、百）＜百兩＞　○午骨石喇（おくひら、奥平）＜奥平＞（「ひ−し」混同？）

○非（へ、屁）＜米費＞　○大立葉密達（だいりへみた？、内裏へ見た？）＜入朝＞○伊由（いへ、家）＜塾＞　○愛的（あへて、敢て）＜敢＞　○以（いへ、家）＜家宅楹＞　○伊獨木（いへども、雖も）＜雖＞　○許牙（いへや、伊平屋）＜葉壁山＞　○威（うへ、上）＜上＞　○由喀一（ゆかうへ、床上）＜床＞　○午一即（うえず、上江洲）＜上江洲＞　○尾府（「府」は「麻」の誤記か）（うへま、上間）＜上間＞　○戒力米禄（かへりみる、顧る）＜顧＞　○街禄（かへる、帰る）＜歸還＞　○武世奴光（をしへのくわん、教への官）＜教官＞　○武納威昔（うらそへ、浦添）＜浦添＞　○喀乃（かなへ、鼎）＜鼎＞　○一及宜（いけにへ、生贄）＜牲＞　○懐八喇（はへばら、南風原）＜南風原＞　○虚安那（へいあんな、平安名）＜平安名＞　○非巾（へいけん、秉憲）＜秉憲＞○彪烏（へうを、表を）＜表章＞　○漂那阿傑的（へうをあげて、表を上げて）＜進表＞○熏學（へんせう、返照）＜返照＞　○買（まへ）＜前＞　○屋書喀那詩米（おしゆがなしまへ、御主加那志前）＜国王＞　○墨打（まへだ、前田）＜前田＞　○没木的（まへもて、前面）＜前面＞　○阿毎牑（わうまへの？、王前の？）＜朝廷＞

○法介依（はかり、秤）＜戥＞　○喀直法石（かけはし、架け橋）＜梯＞　○八麻（はま、浜）＜濱島＞　○發喀力奴武不十（はかりのおもし、秤の重し）＜錘＞　○花（は、歯）＜齒＞　○即話（つは、津覇）＜津覇＞　○河汁徂（はちじふ、八十）＜八十＞○喀及奴化那（かきのはな、垣花）＜垣花＞　○煞石罰刹母（はしはさむ、挟む）＜襭又＞○拍是（はし、橋）＜橋＞　○一答豁（えだは、枝葉）＜蔓＞　○番五脚鶏母魯（はをはじくもの、歯を弾く物）＜牙刷＞　○巴梯呂麻（はてるま、波照間）＜波照間＞　○凡必禄（はべる、侍る）＜侍＞　○汗你及里（はんぎれ、半切れ）＜面盆＞　○武瓦禄（をはる、終る）＜終喪了訖＞　○瓦札歪（わざわひ、災ひ）＜殃禍災菑＞　○那尾（なは、縄）＜縄＞　○阿里牙木坐那木奴（あれはむぞうなもの、あれは無藏なもの）＜可憐＞　○許納喀（ひらかは、平川）＜平川＞　○由我（いはひ、祝ひ）＜祝＞　○拿（なは、なわ）＜縄＞　○宜孩（みはい、御拝）＜致謝＞　○麻古拜（まぐはひ、目会ひ）＜姻＞　○晒外（さいはひ、幸ひ）＜吉祥＞　○晒歪（さいはひ、幸ひ）＜祥祉福＞　○司哇（すはう、蘇芳）＜蘇木＞　○火（はう、枋）＜枋＞　○福臨禄＜「禄」は誤記か＞（はうれんさう、菠薐草）＜菠＞　○懐八喇（はへばら、南風原）＜南風原＞　○板時（はぬす、はんす、甘藷）＜薯＞　○頂還石（てんはんし、點班使）＜點班使＞　○賣生（みはし、御箸）＜筯＞

○父古禄（ふくろ、袋）＜囊橐幐＞　○阿父禄（あふる、溢る）＜瀲灩＞　○福及禄（ふける、更ける）＜更＞　○服的（ふで、筆）＜筆＞　○甫答即（ふたつ、二つ）＜雙隻＞○古禄不（くるふ、狂ふ）＜猘＞　○叔府（ちよふ、儲傳）＜儲傳＞　○弗答（ふた、蓋）＜扁＞　○一那佛骨（いなふく、稲福）＜稲福＞　○分許獨（ふびと、史）＜史＞　○喀喇阿武一（からあふひ、唐葵？）＜茂＞　○阿午一（あふひ、葵）＜葵＞　○一由（いふ、言ふ）＜瀆謂＞　○古手答（こふだ、小札）＜札＞　○阿（あふ、会ふ）＜「阿」は、ほとんどは「あ」＞＜遇＞　○窩（あふ、会ふ）＜會＞　○枉其（あふぎ、扇）＜扇＞○煞及哥（さけかふ、酒買ふ）＜「哥」ほとんどは「か」＞＜釀＞　○席枯（すくふ、救ふ）＜救＞　○鳩（けふ、今日）＜今日＞　○著即古多（けふちくたう、夾竹桃）＜竹桃＞　○喀著（かぞふ、数ふ）＜算＞　○的即煞（てつさふ、鉄鍤）＜鐵鍤＞　○茶華古（さふくわこ、挿花褲）＜挿花褲＞　○武書（をしふ、教ふ）＜教＞　○由武収（ようをしふ、良う教ふ）＜誨訓＞　○枯徂（くじふ、九十）＜九十＞　○孰買毎（じふもんめ、十匁）＜一兩＞　○麻孰獨石（まんじふとし、万十歳）＜萬歳＞　○宜如法叔古（にじふはちしゆく、二十八宿）＜二十八宿＞　○説（せふ、妾）＜妾＞　○阿喇蘇（あらそふ、争ふ）＜争＞　○石多（したふ、慕ふ）＜戀＞　○烏礁（うたふ、歌ふ）＜唱曲＞　○牙獨（やとふ、雇ふ）＜雇＞　○牙都やとふ、雇ふ）＜傭＞　○阿喀納（あがなふ、償ふ）＜償＞　○武及奴（おぎなふ、補ふ）＜彌補＞　○及奴（きのふ、昨日）＜繰緋緯芒昨＞　○怒（ぬふ、縫ふ）＜縫＞　○及牛（きのふ、昨日）＜昨日＞　○古我（くはふ、加ふ）＜加＞　○武博（うばふ、奪ふ）＜奪＞　○泊父（ばうふう、防風）＜防風＞　○火（ふう、缶）＜缶＞（「缶」は「かま」）　○回（ふえ、笛）＜笛＞　○抵即（ふてつ、一つ）＜一壹＞　○武木（おもふ、思ふ）＜想惟思念＞　○答答憂（ただよふ、漂ふ）＜漂＞　○那日即（らふじつ、臘日）＜臘日＞　○禮思古苔（らふそくだい、蝋燭台）＜燭簽＞　○及落（きらふ、嫌ふ）＜憚＞　○喀及落（かげろふ、蜉蝣）＜蜉蝣＞　○福禄（ふるふ、震ふ）＜ほとんどは「る」＞＜震＞　○三寧宜一子武六（さんねんにいちうるふ、三年に一閏）＜ほとんどは「る、ろ」＞＜三年一閏＞

○福石（ほし、星）＜台＞　○武福牙（おほや、大屋）＜厦＞　○父（ほ、帆）＜篷帆＞　○父（ほ、穂）＜穗＞　○武弗以石（おほいし、大石）＜磐＞　○午甫若（おほぢやう、大門）＜大門＞　○服踈奴奴（ほそぬの、細布）＜絨＞　○石不喀喇撒（しほからさ、塩辛さ）＜鹹＞　○屋火煞（おほさ、多さ）＜多＞　○烏法麻古力（おほはまぐり、大蛤）＜鳌＞　○温卜姑里（おんほこり、御誇り？）＜謝恩＞　○補介叔度（ほかしうと、外舅）＜舅又＞　○復高劣中勿舎（ほこれたりうれしさ、誇れたり嬉しさ）＜歓喜＞　○佛什（ほし、星）＜星宿＞　○那武（なほ、猶）＜猶繇＞　○由蘇午一（よそほひ、装ひ）＜妝＞　○烏鵲谷古里（おほんほこり、御誇り）＜給賞＞　○哭素（ほぞ、臍）＜臍＞　○阿牙（ほや、靴）＜靴＞　○乎禄不世（ほろぼし、滅ぼし）＜滅＞　○高由石（かほよし、顔良し）＜嬌＞　○孤力（こほり、氷）＜涷＞　○叔（しほ、潮）＜潮＞　○麻収（ましほ、真塩）＜鹽＞　○一直獨禄（いきどほる、憤る）＜僵仆悶＞　○以納江（いひなほす、言ひ直す）＜講和＞　○多叔服活（どうしふほう）＜頭緝布篷＞　○腐（ほう、逢）＜逢＞　○泊（ほう、峯）＜峯又＞　○由蘇右（よそほふ、装ふ）＜粧＞　○一及尾（いきほひ、勢ひ）＜勢＞　○木由石（もよほし、催し）＜催促＞

Ⅳ－３－(6)　バ行の子音

（＊／ｂｉ，ｂｅ，ｂａ，ｂｕ，ｂｏ／の子音）

仮名資料であろうが、漢字資料であろうが、音価は[b]以外考えられまい。

{仲里}（1703 頃）

＜用例＞

○びなくわ（汚な子）　○こひ（首）　○重び森（重び森）　○ひびかしゆす（響かしゆす）；　○たかべる（崇べる）　○かななべ（鉄鍋）；　○あそばしゆむ（遊ばしゆむ）　○さばい（徽）　○井ばな（井端、井戸口）；　○いぶ（雨、水）　○なしやぶりくわ（生

し破り子)； ○ほさつのふ（菩薩の穂） ○おたぼいめしよわれ（御給い召しよわれ）

{混}（1711）

＜用例＞

○ひわ（枇杷） ○びや（琵琶） ○むきやび（御紙、みかみ） ○あらたひ（新旅） ○うゐたび（初旅） ○おねびき（御根引き、御結婚） ○きむびら（薤） ○たれききび（垂帯）； ○あすたへ（長老部、三司官） ○あにやあやへらぬ（左様にては侍らぬ） ○あやはへる（蝶） ○おしなへて（押並べて） ○おやかたへ（親方部） ○のろへ（祝部） ○はへる（蝶） ○はべる（蝶） ○ゆふへ（夕部） ○よあすたへ（世長老部、三司官） ○よべ（夕部） ○をふなべ（よふなべ、夜職）； ○おかはしや（御香ばしや） ○たれはかま（垂れ袴） ○おさすのそば（御鎖乃側） ○かばしや（香ばしや） ○さば（草履） ○なはん（南蛮） ○みおばに（美飯）； ○ぶれしま（群れ島、むれしま） ○しぶい（冬瓜） ○しふい（冬瓜） ○くぶ（蜘蛛、くも）； ○おぼい（水） ○おりほしや（居り欲しや） ○こぼるる（溢るる） ○つほる（瓢） ○とぼし（松明、ともし？灯し？） ○まほろし（幻）

{琉由}（1713）

＜用例＞

○アソビ ○イシビラ嶽 ○イシラビヤノ御イベ ○神アソビ ○白小ヱビ ○玉知イラビ ○マカビ森カネノ御イベ ○三日遊ビ ○結ビ ○ヱラビガネ ○ヱラビヲタイ大神

○バクチ ○バテンノ殿 ○バマノトノ ○青シバ ○アブシバライ ○扇コバ ○大サバクリ ○刻タバコ ○コバダイノ御イベ ○シホバナ司 ○ナバ ○ホバナ嶽 ○山ノフセライ青シバノ真主

○アブシ ○ソノヒヤブ ○ヤブサス嶽御イベ ○ヨラブサ ○ヨリブサノ嶽

○オボルコウ屋敷 ○カナヒヤボノトノ ○氷ボト漬 ○サシボ ○トボシ ○トンボウナンダイボサツ ○ノボリ ○ヱボシ川

{信}（1721）

/b/と/m/との交代例がある。

○阿美的（あびて、浴びて） ○阿米琴（あびぎぬ、浴衣） [ami-]である。

＜音訳字＞

*/bi/に対応する部分に「彼、美、弼、必、筆、米、北、飄、平」等が現れる。

*/be/に対応する部分に「脾、日、培」等が現れる。

*/ba/に対応する部分に「巴、八、百、法、媽、爬、阿、捧、褒、班、半、盤」等が現れる。

*/bu/に対応する部分に「唔、波、布、風、塢、培」等が現れる。

*/bo/に対応する部分に「唔、菩、帽、毛」等が現れる。

音訳字		中原音韻	朴通事諺解	老乞大諺解	華英辞典	推定音価	備　考
び	彼	pi	☆	☆	☆	bi	
	美	muəi	☆	☆	mei	mi	b-m
	弼	piəi	☆	☆	☆	bi	
	必	piəi	pi, piʔ	pi, piʔ	pi	bi	
	筆	piəi	☆	pi, piʔ	pi	bi	
	米	miəi	mi	mi	☆	mi	b-m
	北	pəi	pɔ, pɯiʔ	pɔ, pɯiʔ	☆	bi	
びやう	飄	p ʻieu	☆	風　ʙuŋ	☆	bju	
びん	平	p ʻiəŋ	phiŋ, ppiŋ	phiŋ, ppiŋ	☆	biɴ	
べ	脾	牌　p ʻai	☆	☆	☆	bɪ	
	日	riəi	☆	☆	☆	bɪ	
	培	pəu	pɯi, ppɯi	☆	☆	bɪ	
ば	巴	pa	把　pa	芭　pa	pa	ba	
	八	pa	pa, paʔ	pa, paʔ	pa	ba	
	百	pai, po	☆	pɔ, pɯiʔ	☆	ba	
	法	fa	ʙa, ʙaʔ	☆	fa	ba	
	媽	ma	☆	☆	☆	ma	b-m
	爬	p ʻa	☆	☆	☆	ba	
	阿	a, ə	☆	☆	☆	ba	
ばう	琫	棒　paŋ	棒　paŋ, bbaŋ	☆	☆	bo：	
	褒	☆	☆	☆	☆	bo：	
	巴	pa	把　pa	芭　pa	☆	bo：	
ばに	班	pan	☆	☆	☆	baɴ	
ばん	半	puon	pɔn	pɔn	☆	ban	
	盤	p ʻuon	phɔn, ppɔn	phɔn, ppɔn	☆	baɴ	
ぶ	唔	u	☆	☆	☆	bu	
	波	po	po, puɔ	☆	☆	bu	
	布	pu	pu	pu	pu	bu	
	風	foŋ	☆	☆	☆	buɴ	
	塢	u	☆	☆	wu	bu	
	培	pəu	pɯi, ppɯi	倍　pɯi, ppɯi	☆	bu	
ぼ	唔	u	☆	☆	☆	bu	
	菩	婦　fu	phu, ppu	☆	☆	bu	
ぼう	帽	mau	mao, maʙ	☆	☆	bo：	b-m
	毛	mau	mao	☆	☆	bo：	b-m

＜用例＞

○威彼（おゆび、指）　○阿美的（あびて、浴びて）　○搭弼（たび、足袋）　○科必

（くび、首） ○分筆（おび、帯） ○阿米琴（あびぎぬ、浴衣） ○柯北音（よぶ、呼ぶ） ○飄布（びやうぶ、屏風） ○匹胡平（しがふびん、四合瓶）； ○那脾（なべ、鍋） ○司眉日尸（せんべつ、餞別） ○歪拉培（わらべ、童）； ○殺巴（さば、草履） ○塔八孤（たばこ、煙草） ○百索景（ばせうぎぬ、芭蕉衣） ○福法名（ママ）（ふばこ、文箱） ○喂媽（をば、伯母、叔母） ○皮爬失（ひばし、火箸） ○科阿里阿哥（かういればこ？、香入箱？） ○琫（ばう、棒） ○巴子（ばうず、坊主） ○失農褒（しのばう？、師の坊？） ○唔班（おばに、御飯） ○札半失（ちやばんじ、茶飯事） ○山姆盤（そろばん、算盤）； ○阿唔打（あぶら、油） ○你波（にぶ、柄杓） ○飄布（びようぶ、屏風） ○風（ぶ、分） ○噶塢吐（かぶと、兜） ○克培（くぶ？、貝？）； ○之唔（つぼ、壺） ○菩薩豁那（ぼさつばな、菩薩花、扶桑花） ○紗帽（しやぼう、紗帽） ○毛疸（ぼうし、帽子）

{見}（1764）

<音訳字>

＊/bi/に対応する部分に「比、必、美、倍、妙、平、並、炳」等が現れる。
＊/be/に対応する部分に「比、倍、牌」等が現れる。
＊/ba/に対応する部分に「八、巴、波、班、邦」等が現れる。
＊/bu/に対応する部分に「不、布、弗、答」等が現れる。
＊/bo/に対応する部分に「膜」が現れる。

音訳字		中原音韻	朴通事諺解	老乞大諺解	華英辞典	推定音価	備　考
び	比	pi	pi	pi	pi	bi	
	必	piəi	pi, piʔ	pi, piʔ	pi	bi	
	美	muəi	☆	☆	mei	mi	b-m
	倍	puəi	☆	pɯi, ppɯi	☆	bi	
びやう	妙	mieu	mjao, mjaʙ	☆	☆	bjuː	b-m
びん	平	p ‘iəŋ	phiŋ, ppiŋ	phiŋ, ppiŋ	☆	biɴ	
	並	piəŋ	piŋ, ppiŋ	☆	☆	biɴ	
	炳	piəŋ	☆	丙　piŋ	☆	biɴ	
べ	比	pi	pi	pi	pi	bi	
	倍	puəi	☆	pɯi, ppɯi	☆	bi	
ば	八	pa	pa, paʔ	pa, paʔ	pa	ba	
	巴	pa	把　pa	芭　pa	pa	ba	
ばう	波	po	po, puɔ	☆	☆	boː	
ばん	班	pan	☆	☆	☆	baɴ	
	邦	paŋ	☆	☆	☆	baɴ	
ぶ	不	pu, fəu	☆	pu, puʔ	pu	bu	
	布	pu	pu	pu	pu	bu	
	弗	fu	☆	☆	fu	bu	
ぶら	答	ta	☆	☆	☆	(n) da	

ぼ　膜	mo	☆	☆	☆	bo:	b-m

＜用例＞

○烏比（おび、帯）　○烏必（おび、帯）　○阿美的（あびて、浴びて）　○威倍（および、指）　○妙不（びやうぶ、屏風）　○廳平（てんびん、天秤）○撒吉並（さけびん、酒瓶）　○炳（びん、瓶）；　○哇辣比（わらべ、童）　○那倍（なべ、鍋）；　○枯毒八（ことば、言葉）　○巴殺那衣（ばさなり、芭蕉成り、芭蕉実）　○殺色（さば？、草履）○波子（ばうず、坊主）　○述奴班（そろばん、算盤）　○邦（ばん、晩）；　○哈不毒（かぶと、兜）　○失布衣（しぶい、冬瓜）　○哈喇弗吉牙（かはらびきや、瓦葺き家）○庵笞（あぶら、油）；　○膜子（ぼうし、帽子）

{琉訳}（1800頃）

＜音訳字＞

*/bi/に対応する部分に「必、比、筆、稟、碑、脾、許、米、飄」等が現れる。

*/be/に対応する部分に「必、比、日、筆、稟」等が現れる。

*/ba/に対応する部分に「八、巴、法、把、發爬、拜、褒、莫、泊、武、博、班、版、盤、半、板」等が現れる。

*/bu/に対応する部分に「不、父、布、甫、波、莫、五、木、楊、奔、忘」等が現れる。

*/bo/に対応する部分に「不、菩、父、兵」等が現れる。

以上のうち、{信}{見}両方とあるいはどちらかと共通に現れる音訳字は「必、比、筆、米、飄；比、日；八、巴、法、班、盤、半；不、布、波；菩」である。これらについて「古辞書類の音」を示す。

音訳字	中原音韻	朴通事諺解	老乞大諺解	華英辞典	推定音価	備　考
び　必	piəi	pi, piʔ	pi, piʔ	pi	bi	
比	pi	pi	pi	pi	bi	
筆	piəi	☆	pi, piʔ	pi	bi	
米	miəi	mi	mi	☆	mi	b-m
飄	p ʻieu	☆	風　ɞuŋ	☆	bju	
べ　比	pi	pi	pi	pi	bi	
日	riəi	☆	☆	☆	bɪ	
ば　八	pa	pa, paʔ	pa, paʔ	pa	ba	
巴	pa	把　pa	芭　pa	pa	ba	
法	fa	ɞa, ɞaʔ	☆	fa	ba	
班	pan	☆	☆	☆	baɴ	
盤	p ʻuon	phɔn, ppɔn	phɔn, ppɔn	☆	baɴ	
半	puon	pɔn	pɔn	☆	ban	
ぶ　不	pu, fəu	☆	pu, puʔ	pu	bu	
布	pu	pu	pu	pu	bu	

波	po	po, puɔ	☆	☆	bu	
ぼ　菩	婦　fu	phu, ppu	☆	p ‘u	bu	

上記以外の、主な音訳字の『華英辞典』における音を以下に示す。
碑 pei、許 hsü;必 pi、筆 pi;把 pa、發 fa;父 fu、木 mu;不 pu

<用例>

○必瓦（びわ、枇杷）＜枇杷＞　○阿骨必（あくび、欠伸）＜噫＞　○午福午比（おほおび、大帯）＜紳＞　○文筆（おび、帯）＜帯＞　○阿稟拿（あびるな、叫るな）＜不要作聲＞　○烟碑（えび、蝦）＜蝦＞　○凹舡脾（なすび、茄子）＜茄＞　○分許獨（ふびと、史）＜史＞　○阿米琴（あびぎぬ、浴衣）＜汗衫＞　○飄布（びやうぶ、屏風）＜屏風＞

○喀必（かべ、壁）＜壁＞　○那比（なべ、鍋）＜鍋釜＞　○司眉日施（せんべつ、餞別）＜下程＞　○七禄筆（つるべ、釣瓶）＜繘＞　○稟（べん、弁）＜弁冕＞

○八石（ばし、馬歯）＜馬齒山＞　○伊那答八（いなたば、稲束）＜稷＞　○即巴直（つばき、椿）＜椿＞　○以石法石（いしばし、石橋）＜矼＞　○及把（きば、牙）＜牙＞　○泥發喀泥（ねばがね、粘金？）＜鍒＞　○古發甲（こばしがは、小橋川）＜小橋川＞　○皮爬石（ひばし、火箸）＜筯＞　○約拜（やうばい、楊梅）＜楊梅＞　○由拜（よばひ、夜這ひ）＜光棍＞　○失農褒（しのばう、師の坊）＜師傅＞　○莫（ばう、宗）＜宗＞　○泊書（ばうしゆ、芒種）＜芒種＞　○佛什武（ほしばう、星棒・星昴？）＜昴＞（「昴」の音は「ばう」）　○武博（うばふ、奪ふ）＜奪＞　○五班（おばん、御飯）＜飯＞　○古版（ごばん、碁盤）＜枰＞　○山姆盤（そろばん、算盤）＜算盤＞　○札半失（ちやばんじ、茶飯事）＜筵宴＞　○板（ばん、渠鳥）＜渠鳥＞

○不答（ぶた、豚）＜豕＞　○喀不獨（かぶと、甲）＜介＞　○阿父喇（あぶら、油）＜膩＞　○飄布（びやうぶ、屏風）＜屏風＞　○仁甫（ぜんぶ、膳夫）＜膳夫＞　○你波（にぶ、柄杓）＜勺＞　○答莫（たぶ、賜ぶ）＜頒＞　○彌五（にぶ、柄杓）＜瓢＞　○公武木席木（こんをむすぶ、婚を結ぶ）＜結婚＞　○及楊（きやぶ、喜屋武）＜喜屋武＞　○書奔（しうぶん、秋分）＜秋分＞　○皮買之忘滿之故知（ひるじぶんまぢかし、昼時分間近し？）＜燒火煮飯＞

○不丹（ぼたん、牡丹）＜牡丹＞　○即不（つぼ、壷）＜壷＞　○苦認菩（くねんぼ、九年母）＜桔梗＞　○魏父力（おいぼれ、老いぼれ）＜耄＞　○兵（ぼえも、保栄茂）＜保榮茂＞

Ⅳ－３－(7) サ行の子音

（＊／ｓｉ, ｓｅ, ｓａ, ｓｕ, ｓｏ／の子音）

{仲里}（1703頃）

音価は、同時期の漢字資料に準じる。

<用例>

○しまがほう（島果報）　○かみしも（上下）　○いしすい（礎）　○こてうし（こて牛）；　○おせじ（御霊力）　○よせよわれ（寄せよわれ）；　○雨乞さき（雨乞ひ崎）　○さんどたうと（三度尊と）　○ふさにならば（房にならば）　○ほさつのふ（菩薩の穂）；　○すすなべ（煤鍋）　○てすりよわる（手擦りよわる）；　○みそであわちへ（御袖合わち

へ）　○そるいて（揃いて）

｛混｝（1711）

口蓋化の例が多い。

○おむしよ（御味噌、おみそ）　○みしよ（味噌、みそ）　○おやむしよ（御衣）・たうむしよ（唐御衣）：みそかけ（衣架）・あおしよみそ（青色の衣）　○むしやばき（御梳、みさばき）

<用例>

○しげち（酒）　○しじよき（退き）　○したぎ（汗衫）　○しぶい（冬瓜）　○しぶり（冬瓜）　○しほからさ（鹹さ）　○しらげ（白毛）　○しらなみ（白波）　○しろかね（錫）　○いしらこ（石）　○大ぬし（主上）　○くそし（医師）　○ことし（今年）　○にし（雪隠）　○ましろ（真白）　○むかしはしめ（昔初）；　○せちあらとみ（御船、せぢ新富？）　○せと（瀬戸）　○せるむねやかり（往古おもろの名人）　○くせ（癖）　○すへませ（子孫、末益せ？）　○よせれ（寄せれ）；　○さう（笙）　○さかさま（逆さま）　○さくり（探り）　○ささら浪（小波）　○さば（草履）　○あさて（明後日）　○あまかさ（雨暈）　○からさ（辛さ）　○十百さ（十百）　○なあさて（翌々日）　○にきやさ（苦さ）　○ひがさ（日暈）；　○すいさ（酸さ）　○すくれ（勝れ）　○すざへ（兄）　○すづみ（沐浴）　○すとめて（朝）　○すゑ（船作場、据ゑ？）　○あすたへ（長老部、三司官）　○おくすり（御酒）　○おあすのそば（御鎖之側）　○かすざい（焼酎の糟）　○てすりあけ（手擦り上げ）　○ひよす（ひよ鳥）　○みすすひ（御硯）　○みすづり（神託）；　○そそ（裾）　○そだて（育て）　○おさすのそば（御鎖之側）　○おそれい（菜皿）　○くそくはい（糞食はい、クシャミの時の呪い言）　○くそし（医師）　○みおそへさし（御副差）　○みそかけ（衣架）　○ももそ（百人）　○やそ（八十）

｛琉由｝（1713）

音価は、同時期の漢字資料に準じる。

<用例>

○シアン橋　○志喜屋掟　○シキヤコンノ殿獅子頭　○シジカドノ　○姉妹　○シマイ御嶽　○シメ縄　○白金ダケノ御イベ　○シロカネノ御イベ　○青シバ　○アブシバライ　○アムガナシ　○アワシ川　○真シラベ　○エボシ川　○ヲシアゲ森

○勢治荒富　○セジアラノ嶽　○勢頭　○セド神　○センモリノ御イベ　○アセリ馬　○御セジ御イベ　○キセル　○ヨセ森

○佐久真殿　○サクマノ嶽　○佐敷　○サシキシノ嶽　○鎖ノ大屋子　○サス森　○アカサキ嶽　○東ノサキ　○大ツカサ　○クサリ　○サイハ御嶽　○斎場御嶽　○玉サラ　○三崎御イベ　○ミサキ御嶽　○藪薩　○ヤブサツノ御嶽

○スキヤアガリ　○錫　○スヾ御嶽　○スミヤ里　○スエノ森　○御サスカ　○ギイス嶽　○グスク嶽　○ナスノ嶽　○メイノスミ　○世アスタベ　○ワカ

マツスデマツノ御イベ

○底森　○ソコモリノ御イベ　○袖タレ大アルジ　○ソデタレ御嶽　○ソノヒヤブ御嶽　○尊敦　○ソントンノ御イベ　○アソビ　○イソヅカサ　○神ソネノ御イベ　○フカソコ嶽　○ミモノトモソイ　○ヲソコ川

{信}（1721）

音訳字の「古事書類の音」によれば、*/si/*/se/の子音の音価は[ʃ]、その他は[s]であると推定される。

<音訳字>

*/si/に対応する部分に「稀、吸、細、使、司、史、市、施、時、式、識、失、錫、什、十、書、深、申、是、昔、石、之、矢、尸、疽、士、子、色、蝦、紗、者、着、夏、沙、冲、焼、鵲、就、執、臣、沈」等が現れる。

*/se/に対応する部分に「司、失、尸、絲、索、殺、受、拉、些、心、森、先、屠、洗」等が現れる。

*/sa/に対応する部分に「沙、殺、撒、柴、舎、三、爽、綵、錯、薩、小、摻、山」等が現れる。

*/su/に対応する部分に「細、司、四、子、思、訟、色、心、是、西、素、靴、需」等が現れる。

*/so/に対応する部分に「靴、沙、山、思」等が現れる。

音訳字	中原音韻	朴通事諺解	老乞大諺解	華英辞典	推定音価	備　考
し　稀	hiəi	☆	☆	☆	ʃi	
吸	hiəi	☆	☆	☆	ʃi	
細	siəi	si	si	hsi	ʃi	
使	sï	sɯ, sɯz	sɯ, sɯz	☆	ʃi	
司	sï	sɯ, sɯz	伺　chɯ, sɯz	☆	ʃi	
史	sï	☆	☆	☆	ʃi	
市	ṣï	sɯ, ssɯz	☆	shï	ʃi	
施	ṣï, i	☆	☆	☆	ʃi	
時	sï	sɯ, ssɯz	sɯ, ssɯz	shï	ʃi	
式	ʃɪəi	☆	☆	☆	ʃi	
識	ʃɪəi, tṣï	☆	si, siʔ	shi	ʃi	
失	ʃɪəi	☆	☆	shï	ʃi	
錫	siəi	☆	☆	☆	ʃi	
什	ʃɪəi	☆	si, ssiʔ	shï	ʃi	
十	ʃɪəi	si, ssiʔ	si, ssiʔ	shï	ʃi	
書	ʃɪu	sju	sju	☆	ʃi	
深	ʃɪəm	sin	sin	☆	ʃi	
申	ʃɪəm	sin	☆	☆	ʃi	

	是	ʂï	sɯ, ssɯz	sɯ, ssɯz	shï	ʃi	
	昔	siəi	☆	☆	hsi	ʃi	
	石	ʃɪəi	si, ssiʔ	si, ssiʔ	shï	ʃi	
	之	tʂï	cɯ, cɯz	cɯ, cɯz	chï	ʃi	
	矢	ʂï	☆	☆	☆	ʃi	
	尸	ʂï	sɯ, sɯz	sɯ, sɯz	☆	ʃi	
	疽	ts ʻiu	☆	☆	☆	ʃi	
	士	ʂï	☆	☆	☆	ʃi	
	子	tʂï	cɯ, cɯz	cɯ, cɯz	tzŭ	ʃi	
しう	色	ʂï, ʂəi	☆	☆	☆	ʃuː	
しほ	蝦	hia	☆	☆	☆	ʃu	
しや	紗	ʂa	sa	炒　chao, chaw	☆	ʃa	
	者	ʧɪe	☆	☆	☆	ʃa	
	着	ʧɪo, ʧɪau	cjo, ccjaw	cjo, ccjaw	☆	ʃa	
しやう	夏	hia	☆	☆	☆	ʃoː	
	沙	ʂa	sa	紗　sa	☆	ʃoː	
	冲	ʧ ʻɪoŋ	☆	☆	☆	ʃoː	
	焼	ʃɪeu	sjao, sjaw	☆	☆	ʃoːŋ	「が」の前
	鵲	ts ʻio	☆	☆	☆	ʃoː	
しゆ	就	tsiəu	☆	☆	☆	ʃu	
しよ	執	ʧɪəi	☆	ci, ciʔ	☆	ʃu	
	什	ʃɪəi	☆	si, ssiʔ	shï	ʃu	
しん	申	ʃɪəm	sin	☆	☆	ʃiɴ	
	臣	ʧ ʻɪəm	☆	☆	☆	ʃiɴ	
	沈	ʧʻɪəm, ʃɪəm	☆	☆	☆	ʃiŋ	
せ	司	sï	sɯ, sɯz	伺　chɯ, sɯz	ssŭ	sɪ	
	失	ʃɪəi	☆	☆	shï	ʃi	
	尸	ʂï	sɯ, sɯz	sɯ, sɯz	shï	sɪ	
	絲	ʂï	☆	☆	☆	sɪ	
せう	索	so	sai, saiʔ	☆	☆	soː	
	殺	ʂa, ʂai	sa, saʔ	sa, saʔ	☆	soː	
	受	ʃɪəu	☆	siu, ssiw	☆	soː	
	拉	la	☆	☆	☆	soː	
せち	些	sie	☆	sjo	☆	sɪ	
せん	心	siəm	sin	sin	☆	sɪn	
	森	səm	☆	☆	☆	sɪn	
	先	sien	sjɔn	sjɔn	☆	sɪɴ	

	層	ts ʻəŋ	☆	☆	☆	sɪɴ	
	洗	siɔi, sien	☆	sjɔn	☆	sɪn	
さ	沙	sa	sa	紗　sa	☆	sa	
	殺	ṣa, ṣai	sa, saʔ	sa, saʔ	☆	sa	
	撒	sa	sa, saʔ	sa, saʔ	sa	sa	
	柴	ts ʻai	☆	☆	☆	sa	
	舎	ʃɪe	☆	sjɔ	☆	sa	
	三	sam	san	san	☆	sa	
	爽	suaŋ	soaŋ	☆	☆	sa	
さい	綵	ts ʻai	☆	☆	☆	sai	
さう	錯	ts ʻo	☆	☆	☆	soː	
さつ	薩	sa	☆	☆	sa	sa	
さふ？	小	sieu	sjao, sjaw	☆	☆	soː	
さん	摻	sam,　ts ʻam	☆	☆	☆	san	
	三	sam	san	san	☆	san	
	山	san	san	san	san	san, saŋ	
す	細	siəi	si	si	☆	sɪ	
	司	sï	sɯ, sɯz	伺　chɯ, sɯz	ssŭ	sɪ	
	四	sï	sɯ, sɯz	sɯ, sɯz	☆	sɪ	
	子	ṭṣï	cɯ, cɯz	cɯ, cɯz	tzŭ	sɪ	
	思	sï	☆	sɯ, sɯz	ssŭ	sɪ	
	訟	sioŋ	☆	☆	☆	sɪ	
	色	ṣï,　ṣəi	☆	☆	☆	sɪ	
	心	siəm	sin	sin	☆	sɪ	
	是	ṣï	sɯ, ssɯz	sɯ, ssɯz	☆	sɪ	
	西	siəi	si	si	☆	sɪ	
	素	su	su	☆	☆	sɪ	
	靴	hiue	hjujɔ	☆	☆	sɪ	
	需	siu	☆	☆	☆	sɪ	
そ	靴	hiue	hjujɔ	hjujɔ	hs i e	sʊ	
	沙	sa	sa	紗　sa	☆	sʊ	
	山	ṣan	san	☆	san	sʊ	
	思	sï	☆	☆	ssŭ	sʊ	

＜用例＞

○稀羅殺（しろさ、白さ）　○吸之（して、為て）　○細徂（しじふ、四十）　○使臣（ししん、使臣）　○申司（しんし、真使、正使）　○丈史（ちやうし、長史）　○利市（れいし、茘枝）　○施失（しし、獅子）　○花時（はし（ら）、柱）　○多式（とし、年）　○識之（しりて、知りて）　○兀失（うし、牛）　○錫汁徂（しちじふ、七十）　○什嘸

（しも、霜）　○坐十七泥子（じふしちにち、十七日）　○阿書着（あしだ、足駄）　○一深虐古（いしなご、石子）　○申買毎（しもんめ、四匁）　○一是（いし、石）　○昔着（した、下）　○依石（いし、石）　○阿殺之（あさし、浅し）　○匹胡平（しがふびん、四合瓶）　○夫矢（ほし、星）　○曲尸（こし、腰）　○毛疽（ぼうし、帽子）　○鳥孤欲士（てくよし？、鷲鳥？）　○夾介子（ちかし？、近し？）　○色多（しうと、舅）　○麻蝦（ましほ、真塩）　○紗帽（しやぼう、紗帽）　○使者（ししや、使者）　○一着（いしや、医者）　○夏括子（しやうぐわつ、正月）　○沙油（しやうゆ、醤油）　○冲棋（しやうぎ、将棋、象棋）　○焼介（しやうが、生姜）　○烏鵲（おしやう、御賞）　○堤就（ていしゆ、亭主）　○式執直（ししよく、紙燭）　○什麼子（しよもつ、書物）　○使臣（ししん、使臣）　○沈噶（しんか、臣下）；　○司眉日尸（せんべつ、餞別）　○哈那失几（はなせき、鼻咳）　○由六尸（ゆるせ、放せ）　○絲古禮耶（せごいれや、刀鞘）　○百索景（ばせうぎぬ、芭蕉衣）　○巴殺那（ばせうなり、芭蕉実）　○窟受（こせう、胡椒）　○巴拉（ばせう、芭蕉）　○些谷尼即（せちくにち、節句日）　○木心（もうせん、毛氈）　○森那（せんの、千の）　○先（せん、千）　○一層（いちせん、一銭）　○洗之（せんじや？、先者、年上）；　○沙八巳（さばき、裁き、櫛）　○谷殺（くさ、草）　○撒（さ、紗）　○柴心（さす、鎖）　○由（ママ）沽辣舍（ほこらさ、誇らさ）　○三波堤（さむらひ、侍）　○関爽殺（くささ、臭さ？）　○綵（さい、菜）　○錯関（さうめん、素麺）　○菩薩（ぼさつ、菩薩）　○小利（さふらへ？、候へ）　○摻徂（さんじふ、三十）　○三括子（さんぐわつ、三月）　○山買毎（さんもんめ、三匁）；　○細米（すみ、墨）　○司哇（すはう、蘇芳）　○沙四内古（さすのこ、鎖の子）　○動子（どんす、緞子）　○思子里（すずり、硯）　○馬訟沽（ますぐ、真直）　○色莫莫（すもも、李）　○柴心（さす、鎖）　○是挪（すな、砂）　○西米（すみ、墨）　○平素奴周（ひんすのひと、貧の人）　○靴羅買（すままへ、父前）　○獨需（どす、友？）；　○靴底子（そてつ、蘇鉄）　○彌沙（みそ、味噌）　○山姆盤（そろばん、算盤）　○亂思古苔（らふそくだい、蝋燭台）

｛見｝（1764）

音訳字の「古事書類の音」によれば、*/si/*/se/の子音の音価は[ʃ]、その他は[s]であると推定される。

＜音訳字＞

*/si/に対応する部分に「十、子、什、失、石、使、事、食、匙、葶、識、収、叔、思、煞、芍、充、首、述、侍、聲」等が現れる。

*/se/に対応する部分に「失、色、絲、西、身、洗、審」等が現れる。

*/sa/に対応する部分に「殺、撒、色、索、三」等が現れる。

*/su/に対応する部分に「子、巳、西、述、思、洗、息」等が現れる。

*/so/に対応する部分に「述」が現れる。

音訳字		中原音韻	朴通事諺解	老乞大諺解	華英辞典	推定音価
し	十	ʃɪəi	si, ssiʔ	si, ssiʔ	shï	ʃi
	子	tṣï	cɯ, cɯz	cɯ, cɯz	tzŭ	ʃi

	什	ʃɪəi	☆	si, ssiʔ	shï	ʃi
	失	ʃɪəi	☆	☆	shï	ʃi
	石	ʃɪəi	si, ssiʔ	si, ssiʔ	shï	ʃi
	使	ṣï	sɯ, sɯz	sɯ, sɯz	☆	si
	事	ṣï	sɯ, sɯz	☆	☆	si
	食	ʃɪəi, ziei	si, ssiʔ	☆	☆	ʃi
	匙	ṭṣ ‘ï	chɯ, ccɯz	chɯ, ccɯz	☆	si
	蓐	ru	zju, zjuʔ	zu, zuʔ	☆	si
	識	ʃɪəi, ṭṣï	☆	si, siʔ	☆	ʃi
しう	収	ʃɪəi	☆	☆	☆	ʃuː
しお	叔	ʃɪu	☆	su, suʔ	shu	ʃu
しひ	思	sï	☆	sɯ, sɯz	ssŭ	ʃu
しや	殺	ṣa, ṣai	sa, saʔ	sa, saʔ	sha	ʃa
	芍	ʃɪau, ʃɪo	☆	☆	☆	ʃa
しやう	充	ʧ ‘ɪəŋ	☆	☆	☆	ʃoː
しゆ	首	ʃɪəu	☆	☆	☆	ʃu
	述	ʧɪu	☆	☆	☆	ʃu
しゆう	侍	ṣï	☆	☆	☆	ʃu
しよ	失	ʃɪəi	☆	☆	shï	ʃi
しん	聲	ʃɪəŋ	siŋ	siŋ	☆	ʃiŋ
せ	失	ʃɪəi	☆	☆	shï	ʃi
	色	ṣï, ṣəi	☆	☆	☆	ʃi
	絲	ṣï	☆	☆	☆	ʃi
せん	西	siəi	si	si	☆	ʃiː
	身	☆	☆	☆	☆	ʃiɴ
	洗	siɔi, sien	☆	sjɔn	☆	ʃin
	審	ʃɪəm	☆	☆	☆	ʃiɴ
さ	殺	ṣa, ṣai	sa, saʔ	sa, saʔ	sha	sa
	撒	sa	sa, saʔ	sa, saʔ	sa	sa
さい	色	ṣï, ṣəi	☆	☆	☆	seː
さう	索	so	☆	☆	☆	soː
さん	三	sam	san	san	☆	saɴ
す	子	ṭṣï	cɯ, cɯz	cɯ, cɯz	tzŭ	si
	巳	ziei	☆	☆	☆	si
	西	siəi	si	si	☆	si
	述	ʧɪu	☆	☆	☆	si
	思	sï	☆	sɯ, sɯz	ssŭ	si

洗	siɔi, sien	☆	sjɔn	☆	si
息	siəi	☆	☆	hsi	si
すい　西	siəi	si	si	☆	si
そ　述	ʧɪu	☆	☆	☆	su

＜用例＞

○蕚十之泥止（じふしちにち、十七日）　○膜子（ぼうし、帽子）　○什□喀喇殺（しほからさ、塩辛さ）　○弗失（ほし、星）　○伊石（いし、石）　○使木（しも、下）　○察姑事（ちよくし、勅使）　○食芍（ししやう、師匠）　○呼匙（ふくし、副使）　○蕚子（しき？、敷き）　○識吉（しき、敷き）　○収（しう、州）　○麻叔（ましお、真塩）　○思毒（しひと、舅）　○亦殺（いしや、医者）　○芍倭刮止（しやうぐわつ、正月）　○充機（しやうぎ、将棋）　○烏弗首（おほしゆ、大主）　○梯述（ていしゆ、亭主）　○波子人侍（ばうずれんしゆう、坊主練修）　○失木子（しよもつ、書物）　○聲喀（しんか、臣下）；　○失子（せち、節）　○色（せ？、海老）　○絲古撒耶（せごさや？、小刀鞘）　○西察（せんじや？、兄、先者？）　○木身（もうせん、毛氈）　○洗察渾局（せんじやをぢ？、先者伯父）　○三審（さみせん、三線、三味線）；　○喀殺（かさ、傘、笠）　○阿撒的（あさて、明後日）　○亞色（やさい、野菜）　○索閔（さうめん、素麺）　○三審（さみせん、三線、三味線）　○三刮子（さんぐわつ、三月）；　○動子（どんす、緞子）　○蜜子哇答巳（みづわたす、水渡す、過水）　○西米（すみ、墨）　○薫述（ひんす、貧相？、貧乏）　○思密（すみ、墨）　○賒洗（さす？、鎖）　○息子利（すずり、硯）　○西殺（すいさ、酸いさ）；　○述奴班（そろばん、算盤）

{琉訳}（1800頃）

音訳字の「古事書類の音」によれば、*/si/*/se/の子音の音価は[ʃ]、その他は[s]であると推定される。

＜音訳字＞

*/si/に対応する部分に「石、失、使、十、息、什、時、下、世、昔、食、識、式、席、絲、細、施、示、習、心、申、絹、是、疽、詩、市、之、掃、收、如、家、審、著、蝦、狎、赦、說、鵲、叔、書、就、順、所、壽、生、辰、發」等が現れる。

*/se/に対応する部分に「石、十、席、駛、痛、什、即、司、昔、息、說、時、叔、世、詩、學、書、些、層、神、洗、辰、先、審、昇、森」等が現れる。

*/sa/に対応する部分に「煞、撒、三、刹、舎、砂、薩、哉、才、所、茶、晒、山、摻」等が現れる。

*/su/に対応する部分に「息、席、即、昔、石、司、思、蘇、酥、送、轉、叔、靴、什、子、舡、時、世、惜、尸、洗、西、主、悉、席、尋、星」等が現れる。

*/so/に対応する部分に「蘇、叔、粟、息、即、收、靴、数、法、疎、山、竹、砂、思、所、叔、蘇、施、昔、孫」等が現れる。

代表例について「古辞書類の音」を示す。

音訳字		中原音韻	朴通事諺解	老乞大諺解	華英辞典	推定音価
し	石	ʃɪəi	si, ssiʔ	si, ssiʔ	shï	ʃi
	失	ʃɪəi	☆	☆	shï	ʃi
	使	sï	sɯ, sɯz	sɯ, sɯz		si
	十	ʃɪəi	si, ssiʔ	si, ssiʔ	shï	ʃi
	什	ʃɪəi	☆	si, ssiʔ	shï	ʃi
	時	sï	sɯ, ssɯz	sɯ, ssɯz		ʃi
	昔	siəi	☆	☆	hsi	ʃi
	食	ʃɪəi, ziei	si, ssiʔ	☆		ʃi
	識	ʃɪəi, ʈʂï	☆	si, siʔ	shi	ʃi
	式	ʃɪəi	☆	☆		ʃi
	細	siəi	si	si	hsi	ʃi
	施	ʂï, i	☆	☆		ʃi
	申	ʃɪəm	sin	☆		ʃi(n)
	是	ʂï	sɯ, ssɯz	sɯ, ssɯz	shï	ʃi
	市	ʂï	sɯ, ssɯz	☆	shï	ʃi
	之	ʈʂï	cɯ, cɯz	cɯ, cɯz	chï	ʃi
	収	ʃɪəi	☆	☆	☆	ʃuː
	蝦	hia	☆	☆	☆	ʃu
	鵲	ts ʻio	☆	☆	☆	ʃoː
	叔	ʃɪu	☆	su, suʔ	☆	ʃu
	書	ʃɪu	sju	sju	☆	ʃu
	就	tsiəu	☆	☆	☆	ʃu
せ	司	sï	sɯ, sɯz	伺 chɯ, sɯz	☆	sɪ
	些	sie	☆	sjo	☆	sɪ
	洗	siɔi, sien	☆	sjɔn	☆	sɪn
	先	sien	sjɔn	sjɔn	☆	sɪɴ
	審	ʃɪəm	☆	☆	shên	ʃiɴ
	森	səm	☆	☆	☆	sɪn
さ	煞	ʂa, ʂai	sa, saʔ	sa, saʔ	sha	sa
	撒	sa	sa, saʔ	sa, saʔ	sa	sa
	三	sam	san	san	☆	sa
	舎	ʃɪe	☆	sjɔ	☆	sa
	薩	sa	☆	☆	sa	san, saŋ
	山	sam	san	san	san	san
	摻	sam, ts ʻam	☆	☆	☆	san
す	息	siəi	☆	☆	hsi	si

司	sï	sɯ, sɯz	伺 chɯ, sɯz	ssŭ	sɪ
思	sï	☆	sɯ, sɯz	ssŭ	si
子	ţşï	cɯ, cɯz	cɯ, cɯz	tzŭ	si
洗	siɔi, sien	☆	sjɔn	☆	si
西	siəi	si	si	☆	si
そ　靴	hiue	hjujɔ	hjujɔ	hs i e	sʊ
山	şan	san	☆	☆	sʊ
思	sï	☆	☆	ssŭ	sʊ

上記以外の、主な音訳字の『華英辞典』における音を以下に示す。

示 shï、習 hsi、審 shên；石 shï、十 shï、息 hsi；刹 ch ‘a；席 hsi、即 chi、昔 hsi、石 shï、叔 shu、時 shï、世 shï、惜 hsi、尸 shï；蘇 su、叔 shu、粟 su、収 shou、数 shu、疎 shu/su、砂 sha

<用例>

○石木（しも、霜）<霜>　○一石（いし、石）<石>　○失失（しし、肉）<肉>　○噶得那使者（くわうていのししや、皇帝の使者）<朝貢使臣>　○十六十（しるし、印）<印>　○答答息（ただし、正し）<董正>　○什麻（しま、島）<島>　○石禄時（しるし、印）<符>　○武喀下（をかし、可笑し）<可笑>　○壽世代（しいしだい、所司代）<宰相>　○昔著（した、下）<下>　○拍食里（はしる、雨戸）<門>　○識之（しりて、知りて）<都曉得>　○式執直（しんぎり、芯切り？）<蝋剪>　○福席麻麻（ほしいまま、恣）<恣肆慾>　○絲獨中（しろし、白し、シルサン）<白>　○細徂（しじふ、四十）<四十>　○曲施麻平的（こしのびて、腰伸びて）<鞠躬>　○山茶抹示（さだめし、定めし）<収定>　○習之（しりて、知りて、シッチ）<暁得>　○一心狭及（いしがき、石垣）<墻>　○申之（しにて、死にて、シジ）<死>　○答應瑞綃（たまずし、玉厨子）<璽>　○拍是（はし、橋）<橋>　○毛直（ぼうし、帽子）<纓>　○屋書喀那詩米（おしゆがなしまへ、（御主加那志前）<国王>　○利市（れいし、茘枝）<茘支>　○閔子磁之（みづさし、水差し）<水注>　○屋掃地煞其（おしうぎざけ、御祝儀酒）<餞行酒>　○収久（しうきう、繡毬）<繡毬>　○如（しう、泅）<泅>　○阿家（あした、明日）<明日>　○一審密（いしみね、石嶺）<石嶺>　○一著（いしや、医者）<醫士>　○石蝦（ししや、使者）<使者>　○狎（しや、榭）<榭>　○柯赦（くわうしや、黌舍、学舎）<黌>　○説（しやう、瘴）<瘴>　○烏鵲谷古里（おしやうほこり、御賞誇り？）<給賞>　○麻叔（ましほ、真塩）<鹽>　○叔古叔子（しゆくじつ、祝日）<祝祝>　○叔哉（しゆうさい、秀才）<秀才>　○叔（（しよ、嶼）<嶼>　○力書（りつしう、立秋）<立秋>　○泊書（ばうしゆ、芒種）<芒種>　○書引（しよいん、庶尹）<庶尹>　○提就（ていしゆ、（亭主）<主>　○力順（りつしゆん、立春）<立春>　○主禄古入（ちようろくしよ、調禄所）<調禄所>　○所所（しよしよ、粧奩）<粧奩>　○感壽骨（かんしよく、寒食）<寒食>　○潤生（こうしん、口唇）<口>　○辰（しん、唇）<脣>　○升巾（しんけん、進顯）<進顯>　○古發甲（こばしがは、小橋川）<小橋川>

○石力（せり、芹）<芹>　○父石古（ふせぐ、防ぐ）<防>　○十那喀（せなか、背中）＜背＞　○阿席（あせ、汗）＜汗＞　○駛（せ、瀬）＜瀬＞　○痛情納舎（せつなさ、切なさ）＜悶＞　○什拿發（せなは、瀬名波）＜瀬名波＞　○即米（せみ、蝉）＜蝉蜩蟷蛩＞　○司眉日施（せんべつ、餞別）＜下程＞　○達麻一昔（たまよせ、玉代勢）＜玉帯勢＞　○獨木息（ともよせ、友寄）＜友寄＞　○説及（せいぎ、正議）＜正議＞　○説干（せうかん、小寒）＜小寒＞　○説（せふ、妾）＜妾＞　○時姆馬噶（せいおまご、世御孫）＜世孫＞　○叔几（せいけい、正卿）＜正卿＞　○世洗（せいせん、清泉）＜清水山＞　○詩眉（せいめい、清明）＜清明＞　○熏學（へんせう、返照）＜返照＞　○火必書（ほうびせう、鳳尾蕉）＜鐵樹＞　○些古宜即（せちくにち、節句日）＜節＞　○一層（いちせん、一銭）＜錢＞　○三甚（さんせん、三線）＜三絃＞　○叔神（しゆつせん、出船）＜開船＞　○世洗（せいせん、清泉）＜清水山＞　○辰（せん、萱）＜萱＞　○先（せん、千）＜千＞　○審（せん、尖）＜尖＞　○昇順（せんじゆん、宣詢）＜宣詢＞　○森那（せんの、千の）＜千歳＞

○煞及（さけ、酒）＜酏＞　○阿煞（あさ、朝）＜朝＞　○撒及（さけ、酒）＜酒＞　○阿撒（あさ、朝）＜早間＞　○山茶抹示（さだめし、定めし）＜収定＞　○刹及（さけ、酒）＜醽＞　○勿舍（うれしさ、嬉しさ、ウッサ）＜歓喜＞　○其砂看若（さきから、先から、キサカラ）＜先来＞　○即喀薩獨禄（つかさどる、司る）＜司＞　○叔哉（しゆうさい、秀才）＜秀才＞　○奴才（よさい、夜菜？）＜餐＞　○所哥石（さうこし、倉庫使）＜倉庫使＞　○所（さを、竿）＜竿＞　○茶華古（さふくわこ、挿花褲）＜挿花褲＞　○光晒（くわんさつ、観察）＜觀察＞　○三（さん、傘）＜傘＞　○摻徂（さんじふ、三十）＜三十＞

○息答力（すだれ、簾）＜箔＞　○武息直奴（うすぎぬ、薄衣、繻）＜繻＞　○席答里（すだれ、簾）＜簾＞　○喀即（かす、糟）＜糟粕＞　○昔那必（すなべ、砂辺）＜砂邊＞　○木米息力武石（もみすりうす、籾擦り臼）＜磨礱＞　○司哇（すわう、蘇芳）＜蘇木＞　○思眉喀其（すみかき、墨書き）＜寫字＞　○屈蘇里（くすり、薬）＜薬材＞　○拿達武都酥（なみだおとす、涙落とす）＜流泪＞　○送姑（すぐ、直ぐ）＜直＞　○轉諸識之（すべてしりて、全て知りて）＜都曉得＞　○叔必禄（すべる、統る）＜帥統＞　○靴羅買（すらまへ、父前）＜爹＞　○讀什奴拿喀（どすのなか、友の仲）＜朋友之間＞　○動子（どんす、緞子）＜緞＞　○凹舡脾（なすび、茄子）＜茄＞　○板時（はぬす、甘藷）＜薯＞　○乎禄不世（ほろぼす、滅ぼす）＜滅＞　○馬惜（ます、枡）＜筲＞　○由六尸（ゆるす、許す）＜放下＞　○勿洗（うすい、雨水）＜雨水＞　○几西（こすい、胡荽？、香荽？）＜蔆荽＞　○主（すう）＜枢＞　○悉（すゑ、末）＜柄＞　○席（すゑ、末）＜末＞　○尋（すん、寸）＜寸＞　○牙星即（やすんず、安んず）＜康＞　○喀古江（かくす、隠す、カクスン）＜隠藏＞

○蘇喇（そら、空）＜宇宙霄＞　○牙古蘇古（やくそく、約束）＜約定＞　○叔古納（そこなふ、損なふ）＜戕＞　○粟喇（そら、空）＜乾空＞　○阿息不（あそぶ、遊ぶ）＜遊逍遥＞　○武即石（おそし、遅し）＜遲＞　○石石必収（ししみそ、肉味噌）＜醤＞　○靴底子（そてつ、蘇鉄）＜鐵樹＞　○数那瓦禄（そなはる、備はる）＜晐＞　○法達木的（そばもて、傍方）＜傍邊＞　○服踈奴奴（ほそぬの、細布）＜絨＞　○山姆盤（そろばん、算盤）＜算盤＞　○那喀竹你茶（なかそね、仲宗根）＜中宗根＞　○彌砂（みそ、味噌）＜醤＞　○禮思古苔（らふそくだい、蝋燭台）＜燭簽＞　○所及乃石（そうきないし、綜器内司）＜綜器内司＞　○叔引（そういん、総尹）＜總尹＞　○蘇里多伊石（そうりたうえいし、総理唐栄司）＜總理唐榮司＞　○施的（そうて、添うて）＜請添＞　○武納昔（うらそへ、浦添）＜浦添＞　○孫即（そんず、損ず）＜損＞

Ⅳ－３－⑻　ザ行の子音

（＊／z i, z e, z a, z u, z o／の子音）

{仲里}（1703頃）

次の例によれば、*/zi/*/ze/*/zu/が同音である可能性が高い。音価は[ʤi]か。

他は、漢字資料のそれに準じる。

○糸かじ（いとかぢ、糸舵）　○まぜない（まじなひ、呪ひ）　○夜すずめ（よしじま、夜静寂）

＜用例＞

○じんだおむしよ（糖味噌）　○あんじおそい（按司襲い）　○おとじや（弟者）　○まひつじ（真未）；　○あぜら（畦）　○こもこぜ（雲子瀬）　○かなぜい（金礎）；　○ざんぐもい（儒艮池）　○あざれる（乱れる）　○大なざ（大父）；　○いしすい（いしずゑ、礎）　○おもずらちへ（おもずらちへ、面ずらちへ）　○よりずらちへ（よりずらちへ、寄りずらちへ）○夜つづき（夜続き）；　○いぞくみうね（兵士御船）　○いぞわれて（誘われて）

{混}（1711）

次の例によれば、*/zi/*/ze/*/zu/*/di/*/du/が同音である可能性が高い。音価は[ʤi]か。

他は、漢字資料のそれに準じる。

○しじよき（しりぞき、退き）　○ずずすや（じゆずすや、数珠擦？）＜但し、「ずず」もあり＞

○きじやりきじやり（位階段々）：きぢやりきぢやり（段々）　○とじ（女房、刀自）：うゐとぢ（初婦）

○みすずひ（御硯）：みすづり（神託）

＜用例＞

○きじ（禁制）　○とじ（女房、刀自）　○むむじり（桃尻）　○むかしはしめ（昔初）；○さんぜんざう（常住不断）；　○ざま（様）　○ざれ（戯）　○すざへ（兄）　○なざ（父親）　○ねさめ（寝覚）　○のざ（能作）　○むざ（下人下女）；　○ずへんずへん（蛍）○ずま（何方）　○ずずすや（出家、数珠擦）　○みすずひ（御硯）；　○こぞ（去年）○ゑぞこ（船）

{琉由}（1713）

次の例によれば、*/zi/*/ze/*/zu/が同音である可能性が高い。音価は[ʤi]か。
他は、漢字資料のそれに準じる。

○セジアラノ嶽　○セヂアラ嶽　○離君アルズ　（離君主）

＜用例＞

○大アルジ　○カナマノアジ　○白サジ　○セジアラノ嶽　○セヂアラ嶽　○タジヨク魚　○マナツジ嶽　○文字　○モジヨルキヨノ大神

○ゼリカクノ殿　○勢理客　○（奥ノ）クハゼ嶽　○シコゼ御嶽　○ミセゼル　○ヲモヒ真ゼニガネガ御物

○ザガノ御イベ　○アザカ冠リ　○アマザケ　○城内ノヤラザ嶽　○島添アザナノ御イベ　○八貫文ヌザ　○ミナゴザ　○ヤヘザ森　○ヤラザ森　○屋良佐森

○ズガリノ嶽　○ウエズミ森　○サウズ川　○錫　○スズノ御イベ　○離君アルズ

○アマミゾ嶽　○イゾミガナシ　○ウケミゾハリ水　○カナゾメ親雲上　○カメゾ　○玉城ヲケミゾ

{信}（1721）

音訳字の「古事書類の音」から推定すると、*/zi/*/ze/の子音の音価は[ʤ]、その他は[dz]である。

＜音訳字＞

*/zi/に対応する部分に「子、資、自、失、厨、齊、彌、坐、執、由、徂、躅、雀、着、禮、角、孰、濁」等が現れる。

*/ze/に対応する部分に「支、層」等が現れる。

*/za/に対応する部分に「作、札、三、石、齊、喳」等が現れる。

*/zu/に対応する部分に「子」が現れる。

*/zo/に対応する部分に「素」が現れる。

音訳字	中原音韻	朴通事諺解	老乞大諺解	華英辞典	推定音価
じ　子	ʈʂï	cɯ, cɯz	cɯ, cɯz	tzŭ	ʤi
資	ʈʂï	☆	cɯ, cɯz	☆	ʤi
自	ʈʂï	cɯ, cɯz	cɯ, cɯz	☆	ʤi
失	ʃɪəi	☆	☆	shï	ʤi
厨	ʧ ‘ɪu	☆	☆	☆	ʤi
齊	ts ‘iəi, tsï	ci, cci	☆	☆	ʤi
じい？　彌	mi	☆	☆	☆	ʤi
じふ　坐	tsuo	co, ccuə	co, ccuə	☆	ʤu:
執	ʧɪəi	☆	ci, ciʔ	☆	ʤu:
由	iəu	☆	’ iu, ’ iw	☆	ʤu:

徂	ts ‘u	☆	祖 cu	☆	ʤuː
躅	ʧɪu	☆	☆	☆	ʤuː
じや　雀	tsio, tsiau	chjo, chaʙ	☆	☆	ʤa
着	ʧɪo,　ʧɪau	☆	cjo, ccjaʙ	☆	ʤa
禮	liəi	☆	☆	☆	ʤa
じゆ　角	kiau, kiue	☆	☆	☆	ʤu
孰	ʃɪu	☆	☆	☆	ʤu
じよう　濁	ṭṣo	☆	☆	☆	ʤoː
ぜ　支	ṭṣï	cɯ, cɯz	☆	chi	dzɪ
ぜに　層	ts ‘əŋ	☆	☆	☆	dzɪɴ
ざ　作	so	co, caʙ	co, caʙ	☆	dza
札	ṭṣa	☆	☆	cha	dza
三	sam	san	san	☆	dza
石	ʃɪəi	si, ssiʔ	si, ssiʔ	shï	dza
齊	ts ‘iəi, tsï	ci, cci	☆	☆	dza
ざう　喳	ṭṣ ‘a , ṭṣa	☆	☆	☆	dzoː
ず　子	ṭṣï	cɯ, cɯz	cɯ, cɯz	tzŭ	dzɪ
ぞ　素	su	su	su	☆	dzʊ

<用例>

○茄子埋大（がじまる、榕樹）　○通資（つうじ、通事）　○喀蘭自之（かしらげ、頭髪、頭毛）　○札半失（ちやばんじ、茶飯事）　○拖厨（とじ、妻）　○喀拉齊（かしら、からじ？、頭髪？）　○彌誇（かんざし、じふわ、簪）　○坐古泥子（じふごにち、十五日）　○孰買毎（じふもんめ、十匁）　○麻由吐失（まんじふとし？、万歳年？）　○膩徂（にじふ、二十）　○躅括子（じふぐわつ、十月）　○枯雀姑（くじやく、孔雀）　○皮着（やぎ、ひじや、山羊）　○倭男禮喇（きさき、おなじやら、妃）　○辟角羅殺（ひじゆるさ、冷さ）　○麻孰吐失（まんじゆとし？、万歳年？）　○濁（じよう、門、外？）；　○支膩（ぜに、銭）　○層（ぜに、銭）；　○荷作（ござ、莫蓙）　○阿札噶（あざがひ、硨渠）　○阿三那（あざな、字）　○石古魯（ざくろ、石榴）　○乞齊窄書（きざはし、階）　○喳（ざう、象）；　○思子里（すずり、硯）；　○述奴班（そろばん、算盤）　○哭素（ほぞ、臍）

{見}（1764）

音訳字の「古事書類の音」から推定すると、*/zi/*/ze/の子音の音価は[ʤ]、その他は[dz]である。

<音訳字>

*/zi/に対応する部分に「之、日、汁、饑、肉、辱、夾、察」等が現れる。

*/ze/に対応する部分に「子、井」等が現れる。

*/za/に対応する部分に「作、臧、栽」等が現れる。

*/zu/に対応する部分に「子」が現れる。

*/zo/に対応する部分に「述」が現れる。

音訳字	中原音韻	朴通事諺解	老乞大諺解	華英辞典	推定音価
じ　　之	ʈʂï	cɯ, cɯz	cɯ, cɯz	chï	ʤi
日	rɪəi	zi, ziʔ	zi, ziʔ	jï	ʤi
汁	ʧɪəi	☆	☆	chï	ʤi
じい　饑	幾　kiəi	☆	☆	☆	ʤiː
じふ　肉	rɪəu	zu, zuʔ	zu, zuʔ	☆	ʤuː
蓐	ru	zju, zjuʔ	zu, zuʔ	☆	ʤuː
じや　夾	kia	kja	☆	☆	ʤa
察	ʈʂ ʻa	ca, cca	☆	☆	ʤa
ぜ　　子	ʈʂï	cɯ, cɯz	cɯ, cɯz	tzŭ	ʤi
ぜに　井	tsiəŋ	☆	ciŋ	☆	ʤiɴ
ざ　　作	so	☆	co, caʙ	☆	dza
臧	ts ʻaŋ, tsaŋ	☆	☆	☆	dza
ざい　栽	tsai	chai, ccai	裁　chai, ccai	☆	dzai
ず　　子	ʈʂï	cɯ, cɯz	cɯ, cɯz	tzŭ	dzi
ぞ　　述	ʧɪu	☆	☆	☆	su

＜用例＞

○梯察之（てさじ、手巾）　○日（じ、字）　○失汁（つじ、辻）　○因嗒饑花（みじかかんざし、いんちやじふあ？、短簪）　○泥肉泥泥止（にじふににち、二十二日）○蓐刮止（じふぐわつ、十月）　○南夾（なんじや、銀）　○西察（せんじや、先者、兄）；○哈子（かぜ、風）　○井（ぜに、銭）；　○□作（ござ、茣蓙）　○捫臧（おんざ、御座）○奇栽（きざはし、きざい？、階）；　○息子利（すずり、硯）；　○呼述（ほぞ、臍）

{琉訳}（1800頃）

音訳字の「古事書類の音」から推定すると、*/zi/*/ze/の子音の音価は[ʤ]、その他は[dz]である。

＜音訳字＞

*/zi/に対応する部分に「日、及、石、即、失、子、叔、主、直、息、昴、斎、而、徂、執、由、孰、佳、雀、假、鑽、俗、如、順、入、人、仁」等が現れる。

*/ze/に対応する部分に「即、支、日、及、著、人、仁」等が現れる。

*/za/に対応する部分に「雑、煞、坐、三、札、撒、齊、刹、若、磁、所、山、嘶」等が現れる。

*/zu/に対応する部分に「即、席、息、瑞、説、直、治、足、阻、昔」等が現れる。

*/zo/に対応する部分に「竹、叔、素、著、堵、足、坐、所、總」等が現れる。

代表例について「古辞書類の音」を示す。

音訳字	中原音韻	朴通事諺解	老乞大諺解	華英辞典	推定音価
じ　　日	rɪəi	zi, ziʔ	zi, ziʔ	jï	ʤi

子	ʈʂï̆	cɯ, cɯz	cɯ, cɯz	tzŭ	ʤi
斎	ts ‘iəi, tsï̆	ci, cci	☆	ch‘i	ʤi
徂	ts ‘u	☆	祖　cu	☆	ʤuː
執	ʧɪəi	☆	ci, ciʔ	☆	ʤuː
由	iəu	☆	’ iu, ’ iw	☆	ʤuː
孰	ʧɪəi	☆	ci, ciʔ	☆	ʤu
雀	tsio, tsiau	chjo, chaʙ	☆	☆	ʤa
ぜ　支	ʈʂï̆	cɯ, cɯz	☆	chi	dzɪ
ざ　三	sam	san	san	☆	dza
札	ʈʂa	☆	☆	☆	dza
ず　即	tsiəi	ci, ciʔ	☆	chi	dzi
息	siəi	☆	☆	hsi	dzi
直	ʧɪəi	☆	ci, cciʔ	☆	dzi
足	tsiu	☆	☆	☆	dzi
昔	siəi	☆	☆	hsi	dzi
ぞ　素	su	su	su	☆	dzʊ

上記以外の、主な音訳字の『華英辞典』における音を以下に示す。
及 chi、石 shï直 chï；即 chi、日 jï、及 chi；雑 tsa、煞 sha、撒 sa、山 san；即 chi、息 hsi、足 tsu、阻 tsu、昔 hsi；竹 chu、叔 shu、足 tsu

＜用例＞

○讀日（とうじ、冬至）＜冬至＞　○宜及（にじ、虹）＜霓蠕蝀虹＞　○許石力（ひじり、聖）＜聖＞　○叔一都即（そひつうじ、添ひ通事）＜副通事＞　○札半失（ちやばんじ、茶飯事）＜筵宴＞　○一打喇子及（いたらじき、板良敷）＜板良敷＞　○叔古叔子（しゆくじつ、祝日）＜祝祝＞　○安主（あんじ、按司）＜按司＞　○喀答直奇那古（かたじけなく、忝く）＜辱＞　○日息息（ぎすじ、宜寿次）＜宜壽火＞　○石力及都昴（しれきつうじ、司歴通事）＜司歴通事＞　○領斎（りんじ、鱗次）＜鱗＞　○連而（れんじ、蓮枝？）＜藕合＞　○六古徂（ろくじふ、六十）＜六十＞　○執買毎（じふもんめ、十匁）＜一兩＞　○麻由獨石（まんじふとし、万十歳）＜萬萬歳＞　○麻孰獨石（まんじふとし、万十歳）＜萬歳＞　○喀佳（がじや、我謝）＜我謝＞　○枯雀姑（くじやく、孔雀）＜孔雀＞　○假古（じやく、雀）＜雀＞　○眼鑽（がじゃん、蚊）＜蚊＞　○俗里（じゆり、女郎）＜伎＞　○的即如（てつじゆ、鉄樹）＜鐵樹＞　○莫如（まうじう、猛獣）＜貔貅＞　○順（じゆん、準）＜準＞　○入我光（じようおうくわん、承応官）＜承応官＞　○人（じん、腎）＜腎＞　○仁日即（じんじつ、人日）＜人日＞

○喀即（かぜ、風）＜風＞　○支你（ぜに、銭）＜鈔＞　○日甲骨（ぜりかく、勢理客）＜勢理客＞　○一及及（ゐぜき、井堰）＜堋＞　○猶著（どぜう、鰌）＜鰌＞　（「猶」は「獨」の誤記か）　○三人（さんぜん、賛善）＜賛善＞　○仁甫（ぜんぶ、膳夫）＜膳夫＞

○乾木力奴喀雑力（かんむりのかざり、冠の飾り）＜紘＞　○瓦雑瓦一（わざはひ、災ひ）＜厄＞　○煞古禄（ざくろ、石榴）＜榴＞　○坐古＜「古坐」の誤り＞（ござ、莫蓙）＜草屡＞　○阿三羅（あざな、字）＜字＞　○阿札木古（あざむく、欺く）＜謾＞　○乾撒石（かんざし、簪）＜簪笄釵釧鈿＞　○乞齊它書（きざはし、階）＜階＞　○得古刹古（だいくざく、大工廻）＜大古迴＞　○伊許若失（よいひざし、良い日差し）＜好造化＞○閔子磁之（みづざし、水差し）＜水注＞　○法答所（はたざを、旗竿）＜杠＞　○果山（かうざん、高山）＜山巣＞　○慚屈（ざんげ、懺悔）＜退悔＞

○即巾（ずきん、頭巾）＜頭巾＞　○麻由席米（まゆずみ、黛）＜黛＞　○息息直（すずき、鱸）＜鱸＞　○答壓瑞絹（たまずし、玉厨子）＜璽＞　○説（ゆず、柚）＜橙＞（「ゆ」相当の音訳字脱落か。）　○古直力（くずれ、崩れ）＜玦＞　○鴨其治泥（あけずに、開けずに）＜莫開＞　○一足米（いずみ、伊豆味）＜伊豆味＞　○屐其阻（かぎかけず、鍵掛けず）＜門未鎖＞　○虚昔牙麻（ひずやま、ひず山）＜岐＞

○奴竹木（のぞむ、望む）＜臨望＞　○石力竹古（しりぞく、退く）＜退＞　○石力叔古（しりぞく、退く）＜郤＞　○哭素（ほぞ、臍）＜臍＞　○喀著（かぞふ、数ふ）＜算＞　○胶闌堵迷（くろぞむ、黒染む）＜紫＞　○米足（みぞ、溝）＜溝澮渠＞　○阿里牙木坐那木奴（あれはむぞうなもの、あれは無蔵なもの）＜可憐＞　○所奴及（ぞうのき、臓の器？）＜臓＞　○叔總奴古都（しよぞんのこと、所存の事）＜如意＞

Ⅳ－３－⑼　マ行の子音

（＊／ｍｉ，ｍｅ，ｍａ，ｍｕ，ｍｏ／の子音）

{仲里}（1703 頃）

［m］と［b］の交代例がある。

○みまふやうちへ（みまもりやうちへ、見守りやうちへ）

＜用例＞

○みななべ（無鍋）＜中身の入っていない鍋＞　○みなとかしら（港頭）＜港口＞○いづみこおり（泉凍り）＜冷たい泉＞　○あめのきみがなし（天の君加那志）　○かみしも（上下）；　○めさし（目差し）＜まきよの役人＞　○めしようわひ（召しようわひ）○あめのはしかけて（雨の橋掛けて）　○からめく（勤めく）；　○まぜない（呪い）○まぬし（真主）＜神、司＞　○まひつじ（真未）　○いぐましゆす（賑ましゆす）；○むかいなおち（向かい直ち）　○にがむし（苦虫）＜害虫＞　○なかむた（中村）○あそばしゆむ（遊ばせしむ）；　○門もり（門守）　○かなもり（金杜）　○かみしも（上下）

{混}（1711）

「撥音」化の例がある。

○むかかがみ（御鏡）＜みかがみ＞　○むきやちや（御蚊帳）＜みかちや＞

○むきやび（御紙）＜みかみ＞　○むきやま（御鍋、御釜）＜みかま＞　○むきやまかい（鍋匙）＜みかまかい＞　○むきやむさし（御髪指）＜みかみさし＞　○おむしよ（御味噌）＜おみそ＞　○おむきよし（御腰物）＜おみこし＞

○むか（昔）　○むかしけさし（むかし～、太古）　○むかふ年（来年）

○むまか（孫）　○あむた（油）＜m←mu←bu＞
○かむだ（葛）
○きむびら（薤）　○なむぢや（銀）

口蓋化の例がある。
○いみや（いま、今）　○おみきよし（おみこし、御腰物）

［m］と［b］の交代例がある。
○くぶ（くも、蜘蛛）　○ぶれしま（群れ島、むれしま）
○たうきみ（たうきび、唐黍）

＜用例＞

○みおうね（御船）　○みしよ（味噌）　○みすか言（密言）　○みや（庭）　○みやかい（鶏）＜庭飼ひ＞　○みやとり（鶏）＜庭鳥＞　○あおなみ（青波）　○おみかう（御顔）　○にやみつき（来々月）；　○めいにち（忌日、命日）　○めさましき（目覚しき）○めつらしや（珍しや）　○おめあね（姉）＜おもひあね、思ひ姉＞　○おめけり（女の方より男兄弟を云）＜おもひゑけり＞　○おめちやさ（思ひ痛さ）　○いめ（夢）　○おほめく（恍惚）　○たまめつら（玉珍ら）　○つめて（度々）　○ねさめ（寝覚め）○ひぢめ（治世）　○ふすめみおはに（赤飯）　○まめな（豆菜、もやし）　○わめく（喚く）；　○まかり（椀）　○まさかり（真盛り、最中）　○ましろ（真白）　○まだ（未だ）○まぢよく（真強く）　○まつくわ（枕）　○まや（猫）　○ごま（胡麻）　○ずま（何方）　○なま（今）；　○むか（昔）　○むかしけさし（太古）　○むかふ年（来年）○あむた（油）　○おむきよし（御腰物）　○かむだ（葛）　○きむびら（薤）　○さへむ（～さへも）　○とかむる（咎むる）　○はづむ（弾む）　○よとむ（淀む）；　○もだい（悶い）　○もつくり（耕作）　○ももそ（百人）　○ももと（百年）　○おもひなかす（思ひ流す）　○きもちやさ（肝痛さ、痛腸の心）　○首里もりくすく（首里森城、首里王城）　○やまもも（楊梅、山桃）

｛琉由｝（1713）

子音の音価に関して問題はない。［m］である。

＜用例＞

○ミアゲ森　○ミセヾル　○ミセゼル　○ミハイ　○御拝　○ミハナ○御花　○ミヤタネ　○ミヤダネ　○ミヤ種子　○アマミ人　○ウエズミ森○オガミ　○拝ミ崎　○キミコイシ嶽　○シマネドミ　○ナミ里御嶽
○銘苅子　○メカルノ嶽　○メヅラ　○メンナノ御嶽　○アツメナノトノ○カメ山御嶽　○シメ縄　○年アメ　○マツメガ　○ムメギヨラタチナリノ御イベ
○マカ川　○マキヨツカサ　○マチカキ泊　○マネ　○アマミノロ火神○稲之ミシキヨマ　○今焼マカリ　○カネマルノ御イベ　○シマノ嶽　○トマリノトノ　○ワカマツノ御イベ
○ムサ　○虫　○ムタ川　○ムロキノ嶽　○アムガナシ　○クサムコ

○シタムタ
○下ムツコノ嶽　○真南風アムシラレ　○ヨラムサノ御イベ
○モチヅキ　○モリカサノ御イベ　○石モリノ御イベ　○オモカサノ嶽　○オモロ
○キマモノ　○キミマモノ　○君マモノ　○君真物　○シモ門嶽　○田イモ
○ナカモト森

{信}（1721）

子音[n]を含む音訳字が当てられている例があるが、これは沖縄語の*/m/が[n]に交代したのではなく、漢字の側の問題である。「聞き取り」に問題があったのである。

（*/m/が）[b]と交代する例がある。「瞎皮（かみ、紙）」が、それで、現代語でも「紙」は[kabi]である。

次の例は、「撥音」及び「声門閉鎖音」の問題とも関わりがある。詳しくは、第Ⅶ章の「撥音」の項で述べる。

○唔尼（むね、胸）　（[nni]か）　○嘸馬（うま、馬）　（[ʔmma]か）

＜音訳字＞

*/mi/に対応する部分に「乜、你、泥、皮、眉、美、米、墨、密、名、迷、唔、彌、閔、妙」が現れる。

*/me/に対応する部分に「乜、堦、唔、馬、梅、眉、美、米、毎、密、木、晦、名、綿、閔」が現れる。

*/ma/に対応する部分に「馬、貿、麻、埋、末、漫、木、媽、没、滿、謾、賣、麥、慢、網、買、毎」が現れる。

*/mu/に対応する部分に「奴、波、母、唔、姆、美」が現れる。

*/mo/に対応する部分に「麼、悶、莫、眉、母、卜、勃、膜、毛、木、門、嘸、摩、姆、買」が現れる。

音訳字		中原音韻	朴通事諺解	老乞大諺解	華英辞典	推定音価	備　考
み	乜	☆	☆	☆	☆	mi	
	你	ni	ni	ni	☆	ni	
	泥	niəi	ni	☆	☆	mi	m-n
	皮	p ʻi	phi, ppi	phi, ppi	☆	bi	m-b
	眉	muəi	mɯi	☆	mei	mi	
	美	muəi	☆	☆	mei	mi	
	米	miəi	mi	mi	mi	mi	
	墨	mo	mɔ, mɯiʔ	☆	☆	mi	
	密	miəi	mi	mi, miʔ	mi	mi	
	名	miəŋ	miŋ	miŋ	☆	mi	
	迷	miəi	mi	mi	mi	mi	
	唔	u	☆	☆	☆	mi	

	彌	mi	☆	☆	mi	mi	m-n
	閔	miən	☆	☆	min	min	
みゆ	妙	mieu	mjao, mjaʙ	☆	☆	mju	
め	堦	kiai	☆	☆	☆	mɪ	
	唔	u	☆	☆	☆	mɪ	
	馬	ma	ma	ma	☆	mɪ	
	梅	muəi	☆	mɯi	☆	mɪ	
	眉	muəi	mɯi	mɯi	mei	mɪ	
	美	muəi	☆	☆	mei	mɪ	
	米	miəi	mi	mi	mi	mɪ	
	每	muəi	mɯi	mɯi	mei	mɪ	
	密	miəi	mi	mi, miʔ	mi	mɪ	
	木	mu	mu	mu, muʔ	☆	mɪ	
	晦	muəi	☆	☆	☆	mɪ	
	名	miəŋ	☆	miŋ	☆	mɪː	
	綿	mien	mjɔn	mjɔn	☆	mɪɴ	
	閔	miən	☆	☆	☆	mɪɴ	
ま	馬	ma	ma	ma	ma	ma	
	貿	məu	☆	☆	☆	ma	
	麻	ma	ma	ma	ma	ma	
	埋	mai	☆	☆	☆	ma	
	末	mo	mo, muoʔ	☆	mo	mɑ	
	漫	muon	慢　man	慢　man	☆	ma	
	木	mu	mu, muʔ	mu, muʔ	☆	mɑ	
	媽	ma	☆	☆	ma	ma	
	没	muo	☆	mu, muʔ	☆	mɑ	
	滿	muon	☆	mɔn	☆	mɑ	
	謾	muon	☆	☆	☆	mɑ	
	賣	mai	mai	mai	☆	ma	
	麥	mai	☆	☆	mai	ma	
	慢	man	man	man	☆	ma	
	網	waŋ	’　oaŋ, waŋ	☆	☆	moː	
	買	mai	mai	mai	☆	mɛː	
	每	muəi	mɯi	mɯi	☆	mɛː	
む	奴	nu	nu	nu	☆	nu	m-n
	波	po	☆	☆	☆	bu	m-b
	母	mu	mu	mu	mu	mu	
	唔	u	☆	☆	☆	mu	

	姆	mu	☆	☆	mu	mu	
	美	muəi	☆	☆	☆	mu	
も	麼	muo	ma	ma	☆	mʊ	
	悶	mən	☆	☆	☆	mʊ	
	莫	mo, mu	mo, maʙ	模 mu	☆	mʊ	
	眉	muəi	mɯi	mɯi	☆	mʊ	
	母	mu	mu	mu	mu	mu	
	卜	pu	☆	☆	pu	bu	m-b
	勃	po	☆	☆	☆	mu	m-b
	膜	mo	☆	☆	☆	mʊ	
	毛	mau	mao, maʙ	mao, maw	☆	mo:	
	木	mu	mu, muʔ	mu, muʔ	mu	mu	
	門	muən	問' un, wun	mɯn	☆	mu	
	嘸	u	☆	☆	☆	mu	
	摩	muo	☆	☆	☆	mu	
	姆	mu	☆	☆	☆	mu	
	買	mai	mai	mai	☆	mum	

＜用例＞

○乜子（みつ、三つ）　○你米（みみ、耳）　○喀敢泥（かがみ、鏡）　○瞎皮（かみ、紙）　○倭眉脚都司墨（おみことすみ、御御言墨、勅書）　○阿美（あみ、有るか）　○烏米（うみ、海）　○倭眉脚都司墨（おみことすみ、御御言墨、勅書）　○密之（みち、道）○名急里（みぎり、右）　○迷耶（みや、宮）　○喀唔渺（かみなり、雷）　○彌沙（みそ、味噌）　○閔子（みづ、水）　○妙母（みゆ、みむ、見）；　○喀乜（かめ、亀）○速圖堦枚（つとめて、早朝）　○梅唔（うめ、梅）　○枯羅馬馬（くろまめ、黒豆）○阿梅（あめ、雨）　○夾殺眉（がさめ、蟹）　○美（め、目）　○馬米那（まめな、豆菜）　○尼買毎（にもんめ、二匁）　○速都密的（つとめて、早朝）　○可木（こめ、米）○喀也(ママ)那各（かめのかふ、亀甲、玳瑁）　○五晦殺（うめさ、大）　○包名（はうめい、報名）　○木綿（もめん、木綿）　○錯閔（さうめん、素麺）；　○間切（まぎり、間切、府）　○嘸馬（うま、馬）　○貿子（まつ、松）　○麻蝦（ましほ、真塩）　○茄子埋大（がじまる、榕樹）　○末之（まちて、待ちて）　○漫思吾（ますぐ、真直ぐ）○木一乖（まつりくわ、茉莉花）　○媽括（まくら、枕）　○那没焼介（なましやうが、生生姜）　○密子滿吉（みつまき、衣服）　○謾圖押里（まどなり、暇也）　○賣由（まゆ、眉）　○麥介衣（まかり、碗）　○慢的（まづ）　○網巾（まうきん、網巾）　○阿姆買（あもまへ、母前）　○倭毎那（わうまへの、王前の）；　○抬奴吉（たむけ、手向け）○波着子（むつき、襁褓）　○母喇（むら、村）　○唔尼（むね、胸）　○姆子（むつ、六つ）　○美介（むいか、六日）；　○什麼子（しよもつ、書物）　○悶都里一其（もどりいき、戻行）　○莫莫拿乃（もものなり、桃実）　○喀甲眉（かかも、下裳）　○土母（とも、供）　○唔卜殺（おもさ、重さ）　○鬱勃人誇（おもひこ、思ひ子）　○膜膜（もも、腿）　○答毛里（たもれ、給れ）　○枯木（くも、雲）　○由門多里（よもどり、雀）

○什嘸（しも、霜）　○一奴摩奴（いのもの、同物）　○阿姆買（あもまへ、母前）
○山買毎（さんもんめ、三匁）

{見}（1764）

{信}でもそうであったが、(*/m/が)[b]と交代する例がある。「哈比（かみ、紙）」が、それで、現代語でも「紙」は[kabi]である。

＜音訳字＞

*/mi/に対応する部分に「比、米、美、梅、密、媚、蜜、閩、彌」が現れる。
*/me/に対応する部分に「米、美、梅、密、閔、念」が現れる。
*/ma/に対応する部分に「馬、麻、嗎、媽、麼、麥」が現れる。
*/mu/に対応する部分に「木、母、慕、美」が現れる。
*/mo/に対応する部分に「木、末、密、蒙」が現れる。

音訳字		中原音韻	朴通事諺解	老乞大諺解	華英辞典	推定音価	備　考
み	比	pi	☆	☆	☆	bi	m-b
	米	miəi	mi	mi	mi	mi	
	美	muəi	☆	☆	mei	mi	
	梅	muəi	☆	mɯi	☆	mi	
	密	miəi	mi	mi,miʔ	mi	mi	
	媚	muəi	眉　mɯi	☆	☆	mi	
	蜜	miəi	mi	mi,miʔ	☆	mi	
	閩	miəi	☆	☆	☆	mi	
	彌	mi	☆	☆	mi	mi	
め	米	miəi	mi	mi	mi	mɪ	
	美	muəi	☆	☆	mei	mɪ	
	梅	muəi	☆	mɯi	☆	mɪ	
	密	miəi	mi	mi,miʔ	mi	mɪ	
	閔	miən	☆	☆	min	mɪ	
めむ	念	niem	☆	☆	☆	nin	m-n
めん	閔	miən	☆	☆	☆	miɴ	
ま	馬	ma	ma	ma	ma	ma	
	麻	ma	ma	ma	ma	ma	
	嗎	ma	ma	☆	☆	ma	
	媽	ma	☆	☆	ma	ma	
	麼	muo	ma	ma	mo/ma	ma	
まへ	麥	mai	☆	☆	☆	meː	
む	木	mu	mu,muʔ	mu,muʔ	mu	mu	
	母	mu	mu	mu	mu	mu	
	慕	mu	☆	☆	☆	mu	

	美	muəi	☆	☆	mei	mu	
も	木	mu	mu, muʔ	mu, muʔ	mu	mu	
	末	mo	mo, muoʔ	☆	mo	mʊ	
	密	miəi	mi	mi, miʔ	mi	mu	
	蒙	muəŋ	☆	☆	☆	mu	
いも	母	mu	mu	mu	mu	ʔmmu	
もう	木	mu	mu, muʔ	mu, muʔ	mu	muː	

<用例>

○哈比（かみ、紙） ○西米（すみ、墨） ○喀察美（がさみ、蟹） ○梅子利（みづいれ、水入れ） ○欲密（ゆみ、弓） ○媚吉（みづ、水） ○蜜至（みち、道） ○閩那蜜（みなみ、南） ○彌述（みそ、味噌）； ○馬米那（まめな、豆菜、もやし） ○美（め、目） ○亦梅（いめ、夢） ○揚密撒（やめさ、止めさ） ○枯魯馬閔（くろまめ、黒豆） ○苦念搭（くめむら、くにんだ、久米村） ○索閔（さうめん、素麺）； ○花喀馬（はかま、袴） ○麻由（まゆ、眉） ○牙嗎（やま、山） ○嗎寡（まくら、枕） ○麼喀倚（まかり、碗） ○麥（まへ、前）； ○木喇殺吉（むらさき、紫） ○母拉（むら、村） ○慕穀（むこ、婿） ○美戞（むいか、六日）； ○窟木（くも、雲） ○塗末（とも、供） ○喀喀密（かかも？、裙） ○蒙羅（もの？、物？） ○番子母（はんつんいも？、甘藷） ○木身（もうせん、毛氈）

｛琉訳｝（1800頃）

（*/m/が）［b］と交代する例がある。

○不直（むち、鞭）<答> （現代語は[butʃi]）

次の例は、「撥音」及び「声門閉鎖音」の問題とも関わりがある。詳しくは、第Ⅶ章の「撥音」の項で述べる。

○阿石奴古母喇（あしのこむら、足の腓）<跗脛踝> → 「クンダ」

○那感打喀禮（なかむらかり、仲村渠）<中村渠> → 「ナカンダカリ」

cf. あぶら → アンダ

○發喀力奴武不十（はかりのおもし、秤の重し）<錘> → 「ンブシ」

○牙公答當（やくもたたぬ、役も立たぬ）<没搭煞> → 「ヤクン タタン」

○兵（ぼえも、保栄茂）<保榮茂> → 「ビン」

○當及（だんき、檀木）<檀板> ○麻當八什（まだまばし、真玉橋）

<音訳字>

*/mi/に対応する部分に「米、密、墨、眉、你、味、彌、必、皮、迷、惟、閔、毎、養、一、奴、獨、賣、容」等が現れる。

*/me/に対応する部分に「米、眉、毎、密、美、維、惟、抹、闕」等が現れる。

*/ma/に対応する部分に「麻、馬、木、法、貿、八、漫、末、摸、麼、嗎、麥、没、莫、米、買、墨、毎、賣、蠻、瞞、兔、満」が現れる。

*/mu/に対応する部分に「木、武、母、不、福、父、姆、模、迷、波、拇、致、感、

送」が現れる。

*/mo/に対応する部分に「木、拿、不、目、母、卜、眉、麼、末、武、公、兵、莫、買、蒙」が現れる。

主な音訳字について「古辞書類の音」を示す。

音訳字		中原音韻	朴通事諺解	老乞大諺解	華英辞典	推定音価
み	米	miəi	mi	mi	mi	mi
	密	miəi	mi	mi, miʔ	mi	mi
	墨	mo	mɔ, mɯiʔ	☆	☆	mi
	眉	mo	mɔ, mɯiʔ	☆	mei	mi
	你	ni	ni	ni	☆	mi
	瀰	mi	☆	☆	mi	mi
	皮	p ‘i	phi, ppi	phi, ppi	☆	mi
	迷	miəi	mi	mi	mi	mi
	閔	miən	☆	☆	☆	min
め	米	miəi	mi	mi	mi	mɪ
	眉	muəi	mɯi	mɯi	mei	mɪ
	毎	muəi	mɯi	mɯi	mei	mɪ
	密	miəi	mi	mi, miʔ	mi	mɪ
	美	muəi	☆	☆	mei	mɪ
ま	麻	ma	ma	ma	ma	ma
	馬	ma	ma	ma	ma	ma
	木	mu	mu, muʔ	mu, muʔ	☆	mɑ
	貿	məu	☆	☆	mau	ma
	漫	muon	慢　man	慢　man	☆	ma
	末	mo	mo, muoʔ	☆	mo	mɑ
	麼	muo	ma	ma	mo/ma	ma
	媽	ma	☆	☆	ma	ma
	麥	mai	☆	☆	mai	ma
	没	muo	☆	mu, muʔ	☆	mɑ
	買	mai	mai	mai	☆	mɛ:
	毎	muəi	mɯi	mɯi	☆	mɛ:
	満	muon	☆	mɔn	☆	mɑn
む	木	mu	mu, muʔ	mu, muʔ	mu	mu
	母	mu	mu	mu	mu	mu
	姆	mu	☆	☆	mu	mu
	波	po	☆	☆	☆	bu
も	木	mu	mu, muʔ	mu, muʔ	mu	mu

母	mu	mu	mu	mu	mu
ト	pu	☆	☆	pu	bu
眉	muəi	mɯi	mɯi	☆	mʊ
麼	muo	ma	ma	☆	mʊ
末	mo	mo, muoʔ	☆	mo	mʊ
莫	mo, mu	mo, maʙ	模　mu	☆	mʊ
買	mai	mai	mai	☆	mum
蒙	蒙	☆	☆	☆	mun

＜用例＞

○米足（みぞ、溝）＜溝澮渠＞　○阿米（あみ、網）＜網罟罾竹堂＞　○喀密拿利（かみなり、雷）＜雷＞　○阿彌佛都司墨（おみことすみ、御御言墨）＜敕書＞　○眉賣（みまひ、見舞ひ）＜問安＞　○你賤（みず？、見ず？）＜看過＞　○味及（みき、神酒）＜糖＞　○彌砂（みそ、味噌）＜醤＞　○喀必（かみ、紙）＜紙＞　○屈山皮（くさみ、臭み）＜穢＞　○失闌迷（しらみ、虱）＜虱＞　○惟迷龜（みみぐり、耳栗？、木耳）＜木耳＞　○閔子磁之（みづざし、水差し）＜水注＞　○血子答麻（みづたま、水玉、水晶）＜水晶＞　○由毎街禄（よみがへる、甦る）＜朔＞　○骨什及養（ぐしかみ、具志頭、グシチャン）＜具志頭＞　○阿父一（あぶみ、鐙）＜鐙＞（「一」は、ほとんどは、「イ」。ここも「アブイ」に対応）　○達奇度奴（たけとみ、武富）＜武富＞（「奴」ほとんどは、ヌ・ン。ここも「タキトゥン」に対応）　○答麻（誤字？）（たみ、民）＜民＞　○獨不一（とみもり、富盛、トゥンブイ？）＜富盛＞　○賣生（みはし、御箸）＜筋＞　○容當（よみたに、読谷、ユンタン）＜讀谷山＞

○米（め、目）＜目＞　○喀那米（かなめ、要）＜要＞　○古眉（こめ、米）＜米＞　○法日毎（はじめ、初め）＜初俶始＞　○阿密骨（あめく、天久）＜天久＞　○喀美（かめ、亀）＜龜蔡＞　○毛維（もんめ、匁）＜銭＞　○因惟米之（いめみて、夢見て）＜作夢＞　○山茶抹示（さだめし、定めし）＜収定＞　○關不骨乃蘭木奴（めんぼくないらぬもの、面目無いらぬもの、ミンブクネーランムヌ）＜不顧體面＞

○麻眉（まめ、豆）＜菽豆＞　○牙麻（やま、山）＜山＞　○即有及馬（つよきうま、強き馬）＜駄＞　○嘸馬（うま、馬）＜馬＞　○木一乖（まつりくわ、茉莉花）＜茉莉＞　○的法古（てまく、手撒く）＜撒＞　○貿子那吉（まつのき、松の木）＜柏＞　○石八石（せまし、狭し）＜湫＞　○畏之漫歸（おいとまごひ、御暇請ひ）＜辭朝＞　○子怒末打（つのまた、角又）＜海菜＞　○摸之圻米（まつりめ、茉莉芽？）＜茉莉＞　○答麼瑞綃（たまずし、玉厨子？）＜璽＞　○呀媽失失（やましし、猪）＜猪＞　○麥介衣（まかり、碗）＜碗＞　○嗎（うま、午）＜午＞　○没宜及（まいにち、毎日）＜毎日＞　○莫如（まうじう、猛獣）＜貔貅＞　○屋書喀那詩米（おしゆがなしまへ、御主加那志前）＜国王＞　○靴羅買（すらまへ、父前）＜爹＞　○墨打（まへだ、前田）＜前田＞　○阿毎臚（わうまへの、王前の）＜朝廷＞　○賣（まり、毬）＜毬＞　○眉賣示（みまひし、見舞ひし）＜問安＞　○以獨蠻（いとまん、糸満）＜絲満＞　○説瞞（せうまん、小満）＜小満＞　○兔胡以（まんぢゆううり、饅頭瓜、パパイヤ）＜東瓜＞　○満火（まんほう、蟒袍）＜蟒袍＞

○木石（むし、虫）＜蟲＞　○及木里（けむり、煙）＜烟＞　○武石禄（むしろ、筵）＜茀＞　○阿石奴古母喇（あしのこむら、足の腓）＜跗脛踝＞　○不直（むち、鞭）＜笞＞　○答瓦福禄（たはむる、戯る）＜戲＞　○答瓦父禄（たはむる、戯る）＜謔＞　○阿姆買（あむまへ、母前）＜娘＞　○喀模（かむ、噛む）＜齩＞　○胶闌堵迷（くろぞむ）＜紫＞　○三波提（さむらひ、侍？）＜公子＞　○拇即（むつ、六つ）＜六＞　○羊致（よむ、読む、数む）＜數物＞　○那感打喀禮（なかむらかり、仲村渠）＜中村渠＞　○送喀（さむかは、寒川）＜寒川＞

○木木（もも、腿）＜腿股＞　○及木（きも、肝）＜膽＞　○一奴拿奴（いのもの、同のもの）＜一様＞　○發喀力奴武不十（はかりのおもし、秤の重し）＜錘＞○多目古以石喀及（とうもくいしかき、頭目彝司加紀）＜頭目彝司加紀＞　○土母（とも、供）＜丫頭＞　○五卜煞（おもさ、重さ）＜重＞　○喀甲眉（かかも、衫、下裳）＜裙＞　○什麼子（しよもつ、書物）＜書＞　○末之（もち、餅）＜餅＞　○武（うも、芋）（多くは、「う」）＜芋＞　○牙公答當（やくもたたぬ、役も立たぬ）＜没搭煞＞　○兵（ぼえも、保栄茂）＜保榮茂＞　○　蘇古石午撒莫（そくしうさもう、側翅烏紗帽）（そくし・うさぼう？）＜側翅烏紗帽＞　○買毎（もんめ、匁）＜銭＞　○蒙奴喀日力（もんのかぎり、門の限り）＜株＞　○毛維（もんめ、匁）＜銭＞

Ⅳ－３－(10)　ナ行の子音

（＊／ｎｉ，ｎｅ，ｎａ，ｎｕ，ｎｏ／の子音）

｛仲里｝（1703 頃）

音価を[n]とすることに問題はない。

＜用例＞

○にがむし（苦虫）＜害虫＞　○ふさにならば（房にならば）　○かにいち（斯に言ち）○だにあるけに（実にあるけに）＜実際にあるので＞；　○こがねぐち（黄金口）＜港の美称＞　○きよらよね（清ら雨）＜雨の美称＞　○いぞくみうね（兵士御船）　○ぬしのまね（主の真似）；　○なかのまきよ（中のまきよ）　○大なざ（大父）　○神ななそ（神七十）　○なをや（何）　○かなかほと（鉄兜）　○五折はな（五折花）；　○ぬしのまね（主の真似）；　○のだてる（宣立てる）　○のろちかい（神女誓い）　○みみながの司（耳長の司）　○このだる（工だる）

｛混｝（1711）

音価は[n]である。

次の例は、口蓋化のそれであろう。

○ひにやたほい（ひなたぼり？、日向ぼり？）

＜用例＞

○にきやさ（苦さ）　○にし（雪隠）　○にやみつき（来々年）　○あにたやべる（左様にて侍る）　○きにふ（昨日）　○げに（実に）　○だに（誠に）　○むにやい（九年母）　○やあに（来年）；　○ねさめ（寝覚め）　○ねたさ（妬さ？、立腹する事）　○あこかね（銅）　○おうね（船）　○おほね（大根）　○おめあね（姉）　○こかね（黄金）　○よね（米）；　○な（其方）　○なあちや（翌日）　○ななそ（七十）　○なま（今）　○なむぢや（銀）　○あおなみ（青波）　○てだな（莧菜）　○ふなこ（水主）　○よなか（夜中）；　○ぬきあてて（抜き当てて、差し当てて）　○大ぬし（主上）　○しろはせやきぬ（白朝衣）　○まぬのほう（真布帆）；　○のり（絹粥）　○のろふ（呪ふ）　○のろへ（祝部）　○みおみのけ（言上）　○らんのはな（蘭の花）

{琉由}（1713）

音価に問題はない。[n]。

＜用例＞

○ニギリ飯　○ニシ崎　○ニヨク宮城　○クニヅカサノ御イベ　○仲地ニヤ　○ハリマニキヤモヤ　○マニヨク樽按司　○モジロキヨウニギリキヨウ

○ネツハイモト　○ネヅミ　○根人家　○ネヒノ御神　○アネベ　○カネクノ殿　○カネトノ　○金殿　○神ソネノ御イベ　○クロガネ　○コネリ　○マネ　○ミヤタネ　○ミヤダネ　○ミヤ種子

○ナカウ川　○ナシマ嶽　○那覇　○ナバ　○ナヨクラ御嶽　○カミヂヤナ嶽　○キンナ嶽　○コヱナ　○島ナフシ　○ハナレ山　○ホバナ嶽　○ヤナシ　○ヲナリヲンナイ折目

○ヌカ　○糠　○ヌシヅカサノ御イベ　○イヌリノ嶽　○イベナヌシ　○ヨノヌシ

○ノケンノ殿　○ノシテダ　○ノダテゴト　○饒波　○ノハナジ殿　○野甫ノロ火神　○ノボリ　○ノマイ物　○ノムヂ嶽　○ノロ　○ウマノコ　○ウヱノ嶽　○キンマモノ　○ソノヒヤブ　○トノ　○中ノロ火神

{信}（1721）

[m]あるいは[r]の音をもつ音訳字が当てられている場合があるが、これは「中国語」の側の問題であって、沖縄語の音価がそうであったことを示しているのではない。

＜音訳字＞

*/ni/に対応する部分に「你、泥、尼、迷、彌、膩」が現れる。
*/ne/に対応する部分に「你、泥、尼、聶、膩」が現れる。
*/na/に対応する部分に「挪、押、虐、男、那、南、乃、納、拿、渺」が現れる。
*/nu/に対応する部分に「奴、濃」が現れる。
*/no/に対応する部分に「諾、奴、那、内、濃、農、冷、魯、拿、碌」が現れる。

音訳字	中原音韻	朴通事諺解	老乞大諺解	華英辞典	推定音価	備　考
に　你	ni	ni	☆	ni	ni	
泥	niəi	ni	☆	niəi	ni	
尼	ni	ni	☆	☆	ni	
迷	miəi	mi	mi	mi	ni	n-m
彌	mi	☆	☆	mi	ni	n-m

膩	ni	☆	☆	ni	ni	
ね　你	ni	ni	☆	ni	ni	
泥	niəi	ni	☆	niəi	ni	
尼	ni	ni	☆	☆	ni	
聶	nie	鑷 njɔ, njɔʔ	☆	☆	ni	
膩	ni	☆	☆	ni	ni	
な　挪	那　na	那　na	那 na, no, nɔ	那 na	na	
押	kia	☆	☆	☆	na	
虐	nio	☆	☆	☆	na	
男	nam	nan	nan	☆	na	
那	na	na	na, no, nɔ	na/no	na	
南	nam	nan	nan	nan	naŋ	「ぎ・ご」の前
乃	nai	nai	☆	☆	na	
納	na	na	☆	na	na	
拿	na	na	na	na	na	
ない　你	ni	ni	☆	ni	nɛ	
尼	ni	ni	☆	☆	nɛ	
なの　挪	那　na	那　na	那 na, no, nɔ	☆	na	
なり　那	那　na	那　na	那 na, no, nɔ	na	na	
乃	nai	nai	☆	☆	naji	
渺	mieu	☆	☆	☆	naji	n-m
なん　南	nam	nan	nan	nan	naŋ	
ぬ　奴	nu	nu	nu	nu	nu	
濃	noŋ	膿　nuŋ	☆	nung/nêng	nu	
の　諾	no			☆	nʊ	
奴	nu	nu	nu	nu	nu	
那	na	na	na, no, nɔ	na	nʊ	
内	nuəi	nui	nui	☆	nu	
濃	noŋ	膿　nuŋ	☆	nung/nêng	nʊ	
農	noŋ	☆	☆	nung	nʊ	
冷	ləŋ	rɯŋ	rɯŋ	☆	nu	n-r
魯	lu	☆	☆	☆	nu	n-r
拿	na	na	na	na	nʊ	
碌	lu	☆	☆	☆	nu	n-r

<用例>

○你波（にぶ、柄杓）　○之一子泥子（じふいちにち、十一日）　○尼失（にし、西）
○土古尼迷（とほくないに、「とおくないか」、遠くないに？）　○彌唔（にぶ、柄杓）

○支膩（ぜに、銭）；　○胡你（ふね、船）　○噶喀泥（こがね、黄金）　○唔尼（むね、胸）　○聶（ね、鼠）　○喀膩（かね、金）；　○是挪（すな、砂）　○謾圖押里（まどなり、暇也）　○一深慮古（いしなご、石子）　○倭男禮喇（おなじやら、妃）　○豁那（はな、花）　○會南姑（をなご、女）　○密乃度（みなと、港）　○豁納（はな、鼻）　○爭拿（つな、綱）　○你嬾（ないらぬ、無らぬ）　○土古尼迷（とほくないに、「とおくないか」、遠くないに？）　○之搭之挪介（ついたちなのか、初七日）　○巴殺那（ばせうな（り）、芭蕉実）　○莫莫拿乃（もものなり、桃実）　○喀唔渺（かみなり、雷）　○南及之（なんぎして、難儀して）；　○奴羅殺（ぬるさ、温さ）　○濃殺（ぬさ？、奴婢？）；　○由諾姑（ゆのこ、湯粉）　○吾失祖奴（うしつの、牛角）　○貿子那吉（まつのき、松の木）　○沙四内古（さすのこ、鎖の子）　○叨濃周（たうのひと、唐の人）　○失農褒（しのばう、師の坊？）　○喳冷基（ざうのち、象の血）　○之搭之哭古魯（ついたちここの（か）、初九（日））　○莫莫拿乃（もものなり、桃実）　○科過碌子（ここのつ、九つ）

{見}（1764）

［m］あるいは［r］の音をもつ音訳字が当てられている場合があるが、これは「中国語」の側の問題であって、沖縄語の音価がそうであったことを示しているのではない。

<音訳字>

*/ni/に対応する部分に「列、你、泥、逆、膩」が現れる。
*/ne/に対応する部分に「你、利、泥」が現れる。
*/na/に対応する部分に「那、拉、納、南、乃、惹」が現れる。
*/nu/に対応する部分に「奴」が現れる。
*/no/に対応する部分に「奴、樓、盧、羅」が現れる。

音訳字	中原音韻	朴通事諺解	老乞大諺解	華英辞典	推定音価	備　考
に　列	lie	☆	☆	☆	ni	
你	ni	ni	☆	ni	ni	
泥	niəi	ni	☆	ni	ni	
逆	niəi	☆	☆	☆	ni	
膩	ni	☆	☆	ni	ni	
ね　你	ni	ni	☆	ni	ni	
利	li	ri	ri	li	ni	n-r
泥	niəi	ni	☆	ni	ni	
な　那	na	na	na, no, nɔ	na/no	na	
拉	la	☆	☆	la	na	n-r
納	na	na	☆	na	na	
なぬ　南	nam	nan	nan	nan	naŋ	
なり　乃	nai	nai	☆	☆	naji	ri-ji
なわ　惹	rɪo	☆	☆	☆	na:	
なん　南	nam	nan	nan	nan	nan	

ぬ　奴	nu	nu	nu	nu	nu	
の　奴	nu	nu	nu	nu	nu	
樓	ləu	☆	rɯ, rɯh	☆	nu	n-r
盧	lo	☆	☆	☆	nʊ	n-r
羅	lo	☆	ro, rɔ	lo	nʊ	n-r

＜用例＞

○列（に、荷）　○你不（にぶ、柄杓）　○泥肉泥泥止（じじふににち、二十二日）○逆失（にし、西）　○膩刮止（にぐわつ、二月）；　○弗你（ふね、船）　○混利（ふね、船）　○枯喀泥（こがね、黄金）；　○那即（なつ、夏）　○息拉（すな、砂）　○花納（はな、鼻）　○南喀（なぬか、七日）　○屋毒烏乃（おとをなり、弟姉妹、妹）　○屋基惹（おきなわ、沖縄）　○南夾（なんじや、銀）；　○奴奴（ぬの、布）；　○木奴喀達里（ものがたり、物語）　○駄樓周（たうのひと、唐の人）　○酷古盧喀（ここのか、九日）○蒙羅（もの、物）

｛琉訳｝（1800頃）

＊/n/が[m]に交代した例がある。

○迷八麻（にひばし、新橋）＜新橋＞（「麻」は「石」の誤記）　（現代語は[miːbaʃi]）

「撥音」化した例がある。

○叔公米（しゆくみね、祝嶺）＜祝嶺＞　→　「スクンミ」

○一審密（いしみね、石嶺）＜石嶺＞　→　「イシンミ」

口蓋化の例がある。（そうでない例もあり、二形「並存」でもある。）

しきな（識名）　　時及宜雅　1543 識名曰一

　　　　　　　　　十及那　1671 敷名曰一

二形「並存」の例がある。

をの（斧）　翁　2456 斤曰一

　　　　　　武奴　2462 斧曰一

＜音訳字＞

＊/ni/に対応する部分に「宜、泥、里、你、直、膩、彌、一、皆、呢、當、旦、軋、迷」等が現れる。

＊/ne/に対応する部分に「你、泥、米、密、那、閑、寧、認」等が現れる。

＊/na/に対応する部分に「那、拿、牙、羅、辣、叫、掐、拏、乃、納、奴、南」等が現れる。

＊/nu/に対応する部分に「奴、臚、軽、衾、琴、金、當、濫、蘭、覧、闌」等が現れる。

＊/no/に対応する部分に「奴、那、拿、農、怒、臚、甫、濃、儂、魯、諾、牛、奴、翁」等が現れる。

代表例について「古辞書類の音」を示す。

音訳字	中原音韻	朴通事諺解	老乞大諺解	華英辞典	備　考
に　泥	niəi	ni	☆	ni	
你	ni	ni	☆	ni	
膩	ni	☆	☆	ni	
彌	mi	☆	☆	mi	n−m
迷	miəi	mi	mi	mi	n−m
ね　你	ni	ni	☆	ni	ni
泥	niəi	ni	☆	ni	ni
な　那	na	na	na, no, nɔ	na/no	na
拿	na	na	na	na	na
乃	nai	nai	☆	☆	naji
納	na	na	☆	na	na
南	nam	nan	nan	nan	nan
ぬ　奴	nu	nu	nu	nu	nu
の　奴	nu	nu	nu	nu	nu
那	na	na	na, no, nɔ	na/no	nʊ
拿	na	na	na	na	nʊ
農	noŋ	☆	☆	nung	nʊ
濃	noŋ	膿　nuŋ	☆	nung/nêng	nʊ
魯	lu	☆	☆	☆	nu
諾	no	☆	☆	☆	nʊ

＜用例＞

○宜喀喇（にがな、苦菜）＜茶＞　○古宜（くに、国）＜邦州＞　○泥子（にち、日）＜日＞　○阿打里雅（あだにや、安谷屋）＜安谷屋＞　○支你（ぜに、銭）＜鈔＞　○奴骨直（のぐに、野国）＜野國＞　○膩祖（にじふ、二十）＜二十＞　○彌五（にぶ、柄杓）＜瓢＞　○麻不一（まぶに、摩文仁）＜摩文仁＞　○鴨皆（やに、脂）＜松膠＞　○由那姑呢（よなぐに、与那国）＜与那国＞　○容當（よみたに、読谷）＜讀谷山＞　○茶旦（きたたに、北谷）＜小谷＞（「小」は「北」の誤記）　○坤軋弧（こんにやく、蒟蒻）＜芋虆＞　○迷八麻（にひばし、新橋）＜新橋＞（「麻」は「石」の誤記）

○你（ね）＜根＞　○福你宜奴禄（ふねにのる、船に乗る）＜上船＞　○失六加泥（しろがね、白銀）＜酒杯＞　○叔公米（しゆくみね、祝嶺）＜祝嶺＞　○一審密（いしみね、石嶺、イシンミ）＜石嶺＞　○答喀那（高嶺）？＜坲＞　○閑札古（ねどこ、寝床）？＜床＞　○三寧（さんねん、三年）＜三年一閏＞　○苦認菩（くねんぼ、九年母）＜桔梗＞

○那石（なし、梨）＜梨＞　○法那（はな、花）＜花葩蘤＞　○法拿（はな、鼻）＜鼻＞　○一蘭密牙（いらみな、伊良皆）＜伊良皆＞　○阿三羅（あざな、字）＜字＞　○橵桃辣中（きたなし、汚し）＜穢汚＞　○凹舡脾（なすび、茄子）＜茄＞　○掐雞（かなぎ、金木、堅い木）＜楡＞　○拏佳（なうか、何か）＜何事＞　○阿及乃（あきなひ、商ひ）＜商賈＞　○喀乃（かなへ、鼎）＜鼎＞　○木木拿乃（もものなり、桃の成り、桃の実）＜桃＞　○牙石納（やしなふ、養ふ）＜畜＞　○武及奴（おぎなふ、補ふ）（「奴」は、ほとんどの例は、「の」）＜彌補＞　○時及宜雅（しきな、しきにや、）＜識名＞　○南及（なんぢ、汝）＜爾汝＞　○男及牙（なんぢや、銀）＜銀＞

○奴奴（ぬの、布）＜布＞　○以奴（いぬ、犬）＜犬狗＞　○及奴（きぬ、衣）＜袍＞　○及奴（きぬ、絹）＜帛＞　○由臚臚識（よのぬし、世の主）＜聖旨＞　○軽（きぬ、衣）＜衣＞　○衾（きぬ、衣）＜衣裳＞　○阿米琴（あびぎぬ、浴衣）＜汗衫＞　○喀金（かはぎぬ、皮衣）＜裘＞　○牙公答當（やくもたたぬ、役も立たぬ、ヤクン　タタン）＜没搭煞＞　○濫（らぬ）　○喀密雑宜一蘭（かみざにゐらぬ、上座に座らぬ？）＜不敢僭坐＞　○拏覧（ならぬ、成らぬ）＜不便＞　○烏闌（をらぬ、居らぬ）＜不在家＞

○奴木（のむ、飲む）＜飲＞　○一奴及（いのち、命）＜命＞　○即奴（つの、角）＜角＞　○木那哇（ものは、物は）＜方物＞　○木木拿乃（もものなり、桃の成り、桃の実）＜桃＞　○農度（のど、喉）＜喉嚨＞　○子怒末打（つのまた、角又）＜海菜＞　○獨臚（との、殿）＜殿＞　○獨力甫昔（とりのす、鳥の巣）＜巣＞　○桃濃州（たうのひと、唐の人）＜中国＞　○叨儂周（たうのひと、唐の人）＜唐人＞　○母魯（もん、物）＜物＞　○由諾古（ゆのこ、湯の粉）＜粉＞　○及生（きのふ、昨日）＜昨日＞　○及奴（きのふ、昨日）＜繰緋緯芒昨＞　○翁（をの、斧）＜斤＞

Ⅳ－３－(11)　ラ行の子音
（＊／ｒｉ，ｒｅ，ｒａ，ｒｕ，ｒｏ／の子音）

{仲里}（1703頃）

＊/ri/が[ji]に変化した例がある。

○よひ立（よりたち、寄り立ち）

＜用例＞

○おしあがり（押し上がり）　○つきおりて（憑き降りて）　○かなもり（金杜）；○あざれる（乱れる）　○おしられごと（祈願事）　○くれのはし（雨の橋）　○夜ぐれのふに（夜暮れのふに）；　○らあ（汝）　○からもしや（辛虫）＜害虫＞　○きよらよね（清ら雨）＜雨の美称＞　○みなとかしら（港頭）＜港口＞　○あぜら（畦）；　○たかべる（崇べる）　○てるかは（照る河）＜太陽＞　○はるかわ（流る河）；　○くろいし森（黒石森）　○おもろしや（おもろ為手）　○こころ（心）　○おれぐち（下れ口）○そるいて（揃いて）　○どる（泥）

{混}（1711）

[ji]に変わる前の＊/ri/の名残を留めていると思われる例がある。

○しぶり：しぶい（冬瓜）

母音の混同によって起こった表記だと思われる例がある。

○きせれ（煙管）：「ちしり」

＜用例＞

○うらまはり（浦回り）　○おきれとり（火取り）　○おはいり（酢）　○おまかり（御椀）　○さくり（探り）　○しぶり（冬瓜）　○のり（絹粥）　○みやとり（鶏）　○をり（居り）；　あうれ（来れ）　○あさどれ（朝凪）　○おれが（其れか）　○きしれ（煙管）　○しれい（後）　○たれききび（垂れ帯）　○づれが（何らか）　○はれ（走れ）　○ぶれしま（群島）　○むツれ（朋友の交）　○夕とれ（夕凪）；　○らんのはな（蘭の花）　○あつらへ物（誂物）　○あひら（鶩）　○あらたひ（新旅）　○いしらこ（石）　○いらへ（答へ）　○からさ（辛さ）　○きよらさ（清らさ）　○しらげ（白毛）　○しらなみ（白波）；　○あがるい（東）　○あける月（来月）　○くせはへる（蝶）　○するぎほう（莚帆）　○てるかは（御日、照る河）　○はへる（蝶）　○はべる（蝶）；　○あけもとろのはな（早朝花）　○おとうろ（御行燈、御燈籠）　○おとろかす（驚かす）　○かうろく豆（本大豆）　○しろかね（錫）　○しろはせやきぬ（白朝衣）　○ところ（墓）　○のろふ（呪ふ）　○ましろ（真白）　○まほろし（幻）

｛琉由｝（1713）

次は、母音の混同により生じた表記であろう。

○アガレ森　○イレ村　○オレロ　（「リ」とあるべきか。）

＜用例＞

○リウキン御イベ　○アザカ冠リ　○アフリノハナ　○炙　○アヲリ岳　○神ガカリ　○キリン　○クリ舟　○コネリ御唄　○サウリ　○トマリノトノ　○ニギリ飯　○穂マツリ　○水ハリ　○モリノヒラ嶽　○　ヨリアゲ森　○寄上森

○アガレ森　○イレ村　○オレロ　○袖タレ大アルジ　○ソデタレ御嶽　○離レ出砂　○ハナレ山　○ミスヅレ　○ヱレキヤカヒ大嶽　○ヲレ嶽

○カラクサ　○カラ草　○君キヨラ　○ゲライ森　○シチヤラ嶽　○シラ馬　○タイラ嶽　○平良ノ殿　○玉ガハラ　○トカラ小路　○ナヨクラ

○アガルイノ大御イベ　○大ヒルカメヒル　○キセル　○スデル君ガナシ　○友利大アルジ　○ヒル木　○ミセゼル　○メカルノ嶽　○ヲルヽ御嶽

○赤イロ目宮鳥御嶽　○オモロ　○具志川ノロ　○クロガネ　○シロカネ嶽　○トヾロキノ嶽　○マシロ大アルジ　○ヤクロ河ヲシロマシ

｛信｝（1721）

*/ri/が[ji]に変化した例がある。

○烏胎（うり、瓜）　○法介依（はかり、秤）　○麥介衣（まかり、碗）

○馬一（まり、鞠）

但し、○思子里（すずり、硯）

*/bura/が[nda]に変化している例がある。

○阿唔打（あぶら、油）　[ʔanda]

*/n/系列の音訳字が当てられているのは、「中国語」の側の誤りである。

<音訳字>

*/ri/に対応する部分に「胎、依、衣、一、尼、利、里、立、領、力、嘸、聊、粦」が現れる。

*/re/に対応する部分に「里、力、利、禮、菱、臨」が現れる。

*/ra/に対応する部分に「喳、打、答、那、羅、藍、蘭、來、喇、拉、籃、辣、嬾、闌、箣、約、堤、亂」が現れる。

*/ru/に対応する部分に「大、徒、奴、羅、陸、六、禄、樗」が現れる。

*/ro/に対応する部分に「羅、魯、六、姆、爐、碌」が現れる。

音訳字	中原音韻	朴通事諺解	老乞大諺解	華英辞典	推定音価	備　考
り　胎	i	☆	☆	☆	ji	ri-ji
依	iəi	☆	☆	i	ji	ri-ji
衣	iəi	’ i	☆	i	ji	ri-ji
一	iəi	☆	☆	yi	ji	ri-ji
尼	ni, niəi	☆	☆	☆	ri	r-n
利	li	ri	ri	li	ri	
里	li	ri	ri	li	ri	
立	liəi	ri, riʔ	ri, riʔ	li	ri	
領	liəŋ	riŋ	riŋ	☆	ri	
力	liəi	☆	☆	li	ri	
嘸	wu	☆	☆	☆	ri	
聊	lieu	☆	☆	☆	ri	
りん　粦	隣　liən	☆	☆	☆	riɴ	
れ　里	li	ri	ri	li	ri	
力	liəi	☆	☆	li	ri	
利	li	ri	ri	li	ri	
禮	liəi	ri	☆	li	ri	
菱	陵　liəŋ	☆	☆	☆	riŋ	れんーこん
臨	liəm	☆	☆	☆	riɴ	
ら　喳	查 ʈʂ‘a, ʈʂa	☆	☆	☆	ra	
打	ta	☆	☆	☆	da	r-d
答	ta	☆	☆	☆	ra	r-d
那	na	na	na, no	na	ra	r-n
羅	lo	ro, rɔ	ro, rɔ	lo	rɑ	
藍	lam	ran	ran	☆	ra	
蘭	lan	☆	欄　ran	☆	ra	
來	lai	rɔi, rai	rɔi, rai	☆	ra	
喇	la	☆	☆	la	ra	

拉	la	☆	☆	la	ra	
籃	lam	☆	☆	☆	ran	「じ」の前
辣	la	☆	☆	☆	ra	
らぬ 嬾	lam	☆	☆	☆	raɴ	
闌	lan	☆	☆	lan	raɴ	
らひ 箣	☆	☆	☆	☆	☆	
約	iau, io	☆	’ ja, ʔjaʁ	☆	rɪː	
堤	tiəi	☆	☆	☆	rɪː	
らふ 亂	luon	☆	☆	☆	roː	
らへ？利	li	ri	ri	☆	rɪ	
らん 籃	lam	☆	☆	☆	raɴ	
る 大	ta, tai	☆	☆	☆	ru	r-d
徒	t ‘u	☆	☆	☆	ru	r-d
奴	nu	nu	nu	☆	ru	r-n
羅	lo	ro, rɔ	ro, rɔ	lo	ru	
陸	liu	☆	☆	☆	ru	
六	liəu	riu	riu, ruʔ	liu/lu	ru	
禄	lu	☆	☆	lu	ru	
るん？楞	ləŋ	☆	☆	☆	ruɴ	
ろ 羅	lo	ro, rɔ	ro, rɔ	lo	rʊ	
魯	lu	☆	☆	☆	ru	
六	liəu	riu	riu, ruʔ	liu/lu	ru	
姆	mu	☆	☆	☆	ru	n-r, n-m
爐	lu	ru	ru	☆	ru	
碌	lu	☆	☆	☆	ru	
ろう 羅	lo	ro, rɔ	ro, rɔ	lo	rʊ	

＜用例＞

○烏胎（うり、瓜）　○法介依（はかり、秤）　○麥介衣（まかり、碗）　○馬一（まり、鞠）　○加尼尼失（(あ）がりにし、上り西）　○利（り、里）　○思子里（すずり、硯）　○牙立（やり、槍）　○員領（えり、襟）　○気力（きり、霧）　○有殺嘸的（よさりて、夜さりて）　○聊茶切（りやう、両）　○基粦（きりん、麒麟）；

○答毛里（たもれ、給れ）　○法力的（はれて、晴れて）　○利市（れいし、茘枝）　○禮及（れいぎ、礼儀）　○菱公（れんこん、蓮根）　○臨（れん、蓮）；　○孔加喳司（こがらす、小烏）　○阿唔打（あぶら、油）　○思答（つら、面、顔）　○那那容（ならふ、習ふ）　○羅（ら、羅）　○失藍子（しらず、知らず）　○喀蘭自之（かしらげ、頭髪、頭毛）

○阿來來（あらら、洗ら）　○母喇（むら、村）　○土拉（とら、虎）　○喀籃自之（かしらげ、頭髪、頭毛）　○由沽辣舎（ほこらさ、誇らさ）　○你嬾（ないらぬ、無らぬ）

○迷闌（みえらぬ、見えらぬ）　○大箣（たらひ、盥）　○阿約的（あらひて、洗らひて）
○三波堤（さむらひ、侍）　○亂思古苔（らふそくだい、蝋燭台）；
　○奴奴（ぬの、布）；○茄子埋大（がじまる、榕樹）　○非徒（へる、蒜）　○子奴（つる、弦）　○巴羅（はる、春）　○殺陸（さる、猿）　○由六尸（ゆるせ、放せ）　○司禄（つる、鶴）　○乞介楞（きかる、聞かる）；
　○羅（ろ、櫓）　○石古魯（ざくろ、石榴）　○六姑括子（ろくぐわつ、六月）　○山姆盤（そろばん、算盤）　○科爐（かうろ、香炉）　○窟碌喀膩（くろがね、鉄）　○禿羅（とうろう、燈籠）

{見}（1764）

　*/ri/が[ji]に変化した例がある。
　○巴殺那衣（ばさなり、芭蕉成り、芭蕉実）　○花喀依（はかり、秤）
　○麼喀倚（まかり、碗）
　　但し、○息子利（すずり、硯）

　*/mura/が[nda]に変化している例がある。
　○苦念搭（くめむら、くにんだ、久米村）　[kuninda]

　*/n/系列の音訳字が当てられているのは、「中国語」の側の誤りである。

<音訳字>

　*/ri/に対応する部分に「衣、利、依、倚、理、爺、歴、里」が現れる。
　*/re/に対応する部分に「力、利、禮、人」が現れる。
　*/ra/に対応する部分に「那、拉、喇、辣、搭、羅、列、箣、來、藍」が現れる。
　*/ru/に対応する部分に「陸、魯、禮」が現れる。
　*/ro/に対応する部分に「六、奴、碌、魯、盧、爐、露、羅」が現れる。

音訳字		中原音韻	朴通事諺解	老乞大諺解	華英辞典	推定音価	備　考
り	衣	iəi	’ i	☆	i	ji	ri-ji
	利	li	ri	ri	li	ri	
	依	iəi	☆	☆	i	ji	ri-ji
	倚	i	☆	☆	☆	ji	ri-ji
	理	li	ri	☆	li	ri	
	爺	ie	’ jɔ	☆	☆	ji	ri-ji
	歴	liəi	☆	☆	☆	ri	
	里	li	ri	ri	li	ri	
れ	力	liəi	☆	☆	li	ri	
	利	li	ri	ri	li	ri	
	禮	liəi	ri	☆	li	ri	
れい	禮	liəi	ri	☆	li	ri:	
れん	人	rɪən	zin	zin	☆	riɴ	

ら	那	na	na	na, no	na	ra	r-n
	拉	la	☆	☆	la	ra	
	喇	la	☆	☆	la	ra	
	辣	la	☆	☆	☆	ra	
	搭	ta	☆	☆	☆	ra	r-d
	羅	lo	ro, rɔ	ro, rɔ	lo	ra	
ら(り)	利	li	ri	ri	☆	ri	
らい	列	lie	☆	☆	☆	reː	
らひ	箣	籟 lai	☆	☆	☆	reː	
	來	lai	rɔi, rai	rɔi, rai	☆	reː	
らん	藍	lam	ran	ran	☆	raɴ	
る	陸	liu	☆	☆	☆	ru	
	魯	lu	☆	☆	☆	ru	
る(り)	禮	liəi	ri	☆	☆	ri	
ろ	六	liəu	riu	riu, ruʔ	liu/lu	ru	
	奴	nu	nu	nu	nu	ru	r-n
	碌	lu	☆	☆	☆	ru	
	魯	lu	☆	☆	☆	ru	
	盧	lo	☆	☆	☆	rʊ	
	爐	lu	ru	ru	☆	ru	
	露	lu	☆	☆	☆	ru	
ろう	羅	lo	ro, rɔ	ro, rɔ	lo	roː	
	盧	lo	☆	☆	☆	roː	

<用例>

○巴殺那衣（ばさなり、芭蕉成り、芭蕉実）　○息子利（すずり、硯）　○花喀依（はかり、秤）　○麽喀倚（まかり、碗）　○堪理（かみなり、雷）　○土馬爺（とまり、泊）○蜜吉歴（みぎり、右）　○木奴喀達里（ものがたり、物語）；

○花力的（はれて、晴れて）　○哇答一利衾（わたいれぎぬ、綿入れ衣）　○阿那禮（あられ、霰）　○人侍（れんしゆう、練修）；

○阿那禮（あられ、霰）　○母拉（むら、村）　○求喇殺（きよらさ、清らさ）　○哈哇辣（かはら、瓦）　○苦念搭（くめむら、くにんだ、久米村）　○羅（ら、羅）　○花失利窟歯（はしらぐち、柱口、戸口）　○柯列盧毒（かうらいひと、高麗人）　○大箣（たらひ、盥）　○烏木的阿來（おもてあらひ、表洗ひ）　○失藍（しらん、知らん）；

○攸陸（よる、夜）　○花魯（はる、春）　○奇失禮（きせる、煙管）；

○六骨刮止（ろくぐわつ、六月）　○述奴班（そろばん、算盤）　○窟碌喀泥（くろがね、鉄）　○窟魯殺（くろさ、黒さ）　○柯盧（かうろ、香炉）　○爐（ろ、櫓）　○毒露（どろ、泥）　○羅搭低（ろうたて、蝋立て）　○吐盧（とうろう、燈籠）

{琉訳}（1800頃）

*/ri/が[ji]に変化した例がある。

○阿一（あり、蟻）＜蛾蟻＞　　○土馬伊（とまり、泊）＜泊＞

○麥介衣（まかり、碗）＜碗＞

*/bura/が[nda]に変化している例がある。

○安答（あぶら、油）　　[ʔanda]

二形「並存」の例がある。

あぶら（油、脂、膏）　　阿父喇　1050膩曰―

阿不喇　2513膏曰―

阿不羅　2358脂曰―

安答　2518油曰―亦曰阿不

*/kura/が[kkwa]に変化した例がある。

○麻瓜（まくら、枕）＜枕＞

*/n/・/d/系列の音訳字が当てられているのは、「中国語」の側の誤りである。

○及喀那（ちから、力）＜力＞　　「ラ」と「ナ」

○午日奴（つづる、綴る）＜衲＞　　「ル」と「ヌ」

○絲獨中（しろし、白し）＜白＞　　「ロ」と「ド」

＜音訳字＞

*/ri/に対応する部分に「力、里、理、立、利、一、伊、禮、衣、石、圻、以、委、龜、歸、日、虧、乃、買、賣、留、六、容、冷、禄、林、領」等が現れる。

*/re/に対応する部分に「力、里、麗、禮、理、例、利、連、隣、臨、材」等が現れる。

*/ra/に対応する部分に「喇、羅、納、落、蘭、那、籃、拉、浪、若、闌、禄、約、瓜、答、里、来、頼、濫、覧、禮、郎、朗」等が現れる。

*/ru/に対応する部分に「禄、羅、奴、呂、徒、廬、六、晩」等が現れる。

*/ro/に対応する部分に「禄、路、呂、羅、闌、獨、姆、六、畧、落」等が現れる。

以上のうち、{信}{見}両方とあるいはどちらかと共通に現れる音訳字は「力、里、理、立、利、一、衣、領；力、里、禮、臨；喇、羅、蘭、那、籃、拉、闌、約、答、来；禄、羅、奴、徒；羅、姆、六」である。

これらについて「古辞書類の音」を示す。

音訳字	中原音韻	朴通事諺解	老乞大諺解	華英辞典	推定音価	備　考
り　力	liəi	☆	☆	li	ri	
里	li	ri	ri	li	ri	
理	li	ri	☆	li	ri	

	立	liəi	ri, riʔ	ri, riʔ	li	ri	
	利	li	ri	ri	li	ri	
	一	iəi	☆	☆	yi	ji	ri-ji
	衣	iəi	' i	☆	☆	ji	ri-ji
	領	liəŋ	riŋ	riŋ	☆	rin	
れ	力	liəi	☆	☆	li	ri	
	里	li	ri	ri	li	ri	
	禮	liəi	ri	☆	☆	ri	
	利	li	ri	ri	li	ri	
	臨	liəm	☆	☆	☆	riɴ	
ら	喇	la	☆	☆	la	ra	
	羅	lo	ro, rɔ	ro, rɔ	lo	rɑ	
	蘭	lan	☆	欄　ran	☆	ra	
	那	na	na	na, no	☆	ra	r-n
	籃	lam	☆	☆	☆	ran	
	拉	la	☆	☆	la	ra	
	闌	lan	☆	☆	lan	ra	
	答	ta	☆	☆	☆	ra	r-d
	来	lai	rɔi, rai	rɔi, rai	☆	ra	
る	禄	lu	☆	☆	lu	ru	
	羅	lo	ro, rɔ	ro, rɔ	lo	ru	
	奴	nu	nu	nu	nu	ru	r-n
	徒	t 'u	☆	☆	☆	ru	r-d
ろ	羅	lu	☆	☆	lo	rʊ	
	姆	mu	☆	☆	☆	ru	n-r, n-m
	六	liəu	riu	riu, ruʔ	liu/lu	ru	

<用例>

○力喀（りつか、立夏）<立夏>　○喀煞力（かざり、飾り）<幘>　○及里（きる、霧）<霧雰>　○古都失理（ことしり、事知り）<暁事>　○大立葉密達（だいりへみた、内裏へ見た？）<入朝>　○嗑茶利（かたり、語り）<説話>　○阿一（あり、蟻）<蛾蟻>　○土馬伊（とまり、泊）<泊>　○那感打喀禮（なかむらかり、仲村渠）<中村渠>　○麥介衣（まかり、碗）<碗>　○馬及石（間切）<間切>　○摸之圻米（まつりめ、茉莉芽？）<茉莉>　○兔胡以（まんぢゆううり、饅頭瓜、パパイヤ）<東瓜>　○委（うり、瓜）<瓜>　○惟迷龜（みみぐり、耳栗？、木耳）<木耳>　○無不歸（おんほこり、御誇り）<多謝>　○日甲骨（ぜりかく、勢理客）<勢理客>　○虧奴（とくりの、徳利の）<酒壺>　○東主木一（とりこほり、鳥小堀、トゥンジャムイ）<島崛>（「島」は「鳥」の誤記）　○木木拿乃（もものなり、桃の成り、桃の実）<桃>　○獨買木納（とまりむら、泊村）<泊村>　○賣（まり、毬）<毬>　○留（りう、流）<流>　○六宮（りうくん、隆勲）<隆勲>　○容梗（りゆうがん、龍眼）<龍眼>

○冷趕（りゆうがん、龍眼）＜龍眼＞　○禄哥（りゆうこう、龍口）（「禄」は、ほとんどは、「る」）＜龍口＞　○日林（じりん、耳輪）＜耳輪＞　○領斎（りんじ、鱗次）＜鱗次＞

○古力（これ、此れ）＜茲是此斯＞　○瓦力（われ、我）＜我＞　○席答里（すでれ、簾）＜簾＞　○牙不麗（やぶれ、破れ）＜創＞　○禮及（れいぎ、礼儀）＜拜揖＞　○喀理（かれい、家令、宗令）＜宗令＞　○例（れい、嶺）＜嶺＞　○利市（れいし、茘枝）＜茘支＞　○連而（れんじ、蓮枝）＜藕合＞　○喀即隣（かつれん、勝連）＜勝連＞　○福臨禄（「禄」は誤記）（はうれんさう、菠薐草）＜菠＞　○材宮（れんこん、蓮根）＜藕＞　○喇及（らち、埒）＜壝＞　○喀喇撒（からさ、辛さ）＜辛辣＞　○阿不羅（あぶら、脂）＜脂＞　○阿納喀（あらかは、新川）＜新川＞　○落父（らふく、蘿蔔）＜蘿蔔＞　○一蘭密牙（いらみな、伊良皆）＜伊良皆＞　○及喀那（ちから、力）＜力＞　○嗑籃自之（かしらげ、頭毛）＜叩頭＞　○牙拉司（からす、烏）＜鴉鵲＞　○枋浪其（くらげ、海月）＜鮓＞　○其砂看若（さきから、先から、キサカラ）＜先来＞　○失闌迷（しらみ、虱）＜虱＞　○你古禄（ねぐら、塒）＜塒櫟＞　○阿約的（あらひて、洗ひて）＜洗東西＞　○麻瓜（まくら、枕）＜枕＞　○安答（あぶら、油）＜油＞　○五喀里（こだらひ、小盥？）＜浴桶＞　○思眉拿来（すみならひ、墨習ひ、読書）＜讀書＞　○煞木頼（さむらひ、侍）＜士＞　○失濫（しらぬ、知らぬ）＜不曉得＞　○拏覧（ならぬ、成らぬ）＜不便＞　○禮思古苔（らふそくだい、蝋燭台）＜燭簽＞　○郎干（らんかん、欄干）＜欄＞　○朗（らん、巒）＜巒＞

○由禄（よる、夜）＜夜間＞　○阿許禄（あひる、家鴨）＜鴨＞　○喀羅煞（かるさ、軽さ）＜輕＞　○午日奴（つづる、綴る）＜衲＞　○巴梯呂麻（はてるま、波照間）＜波照間＞　○非徒（ひる、蒜）＜蒜＞　○鄙盧木舎（ひるまさ、珍さ）＜古怪＞　○由六尸（ゆるし、許し）＜放下＞　○三寧宜一子武六（さんねんにいちうるふ、三年に一閏）＜三年一閏＞　○一子晩那（いつわるな、偽るな）＜莫説誑＞

○禄（ろ、櫓）＜艣＞　○武禄喀（おろか、愚か）＜愚蠢＞　○一路（いろ、色）＜色＞　○佳奇呂麻（かけろま、加計路間）＜加喜路間＞　○非羅煞（ひろさ、広さ）＜闊＞　○胶闌堵迷（くろぞみ、黒染み）＜紫＞　○絲獨中（しろし、白し）＜白＞　○山姆盤（そろばん、算盤、ソノバン）＜算盤＞　○一六（えいろく、永禄）＜永禄＞　○署（ろう、楼）＜樓＞　○喀及落（かげろふ、蜉蝣）＜蜉蝣＞

Ⅳ－４　その他

Ⅳ－４－(1) 撥音

{仲里}（1703頃）

用例は少ないが、撥音表記を確認することができる。

＜用例＞

○さんどたうと（三度尊と）　○せんきみ（精の君）　○ざんぐもい（儒艮篭り？）
○こんであわちへ（組む手合はせて）

{混}（1711）

この資料の「撥音」表記を精査することで、「ム」と「ン」二種類の「撥音」が存在した可能性が浮かび上がってきた（「ム」音便、「ン」音便とでも呼べようか）。これは口蓋化現象ともつながりがあるらしく思われる。

まず、元は同じ「みか～（御か～）」であるはずのものが、変化して「みきや～」と「むきや～」との両様に現れていることに注目したい。

＜「みきや」の例＞

○みきやう（御顔）（みかほ、御顔）　○みきやむだ（蕪）（みかむだ、御蔓）

＜「むきや」の例＞

○たまむきやぶり（玉の御冠）（たまみかぶり、玉御冠）　○みおむきやうへ（美御頭）（みおみかうべ、御御御頭）　○むきやがみ（御鏡）（みかがみ、御鏡）　○むきやちや（御蚊帳）（みかちやう、御蚊帳）　○むきやてもの（御和《カテ》物）（みかてもの、御和物）　○むきやび（紙）（みかび←みかみ、御紙）　○むきやま（鍋）（みかまかひ、御釜匙）　○むきやむさし（御髪指）（みかみざし、御髪指）

元が同じでありながら、なぜふたつの形が「並存」しているのかという理由については保留するが、両者が音声的に違うであろうことは容易に推測できよう。そして、「む～」が「み～」の母音脱落によって生じたらしいことも、これまた、容易に推察できることである。「む」の母音が脱落したのであれば、それは[m]であり、[mu]であるはずがない。

もともと「み～」ではないものが「む」と表記されている次の例が、それを補強してくれる。

○なむぢや（銀子之）

因みに、{見}には「南夾＜銀＞」とある。「南」の「古事書類の音」は「nam」「nan」である。

別の視点から考えてみるうえで「あむた（油）」は、好例となる。これは、「あぶら」から変化したことは明らかで、現代語では「あんだ」[ʔanda]となるのであるが、[abura]→[abuda]→[amuda]→[amda]→[anda]等と変化する途中の形としての「あむた」であろうと考えられる。

ここでは、この程度に留めておいて、第Ⅶ章で「通史」としての観点から、さらに詳しく論じることにする。

＜用例＞

「ん」表記の例

○あん（我）　○おとくぼん（御徳盆）　○おほみおどん（大美御殿）　○こんつき（今月）　○ずいんずいん（螢）　○どまんくい（周章まくるゝ事）　○なはん（南蛮）　○へんご（塗炭に染よこれたる）　○みごしやん（御杖）　○ゆまんぐい（夕間暮）　○らんのはな（蘭ノ花）

「む」表記の例

○あふはせをむしよ（青芭蕉御衣）　○あむた（油）（←あむだ←あぶだ←あぶら）　○おさむだい（食物の残余）　○おむきよし（御腰物）　○おむしよ（御味噌）　○かせむかてわきあかて（船の向風にも嫌はす馳）　○かむだ（葛）　○むきやがみ（御鏡）　○むきやてもの（御和《カテ》物）　○むきやび（御紙）　○むきやま（御鍋）　○むきやむさし（御髪指）　○むしやばき（御梳）　○むまか（御孫）

{琉由}（1713）

前述の「ム」音便と「ン」音便との別ありき、の可能性について示唆を与えるであろうと考えられる例をあげてみた。

＜用例＞

○アダン　○阿檀　○アン餅　○上之殿　○上ノトンノ嶽　○キリン　○シアン橋　○尊敦　○ソントンノ御イベ　○タンゴ　○端午　○団子　○バテン潟原　○蕃薯　○ハンスイモ神酒小樽　○ヤカン御嶽

○アムガナシ　○ウロム　○掟アム　○掟阿武　○クムデ森　○シタムタ　○下役　○ムタ川　○ムナフリ按司部　○棟　○ユヒムタノ御花　○ヨラムサノ御イベ

{信}（1721）

元の形は何か、現代語とどのように対応するか等の観点から分類してみる。「撥音」であったり、そうでなかったり、多様である。

＜用例＞

＜漢語＞

○一貫（いちくわん、一貫）＜一千＞　○一層（いちせん、一錢）＜錢＞　○基鄰（きりん、麒麟）＜麒麟＞　○坤軋姑（こんにやく、蒟蒻）＜芋羹＞　○山買毎（さんもんめ（三匁）＜三錢＞　○司眉日戸（せんべつ、餞別）＜下程＞　○茶碗（ちやわん、茶碗）

＜茶鍾＞　○町（てん、天）＜天＞　○福冬（ふとん、布団）＜褥子＞　○漫（まん、万）＜萬＞

（む、み）

○妙母（みむ、見）＜看＞　○母姑（むこ、婿）＜女壻＞　○唔尼（むね、胸）＜胸＞　○母喇（むら、村）＜村＞　○喀敢泥（かがみ、鏡）＜鏡子＞　○瞎皮（かみ、紙）＜紙＞　○喀唔渺（かみなり、雷）＜雷＞　○密乃度（みなと、港）＜江＞　○牙的（やみて、病みて）＜病＞

（ぬ）（に）（ね）

○阿米琴（あびぎぬ、浴衣）＜汗衫＞　○因（いぬ、犬、狗）＜狗＞　○衾（きぬ、衣）＜衣裳＞　○失藍（しらぬ、知らぬ）＜不曉得＞　○唔班（おばに、御飯）＜飯＞　○支膩（ぜに、銭）＜鈔＞　○層（ぜに、銭）＜錢＞　○失直（しにて、死にて）＜死＞　○般帝（いねて、寝て）＜睡＞

○喀膩（かね、金））＜銀＞　○胡你（ふね、船）＜船＞　○莆尼（ふね、船）＜船＞

○唔尼（むね、胸））＜胸＞

{見}（1764）

元の形、及び現代語と対比することで分類してみる。

＜用例＞

＜漢語＞

○因（いん、陰）＜陰＞　○輕撒喀子吉（きんさかづき、金杯）＜金杯＞　○索関（さうめん、索麺）＜索麺＞　○三審（さんせん、三線））＜絃＞　○三葶泥止（さんじふにち、三十日）＜三十＞　○茶碗（ちやわん、茶碗）＜茶鍾＞　○廳（てん、天）＜天＞　○廳平（てんびん、天秤）＜天平＞　○南夾（なんじや、銀）＜銀＞　○福冬（ふとん、蒲団）＜褥子＞

（む、み）

＜現代語では「ン」＞

○苦念搭（くめむら、久米村）＜久米＞　○蹄子拱（てづかみ、手掴み）＜拳頭＞

○哈哈密（かがみ、鏡）＜鏡子＞　○堪理（かみなり、雷）＜雷＞

＜現代語でも「ン」でない例＞

○勿蜜（うみ、海）＜海＞　○哈篠蜜（かすみ、霞）＜霧＞　○媚吉（みづ、水）＜水＞　○欲密（ゆみ、弓）＜弓＞

（ぬ）（に）（ね）

＜現代語では「ン」＞

○衾（きぬ、衣）＜衣服＞　○毒巾（どうぎぬ、胴衣）＜巴麻＞　○翁班（おばに、御飯）＜飯＞　○井（ぜに、銭）＜錢＞

＜現代語でも「ン」でない例＞

○泥肉（にじふ、二十）＜二十＞　○逆失（にし、西）＜西＞

{琉訳}（1800頃）

元の形、及び現代語と対比することで分類してみる。

＜用例＞
＜漢語＞
○一貫（いちくわん、一貫）＜一千＞　○因武即喇你禄（えんをつらねる、縁を連ねる）＜聯姻＞　○古版（ごばん、碁盤）＜枰＞　○三甚（さんせん、三線）＜三絃＞
○説瞞（せうまん、小満）＜小満＞　○先（せん、千）＜千＞　○旦古（たんご、端午）＜端午＞　○動子（どんす、緞子）＜緞＞　○買毎（もんめ、匁）＜銭＞　○郎干（らんかん、欄干）＜欄＞

（む、み）
＜現代語では「ン」＞
○那感打喀禮（なかむらかり、仲村渠））＜中村渠＞　○一審密（いしみね、石嶺）＜石嶺＞　○五今密（うちみね、内嶺）＜内嶺＞　○骨什及養（ぐしかみ、具志頭）＜具志頭＞　○容當（よみたに、読谷）＜讀谷山＞
＜現代語では「ン」。この資料では、「ン」になっていない。＞
○喀喀米（かがみ、鏡）＜鏡＞　○喀密拿利（かみなり、雷）＜雷＞　○失闌迷（しらみ、虱）＜虱＞　○即即米（つづみ、鼓）＜鼓＞　○法煞米（はさみ、鋏）＜剪＞
○米足（みぞ、溝）＜溝澮渠＞　○米那（みな、皆）＜皆滅＞　○米那獨（みなと、港）＜港＞　○木六密雑讀（もろみざと、諸見里）＜諸見里＞

○當及（だんき、檀木）＜檀板＞
まだまばし（真玉橋）　麻當八什　1654真玉橋曰―　　「ま」が「ン」の例

（ぬ）（に）（ね）
＜現代語では「ン」＞
○阿米琴（あびぎぬ、浴衣）＜汗衫＞　○喀金（かはぎぬ、皮衣）＜裘＞　○衾（きぬ、衣）＜衣裳＞　○失濫（しらぬ、知らぬ）＜不曉得＞　○牙公答當（やくもたたぬ、役も立たぬ）＜没搭煞＞　○拏覧（ならぬ、成らぬ）＜不便＞　○烏闌（をらぬ、居らぬ）＜不在家＞　○五班（おばに、御飯））＜飯＞　○甲當（きたたに、北谷）＜北谷＞
○荼旦（きたたに、北谷）＜小谷＞（「小」は「北」の誤記）　○容當（よみたに、読谷）＜讀谷山＞
＜現代語では「ン」。この資料では、「ン」になっていない。＞
○以奴（いぬ、犬）＜犬狗＞　○及奴（きぬ、衣）＜袍＞　○支你（ぜに、銭）＜鈔＞
○宜喀喇（にがな、苦菜）＜茶＞

Ⅳ－4－(2) 促音

「促音」表記と思われる例を拾い上げる。

｛仲里｝（1703頃）

＜用例＞
○立きつち（立ち切って？）　○ふみきつち（踏み切って）　○みなつちや（蝗）

{混}（1711）

＜用例＞

○いつとき（時の間）　○おまつくわ（御枕）　○おめをつと（弟）「思弟」　○かうのあつため（鹿肉）　○しつくわしつくわのはな（なはるはな）　○ひつちへちやはる（終日）　○まつくわ（枕）　○をつてい（一昨日《ヲトヽヒ》）

{琉由}（1713）

＜用例＞

＜促音と思われる「つ」＞

○アツタ嶽　○アツチヤマノ殿　○ウツ原ノ殿　○コバブツソサン森　○下ムツコノ嶽　○ソフツケナ巫　○ハイツタリ根タメ大アルジ　○ヒキツケカサノ御イ　○三ツハ布　○密通　○密法

{信}（1721）

＜用例＞

○活見（ほつけん、北絹）＜絹＞

{見}（1764）

用例見当たらず。

{琉訳}（1800 頃）

＜用例＞

○阿答（あつた、熱田）＜熱田＞　○武多（うつたふ、訴ふ）＜詾訟訴＞　○叔神（しゆつせん、出船）＜開船＞　○識之（しりて、知りて、シッチ）＜都曉得＞　○活見（ほつけん、北絹）＜絹＞　○木同（もッとも、尤も、ムットゥン）＜有道理＞　○喇著（らつきう、辣韮？）＜蕎＞（「蕎」は「そばむぎ」）

（参照）

○的即煞（てつさふ、鉄鍤）＜鐵鍤＞　○的即如（てつじゆ、鉄樹）＜鐵樹＞

Ⅳ－４－⑶ 口蓋化と破擦音化

{仲里}（1703 頃）

＜用例＞

◇/ki/　表記上は「き」で出てくることが多いが、次の例が示すように、実際は破擦音化していた可能性が高い。○ちよわる（きよわる、来よわる、おいでになる）

◇/-ika/　口蓋化している。

○いきやしちやる（いかしたる、如何したる）　○ひびきや（麝香鼠）

○みぜりきよのおやのろ（みぜりこの親ノロ）

◇/gi/　*/gi/に対応する部分は、多く「き」で表記されているが、破擦音化していた可能性が高い。

○くなぎづな（繋ぎ綱）　○まぎまんの司（大まんの司）

◇/-iga/　＜「ぎや」なし。＞

◇/ti/　*/ti/は、仮名だけではわからないが、同時期の漢字資料の例から推して、破擦音化していたと判断される。

○あざかちかい（あざか誓ひ）　○こがねぐち（黄金口）

◇/-ita/　破擦音化している。

○いきやしちやる（いかしたる、如何したる）　○たたみちやう（たたみひと、貴人、国王）

◇/-ite/　破擦音化している。

○あべらちへ（あべらして、呼べらして）　○ていゑいだちへ（ていゑだいだして、ていゑだ出だして）　○みそであわちへ（みそであはして、御袖合はして）

◇/di/　次の例により、*/di/と*/zi/とが同音になっていたことを知ることができる。つまり、/di/の破擦音化を示している。

○糸かじ（いとかぢ、糸舵）

◇/-ida/　＜「ぢや」なし。＞

◇/-ino/　口蓋化している。

○てろしによ（てるしの、照るしの）

｛混｝（1711）

｛混｝は「口蓋化」（及び「破擦音化」）の宝庫のような資料と言える。

｛おも｝（特に、３）も同様の様相を見せる。

＜用例＞

◇/ki/　表記上は「き」で出てくることが多いが、次の例が示すように、実際は破擦音化していた可能性が高い。

○おちよはへめしやうち（おきよはへめしやうち、御来よはへめしやうち）

○おちよわひめしよわちへ（おきよわひめしよわちへ、御来よわひめしよわちへ）

◇/-ika/　口蓋化のオンパレードである。

○いぢきやさ（短き）（みじかさ、短さ）　○ききやのうきしま（鬼界嶋の事）（きかのうきしま、鬼界の浮島）

＜みきや＞

○みきやう（御顔）（みかほ、御顔）　○みきやむだ（蕪）（みかむだ、←みかづら？、御蔓）

＜むきや＞

○たまむきやぶり（玉の御冠）（たまみかぶり、玉御冠）　○みおむきやうへ（美御頭）（「みおみかうべ、御御御頭）　○むきやがみ（御鏡）（みかがみ、御鏡）　○むきやちや（御蚊帳）（みかちやう、御蚊帳）　○むきやてもの（御和《カテ》物）（みかてもの、御和物）　○むきやび（紙）（みかび←みかみ、御紙）　○むきやま（鍋）（みかまかひ、御釜匙）　○むきやむさし（御髪指）（みかみざし、御髪指）；

○おつききやなし（おつき　月天）（おつきがなし、御月加那志）　○ 某《それがし》 のあんしきやなし（御太子御妃幷御子様方御嫁部の御事）（あんじがなし、按司加那志）　○てたききやなし（おてた　日天の事）（てだきがなし、てがき加那志）　○年《とし》きやみと（三年四年）（「としがみと（年が三年）」か。）　○年《とし》きや四《よ》と（三年四年）（「としがよと（年が四年）」か。）　○にきやさ（苦　にかき）（にがさ、苦さ）

○きんぎや（滝の名　銀河と云事か）（ぎんが、銀河）

◇/gi/　*/gi/に対応する部分は、多く「き」で表記されているが、破擦音化していた可能性が高い。

◇/-iga/　口蓋化している。

○おつききやなし（おつきがなし、御月加那志）　○ひぎやおぢやう（ひがはおぢやう、樋川御門、瑞泉門）　○てだききやなし（てだきがなし、太陽加那志）　○にきやさ（にがさ、苦さ）

◇/ti/　破擦音化している。

◇/-ita/　破擦音化している。

○あちや（明日）（あした、明日）　○おめちやさ（おもひいたさ）（おもひいたさ、思ひ痛さ）　○なあちや（翌日）（のあした、の明日）　○みちやる（見タルト云事カ）（みたる、見たる）

◇/di/　次の例により、/di/の破擦音化が裏付けられる。

○とぢ：とじ（刀自、女房）

◇/-ida/　破擦音化している。

○みやしぢや（御木履）（みあしだ、御足駄）

◇/-isa/　口蓋化している。

○むしやばき（みさばき、御梳）

◇/-iso/　口蓋化している。

○あふはせをむしよ（青芭蕉御衣）（あをばせうみそ）　○みしよ（味噌）（みそ）

◇/-iza/　口蓋化している。

○みおじやらい（御草履）（みざうり、御草履）（？）

◇/-ima/　口蓋化している。

○いみや（今）（いま、今）

◇/-ina/　口蓋化している。

○むにやい（九年母）（みなり、御成り、実（？）

{琉由}（1713）

「－i」の後の「－キヤ、－チヤ」等を収録した。

<用例>

◇/-ika/　口蓋化

○イシキヤノ殿（いしかの～？）　○イヂキヤヅカサノ御イベ（いぢかづかさ～？）

○イリキヤガ（いりかがね？）　○シキヤコンノ殿（しかこんの～？）　○ヤイキヤサ（やいかさ？）

◇/-iko/　口蓋化

○シキヨマ祭（しこま～？）

◇/-ita/　破擦音化

○イチヤヂヤノ御イベ（いたぢやの御イベ？）　○カミチヤ嶽（かみた～？）　○シチヤラ嶽（したら～？）　○ミチヤ大嶽（みた～？）　○ミチヤラノ浜（みたらの浜？）

◇/-ida/　破擦音化

○カミヂヤナ嶽（かみだな～？）

◇/-isa/　口蓋化

○イシヤラ嶽（いさら～？）

◇/-izo/　口蓋化

○シヂョキ（しぞき？　しどき？）

◇/-ina/　口蓋化

○イチニヤハノ御イベ（いちなはの～？）　○アカシニヤノ御イベ（あかしなの～？）

◇/-ino/　口蓋化

○シニヨロコバヅカサノ御イベ（しのろ～？）

｛信｝（1721）

それぞれに口蓋化・破擦音化したものとそうでないものとが共存している。主な例を示す。

<用例>

◇/-ika/　○乞介藍（きからぬ、聞からぬ）　○亦加煞（いかさ、幾等）

◇/-iga/　○會几噶（ゑきが、男）　○依喀喇（ゐがはら、井河原）

◇/-ita/　○阿着（あした、明日）　○昔着（した、下）　○失着（した、舌）

◇/-ite/　○阿之（ありきて、歩きて）　○一吉之（いきて、生きて）　○掲之（きて、来て）　○那其（なきて、泣きて）　○夷喀之（ゑがきて、描きて）　○識之（しりて、知りて）

◇/-ito/　○倭急拿必周（おきなはひと、沖縄人）　○叨濃周（たうのひと、唐の人）　○亦周（いと、紬）

◇/-ida/　○分搭里（ひだり、左）　○阿書着（あしだ、足駄）

◇/-ina/　○密乃度（みなと、港）

｛見｝（1764）

それぞれに口蓋化・破擦音化したものとそうでないものとが共存している。主な例を示す。

<用例>

◇/-ika/　○恥喀撒（ちかさ、近さ）　○因渣饑花（いんかじふぁ）（みじかかんざし、短か簪）　○因夾撒（いんかさ）（みじかさ、短さ）　○密憂（みか、三日）

◇/-iga/　○十口哈喇（しきがはら、敷き瓦）　○熏喀失（ひがし、東）　○及答（きた、北）

◇/-ita/　○阿雜（あした、明日）　○失渣（した、舌）

◇/-ite/　○阿之（ありきて、歩りきて）　○亦吉之（いきて、生きて）　○鳥機的（おきて、起きて）　○識吉（しきて、敷きて）　○瓦喇的（わらひて、笑ひて）　○威蒂

（ゑひて、酔ひて）　○窟木的（くもりて、曇りて）　○失之（しりて、知りて）
○福的（ふりて、降りて）
◇/-ito/　○虚毒（ひと、人）
◇/-ida/　○虚搭歴（ひだり、左）　○阿失雑（あしだ、足駄）

{琉訳}（1800頃）

この項目に限ったことではないが、この資料{琉訳}には、「(沖縄的）日本語」と「沖縄語」とが「収録」されていると見ることができる。「並存」あるいは「共存」である。例えば、次のような例を上げることができる。

○阿家（あした、明日）<明日>　○阿石答（あした、朝）<晨旦>

（この例は、「明日」と「朝」の違いがあったことも示している可能性がある。「あした（朝）」は明らかに「日本語」である。）

上記のような例が多いので、口蓋化・破擦音化したものとそうでないものとを併記して実態を示すことにする。代表的なものを示す。

<用例>

◇/-ika/　○及喀石（ちかし、近し）　○及喀那（ちから、力）　○虚喀力（ひかり、光）　○法及喀米（はじかみ、薑）　○陰夾煞（いんかさ）（みじかさ、短さ）　○亦加（いか、如何）　○亦加煞（いかさ、幾さ）
◇/-iga/　○宜喀利（にがさ、苦さ）<「利」は「刹」の誤記>　○宜喀喇（にがな、苦菜）
◇/-ita/　○及答（きた、北）　○甲當（きたたに、北谷）　○茶旦（きたたに、北谷）　○阿家（あした、明日）<明日>　○阿石答（あした、朝）<晨旦>　○昔著（した、下）　○石達（した、下）　○石答（した、下）　○失答（した、舌）　○石答（した、舌）
○以答（いた、板）　○一答禄（いたる、至る）　○父那一答（ふないた、船板）　○麻奴遮（まるいた、丸板、俎）（マルチャ）
◇/-ite/　○詰之（きて、来て）　○及之（きて、来て）　○著（きて、来て）（ッチ）　○之（きて、来て）（ッチ）　○亦之（いひて、言ひて）　○溶的（ゑひて、酔ひて）　○識之（しりて、知りて）（シッチ）　○習之（しりて、知りて）（シッチ）
◇/-ito/　○許獨（ひと、人）　○必周（ひと、人）　○周（ひと、人）　○州（ひと、人）　○許獨喀答（ひとがた、人形）　○虚機（ひとひ、一日、一日中）（ヒッチー）　○虚獨力（ひとり、独り）　○亦周（いと、絹）　○以獨（いと、糸）
◇/-ida/　○阿一答（あひだ、間）　○愛答（あひだ、間）（エージャではなく、エーダである）　○以答撒（いださ、出さ）
◇/-ima/　○以麻（いま、今）　○拿麻（いま、今）（ナマ）　○米那獨（みなと、港）

第Ⅴ章　19世紀の沖縄語の音韻

19世紀の沖縄語の音韻を考察する。

Ⅴ－１　母音

Ⅴ－１－(1) 短母音

Ⅴ－１－(1)－①　＊／i／

/ki/・/gi/・/ti/・/di/・/pi/・/bi/・/si/・/zi/・/mi/・/ni/・/ri/の/i/相当部分について検討する。

｛漂｝（1818）

ハングルの「i」で表記されている。音価は[i]である。

<用例>

○si-mo-ci-ci（しもつき、霜月、十一月）　○ci-ci（つき、月）；　○’o-ci（あふぎ、扇）　○’uk-’i（をぎ、甘蔗）；　○ku-ci（くち、口）　○hoa-chi-koa-chi（はちぐわつ、八月）；　○si-si（しし、猪）　○si-mo-ci-ci（しもつき、霜月、十一月）　○’u-si（うし、牛）；　○kan-cju（がんじよう、頑丈、岩乗）；　○mi・mi（みみ、耳）　○mi・cɯi（みづ、水）　○si・mi（すみ、墨、文字）；　○mʌi・ni・chi（まいにち、毎日）；　○tu・ri（とり、鶏）　○san・sir・’i（さんしり、山尻）

（用例ナシ）*/di/＊/pi/＊/bi/

｛クリ｝（1818）

*/i/相当部分は、一貫してアルファベットの「i」あるいは「ee」で表記されていて、揺ぎ無い。音価は[i]である。

<用例>

○ching（きぬ、衣、着物）　○chirreetee（きれて、切れて）　○tinchee（てんき、天気）　○twitchee（とき、時）　○cheeta（きた、北）　○cheenoo（きのふ、昨日）　○katchee（かき、垣）　○ching（きん、金）　○oostitchee（おつき、御月）　☆nashikee（ヤシ木、椰子木）；　○jing（ぎん、銀　○ojee（あふぎ、扇）　○meejeeree（みぎ、「みぎり」、右）　○oojee（をぎ、「荻」、甘蔗）　○cooroojee（くろぎ、黒木、<木の名>）；　○tatchee　（たち、太刀）；　○kassee（かぢ、舵）　○jee（ぢ、地）；　○fitchayeh（額）　○feeroo（昼）　○fee（火）　○afeeroo（家鴨）　○heeroo（昼）；　○binta

（びんた）<Whiskers>　○eebee（指）　○oobee（帯）；　○shishee（しし、肉）　○sheenoong（しぬ、死ぬ）　○ooshee（うし、牛）　○cooshee（こし、腰）　○shee（し、四）　○hashee（はし、橋）；　○jee（じ、字）　○katchee yanjee（かきやんじ、書き損じ）　○sanjoo（さんじふ、三十）；　○mimmee（耳）　○namee（波）；　○ning（煮る）<Flesh, to>　○neechawng（似ている）　○gaannee（蟹）；

｛官｝（19世紀?）

以下のような指摘ができる。

「き」と「け」が同音。　○ケジ（きず、疵）　○ケウヱ（きうり、胡瓜）
「き」と「ち」が同音。　○キイ（ち、血）　○クキ（くち、口）　○ワキ（わき、脇）
　○チイバ（きば、牙）
「き」と「つ」が同音。　○ヒキズ（ひつじ、羊）　○キゞ（つじ、旋毛、つむじ）
「ぎ」と「ぢ」が同音。　○ヒギ（ひぢ、肘）
「ぎ」と「じ」が同音。　○ウフムジ（おほむぎ、大麦）
「し」「せ」「す」が、同音。
○ウセ（うし、牛）　○カラス（からし、辛子）　○カラスナア（からしな、辛子菜）　○クワシ（くわし、菓子）　○クワス（くわし、菓子）
「じ」と「ず」が同音。　○ヒキズ（ひつじ、羊）
「ぢ」と「ず」が同音。　○ズマアメ（ぢまめ、地豆、落花生）　○ヒズ（ひぢ、肘）

<用例>

○チタイク子イ（きだいこね、黄大根）　○チイバ（きば、牙）　○ツハチアンラ（つばきあぶら、椿油）　○ホウフチナア（はうきな、箒菜）；　○キビ（きび、黍）　○キモ（きも、肝）　○ミキ（みき、御酒）　○ワキ（わき、脇）；　○ケジ（きず、疵）　○ケウヱ（きうり、胡瓜）

○ウフムジ（おほむぎ、大麦）　○モジノコヲ（むぎのこ、麦の粉）　○チリモヅ（きりむぎ、切り麦、大麪）

○チイ（ち、乳）　○チヤ（ちや、茶）；　○キイ（ち、血）　○キヨブ（ちゆうぶ、中風）　○クキ（くち、口）　○サトフモキ（たうもち（砂糖餅）　○ソウフキヨ（せうちう、焼酎）　○ヤキワキ（たちはき、太刀佩）　○モキグミ（もちごめ、糯米）；　○クツ（くち、口）

○ズマアメ（ぢまめ、地豆、落花生）　○ヒズ（ひぢ、肘）　○アハマンツヨ（あはまんぢゆう、栗饅頭）　○ヒギ（ひぢ、肘）

○ヒキミ（ひきみ、引き見）　○ヒタイ（ひたひ、額）　○ヒギ（ひぢ、肘）　○ヒキズ（ひつじ、羊）　○ヒヨルキ（ひよめき、脳頂）　○ヒルマ（ひるま、昼間）　○アヒル（あひる、家鴨）

○ビンタ（びんた、鬢毛）　○ヒンタウ（びんらう、檳榔）　○アクビ（あくび、欠伸）　○キビ（きび、黍）　○ワラビコジ、わらびくず、蕨葛）

○シゝ（しし、肉）　○シタ（した、舌）　○シキヤ（した、下）　○シルマミ（しろまめ、白豆）　○ウシル（うしろ、後ろ）；　○ウセ（うし、牛）　○カラス（からし、辛

子）　○カラスナア（からしな、辛子菜）　○クワシ（くわし、菓子）　○クワス（くわし、菓子）

○アカカウジ（あかかうじ、赤麴）　○カタジル（かたじる、濃汁）　○ヤウジヤウ（やうじやう、養生）　○ヒキズ（ひつじ、羊）　○キゞ（つじ、旋毛、つむじ）

○ミキ（みき、御酒）　○ミソズケ（みそづけ、味噌漬）　○ミイマヱ（みまひ、見舞ひ）　○ミゝ（みみ、耳）

○ニガナ（にがな、苦菜）　○子イセゝ（にしし、煮肉）

○リイビウフ（りびやう、痢病）　○アリイヤヱ（ありあへ、有り合へ）　○イリキジ（いりしし、炒肉）　○チリモヅ（きりもち、切り餅）　○コヲリサタウ（こほりさたう、氷砂糖）　○マキリ（まつり、祭）；　○ケウヱ（きうり、胡瓜）　○トヱ（とり、鳥）

｛沖話｝（1880）

*/i/相当部分は、統一的に「イ段の仮名」及びアルファベットの「i」が当てられている。

音価は[i]である。

＜用例＞

○チールー　chīrū（き、黄）　○チク　chiku（きく、菊）　○チシリ　chishiri（きせる、煙管）　○チヌー　chinū（きのふ、昨日）　○チーバ　chība（きば、　牙）
○チリ　chiri（きり、霧）　○アチ　achi（あき、秋）　○クルチ　kuruchi（くろき、黒木）　○サバチ　sabachi（さばき、裁き、櫛）　○スチ　suchi（すき、鋤）　○ツチ　tsichi（つき、月）　○ワチ　wach（わき、脇）

○ウサジ　usaji（うさぎ、兎）　○ンナジ　unaji（うなぎ、鰻）　○クジ　kuji（くぎ、釘）　○スジ　siji（すぎ、杉）　○フクジ　fukuji（ふくぎ、福木）　○ムジ　muji（むぎ、麦）；

○チー　chī（ち、乳）　○チヾユイ　chijuyi（ちどり、千鳥）　○チリ　chiri（ちり、塵）　○イチダン　ichidan（いちだん、一段）　○ウチ　uchi（うち、内）　○クチ　kuchi（くち、口）　○ハーチ　hāchi（はち、鉢）　○ミチ　michi（みち、道）　○ムチ　muchi（もち、餅）

○ヂガチ　jigachi（ぢがき、地書き）　○クンヂ　kunji（こんぢ、紺地）　○キーフヂ　kifuji（きふぢ、木藤）　○ヒヂ　fiji（ひぢ、臂）　○マツツヂ　mattsiji（まつぢ、真頂、絶頂）
○ヒー　fī（ひ、火）　○ヒカリ　fikari（ひかり、光）　○ヒチエー　fichē（ひたひ、額）　○ヒヂ　fiji（ひぢ、肘）　○ヒツジ　fitsiji（ひつじ、未）　○ヒマ　fima（ひま、暇）　○アヒル　afiru（あひる、家鴨）　○ウーヒラ　ūfira（おほひら、大平）
○ツチヒ　tsichifi（つきひ、月日）；　○ウグヒス　uguisi（うぐひす、鶯）　○カイグ　kaigu（かひこ、蚕）；　○シー　shī（しひ、柯子）　○ケー　kē（かひ、匙、ヒ匙）
○ウトゲー　utuge（おとがひ、頤）　○ヘー　fē（はひ、灰）　○クエームン　kwēmun（くひもの、食物）　○ミー　mī（めひ、姪）　○ヰー　wī（をひ、甥）　○ウツテー　wuttī（おととひ、一昨日）

○ビハ　Biwa（びは、琵琶）　○ビワ　biwa（びは、枇杷）　○ビンロウ　binrō（びんろう、檳榔） ○アクビ akubi（あくび、欠伸） ○イビ ibi（えび、蝦） ○クビ kubi（くび、頸） ○ナースビ nāsibi（なすび、茄） ○ワサビ wasabi（わさび、山葵）

○シカ shika（しか、鹿） ○シグニチ shi gu niche（しごにち、四・五日）
○シマ shima（しま、島） ○シム shimu（しも、霜） ○ウシ ushi（うし、牛）
○トシ tushi（とし、年） ○ナシ nashi（なし、梨） ○ハシ Hashi、はし、橋）
○フシ fushi（ほし、星）

○ジツカン jikkan（じつかん、十干） ○ジフニシ jūnishi（じふにし、十二支）
○ジーヒチ jīfichi（じひき、字引） ○ジブノー jibunō（じぶんハ、時分ハ） ○クジ kuji（くじ、九時） ○ヌージ nūji（にじ、虹） ○ヒツジ fitsiji（ひつじ、未）
○ジフニシ jūnishi（じふにし、十二支）

○ミー mī（み、己） ○ミチ michi（みち、道） ○ミヅ mizi（みづ、水） ○ウミバタ umibata（うみばた、海端、海岸） ○カスミ kasimi（かすみ、霞）
○スミ simi（すみ 、墨） ○ツチミ tsichimi（つきみ、月見） ○ナミ nami（なみ、波） ○ンミ mmi（うめ、梅）；
<*/mi/が撥音に> ○ンジユ nju（みぞ、溝） ○ンース nsu（みそ、味噌）
○ンミヤト mmyatu（みなと、港） ○イヅン izun（いづみ、泉） ○アンジヤサ anjasa（あみがさ、編み笠、笠） ○カンナイ kannayi（かみなり、雷） ○シラン shiran（しらみ、蝨） ○ツヾン tsizin（つづみ、鼓）； ○カビ kabi（かみ、紙）

○ニングワツ ningwatsi（にぐわつ、二月） ○ニシ nishi（にし、きた、北）
○ニワ niwa（には、庭） ○イチニチ ichinichi（いちにち、一日） ○ガニ gani（かに、蟹） ○クニ kuni（くに、國） ○マクトニ makutu ni（まことに、誠に）

○リツシウ risshū（りつしう、立秋） ○リツトウ rittō（りつとう、立冬） ○リツパ rippa（りつぱ、立派） ○イリ iri（いり、にし、西） ○イリユウ iriyū（いりよう、入用） ○ヰーリ wīri（えり、襟） ○チリ chiri（きり、霧）
○クリ kuri（くり、栗） ○クーリ kūri（こほり、 氷） ○スヾリ siziri（すずり、硯）； ○アンマデ anmadi（あまり、余り）； ○アイ ayi（あり、蟻）
○カンナイ kannayi（かみなり、雷） ○クムイ kumuyi（こもり、篭り？、沼）
○ユイ yuyi（ゆり、百合、巻丹） ○ウシントリ ushinduyi（をしどり、鴛鴦）

{チェン}（1895）

*/i/相当部分は、統一的に「i」で表記されている。音価は[i]である。
（参考として、融合した形を含む用例も載せた。）

＜用例＞

○chī（き、気） ○chikachi（きかして、聞かして） ○Ching（きぬ、衣） ○Uchinā（おきなは、沖縄） ○tsichi（つき、月） ○tinchi（てんき、天気） ○tuchi（とき、時） ○yuchi（ゆき、雪）

○ujinui（おぎなひ、補ひ） ○nanji（なんぎ、難儀）

○Chikagurō（ちかごろは、近頃は） ○uchi（うち、内） ○machigē（まちがへ、間違へ） ○michi（みち、道） ○nji-guchi（いでぐち、出口）

○fī（ひ、火） ○fichi（ひきて、引きて） ○Fiji（ひげ、鬚） ○ifē（いひは、

少ひは、少しは）（ifija）；　○tūi（とひ、問ひ）　○sūti（そひて、沿ひて）；　○nigē（ねがひ、願ひ）　○hunē（ふなゑひ、船酔ひ）；　○chuyi（ひとり（一人）　○tchu（ひと、人）

○byō-chē（びやうきは、病気は）　○dabi（だび、荼毘）　○Tabitabi（たびたび、度々）○Hara-ubi（はらおび、腹帯）

○shitataka（したたか、強か）　○shinā（しなは、品は）　○shiri（しり、知り）○ishi（いし、石）　○gashi（がし、餓死）　○tushi（とし、年）　○nūshi（ぬし、主）○hanashi（はなし、話）　○Ngkashi（むかし、昔）

○ji-bung（じぶん、時分）　○Kujima（こじま、小島）　○Tsīji（つじ、辻）　○hajimiti（はじめて、初めて）

○michi（みち、道）　○mizi（みづ、水）　○shimiti（すみて、澄みて、澄んで）○wugami（をがみ、拝み）

○nisannichi（にさんにち、二三日）　○Nimutsē（にもつは、荷物は）　○kuni（くに、国）　○sigu ni（すぐに、直に）

○haru-yaduyi（はるやどり、畑家取り）　○chuyi（ひとり、一人）　○Huna-ukuyi（ふなおくり、船送り）　○fuyi（ふり、降り）　○yuini（よりに、由りに、よって）　○ammadi（あまり、余り）

Ⅴ－１－⑴－②　＊／e／

/ke/・/ge/・/te/・/de/・/pe/・/be/・/se/・/ze/・/me/・/ne/・/re/の/e/相当部分について検討する。

{漂}（1818）

原則的には、*/e/に対応する部分にはハングルの「i」が現れるが、これとは別にハングルの「ʌ」「ʌi」「ɯi」で表記されているものがある。これについては、多和田（1997）で詳しく論じた（p. 83-85）。その結果は、「ʌ」「ʌi」「ɯi」は[ɛ]及び[e]を示している可能性が高く、また[i]あたりまでもカバーしていると考えられるというものであった。

＜用例＞

○mu-scin-ci-sko（もちていきてこ、持ちて行きて来）　○'i-nʌi-tsi（いねて、寝ねて）　○si-ri（キセル、khsier）　○ku・mi（こめ、米）

○stʌs（ふてつ、二つ）；　○hu-tɯi（ふで、筆）；　○kan-'ɯi（かぜ、風）；　○'i・nʌi・tsi（いねて、眠）　○tin・'ɯi<tan・'ɯi>（たね、種、陽茎）　○khan・'ɯi（かね、金）　○hu・nɯi（ふね、船）

＜連母音*/eu/の融合形＞

○sjo-koaŋ（せうくわん、小官）　○sjo-cu（せうちう、焼酎）

（用例ナシ）*/ke//ge/*/pe/*/be/

{クリ}（1818）

*/e/相当部分は、アルファベットの「i」あるいは「ee」が当てられている。一貫している。

＜用例＞

○akirree（あけれ、開けれ）　○dakee（たけ、竹）　○weekee（兄弟、「ゑけり」）○kee（け、毛）　○ickkee（いけ、行け）；　○naging（投げる）　○nageeoong（投げる）＜Let, to, fall a thing＞；　○ting（てん、天）　○tootee（とりて、取りて）　○tee（て、手）　○te（て、手）　○asattee（あさて、明後日）　○matee（まて、待て）○oomootee（おもて、表）　○mootchee（もちて、持ちて）　○satchee（さして、差して）○itch-itchee（いきて、生きて）；　○dee-eego-kee（でいごき、梯梧木）　○noodee（のんで、飲んで）　○hoodee（ふで、筆）　○weejee（およいで、泳いで）　○coojee（こいで、漕いで）；

○shirree（(キ) セル、煙管）　○sing（せん、千）；　○kazzee（かぜ、風）　○kassee（かぜ、風）；　○sheemirree（締めれ）　○mee（め、目）　○meegua（めくら、盲）；○ninjoong（ねる、寝る）　○neebooee（ねぶり、眠り）　○hannee（はね、羽）

＜連母音*/eu/の融合形＞

○chow（てう、兆）

{官}（19世紀?）

原則的には「エ段の仮名」で表記されているが、「イ段の仮名」が混じっている。また、同一の語を二様に表記している場合もある。

（例）○メセ（めし、飯）　○ミシ（めし、飯）　○コミ（こめ、米）

（例）○サウメン（さうめん、索麺）　○サウミン（さうめん、索麺）

＜用例＞

○サケ（さけ、酒）　○アツザケ（あつざけ、熱酒）　○シヨツケ（しほづけ、塩漬け）○ツケシヤウガ（つけしやうが、漬け生姜）　○ツケナ（つけな、漬菜）

○アンラアゲクワシ（あぶらあげくわし、油揚げ菓子）　○アンラゲイ（あぶらあげ、油揚げ）　○コヲゲ（こはげ、強毛、陰毛）　○シラゲグミ（しらげごめ、精げ米）○マゲル（まげる、曲げる）

○テイ（て、手）　○シテミテミシ（すてめてめし、朝飯）　○カステラ（かすてら、Pão de Castella、鶏蛋糕）

○ダデル（だれる、垂れる）　/d/と/r/との問題。

○ハダヱ（はだへ、膚）　○マイハ（まへば、前歯）

○シヨビン（せうべん、小便）　○リヤビン（だいべん、大便）　○ノビル（のべる、伸）　○ノベル（のべる、伸）

○センチヨ（せんきゆう、川芎）　○アシ（あせ、汗）；　○シヨビン（せうべん、小便）○ソウフキヨ（せうちう、焼酎）　○クソ（こせう、胡椒）；

○メシ（めし、飯）　○メセ（めし、飯）

＜「ぜ」なし。＞

○メ（め、目）　○メイ（め、目）　○メシ（めし、飯）　○コルマメ（くろまめ、黒豆）　○トウマアメ（たうまめ、唐豆）　○ツメ（つめ、爪）　○サウメン（さうめん、索麺）；　○サウミン（さうめん、索麺）　○ミシ（めし、飯）　○アヲマミ（あをまめ、青豆、緑豆）　○コミ（こめ、米）

○子イ（ね、根）　○ナガニボ子（ながねぼぼね、長峰骨、腰肋）　○ム子グキ（むねぐち、胸口）　○アオヨ子（あをよね、青米、緑米）　○イ子ムメ（いねもみ、稲籾）　○イリカン（いれがみ、入れ髪）　○ハナライ（はなだれ、鼻垂れ）はなだり？

｛沖話｝（1880）

＊/e/相当部分には、「イ段の仮名」及びアルファベットの「i」が対応している（連母音は融合している）。

例外的存在としての「ハベル。haberu（はべる、てふ、蝶）」が収録されている。

＜用例＞

○チイ　chī（けい、景）　○チートウ　chītu（けいとう、鶏頭、鶏冠）　○チーチエー　chīchē（けしきは、景色は）　○チユウ　chū（けふ、今日）　○トチー　tuchī（とけい、時計）

○ツギ　tsigi（つげ、黄楊）　○マツギ　matsigi（まつげ、睫）；　○カヂ　kaji（かげ、陰）　○クラジ　kuraji（くらげ、水母）　○ジタ　jita（げた、下駄）　○ジンクワン　jinkwan（げんくわん、玄關）；</-ige/ではない。[ge]→[gi]→[ʤi]の変化を辿った？>；　○ヒジ　Fiji（ひげ、髯）　</-ige/>

○テー　tī（て、手）　○テラ　tira（てら、寺）　○テンチ　tinchi（てんき、天気）　○アサテ　asati（あさて、明後日）　○ナンテン　nantin（なんてん、南天）　○フデタテイー　fuditatī（ふでたて、筆立て）

○デシ　dishi（でし、弟子）　○デイグ　dīgu（でいご、梯梧）　○ウデ　udi（うで、腕）　○フデ　fudi（ふで、筆）

○ウイヌシチ　uinushichi（うへのしきゐ、上の敷居？、鴨居）；　○ケーデ　kēdi（かへで、楓）　○ヘー　fē（はへ、蝿）　○メー　Mē（まへ、前）；　○ヒウタン　hyūtan（へうたん、瓢箪）

○ビントウ　Bintō（べんたう、弁当）　○クビ　kubi（かべ、壁）　○ナービ　nabi（なべ、鍋）　○ユービ　yūbi（ゆふべ、夕べ、昨夜）　○ワラビ　warabi（わらべ、童、幼兒）　○ハベル　haberu（はべる、てふ、蝶）

○シツ　shitsi（せつ、節）　○シンズ　shinzu（せんぞ、先祖）　○シンビー　shimbī（せんべい、煎餅）　○チシリ　chishiri（きせる、煙管）　○サンシン　sanshin（さんせん、三線、三味線）　○フシギ　fushigi（ふせぎ、防ぎ）

○ジン　zin（ぜん、膳）　○カヂ　kazi（かぜ、風）

○ミー　mī（め、目）　○ミーカヾン　mīkagan（めかがみ、めがね、眼鏡）　○アミ　ami（あめ、雨）　○カーミー　kāmī（かめ、亀）　○ソウミン　sōmin（さうめん、素麺）　○タミ　tami（ため、為）　○ツミ　tsimi（つめ、爪）　○イミ　imi（ゆめ、夢＜いめ＞）；　○ミー　Mī（めひ、姪）

○ニー　nī（ね、子）　○イチニン　ichinin（いちねん、一年）　○ンニ　nni（いね、稲）　○スニ　sini（すね、脛）　○ハニ　hani（はね、羽）　○ンニ　nni（むね、胸）　○リンクン　rinkun（れんこん、蓮根）　○アラリ　arari（あられ、霰）　○クリ　kuri（これ、此れ）　○ウリ　Uri（それ、其れ）　○ナガリミヅ　nagarimizi（ながれみづ、流水）　○ヒリ　firi（ひれ、鰭）；　○スダイ　sidayi（すだれ、簾）；

○リーチ rīchi（れいし、茘支） ○グブリー guburī（ごぶれい、御無礼）

{チェン}（1895）

統一的に、*/e/にはアルファベットの「i」が対応している。
「せ」に「shi」と「si」とがある。これについては、「サ行の子音」のところで述べる。

＜用例＞

○kitchi（けりて、蹴りて、蹴って） ○kaki-ri（かけれ、掛けれ） ○tsiki daki（つけだけ、点け竹、点け木） ○waki（わけ、訳）； ○Chū（けふ、今日）
○jita（げた、下駄） ○Fiji（ひげ、鬚）
○tinchi（てんき、天気） ○sū-tītsi（そてつ、蘇鉄） ○tsikiti（つけて、着けて）○hajimiti（はじめて、初めて）
○madē（までは＜助詞＞）（←madija）
○fin（へん、辺） ○fintō（へんたふ、返答） ○tatui（たとへ、例え）； ○kēra（かへら、帰ら） ○mē（まへ、前）
○u tabi mi shēbiri（おたべめしはべれ、御賜べ召し侍れ）
○Sanshing（さんせん、三線、三弦、三味線） ○mishiri（みせれ、見せれ） ○mishiti（みせて、見せて） ○mudusi（もどせ、戻せ） ○yushiritōta’ndi（よせれてをりたりと、寄せれてをりたりと、立ち寄って来たと）； ○sē（せは、為は） ○shē（せは、為は）
○Zin-zing（ぜんぜん、漸漸） ○kazi（かぜ、風）
○Mī（め、目） ○ami（あめ、雨） ○hajimiti（はじめて、初めて）
○nigē（ねがひ、願ひ） ○nitsi（ねつ、熱） ○huni（ふね、舟） ○Nni（むね、胸）
○Kuri（これ、之） ○furimung（ふれもの、狂れ者） ○nari（なれ、成れ） ○nagari yuru（ながれをる、流れをる）

V－1－(1)－③ ＊／a／

/ka/・/ga/・/ta/・/da/・/pa/・/ba/・/sa/・/za/・/ma/・/na/・/ra/の/a/相当部分について検討する。

{漂}（1818）

*/a/相当部分には、ハングルの「a」が対応している（連母音は融合している）。

＜用例＞

○ka-sa（かさ、傘、笠） ○kan-’ɯi（かぜ、風） ○khan-’ɯi（かね、金、銭）○’a-ma-ska-ra（あまから、彼方から） ○khɔi-ra（かへら、換へら）； ○kan-cju（がんじよう、岩乗、頑丈）； ○tin<tan>-’ʌi（たね、種、陰茎） ○ta-pak-kui（たばこ、煙草） ○tu-hu（たうふ、豆腐）； ○tai-sjaŋ-koaŋ（だいしやうくわん、大将官）；○ha・si（はし、箸） ○hoa・chi・koa・chi（はちぐわつ、八月） ○’i・hoa（ジーファー、簪）； ○ta・pa・kui（タバコ、烟草） ○ku・pa（クバ、九波木） ○ma・sa<pa・

sa> （バサ、磨沙）；　○san-koa-chi（さんぐわつ、三月）　○ka-sa（かさ、傘、笠）○cu-ra-sa（きよらさ、清らさ）；　○ma（うま、馬）　○mʌi・ni・chi（まいにち、毎日）○ka・ma・tu（カマド、童児の名）　○maŋ・kha・rɯi・’ja（マーンカイヤ、何処在乎）○’a・ma～（あま、彼処）　○tu・ma（とま(り)、泊、白村）；　○’u・na・kui（をなご、女）；　○’a・ma・ska・ra（あまから、彼処）　○cu・ra・sa（きよらさ、清らさ、好）

（用例なし）*/za/

{クリ}（1818）

*/a/相当部分は、基本的にはアルファベットの「a」で表記されているが、「e」や「u」等が対応する場合もある。「自由異音」として処理できよう。連母音は融合している。

＜用例＞

○kamoong（かむ、食べる）　○ka（かは、皮）　○kannee（かね、金）　○kabee（かみ、紙）　○skehdang（つかんだ、掴んだ）　○kutta（かた、肩）　○cammoodee ＜Cap＞（かんむり、冠）；　○kagung（かがみ、鏡）　○injassa（にがさ、苦さ）；○tatchee　（たち、太刀）　○tattee（たて、縦）　○tamma（たま、玉）　○acha（あした、明日）　○stcha（した、下）　○stcha（した、舌）　○fitchayeh（ひたひ、額）；○dachoong（だく、抱く）　○dakee（たけ、「だけ」、竹）　○eeda（えだ、枝）　○nada（なみだ、涙）　○injashoong（いだす、出す）；　○hatchee（はち、八）　○woo noo fa（をのは、芭蕉の葉）　○fanna（はな、花）　○fanna（はな、鼻）　○honna（はな、鼻）○karahigh（からはり、磁石）；　○sabannee（サバニ）　○saback（さば、草履）　○sackkee（さけ、酒）　○coosa（くさ、草）　○saroo（さる、猿）　○sanjoo（さんじふ、三十）○saw（さを、竿）；　○choozackkee（つよざけ、強酒）；　○matsee kee（まつき、松木）○maroo（まる、丸）＜Moon, full＞　○tamma（たま、玉）　○ma（うま、馬）○morroosa（まるさ、丸さ）；　○nashee（なし、無し）　○naee（なり、実）＜Cocoa-nuts＞　○asa tinnacha（あさてのあした、明明後日）　○fanna（はな、花）　○nay（なり、実）　○nigh（なり、実）＜Seed＞　○eenea, ignea（Italian gn.）（みな、皆）

{官}（19世紀?）

「ア行の仮名」で表記されている。

＜用例＞

○カボ（かぶ、蕪）　○カマブク（かまぼこ、蒲鉾）　○カラス（からし、辛子）○カア（かは、皮）　○アカカウジ（あかかうじ、赤麹）　○ナカイビ（なかゆび、中指）○ノカ（ぬか、糠）　○ワカス（わかす、沸す）

○イリカン（いれがみ、入れ髪）　○シヤウガ（しやうが、生姜）　○タナガヱイ（たねがはり、種変り）　○クシナガニ（こしながね、腰長峰、脊背）　○ニガナ（にがな、苦菜）＜口蓋化なし？＞　○メホサカル（めふさがる、目塞がる）

○タキワキ（たちはき、太刀佩、刀豆）　○タナガエイ（たながはり、種変り）　○カタジル（かたじる、濃汁）　○シタ（した、舌）　○シタ（した、下）　○シヨブタ（し

ほぶた、塩豚）　○ヒタイ（ひたひ、額）　○ビンタ（びんた、鬢毛）
○シキヤワタ（したわた、下腸、下腹）
○ダアグ（だんご、団子）　○ハダヱ（はだへ、膚）　○チタイク子イ（きだいこね、黄大根）　○リヤク子（だいこね、大根）　○リヤビン（だいべん、大便）
○ナラ（なみだ、涙）　○ハナライ（はなだれ、鼻垂り）　/d/と/r/との問題。
○アンダ（あぶら、油）　○コンダ（こむら、腓）
○ハア（は、歯）　○ハナ（はな、鼻）　○ハンク（はじく、弾く）　○アハマンツヨ（あはまんぢゆう、栗饅頭）　○カア（かは、皮）　○クハム子（こはむね。強胸，硬胸）　○サイハン（さいはん、菜飯）
○ウクバ（おくば、奥歯）　○チイバ（きば、牙）　○サアインバン（さいはん、菜飯）　○ソバクヲ（そばこ、蕎麦粉）　○ツハチアンラ（つばきあぶら、椿油）　○マイハ（まへば、前歯）
○サケ（さけ、酒）　○サバカン（さばかぬ、裁かぬ、梳らぬ）　○アサメシ（あさめし、朝飯）　○カサ（かさ、瘡）　○ホサカル（ふさがる、塞がる）
○アツザケ（あつざけ、熱酒）
○マクラ（まくら、枕）　○マキリ（まつり、祭）　○マミ（まめ、豆）　○マヨ（まゆ、眉）　○アマザケ（あまざけ、甘酒）　○ウグマ（おごま、御胡麻）　○カマブク（かまぼこ、蒲鉾）　○ナマシ（なます、膾）
○ナカグヲ（なかご、中粉）　○ナガニボネ（ながねぼぼね、長峰骨、腰肋）　○ナガリ（ながれ、流れ）　○ナアスビ（なすび、茄子）　○ツケナ（つけな、漬菜）　○ハナ（はな、鼻）
○アンラ（あぶら、油）　○ウラ（うら、裏）　○カラス（からし、辛子）　○ツヨラズラ（きよらつら、清ら面）　○シラゲグミ（しらげごめ、精げ米）　○ヒラグン（ひらぐみ、平組み、平編み）　○マクラ（まくら、枕）　○ワラビコジ（わらびくず、蕨葛）；○コンダ（こむら、腓）

｛沖話｝（1880）

「ア行の仮名」及びアルファベットの「a」で表記されている。問題はない。

＜用例＞

○カスミ　kasimi（かすみ、霞）　○カヂ　kazi（かぜ、風）　○カビ　kabi（かみ、紙）　○アカツチ　akatsichi（あかつき、暁）　○イナカ　inaka（いなか、田舎）　○シカ　shika（しか、鹿）＜「シチャ」ではない＞　○タカ　taka（たか、鷹）　○ハカマ　hakama（はかま、袴）　○ンカシ　nkashi（むかし、昔）
○イチヤ　icha（いか、烏賊）　○チヤー　chā（いか、如何）
○ガツカウ　gakkō（がつかう、学校）　○ガマ　gama（がま、洞）　○ガン　gan（がん、雁）　○テガミ　Tigami（てがみ、手紙）　○ナガク　nagaku（ながく、長く）　○ウガデ　wugadi（をがみて、をがんで、拝んで）；
○アンジヤサ　anjasa（あみがさ、笠）＜「口蓋化・破擦音化」＞
○ター　tā（た、田）　○タカ　taka（たか、鷹）　○タービ　tabi（たび、足袋）　○ウミバタ　umibata（うみばた、海端、海岸）　○カタ　kata（かた、肩）　○シタ　shita

（した、舌）＜口蓋化・破擦音化なし＞　○ハタキ　hataki（はたけ、畑）　○ワタイリ　watairi（わたいれ、綿入れ）

○アチヤ　acha（あした、明日）　○ヒチエー　fichē（ひたひ、額）

○ダーグ　dāgu（だんご、団子）　○アダン　adan（あだん、阿旦）　○イチダン　ichidan（いちだん、一段）　○スダイ　sidayi（すだれ、簾）　○ラクダ　rakuda（らくだ、駱駝）

○ハー　hā（は、歯）　○ハカ　haka（はか、墓）　○ハカマ　hakama（はかま、袴）　○ハシ　hashi（はし、橋）　○ハーチ　hāchi（はち、鉢）　○ハナ　hana（はな、花）　○ハル　haru（はる、春）；　○ハヅ　fazi（はず、筈）　○ハヅ　hazi（はず、筈）　○アワ　awa（あは、粟）　○ニワ　niwa（には、庭）；　○アーシムン　āshimun（あはせもの、袷物）　○カー　kā（かは、川、井戸）　○カーラ　kāra（かはら、河原、河）　○カーラ　kāra（かはら、瓦）　○サーラン　sāran（さはらぬ、障らぬ）；

○バグ　bagu（ばぐ、馬具）　○バンジヤウガニ　banjōgani（ばんじやうがね、番匠金、曲尺）　○チーバ　chība（きば、牙）　○クサバナ　kusabana（くさばな、草花）　○サバチ　sabachi（さばき、裁き、櫛）　○スバ　suba（そば、蕎麦）

○サカヅチ　sakazichi（さかづき、盃）　○サカナ　sakana（さかな、肴）　○サケー　sakē（さかひ、境）　○サキ　saki（さけ、酒）　○サル　saru（さる、申）　○サール　sāru（さる、猿）　○アサ　asa（あさ、朝）　○アサテ　asati（あさて、明後日）　○ウサジ　usaji（うさぎ、兎）　○クサ　Kusa（くさ、草）

○ザー　zā（ざ、座、座敷）　○ジヤクラ　jakura（ざくろ、石榴）

○イシゼーク　ishizēku（いしざいく、石細工、石工）　○サシムンゼーク　sashimnnzēku（さしものざいく、指物細工、指物師）　○サゼー　sazē（さざえ、拳螺）　○ザウ　zō（ざう、象）　○ミーザウキー　mīzōkī（みざうき、箕）

○ザイリヤウ　zairyō（ざいれう、材料）＜「ゼー」には成っていない。＞

○マツクワ　makkwa（まくら、枕）　○マクトニ　makutu ni（まことに、誠に）　○マーツ　mātsi（まつ、松）　○マユ　mayu（まゆ、眉）　○ンマ　mma（うま、馬）　○クルマ　kuruma（くるま、車）　○ヒマ　fima（ひま、暇）　○ヤマ　yama（やま、山）

○ナツ　natsi（なつ、夏）　○ナービ　nabi（なべ、鍋）　○ナミ　nami（なみ、波）　○ナンジ　nanji（なんじ、何時）　○イナカ　inaka（いなか、田舎）　○カンナイ　kannayi（かみなり、雷）　○サカナ　sakana（さかな、肴）　○ハナ　hana（はな、鼻）　○ハナ　hana（はな、花）

○ラクダ　rakuda（らくだ、駱駝）　○ラツチヤウ　ratchō（らつきよう、薤）　○ラン　ran（らん、蘭）　○アラリ　arari（あられ、霰）　○ウヅラ　uzira（うづら、鶉）　○カーラ　kāra（かはら、河原、河）　○カーラ　kāra（かはら、瓦）　○クラ　kura（くら、鞍）　○シラン　shiran（しらみ、蝨）　○テラ　tira（てら、寺）　○トラ　tura（とら、寅）

{チェン}（1895）

統一的に、アルファベットの「a」が対応している。揺れはない。

＜用例＞

○kazi（かぜ、風）　○kanasha（かなしさ、愛しさ）　○kāra（かはら、河原）
○kati（かりて、借りて）　○kangē（かんがへ、考へ）　○Chikachi（きかして、聞かして）　○Nakashima（なかしま、中島）　○wakarang（わからぬ、解らぬ）

○Chā（いか、如何）　○chassa（いかさ、幾さ、幾ら）　○inchasa（いんかさ、短かさ）

○gashi（がし、餓死）　○gattinō（がてんは、合点は）　○ganju（がんじよう、岩乗、丈夫）　○agatōng（あがりてをり、上がりてをり、上がっている）　○nagaza（ながざ、長座）　○Yuza-gawa（よざがは、輿座川）　○wugadi（をがみて、拝みて、拝んで、拝見して）

○tatui（たとへ、例へ）　○Tabaku（たばこ、煙草）　○jita（げた、下駄）　○shitataka（したたか、強か）　○mata（また、又）　○wata（わた、腸、腹）　○uta（うた、歌）
○Achā（あしたは、明日は）

○dabi（だび、荼毘）　○Nāda（いまだ、未だ）　○Kunēda（このあひだ、この間）
○tadashiku（ただしく、正しく）　○tsiki daki（つけだけ、点け竹、点け棒）　○Tīda（てだ、太陽）

○ufanashi（おはなし、御話）　○katafamung（かたはもの（片端者）；　○hajimiti（はじめて、初めて）　○hazi（はず、筈）　○hanashi（はなし、話）　○hammē（はんまい、飯米）；　○Uchinā（おきなは、沖縄）　○kāra（かはら、河原）；　○Yuza-gawa（よざがは、輿座川）；　○nifē（みはい、御拝）　○fēku（はやく、早く）

○bā（ば、場、場合）　○bashu（ばす、時、場合）＜「場所」？＞　○suba（そば、傍）
○Tabaku（たばこ、煙草）

○sachi（さき, 先）　○Sanshing（さんせん、三線、三弦、三味線）　○asa（あさ、朝）
○nisannichi（にさんにち、二三日）　○fīsa（ひさ、冷さ、寒さ）

○nagaza（ながざ、長座）　○Murunjatu（もろみざと、諸見里）　○Yuza-gawa（よざがは（輿座川）

○mata（また、又）　○machigē（まちがへ、間違へ）　○Mazi（まづ、先づ）　○ituma（いとま、暇）　○mma（うま、馬）　○fī-guru-ma（ひぐるま、火車、蒸気船）　○Kujima（こじま、小島）　○tachimachi（たちまち、忽ち）　○yamā（やまは、山は）

○nagasa（ながさ、長さ）　○nati（なりて、成りて）　○nanji（なんぎ、難儀）
○kanasha（かなさ、愛さ）　○hanashi（はなし、話）　○nna（みな、皆）　○winagu（をなご、女）；　○ukunē（おこなひ、行ひ）　○nē（なゐ、震ひ、地震）

○Iradi（えらびて、(選びて、選んで）　○kāra（かはら、河原、河）　○kurashi（くらし、暮し）　○mura（むら、村）　○wakarang（わからぬ、解らぬ）

Ⅴ－１－⑴－④　＊／u／

/ku/・/gu/・/tu/・/du/・/pu/・/bu/・/su/・/zu/・/mu/・/nu/・/ru/の/u/相当部分について検討する。

{漂}（1818）

原則的には、*/u/にハングルの「u」が対応し、音価は[u]でよいが、*/tu/・*/du/と*/su/とは様相が違う。「i」が対応し、音価は[i]である（「cɯi」もこれに準じる）。

*/tu/には、「chi」「ci」が対応している。（「つよ～」の「cu」は融合の結果）
*/du/には、「cɯi」が対応している。
*/su/には、「si」が対応している。

＜用例＞

○kuŋ-koa-chi（くぐわつ、九月）　○ku-ci（くち、口）；　○sjo-koa-chi（しやうぐわつ、正月）　○hoa-chi-koa-chi（はちぐわつ、八月）　○'u-koa-chi（ごぐわつ、五月）；○stʌs（ふてつ、二つ）　○ci-ci（つき、月）　○cu-cu-ra-sa（つよきよらさ、強清らさ）　○kuŋ-koa-chi（くぐわつ、九月）　○sjo-koa-chi（しやうぐわつ、正月）○si-mo-ci-ci（しもつき、霜月、十一月）；　○mi・cɯi（みづ、水）；　○hu・tɯi（ふで、筆）　○hu・nɯi（ふね、船）　○tu・hu（たうふ、豆腐）；　○si-mi（すみ、墨、学問）；○sin・'juŋ（しぬ、死）
（用例なし）*/bu/ */zu/*/mu/ */ru/

{クリ}（1818）

原則的には、*/u/にアルファベットの「oo」「o」が対応するが（音価は[u]）、*/tu/・*/du/と*/su/*/zu/とは様相が違う（音価は[i]）。

*/tu/には、「chi」「chee」「tsi」「tsee」「sti」「stee」が対応する。
*/du/には、「zee」「see」「si」が対応する。
*/su/には、「si」が対応する。
　（例外的な「soona（すな、為な）」がある。）（第Ⅶ章　参照）
*/zu/には、「ji」「jee」が対応する。

＜用例＞

○koomoo（くも、雲）　○koorooma（くるま、車）　○kookoo fooyoong（くうくふる、小さく降る）＜Rain, lightly＞　○korosa（くろさ、黒さ）；　○gooseecoo（ぐすく、城）○gwautsee（ぐわつ、月）；　○cheena（つな、綱）　○chinna（つな、綱）　○cheejee（ついで、注いで）　○cheejoong（つぐ、注ぐ）　○mootsee（むつ、六つ）　○matsijee（まつげ、睫毛）　○matsee kee（まつき、松木）　○sheemootsee（しよもつ、書物）○cootsee（こつ、骨）　○stinno（つの、角）　○steera（つら、「面」、顔）；
○meezee（みづ、水）　○meesee（みづ、水）　○sackka sitche（さかづき、盃）○fookassa（ふかさ、深さ）　○tayehfoo（たいふう、台風）　○whfoota（ふた、蓋）○hoonee（ふね、船）　○hoota（ふた、蓋）　○hatung（ふとん、布団）；　○boota（ぶた、豚）　○neebooee（ねぶり、眠り）　○haboo（ハブ）；
○sinnna（すな、砂）　○simmee（すみ、墨）　○sing（すん、寸）　○soona（すな、為な）；　○jeeshee（ずし、厨子）　○chacheejing（けしずみ、消し炭）；　○moonee（むね、胸）　○cammoodee（かんむり、冠）；　○nonoo（ぬの、布）

｛官｝（19世紀?）

「ウ段の仮名」で表記されているように見えながら、「オ段の仮名」との混用があり、両者の区別はなくなっていることがわかる。

（例） ○コキ（くち、口）　○コルマメ（くろまめ、黒豆）　○モジノコヲ（むぎのこ（麦の粉）

/tu//du/*/su/*/zu/の*/-u/は[-i]になっていると言える。仮名で示すと、

「つ」が「ち」「き」と、「づ」が「ぢ」「ず」「じ」「ぎ」と、「す」が「し」と、「ず」が「づ」「じ」「ぎ」と、それぞれ同音になっている。

＜「つ」「ち」「き」同音＞

○ヒキズ（ひつじ、羊）　○マキリ（まつり、祭）　○チラ（つら、面、顔）

＜「づ」「ず」「「ぢ」「じ」「ぎ」同音＞

○ケジ（きず、疵）　○ケヅ（きず、疵）　○ワラビコジ（わらびくず、蕨葛）

○ヒズ（ひぢ、肘）　○ズマアメ（ぢまめ、地豆）　○ヒキズ（ひつじ、羊）　○モヅ（むぎ、麦）　○ムジ（むぎ、麦）

＜「す」「し」同音＞

○ナマシ（なます、膾）　○カシ（かす、粕）　○カス（かす、粕）

＜用例＞

○クキ（くち、口）　○アクビ（あくび、欠伸）　○ウシロクブ（うしろくぼ、後ろ窪）○ウク（おく、奥）　○ウクバ（おくば、奥歯）；　○コキ（くち、口）　○コルマメ（くろまめ、黒豆）　○ワラビコジ（わらびくず、蕨葛）　○ウシルコブ（うしろくぼ、後ろ窪）　○コルミ（くろめ（黒目）

○ヒラグン（ひらぐみ、平組み、平編み）　○サケツグ（さけつぐ、酒注ぐ）　○ム子グキ（むねぐち、胸口）　○ヤナグキ（やなぐち、悪口）

○ツク（つく、付く）　○ツグ（つぐ、注ぐ）　○ツハチ（つばき、椿）　○ツメ（つめ、爪）　○ツヨクリ（つくれ、作れ）　○ツケナ（つけな、漬け菜）　○アツザケ（あつざけ、熱酒）；

○ヒキズ（ひつじ、羊）　○マキリ（まつり、祭）　○チラ（つら、面、顔）

○ツヨラズラ（きよらづら、清ら面）　○カタズラ（かたづら、固面？）　○ミソズケ（みそづけ、味噌漬け）

○ヒズ（ひぢ、肘）　○ズマアメ（ぢまめ、地豆）　○ヒキズ（ひつじ、羊）

○モヅ（むぎ、麦）　○ムジ（むぎ、麦）

○トウフマメ（たうふまめ、豆腐豆）　○タウホイヤウ、たうふゆ、豆腐湯、豆乳）○ホサカル（ふさがる、塞がる）　○ホレイ（ふるひ、振るひ）　○カンタヲホ（かんたうふ、寒豆腐）

○ブタ（ぶた、豚）　○カボ（かぶ（蕪）　○アンラアゲ（あぶらあげ、油揚げ）

○スヱ（す、酢）　○スル（する、擦る）　○スル（する、為る）　○ナアスビ（なすび、茄子）　○ワカス（わかす、沸かす）　○ウヲス（うす、臼）　○カステラ（かすてら、Pão de Castella）；　○ナマシ（なます、膾）　○カシ（かす、粕）　○カス（かす、粕）

○ケジ（きず、疵）　○ケヅ（きず、疵）　○ワラビコジ（わらびくず、蕨葛）
○ムジ（むぎ、麦）　○ム子（むね、胸）；　○モジノコヲ（むぎのこ（麦の粉）　○モヲク（むこ、婿）
○ノカ（ぬか、糠）　○ノンクウフ（ぬんくう、暖鍋）　○イン（いぬ、犬）
○ルイ（るい、類）　○アヒル（あひる、家鴨）　○カタジル（かたじる、濃汁）
○ヒル（ひる、蒜）　○ヒルマモノ（ひるまもの、昼間物、昼食）

{沖話}（1880）

/u/の部分には、原則として「ウ段の仮名」及びアルファベットの「u」が対応するが、/tu/*/du/*/su/*/zu/の*/-u/には「-i」が対応する（*/tu/つ：tsi、*/du/づ：zi、*/su/す：si、*/zu/ず：zi）。

音価が[i]になっていることを示している。

但し、次のような例外的なもの（*/du/：zu、*/su/：su）が存在する。

○イヅン　izun（いづみ、泉）　○イヅミヤー　Izumiyā（いづみや、和泉屋）
○スヽ　susu（すそ、裾）；　○スムヽ　sumumu（すもも、李）　○スルミ　surumi（するめ、鯣）　○シンスイ　shinsui（せんすい、泉水）　○クスヌチ　kusunuchi（くすのき、樟）

これらについては、通時的・総合的・体系的観点から捉える必要があるので、第Ⅶ章で詳しく述べることにする。

＜撥音化＞

○ンカシ　nkashi（むかし、昔）　○ンカズ　nkaji（むかで、蜈蚣）　○ンニ　nni（むね、胸）

＜/m/と/b/の交代＞　○ブチ　buchi（むち、鞭）

＜用例＞

○クサ　Kusa（くさ、草）　○クチ　kuchi（くち、口）　○クニ　kuni（くに、国）
○クビ　kubi（くび、首）　○チク　chiku（きく、菊）　○ジヤクラ　jakura（ざくろ、石榴）　○テイブクル　tībukuru（てぶくろ、手袋）　○ヌクサ　nukusa（ぬくさ、温さ）
○ラクダ　rakuda（らくだ、駱駝）

○グスク　gusiku（ぐすく、城）　○グン　gun（ぐん、郡）　○スグ　sigu（すぐ、直ぐ）　○バグ　bagu（ばぐ、馬具）　○ルクグワツ　rukugwatsi（ろくぐわつ、六月）
○ワラグツ　waragutsi（わらぐつ、藁沓、草鞋（ワラヂ）

○ツチ　tsichi（つき、月）　○ツヌ　tsinu（つの、角）　○ツバチ　tsibachi（つばき、椿）　○アツサ　atsisa（あつさ、暑さ）　○イツ　Itsi（いつ、何時）　○ワーツレー　wwatsirē（おあつらへ、御誂らへ）　○シユムツ　shumutsi（しよもつ、書物）
○シツイリ　shitsi-iri（せついり、節入り）　○ナツ　natsi（なつ、夏）
○マーツ　mātsi（まつ、松）

○アヅチ　azitsi（あづき、小豆）　○ウヅラ　uzira（うづら、鶉）　○サカヅチ　sakazichi（さかづき、盃）　○ツヾン　tsizin（つづみ、鼓）　○マヅ　Mazi（まづ、先づ）　○ミヅ　mizi（みづ、水）

○イヅン　izun（いづみ、泉）　○イヅミヤー　Izumiyā（いづみや、和泉屋）
○フクジ　fukuj（ふくぎ、福木）　○フデ　fudi（ふで、筆）　○フユ　fuyu（ふゆ、冬）　○キーフヂ　kifuji（きふぢ、木藤）
○ブダウ　budō（ぶだう、葡萄）　○ブンチン　bunchin（ぶんちん、文鎭）　○アブイ　abui（あぶみ、鐙）　○クーブ　kūbu（こぶ、昆布）
○タバクブン　tabakubun（たばこぼん、煙草盆）　○ツブ　tsibu（つぼ、壺）
○スヽ　susu（すそ、裾）；　○スムヽ　sumumu（すもも、李）
○スルミ　surumi（するめ、鯣）　○シンスイ　shinsui（せんすい、泉水）　○クスヌチ　kusunuchi（くすのき、樟）
○スヾリ　siziri（すずり、硯）　○ボウズ　bōzi（ばうず、坊主、僧）　○ハヅ　fazi（はず、筈）　○ミヽズ　mimizi（みみず、蚯蚓）；
○ムジ　muji（むぎ、麥）　○ムラ　mura（むら、村）　○オホム　ōmu（あうむ、鸚鵡）○キームシ　kīmushi（けむし、毛蟲）；
○ンカシ　nkashi（むかし、昔）　○ンカズ　nkaji（むかで、蜈蚣）　○ンニ　nni（むね、胸）；　○ブチ　buchi（むち、鞭）
○ヌクサ　nukusa（ぬくさ、温さ）　○ヌスド　nusudu（ぬすびと、盗人）　○タヌチ　tanuki（たぬき、狸）；　○イン　in（いぬ、狗）
○ルイ　rui（るい、類）　○アヒル　afiru（あひる、家鳧）　○クルマ　kuruma（くるま、車）　○サル　saru（さる、申）　○タル　taru（たる、樽）　○ハル　haru（はる、春）　○ユル　Yuru（よる、夜）

{チェン}（1895）

/u/には、アルファベットの「u」が対応する。しかし、/tu/*/du/*/su/*/zu/の*/-u/には「-i」が対応する（*/tu/つ：tsi、*/du/づ：zi、*/su/す：si、*/zu/ず：zi）。
但し、{沖話}と同じく、これに依らないもの（*/tu/：tsu）が見出せる。
○tsukutē’（つくりては、作りては）
これについても、第Ⅶ章で改めて取り上げる。

＜撥音化＞
○Ngkashi（むかし（昔）　○Nni（むね、胸）
○Ching（きぬ、衣）　○Matanting（またぬても、待たぬても）

＜用例＞

○kuni（くに、国）　○kurashi（くらし、暮し）　○Gusiku（ぐすく、城）　○Fēku（はやく、早く）
○Gusiku（ぐすく、城）　○umārīru gurē（おもはれるぐらゐ、思はれる位）　○nji-guchi（いでぐち、出口）　○sigu ni（すぐに、直に）　○Nakagusiku（なかぐすく、中城）○fī-guru-ma（ひぐるま、火車、蒸気船）
○tsichi（つき、月）　○tsikiti（つけて、点けて）　○tsiburu（つぶり、頭）○atsisa（あつさ、暑さ）　○ikutsi（いくつ、幾つ）　○sū-tītsi（そてつ、蘇鉄）○nitsi（ねつ、熱）　○mutsikashā（むつかしさは、難しさは）

○tsukutē’（つくりては、作りては）
○Mazi（まづ、先づ）　○mizi（みづ、水）　○mizirashī（めづらしい、珍しい）
○fuchi（ふきて、吹きて）　○huni（ふね、舟）　○furang（ふらぬ、降らぬ）
○hūchi（ふうき、風気、流行り病）　○fūchē（ふうきは、風気は、流行り病は）；　○fintō（へんたふ、返答）　○rō（らふ、蝋）
○Abui（あぶみ、鐙）　○ībung（いひぶん、言ひ分）　○ji-bung（じぶん、時分）
○tsiburu（つぶり、頭）
○sikang（すかぬ、好かぬ）　○sigu ni（すぐに、直に）　○simi（すみ、済み）
○Nakagusiku（なかぐすく、中城）
○Kannazi（かならず、必ず）　○hazi（はず、筈）；　○Zībung（ずいぶん、随分）
○mura（むら、村）　○Mutsikashī mung（むつかしいもの、難しい者、利口ナ者）
○iri mūkū（いりむこ、入り婿）；　○Ngkashi（むかし、昔）　○Nni（むね、胸）
○nūshi（ぬし、主）　○Nunu（ぬの、布）；　○Ching（きぬ、衣）　○Matanting（またぬても、待たぬても）
○guruma（くるま、車）　○yuru（よる、夜）

Ｖ－１－⑴－⑤　＊／o／

/ko/・/go/・/to/・/do/・/po/・/bo/・/so/・/zo/・/mo/・/no/・/ro/・/wo/の/o/相当部分について検討する。

｛漂｝（1818）

＊/o/対応部分に、ハングルの「u」または「o」が現れ、音価は[u]～[o]であると考えられる。

＜用例＞

○mu-scin-ci-sko（もちていきてこ、持ちて行きて来）；　○’u-koa-chi（ごぐわつ、五月）；　○tu-ri（とり、鳥）　○tu-ma（とま（り））　○scjo（ひと、人）；　○ka-ma-tu（カマド ［人名］）　○’u・tu・’i・ri（をどり、をどれ、舞）；　○kun・hɯi・pu（くねんぼ、九年母）；　○mu・scin・ci・sko（もちて～、取来）；　○suk・ku・koa・chi〈ruk・ku・koa・chi〉（ろくぐわつ、六月）
（用例なし）＊/po/＊/so/＊/zo/＊/no/

｛クリ｝（1818）

＊/o/対応部分には、原則的にアルファベットの「oo」が対応し、異音的に「o」が出現する。音価は[u]であったと推定できる。

＜用例＞

○cung coo（ここ　こ、此処来）　○cooroom（ころも、衣）　○cootooba（ことば、言葉）　○cooshee（こし、腰）　○coomee（こめ、米）　○tabacco（タバコ）；　○goo（ご、五）　○innago（をなご、女）　○sheego roocoo（すごろく、双六）；　○hotoo（はと、鳩）　○kootoo（こと、琴）　○twitchee（とき、時）　○choo（ひと、人）；　○dooroo（どろ、泥）　○doonee（どうね、「胴音」　呻き）　○doo（ろ、櫓）　○fooshee（ほし、

星）　○foo（ほ、帆）；　○sooyoong（そる、剃る）　○sootitsee（そてつ、蘇鉄）　○coosoo（くそ、糞）　○soocoo（そこ、底）；　○moo（うも、芋）；　○noodung（のみてをり、飲んでいる）　○nonoo（ぬの、布）　○cheenoo（きのふ、昨日）
（用例なし）*/zo/

｛官｝（19世紀?）

多く「オ段の仮名」が使用されているが、「ウ段の仮名」との混用著しく、その区別はなかったと判断される。音価は[u]としてよかろう。

<用例>

○コシ（こし、腰）　○コシザケ（こしざけ、釃し酒）　○コヲリサタウ（こほりさたう、氷砂糖）　○コミ（こめ、米）　○ヨヲノコ（ゆのこ、湯粉）　○コンダ（こむら（腓）；○カマブク（かまぼこ、蒲鉾）　○クソ（こせう（胡椒）　○ソバクヲ（そばこ、蕎麦粉）○タイク子イ（だいこね、大根）　○モヲク（むこ、婿）

○グザウ（ござう、五臓）　○ウグマ（おごま、御胡麻）　○シラゲグミ（しらげごめ、精げ米）　○ダアグ（だんご、団子）　○ナカグヲ（なかご、中粉）　○モキグミ（もちごめ、糯米）

○トシ（とし、年）　○トヱ（とり、鳥）　○トヨン（とりをり、取りをり、取る）○ウトガヱ（おとがひ、頤）

○ヤツヨ（やきと（灸）<やきと→やいと→やいちょ→やあちょ→やあちゅう　口蓋化・破擦音化>

○インラヲマミ（ゑんどうまめ、（豌豆）　○ノヲルイ（のど、喉）/d/と/r/との問題。

○ホソ（ほぞ、臍）　○イ子ノホヲ（いねのほ、稲の穂）　○ウホイビ（おほゆび、大指）　○ウホシタ（おほした、大舌）　○ウホサ（おほさ、多さ）；　○ウフグキ（おほぐち、大口）；　○コヲリサタウ（こほりさたう、氷砂糖）　○シヨイヨ（しほいを、塩魚）○シヨブタ（しほぶた、塩豚）

○シボヱハタ（しぼりわた、絞り腸）　○ナガニボネ（ながねぼね、長峰骨？、腰肋）○ウシロクブ（うしろくぼ、後ろ窪）　○コブミ（くぼみ、窪み）

○ソバクヲ（そばこ、蕎麦粉）　○ミクソ（めくそ、目糞）　○ミソズケ（みそづけ、味噌漬）

○ホソ（ほぞ、臍）　<「ホソ」は「フス」[ɸusu]の可能性大>

○モミ（もみ、籾）　○モヽ（もも、腿）　○モキ（もち、餅）　○モキグミ（もちごめ、糯米）；　○ムメ（もみ、籾）

○ノヲルイ（のど、喉）　○ノベル（のべる、伸べる）　○ヒルマモノ（ひるまもの、昼間物、昼御飯）　○ヨヲノコ（ゆのこ、湯粉）　○女ノイリカン（女のいれがみ、女の入れ髪）

○ウシロクブ（うしろくぼ、後ろ窪）　○ウシルコブ（うしろくぼ、後ろ窪）　○コルマメ（くろまめ、黒豆）　○シルマミ（しろまめ、白豆）

｛沖話｝（1880）

*/o/の部分に、「ウ段の仮名」とアルファベットの「u」とが規則的に対応している。

音価は[u]である。

＜用例＞

○クズ　kuzu（こぞ、去年）　○クヌ　kunu（この、此の）　○クンツチ　kuntsichi（このつき、此の月、今月）　○クンヤク　kunyaku（こんにやく、蒟蒻）　○タク　taku（たこ、蛸）　○トク　tuku（とこ、床）　○ヌクジリ　nukujiri（のこぎり、鋸）　○ミヤク　miyaku（みやこ、都）　○リンクン　rinkun（れんこん、蓮根）

○グイル　guiru（ごいろ、五色、ゴシキ）　○グトク　gutuku（ごとく、五徳、銕架）　○グンバウ　gunbō（ごばう、牛蒡）　○グブリー　guburī（ごぶれい、御無礼）　○シグニチ　shi gu niche（しごにち、四・五日）　○ダーグ　dāgu（だんご、團子）　○デイグ　dīgu（でいご、梯梧）

○トチー　tuchī（とけい、時計）　○トク　tuku（とこ、床）　○トシ　tushi（とし、年）　○ウト　utu（おと、音）　○チヌト　chinutu（きのと、乙）　○クトー　kutū（こと、琴）　○マクトニ　makutu ni（まことに、誠に）　○ムトミタラー　mutu mitarā（もとめたらは、求めたらは）

○イチユク　ichuku（いとこ、従兄弟）　○チユ　chu（ひと、人）

○ドテ　duti（どて、土手）　○ドル　duru（どろ、泥）　○ドンブリ　dumburi（どんぶり、丼）　○クンド　kundu（こんど、今度）　○ナンドチ　nan duchi（なんどき、何時）　○ヤードイ　yādui（やどり、宿り、別荘）

○チヾユイ　chijuyi（ちどり、千鳥）

○フカ　fuka（ほか、外）　○フシ　fushi（ほし、星）　○ウフサ　ufusa（おほさ、多さ）　○テフノー　tifunō（てほんは、手本は）　○ユフードー　Yufūdō（よほどは、余程）；　○ウーヒラ　ūfira（おほひら、大平）　○クーリ　kūri（こほり、氷）　○トウサ　tūsa（とほさ、遠さ）；　○ハウチヤー　hōchā（ほうてう、庖刀）；

○シユウ　shū（しほ、塩）；　○ノーチ　nōchi（なほして、直して）

○タバクブン　tabakubun（たばこぼん、煙草盆）　○ツブ　tsibu（つぼ、壺）　○クニブ　kunibu（くねんぼ、九年母、香橘）　○ヌブトウヤビイン　nubutōyabīn（のぼりてをりはべり、昇りてをり侍り）

○スダテ　sudati（そだて、育て）　○スデ　sudi（そで、袖）　○スバ　suba（そば、蕎麥）　○スヌバン　sunuban（そろばん、算盤）　○イスヂ　isuji（いそぎて、急ぎて）○ンース　nsu（みそ、味噌）　○ヤマスク　yamasuku（やまそこ、山底、谷）；　○ウスク　usiku（おそく、遅く）

○クズ　kuzu（こぞ、去年）　○シンズ　shinzu（せんぞ、先祖）＜「ju」ではない＞

○フス　fusu（ほぞ、へそ、臍）；

○ンジユ　nju（みぞ、溝）

○ムチ　muchi（もち、餅）　○ムチ　muchi（もち、持ち）　○ムヽ　mumu（もも、股）○ムヽ　mumu（もも、桃）　○ムイ　muyi（もり、森）　○アーシムン　āshimun（あはせもの、袷物）　○ンム　mmu（うも、いも、芋、甘藷）　○クム　kumu（くも、雲）　○シム　shimu（しも、霜）；　○クーバー　kubā（くも、蜘蛛）

○ヌクジリ　nukujiri（のこぎり、鋸）　○ヌーデー　nūdī（のど、喉）　○ヌミ　numi（のみ、鑿）　○ンマヌヤー　mmanuyā（うまのや、馬の屋、厩）　○チヌト　chinutu（きのと、乙） ○クスヌチ kusunuchi（くすのき、樟） ○ツヌ tsinu（つの、角）；○クンツチ kuntsichi（このつき、此の月、今月） ○カキムン kakimun（かけもの、掛物） ○サシムンゼーク sashimunnzēku（さしものざいく、指物細工、指物師） ○ウーン wūn（をの、斧）； ○カニー kanī（かのえ、庚） ○チニー chinī（きのえ、甲）；○チヌー chinū（きのふ、昨日）

○ルクグワツ rukugwatsi（ろくぐわつ、六月） ○イル iru（いろ、色） ○カウル kōru（かうろ、香爐） ○クルチ kuruchi（くろき、黒木） ○トクル tukuru（ところ、所） ○ドル duru（どろ、泥）

{チェン}（1895）

*/o/の部分に、アルファベットの「u」が規則的に対応している。音価は[u]である。

＜用例＞

○Kujima（こじま、小島） ○kutu（こと、事） ○Kuri（これ、之） ○tukuru（ところ、所） ○Kunjō（こんじやう、根性）

○kagu（かご、籠） ○gutōru（ごとある、如ある） ○tushi-guru（としごろ、年頃）○Niguri（にごり、濁り） ○winagu（をなご、女）

○tuchi（とき、時） ○tukuru（ところ、所） ○tushi（とし、年） ○ituma（いとま、暇） ○kutu（こと、事） ○mutu（もと、元） ○wutu（をと、夫）

○tchu（ひと、人） ○chu（ひと、人） ○chuyi（ひとり、一人）

○duttu（どつと、大変） ○duku（どく、毒？、余り） ○mudusi（もどせ、戻せ）

○fuchi（ほして、乾して） ○Fushakō（ほしくは、欲しくは） ○fūkūning（ほうこうにん（奉公人） ○Uhu ami（おほあめ、大雨） ○Ifu（いほ、流出土）；

○tūyi（とほり、通り）

○Kunibu（くねんぼ、九年母）

○suba（そば、傍） ○suti（そりて、剃りて） ○sū-tītsi（そてつ（蘇鉄） ○isuji（いそぎて、急ぎて）

○mutu（もと、元） ○mudusi（もどせ、戻せ） ○munu（もの、物、食べ物） ○Muru（もろ、諸、皆） ○Murunjatu（もろみざと（諸見里） ○umushirukō（おもしろくは、面白くは） ○Nimutsē（にもつは、荷物は） ○urimung（ふれもの、狂れ者）

○Nūdī（のど、喉） ○numi（のめ、飲め） ○munu（もの、物、御飯） ○Nunu（ぬの、布） ○kunu（この、此の） ○unu（その、其の）； ○Wā mung（わがもの、我が物）

○kukuruyasiku（こころやすく、心安く） ○tūru（とうろ、灯炉） ○tukuru（ところ、所） ○tushiguru（としごろ、年頃） ○Murunjatu（もろみざと、諸見里）

Ⅴ－1－(2)　母音連続（二重母音・長母音）

Ⅴ－1－(2)－①　*/ｉｉ/

｛漂｝（1818）

用例、見当たらず。

｛クリ｝（1818）

融合している。

<用例>

○cheeroo（きいろ、黄色）　○aka cheeroo（あかきいろ、赤黄色）　○eechoo（いいひと（「良き人」、士族？）　○sitchee hacoo（しちひやく、七百）　○speeakoo（しひやく、四百）　○sheehacoo（しひやく、四百）

｛官｝（19世紀?）

<用例>

○メイモキ（にひもち、新餅）

｛沖話｝（1880）

融合して長音[iː]となっている。

<用例>

○チールガラシユ　chīrugarashu（きいろがらす、黄色がらす）　○トビユー　tubyū（とびいを、飛び魚）　○シー　shī（しひ、柯子）　○ジーヒチ　jīfichi（じひき（字引）　○ミードシ　Mīdush（にひどし（新年）

｛チェン｝（1895）

融合して長音[iː]となったのがある一方、それが更に変化して短くなったと考えられるのがある。

<用例>

○ibung（いひぶん、言ひ分）　○ichi（いひて、言ひて）　○ichang（いひたり、言ひたり、いひてあり）

Ⅴ－1－(2)－②　*/ｉｅ/

｛漂｝（1818）

<用例>

用例、見当たらず。

｛クリ｝（1818）

一例しか見出せなかったので、断定的なことは言えないが、この例からすると、*/e/

が[i]になっているので[-ii]か。

<用例>

○kackkee－ee（かきゑ、描き絵）

{官}（19世紀?）

<用例>

用例、見当たらず。

{沖話}（1880）

この例からすると、*/e/が[i]になっていて、[-ii]か。

<用例>

○イリー。iriyi（いりえ、入り江）

{チェン}（1895）

例からすると、*/e/が[i]になっているのは確かだが、[-ii]の場合と[-iː]の場合があるように見える。

<用例>

○ichiyinū（いちえんの、一円の、一円のもの）　○mītōng（みえてをり、見えてをり）

Ⅴ－1－⑵－③ */ia/

{漂}（1818）

融合して[-ja]となっている。「しはー」は「ハ行転呼」で[ʃiwa]となっている。（「しやうぐわつ」は、さらに/au/が[oː]となっている。）

<用例>

○sjaŋ-koaŋ（しやうくわん、将官）　○sjo-koa-chi（しやうぐわつ、正月）　○si-'oa-si（しはす、師走、十二月）

{クリ}（1818）

融合して[-ja]となっていると見ることができる。

<用例>

○katchee yanjee（かきやぶり、書き破り、書き損じ）　○quara（きやら、掛絡）○jeeco（ぎやく、逆）　○chawching（ちやうちん、提灯）　○chawung（ちやわん、茶碗）○coohacoo（くひやく、九百）　○goohacoo（ごひやく、五百）　○gooshacoo（ごひやく、五百）　○gooyacoo（ごひやく、五百）　○sangbacoo（さんびやく、三百）　○ishsha（いしや、医者）　○shackkoo（しやく、尺）　○ooganjoo（おほがんじやう、大頑丈）○meea（みや、宮）　○bosa meewhfa（ぼさつみはい、菩薩御拝）　○mayshu（みはし、御箸）

{官}（19世紀?）

融合している。[-ja]。

＜用例＞

○チヤ（ちや、茶）　○チヤウガサ（ちやうがさ、疔瘡）　○ヤコビヤウ（やくびやう、厄病）　○リイビウフ（りびやう、痢病）　○シヤウガ（しやうが、生姜）　○シヤウヨ（しやうゆ、醤油）　○ヤウジヤウ（やうじやう、養生）　○ミヤク（みやく、脈）　○シボエハタ（しぼりわた、絞腸）

{沖話}（1880）

融合している。[-ja]。

＜用例＞

○チヤハン　chafan（きやはん、脚半）　○チヤワン　chawan（ちやわん、茶碗）　○カンジヤー　kanjā（かぢや、鍛冶屋、鍛工）　○ヒーサ　fīsa（ひあさ、さむさ、冷さ、寒さ）　○シヤワシ　shiyawashi（しあはせ、幸せ）　○イシヤ　isha（いしや、醫者）　○シヤク　shaku（しやく、程）　○クジヤク　kajaku（くじやく、孔雀）　○ミヤ　miya（みや、宮、社）　○ミヤク　miyaku（みやこ、都）　○クンヤク　kunyaku（こんにやく、蒟蒻）　○ミヅヂワ　mizijiwa（みづぎは、水際、渚）　○ビハ　Biwa（びは、琵琶）　○ビワ　biwa（びは、枇杷）　○ニワ　niwa（には、庭）　○ニハトリ　niwatuyi（にはとり、鶏）

{チェン}（1895）

融合している。[-ja]。

＜用例＞

○chā（ちや、茶）　○byō-chē（びやうきは、病気は）　○ushagari（おしあがれ、押し上がれ、召し上がれ）　○Isha（いしや、医者）　○shishō（ししやう、師匠）　○shaku（しやく、量、程）　○Kunjō（こんじやう、根性）　○Chichabirā（ききはべらは、聞き侍らは、聞きましたら）　○chābira（きはべら、来侍ら、来ましょう）　○uiri mishēbiri（おいりめしはべれ、お入り召し侍れ、お入りください）　○yyanting（いはぬても、言はぬても、言わなくても）　○nēyabirang（ないはべらぬ、無い侍らぬ、ありません）

V－1－(2)－④　*/iu/

{漂}（1818）

融合して[-ju]となっている。

＜用例＞

○sjo-cu（せうちう、焼酎）

{クリ}（1818）

融合して[-ju]となっている。

<用例>

○doochoo oota（りうきううた、琉球歌）　○coo joo（くじふ、九十）　○joo shee（じふし、十四）

{官}（19世紀?）

表記上はそのようには見えないが、融合して[-ju]となっていると考えられる。

<用例>

○ケウヱ（きうり、胡瓜）　○ソウフキヨ（せうちう、焼酎）

{沖話}（1880）

融合して[-ju]となっている。

<用例>

○キーウイ　kīuyi（きうり、胡瓜）　○セウチウ　shōchū（せうちう、燒酒）　○リツシウ　risshū（りつしう、立秋）　○ヰキガシト　wikigajitu（をとこじうと、舅）　○シジウガラ　shijūgara（しじうから、白頭翁）　○リンガン　ringan（りうがん、龍眼肉）　○バイウ　baiu（ばいう、梅雨）　○フジユウ　fujiyū（ふじいう、不自由）　○クジウニ　kujū ni（くじふに、九十二）　○ジウグワツ　jūgwatsi（じふぐわつ、十月）　○タウヒイ　ウ　tōfiyū（たうひゆ、橙皮油）　○シユル　shuru（しゆろ、棕梠）　○シユンチク　shunchiku（しゆんきく、春菊、同蒿）　○ジユンプー　junpū（じゆんぷう、順風、オヒテ）

{チェン}（1895）

融合して[-ju]となっている。

<用例>

○Nyū-bai（にふばい、入梅）

V－1－(2)－⑤　*/ｉｏ/

{漂}（1818）

用例、見当たらず。

{クリ}（1818）

融合して[-ju]となっている。

<用例>

○ooshoo（うしほ、潮）　○mashoo（ましほ、真塩、塩）　○mashoo ja（ましほや、真塩屋、塩屋）　○eeo（いを、魚）　○tamung eeo（たむんいを、<魚の名>、薪魚）

{官}（19世紀?）

融合して[-ju]となっていると判断される。

＜用例＞

○シヨイヨ（しほいを、塩魚）　○シヨツケ（しほづけ、塩漬）　○シヨブタ（しほぶた、塩豚）　○イヨナマシ（いをなます、魚膾）　○シヨイヨ（しほいを、塩魚）　○ナミイヨ（なまいを、生魚）

{沖話}（1880）

融合して[-ju]となっている。

＜用例＞

○シユウ。shū（しほ、鹽）　○ターイユ。sāiyu（たいを、田魚、鮒）

{チェン}（1895）

用例、見当たらず。

Ⅴ－１－⑵－⑥　*/ｅｉ/

{漂}（1818）

用例、見当たらず。

{クリ}（1818）

融合して[-iː]となっている。

＜用例＞

○teeroo（ている、てかご、手籠）　○dee－eego—kee（でいごき、梯梧木）　○*dee*（れい、礼）　○teefeecha（てひき、手引き、手繋ぎ）　○ma gitcheeoong（まげてゐる、曲げて座る）

{官}（19世紀?）

この例では、[-kiɸi-]の段階であろう。

＜用例＞

○ツケヒル（つけひる、漬蒜）

{沖話}（1880）

融合して[-iː]となっている。

＜用例＞

○カンダンチー　kandanchī（かんだんけい、寒暖計）　○チートウ　chītu（けいとう、鶏頭、鶏冠）　○トチー　tuchī（とけい、時計）　○デイグ　dīgu（でいご、梯梧）　○シンビー　shimbī（せんべい、煎餅）　○シーテン　shītin（せいてん、晴天）　○グブリー　guburī（ごぶれい、御無礼）　○リーチ　rīchi（れいし、茘支）　○ミー　mī（めひ、姪）

{チェン}（1895）

用例、見当たらず。

V－1－(2)－⑦　*/ｅｅ/

{漂}（1818）

用例、見当たらず。

{クリ}（1818）

用例、見当たらず。

{官}（19世紀?）

用例、見当たらず。

{沖話}（1880）

長音化して[-e:]となっている。

<用例>

○ケー　kē（けえ<接頭辞>）　○チエー　Chē（ちええ<感動詞>。なるほど）

{チェン}（1895）

長音化して[-e:]となっている。

<用例>

○Yē!（ええ<感動詞>。ああ）

V－1－(2)－⑧　*/ｅａ/

{漂}（1818）

用例、見当たらず。

{クリ}（1818）

用例、見当たらず。

{官}（19 世紀?）

用例、見当たらず。

{沖話}（1880）

融合せず。[-ia], [-ija]

<用例>

○フデアレー　fudiarē（ふであらひ、筆洗ひ）　○スミヤ　sumiya（そめや、染屋、紺屋）

{チェン}（1895）

融合して[-e:]となっている。

＜用例＞

○tsītē（ついては、付いては）　○nchē（みては、見ては）　○yamachē（やましては、病ましては、怪我をしては）　○wugadē（をがんでは、拝んでは）　○shē（せは、為は）

Ｖ－１－⑵－⑨　*/ｅｕ/

｛漂｝（1818）

「せう」に対応する例があり、[ʃo:]となっている。*/eu/が[o:]として実現していることを示している。

＜用例＞

○sjo-koaŋ（せうくわん、小官）　○sjo-cu（せうちう、焼酎）

｛クリ｝（1818）

融合して[-o:]となっている場合と[-u:]となっている場合がある。

＜用例＞

○chaw（てう、兆）　○choo（けふ、今日）

｛官｝（19世紀?）

融合して[-o:]となっている。

＜用例＞

○クソ（こせう、胡椒）　○ソウフキヨ（せうちう、焼酎）　○シヨビン（せうべん、小便）

｛沖話｝（1880）

融合して[-o:]となっている場合と[-u:]となっている場合がある。

＜用例＞

○チウシ　chūshi（てうし、銚子）　○ヒウタン　hyūtan（へうたん、瓢箪、蒲蘆）○シユウシユウ　Shūshū（せうせう、少々）　○セウチウ　shōchū（せうちう、燒酒（シヤウチウ））　○ザイリヤウ　zairyō（ざいれう、材料）　○チュウ　Chū（けふ、今日）○テフ　chō（てふ、帳）

｛チェン｝（1895）

融合して[-u:]となっている。

＜用例＞

○Yūjō（えうじは、要事は）　○Chū（けふ、今日）

Ｖ－１－⑵－⑩　*/ｅｏ/

｛漂｝（1818）

用例、見当たらず。

{クリ}（1818）

用例、見当たらず。

{官}（19世紀?）

用例、見当たらず。

{沖話}（1880）

用例、見当たらず。

{チェン}（1895）

融合して[-o:]となっていると言える。

<用例>

○shitchōru　tūyi（しりてをるとほり、知りてをる通り）　○natōng（なりてをり、成りてをり）　○mītōng（みえてをり、見えてをり）

V－1－(2)－⑪　*/ａｉ/

{漂}（1818）

融合して[-e:]となっている。ハングルの「ai」「ʌi」は、この当時（融合して）長母音化しているので、このように判断する。

<用例>

○tai-sjaŋ-koaŋ（だいしやうくわん、大将官）　○mʌi-ni-chi（まいにち、毎日）

{クリ}（1818）

融合して[-e:]となっている。「samooree（さむらひ、侍）」は、それが更に[-i:]に変わった例と思われる。

<用例>

○tayehfoo（たいふう、台風）　○chirreedeh（きりだい、切台、連台）　○sicca coodair（しかくだい、四角台）　○ooneewhfa（おみはい、御御拝、御祈り）　○kaa（かひ、匙）○ootooga（おとがひ、頤）　○fitchayeh（ひたひ、額）　○samooree（さむらひ、侍）

{官}（19世紀?）

表記上は融合していないように見えるが、この資料の性質からして、融合して[-e:]となっていると見て差し支えない。「ヤマヱ（やまひ、病）」「アリイヤヱノモノ（ありあひのもの、在り合ひの物、在り合わせの物）」という例がそれを物語る。

<用例>

○チヤリヤク（きだいこん、黄大根）　○チタイク子イ（きだいこん、黄大根）　○タイク子イ（だいこん、大根）　○リヤク子（だいこん、大根）　○リヤビン（だいべん、大便）　○ウンツヤ（うんさい、雲菜）　○シイヤカクビ（さいごくこめ、西国米）○サイハン（さいはん、菜飯）　○サアインバン（さいばん、菜飯）　○シヤインバン（さいばん、菜飯）　○ホルゴサイ（ほるごさい、婆稜菜）　○カンミイ（かんまい、寒米）○マイ（まい、米）　○クヲリヤ（かうらい、高麗）　○ウトガヱ（おとがひ、頤）

○ヒタイ（ひたひ、額）　○ミイマヱ（みまひ、見舞ひ）　○ヤマヘ（やまひ、病）
○ヤマヱ（やまひ、病）　○ヤシナイ（やしなひ、養ひ）　○アリイヤヱノモノ（ありあひのもの、在り合ひの物、在り合わせの物）

{沖話}（1880）

仮名表記では「エ段音」の長音、アルファベット表記では「-ē」なので、融合して[-e:]となっていることがわかる。但し、「-ai」のものがある。これについては、第Ⅶ章で述べるが、「新語」であると思われる。「コーベー　kōbē（こうばい、紅梅）」と「バイウ　baiu（ばいう、梅雨）」の例が示唆的である。

＜用例＞

○シケー　shikē（せかい、世界）　○ニーケー　nīkē（にかい、二階、楼）　○テーゲエー　Tēgē（たいがい、大概）　○チデークニ　chidēkuni（きだいこね　にんじん、黄大根、胡羅蔔）　○dē　デー（だい、代）　○チヤデー　chadē（ちやだい、茶台、茶托）　○ミヘー　Mifē（みはい（御拝）　○コーベー　kōbē（こうばい、紅梅）　○キンセーク　kin’sēku（きのさいく、木の細工、大工）　○セーチュウ　sechū（さいちゆう、最中）　○ムチゼーク　muchizēku（もちざいく、餅細工、塗工）　○メー　mē（まい、枚）　○メーバン　mēban（まいばん、毎晩）　○ケー　kē（かひ、匙、匕匙（サジ）　○サケー　sakē（さかひ、境）　○ウトゲー　utuge（おとがひ、頤）
○ヘー　fē（はひ、灰）　○ヘーイル　fēiru（はひいろ、灰色）　○グエー　gwē（くわゐ、慈姑）

＜「-ai」の例＞

○バイウ　baiu（ばいう、梅雨）　○ザイリヤウ　zairyō（ざいれう、材料）　○カイグ　kaigu（かひこ、蚕）

{ﾁｪﾝ}（1895）

該当箇所には「ē」が現れ、融合して[-e:]となっていることがわかる。但し、「-ai」のものがある。これについては、第Ⅶ章で述べるが、{沖話}にも現れた「梅」であることが興味深い。

＜用例＞

○kē-shō（かいしやう、海上）　○ni-fē（みはい、御拝、「二拝」にあらず）　○ukunē（おこなひ、行ひ）　○Kunēdā（このあひだは、この間は）　○ang-gwē（あんぐわい、案外）

＜「-ai」の例＞

○Nyū-bai（にふばい、入梅）

Ⅴ－１－(2)－⑫　*/ａｅ/

{漂}（1818）

融合して[-e:]となっている。ハングル「ɔi」は、この当時（融合して）長母音化していた。

<用例>

○kɔi-ra（かへら、代、替、換、変）

｛クリ｝（1818）

融合して[-e:]となっている。

<用例>

○quee cootchee（くわえくち、「銜え口」）　○whfa（はへ、南）　○fa（はへ、南）　○hayeh（はへ、蠅）

｛官｝（19世紀?）

表記上はそのようになっていないが、他の資料との対照から、融合して[-e:]となっていると見る。

<用例>

○ハダヱ（はだへ、膚）　○マイハ（まへば、前歯）

｛沖話｝（1880）

融合して[-e:]となっている。

<用例>

○フエー　fē（はえ、南）　○サゼー　sazē（さざえ、拳螺）　○ケーデ　kēdi（かへで、楓）　○ヘー　fē（はへ、蠅）　○メー　mē（まへ、前）　○ワーツレー　wwatsirē（おあつらへ、御誂らへ）

｛チェン｝（1895）

融合して[-e:]となっている。

<用例>

○kēra（かへら、帰ら）　○kangē（かんがへ、考へ）　○mē（まへ、前）

V－1－(2)－⑬　*/aa/

｛漂｝（1818）

用例、見当たらず。

｛クリ｝（1818）

「かは」は、ハ行転呼の後、[-a:]と変化している。

<用例>

○sajee（さあじ、手拭）　○ka（かは、皮）　○neeka（にかは、膠）　○meezee ka（みづかは、水川、井戸）　○karachaoong（かわらく、乾らく、乾く）

｛官｝（19世紀?）

ここでも、「かは」が、ハ行転呼の後、[-a:]と変化している。

<用例>

○ミノカア（めのかは、眼の皮）　○ワタガ（わたがは、腸皮）　○チンシガアラ（ちんしがはら（ちんし瓦）　○タナガエイ（たねがはり、種変り）　○アハマンツヨ（あはまんぢゆう、栗饅頭）　○カアカシイヨ（かわかしいを、乾かし魚）

{沖話}（1880）

「－は」が「ハ行転呼」の後[-a:]へと変化している。

<用例>

○サー　sā（さあ<助詞>）　○マー　mā（まあ、何処）　○ナー　nā（なあ<助詞>）○ナー　nā（なあ<助詞>、～ずつ）　○カー　kā（かは、「川」、井）　○カーラ　kāra（かはら、「河原」、河）　○カーラ　kāra（かはら、瓦）　○テンガーラ　tingāra（てんがはら、天河原、銀河、天の河）　○サハ　sawa（さは、澤）　○サーラン　sāran（さはらぬ、障らぬ）　○アワ　awa（あは、粟）　○アーブク　āfuku（あわぶく、泡ぶく）

{ﾁｪﾝ}（1895）

{沖話}などと同じく、「－は」が「ハ行転呼」の後[-a:]へと変化している。

<用例>

○kāra（かはら、河原）　○Yuza-gawa（よざがは、輿座川）　○Uchinā（おきなは、沖縄）　○Kākiti（かわきて、渇きて）

Ｖ－１－⑵－⑭　*/ａｕ/

{漂}（1818）

融合して[-o:]となっているものと更に変化して[-u:]になったものとがある。

<用例>

○o-ci（あふぎ、扇）　○'o（わう、王）　○sjoŋ-koa-chi（しやうぐわつ、正月）○tu-hu（たうふ、豆腐）

{ｸﾘ}（1818）

スペルは「aw」と「o」との二つ存在するが、ともに[o:]を表している。

<用例>

○kaw（かう、香）　○kawroo（かうろ、香炉）　○pintaw（べんたう、弁当）　○baw（ばう、棒）　○bodsee（ばうず、坊主）　○bodzee（ばうず、坊主）　○chawching（ちやうちん、提灯）　○ojee（あふぎ、扇）　○tawshoong（たふす、倒す）　○hoyoong（はふる？、這ふる？、這ふ）　○hawyoong（はふる？、這ふる？、這ふ）　○daw（らふ、蠟）○dawsecoo（らふそく、蠟燭）

{官}（19世紀?）

表記上は、二重母音のようなものがあるが、「ホウフ」「トウ」等が示すように、融合して[-o:]となっていると考えられる。

<用例>

○アカカウジ（あかかうじ、赤麹）　○クヲリヤ（かうらい、高麗）　○コヲリサタウ（こほりさたう、氷砂糖）　○サトフモキ（さたうもち、砂糖餅）　○タウフ（たうふ、豆腐）　○カンタヲホ（かんたうふ、干豆腐）　○トウフマメ（たうふまめ、豆腐豆）○ホウフチナア（はうきな、箒菜）　○サウミン（さうめん、索麺）　○サウメン（さうめん、索麺）　○グザウ（ござう、五臓）　○ヒンタウ（びんらう、檳榔）　○シヤウガ（しやうが、生姜）　○シヤウヨ（しやうゆ、醤油）　○ヤウジヤウ（やうじやう、養生）○ヤコビヤウ（やくびやう、厄病）　○リイビウフ（りびやう、痢病）

{沖話}（1880）

融合して[-o:]となっている。

<用例>

○サトウ　Satō（さたう、砂糖）　○タウヒイ　ウ　tōfiyū（たうひゆ、橙皮油）○ビントウ　Bintō（べんたう、弁当）　○ハウチ　hōchi（はうき、箒）　○グンバウ　gunbō（ごばう、牛蒡）　○ボウズ　bōzi（ばうず、坊主）　○ソウミン　sōmin（さうめん、素麺）　○ヌー　nū（なう、何）　○オホム　ōmu（あうむ、鸚鵡）　○ロー　ro（らふ、蠟燭）　○チヤウデー　chōdē（きやうだい、兄弟）　○シヨウユー　shōyū（しやうゆ、醤油）　○テウチン　chōchin（ちやうちん、提灯）　○ドヂヤウ　dujō（どぢやう、泥鰌）○ミヤウブ　myōbu（びやうぶ、屏風）　○ムヨー　muyō（もやう、模様）　○ヨウカン　yōkan（やうかん、羊羹）

{チェン}（1895）

融合して[-o:]となっている。「nū（なう、何）」は更に変化した姿か。

<用例>

○sō-dang（さうだん、相談）　○fintō（へんたふ、返答）　○rō（らふ、蝋）　○kē-shō（かいしやう、海上）　○yōjō（やうじやう、養生）　○nū（なう、何）

Ｖ－１－⑵－⑮　*/ａｏ/

{漂}（1818）

用例、見当たらず。

{クリ}（1818）

融合して[-o:]となっている。

<用例>

○nawshoong（なほす、直す）　○osa（あをさ、青さ）　○saw（さを、竿）

{官}（19世紀?）

表記と違い、融合して[-o:]となっていると思われる。

<用例>

○アヲマミ（あをまめ、青豆、緑豆）　○アオヨ子（あをよね、青米、緑米）

{沖話}（1880）

融合して[-oː]となっている。

<用例>

○ノーチ　nōchi（なほして、直して）　○アヲイガー。ōigā（あをりがは、障泥（アヲリ）皮）

{チェン}（1895）

用例の限りでは、/a/と/o/とは、融合していない。但し、/o/は[u]で実現している。

<用例>

○Huna-ukuyi（ふなおくり（船送り）　○Hara-ubi（はらおび、腹帯）

Ｖ－１－⑵－⑯　*/ｕｉ/

{漂}（1818）

用例、見当たらず。

{クリ}（1818）

融合して[-iː]となったものとそうでないものとがある。

<用例>

○meez－eeroo（みづいろ（水色）　○tackkee（たくひ、類？、血統、血縁）

○coohacoo（くひやく、九百）　○queeshacoo（くひやく、九百）　○rookpackcoo（ろくひやく、六百）

{官}（19世紀?）

融合して[-iː]となったものとそうでないものとがあるように見受けられる。

<用例>

○ホリイカラズ（ふるひからず、振るひ頭髪、蓬頭）　○ルイ（るい、類）

{沖話}（1880）

融合して[-iː]となったものとそうでないものとがある。後者は、(明治期に入った)所謂「新語」だと考えられる。第Ⅶ章　参照。

<用例>

○シツイリ　shitsi-iri（せついり、節入り）　○ミヅイリー。miziirī（みづいれ、水入れ、水滴）　○ズイビラ。zībira（ずいべら、蕊蒜、葱）　○ルイ　rui（るい、類）

○スイシン。suishin（すいせん、水仙）　○シンスイ　shinsui（せんすい、泉水）

{チェン} (1895)

用例、見当たらず。

V－1－(2)－⑰ */ue/

{漂} (1818)

用例、見当たらず。

{クリ} (1818)

融合して[-i:]となっている。

<用例>

○wee (うへ、上) ○eegoosecoo (うへぐすく、上城)

{官} (19世紀?)

融合して[-i:]となっていると見られる。

<用例>

○ホレイ (ふるへ、振るへ、瘧疾)

{沖話} (1880)

融合していない。但し、*/e/は[i]となっている。

<用例>

○ヤクヰン yakuyin (やくゑん、薬園) ○ハチ ウイ Hachi ui (はちうゑ、鉢植ゑ)
○ウイヌシチ uinushichi (うへのしきゐ?、上の敷居?、鴨居)

{チェン} (1895)

融合して[-i:]となっている。

<用例>

○wwīte (うゑて、植ゑて)

V－1－(2)－⑱ */ua/

{漂} (1818)

融合して[-wa]となっている。

<用例>

○sja-koaŋ (しやうくわん、将官) ○sjo-koaŋ (せうくわん、小官)
○kuŋ-koa-chi (くぐわつ、九月) ○chi-si-koa-chi (しちぐわつ、七月)

{クリ} (1818)

融合して[-wa]となっている。ハ行転呼のものは、更に変化して[-a:]となっている。

＜用例＞

○qua（くわ、鍬）　○quashee（くわし、菓子）　○gwautsee（ぐわつ、月）　○hoonee gua（ふねぐわ、「舟小」、小舟）
○wa feejee（うはひげ、上髭）

{官}（19 世紀?）

融合して[-wa]となっている。

＜用例＞

○アンラアゲクワシ（あぶらあげくわし、油揚菓子）　○サトフモキクワス（さたうもちくわし、砂糖餅菓子）　○ヤクワン（やくわん、薬罐）

{沖話}（1880）

融合して[-wa]となっている。「鍬」の「kwe」（多分、[kwe:]）については保留。

＜用例＞

○クワー　kwā（くは、桑）　○ワーベ　wwabe（うはべは、上辺は、上着は）　○クワツサ　kuwassa（くわしさ、詳しさ）　○クワイン　kwayin（くわゐん、花園）　○サングワツ　sangwatsi（さんぐわつ、三月）　○シヤウグワツ　shōgwatsi（しやうぐわつ、正月）
○クヱー。k we（くは、鍬）

{チェン}（1895）

例が少ないが、融合して[-wa]となっているとする。

＜用例＞

○gwā（ぐわ＜指小辞＞）

Ｖ－１－(2)－⑲　*/ｕｕ/

{漂}（1818）

[u:]として実現。

＜用例＞

○tu-c ɯ（つうじ、通事）

{クリ}（1818）

[u:]として実現。

＜用例＞

○tayehfoo（たいふう、台風）　○joobackkoo（ぢゆうばこ、重箱）　○mangshooee（まんぢゆううり、「饅頭瓜」、パパイヤ）　○yoo bung（ゆふばん、夕飯）

{官}（19世紀?）

[u:]として実現。

＜用例＞

○ノンクウフ（ぬんくう、暖鍋）

｛沖話｝（1880）

［uː］として実現。

＜用例＞

○フウウチ。fūnchī（ふううしん、風雨鍼）　○ウルドシ。urudushi（うるふどし、潤年）　○ツユ。tsiyu（つゆ、露）　○フユ。fuyu（ふゆ、冬）

｛ﾁｪﾝ｝（1895）

用例、見当たらず。

Ｖ－１－⑵－⑳　*/ｕｏ/

｛漂｝（1818）

用例、見当たらず。

｛ｸﾘ｝（1818）

［uː］として実現。

＜用例＞

○meez－ofwhokee（みづをけ、水桶）

｛官｝（19世紀?）

用例、見当たらず。

｛沖話｝（1880）

［uː］として実現。

＜用例＞

○カツー。katsū（かつを、鰹）

｛ﾁｪﾝ｝（1895）

用例、見当たらず。

Ｖ－１－⑵－㉑　*/ｏｉ/

｛漂｝（1818）

用例、見当たらず。

｛ｸﾘ｝（1818）

/o/は[u]に変化しているが、/i/と融合はしていない。

＜用例＞

○hooee eechee（おほいき、大息、溜息）　○coofeejee（こひげ、小髭）　○goohacoo（ごひやく、五百）　○gooshacoo（ごひやく、五百）　○gooyacoo（ごひやく、五百）

｛官｝（19世紀?）

融合していない。

＜用例＞

○シヨイヨ（しほいを、塩魚）

｛沖話｝（1880）

融合していない例と融合して[-i(:)]となった例がある。

＜用例＞

○グイル。guiru（ごいろ、五色）　○トシ。tushi（といし、砥石）　○ヰー。wī（をひ、甥）

｛チェン｝（1895）

融合して[-u:]となった例がある。

＜用例＞

○sūti（そひて、沿ひて）　○Tūti（とひて、問ひて）

Ⅴ－１－⑵－㉒　*/ｏｅ/

｛漂｝（1818）

用例、見当たらず。

｛クリ｝（1818）

用例、見当たらず。

｛官｝（19世紀?）

融合せず、[-ui]として実現。

＜用例＞

○メシスイリ（めしそへれ、飯添へれ）

｛沖話｝（1880）

融合して[-i:]となっている。

＜用例＞

○カニー　kanī（かのえ、庚）　○チニー　Chinī（きのえ、甲）　○finī（ひのえ、丙）　○クキタツチ　kwitatsich（こゑたつき、越ゑた月？）

｛チェン｝（1895）

融合せず、[-ui]として実現。

＜用例＞

○tatui（たとへ、例へ）

V－1－(2)－㉓　*/oa/

{漂}（1818）

用例、見当たらず。

{クリ}（1818）

融合して[-a(:)]となる場合と[o:]となる場合がある。

＜用例＞

○asa tinnacha（あさてのあした、明後日の明日、明明後日）　○shanna—a—roo（ひさのあど、踵）　○nacha（のあした、「の明日」、翌日）　○eeawzackkee（よわざけ、弱酒）＜ヨージャキ＞

{官}（19世紀?）

融合せず、融合して[wa]、融合して[o:]の三様がある。

＜用例＞

○クハム子（こはむね、強胸、硬胸）　○クハタン（こはりたり、強はりたり、硬はりたり）　○コヲゲ（こはげ、強毛、陰毛）　○ウワル（こはる、強はる、硬はる）

{沖話}（1880）

融合せず、融合して[wa]の二様がある。

＜用例＞

○ワーツレー　wwatsirē（おあつらへ、御誂らへ）　○クハテ　kufati（こはりて、強はりて、硬くなって）　○ヌハル　nuharu（のはら、野原）　○ウワー　wwā（おわ　ぶた、豚）

{チェン}（1895）

融合して[-a(:)]更に次の*/i/と融合して[-e:]、融合して[-a:]の例がある。

＜用例＞

○Kunēdā（このあひだ、この間）　○umārīru（おもはれる、思はれる）　○ww'atchi（おはして、御座して）

V－1－(2)－㉔　*/ou/

{漂}（1818）

融合して[-u:]となる。

＜用例＞

○kan-cju（がんじよう、岩乗、丈夫）

{クリ}（1818）

融合して[-uː]となる。但し、[-oː]の例がある。

<用例>

○tooqua（とうがん、冬瓜）　○tamma－dooroo（たまどうろう、珠灯籠）　○doonee（どうね、胴音、呻き）　○mooshung（もうせん、毛氈）　○tamma－dooroo（たまどうろう、珠灯籠）　○woo ooshee（をうし、雄牛）　○cheenoo（きのふ、昨日）　○hooyoo（ふよう、芙蓉）

○mawtsee（ぼうし、帽子）

{官}（19世紀?）

融合して[-oː]となった例。

<用例>

○インラヲマミ（ゑんどう、豌豆）　○ハウー（ぽうぽう、麦粉菓子、餡餅）

{沖話}（1880）

/ou/は[uː]として実現するが、[oː]で現れる例がある。これは、「新語」あるいは「(日本語からの）移入語」と呼ぶべきものであろう。

<用例>

○トウデー　tūdē（とうだい、灯台、燭臺）　○ドーブク　dūbuku（どうぶく、胴服？、羽織）　○チヌー　chinū（きのふ、昨日）　○ドーユウ　dū yū（どよう、土用）　○フユウ　fuyū（ふよう、芙蓉）　○ユージユ　yūju（ようじ、用事）

○チコウ　chikō（きこう、気候、季候）　○リツトウ　rittō（りつとう、立冬）

{チェン}（1895）

/ou/は[uː]として実現するが、[oː]で現れる例がある。これは、「新語」あるいは「(日本語からの）移入語」と呼ぶべきものであろう。

<用例>

○fūkūnin（ほうこうにん、奉公人）　○tūru（とうろ、灯炉）　○Tūti（とうて、問うて）　○Kagu-dūru（かごどうろう、籠燈炉）　○fūkūnin（ほうこうにん、奉公人）　○sūti（そうて、沿うて）　○yūju（ようじ、用事）

○Kō-shi（こうし、公使）　○Tōchō（とうきやう、東京）　○Yōi（ようい、容易）

Ｖ－１－⑵－㉕　*/ｏｏ/

{漂}（1818）

用例、見当たらず。

{クリ}（1818）

融合して[-uː]となる場合と、「ハ行転呼」以前の形として実現する場合がある。

<用例>

○toomee kagung（とほめかがみ、遠眼鏡） ○hooee eechee（おほいき、大息、溜息）○ooganjoo（おほがんじよう、大岩乗、大頑丈） ○oonammee（おほなみ、大波） ○too（とを、十）; ○hooboonee（おほぶね、大船） ○hooee eebee（おほゆび、大指、親指）○oohawkoo（おほく、多く） ○oowhoko（おほく、多く）

｛官｝（19世紀?）

融合して[-u:]となっていると思われるが、それ以前の形を留めている場合も考えられる。

<用例>

○コヲリサタウ（こほりさたう、氷砂糖） ○ウフムジ（おほむぎ、大麦） ○ウホイビ（おほゆび、大指、親指） ○ウホサ（おほさ、多さ）

｛沖話｝（1880）

融合して[-u:]となる場合と、「ハ行転呼」以前の形として実現する場合がある。

<用例>

○クーリ kūri（こほり、氷） ○トウサ tūsa（とほさ、遠さ） ○フー fū（ほほ、頬） ○ウーカミ ūkami（おほかみ、狼） ○ウーハラン ūfaran（おほはらん、大葉蘭）○ウーヒラ ūfira（おほひら、大平）

○ウフウミ ufu-umi（おほうみ、大海、大洋） ○ウホーク ufōku（おほく、多く）

｛チェン｝（1895）

三様の例が見出せた。即ち、融合せず、融合して[-o:]となったもの、融合して[-u:]となったものである。

<用例>

○Uhu ami（おほあめ、大雨） ○Agatō（あがとほ、あが遠） ○tūyi（とほり、通り）

Ⅴ－２　半母音

Ⅴ－２－(1) ヤ行音＊／ｊａ，ｊｕ，ｊｏ／

特に述べるべきことが無い限り、用例を示すことで説明に換える。

{漂}（1818）

＜用例＞

次の用例から／j／を認めることができる。

○kun・’ɯi・hja（クネーヤー、謝罪）　○kan・cju・’ja（がんじようヤー、平安乎）○’u・sju（おしゆ、御主、丞相）　○han・’u・sju（かんしよ、甘藷）　○sin・’juŋ（しぬ、死）　○sjo・koa・chi（しやうぐわつ、正月）　○tai・sjaŋ・koaŋ（だいしやうくわん、大官）　○sjo・koaŋ（せうくわん、小官）　○sjo・cu（せうちう、焼酎、露酒）　○scjo（ひと、人）

{クリ}（1818）

特に問題は無いと思われるので、語例を示すに留める。

＜用例＞

○ya（家）　○ya（君）　○neenyagooroo（蜷）　○yoomee（弓）　○ooyoong（折る）○yawna（ゆっくり）

{官}（19世紀?）

＜用例＞

○ヤツヨ（やきと、灸）　○ヤクワン（やくわん、薬罐）　○ウヤ（おや、親）　○チヤ（ちや、茶）　○ミヤク（みやく、脈）　○ヨ（ゆ、湯）　○ヨヲノコ（ゆのこ、湯粉）○シヤウヨ（しやうゆ、醤油）　○シヨンキク（しゆんぎく、春菊）　○マヨ（まゆ、眉）○ヨ子（よね、米）　○キヨラ（きよら、清ら）　○ヒヨルキ（ひよめき、脳頂）

{沖話}（1880）

＜用例＞

○ヤスイ　yasī（やすり、鑢）　○ヤナギ　yanaji（やなぎ、柳）　○ヤマ　yama（やま、山）　○ンマヌヤー　mmanuyā（うまのや、馬の屋、厩）　○ウヤテー　uyatī（おやとひ、御雇ひ）　○クンヤク　kunyaku（こんにやく、蒟蒻）　○チヤーイル　chāiru（ちやいろ、茶色）　○ユチ　yuchi（ゆき、雪）　○ユービ　yūbi（ゆふべ、タべ、昨夜）○ユイ　yuyi（ゆり、百合、巻丹）　○アユー　ayu（あゆ、香魚）　○シユル　shuru（しゆろ、棕梠）　○タウヒイ　ウ　tōfiyū（たうひゆ、橙皮油）　○ツユ　tsiyu（つゆ、露）○フユ　uyu（ふゆ、冬）　○マユ　mayu（まゆ、眉）　○ユージ　yūji（よぎ、夜着）○ユージユ　yūju（ようじ、用事）　○ユル　Yuru（よる、夜）　○イリユウ　iriyū（いりよう、入用）　○シユムツ　shumutsi（しよもつ、書物）　○チユウク　chūku（つよく、強く）　○トシユイ　tushuyi（としより、年寄り、老人）　○フユウ　fuyū（ふよう、芙蓉）

{チェン}（1895）

＜用例＞

○yamā（やまは、山は）　○yā（や、家）　○uya（おや、親）　○cha（ちや、茶）　○fēku（はやく、早く）　○yuchi（ゆき、雪）　○yuruku（ゆるく、緩く）　○Yuruchi（ゆるして、許して）　○asa-yusa（あさゆさ、あさゆふ、朝夕）　○Shū-mē（しゆまへ、主前）　○yū（よ、夜）　○yutasha（よたしさ、良たしさ、良さ）　○yudi（よびて、呼びて）　○yui（より、由り）　○yuru（よる、夜）　○ganju（がんじよう、岩乗）　○bashu（ばしよ、（場所？）、時）　○hunē（ふなよひ、船酔ひ）

V－2－(2) ワ行音　＊／wi, we, wa , wo／

{漂}（1818）

次の用例から／w／が認められる。

＜用例＞

○’ o（わう、王）　○’ uk・’ i（をぎ、（荻）、甘蔗）　○’ u・ski・ka（をとこ、男）　○’ u・tu・’ i・ri（をどり、をどれ、舞）　○’ u・na・kui（をなご、女）　○’ i・hoa（ジーファー、簪）　○koa・chi（ぐわつ、月）　○si・’ oa・si（しはす、十二月）　○tai・sjaŋ・koaŋ（だいしやうくわん、大官）　○sjo・koaŋ（せうくわん、小官）　○hoa・chi・koa・chi（はちぐわつ、八月）

{クリ}（1818）

特に問題は無いと思われるので、語例を示すに留める。

＜用例＞

○wee（うへ、上）　○weekee（ゐけり、＜女からみた＞兄弟）　○sack-quee（さくゐ、咳）　○queeoong（与える）　○quaitee（こゐて、太って）　○watta（わた、腹）　○jeewa（簪）　○eebeegwaw（小指）　○quashee（くわし、菓子）　○quatee（くらひて、食って）　○woo ooshee（をうし、牡牛）

{官}（19世紀?）

＜用例＞

○インラヲマミ（ゐんどうまめ、豌豆）　○ワキ（わき、脇）　○ワタガ（わたがは、腸皮）　○ワラビ（わらび、蕨）　○カアカシイヨ（かわかしいを、乾かし魚）　○ヤクワン（やくわん、薬罐）　○アヲマミ（あをまめ、青豆、緑豆）　○イヨナマシ（いをなます、魚膾）

{沖話}（1880）

＜用例＞

○イー　yī（ゐ、亥）　○ヰー　yī（ゑ、絵）　○ヰーシ　yīshi（ゑし、絵師、畵工）　○インリユ　yinryu（ゑんりよ、遠慮）　○ハーチウイ　hāchiui（はちうゑ、鉢植ゑ）

○ワチ　wachi（わき、脇）　○ワサビ　wasabi（わさび、山葵）　○ワタ　wata（わた、腸、腹）　○ワン　wan（わん、椀）　○アーブク　āfuku（あわ、泡）　○ジンクワン　jinkwan（げんくわん、玄關）　○シチグワツ　shitsigwatsi（しちぐわつ、七月）　○ウガデ　wugadi（をがんで、拝んで）　○ウーキ　wūki（をけ、桶）　○ヲト　wutu（をつと、夫）　○ウーン　wūn（をの、斧）

{チェン}（1895）

＜用例＞

○wakarang（わからぬ、解らぬ）　○wata（わた、腸、腹）　○Kākiti（かわきて、渇きて）　○ang-gwē（あんぐわい、案外）

○wugadi（をがみて、拝みて）　○wutu（をと、夫）　○wurang（をらぬ、居らぬ）

「ゐ」「ゑ」相当例、見当たらず。

Ｖ－３　子音

Ｖ－３－(1) カ行の子音

（＊／ｋｉ，ｋｅ，ｋａ，ｋｕ，ｋｏ／の子音）

{漂}（1818）

ハングル「ㄱ」(k)、「ㅋ」(kh)・「ㅺ」(sk)で表記されている。

kan-' ɯi（かぜ、風）とkhan-' ɯi（かね、金、銭）とを比べればわかるように、ハングルの「ㄱ」(k)と「ㅋ」(kh)とで差異を示そうとはしていない。しかし、「ㅺ」とこれら二つとの間には違いが存し、「有気音」と「無気音」との問題を考えるうえでの好材料を提供してくれている。

*/ki/は、完全に破擦音化していた。

*/ke/に対応する用例がない。

＜用例＞

○cu-ra-sa（きよらさ、清らさ）　○si-mo-ci-ci（しもつき、霜月、十一月）　○ci-ci（つき、月）　○cu-cu-ra-sa（つよきよらさ、強清らさ）　○ka-sa（かさ、傘、笠）　○kan-' ɯi（かぜ、風）　○khan-' ɯi（かね、金、銭）　○' a-ma-ska-ra（あまから、彼方から）　○khɔi-ra（かへら、換へら）　○kuŋ-koa-chi（くぐわつ、九月）　○ku-ci（くち、口）　○ku-mi（こめ、米）　○mu-scin-ci-sko（もちていきてこ、持ちて行きて来）

{クリ}（1818）

ほとんど現代語と同じと考えてよい。

*/ki/に対応するものは、破擦音化している。[ʧi]となっている。

/ke/、/ko/に対応するものは、それぞれ[ki]、[ku]となっている。

/ka/に対応するものは[ka]、/ku/に対応するものは[ku]である。

次の例が示すように、「木（き）」は、[ki:]である。

☆nashikee（ヤシ木、椰子木）

＜用例＞

○ching（きぬ、衣、着物）　○chirreetee（きれて、切れて）　○tinchee（てんき、天気）　○twitchee（とき、時）　○cheeta（きた、北）　○cheenoo（きのふ、昨日）　○katchee（かき、垣）　○ching（きん、金）　○oostitchee（おつき、御月）　☆nashikee（ヤシ木、椰子木）；　○akirree（あけれ、開けれ）　○dakee（たけ、竹）　○weekee（「ゑけり」兄弟、）　○kee（け、毛）　○ickkee（いけ、行け）；　○kayra（かへら、替へら、替えよう）　○kamoong（かむ、噛む、食べる）　○ka（かは、皮）　○kannee（かね、金）　○kabee（かみ、紙）　○skehdang（つかみたり、掴んだ）　○kutta（かた、肩）　○cammoodee（かんむり、冠）<Cap>；　○koomoo（くも、雲）　○koorooma（くるま、車）　○korosa（くろさ、黒さ）　○coobee（くび、首）；　○cooroom（ころも、衣）

○cootooba（ことば、言葉）　○cooshee（こし、腰）　○kootoo（こと、琴）　○coomee（こめ、米）　○tabacco（タバコ、煙草）　○cung coo（こま　こ、ここ　来い）

{官}（19世紀?）

*/ki/相当部分に「チ」「キ」「ケ」が現れる。

これだけでは、これら三つが同音を示しているように見えてしまうが、そうではない。「キ」と「チ」とが、「キ」と「ケ」とが、それぞれ同音となったが、「チ」と「ケ」とが同音になったわけではない。(*/ki/相当の子音部分は破擦音化しているが、*/ke/相当の場合はそうではない。)

表記と実際の音声とが一致しない好例である。この資料では、この種の「混用」（あるいは、「混乱」）が多数出現する。この原因は母音の変化にある。*/e/と*/i/とが同音になったために生じたものである。

/ku/と/ko/にも同様のことが起こっている。

*/ke/相当部分に「ケ」が現れる。

*/ka/相当部分に「カ」が現れる。

*/ku/相当部分に「ク」「コ」が現れる。

*/ko/相当部分に「コ」「ク」が現れる。

<用例>

○チタイク子イ（きだいこね、黄大根）　○チイバ（きば、牙）　○ツハチアンラ（つばきあぶら、椿油）　○ホウフチナア（はうきな、箒菜）；　○キビ（きび、黍）　○キモ（きも、肝）　○ミキ（みき、御酒）　○ワキ（わき、脇）；　○ケジ（きず、疵）　○ケウエ（きうり、胡瓜）

○サケ（さけ、酒）　○アツザケ（あつざけ、熱酒）　○シヨツケ（しほづけ、塩漬け）○ツケシヤウガ（つけしやうが、漬け生姜）　○ツケナ（つけな、漬菜）

○カボ（かぶ、蕪）　○カマブク（かまぼこ、蒲鉾）　○カラス（からし、辛子）○カア（かは、皮）　○アカカウジ（あかかうじ、赤麹）　○ナカイビ（なかゆび、中指）○ノカ（ぬか、糠）　○ワカス（わかす、沸す）

○クキ（くち、口）　○アクビ（あくび、欠伸）　○ウシロクブ（うしろくぼ、後ろ窪）○ウク（おく、奥）　○ウクバ（おくば、奥歯）；　○コキ（くち、口）　○コルマメ（くろまめ、黒豆）　○ワラビコジ（わらびくず、蕨葛）　○ウシルコブ（うしろくぼ、後ろ窪）　○コルミ（くろめ（黒目）

○コシ（こし、腰）　○コシザケ（こしざけ、釃し酒）　○コヲリサタウ（こほりさたう、氷砂糖）　○コミ（こめ、米）　○ヨヲノコ（ゆのこ、湯粉）　○コンダ（こむら（腓）；○カマブク（かまぼこ、蒲鉾）　○クソ（こせう、胡椒）　○ソバクヲ（そばこ、蕎麦粉）○タイク子イ（だいこね、大根）　○モヲク（むこ、婿）

{沖話}（1880）

/ki/相当部分に「チ chi」が、/ke/相当部分に「キ ki」が、*/ka/相当部分に「カ ka」が、*/ku/相当部分に「ク ku」が、*/ko/相当部分に「ク ku」が、それぞれ規則的

に対応していると言えるが、補いが必要である。

/kei/には「チー　chī」が対応している。[kei]が[ki:]と変化し、更に破擦音化して[ʧi:]となったと判断される。(/ke(p)u/も破擦音化していた。「今日」の例参照。)

但し、次のような例がある。

「カンダンチー　Kandanchī」(かんだんけい、寒暖計)

「カンダンキー　kandankī」(かんだんけい、寒暖計)

これは、[ki:]の段階で止まったものと[ʧi:]に変化したものとが並存していたということを示すものなのか、どうなのか。第Ⅶ章で改めて取り上げることにする。

*/-ika/は、「チヤ　cha」と表記されているように、破擦音化していた。但し、「シカ。shika」の例がある。

「き(木)」は、「キイ　kī」である。但し、「クルチ　kuruchi(くろき、黒木)」が存在する。

<用例>

○チールー　chīrū(き、黄)　○チク　chiku(きく、菊)　○チシリ　chishiri(きせる、煙管)　○チヌー　chinū(きのふ、昨日)　○チーバ　chība(きば、牙)
○チリ　chiri(きり、霧)　○アチ　achi(あき、秋)　○サバチ　sabachi(さばき、裁き、櫛)　○スチ　suchi(すき、鋤)　○ツチ　tsichi(つき、月)　○ワチ　wach(わき、脇);　○キイ　kī(き、木)　○キーフヂ　Kifuji(きふぢ、木藤)　○クルチ　kuruchi(くろき、黒木)

○キー　kī(け、毛)　○サキ　saki(さけ、酒)　○ダキ　daki(たけ、竹)　○ハタキ　hataki(はたけ、畑)　○ウーキ　wūki(をけ、桶);　○チイ　chī(けい、景)
○チートウ　chītu(けいとう、鶏頭、鶏冠)　○チーチエー　chīchē(けしきは、景色は)
○トチー　tuchī(とけい、時計)　○チユウ　chū(けふ、今日)

○カスミ　kasimi(かすみ、霞)　○カヂ　kazi(かぜ、風)　○カビ　kabi(かみ、紙)
○アカツチ　akatsichi(あかつき、暁)　○イナカ　inaka(いなか、田舎)　○タカ　taka(たか、鷹)　○ハカマ　hakama(はかま、袴)　○ンカシ　nkashi(むかし、昔);　○イチヤ　icha(いか、烏賊)　○チヤー　chā(いか、如何)　○シカ　shika(しか、鹿)

○クサ　Kusa(くさ、草)　○クチ　kuchi(くち、口)　○クニ　kuni(くに、国)
○クビ　kubi(くび、首)　○チク　chiku(きく、菊)　○ジヤクラ　jakura(ざくろ、石榴)　○テイブクル　tībukuru(てぶくろ、手袋)　○ヌクサ　nukusa(ぬくさ、温さ)
○ラクダ　rakuda(らくだ、駱駝)

○クズ　kuzu(こぞ、去年)　○クヌ　kunu(この、此の)　○クンツチ　kuntsichi(このつき、此の月、今月)　○クンヤク　kunyaku(こんにやく、蒟蒻)　○タク　taku(たこ、蛸)　○トク　tuku(とこ、床)　○ヌクジリ　nukujiri(のこぎり、鋸)
○ミヤク　miyaku(みやこ、都)　○リンクン　rinkun(れんこん、蓮根)

{チェン}（1895）

*/ki/相当部分に「chi」が対応する。破擦音化している。
/ke/相当部分に「ki」が対応する。/ke(p)u/は破擦音化している。
/ka/相当部分に「ka」が対応する。/-ika/は破擦音化している。
*/ku/相当部分に「ku」が対応する。
*/ko/相当部分に「ku」が対応する。

<用例>

○chī（き、気）　○chikachi（きかして、聞かして）　○Ching（きぬ、衣）　○Uchinā（おきなは、沖縄）　○tsichi（つき、月）　○tinchi（てんき、天気）　○tuchi（とき、時）　○yuchi（ゆき、雪）

○kitchi（けりて、蹴りて、蹴って）　○kaki-ri（かけれ、掛けれ）　○tsiki daki（つけだけ、点け竹、点け木）　○waki（わけ、訳）；　○Chū（けふ、今日）

○kazi（かぜ、風）　○kanasha（かなしさ、愛しさ）　○kāra（かはら、河原）　○kati（かりて、借りて）　○kangē（かんがへ、考へ）　○Chikachi（きかして、聞かして）　○Nakashima（なかしま、中島）　○wakarang（わからぬ、解らぬ）；　○Chā（いか、如何）　○chasεa（いかさ、幾さ、幾ら）　○inchasa（いんかさ、短かさ）

○kuni（くに、国）　○kurashi（くらし、暮し）　○Gusiku（ぐすく、城）　○Fēku（はやく、早く）

○Kujima（こじま、小島）　○kutu（こと、事）　○Kuri（これ、之）　○tukuru（ところ、所）　○Kunjō（こんじやう、根性）

Ⅴ－３－⑵　ガ行の子音

（＊／ｇｉ，ｇｅ，ｇａ，ｇｕ，ｇｏ／の子音）

{漂}（1818）

例外なくハングル「ㄱ」（k）で表記されている。このハングルだけでは、それが無声音〔k〕を示しているのか、有声音〔g〕をしめしているのか判然としないのであるが、現代(沖縄)語との対応関係から有声音〔g〕と認定できるのである。用例は以下のとおりである。

*/gi/については、破擦音化を確認することができる。
/ge/対応の用例ナシ。

<用例>

○' o-ci（あふぎ、扇）　○kan-cju（がんじよう、岩乗、頑丈）　○sjo-koa-chi（しやうぐわつ、正月　○hoa-chi-koa-chi（はちぐわつ、八月　○' u-koa-chi（ごぐわつ、五月）　○' u-na-kui（をなごイ、女児イ、女子か）

{クリ}（1818）

現代語と同じと考えてよい。
*/gi/は、破擦音化している。
*/ge/に対応するものは[gi]/gi/となっている。但し、破擦音化した例がある。

*/(i)ge/については、破擦音化している。
*/-iga/は、破擦音化している。

*/go/に対応するものは[gu]/gu/となっている。

<用例>

○jing（ぎん、銀）　○ojee（あふぎ、扇）　○meejeeree（みぎ、「みぎり」、右）○oojee（をぎ、「荻」、甘蔗）　○cooroojee（くろぎ、黒木、<木の名>）

○naging（投げる）　○nageeoong（投げる）<Let, to, fall a thing>；　○feejee（ひげ、髭）　○kajee（かげ、陰）

○garrasee（からす、ガラシ、烏）　○gaannee（かに、ガニ、蟹）　○harraga（はらがは、脇腹）　○kagung（かがみ、鏡）；　○injassa（にがさ、苦さ）

○gooseecoo（ぐすく、城）　○gwautsee（ぐわつ、月）　○ooshee gua（ウシグヮー、子牛）　○eebeegwaw（イービグヮー、小指）

○goo（ご、五）　○innago（をなご、女）　○sheego roocoo（すごろく、双六）

{官}（19世紀?）

*/gi/相当部分に「ジ」が当てられている。破擦音化を物語る。
*/ge/相当部分に「ゲ」が当てられている。母音は[i]である可能性が高い。
*/ga/相当部分に「ガ」が当てられている。
*/gu/相当部分に「グ」が当てられている。
*/go/相当部分に「グ」が当てられている。母音が[u]であることを物語る。

<用例>

○ウフムジ（おほむぎ、大麦）　○モジノコヲ（むぎのこ、麦の粉）　○チリモヅ（きりむぎ、切り麦、大麪）

○アンラアゲクワシ（あぶらあげくわし、油揚げ菓子）　○アンラゲイ（あぶらあげ、油揚げ）　○コヲゲ（こはげ、強毛、陰毛）　○シラゲグミ（しらげごめ、精げ米）○マゲル（まげる、曲げる）

○イリカン（いれがみ、入れ髪）　○シヤウガ（しやうが、生姜）　○タナガヱイ（たねがはり、種変り）　○クシナガニ（こしながね、腰長峰、脊背）　○ニガナ（にがな、苦菜）<口蓋化なし？>　○メホサカル（めふさがる、目塞がる）

○ヒラグン（ひらぐみ、平組み、平編み）　○サケツグ（さけつぐ、酒注ぐ）　○ムネグキ（むねぐち、胸口）　○ヤナグキ（やなぐち、悪口）

○グザウ（ござう、五臓）　○ウグマ（おごま、御胡麻）　○シラゲグミ（しらげごめ、精げ米）　○ダアグ（だんご、団子）　○ナカグヲ（なかご、中粉）　○モキグミ（もちごめ、糯米）

{沖話}（1880）

*/gi/相当部分に「ジ ji」が対応する。破擦音化を物語る。
但し、「ギ gi」の例がある。「ーぎ（ー木）」は、「ジ ji」「ギ gi」二様、現れる。これらについては、第Ⅶ章で詳述する。

/ge/相当部分に「ギ gi」が対応する。但し、「ヂ ji」「ジ ji」が存在する。/-ige/の場合とそうでない場合とがある。前者は、口蓋化したものが破擦音化したことは明らかだが、後者の場合は/-ige/ではないので、[ge]→[gi] →[ʤi]の変化を辿った可能性がある。第Ⅶ章で再考する。

/ga/相当部分に「ガ ga」が対応する。/-iga/は、口蓋化を経て、破擦音化している。

*/gu/相当部分に「グ gu」が対応する。

*/go/相当部分に「グ gu」が対応する。

＜用例＞

○ウサジ　usaji（うさぎ、兎）　○ンナジ　unaji（うなぎ、鰻）　○クジ　kuji（くぎ、釘）　○スジ　siji（すぎ、杉）　○フクジ　fukuji（ふくぎ、福木）　○ムジ　muji（むぎ、麦）；　○アカギ　akagi（あかぎ、赤木）　○チヤーギ　chāgi（ちやぎ、槇）；○シヤウギ　shōgi（しやうぎ、將碁）

○ツギ　tsigi（つげ、黄楊）　○マツギ　matsigi（まつげ、睫）；　○ヒジ　Fiji（ひげ、髯）；　○カヂ　kaji（かげ、陰）　○クラジ　kuraji（くらげ、水母）　○ジタ　jita（げた、下駄）　○ジンクワン　jinkwan（げんくわん、玄關）

○ガツカウ　gakkō（がつかう、学校）　○ガマ　gama（がま、洞）　○ガン　gan（がん、雁）　○テガミ　Tigami（てがみ、手紙）　○ナガク　nagaku（ながく、長く）　○ウガデ　wugadi（をがみて、をがんで、拝んで）；　○アンジヤサ　anjasa（あみがさ、編み笠）

○グスク　gusiku（ぐすく、城）　○グン　gun（ぐん、郡）　○スグ　sigu（すぐ、直ぐ）　○バグ　bagu（ばぐ、馬具）　○ルクグワツ　rukugwatsi（ろくぐわつ、六月）○ワラグツ　waragutsi（わらぐつ、藁沓、草鞋、ワラヂ）

○グイル　guiru（ごいろ、五色、ゴシキ）　○グトク　gutuku（ごとく、五徳、鉄架）○グンバウ　gunbō（ごばう、牛蒡）　○グブリー　guburī（ごぶれい、御無礼）　○シグニチ　shi gu niche（しごにち、四・五日）　○ダーグ　dāgu（だんご、團子）　○デイグ　dīgu（でいご、梯梧）

{チェン}（1895）

*/gi/相当部分に「ji」が対応する。破擦音化を示している。

/ge/相当部分に「gi」が対応する。但し、「ji」が存在する。/-ige/の場合とそうでない場合とがある。前者は、口蓋化したものが破擦音化したことは明らかだが、後者の場合は/-ige/ではないので、[ge]→[gi]→[ʤi]の変化を辿った可能性がある。第Ⅶ章で再考する。

/ga/相当部分に「ga」が対応する。/-iga/の条件にある用例が見出せない。

*/gu/相当部分に「gu」が対応する。

*/go/相当部分に「gu」が対応する。

＜用例＞

○ujinui（おぎなひ、補ひ）　○nanji（なんぎ、難儀）

○ushagiyabirang（おしあげはべらぬ、押し上げ侍らぬ、差し上げません）　○kāgē（かげは、影は、容貌は）<kāgē←[ka:gija]>； ○Fiji（ひげ、鬚） ○jita（げた、下駄） ○gashi（がし、餓死） ○gattinō（がてんは、合点は） ○ganju（がんじよう、岩乗、丈夫） ○agatōng（あがりてをり、上がりてをり、上がっている） ○nagaza（ながざ、長座） ○Yuza-gawa（よざがは、輿座川） ○wugadi（をがみて、拝みて、拝んで、拝見して）

○Gusiku（ぐすく、城） ○umārīru gurē（おもはれるぐらゐ、思はれる位） ○nji-guchi（いでぐち、出口） ○sigu ni（すぐに、直に） ○Nakagusiku（なかぐすく、中城） ○fī-guru-ma（ひぐるま、火車、蒸気船）

○kagu（かご、籠） ○gutōru（ごとある、如ある） ○tushi-guru（としごろ、年頃） ○Niguri（にごり、濁り） ○winagu（をなご、女）

Ｖ－３－(3) タ行の子音
（＊／ｔｉ，ｔｅ，ｔａ，ｔｕ，ｔｏ／の子音）

{漂}（1818）

＊/ti/と＊/tu/とは、口蓋化さらには破擦音化しており、ハングル「ㅈ」(c)・「ㅊ」(ch)で表記されている。

＊/te、ta、to/は、一様にハングル「ㄷ」(t)で表記されている。「ㅌ」(th)の用例はない。

有気音を示すハングル「ㅌ」の用例がないからといって、当時の沖縄語がそうであったことにはならない。むしろ、逆である。前に「ㅋ」(kh)の存在を見た。後述するように「ㅍ」(ph)もあるからである。

<用例>

○ku-ci（くち、口） ○hoa-chi-koa-chi（はちぐわつ、八月） ○sjo-cu（せうちう、焼酎） ○mʌi-ni-chi（まいにち、毎日）； ○'i-nʌi-tsi（いねて、寝ねて） ○mu-scin-ci-sko（もちていきてこ、持ちて行きて来） ○stʌs（ふてつ、二つ）； ○tin<tan>-'ʌi（たね、種、陰茎） ○ta-pak-kui（たばこ、煙草） ○tu-hu（たうふ、豆腐）； ○ci-ci（つき、月） ○cu-cu-ra-sa（つよきよらさ、強清らさ） ○kuŋ-koa-chi（くぐわつ、九月） ○sjo-koa-chi（しやうぐわつ、正月） ○si-mo-ci-ci（しもつき、霜月、十一月）； ○tu-ri（とり、鳥） ○tu-ma（とま（り）） ○scjo（ひと、人）

{クリ}（1818）

＊/te/, ＊/to/に対応するものは、それぞれ[ti]/ti/, [tu]/tu/である。

＊/ti/, ＊/tu/については、破擦音化している。＊/(i)te/も破擦音化している。

kee<Hand>は、有気音[th]を示している例であろう。

<用例>

○tatchee（たち、太刀）； ○ting（てん、天） ○tootee（とりて、取りて） ○tee（て、手） ○te（て、手） ○chaw（てう、兆） ○asattee（あさて、明後日） ○matee（まて、待て） ○oomootee（おもて、表） ○mootchee（もちて、持ちて） ○satchee（さして、差して） ○itch-itchee（いきて、生きて）； ○tattee（たて、縦） ○tamma

（たま、玉）　○acha（あした、明日）　○stcha（した、下）　○stcha（した、舌）　○fitchayeh（ひたひ、額）；　○cheena（つな、綱）　○chinna（つな、綱）　○cheejee（ついで、注いで）　○cheejoong（つぐ、注ぐ）　○mootsee（むつ、六つ）　○matsijee（まつげ、睫毛）　○matsee kee（まつき、松木）　○sheemootsee（しよもつ、書物）　○cootsee（こつ、骨）　○stinno（つの、角）　○steera（つら、「面」、顔）；　○hotoo（はと、鳩）　○kootoo（こと、琴）　○twitchee（とき、時）　○choo（ひと、人）

{官}（19世紀?）

＊/ti/相当部分に「チ」「キ」「ツ」が現れる。これが同音[ʧi]となっていたことを示している。破擦音化していた。

＊/te/相当部分に「テ」が現れる。音価は[ti]であった。

＊/ta/相当部分に「タ」が現れる。「シキヤワタ（したわた、下腸、下腹）」は、破擦音化した＊/ta/を示している。[ʧa]。

＊/tu/相当部分に「ツ」が現れる。＊/ti/で見たように、音価は[ʧi]であろう。

＊/to/相当部分に「ト」が現れる。「ヤツヨ（やきと（灸））」は、破擦音化した形を示している。＜次のような変化が考えられようか。やきと→やいと→やいちょ→やあちょ→やあちゅう「ヤツヨ」＞

＜用例＞

○チイ（ち、乳）　○チヤ（ちや、茶）；　○キイ（ち、血）　○キヨブ（ちゆうぶ、中風）　○クキ（くち、口）　○サトフモキ（たうもち（砂糖餅）　○ソウフキヨ（せうちう、焼酎）　○ヤキワキ（たちはき、太刀佩）　○モキグミ（もちごめ、糯米）；　○クツ（くち、口）

○テイ（て、手）　○シテミテミシ（すてめてめし、朝飯）　○カステラ（かすてら、Pão de Castella、鶏蛋糕）

○タキワキ（たちはき、太刀佩、刀豆）　○タナガエイ（たながはり、種変り）　○カタジル（かたじる、濃汁）　○シタ（した、舌）　○シタ（した、下）　○シヨブタ（しほぶた、塩豚）　○ヒタイ（ひたひ、額）　○ビンタ（びんた、鬢毛）；　○シキヤワタ（したわた、下腸、下腹）

○ツク（つく、付く）　○ツグ（つぐ、注ぐ）　○ツハチ（つばき、椿）　○ツメ（つめ、爪）　○ツヨクリ（つくれ、作れ）　○ツケナ（つけな、漬け菜）　○アツザケ（あつざけ、熱酒）；　○ヒキズ（ひつじ、羊）　○マキリ（まつり、祭）　○チラ（つら、面、顔）

○トシ（とし、年）　○トヱ（とり、鳥）　○トヨン（とりをり、取りをり、取る）　○ウトガヱ（おとがひ、頤）；　○ヤツヨ（やきと、灸）

{沖話}（1880）

＊/ti/相当部分に「チ chi」が対応する。破擦音化している。

＊/te/相当部分に「テ ti」が対応する。

＊/ta/相当部分に「タ ta」が対応する。＊/-ita/は破擦音化していると言えるが、そうではない例（シタ。shita（した、舌））が存在する。

*/tu/相当部分に「ツ tsi」が対応する。音価は[tsi]である。

/to/相当部分に「ト tu」が対応する。/-ito/は、破擦音化して[-iʧu]となっている。

<用例>

○チー chī（ち、乳） ○チヾユイ chijuyi（ちどり、千鳥） ○chiri（ちり、塵） ○イチダン ichidan（いちだん、一段） ○ウチ uchi（うち、内） ○クチ kuchi（くち、口） ○ハーチ hāchi（はち、鉢） ○ミチ michi（みち、道） ○ムチ muchi（もち、餅）

○テー tī（て、手） ○テラ tira（てら、寺） ○テンチ inchi（てんき、天気） ○アサテ asati（あさて、明後日） ○ナンテン nantin（なんてん、南天） ○フデタテイー fuditatī（ふでたて、筆立て）

○ター tā（た、田） ○タカ taka（たか、鷹） ○タービ tabi（たび、足袋） ○ウミバタ umibata（うみばた、海端、海岸） ○カタ kata（かた、肩） ○ハタキ hataki（はたけ、畑） ○ワタイリ watairi（わたいれ、綿入れ）； ○アチヤ acha（あした、明日） ○ヒチエー fichē（ひたひ、額） ○シタ shita（した、舌）

○ツチ tsichi（つき、月） ○ツヌ tsinu（つの、角） ○ツバチ tsibachi（つばき、椿） ○アツサ atsisa（あつさ、暑さ） ○イツ Itsi（いつ、何時） ○ワーツレー wwatsirē（おあつらへ、御誂らへ） ○シユムツ shumutsi（しよもつ、書物） ○シツイリ shitsi-iri（せついり、節入り） ○ナツ natsi（なつ、夏） ○マーツ mātsi（まつ、松）

○トチー tuchī（とけい、時計） ○トク tuku（とこ、床） ○トシ tushi（とし、年） ○ウト utu（おと、音） ○チヌト chinutu（きのと、乙） ○クトー kutū（こと、琴） ○マクトニ makutu ni（まことに、誠に） ○ムトミタラー mutu mitarā（もとめたらは、求めたらは）； ○イチユク ichuku（いとこ、従兄弟） ○チユ chu（ひと、人）

{チェン}（1895）

*/ti/相当部分に「chi」が対応する。破擦音化している。

*/te/相当部分に「ti」が対応する。

/ta/相当部分に「ta」が対応する。/-ita/は破擦音化している。

*/tu/相当部分に「tsi」が対応する。但し、「tsukutē'（つくりて、作りて）」の例がある。

/to/相当部分に「tu」が対応する。/-ito/は、破擦音化して[-iʧu]となっている。

<用例>

○Chikagurō（ちかごろは、近頃は） ○uchi（うち、内） ○machigē（まちがへ、間違へ） ○michi（みち、道） ○nji-guchi（いでぐち、出口）

○tinchi（てんき、天気） ○sū-tītsi（そてつ、蘇鉄） ○tsikiti（つけて、着けて） ○hajimiti（はじめて、初めて）

○tatui（たとへ、例へ） ○Tabaku（たばこ、煙草） ○jita（げた、下駄） ○shitataka（したたか、強か） ○mata（また、又） ○wata（わた、腸、腹）； ○Achā（あしたは、

明日は）　○uta（うた、歌）
○tsichi（つき、月）　○tsikiti（つけて、点けて）　○tsiburu（つぶり、頭）
○atsisa（あつさ、暑さ）　○ikutsi（いくつ、幾つ）　○sū-tītsi（そてつ、蘇鉄）
○nitsi（ねつ、熱）　○mutsikashā（むつかしさは、難しさは）；　○tsukutē'（つくりて、作りて）
○tuchi（とき、時）　○tukuru（ところ、所）　○tushi（とし、年）　○ituma（いとま、暇）　○kutu（こと、事）　○mutu（もと、元）　○wutu（をと、夫）
○tchu（ひと、人）　○chu（ひと、人）　○chuyi（ひとり、一人）

Ⅴ－３－(4)　ダ行の子音
（＊／ｄｉ，ｄｅ，ｄａ，ｄｕ，ｄｏ／の子音）

｛漂｝（1818）

＊/di/に対応する用例はないが、＊/du/が一例あり（mi-cɯi　みづ、水）、ハングル「ㅈ」(c)で表記されている。現代語との対応から有声音であると見なす。（ハングルの「ㅈ」は母音間（及びこれに準じる環境）で有声音になることも考慮されている。19世紀初めには、口蓋化し[ʥ]となっていた。）ともに、音価は[ʥ]であったと考えられる。

＊/de, da, do/はハングル「ㄷ」(t)で表記される。これも現代語との対応、ハングル「ㄷ」の母音間での有声化現象から、有声音〔d〕を表示したものと見なされる。

＜用例＞

○hu-tɯi（ふで、筆）；　○tai-sjaŋ-koaŋ（だいしやうくわん、大将官）；　○mi-cɯi（みづ、水）；　○ka-ma-tu（カマド　［人名］）；　○' u・tu・' i・ri（をどり、をどれ、舞）

｛クリ｝（1818）

addee（あれ）、aree（あれ）、doochoo oota（琉歌）、loochoo oota（琉歌）を比べると一目瞭然、[d], [ɾ], [l]は自由異音である。と同時に（loochooを別にして）'r'は語頭には現れず、語頭の例はすべて'd'であるので、一種の相補分布的様相も呈している（'d'は語中にも現れるから相補分布ではありえないが）。

『那覇方言概説』（金城朝永著、1944年、三省堂）には、音韻の第七項[ホ]のところに、次のようにある。

> 極端にいふと、那覇方言には、d音は殆ど使用されてゐないと見ても、差支えない位である。これに反して、首里方言では、d音とrとを使ひ分けてゐるので、標準語のd音を割合正確に写してゐるが、どちらかといへばd音を好んで用ひ、標準語でr音であるものまで、d音にしてしまう傾向が多分にある。(p.67)

さらに「第三章　アクセント」では、前掲の服部論文を紹介した後、「クリフォード琉球語彙」に関して、次のように断じている。

この語彙が首里方言であることは、ボートの「櫂」(scull og a boat) Doo (<do:<ro, 櫓) の語頭を d 音に表記してあること (那覇方言ならば ru:。これについては音韻第七項[ホ]参照) や、「火を取ってこい (Bring fire here) の Fee tooteecoo (<fi: tutiku:) の tooteecoo の第二音節 (tee) が、所謂促音化してゐないこと (那覇方言では必らず tuttiku:と発音される) などから推しても明らかである。(p.76〜p.77)

d 音と r 音の問題は、首里方言と那覇方言とを区別する重要な指標となることは間違いない。しかし、これだけをもって「琉球語彙」全部が首里方言であると断定することはできない。関連するところでその都度述べるが、那覇方言の要素も多分に含んでいるのである。

表記法について少し検討しておくべき問題がある。それは、'd' と 'dd' および 'r' と 'rr' とに何らかの違いが認められるかということである。結論から先に言おう。何らかの音声的違いを示しているとは考えられない。'ddee' と 'rra' の例が多いので、母音に関係しているのかとも思われるが、'rree' 'rroo' の例もあるので、それは言えない。それよりも addee (あれ)、coodee を示せば十分であろう。英語に引かれてこのようにした可能性が高い。'arrange' 'arrow' 'arrear' 'addition' など参照。

表記手段としてのアルファベットとの対応関係を纏めると、以下のようになる。

*/di/相当部分に「jee」が対応する。破擦音化している。

/de/相当部分に「dee」が対応する。/-ide/は破擦音化している。「-jee」が対応する。

/da/相当部分に「da」が対応する。/-ida/は破擦音化している。「ja」が対応する。

*/du/相当部分に「zee」「see」等が対応する。

*/do/相当部分に「doo」が対応する。

<用例>

○kassee (かぢ、舵)　○jee (ぢ、地);

○dee-eego-kee (でいごき、梯梧木)　○noodee (のんで、飲んで)　○hoodee (ふで、筆);　○weejee (およいで、泳いで)　○coojee (こいで、漕いで);

○dachoong (だく、抱く)　○dakee (たけ、「だけ」、竹)　○eeda (えだ、枝)　○nada (なみだ、涙);　○injashoong (いだす、出す)

○meezee (みづ、水)　○meesee (みづ、水)　○sackka sitche (さかづき、盃)　○najeechoong (うなづく、頷く);

○dooroo (どろ、泥)　○doonee (どうね、「胴音」　呻き)

{官} (19世紀?)

繰り返し述べることはしないが、{クリ} で取り上げた/d/と/r/との問題がここでも現出している。

*/di/相当部分に「ズ、ツ、ギ」が現れる。破擦音化している証左である。。

/de/相当部分を含む用例が見出せない。「ダデル」があるが、これは「だれる、垂れる)」で、/re/に対応するものである。

*/da/相当部分に「ダ」「ラ」が現れる。d/と/r/との問題を含んでいる。「あぶら」

が「アンダ」、「こむら」が「コンダ」とあり、[-bura][-mura]が[-nda]と変化したことを示している。

＊/du/相当部分に「ズ」が現れる。＊/di/に準じることになる。

＊/do/相当部分に「ラヲ」が現れている。d/と/r/との問題がある。

＜用例＞

○ズマアメ（ぢまめ、地豆、落花生）　○ヒズ（ひぢ、肘）　○アハマンツヨ（あはまんぢゆう、栗饅頭）　○ヒギ（ひぢ、肘）

○ダデル（だれる、垂れる）

○ダアグ（だんご、団子）　○ハダヱ（はだへ、膚）　○チタイク子イ（きだいこね、黄大根）；　○ナラ（なみだ、涙）　○ハナライ（はなだれ、鼻垂り）

○アンダ（あぶら、油）　○コンダ（こむら（腓）

○ツヨラズラ（きよらづら、清ら面）　○カタズラ（かたづら、固面？）　○ミソズケ（みそづけ、味噌漬け）

（注）○ヒズ（ひぢ、肘）　○ズマアメ（ぢまめ、地豆）　○ヒキズ（ひつじ、羊）
○モヅ（むぎ、麦）　○ムジ（むぎ、麦）

○インラヲマミ（ゐんどうまめ、（豌豆）

｛沖話｝（1880）

＊/di/相当部分に「ヂ ji」が対応する。破擦音化している。

＊/de/相当部分に「デ di」が対応する。

＊/da/相当部分に「ダ da」が対応する。＊/-ida/の用例、見出せず。

＊/du/相当部分に「ヅ zi」が対応する。破擦音化し、母音も変化して[dzi]として実現している。

＊/do/相当部分に「ド du」が対応する。＊/-ido/は破擦音化していて、「ju」が対応している。

＜用例＞

○ヂガチ　jigachi（ぢがき、地書き）　○クンヂ　kunji（こんぢ、紺地）　○キーフヂ　kifuji（きふぢ、木藤）　○ヒヂ　fiji（ひぢ、臂）　○マツツヂ　mattsiji（まつぢ、真頂、絶頂）

○デシ　dishi（でし、弟子）　○デイグ　dīgu（でいご、梯梧）　○ウデ　udi（うで、腕）　○フデ　fudi（ふで、筆）

○ダーグ　dāgu（だんご、団子）　○アダン　adan（あだん、阿且）　○イチダン ichidan（いちだん、一段）　○スダイ　sidayi（すだれ、簾）　○ラクダ　rakuda（らくだ、駱駝）

○アヅチ　azitsi（あづき、小豆）　○ウヅラ　uzira（うづら、鶉）　○サカヅチ　sakazichi（さかづき、盃）　○ツヾン　tsizin（つづみ、鼓）　○マヅ　Mazi（まづ、先づ）　○ミヅ　mizi（みづ、水）；　○イヅン　izun（いづみ、泉）　○イヅミヤー　Izumiyā（いづみや、和泉屋）

○ドテ　duti（どて、土手）　○ドル　duru（どろ、泥）　○ドンブリ　dumburi（どんぶり、丼）　○クンド　kundu（こんど、今度）　○ナンドチ　nan duchi（なんどき、何

時)　○ヤードイ　yādui (やどり、宿り、別荘)；　○チヾユイ　chijuyi (ちどり、千鳥)

{チェン} (1895)

*/de/相当部分に「di」が対応する。

/da/相当部分に「da」が対応する。/-ida/は破擦音化している。

*/du/相当部分に「zi」が対応する。[dzi]である。

*/do/相当部分に「du」が対応する。

*/di/対応の用例、見当たらず

<用例>

○madē (までは<助詞>) (←madija)

○dabi (だび、茶毘)　○Nāda (いまだ、未だ)　○Kunēda (このあひだ、この間)　○tadashiku (ただしく、正しく)　○tsiki daki (つけだけ、点け竹、点け棒)　○Tīda (てだ、太陽)

○Mazi (まづ、先づ)　○mizi (みづ、水)　○mizirashī (めづらしい、珍しい)

○duttu (どつと、大変)　○duku (どく、毒?、余り)　○mudusi (もどせ、戻せ)

Ⅴ－３－(5) ハ行の子音

(*／ｐｉ，ｐｅ，ｐａ，ｐｕ，ｐｏ／の子音)

{漂} (1818)

*/pa/に「하」(ha)と「화」(hoa)との二通り現れている。これをどう解釈するか。ha・si は奄美の言葉である可能性が高いから、これを除外して(沖縄島中・南部の言葉を)考えることにする。

「화」(hoa)は、両唇摩擦音「Φ」を表示しようとした結果の表記であることは間違いあるまい。これから類推すれば「후」(hu)も〔Φu〕である可能性が高くなる。

もっとも、現代語で、「葉」は〔Φa:〕であるのに「歯」は〔ha:〕であるという事象もあるから、慎重である必要があるが、{クリ}に‘fa’や’‘pha’などがあることと照らし合わせれば、この当時の*／pi, pe, pa, pu, po／の子音は両唇摩擦音〔Φ〕であったとしてよいのではなかろうか。

<用例>

○phi-chju (ひと、人)　○pi-cʌ-cja (ひつじ、羊)　○phi-pha-ci (ひばち、火鉢)　○ha-si (はし、箸)　○hoa-chi-koa-chi (はちぐわつ、八月)　○hu (ふく、福)　○hu-tɯi (ふで、筆)　○hu-nɯi (ふね、船)　○tu-hu (たうふ、豆腐)

*/pe, po/の用例がない。

{クリ} (1818)

‘f’が[ɸ]を表していることは間違いなく、‘wh’も英語の‘who’などを持ち出すまでもなく、[ɸ]を表している。「whoosoo (臍)」には‘A strong aspirate on the first syllable.’という注が付いていて、このことを裏付けている。‘wf’や‘whf’は‘wh’に準じよう。これから推して‘hee’は[çi]であると判断できる。

次のような例によって、「クリフォードごい」内においては、[p][ɸ][c][h]は、音素/p/に該当すると解釈してよかろう。

Feeroo、heeroo（昼）　fanna、honna（鼻）　whfoota、hoota（蓋）　speeakoo（四百）、coohacoo（九百）

しかし、史的観点及び｛クリ｝が単一の方言とは限らないと言う観点に立つと事態は変わってくる。

まず、fa, whfa（南）とhayeh（蠅）とに注目したい。

「南」は[ɸɛː]、「蠅」は[hɛː]であることを示している。19世紀末から20世紀初の首里方言を収録したと考えてよい｛沖辞｝(1963）によると、「南」はhwee⓪、「蠅」はhwee①である。アクセントは違うものの、共に[ɸɛː]である。つまり、[hɛː]（蠅）は首里方言ではありえない。

また、p→ɸ→hの変遷から見ると、hacoo（百）、speeakoo（四百）、coohacoo（九百）が、同一方言内に存在するとは考えにくい。

あるいは、「ヒ」＝hee、「ヘ」＝fee、「フ」＝hoo、「ホ」＝fooかというと、次に示すので明らかなように、そうでもない。

fee	（火）（ヒ）	fookasa	（深さ）（フ）
feera	（篦）（ヘ）	hoota	（蓋）（フ）
heeroo	（昼）（ヒ）	fooshee	（星）（ホ）
		hooyoong	（掘る）（ホ）

『那覇方言概説』に、次のようにある。

「ハ」(ha）は、那覇方言では、語間と語尾ではｆ音を保存するが、語頭においては、ｈ音に代る場合が尠くない。(p. 52)

ある語などは、ｆ音もｈ音も両方使ひ、ｆ＞ｈの過渡期に属している。例えば、前出の「木の葉」の「葉」(fa）などは、kiː-nu-faːの如く、語尾にくる時には今でも決してhaːとは発音せず、ｆ音を頑固に踏襲して、必ずfaːといっているが、たゞ一語だけの場合、または語頭にくる時には、haːも同じ程度に用ひ（る)。(p. 52)

標準語の波行の所謂拗音hja, (hju), hjoは、那覇方言では、例えば、hyaku（百）＞haːkuː（＜hjaːku），hjoːʃi（拍子）＞hjoːʃiの如く、やはり、ｈ音が用ひられてゐる。この場合には、hjoは別として、hjaは所謂直音化する傾向が認められる。(p. 53)

『那覇方言概説』でいう那覇方言がいつごろの資料か判然としないが、20世紀初のそれと考えて大過なかろう。今引用したことと前述したこととを考え合わせると、「琉球語彙」に那覇方言が混入していると言って差し支えあるまい。少なくとも、「蠅」(hayeh）と「百」(hacoo）は、那覇方言であろう。

細説はしないが、次の例は、さらにその他の方言の混入を予想させるものである。

gooshacoo, or gooyacoo（五百）＜Fifty＞

因みに、jeewaは、ハ行転呼音を想起させる例である（‘wha’あるいは‘hwa’の例がないので、印刷過程上の‘h’の脱落は考えにくい)。

*/pi/相当部分に「fee、fi、hee」が対応する。破擦音化している。
*/pe/相当部分に「fee」が対応する。
*/pa/相当部分に「fa、whfa、pha、ho」が対応する。
*/pu/相当部分に「foo、hoo、whfoo」が対応する。
*/po/相当部分に「foo、poo」が対応する。「spookarasa(しほからさ、塩辛さ)」については、第Ⅶ章で取り上げる。

<用例>

○feeroo(ひる、昼) ○fee(ひ、火) ○fitchayeh(ひたひ、額) ○afeeroo(あひる、家鴨) ○heeroo(ひる、昼); ○feera(へら、篦); ○fa(は、葉) ○fanna(はな、花) ○fanna(はな、鼻) ○honna(はな、鼻) ○fa(はえ、南) ○whfa(はえ、南) ○wfaysa(はやさ、早さ) ○hayeh(はへ、蝿) ○hatchee(はち、八) ○jeepha(じいふあ、簪) ○jeewa(じいふあ、簪) ○karahigh(からはり、磁石)
○fookassa(ふかさ、深さ) ○hoota(ふた、蓋) ○whfoota(ふた、蓋) ○hoonee(ふね、船) ○tayehfoo(たいふう、台風)
○fooshee(ほし、星) ○foo(ほ、帆); ○spookarasa(しほからさ、塩辛さ)

{官}(19世紀?)

*/pi/相当部分に「ヒ」が現れる。
*/pe/相当部分に「ヱ、イ」が現れる。
*/pa/相当部分に「ハ」が現れる。
*/pu/相当部分に「フ、ホ」が現れる。
*/po/相当部分に「ホ、フ、ホヲ、ヨ」が現れる。
以上からでは、音価の推定は難しい。前後のアルファベット資料に依ることとする。

<用例>

○ヒキミ(ひきみ、引き見) ○ヒタイ(ひたひ、額) ○ヒギ(ひぢ、肘) ○ヒキズ(ひつじ、羊) ○ヒヨルキ(ひよめき、脳頂) ○ヒルマ(ひるま、昼間) ○アヒル(あひる、家鴨)
○ハダヱ(はだへ、膚) ○マイハ(まへば、前歯)
○ハア(は、歯) ○ハナ(はな、鼻) ○ハンク(はじく、弾く) ○アハマンツヨ(あはまんぢゆう、栗饅頭) ○カア(かは、皮) ○クハム子(こはむね、強胸、硬胸) ○サイハン(さいはん、菜飯)
○トウフマメ(たうふまめ、豆腐豆) ○タウホイヤウ、たうふゆ、豆腐湯、豆乳) ○ホサカル(ふさがる、塞がる) ○ホレイ(ふるひ、振るひ) ○カンタヲホ(かんたうふ、寒豆腐)
○ホソ(ほぞ、臍) ○イ子ノホヲ(いねのほ、稲の穂) ○ウホイビ(おほゆび、大指) ○ウホシタ(おほした、大舌) ○ウホサ(おほさ、多さ); ○ウフグキ(おほぐち、大口); ○コヲリサタウ(こほりさたう(氷砂糖) ○シヨイヨ(しほいを、塩魚) ○シヨブタ(しほぶた、塩豚)

{沖話}（1880）

*/pi/相当部分に「ヒfi」が対応する。音価は[ɸi]である。「ハ行転呼」を起こしたものとそうでないものとがある。

「ひとり」「ひと」は、母音の無声化、母音の脱落、促音化の道を歩んだ結果を見せているものと思われる。

*/pe/相当部分に「i」が対応する。母音変化及び「ハ行転呼」を経た姿である。更に音韻融合を起こした例も多い。

*/pa/相当部分に「fa」と「ha」とが対応する。同じ「はず（筈）」が両様に表記されている場合があり、並存状態と見るしかない。

「ハ行転呼」に関しても複雑である。「転呼」せずに「fa」のもの、「転呼」せずに「ha」のもの、「転呼」して「wa」となったもの、それが音韻融合を起こして「ā」となったものなど、様々である。これに関する考察は、第Ⅶ章に譲る。

*/pu/相当部分に「fu」が対応する。音価は[ɸu]であろう。但し、「ハ行転呼」を経て、音韻融合を起こしている。

*/po/相当部分に「fu」が対応する。但し、「ハ行転呼」を経て、音韻融合を起こしている例もある。

<用例>

○ヒー　fī（ひ、火）　○ヒカリ　fikari（ひかり、光）　○ヒチエー　fichē（ひたひ、額）　○ヒヂ　fiji（ひぢ、肘）　○ヒツジ　fitsiji（ひつじ、未）　○ヒマ　fima（ひま、暇）　○アヒル　afiru（あひる、家鴨）　○ウーヒラ　ūfira（おほひら、大平）　○ツチヒ　tsichifi（つきひ、月日）；　○ウグヒス　uguisi（うぐひす、鶯）　○カイグ　kaigu（かひこ、蚕）；　○シー　shī（しひ、柯子）　○ケー　kē（かひ、匙、ヒ匙）　○ウトゲー　utuge（おとがひ、頤）　○ヘー　fē（はひ、灰）　○クエームン　kwēmun（くひもの、食物）　○ミー　mī（めひ、姪）　○ヰー　wī（をひ、甥）　○ウツテー　wuttī（おととひ、一昨日）

○ウイヌシチ　uinushichi（うへのしきゐ、上の敷居？、鴨居）；　○ケーデ　kēdi（かへで、楓）　○ヘー　fē（はへ、蝿）　○メー　Mē（まへ、前）；　○ヒウタン　hyūtan（へうたん、瓢箪）

○ハー　hā（は、歯）　○ハカ　haka（はか、墓）　○ハカマ　hakama（はかま、袴）　○ハシ　hashi（はし、橋）　○ハーチ　hāchi（はち、鉢）　○ハナ　hana（はな、花）　○ハル　haru（はる、春）；　○ハヅ　fazi（はず、筈）　○ハヅ　hazi（はず、筈）　；　○アワ　awa（あは、粟）　○ニワ　niwa（には、庭）；　○アーシムン　āshimun（あはせもの、袷物）　○カー　kā（かは、川、井戸）　○カーラ　kāra（かはら、河原、河）　○カーラ　kāra（かはら、瓦）　○サーラン　sāran（さはらぬ、障らぬ）；　○ヘーイル　fēiru（はひいろ、灰色）　○ミヘー　mifē（みはい、御拝）　○フエー　fē（はえ、南）；　○クヱー　kwe（くは、鍬）　○クワー　kwā（くは、桑）；

○クハテ　kufati（こはりて、強りて、硬くなって）　○ヌハル　nuharu（のはる、のはら、野原）；　○ヘーサ　fēsa（はやさ、早さ）　○ハウチ　hōchi（はうき、箒）

○フクジ　fukuj（ふくぎ、福木）　○フデ　fudi（ふで、筆）　○フユ　fuyu（ふゆ、冬）　○キーフヂ　kifuji（きふぢ、木藤）；

○ウルドシ　urudushi（うるふどし、潤年）　○クジウニ　kujūni（くじふに、九十二）○チヌー　chinū（きのふ、昨日）　○チユウ　chū（けふ、今日）
○ユービ　yūbi（ゆふべ、夕べ、昨夜）　○ロー　ro（らふ、蝋、蝋燭）
○フカ fuka（ほか、外）　○フシ　fushi（ほし、星）　○ウフサ　ufusa（おほさ、多さ）　○テフノー　tifunō（てほんは、手本は）　○ユフードー　Yufūdō（よほどは、余程）；　○ウーヒラ　ūfira（おほひら、大平）　○クーリ　kūri（こほり、氷）　○トウサ　tūsa（とほさ、遠さ）；　○ハウチヤー　hōchā（ほうてう、庖刀）；　○シユウ　shū（しほ、塩）；　○ノーチ　nōchi（なほして、直して）

{チェン}（1895）

*/pi/相当部分に「fi」が対応する。
*/pe/相当部分に「fi」が対応する。「ハ行転呼」で「i」となる場合と更に音韻融合を起こしている場合とがある。
*/pa/相当部分に「fa」と「ha」とが対応する。{沖話}と同じく、並存状態である。「ハ行転呼」に関しても{沖話}と似ていて、「転呼」せずに「fa」のもの、「転呼」して「wa」となったもの、それが音韻融合を起こして「ā」となったものが存在する。
*/pu/相当部分に「fu」と「hu」が対応する。表記の統一性を欠いただけで、音価に違いはなさそうである。
「ハ行転呼」の後、更に融合している。
*/po/相当部分に「fu」と「hu」とが対応する。これも表記の統一性を欠いただけで、音価に違いはないと思われる。
「ハ行転呼」せず、「fu」「hu」のままのものと、「転呼」後、更に融合したものとがある。

＜用例＞

○fī（ひ、火）　○fichi（ひきて、引きて）　○Fiji（ひげ、鬚）　○ifē（いひは、少ひは、少しは）（ifija）；　○tūi（とひ、問ひ）；　○nigē（ねがひ、願ひ）　○hunē（ふなゑひ、船酔ひ）；　○chuyi（ひとり、一人）　○tchu（ひと、人）
○fin（へん、辺）　○fintō（へんたふ、返答）　○tatui（たとへ、例へ）；
○kēra（かへら、帰ら）　○mē（まへ、前）
○ufanashi（おはなし、御話）　○katafamung（かたはもの、片端者）；　○hajimiti（はじめて、初めて）　○hazi（はず、筈）　○hanashi（はなし、話）　○hammē（はんまい、飯米）；　○Uchinā（おきなは、沖縄）　○kāra（かはら、河原）；　○Yuza-gawa（よざがは、輿座川）；　○nifē（みはい、御拝）　○fēku（はやく、早く）
○fuchi（ふきて、吹きて）　○huni（ふね、舟）　○furang（ふらぬ、降らぬ）　○hūchi（ふうき、風気、流行り病）　○fūchē（ふうきは、風気は、流行り病は）；　○fintō（へんたふ、返答）　○rō（らふ、蝋）
○fuchi（ほして、乾して）　○Fushakō（ほしくは、欲しくは）　○fūkūning（ほうこうにん（奉公人）　○Uhu ami（おほあめ、大雨）　○Ifu（いほ、流出土）；
○tūyi（とほり、通り）

Ⅴ－３－(6)　バ行の子音

（＊／ｂｉ，ｂｅ，ｂａ，ｂｕ，ｂｏ／の子音）

特に述べる必要がない時は、用例のみとする。

{漂}（1818）

次の用例は、現代(沖縄)語との対応、ハングル「ㅂ」(p) の性質等から、両唇破裂有声音〔b〕を示しているものと判断される。

○kun-hwi-pu（くねんぼ、九年母）　○ta-pa-kui（タバコ、烟草）

以上の他に本文中に次の例がある。

○ku-pa（クバ、九波木）　○ma-sa〈pa-sa〉（バサ、磨沙）

ハングルの「ㅁ」(m)が「呂宋」語(イロカノ語)　の‘b’に対応する例がある。

○ka-ma〔KABAYO〕馬　○ma-skʌ-’o〔BAKA〕牛　○ma-pu〔BABUY〕豕　○ma-ka-si〔BAGAS〕米　○ma-ki〔BAGIO?〕馬宜　○mjɔiŋ-thɔŋ〔BENTE〕小銀　○moi-no〔bueno〕好

「ma-sa」も同様の例であって、[basa]を示す。

{クリ}（1818）

説明は、不要のように思われる。

＜用例＞

○binta（びんた）<Whiskers＞　○eebee（ゆび、指）　○oobee（おび、帯）　○habaroo（はべる、蝶）　○banjaw gaunnee（ばんじゃうがね、曲尺）　○sabannee（サバニ）○saback（さば、草履）　○boota（ぶた、豚）　○neebooee（ねぶり、眠り）　○haboo（ハブ）　○bodsee（ばうず、坊主）　○baw（ばう、棒、天秤棒）

{官}（19世紀?）

＜用例＞

○ビンタ（びんた、鬢毛）　○ヒンタウ（びんらう、檳榔）　○アクビ（あくび、欠伸）○キビ（きび、黍）　○ワラビコジ（わらびくず、蕨葛）　○シヨビン（せうべん、小便）○リヤビン（だいべん、大便）　○ノビル（のびる、のべる、伸）　○ノベル（のびる、のべる、伸）　○ウクバ（おくば、奥歯）　○チイバ（きば、牙）　○サアインバン（さいはん、菜飯）　○ソバクヲ（そばこ、蕎麦粉）　○ツハチアンラ（つばきあぶら、椿油）○マイハ（まへば、前歯）　○ブタ（ぶた、豚）　○カボ（かぶ、蕪）　○アンラアゲ（あぶらあげ、油揚げ）　○シボヱハタ（しぼりわた、絞り腸）　○ナガニボネ（ながねぼね、長峰骨、腰肋）　○ウシロクブ（うしろくぼ、後ろ窪）　○コブミ（くぼみ、窪み）

{沖話}（1880）

＜用例＞

○ビハ　Biwa（びは、琵琶）　○ビワ　biwa（びは、枇杷）　○ビンロウ　binrō（びんろう、檳榔）　○アクビ　akubi（あくび、欠伸）　○イビ　ibi（えび、蝦）　○クビ　kubi（くび、頸）　○ナースビ　nāsibi（なすび、茄）　○ワサビ　wasabi（わさび、山葵）

○ビントウ　Bintō（べんたう、弁当）　○クビ　kubi（かべ、壁）　○ナービ　nabi（なべ、鍋）　○ユービ　yūbi（ゆふべ、夕べ、昨夜）　○ワラビ　warabi（わらべ、童、幼児）　○ハベル　haberu（はべる、てふ、蝶）　○バグ　bagu（ばぐ、馬具）　○バンジヤウガニ　banjōgani（ばんじやうがね、番匠金、曲尺）　○チーバ　chība（きば、牙）　○クサバナ kusabana（くさばな、草花）　○サバチ　sabachi（さばき、裁き、櫛）　○スバ　suba（そば、蕎麦）　○ブダウ　budō（ぶだう、葡萄）　○ブンチン　bunchin（ぶんちん、文鎮）　○アブイ　abui（あぶみ、鐙）　○クーブ　kūbu（こぶ、昆布）　○タバクブン　tabakubun（たばこぼん、煙草盆）　○ツブ　tsibu（つぼ、壺）　○クニブ　kunibu（くねんぼ、九年母、香橘）　○ヌブトウヤビイン nubutōyabīn（のぼりてをりはべり、昇りてをり侍り）

{チェン}（1895）

＜用例＞

○byō-chē（びやうきは、病気は）　○dabi（だび、荼毘）　○Tabitabi（たびたび、度々）　○Hara-ubi（はらおび、腹帯）　○u tabi mi shēbiri（おたべめしはべれ、御賜べ召し侍れ）　○bā（ば、場、場合）　○bashu（ばす、時、場合）＜「場所」＞　○suba（そば、傍）　○Tabaku（たばこ、煙草）　○Abui（あぶみ、鐙）　○ībung（いひぶん、言ひ分）　○ji-bung（じぶん、時分）　○tsiburu（つぶり、頭）　○Kunibu（くねんぼ、九年母）

Ｖ－３－(7) サ行の子音

（＊／ｓｉ，ｓｅ，ｓａ，ｓｕ，ｓｏ／の子音）

{漂}（1818）

例外なくハングル「ㅅ」(s)で表記されている。si はもとより、sja、sju、sjo より硬口蓋音[ʃ]を推しはかることができよう。

＜用例＞

○si-si（しし、猪）　○si-mo-ci-ci（しもつき、霜月、十一月）　○' u-si（うし、牛）　○si-ri（キセル、khsier）　○sjo-koaŋ（せうくわん、小官）　○sjo-cu（せうちう、焼酎）　○ma-sa（ばせう、バサ、芭蕉）　○san-koa-chi（さんぐわつ、三月）　○ka-sa（かさ、傘、笠）　○cu-ra-sa（きよらさ、清らさ）　○si-mi（すみ、墨、学問）

＊/so/に対応する用例なし。

{クリ}（1818）

「シ」「セ」「ス」と[ʃi][si]との関係が問題になる。英語の綴字では、例えば、'sip' と 'ship' や 'seep' と 'sheep' などのように、'si' と 'see' は [si]を、'shi' と 'shee' は [ʃi]を示すことになる。クリフォードは、このことを「琉球語」に適用している。

今、sitchee（七）と seenoong（死ぬ）を除いて、「シ・セ・ス」と 'si' 'see' 'shi' 'shee' との対応関係を表にすると、次のようになる。

シ	セ	ス
shi shee	shi si	si see

{沖辞} における sicigwaci⓪（七月）、hasi①（橋）、sɪɴ①（千）、sanʃɪɴ①（三線）、ṣina①（砂）、gara ṣi⓪（烏）などをもとに、同じような表を作ってみると、次のようになる。

シ	セ	ス
si	si	si

これらと、{翻}における「シ＝[ʃi]、セ＝[si]、ス＝[si]」とを対照する。

	{翻}	{クリ}	{沖辞}
シ	ʃi, si	ʃi	ʃi
セ	si	ʃi, si	ʃi
ス	sɯ	si	si
ソ	so, su	su	su

（音声表記。参考までに「ソ」も示した）

これによって、「セ」si→ʃi の変化が起きたのは、1800年前後らしいことがわかる。ここに到って、先に除外しておいた、「シ」に対応する‘si’の例も説明がつこう。その理由は、過渡期における「揺れ過ぎ」と、[si]と[ʃi]とを正確に聞き分けるクリフォードの耳に求めることができる。

以上は、首里方言という前提に立っての見解である。那覇方言などの要素が混じっているとすれば、少し修正を受けよう。例えば、(323)sangshing（三味線）などは那覇方言であるかもしれない。そうであれば、「セ」si→ʃi の変化時期は、もう少し下ることになる。

<用例>

○shishee（しし、肉）　○sheenoong（しぬ、死ぬ）　○ooshee（うし、牛）　○cooshee（こし、腰）　○shee（し、四）　○hashee（はし、橋）；　○shirree（(キ) セル、煙管）　○sing（せん、千）；　○sackkee（さけ、酒）　○coosa（くさ、草）　○saroo（さる、猿）　○sanjoo（さんじふ、三十）　○saw（さを、竿）；　○sheeoong（する、擦る）　○sinnna（すな、砂）　○simmee（すみ、墨）　○sing（すん、寸）　○spootee（すって、吸って）　○soona（すな、為な）；　○sooyoong（そる、剃る）　○sootitsee（そてつ、蘇鉄）　○coosoo（くそ、糞）　○soocoo（そこ、底）

{官}（19世紀?）

*/si/相当部分に「シ、セ、ス」が現れる。
*/se/相当部分に「セ、シ」が現れる。
*/sa/相当部分に「サ」が現れる。
*/su/相当部分に「ス、シ」が現れる。

*/so/相当部分に「ソ」が現れる。
/si//se/*/su/が、同音になっていたことがわかる。[ʃi]であろう。

<用例>

○シゝ（しし、肉）　○シタ（した、舌）　○シキヤ（した、下）　○シルマミ（しろまめ、白豆）　○ウシル（うしろ、後ろ）；　○ウセ（うし、牛）　○カラス（からし、辛子）　○カラスナア（からしな、辛子菜）　○クワシ（くわし、菓子）　○クワス（くわし、菓子）

○センチヨ（せんきゆう、川芎）　○アシ（あせ、汗）；　○シヨビン（せうべん（小便）　○ソウフキヨ（せうちう、焼酎）　○クソ（こせう、胡椒）；

○メシ（めし、飯）　○メセ（めし、飯）

○サケ（さけ、酒）　○サバカン（さばかぬ、裁かぬ、梳らぬ）　○アサメシ（あさめし、朝飯）　○カサ（かさ、瘡）　○ホサカル（ふさがる、塞がる）

○スヱ（す、酢）　○スル（する、擦る）　○スル（する、為る）　○ナアスビ（なすび、茄子）　○ワカス（わかす、沸かす）　○ウヲス（うす、臼）　○カステラ（かすてら、Pão de Castella）；　○ナマシ（なます、膾）　○カシ（かす、粕）　○カス（かす、粕）

○ソバクヲ（そばこ、蕎麦粉）　○ミクソ（めくそ、目糞）　○ミソズケ（みそづけ、味噌漬）

｛沖話｝（1880）

*/si/相当部分に「シ shi」が対応する。

*/se/相当部分に「シ shi」が対応する。

*/sa/相当部分に「サ sa」が対応する。

*/su/相当部分に「ス si」が対応するが、「ス su」の場合がある。これについては、第Ⅶ章で再度取り上げる。

*/so/相当部分に「」が対応する。但し、「ス si」の例がある。

大筋としては、*/si/と*/se/とが同音で[ʃi]であり、*/su/が[si]で、対立していたことがわかる。

<用例>

○シカ　shika（しか、鹿）　○シグニチ　shi gu niche（しごにち、四・五日）　○シマ　shima（しま、島）　○シム　shimu（しも、霜）　○ウシ　ushi（うし、牛）　○トシ　tushi（とし、年）　○ナシ　nashi（なし、梨）　○ハシ　Hashi、はし、橋）　○フシ　fushi（ほし、星）

○シツ　shitsi（せつ、節）　○シンズ　shinzu（せんぞ、先祖）　○シンビー　shimbī（せんべい、煎餅）　○チシリ　chishiri（きせる、煙管）　○サンシン　sanshin（さんせん、三線、三味線）　○フシギ　fushigi（ふせぎ、防ぎ）

○サカヅチ　sakazichi（さかづき、盃）　○サカナ　sakana（さかな、肴）　○サケー　sakē（さかひ、境）　○サキ　saki（さけ、酒）　○サル　saru（さる、申）　○サール　sāru（さる、猿）　○アサ　asa（あさ、朝）　○アサテ　asati（あさて、明後日）　○ウサジ　usaji（うさぎ、兎）　○クサ　Kusa（くさ、草）

○スイ　sī（す、酢）　○スヾリ　siziri（すずり、硯）　○スダシヤ　sidasha（すださ、涼さ）　○スナ　sina（すな、砂）　○スニ　sini（すね、脛）　○スミ　simi（すみ、墨）　○ウース　ūsi（うす、臼）　○グスク　gusiku（ぐすく、城）　○タンス　tansi（たんす、箪笥）　○ヤスク　yasiku（やすく、易く）；

○ス丶　susu（すそ、裾）；　○スム丶　sumumu（すもも、李）　○スルミ　surumi（するめ、鯣）　○シンスイ　shinsui（せんすい、泉水）　○クスヌチ　kusunuchi（くすのき、樟）

○スダテ　sudati（そだて、育て）　○スデ　sudi（そで、袖）　○スバ　suba（そば、蕎麥）　○スヌバン　sunuban（そろばん、算盤）　○イスヂ　isuji（いそぎて、急ぎて）○ンース　nsu（みそ、味噌）　○ヤマスク　yamasuku（やまそこ、山底、谷）；　○ウスク　usiku（おそく、遅く）

{チェン}（1895）

*/si/相当部分に「shi」が対応する。[ʃi]である。

*/se/相当部分に「shi」「si」が対応する。「揺れ」があったのか、綴字（h）がミスで脱落したものか。判然としない。後者か。

*/sa/相当部分に「sa」が対応する。

*/su/相当部分に「si」が対応する。[si]である。

*/so/相当部分に「su」が対応する。

<用例>

○shitataka（したたか、強か）　○shinā（しなは、品は）　○shiri（しり、知り）○ishi（いし、石）　○gashi（がし、餓死）　○tushi（とし、年）　○nūshi（ぬし、主）○hanashi（はなし、話）　○Ngkashi（むかし、昔）

○Sanshing（さんせん、三線、三弦、三味線）　○sē（せは、為は）　○shē（せは、為は）　○mishiri（みせれ、見せれ）　○mishiti（みせて、見せて）　○mudusi（もどせ、戻せ）　○yushiritōta'ndi（よせれてをりたりと、寄せれてをりたりと、立ち寄って来たと）

○sachi（さき,先）　○Sanshing（さんせん、三線、三弦、三味線）　○asa（あさ、朝）○nisannichi（にさんにち、二三日）　○fīsa（ひさ、冷さ、寒さ）

○sikang（すかぬ、好かぬ）　○sigu ni（すぐに、直に）　○simi（すみ、済み）○Nakagusiku（なかぐすく（中城）

○suba（そば、傍）　○suti（そりて、剃りて）　○sū-tītsi（そてつ（蘇鉄）　○isuji（いそぎて、急ぎて）

V－3－(8) ザ行の子音

（＊／ｚｉ，ｚｅ，ｚａ，ｚｕ，ｚｏ／の子音）

{漂}（1818）

ハングル「ㅈ」(c)は、このころ口蓋化して[ʧ]となっており、母音間（及びこれに準じる環境）で有声音となるから、[ʤ]を示していることになる。「かぜ」の例では、綴字脱落の可能性がある。

＜用例＞

○kan-cju（がんじよう、頑丈、岩乗）　○tu-cɯ（つうじ、通事）　○kan-’ɯi（かぜ、風）

＊/za, zu, zo/に対応する用例なし。

{クリ}（1818）

子音は、破擦音[ʤ]であると判断できる。

＊/zi/相当部分に「jee」が対応する。

＊/ze/相当部分に「zee」（「see」）が対応する。

＊/za/相当部分に「za」が対応する。

＊/zu/相当部分に「jee」が対応する。

＊/zi/＊/ze/＊/zu/が同音[ʤi]に成っていた可能性が高い。

＜用例＞

○jee（じ、字）　○katchee yanjee（かきやんじ、書き損じ）　○sanjoo（さんじふ、三十）；　○kazzee（かぜ、風）　○kassee（かぜ、風）；　○choozackkee（つよざけ、強酒）；　○jeeshee（ずし、厨子）　○chacheejing（けしずみ、消し炭）

＊/zo/に対応する用例なし。

{官}（19世紀?）

＊/zi/相当部分に「ジ、ズ、ギ」が現れる。

＊/za/相当部分に「ザ」が現れる。

＊/zu/相当部分に「ヅ、ジ」が現れる。

＊/zo/相当部分に「ソ」が現れる。

＊/ze/相当の用例なし。

以下のことがわかる。

△＊/zi/と＊/zu/とが同音である（多分、＊/ze/も）。

△「カ行の子音」で見たように、「き」が「ち」と同音と見なされているから、「ぎ」が「ぢ」と同音と見なされ、この資料では「じ」と「ず」が同音と捉えていることから、「じ」のところに「ぎ」が出てきた。

△結果として、この資料では、「じ」「ず」「づ」「ぎ」が同音として認識されている。

＜用例＞

○アカカウジ（あかかうじ、赤麹）　○カタジル（かたじる、濃汁）　○ヤウジヤウ（や

うじやう、養生)　○ヒキズ(ひつじ、羊)　○キヾ(つじ、旋毛、つむじ)
<「ぜ」なし。>
○アツザケ(あつざけ、熱酒)
○ケジ(きず、疵)　○ケヅ(きず、疵)　○ワラビコジ(わらびくず、蕨葛)
○ホソ(ほぞ、臍)

{沖話}(1880)

*/zi/相当部分に「ジ ji」が対応する。
*/ze/相当部分に「ジ zi」が対応する。
*/za/相当部分に「ザ za」「ジヤ ja」が対応する。音声としては[ʤa]であった可能性を示唆している。
*/zu/相当部分に「ズ zi」が対応する。
/zo/相当部分に「ズ zu」が対応する。/-izo/は破擦音化している。それが「ju」で表記されているところから見ると、「zu」は[ʤu]ではなく[dzu]あたりであったらしい。

*/ze/の「zi」には疑問が残る。「ji」の可能性が高い。用例数が少ないので、即断はできないが。

<用例>

○ジツカン　jikkan(じつかん、十干)　○ジフニシ　jūnishi(じふにし、十二支)　○ジーヒチ　jīfichi(じひき、字引)　○ジブノー　jibunō(じぶんハ、時分ハ)　○クジ　kuji(くじ、九時)　○ヌージ　nūji(にじ、虹)　○ヒツジ　fitsiji(ひつじ、未)　○ジフニシ　jūnishi(じふにし、十二支)
○ジン　zin(ぜん、膳)　○カヂ　kazi(かぜ、風)
○ザー　zā(ざ、座、座敷);　○ジヤクラ　jakura(ざくろ、石榴)
○イシゼーク　ishizēku(いしざいく、石細工、石工)　○サシムンゼーク　sashimnnzēku(さしものざいく、指物細工、指物師)　○サゼー　sazē(さざえ、拳螺)　○ザウ　zō(ざう、象)　○ミーザウキー　mīzōkī(みざうき、箕)
○ザイリヤウ　zairyō(ざいれう、材料)<「ゼー」には成っていない。>
○スヾリ　siziri(すずり、硯)　○ボウズ　bōzi(ばうず、坊主、僧)　○ハヅ　fazi(はず、筈)　○ミヽズ　mimizi(みみず、蚯蚓)
○クズ　kuzu(こぞ、去年)　○シンズ　shinzu(せんぞ、先祖);
○フス　fusu(ほぞ、へそ、臍);　○ンジユ　nju(みぞ、溝)

{チェン}(1895)

*/zi/相当部分に「ji」が対応する。
*/ze/相当部分に「zi」が対応する。
*/za/相当部分に「za」「ja」が対応する。音声としては[ʤa]であった可能性が高いことを示している。
*/zu/相当部分に「zi」が対応する。

この資料の限りにおいては、*/zi/の[ʤai]と*/ze/*/zu/の[dzi]とが対立していて、{沖話} と軌を一にしている。

<用例>

○ji-bung(じぶん、時分) ○Kujima(こじま、小島) ○Tsīji(つじ、辻) ○hajimiti(はじめて、初めて)

○Zin-zing(ぜんぜん、漸漸) ○kazi(かぜ、風)

○nagaza(ながざ、長座) ○Yuza-gawa(よざがは、輿座川) ○Murunjatu(もろみざと、諸見里)

○Kannazi(かならず、必ず) ○hazi(はず、筈); ○Zībung(ずいぶん、随分)

V－3－(9) マ行の子音

(＊／mi, me, ma, mu, mo／の子音)

{漂}(1818)

ハングル「ㅁ」(m) で表記されている。特記すべき事柄はない。用例を示す。

<用例>

○mi・mi(みみ、耳) ○mi・cɯi(みづ、水) ○si・mi(すみ、墨、文字) ○ku・mi(こめ、米) ○ma(うま、馬) ○mʌi・ni・chi(まいにち、毎日) ○ka・ma・tu(カマド、童児の名？) ○maŋ・kha・rɯi・'ja(マー〜、何処在乎) ○'a・ma〜(あま〜、彼処) ○tu・ma(とま(り)、泊、白村) ○si・mo・ci・ci(しもつき、十一月) ○mu・scin・ci・sko(もちて〜、取来)

{クリ}(1818)

現代語と同じと考えてよかろう。

<用例>

語例:○mimmee(みみ、耳) ○sheemirree(しめれ、締めれ) ○kooraming(くらめる、踏む) ○namee(なみ、波) ○mee(め、目) ○meegua(めくら、盲); ○mayshung(メーシン、お箸も); ○matsee kee(まつき、松木) ○maroo(まる、丸) <Moon, full>

○tamma(たま、玉) ○ma(うま、馬) ○morroosa(まるさ、丸さ); ○moonee(むね、胸) ○cammoodee(かんむり、冠) ○moo(うも、芋); ○moyoong(モーユン、踊る) <Jump, to> ○oodeemaw(ウディモー、腕無し)

{官}(19世紀?)

現代語と同じと考えてよかろう。特記すべき事柄はない。用例を示す。

<用例>

○ミキ(みき、御酒) ○ミソズケ(みそづけ、味噌漬) ○ミイマヱ(みまひ、見舞ひ) ○ミヽ(みみ、耳)

○メ(め、目) ○メイ(め、目) ○メシ(めし、飯) ○コルマメ(くろまめ、黒豆) ○トウマアメ(たうまめ、唐豆) ○ツメ(つめ、爪) ○サウメン(さうめん、

索麺）；　○サウミン（さうめん、索麺）　○ミシ（めし、飯）　○アヲマミ（あをまめ、青豆、緑豆）　○コミ（こめ、米）

○マクラ（まくら、枕）　○マキリ（まつり、祭）　○マミ（まめ、豆）　○マヨ（まゆ、眉）　○アマザケ（あまざけ、甘酒）　○ウグマ（おごま、御胡麻）　○カマブク（かまぼこ、蒲鉾）　○ナマシ（なます、膾）

○ムジ（むぎ、麦）　○ム子（むね、胸）；　○モジノコヲ（むぎのこ、麦の粉）　○モヲク（むこ、婿）

○モミ（もみ、籾）　○モゝ（もも、腿）　○モキ（もち、餅）　○モキグミ（もちごめ、糯米）；　○ムメ（もみ、籾）

{沖話}（1880）

現代語と同じと考えてよかろう。特記すべき事柄はない。用例を示す。

＜用例＞

○ミー　mī（み、己）　○ミチ　michi（みち、道）　○ミヅ　mizi（みづ、水）　○ウミバタ　umibata（うみばた、海端、海岸）　○カスミ　kasimi（かすみ、霞）　○スミ　simi（すみ　、墨）　○ツチミ　tsichimi（つきみ、月見）　○ナミ　nami（なみ、波）　○ンミ　mmi（うめ、梅）；　○ンジユ　nju（みぞ、溝）　○ンース　nsu（みそ、味噌）　○ンミヤト　mmyatu（みなと、港）　○イヅン　izun（いづみ、泉）　○アンジヤサ　anjasa（あみがさ、編み笠、笠）　○カンナイ　kannayi（かみなり、雷）　○シラン　shiran（しらみ、蝨）　○ツヾン　tsizin（つづみ、鼓）；　○カビ　kabi（かみ、紙）

○ミー　mī（め、目）　○ミーカヾン　mīkagan（めかがみ、めがね、眼鏡）　○アミ　ami（あめ、雨）　○カーミー　kāmī（かめ、龜）　○ソウミン　sōmin（さうめん、素麵）　○タミ　tami（ため、為）　○ツミ　tsimi（つめ、爪）　○イミ　imi（ゆめ、夢＜いめ＞）；　○ミー　Mī（めひ、姪）

○マツクワ　makkwa（まくら、枕）　○マクトニ　makutu ni（まことに、誠に）　○マーツ　mātsi（まつ、松）　○マユ　mayu（まゆ、眉）　○ンマ　mma（うま、馬）　○クルマ　kuruma（くるま、車）　○ヒマ　fima（ひま、暇）　○ヤマ　yama（やま、山）

○ムジ　muji（むぎ、麥）　○ムラ　mura（むら、村）　○オホム　ōmu（あうむ、鸚鵡）　○キームシ　kīmushi（けむし、毛蟲）；　○ンカシ　nkashi（むかし、昔）　○ンカズ　nkaji（むかで、蜈蚣）　○ンニ　nni（むね、胸）；　○ブチ　buchi（むち、鞭）

○ムチ　muchi（もち、餅）　○ムチ　muchi（もち、持ち）　○ムヽ　mumu（もも、股）　○ムヽ　mumu（もも、桃）　○ムイ　muyi（もり、森）　○アーシムン　āshimun（あはせもの、袷物）　○ンム　mmu（うも、いも、芋、甘藷）　○クム　kumu（くも、雲）　○シム　shimu（しも、霜）；　○クーバー　kubā（くも、蜘蛛）

{チェン}（1895）

現代語と同じと考えてよかろう。特記すべき事柄はない。用例を示す。

＜用例＞

○michi（みち、道）　○mizi（みづ、水）　○shimiti（すみて、澄みて、澄んで）　○wugami（をがみ、拝み）

○Mī（め、目）　○ami（あめ、雨）　○hajimiti（はじめて、初めて）
○mata（また、又）　○machigē（まちがへ、間違へ）　○Mazi（まづ、先づ）　○ituma（いとま、暇）　○mma（うま、馬）　○fī-guru-ma（ひぐるま、火車、蒸気船）　○Kujima（こじま、小島）　○tachimachi（たちまち、忽ち）　○yamā（やまは、山は）
○mura（むら、村）　○Mutsikashī mung（むつかしいもの、難しい者、利口ナ者）　○iri mūkū（いりむこ、入り婿）；　○Ngkashi（むかし、昔）　○Nni（むね、胸）
○mutu（もと、元）　○mudusi（もどせ、戻せ）　○munu（もの、物、食べ物）　○Muru（もろ、諸、皆）　○Murunjatu（もろみざと、諸見里）　○umushirukō（おもしろくは、面白くは）　○Nimutsē（にもつは、荷物は）　○urimung（ふれもの、狂れ者）

Ⅴ－３－(10)　ナ行の子音

（＊／ｎｉ，ｎｅ，ｎａ，ｎｕ，ｎｏ／の子音）

{漂}（1818）

ハングル「ㄴ」(n) で表記されているが、一つだけ例外的に「ㄴ」が脱落した形のものとなっている。また、ハングルの綴りでは前の音節の最終子音(字)は後続音節が母音で始まる場合その後続母音(字)と結合して(発音されて)しまう。

「クリフォードごい」には、‘gn’という綴りがあって、硬口蓋鼻音[ɲ]の存在を確かめることができる。本資料でも　sin・’juŋ　から同様のことが言えよう。

＜用例＞

○mʌi・ni・chi（まいにち、毎日）　○’i・nʌi・tsi（いねて、眠）　○tin・’ɯi〈tan・’ɯi〉（たね、種、陽茎）　○khan・’ɯi（かね、金）　○hu・nɯi（ふね、船）　○sin・’juŋ（しぬ、死）　○’u・na・kui（をなご、女）　○’im・koa・chi（にぐわつ、二月）

{クリ}（1818）

クリフォードは、例に見るように、[ni][ɲi]とを聞き分けている。 eenea, ignea に付けられた注記‘Italian gn.’がこのことをよく物語っている。

しかし、[ni][ɲi]共に/ni/と考えてよさそうである。ning（煮る）と ninjoong（寝る）参照。つまり、「ニ」「ネ」の違いはない（ただし、[ɲa]は、当然、/nja/と考えられる）。

＜用例＞

○ning（にる、煮る）＜Flesh, to＞　○ninjoong（ねる、寝る）　○neechawng（にている、似ている）　○gaannee（ガニ、蟹）　○neebooee（ねぶり、眠り）　○hannee（はね、羽）　○atookarra qua gnee queeoong（アトゥカラクヮニクィコン、あとで子供にやる）　○hannay（ハネー、羽は）　○nang（ネーン、無い）　○nashee（なし、無し）　○naee（なり、実）＜Cocoa-nuts＞　○asa tinnacha（アサティンナーチャ、明明後日）　○fanna（はな、花）　○nay（なり、実）　○nigh（実）＜Seed＞　○eenea, ignea＜Italian gn.＞（みな、皆）　○neenya gooroo（になグールー、蜷）　○gnafing（ニャーヒン、もっと）　○noodung（ヌドーン、飲んでいる）　○nonoo（ぬの、布）　○cheenoo（チヌー、昨日）　○kanoung（カヌン、食べる）　○manayoong（ウマヌユン、馬　乗る）　○no-a-yoong

（ノーユン、縫う）　○nautee（ノーティ、治って）　○nawyoong（ノーユン、縫う）

{官}（19世紀?）

現代語と同じと考えてよかろう。特記すべき事柄はない。用例を示す。

＜用例＞

○ニガナ（にがな、苦菜）　○子イセ〻（にしし、煮肉）

○子イ（ね、根）　○ナガニボネ（ながねぼぼね、長峰骨、腰肋）　○ム子グキ（むねぐち、胸口）　○アオヨ子（あをよね、青米、緑米）　○イ子ムメ（いねもみ、稲籾）

○ナカグヲ（なかご、中粉）　○ナガニボネ（ながねぼぼね、長峰骨、腰肋）　○ナガリ（ながれ、流れ）　○ナアスビ（なすび、茄子）　○ツケナ（つけな、漬菜）　○ハナ（はな、鼻）

○ノカ（ぬか、糠）　○ノンクウフ（ぬんくう、暖鍋）　○イン（いぬ、犬）

○ノヲルイ（のど、喉）　○ノベル（のべる、伸べる）　○ヒルマモノ（ひるまもの、昼間物、昼御飯）　○ヨヲノコ（ゆのこ、湯粉）　○女ノイリカン（女のいれがみ、女の入れ髪）

{沖話}（1880）

現代語と同じと考えてよかろう。特記すべき事柄はない。用例を示す。

＜用例＞

○ニングワツ　ningwatsi（にぐわつ、二月）　○ニシ　nishi（にし、きた、北）　○ニワ　niwa（には、庭）　○イチニチ　ichinichi（いちにち、一日）　○ガニ　gani（かに、蟹）　○クニ　kuni（くに、國）　○マクトニ　makutu ni（まことに、誠に）

○ニー　nī（ね、子）　○イチニン　ichinin（いちねん、一年）　○ンニ　nni（いね、稲）　○スニ　sini（すね、脛）　○ハニ　hani（はね、羽）　○ンニ　nni（むね、胸）

○ナツ　natsi（なつ、夏）　○ナービ　nabi（なべ、鍋）　○ナミ　nami（なみ、波）　○ナンジ　nanji（なんじ、何時）　○イナカ　inaka（いなか、田舎）　○カンナイ　kannayi（かみなり、雷）　○サカナ　sakana（さかな、肴）　○ハナ　hana（はな、鼻）　○ハナ　hana（はな、花）

○ヌクサ　nukusa（ぬくさ、温さ）　○ヌスド　nusudu（ぬすびと、盗人）　○タヌチ　tanuki（たぬき、狸）；　○イン　in（いぬ、狗）

○ヌクジリ　nukujiri（のこぎり、鋸）　○ヌーデー　nūdī（のど、喉）

○ヌミ　numi（のみ、鑿）　○ンマヌヤー　mmanuyā（うまのや、馬の屋、厩）

○チヌト　chinutu（きのと、乙）　○クスヌチ　kusunuchi（くすのき、樟）

○ツヌ　tsinu（つの、角）；

○クンツチ　kuntsichi（このつき、此の月、今月）　○カキムン　kakimun（かけもの、掛物）　○サシムンゼーク　sashimunnzēku（さしものざいく、指物細工、指物師）　○ウーン　wūn（をの、斧）；

○カニー　kanī（かのえ、庚）　○チニー　chinī（きのえ、甲）；　○チヌー　chinū（きのふ、昨日）

{ﾁｪﾝ} (1895)

現代語と同じと考えてよかろう。特記すべき事柄はない。用例を示す。

<用例>

○nisannichi (にさんにち、二三日) ○Nimutsē (にもつは、荷物は) ○kuni (くに、国) ○sigu ni (すぐに、直に)

○nigē (ねがひ、願ひ) ○nitsi (ねつ、熱) ○huni (ふね、舟) ○Nni (むね、胸)

○nagasa (ながさ、長さ) ○nati (なりて、成りて) ○nanji (なんぎ、難儀) ○kanasha (かなさ、愛さ) ○hanashi (はなし、話) ○nna (みな、皆) ○winagu (をなご、女); ○ukunē (おこなひ、行ひ) ○nē (なゐ、震ひ、地震)

○nūshi (ぬし、主) ○Nunu (ぬの、布); ○Ching (きぬ、衣) ○Matanting (またぬても、待たぬても)

○Nūdī (のど、喉) ○numi (のめ、飲め) ○munu (もの、物、御飯) ○Nunu (ぬの、布) ○kunu (この、此の) ○unu (その、其の); ○Wā mung (わがもの、我が物)

V－3－(11) ラ行の子音

(＊／ｒｉ，ｒｅ，ｒａ，ｒｕ，ｒｏ／の子音)

{漂} (1818)

「クリフォードごい」では、(アルファベットの) ‘d’ ‘r’ ‘l’ が自由異音的に出現したのでひとつにまとめて／d／〔d, r, l〕のようにしたが、本資料では〔d〕を示す「ㄷ」(t) と〔r〕を示す(と推測される)「ㄹ」(r) とで書き分けが行われている。＊／デ、ダ、ド／については、すでに見た。

「ㄹ」の用例を示す。

○tu・ri (とり、鶏) ○san・sir・’i (さんしり、山尻) ○’u・tu・’i・ri (をどり・をどれ、舞) ○’u・sa・ka・ri (めしあがれ、喫) ○si・ri (キセル、烟台) ○maŋ・kha・rɯi (一かり・かれ、何処在乎) ○tu・ma・kha・rɯi (とまりかり・かれ、白村在) ○khɔi・ra (かへら?、交易) ○’a・ma・ska・ra (あまから、彼処) ○cu・ra・sa (きよらさ、清らさ、好) ○suk・ku・koa・chi〈ruk・ku・koa・chi〉(ろくぐわつ、六月)

ハングル「ㄹ」だけからは弾き音[r]と側面音[l]の問題は論じられない。

{ｸﾘ} (1818)

＊/d/と＊/r/との問題について、V－３－(4) ダ行の子音(＊/di, de, da, du, do/の子音)で述べた。省略に従う。

<用例>

○dee (れい、礼) ○doo (ろ、櫓) ○daw (らう、蝋) ○addee (あれ) ○coodee (これ) ○kadezee (「干れ地」?) <Tide> ○aree (あれ) ○doochoo oota (りうきううた、琉球歌、琉歌)

｛官｝（19世紀?）

現代語と同じと考えてよかろう。特記すべき事柄はない。用例を示す。

＜用例＞

○リイビウフ（りびやう、痢病）　○アリイヤヱ（ありあへ、有り合へ）　○イリキジ（いりしし、炒肉）　○チリモヅ（きりもち、切り餅）　○コヲリサタウ（こほりさたう、氷砂糖）　○マキリ（まつり、祭）；　○ケウヱ（きうり、胡瓜）　○トヱ（とり、鳥）

○イリカン（いれがみ、入れ髪）　○ハナライ（はなだれ、鼻垂れ）

○アンラ（あぶら、油）　○ウラ（うら、裏）　○カラス（からし、辛子）　○ツヨラズラ（きよらつら、清ら面）　○シラゲグミ（しらげごめ、精げ米）　○ヒラグン（ひらぐみ、平組み、平編み）　○マクラ（まくら、枕）　○ワラビコジ（わらびくず、蕨葛）；○コンダ（こむら、腓）

○ルイ（るい、類）　○アヒル（あひる、家鴨）　○カタジル（かたじる、濃汁）○ヒル（ひる、蒜）　○ヒルマモノ（ひるまもの、昼間物、昼食）

○ウシロクブ（うしろくぼ、後ろ窪）　○ウシルコブ（うしろくぼ、後ろ窪）　○コルマメ（くろまめ、黒豆）　○シルマミ（しろまめ、白豆）

｛沖話｝（1880）

現代語と同じと考えてよかろう。特記すべき事柄はない。用例を示す。

＜用例＞

○リツシウ　risshū（りつしう、立秋）　○リツトウ　rittō（りつとう、立冬）　○リツパ　rippa（りつぱ、立派）　○イリ　iri（いり、にし、西）　○イリユウ　iriyū（いりよう、入用）　○ヰーリ　wīri（えり、襟）　○チリ　chiri（きり、霧）　○クリ　kuri（くり、栗）　○クーリ　kūri（こほり、氷）　○スヾリ　siziri（すずり、硯）；○アンマデ　anmadi（あまり、余り）；　○アイ　ayi（あり、蟻）　○カンナイ　kannayi（かみなり、雷）　○クムイ　kumuyi（こもり、篭り？、沼）　○ユイ　yuyi（ゆり、百合、巻丹）　○ウシントリ　ushinduyi（をしどり、鴛鴦）

○リンクン　rinkun（れんこん、蓮根）　○アラリ　arari（あられ、霰）　○クリ　kuri（これ、此れ）　○ウリ　Uri（それ、其れ）　○ナガリミヅ　nagarimizi（ながれみづ、流水）　○ヒリ　firi（ひれ、鰭）；　○スダイ　sidayi（すだれ、簾）；○リーチ　rīchi（れいし、茘支）　○グブリー　guburī（ごぶれい、御無礼）

○ラクダ　rakuda（らくだ、駱駝）　○ラツチヤウ　ratchō（らつきよう、薤）○ラン　ran（らん、蘭）　○アラリ　arari（あられ、霰）　○ウヅラ　uzira（うづら、鶉）　○カーラ　kāra（かはら、河原、河）　○カーラ　kāra（かはら、瓦）　○クラ　kura（くら、鞍）　○シラン　shiran（しらみ、蝨）　○テラ　tira（てら、寺）　○トラ　tura（とら、寅）

○ルイ　rui（るい、類）　○アヒル　afiru（あひる、家鳧）　○クルマ　kuruma（くるま、車）　○サル　saru（さる、申）　○タル　taru（たる、樽）　○ハル　haru（はる、春）　○ユル　Yuru（よる、夜）

○ルクグワツ　rukugwatsi（ろくぐわつ、六月）　○イル　iru（いろ、色）　○カウル　kōru（かうろ、香爐）　○クルチ　kuruchi（くろき、黒木）　○トクル　tukuru（ところ、

所）　○ドル　duru（どろ、泥）

{チェン}（1895）

現代語と同じと考えてよかろう。特記すべき事柄はない。用例を示す。

＜用例＞

○haru-yaduyi（はるやどり、畑家取り）　○chuyi（ひとり、一人）　○Huna-ukuyi（ふなおくり、船送り）　○fuyi（ふり、降り）　○yuini（よりに、由りに、よって）

○ammadi（あまり、余り）

○Kuri（これ、之）　○furimung（ふれもの、狂れ者）　○nari（なれ、成れ）　○nagari yuru（ながれをる、流れをる）

○Iradi（えらびて、選びて、選んで）　○kāra（かはら、河原、河）　○kurashi（くらし、暮し）　○mura（むら、村）　○wakarang（わからぬ、解らぬ）

○guruma（くるま、車）　○yuru（よる、夜）

○kukuruyasiku（こころやすく、心安く）　○tūru（とうろ、灯炉）　○tukuru（ところ、所）　○tushiguru（としごろ、年頃）　○Murunjatu（もろみざと、諸見里）

Ⅴ－４　その他

Ⅴ－４－(1) 撥音

{漂}（1818）

軟口蓋音〔k〕〔g〕を示すハングル「ㄱ」（k）の前と語末では「ㅇ」（ŋ)、その他の前では、「ㄴ」（n）という原則が成り立つが、例外が二つある。○san・koa・chi（さんぐわつ、三月）と’im・koa・chi（にぐわつ、二月）である。

1、「ㅇ」（ŋ）の用例
　○kuŋ・koa・chi（くぐわつ、九月）　○tai・sjaŋ・koaŋ（だいしやうくわん、大官）　○sjo・koaŋ（せうくわん、小官）

2、「ㄴ」（n）の用例
　○’an・ta（あぶら、油）　○mu・scin・ci・sko（もちていきてこ、取来）　○main・so・’o・ri（まゐりさうらへ、坐）　○kan・cju（がんじよう、平安乎）　○san・sir・’i（さんしり、山）　○kan・’ɯi<kan・cɯi>（かぜ、風）　○san・koa・chi（さんぐわつ、三月）

3、「ㅁ」(m)の用例
　○’im・koa・chi（にぐわつ、二月）

「－n・k－」と「－m・k－」の解釈をどうするか。まず、○’im・koa・chi は現代語〔niŋgwatʃi〕に対応するのであった。細かいことは省くが、この〔niŋ〕という部分の鼻音の響きあいが「잉」(’im)の形をとらせた。鼻音を強調した表記になったと思われる。

○san・koa・chi も同一線上にあると考えられよう。同じく鼻音の強調である。ハングルの正書法上「－ŋ・k－」でなければならないという制約がないことも背景にあろう。

このことは、この種の鼻音が、「鼻母音」などという「母音」に付属したものではなく、「撥音」と呼ばれるべき、独立した存在であることを主張しているようで興味深い。

{クリ}（1818）

明らかに撥音を示していると思われる例に、次のようなものがある。

○cammoodee（冠）＜Cap＞　○hamboong（半分）；　○koonda（膝）　○innago oongua（娘）　○nintoong（寝ている）＜Die, to＞　○fingassee（東）　○kanjoong（被る）　○indeetaoong（濡れている）；　○sangbacoo（三百）＜Thirty＞；　○paychin（親雲上）　○ooking（起きる）　○yoomoong（読む）

ところが、同じような表記がなされていて撥音とは思えない例も、多く存在する。

○mimmee（耳）　○gammacoo（腰）　○simmee（墨）＜Ink＞；　○innago（女）　○sinna（砂）　○gannee（蟹）　○fanna（花）　○anna（穴）　○chinna（綱）など。

これらの語と対応する現代語には、「撥音」は存在しない。現代語にはなく、19世紀初にはあったということであるとか、あるいは首里方言・那覇方言以外の方言には存したというのであれば、興味ある問題であるが、どうもそうとは考えられない。例が‘mm’‘nn’に限るところから、英語にその原因があることがわかる。‘hammer’‘summer’‘cannon’‘manner’など参照。

{官}（19世紀?）

「ん」「ぶ」「み」「む」「ぬ」に対応する用例が存在する。

＜用例＞

（ん）

○アハマンツヨ（あはまんぢゆう、栗饅頭）　○アンモキ（あんもち、餡餅）　○ウンツヤ（うんさい、雲菜）　○ウンパン（うんぺん、雲片）　○カンタヲホ（かんたうふ、寒豆腐）　○チパン（きつぺん、橘餅、桔餅）　○サイハン（さいはん、菜飯）　○サウミン（さうめん、索麺）　○シヨンキク（しゆんぎく、春菊）　○センチヨ（せんきゆう、川芎）　○トンシ（とんし、頓死）　○ノンクウフ（ぬんくう、暖鍋）　○ハンカサ（はんがさ、賊疸）　○ビンタ（びんた、鬢毛）　○ヒンタウ（びんらう、檳榔）　○ヤクワン（やくわん、薬罐）　○インラヲマミ（ゐんどうまめ、豌豆）

（ぶ）

○アンラズシ（あぶらしし、油肉）

（み）

○イリカン（いれがみ、入れ髪）　○ヒラグン（ひらぐみ、平組み）　○ンナ（みな、皆、虚）

（む）

○コンダ（こむら、腓）　○ンボシ（むし、蒸し）

（ぬ）

○イン（いぬ、犬）

{沖話}（1880）

「ん」「み」「む「ぬ」「の」に対応する用例、母音脱落によって生じたと考えられる用例が存在する。

＜用例＞

（ん）

○アサバン　asaban（あさばん、朝飯）　○アダン　adan（あだん、阿旦）　○イチダン　ichidan（いちだん、一段）　○イチニン　ichinin（いちねん、一年）　○インドマーミ　indōmāmi（ゐんどうまめ、豌豆）　○ガン　gan（がん、雁）　○カンゲー　kangē（かんがへ、考へ）　○カンダンキー　kandankī（かんだんけい、寒暖計）　○クムイデンチ　kumuyidinchi（くもりてんき、曇空）　○グン　gun（ぐん、郡）

○クンヤク　kunyaku（こんにやく、蒟蒻）　○シユンチク　shunchiku（しゆんきく、春菊、同蒿）　○シンビー　shimbī（せんべい、煎餅）　○シンズ　shinzu（せんぞ、先祖）　○ナンジ　nanji（なんじ、何時）　○ビンロウ　binrō（びんろう、檳榔）　○マンヂウ　manjū（まんぢゆう、饅頭）　○ヤツクワン　yakkwan（やくわん、薬缶、銅鑵）　○リンガン　ringan（りうがん、龍眼肉）

（ん：零）

○カナ　kana（かんな、鉋）　○クニブ　kunibu（くねんぼ、九年母、香橘）　○ダーグ　dāgu（だんご、團子）

（み）

○カヾンダテイ　kagantati（かがみたて、鏡立て、鏡臺）　○ンジユ　nju（みぞ、溝）　○ンース　nsu（みそ、味噌）　○ンナ　nna（みな、皆）

（む）

○ンニ　nni（むね、胸）

（ぬ）

○イン　in（いぬ、戌）

（の）

○カキムン　kakimun（かけもの、掛物）　○ウーン　wūn（をの、斧）

（母音脱落？）

○ンニ　nni（いね、稲）　○ンマ　mma（うま、馬）

{チェン}（1895）

「ん」「み」「む」「も」「ぬ」「の」に対応する用例、母音脱落によって生じたと考えられる用例が存在する。

<用例>

（ん）

○ang-gwē（あんぐわい、案外）　○ībung（いひぶん、言ひ分）　○kangē（かんがへ、考へ）　○Kunjō（こんじやう、根性）　○sō-dang（さうだん、相談）　○Sanshing（さんせん、三線、三弦、三味線）　○tinchi（てんき、天気）　○inchasa（いんかさ、短さ）　○unnuki（おんのき、御言上き？、申し上げ）

（ん：零）

○Kunibu（くねんぼ、九年母）

（み）

○nchi（みて、見て）　○Murunjatu（もろみざと、諸見里）

（む）

○Nni（むね、胸）

（も）

○wanning（われも、我も）

（ぬ）

○Ayabirang（ありはべらぬ、あり侍らぬ、そうではありません）

（の）

○Tung-chē（とのうちは、殿内は）　○mung（もの<助詞>）　○winagu n’gwā（をなごのこは、女の子は、娘は）

（母音脱落？）

○mma（うま、馬）　○mmari（うまれ、生まれ）

Ⅴ－４－(2) 促音

{漂}（1818）

現代（沖縄）語との対応から、促音を含んでいると予想される用例は、次の二つしかない。現代語の音声表記も添える。

○scjo（ひと）人[tʧu]　○mu・scin・ci・sko（もちていきてこ、取来）[mutʧiʔnʤiku:]

そしてこれらは、図らずもと言うべきか、当然の結果と言うべきか、無気音表記の形をとっている。

{クリ}（1818）

‘kk’‘tt’‘ss’などと表記されたのが、促音を示すであろうと一応見当がつけられるが、その中で、現代（首里）語との対照において、促音と認められるものはわずかにすぎない。次がそうである。

○sack-quee（咳）　○akka（痛い！）　○mootchee eechoong（持って行く）　○kassa cheeroo（「軽い黄色」？）<Yellow, dark>

これに対して、次のような例は、それに対応する現代（首里）語では促音とはならないものである。

○nackka eebee（中指）　○ickkeega（男）　○kackkoo（角）　○sackkee（酒）　○watta（腹）　○asattee（明後日）　○kutta（肩）　○tettee（照って）　○fookasaa（深さ）　○kassa（笠）　○goositchee（薄）　○footchoong（吹く）　○feetchoong（引く）

これらの表記が正しければ、19世紀初までは存した促音が現代（首里）語では消えてしまったか、これらの語が首里方言ではないかのいずれかであるということになる。即断しがたい問題なので、保留しておきたい。ただ、今のところ、この表記の正しさに対して否定的である。

{官}（19世紀?）

表記上、促音と考えられるのは、見当たらない。

{沖話}（1880）

分類して示す。

＜用例＞

/Qk/

○ガツカウ　gakkō（がつかう、学校）　○ジツカン　jikkan（じつかん、十干）　○トツクイ　Tukkuyi（とくり、徳利）　○ハツクチヤウ　hakku chō（はつくちやう、八九丁）　○マツクワ　makkwa（まくら、枕）　○マヽツクワ　mamakkwa（ままこ、繼子）　○ヤツクワン　yakkwan（やくわん、薬缶、銅鑵）

/Qt/

○ウツトウナイ　uttuwunayi（おとをなり、妹）　○ウツトングワ　uttungwa（おとご、乙子）　○ウツテー　wuttī（おととひ、一昨日）　○ドツト　duttu（どつと、ドット）　○マツタチ　mattaki（まつたけ）　○マツタラー　mattarā（まつたらあ、燕）　○リツトウ　rittō（りつとう、立冬）　○ワツター　Watt（われわれ、我々）

/Qc/

○ヅヽチン　zitchin（づきん、頭巾）　○ヒツチヨーシガ　fitchōsi ga（ひりてをりしが、乾りてをりしがる）　○ムツチヨー　ヤビーン　muchōyabīn（もちてをりてはべり、持ちてをりて侍り、持っております）　＜mutchōyabīnとあるべきところであるが、「t」が脱落している＞　○ラツチヤウ　ratchō（らつきよう、薤）　○マツツヂ　Mattsiji（まつつぢ？、絶頂（ゼツチヤウ）

/Qp/

○ナンジツプン　Najippun（なんじつぷん、何十分）　○リツパ　rippa（りつぱ、立派）

/Qs/

○クワツサヤビーシ　kuwassa yabīsi ga（くわしさありはべりしが、委しさあり侍りしが）　○グワツシユク　gwasshuku（ぐわつしよく、月蝕）　○シシ　sshi（して、為て）　○ニツシユク　nisshuku（につしよく、日蝕）　○ブツシユウカン　busshūkan（ぶしゆかん、佛手柑）　○ブツサウクワ　bussōkwa（ぶつさうくわ、佛桑花）　○リツシウ　risshū（りつしう、立秋）

{チェン}（1895）

分類して示す。

＜用例＞

/Qk/

○akki（ありけ、歩りけ）

/Qt/

○itti（いれて、入れて）　○gattinō（がてんは、合点は、がってんは）　○atta ni（きふに、急に、あったに）　○shika ttu（しかと、確と、しかっと）　○duttu（どつと、ドット、大変）　；　○iut tukuru（いふところ、言ふ所、いふっところ）

/Qc/

○itchi（いりて、入りて）　○utchi（うちて、打ちて）　○kitchi（けりて、蹴りて、けって）＜現代語は「キティ」となっている。促音ナシ＞　○Mutchi（もちて、持ちて、もって）　○ww’atchi（おおはして、御座して、おはしって？）
＜○ichi（いひて、言ひて、いって）＞

/Qp/

○Appi（あれだけ、彼だけ、あっぴ）　○ippē（いっぱい、一杯、大変）

/Qs/

○sshi（して、為て、っし）

Ｖ－４－⑶ 口蓋化と破擦音化

総じて、口蓋化・破擦音化する環境における*/k/*/g/*/t/*/d/は、総じて、破擦音化している。用例でそれを確認することにする。

｛漂｝（1818）

＜用例＞

◇/ki/

○cu-ra-sa（きよらさ、清らさ）

◇/-ito/

○scjo（ひと、人）

◇/du/

○mi-cui（みづ、水）

｛クリ｝（1818）

＜用例＞

◇/ki/

○cheeta（きた、北）　○mecasitchee（みかづき、三日月）

◇/-ika/

○mecasitchee（みかづき、三日月）

◇/-iga/

○injassa（にがさ、苦さ）

◇/-ita/

○irreechang（いりきたり、炒りきたり）　○acha（あした、明日）　○stitcha（した、下）　○stcha（した、下）　○stcha（した、舌）　○meechay（みたり、三人）

◇/-ida/

○feejeeree（ひだり、左）　○injashoong（いだす、出す）

＜口蓋化＞

○ignea（みな、皆）

{官}（19世紀?）

<用例>

○ヤツヨ（やきと、灸）
＜やきと→やいと→やいちょ→やあちょ→やあちゅう　口蓋化・破擦音化＞

○ンザナ（にがな、苦菜）　但し、「ニガナ（にがな、苦菜）」もある。

○シキヤワタ（したわた、下腸、下腹）　但し、「シタ（した（下））もある。

＜「した（舌）」は「シタ」のみ。＞

○トシザナモキ（としだなもち、年棚餅）

○ニヤラ（いまだ、未だ）　＜いまだ→いみやだ→いにやだ→いにやら→にやら＞

{沖話}（1880）

◇/ki/◇/gi/◇/ti/◇/di/に関しては、それぞれの子音の項参照。

<用例>

◇/-ika/

○イチヤ　icha（いか、烏賊）　○チヤー　chā（いか、如何）

◇/-ita/

○アチヤ　acha（あした、明日）　○マルチヤ　marucha（まるいた、丸板、俎板）

○ヒチエー　fichē（ひたひ、額）

◇/-ito/

○イチユク　ichuku（いとこ、従兄弟）　○チユ　chu（ひと、人）

◇/-ido/

○チヾユイ　chijuyi（ちどり、千鳥）　＜イド→イドゥ→イジュ＞

◇/-izo/

○ンジユ　nju（みぞ、溝）

＜口蓋化＞

○ンミヤト　mmyatu（みなと、港）　<minato→ minjato→ mnjatu→ mmjatu>

＜口蓋化が起こる環境で口蓋化ナシ＞の例

○ヒカリ　fikari（ひかり、光）　○ミカヅチ　mikazichi（みかづき、三日月、新月）

○シタ　shita（した、舌）　○イタシチ　itashichi（いたしき、板敷）

○マーダ　māda（いまだ、未だ）　○ンナ　nna（みな、皆）

{チェン}（1895）

◇/ki/◇/gi/◇/ti/◇/di/に関しては、それぞれの子音の項参照。

<用例>

◇/-ika/

○chā（いか、如何）　○chāru（いかある、如何なる）　○chassa（いかさ、幾さ、幾ら）　○inchasaru（いんかさある、みじかさある、短さある）

◇/-ita/

○Acha（あした、明日）　○cha kutu（きたから、来たから）　○ncha ga（みたか、見たか）

◇/-ida/

○njasarīng（いだされをり、出だされをり、出される）

◇/-iza/

○Murunjatu（もろみざと（諸見里）

＜口蓋化が起こる環境で口蓋化ナシ＞の例

○chikachi（きかして、聞かして）　○chikasami（ちかさあるか、近さあるか、近いか）

○chi-gakayi（きがかり、気懸り）

○shitataka（したたか、強か）

○nna（みな、皆）

第Ⅵ章　20世紀の沖縄語の音韻

20世紀の沖縄語を、改めて考察する。

Ⅵ－１　母音

Ⅵ－１－⑴ 短母音

Ⅵ－１－⑴－①　＊／ｉ／

｛沖辞｝（1963）

音価は[i]である。

＜用例＞

○ciiru（きいろ、黄色）　○ciku（きく、菊）　○cisiri（きせる、煙管）　○cinuu（きのふ、昨日）　○ciiba（きば、牙）　○ciri（きり、霧）　○ʔaci（あき、秋）　○kuruci（くろき、黒木）　○sabaci（さばき、裁き、櫛）　○çici（つき、月）　○'wacikuugi（わきげ、脇毛）

○kii（き、木）

○ʔusazi（うさぎ、兎）　○ʔɴnazi（うなぎ、鰻）　○kuzi（くぎ、釘）　○muzi（むぎ、麦）　○ṣizi（すぎ、杉）；

○ʔakagi（あかぎ、赤木）　○caagi（ちやぎ、槇）　○kwaagi（くわぎ、桑木、桑の木）

○cii（ち、乳）　○cizui（ちどり、千鳥）　○ciri（ちり、塵）　○ʔicidaɴtu（いちだんと、一段と）　○ʔuci（うち、内）　○kuci（くち、口）　○haaci（はち、鉢、大皿）　○mici（みち、道）　○muci（もち、餅）

○zii（ぢ、地）　○kuɴzi（こんぢ、紺地）　○hwizigee（ひぢ、臂）　○maQçi zi（まつぢ、真頂、絶頂）

○hwii（ひ、火）　○hwicari（ひかり、光）〈hwikari とも〉　○hwicee（ひたひ、額）　○hwizigee（ひぢ、肘）　○hwiçizi（ひつじ、未）　○hwima（ひま、暇）　○ʔahwiru（あひる、家鴨）　○ʔuuhwira（おほひら、大平、大平椀）　○çicihwi（つきひ、月日）；

○ʔuguiṣi（うぐひす、鶯）　○kaigu（かひこ、蚕）；　○keeʔuci（かひおき、匙置き、小皿）　○ʔutugee（おとがひ、頤）　○hwee（はひ、灰）　○kweemuɴ（くひもの、食物）　○miiQkwa（めひ、姪）　○'uQtii（おととひ、一昨日）

○biwa（びは、枇杷）　○biɴroo（びんろう、檳榔）　○ʔakubi（あくび、欠伸）　○ʔibi（えび、蝦）　○kubi（くび、頸）　○naaṣibi（なすび、茄）　○kusabi（くさび、楔）

○sika（しか、鹿）　○sihjaaku（しひやく、四百）　○sima（しま、島）　○simu（しも、霜）　○ʔusi（うし、牛）　○tusi（とし、年）　○tasi（たし、足し）　○hasiはし、橋）　○husi（ほし、星）

○zibuɴ（じぶん、時分）　○ziihwici（じひき、字引）　○hazimiti（はじめて、初めて）　○ziçi（じつ、実）　○zuuguja（じふごや、十五夜）　○kuzuu（くじふ、九十）　○kuzi（くじ、籤）　○nuuzi（にじ、虹）　○hwiçizi（ひつじ、未）

○mii（み、己）　○mici（みち、道）　○miẓi（みづ、水）　○ʔumibata（うみばた、海端、海岸）　○kaṣimi（かすみ、霞）　○ṣimi（すみ　、墨）　○çimi（つきみ、月見）　○nami（なみ、波）　○ʔɴmi（うめ、梅）；　○'ɴẓo（みぞ、溝）　○'ɴsu（みそ、味噌）　○'ɴnatu（みなと、港）　○ʔizuɴ（いづみ、泉）　○ʔaɴzasa（あみがさ、編み笠、笠）　○kaɴnai（かみなり、雷）　○siraɴ（しらみ、蝨）　○çiziɴ（つづみ、鼓）；　○kabi（かみ、紙）

○niɴgwaçi（にぐわつ、二月）　○nisi（にし、きた、北）　○niwa（には、庭）　○ʔicinici（いちにち、一日）　○gani（かに、蟹）　○kuni（くに、國）　○makutu ni（まことに、誠に）

○riQsjuu（りつしう、立秋）　○riQtoo（りつとう、立冬）　○riQpa（りつぱ、立派）　○ʔiri（いり、にし、西）　○ʔirijuu（いりよう、入用）　○ʔiri（えり、襟）　○ciri（きり、霧）　○kuri（くり、栗）　○kuuri（こほり、氷、氷砂糖）　○ṣiziri（すずり、硯）；　○ʔaɴmari（あまり、余り）；　○ʔaikoo（あり、蟻）　○kaɴnai（かみなり、雷）　○kumui（こもり、池）　○'jui（ゆり、百合）

｛現代語｝（1970年代）

＊/i/の音価は[i]である。

＜用例＞

○ʧi:ru:（き、黄）　○ʧiku（きく、菊）　○ʧiʃiri（きせる、煙管）　○ʧinu:（きのふ、昨日）　○ʧi:ba（きば、牙）　○ʧiri（きり、霧）　○ʔaʧi（あき、秋）　○kuruʧi（くろき、黒木）　○sabaʧi（さばき、裁き、櫛）　○ʧiʧi（つき、月）　○waʧi（わき、脇）；　○ʔusaʤi（うさぎ、兎）　○ʔnaʤi（うなぎ、鰻）　○kuʤi（くぎ、釘）　○ʃiʤi（すぎ、杉）　○ɸukuʤi（ふくぎ、福木）　○muʤi（むぎ、麦）；○ʧi:（ち、乳）　○ʧiʤuja:（ちどり、千鳥）　○ʧiri（ちり、塵）　○ʔiʧidaɴ（いちだん、一段）　○ʔuʧi（うち、内）　○kuʧi（くち、口）　○ha:ʧi（はち、鉢）　○miʧi（みち、道）　○muʧi（もち、餅）；　○ʤi:（ぢ、地）　○kunʤi（こんぢ、紺地）　○çiʤige:（ひぢ、臂）　○matʧiʤi（まつぢ、真頂、絶頂）；　○çi:（ひ、火）　○çiʧaji（ひかり、光）　○çiʧe:（ひたひ、額）　○çiʧiʤi（ひつじ、未）　○çima（ひま、暇）　○ʔaçiru:（あひる、家鴨）　○ʔu:çira（おほひら、大平）　○ʧiʧiçi（つきひ、月日）；　○ʔugujiʃi（うぐひす、鶯）　○kajiku（かひこ、蚕）；　○ke:ʔuʧi（かひおき、匙置き、皿）　○ʔutuge:（おとがひ、頤）　○ɸe:（はひ、灰）　○kwe:muɴ（くひもの、食物）　○mi:kkwa（めひ、姪）　○wutti:（おととひ、一昨日）　○biwa（びは、琵琶）　○biwa（びは、枇杷）　○binro:（びんろう、檳榔）　○ʔakubi（あくび、欠伸）　○ʔi:bi（ゆび、指）　○kubi（くび、頸）　○na:ʃibi（なすび、茄）　○wasabi（わさび、山葵）　○ʃika（しか、鹿）　○ʃiguniʧi

（しごにち、四・五日）　○ʃima（しま、島）　○ʃimu（しも、霜）　○ʔuʃi（うし、牛）
○tuʃi（とし、年）　○naʃi（なし、梨）　○haʃi（はし、橋）　○ɸuʃi（ほし、星）
○ʤikkaɴ（じつかん、十干）　○ʤu:niʃi（じふにし、十二支）　○ʤibuɴ（じぶん、時分ハ）　○kuʤi（くじ、九時）　○nu:ʤi（にじ、虹）　○çiʧiʤi（ひつじ、未）　○ʤu:niʃi（じふにし、十二支）；　○mi:（み、己）　○miʧi（みち、道）　○miʤi（みづ、水）
○ʔumibata（うみばた、海端、海岸）　○kaʃimi（かすみ、霞）　○ʃimi（すみ　、墨）
○ʧiʧimi（つきみ、月見）　○nami（なみ、波）　○ʔmmi（うめ、梅）；　○nʤu（みぞ、溝）　○ɴ:su（みそ、味噌）　○nnatu（みなと、港）　○ʔiʤuɴ（いづみ、泉）　○ʔanʤasa（あみがさ、編み笠、笠）　○kannaji（かみなり、雷）　○ʃiraɴ（しらみ、蝨）　○ʧiʤiɴ（つづみ、鼓）；　○kabi（かみ、紙）　○niŋgwaʧi（にぐわつ、二月）　○niʃi（にし、きた、北）　○niwa（には、庭）　○ʔiʧiniʧi（いちにち、一日）　○gani（かに、蟹）
○kuni（くに、國）　○makutuni（まことに、誠に）；　○riʃʃu:（りつしう、立秋）
○rittō（りつとう、立冬）　○rippa（りつぱ、立派）　○iri（いり、にし、西）　○iriju:（いりよう、入用）　○jiri（えり、襟）　○ʧiri（きり、霧）　○kuri（くり、栗）
○ku:ri（こほり、氷、氷砂糖）　○ʃiʤiri（すずり、硯）；　○ʔanmadi（あまり、余り）；
○ʔajiko:（あり、蟻）　○kannaji（かみなり、雷）　○kumuji（こもり、篭り？、池）
○juji（ゆり、百合）

VI－１－(1)－②　＊／e／

{沖辞}（1963）

音価は[i]である。

＜用例＞

○kii（け、毛）　○saki（さけ、酒）　○daki（たけ、竹）　○hataki（はたけ、畑）
○'uuki（をけ、桶）
○ciici（けしき、景色）<cisici とも>　○cuu（けふ、今日）　○tucii（とけい、時計）
○maçigi（まつげ、睫）　○kaagi（かげ、陰）；
○zita（げた、下駄、表付きの下駄）　○ziɴkwaɴ（げんくわん、玄關）；
○hwizi（ひげ、鬚）
○tii（て、手）　○tira（てら、寺）　○tiɴci（てんき、天気）　○ʔasati（あさて、明後日）　○tiɴṣii（てんすい、天水）　○tati（たて、縦）；
○kaci（かいて、書いて）；　○ʔeeti（あひて、相手）
○diigu（でいご、梯梧）　○ʔudi（うで、腕）　○hudi（ふで、筆）
○hwiira（へら、箆）　○keesi（かへし、返し）　○hwee（はへ、蝿）　○mee（まへ、前）；　○hjootaɴçiburu（へうたん、瓢箪）
○biɴtoo（べんたう、弁当）　○kubi（かべ、壁）　○naabi（なべ、鍋）　○'juubi（ゆふべ、夕べ、昨夜）　○'warabi（わらべ、童、幼兒）　○haberu（はべる、てふ、蝶）
○siçi（せつ、節）　○siɴẓu（せんぞ、先祖）　○siɴbii（せんべい、煎餅）　○cisiri（きせる、煙管）　○saɴsiɴ（さんせん、三線、三味線）　○husizi（ふせぎ、防ぎ）

○ʔuziɴ（おぜん、御膳） ○kazi（かぜ、風） ○zihwi（ぜひ、是非） ○ziɴ（ぜに、銭）

○mii（め、目） ○miikagaɴ（めかがみ、めがね、眼鏡） ○ʔami（あめ、雨） ○kaamii（かめ、龜） ○soomiɴ（さうめん、素麺） ○tami（ため、為） ○çimi（つめ、爪） ○ʔimi（ゆめ、夢＜いめ＞）； ○miiQkwa（めひ、姪）

○nii（ね、子） ○ʔiciniɴ（いちねん、一年） ○ʔɴni（いね、稲） ○ṣini（すね、脛） ○hani（はね、羽） ○ʼɴni（むね、胸）

○riɴkuɴ（れんこん、蓮根） ○ʔarari（あられ、霰） ○kuri（これ、此れ） ○ʔuri（それ、其れ） ○nagarimiẓi（ながれみづ、流水） ○hwiri（ひれ、鰭）； ○riici（れいし、茘支） ○guburii（ごぶれい、御無礼）

{現代語}（1970年代）

音価は[i]である。

＜用例＞

○ʧiː（けい、景） ○ʧiːtoː（けいとう、鶏頭、鶏冠） ○ʧiʃiʧi（けしき、景色） ○ʧuː（けふ、今日） ○tuʧiː（とけい、時計） ○maʧigi（まつげ、睫）； ○kaːgi（かげ、陰） ○ʤita（げた、下駄） ○ʤiŋkwaɴ（げんくわん、玄關）； ○çiʤi（ひげ、髯）； ○tiː（て、手） ○tira（てら、寺） ○tinʧi（てんき、天気） ○ʔasati（あさて、明後日） ○nantiɴ（なんてん、南天） ○ɸuditatiː（ふでたて、筆立て） ○diʃi（でし、弟子） ○diːgu（でいご、梯梧） ○ʔudi（うで、腕） ○ɸudi（ふで、筆）； ○keːdi（かへで、楓） ○ɸeː（はへ、蝿） ○meː（まへ、前）； ○çjuːtaɴ（へうたん、瓢箪） ○bintoː（べんたう、弁当） ○kubi（かべ、壁） ○naːbi（なべ、鍋） ○juːbi（ゆふべ、夕べ、昨夜） ○warabi（わらべ、童、幼児） ○haːbeːruː（はべる、てふ、蝶） ○ʃiʧi（せつ、節） ○ʃinʤu（せんぞ、先祖） ○ʃimbī（せんべい、煎餅） ○ʧiʃiri（きせる、煙管） ○sanʃiɴ（さんせん、三線、三味線） ○ɸuʃiʤi（ふせぎ、防ぎ） ○ʤiɴ（ぜん、膳） ○kaʤi（かぜ、風）； ○miː（め、目） ○miːkagaɴ（めかがみ、めがね、眼鏡） ○ʔami（あめ、雨） ○kaːmiː（かめ、龜） ○soːmiɴ（さうめん、素麺） ○tami（ため、為） ○ʧimi（つめ、爪） ○ʔimi（ゆめ、夢＜いめ＞）； ○miːkkwa（めひ、姪） ○niː（ね、子） ○ʔiʧiniɴ（いちねん、一年） ○ʔnni（いね、稲） ○ʃini（すね、脛） ○hani（はね、羽） ○nni（むね、胸） ○riŋkuɴ（れんこん、蓮根） ○ʔarari（あられ、霰） ○kuri（これ、此れ） ○ʔuri（それ、其れ） ○nagari（ながれ、流れ） ○çiri（ひれ、鰭）； ○riːʧi（れいし、茘支） ○guburiː（ごぶれい、御無礼）

Ⅵ－1－(1)－③ ＊／a／

{沖辞}（1963）

音価は[a]である。

＜用例＞

○kaṣi（かす、糟） ○kazi（かぜ、風） ○kabi（かみ、紙） ○ʔakaçici（あかつ

き、暁）　○ʔinaka（いなか、田舎）　○sika（しか、鹿）　○taka（たか、鷹）　○hakama（はかま、袴）　○'ɴkasi（むかし、昔）

○gaQkoo（がくかう、学校）　○gama（がま、洞）　○gaɴ（がん、雁）　○tigami（てがみ、手紙）　○nagaʔami（ながあめ、長雨）　○'uganuɴ（をがむ、拝む）；

○ʔaɴzasa（あみがさ、編み笠）〈ʔamigasa とも〉

○taa（た、田）　○taka（たか、鷹）　○taabi（たび、足袋）　○ʔumibata（うみばた、海端、海岸）　○kata（かた、肩）　○hataki（はたけ、畑）　○'wataʔiri（わたいれ、綿入れ）

○ʔaca（あした、明日）　○hwicee（ひたひ、額）

○daagu（だんご、団子）　○ʔadaɴ（あだん、阿且）　○ʔicidaɴtu（いちだんと、一段と）　○ṣidai（すだれ、簾）　○kudai（くだり、下り）；　○hwizai（ひだり、左）

○haa（は、歯）　○haka（はか、墓）　○hakama（はかま、袴）　○hasi（はし、橋）　○haaci（はち、鉢、大皿）　○hana（はな、花）＜（敬語）'ɴpana＞　○haru（はる、春）〈hwaru とも〉　○hazi（はず、筈）；　○hwaa（は、葉）

○ʔawa（あは、粟）　○niwa（には、庭）；

○ʔaasimuɴ（あはせもの、袷物）　○kaa（かは、川、井戸）　○kaa（かは、皮）　○kaara（かはら、河原、河）　○kaara（かはら、瓦）　○saajuɴ（さはる、障る）；　○hweeʔiru（はひいろ、灰色）　○nihwee（みはい、御拝）＜「古風な発音では mihwee」とある＞　○hwee（はえ、南）；　○kwee（くは、鍬）　○kwaagi（くはぎ、桑木）；　○kuhwasaɴ（こはし、硬し）；　○hweesaɴ（はやし、早し）；　○hooci（はうき、箒）

○bagu（ばぐ、馬具）　○baɴzoogani（ばんじやうがね、番匠金、曲尺）　○ciiba（きば、牙）　○kusabana（くさばな、草花）　○sabaci（さばき、裁き、櫛）　○suba（そば、蕎麦）

○sakaẓici（さかづき、盃）　○sakana（さかな、肴）　○sakee（さかひ、境）　○saki（さけ、酒）　○saru（さる、申）　○saaru（さる、猿）　○ʔasa（あさ、朝）　○ʔasati（あさて、明後日）　○ʔusazi（うさぎ、兎）　○kusa（くさ、草）

○ẓaa（ざ、座、座敷）　○ẓakura（ざくろ、石榴）

○ʔisiẓeeku（いしざいく、石細工、石工）　○saẓee（さざえ、拳螺）　○miiẓookii（みざうき、箕）

○ẓeemuku（ざいもく、材木）

○maQkwa（まくら、枕）　○makutuni（まことに、誠に）　○maaçi（まつ、松）　○maju（まゆ、眉）　○ʔɴma（うま、馬）　○kuruma（くるま、車）　○hwima（ひま、暇）　○jama（やま、山）

○naçi（なつ、夏）　○naabi（なべ、鍋）　○nami（なみ、波）　○naɴzi（なんじ、何時）　○ʔinaka（いなか、田舎）　○kaɴnai（かみなり、雷）　○sakana（さかな、肴）　○hana（はな、鼻）　○hana（はな、花）

○rakuda（らくだ、駱駝）　○raQcoo（らつきよう、薤）　○raɴ（らん、蘭）　○ʔarari（あられ、霰）　○ʔuzira（うづら、鶉）　○kaara（かはら、河原、河）　○kaara（かはら、瓦）　○kura（くら、鞍）　○siraɴ（しらみ、蝨）　○tira（てら、寺）　○tura（とら、寅）

{現代語}（1970年代）

音価は[a]である。

＜用例＞

○kaʃimi（かすみ、霞）　○kaʤi（かぜ、風）　○kabi（かみ、紙）　○ʔakaʧiʧi（あかつき、暁）　○ʔinaka（いなか、田舎）　○ʃika（しか、鹿）　○taka（たか、鷹）　○hakama（はかま、袴）　○ŋkaʃi（むかし、昔）

○ʔiʧa（いか、烏賊）　○ʧa：（いか、如何）

○gakko：（がくかう、学校）　○gama（がま、洞）　○gaɴ（がん、雁）　○tigami（てがみ、手紙）　○nagaku（ながく、長く）　○wugadi（をがみて、をがんで、拝んで）；

○ʔanʤasa（あみがさ、編み笠）

○ta：（た、田）　○taka（たか、鷹）　○ta：bi（たび、足袋）　○ʔumibata（うみばた、海端、海岸）　○kata（かた、肩）　○hataki（はたけ、畑）　○wataʔiri：（わたいれ、綿入れ）

○ʔaʧa（あした、明日）　○çiʧe：（ひたひ、額）

○da：gu（だんご、団子）　○ʔadaɴ（あだん、阿旦）　○ʔiʧidaɴ（いちだん、一段）　○ʃidaji（すだれ、簾）　○rakuda（らくだ、駱駝）；　○çiʤaji（ひだり、左）

○ha：（は、歯）　○haka（はか、墓）　○hakama（はかま、袴）　○hashi（はし、橋）　○ha：ʧi（はち、鉢）　○hana（はな、花）　○haru（はる、春）

○haʤi（はず、筈）；　○ɸa：（は、葉）

○ʔawa（あは、粟）　○niwa（には、庭）；

○ʔa：ʃimuɴ（あはせもの、袷物）　○ka：（かは、川、井戸）　○ka：ra（かはら、河原、河）　○ka：ra（かはら、瓦）　○sa：raɴ（さはらぬ、障らぬ）；

○ɸe：ʔiru（はひいろ、灰色）　○nihwee（みはい、御拝）　○hwee（はえ、南）；

○kwe：（くは、鍬）　○kwa：gi（くはぎ、桑木）；

○kuɸasa（こはさ、硬さ）；　○ɸe：sa（はやさ、早さ）；　○ho：ʧi（はうき、箒）

○bagu（ばぐ、馬具）　○banʤo：gani（ばんじやうがね、番匠金、曲尺）　○ʧi：ba（きば、牙）　○kusabana（くさばな、草花）　○sabaʧi（さばき、裁き、櫛）

○suba（そば、蕎麦）

○sakaʤiʧi（さかづき、盃）　○sakana（さかな、肴）　○sake：（さかひ、境）

○saki（さけ、酒）　○saru（さる、申）　○sa：ru：（さる、猿）　○ʔasa（あさ、朝）

○ʔasati（あさて、明後日）　○ʔusaji（うさぎ、兎）　○kusa（くさ、草）

○ʤa：（ざ、座、座敷）　○ʤakuro：（ざくろ、石榴）

○ʔiʃiʤe：ku（いしざいく、石細工、石工）　○saʤe：（さざえ、拳螺）　○mi：ʤo：ki：（みざうき、箕）；　○dzo：（ざう、象）

○ʤairjo：（ざいれう、材料）

○makkwa（まくら、枕）　○makutuni（まことに、誠に）　○ma：ʧi（まつ、松）　○maju（まゆ、眉）　○ʔmma（うま、馬）　○kuruma（くるま、車）　○çima（ひま、暇）

○jama（やま、山）　○naʧi（なつ、夏）　○na：bi（なべ、鍋）　○nami（なみ、波）

○nanʤi（なんじ、何時）　○ʔinaka（いなか、田舎）　○kannaji（かみなり、雷）

○sakana（さかな、肴）　○hana（はな、鼻）　○hana（はな、花）　○rakuda（らくだ、

駱駝）　○ratʧo:（らつきよう、薤）　○raɴ（らん、蘭）
○ʔarari（あられ、霰）　○ʔuʤira（うづら、鶉）　○ka:ra（かはら、河原、河）
○ka:ra（かはら、瓦）　○kura（くら、鞍）　○ʃiraɴ（しらみ、蝨）　○tira（てら、寺）　○tura（とら、寅）

Ⅵ－１－(1)－④　＊／u／

{沖辞}（1963）

音価は、[u]である。但し、*/tu/*/du/*/su/*/zu/の母音は[i]に変化している。しかし、*/du/*/su/で[u]の例がある。

「ハ行転呼」後の母音融合がある。

＜用例＞

○kusa（くさ、草）　○kuci（くち、口）　○kuni（くに、国）　○kubi（くび、首）　○ciku（きく、菊）　○ẓakura（ざくろ、石榴）　○hukuru（ふくろ、袋）　○nukusaɴ（ぬくい、温い、暖かい）　○raku（らく、楽）

○guṣiku（ぐすく、城）　○guci（くき、茎）　○ṣigu（すぐ、直ぐ）　○bagu（ばぐ、馬具）　○rukugwaçi（ろくぐわつ、六月）

○çici（つき、月）　○çinu（つの、角）　○çibaci（つばき、椿）　○ʔaçisa（あつさ、暑さ）　○ʔiçi（いつ、何時）　○ʔwwaaçiree（おあつらへ、御誂らへ）

○sjumuçi（しよもつ、書物）　○siçi（せつ、節）　○naçi（なつ、夏）　○maaçi（まつ、松）

○sakaẓici（さかづき、盃）　○miẓi（みづ、水）；

○ʔuzira（うづら、鶉）　○çiziɴ（つづみ、鼓）　○mazi（まづ、先づ）；

○ʔizuɴ（いづみ、泉）

○hukuzi（ふくぎ、福木）　○hudi（ふで、筆）　○huju（ふゆ、冬）　○ʔurudusi（うるふどし、潤年）　○cinuu（きのふ、昨日）　○cuu（けふ、今日）

○'juubi（ゆふべ、夕べ、昨夜）　○roo（らふ、蝋、蝋燭）

○burii（ぶれい、無礼）　○buɴciɴ（ぶんちん、文鎮）　○ʔabui（あぶみ、鐙）
○kuubu（こぶ、昆布）
○ṣii（す、酢）　○ṣiziri（すずり、硯）　○ṣidasaɴ（すだし、涼し）　○ṣina（すな、砂）　○ṣini（すね、脛）　○ṣimi（すみ、墨）　○ʔuuṣi（うす、臼）
○guṣiku（ぐすく、城）　○taɴṣi（たんす、箪笥）　○'jaṣiʔui（やすうり、安売り）；

○susu（すそ、裾）　○kusunuci（くすのき、樟）

○ṣiziri（すずり、硯）　○boozi（ばうず、坊主、僧）　○hazi（はず、筈）　○mimizi（みみず、蚯蚓）

○muzi（むぎ、麦）　○mura（むら、村）　○ʔoomu（あうむ、鸚鵡）　○kiimusi（けむし、毛蟲）；　○'ɴkasi（むかし、昔）　○'ɴkazi（むかで、蜈蚣）　○'ɴni（むね、胸）；
○buci（むち、鞭）

○nukusa（ぬくさ、温さ）　○nusudu（ぬすびと、盗人）　○tanuki（たぬき、狸）；
○ʔiɴ（いぬ、狗）

○rui（るい、類）　○ʔahwiru（あひる、家鴨）　○kuruma（くるま、車）　○saru（さる、申）　○taru（たる、樽）　○haru（はる、春）　○’juru（よる、夜）

｛現代語｝（1970年代）

音価は、[u]である。但し、*/tu/*/du/*/su/*/zu/の母音は[i]に変化している。しかし、*/du/*/su/で[u]の例がある。

「ハ行転呼」後の母音融合がある。

＜用例＞

○kusa（くさ、草）　○ku ʧi（くち、口）　○kuni（くに、国）　○kubi（くび、首）　○ʧiku（きく、菊）　○ʤakuro（ざくろ、石榴）　○tibukuru（てぶくろ、手袋）　○nukusa（ぬくさ、温さ）　○rakuda（らくだ、駱駝）

○gusiku（ぐすく、城）　○guɴ（ぐん、郡）　○ʃigu（すぐ、直ぐ）　○bagu（ばぐ、馬具）　○rukugwaʧi（ろくぐわつ、六月）

○ʧiʧi（つき、月）　○ʧinu（つの、角）　○ʧibaʧi（つばき、椿）　○ʔaʧisa（あつさ、暑さ）　○ʔiʧi（いつ、何時）　○ʔwwaʧire:（おあつらへ、御誂らへ）

○ʃimuʧi（しよもつ、書物）　○ʃiʧiʔiri（せついり、節入り）　○naʧi（なつ、夏）　○ma:ʧi（まつ、松）

○ʔaʤiʧi（あづき、小豆）　○ʔuʤira（うづら、鶉）　○sakaʤiʧi（さかづき、盃）　○ʧiʤiɴ（つづみ、鼓）　○maʤi（まづ、先づ）　○miʤi（みづ、水）

○ʔiʤuɴ（いづみ、泉）

○ɸukugi（ふくぎ、福木）　○ɸudi（ふで、筆）　○ɸuju（ふゆ、冬）

○ʔuru:duʃi（うるふどし、潤年）　○ʧinu:（きのふ、昨日）　○ʧu:（けふ、今日）

○ju:bi（ゆふべ、夕べ、昨夜）　○ro:（らふ、蝋、蝋燭）

○budo:（ぶだう、葡萄）　○bunʧiɴ（ぶんちん、文鎮）　○ʔabumi（あぶみ、鐙）　○ku:bu（こぶ、昆布）

○ʃi:（す、酢）　○ʃiʤiri（すずり、硯）　○ʃi dasa（すださ、涼さ）　○ʃina（すな、砂）　○ʃini（すね、脛）　○ʃimi（すみ、墨）　○ʔu:ʃi（うす、臼）　○guʃiku（ぐすく、城）　○tanʃi（たんす、箪笥）　○jaʃiku（やすく、易く）；

○susu（すそ、裾）；　○sumumu（すもも、李）　○surumi（するめ、鯣）　○kusunuʧi（くすのき、樟）

○ʃiʤiri（すずり、硯）　○bo:ʤi（ばうず、坊主、僧）　○haʤi（はず、筈）　○mimiʤi（みみず、蚯蚓）

○muʤi（むぎ、麥）　○mura（むら、村）　○ʔo:mu（あうむ、鸚鵡）　○ki:muʃi（けむし、毛蟲）；　○ŋkaʃi（むかし、昔）　○ŋkaʤi（むかで、蜈蚣）　○nni（むね、胸）；　○buʧi（むち、鞭）

○nukusa（ぬくさ、温さ）　○nusudu（ぬすびと、盗人）　○tanuki（たぬき、狸）；　○ʔiɴ（いぬ、狗）

○ruji（るい、類）　○ʔaçiru（あひる、家鴨）　○kuruma（くるま、車）　○saru（さる、申）　○taru（たる、樽）　○haru（はる、春）　○juru（よる、夜）

Ⅵ－１－⑴－⑤　＊／o／

{沖辞}（1963）

音価は、[u]である。但し、*/so/で[si]に対応する例がある。

*/po/は「ハ行転呼」後、母音融合を起こす。

＜用例＞

○kuẓu（こぞ、去年）　○kunu（この、此の）　○kuɴçici（このつき、此の月、今月）○kuɴjaku（こんにやく、蒟蒻）　○taku（たこ、蛸）　○tuku（とこ、床）　○nukuziri（のこぎり、鋸）　○mijaku（みやこ、都）　○deekuni（だいこん、大根）

○gubu（ごぶ、五分）　○gutuku（ごとく、五徳、銕架）　○guɴboo（ごばう、牛蒡）○guburii（ごぶれい、御無礼）　○sigutu（しごと、仕事）　○daagu（だんご、團子）○diigu（でいご、梯梧）

○tucii（とけい、時計）　○tuku（とこ、床）　○tusi（とし、年）　○ʔutu（おと、音）　○cinutu（きのと、乙）　○kutuu（こと、琴）　○makutu（まこと、誠）　○mutu（もと、元）

○ʔicuku（いとこ、従兄弟）　○Qcu（ひと、人）

○duru（どろ、泥）　○duɴburi（どんぶり、丼）　○kuɴdu（こんど、今度、今年）○naɴduci（なんどき、何時）　○’jaadui（やどり、宿り、寄留民集落）

○cizui（ちどり、千鳥）

○huka（ほか、外）　○husi（ほし、星）　○tihuɴ（てほん、手本）；　○ʔuuhwira（おほひら、大平、大平椀）　○ʔuumiẓi（おほみづ、大水）　○kuuri（こほり、氷、氷砂糖）○tuuʔasa（とほあさ、遠浅）；　○hoocaa（ほうてう、庖刀）；　○maasju（ましほ、真塩、塩）；　○noosjuɴ（なほす、直す）；　○ʔuhusaɴ（おほし、多し）　○ʔuhubuni（おほぶね、大船）　○ʔuhumuzi（おほむぎ、大麦）

○tabakubuɴ（たばこぼん、煙草盆）　○çibu（つぼ、壺）　○kunibu（くねんぼ、九年母、香橘）　○nubujuɴ（のぼる、昇る）

○sudaci（そだち、育ち）　○sudi（そで、袖）　○suba（そば、蕎麥）　○surubaɴ（そろばん、算盤）＜sunubaɴも＞　○ʔisuzi（いそぎ、急ぎ）　○’ɴsu（みそ、味噌）○suku（そこ、底）；　○ʔuṣisaɴ（おそし、遅し）

○kuẓu（こぞ、去年）　○siɴẓu（せんぞ、先祖）；

○husu（ほぞ、へそ、臍）；　○’ɴẓu（みぞ、溝）

○muci（もち、餅）　○muci（もち、持ち）　○mumu（もも、股）　○mumu（もも、桃）○mui（もり、森）　○ʔaasimuɴ（あはせもの、袷物）　○ʔɴmu（うも、いも、芋、甘藷）○kumu（くも、雲）　○simu（しも、霜）；　○kuubaa（くも、蜘蛛）

○rukugwaçi（ろくぐわつ、六月）　○ʔiru（いろ、色）　○ʔukooru（おかうろ、御香爐）　○kuruci（くろき、黒木）　○tukuru（ところ、所）　○duru（どろ、泥）

{現代語}（1970年代）

音価は、[u]である。但し、*/to/で破擦音化・母音の変化の後、前の母音の影響で[ʧi]になった例がある。*/so/で[ʃi]に対応する例がある。

*/po/は「ハ行転呼」後、母音融合を起こす。

＜用例＞

○kudʒu（こぞ、去年） ○kunu（この、此の） ○kuntʃitʃi（このつき、此の月、今月） ○kuɴjaku（こんにやく、蒟蒻） ○taku（たこ、蛸） ○tuku（とこ、床） ○nukudʒiri（のこぎり、鋸） ○mijaku（みやこ、都） ○riŋkuɴ（れんこん、蓮根）

○guʔiru（ごいろ、五色（ゴシキ） ○gutuku（ごとく、五徳、鉄架） ○gumbo:（ごばう、牛蒡） ○guburi:（ごぶれい、御無礼） ○ʃigunitʃi（しごにち、四・五日） ○da:gu（だんご、團子） ○di:gu（でいご、梯梧）

○tutʃi:（とけい、時計） ○tuku（とこ、床） ○tuʃi（とし、年） ○ʔutu（おと、音） ○tʃinutu（きのと、乙） ○kutu:（こと、琴） ○makutuni（まことに、誠に） ○mutumitara:（もとめたらは、求めたらは）

○ʔitʃiku（いとこ、従兄弟） ○tʃu（ひと、人）

○duti（どて、土手） ○duru（どろ、泥） ○dumburi（どんぶり、丼） ○kundu（こんど、今度） ○nandutʃa（なんどき、何時） ○ja:duji（やどり、宿り、寄留民集落） ○tʃidʒuja:（ちどり、千鳥）

○ɸuka（ほか、外） ○ɸuʃi（ほし、星） ○ʔuɸusa（おほさ、多さ） ○ʔuɸubuni（おほぶね、大船） ○tiɸuɴ（てほん、手本）； ○ʔu:çira（おほひら、大平） ○ku:ri（こほり、氷、氷砂糖） ○tu:sa（とほさ、遠さ）； ○ho:tʃa:（ほうてう、庖刀）； ○ma:su（ましほ、真塩、塩）； ○no:tʃi（なほして、直して）

○tabakubuɴ（たばこぼん、煙草盆） ○tʃibu（つぼ、壺） ○kunubu（くねんぼ、九年母、香橘） ○nubuto:jabi:ɴ（のぼりてをりはべり、昇りてをり侍り、昇っております）

○sudatiti（そだてて、育てて） ○sudi（そで、袖） ○suba（そば、蕎麥） ○surubaɴ（そろばん、算盤） ○ʔisudʒi（いそぎて、急ぎて、急いで） ○ɴ:su（みそ、味噌） ○jamasuku（やまそこ、山底、谷）； ○ʔuʃiku（おそく、遅く）

○kudʒu（こぞ、去年） ○ʃindʒu（せんぞ、先祖）；

○ɸusu（ほぞ、へそ、臍）； ○ndʒu（みぞ、溝）

○mutʃi（もち、餅） ○mutʃi（もち、持ち） ○mumu（もも、股） ○mumu（もも、桃） ○muji（もり、森） ○ʔa:ʃimuɴ（あはせもの、袷物） ○ʔmmu（うも、いも、芋、甘藷） ○kumu（くも、雲） ○ʃimu（しも、霜）； ○ku:ba:（くも、蜘蛛）

○kuntʃitʃi（このつき、此の月、今月） ○kakimuɴ（かけもの、掛物） ○saʃimundʒe:ku（さしものざいく、指物細工、指物師） ○wu:ɴ（をの、斧）；

○kani:（かのえ、庚） ○tʃini:（きのえ、甲）； ○tʃinu:（きのふ、昨日）

○rukugwatʃi（ろくぐわつ、六月） ○ʔiru（いろ、色） ○ʔuko:ru（おかうろ、御香爐） ○kurutʃi（くろき、黒木） ○tukuru（ところ、所） ○duru（どろ、泥）

Ⅵ－１－(2) 母音連続（二重母音・長母音）

Ⅵ－１－(2)－① */ｉｉ/

{沖辞}（1963）

融合して長音化している。但し、「ハ行転呼」していない場合は、その限りではない。

<用例>

○ʔiibuɴ（いひぶん、言ひ分）　○ciiruuu（きいろ、黄色）　○tubuu（とびいを、飛び魚）　○sii（しひ、椎）

○ziihwici（じひき、字引）　○miidusi（にひどし、新年）　○miiʔɴzasjuɴ（みいだす、見出す）

{現代語}（1970年代）

融合して長音化している。但し、「ハ行転呼」していない場合は、その限りではない。

<用例>

○ʔi:buɴ（いひぶん、言ひ分）　○ʧi:ru:（きいろ、黄色）　○tubu:（とびいを、飛び魚）　○ʃi:nuki:（しひのき、椎の木）　○ʤi:çiʧi（じひき、字引）　○mi:duʃi（にひどし、新年）

Ⅵ－１－(2)－② */ｉｅ/

{沖辞}（1963）

融合して[i:]となる。

<用例>

○miijuɴ（みえる、見える）　○niijuɴ（にえる、煮える）

{現代語}（1970年代）

融合して[i:]となる。

<用例>

○mi:juɴ（みえる、見える）　○ni:juɴ（にえる、煮える）

Ⅵ－１－(2)－③ */ｉａ/

{沖辞}（1963）

融合して[ja]となる場合とそうでない場合がある。

<用例>

○cahaɴ, cahwaɴ（きやはん、脚半）　○cawaɴ（ちやわん、茶碗）　○kaɴzaa（かぢや、鍛冶屋、鍛工）　○hwiisaʔumii（ひあさおもひ、冷さおもひ、寒がり）　○sijawasi（しあはせ、幸せ）　○ʔisja（いしや、医者）　○ʔsjaku（おしやく、御酌）

○mija（みや、宮、社）　○mijaku（みやこ、都）　○kuɴjaku（こんにやく、蒟蒻）

○biwa（びは、枇杷）　○niwa（には、庭）　○niwatui（にはとり、鶏）

｛現代語｝（1970年代）

融合して[ja]となる場合とそうでない場合がある。

＜用例＞

○ʧahaɴ（きやはん、脚半）　○ʧawaɴ（ちやわん、茶碗）　○kanʤa:ja:（かぢや、鍛冶屋、鍛工）　○çi:sa（ひあさ、さむさ、冷さ、寒さ）　○ʃijawaʃi（しあはせ、幸せ）　○イシヤ。　isha（いしや、醫者）　○シヤク　shaku（しやく、程）

○kuʤaku（くじやく、孔雀）　○mija（みや、宮、社）　○mijaku（みやこ、都）　○kuɴjaku（こんにやく、蒟蒻）　○miʤiʤiwa（みづぎは、水際、渚）　○biwa（びは、枇杷）　○niwa（には、庭）

Ⅵ－１－⑵－④　*／ｉｕ／

｛沖辞｝（1963）

融合して[ju]となる。更に[i]になる場合もある。

＜用例＞

○kiiʔui（きうり、胡瓜）　○riQsjuu（りつしう、立秋）　○situ（しうと、舅）　○riɴgaɴ（りうがん、龍眼肉）　○huzijuu（ふじいう、不自由）　○guzuu（ごじふに、五十）　○zuugwaçi（じふぐわつ、十月）　○sjuru（しゆろ、棕梠）　○sjuɴciku（しゆんきく、春菊）　○ziban（じゆばん、襦袢）　○zuɴpuu（じゆんぷう、順風）

｛現代語｝（1970年代）

融合して[ju]となる。更に[i]になる場合もある。

＜用例＞

○riʃʃu:（りつしう、立秋）　○ʃitu（しうと、舅）　○riŋgaɴ（りうがん、龍眼肉）　○ɸuʤiju:（ふじいう、不自由）　○guʤu:（ごじふに、五十）　○ʤu:gwaʧi（じふぐわつ、十月）　○suru（しゆろ、棕梠）　○sunʧiku（しゆんきく、春菊）
○ʤibaɴ（じゆばん、襦袢）　○ʤumpu:（じゆんぷう、順風）

Ⅵ－１－⑵－⑤　*／ｉｏ／

｛沖辞｝（1963）

融合して、[ju]となる。

＜用例＞

○maasju（ましほ、真塩）　○taaʔiju（たいを、田魚、鮒）

｛現代語｝（1970年代）

融合して、[ju]となる。

<用例>

○ma:su（ましほ、真塩）　○ta:ʔiju（たいを、田魚、鮒）

Ⅵ－１－(2)－⑥　*/ｅｉ/

｛沖辞｝（1963）

融合して[i:]となる。

<用例>

○tucii（とけい、時計）　○diigu（でいご、梯梧）　○siɴbii（せんべい、煎餅）
○guburii（ごぶれい、御無礼）　○riici（れいし、茘支）　○miiQkwa（めひ、姪）

｛現代語｝（1970年代）

融合して[i:]となる。

<用例>

○tuʧi:（とけい、時計）　○di:gu（でいご、梯梧）　○ʃimbi:（せんべい、煎餅）
○guburi:（ごぶれい、御無礼）　○ri:ʧi（れいし、茘支）　○mi:kkwa（めひ、姪）

Ⅵ－１－(2)－⑦　*/ｅｅ/

｛沖辞｝（1963）

用例見当たらず。

｛現代語｝（1970年代）

用例見当たらず。

Ⅵ－１－(2)－⑧　*/ｅａ/

｛沖辞｝（1963）

/e/は[i]に変化しているが、/a/との融合はない場合と融合して[e:]となる場合があるはずであるが、例としては見出せない。

<用例>

○hudiʔaree（ふであらひ、筆洗ひ）　○sumija（そめや、染屋、紺屋）

｛現代語｝（1970年代）

/e/は[i]に変化しているが、/a/との融合はない場合と融合して[e:]となる場合がある。

<用例>

○ɸudiʔare:（ふであらひ、筆洗ひ）　○sumija（そめや、染屋、紺屋）
○ʧi:te:（ついては、付いては）　○nʧe:（みては、見ては）　○jamaʧe:（やましては、病ましては、怪我をしては）　○wugade:（をがんでは、拝んでは）　○se:（せは、為は）

Ⅵ－１－(2)－⑨　*/ｅｕ/

{沖辞}（1963）

融合して[o:]となる。これが更に変化して[u:]となる例もある。

<用例>

○hjootaɴciburu（へうたん、瓢箪）　○suusuu（せうせう、少々）　○cuu（けふ、今日）

{現代語}（1970年代）

融合して[o:]となる。これが更に変化して[u:]となる例もある。

<用例>

○ʧo:ʃi（てうし、銚子）　○ço:taɴ（へうたん、瓢箪、蒲蘆）　○ʃo:ʧu:（せうちう、焼酒）　○ʤajirjo:（ざいれう、材料）　○ʧu:（けふ、今日）

Ⅵ－１－(2)－⑩　*/ｅｏ/

{沖辞}（1963）

用例見出せず。

{現代語}（1970年代）

融合して[o:]となる。

<用例>

○ʃitʧo:ru　tu:ji（しりてをるとほり、知りてをる通り）　○nato:ɴ（なりてをり、成りてをり）　○mi:to:ɴ（みえてをり、見えてをり）

Ⅵ－１－(2)－⑪　*/ａｉ/

{沖辞}（1963）

融合して[e:]となる。但し、融合しない例がある。「新語」か。

<用例>

○sikee（せかい、世界）　○niikee（にかい、二階、樓）　○teegee（たいがい、大概）　○deekuni（だいこね、大根）　○dee（だい、代）　○dee（だい、台）　○nihwee（みはい、御拝）　○koobeetamagu（こうばいたまご、紅梅卵）<料理名>　○kiizeeku（きざいく、木細工、大工）　○şeeci（さいち、才知）　○meenici（まいにち、毎日）　○kee（かひ、匙）　○sakee（さかひ、境）　○ʔutugee（おとがひ、頤）　○hwee（はひ、灰）　○hweeʔiru（はひいろ、灰色）；　○kaigu（かひこ、蚕）

{現代語}（1970年代）

融合して[e:]となる。

＜用例＞
○ʃike:（せかい、世界）　○ni:ke:（にかい、二階、樓）　○te:ge:（たいがい、大概）○de:kuni（だいこね、大根）　○de:（だい、代）　○de:（だい、台）　○niɸe:（みはい、御拝）　○se:ku（さいく、細工、大工）　○se:ʧi（さいち、才知）　○me:niʧi（まいにち、毎日）　○ke:ʔuʧi（かひおき、匙置き、皿）　○sake:（さかひ、境）　○ʔutuge:（おとがひ、頤）　○ɸe:（はひ、灰）　○ɸe:ʔiru（はひいろ、灰色）；○kaiku（かひこ、蚕）

Ⅵ－１－⑵－⑫　*/ａｅ/

{沖辞}（1963）

*/e/が変化して[i]となり、それが[a]と融合して[e:]となる。

＜用例＞
○hwee（はえ、南）　○saẓee（さざえ、拳螺）　○keejuɴ（かへる、帰る）　○hwee（はへ、蠅）　○mee（まへ、前）　○ʔwaaçiree（おあつらへ、御誂らへ）

{現代語}（1970年代）

*/e/が変化して[i]となり、それが[a]と融合して[e:]となる。

＜用例＞
○ɸee（はえ、南）　○saʤe:（さざえ、拳螺）　○ke:juɴ（かへる、帰る）　○ɸe:（はへ、蠅）　○me:（まへ、前）　○ʔaʧire:（あつらへ、誂らへ）

Ⅵ－１－⑵－⑬　*/ａａ/

{沖辞}（1963）

「ハ行転呼」後、融合して[-a:]となるものと[-awa]のままのものとがある。
「はや」は[ɸe:]となる。

＜用例＞
○maa（まあ、何処）　○naa（なあ＜助詞＞）　○naa（なあ＜助詞＞、～ずつ）　○kaa（かは、「川」、井戸）　○kaara（かはら、「河原」、河）　○kaara（かはら、瓦）　○tiɴgaara（てんがはら、天河原、銀河、天の河）　○saajuɴ（さはる、触る）
○ʔaabuku（あわぶく、泡ぶく）
○sawajuɴ（さはる、障る）　○ʔawa（あは、粟）
○hweesaɴ（はやし、早し）

{現代語}（1970年代）

「ハ行転呼」後、融合して[-a:]となるものと[-awa]のままのものとがある。
「はや」は[ɸe:]となる。

＜用例＞
○ma:（まあ、何処）　○na:（なあ＜助詞＞）　○na:（なあ＜助詞＞、～ずつ）　○ka:

（かは、「川」、井戸）　○ka:ra（かはら、「河原」、河）　○ka:ra（かはら、瓦）　○tiŋga:ra（てんがはら、天河原、銀河、天の河）　○sa:juɴ（さはる、触る）　○ʔa:buku（あわぶく、泡ぶく）

○sawajuɴ（さはる、障る）　○ʔawa（あは、粟）

○ɸe:saɴ（はやし、早し）

Ⅵ－１－(2)－⑭　*/ａｕ/

{沖辞}（1963）

融合して[o:]となる。但し、「さたう（砂糖）」は[sa:ta:]で、[a:]である。また、「なう（何）」は、（[o:]の後、更に変化したらしく）[u:]として実現する。

＜用例＞

○binɴtoo（べんたう、弁当）　○hooci（はうき、箒）　○guɴboo（ごばう、牛蒡）　○boozi（ばうず、坊主）　○soomiɴ（さうめん、素麺）　○roo（らふ、蠟燭）　○coodee（きやうだい、兄弟）　○sjoojuu（しやうゆ、醤油）　○coociɴ（ちやうちん、提灯）　○bjoobu（びやうぶ、屏風）　○mujoo（もやう、模様）　○joosi（やうし、養子）；　○saataa（さたう、砂糖）；　○nuu（なう、何）

{現代語}（1970年代）

融合して[o:]となる。但し、「さたう（砂糖）」は[sa:ta:]で、[a:]である。また、「なう（何）」は、（[o:]の後、更に変化したらしく）[u:]として実現する。

＜用例＞

○binto:（べんたう、弁当）　○ho:ʧi（はうき、箒）　○gumbo:（ごばう、牛蒡）　○bo:ʤi（ばうず、坊主）　○so:miɴ（さうめん、素麺）　○ro:（らふ、蠟燭）　○ʧo:de:（きやうだい、兄弟）　○so:ju:（しやうゆ、醤油）　○ʧo:ʧiɴ（ちやうちん、提灯）　○bjo:bu（びやうぶ、屏風）　○mujo:（もやう、模様）　○jo:ʃi（やうし、養子）；　○sa:ta:（さたう、砂糖）；　○nu:（なう、何）

Ⅵ－１－(2)－⑮　*/ａｏ/

{沖辞}（1963）

*/o/が[u]に変化した後、[a]と融合して[o:]となる。但し、「はらおび（腹帯）」のように融合しない場合もある。

＜用例＞

○ʔooruu（あをいろ、青色）　○soo（さを、竿）　○noosjuɴ（なほす、直す）　○haraʔuubi（はらおび、腹帯）

{現代語}（1970年代）

*/o/が[u]に変化した後、[a]と融合して[o:]となる。{沖辞}で融合しなかった「はらおび（腹帯）」も融合する。

＜用例＞

○ʔoːruː（あをいろ、青色）　○soː（さを、竿）　○noːsuɴ（なほす、直す）　○haroːbi（はらおび、腹帯）

Ⅵ－１－(2)－⑯　*/ｕｉ/

｛沖辞｝（1963）

融合して[iː]となる。但し、「るい（類）」のように融合しないものもある。

＜用例＞

○kwiicijuɴ（くひきる、食ひ切る）　○çiitaci（ついたち）　○miziʔiri（みづいれ、水入れ）　○şiisaɴ（すいさん、推参、でしゃばる、生意気）　○ʔuşiimuɴ（おすひもの、御吸ひ物）　○zii（ずい、髄）　○muutii（もとゆひ、元結ひ）；○rui（るい、類）

｛現代語｝（1970年代）

融合して[iː]となる。但し、「るい（類）」のように融合しないものもある。

＜用例＞

○kwiːʧijuɴ（くひきる、食ひ切る）　○ʧiːtaʧi（ついたち、一日）　○miʤiʔiriː（みづいれ、水入れ）　○ʔuʃiːmuɴ（おすひもの、御吸ひ物）　○sukujiʔagiːɴ（すくいあげる）　○ʤiː（ずい、髄）　○muːtiː（もとゆひ、元結ひ）；○ruji（るい、類）

Ⅵ－１－(2)－⑰　*/ｕｅ/

｛沖辞｝（1963）

融合して[iː]となる。

＜用例＞

○ʔwii（うへ、上）　○ʔwiijuɴ（うゑる、植ゑる）　○şii（すへ、末）

｛現代語｝（1970年代）

融合して[iː]となる。

＜用例＞

○ʔiː（うへ、上）　○ʔiːjuɴ（うゑる、植ゑる）　○ʃiː（すへ、末）

Ⅵ－１－(2)－⑱　*/ｕａ/

｛沖辞｝（1963）

融合して[wa]となるが、例外的に[we]となる例もある。

＜用例＞

○kwaa（くは、桑）　○ʔwaabi（うはべ、上辺）　○ʔwaagaci（うはがき、上書き）　○saɴgwaçi（さんぐわつ、三月）　○sjoogwaçi（しやうぐわつ、正月）；○kwee（くは、鍬）

{現代語}（1970年代）

融合して[wa]となるが、例外的に[we]となる例もある。

<用例>

○kwa:gi（くはぎ、桑木）　○ʔwa:bi（うはべ、上辺）　○ʔwa:gaʧi（うはがき、上書き）　○saŋgwaʧi（さんぐわつ、三月）　○so:gwaʧi（しやうぐわつ、正月）；　○kwe:（くは、鍬）

Ⅵ－１－(2)－⑲　*/ｕｕ/

{沖辞}（1963）

長音化する。但し、「閏年」は[ʔuruduʃi]と短くなる。

<用例>

○huugawai（ふうがはり、風変り）　○suu（すう、数）　○suujuɴ（すう、吸う）　○çuuzi（つうじ、通じ）　○' juubaɴ（ゆふはん、夕飯）；　○ʔurudusi（うるふどし、潤年）

{現代語}（1970年代）

長音化する。

<用例>

○ɸu:gawaji（ふうがはり、風変り）　○su:（すう、数）　○su:juɴ（すう、吸う）　○tsu:ʤi（つうじ、通じ）　○ju:baɴ（ゆふはん、夕飯）；　○ʔuru:duʃi（うるふどし、潤年）

Ⅵ－１－(2)－⑳　*/ｕｏ/

{沖辞}（1963）

融合して[u:]となる。

<用例>

○kaçuu（かつを、鰹）

{現代語}（1970年代）

融合して[u:]となる。

<用例>

○kaʧu:（かつを、鰹）

Ⅵ－１－(2)－㉑　*/ｏｉ/

{沖辞}（1963）

融合して[i:]となるが、そうならない例もある。

＜用例＞

○ʔwiiʔɴzasjuɴ（おひだす、追ひ出す）　○tii（とひ、樋）　○ʔumii（おもひ、思ひ）＜ʔumui　も＞　○'wii（をひ、甥）；　○kuuʔiju（こひ、鯉）　○tusi（といし、砥石）

｛現代語｝（1970年代）

融合して[iː]となるが、そうならない例もある。

＜用例＞

○ʔiːʔnʤasuɴ（おひだす、追ひ出す）　○tiː（とひ、樋）　○ʔumiː（おもひ、思ひ）；○kuːʔiju（こひ、鯉）　○tuʃi（といし、砥石）

Ⅵ－１－(2)－㉒　*/ｏｅ/

｛沖辞｝（1963）

融合して[iː]となる。但し、[ui]で留まる例もある。

＜用例＞

○kanii（かのえ、庚）　○cinii（きのえ、甲）　○hwinii（ひのえ、丙）；　○tatui（たとへ、例へ）

｛現代語｝（1970年代）

融合して[iː]となる。但し、[ui]で留まる例もある。

＜用例＞

○kaniː（かのえ、庚）　○ʧiniː（きのえ、甲）　○çiniː（ひのえ、丙）；　○tatuji（たとへ、例へ）

Ⅵ－１－(2)－㉓　*/ｏａ/

｛沖辞｝（1963）

融合して[waː]となる。

＜用例＞

○ʔwaacimiṣeeɴ（おあるきになる、お歩きにある）　○ʔwaaɴbee（おあんばい、御按配）○ʔwaaçiree（おあつらへ、御誂らへ）

｛現代語｝（1970年代）

融合して[waː]となる。

＜用例＞

○ʔwaːʧimiseːɴ（おあるきになる、お歩きにある）　○ʔwaːmbeː（おあんばい、御按配）○ʔwaːʧireː（おあつらへ、御誂らへ）

Ⅵ－１－(2)－㉔　*/ｏｕ/

{沖辞}（1963）

/ou/は[u:]として実現するが、[o:]で現れる例がある。これは、「新語」あるいは「(日本語からの）移入語」と呼ぶべきものであろうか。{クリ}の「帽子」の例あり。

＜用例＞

○kuukwee（こうかい、後悔）　○huukuu（ほうこう、奉公）　○tuu（とう、藤）　○tuuru（とうろ、灯炉）　○tuuzi, tuɴzii（とうじ、冬至）　○riQtuu（りつとう、立冬）　○duu（どう、胴）　○duujoo（どうやう、同様）　○huukuu（ほうこう、奉公）　○suudoori（そうだおれ、総倒れ）　○cinuu（きのふ、昨日）　○'uuzijuɴ（おうじる、応じる）　○duujuu（どよう、土用）　○hujuu（ふよう、芙蓉）　○' juuzu（ようじ、用事）　○' juui（ようい、用意）

○toocoo（とうきやう、東京）　○' jooi（ようい、容易）

{現代語}（1970年代）

/ou/は[u:]として実現するが、[o:]で現れる例がある。これは、「新語」あるいは「(日本語からの）移入語」と呼ぶべきものであろうか。{クリ}の「帽子」の例あり。

＜用例＞

○ku:kwe:（こうかい、後悔）　○ɸu:ku:（ほうこう、奉公）　○tu:（とう、藤）　○tu:ru（とうろ、灯炉）　○tu:ʥi, tun ʥi:（とうじ、冬至）　○rittu:（りつとう、立冬）　○du:（どう、胴）　○du:joo（どうやう、同様）　○ɸu:ku:（ほうこう、奉公）　○su:do:ri（そうだおれ、総倒れ）　○ʧinu:（きのふ、昨日）　○ɸuju:（ふよう、芙蓉）　○ju:ʥu（ようじ、用事）；

○to:kjo:（とうきやう（東京）　○jo:ji（ようい、用意）　○jo:ji（ようい、容易）

Ⅵ－１－(2)－㉕　*/ｏｏ/

{沖辞}（1963）

融合して[u:]となるが、「ハ行転呼」以前の形で留まっているものもある。

＜用例＞

○kuuri（こほり、氷）　○tuusaɴ（とほし、遠し）　○huu（ほほ、頰）　○ʔuuhwira（おほひら、大平）；　○ʔuhuʔumi（おほうみ、大海、大洋）　○ʔuhooku（おほく、多く）

{現代語}（1970年代）

融合して[u:]となるが、「ハ行転呼」以前の形で留まっているものもある。

＜用例＞

○ku:ri（こほり、氷）　○tu:saɴ（とほし、遠し）　○ɸu:（ほほ、頰）　○ʔu:çira（おほひら、大平）；　○ʔuɸuʔumi（おほうみ、大海、大洋）　○ʔuho:ku（おほく、多く）

Ⅵ－２　半母音

Ⅵ－２－⑴　ヤ行音　＊／ｊａ，ｊｕ，ｊｏ／

｛沖辞｝（1963）

用例を示せば充分であろう。

<用例>

○'jaṣii（やすり、鑢）　○'janazi（やなぎ、柳）　○'ja ma（やま、山）　○ʔɴmanujaa（うまのや、馬の屋、厩）　○ʔujaQkwa（おやこ、親子）　○kuɴjaku（こんにやく、蒟蒻）　○ʧa:（ちや、茶）

○juci（ゆき、雪）　○'juubi（ゆふべ、夕べ、昨夜）　○jui（ゆり、百合、巻丹）　○'juu（あゆ、香魚）　○sjuru（しゆろ、棕梠）　○sicitaɴjuu（せきたんゆ、石炭油、石油）　○çiju（つゆ、露）　○huju（ふゆ、冬）　○maju（まゆ、眉）

○juuzu（ようじ、用事）　○juru（よる、夜）　○ʔirijuu（いりよう、入用）　○sjumuçi（しよもつ（書物）　○cuuku（つよく、強く）　○tusjui（としより、年寄り、老人）　○hujuu（ふよう、芙蓉）

｛現代語｝（1970年代）

用例を示せば充分であろう。

<用例>

○jaʃi:（やすり、鑢）　○janaʤi（やなぎ、柳）　○jama（やま、山）　○ʔmmanuja:（うまのや、馬の屋、厩）　○kuɴjaku（こんにやく、蒟蒻）　○ʧa:ʔiru（ちやいろ、茶色）

○juʧi（ゆき、雪）　○ju:bi（ゆふべ、夕べ、昨夜）　○juji（ゆり、百合、巻丹）　○ju:（ゆ、湯）　○ʃiʧitaɴju:（せきたんゆ、石炭油、石油）　○tʃiju（つゆ、露）　○ɸuju（ふゆ、冬）　○maju（まゆ、眉）

○ju:ʤu（ようじ、用事）　○juru（よる、夜）　○ʔiriju:（いりよう、入用）　○ʧu:sa（つよさ、強さ）　○ʧurasa（きよらさ、清らさ）

Ⅵ－２－⑵　ワ行音　＊／ｗｉ，ｗｅ，ｗａ ，ｗｏ／

｛沖辞｝（1963）

/wi/「ゐ」・/we/「ゑ」は、[wi]を経て、[ji]となっている。

<用例>

○'ii（ゐ、亥）

○'ii（ゑ、絵）　○'iɴru（ゑんりよ、遠慮）　○ʔwiijuɴ（うゑる、植ゑる）

○'wacikuugi（わきげ、脇毛）　○'wasijuɴ（わすれる、忘れる）　○wata（わた、綿）　○'waɴ（わん、椀）　○ʔaa（あわ、泡）　○ʔawa（あわ、粟）　○ziɴkwaɴ（げんくわん、玄關）　○sicigwaçi（しちぐわつ、七月）

○'uganuɴ（をがむ、拝む）　○'uuki（をけ、桶）　○'utu（をつと、夫）　○'uuɴ（を

の、斧)

{現代語}(1970年代)

/wi/「ゐ」・/we/「ゑ」は、[wi]を経て、[ji]となっている。

<用例>

○ji:(ゐ、亥)

○ji:(ゑ、絵)　○jinru(ゑんりよ、遠慮)　○ha:ʧiʔi:(はちうゑ、鉢植ゑ)

○waʧi(わき、脇)　○wasabi(わさび、山葵)　○wata(わた、腸、腹)

○ʧawaɴ(ちゃわん、茶椀)　○ʔa:buku:(あわ、泡)　○ʤiŋkwaɴ(げんくわん、玄關)

○ʃiʧigwaʧi(しちぐわつ、七月)

○wugadi(をがみて、拝みて)　○wu:ki(をけ、桶)　○wutu(をつと、夫)　○wu:ɴ(をの、斧)

Ⅵ－3　子音

Ⅵ－3－(1) カ行の子音
（＊／ｋｉ,ｋｅ,ｋａ,ｋｕ,ｋｏ／の子音）

{沖辞}（1963）

音価は、*/ki/の子音が[ʧ]で、その他(*/ke/*/ka/*/ku/*/ko/)の子音は[k]である。但し、「木（き）」は、[ki:]である。

*/kei/は、融合し、更に破擦音化して[ʧi:]となっている。

*/-ika/は、口蓋化を経て、破擦音化した[-(i)ʧa]となっている。

＜用例＞

○ciiru（きいろ、黄色）　○ciku（きく、菊）　○cisiri（きせる、煙管）　○cinuu（きのふ、昨日）　○ciiba（きば、牙）　○ciri（きり、霧）　○ʔaci（あき、秋）　○kuruci（くろき、黒木）　○sabaci（さばき、裁き、櫛）　○çici（つき、月）　○'wacikuugi（わきげ、腋毛）

○kii（き、木）

○kii（け、毛）　○saki（さけ、酒）　○daki（たけ、竹）　○hataki（はたけ、畑）　○'uuki（をけ、桶）

○ciici（けしき、景色）〈cisici とも〉　○cuu（けふ、今日）　○tucii（とけい、時計）

○kaṣi（かす、糟）　○kazi（かぜ、風）　○kabi（かみ、紙）　○ʔakaçici（あかつき、暁）　○ʔinaka（いなか、田舎）　○sika（しか、鹿）　○taka（たか、鷹）　○hakama（はかま、袴）　○'ɴkasi（むかし、昔）

○ʔica（いか、烏賊）〈ʔika とも〉　○caa（いか、如何）

○kusa（くさ、草）　○kuci（くち、口）　○kuni（くに、国）　○kubi（くび、首）　○ciku（きく、菊）　○zakura（ざくろ、石榴）　○hukuru（ふくろ、袋）　○nukusaɴ（ぬくい、温い、暖かい）　○raku（らく、楽）

○kuẓu（こぞ、去年）　○kunu（この、此の）　○kuɴçici（このつき、此の月、今月）　○kuɴjaku（こんにやく、蒟蒻）　○taku（たこ、蛸）　○tuku（とこ、床）　○nukuziri（のこぎり、鋸）　○mijaku（みやこ、都）　○deekuni（だいこん、大根）

{現代語}（1970年代）

音価は、*/ki/の子音が[ʧ]で、その他(*/ke/*/ka/*/ku/*/ko/)の子音は[k]である。但し、「木（き）」は、[ki:]である。

*/kei/は、融合し、更に破擦音化して[ʧi:]となっている。

*/-ika/は、口蓋化を経て、破擦音化した[-(i)ʧa]となっている。

＜用例＞

○ʧi:ru:（きいろ、黄色）　○ʧiku（きく、菊）　○ʧiʃiri（きせる、煙管）　○ʧinu:（きのふ、昨日）　○ʧi:ba（きば、牙）　○ʧiri（きり、霧）　○ʔaʧi（あき、秋）　○kuruʧi（くろき、黒木）　○sabaʧi（さばき、裁き、櫛）　○ʧiʧi（つき、月）　○waʧi

（わき、脇）

○ki:（き、木）

○ki:（け、毛）　○saki（さけ、酒）　○daki（たけ、竹）　○hataki（はたけ、畑）○wu:ki（をけ、桶）

○ʧiʃiʧi（けしき、景色）　○ʧu:（けふ、今日）　○tuʧi:（とけい、時計）

○kaʃimi（かすみ、霞）　○kaʤi（かぜ、風）　○kabi（かみ、紙）　○ʔakaʧiʧi（あかつき、暁）　○ʔinaka（いなか、田舎）　○ʃika（しか、鹿）　○taka（たか、鷹）○hakama（はかま、袴）　○ŋkaʃi（むかし、昔）

○ʔiʧa（いか、烏賊）　○ʧa:（いか、如何）

○kusa（くさ、草）　○kuʧi（くち、口）　○kuni（くに、国）　○kubi（くび、首）○ʧiku（きく、菊）　○ʤakuro（ざくろ、石榴）　○tibukuru（てぶくろ、手袋）　○nukusa（ぬくさ、温さ）　○rakuda（らくだ、駱駝）

○kuʤu（こぞ、去年）　○kunu（この、此の）　○kunʧiʧi（このつき、此の月、今月）○kuɴjaku（こんにやく、蒟蒻）　○taku（たこ、蛸）　○tuku（とこ、床）　○nukuʤiri（のこぎり、鋸）　○mijaku（みやこ、都）　○riŋkuɴ（れんこん、蓮根）

Ⅵ－３－⑵　ガ行の子音

（＊／ｇｉ，ｇｅ，ｇａ，ｇｕ，ｇｏ／の子音）

｛沖辞｝（1963）

音価は、*/gi/の子音が[ʤ]で、その他（*/ge/*/ga/*/gu/*/go/）の子音は[g]である。但し、「ー木（ーぎ）」は、[-gi]である。

*/-ige/は、破擦音化して[ʤi]となっている。

/-ige/ではない/ge/が破擦音化して[ʤi]となっている。[ge]→[gi]→[ʤi]の変化を辿ったか。

*/-iga/は、口蓋化を経て、破擦音化した[-(i)ʤa]となっている。

＜用例＞

○ʔusazi（うさぎ、兎）　○ʔɴnazi（うなぎ、鰻）　○kuzi（くぎ、釘）　○muzi（むぎ、麦）　○ṣizi（すぎ、杉）；

○ʔakagi（あかぎ、赤木）　○caagi（ちやぎ、槇）　○kwaagi（くわぎ、桑木、桑の木）

○maçigi（まつげ、睫）　○kaagi（かげ、陰）；

○zita（げた、下駄、表付きの下駄）　○ziɴkwaɴ（げんくわん、玄関）；

○hwizi（ひげ、髯）

○gaQkoo（がつかう、学校）　○gama（がま、洞）　○gaɴ（がん、雁）　○tigami（てがみ、手紙）　○nagaʔami（ながあめ、長雨）　○'uganuɴ（をがむ、拝む）；

○ʔaɴzasa（あみがさ、編み笠）〈ʔamigasa とも〉

○guṣiku（ぐすく、城）　○guci（くき、茎）　○ṣigu（すぐ、直ぐ）　○bagu（ばぐ、馬具）　○rukugwaçi（ろくぐわつ、六月）

○gubu（ごぶ、五分）　○gutuku（ごとく、五徳、銕架）　○guɴboo（ごばう、牛蒡）○guburii（ごぶれい、御無礼）　○sigutu（しごと、仕事）　○daagu（だんご、團子）

○diigu（でいご、梯梧）

{現代語}（1970年代）

音価は、*/gi/の子音が[ʤ]で、その他（*/ge/*/ga/*/gu/*/go/）の子音は[g]である。但し、「―木（―ぎ）」は、[-gi]である。

*/-ige/は、破擦音化して[ʤi]となっている。

/-ige/ではない/ge/が破擦音化して[ʤi]となっている。[ge]→[gi]→[ʤi]の変化を辿ったか。

*/-iga/は、口蓋化を経て、破擦音化した[-(i)ʤa]となっている。

<用例>

○ʔusaʤi（うさぎ、兎）　○ʔnnaʤi（うなぎ、鰻）　○kuʤi（くぎ、釘）　○muʤi（むぎ、麦）；

○ʔakagi（あかぎ、赤木）　○ʧa:gi（ちやぎ、槇）　○sugi（すぎ、杉）　○kwa:gi（くわぎ、桑木）

○maʧigi（まつげ、睫）　○ka:gi（かげ、陰）；

○ʤita（げた、下駄）　○ʤiŋkwaɴ（げんくわん、玄關）；

○çiʤi（ひげ、鬚）

○gakko:（がつかう、学校）　○gama（がま、洞）　○gaɴ（がん、雁）　○tigami（てがみ、手紙）　○nagaku（ながく、長く）　○wugadi（をがみて、をがんで、拝んで）；

○ʔanʤasa（あみがさ、編み笠）

○gusiku（ぐすく、城）　○guɴ（ぐん、郡）　○ʃigu（すぐ、直ぐ）　○bagu（ばぐ、馬具）　○rukugwaʧi（ろくぐわつ、六月）

○guʔiru（ごいろ、五色、ゴシキ）　○gutuku（ごとく、五徳、銕架）　○gumbo:（ごばう、牛蒡）　○guburi:（ごぶれい、御無礼）　○ʃiguniʧi（しごにち、四・五日）

○da:gu（だんご、團子）　○di:gu（でいご、梯梧）

Ⅵ－３－(3)　タ行の子音

（*／ｔｉ，ｔｅ，ｔａ，ｔｕ，ｔｏ／の子音）

{沖辞}（1963）

*/ti/の子音は破擦音化して[ʧ]となっている。

/te//ta/*/to/の子音は[t]であるが、/i/の後の環境では破擦音化して[ʧ]となっている。但し、ʔeeti（相手）の例がある。

*/tu/は、破擦音化し、母音まで変化して[tsi]となっている。

<用例>

○cii（ち、乳）　○cizui（ちどり、千鳥）　○ciri（ちり、塵）　○ʔicidaɴtu（いちだんと、一段と）　○ʔuci（うち、内）　○kuci（くち、口）　○haaci（はち、鉢、大皿）　○mici（みち、道）　○muci（もち、餅）

○tii（て、手）　○tira（てら、寺）　○tiɴci（てんき、天気）　○ʔasati（あさて、明後日）　○tiɴṣii（てんすい、天水）　○tati（たて、縦）；

○kaci（かいて、書いて）； ○ʔeeti（あひて、相手）

○taa（た、田） ○taka（たか、鷹） ○taabi（たび、足袋） ○ʔumibata（うみばた、海端、海岸） ○kata（かた、肩） ○hataki（はたけ、畑） ○'wataʔiri（わたいれ、綿入れ）

○ʔaca（あした、明日） ○hwicee（ひたひ、額）

○çici（つき、月） ○çinu（つの、角） ○çibaci（つばき、椿） ○ʔaçisa（あつさ、暑さ） ○ʔiçi（いつ、何時） ○ʔwwaaçiree（おあつらへ、御誂らへ）

○sjumuçi（しよもつ、書物） ○siçi（せつ、節） ○naçi（なつ、夏） ○maaçi（まつ、松）

○tucii（とけい、時計） ○tuku（とこ、床） ○tusi（とし、年） ○ʔutu（おと、音） ○cinutu（きのと、乙） ○kutuu（こと、琴） ○makutu（まこと、誠） ○mutu（もと、元）

○ʔicuku（いとこ、従兄弟） ○Qcu（ひと、人）

｛現代語｝（1970年代）

*/ti/の子音は破擦音化して[ʧ]となっている。

/te//ta/*/to/の子音は[t]であるが、/i/の後の環境では破擦音化して[ʧ]となっている。但し、[ʔe:ti]（相手）の例がある。

*/tu/は、破擦音化し、母音まで変化して[ʧi]となっている。

<用例>

○ʧi:（ち、乳） ○ʧiʤuja:（ちどり、千鳥） ○ʧiri（ちり、塵） ○ʔiʧidaɴ（いちだん、一段） ○ʔuʧi（うち、内） ○kuʧi（くち、口） ○ha:ʧi（はち、鉢） ○miʧi（みち、道） ○mu:ʧi:（もち、餅）

○ti:（て、手） ○tira（てら、寺） ○tin ʧ i（てんき、天気） ○ʔasati（あさて、明後日） ○nantiɴ（なんてん、南天） ○ɸuditati:（ふでたて、筆立て）

○kaʧi（かいて、書いて） ○nʧi（みて、見て）； ○ʔe:ti（あひて、相手）

○ta:（た、田） ○taka（たか、鷹） ○ta:bi（たび、足袋） ○ʔumibata（うみばた、海端、海岸） ○kata（かた、肩） ○hataki（はたけ、畑） ○wataʔiri:（わたいれ、綿入れ）

○ʔaʧa（あした、明日） ○çiʧe:（ひたひ、額）

○ʧiʧi（つき、月） ○ʧinu（つの、角） ○ʧibaʧi（つばき、椿） ○ʔaʧisa（あつさ、暑さ） ○ʔiʧi（いつ、何時） ○ʔwwaʧire:（おあつらへ、御誂らへ）

○ʃimuʧi（しよもつ、書物） ○ʃiʧiʔiri（せついり、節入り） ○naʧi（なつ、夏） ○ma:ʧi（まつ、松）

○tuʧi:（とけい、時計） ○tuku（とこ、床） ○tuʃi（とし、年） ○ʔutu（おと、音） ○ʧinutu（きのと、乙） ○kutu:（こと、琴） ○makutuni（まことに、誠に） ○mutumitara:（もとめたらは、求めたらは）

○ʔiʧiku（いとこ、従兄弟） ○tʧu（ひと、人）

Ⅵ－３－⑷　ダ行の子音

（＊／ｄｉ，ｄｅ，ｄａ，ｄｕ，ｄｏ／の子音）

｛沖辞｝（1963）

＊/di/の子音は破擦音化して[ʤ]となっている。

＊/de/＊/da/＊/do/の子音は[d]であるが、/i/の後の環境では破擦音化して[ʤ]となっている。

＊/du/は破擦音化し、母音まで変化して[dzi]となっている。但し、[ʤi]で対応する「うづら（鶉）」「つづみ（鼓）」「まづ（先づ）」の例がある。更に、[ʤi]に対応する「いづみ（泉）」もある。[dzi] から[ʤi]に移行しようとしている過程を見せている。

＜用例＞

○zii（ぢ、地）　○kuɴzi（こんぢ、紺地）　○hwizigee（ひぢ、臂）　○maQçizi（まっぢ、真頂、絶頂）

○diigu（でいご、梯梧）　○ʔudi（うで、腕）　○hudi（ふで、筆）

○daagu（だんご、団子）　○ʔadaɴ（あだん、阿旦）　○ʔicidaɴtu（いちだんと、一段と）　○ṣidai（すだれ、簾）　○kudai（くだり、下り）；　○hwizai（ひだり、左）

○sakaẓici（さかづき、盃）　○miẓi（みづ、水）；

○ʔuzira（うづら、鶉）　○çiziɴ（つづみ、鼓）　○mazi（まづ、先づ）；

○ʔizuɴ（いづみ、泉）

○duru（どろ、泥）　○duɴburi（どんぶり、丼）　○kuɴdu（こんど、今度、今年）　○naɴduci（なんどき、何時）　○'jaadui（やどり、宿り、寄留民集落）

○cizui（ちどり、千鳥）

｛現代語｝（1970年代）

＊/di/の子音は破擦音化して[ʤ]となっている。

＊/de/＊/da/＊/do/の子音は[d]であるが、/i/の後の環境では破擦音化して[ʤ]となっている。

＊/du/は破擦音化し、母音まで変化して[ʤi]となっている。但し、[ʤu]で対応する「いづみ（泉）」の例がある。

＜用例＞

○ʤiː（ぢ、地）　○kunʤi（こんぢ、紺地）　○çiʤigeː（ひぢ、臂）　○matʧiʤi（まっぢ、真頂、絶頂）

○diʃi（でし、弟子）　○diːgu（でいご、梯梧）　○ʔudi（うで、腕）　○ɸudi（ふで、筆）

○daːgu（だんご、団子）　○ʔadaɴ（あだん、阿旦）　○ʔiʧidaɴ（いちだん、一段）　○ʃidaji（すだれ、簾）　○rakuda（らくだ、駱駝）；　○çiʤaji（ひだり、左）

○ʔaʤiʧi（あづき、小豆）　○ʔuʤira（うづら、鶉）　○sakaʤiʧi（さかづき、盃）　○ʧiʤiɴ（つづみ、鼓）　○maʤi（まづ、先づ）　○miʤi（みづ、水）

○ʔiʤuɴ（いづみ、泉）

○duti（どて、土手）　○duru（どろ、泥）　○dumburi（どんぶり、丼）　○kundu（こ

んど、今度）　○nanduʧa（なんどき、何時）　○ja:duji（やどり、宿り、寄留民集落）
○ʧiʤuja:（ちどり、千鳥）

Ⅵ－３－⑸　ハ行の子音
（＊／ｐｉ，ｐｅ，ｐａ，ｐｕ，ｐｏ／の子音）

{沖辞}（1963）

＊/pi/と＊/pe/とは、ともに[ɸi]として実現し、（語中では）「ハ行転呼」を経た後、母音融合を起こしているが、そうはならない例もある。

＊/pa/は[ha]となるが、語的に[ɸa]の場合もある。（語中では）「ハ行転呼」に留まっているものと更に変化して長音化したものとがある。但し、「kuɸati（こはりて、強りて、硬くなって）」のように「ハ行転呼」をしていないような様相を呈しているものがある。これについては、第Ⅶ章で詳しく論じる。

＊/pu/と＊/po/とは、ともに[ɸu]として実現し、（語中では）「ハ行転呼」を経た後、母音融合を起こしているが、そうはならない例もある。

＜用例＞

○hwii（ひ、火）　○hwicari（ひかり、光）〈hwikariとも〉　○hwicee（ひたひ、額）○hwizigee（ひぢ、肘）　○hwiçizi（ひつじ、未）　○hwima（ひま、暇）　○ʔahwiru（あひる、家鴨）　○ʔuuhwira（おほひら、大平、大平椀）　○çicihwi（つきひ、月日）；○ʔuguiṣi（うぐひす、鶯）　○kaigu（かひこ、蚕）；　○keeʔuci（かひおき、匙置き、小皿）　○ʔutugee（おとがひ、頤）　○hwee（はひ、灰）　○kweemuɴ（くひもの、食物）○miiQkwa（めひ、姪）　○'uQtii（おととひ、一昨日）

○hwiira（へら、箆）　○keesi（かへし、返し）　○hwee（はへ、蝿）　○mee（まへ、前）；　○hjootaɴçiburu（へうたん、瓢箪）

○haa（は、歯）　○haka（はか、墓）　○hakama（はかま、袴）　○hasi（はし、橋）○haaci（はち、鉢、大皿）　○hana（はな、花）＜（敬語）'ɴpana＞　○haru（はる、春）〈hwaruとも〉　○hazi（はず、筈）；　○hwaa（は、葉）　○ʔawa（あは、粟）　○niwa（には、庭）；

○ʔaasimuɴ（あはせもの、袷物）　○kaa（かは、川、井戸）　○kaa（かは、皮）
○kaara（かはら、河原、河）　○kaara（かはら、瓦）　○saajuɴ（さはる、障る）；
○hweeʔiru（はひいろ、灰色）　○nihwee（みはい、御拝）＜「古風な発音ではmihwee」とある＞　○hwee（はえ、南）；　○kwee（くは、鍬）　○kwaagi（くはぎ、桑木）；
○kuhwasaɴ（こはし、硬し）；　○hweesaɴ（はやし、早し）；　○hooci（はうき、箒）

○hukuzi（ふくぎ、福木）　○hudi（ふで、筆）　○huju（ふゆ、冬）　○ʔurudusi（うるふどし、潤年）　○cinuu（きのふ、昨日）　○cuu（けふ、今日）

○'juubi（ゆふべ、夕べ、昨夜）　○roo（らふ、蝋、蝋燭）

○huka（ほか、外）　○husi（ほし、星）　○tihuɴ（てほん、手本）；　○ʔuuhwira（おほひら、大平、大平椀）　○ʔuumizi（おほみづ、大水）　○kuuri（こほり、氷、氷砂糖）○tuuʔasa（とほあさ、遠浅）；　○hoocaa（ほうてう、庖刀）；　○maasju（ましほ、真塩、塩）；　○noosjuɴ（なほす、直す）；　○ʔuhusaɴ（おほし、多し）　○ʔuhubuni（おほぶ

ね、大船）　○ʔuhumuzi（おほむぎ、大麦）

｛現代語｝（1970年代）

/pi/と/pe/とは、ともに[çi]として実現し、（語中では）「ハ行転呼」を経た後、母音融合を起こしているが、そうはならない例もある。

*/pa/は[ha]となるが、語的に[ɸa]の場合もある。（語中では）「ハ行転呼」に留まっているものと更に変化して長音化したものとがある。但し、「kuɸasa（こはさ、硬さ）」のように「ハ行転呼」をしていないような様相を呈しているものがある。これについては、第Ⅶ章で詳しく論じる。

/pu/と/po/とは、ともに[ɸu]として実現し、（語中では）「ハ行転呼」を経た後、母音融合を起こしているが、そうはならない例もある。

＜用例＞

○çi:（ひ、火）　○çiʧaji（ひかり、光）　○çiʧe:（ひたひ、額）　○çiʤige:（ひぢ、肘）　○çiʧʤi（ひつじ、未）　○çima（ひま、暇）　○ʔaçira:（あひる、家鴨）　○ʔu:çira（おほひら、大平）　○ʧiʧiçi（つきひ、月日）；　○ʔugujiʃi（うぐひす、鶯）　○kajiku（かひこ、蚕）；　○ke:ʔuʧi（かひおき、匙置き、皿）　○ʔutuge:（おとがひ、頤）　○ɸe:（はひ、灰）　○kwe:muɴ（くひもの、食物）　○mi:kkwa（めひ、姪）　○wutti:（おととひ、一昨日）

○çi:ra（へら、篦）　○ke:di（かへで、楓）　○ɸē（はへ、蝿）　○me:（まへ、前）；　○ço:taɴ（へうたん、瓢箪）

○ha:（は、歯）　○haka（はか、墓）　○hakama（はかま、袴）　○hashi（はし、橋）　○ha:ʧi（はち、鉢）　○hana（はな、花）　○haru（はる、春）　○haʤi（はず、筈）；　○ɸa:（は、葉）

○ʔawa（あは、粟）　○niwa（には、庭）；

○ʔa:ʃimuɴ（あはせもの、袷物）　○ka:（かは、川、井戸）　○ka:ra（かはら、河原、河）　○ka:ra（かはら、瓦）　○sa:raɴ（さはらぬ、障らぬ）；

○ɸe:ʔiru（はひいろ、灰色）　○nihwee（みはい、御拝）　○hwee（はえ、南）；

○kwe:（くは、鍬）　○kwa:gi（くはぎ、桑木）；

○kuɸasa（こはさ、硬さ）；　○ɸe:sa（はやさ、早さ）；　○ho:ʧi（はうき、箒）

○ɸukugi（ふくぎ、福木）　○ɸudi（ふで、筆）　○ɸuju（ふゆ、冬）

○ʔuru:duʃi（うるふどし、潤年）　○ʧinu:（きのふ、昨日）　○ʧu:（けふ、今日）

○ju:bi（ゆふべ、夕べ、昨夜）　○ro:（らふ、蝋、蝋燭）

○ɸuka（ほか、外）　○ɸuʃi（ほし、星）　○ʔuɸusa（おほさ、多さ）　○ʔuɸubuni（おほぶね、大船）　○tiɸuɴ（てほん、手本）；　○ʔu:çira（おほひら、大平）　○ku:ri（こほり、氷、氷砂糖）　○tu:sa（とほさ、遠さ）；　○ho:ʧa:（ほうてう、庖刀）；　○ma:su（ましほ、真塩、塩）；　○no:ʧi（なほして、直して）

Ⅵ－３－(6) バ行の子音

（＊／ｂｉ，ｂｅ，ｂａ，ｂｕ，ｂｏ／の子音）

{沖辞}（1963）

特別に記すべき事柄は存在しない。

＜用例＞

○biwa（びは、枇杷）　○biNroo（びんろう、檳榔）　○ʔakubi（あくび、欠伸）　○ʔibi（えび、蝦）　○kubi（くび、頸）　○naaṣibi（なすび、茄）　○kusabi（くさび、楔）

○biNtoo（べんたう、弁当）　○kubi（かべ、壁）　○naabi（なべ、鍋）　○'juubi（ゆふべ、夕べ、昨夜）　○'warabi（わらべ、童、幼児）　○haberu（はべる、てふ、蝶）

○bagu（ばぐ、馬具）　○baNzoogani（ばんじやうがね、番匠金、曲尺）　○ciiba（きば、牙）　○kusabana（くさばな、草花）　○sabaci（さばき、裁き、櫛）　○suba（そば、蕎麥）

○burii（ぶれい、無礼）　○buNciN（ぶんちん、文鎮）　○ʔabui（あぶみ、鐙）　○kuubu（こぶ、昆布）

○tabakubuN（たばこぼん、煙草盆）　○çibu（つぼ、壺）　○kunibu（くねんぼ、九年母、香橘）　○nubujuN（のぼる、昇る）

{現代語}（1970年代）

特別に記すべき事柄は存在しない。

＜用例＞

○biwa（びは、琵琶）　○biwa（びは、枇杷）　○binro:（びんろう、檳榔）　○ʔakubi（あくび、欠伸）　○ʔibi（えび、蝦）　○kubi（くび、頸）　○na:ʃibi（なすび、茄）　○wasabi（わさび、山葵）

○binto:（べんたう、弁当）　○kubi（かべ、壁）　○na:bi（なべ、鍋）　○ju:bi（ゆふべ、夕べ、昨夜）　○warabi（わらべ、童、幼児）　○ha:be:ru:（はべる、てふ、蝶）

○bagu（ばぐ、馬具）　○banʤo:gani（ばんじやうがね、番匠金、曲尺）　○ʧi:ba（きば、牙）　○kusabana（くさばな、草花）　○sabaʧi（さばき、裁き、櫛）　○suba（そば、蕎麥）

○budo:（ぶだう、葡萄）　○bunʧiN（ぶんちん、文鎮）　○ʔabumi（あぶみ、鐙）　○ku:bu（こぶ、昆布）

○tabakubuN（たばこぼん、煙草盆）　○ʧibu（つぼ、壺）　○kunubu（くねんぼ、九年母、香橘）　○nubuto:jabi:N（のぼりてをりはべり、昇りてをり侍り、昇っております）

Ⅵ－３－(7) サ行の子音

（＊／ｓｉ，ｓｅ，ｓａ，ｓｕ，ｓｏ／の子音）

{沖辞}（1963）

/si/と/se/とは、同音となっており[ʃi]である。

*/su/の音価も[ʃi]である。但し、[su]の場合もある。これについては、第VII章で改めて考察する。

/sa/と/so/との子音の音価は[s]である。*/so/は普通[su]と実現するが、「ṣi」の例がある。[so]→[su]→[sɯ]→[sɨ]→[si]という経過を経たということか。

＜用例＞

○sika（しか、鹿）　○sihjaaku（しひやく、四百）　○sima（しま、島）　○simu（しも、霜）　○ʔusi（うし、牛）　○tusi（とし、年）　○tasi（たし、足し）　○hasiはし、橋）　○husi（ほし、星）

○siçi（せつ、節）　○sinẓu（せんぞ、先祖）　○sinbii（せんべい、煎餅）　○cisiri（きせる、煙管）　○sansin（さんせん、三線、三味線）　○husizi（ふせぎ、防ぎ）

○sakaẓici（さかづき、盃）　○sakana（さかな、肴）　○sakee（さかひ、境）　○saki（さけ、酒）　○saru（さる、申）　○saaru（さる、猿）　○ʔasa（あさ、朝）　○ʔasati（あさて、明後日）　○ʔusazi（うさぎ、兎）　○kusa（くさ、草）

○ṣii（す、酢）　○ṣiziri（すずり、硯）　○ṣidasan（すだし、涼し）　○ṣina（すな、砂）　○ṣini（すね、脛）　○ṣimi（すみ、墨）　○ʔuuṣi（うす、臼）　○guṣiku（ぐすく、城）　○tanṣi（たんす、箪笥）　○'jaṣiʔui（やすうり、安売り）；

○susu（すそ、裾）　○kusunuci（くすのき、樟）

○sudaci（そだち、育ち）　○sudi（そで、袖）　○suba（そば、蕎麥）　○suruban（そろばん、算盤）＜sunubanも＞　○ʔisuzi（いそぎ、急ぎ）　○'nsu（みそ、味噌）　○suku（そこ、底）；　○ʔuṣisan（おそし、遅し）

｛現代語｝（1970年代）

/si/と/se/とは、同音となっており[ʃi]である。

*/su/の音価も[ʃi]である。但し、[su]の場合もある。これについては、第VII章で改めて考察する。

/sa/と/so/との子音音価は[s]である。*/so/は普通[su]と実現するが、[ʃi]の例がある。[so]→[su]→[sɯ]→[sɨ]→[si]→[ʃi]という経過を経たということか。

＜用例＞

○ʃika（しか、鹿）　○ʃigunitʃi（しごにち、四・五日）　○ʃima（しま、島）　○ʃimu（しも、霜）　○ʔuʃi（うし、牛）　○tuʃi（とし、年）　○naʃi（なし、梨）　○haʃiはし、橋）　○ɸuʃi（ほし、星）

○ʃitʃi（せつ、節）　○ʃindʑu（せんぞ、先祖）　○ʃimbiː（せんべい、煎餅）　○tʃiʃiri（きせる、煙管）　○sanʃin（さんせん、三線、三味線）　○ɸuʃidʑi（ふせぎ、防ぎ）

○sakadʑitʃi（さかづき、盃）　○sakana（さかな、肴）　○sakeː（さかひ、境）　○saki（さけ、酒）　○saru（さる、申）　○saːruː（さる、猿）　○ʔasa（あさ、朝）　○ʔasati（あさて、明後日）　○ʔusaji（うさぎ、兎）　○kusa（くさ、草）

○ʃiː（す、酢）　○ʃidʑiri（すずり、硯）　○ʃi dasa（すださ、涼さ）　○ʃina（すな、砂）　○ʃini（すね、脛）　○ʃimi（すみ、墨）　○ʔuːʃi（うす、臼）　○guʃiku（ぐすく、城）　○tanʃi（たんす、箪笥）　○jaʃiku（やすく、易く）；

○susu（すそ、裾）；　○sumumu（すもも、李）　○surumi（するめ、鯣）　○kusunutʃi

（くすのき、樟）
○sudatiti（そだてて、育てて）　○sudi（そで、袖）　○suba（そば、蕎麥）　○surubaɴ（そろばん、算盤）　○ʔisuʥi（いそぎて、急ぎて、急いで）　○ɴ:su（みそ、味噌）
○jamasuku（やまそこ、山底、谷）；　○ʔuʃiku（おそく、遅く）

Ⅵ－３－(8) ザ行の子音
（＊／ｚｉ，ｚｅ，ｚａ，ｚｕ，ｚｏ／の子音）

{沖辞}（1963）

＊/zi/と＊/ze/とは、同音になっている。[ʥi]である。

＊/za/に対応する「z̦a」表記は[ʥa]ではなく、[dza]を表している。/＊-zai /の変化形「z̦ee」も[dze:]を表している。「z̦oo」も然りで、[dzo:]となる。

＊/zu/では、「z̦i」と「zi」との違い [dzi][ʥi]

＊/zo/に対応する「z̦u」は [dzu]を表示している。

「す」「si」、「つ」「tsi」、「ず」「zi」、「づ」「zi」などとの対照。

＜用例＞

○zibuɴ（じぶん、時分）　○ziihwici（じひき、字引）　○ṣizi（すじ、筋）　○hazimiti（はじめて、初めて）　○ziçi（じつ、実）　○zuuguja（じふごや、十五夜）　○kuzuu（くじふ、九十）　○kuzi（くじ、籤）　○nuuzi（にじ、虹）
○hwiçizi（ひつじ、未）
○ʔuziɴ（おぜん、御膳）　○kazi（かぜ、風）　○zihwi（ぜひ、是非）　○ziɴ（ぜに、銭）
○z̦aa（ざ、座、座敷）　○z̦akura（ざくろ、石榴）
○ʔisiz̦eeku（いしざいく、石細工、石工）　○z̦eemuku（ざいもく、材木）　○saz̦ee（さざえ、拳螺）　○miiz̦ookii（みざうき、箕）
○ṣiziri（すずり、硯）　○booz̦i（ばうず、坊主、僧）　○hazi（はず、筈）　○mimizi（みみず、蚯蚓）
○kuz̦u（こぞ、去年）　○sinz̦u（せんぞ、先祖）；
○husu（ほぞ、へそ、臍）；　○'ɴz̦u（みぞ、溝）

{現代語}（1970年代）

＊/zi/と＊/ze/とは、同音になっている。[ʥi]である。

＊/za/は、[ʥa]であるが、母音融合を起こす。

＊/zu/は、[ʥi]として実現する。

＊/zo/は、[ʥu]として実現する。[ɸusu]（臍）は、音韻的には「ほぞ」とは対応しない。

＜用例＞

○ʤibuɴ（じぶん、時分）　○kuːʤima（こじま、小島）　○ʧiːʤi（つじ、辻）　○haʤimiti（はじめて、初めて）　○ʤikkaɴ（じつかん、十干）　○ʤuːniʃi（じふにし、十二支）

○kuʤi（くじ、九時）　○nuːʤi（にじ、虹）　○çiʧiʤi（ひつじ、未）

○ʔuʤiɴ（おぜん、御膳）　○kaʤi（かぜ、風）

○ʤaː（ざ、座、座敷）　○ʤakuroː（ざくろ、石榴）

○ʔiʃiʤeːku（いしざいく、石細工、石工）　○saʤeː（さざえ、拳螺）　○miːʤoːkiː（みざうき、箕）；　○dzoː（ざう、象）

○ʤairjoː（ざいれう（材料）

○ʃiʤiri（すずり、硯）　○boːʤi（ばうず、坊主、僧）　○haʤi（はず、筈）　○mimiʤi（みみず、蚯蚓）

○kuʤu（こぞ、去年）　○ʃinʤu（せんぞ、先祖）；

○ɸusu（ほぞ、へそ、臍）；

○nʤu（みぞ、溝）

Ⅵ－３－(9)　マ行の子音
（＊／ｍｉ，ｍｅ，ｍａ，ｍｕ，ｍｏ／の子音）

｛沖辞｝（1963）

＊/m/と＊/b/とが交代した例がある。「かみ（紙）」と「むち（鞭）」とがそれである。

＜用例＞

○mii（み、己）　○mici（みち、道）　○mizi（みづ、水）　○ʔumibata（うみばた、海端、海岸）　○kaṣimi（かすみ、霞）　○ṣimi（すみ　、墨）　○çimi（つきみ、月見）　○nami（なみ、波）　○ʔɴmi（うめ、梅）；　○'ɴzo（みぞ、溝）

○'ɴsu（みそ、味噌）　○'ɴnatu（みなと、港）　○ʔizuɴ（いづみ、泉 ci）　○ʔaɴzasa（あみがさ、編み笠、笠）　○kaɴnai（かみなり、雷）　○siraɴ（しらみ、蝨）　○çiziɴ（つづみ、鼓）；　○kabi（かみ、紙）

○mii（め、目）　○miikagaɴ（めかがみ、めがね、眼鏡）　○ʔami（あめ、雨）　○kaamii（かめ、龜）　○soomiɴ（さうめん、素麺）　○tami（ため、為）　○çimi（つめ、爪）　○ʔimi（ゆめ、夢＜いめ＞）；　○miiQkwa（めひ、姪）

○maQkwa（まくら、枕）　○makutuni（まことに、誠に）　○maaçi（まつ、松）　○maju（まゆ、眉）　○ʔɴma（うま、馬）　○kuruma（くるま、車）　○hwima（ひま、暇）　○jama（やま、山）

○muzi（むぎ、麥）　○mura（むら、村）　○ʔoomu（あうむ、鸚鵡）　○kiimusi（けむし、毛蟲）；　○'ɴkasi（むかし、昔）　○'ɴkazi（むかで、蜈蚣）　○'ɴni（むね、胸）；　○buci（むち、鞭）

○muci（もち、餅）　○muci（もち、持ち）　○mumu（もも、股）　○mumu（もも、桃）　○mui（もり、森）　○ʔaasimuɴ（あはせもの、給物）　○ʔɴmu（うも、いも、芋、甘諸）　○kumu（くも、雲）　○simu（しも、霜）；　○kuubaa（くも、蜘蛛）

{現代語}（1970年代）

/m/と/b/とが交代した例がある。「かみ（紙）」と「むち（鞭）」とがそれである。

＜用例＞

○mi:（み、己）　○mitʃi（みち、道）　○midʒi（みづ、水）　○ʔumibata:（うみばた、海端、海岸）　○kaʃimi（かすみ、霞）　○ʃimi（すみ　、墨）　○tʃitʃimi（つきみ、月見）　○nami（なみ、波）　○ʔmmi（うめ、梅）；　○ndʒu（みぞ、溝）

○ɴ:su（みそ、味噌）　○nnatu（みなと、港）　○ʔidʒuɴ（いづみ、泉）　○ʔandʒasa（あみがさ、編み笠、笠）　○kannaji（かみなり、雷）　○ʃiraɴ（しらみ、蝨）　○tʃidʒiɴ（つづみ、鼓）；　○kabi（かみ、紙）

○mi:（め、目）　○mi:kagaɴ（めかがみ、めがね、眼鏡）　○ʔami（あめ、雨）　○ka:mi:（かめ、龜）　○so:miɴ（さうめん、素麺）　○tami（ため、為）　○tʃimi（つめ、爪）　○ʔimi（ゆめ、夢<いめ>）；　○mi:kkwa（めひ、姪）

○makkwa（まくら、枕）　○makutuni（まことに、誠に）　○ma:tʃi（まつ、松）　○maju（まゆ、眉）　○ʔmma（うま、馬）　○kuruma（くるま、車）　○çima（ひま、暇）　○jama（やま、山）

○mudʒi（むぎ、麥）　○mura（むら、村）　○ʔo:mu（あうむ、鸚䳇）　○ki:muʃi（けむし、毛蟲）；　○ŋkaʃi（むかし、昔）　○ŋkadʒi（むかで、蜈蚣）　○nni（むね、胸）；　○butʃi（むち、鞭）

○mutʃi（もち、餅）　○mutʃi（もち、持ち）　○mumu（もも、股）　○mumu（もも、桃）　○muji（もり、森）　○ʔa:ʃimuɴ（あはせもの、袷物）　○ʔmmu（うも、いも、芋、甘藷）　○kumu（くも、雲）　○ʃimu（しも、霜）；　○ku:ba:（くも、蜘蛛）

Ⅵ－３－(10)　ナ行の子音

（＊／ｎｉ，ｎｅ，ｎａ，ｎｕ，ｎｏ／の子音）

{沖辞}（1963）

撥音化したものがある。「いぬ（犬）、このつき（この月）、かけもの（掛け物）」等である。

＜用例＞

○niŋgwaçi（にぐわつ、二月）　○nisi（にし、きた、北）　○niwa（には、庭）　○ʔicinici（いちにち、一日）　○gani（かに、蟹）　○kuni（くに、國）　○makutu ni（まことに、誠に）

○nii（ね、子）　○ʔicininɴ（いちねん、一年）　○ʔɴni（いね、稻）　○ṣini（すね、脛）　○hani（はね、羽）　○'ɴni（むね、胸）

○naçi（なつ、夏）　○naabi（なべ、鍋）　○nami（なみ、波）　○naɴzi（なんじ、何時）　○ʔinaka（いなか、田舎）　○kaɴnai（かみなり、雷）　○sakana（さかな、肴）　○hana（はな、鼻）　○hana（はな、花）

○nukusa（ぬくさ、温さ）　○nusudu（ぬすびと、盜人）　○tanuki（たぬき、狸）；　○ʔiɴ（いぬ、狗）

○nukuziri（のこぎり、鋸）　○nuudii（のど、喉）　○numi（のみ、鑿）　○ʔɴmanujaa

（うまのや、馬の屋、厩）　○cinutu（きのと、乙）　○kusunuci（くすのき、樟）　○çinu（つの、角）；
○kuɴçici（このつき、此の月、今月）　○kakimuɴ（かけもの、掛物）　○sasimuɴzeeku（さしものざいく、指物細工、指物師）　○'uuɴ（をの、斧）；
○kanii（かのえ、庚）　○cinii（きのえ、甲）；　○cinu:（きのふ、昨日）

{現代語}（1970年代）

撥音化したものがある。「いぬ（犬）、このつき（この月）、かけもの（掛け物）」等である。

<用例>

○niŋgwaʧi（にぐわつ、二月）　○niʃi（にし、きた、北）　○niwa（には、庭）
○ʔiʧiniʧi（いちにち、一日）　○gani（かに、蟹）　○kuni（くに、國）　○makutu ni（まことに、誠に）
○ni:（ね、子）　○ʔiʧiniɴ（いちねん、一年）　○ʔnni（いね、稲）　○ʃini（すね、脛）　○hani（はね、羽）　○nni（むね、胸）
○naʧi（なつ、夏）　○na:bi（なべ、鍋）　○nami（なみ、波）　○nanʤi（なんじ、何時）　○ʔinaka（いなか、田舎）　○kannaji（かみなり、雷）　○sakana（さかな、肴）　○hana（はな、鼻）　○hana（はな、花）
○nukusa（ぬくさ、温さ）　○nusudu（ぬすびと、盗人）　○tanuki（たぬき、狸）；　○ʔiɴ（いぬ、狗）
○nukuʤiri（のこぎり、鋸）　○nu:di:（のど、喉）　○numi（のみ、鑿）　○ʔmmanuja:（うまのや、馬の屋、厩）　○ʧinutu（きのと、乙）　○kusunuʧi（くすのき、樟）　○ʧinu（つの、角）；
○kunʧiʧi（このつき、此の月、今月）　○kakimuɴ（かけもの、掛物）　○saʃimunʤe:ku（さしものざいく、指物細工、指物師）　○wu:ɴ（をの、斧）；　○kani:（かのえ、庚）　○ʧini:（きのえ、甲）；　○ʧinu:（きのふ、昨日）

Ⅵ－3－(11)　ラ行の子音
（＊／ｒｉ，ｒｅ，ｒａ，ｒｕ，ｒｏ／の子音）

{沖辞}（1963）

/ri/が/'i/に変化した例がある。「ゆり（百合）、かみなり（雷）、こもり（池）」等である。

<用例>

○riQsjuu（りつしう、立秋）　○riQtoo（りつとう、立冬）　○riQpa（りつぱ、立派）　○ʔiri（いり、にし、西）　○ʔirijuu（いりよう、入用）　○ʔiri（えり、襟）　○ciri（きり、霧）　○kuri（くり、栗）　○kuuri（こほり、氷、氷砂糖）　○ṣiziri（すずり、硯）；　○ʔaɴmari（あまり、余り）；　○ʔaikoo（あり、蟻）　○kaɴnai（かみなり、雷）　○kumui（こもり、池）　○'jui（ゆり、百合）　○riɴkuɴ（れんこん、蓮根）　○ʔarari（あられ、霰）　○kuri（これ、此れ）　○ʔuri（それ、其れ）　○nagarimizi（ながれ

みづ、流水）　○hwiri（ひれ、鰭）；　○riici（れいし、茘支）　○guburii（ごぶれい、御無礼）

○rakuda（らくだ、駱駝）　○raQcoo（らつきよう、薤）　○raɴ（らん、蘭）　○ʔarari（あられ、霰）　○ʔuzira（うづら、鶉）　○kaara（かはら、河原、河）　○kaara（かはら、瓦）　○kura（くら、鞍）　○siraɴ（しらみ、蝨）　○tira（てら、寺）　○tura（とら、寅）

○rui（るい、類）　○ʔahwiru（あひる、家鳧）　○kuruma（くるま、車）　○saru（さる、申）　○taru（たる、樽）　○haru（はる、春）　○' juru（よる、夜）

○rukugwaçi（ろくぐわつ、六月）　○ʔiru（いろ、色）　○ʔukooru（おかうろ、御香爐）　○kuruci（くろき、黑木）　○tukuru（ところ、所）　○duru（どろ、泥）

｛現代語｝（1970年代）

/ri/が/' i/に変化した例がある。「ゆり（百合）、かみなり（雷）、こもり（池）」等である。

＜用例＞

○riʃʃu:（りつしう、立秋）　○ritto:（りつとう、立冬）　○rippa（りつぱ、立派）　○ʔiri（いり、にし、西）　○ʔi riju:（いりよう、入用）　○jiri（えり、襟）　○ʧiri（きり、霧）　○kuri（くり、栗）　○ku:ri（こほり、氷、氷砂糖）　○ʃiʤiri（すずり、硯）；　○ʔanmari（あまり、余り）；　○ʔajiko:（あり、蟻）　○kannaji（かみなり、雷）　○kumuji（こもり、池）　○juji（ゆり、百合）

○riŋkuɴ（れんこん、蓮根）　○ʔarari（あられ、霰）　○kuri（これ、此れ）　○ʔuri（それ、其れ）　○nagarimiʤi（ながれみづ、流水）　○çiri（ひれ、鰭）；　○ri:ʧi（れいし、茘支）　○guburi:（ごぶれい、御無礼）

○rakuda（らくだ、駱駝）　○ratʧo:（らつきよう、薤）　○raɴ（らん、蘭）　○ʔarari（あられ、霰）　○ʔuʤira（うづら、鶉）　○ka:ra（かはら、河原、河）　○ka:ra（かはら、瓦）　○kura（くら、鞍）　○ʃiraɴ（しらみ、蝨）　○tira（てら、寺）　○tura（とら、寅）

○ruji（るい、類）　○ʔaçiru（あひる、家鳧）　○kuruma（くるま、車）　○saru（さる、申）　○taru（たる、樽）　○haru（はる、春）　○juru（よる、夜）

○rukugwaʧi（ろくぐわつ、六月）　○ʔiru（いろ、色）　○ʔuko:ru（おかうろ、御香爐）　○kuruʧi（くろき、黑木）　○tukuru（ところ、所）　○duru（どろ、泥）

Ⅵ－４　その他

Ⅵ－４－(1) 撥音

{沖辞}（1963）

「ん」「み」「む」「ぬ」「の」に対応する用例、母音脱落によって生じたと考えられる用例が存在する。

＜用例＞

（ん）

○ʔasabaɴ（あさばん、朝飯）　○ʔadaɴ（あだん、阿且）　○ʔicidaɴ（いちだん、一段）　○ʔiciniɴ（いちねん、一年）　○ʔindoomaami（ゑんどうまめ、豌豆）　○gaɴ（がん、雁）　○kaɴgee（かんがへ、考へ）　○kaɴdankii（かんだんけい、寒暖計）　○kumuidiɴci（くもりてんき、曇空）　○guɴ（ぐん、郡）　○kuɴjaku（こんにやく、蒟蒻）　○sjuɴciku（しゆんきく、春菊、同蒿）　○siɴbii（せんべい、煎餅）　○siɴzu（せんぞ、先祖）　○naɴzi（なんじ、何時）　○biɴroo（びんろう、檳榔）　○maɴzuu（まんぢゆう、饅頭）　○’jaQkwaɴ（やくわん、薬缶、銅鑵）　○riɴgaɴ（りうがん、龍眼肉）

（ん：零）

○kana（かんな、鉋）　○kunibu（くねんぼ、九年母、香橘）　○daagu（だんご、團子

（み）

○kagaɴtati（かがみたて、鏡立て、鏡臺）　○ɴzu（みぞ、溝）　○’ɴsu（みそ、味噌）　○’ɴna（みな、皆）

（む）

○’ɴni（むね、胸）

（ぬ）

○ʔiɴ（いぬ、戌）

（の）

○kakimuɴ（かけもの、掛物）　○’uuɴ（をの、斧）

（母音脱落？）

○ʔɴni（いね、稲）　○ʔɴma（うま、馬）

{現代語}（1970年代）

「ん」「み」「む」「ぬ」「の」に対応する用例、母音脱落によって生じたと考えられる用例が存在する。

＜用例＞

（ん）

○ʔasabaɴ（あさばん、朝飯）　○ʔadaɴ（あだん、阿且）　○ʔiʧidaɴ（いちだん、一段）　○ʔiʧiniɴ（いちねん、一年）　○ʔindo:ma:mi（ゑんどうまめ、豌豆）　○gaɴ（がん、雁）　○kaŋge:（かんがへ、考へ）　○kandanki:（かんだんけい、寒暖計）

○kumujidinʧi（くもりてんき、曇空）　○guɴ（ぐん、郡）　○kuɴjaku（こんにやく、蒟蒻）　○ʃunʧiku（しゆんきく、春菊、同蒿）　○ʃimbi:（せんべい、煎餅）　○ʃinʤu（せんぞ、先祖）　○nanʤi（なんじ、何時）　○binro:（びんろう、檳榔）　○manʤu:（まんぢゆう、饅頭）　○jakkwaɴ（やくわん、薬缶、銅鑵）

○ringaɴ（りうがん、龍眼肉）

（ん：零）

○kana（かんな、鉋）　○kunubu（くねんぼ、九年母、香橘）　○da:gu（だんご、團子

（み）

○kagantati（かがみたて、鏡立て、鏡臺）　○nʤu（みぞ、溝）　○ɴ:su（みそ、味噌）　○nna（みな、皆）

（む）

○nni（むね、胸）

（ぬ）

○ʔiɴ（いぬ、戌）

（の）

○kakimuɴ（かけもの、掛物）　○wu:ɴ（をの、斧）

（母音脱落？）

○ʔnni（いね、稲）　○ʔmma（うま、馬）

Ⅵ－４－(2) 促音

{沖辞}（1963）

項目別に整理すると以下のようになる。

<用例>

/Qk/

○gaQkoo（がつかう、学校）　○ziQkaɴ（じつかん、十干）　○tuQkui（とくり、徳利）　○haQkucoo（はつくちやう、八九丁）　○maQkwa（まくら、枕）　○mamaQkwa（ままこ、繼子）　○'jaQkwaɴ（やくわん、薬缶、銅鑵）

/Qt/

○ʔuQtu'unai（おとをなり、妹）　○ʔuQtuɴgwa（おとご、乙子）　○'uQtii（おととひ、一昨日）　○duQtu（どつと、ドット）　○maQtaki（まつたけ）

○maQtaraa（まつたらあ、燕）　○riQtoo（りつとう、立冬）　○waQtaa（われわれ、我々）

/Qc/

○raQcoo（らつきよう、薤）　○maQçizi（まつつぢ？、絶頂（ゼツチヤウ）

/Qp/

○naɴziQpuɴ（なんじつぷん、何十分）　○riQpa（りつぱ、立派）

/Qs/

○kuwaQsa（くわしさ、委しさ）　○gwaQsjuku（ぐわつしよく、月蝕）　○Qsi（して、為て）　○niQsjuku（につしよく、日蝕）　○riQsjuu（りつしう、立秋）

{現代語}（1970年代）

項目別に整理すると以下のようになる。

＜用例＞

/Qk/

○gakko:（がつかう、学校）　○ʤikkaɴ（じつかん、十干）　○tukkuji（とくり、徳利）　○hakkuʧo:（はつくちやう、八九丁）　○makkwa（まくら、枕）　○mamakkwa（ままこ、繼子）　○jakkwaɴ（やくわん、薬缶、銅鑵）

/Qt/

○ʔuttuwunaji（おとをなり、妹）　○ʔuttuŋgwa（おとご、乙子）　○wutti:（おととひ、一昨日）　○duttu（どつと、ドット）　○mattaki（まつたけ）

○mattara:（まつたらあ、燕）　○rittō（りつとう、立冬）　○watta:（われわれ、我々）

/Qc/

○çitʧo:ʃiga（ひりてをりしが、乾りてをりしが、乾いているが）　○mutʧo:jabi:ɴ（もちてをりてはべり、持ちてをりて侍り、持っております）　○ratʧo:（らつきよう、薤）　○matʧiʤi（まつつぢ？、絶頂（ゼツチヤウ）

/Qp/

○nanʤippuɴ（なんじつぷん、何十分）　○rippa（りつぱ、立派）

/Qs/

○kuwassajabi:ʃiga（くわしさありはべりしが、委しさあり侍りしが、詳しいですが）

○gwaʃʃuku（ぐわつしよく、月蝕）　○ʃʃi（して、為て）　○niʃʃuku（につしよく、日蝕）　○riʃʃu:（りつしう、立秋）

Ⅵ－４－(3) 口蓋化と破擦音化

{沖辞}（1963）

対象となる項目すべてにおいて、破擦音化している。

＜用例＞

◇/ki/

○ciɴ（きぬ、衣、着物）　○hooci（はうき、箒）　○'juuci（よき、斧）　○cisiri（きせる、煙管）　○cinuu（きのふ、昨日）　○ciiba（きば、牙）　○ciri（きり、霧）　○ʔaci（あき、秋）　○sabaci（さばき、裁き、櫛）　○çi ci（つき、月）　○waci（わき、脇）

＜口蓋化・破擦音化ナシ＞　○kii（き、木）

◇/-ika/

○ʔica（いか、烏賊）　○caa（いか、如何）　○miQca（みっか、三日）

＜口蓋化・破擦音化ナシ＞　○mikazici（みかづき、三日月、新月）

◇/gi/

○ʔusazi（うさぎ、兎）　○ʔɴnazi（うなぎ、鰻）　○kuzi（くぎ、釘）　○muzi（むぎ、麦）

＜口蓋化・破擦音化ナシ＞　○kwaagi（くわぎ、桑木）

◇/-iga/

○'ɴzasa（にがさ、苦さ）

＜口蓋化・破擦音化ナシ＞　○migaci（みがきて、磨きて、磨いて）

◇/ti/

○cii（ち、乳）　○ciri（ちり、塵）　○ʔuci（うち、内）　○kuci（くち、口）
○haaci（はち、鉢）　○mici（みち、道）　○muci（もち、餅）

◇/-ita/

○ʔaca（あした、明日）　○maruca（まるいた、丸板、俎板）　○hwicee（ひたひ、額）
○sica（した、下）

＜口蓋化・破擦音化ナシ＞　○ʔita（いた、板）

◇/-ito/

○ʔicuku（いとこ、従兄弟）　○Qcu（ひと、人）　○ʔiicuu（いと、糸）

◇/di/

○zii（ぢ、地）　○hanazi（はなぢ、鼻血）　○kuɴzi（こんぢ、紺地）　○hwizigee（ひぢ、臂）

◇/-ida/

○ʔasiza（あしだ、足駄）　○ʔeeza（あひだ、間）　○ʔɴzasi（いだせ、出せ）

◇/-ido/

○cizui（ちどり、千鳥）

◇/-ina/

○'ɴnatu（みなと、港）〈minato→minjato→mnjatu→mmjatu→nnjatu→nnatu〉

◇/-izo/

○'ɴzu（みぞ、溝）

｛現代語｝（1970年代）

対象となる項目すべてにおいて、破擦音化している。

＜用例＞

◇/ki/

○ʧiɴ（きぬ、衣、着物）　○ho：ʧi（はうき、箒）　○ju：ʧi（よき、斧）　○ʧiʃiri（きせる、煙管）　○ʧinu：（きのふ、昨日）　○ʧi：ba（きば、牙）　○ʧiri（きり、霧）　○ʔaʧi（あき、秋）　○sabaʧi（さばき、裁き、櫛）　○ʦi ʧi（つき、月）　○waʧi ワチ。　wach（わき、脇）

＜口蓋化・破擦音化ナシ＞　○ki：（き、木）

◇/-ika/

○ʔiʧa（いか、烏賊）　○ʧa：（いか、如何）　○mitʧa（みっか、三日）

＜口蓋化・破擦音化ナシ＞　○mikaʤiʦi（みかづき、三日月、新月）

◇/gi/

○ʔusaʤi（うさぎ、兎）　○ʔnnaʤi（うなぎ、鰻）　○kuʤi（くぎ、釘）　○muʤi（むぎ、麦）

＜口蓋化・破擦音化ナシ＞　○kwa：gi（くわぎ、桑木）

◇/-iga/

○nʤasa（にがさ、苦さ）

＜口蓋化・破擦音化ナシ＞　○migaʦi（みがきて、磨きて、磨いて）

◇/ti/

○ʧi：（ち、乳）　○ʧiri（ちり、塵）　○ʔuʧi（うち、内）　○kuʧi（くち、口）　○ha：ʧi（はち、鉢）　○miʧi（みち、道）　○mu：ʧi：（もち、餅）

◇/-ita/

○ʔaʧa（あした、明日）　○maruʧa（まるいた、丸板、俎板）　○çiʧe：（ひたひ、額）　○ʃiʧa（した、下）

＜口蓋化・破擦音化ナシ＞　○ʔita（いた、板）

◇/-ito/

○ʔiʧiku<ʔiʧuku>（いとこ、従兄弟）　○tʧu（ひと、人）　○ʔi：ʧu：（いと、糸）

◇/di/

○ʤi：（ぢ、地）　○hanaʤi：（はなぢ、鼻血）　○kunʤi（こんぢ、紺地）　○çiʤige：

（ひち、臂）

◇/-ida/

○ʔaʃiʤa（あしだ、足駄）　○ʔeːʤa（あひだ、間）　○ʔnʤaʃi（いだせ、出せ）

◇/-ido/

○ʧiʤuja:（ちどり、千鳥）

◇/-ina/

○nnatu（みなと、港）〈minato→minjato→mnjatu→mmjatu→nnjatu→nnatu〉

◇/-izo/

○nʤu（みぞ、溝）

第Ⅶ章　分析の纏めと更なる考究

今までの分析の纏めを行い、全体的な考察・考究を行う。

基本的には、（沖縄語音韻の歴史的変化について）時系列に沿った表で示すこととする。

Ⅶ－１　母音

Ⅶ－１－(1)　短母音

（理解しやすいように、子音とともに示す。）

Ⅶ－１－(1)－①　＊／ｉ／

*/i/に関しては、変化ナシということになる。

	ki	gi	ti	di	pi	bi	si	zi	mi	ni	ri
15世紀以前	ki	gi	ti	di	pi	bi	sji	zji	mi	ni	ri
16世紀											
翻（1501）	ki	gi	cji	zji	pi	bi	sji	zji	mi	ni	ri
玉（1501）	ki	gi	cji	zji	pi	bi	sji	zji	mi	ni	ri
館（16c 前半）	ki	gi	cji	zji	hwi	bi	sji	zji	mi	ni	ri
石東（1522）	ki	gi	cji	zji	hwi	bi	sji	zji	mi	ni	ri
石西（1522）	ki	gi	cji	zji	hwi	bi	sji	zji	mi	ni	ri
田１（1523）	ki	gi	cji	zji	hwi	bi	sji	zji	mi	ni	ri
崇（1527）	ki	gi	cji	zji	hwi	bi	sji	zji	mi	ni	ri
おも1（1531）	ki	gi	cji	zji	hwi	bi	sji	zji	mi	ni	ri
使１（1534）	ki	gi	cji	zji	hwi	bi	sji	zji	mi	ni	ri
田２（1536）	ki	gi	cji	zji	hwi	bi	sji	zji	mi	ni	ri
田３（1537）	ki	gi	cji	zji	hwi	bi	sji	zji	mi	ni	ri
田４（1541）	ki	gi	cji	zji	hwi	bi	sji	zji	mi	ni	ri
かた（1543）	ki	gi	cji	zji	hwi	bi	sji	zji	mi	ni	ri
田５（1545）	ki	gi	cji	zji	hwi	bi	sji	zji	mi	ni	ri
添（1546）	ki	gi	cji	zji	hwi	bi	sji	zji	mi	ni	ri
田６（1551）	ki	gi	cji	zji	hwi	bi	sji	zji	mi	ni	ri
やら（1554）	ki	gi	cji	zji	hwi	bi	sji	zji	mi	ni	ri

田7（1560）	ki	gi	cji	zji	hwi	bi	sji	zji	mi	ni	ri
使2（1561）	ki	gi	cji	zji	hwi	bi	sji	zji	mi	ni	ri
田8（1562）	ki	gi	cji	zji	hwi	bi	sji	zji	mi	ni	ri
田9（1563）	ki	gi	cji	zji	hwi	bi	sji	zji	mi	ni	ri
字（1572頃）	ki	gi	cji	zji	hwi	bi	sji	zji	mi	ni	ri
使3（1579）	ki	gi	cji	zji	hwi	bi	sji	zji	mi	ni	ri
田10（1593）	ki	gi	cji	zji	hwi	bi	sji	zji	mi	ni	ri
浦（1597）	ki	gi	cji	zji	hwi	bi	sji	zji	mi	ni	ri
17世紀											
田11（1606）	ki	gi	cji	zji	hwi	bi	sji	zji	mi	ni	ri
使4（1606）	ki	gi	cji	zji	hwi	bi	sji	zji	mi	ni	ri
おも2（1613）	cji	zji	cji	zji	hwi	bi	sji	zji	mi	ni	ri
よう（1620）	cji	zji	cji	zji	hwi	bi	sji	zji	mi	ni	ri
おも3（1623）	cji	zji	cji	zji	hwi	bi	sji	zji	mi	ni	ri
本（1624）	cji	zji	cji	zji	hwi	bi	sji	zji	mi	ni	ri
田12（1627）	cji	zji	cji	zji	hwi	bi	sji	zji	mi	ni	ri
田13（1628）	cji	zji	cji	zji	hwi	bi	sji	zji	mi	ni	ri
田14（1631）	cji	zji	cji	zji	hwi	bi	sji	zji	mi	ni	ri
田15（1634）	cji	zji	cji	zji	hwi	bi	sji	zji	mi	ni	ri
田16（1660）	cji	zji	cji	zji	hwi	bi	sji	zji	mi	ni	ri
18世紀											
仲里（1703頃）	cji	zji	cji	zji	hwi	bi	sji	zji	mi	ni	(r)i
混（1711）	cji	zji	cji	zji	hwi	bi	sji	zji	mi	ni	(r)i
琉由（1713）	cji	zji	cji	zji	hwi	bi	sji	zji	mi	ni	(r)i
信（1721）	cji	zji	cji	zji	hwi	bi	sji	zji	mi	ni	(r)i
見（1764）	cji	zji	cji	zji	hwi	bi	sji	zji	mi	ni	(r)i
琉訳（1800頃）	cji	zji	cji	zji	hwi	bi	sji	zji	mi	ni	(r)i
19世紀											
漂（1818）	cji	zji	cji	zji	hwi	bi	sji	zji	mi	ni	(r)i
クリ（1818）	cji	zji	cji	zji	hwi	bi	sji	zji	mi	ni	(r)i
官（19c?）	cji	zji	cji	zji	hwi	bi	sji	zji	mi	ni	(r)i
沖話（1880）	cji	zji	cji	zji	hwi	bi	sji	zji	mi	ni	(r)i
チェン（1895）	cji	zji	cji	zji	hwi	bi	sji	zji	mi	ni	(r)i
20世紀											
沖辞（1963）	cji	zji	cji	zji	hwi	bi	sji	zji	mi	ni	(r)i
現代語（1970代）	cji	zji	cji	zji	hi	bi	sji	zji	mi	ni	(r)i

(注)

[ʧi]：/cji/ ,[tsi]：/ci/。 [ʤi]：/zji/, [dzi]：/zi/。

[ɸi]：/hwi/, [çi]：/hi/。[si]：/si/, [ʃi]：/sji/。

Ⅶ－１－⑴－②　＊／e／

沖縄語の「短母音」の「三母音化」、取分け、*/e/から/i/への変化に関して、その時期を巡って、伊波普猷・外間守善・中本正智・高橋俊三等からいくつかの説が出されてきたが、それは、早期（1500年以前）に「三母音化」現象が起こっていたと考えるか、そうでないと考えるかの違いによる。それらの要点は、以下のようである。

伊波普猷（1930）
「eoがそれぞれiuに変わつたのは、一足飛では無く、漸次的であつた筈だから、いつ頃から変り始めたかは知る術も無く、オモロ及び金石文の仮名遣を調べて見ても、エ列とイ列との、又オ列とウ列との区別が判然してゐる」（P. 22）
伊波普猷（1933）
「現に沖縄島の北部の老人達の語音には、国語のエに當る［i］と在来の［i］との間に、いくらかの開きがあるといひ、首里方言でも、一世紀前までは、同様な現象があつたといひ、田島先生も、三十年前に、首里那覇の老人達の語音には国語のオに當る［u］と在来の［u］との間には幾分の開きがあるといつて居られたから、平仮名を借用して、オモロを表記した当初（鎌倉期以前）には、その間にかなりはつきりした区別があつたに違ひない」（P. 20）
高橋俊三（1991）
「『おもろさうし』のエ段の仮名とイ段の仮名は「へ」「ゑ」「い」を除いて、ほぼ規則的に使われていて、発音を忠実に写しているといえる。また、そのことから、『おもろさうし』時代は、ア行、ハ行（特に語中）、ワ行を除いては、エ段の母音とイ段の母音との間にほぼ区別があったといえる（区別を失いかけていたとしても、最も初期の段階である）」（P. 98）
外間守善（1971）
「方言化への傾斜を始めた一二世紀頃から母音変化の様相を胚胎していたかどうか、あかしの立てようがないが、私は、文献時代（一五世紀末以降）に入る直前頃にはかなりの程度まで三母音化現象が進んでいたに違いないと考えている」（P. 34）
中本正智（1990）
（『おもろさうし』の仮名遣いを検討した結果）「母音変化として、高母音化現象のo→u、e→iが、すでに起こっている。本来のoとu、eとiがそれぞれ統合したとみてよい」（P. 871）

問題の所在は、「おもろさうし」とその周辺の仮名資料の表記をどのように解釈するかに集約されるように見える（自らを仮名の呪縛から逃れられなくしていることにも繋がっているように見える）が、それほど単純ではない。「表記」をどのように捉えるかということもさることながら、「音声」を問題にしているのか、「音韻」を問題にしているのか、判然としないままに論じられているきらいがある。

多和田（1997）では、（ハングル資料「語音翻訳」（1501）をもとに）「ハングルの「i」「jɔi」「jɔ」「ɯi」は*/エ/の異音を表記したと考えられ、［e］が［i］へと変化していく過程における中間的な母音の姿を写し取っていると見ることができる」（P. 30）と述べた。（「[e]が［i]へと変化していく」は、「/e/が/i/へと変化していく」に改められるべきである。）（この時は明示しなかったが、「過渡的」ではあれ、/e/でも/i/でもないので、音韻的に/ï/を設定することとする。）

「異音」がどのように具現化しているかを探るのは、当然必要であるが、「示唆的特徴」でない事柄を細かく追究してもさほど得るところはないように思われる。「形」の違いを問題にしているのに「色」の違いにも目を奪われてしまうようなもので、当初の目的を見失ってしまう恐れがある。

既に見てきたように、{館} 以下の漢字資料において*/e/相当部分と*/i/相当部分とに同じ音訳字が現れることが多いが、それは音韻的には「同じ」であることを示していることに他ならない。これは仮名資料において「エ段の仮名」と「イ段の仮名」とが区別なく現れ出てくることと同じ現象であると見ることができる。そう考えることは、仮名の呪縛から自由になることでもある。ハングル資料や漢字資料等の支援を得なければならないのである。

そのような視点で分析した結果を上に示してきた。それを纏めると以下のようになる。

	ke	ge	te	de	pe	be	se	ze	me	ne	re
15世紀以前	ke	ge	te	de	pe	be	se	ze	me	ne	re
16世紀											
翻（1501）	kï	gï	tï	dï	pï	bï	sï	zï	mï	nï	rï
玉（1501）	kï	gï	tï	dï	pï	bï	sï	zï	mï	nï	rï
館（16c 前半）	ki	gi	ti	di	hwi	bi	si	zi	mi	ni	ri
石東（1522）	ki	gi	ti	di	hwi	bi	si	zi	mi	ni	ri
石西（1522）	ki	gi	ti	di	hwi	bi	si	zi	mi	ni	ri
田1（1523）	ki	gi	ti	di	hwi	bi	si	zi	mi	ni	ri
崇（1527）	ki	gi	ti	di	hwi	bi	si	zi	mi	ni	ri
おも1（1531）	ki	gi	ti	di	hwi	bi	si	zi	mi	ni	ri
使1（1534）	ki	gi	ti	di	hwi	bi	si	zi	mi	ni	ri
田2（1536）	ki	gi	ti	di	hwi	bi	si	zi	mi	ni	ri
田3（1537）	ki	gi	ti	di	hwi	bi	si	zi	mi	ni	ri
田4（1541）	ki	gi	ti	di	hwi	bi	si	zi	mi	ni	ri
かた（1543）	ki	gi	ti	di	hwi	bi	si	zi	mi	ni	ri
田5（1545）	ki	gi	ti	di	hwi	bi	si	zi	mi	ni	ri
添（1546）	ki	gi	ti	di	hwi	bi	si	zi	mi	ni	ri
田6（1551）	ki	gi	ti	di	hwi	bi	si	zi	mi	ni	ri
やら（1554）	ki	gi	ti	di	hwi	bi	si	zi	mi	ni	ri
田7（1560）	ki	gi	ti	di	hwi	bi	si	zi	mi	ni	ri

使2（1561）	ki	gi	ti	di	hwi	bi	si	zi	mi	ni	ri
田8（1562）	ki	gi	ti	di	hwi	bi	si	zi	mi	ni	ri
田9（1563）	ki	gi	ti	di	hwi	bi	si	zi	mi	ni	ri
字（1572頃）	ki	gi	ti	di	hwi	bi	si	zi	mi	ni	ri
使3（1579）	ki	gi	ti	di	hwi	bi	si	zi	mi	ni	ri
田10（1593）	ki	gi	ti	di	hwi	bi	si	zi	mi	ni	ri
浦（1597）	ki	gi	ti	di	hwi	bi	si	zi	mi	ni	ri
17世紀											
田11（1606）	ki	gi	ti	di	hwi	bi	si	zi	mi	ni	ri
使4（1606）	ki	gi	ti	di	hwi	bi	si	zi	mi	ni	ri
おも2（1613）	ki	gi	ti	di	hwi	bi	si	zi	mi	ni	ri
よう（1620）	ki	gi	ti	di	hwi	bi	si	zi	mi	ni	ri
おも3（1623）	ki	gi	ti	di	hwi	bi	si	zi	mi	ni	ri
本（1624）	ki	gi	ti	di	hwi	bi	si	zi	mi	ni	ri
田12（1627）	ki	gi	ti	di	hwi	bi	si	zi	mi	ni	ri
田13（1628）	ki	gi	ti	di	hwi	bi	si	zi	mi	ni	ri
田14（1631）	ki	gi	ti	di	hwi	bi	si	zi	mi	ni	ri
田15（1634）	ki	gi	ti	di	hwi	bi	si	zi	mi	ni	ri
田16（1660）	ki	gi	ti	di	hwi	bi	si	zi	mi	ni	ri
18世紀											
仲里（1703頃）	ki	gi	ti	di	hwi	bi	si	zi	mi	ni	ri
混（1711）	ki	gi	ti	di	hwi	bi	si	zi	mi	ni	ri
琉由（1713）	ki	gi	ti	di	hwi	bi	si	zi	mi	ni	ri
信（1721）	ki	gi	ti	di	hwi	bi	si	zi	mi	ni	ri
見（1764）	ki	gi	ti	di	hwi	bi	si	zi	mi	ni	ri
琉訳（1800頃）	ki	gi	ti	di	hwi	bi	si	zi	mi	ni	ri
19世紀											
漂（1818）	ki	gi	ti	di	hwi	bi	sji	zji	mi	ni	ri
クリ（1818）	ki	gi	ti	di	hwi	bi	sji	zji	mi	ni	ri
官（19c?）	ki	gi	ti	di	hwi	bi	sji	zji	mi	ni	ri
沖話（1880）	ki	gi	ti	di	hwi	bi	sji	zji	mi	ni	ri
チェン（1895）	ki	gi	ti	di	hwi	bi	sji	zji	mi	ni	ri
20世紀											
沖辞（1963）	ki	gi	ti	di	hwi	bi	sji	zji	mi	ni	ri
現代語（1970代）	ki	gi	ti	di	hi	bi	sji	zji	mi	ni	ri

［si］：/si/，［ʃi］：/sji/。［dzi］：/zi/，［ʤi］：/zji/。

Ⅶ－１－(1)－③　＊／a／

	ka	ga	ta	da	pa	ba	sa	za	ma	na	ra
15世紀以前	ka	ga	ta	da	pa	ba	sa	za	ma	na	ra
16世紀											
翻（1501）	ka	ga	ta	da	pa	ba	sa	za	ma	na	ra
玉（1501）	ka	ga	ta	da	pa	ba	sa	za	ma	na	ra
館（16c 前半）	ka	ga	ta	da	hwa	ba	sa	za	ma	na	ra
石東（1522）	ka	ga	ta	da	hwa	ba	sa	za	ma	na	ra
石西（1522）	ka	ga	ta	da	hwa	ba	sa	za	ma	na	ra
田１（1523）	ka	ga	ta	da	hwa	ba	sa	za	ma	na	ra
崇（1527）	ka	ga	ta	da	hwa	ba	sa	za	ma	na	ra
おも1（1531）	ka	ga	ta	da	hwa	ba	sa	za	ma	na	ra
使１（1534）	ka	ga	ta	da	hwa	ba	sa	za	ma	na	ra
田２（1536）	ka	ga	ta	da	hwa	ba	sa	za	ma	na	ra
田３（1537）	ka	ga	ta	da	hwa	ba	sa	za	ma	na	ra
田４（1541）	ka	ga	ta	da	hwa	ba	sa	za	ma	na	ra
かた（1543）	ka	ga	ta	da	hwa	ba	sa	za	ma	na	ra
田５（1545）	ka	ga	ta	da	hwa	ba	sa	za	ma	na	ra
添（1546）	ka	ga	ta	da	hwa	ba	sa	za	ma	na	ra
田６（1551）	ka	ga	ta	da	hwa	ba	sa	za	ma	na	ra
やら（1554）	ka	ga	ta	da	hwa	ba	sa	za	ma	na	ra
田７（1560）	ka	ga	ta	da	hwa	ba	sa	za	ma	na	ra
使２（1561）	ka	ga	ta	da	hwa	ba	sa	za	ma	na	ra
田８（1562）	ka	ga	ta	da	hwa	ba	sa	za	ma	na	ra
田９（1563）	ka	ga	ta	da	hwa	ba	sa	za	ma	na	ra
字（1572頃）	ka	ga	ta	da	hwa	ba	sa	za	ma	na	ra
使３（1579）	ka	ga	ta	da	hwa	ba	sa	za	ma	na	ra
田10（1593）	ka	ga	ta	da	hwa	ba	sa	za	ma	na	ra
浦（1597）	ka	ga	ta	da	hwa	ba	sa	za	ma	na	ra
17世紀											
田11（1606）	ka	ga	ta	da	hwa	ba	sa	za	ma	na	ra
使４（1606）	ka	ga	ta	da	hwa	ba	sa	za	ma	na	ra
おも２（1613）	ka	ga	ta	da	hwa	ba	sa	za	ma	na	ra
よう（1620）	ka	ga	ta	da	hwa	ba	sa	za	ma	na	ra
おも３（1623）	ka	ga	ta	da	hwa	ba	sa	za	ma	na	ra
本（1624）	ka	ga	ta	da	hwa	ba	sa	za	ma	na	ra
田12（1627）	ka	ga	ta	da	hwa	ba	sa	za	ma	na	ra

田13（1628）	ka	ga	ta	da	hwa	ba	sa	za	ma	na	ra
田14（1631）	ka	ga	ta	da	hwa	ba	sa	za	ma	na	ra
田15（1634）	ka	ga	ta	da	hwa	ba	sa	za	ma	na	ra
田16（1660）	ka	ga	ta	da	hwa	ba	sa	za	ma	na	ra
18世紀											
仲里（1703頃）	ka	ga	ta	da	hwa	ba	sa	za	ma	na	ra
混（1711）	ka	ga	ta	da	hwa	ba	sa	za	ma	na	ra
琉由（1713）	ka	ga	ta	da	hwa	ba	sa	za	ma	na	ra
信（1721）	ka	ga	ta	da	hwa	ba	sa	za	ma	na	ra
見（1764）	ka	ga	ta	da	hwa	ba	sa	za	ma	na	ra
琉訳（1800頃）	ka	ga	ta	da	hwa	ba	sa	za	ma	na	ra
19世紀											
漂（1818）	ka	ga	ta	da	hwa	ba	sa	za	ma	na	ra
クリ（1818）	ka	ga	ta	da	hwa	ba	sa	za	ma	na	ra
官（19c?）	ka	ga	ta	da	hwa	ba	sa	za	ma	na	ra
沖話（1880）	ka	ga	ta	da	hwa	ba	sa	za	ma	na	ra
チェン（1895）	ka	ga	ta	da	hwa	ba	sa	za	ma	na	ra
20世紀											
沖辞（1963）	ka	ga	ta	da	hwa	ba	sa	za	ma	na	ra
現代語（1970代）	ka	ga	ta	da	h(w)a	ba	sa	za	ma	na	ra

Ⅶ－１－(1)－④　＊／u／

/su//zu/*/tu/*/du/は、母音にも変化が起こったが、他はそうではなかった。

	ku	gu	tu	du	pu	bu	su	zu	mu	nu	ru
15世紀以前	ku	gu	tu	du	pu	bu	su	zu	mu	nu	ru
16世紀											
翻（1501）	ku	gu	cü	zü	pu	bu	sü	zü	mu	nu	ru
玉（1501）	ku	gu	cü	zü	pu	bu	sü	zü	mu	nu	ru
館（16c前半）	ku	gu	cü	zü	hwu	bu	sü	zü	mu	nu	ru
石東（1522）	ku	gu	cü	zü	hwu	bu	sü	zü	mu	nu	ru
石西（1522）	ku	gu	cü	zü	hwu	bu	sü	zü	mu	nu	ru
田１（1523）	ku	gu	cü	zü	hwu	bu	sü	zü	mu	nu	ru
崇（1527）	ku	gu	cü	zü	hwu	bu	sü	zü	mu	nu	ru
おも1（1531）	ku	gu	cü	zü	hwu	bu	sü	zü	mu	nu	ru
使１（1534）	ku	gu	cü	zü	hwu	bu	sü	zü	mu	nu	ru
田２（1536）	ku	gu	cü	zü	hwu	bu	sü	zü	mu	nu	ru

田3（1537）	ku	gu	cü	zü	hwu	bu	sü	zü	mu	nu	ru
田4（1541）	ku	gu	cü	zü	hwu	bu	sü	zü	mu	nu	ru
かた（1543）	ku	gu	cü	zü	hwu	bu	sü	zü	mu	nu	ru
田5（1545）	ku	gu	cü	zü	hwu	bu	sü	zü	mu	nu	ru
添（1546）	ku	gu	cü	zü	hwu	bu	sü	zü	mu	nu	ru
田6（1551）	ku	gu	cü	zü	hwu	bu	sü	zü	mu	nu	ru
やら（1554）	ku	gu	cü	zü	hwu	bu	sü	zü	mu	nu	ru
田7（1560）	ku	gu	cü	zü	hwu	bu	sü	zü	mu	nu	ru
使2（1561）	ku	gu	cü	zü	hwu	bu	sü	zü	mu	nu	ru
田8（1562）	ku	gu	cü	zü	hwu	bu	sü	zü	mu	nu	ru
田9（1563）	ku	gu	cü	zü	hwu	bu	sü	zü	mu	nu	ru
字（1572頃）	ku	gu	cü	zü	hwu	bu	sü	zü	mu	nu	ru
使3（1579）	ku	gu	cü	zü	hwu	bu	sü	zü	mu	nu	ru
田10（1593）	ku	gu	cü	zü	hwu	bu	sü	zü	mu	nu	ru
浦（1597）	ku	gu	cü	zü	hwu	bu	sü	zü	mu	nu	ru
17世紀											
田11（1606）	ku	gu	cü	zü	hwu	bu	sü	zü	mu	nu	ru
使4（1606）	ku	gu	cü	zü	hwu	bu	sü	zü	mu	nu	ru
おも2（1613）	ku	gu	cü	zü	hwu	bu	sü	zü	mu	nu	ru
よう（1620）	ku	gu	cï	zï	hwu	bu	sï	zï	mu	nu	ru
おも3（1623）	ku	gu	cï	zï	hwu	bu	sï	zï	mu	nu	ru
本（1624）	ku	gu	cï	zï	hwu	bu	sï	zï	mu	nu	ru
田12（1627）	ku	gu	cï	zï	hwu	bu	sï	zï	mu	nu	ru
田13（1628）	ku	gu	cï	zï	hwu	bu	sï	zï	mu	nu	ru
田14（1631）	ku	gu	cï	zï	hwu	bu	sï	zï	mu	nu	ru
田15（1634）	ku	gu	cï	zï	hwu	bu	sï	zï	mu	nu	ru
田16（1660）	ku	gu	cï	zï	hwu	bu	sï	zï	mu	nu	ru
18世紀											
仲里（1703頃）	ku	gu	ci	zi	hwu	bu	si	zi	mu	nu	ru
混（1711）	ku	gu	ci	zi	hwu	bu	si	zi	mu	nu	ru
琉由（1713）	ku	gu	ci	zi	hwu	bu	si	zi	mu	nu	ru
信（1721）	ku	gu	ci	zi	hwu	bu	si	zi	mu	nu	ru
見（1764）	ku	gu	ci	zi	hwu	bu	si	zi	mu	nu	ru
琉訳（1800頃）	ku	gu	ci	zi	hwu	bu	si	zi	mu	nu	ru
19世紀											
漂（1818）	ku	gu	ci	zi	hu	bu	si	zi	mu	nu	ru
クリ（1818）	ku	gu	ci	zi	hu	bu	si	zi	mu	nu	ru
官（19c?）	ku	gu	ci	zi	hu	bu	si	zi	mu	nu	ru

沖話（1880）	ku	gu	ci	zi	hu	bu	si	zi	mu	nu	ru
チェン（1895）	ku	gu	ci	zi	hu	bu	si	zi	mu	nu	ru
20世紀											
沖辞（1963）	ku	gu	ci	zi	hu	bu	si	zi	mu	nu	ru
現代語（1970代）	ku	gu	cji	zji	hu	bu	sji	zji	mu	nu	ru

[tsi]：/ci/，[ʧi]：/cji/。[ɯ]：/ü/，[ï]：/ï/。
[si]：/si/，[ʃi]：/sji/。[sɯ]：/sü/，[sï]：/sï/。
[dzi]：/zi/，[ʤi]：/zji/。[dzɯ]：/zü/，[dzï]：/zï/。

Ⅶ－１－(1)－⑤　＊／o／

これについても「短母音」の「三母音化」として取り上げられてきたことは、*/e/のところで述べたことと同様である。その要点は、以下のようである。

伊波普猷（1930）（1933）（前述。→*/e/）
外間守善（1971）（前述。→*/e/）
中本正智（1990）（前述。→*/e/）

高橋俊三（1991）
（『おもろさうし』のオ段音とウ段音の仮名の混用例）「これら仮名の混在は、「あそび」を除いて、母音の混同によるものである。従って、多くの語において、特にヤ行音の語において、母音ｏがｕになりつつあったことを示している」（p. 118）

柳田征司（1993）
「オ段音とウ段音との動揺は、室町時代の本土のことばにおいても起きていたのであって、それを見た目からすると、『おもろさうし』のそれもこれに共通する現象とみてよいのではないかと思われる。即ち、オ段音とウ段音とはいまだ合一化していないものとみてよいのではないかと思われる」（p. 1035）

多和田眞一郎（1997）
（「語音翻訳」（1501）において）「ハングルの「ｕ」で表記されたものは、それと同じ［u］としてよいが、「o」で表記されたものについては、一考の要があろう。/o/から/u/への変化過程にあると考えられるから、もとの［o］より［u］に近付いた音であったと言えよう」（p. 39）

オ段音がウ段音に変化した原因について、
中本（1976）の要点をまとめると、次のようになる（p. 99-100）。
1)ｅとｏは、広母音のａと狭母音ｉ・ｕの中間的広さに位置して、いつの時代にも比較的不安定であり、狭い母音の方向へと変化する傾向のある副次的母音である。

2) ３母音への変化が円滑に実現される状況を醸成したのは、連母音の融合によってɔ:が発生して、oの周辺に音声上の類似母音が増加したことにあると考えられる。

つまり、融合母音ɔ:が発生したため、oはɔとの衝突を避けるためuに移行したことになるとする。

これを補って柳田（1993）では、次のように原因を纏める（p. 1018）。

(1) 古くオ段音とウ段音とが相互に「交替」することがある。

(2) 語中の（ア）ワ行のuoがuに変化する動きがある。

(3) オ段開長音ɔ:が音韻として確立したために、オ段開合長音を区別する必要から、合長音がウ段音にむかって狭まる動きが生じ、これにひかれてオ段音がウ段音に動いた。

(4)「扇グ」などのように、auが開長音化する過程でaoでとどまっていた語があり、そのためu・o両形でゆれている語があった。

(5) 対照的位置にある半広母音エ段音がイ段音に動いたため、右の(1)から(4)によって起きていたところのオ段音がウ段音にむかって動く傾向が、完全に実現することとなった。

その三母音化の原因については、異論はない。問題になるのは、*/e/と同様、その変化の時期である。分析の結果は、以下のようである。

	ko	go	to	do	po	bo	so	zo	mo	no	ro
15世紀以前	ko	go	to	do	po	bo	so	zo	mo	no	ro
16世紀											
翻（1501）	ko	go	tu	do	po	bo	su	zu	mo	no	ro
玉（1501）	ko	go	tu	do	po	bo	su	zu	mo	no	ro
館（16c 前半）	ku	gu	tu	du	hwu	bu	su	zu	mu	nu	ru
石東（1522）	ku	gu	tu	du	hwu	bu	su	zu	mu	nu	ru
石西（1522）	ku	gu	tu	du	hwu	bu	su	zu	mu	nu	ru
田１（1523）	ku	gu	tu	du	hwu	bu	su	zu	mu	nu	ru
崇（1527）	ku	gu	tu	du	hwu	bu	su	zu	mu	nu	ru
おも1（1531）	ku	gu	tu	du	hwu	bu	su	zu	mu	nu	ru
使１（1534）	ku	gu	tu	du	hwu	bu	su	zu	mu	nu	ru
田２（1536）	ku	gu	tu	du	hwu	bu	su	zu	mu	nu	ru
田３（1537）	ku	gu	tu	du	hwu	bu	su	zu	mu	nu	ru
田４（1541）	ku	gu	tu	du	hwu	bu	su	zu	mu	nu	ru
かた（1543）	ku	gu	tu	du	hwu	bu	su	zu	mu	nu	ru
田５（1545）	ku	gu	tu	du	hwu	bu	su	zu	mu	nu	ru
添（1546）	ku	gu	tu	du	hwu	bu	su	zu	mu	nu	ru
田６（1551）	ku	gu	tu	du	hwu	bu	su	zu	mu	nu	ru
やら（1554）	ku	gu	tu	du	hwu	bu	su	zu	mu	nu	ru
田７（1560）	ku	gu	tu	du	hwu	bu	su	zu	mu	nu	ru

使２（1561）	ku	gu	tu	du	hwu	bu	su	zu	mu	nu	ru
田８（1562）	ku	gu	tu	du	hwu	bu	su	zu	mu	nu	ru
田９（1563）	ku	gu	tu	du	hwu	bu	su	zu	mu	nu	ru
字（1572頃）	ku	gu	tu	du	hwu	bu	su	zu	mu	nu	ru
使３（1579）	ku	gu	tu	du	hwu	bu	su	zu	mu	nu	ru
田10（1593）	ku	gu	tu	du	hwu	bu	su	zu	mu	nu	ru
浦（1597）	ku	gu	tu	du	hwu	bu	su	zu	mu	nu	ru
17世紀											
田11（1606）	ku	gu	tu	du	hwu	bu	su	zu	mu	nu	ru
使４（1606）	ku	gu	tu	du	hwu	bu	su	zu	mu	nu	ru
おも２（1613）	ku	gu	tu	du	hwu	bu	su	zu	mu	nu	ru
よう（1620）	ku	gu	tu	du	hwu	bu	su	zu	mu	nu	ru
おも３（1623）	ku	gu	tu	du	hwu	bu	su	zu	mu	nu	ru
本（1624）	ku	gu	tu	du	hwu	bu	su	zu	mu	nu	ru
田12（1627）	ku	gu	tu	du	hwu	bu	su	zu	mu	nu	ru
田13（1628）	ku	gu	tu	du	hwu	bu	su	zu	mu	nu	ru
田14（1631）	ku	gu	tu	du	hwu	bu	su	zu	mu	nu	ru
田15（1634）	ku	gu	tu	du	hwu	bu	su	zu	mu	nu	ru
田16（1660）	ku	gu	tu	du	hwu	bu	su	zu	mu	nu	ru
18世紀											
仲里（1703頃）	ku	gu	tu	du	hwu	bu	su	zu	mu	nu	ru
混（1711）	ku	gu	tu	du	hwu	bu	su	zu	mu	nu	ru
琉由（1713）	ku	gu	tu	du	hwu	bu	su	zu	mu	nu	ru
信（1721）	ku	gu	tu	du	hwu	bu	su	zu	mu	nu	ru
見（1764）	ku	gu	tu	du	hwu	bu	su	zu	mu	nu	ru
琉訳（1800頃）	ku	gu	tu	du	hwu	bu	su	zu	mu	nu	ru
19世紀											
漂（1818）	ku	gu	tu	du	hu	bu	su	zu	mu	nu	ru
クリ（1818）	ku	gu	tu	du	hu	bu	su	zu	mu	nu	ru
官（19c?）	ku	gu	tu	du	hu	bu	su	zu	mu	nu	ru
沖話（1880）	ku	gu	tu	du	hu	bu	su	zu	mu	nu	ru
チェン（1895）	ku	gu	tu	du	hu	bu	su	zu	mu	nu	ru
20世紀											
沖辞（1963）	ku	gu	tu	du	hu	bu	su	zu	mu	nu	ru
現代語（1970代）	ku	gu	tu	du	hu	bu	su	zu	mu	nu	ru

Ⅶ－１－(2) 母音連続（二重母音・長母音）

従来、「母音融合」が起因となって「三母音化」が生じた、連母音 ai、au から新たに融合母音［eː］、［ɔː］が生じたため、在来の e、o は衝突を避けるため i、u へと変化したと解かれてきた。例えば、中本（1971）「琉球方言母音体系の生成過程-3母音化を中心に-」では、沖縄語の三母音化傾向の要因である母音融合について以下のように論じている。

① 3母音への変化が円滑に実現される状況を醸成したのは、連母音の融合によってɔː が発生して、o の周辺に音声上の類似母音が増加したことにあると考えられる。
② e が i の方向へ推移する変化に拍車をかけたのは、o→u の場合と同様に融合母音の発生によって、e の周辺に、音声上の類似母音が増加したためであろう。

果たしてそうか。第Ⅱ章から第Ⅵ章にかけて、種々の資料を分析してきた結果は、必ずしもそうではない。むしろ、逆である。*/ae/, */ao/に例をとれば、それぞれ/ai/, /au/と変化した後に融合する。そして、元々の*/ai/, */au/もこれらと同時的に融合してくるのである。「三母音化」の後に「母音融合」が生じたと見るしかない。

1－(2)－① */ｉｉ/, 1－(2)－② */ｉｅ/, 1－(2)－③ */ｉａ/,
1－(2)－④ */ｉｕ/, 1－(2)－⑤ */ｉｏ/

*/ii/は、音声的には連母音[ii]か長母音[iː]かの違いがあるが、示唆的特徴にはならないので、音韻としては/ii/とし、区別しないこととする。
*/ie/は、/e/→/i/の変化に伴って、16世紀半ば以降、/ii/となる。
*/ia/は、/ia/で続きつつも、当然の変化として、/ija/となる。これは、16世紀初めから認められる。/iwa/は、ハ行転呼音である。
19世紀初めあたりから融合が起こり、/ee/となる。これは、助辞「は」の変化した/ja/において著しい。
*/iu/は、/iju/と共存しながら（ハ行転呼の/iwu/とも）、17世紀には/juu/となる。
20世紀に入って更に/i/となる例が出てくる。
*/io/は、/o/→/u/の変化後、/iu/の形が続くが、17世紀に入って/juu/の形も出てくる。

	ii	ie	ia	iu	io
15世紀以前	ii	ie	ia	iu	io
16世紀					
翻（1501）	☆	☆	ia, ija		iu, io
玉（1501）	☆	ie	ia, ija	iu, iju, iwu	iu, io
館（16c 前半）	ii	ii	ia, ija	iu, iju, iwu	iu

石東（1522）	☆	☆	ia, ija	☆	☆
石西（1522）	☆	☆	ia, ija	☆	☆
田１（1523）	☆	☆	ia, ija	☆	☆
崇（1527）	☆	☆	ia, ija	☆	☆
おも1（1531）	☆	ii	ia, ija	iu, iju, iwu	iu
使１（1534）	☆	ii	ia, ija	iu, iju, iwu	iu
田２（1536）	☆	☆	ia, ija	☆	☆
田３（1537）	☆	☆	ia, ija	☆	☆
田４（1541）	☆	☆	ia, ija	☆	☆
かた（1543）	☆	ii	ia, ija, iwa	iu, iju, iwu	iu
田５（1545）	☆	☆	ia, ija	☆	☆
添（1546）	☆	ii	ia, ija	☆	iu
田６（1551）	☆	☆	☆	☆	☆
やら（1554）	ii	ii	ia, ija, iwa	☆	iu
田７（1560）	☆	☆	☆	☆	☆
使２（1561）	☆	ii	ia, ija, iwa	iu, iju, iwu	iu
田８（1562）	☆	☆	☆	☆	☆
田９（1563）	☆	☆	ia, ija	☆	☆
字（1572頃）	☆	ii	ia, ija, iwa	iu, iju, iwu	iu
使３（1579）	☆	ii	ia, ija, iwa	iu, iju, iwu	iu
田10（1593）	☆	☆	☆	☆	☆
浦（1597）	☆	ii	ia, ija, iwa	iu, iju, iwu	iu
17世紀					
田11（1606）	☆	☆	ia, ija	☆	☆
使４（1606）	☆	ii	ia, ija, iwa	juu	juu
おも２（1613）	☆	ii	ia, ija	juu	iu
よう（1620）	ii	☆	ia, ija, iwa	☆	iu
おも３（1623）	ii	ii	ia, ija	iu, juu	iu, juu
本（1624）	ii	ii	ia, ija, iwa	i(hw)u	iu
田12（1627）	☆	☆	☆	☆	☆
田13（1628）	☆	☆	☆	☆	☆
田14（1631）	☆	☆	☆	☆	☆
田15（1634）	☆	☆	☆	☆	☆
田16（1660）	☆	☆	☆	☆	☆
18世紀					
仲里（1703頃）	ii	ii	ija	iu	iu
混（1711）	ii	ii	ija	iu, ju	iu
琉由（1713）	ii	ii	ija	iu	iu

信（1721）	ii	ii	i ja, iwa	iu	iu
見（1764）	ii	ii	i ja, iwa	iu	iu
琉訳（1800頃）	ii	ii	i ja, iwa	iu	iu
19世紀					
漂（1818）	☆	☆	ja, iwa	ju	☆
クリ（1818）	ii	ii	ja	ju	ju
官（19c?）	ii	☆	ja	ju	ju
沖話（1880）	ii	ii	ja	ju	ju
チェン（1895）	ii	ii	ja	ju	☆
20世紀					
沖辞（1963）	ii	ii	ia, ja	ju, i	ju
現代語（1970代）	ii	ii	ia, ja	ju, i	ju

☆：用例なし

1－(2)－⑥　*/ei/, 1－(2)－⑦　*/ee/, 1－(2)－⑧　*/ea/,
1－(2)－⑨　*/eu/, 1－(2)－⑩　*/eo/

*/ei/は、/e/→/i/の変化に伴い、16世紀半ばごろから/ii/となる。

*/ee/は、/e/→/i/の変化に伴い、16世紀半ばごろから/ii/となるが、19世紀の後半から/ee/の形が出現する。

*/ea/も、/e/→/i/の変化に伴い、16世紀半ばごろから/ia/となるが、19世紀の後半から/ee/の形が出現する。

*/eu/は、16世紀に既に/ju/となっている。これが/oo//uu/へと変化するのは、19世紀終りごろである。

*/eo/は、/e/→/i/、/o/→/u/の変化に伴って/iu/となり、この形を維持していくが、19世紀の終りごろから/oo/へと変化する。

	ei	ee	ea	eu	eo
15世紀以前	ei	ee	ea	eu	eo
16世紀					
翻（1501）	☆	☆	☆	ju, jo	☆
玉（1501）	☆	☆	☆	☆	☆
館（16c前半）	ii	☆	☆	☆	☆
石東（1522）	☆	☆	☆	☆	☆
石西（1522）	ii	☆	☆	☆	☆
田1（1523）	ii	☆	☆	☆	☆
崇（1527）	☆	☆	☆	☆	☆
おも1（1531）	ii	ii	ia	iu	iu
使1（1534）	ii	ii	ja	ju	ju

田２（1536）	☆	☆	☆	☆	☆
田３（1537）	☆	☆	☆	☆	☆
田４（1541）	☆	☆	☆	☆	☆
かた（1543）	ii	☆	☆	☆	☆
田５（1545）	☆	☆	☆	☆	☆
添（1546）	☆	☆	ia	☆	iu
田６（1551）	☆	☆	☆	☆	☆
やら（1554）	ii	☆	ia	☆	☆
田７（1560）	☆	☆	☆	☆	☆
使２（1561）	ii	☆	☆	ju	☆
田８（1562）	☆	☆	☆	☆	☆
田９（1563）	☆	☆	☆	☆	☆
字（1572頃）	ii	☆	☆	ju	☆
使３（1579）	ii	☆	☆	ju	☆
田10（1593）	☆	☆	☆	☆	☆
浦（1597）	ii	☆	ia	iu	☆
17世紀					
田11（1606）	☆	☆	☆	☆	☆
使４（1606）	ii	☆	☆	ju	☆
おも２（1613）	☆	☆	ia	ju	☆
よう（1620）	☆	☆	ia	☆	☆
おも３（1623）	ii	☆	ia	ju	ju
本（1624）	ii	☆	ia	☆	☆
田12（1627）	☆	☆	☆	☆	☆
田13（1628）	☆	☆	☆	☆	☆
田14（1631）	☆	☆	☆	☆	☆
田15（1634）	☆	☆	☆	☆	☆
田16（1660）	☆	☆	☆	☆	☆
18世紀					
仲里（1703頃）	ii	☆	ia	☆	iu
混（1711）	ii	ii	ia	iu	iu
琉由（1713）	ii	☆	ia	iu	iu
信（1721）	ii	☆	ia	ju	iu
見（1764）	ii	☆	☆	☆	☆
琉訳（1800頃）	ii	☆	ia	ju	iu
19世紀					
漂（1818）	☆	☆	☆	oo	☆
クリ（1818）	ii	☆	☆	oo, uu	☆

官（19c?）	ii	☆	☆	oo	☆
沖話（1880）	ii	ee	ia	oo, uu	☆
チェン（1895）	☆	ee	ee	uu	oo
20世紀					
沖辞（1963）	ii	☆	ia	oo, uu	☆
現代語（1970代）	ii	☆	ia, ee	oo, uu	oo

☆：用例なし

1－(2)－⑪　*/ai/，1－(2)－⑫　*/ae/，1－(2)－⑬　*/aa/，
1－(2)－⑭　*/au/，1－(2)－⑮　*/ao/

*/ai/が融合して/ee/となるのは、18世紀の末かと思われる。{沖話}{チェン}{沖辞}に[ai]が出現するが、これは「日本語」から移入した「新語」のようである。
/ae/は/ai/の状態が続き、/ee/となるのは、/ai/と同じく、18世紀末である。
*/aa/の/awa//ahwa/は「ハ行転呼」に関する表示である。
*/au/が融合して/oo/となるのは16世紀あたりからであると考えられるが、仮名資料では表記上は/au/の状態が続いている。それで、「(au) oo」のように表示した（「au, oo」は両方現れる意である）。更に変化して/uu/となる例も出てくるのは、19世紀初めごろである。
*/ao/は/au/の状態が続き、/oo/となるのは19世紀初めである。{チェン}の/au/は、形態素の切れ目を含んだ用例で、例外的である。

	ai	ae	aa	au	ao
15世紀以前	ai	ae	aa	au	ao
16世紀					
翻（1501）	ai	☆	aa, awa	au	ao
玉（1501）	ai	ae	aa	☆	ao
館（16c 前半）	ai	ai	aa, awa	au, oo	☆
石東（1522）	☆	☆	☆	☆	☆
石西（1522）	☆	ai	awa	(au) oo	au
田1（1523）	ai	☆	awa	(au) oo	☆
崇（1527）	☆	☆	☆	☆	☆
おも1（1531）	ai	☆	awa, ahwa	(au) oo	au
使1（1534）	ai	ai	awa, aa	au, oo	☆
田2（1536）	ai	☆	awa	☆	☆
田3（1537）	ai	ai	awa	(au) oo	☆
田4（1541）	ai	☆	awa	☆	☆
かた（1543）	ai	ai	awa	(au) oo	au
田5（1545）	ai	ai	awa	☆	☆

添（1546）	ai	ai	awa	(au) oo	au
田６（1551）	ai	ai	awa	☆	☆
やら（1554）	ai	ai	awa	(au) oo	au
田７（1560）	ai	☆	awa	☆	☆
使２（1561）	ai	ai	☆	au, oo	au
田８（1562）	ai	ai	awa	☆	☆
田９（1563）	ai	ai	awa	☆	☆
字（1572頃）	ai	ai	awa, aa	au, oo	☆
使３（1579）	ai	ai	awa, aa	au, oo	au
田10（1593）	ai	☆	awa	☆	☆
浦（1597）	ai	ai	awa, ahwa	(au) oo	au
17世紀					
田11（1606）	☆	ai	awa	☆	☆
使４（1606）	ai	ai	awa	au	au
おも２（1613）	ai	ai	ahwa	(au) oo	au
よう（1620）	ai	ai	aa, awa	(au) oo	au
おも３（1623）	ai	ai	aa, awa	(au) oo	au
本（1624）	ai	ai	awa	(au) oo	☆
田12（1627）	☆	☆	☆	☆	☆
田13（1628）	☆	☆	awa	☆	☆
田14（1631）	☆	ai	awa	☆	☆
田15（1634）	☆	☆	awa	☆	☆
田16（1660）	☆	☆	awa	☆	☆
18世紀					
仲里（1703頃）	ai	☆	aa	(au) oo	au
混（1711）	ai	ai	aa	(au) oo	au
琉由（1713）	ai	ai	aa	(au) oo	au
信（1721）	ai	ai	aa	au, oo	au
見（1764）	ai	ai	aa	au, oo	au
琉訳（1800頃）	ai, ee	ai	aa	au, oo	au
19世紀					
漂（1818）	ee	ee	☆	oo, uu	☆
クリ（1818）	ee, ii	ee	aa	oo	oo
官（19c?）	ee	ee	aa	oo	oo
沖話（1880）	(ai)	ee	aa	oo	oo
チェン（1895）	ee（ai）	ee	aa	oo, uu	au
20世紀					
沖辞（1963）	ee, ai	ee	aa, awa	oo, uu	oo

現代語（1970代）	ee	ee	aa, awa	Oo, uu	oo

☆：用例なし

1－(2)－⑯ */ui/, 1－(2)－⑰ */ue/, 1－(2)－⑱ */ua/,
1－(2)－⑲ */uu/, 1－(2)－⑳ */uo/

/ui/の｛信｝｛見｝｛琉訳｝で/ii/となるのは、/sui/*/tui/の/ui/である。｛沖話｝以降/ii, ui/の順になっているのは、「移入語」（「新語」）の/ui/があることによる。｛官｝は別である。/ii//ui/両方現れる。

*/ue/は/ui/に変化した後、19世紀に入って/ii/になった。

*/ua/は、/wa/となり、現代に至る。20世紀になって/we/も現れる。

*/uu/は、このままである。

*/uo/は、用例が少なく、判断しにくい面もあるが、16世紀半ばごろに/o/→/u/と変化した結果/uu/となり、このまま現代に至る。

	ui	ue	ua	uu	uo
15世紀以前	ui	ue	ua	uu	uo
16世紀					
翻（1501）	ui, wi	☆	wa	☆	☆
玉（1501）	☆	ue	☆	☆	☆
館（16c 前半）	☆	ui	wa	uu	☆
石東（1522）	☆	☆	☆	☆	☆
石西（1522）	☆	☆	(ua)	☆	☆
田１（1523）	☆	☆	wa	☆	☆
崇（1527）	☆	☆	☆	☆	☆
おも1（1531）	ui	ui	☆	☆	☆
使１（1534）	☆	ui	wa	uu	☆
田２（1536）	☆	☆	wa	☆	☆
田３（1537）	☆	☆	☆	☆	☆
田４（1541）	☆	☆	☆	☆	☆
かた（1543）	☆	ui	wa	☆	☆
田５（1545）	☆	☆	☆	☆	☆
添（1546）	☆	ui	wa	☆	☆
田６（1551）	☆	☆	☆	☆	☆
やら（1554）	ui	ui	☆	☆	☆
田７（1560）	☆	☆	☆	☆	☆
使２（1561）	☆	ui	wa	uu	☆
田８（1562）	☆	☆	☆	☆	☆
田９（1563）	☆	☆	☆	☆	☆

字（1572頃）	☆	ui	wa	uu	☆
使３（1579）	☆	ui	wa	uu	☆
田10（1593）	☆	☆	☆	☆	☆
浦（1597）	☆	ui	☆	☆	☆
17世紀					
田11（1606）	☆	☆	uwa	☆	☆
使４（1606）	☆	ui	uwa	uu	☆
おも２（1613）	ui	ui	uwa	uu	☆
よう（1620）	☆	ui	☆	☆	☆
おも３（1623）	ui	ui	uwa	uu	uu
本（1624）	☆	ui	uwa	☆	☆
田12（1627）	☆	☆	☆	☆	☆
田13（1628）	☆	☆	☆	☆	☆
田14（1631）	☆	☆	☆	☆	☆
田15（1634）	☆	☆	☆	☆	☆
田16（1660）	☆	☆	☆	☆	☆
18世紀					
仲里（1703頃）	ui	☆	wa	uu	☆
混（1711）	ui	ui	wa	uu	uu
琉由（1713）	ui	ui	wa	uu	uu
信（1721）	ui, ii	ui	wa	uu	uu
見（1764）	ui, ii	☆	wa	uu	☆
琉訳（1800頃）	ui, ii	ui	wa	uu	uu
19世紀					
漂（1818）	☆	☆	wa	uu	
クリ（1818）	ui, ii	ii	wa, aa	uu	uu
官（19c?）	ui, ii	ii	wa, aa	uu	☆
沖話（1880）	ii, ui	ui	wa, aa	uu	uu
チェン（1895）	☆	ii	wa	☆	☆
20世紀					
沖辞（1963）	ii（ui）	ii	wa（we）	uu	uu
現代語（1970代）	ii（ui）	ii	wa（we）	uu	uu

☆：用例なし

1－(2)－㉑　*/oi/，1－(2)－㉒　*/oe/，1－(2)－㉓　*/oa/，
1－(2)－㉔　*/ou/，1－(2)－㉕　*/oo/

*/oi/は、/o/→/u/の変化により、16世紀半ば以降/ui/となる。これが/ii/となるのが、19世紀の終りごろかと思われる。

{チェン} の/uu/は「沿ひて」「問ひて」と対応する形ではあるが、音韻的には「そうて」「とうて」に対応する。

*/oe/は、/o/→/u/、/e/→/i/の変化に応じて/ui/となる。16世紀半ばと推定される。これが18世紀の終りごろから、一部/ii/と変化する。

*/oa/は、/o/→/u/の変化に伴って、16世紀半ばに/ua/（/wa/も）となる。これが持続していくが、19世紀に/oo//ee//aa/となる例も現れる。

*/ou/は、/o/→/u/の変化に伴って16世紀半ばに/uu/となるが、19世紀に入って/oo/となる例が出てくる。

/oo/も、/o/→/u/の変化に伴って16世紀半ばに/uu/となる。/ou/の変化に呼応するかのように、19世紀に入って/oo/となる例が出てくる。

	oi	oe	oa	ou	oo
15世紀以前	oi	oe	oa	ou	oo
16世紀					
翻（1501）	☆	☆	oa	☆	oo, ou
玉（1501）	oi, ui	oe	oa	ou	☆
館（16c 前半）	ui	☆	ua	uu	uu
石東（1522）	☆	☆	☆	☆	☆
石西（1522）	ui	ui	ua	uu	☆
田１（1523）	ui	☆	☆	☆	☆
崇（1527）	☆	☆	☆	☆	☆
おも1（1531）	ui	ui	ua	uu	☆
使１（1534）	ui	☆	ua	uu	uu
田２（1536）	☆	☆	ua（uwa）	☆	☆
田３（1537）	ui	☆	☆	uu	☆
田４（1541）	☆	☆	ua（uwa）	☆	☆
かた（1543）	ui	ui	ua（uwa）	☆	uu
田５（1545）	ui	☆	ua（uwa）	☆	☆
添（1546）	ui	ui	ua（uwa）	uu	☆
田６（1551）	ui	☆	ua（uwa）	☆	☆
やら（1554）	ui	ui	ua（uwa）	uu	☆
田７（1560）	ui	☆	ua（uwa）	☆	☆
使２（1561）	ui	ui	ua（uwa）	uu	uu
田８（1562）	ui	☆	☆	uu	☆
田９（1563）	ui	☆	☆	uu	☆
字（1572頃）	ui	ui	☆	uu	uu
使３（1579）	ui	ui	☆	uu	uu
田10（1593）	ui	☆	ua（uwa）	☆	☆
浦（1597）	ui	ui	ua（uwa）	uu	uu

17世紀					
田11（1606）	ui	☆	☆	uu	☆
使４（1606）	ui	ui	☆	uu	uu
おも２（1613）	ui	ui	ua（uwa）	uu	uu
よう（1620）	ui	ui	ua（uwa）	uu	☆
おも３（1623）	ui	ui	ua（uwa）	uu	uu
本（1624）	ui	☆	ua	☆	☆
田12（1627）	ui	☆	☆	☆	☆
田13（1628）	ui	☆	☆	☆	☆
田14（1631）	☆	☆	☆	☆	☆
田15（1634）	☆	☆	☆	☆	☆
田16（1660）	☆	☆	ua（uwa）	☆	☆
18世紀					
仲里（1703頃）	ui	ui	ua	uu	uu
混（1711）	ui	ui	ua	uu	uu
琉由（1713）	ui	ui	ua	uu	uu
信（1721）	ui	ui	ua	uu	uu
見（1764）	ui	☆	ua	uu	uu
琉訳（1800頃）	ui	ui, ii	ua	uu	uu(uhwu)
19世紀					
漂（1818）	☆	☆	☆	uu	☆
クリ（1818）	ui	☆	oo, a	uu, oo	uu
官（19c?）	ui	ui	ua, wa, oo	oo	uu
沖話（1880）	ui, ii	ii	ua, wa	uu, oo	uu
チェン（1895）	(uu)	ui	aa, ee	uu, oo	uu, oo
20世紀					
沖辞（1963）	ii（uu）	ii, ui	wa	uu, oo	uu（uhwu）
現代語（1970代）	ii（uu）	ii, ui	wa	uu, oo	uu（uhwu）

☆：用例なし

Ⅶ－２　半母音

Ⅶ－２－(1) ヤ行音　＊／ｊａ，ｊｕ，ｊｏ／

*/jo/が/ju/に変化したのは、16世紀前半であろう。

	ja	ju	jo
15世紀以前	ja	ju	jo
16世紀			
翻（1501）	ja	ju	jo
玉（1501）	ja	☆	jo
館（16c前半）	ja	ju	ju
石東（1522）	ja	☆	ju
石西（1522）	ja	ju	ju
田１（1523）	ja	☆	ju
崇（1527）	☆	☆	☆
おも1（1531）	ja	ju	ju
使１（1534）	ja	ju	ju
田２（1536）	ja	☆	ju
田３（1537）	ja	☆	ju
田４（1541）	☆	☆	ju
かた（1543）	ja	ju	ju
田５（1545）	ja	☆	ju
添（1546）	ja	ju	ju
田６（1551）	ja	☆	ju
やら（1554）	ja	☆	ju
田７（1560）	ja	☆	ju
使２　(1561)	ja	ju	ju
田8（1562）	ja	☆	ju
田9（1563）	ja	☆	ju
字（1572頃）	ja	ju	ju
使３（1579）	ja	ju	ju
田10（1593）	ja	☆	ju
浦（1597）	ja	ju	ju

	ja	ju	jo
17世紀			
田11（1606）	ja	☆	ju
使４（1606）	ja	ju	ju
おも2（1613）	ja	ju	ju
よう（1620）	ja	ju	ju
おも3（1623）	ja	ju	ju
本（1624）	ja	☆	ju
田12（1627）	ja	☆	ju
田13（1628）	ja	☆	☆
田14（1631）	☆	☆	ju
田15（1634）	☆	☆	☆
田16（1660）	☆	☆	☆
18世紀			
仲里（1703頃）	ja	ju	ju
混（1711）	ja	ju	ju
琉由（1713）	ja	ju	ju
信（1721）	ja	ju	ju
見（1764）	ja	ju	ju
琉訳（1800頃）	ja	ju	ju
19世紀			
漂（1818）	ja	ju	ju
クリ（1818）	ja	ju	ju
官（19c?）	ja	ju	ju
沖話（1880）	ja	ju	ju
チェン（1895）	ja	ju	ju
20世紀			
沖辞（1963）	ja	ju	ju
現代語（1970代）	ja	ju	ju

Ⅶ－２－(2) ワ行音　＊／ｗｉ，ｗｅ，ｗａ ，ｗｏ／

	wi	we	wa	wo
15世紀以前	wi	we	wa	wo
16世紀				
翻（1501）	wi	we	wa	wo
玉（1501）	☆	we	wa	wo
館（16c 前半）	wi	wi	wa	wu
石東（1522）	☆	☆	wa	☆
石西（1522）	☆	wi	wa	wu
田１（1523）	☆	☆	wa	☆
崇（1527）	☆	☆	☆	☆
おも1（1531）	☆	wi	wa	wu
使１（1534）	wi	wi	wa	wu
田２（1536）	☆	☆	☆	☆
田３（1537）	☆	wi	wa	☆
田４（1541）	☆	wi	wa	☆
かた（1543）	☆	wi	wa	wu
田５（1545）	☆	wi	wa	☆
添（1546）	wi	wi	wa	wu
田６（1551）	☆	wi	wa	☆
やら（1554）	☆	wi	wa	☆
田７（1560）	☆	☆	wa	☆
使２（1561）	wi	wi	wa	wu
田８（1562）	☆	wi	wa	☆
田９（1563）	☆	wi	wa	☆
字（1572頃）	wi	☆	wa	wu
使３（1579）	wi	wi	wa	wu
田10（1593）	☆	☆	wa	☆
浦（1597）	wi	wi	wa	wu

	wi	we	wa	wo
17世紀				
田11（1606）	☆	☆	☆	☆
使４（1606）	wi	wi	wa	wu
おも２（1613）	☆	wi	wa	☆
よう（1620）	☆	wi	wa	wu
おも３（1623）	wi	wi	wa	wu
本（1624）	wi	wi	wa	wu
田12（1627）	☆	☆	☆	☆
田13（1628）	☆	☆	wa	☆
田14（1631）	☆	wi	wa	☆
田15（1634）	☆	☆	☆	☆
田16（1660）	☆	☆	wa	☆
18世紀				
仲里（1703頃）	wi	wi	wa	wu
混（1711）	wi	wi	wa	wu
琉由（1713）	wi	wi	wa	wu
信（1721）	wi	wi	wa	wu
見（1764）	wi	wi	wa	wu
琉訳（1800頃）	wi	wi	wa	wu
19世紀				
漂（1818）	☆	☆	wa	wu
クリ（1818）	☆	wi	wa	wu
官（19c?）	☆	wi	wa	wu
沖話（1880）	’i	’i	wa	wu
チェン（1895）	☆	☆	wa	wu
20世紀				
沖辞（1963）	’i	’i	wa	wu
現代語(1970代)	’i	’i	wa	wu

/’i /:[ji]

Ⅵ－３　子音

Ⅵ－３－(1) カ行の子音
（＊／ｋｉ，ｋｅ，ｋａ，ｋｕ，ｋｏ／の子音）

*/ki/は、17世紀の初めごろ破擦音化して[ʧi]/cji/となる。
*/ke/は、16世紀の半ばごろ[ki]/ki/となる。それ以前、[kï]/kï/の時期があったと考えられる。
*/ka/は、[ka]/ka/のまま現代に到る。
/i/の後で口蓋化したが、それが破擦音化するのは18世紀の終りごろかと思われる。その項参照。
*/ku/は、[ku]/ku/のまま現代に到る。
*/ko/は、16世紀に入って間もなく[ku]/ku/になった可能性が高い。

	ki	ke	ka	ku	ko
15世紀以前	ki	ke	ka	ku	ko
16世紀					
翻（1501）	ki	kï	ka	ku	ko
玉（1501）	ki	kï	ka	ku	ko
館（16c 前半）	ki	ki	ka	ku	ku
石東（1522）	ki	ki	ka	ku	ku
石西（1522）	ki	ki	ka	ku	ku
田１（1523）	ki	ki	ka	ku	ku
崇（1527）	ki	ki	ka	ku	ku
おも1（1531）	ki	ki	ka	ku	ku
使１（1534）	ki	ki	ka	ku	ku
田２（1536）	ki	ki	ka	ku	ku
田３（1537）	ki	ki	ka	ku	ku
田４（1541）	ki	ki	ka	ku	ku
かた（1543）	ki	ki	ka	ku	ku
田５（1545）	ki	ki	ka	ku	ku
添（1546）	ki	ki	ka	ku	ku
田６（1551）	ki	ki	ka	ku	ku
やら（1554）	ki	ki	ka	ku	ku
田７（1560）	ki	ki	ka	ku	ku
使２（1561）	ki	ki	ka	ku	ku
田８（1562）	ki	ki	ka	ku	ku
田９（1563）	ki	ki	ka	ku	ku
字（1572頃）	ki	ki	ka	ku	ku

使３（1579）	ki	ki	ka	ku	ku
田10（1593）	ki	ki	ka	ku	ku
浦　(1597)	ki	ki	ka	ku	ku
17世紀					
田11（1606）	ki	ki	ka	ku	ku
使４（1606）	ki	ki	ka	ku	ku
おも２（1613）	cji	ki	ka	ku	ku
よう（1620）	cji	ki	ka	ku	ku
おも３（1623）	cji	ki	ka	ku	ku
本（1624）	cji	ki	ka	ku	ku
田12（1627）	cji	ki	ka	ku	ku
田13（1628）	cji	ki	ka	ku	ku
田14（1631）	cji	ki	ka	ku	ku
田15（1634）	cji	ki	ka	ku	ku
田16（1660）	cji	ki	ka	ku	ku
18世紀					
仲里（1703頃）	cji	ki	ka	ku	ku
混（1711）	cji	ki	ka	ku	ku
琉由（1713）	cji	ki	ka	ku	ku
信（1721）	cji	ki	ka	ku	ku
見（1764）	cji	ki	ka	ku	ku
琉訳（1800頃）	cji	ki	ka	ku	ku
19世紀					
漂（1818）	cji	ki	ka	ku	ku
クリ（1818）	cji	ki	ka	ku	ku
官（19c?）	cji	ki	ka	ku	ku
沖話（1880）	cji	ki	ka	ku	ku
チェン（1895）	cji	ki	ka	ku	ku
20世紀					
沖辞（1963）	cji	ki	ka	ku	ku
現代語（1970代）	cji	ki	ka	ku	ku

(注)

[ʧi]：/cji/　([tsi]：/ci/との関係で、このようにする。)

[ɯ]　：/ü/　　　　　　[ï]　：/ï/

Ⅶ－３－(2) ガ行の子音

（＊／ｇｉ，ｇｅ，ｇａ，ｇｕ，ｇｏ／の子音）

＊/gi/は、17世紀の初めごろ破擦音化して[ʤi]/zji/となる。

＊/ge/は、16世紀の半ばごろ[gi]/gi/となる。それ以前、[gï]/gï/の時期があったと考えられる。

＊/ga/は、[ga]/ga/のまま現代に到る。

/i/の後で口蓋化したが、それが破擦音化するのは18世紀の終りごろかと思われる。その項参照。

＊/gu/は、[gu]/gu/のまま現代に到る。

＊/go/は、16世紀に入って間もなく[gu]/gu/になった可能性が高い。

	gi	ge	ga	gu	go
15世紀以前	gi	ge	ga	gu	go
16世紀					
翻（1501）	gi	gï	ga	gu	go
玉（1501）	gi	gï	ga	gu	go
館（16c 前半）	gi	gi	ga	gu	gu
石東（1522）	gi	gi	ga	gu	gu
石西（1522）	gi	gi	ga	gu	gu
田１（1523）	gi	gi	ga	gu	gu
崇（1527）	gi	gi	ga	gu	gu
おも１（1531）	gi	gi	ga	gu	gu
使１（1534）	gi	gi	ga	gu	gu
田２（1536）	gi	gi	ga	gu	gu
田３（1537）	gi	gi	ga	gu	gu
田４（1541）	gi	gi	ga	gu	gu
かた（1543）	gi	gi	ga	gu	gu
田５（1545）	gi	gi	ga	gu	gu
添（1546）	gi	gi	ga	gu	gu
田６（1551）	gi	gi	ga	gu	gu
やら（1554）	gi	gi	ga	gu	gu
田７（1560）	gi	gi	ga	gu	gu
使２（1561）	gi	gi	ga	gu	gu
田８（1562）	gi	gi	ga	gu	gu
田９（1563）	gi	gi	ga	gu	gu
字（1572頃）	gi	gi	ga	gu	gu
使３（1579）	gi	gi	ga	gu	gu
田10（1593）	gi	gi	ga	gu	gu

浦（1597）	gi	gi	ga	gu	gu
17世紀					
田11（1606）	gi	gi	ga	gu	gu
使4（1606）	gi	gi	ga	gu	gu
おも2（1613）	zji	gi	ga	gu	gu
よう（1620）	zji	gi	ga	gu	gu
おも3（1623）	zji	gi	ga	gu	gu
本（1624）	zji	gi	ga	gu	gu
田12（1627）	zji	gi	ga	gu	gu
田13（1628）	zji	gi	ga	gu	gu
田14（1631）	zji	gi	ga	gu	gu
田15（1634）	zji	gi	ga	gu	gu
田16（1660）	zji	gi	ga	gu	gu
18世紀					
仲里（1703頃）	zji	gi	ga	gu	gu
混（1711）	zji	gi	ga	gu	gu
琉由（1713）	zji	gi	ga	gu	gu
信（1721）	zji	gi	ga	gu	gu
見（1764）	zji	gi	ga	gu	gu
琉訳（1800頃）	zji	gi	ga	gu	gu
19世紀					
漂（1818）	zji	gi	ga	gu	gu
クリ（1818）	zji	gi	ga	gu	gu
官（19c?）	zji	gi	ga	gu	gu
沖話（1880）	zji	gi	ga	gu	gu
チェン（1895）	zji	gi	ga	gu	gu
20世紀					
沖辞（1963）	zji	gi	ga	gu	gu
現代語（1970代）	zji	gi	ga	gu	gu

(注)

[ʤi]：/zji/　([dzi]：/zi/との関係で、このようにする。)

[ɯ]　：/ü/　　　　　　　　[ï]　：/ï/

Ⅶ－３－(3) タ行の子音
(＊／ｔｉ，ｔｅ，ｔａ，ｔｕ，ｔｏ／の子音)

*/ti/は、16世紀の初めには破擦音化して[ʧi]/cji/となっていた。それが現代に到る。
*/te/は、16世紀の初めには[tï]/tï/であったが、16世紀半ば以降[ti]/ti/になった。それが現代に到る。
*/ta/は、変わらずに[ta]/ta/である。
/i/の後で口蓋化・破擦音化したが、16世紀初めには破擦音化していた。その項参照。
*/tu/は、16世紀初め[tsɯ]/cü/であったものが、17世紀半ば以降[tsï]/cï/となり、18世紀の初めごろから[tsi]/ci/に変わったと考えられる。それが19世紀末ごろまで続き、その後[ʧi]/cji/になった。
*/to/は、16世紀の初めには[tu]/tu/となっており、それが現代語まで続くことになる。

	ti	te	ta	tu	to	備 考
15世紀以前	ti	te	ta	tu	to	
16世紀						
翻 (1501)	cji	tï	ta	cü	tu	
玉 (1501)	cji	tï	ta	cü	tu	
館 (16c前半)	cji	ti	ta	cü	tu	
石東 (1522)	cji	ti	ta	cü	tu	
石西 (1522)	cji	ti	ta	cü	tu	
田１ (1523)	cji	ti	ta	cü	tu	
崇 (1527)	cji	ti	ta	cü	tu	
おも1 (1531)	cji	ti	ta	cü	tu	
使１ (1534)	cji	ti	ta	cü	tu	
田２ (1536)	cji	ti	ta	cü	tu	
田３ (1537)	cji	ti	ta	cü	tu	
田４ (1541)	cji	ti	ta	cü	tu	
かた (1543)	cji	ti	ta	cü	tu	
田５ (1545)	cji	ti	ta	cü	tu	
添 (1546)	cji	ti	ta	cü	tu	
田６ (1551)	cji	ti	ta	cü	tu	
やら (1554)	cji	ti	ta	cü	tu	
田７ (1560)	cji	ti	ta	cü	tu	
使２ (1561)	cji	ti	ta	cü	tu	
田８ (1562)	cji	ti	ta	cü	tu	
田９ (1563)	cji	ti	ta	cü	tu	
字 (1572頃)	cji	ti	ta	cü	tu	
使３ (1579)	cji	ti	ta	cü	tu	

田10（1593）	cji	ti	ta	cü	tu	
浦（1597）	cji	ti	ta	cü	tu	
17世紀						
田11（1606）	cji	ti	ta	cü	tu	
使4（1606）	cji	ti	ta	cü	tu	
おも2（1613）	cji	ti	ta	cü	tu	
よう（1620）	cji	ti	ta	cï	tu	ちよく（強く）
おも3（1623）	cji	ti	ta	cï	tu	
本（1624）	cji	ti	ta	cï	tu	
田12（1627）	cji	ti	ta	cï	tu	
田13（1628）	cji	ti	ta	cï	tu	
田14（1631）	cji	ti	ta	cï	tu	
田15（1634）	cji	ti	ta	cï	tu	
田16（1660）	cji	ti	ta	cï	tu	
18世紀						
仲里（1703頃）	cji	ti	ta	ci	tu	はちのこ（初の子）
混（1711）	cji	ti	ta	ci	tu	
琉由（1713）	cji	ti	ta	ci	tu	
信（1721）	cji	ti	ta	ci	tu	
見（1764）	cji	ti	ta	ci	tu	
琉訳（1800頃）	cji	ti	ta	ci	tu	及「き、ち、つ」
19世紀						
漂（1818）	cji	ti	ta	ci	tu	
クリ（1818）	cji	ti	ta	ci	tu	
官（19c?）	cji	ti	ta	ci	tu	
沖話（1880）	cji	ti	ta	ci	tu	
チェン（1895）	cji	ti	ta	ci	tu	
20世紀						
沖辞（1963）	cji	ti	ta	ci	tu	
現代語（1970代）	cji	ti	ta	cji	tu	

（注）

［tsi］：/ci/
［ʧi］：/cji/

［ɯ］　：/ü/
［ï］：/ï/

Ⅶ－３－⑷ ダ行の子音

（＊／ｄｉ，ｄｅ，ｄａ，ｄｕ，ｄｏ／の子音）

*/di/は、16世紀の初めには破擦音化して[ʤi]/zji/となっていた。それが現代に到る。

*/de/は、16世紀の初めには[dï]/dï/であったが、16世紀半ば以降[di]/di/になった。それが現代に到る。

*/da/は、[da]/da/のまま推移してきた。

/i/の後で口蓋化・破擦音化したが、16世紀初めには破擦音化していた。その項参照。

*/du/は、16世紀初め[dzɯ]/zü/であったものが、17世紀半ば以降[dzï]/zï/となり、18世紀の初めごろから[dzi]/zi/に変わったと考えられる。それが19世紀末ごろまで続き、その後[ʤi]/zji/になった。

*/do/は、16世紀の半ばには[du]/du/となっており、それが現代語まで続くことになる。

	di	de	da	du	do
15世紀以前	di	de	da	du	do
16世紀					
翻（1501）	zji	dï	da	zü	do
玉（1501）	zji	dï	da	zü	do
館（16c 前半）	zji	di	da	zü	du
石東（1522）	zji	di	da	zü	du
石西（1522）	zji	di	da	zü	du
田１（1523）	zji	di	da	zü	du
崇（1527）	zji	di	da	zü	du
おも1（1531）	zji	di	da	zü	du
使１（1534）	zji	di	da	zü	du
田２（1536）	zji	di	da	zü	du
田３（1537）	zji	di	da	zü	du
田４（1541）	zji	di	da	zü	du
かた（1543）	zji	di	da	zü	du
田５（1545）	zji	di	da	zü	du
添（1546）	zji	di	da	zü	du
田６（1551）	zji	di	da	zü	du
やら（1554）	zji	di	da	zü	du
田７（1560）	zji	di	da	zü	du
使２（1561）	zji	di	da	zü	du
田８（1562）	zji	di	da	zü	du
田９（1563）	zji	di	da	zü	du
字（1572頃）	zji	di	da	zü	du
使３（1579）	zji	di	da	zü	du

田10（1593）	zji	di	da	zü	du
浦（1597）	zji	di	da	zü	du
17世紀					
田11（1606）	zji	di	da	zü	du
使4（1606）	zji	di	da	zü	du
おも2（1613）	zji	di	da	zü	du
よう（1620）	zji	di	da	zï	du
おも3（1623）	zji	di	da	zï	du
本（1624）	zji	di	da	zï	du
田12（1627）	zji	di	da	zï	du
田13（1628）	zji	di	da	zï	du
田14（1631）	zji	di	da	zï	du
田15（1634）	zji	di	da	zï	du
田16（1660）	zji	di	da	zï	du
18世紀					
仲里（1703頃）	zji	di	da	zi	du
混（1711）	zji	di	da	zi	du
琉由（1713）	zji	di	da	zi	du
信（1721）	zji	di	da	zi	du
見（1764）	zji	di	da	zi	du
琉訳（1800頃）	zji	di	da	zi	du
19世紀					
漂（1818）	zji	di	da	zi	du
クリ（1818）	zji	di	da	zi	du
官（19c?）	zji	di	da	zi	du
沖話（1880）	zji	di	da	zi	du
チェン（1895）	zji	di	da	zi	du
20世紀					
沖辞（1963）	zji	di	da	zi	du
（1970年代）	zji	di	da	zji	du

(注)
[dzi]：/zi/
[ʥi]：/zji/

[ɯ]　：/ü/
[ï]　：/ï/

Ⅶ－３－(5) ハ行の子音

（＊／ｐｉ，ｐｅ，ｐａ，ｐｕ，ｐｏ／の子音）

*/pi/は、[pi]/pi/（破裂音）であったものが、16世紀半ば以降[ɸi]/hwi/（摩擦音）に変化したらしい。それが20世紀に入ってから[çi]/hi/になる。

*/pe/は、[pï]/pï/を経て、16世紀半ば以降[ɸi]/hwi/（摩擦音）に変化したらしく思われる。さらに、20世紀に入ってから[çi]/hi/になる。

*/pa/は、[pa]/pa/から変化して、16世紀半ば以降[ɸa]/hwa/になったが、その後完全に[ha]/ha/になることはなく、現代語に到っても「共存」状態にあると言える。

*/pu/は、16世紀半ば以降[pu]/pu/から[ɸu]/hwu/に変わり、現代に到っている。

/po/は、16世紀半ば以降[po]/po/から[ɸu]/hwu/に変わり、/pu/と同じになって現代に到る。

	pi	pe	pa	pu	po	備 考
15世紀以前	pi	pe	pa	pu	po	ハ行転呼　ナシ
16世紀						
翻（1501）	pi	pï	pa	pu	po	ハ行転呼　ナシ
玉（1501）	pi	pï	pa	pu	po	ハ行転呼　ナシ
館（16c 前半）	hwi	hwi	hwa	hwu	hwu	ハ行転呼　アリ
石東（1522）	hwi	hwi	hwa	hwu	hwu	
石西（1522）	hwi	hwi	hwa	hwu	hwu	表記上、ハ行転呼　ナシ
田１（1523）	hwi	hwi	hwa	hwu	hwu	ハ行転呼　アリ
崇（1527）	hwi	hwi	hwa	hwu	hwu	
おも1（1531）	hwi	hwi	hwa	hwu	hwu	ハ行転呼　アリ
使１（1534）	hwi	hwi	hwa	hwu	hwu	ハ行転呼　アリ
田２（1536）	hwi	hwi	hwa	hwu	hwu	表記上、ハ行転呼　ナシ
田３（1537）	hwi	hwi	hwa	hwu	hwu	表記上、ハ行転呼　ナシ
田４（1541）	hwi	hwi	hwa	hwu	hwu	表記上、ハ行転呼　ナシ
かた（1543）	hwi	hwi	hwa	hwu	hwu	ハ行転呼　アリ
田５（1545）	hwi	hwi	hwa	hwu	hwu	表記上、ハ行転呼　ナシ
添（1546）	hwi	hwi	hwa	hwu	hwu	表記上、ハ行転呼　ナシ
田６（1551）	hwi	hwi	hwa	hwu	hwu	ハ行転呼　アリ
やら（1554）	hwi	hwi	hwa	hwu	hwu	表記上、ハ行転呼　ナシ
田７（1560）	hwi	hwi	hwa	hwu	hwu	表記上、ハ行転呼　ナシ
使２（1561）	hwi	hwi	hwa	hwu	hwu	ハ行転呼　アリ
田８（1562）	hwi	hwi	hwa	hwu	hwu	表記上、ハ行転呼　ナシ
田９（1563）	hwi	hwi	hwa	hwu	hwu	表記上、ハ行転呼　ナシ
字（1572頃）	hwi	hwi	hwa	hwu	hwu	ハ行転呼　アリ
使３（1579）	hwi	hwi	hwa	hwu	hwu	ハ行転呼　アリ
田10（1593）	hwi	hwi	hwa	hwu	hwu	表記上、ハ行転呼　ナシ

浦（1597）	hwi	hwi	hwa	hwu	hwu	表記上、ハ行転呼　ナシ
17世紀						
田11（1606）	hwi	hwi	hwa	hwu	hwu	表記上、ハ行転呼　ナシ
使4（1606）	hwi	hwi	hwa	hwu	hwu	ハ行転呼　アリ
おも2（1613）	hwi	hwi	hwa	hwu	hwu	ハ行転呼　アリ、
よう（1620）	hwi	hwi	hwa	hwu	hwu	表記上、ハ行転呼　ナシ
おも3（1623）	hwi	hwi	hwa	hwu	hwu	ハ行転呼　アリ、ナシも
本（1624）	hwi	hwi	hwa	hwu	hwu	表記上、ハ行転呼　ナシ
田12（1627）	hwi	hwi	hwa	hwu	hwu	表記上、ハ行転呼　ナシ
田13（1628）	hwi	hwi	hwa	hwu	hwu	表記上、ハ行転呼　ナシ
田14（1631）	hwi	hwi	hwa	hwu	hwu	表記上、ハ行転呼　ナシ
田15（1634）	hwi	hwi	hwa	hwu	hwu	表記上、ハ行転呼　ナシ
田16（1660）	hwi	hwi	hwa	hwu	hwu	表記上、ハ行転呼　ナシ
18世紀						
仲里（1703頃）	hwi	hwi	hwa	hwu	hwu	ハ行転呼　アリ
混（1711）	hwi	hwi	hwa	hwu	hwu	ハ行転呼　アリ
琉由（1713）	hwi	hwi	hwa	hwu	hwu	ハ行転呼　アリ
信（1721）	hwi	hwi	hwa	hwu	hwu	ハ行転呼　アリ
見（1764）	hwi	hwi	hwa	hwu	hwu	ハ行転呼　アリ
琉訳（1800頃）	hwi	hwi	hwa	hwu	hwu	ハ行転呼　アリ、ナシも
19世紀						
漂（1818）	hwi	hwi	hwa	hu	hu	
クリ（1818）	hwi	hwi	hwa	hu	hu	ハ行転呼　アリ、ナシも
官（19c?）	hwi	hwi	hwa	hu	hu	ハ行転呼　アリ、ナシも
沖話（1880）	hwi	hwi	hwa	hu	hu	ハ行転呼　アリ、ナシも
チェン（1895）	hwi	hwi	hwa	hu	hu	ハ行転呼　アリ、ナシも
20世紀						
沖辞（1963）	hwi	hwi	hwa	hu	hu	ハ行転呼　アリ、ナシも
現代語(1970代)	hi	hi	h(w)a	hu	hu	ハ行転呼　アリ、ナシも

（注）　[ɸi]：/hwi/　[çi]：/hi/　[ï]：/ï/

□「ハ行転呼」とその後

「ハ行転呼」は、16世紀前半あたりから始まったらしい。

「備考」の欄に記したように、現象的には、「ハ行転呼」は終了していないことになる。現代語の[ʔaɸasaɴ]/ʔahwasaɴ/（あはし、淡し、味が薄い）、[kuɸasaɴ]/kuhwasaɴ/（こはし、硬し）等をいかに取り扱うかという問題である。

□表には示してないが、助辞の「は」は、ハ行転呼を経て、「や」[ja]となる。

Ⅶ－３－(6) バ行の子音

（＊／ｂｉ，ｂｅ，ｂａ，ｂｕ，ｂｏ／の子音）

*/bi/は、[bi]/bi/のまま現代に至る。
*/be/は、16世紀の初めには[bï]/bï/であったが、16世紀半ば以降[bi]/bi/になった。
それが現代に到る。
*/ba/は、[ba]/ba/のまま現代に至る。
*/bu/は、[bu]/bu/のまま現代に至る。
[-bura]が [-nda]に変化する場合がある。（例、「あぶら、油」）
*/bo/は、16世紀の初めには[bu]/bu/となっており、それが現代語まで続くことになる。

	bi	be	ba	bu	bo
15世紀以前	bi	be	ba	bu	bo
16世紀					
翻（1501）	bi	bï	ba	bu	bo
玉（1501）	bi	bï	ba	bu	bo
館（16c 前半）	bi	bi	ba	bu	bu
石東（1522）	bi	bi	ba	bu	bu
石西（1522）	bi	bi	ba	bu	bu
田１（1523）	bi	bi	ba	bu	bu
崇（1527）	bi	bi	ba	bu	bu
おも1（1531）	bi	bi	ba	bu	bu
使１（1534）	bi	bi	ba	bu	bu
田２（1536）	bi	bi	ba	bu	bu
田３（1537）	bi	bi	ba	bu	bu
田４（1541）	bi	bi	ba	bu	bu
かた（1543）	bi	bi	ba	bu	bu
田５（1545）	bi	bi	ba	bu	bu
添（1546）	bi	bi	ba	bu	bu
田６（1551）	bi	bi	ba	bu	bu
やら（1554）	bi	bi	ba	bu	bu
田７（1560）	bi	bi	ba	bu	bu
使２（1561）	bi	bi	ba	bu	bu
田８（1562）	bi	bi	ba	bu	bu
田９（1563）	bi	bi	ba	bu	bu
字（1572頃）	bi	bi	ba	bu	bu
使３（1579）	bi	bi	ba	bu	bu
田10（1593）	bi	bi	ba	bu	bu
浦（1597）	bi	bi	ba	bu	bu

17世紀					
田11（1606）	bi	bi	ba	bu	bu
使4（1606）	bi	bi	ba	bu	bu
おも2（1613）	bi	bi	ba	bu	bu
よう（1620）	bi	bi	ba	bu	bu
おも3（1623）	bi	bi	ba	bu	bu
本（1624）	bi	bi	ba	bu	bu
田12（1627）	bi	bi	ba	bu	bu
田13（1628）	bi	bi	ba	bu	bu
田14（1631）	bi	bi	ba	bu	bu
田15（1634）	bi	bi	ba	bu	bu
田16（1660）	bi	bi	ba	bu	bu
18世紀					
仲里（1703頃）	bi	bi	ba	bu	bu
混（1711）	bi	bi	ba	bu	bu
琉由（1713）	bi	bi	ba	bu	bu
信（1721）	bi	bi	ba	bu	bu
見（1764）	bi	bi	ba	bu	bu
琉訳（1800頃）	bi	bi	ba	bu	bu
19世紀					
漂（1818）	bi	bi	ba	bu	bu
クリ（1818）	bi	bi	ba	bu	bu
官（19c?）	bi	bi	ba	bu	bu
沖話（1880）	bi	bi	ba	bu	bu
チェン（1895）	bi	bi	ba	bu	bu
20世紀					
沖辞（1963）	bi	bi	ba	bu	bu
（1970年代）	bi	bi	ba	bu	bu

Ⅶ－３－(7) サ行の子音

（＊／ｓｉ，ｓｅ，ｓａ，ｓｕ，ｓｏ／の子音）

*/si/は、[ʃi]/si/の状態で現代に繋がっている。

*/se/は､16世紀前半までは[sï]/sï/であった可能性が高く､その後[si]/si/に転じた。これが、19世紀初めまで続き、さらに[ʃi]/sji/となり現代に到る。

*/sa/は、[sa]/sa/のまま現代に到る。

*/su/は、16世紀初め[sɯ]/sü/であったものが、17世紀半ば以降[sï]/sï/となり、18世紀の初めごろから[si]/si/に変わったと考えられる。それが19世紀終りごろまで続き、その後[ʃi]/sji/になった。

*/so/は､16世紀の半ばには[su]/su/となっており､それが現代語まで続くことになる。

	si	se	sa	su	so
15世紀以前	sji	se	sa	su	so
16世紀					
翻（1501）	sji	sï	sa	sü	su
玉（1501）	sji	sï	sa	sü	su
館（16c 前半）	sji	si	sa	sü	su
石東（1522）	sji	si	sa	sü	su
石西（1522）	sji	si	sa	sü	su
田１（1523）	sji	si	sa	sü	su
崇（1527）	sji	si	sa	sü	su
おも1（1531）	sji	si	sa	sü	su
使１（1534）	sji	si	sa	sü	su
田２（1536）	sji	si	sa	sü	su
田３（1537）	sji	si	sa	sü	su
田４（1541）	sji	si	sa	sü	su
かた（1543）	sji	si	sa	sü	su
田５（1545）	sji	si	sa	sü	su
添（1546）	sji	si	sa	sü	su
田６（1551）	sji	si	sa	sü	su
やら（1554）	sji	si	sa	sü	su
田７（1560）	sji	si	sa	sü	su
使２（1561）	sji	si	sa	sü	su
田８（1562）	sji	si	sa	sü	su
田９（1563）	sji	si	sa	sü	su
字（1572頃）	sji	si	sa	sü	su
使３（1579）	sji	si	sa	sü	su
田10（1593）	sji	si	sa	sü	su

浦（1597）	sji	si	sa	sü	su
17世紀					
田11（1606）	sji	si	sa	sü	su
使４（1606）	sji	si	sa	sü	su
おも２（1613）	sji	si	sa	sü	su
よう（1620）	sji	si	sa	sï	su
おも３（1623）	sji	si	sa	sï	su
本（1624）	sji	si	sa	sï	su
田12（1627）	sji	si	sa	sï	su
田13（1628）	sji	si	sa	sï	su
田14（1631）	sji	si	sa	sï	su
田15（1634）	sji	si	sa	sï	su
田16（1660）	sji	si	sa	sï	su
18世紀					
仲里（1703頃）	sji	si	sa	si	su
混（1711）	sji	si	sa	si	su
琉由（1713）	sji	si	sa	si	su
信（1721）	sji	si	sa	si	su
見（1764）	sji	si	sa	si	su
琉訳（1800頃）	sji	si	sa	si	su
19世紀					
漂（1818）	sji	sji	sa	si	su
クリ（1818）	sji	sji	sa	si	su
官（19c?）	sji	sji	sa	si	su
沖話（1880）	sji	sji	sa	si	su
チェン（1895）	sji	sji	sa	si	su
20世紀					
沖辞（1963）	sji	sji	sa	si	su
現代語（1970代）	sji	sji	sa	sji	su

(注)

［si］：/si/　［ʃi］：/sji/

［sɯ］：/sü/　［sï］：/sï/

Ⅶ－３－(8) ザ行の子音

（＊／ｚｉ，ｚｅ，ｚａ，ｚｕ，ｚｏ／の子音）

*/zi/は、[ʥi]/zji/の状態で現代に繋がっている。

*/ze/は、16世紀前半までは[dzï]/zï/であった可能性が高く、その後[dzi]/zi/に転じた。これが、19世紀初めまで続き、さらに[ʥi]/zji/となり現代に到る。

*/za/は、[za]/za/のまま現代に到る。

*/zu/は、16世紀初め[dzɯ]/zü/であったものが、17世紀半ば以降[dzï]/zï/となり、18世紀の初めごろから[dzi]/zi/に変わったと考えられる。それが19世紀終りごろまで続き、その後[ʥi]/zji/になった。

*/zo/は、16世紀の半ばには[dzu][ʥu]/zu/となっており、それが現代語まで続くことになる。

	zi	ze	za	zu	zo
15世紀以前	zji	ze	za	zu	zo
16世紀					
翻（1501）	zji	zï	za	zü	zu
玉（1501）	zji	zï	za	zü	zu
館（16c 前半）	zji	zi	za	zü	zu
石東（1522）	zji	zi	za	zü	zu
石西（1522）	zji	zi	za	zü	zu
田１（1523）	zji	zi	za	zü	zu
崇（1527）	zji	zi	za	zü	zu
おも1（1531）	zji	zi	za	zü	zu
使１（1534）	zji	zi	za	zü	zu
田２（1536）	zji	zi	za	zü	zu
田３（1537）	zji	zi	za	zü	zu
田４（1541）	zji	zi	za	zü	zu
かた（1543）	zji	zi	za	zü	zu
田５（1545）	zji	zi	za	zü	zu
添（1546）	zji	zi	za	zü	zu
田６（1551）	zji	zi	za	zü	zu
やら（1554）	zji	zi	za	zü	zu
田７（1560）	zji	zi	za	zü	zu
使２（1561）	zji	zi	za	zü	zu
田８（1562）	zji	zi	za	zü	zu
田９（1563）	zji	zi	za	zü	zu
字（1572頃）	zji	zi	za	zü	zu
使３（1579）	zji	zi	za	zü	zu

田10（1593）	zji	zi	za	zü	zu
浦（1597）	zji	zi	za	zü	zu
17世紀					
田11（1606）	zji	zi	za	zü	zu
使4（1606）	zji	zi	za	zü	zu
おも2（1613）	zji	zi	za	zü	zu
よう（1620）	zji	zi	za	zï	zu
おも3（1623）	zji	zi	za	zï	zu
本（1624）	zji	zi	za	zï	zu
田12（1627）	zji	zi	za	zï	zu
田13（1628）	zji	zi	za	zï	zu
田14（1631）	zji	zi	za	zï	zu
田15（1634）	zji	zi	za	zï	zu
田16（1660）	zji	zi	za	zï	zu
18世紀					
仲里（1703頃）	zji	zi	za	zi	zu
混（1711）	zji	zi	za	zi	zu
琉由（1713）	zji	zi	za	zi	zu
信（1721）	zji	zi	za	zi	zu
見（1764）	zji	zi	za	zi	zu
琉訳（1800頃）	zji	zi	za	zi	zu
19世紀					
漂（1818）	zji	zji	za	zi	zu
クリ（1818）	zji	zji	za	zi	zu
官（19c?）	zji	zji	za	zi	zu
沖話（1880）	zji	zji	za	zi	zu
チェン（1895）	zji	zji	za	zi	zu
20世紀					
沖辞（1963）	zji	zji	za	zi	zu
現代語（1970代）	zji	zji	za	zji	zu

(注)

［dzi］：/zi/　［ʤi］：/zji/

［dzɯ］：/zü/　［dzï］：/zï/

Ⅶ－３－(9) マ行の子音
(＊／mi,me,ma,mu,mo／の子音)

*/mi/は、[mi]/mi/で現代に到る。但し、撥音化の例あり。その項、参照。
[bi]/bi/に変わる例がある。　[kami]/kami/→[kabi]/kabi/（かみ、紙）
*/me/は、16世紀の初めには[mï]/mï/であったが、16世紀半ば以降[mi]/mi/になった。それが現代に到る。
*/ma/は、変わらずに[ma]/ma/である。
*/-ima/に口蓋化が起こった。その項、参照。
*/mu/は、[mu]/mu/のまま移ってきた。但し、撥音化の例がある。その項、参照。
[mura]/mura/が[nda]/ɴda/に変わる例がある。
[nakamurakari]/nakamurakari/→[nakandakari]/nakaɴdakari/（なかむらかり、仲村渠)、[komura]/komura/→[kunda]/kuɴda/（こむら、腓)
*/mo/は、16世紀半ば以降[mu]/mu/に変化したらしい。

	mi	me	ma	mu	mo
15世紀以前	mi	me	ma	mu	mo
16世紀					
翻（1501)	mi	mï	ma	mu	mo
玉（1501)	mi	mï	ma	mu	mo
館（16c 前半)	mi	mi	ma	mu	mu
石東（1522)	mi	mi	ma	mu	mu
石西（1522)	mi	mi	ma	mu	mu
田１（1523)	mi	mi	ma	mu	mu
崇（1527)	mi	mi	ma	mu	mu
おも1（1531)	mi	mi	ma	mu	mu
使１（1534)	mi	mi	ma	mu	mu
田２（1536)	mi	mi	ma	mu	mu
田３（1537)	mi	mi	ma	mu	mu
田４（1541)	mi	mi	ma	mu	mu
かた（1543)	mi	mi	ma	mu	mu
田５（1545)	mi	mi	ma	mu	mu
添（1546)	mi	mi	ma	mu	mu
田６（1551)	mi	mi	ma	mu	mu
やら（1554)	mi	mi	ma	mu	mu
田７（1560)	mi	mi	ma	mu	mu
使２（1561)	mi	mi	ma	mu	mu
田８（1562)	mi	mi	ma	mu	mu
田９（1563)	mi	mi	ma	mu	mu

字（1572頃）	mi	mi	ma	mu	mu
使３（1579）	mi	mi	ma	mu	mu
田10（1593）	mi	mi	ma	mu	mu
浦（1597）	mi	mi	ma	mu	mu
17世紀					
田11（1606）	mi	mi	ma	mu	mu
使４（1606）	mi	mi	ma	mu	mu
おも２（1613）	mi	mi	ma	mu	mu
よう（1620）	mi	mi	ma	mu	mu
おも３（1623）	mi	mi	ma	mu	mu
本（1624）	mi	mi	ma	mu	mu
田12（1627）	mi	mi	ma	mu	mu
田13（1628）	mi	mi	ma	mu	mu
田14（1631）	mi	mi	ma	mu	mu
田15（1634）	mi	mi	ma	mu	mu
田16（1660）	mi	mi	ma	mu	mu
18世紀					
仲里（1703頃）	mi	mi	ma	mu	mu
混（1711）	mi	mi	ma	mu	mu
琉由（1713）	mi	mi	ma	mu	mu
信（1721）	mi	mi	ma	mu	mu
見（1764）	mi	mi	ma	mu	mu
琉訳（1800頃）	mi	mi	ma	mu	mu
19世紀					
漂（1818）	mi	mi	ma	mu	mu
クリ（1818）	mi	mi	ma	mu	mu
官（19c?）	mi	mi	ma	mu	mu
沖話（1880）	mi	mi	ma	mu	mu
チェン（1895）	mi	mi	ma	mu	mu
20世紀					
沖辞（1963）	mi	mi	ma	mu	mu
現代語（1970代）	mi	mi	ma	mu	mu

Ⅶ－３－(10) ナ行の子音

（＊／ｎｉ，ｎｅ，ｎａ，ｎｕ，ｎｏ／の子音）

*/ni/は、[ni]/ni/で現代に到る。但し、撥音化の例がある。その項、参照。

*/ne/は、16世紀の初めには[nï]/nï/であったが、16世紀半ば以降[ni]/ni/になった。それが現代に到る。

*/na/は、変わらずに[na]/na/である。

*/-ina/に口蓋化が起こった。その項、参照。

*/nu/は、[nu]/nu/のまま移ってきた。但し、撥音化あり。その項、参照。

*/no/は、16世紀半ば以降[nu]/nu/に変化したらしい。

	ni	ne	na	nu	no
15世紀以前	ni	ne	na	nu	no
16世紀					
翻（1501）	ni	nï	na	nu	no
玉（1501）	ni	nï	na	nu	no
館（16c 前半）	ni	ni	na	nu	nu
石東（1522）	ni	ni	na	nu	nu
石西（1522）	ni	ni	na	nu	nu
田１（1523）	ni	ni	na	nu	nu
崇（1527）	ni	ni	na	nu	nu
おも1（1531）	ni	ni	na	nu	nu
使１（1534）	ni	ni	na	nu	nu
田２（1536）	ni	ni	na	nu	nu
田３（1537）	ni	ni	na	nu	nu
田４（1541）	ni	ni	na	nu	nu
かた（1543）	ni	ni	na	nu	nu
田５（1545）	ni	ni	na	nu	nu
添（1546）	ni	ni	na	nu	nu
田６（1551）	ni	ni	na	nu	nu
やら（1554）	ni	ni	na	nu	nu
田７（1560）	ni	ni	na	nu	nu
使２（1561）	ni	ni	na	nu	nu
田８（1562）	ni	ni	na	nu	nu
田９（1563）	ni	ni	na	nu	nu
字（1572頃）	ni	ni	na	nu	nu
使３（1579）	ni	ni	na	nu	nu
田10（1593）	ni	ni	na	nu	nu
浦（1597）	ni	ni	na	nu	nu

17世紀					
田11（1606）	ni	ni	na	nu	nu
使４（1606）	ni	ni	na	nu	nu
おも２（1613）	ni	ni	na	nu	nu
よう（1620）	ni	ni	na	nu	nu
おも３（1623）	ni	ni	na	nu	nu
本（1624）	ni	ni	na	nu	nu
田12（1627）	ni	ni	na	nu	nu
田13（1628）	ni	ni	na	nu	nu
田14（1631）	ni	ni	na	nu	nu
田15（1634）	ni	ni	na	nu	nu
田16（1660）	ni	ni	na	nu	nu
18世紀					
仲里（1703頃）	ni	ni	na	nu	nu
混（1711）	ni	ni	na	nu	nu
琉由（1713）	ni	ni	na	nu	nu
信（1721）	ni	ni	na	nu	nu
見（1764）	ni	ni	na	nu	nu
琉訳（1800頃）	ni	ni	na	nu	nu
19世紀					
漂（1818）	ni	ni	na	nu	nu
クリ（1818）	ni	ni	na	nu	nu
官（19c?）	ni	ni	na	nu	nu
沖話（1880）	ni	ni	na	nu	nu
チェン（1895）	ni	ni	na	nu	nu
20世紀					
沖辞（1963）	ni	ni	na	nu	nu
現代語（1970代）	ni	ni	na	nu	nu

Ⅶ－３－(11) ラ行の子音
（＊／ｒｉ，ｒｅ，ｒａ，ｒｕ，ｒｏ／の子音）

*/ri/は、[ri]/ri/であったが、18世紀に入って[ji]/'i/に変化した。但し、[ri]/ri/のままの例もある（＜例＞　[ʃiʤiri]/sizjiri/すずり、硯）。表では、それを「(r)i」のように表示した。

*/re/は、16世紀の初めには[rï]/rï/であったが、16世紀半ば以降[ri]/ri/になった。それが現代に到る。

*/ra/は、変わらずに[ra]/ra/である。
[kura]/kura/が[kkwa]/Qkwa/に変わる例がある。
[makura]/makura/→ [kakkwa]/maQkwa/（まくら、枕）

*/ru/は、[ru]/ru/のまま移ってきた。

*/ro/は、16世紀半ば以降[ru]/ru/に変化したらしい。

	ri	re	ra	ru	ro
15世紀以前	ri	re	ra	ru	ro
16世紀					
翻（1501）	ri	rï	ra	ru	ro
玉（1501）	ri	rï	ra	ru	ro
館（16c前半）	ri	ri	ra	ru	ru
石東（1522）	ri	ri	ra	ru	ru
石西（1522）	ri	ri	ra	ru	ru
田１（1523）	ri	ri	ra	ru	ru
崇（1527）	ri	ri	ra	ru	ru
おも1（1531）	ri	ri	ra	ru	ru
使１（1534）	ri	ri	ra	ru	ru
田２（1536）	ri	ri	ra	ru	ru
田３（1537）	ri	ri	ra	ru	ru
田４（1541）	ri	ri	ra	ru	ru
かた（1543）	ri	ri	ra	ru	ru
田５（1545）	ri	ri	ra	ru	ru
添（1546）	ri	ri	ra	ru	ru
田６（1551）	ri	ri	ra	ru	ru
やら（1554）	ri	ri	ra	ru	ru
田７（1560）	ri	ri	ra	ru	ru
使２（1561）	ri	ri	ra	ru	ru
田８（1562）	ri	ri	ra	ru	ru
田９（1563）	ri	ri	ra	ru	ru
字（1572頃）	ri	ri	ra	ru	ru

使３（1579）	ri	ri	ra	ru	ru
田10（1593）	ri	ri	ra	ru	ru
浦（1597）	ri	ri	ra	ru	ru
17世紀					
田11（1606）	ri	ri	ra	ru	ru
使４（1606）	ri	ri	ra	ru	ru
おも２（1613）	ri	ri	ra	ru	ru
よう（1620）	ri	ri	ra	ru	ru
おも３（1623）	ri	ri	ra	ru	ru
本（1624）	ri	ri	ra	ru	ru
田12（1627）	ri	ri	ra	ru	ru
田13（1628）	ri	ri	ra	ru	ru
田14（1631）	ri	ri	ra	ru	ru
田15（1634）	ri	ri	ra	ru	ru
田16（1660）	ri	ri	ra	ru	ru
18世紀					
仲里（1703頃）	(r)i	ri	ra	ru	ru
混（1711）	(r)i	ri	ra	ru	ru
琉由（1713）	(r)i	ri	ra	ru	ru
信（1721）	(r)i	ri	ra	ru	ru
見（1764）	(r)i	ri	ra	ru	ru
琉訳（1800頃）	(r)i	ri	ra	ru	ru
19世紀					
漂（1818）	(r)i	ri	ra	ru	ru
クリ（1818）	(r)i	ri	ra	ru	ru
官（19c?）	(r)i	ri	ra	ru	ru
沖話（1880）	(r)i	ri	ra	ru	ru
チェン（1895）	(r)i	ri	ra	ru	ru
20世紀					
沖辞（1963）	(r)i	ri	ra	ru	ru
現代語（1970代）	(r)i	ri	ra	ru	ru

Ⅶ－４　その他

Ⅶ－４－(1) 撥音

「有声子音の前の鼻音」は、別に扱うことにして、ここでは、所謂「撥音」について考察を深める。但し、今までの分析のまとめをするのではなく、保留にしてきた「撥音二種」に焦点を当てることとする。

第Ⅳ章（Ⅳ－４その他　Ⅳ－４－(1)撥音）の{混}（1711）のところで、「みきや～」「むきや～」を取り上げて、次のように述べた。

元が同じでありながら、なぜふたつの形が「並存」しているのかという理由については保留するが、両者が音声的に違うであろうことは容易に推測できよう。そして、「む～」が「み～」の母音脱落によって生じたらしいことも、これまた、容易に推察できることである。「む」の母音が脱落したのであれば、それは[m]であり、[mu]であるはずがない。

もともと「み～」ではないものが「む」と表記されている次の例が、それを補強してくれる。

○なむぢや（銀子之）

因みに、{見}には「南夾<銀>」とある。「南」の「古事書類の音」は「nam」「nan」である。

別の視点から考えてみるうえで「あむた（油）」は、好例となる。これは、「あぶら」から変化したことは明らかで、現代語では「あんだ」[ʔanda]となるのであるが、[abura]→[abuda]→[amuda]→[amda]→[anda]等と変化する途中の形としての「あむた」であろうと考えられる。

これに補うとすれば、同じ資料に「あんしきやなし」（按司加那志）の例もあるから、「むきや～」の「む」と「ん」とは書き分けられており、別の「もの」であるということである。

ここで、{石西}（1522）の「ミつのへのむまのとし（壬午の年）」、{崇}（1527）の「むまから（馬から）」を想起したい。

{石西}には「くにのあんしけす（国の按司下司）、一はんのさとぬしへ（一番の里主部）」等の「ん」表記の例があり、同時期の仮名資料の{田２}（1536）に「くわんしやか方へ（官舎が方へ）」、{田３}（1537）に「せんとう（船頭）」という「ん」表記の例がある。

また、「うま、馬」は、{翻}（1501）には「’u-ma」とあり、{館}（16C前半？）には「烏馬」とある。

以上を勘案すれば、成り立ちは違うものの、{混}の「むきや～」の「む」と{石西}・{崇}の「むま」の「む」とは共通性を有し、音価としては[m]であろうと推定できる。

{よう}（1620）の「よむたもさ（読谷山）」の例もこれに準じると考えられる。

Ⅶ－４－(2) 促音

ハングル資料の｛翻｝、｛館｝を初めとする一連の漢字資料、更にアルファベット資料と、各ジャンルの資料に関して「促音」の存在を確認してきたが、口蓋化・破擦音化のように、どのように変化してきたかという跡付けには馴染まないと判断されるので、今までの分析で充分に用を足していると考える。あえて纏めのようなことはしないことにする。

Ⅶ－４－(3) 口蓋化と破擦音化

沖縄語の「口蓋化・破擦音化」について、母音／ｉ／が関与しているということは、今までの分析で充分に明らかになったと言える。

前の子音に影響を与えたと考えられる代表例として①*/ki/, ②*/ti/, ③*/gi/, ④*/di/を取り上げ、後の子音の変化を招来した代表例として⑤*/-ika/, ⑥*/-ita/, ⑦*/-iga/, ⑧*/-ida/を取り上げてきた。これらについて、今一度詳しく考えてみる。

これらは、現代語（の音声）としては、順に ①[ʧi], ②[ʧi], ③[ʤi], ④[ʤi], ⑤[(-i)ʧa], ⑥[(-i)ʧa], ⑦[(-i)ʤa], ⑧[(-i)ʤa] のように破擦音として実現することを見た。全て、口蓋化を経て破擦音化した姿である。

確認の意味で、語例を一つずつ示しておこう。①[ʧimu]（きも、肝、心)、②[kuʧi]（くち、口)、③[ʔusaʤi]（うさぎ、兎)、④[hanaʤi：]（はなぢ、鼻血)、⑤[ʧa：]（いか、如何)（「文語」では[ʔiʧa]という)、⑥[ʔaʧa]（あした、明日)、⑦[nʤasa]（にがさ、苦さ)、⑧[ʔaʃiʤa]（あしだ、足駄)

①　*／ｋｉ／

｛翻｝(1501) におけるハングル表記の沖縄語の*/ki/相当部分には、「ki」と「khi」とが現れる。破擦音を示す「c」や「ch」等は当てられていない。つまり、破擦音化は起こっていなかったことを物語っている。次の例を参照。

○ki-mo（きも、肝、心）　○khi-ri-’u（きのふ、昨日）

○’ju-ki（ゆき、雪）

これが破擦音化傾向を示すのは、16世紀半ば以降ではないかと思われる。漢字資料 ｛使1｝(1534)、｛使2｝(1561)、｛字｝(1572頃)、｛使3｝(1579) には、破裂音とともに破擦音を示す音訳字も現れる。仮名資料の ｛浦｝(1597) にも、「き」とあるべきところに「ち」が出てきた。以下のようである。

｛使1｝の用例：○乞奴（きのふ、昨日）　○非進的（ひきで、引き出）

｛使2｝の用例：○起模（きも、肝、心）　○（匹）舎蛮（資）之　7）（ひざまづき、跪き）

｛字｝の用例：○起模（きも、肝、心）　○遮那（きぬ、衣）　○匹舎蛮資之（ひざまづき、跪き）

{使3} の用例：○起模（きも、肝、心）　○匹舎蛮資之（ひざまづき、跪き）
{浦} の用例：○御ちよわひ（御来よわひ）

「田名文書」では17世紀に入っても*/ki/相当部分には「き」しか現れない。辞令文書という性格から「規範意識」が強く作用した結果だと思われる。

高橋（1991）注1）では、「き」の破擦音化に関して、「キの破擦音は特殊な音環境にしか生じていない」として（p. 58）、「ちよわる（来給う）・ちよわより（来給いて）、ふさちん（未詳語とされているものであるが、『琉球国由来記』に出て来るフサキンと同語とすれば）」等の例を上げ、「これらは拗音であったり、キの次にヤ行音や撥音がきたりしている点で特殊である」と説明している。
柳田（1999）注2）では、「「キ」の口蓋化「チ」」は『おもろさうし』にも認められるとして、次のように述べる。

「チ」「ヂ・ジ」の形が生じた後も、「キ」「ギ」の形が生きていて、本来の正しい形が「キ」「ギ」であることが意識できている間は、「チ」「ヂ・ジ」の形はなかなか文献の上には現れて来にくいはずである。従って、例は極めて少なくとも、「キ」が「チ」で実現していたらしい例が認められるということは、「キ」「ギ」の「チ」「ヂ・ジ」への変化が相当進んでいたことの反映と見るべきであろう。（中略）筆者は、直前にｉ母音が立たない場合でも、「キ」「ギ」は口蓋化を起こして、「チ」「ヂ・ジ」になっていたと推定する。（上、p. 28-30）

私は、第Ⅵ章までで見てきたように、*/ki/破擦音化の時期を16世紀半ば以降と考える。

これがどのようにして現代（沖縄）語とつながるのか。
その前に、使用頻度の高い語で、*/ki/:[ʧi]の対応をしないものがある。その代表的存在が「木（き）」[ki:]である。まず、これについて考察する。
{沖辞}（1963）に、次のようにある。
cijai◎（名）木遣り。重い材木を多人数で歌を歌いながら運搬すること。またその時に歌う歌。kuɴzaɴsabakui はその歌の名。
kusunuci◎（名）くすのき。楠。樟。
（◎はアクセントを示している。「平板型の単語は◎、下降型の単語は①を付けて示す」とある。）（音韻表記なので、音声表記に直すと、[ʧijaji]、[kusunuʧi]である。）

それぞれ*/kijari/（きやり），*/kusunoki/（くすのき）に対応するのは明白であり、*/ki/（木）:[ʧi]を示す証拠となる。
多和田（1997）で述べたように（p. 275）、この辞典は19世紀末から20世紀初の首里方言を収録したものと考えてよいから、近年まで「木（き）」が[ʧi]であった可能性を示すものとなろう。

ただし、単独の場合は[kiː]であった。アルファベット資料{クリ}(1818)には、「Tree --Kee」とある。単独の場合と複合語の場合とでは現れが違っているということになる。({沖辞} でも、単独では「kii」である。)

また、{沖話} (1880)には、次のような例がある。

○クス　樟　クスヌチ　○ヒノキ　檜　ヒヌチ　○クロキ　黒木　クルチ　○カフゾ　楮　カビキ

○草モ、木モ（クサン　キイン）

「木＝チ」の対応を見せる。「カビキ」は「紙木」で、多分に翻訳語的である。単独では「キイン」が示すように「キー」である。

以上を見ると、「木（き）」は[ʧi]を経て、再び[ki]になったという可能性も考えられそうである。

（但し、このような分析は「形態」のレベルでの事柄となり、「音韻」のレベルとしてはさほど重要ではないとも言える。）

同様の関係にありながら「語形上」も違っているものとして、次のような例がある。即ち、現代（沖縄）語で「顔」を意味するのは「つら（面）」に対応する[ʧira]であるが、「かほ（顔）」がないわけではない。その例として、[koːgaːkiː]と[ʔumbujikoːbuji]とを上げることができる。前者は「かほがけ（顔懸け）」に、後者は「おもぶりかほぶり（面振り顔振り）」に対応することは間違いない。

{沖辞} (1963)にも、次のようにある。

koogaakii◎（名詞）ほおかむり。頭からほおへかけて手ぬぐいをかぶること。農民の習俗で、首里那覇では酒席で、踊りの時する者があった。

ʔuɴbuikoo¬bui◎（副）(一) 首を前後左右に曲げるさま。こっくり。居眠りなどのさま。(下略)

因みに、「ー木（ぎ）」も破擦音化を経験したらしい。{クリ} (1818)に「Prickly pear bush---Cooroojee」とあるが、これは「くろぎ（黒木）」に対応するものであろう。[kuruʤi]である。(ただし、{沖辞} には「kuruci◎（名）植物名。くろき。琉球黒檀。」とある。)

{沖話} (1880)　には、「フクギ　福木　フクジ」「ヤナギ　柳　ヤナジ」「アカギ　赤木　アカギ」「マキ　槙　チヤーギ」等とあって、「ジ」「ギ」並存状態である。

過去の資料では口蓋化あるいは破擦音化した姿を見せていたのに、現代語ではそれ以前の姿になっているものが、他にもある。「力（ちから）」と「板（いた）」である。仮名資料で「ちきやら」と「いちや」と表記されたことがあるのに、現代語では[ʧikara]（力）であり、[ʔita]（板）であるのである。どこかで「取替え」（あるいは「戻し」）が起こったと考えられる。

話を「木」にもどす。「木」の問題に関して、高橋（1991）では、次のように言

う。つまり、「木」に関して「き」と「け」とで書き分けがあるが、

一見すると、後者は「類推仮名遣い」と思われる。しかし、現在の方言では一般的に「木」がケに対応する音で発音されている点からすれば、「け」の方が琉球方言の古い形を写しているのである。それにしても、ケとキの混同例として上げられるのではないかと考えられるが、「き」と書かれたものと「け」と書かれたものを比較すると「き」は名前の一部のようになったものに使われており、「け」は複合語の意識の強いものに使われている（p. 74-75）。
（例としては、「くすぬき（楠）、あかき（赤木）、くわげ（桑）、きよらけ（美しい木）」等が上げられている。）

「混同例」ではなく、先ほどの「面（つら）」と「顔（かほ）」のように（新旧の差はあろうが）、両方が並存したのではないか。それが、単線ではなく、複線で現代まで続いて来たと考えられまいか。例えて言うと、現代日本（共通）語で「ガラス」と「グラス」が（本質は同じであるのに異なる語として）並存しているようなものではあるまいか。「き」と「け」とを同一に帰せしめるのには無理があるように思われる。

柳田（1999）では、「木」の「き」「け」に関しても綿密に検討した結果をもとに、次のような解釈を示す。

「き」で現れる「くすぬき」は、「くす」だけでその木であることを表わすことができるから、極端に言えば「き」はなくてもよい。このような場合には、「キ」が「チ」に転じて「くすぬち」となっても「楠」であることが理解できる。そのために「くすぬき」の形でとどまっているのであろう。これに対して、「け」で現れる「よかるけ」（良かる木）「きやきやるけ」（輝る木）は、木を表す語を欠くことができない。これらは「良かるち」「輝るち」となったのでは意味が理解しにくくなる。そのために e↔i のゆれによって生じていた「け」の形を利用して、「け」となっているのであろう。（下　p. 39-40）

そして、この解釈は、現代首里方言の木をあらわす「キ」「ギ」「チ」「ジ」にもあてはまるとする。

② ＊／ｔｉ／

/ti/は、/ki/より先に破擦音化していた。
{翻}（1501）の*/ti/相当部分には破擦音化した形の「ci」の対応した用例しか存在せず、「ti」や「thi」等のような破裂音を含んだ表記は現れない。

○<u>ci</u>（ち、地）　○khɯ-<u>ci</u>（くち、口）

ただし、漢字資料{館}（16C 前半？）には、破裂音系統の音訳字も現れる。漢字資料全てに言えることであるが、「口語」よりは「文語」をもとにしている傾向が強いの

で、古い形も同時に収録されていると考えられる。（{館} の元資料がどのようなものなのかが明確ではない。{翻} は『朝鮮王朝実録』の記述により、琉球使節から聴取したものであることがわかっている。）

{館} の用例　○只尼（ちに、地に）　○姑之（くち、口）　○密集（みち、道）
○烏達的畯亦（おたちさう（ら）へ、御立ち候へ）

音訳字「的」が「ち」に対応するものであるならば、『中原音韻』『東国正韻』『訓蒙字会』『西儒耳目資』等における「音」から推定して[ti]である可能性が高いが、他（只、之、集など）は[ʦi]か[ʧi]かである。

仮名資料の「ち」からは（破裂音であるのか破擦音であるのか）判断する術が無い。

{館} 以降の漢字資料 {使１}（1534）、{使２}（1561） では、以下の用例に見るように、破擦音系統の音訳字しか現れないことから、*/ti/は 16 世紀初には破擦音化していたと見て大過なかろう。

{使１} の用例　○谷之（くち、口）　○即加撒（ちかさ、近さ）　○密集（みち、道）
○荅知（たち、太刀）

{使２} の用例　○足止（つち、土）　○密集（みち、道）

③　＊／ｇｉ／

*/gi/相当部分に破擦音化が起こるのは、17世紀に入ってからではないかと考えられる。少なくともハングル資料と漢字資料とに見る限りではそのようである。以下に主な用例を示す。（仮名資料では一貫して「き」である。『おもろさうし』では「ぎ」もある。）

{翻} の用例　○’u-saŋ-ki（うさぎ、兎）

{館} の用例　○昂及（あふぎ、扇）　○烏撒及（うさぎ、兎）　○以立蒙乞（いりむぎ、炒り麦）

{使１} の用例　○昂季（あふぎ、扇）　○吾撒及（うさぎ、兎）

{使２} の用例　○汪其（あふぎ、扇）　○吾撒及（うさぎ、兎）

{字} の用例　○汪其（あふぎ、扇）　○吾撒及（うさぎ、兎）　○皿基（むぎ、麦）

{使３}（1579）の用例　○汪其（あふぎ、扇）　○吾撒及（うさぎ、兎）　○皿基（むぎ、麦）

{使４}（1606）の用例　○汪其（あふぎ、扇）　○吾撒急（うさぎ、兎）　○皿基（むぎ、麦）　○翁急（をぎ、「荻」、甘蔗）

{信}（1721）の用例　○翁吉（をぎ、「荻」、甘蔗）　○禮及（れいぎ、礼儀）　○輕化子榮（きぬはぎをり、衣剥ぎをり、「着物を脱ぐ」意）　○閔子磁之（みづつぎ、水注ぎ）

{信} の音訳字「子」と「之」は、破擦音系統の字と考えて差し支えないと思われる。漢字資料（中国資料）の場合、前の資料の引き写しが多々あるので、そのことも考慮に入れて、「破擦音化は17世紀に入ってからではないか」と判断するのである。

資料の制約があるので軽々には言えないが、上に見る限りでは、*/ki/と*/gi/との（厳密には/k/と/g/との）（無声音と有声音の）破擦音化の時期は、必ずしも一致しないようである。

④　*／ｄｉ／

{翻}（1501）には*/di/に対応する用例は無いが、*/du/に対応するのが一例あり、それは「mi-cɯi（みづ、水）」である。破擦音を示すハングル「c」で表記されている。これから類推すると、用例が存在すれば、*/di/も破擦音のハングルで表記された可能性が高い。

{館}（16C前半？）に、*/di/に対応する用例を求めると、以下のようなものがある。

{館}の用例　○看失（かぢ、舵）　○定稿（ぢんかう、沈香）

前出の古辞書類によると、「失」は破擦音系統の音を含み、「定」は破裂音系統の音を含んでいると判断され、*/ti/の場合と同様、新旧両形並存状態を示しているように見える。先ほど、*/ki/と*/gi/との（厳密には/k/と/g/との）破擦音化の時期は、必ずしも一致しないようであると述べたが、ここでも*/ti/と*/di/との（厳密には/t/と/d/との）破擦音化の時期がずれること、つまり、無声音と有声音の破擦音化の時期がずれることを示すかたちとなっている。

{おも1}（1531）に、「はぢめいくさ（初め軍）」の例があり、「じ」と「ぢ」との区別がなくなっていたことを示すものかと思われ（つまり、破擦音化が進行していたと思われ）、注目される。「はじめ」に関しては、次のような例もあり、参考になる。

○しまはじめ（巻九の46番の歌謡）　○しまはぢめ（巻三の13番の歌謡）

⑤　*／－ｉｋａ／

{翻}（1501）に、「' i-kja（いか、如何）」という例があり、{館}（16C前半？）には「集加撒（ちかさ、近さ）、亦加撒（いかさ、幾等）」がある。また、{おも1}（1531）にも「いきやる（如何る）」がある。これらの例から、16世紀の初めには（*/-ika/に）口蓋化が起こっていたことが明らかになる。

例を追加しておこう。

{やら}（1554）　○いきやてゝ（如何てて）　○しま世のてやちきやら（しま世のてや力）

「力」は現代（沖縄）語では[ʧikara]であるから、どこかで「先祖還り」のような現象が起こったことになる。破擦音化して[ʧiʧara]になった後[ʧikara]になったのか、[ʧikjara]から[ʧikara]にもどったのか。

{沖辞}（1963）には　「cikara①（名）力。」はあるが、「cicara」はない。しかし、「cicaramuucii①（名）cikaramuucii と同じ。」とあって、「cicara」の存在を教

えてくれる。そして、「cikaramuucii①（名）力餅。旧暦の12月8日鬼餅（muucii）の日に作って子供に与える餅の名。(中略) cicaramuucii ともいう。」とあるところから、「力」に関しては、「cikara」が優勢であった（破擦音化した形よりはそうでない形のほうが優勢であった）ということを読み取ることができる。

それでは、「ちきやら」等から破擦音化したのはいつごろか。
{混}（1711）に、次のようにある。
○ききや（鬼界島）　○みきやう（御顔）　○むきやちや（御蚊帳）　○むきやがみ（御鏡）　○むきやび（御紙）

それぞれに、*/-ika-/を含んでいて、口蓋化した形となっている。破擦音化には到っていない。
参考として、一例だけ現代（沖縄）語との対応を示そう。[nʧabi]（御紙）である。{沖辞}には「'ɴcabi◎（名）紙銭。春秋の彼岸に焚く、銭型を打った紙。御紙の意。(以下略)」とある。
{琉由}（1713）　○イキヤ（如何）　○ミキヤツイ（三日の日）
{信}（1721）　○密介（みか、三日）
{見}（1764）　○恥喀撒（ちかさ、近さ）　○密戞（みか、三日）
以上の限りにおいては、18世紀に破擦音化したという例を見出すことができない。19世紀はどうか。
{琉訳}（1800頃）に「及喀石（ちかし、近し）」「及喀那（ちから、力）「亦加煞（いかさ、幾等）」がある。「喀喀米（かがみ、鏡）」や「喀答（かた、肩）」等の例もあるので、音訳字「喀」の音価は[ka]以外には考えられない。(破擦音化は当然のこと）口蓋化もないことになる。この文献資料の性格として、古い形を収録している可能性が高いので、そのような位置づけをすればよい。
{漂}（1818）には、*/-ika/に対応するよう例が見当たらない。
{クリ}（1818）に、「みかづき（三日月)」に相当する次の例がある。○mecasitchee /moon, half　「かんむり（冠)」に相当する　cammoodee<Cap>　の例もあるので、「ca」は、[ka]を示していることになる。
{沖話}（1880）には「ミカヅキ　新月　ミカヅチ」「ヒカリ　光　ヒカリ」などがある。
{沖辞}に次のようにある。
cicasaɴ◎（形）近い。cikasaɴともいう。
cikasaɴ◎（形）近い。cicasaɴともいう。
miQca①◎（名）三日。みっか。一日の三倍。月の第三日は多くsaɴnici という。
miQka①（名）三日。みっか。
hwicai◎（名）(一）光。hwiinu ～. 日の光。(二）光沢。つや。
hwikari◎（名）(一）光。hwicai と同じ。(二）威光。また、名誉。ほまれ。
(以下、略)

19世紀後半から20世紀初めにかけては、[-iʧa]と[-ika]とが共存状態にありながら[-ika]のほうへ移行しつつあったらしいことがわかる（{沖辞}にhwicajuɴ（光る）はあるが、hwikajuɴはないことも参考になる)。すると、破擦音化したのは、18世紀後半から19世紀初めにかけてかということになる。

⑥　＊／－ｉｔａ／

資料は、16世紀には既に破擦音化していたことを示している。

{翻}（1501）　○si-cja（した、下）　○si-cja（した、舌）

{館}（16C前半？）　○阿者（あした、明日）　○乞大（きた、北）

「きた」は口蓋化・破擦音化を蒙るはずの音環境にありながら、そのようになっていない。{館}に「琉球語」ではなく、「日本語」が収録された可能性が高いことを物語る例である。

この「きた」がその後どのようになったかを窺わせるものとして、{クリ}（1818）に「North－－－Cheeta」というのがある。「き」相当部分は破擦音であるのに、「た」はそうではない。{沖話}（1880）にも「キタ　北　チタ」とある。因みに、現代（沖縄）語で「北」は[niʃi]と言う。

途中でどのようなことがあったのであろうか。

{添}（1546）　○いちやちやけらへわちへ（板門造へわちへ）

これは「いた（板）」が「いちや」と仮名表記された最初の例ではないかと思われる。

『おもろさうし』では、（「板」は）巻一（1531年編集）・巻二（1613年編集）にはなく、巻三（1623年編集）に初めて「いちやちや、いちやぢや」が出てくる。

{浦}（1597）　○御いちやわりハ（御労りは）

ところで、現代語の「板」は[ʔita]で、破擦音化していない形となっている。どこかで更なる変化（「先祖還り」あるいは「戻り・戻し」とも言うべき変化）が起こったことになる。前述の「ちから（力）」と同様である。

これについても、「ちから（力）」と同様、いささか追跡を試みよう。

{沖辞}（1963）に次のようにある。

ʔica◎（名）板。ʔitaともいう。

ʔita◎（名）板。多くはʔicaという。

（「ちから（力）」とは逆で、破擦音化した形が優勢であったということになる。）

現代（沖縄）語では「板」[ʔita]であるというのは前述のとおりであるが、「ʔica」の痕跡を留めているのではないかと思われる例がある。[maruʧa]（俎板）である。{沖辞}にも「maruca①（名）まないた」とある。「marubuɴ◎（名）丸盆。丸い盆。」と合わせて考えると「丸板」かと思われる。

ちなみに、1960年代まで、（旧暦の）大晦日の夜、年越しに[maruʧaʤiʃi]を食べたものである。掌大の、厚みのある赤身の豚肉で、「丸い板」のようであった。「丸板肉」の意であろう。

{沖話}（1880）には「マナイタ　俎板　マルチヤ」がある一方、「イタジキ　板敷　イタヌマ」がある（「イタヌマ」は「板の間」である)。「イタ」が優勢になる兆しか。

観点を変えれば、「語」の「取替え」が起こったとも考えられる。

「取替え」と言えば、明らかにそうだと思われる例がある。「舌」は現代（沖縄）語では[ʃiba]と言うが、これは「した」とは対応しない。しかし、少なくとも19世紀前半には[ʃiʧa]と言っていたのである。前出のアルファベット資料{クリ}（1818）には「Tongue - - - Stcha」とある（「し」の母音の無声化がこのような表記を招来したらしい)。その後変わったのである。因みに、[ʃiba]は「唇」であった可能性が高い。[ʔwa:ʃiba]（上唇)、[ʃiʧaʃiba]（下唇）と言うからである。現に{クリ}には「Lips - - Seeba」「Lip, lower - - Stitcha seeba」「Lip, upper - - Quaw seeba」とある。

{沖話}には「シタ　舌　シタ」「クチビル　唇　クチビル」とある。[ʃiʧa]→ [ʃita]の変化が起こり、さらに[ʃiba] に変わったことを窺わせるものである。

ついでに言えば、「した（下)」も[ʃiʧa]であった。{クリ} に「Below, or the bottom of a thing - - Stcha」とある。

⑦　＊／－ｉｇａ／

まず、用例を見ることから始める。

{翻}（1501）　○ri-kja-sa（にがさ、苦さ）＜注　ni-kja-sa　とあるべきもの＞

この例によって、16世紀の初めには（*/-iga/に）口蓋化が始まっていたと判断できるが、他の資料をみると、足踏み状態が続いたらしい様相を呈している。

{館}（16C 前半？）　○亦嗑喇（ゐがはら、井河原）　○个嗑尼（こがね、黄金）
　○孔加尼（こがね、黄金）

/-i/の後でも/-o/の後でも同じ音訳字が使用されている。*/-o/の後の口蓋化は考えられない。

{石西}（1522）　○くにかみ（国頭）

現代語は、[kunʤaɴ]である。口蓋化を経て、破擦音化している。

{田１}（1523）　○せいやりとみかひきの（勢遣り富が引きの）

{おも１}（1531）　○てにぎや下（天ぎや下）　○てにがした（天が下）

口蓋化表記「ぎや」とそうでない表記「が」とが現れている。共存状態にあると捉えるしかなかろう。

{混}（1711）　　○にぎやさ（苦さ）　○ひぎやおぢやう（樋川御門）

{クリ}（1818）に「Bitter －－－ Injassa」とあり、破擦音化していたことを示している。

⑧　＊／－ｉｄａ／

17世紀初めの資料によって破擦音化が確認できるので、口蓋化は（用例はないが）それ以前にあったことになる。

この条件に合う語として「あしだ（足駄）」と「ひだり（左）」が上げられるが、{翻}{館}{使1}{字}には「あしだ」が収録されていない。{翻}には、「ひだり」も存在しない。

「あしだ（足駄）」の用例

{おも3}あしちや＜巻6の34番＞　{信}阿書着　{見}阿失雑

{混}みやしぢや（みあしだ。御足駄）

{沖辞}ʔasiza◎（名）下駄。駒下駄。（以下、略）

「ひだり（左）」の用例

{館}分達立　{使1}分達里　{字}分達里　{使4}分達里

{おも3}ひぢやり＜巻8の76番＞　{信}分搭里　{見}虚搭歴

{沖辞}hwizai◎左。

現代語の[ʔaʃiʥa]（足駄）・[çiʥaji]（左）につながっていることになる。

以上を時系列に沿って纏めると、以下のようになる。

	ki	gi	ti	di	-ika	-iga	-ita	-ida
15世紀以前	ki	gi	ti	di	ika	iga	-ita	-ida
16世紀								
翻（1501）	ki	gi	cji	zji	-ikja	-igja	-icja	-izja
玉（1501）	ki	gi	cji	zji	-ikja	-gja	-icja	-izja
館（16c前半）	ki	gi	cji	zji	-ikja	-gja	-icja	-izja
石東（1522）	ki	gi	cji	zji	-ikja	-gja	-icja	-izja
石西（1522）	ki	gi	cji	zji	-ikja	-gja	-icja	-izja
田1（1523）	ki	gi	cji	zji	-ikja	-gja	-icja	-izja
崇（1527）	ki	gi	cji	zji	-ikja	-gja	-icja	-izja
おも1（1531）	ki	gi	cji	zji	-ikja	-gja	-icja	-izja
使1（1534）	ki	gi	cji	zji	-ikja	-gja	-icja	-izja
田2（1536）	ki	gi	cji	zji	-ikja	-gja	-icja	-izja
田3（1537）	ki	gi	cji	zji	-ikja	-gja	-icja	-izja

田４（1541）	ki	gi	cji	zji	-ikja	-gja	-icja	-izja
かた（1543）	ki	gi	cji	zji	-ikja	-gja	-icja	-izja
田５（1545）	ki	gi	cji	zji	-ikja	-gja	-icja	-izja
添（1546）	ki	gi	cji	zji	-ikja	-gja	-icja	-izja
田６（1551）	ki	gi	cji	zji	-ikja	-gja	-icja	-izja
やら（1554）	ki	gi	cji	zji	-ikja	-gja	-icja	-izja
田７（1560）	ki	gi	cji	zji	-ikja	-gja	-icja	-izja
使２（1561）	ki	gi	cji	zji	-ikja	-gja	-icja	-izja
田８（1562）	ki	gi	cji	zji	-ikja	-gja	-icja	-izja
田９（1563）	ki	gi	cji	zji	-ikja	-gja	-icja	-izja
字（1572頃）	ki	gi	cji	zji	-ikja	-gja	-icja	-izja
使３（1579）	ki	gi	cji	zji	-ikja	-gja	-icja	-izja
田10（1593）	ki	gi	cji	zji	-ikja	-gja	-icja	-izja
浦（1597）	ki	gi	cji	zji	-ikja	-gja	-icja	-izja
17世紀								
田11（1606）	ki	gi	cji	zji	-ikja	-gja	-icja	-izja
使４（1606）	ki	gi	cji	zji	-ikja	-gja	-icja	-izja
おも２(1613)	cji	zji	cji	zji	-ikja	-gja	-icja	-izja
よう（1620）	cji	zji	cji	zji	-ikja	-gja	-icja	-izja
おも３(1623)	cji	zji	cji	zji	-ikja	-gja	-icja	-izja
本（1624）	cji	zji	cji	zji	-ikja	-gja	-icja	-izja
田12（1627）	cji	zji	cji	zji	-ikja	-gja	-icja	-izja
田13（1628）	cji	zji	cji	zji	-ikja	-gja	-icja	-izja
田14（1631）	cji	zji	cji	zji	-ikja	-gja	-icja	-izja
田15（1634）	cji	zji	cji	zji	-ikja	-gja	-icja	-izja
田16（1660）	cji	zji	cji	zji	-ikja	-gja	-icja	-izja
18世紀								
仲里(1703頃)	cji	zji	cji	zji	-ikja	-gja	-icja	-izja
混（1711）	cji	zji	cji	zji	-ikja	-gja	-icja	-izja
琉由（1713）	cji	zji	cji	zji	-ikja	-igja	-icja	-izja
信（1721）	cji	zji	cji	zji	-ikja/-icja	-igja/-izja	-icja	-izja
見（1764）	cji	zji	cji	zji	-ikja/-icja	-igja/-izja	-icja	-izja
琉訳(1800頃)	cji	zji	cji	zji	-ikja/-icja	-igja/-izja	-icja	-izja
19世紀								
漂（1818）	cji	zji	cji	zji	-icja	-izja	-icja	-izja
クリ（1818）	cji	zji	cji	zji	-icja	-izja	-icja	-izja
官（19c?）	cji	zji	cji	zji	-icja	-izja	-icja	-izja
沖話（1880）	cji	zji	cji	zji	-icja	-izja	-icja	-izja

チェン(1895)	cji	zji	cji	zji	-icja	-izja	-icja	-izja
20世紀								
沖辞 (1963)	cji	zji	cji	zji	-icja	-izja	-icja	-izja
現代語(1970代)	cji	zji	cji	zji	-icja	-izja	-icja	-izja

[ʧi]: /cji/, [tsi]: /ci/。[ʤi]: /zji/, [dzi]: /zi/。[ʤa]: /zja/。

その他の口蓋化・破擦音化について、若干述べておこう。

□*/-ima/,*/-ina/,*/-ito/,*/-ite/,*/-ido/ 等等でも口蓋化及び破擦音化が起こった。詳しくは、(第Ⅱ章～第Ⅵ章の) それぞれの項目を参照。

□*/-ite/に関して、「ちへ」「ちゑ」と{翻}の「cjɔi」、{使２}の「利十之<作揖>」(礼して) を対照することで見えたことがある。

「利十之」を仮名資料風に書くと「れいしちへ・れいしちゑ」等となり、これをハングル表記にすると「rjɔi-si-cjɔi」となるであろう。

□助辞「が」の問題

「天が」の「てにが」という形と「てにぎや」という形との並存について若干述べるとすれば、これは「形態」の問題であって、「音韻」の問題ではないということである。*/-igja/はその後、変化して[-iʤa]となっていくが、助辞「が」はそうはならなかった。言ってみれば、ある時期の「異形態」として終わった。

間宮 (2005) では、「－が」と「－ぎや」との書き分けについて、次のように述べる。

> 直前がイ段の仮名だからといって必ず「ぎや」になるわけではない。例えば「てに (天) <u>が</u>」がそれである。『おもろさうし』の中には、口蓋化した「てに (天) ぎや」も見える。このようにイ段の仮名に直続する同じ条件下でも「が」と書かれたり、「ぎや」と書かれたりしている。結局こういった現象 (大和的に「が」表記に統一されなかった理由) は、表記者が詠唱時の助詞ガの発声音を聞いたとおりに忠実に書き写したものと考えるのが穏当であろう。(p.171)

(『おもろさうし』の「節名」には「が」と書かれ、詠唱部分には「ぎや」と書かれているというもので) 資料を忠実に・客観的に分析すれば、至極当然の如く現われ出てくることであって、従来の「規範意識」だけで解こうとする立場と一線を画すものとして評価に値する。要するに、「が」と「ぎや」との「並存」を認めていることになる。

(形態論のレベルで考えれば、形態素{GA}に/ga/と/gja/との異形態を認定するということになるが、「3 『おもろさうし』の表記に関する見通し」と題する項目のもとに記述されていることからわかるように、あくまでも「表記」の問題として扱われている。)

適切な例が出てきたので、ここで、第Ⅱ章から第Ⅵ章にかけて度々使用してきた「並存」あるいは「共存」について詳しく述べてもよいのであるが、項目を別に立てて、改めて述べるのが、理解しやすいと思われるので、＜「並存」あるいは「共存」について＞として、「その他」の最後の項目とする。

Ⅶ－４－(4) 声門閉鎖と非声門閉鎖

第Ⅱ章から第Ⅵ章において、声門閉鎖音を取り上げることをしなかった。表記上、声門閉鎖音を示していると判断できるのが、ほとんどないからである。

表記上、声門閉鎖を窺わせるものとしては、{信}（1721）に初めて登場する。「嘸馬（うま、馬）」という例がそれで、[ʔmma]かと考えられる。同じく{信}に、「唔尼（むね、胸）」の例があり、これは非声門閉鎖音を示すもので、[nni]であろう。

その次に声門閉鎖の現れるのが、{官}（19世紀？）かと思われる。「－ンブシ（～蒸し）」の例がそれで、[-ʔmbuʃi:]であろうと推定される。

ついで、{沖話}（1880）の仮名表記にもそれが現れている。伊波普猷によるローマ字表記と対照すると一層はっきりする。例を示そう。

○ワーツレー　wwatsirē（お誂へ）　○ワーベ　wwabe（上辺は、上着は）
○ウワー　wwā（豚）；　○ンマ　mma（馬）　○ンム　mmu（芋）

（㊟　印刷不鮮明の部分がある。「wwatsirē」は「wwātsirē」、「ワーベ」は「ワーベー」、「wwabe」は「wwābē」とあるべきである。）

以上、それぞれ、[ʔwa:tsire:],[ʔwa:be:],[ʔwa:]; [ʔmma],[ʔmmu]を表示していることは明らかである。但し、声門閉鎖と非声門閉鎖とを表記し分けることはできなかったようで、「稲」と「胸」とが、次のように、同じ表記となっている。

○ンニ　nni（稲）　○ンニ　nni（胸）

{チェン}（1895）の次の例は、声門閉鎖を示そうとしていると判断できる。

○wwītesiga（植ゑてありしが）　○wwīrukisha（嬉しさ、面白さ）；
○yyang（言はぬ）　○yyut tukuru（言ふところ）　○yyāng（君も）；
○mma（馬）　○mmari（生まれ）

それぞれ、[ʔwi:te:ʃiga],[ʔwi:rukiʃa]; [ʔjaɴ],[ʔjuttukuru],[ʔja:ɴ]; [ʔmma],[ʔmmari]である。

非声門閉鎖の次の例と対照すると、声門閉鎖の表記が一層はっきり見えてくる。

○wikiga（をとこ、男）　○wutu（をと、夫）　○wannē（われは、我は）
○yūjō（えうじは、要事は）　○yā（や、家）　○yū（よ、夜）

但し、次のように、[ʔn]と[n]との違いは表記し分けられなかった。

○nji（いにて、往にて）　○njaru（いにたる、往にたる）
○nni（胸）

次のように、対立・対応するはずである。

[ʔnʤi]/ʔɴzi/（往にて）,[ʔnʤaru]/ʔɴzjaru/（往にたる）;[nni]/'ɴni/（胸）

{沖辞}（1963）は、当然のように声門閉鎖を音素と設定してそのように記述している。例をいくつか示そう。

○ʔwii（上）　○ʔwiijuɴ（植う）　○ʔwiizuɴ（泳ぐ）　○ʔweeka（親戚）　○ʔweekii（金持ち）　○ʔweɴcu（鼠）　○ʔwaaçiree（おあつらへ、お誂へ）　○ʔwaabi（うわべ、上辺、表面）　○ʔwaagaci（上書き）　○ʔwaa（豚）;

○ʔjaa（お前、君）　○ʔjuɴ（言ふ）;

○ʔɴbusii（料理名、蒸しもの）　○ʔɴbusaɴ（重し）　○ʔɴma（馬）　○ʔɴmaga（孫）　○ʔɴmari（生まれ）　○ʔɴmi（梅）　○ʔɴmee（祖母）　○ʔɴmu（芋）;

○ʔɴni（稲）　○ʔɴnamuzi（小麦）　○ʔɴnazi（鰻）　○ʔɴzitaci（出で立ち、門出）

参考として、非声門閉鎖の例を示す。

○'wii（柄）　○'wiiri（襟）　○'wiiruu（紐）　○'wata（綿）　○'warabi（童）　○'wakamuɴ（若者）　○'wakari（別れ）;

○'jaa（家）　○'jama（山）　○'juru（夜）　○'juuci（斧）　○'juubi（夕べ）;

○'ɴmoo（牛の鳴き声）　○'ɴpana（御花）　○'ɴcabi（紙銭、御紙）　○'ɴkasi（昔）　○'ɴni（胸）　○'ɴsu（味噌）　○'ɴzi（棘）　○'ɴzasaɴ（苦し）　○'ɴzana（苦菜）

因みに、上記の{沖辞}の語例に対応する現代語は、以下のようである。

○[ʔi:]（上）　○[ʔi:juɴ]（植う）　○[ʔi:ʤuɴ]（泳ぐ）　○[ʔe:ka]（親戚）　○[ʔeki:]（金持ち）　○[ʔenʧu]（鼠）　○[ʔaʧire:]（あつらへ、誂へ）　○[ʔwa:bi]（うわべ、上辺、表面）　○[ʔwa:gaʧi]（上書き）　○[ʔwa:]（豚）;

○[ʔja:]（お前、君）　○[ʔjuɴ]（言ふ）;　○[ʔmbuʃi:]（料理名、蒸しもの）　○[ʔmbusaɴ]（重し）　○[ʔmma]（馬）　○[ʔmmaga]（孫）　○[ʔmmari]（生まれ）　○[ʔɴmi]（梅）　○[ʔmme:]（祖母）　○[ʔmmu]（芋）;　○ʔnni（稲）　○[ʔnnamuʤi[（小麦）　○[ʔnnaʤi]（鰻）　○[ʔnʤitaʧi]（出で立ち、門出）　○[ji:]（柄）　○[jiri]（襟）　○[ji:ru:]（紐）　○[wata]（綿）　○[warabi]（童）　○[wakamuɴ[（若者）　○[wakari]（別れ）;　○[ja:]（家）　○[jama]（山）　○[juru]（夜）　○[ju:ʧi]（斧）　○[ju:bi]（夕べ）;　○[mmo:]（牛の鳴き声）　○[ʔuhana]（御花）　○[nʧabi]（紙銭、御紙）　○[ŋkaʃi]（昔）　○[nni]（胸）　○[n:su]（味噌）　○[nʤi]（棘）　○[nʤasaɴ]（苦し）　○[nʤana]（苦菜）

{信}以前、声門閉鎖はあったのか。なかったのか。結論的に言えば、あったであろうが、表記できなかったと考えられる。ただ、対立するものがあれば（対立するものだという意識があれば）方法を考えて表記したであろうと思われる。それがないので、「音韻」としての区別はなかったと解釈できよう。

{石西}や{崇}の「むま（馬、午）」も音声的には[ʔmma]の可能性が高かろう。

Ⅶ－４－(5) 無気音

第Ⅰ章「４－(5) 無気音」で、次のように述べた。

現代語では、音声的に無気音も現れるが、余剰的特徴であると言える。ハングル資料の「語音翻訳」(1501) では無気音を示すハングルの用例はないが、漢字資料としての「琉球館訳語」(16世紀初か) や『中山伝信録』(1721) 等には無気音系統の用字がある。また、『漂海録』「琉球」語 (1818) には明らかな無気音表示がある。

しかし、第Ⅱ章以降で「無気音」を取り上げることをしなかった。それは、用例が見出せないからである。{漂} 以外には、無気音表記と考えられる例は出現しないのである。そこで、改めてここで {漂} の無気音表記に関して考察を加えてみる。

ハングルの無気音表記に相当するものとして以下のような例がある。

(sk)の例　○男　'u・ski・ka (をとこ)　○彼処　'a・ma・ska・ra (あまから)
　　　　○取来　mu・scin・ci・sko (もちていきてこ)
(sc)の例　○人　scjo (ひと)　○取来　mu・scin・ci・sko (もちていきてこ)
(st)の例　○一　stɯi・'is (ひと (つ)、「ふてつ」)　○二　stʌs (ふた (つ))
(ts)の例　○眠　'i・nʌi・tsi (いねて)
(k・k)の例　○六月　suk・ku・koa・chi<ruk・ku・koa・chi> (ろくぐわつ)
　　　　○烟草　ta・pak・kui (たばこ)

ハングルの表記法から考えて、上記「琉球」語の例が、音声的実態として無気音の性質を帯びていたことは疑いないようであるが、現代 (沖縄) 語との対応から三つのグループに分かれるらしい。

[１]現代語では無声有気音に近く実現するもの
男[jik'iga][wik'iga]、あまから (彼処から) [ʔamak'ara]、もちていきてこ (持ちて行きて来) [mutʧiʔnʥik'uː]

[２]現代語では「促音」として実現するもの
人[tʧu]、もちていきてこ (持ちて行きて来) [mutʧiʔnʥik'uː]

[３]現代語でも方言によっては、語的に無気音を残すとされているもの
一 (つ) [t'iːʧi]、二 (つ) [t'aːʧi]

(ここで現代語と言っているのは、沖縄島中・南部地域の現代語である。)

[１]は軟口蓋破裂音、[２]は硬口蓋歯茎破擦音、[３]は歯茎破裂音であるという違いを、まず上げることができる。次に、変化の過程において「母音の無声化」(さらにその母音の脱落までも) を経験したらしい[２] [３]とそうでない[１]という対立がある。母音の脱落後、その次の子音の無気音化を招いたようであり、それが「促音」の形を取る方向へ行ったもの[２]と無気音を維持しようとしたもの[３]とに分かれたらしく思える。

沖縄語の歴史 (音韻の変化) を考える上で興味ある事柄であって、さらに追究したいところであるが、これだけのわずかな資料だけでは決定的なことは言えないので、ここまでに留めておくことにし、今後の課題としたい。

Ⅶ－４－(6) 有声子音の前の鼻音

第Ⅰ章では結果だけを載せたが、「Ⅱ－４－（1）撥音 {翻}（1501)」で述べたことも念頭におきつつ、ここで改めて詳しく論じることにする。

ことの発端は、ハングルの表記法にある。言語それ自体には、音声としての有声子音は存在するが、それのみを表記する文字は、「△(z)」を除いて、用意されていないので、「朝鮮」王朝時代の人々が、日本語の有声子音を表記するのに無声子音を示すハングル「k, t, c, p」の前に鼻音の「ŋ, n, m」を先行させて示したとされてきている。伊波普猷もこの考えに従って {翻}（1501) を分析した<注>。その影響が強すぎたのか、誰も問題にせず過ぎてきた。

<注>「朝鮮語には殆ど濁音がない為に、直前の音節の語尾に、(n)、(ŋ)、(m)の何れかを附けて、次の文字を濁った」『伊波普猷全集』第四巻（1974）平凡社 p. 55

まず問われるべきは、日本語ハングル資料と沖縄語ハングル資料の違いである。その全てが朝鮮時代の日本語教科書・学習書・辞書類である日本語ハングル資料と、そうではない沖縄語ハングル資料とは扱いを異にしなければならない。この観点の重要性について多和田（1997）(p. 523-524）で触れた。

これまでの日本語ハングル資料に関する研究は、それらの資料を単に「言語資料」として扱い、教育的立場からの工夫がなされている、あるいは編集が行われているものであるという点に注目しなかったように見受けられる。ある意味では不思議である。

日本語教科書・学習書・辞書であるという特徴を念頭に置きながら日本語ハングル資料を綿密かつ実証的に、そして総合的に研究し成果をあげたのが趙（2001）である。

また、多和田（2003）では、日本語ハングル資料と沖縄語ハングル資料の資料的性格の違いを、「教育的立場（規範的立場)」と「観察的立場（記述的立場)」という言い方を援用することで、説明している。

「教育的立場（規範的立場)」と言い、「観察的立場（記述的立場)」と言うが、具体的にはどのようなことを指しているのか。「エ段音」に焦点を当てた分析をもとにその違いを明らかにする。

趙（2001）によると、日本語ハングル資料のエ段音表記に関して、以下のようにまとめることができる。

①『伊路波』・『捷解新語』(原刊本)・『方言類釈』のエ段音節母音部表記

「jɔ」は n___ の環境で現れ、「jɔi」はその他の環境で現れる。これは、njɔi の場合、朝鮮語の干渉で n が脱落しやすいので、それを避けるための工夫である。

②『捷解新語』・『改修捷解新語』のエ段音節母音部表記

「jɔi」への改修が行われている。

③『重刊改修捷解新語』のエ段音節母音部表記

全ての音注が「jɔi」の方に統一されている。

④『倭語類解』のエ段音節母音部表記

「jɔ」の代わりに「ɔi」を用いる。その趣は他の学習書と同様である。

以上で明らかなように、どの資料に関しても教科書・学習書・辞書という「教育的配慮」による工夫・編集が行われている。

沖縄語ハングル資料は、どうであろうか。（なお、用例の後に付されている数字は、「語音翻訳」及び「漂海録」の項目につけた通し番号であって、それを示すことで用例数を示そうとしている。）

＜{翻}（1501）における「エ段音」の用字＞

「え」 ナシ ／「け」さけ sa・kɯi （17, 18, 19, 23, 70, 72, 74, 75, 76)、けふ khjo・'o(56) ／「げ」あげら 'a・kɯi・ra （17)、あげもの 'a・kɯi・mo・ro⟨no⟩(13) ／「せ」　こせう kho・sju(94)、さんせう san・si・'o(95) ／「ぜ」かぜ khan・cɯi(41)、たんぜい than・chjɔŋ(157) ／「て」　あさて 'a・sat・ti(59)、つとめて sto・mɯi・ti(43)、みななりて mi・na・rat⟨nat⟩・ti(23)、はれて phi⟨pha⟩・rit・ti(37)、ゑひて 'i・'u・ti(76)/ はれて pha・ri・tjɔi(33)、ふりて phut・tjɔi(34)、はれて pha・rit・tjɔi(35)、あがりて 'aŋ・kat・tjɔi(39)、くもりて ku・mo・tjɔi(32)、ふてつ pu・tjɔi・c*(17)/ てん thjɔn(31)(32)(33)、てんだう(?) thjɔn・ta(38)(39)/ いりて 'is・cjɔi(40)、きてkit・cjɔi(11)、たちて tha・cjɔi(8), that・cjɔi(9) ／「で」ナシ／「ね」　なだね nan・ta・ri⟨ni⟩(93)/ ねん njɔn(62)/ あね 'a・rʌi⟨nʌi⟩(6) ／「へ」　おはちへ(?)'oai・chjɔ(24)/ へる pɯi・ru(98) ／「べ」　あそべ 'a・sʌm・pi(24)/ なべ na・pɯi(130)、はべらぬ(?)rja・pɯi・ran(16)、ゆふべ 'jo・sam・pɯi(45) ／「め」こめ kho・mjɔi(80)/ あめ 'a・mɯi(34)(35)、つとめて sto・mɯi・ti(43)、こめ ko・mɯi(83)/ め mui(143) ／「れ」　はれて pha・ri・tjɔi(33), pha・rit・tjɔi(35)/ すれ sʌ・rjɔi(79)/ あれ 'a・rɯi(21)、これ ku・rɯi(28) ／「ゑ」　ゑひて 'i・'u・ti(76)

これらを「エ段音」の用字に関して整理すると次のようになる。

〔1〕 -i　「ti」（さ）て（59）、（め）て（43）、（ひ）て（76）、（り）て（23）、（れ）て(37)、「ri＜ni＞」ね(93)、「pi」べ（24)、「' i」ゑ(76)

〔2〕 -jɔi　「tjɔi」（り）て（32）（34）（39）、（れ）て(33)(35)，「cjɔ i」（き）て（11）、（ち）て（8）（9）、（り）て(40)、「mjɔ i」め（80)、「rjɔ i」（す）れ(79)

〔3〕 -jɔ　「thjɔ」て(31、32、33)(38、39)、「n j ɔ」ね(62)、「chjɔ」（ち）へ(24)、「chjɔŋ」ぜい(157)

〔4〕 -ɯi　「kɯ i」け（17、18、19、23、70、71、72、74、75、76)，「k ɯ i」げ(13)(17)，「c ɯ i」ぜ（41)，「p ɯ i」へ（98)，「p ɯ i」べ(16)(45)(130)，「mɯ i」め(34、35)(83)(143)，「r ɯ i」れ(21)(28)

〔5〕 -ui　「mui」め(143)

〔6〕 -ʌ i　「rʌ i〈nʌ i〉」ね(6)

〔7〕 -ju　「sju」せう(94)

〔8〕 -i・'o　「si' o」せう(95)

〔7〕〔8〕は長音表記となっているもので、ここでは対象外となる。〔3〕は、「朝鮮」語（漢字語）の干渉の可能性が高い。「天 thjɔn」「丹精 than・chɔn」である。ただし、(24)の「chjɔ」は保留とする。〔5〕の「mui」は鼻音の「m」が「u」を誘発したと見る。

このように見てくると、「語音翻訳」の「エ列音」表記字は「—i」「—jɔi」「—ɯi」「—ʌi」四種類になるが、明確な意図のもとに書き分けが行われた痕跡は認められない。その時その時の聞こえのままに表記したとしか考えられない。

<｛漂｝（1818）における「エ段音」の用字>

「え」ナシ ／「け」ナシ ／「げ」ナシ／「せ」きせる si·ri(62)、せうくわん sjo·koaŋ(7)、せうちう sjo·cu(65)、ばせう ma· sa(p.28、l-5) ／「ぜ」かぜ kan·'ɯi(29) ／「て」いねて 'i·nʌi·tsi(25)、ーて scin(81),ci(111)、ふてつ stʌs／「で」ふで hu·tɯi(95) ／「ね」いねて 'i·nʌi·tsi(25)、くねんぼ kun·hɯi·pu(56)、たね tin<tan>·'ʌi(19)、ふね hu·nɯi(93) ／「へ」かへら khɔi·ra(91) ／「べ」ナシ／「め」こめ ku·mi(55) ／「れ」いまゐりめしおはれ main·so·' o · r i (18)、をどれ 'u·tu·'i·ri(28) ／「ゑ」ナシ

以上を「エ段音」の用字に関して整理すると次のようになる。

〈1〉-i　「si」(き) せ(62),「tsi」(ね) て(25),「sci」(ち) て(111),「ci」(き) て(111),「mi」め(55),「ri」れ(18)(28)

〈2〉-ɔi　「khɔi」かへ(91)

〈3〉-jo　「sjo」せう(7)(65)

〈4〉-ɯi　「'ɯi」ぜ(29),「tɯi」で(95),「n·hɯi」ね(56),「nɯi」ね(93)

〈5〉-ʌ　「st ʌ s」(ふ) て (つ) (81)

〈6〉-ʌi　「nʌi」ね(25),「n-'ʌi」ね(19)

〈3〉は長音表記なので、ここでは考察の外に置かれる。そうすると、「エ段音」の用字としては「i」「ɔi」「ɯi」「ʌ」「ʌi」の五種類となるが、書き分けがあるとは判断できない。ましてや、「eからiへの移行」などを考えて「i」に統合するといった操作が行われたなどということもありえない。ここでも、「語音翻訳」の場合と同様、その時その時の聞こえのままに表記したとしか考えられない。

以上見てきたことで、代表的な日本語ハングル資料と沖縄語ハングル資料の資料的性格の違いが明確になった。考察の対象をいかなる立場で見るかに関しての「規範的立場（教育的立場）」と「記述的立場（観察的立場）」という言い方を借りれば、日本語ハングル資料が前者であり、沖縄語ハングル資料が後者であることが示されたのである。

これは、それぞれの資料に対する分析態度も自ずと違わなければならないことを物語るものである。

この観点に立って｛翻｝の「無声子音を示すハングルの前に鼻音を示すハングルが存在する」表記を丹念に調べ上げた結果、「有声子音の前に鼻音が実際に存在した」ことが実証された。

ハングル資料と同じように漢字資料・アルファベット資料も分析し、その結果を一覧表にして示すことにするが、その前に、語例提示と音訳漢字の音価推定を行う。

<語例>「／」は用例なし。

①しやうが（生姜）｛翻｝sja・' oŋ・ka,｛館｝「／」,｛使｝「／」,｛字｝「／」,｛信｝焼介、

｛見｝芍喀，｛クリ｝「／」，｛漂｝「／」

②あふぎ（扇）｛翻｝「／」｛館｝昴及，｛使｝昴季，｛字｝枉基，［信｝丫吉、枉基，｛見｝窩吉，｛クリ｝ojee，｛漂｝’o・ci

③うさぎ（兎）｛翻｝’u・saŋ・ki，｛館｝烏撒及，｛使1｝吾撒急，｛字｝吾撒急，｛信｝兀殺吉，｛見｝「／」，｛クリ｝「／」，｛漂｝「／」

④むぎ（麦）｛翻｝「／」，｛館｝蒙乞，｛使1｝蒙巳，｛字｝皿其，｛信｝「／」，｛見｝「／」，｛クリ「／」，｛漂｝「／」

⑤をぎ（荻、甘蔗）｛翻｝「／」，｛館｝翁及，｛使1｝翁急，｛字｝翁急，｛信｝翁吉，｛見｝「／」，｛クリ｝oojee，｛漂｝’uk・’i

⑥あげ～（上げ～）｛翻｝’a・kɯi・ra，’aŋ・kɯi・ri，｛館｝阿結的、昴乞立，｛使1｝阿傑的、阿傑約、昴乞利，｛字｝安急弟｛信｝阿傑的｛見｝「／」｛クリ「／」｛漂｝「／」

⑦をなご（女子）｛翻｝「／」，｛館｝「／」，｛使1｝「／」，｛字｝倭男姑、烏男姑，｛信｝会南姑，｛見｝烏那姑，｛クリ｝innago，｛漂｝’u・na・kui

⑧くじやく（孔雀）｛翻｝「／」，｛館｝公少，｛使1｝「／」，｛字｝枯雀姑，｛信｝姑雀姑，｛見｝「／」，｛クリ｝「／」，｛漂｝「／」

⑨かぜ（風）｛翻｝k han・cɯi，｛館｝嗑集，｛使1｝監済、嗑済，｛字｝嗑済，｛信｝喀買子、喀買，｛見｝哈子、噶子，｛クリ｝kassee, kazzee｛漂｝kan・’ɯi

⑩すずり（硯）｛翻｝sʌ・cʌ・ri，｛館｝孫思立、孫司立，｛使1｝孫思利，｛字｝孫司利，｛信｝思子里，｛見｝息子利，｛クリ｝「／」，｛漂｝「／」

⑪ばうず（坊主）｛翻｝「／」，｛館｝包子，｛使1｝鮑子，｛字｝褒子，｛信｝巴子，｛見｝「／」，｛クリ｝bōdsee, bōdzee，｛漂｝「／」

⑫ひだり（左）｛翻｝「／」，｛館｝分達立，｛使1｝分達里，｛字｝分達里，｛信｝分搭里，｛見｝虚搭歴，｛クリ｝feejeeree，｛漂｝「／」

⑬かぢ（舵）｛翻｝「／」，｛館｝看失，｛使1｝看失，｛字｝看息，｛信｝看失，｛見｝哈帯，｛クリ｝kassee，｛漂｝「／」

⑭みづ（水）｛翻｝「／」，｛館｝民足，｛使1｝民足，｛字｝民足、血《ママ》子，｛信｝閔子、血《ママ》子，｛見｝媚吉、蜜子、梅子，｛クリ｝meezee，｛漂｝mi・tɯi

⑮ふで（筆）｛翻｝phun・ti，｛館｝分帖，｛使1｝分帖，｛字｝忿囈，｛信｝夫的，｛見｝弗的，｛クリ｝hoo・dee，｛漂｝hu・tɯi

⑯まど（窓）｛翻｝「／」，｛館｝慢多，｛使1｝慢多，｛字｝「／」，｛信｝馬都，｛見｝麻毒喀，｛クリ｝「／」，｛漂｝「／」

⑰もどり（戻り）｛翻｝「／」，｛館｝慢多罘，｛使1｝慢多羅，｛字｝悶都里，｛信｝闧都里，｛見｝木毒利，｛クリ moodoeeng，｛漂｝「／」

⑱おばに（御飯）｛翻｝’o・pa・ri〈ni〉，’om・pa・ri〈ni〉，’o・pan・ri〈ni〉，｛館｝翁班尼，｛使1｝翁班尼，｛字｝汪班尼、汪班泥，｛信｝唔班，｛見｝翁班，｛クリ｝umbang, oombang，｛漂｝「／」

⑲おび（帯）｛翻｝「／」，｛館｝「／」，｛使1｝文必、丈《ママ》必，｛字｝文帯《ママ》，｛信｝文筆、烏必，｛見｝烏比、烏必，｛クリ｝obee｛漂｝「／」

⑳くび（首）｛翻｝「／」，｛館｝「／」，｛使1｝「／」，｛字｝空為，｛信｝枯必、科必，｛見｝「／」，

｛クリ｝coobee，｛漂｝「／」

㉑あそび（遊び）｛翻｝’a・sʌm・pi，｛館｝烏孫必，｛使1｝烏遜皮，｛字｝「／」，｛信｝「／」，｛見｝「／」，｛クリ｝「／」，｛漂｝「／」

㉒ねぶり（眠り）｛翻｝「／」，｛館｝眠不立，｛使1｝眠不里，｛字｝眠不里，｛信｝「／」，｛見｝「／」，｛クリ｝「／」，｛漂｝「／」

㉓びやうぶ（屏風）｛翻｝「／」，｛館｝瓢布，｛使1｝瓢布，｛字｝瓢布，｛信｝瓢布，｛見｝妙不，｛クリ｝「／」，｛漂｝「／」

有声子音の前の音節に限定して、その用字に関する表を作成すると以下のようになる。

＜有声子音の前の音節の用字に関する表＞

	翻	館	使1	字	信	見	クリ	漂
①しやうが	’oŋ	「/」	「/」	「/」	焼	芍	「/」	「/」
②あふぎ	「/」	昴	昴	枉	枉、丫	窩	o	’o
③うさぎ	saŋ	撒	撒	撒	殺	「/」	「/」	「/」
④むぎ	「/」	蒙	蒙	皿	「/」	「/」	「/」	「/」
⑤をぎ	「/」	翁	翁	翁	翁	「/」	「/」	’u
⑥あげ～	’aŋ、’a	昴、阿	昴、阿	安	阿	「/」	「/」	「/」
⑦をなご	「/」	「/」	「/」	男	南	那	Na	na
⑧くじやく	「/」	公	「/」	姑	姑	「/」	「/」	「/」
⑨かぜ	khan	嗑	監，嗑	嗑	喀（買）	哈，噶	ka	kan
⑩すずり	sʌ	孫	孫	孫	思	息	「/」	「/」
⑪ばうず	「/」	包	鮑	褒	巴	「/」	bo	「/」
⑫ひだり	「/」	分	分	分	分	虚	fee	「/」
⑬かぢ	「/」	看	看	看	看	哈	ka	「/」
⑭みづ	「/」	民	民	民，皿	血，閔	媚，蜜，梅	mee	mi
⑮ふで	phun	分	分	忿	夫	弗	hoo	hu
⑯まど	「/」	慢	慢	「/」	馬	麻	「/」	「/」
⑰もどり	「/」	慢	慢	悶	悶	木	moo	「/」
⑱おばに	’om，’o	翁	翁	汪	唔	翁	「/」	「/」
⑲おび	「/」	「/」	文，丈	文	文，烏	烏	「/」	「/」
⑳くび	「/」	「/」	「/」	空	枯，科	「/」	coo	「/」
㉑あそび	sʌm	孫	遜	「/」	「/」	「/」	「/」	「/」
㉒ねぶり	「/」	眠	眠	眠	「/」	「/」	「/」	「/」
㉓びやうぶ	「/」	瓢	瓢	瓢	瓢	妙	「/」	「/」

＜音訳漢字の音価推定＞

音訳字	中原音韻	西儒耳目資	東国正韻	訓蒙字会	推定音価	備　考
②　昂	aŋ	gam	ŋaŋ	柳　’aŋ	auŋ	｛館｝｛使1｝

枉	iuaŋ	uam	☆	ʼoaŋ	auŋ	{字}
③ 撤	sa	sa	san, sarʔ	san	saŋ	{館}{使1}{字}
④ 蒙	muəŋ	mun, man, cʻhum	moŋ	矇 moŋ	muŋ	{館}{使1}
皿	miəŋ	mim	☆	☆	mɪŋ	{字}
⑤ 翁	oŋ	um	ʔoŋ	ʼoŋ	woŋ	{館}{使1}{字}
⑥ 昴	→前出					{館}{使1}
阿	a, ə	o	ʔaʼ	ʼa	a	{館}{使1}
安	an	gan	ʔan	案 ʼan	aŋ	{字}
⑦ 男	nam	nan	☆	nam	naŋ	{字}
⑧ 公	koŋ	kun	koŋ	koŋ	kun	{館}
枯	kʻu	kʻu	khoʼ	ko	ku	{字}
⑨ 嗑	ko	ho	蓋 har	榼 hap	kɑ	{館}{使1}{字}
監	kan	☆	☆	☆	kɑn	{使1}
⑩ 孫	suən	sun	son	son	sɯn	{館}{使1}{字}
⑪ 包	pau	pʻao, pao	☆	袍 pho	bau	{館}
鮑	pʻau	☆	☆	☆	bau	{使1}
褒	pau	☆	☆	☆	bau	{字}
⑫ 分	fən	fuen	pʌn, ppan	pun	ɸun(?)	{館}{使1}{字}
⑬ 看	kaʻn	kʻan	khan	kan	khan	{館}{使1}{字}
⑭ 民	miən	min	min	min	min	{館}{使1}{字}
血						{字}(皿の誤記)
⑮ 分	→前出					{館}{使1}
忿	fən	分 fuen	分 pʌn, ppan	分 pun	ɸun	{字}
⑯ 慢	man	man	man	漫 man	man	{館}{使1}
⑰ 慢	→前出					{館}{使1}
悶	mən	☆	☆	☆	mʊn	{字}
⑱ 翁	oŋ	um	ʔoŋ	ʼoŋ	om	{館}{使1}
汪	iuaŋ	☆	☆	ʼoaŋ	om	{字}
⑲ 文	wən	☆	☆	☆	ʊm	{使1}{字}
丈						{使1}(文の誤記)
⑳ 空	kʻoŋ	☆	☆	☆	kum	{字}
㉑ 遜	suən	sun	son	son	sɯm	{館}{使1}
㉒ 眠	mien	mien	mjɔn	mjɔn	nɪm	{館}{使1}{字}
㉓ 飄	pʻieu	piao	pjow	phuŋ	bjau	{館}{使1}{字}

音訳字	中原音韻	朴通事諺解	老乞大諺解	推定音価	備考
① 焼	ʃɪeu	sjao, sjaw	☆	ʃoːŋ	{信}

	芍	ʃɪau, ʃɪo	☆	☆	ʃo:	{見}
②	枉	iuaŋ	’ oaŋ, ʔoaŋ	’ oaŋ	o:ŋ	{信}
	丫	ia	’ ja	☆	o:	{信}
	窩	uo	☆	☆	o:	{見}
③	殺	ʂa, ʂai	sa, saʔ	sa, saʔ	sa	{信}
⑤	翁	oŋ	☆	☆	wuŋ	{信}
⑥	阿	a, ɔ	’ a	’ a, ʔa	a	{信}
⑦	南	nam	nan	nan	naŋ	{信}
	那	na	na	na, no, nɔ	na	{見}
⑧	姑	k ‘u	☆	☆	ku	{信}
⑨	喀	k ‘o	☆	☆	kɑ	{信}
	哈	ha	☆	☆	ka	{見}
	噶	葛 ko	☆	☆	kɑ	{見}
⑩	思	sï	☆	sɯ, sɯz	sɪ	{信}
	息	siəi	☆	☆	si	{見}
⑪	巴	pa	把 pa	芭 pa	bo:	{信}
⑫	分	fən	☆	ɞɯn, ɞɞɯn	ɸin	{信}
	虚	hiu	☆	☆	ɸi	{見}
⑬	看	k ‘an	☆	☆	kan	{信}
	哈	→前出				{見}
⑭	血					{信}（皿の誤記）
	閔	miən	☆	☆	min	{信}
	媚	muəi	眉 mɯi	☆	mi	{見}
	蜜	miəi	mi	mi, miʔ	mi	{見}
	梅	muəi	☆	mɯi	mi	{見}
⑮	夫	fu	ɞu	☆	ɸu	{信}
	弗	fu	☆	☆	ɸu	{見}
⑯	馬	ma	ma	ma	ma	{信}
	麻	ma	ma	ma	ma	{見}
⑰	閦					{信}（悶の誤記）
	木	mu	mu, muʔ	mu, muʔ	mu	{見}
⑱	唔	u	五 ’ u	五 ’ u	u	{信}
	翁	→前出				{見}
⑲	文	→前出				{信}
	烏	u	’ u	’ u	u	{信}{見}
⑳	枯	→前出				{信}
	科	k ‘o	☆	☆	ku	{信}

㉓　飄	p ʻieu	☆	風　ɐuŋ	bjuː	{信}
妙	mieu	mjao, mjaɐ	☆	bjuː	{見}

音節末の鼻音の有無による表を作ると、以下のようになる。

<有声子音の前の音節末の鼻音の有無に関する表>

	翻 1501	館 16C前半	使1 1534	字 1572頃	信 1721	見 1764	クリ 1818	漂 1818
①しやうが	○	「/」	「/」	「/」	×	×	「/」	「/」
②あふぎ	「/」	○	○	○	○, ×	×	×	×
③うさぎ	○	×	×	×	×	「/」	「/」	「/」
④むぎ	「/」	○	○	○	「/」	「/」	「/」	「/」
⑤をぎ	「/」	○	○	○	○	「/」	「/」	×
⑥あげ～	○, ×	○, ×	○, ×	○	×	「/」	「/」	「/」
⑦をなご	「/」	「/」	「/」	○	○	×	×	×
⑧くじやく	「/」	○	「/」	×	×	「/」	「/」	「/」
⑨かぜ	○	×	○, ×	×	×	×	×	(○)
⑩すずり	×	○	○	○	×	×	「/」	「/」
⑪ばうず	「/」	×	×	×	×	「/」	×	「/」
⑫ひだり	「/」	○	○	○	○	×	×	「/」
⑬かぢ	「/」	○	○	○	○	×	×	「/」
⑭みづ	「/」	○	○	○	○	×	×	×
⑮ふで	○	○	○	○	×	×	×	×
⑯まど	「/」	○	○	「/」	×	×	「/」	「/」
⑰もどり	「/」	○	○	○	○	×	×	「/」
⑱おばに	○, ×	○	○	○	×	○	「/」	「/」
⑲おび	「/」	「/」	○	○	○, ×	×	「/」	「/」
⑳くび	「/」	「/」	「/」	○	×	「/」	×	「/」
㉑あそび	○	○	○	「/」	「/」	「/」	「/」	「/」
㉒ねぶり	「/」	○	○	○	「/」	「/」	「/」	「/」
㉓びやうぶ	「/」	×	×	×	×	×	「/」	「/」

○：鼻音あり　　×：鼻音なし　　「/」：用例なし

以上見てきたように、この種の鼻音の消失時期は、16世紀半ば以降に設定できそうである。

＜「並存」あるいは「共存」について＞

似たような形式が二つ以上存在する、つまり「並存」あるいは「共存」する場合、それは「位相」の違いに起因する。そして、それは、年齢差・性差・地域差・時間差・場面差等様々である。前述の（『おもろさうし』の）助辞「が」に関して言えば、文字言語と音声言語という「位相」の差ということになろうか。

「日本語」と「沖縄語」という、まさしく「言語」という位相の違いに起因する「並存」「共存」を現出しているのが、『琉球訳』であると考えられる。次のような例が、そのことを如実に物語っている。

「○」が「日本語」で、「◇」が「沖縄語」である。存在する「位置関係」を示す意味で、項目の通し番号も示す。（参考として、対応すると考えられる語形を示す。ひらがなが「日本語」、カタカナが「沖縄語」である。）（「対」が見つからない場合もある。）

あぶら（油、脂、膏）：「あぶら」と　「アンダ」
　○阿不羅　2358 脂曰—
　○阿不喇　2513 膏曰—
　◇安答　2518 油曰—亦曰阿不
あをし（青し）：「あおし」と　「オールサン」
　○阿武石　2609 青蒼曰—亦曰若獨中
　◇若獨中　2609 青蒼曰阿武石亦曰
いきあふ（行き会ふ）：「イチャユン」
　◇一直獨禄　0585 僵仆悶曰—
いま（今）：「いま」と「ナマ」
　○以麻　0797 今曰—
　◇拿麻　1199 如今曰—
いめ（夢）：「ゆめ」と　「イミ」
　○由眉　0551 夢曰—
　◇因惟　1225 作夢曰—米之
かくす（隠す）：「かくす」と　「クヮックヮスン」
　○喀古息　0545 擁隠障蔽庾藏曰—
　◇喀古江　1282 隠藏曰—
かはら（瓦）：「かわら」と「カーラ」
　○喀瓦羅　2141 磚瓦曰—瓦亦曰喀喇亦棄
　◇喀喇　2141 磚瓦曰喀瓦羅瓦亦曰—亦棄
きざはし（階）：「きざはし」と「キザイ」
　○及雑法石　2124 陔曰—
　◇及雑　2122 階陛墀砌曰—
きぬ（衣）：「きぬ」と「チン」
　○及奴　2323 袍曰許答答里亦曰—
　◇金　2602 裘曰喀—
くろし（黒し）：「くろし」と「クルサン」
　○古禄石　2613 黒緇曰—

◇邱律中　2614 烏曰―
げし（夏至）：「カーチー」
◇喀直　1404 夏至曰―
さかひ（境）：「さかい」と「サケー」
○煞喀一　1488 封界域曰―
◇煞界　1486 疆曰―
さき（先）：「さき」と「キッサ」
○煞及　0795 先曰―
◇其砂 1167 先来曰―看若
さむし（寒し）：「さむし」と　「ヒーサ」
○煞木石　0163 寒曰―
◇兆煞　1177 太冷曰―奴主煞
した（下）：「した」と「シチャ」
○石答　0792 下曰―亦曰昔著
◇昔著　0792 下曰石答亦曰―
しぬ（死ぬ）：「しぬる」と「シジ」（しにて）
○石奴禄　1075 死曰―亦曰申之
◇申之　1075 死曰石奴禄亦曰―
しる（知る）：「しり、しる」と「シッチ」（しりて）
○失理　1294 暁事曰古都―
○石禄　0533 知曰―
◇識之　1324 都曉得曰轉諸―
◇習之　1295 暁得曰―
すくなし（少し）：「すくなし」と「イキラサ」
○息古那石　2055 少曰一革拉煞亦曰―又曰速都
◇一革拉煞　2055 少曰―亦曰息古那石又曰速都
すずし（涼し）：「すずし」と　「シダサ」
○席即石　0164 涼冷曰―
◇息達下　1182 涼快曰―
なし（無し）：「なし」と「ネーラン」
○那石　1019 罔無莫曰―
◇乃郎　1340 没家教曰牙拿来奴―
なり（成り、実）：「なり」と「ナイ」
○納里　2861 菓曰刻―
◇乃　2914 桃曰木木拿―
はぐ（剥ぐ）：「ハジユン」（脱ぐ）
◇化子榮　1259 脱衣曰軽―

ひと（人）：「ひと」と　「ッチユ」
○許獨　1880 人曰―奴亦曰必周

◇周　1884 唐人曰叨儂―
ふたつ（二つ）：「ふたつ」と「ターチ」
○甫答即　2053 隻隻曰―
◇答即　2015 二貳曰―
ほこる（誇る）：「ほこる」と「フクリトーン」
○福古禄　0427 誇讃詡痣曰―
◇復高劣中　1214 歓喜曰―勿舎
みじかし（短し）：「みじかし」と　「インチャサ」
○米日喀石　0801 短日陰夾煞亦曰―
◇陰夾煞　0801 短曰―亦曰米日喀石
みやうねん（明年）：「ヤーン」
◇養　1162 明年曰―
めづらし（珍し）：「めずらし」と「ヒルマサ」
○米即喇石　2559 珍曰―
◇鄙廬木舎　1252 古怪曰―
やまひ（病ひ）：「やまい」と　「ヤンメー」
○牙麻一　1064 疾瘉瘟疫癃疷曰―
◇牙買　1066 癩曰―
よし（良し）：「よし」と　「ユタサン」
○由石　0299 嬌曰高―
◇由達中　0273 好曰―
わろし（悪し）：「わろし」と　「ワッサ」
○瓦禄直　0588 忄反曰―古古禄
◇窆煞　1223 不好曰―
をの（斧）：「おの」と「ウーン」
○武奴　2462 斧曰―
◇翁　2456 斤曰―

総じて、{琉訳}に収録されている「言葉」は「日本語」（所謂「文語文」）である。上記のような（「沖縄語」が顔を見せる）例は、それこそ数えるほどしかない。但し、地名については、「富盛曰獨不一」（とみもり）（トゥンムイ）や「保榮茂曰兵」（ぼえも）（ビン）等が示すように、概ね「沖縄語」である。

これは何に起因するのであろうか。それは、李鼎元に「言語資料」を提供したとされる（即ち「インフォーマント」の）「首里士族」（楊文鳳、向循師、向世徳、向善栄、毛長芳）達の「言語生活」であろう。「読み書き言語」（所謂「書き言葉」）としての「日本語」と「聞き話し言語」（所謂「話し言葉」）としての「沖縄語」を使用する「二言語併用」（バイリンガル）の生活を送っていたと考えられる。人によっては「中国語」も操る「三言語併用」（トゥリリンガル）であった可能性も高い。

そのような彼等が、李鼎元に「公式的な言語」、あるいは、「対外的に示せる沖縄の言葉」として提供したものが、{琉訳}に収録されたということであろう。そして、それは結果的に、大部分が「日本語」であったということになる。「沖縄語音韻の歴史」を考えるに当っては、そのことを充分に念頭に置く必要がある。（第Ⅱ章から第Ⅵ章までの分析においては、同様のことも考慮に入れている。）

このような観点から見ていくと、他の資料にも同種のことがありそうだということに気づく。そのよい例が｛琉由｝である。

「Ⅳ－1－(1)－②　＊／e／」の｛琉由｝の項で次のように述べた。

しっかりした規範「正書法」を意識した「書き言葉」の資料と考えられる。規範に沿ったように「エ段の仮名」で表記されているが、無意識のうちに「話し言葉」の影響を受けてしまったらしく、「イ段の仮名」で表記されるべきものが「エ段の仮名」になっているものとその逆の例とが散見される。「アガレ森、イレ村、オレロ」、「マカビ森カネノ御イベ」等がそれに当たろう。（p. 534）

「沖縄語」を第一言語とする「琉球王府」の役人達が（習得言語の）第二言語である「日本語」で記述しようとした資料である。そのように考えれば、「エ段音の仮名」も「オ段音の仮名」もほぼ「正書法」通りに書き分けられていることに何の不思議もない。時に「混同」の例があるのは、第一言語たる「沖縄語」の干渉があったためと考えられる。これは、「日本語」が第一言語で、「韓国語」を習得した者が、時に、（二つの「オ」の）円唇母音「ㅗ」(o)とそうでない「ㅓ」(ɔ)とを、（二つの「ウ」の）円唇母音「ㅜ」(u)とそうでない「ㅡ」(ɯ)とを混同してしまうのに似ている。いくら注意を払っていても何かの拍子に日本語の干渉を受けて、「ㅗ」(o)なのか「ㅓ」(ɔ)なのか、「ㅜ」(u)なのか「ㅡ」(ɯ)なのか、迷ってしまい、逆にしてしまうことが起こる。｛琉由｝の筆録者も/e/なのか/i/なのか、迷ってしまい、逆の表記をしてしまったこともあったのであろう。

（因みに、新井白石『折りたく柴の記』(1716頃）に「見まいらするも」、「つゐに」という表記が現れる。「歴史的仮名遣い」によれば、それぞれ「見まゐらするも」、「つひに」とあるべきところである。この時期には「い」「－ひ」「ゐ」が「同音」となっていて、白石ほどの学者でも「混同」してしまったという証左として上げられる。）

｛仲里｝も｛混｝も、上記と同様の側面を有する資料ではなかろうか。それぞれの様相、資料の現れ方については既に見てきたので省略するが、「読み書き言語」（所謂「書き言葉」）としての「日本語」と「聞き話し言語」（所謂「話し言葉」）としての「沖縄語」という「二重構造」を抱えた資料である。そもそも｛混｝の解説文が、（おさんしちみよらは）「高所より下を臨見る心也」や（へんご）「塗炭に染よこれたるをいふ也」などのように「日本語」文語文であることは象徴的であるとさえ言える。表記法の異なる形式の「並存」・「共存」を、（仮名遣いの）「規範意識」の乱れによる「混同」と捉えるよりは、上記のように、言語の二重構造に起因すると理解するほうが妥当性は高いと考えられる。（よし、「規範意識」によるものとして、その規範とは何かと言うと、「日本語」文語文のそれであろう。）

「二重構造」の行き着く先の姿を示すものが｛官｝である。

「混同」のデパートのような存在が、｛官｝である。「自由奔放な」表記法と言ってもよいくらいに「規範」の範囲が広い。次に示すように、「くち（口)」を「クキ」「クツ」「コキ」と表記してあるのが、その最たる例である。この資料の筆録者にとっては*/ku/と*/ko/とが、*/ti/と*/ki/と*/tu/とがそれぞれ同じ音価なのである。

(例)　くち（口）

クキ	356	歪嘴	—ヤウガア
	357	嘴臭	—ノコサ
クツ	358	口渇	—カハケル
コキ	328	収口	カサノ—クヲル

「仮名資料」に関しては、多かれ少なかれ、このような側面を有しながら推移してきたのである。仮名資料に限らないことは、｛琉訳｝で既に見たとおりであるが、それが、「仮名資料」に著しいということである。

これからの課題にするという意味も含めて、次のことを提示しておく。

「今帰仁」という地名に関して、｛玉｝(1501) に「みやきせん」とある。「いまー」が口蓋化して「みやー」(「いー」脱落？) になり、(「〜仁」の)「し」と「せ」とが混同されている様相を呈している。それが、｛本｝(1624) には「いまきしん」とある。古いはずの｛玉｝が口蓋化し、*/i と/*/e/とが混同されているのに、それより百年以上経ている｛本｝では「正書法」通りに表記されている。これは何を意味するのか。人々が「日本語」に精通しだした、あるいは、「日本語」に精通した人が書いたという可能性を示唆するものではなかろうか。｛玉｝では「話し言葉」が顔を出し、｛本｝では「規範」が前面に出たと言えよう。

注1)『おもろさうし』を中心とした「口蓋化」について詳しい分析がある (p. 119-150)。

また、伊波普猷・服部四郎の沖縄語の口蓋化・破擦音化に関する見方・考え方・捉え方についてコンパクトにまとめられていて、参考になる。p. 98、p. 119-120 等参照。

本書は、『おもろさうし』を初めとする仮名資料を、言語学的に本格的に分析したものとして画期的である。それまでの研究は、どちらかと言えば、おもろ歌謡などを解釈するための分析が中心で、言語研究に仮託した文学研究といった側面がなきにしもあらずであった。

注2）琉球語、琉球方言、沖縄方言などといろいろな言い方をされる「言葉」は「古い」ものであって、古代日本語の痕跡を留めているという通説があったが、そうではないとして強いインパクトを与えたのが柳田 (1993) である。その延長線上で「古い説」(沖縄の言葉は「古い」とする「古い」説) の象徴的存在である有坂説、服部説を実証的に否定したのが柳田 (1999) である。

参考文献

飯豊毅一・日野資純・佐藤亮一編（1984）『講座方言学10　沖縄・奄美の方言』国書刊行会

池宮正治（1995）『琉球古語辞典混効験集の研究』　第一書房

市河三喜・服部四郎監修（1955）『世界言語概説』下巻　研究社（1974年第7刷）

伊波普猷（1974）『伊波普猷全集』第四巻　平凡社

伊波普猷監修（1916）『琉球語便覧　附琉語解釈』糖業研究会（1969　琉球史料復刻頒布会版）

岩倉市郎（1977）『喜界島方言集』国書刊行会

内間直仁（1979）「琉球方言における動詞活用形の成立について」『人文科学』31集

内間直仁（1984）『琉球方言文法の研究』笠間書院

沖縄古語大辞典編集委員会編（1995）『沖縄古語大辞典』角川書店

尾崎雄二郎・都留春雄・西岡弘・山田勝美・山田俊雄（1992）『角川　大字源』角川書店

大友信一・木村晟（1968）『日本館訳語　本文と索引』洛文社

大友信一・木村晟（1979）『琉球館訳語　本文と索引』小林印刷出版

沖縄タイムス社（1983）『沖縄大百科事典』

沖縄県庁編（1880）『沖縄対話』（1975　国書刊行会復刻版）

小倉進平（1924）『朝鮮南部の方言』（朝鮮史学会　大正13・3）

小倉進平（1928）「朝鮮語の toin-siot」（『岡倉先生記念論文集』昭和3・12）
　ともに『小倉進平博士著作集（三）』京都大学文学部国語学国文学研究室編（1975・5）所収

長田須磨・須山名保子（1977）『奄美方言分類辞典　上巻』笠間書院

長田須磨・須山名保子・藤井美佐子（1980）『奄美方言分類辞典　下巻』笠間書院

生塩睦子（2009）『新版沖縄伊江島方言辞典』　伊江村教育委員会

加治工真市（1982）「琉球，小浜方言の音韻研究序説」『琉球の言語と文化』論集刊行委員会

亀井孝解説（1979）『クリフォード　琉球語彙』勉誠社

亀井孝・河野六郎・千野栄一（1988）『言語学大辞典　第一巻　世界言語編（上）』三省堂

亀井孝・河野六郎・千野栄一（1992）『言語学大辞典　第二巻　世界言語編（下）』三省堂

京都大学文学部国語学国文学研究室（1957）『捷解新語　本文・索引解題』京都大学国文学会

京都大学文学部国語学国文学研究室（1968）『纂輯　日本譯語』京都大学国文学会

京都大学文学部国語学国文学研究室（1987）『改修捷解新語　本文・索引解題』京都大学国文学会

金城朝永（1944）『那覇方言概説』（『金城朝永全集（上巻）』1974　沖縄タイムス社）

小泉保訳、M・シュービゲル著『音声学入門』大修館書店

河野六郎(1979)『河野六郎著作集　1　中国音韻学論文集』平凡社
河野六郎(1979)『河野六郎著作集　2　朝鮮語学論文集』平凡社
国立国語研究所(1963)『沖縄語辞典』大蔵省印刷局
申叔舟(1975)『海東諸国紀』国書刊行会
須藤利一訳(1982)『バジル・ホール　大琉球島航海探険記』第一書房
陶山信男 (1973)『朴通事諺解・老乞大諺解語彙索引』　采中華書林
高橋俊三(1991)『おもろさうしの国語学的研究』武蔵野書院
田中健夫訳注、申叔舟著(1991)『海東諸国紀』岩波書店
多和田眞一郎(1979)「十五・六世紀首里語の音韻─『語音翻訳』にみる─（上)（下)」『沖縄文化』第51号・第52号　沖縄文化協会
多和田眞一郎(1980)「『クリフォード琉球語彙』にみる十九世紀初の沖縄語」『沖縄文化』第54号　沖縄文化協会
多和田眞一郎(1981)「十九世紀沖縄語の動詞の成り立ち」『沖縄文化』第57号　沖縄文化協会
多和田眞一郎(1982)「語音翻訳索引及び琉球館訳語用字一覧」『琉球の言語と文化』論集刊行委員会
多和田眞一郎(1982)「沖縄方言と朝鮮語資料」『国文学　解釈と鑑賞』第47巻9号　至文堂
多和田眞一郎(1982)「尚真期沖縄語音韻考」『沖縄文化』第59号　沖縄文化協会
多和田眞一郎(1983)「碑文にみる沖縄語」『琉球の方言』第８号　法政大学沖縄文化研究所
多和田眞一郎(1983)田名文書索引」『日本語学校論集』第10号　東京外国語大学附属日本語学校
多和田眞一郎(1984)「沖縄語史的研究序説－『語音翻訳』再論－」『現代方言学の課題　第3巻　史的研究篇』　明治書院
多和田眞一郎(1985)「朝鮮・中国資料対照琉球語彙」『琉球の方言』第９号　法政大学沖縄文化研究所
多和田眞一郎(1985)「沖縄語の音変化－朝鮮・中国資料による考察－」『沖縄文化研究』第11号　法政大学沖縄文化研究所
多和田眞一郎(1985)「『クリフォード琉球語彙』琉英配列語彙」『琉球の方言』第９号　法政大学沖縄文化研究所
多和田眞一郎(1985)「沖縄語の音変化－朝鮮・中国資料による考察－」『沖縄文化研究』第11号　法政大学沖縄文化研究所
多和田眞一郎(1986)「『琉球官話集』の語彙（称呼類、内外親族称呼之類、向人回答類、人物死後称呼之言、応答人物死後之類、身体之類、食物之類)」『琉球の方言』第10号　法政大学沖縄文化研究所
多和田眞一郎(1986)「沖縄の言語学　下　－韓国・中国・本土からみた琉球－」『月刊　言語』Vol.15 No.10 大修館書店
多和田眞一郎(1988)「中世朝鮮・中国人と琉球方言」『国文学　解釈と鑑賞』第53巻１号　至文堂

多和田眞一郎(1992) 「ハングル資料沖縄語(十九世紀初)」『沖縄文化研究』第18号　法政大学沖縄文化研究所

多和田眞一郎(1994) 『「琉球・呂宋漂海録」の研究－二百年前の琉球・呂宋の民俗・言語－』　武蔵野書院

多和田眞一郎(1996) 「『琉球入学見聞録』「土音」の音訳字」『琉球の方言』第20号　法政大学沖縄文化研究所

多和田眞一郎(1996) 『「琉球館訳語」の音訳字（そのいち)』広島大学留学生センター

多和田眞一郎(1996) 「やすり(鑢)がヤシーに変わるまで－沖縄語の「スリ」から「シー」への変化－」『現代日本語研究諸領域の視点』（上・下）　明治書院

多和田眞一郎(1997)『外国資料を中心とする沖縄語の音声・音韻に関する歴史的研究』武蔵野書院

多和田眞一郎(1997) 『「琉球館訳語」の音訳字（そのに)』広島大学留学生センター

多和田眞一郎(1997) 「沖縄語ハングル資料」『日本語と外国語との対照研究　Ⅳ　「日本語と朝鮮語」』(国立国語研究所報告)

多和田眞一郎(1997) 「『中山伝信録』「琉球語」の音訳字」『広島大学日本語教育学科紀要』第7号

多和田眞一郎(1997) 「沖縄語の発音の変化－三母音化・ハ行の子音・有声子音の前の鼻音－」『沖縄学（沖縄学研究所紀要)』第1号

多和田眞一郎(1998) 『沖縄語漢字資料の研究』　溪水社

多和田眞一郎(1998) 「方言と表記—沖縄語を例として—」『日本語学』1998年10月号明治書院

多和田眞一郎(2001)「沖縄語の音声・音韻の変化過程」『広島大学留学生センター紀要』第11号　広島大学留学生センター

多和田眞一郎(2002) 「15世紀の沖縄語（音声・音韻）－口蓋化・破擦音化／有声子音の前の鼻音－」『広島大学留学生センター紀要』　広島大学留学生センター

多和田眞一郎(2003) 「沖縄語ハングル資料吟味」『世界に拓く沖縄研究』　第４回「沖縄研究国際シンポジウム」実行委員会

多和田眞一郎(2004) 「16世紀の沖縄語（音声・音韻）－口蓋化・破擦音化－」『広島大学留学生センター紀要』第14号　広島大学留学生センター

多和田眞一郎(2004) 「口蓋化・破擦音化－16世紀の沖縄語について－」『広島大学留学生教育』第８号　広島大学留学生センター

多和田眞一郎(2004) 「沖縄語音韻史－口蓋化・破擦音化を中心として－」『音声研究』第8巻第2号　日本音声学会

多和田眞一郎(2005) 「言葉の取替え　そして　言語の変化（沖縄語を例として)」『日語日文学』第25輯　大韓日語日文学会

多和田眞一郎・趙志剛(2005) 「『琉球譯』オ段音の漢字表記について」『日本語教育を起点とする総合人間科学の創出』　広島大学大学院教育学研究科日本語教育学講座推進研究　平成16年度報告書

多和田眞一郎(2007)『沖縄語音韻史研究の基盤構築・整備』　平成18年度・19年度　科学研究費補助金（基盤研究(C)）研究成果報告書（1)　広島大学留学生センター

多和田眞一郎(2008)『沖縄語音韻史研究の基盤構築・整備』 平成18年度・19年度 科学研究費補助金（基盤研究(C)）研究成果報告書（2） 広島大学留学生センター
多和田眞一郎(2008) 「日本語とハングル資料－沖縄語史とハングル資料－」『日本文化學報』第37号 韓国日本文化学会
多和田眞一郎（2010)『沖縄語史研究｛資料｝』 広島大学留学生センター
趙堈熙（2001)『朝鮮資料による日本語音声・音韻の研究』J ＆ C
趙志剛（2006)『漢字資料による沖縄語の研究―「琉球譯」を中心として』 広島大学大学院教育学研究科 博士学位論文
丁鋒（1995)『琉漢對音與明代官話音研究』 中国社会科学出版社
丁鋒(1998)『中國學研究 開篇 単刊 No.10 球雅集 漢語論稿及琉漢對音新資料』好文出版
土井忠生（1934)「ベッテルハイムの琉球方言に関する著述」『方言』第四巻第十号
東条操（1969)『南島方言資料』 刀江書院
藤堂明保（1980)『中国語音韻論 その歴史的研究』 光生館
藤堂明保（1981)『学研漢和大字典』(第10刷) 学習研究社
中島文雄（1979)『英語発達史』(改訂版) 岩波書店
仲宗根政善（1960)「沖縄方言の動詞の活用」『國語学』41
仲宗根政善（1983)『沖縄今帰仁方言辞典』 角川書店
仲原善忠・外間守善（1967)『おもろさうし 辞典・総索引』 角川書店
仲本政世（1896)『沖縄語典』(1975 国書刊行会復刻版)
中本正智（1976)『琉球方言音韻の研究』 法政大学出版局
中本正智（1981)『図説琉球語辞典』 力富書房金鶏社
中本正智（1983)『琉球語彙史の研究』 三一書房
中本正智（1990)『日本列島言語史の研究』 大修館書店
沼本克明（1986)『日本漢字音の歴史』 東京堂出版
野原三義（1986)『琉球方言助詞の研究』 武蔵野書院
野原三義（1998)『新編 琉球方言助詞の研究』 沖縄学研究所
服部四郎（1933)「国語諸方言のアクセント概観（六)」『方言』第三巻第六号
服部四郎（1946)『元朝秘史の蒙古語を表はす漢字の研究』 文求堂
服部四郎（1959)『日本語の系統』 岩波書店
服部四郎（1976)「琉球方言と本土方言」『沖縄学の黎明』 沖縄文化協会
服部四郎（1977)「琉球方言動詞“終止形”の通時的変化」『言語研究』第72号
服部四郎(1978～79)「日本語祖語について・1～22」『月刊言語』vol.7 No.1～vol.8 No12
服部四郎（1979)「『語音翻訳』を通して見た15世紀末の朝鮮語の発音」『言語の科学』第7号
服部四郎（1984)『音声学』 岩波書店
浜田敦（1970)『朝鮮資料による日本語研究』 岩波書店
浜田敦（1983)『續朝鮮資料による日本語研究』 臨川書店
浜田敦（1986)『國語史の諸問題』 和泉書院
春名徹訳、ベイジル・ホール著（1986)『朝鮮・琉球航海記―1816年アマースト使節団

ともともに―』　岩波書店
平山輝男（1966）『琉球方言の総合的研究』　明治書院
福島邦道（1993）『日本館訳語攷』　笠間書院
B. J.ベッテルハイム（1849）『琉球語辞書』　大英博物館藏稿本（複写）
外間守善（1972）『沖縄の言語史』　法政大学出版局
外間守善（1972）『おもろ語辞書―沖縄の古辞書混効験集―』　角川書店
外間守善（1981）『日本語の世界　沖縄の言葉』　中央公論社
外間守善・波照間永吉（1997）『定本　琉球国由来記』　角川書店
外間守善（2000）『おもろさうし（上）（下）』　岩波書店
松浪有・小野茂・忍足欣四郎・秦宏一　共訳、K・ブルンナー　著（1973）『英語発達史』　大修館書店
間宮厚司（2005）『おもろさうしの言語』　笠間書院
村山七郎（1981）『琉球語の秘密』　筑摩書房
諸橋轍次（1976）『大漢和辞典』　大修館書店
安田章（1980）『朝鮮資料と中世国語』　笠間書院
安田章（1990）『外国資料と中世国語』　三省堂
柳田征司（1993）『室町時代語を通して見た　日本語音韻史』　武蔵野書院
柳田征司（1999）「沖縄方言の史的位置（上）（下）―「キ」（木）「ウキ」（起き）「ウリ」（降り）などの問題―」『国語国文』第六十八巻　第四号・第五号
山内盛熹遺稿、伊波普猷補註（1895）「南島八重垣―明治初年の琉球語彙―」『方言』第四巻第十号（1934）
山口栄鉄（1976）『チェンバレン　日琉語比較文典』　琉球文化社
＜韓国語＞
李基文（1972）『國語音韻史研究』　塔出版社
李基文著、村山七郎監修、藤本幸夫訳（1975）『韓国語の歴史』　大修館書店
李家源・権五惇・任昌惇（1990）『東亜　漢韓大辭典』　東亜出版社
李弘稙（1976）『完璧　國史大辭典』　大栄出版社
梅田博之（1983）『韓國語의音聲學的研究』　螢雪出版社
金亨圭（1972）『増補　國語史研究』　一潮閣
金鎮奎（1993）『訓蒙字會語彙研究』　螢雪出版社
徐尚揆（1997）『飜譯老乞大語彙索引』　図書出版박이정
崔鉉培（1971）『한글 改正正音學』　正音社
崔鶴根（1978）『韓國方言辭典』　ソウル大学出版部
崔範勲（1990）『韓國語発達史』　慶雲出版社
南廣祐（1973）『補訂　古語辭典』　一潮閣
文璇奎（1972）『朝鮮館譯語研究』　景仁文化社
黄希栄（1979）『韓國語音韻論』　二友出版社
許雄（1965）『改稿新版　國語音韻學』　正音社
弘字出版社編集部（1989）『國漢　最新大字源』（改訂版）　民衆書林
劉昌惇（1964）『李朝語辭典』　延世大学出版部

＜欧文＞
Ernesto Constantio ILOKANO DICTIONARY (1971) University of Hawaii Press
Teresita V. Ramos TAGALOG DICTIONARY (1971) University of Hawaii Press
ILOKO-ENGLISH DICTIONARY
(Rev. Andrés Carro's VOCABUKARIO ILOKO-ESPAÑOL) Translated, Augmented and Revised Morice Vanovergh, C.L.C.M. Printed and Edited by the CATHORIC SCHOOL PRESS Baguio, Philippines

＜古辞書類＞
東國正韻
○『國寶　第142號　東國正韻　全六巻　影印本』
1973年4月30日　建國大學校出版部　発行　（ソウル市）
訓蒙字會
○「厚狭毛利藏」本『訓蒙字會』(東京大学附属図書館藏)
○『訓蒙字會（内閣文庫本・尊経閣本・奎章閣本・閑渓本）合本』
1985年6月5日　弘文閣　発行　（ソウル市）
西儒耳目資
○『西儒耳目資（拼音文字史料叢書）（全三冊）金尼閣著』
1957年2月　文字改革出版社　出版　（北京市）
朴通事諺解・老乞大諺解
○『老乞大諺解・朴通事諺解』
中華民国67年6月　聯経出版事業公司　出版　（台北市）
○『朝鮮時代漢語教科書叢刊　（一）～（四）』　汪維輝　編
2005年1月　中華書局　出版発行　（北京市）

索　　引

か

き

く

け

こ

さ

し

す

せ

そ

た

ち

つ

て

と

な

に

ぬ

ね

の

は

ひ

み

む

め

も

や

ゆ

おわりに

これは「はじめに」書くべき事かもしれないが、あえて「おわりに」書くことにする。そのほうがふさわしいと感じるからである。

沖縄語の歴史的研究の状況について、多和田(1997)で述べたことがある（p. 6-9)。要旨は、共時的研究に比して歩みが遅い（遅れている）というものであった。それは今もあまり変わりがないと言える。そうであるから、これから研究されるべき要素が多く、魅力的な対象となるとも考えられる。

遅れていることの象徴的なこととして、資料の索引類がさほど整備されていないことが上げられる。『おもろさうし』とそれに準じる仮名資料及びハングル資料・漢字資料・アルファベット資料の外国資料に関しては、ある程度整えられたが、大部分の仮名資料については不十分である。その整備が当面の最大の課題であり、急務である。

沖縄語の歴史的研究に関しては、伊波普猷・外間守善・服部四郎・高橋俊三・柳田征司等の研究があるが、それらは、主に『おもろさうし』に依拠するか、現代沖縄語を手掛かりにするか、日本語（本土方言）音韻史側からの詰めとして説明されるかした側面がある。それらの成果を踏まえ、外国資料を有効に活用することで観点を増し、検証も始めたものとして多和田（1997)・(1998）がある。

沖縄語の音変化（音韻の変化）の様相については、主として『おもろさうし』とそれに準じる仮名資料をもとに、ほぼ明らかにされている。しかし、それがいつごろからいつごろまで続いたかという、ある程度の長さの時間の流れに沿った網羅的跡付けは、さほどなされなかった。少々目は粗いが、多和田（1997）は、その数少ないもののうちの一つである。

ところで、その『おもろさうし』であるが、「『おもろさうし』では……」などという表現がなされることがある。これは、便利ではあるが、言語資料として扱う場合には、もう少し慎重であってもよいと考える。『おもろさうし』の内容からして、時間的・空間的に幅のあるものどもを一つに纏めてしまう恐れがある。例えば、三世代の家族（の言葉）を一括りにして「面路さんのところでは……」などと表現するようなものだからである。それだけではなく、別の理由もある。

「元」『おもろさうし』とも言うべきものは1709年11月に消失し、1710年7月に再編された。それが我々の対象とする『おもろさうし』であることから、物理的には18世紀初めの資料となる。しかし、これは余りにも即物的にすぎるから、「編集年次」をもとに区別するのも一法かと思われる。即ち、「巻一」(1531年編集）と「巻二」(1613年編集）と「巻三～巻二十二」(1623年編集、「不明」とされる巻十一・十四・十七・二十二も含める）とを別々の資料として扱うのである。

前述のように、変化の流れは大凡わかっているので、変化した、あるいは変化の兆しを見せた時点に焦点を当てることで、時間の問題を考えるよすがとしたいとして、沖縄語に関する文献資料の存する16世紀以降の、あらゆるジャンルの文献資料（ハングル資料、漢字資料、アルファベット資料、仮名資料）を分析・研究対象とし、実証的・体系的にそして総合的に沖縄語音韻の史的変化を解明するために、できるだけ丹念に用例を拾い上げる作業を、本格的に始めたのが、1980年ごろである。日常の煩雑な事柄に忙殺されて、遅々として進まない期間も短くはなかったが、相応に著書・論文等を発表してきた。それを踏まえて、平成18年度～19年度科学研究費補助金（基盤研究(C)）を得て「沖縄語音韻史研究の基盤構築・整備」として研究し、「同　研究成果報告書（1）」(2007)、「同　研究成果報告書（2）」(2008）を刊行した。これが大きな跳躍台になり、本書の刊行に繋がることになった。

本書が刊行されれば、沖縄語の歴史的研究に関する、実証的・体系的・総合的な最初の研究書となり（残念ながら、沖縄語に関しては実証的な「通史」と呼べる研究は皆無に等しかった)、その方面での学問的発展のための礎となるであろう。大いなる意義があることになる。

のみならず、ハングル資料・漢字資料・アルファベット資料等の「外国資料」も駆使しており、表記するものと表記されたものとは表裏の関係にあるから、表記手段となった言語の研究にも多大な示唆を与えるはずで、そういう観点からも意義は大きいと言えよう。

先に『沖縄語史研究｛資料｝』を刊行しているので（2010年3月)、これと本書との二著をもとに『沖縄語形態の歴史的研究』刊行へと進む計画を立てている。

今回の出版に関し、溪水社の木村逸司社長にお世話になった。1998年に出版した『沖縄語漢字資料の研究』以来である。その間、12年の歳月が流れたことになる。感慨深いものがある。

なお、本書は平成22年度科学研究費補助金（研究成果公開促進費）の交付を受けて出版する。

2010年5月25日（火）

多和田　眞一郎

著者紹介

多和田　眞一郎（たわた　しんいちろう）　< 博士（学術） >

1947年　沖縄（県）生
1970年　静岡大学人文学部（人文学科）卒業
1972年　東京都立大学大学院人文科学研究科修士課程修了、同　博士課程進学
1973年　（韓国）延世大学　Korean Language Institute　留学
1978年　東京都立大学大学院人文科学研究科博士課程退学（単位取得）
現　在　広島大学教授（国際センター国際教育部門、大学院教育学研究科）
現住所　広島県広島市西区己斐本町３－１－６－812

主要著書・論文

『沖縄語漢字資料の研究』（1998年、溪水社）、『外国資料を中心とする沖縄語の音声・音韻に関する歴史的研究』（1997年、武蔵野書院）、『「琉球・呂宋漂海録」の研究－二百年前の琉球・呂宋の民俗・言語－』（1994年、武蔵野書院）

「日本語とハングル資料－沖縄語史とハングル資料－」（『日本文化學報』第37号）（2008年）、「文法Ⅰ（語）」（『講座・日本語教育学　第6巻　言語の体系と構造』）（2006年）、「言葉の取替え　そして　言語の変化（沖縄語を例として）」（『日語日文学』第25輯）（2005年）、「沖縄語音韻史－ロ蓋化・破擦音化を中心として－」（『音声研究』第8巻第2号）（2004年）

沖縄語音韻の歴史的研究

2010（平成22）年６月26日　発行

著　者　©　多和田　眞一郎
発行所　株式会社　溪水社
広島市中区小町１－４（〒730-0041）
電　話（082）246－7909
ＦＡＸ（082）246－7876
E-mail: info@keisui.co.jp

ISBN978-4-86327-105-0　C3081
平成22年度日本学術振興会助成出版